교양
영어
사전
2

| 일러두기 |

1. 이 책에 나오는 외래어 인명과 지명 등은 나올 때마다 원어를 병기했으며, 국립국어원 외래어표기법에 따라 표기했다.
2. 도서명은 국내에 번역된 책은 번역된 제목으로, 번역되지 않은 도서는 원서 제목을 그대로 쓰거나 저자가 번역한 제목으로 표기했다.
3. 영화·연극·그림·뮤지컬·노래·TV 프로그램은 〈 〉, 잡지·단행본·신문은 『 』, 논문·책의 일부·신문 기사·잡지 기사·시·단편소설은 「 」로 표기했다.
4. 본문에 인용한 성경 구절은 대한성서공회의 개역개정판을 따랐다.

머리말

'뿌리 찾기'의 즐거움

많은 사람이 '이러한 책도 있나?' 하고 의아하게 생각할 법한 『교양영어사전』을 출간한 게 2012년 10월이었다. 폭발적인 인기를 누린 건 아니었지만, 독자들이 보여준 반응은 나로선 결코 실망할 정도는 아니었다. 아니 오히려 희망을 갖게 하고 좋은 자극이 되었기에, 이제 여기 제2권을 내놓는 게 아니겠는가. 이번에도 제1권처럼 키워드 502개를 중심으로 이야기를 펴나가는 구성 방식을 취했다.

제1권에서 말씀드렸다시피, 교환교수로 갔던 미국 콜로라도 주 덴버에서 알 법한 사람들에게 "콜로라도가 무슨 뜻이죠?" "왜 덴버라고 이름 지었나요?" 따위의 질문을 던지다가 시작한 일이었다. 아마존을 통해 사들인 관련 서적이 수백여 권이었지만, 제1권은 그 책들의 반의 반의 반도 활용하질 못했다. 그렇다고 해서 나머지 책들을 활용하기 위해 제2권을 쓰게 된 것은 아니다.

아직 변화를 시도하는 과정이지만, 나는 이 책의 형식을 통해 많은 이야기를 할 수 있겠다는 새로운 가능성을 발견했다. 대학에서 학생들이 배우는 인문사회과학의 이론과 개념들의 대부분은 영어로 되어 있고, 각종 미디어에 하루가 멀다 하고 쏟아져나오는 신조어들 역시 대부분 영어투성이다. 한글을 사랑하는 분들은 이러한 현상을 개탄하지만, 나는 좀 달리 생각한다. 백남준 선생의 다음과 같은 말씀에 동의하는 편이다.

"현재 한국인에게 가장 중요한 것은 21세기에 살아남는 것이고, 살아남으려면 하이테크의 무역을 해야 되는데, 한글을 가지고는 무역을 할 수 없어요. 그건 절대로 안 됩니다.……이제 외국의 지식을 빨리 흡수하고 만회하여 그것을 이용한 하이테크를 외국에 팔아야 합니다.……독일과 프랑스를 비교하면 잘 알 수 있어요. 프랑스는 열등감이 많아서 영어에서 나온 불어 단어를 전부 없앴어요. 자승자박이지요. 그러나 독일은 자신이 있으니까 매년 가서 보면 신조어新造語가 많아요. 일본도 자신이 있으니까 신조어가 많아요. 신조어를 많이 만드는 나라가 승리합니다."[1]

물론 백 선생의 말씀에 다 동의할 필요는 없을망정, 우리의 언어생활에서 '순수'를 지향하지 말고 열린 자세를 갖자는 취지만큼은 받아들일 필요가 있지 않을까? 아무리 봐도 '순수'와 '닫힘'에 충실한 북한의 방식이 더 나은 것 같지는 않다. 그렇게 열린 자세를 갖는다면, 오히려 우리의 언어생활에서 쓰이는 외래어나 외국어를 통해 한국어와 우리의 것에 대한 공부도 더 충실히 할 수 있다는 생각, 이게 바로 내가 새로 갖게 된 깨달음이다. 아직 전면적 변화는 아니지만, 제2권에는 그러한 변화가 조금이나마 반영되었다.

미국의 처세술 전문가 데일 카네기Dale Carnegie, 1888~1955의 책들을 읽다가 재미있는 대목을 발견했다. 그는 화법을 향상시키기 위해서는 단어의 어원을 아는 것이 중요하다고 주장한다. "당신이 매일 사용하는 말이 지루하고 활기 없는 표현이라는 생각은 잠시 멈춰라. 그것을 깊이 살펴보면 그 느낌과 개성 그리고 그 안에 담긴 로맨틱한 이야기를 알 수 있다." 그가 제시한 몇 가지 사례들을 감상해보자.

"'그로서grocer'라는 말은 고대 프랑스어 '그로시어grossier'에서 나온 말이고, 또 이는 라틴어 '그로세리어스grossarius'에서 나왔다. 그 뜻은 '도매로 물건을 파는 이'를 말한다.……어떤 회사company에서 당신이 일하는지, 소유하는지 모른다. 여기서 '컴퍼니company'는 고대 프랑스어인 '컴퍼니언companion'에서 유래된 것이며, '함께'라는 '컴com'과 '빵'이라는 '파니스panis'가 합쳐진 말이다. 따라서 컴퍼니언은 '빵을 함께 나누는 사람'을 말하고 컴퍼니는 빵을 만들기 위해 모인 사람들을 말한다.……당신이 지금 보고 있는 책book은 사실 '너도밤나무beech'를 가리킨다. 예전에 앵글로색슨 사람들은 너도밤나무에 글을 적었다. 지갑에 있는 달러dollar는 '골짜기valley'라는 뜻이다. 달러는 16세기 성 요아킴 계곡에서 처음 만들어졌다."[2]

또 카네기는 성공의 비결로 '열정'을 강조하면서, 열정이라는 단어의 근원을 파고든다. "이 마법의 단어인 '열정enthusiasm'은 '안에'를 뜻하는 그리스어 'en'과 '신'을 뜻하는 그리스어 'theos'의 두 단어에서 유래되었다. 열정은 어원적으로 '우리 안에 있는 신'이라는 의미를 갖고 있다. 열정적인 사람은 결국 '신들린' 듯이 말하는 사람이다. 이것은 물건을 광고하거나 팔 때 혹은 어떤 일을 시작할 때 가장 효과적이고 중요한 요인이다."[3]

비단 카네기뿐만이 아니었다. 처세술이나 성공학 전도사로 유명한 미국 필자들의 책에는 거의 예외 없이 어원 탐구가 양념처럼 들어간다. 이번에는 스티븐 코비Stephen R. Covey, 1932~2012의 책을 보자. 그 역시 enthusiasm의 어원을 물고 들어간다.

"열정enthusiasm이란 말은 원래 '당신 안의 신God in you'을 의미한다. 그것이 바로 임파워먼트다. 다만 개인이 좋아하는 일을 하면서 조직에서 자신의 욕구와 조직의 욕구를 충족시킨다는 점이 다를 뿐이다. 그들의 내면의 소리는 한데 어우러진다."[4]

또 코비는 이렇게 말한다. "내면의 소리를 찾아냈으면, 자신의 영향력을 확대하고 기여도를 높이기 위해 다음에 선택해야 할 일은 다른 사람들도 내면의 소리를 찾도록 고무하는 것이다. '고무하다'는 뜻의 'inspire'는 라틴어 'inspirare'에서 왔으며, 생명을 불어넣는 것을 의미한다."[5]

왜 처세술·성공학 전도사들은 어원을 밝히는 걸 그렇게 좋아하는 걸까? 우문愚問이다. 다른 분야의 내로라하는 지식인들의 책에도 어원 탐구는 수시로 출몰하기 때문이다. 일상적 대화에서든 학술적 책에서든 어원 탐구는 읽는 재미와 더불어 자신의 논지를 강화하는 수사학적 효용이 매우 뛰어나다. 앞서 소개한 몇 가지 사례가 잘 보여주듯이 말이다.

물론 모든 단어의 어원을 알 필요는 없다. 그간 세상이 엄청나게 달라졌고 그에 따라 단어들도 엄청난 변화를 겪었기 때문에 수백 년에서 수천 년에 이르는 세월까지 거슬러올라가 어원 타령을 할 필요는 없을 것이다. 정작 중요한 건 어원 그 자체보다는, 어원을 한 번 따져봄으로써 우리가 쓰는 말에 대해 '거리두기' 또는 '낯설게 보기'의 이점을 누릴 수 있다는 점일 것이다. 그렇게 함으로써 온전한 이해와 더불어 성찰, 더 나아가 소통의 능력도 향상될 수 있지 않을까? 부디 이 책이 그러한 능력 향상에 조금이나마 기여할 수 있기를 기대한다.

2013년 11월
강준만

머리말 '뿌리 찾기'의 즐거움 _005

absent _016
affluenza _017
age _018
Alabama _020
Alaska _021
amateur _023
ambient _025
anger _026
appearance _027
appeasement _029
Arizona _030
ash _032
astral _033
Atlanta Compromise _033
attention _035
Audi _036
authoritarian _037
authority _038
autoeroticism _039

back-to-back _042
baguette _043
balkanize _044
Barbie _046
basket case _047

Benedict Arnold _048
Berkeley _050
bestseller _051
bible _053
bikini _055
Bircher _055
black capitalism _057
blink _057
blitz _059
block _060
Bloody Mary _060
blurb _061
board _062
bobbitt _063
body odor _065
boondoggle _066
bottle _067
boycott _069
bra burner _070
BRICs _071
bright _072
broadcasting _073
broker _075
brother _076
brown _078
browse _079
BTL _080
bucket _082
bully _083

bundle _085
bunk _086
bureaucracy _087
burke _088
business _089
BYOD _091

Cadillac _095
call _097
call girl _098
Camelot _100
candidate _101
capitalism _102
car _104
care _106
caste _106
cause _108
celebrity _110
change _111
charisma _113
charity _115
chase _117
chauvinism _118
Checkers speech _120
cheese _121
cherry picker _122
Chevrolet _124

Chinese _125
Chrysler _126
churn _127
Cincinnati _129
circle _130
circus _131
city _132
clam _133
clean _134
cloud _135
Coca-Cola _138
cocoon _139
cod _141
coffee _142
coin _144
collaborate _145
common sense _146
communication _148
community _149
company _151
compassion fatigue _152
conscience _153
conservation _155
conservatism _156
consumer _157
containment _159
Cool Britannia _160
courage _162
coward _163
cradle _164
crime _165
crocodile tears _166
crowdsourcing _167
cruel _169
cry _170

cuff _171
curation _172
custom _174
customer _176
cybersspace _177
cybersquatting _180
cynicism _181

data smog _185
deal _186
debt _188
Deep Throat _189
definition _190
democracy _191
desire _193
destiny _195
detail _196
digital Maoism _199
digital narcissism _201
dignity _203
dilemma _204
dime _205
Dirty Dozen _207
disco _208
dive _209
door _210
dope _212
dream _212
dress _214
drone _215
dust _217
Dutch _218
DWI _220

economy _223
education _224
emotional labor _226
empathy _228
enemy _228
entertainment _230
enthusiasm _232
envelope _233
equal _233
err _235
euphemism _236
experience _237
experiential marketing _239

Facebook _242
fail _245
family _247
far _248
fascism _249
fashion _252
Father's Day _253
fault _254
fear _254
fellow traveler _256
fence _257
filibuster _258
flannel _259
flash mob _260
flattery _262
flop _263
Florida _264

flower _265
flower child _265
fool _267
force _268
forget _268
forgive _271
Formica _273
fort _274
Frankenstein _275
freedom _276
Frisbee _278
fun _279
future _280

gamut _283
gaushe caviar _284
gauntlet _285
gentrification _286
glass ceiling _287
global village _290
glove _291
GMO _292
Golliwog _294
Google _294
Google Glass _295
gossip _298
governance _300
government _302
Great Compromise _303
green _304
grin _306
grooming _307
grotesque _309
G-string _310

guest _310
guillotine _311
guy _312

halcyon days _316
happiness _317
hash _318
hatred _319
have _321
hawk and dove _322
hay _323
health _324
heckle _326
hindsight _327
history _328
hoi polloi _330
hoist _331
hold _331
hooligan _333
horserace journalism _335
hot dog _337
humbug _338
husband _340
hybrid _341
hybrid car _342
hypocrite _343

I _346
idea _348
identity _350
identity politics _352

ignorance _353
IKEA _355
imperial presidency _358
indentured servant _359
individualism _360
inferiority _363
ingratiation _364
insult _365
integrity _366
Invictus _367
iPod _369
island _371

jazz _374
jean _375
jezebel _377
judge _378

kiss _381
KISS principle _382
knickerbockers _383
knot _384
Kodak _385
kudos _387

language _389
laugh _390
law _391

lay _393
leadership _394
Lego _396
liberty _398
lie _399
life _401
Linux _402
listen _404
Listerine _404
loin _405
loneliness _406
lounge lizard _408
love _409
love hotel _410
luck _412
luxury _413

Mae West _416
mafia _417
manner _419
map _420
marathon _421
marriage _422
masturbation _423
McCarthyism _424
memory _426
meritocracy _427
mesmerize _428
military-industrial complex _429
mill _431
minute _432
Miranda rule _433
moderation _435

mole _436
mollycoddle _436
momentum _438
mommy track _439
money _441
moss _443
motel _443
Mother's Day _445
motivation _446
Ms. _447
multi-tasking _448
music _449
Mustang _450
mystery shopper _452

negro _455
nepotism _458
nerd _459
nettle _461
network effect _461
New England _463
nice _464
Nike _465
NIMBY _467
nit _469
noblesse oblige _469
nostalgia _471
nudge _471
nylon _474

oat _477
obscenity _478

ombudsman _480
once _481
opportunity _482
optimism _483
Orchestra Pit Theory _485
orientation _486
outlier _487
outsourcing _488
Oxbridge _490
oxymoron _491

Palindrome _495
Pandora's box _496
past _497
patriotism _499
peg _500
perfect storm _501
persona _502
personification _505
pessimism _507
philistine _508
philosophy _509
phishing _510
pickle _512
pigeon _513
pike _514
pin _514
pink _516
piss _516
pit _517
platform _518
plea _521
pocket _522

poinsettia _522
politician _523
politics _525
pony _526
popularity _527
posh _528
positive thinking _529
poverty _531
power _532
practice _534
praise _534
prayer _535
prejudice _537
president _537
private _540
propaganda _541
proud _544
prove _544
punch _545

quarantine _548
quits _549
quixotic _549

R

racism _552
rankism _554
reality distortion field _557
reason _559
reengineering _560
religion _562
responsibility _563

revolution _565
rhetoric _568
rip _569
river _571
room _571
rubber _572
rugged individualism _573

safe _576
Samaritan _577
sandwich _578
sarcastic _579
Schadenfreude _580
Scotch Tape _581
scrape _582
secret _583
self-esteem _584
self-respect _585
separate but equal _586
serendipity _588
shadow _590
shake _593
Siamese twins _593
sideburns _594
sidekick _595
silence _596
Silicon Valley _597
simplicity _599
sinecure _600
single-issue politics _601
sitcom _602

slum _603
slut walk _604
smog _606
solitude _607
Spain _609
speech _610
spur _612
squatting _612
stand _613
Starbucks _615
stereotype _617
Stockdale Paradox _618
stop _619
Strange Fruit _620
streak _622
streamline _622
street _623
strike _624
string _625
stump _626
subtle _627
suburb _628
success _628
suffer _630
sugar _631
swashbuckler _632
sweat _633
Swinging London _633
swoop _635
synchronization _635

tantalize _638
tawdry _639
tax _640

TBD _642
tea _643
technology _644
teenager _646
telenovela _647
television _648
tent _651
tenure _652
terror _653
Thanksgiving Day _655
theory _657
Think Different _657
time _659
toilet _660
tolerance _662
totem pole _663
trade dress _664
Tragedy of the Commons
　　_665
Transcendentalism _666
travel _668
trial _669
trick _670
trilemma _671
trump _672
trust _673
try _674
tulip _675
turd blossom _676
Twitter _677

ugly _681
university _681

vanity _684
variety _685
veep _686
Velvet Revolution _687
Vermont _689
Vodka _690
volume _691
voucher _692

waffle _695
wagon _695
wannabe _696
war _697
weakness _699
whining _700
woman _701
world _703
write _705
Wyoming _706

X-ray _709

yesterday _712

zeal _715
zest _715

주 _718
찾아보기 _787

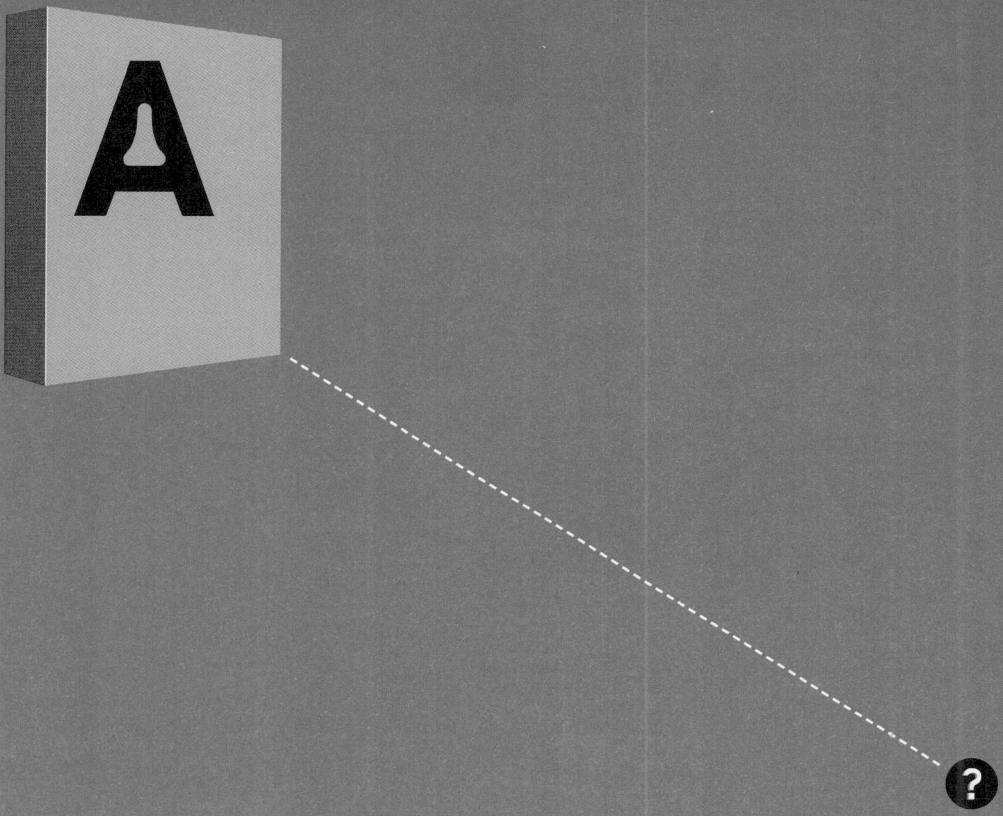
A
?

absent

The absent are always in the wrong. The absent party is always to blame. The absent are never without fault, nor the present without excuse. 모두 다 '자리에 없으면 나쁜 건 다 뒤집어쓴다'는 뜻의 속담이다.

absenteeism은 '부재 지주 제도, 계획적 결근(노동쟁의 전술의 하나), 장기 결석(결근)'을 뜻한다. 부재 지주 제도의 의미로는 19세기 초부터 쓰였지만, '계획적 결근'은 1920년대부터 사용된 뜻

미국의 남북전쟁1861~1865 기간 중 무단이탈을 한 병사는 'AWOL'이라고 쓴 표찰을 목에 걸고 다녀야 했다. 무단이탈은 탈영desertion은 아니고 잠시 부대를 이탈한 것이기에 망신을 주는 것으로 징계를 한 것이다. 군인의 무단이탈을 가리키는 AWOL은 '에이올' 또는 '에이-더블유-오-엘'이라 읽는데, 'absent without leave'의 약어다. 여기서 leave는 '허가', '허락'의 뜻이다. AWL이라 하지 않고 굳이 중간에 O를 넣은 이유는 AWLabsent with leave과 구별하기 위해서였다.[1]

오늘날에는 회사에서 슬그머니 사라지는 경우에도 쓰인다. Mike was AWOL at the company meeting this morning. I think he's home watching the game(마이크가 오늘 아침 회사 회의에 나타나지 않았어. 집에서 그 경기 중계를 시청하고 있는 것 같아).[2]

absenteeism

이다. absentee landlord는 '부재 지주', absentee ballot(vote)은 '부재자 투표'를 뜻한다.3 반대로 해고의 위험에 대한 불안이나 일에 미친 정열 때문에 지나칠 정도로 자신의 책상 앞을 지키는 걸 가리켜 presenteeism이라고 하는 신조어도 생겼다.4

Absence makes the heart grow fonder(없으면 보고 싶어진다). 1844년에 발표된 영국 시인 토머스 헤인즈 베일리Thomas Haynes Bayly, 1797~1839의 시 「아름다운 섬Isle of Beauty」에서 사용된 이후 속담으로 널리 쓰이게 된 말이다. 반대의 뜻을 가진 속담들도 있다. Out of sight, out of mind(안 보면 멀어진다). Long absent, soon forgotten(오래 떠나 있으면 곧 잊힌다).

"Out of sight, out of mind"는 B.C. 8세기경 그리스 시인 호메로스Homeros의 『오디세이Odyssey』에 나오는 말이다. 영어에서는 1200년대부터 사용되었지만, 영국 시인 아서 휴 클로프Arthur Hugh Clough, 1819~1861의 「부재의 노래들Songs in Absence」(1853)을 통해 유명해졌다. "She thought she'd miss her boyfriend when he went away, but it was out of sight, out of mind(그녀는 남자 친구가 떠났을 때 그를 그리워할 거라고 생각했지만, 그녀에게 일어난 일은 '안 보면 멀어진다' 였다)."

"없으면 보고 싶어진다"는 속담과 "안 보면 멀어진다"는 속담 중 어느 것을 믿어야 하는가? 이러한 상충에 대해 17세기 프랑스 작가로 풍자와 역설의 잠언으로 유명한 라로슈푸코François de La Rochefoucauld, 1613~1680가 답을 제시했다. "Absence diminishes little passion and increases great ones, as wind extinguishes candles and fans a fire(바람이 촛불은 끄고 큰 불은 타오르게 하듯이 부재不在는 작은 열정은 약하게 하지만 큰 열정은 키우는 법이다)."5

affluenza

affluenza는 풍요로 인한 심리적 병이다. affluent(풍요로운)와 influenza(인플루엔자, 유행성 감기, 독감)의 합성어로, 1970년대에 만들어진 신조어다.6 1997년 미국 PBS TV에서 방영되어 화제를 불러일으킨 〈어플루엔자〉라는 다큐멘터리는 우리 시대에 새로운 종류의 전염병이 창궐하고 있다는 진단을 내렸다. 그 병의 이름이 바로 어플루엔자인데 "고통스럽고 전염성이 있으며 사회적으로 전파되는 병으로, 끊임없이 더 많은 것을 추구하는 태도에서 비롯하는 과중한 업무, 빚, 근심, 낭비 등의 증상을 수반한다"고 했다.7

책으로도 나온 『어플루엔자』(2001)의 저자들에 따르면, "역사상 최대의 풍요를 누리고 있는 시대, 우리 사회는 탐욕에 감염되고 있다. 인간은 더 많은, 더 좋은 그리고 특히 새로운 것들을 살 수 있는 가능성에 모든 넋을 빼앗겼다. 미국뿐 아니라 전 세계가 소비중독 바이러스, 어플

루엔자에 감염되고 있는 것이다. 그 속에서 인간마저 소비되고 있다. 어플루엔자는 최악의 전염병이다".[8]

이 병은 "소위 '아메리칸 드림'의 핵심 원리가 된 경제적 팽창에 대한 강박적인, 거의 맹신에 가까운 욕구에서 비롯된다".[9] 그래서 어플루엔자의 구체적 증상은 쇼핑 중독으로 나타난다. 미국의 소비산업은 추수감사절에서 크리스마스에 이르는 기간에 이윤 총액의 25퍼센트를 올린다고 한다. 1986년만 해도 미국에는 고등학교의 수가 쇼핑센터의 수보다 많았지만, 불과 15년이 채 안되어 쇼핑센터가 고등학교의 2배를 넘어섰다. 1987년에 이루어진 한 조사에 따르면, 미국의 10대 소녀 가운데 가장 좋아하는 소일거리로 쇼핑을 꼽은 사람은 전체의 93퍼센트에 달했다고 한다.[10]

그들의 쇼핑을 가능하게 한 게 바로 신용카드였다. 미국인은 1인당 평균 5장이 넘는 카드를 소지하고 있었는데, 소지 연령이 점점 낮아져 12세의 아이들까지 신용카드를 갖기에 이르렀다. 신용카드 회사들은 소비를 조장할 뿐만 아니라 되도록 가입자들이 가급적 빚을 많이 지게 하기 위해 여러 마케팅 기법을 구사했다.[11] 대부분의 상점들도 별개의 고객 카드를 발행했다. 약간의 할인 혜택을 주면서, 단골 구매자를 대상으로 구매 물품을 항목별로 추적하여 그 거래 정보를 마케팅에 이용하기 위해서였다.[12]

영국 심리학자 올리버 제임스Oliver James는 2007년에 출간한 동명의 책 『어플루엔자』에서 어플루엔자와 빈부 격차는 밀접한 상관관계가 있다고 주장했다. 어플루엔자가 심해질수록 빈부 격차도 커지며, 빈부 격차가 커질수록 시민들의 불행감도 커진다는 것이다. 그는 2008년에 출간한 『이기적 자본주의The Selfish Capitalist』에서는 어플루엔자는 '이기적 자본주의selfish capitalism'의 결과라고 주장했다.[13]

age

2013년 2월 21일 한국과학기술기획평가원 KISTEP은 '스마트 에이징을 선도할 10대 미래 유망기술'을 발표했다. 스마트 에이징Smart Aging은 '똑똑하게 늙는다'는 뜻으로 노인(65세 이상) 인구가 전체의 20퍼센트를 넘어서는 2026년 초고령사회를 앞두고 육체적·정신적으로 건강한 노년을 보낼 수 있도록 도와줄 기술들을 꼽은 것이다.

70~80대 할아버지가 20~30대 젊은이도 못 드는 무거운 물건을 번쩍번쩍 들 수 있게 해주는 로봇 슈트robot suit(입는 로봇), 환자의 피부에서 채취한 성체줄기세포를 배양해 만든 신경줄기세포로 노인들이 많이 걸리는 알츠하이머 병 등을 치료하는 기술, 한 방울의 피로 질병을 진단할 수 있는 나노바이오 의료센서, 노인들이 복잡한 정보기기를 쉽게 다룰 수 있도록 돕는 대

old and young

화형 자연어처리기술 센서와 카메라, GPS자동항법장치 등을 이용해 노인들이 원하는 곳까지 스스로 찾아가는 자율주행 자동차, 노인들의 재활치료와 간병을 돕는 라이프 케어 서비스 로봇 등이 목록에 올랐다.[14]

고령화 추세가 세계에서 가장 빠른 한국에서는 '건강한 노화老化'가 최근의 화두다. 세계보건기구WHO는 건강, 사회 참여, 안전을 극대화하여 삶의 질을 높이는 '액티브 에이징Active Ageing'을 주창하고 있다. '적극적 노화'라고나 할까. 2013년 6월 서울에서 열린 제20차 세계노년학노인의학대회IAGG에서 영국 셰필드 대학의 알란 워커 교수는 기조연설을 통해 "나이가 드는 것은 노인만의 문제가 아니라 모든 세대가 함께 겪는 일이고, 나이 드는 게 나쁘다는 생각부터 바꿔야 한다"고 했다.[15]

나이 드는 게 나쁘다는 생각부터 바꾸는 것과 더불어 '젊음은 한때We are only young once'라는 사실을 늘 명심하게 하는 것도 좋을 것 같다.[16] 수많은 현인이 나이와 관련된 명언들을 남겼는데, 10개만 감상해보자.

(1) At 20 years of age the will reigns; at 30 the wit; at 40 the judgment(20세에는 의지, 30세에는 재치, 40세에는 판단력이 지배한다). 미국 정치가이자 발명가인 벤저민 프랭클린Benjamin Franklin, 1706~1790의 말이다.

(2) Age demands respect; youth, love(늙음에는 존경이 필요하고 청춘에는 사랑이 필요하다). 영국의 여성운동가인 메리 울스턴크래프트Mary Wollstonecraft, 1759~1797의 말이다.

(3) Nothing is more beautiful than cheerfulness in an old face(늙은 얼굴에 상쾌함이 감도는 것만큼 아름다운 것은 없다). 독일 작가 장 파울 프리드리히 리히터Jean Paul Friedrich Richter, 1763~1825의 말이다.

(4) Whenever a man's friends begin to compliment him about looking young, he may be sure that they think he is growing old(젊게 보인다는 칭찬을 듣기 시작하는가? 당신이 늙어간다고 생각할 때 그런 칭찬이 나오는 법이다). 미국 작가 워싱턴 어빙Washington Irving, 1783~1859의 말이다.

(5) As we grow old, the beauty steals inward(나이를 먹어가면서 아름다움은 내면으로 찾아든다). 미국 철학자 브론슨 올컷Bronson Alcott, 1799~1888의 말이다.

(6) Forty is the old age of youth; fifty the

youth of old age(40세는 나이든 청춘이고 50세는 노년의 청춘이다). 프랑스 작가 빅토르 위고Victor Hugo, 1802~1885의 말이다.[17]

(7) When a man fell into his anecdotage it was a sign for him to retire from the world(자꾸 옛날이야기를 하는 버릇에 빠져드는 건 세상에서 은퇴를 할 때가 되었다는 신호다). 영국 정치가이자 작가인 벤저민 디즈레일리Benjamin Disraeli, 1804~1881의 말이다.

(8) In youth we run into difficulties, in old age difficulties run into us(젊을 땐 우리 스스로 난관에 뛰어들고, 늙어선 난관이 우리에게 달려든다). 조시 빌링스Josh Billings라는 필명으로 활동한 미국의 유머리스트humorist 헨리 휠러 쇼Henry Wheeler Shaw, 1818~1885의 말이다.

(9) Age is a matter of feeling, not of years(나이는 감정의 문제일 뿐 세월의 문제는 아니다). 미국 작가 조지 윌리엄 커티스George William Curtis, 1824~1892의 말이다.

(10) Age is an issue of mind over matter. If you don't mind, it doesn't matter(나이는 마음먹기 나름이다. 신경 쓰지 않으면 중요치 않다).[18] 미국 작가 마크 트웨인Mark Twain, 1835~1910의 말이다. 평소 운동을 꺼리던 트웨인은 운동 좀 하라는 친구에게 이렇게 쏘아붙였다. "I am pushing sixty. That is enough exercise for me(이제 60세가 다 되어가는데 나이 먹는 것도 힘들어)." 'I'm pushing 60'이라고 말하면 이중적 의미를 갖기 때문에 60을 밀고 있다는 직설적 의미를 역이용해 말대꾸한 것이다.[19] 그는 또 이러한 말도 남겼다. Wrinkles should merely indicate where the smiles have been(주름살은 미소를 지었던 곳을 나타내주는 것일 뿐이다).

Alabama

Alabama는 미국 남부에 있는 주 이름이다. 이 지역에 살던 인디언 촉토Choctaw족 언어로 '농작물을 수확하는 사람'이란 뜻이다. 별명은 면화를 많이 생산했다고 해서 Cotton State다. 앨라배마 주의 역사는 기구한 편이다. 1702년부터 프랑스인들이 정착하기 시작해서 영국의 지배를 거쳐 독립 후 미국 땅이 되었다. 1798년 미시시피 테리터리territory('state' 이전의 명칭)에 소속되었다가, 1817년에 독립적인 테리터리가 되었고, 1819년에 주가 되었다.

Alabama

앨라배마 주는 남북전쟁 직전 연방 탈퇴의 선도자였고, 현 주도인 몽고메리Montgomery는 남부 연합Confederate States의 첫 번째 수도였다. 그래서 앨라배마 주의 다른 별명은 'Heart of Dixie(남부의 심장)'다.

남북전쟁 당시 앨라배마 헌츠빌Huntsville 출신들로 구성된 부대의 병사들은 소매, 칼라, 코트 끝부분에 노란색이 들어간 독특한 군복을 입었는데, 그 모습이 노랑텃멧새yellowhammer를 닮았다고 해서 이들은 'Yellowhammer'로 불렸다. Yellowhammer는 나중에는 모든 앨라배마 출신 군인들을 가리키는 말로 쓰였으며, 앨라배마를 가리켜 'Yellowhammer State'라고 부르는 별명도 생겨났다.[20]

앨라배마는 농업 중심의 주였으나, 20세기 중반부터 적극적인 산업화 정책으로 다양한 산업을 갖게 되었다. 특히 외국 기업 유치에 모든 주 중 가장 적극적인 면모를 보였다. 앨라배마 주는 1990년대에 메르세데스벤츠Mercedes-Benz, 현대Hyundai, 도요타Toyota, 혼다Honda 등 외국 자동차 회사 유치를 위해 10억 달러를 보조했다.

앨라배마 주에서 가장 큰 도시는 버밍햄Birmingham으로 인구는 2010년 기준 21만 명이다. 앨라배마 주의 면적은 13만 5,765제곱킬로미터로 미국 50개 주 가운데 30위, 인구는 477만 9,736명(2010년)으로 23위, 인구 밀도는 1제곱킬로미터 당 36.4명(2010년)으로 27위, 1인당 소득은 3만 3,096달러(2009년)로 41위다.[21]

명지대 경영학과 교수 이종훈은 2010년 "앨라배마 주는 1인당 소득이 미국 50개 주 가운데 48위였으나, 현대차 공장이 들어선 이후 41위로 상승했다"며 외국 기업 유치의 긍정적 효과를 강조했다.[22] 그러나 앨라배마의 경제적 사정은 나아지지 않은 채 2002년 1인당 소득 순위로 50개주 가운데 43위를 기록했으며, 오히려 경제위기로 다른 복지를 축소하는 사태까지 빚어졌다는 주장도 있다.[23]

Alaska

Alaska는 미국의 주 이름이다. 알래스카의 역사는 1725년으로 거슬러 올라간다. 바로 그해 러시아 표트르 대제가 파견한 덴마크인 비투스 베링Vitus Bering, 1681~1741이 이끄는 탐험대는 시베리아와 북미 대륙을 연결하는 해협을 발견했다. 이 해협은 그의 이름을 따서 베링 해협The Bering Strait으로 불린다. 베링은 아울러 알래스카 본토를 발견했지만, 러시아는 별 관심을 두지 않았다. 처음에는 모피 교역이 활발했으나 러시아의 관심이 줄어들면서 사실상 방치되다시피 했다.

동유럽 크림전쟁Crimean War, 1854~1856에서 힘을 소진한 러시아는 1850년대 들어 국가 재정이 어려워졌다. 캐나다에 있는 영국군이 알래스카로 밀고 들어오는 걸 염려한 러시아 로마노프 왕조는 그럴 바에는 차라리 알래스카를 미국에 파는 게 낫겠다고 생각했다. 1867년 3월부터 협상에 들어가 3주 만에 결정이 났는데, 판매 가격은 720만 달러였다. 알래스카 전체 면적은 58만 6,000제곱마일로 텍사스의 2배, 한반도의 7배이니, 약 2만 제곱미터당 1센트의 가격이었다.

제17대 대통령 앤드루 존슨Andrew Johnson, 1808~1875 재임 시에 이루어진 일이었지만, 이 구입을 성사시킨 주인공은 링컨 행정부를 포함하여 1861년부터 1869년까지 국무장관직을 지낸 윌리엄 수어드William H. Seward, 1801~1872다. 이 거래는 미국에서 훗날 두고두고 칭송의 대상이 되지만, 당시에는 놀랍게도 조롱거리가 되었다. 상하원 의원들은 이구동성으로 "육지와 연결조차 되지 않은 '아이스박스'를 가지고 무엇을 하려는 것이냐"며 강하게 반발했다. '수어드의 아이스박스Seward's Icebox'니 '수어드의 어리석음Seward's Folly'이니 하는 비아냥과 조롱이 난무했다. 수어드는 곧 캐나다도 손에 넣을 것이므로 알래스카라는 통로를 얻게 될 것이라는 말로 비판자들을 달래가면서 의회의 승인을 얻어내는 데 성공했다.

열정적인 팽창주의자였던 수어드는 실제로 아일랜드 이민자들을 배후 조종하여 이들이 버몬트를 통해 캐나다를 침략하도록 촉구하는 등의 방법으로 캐나다를 미국의 주로 편입하려고 했다. 이에 놀란 영국은 서둘러 1866년 캐나다를 영국령 자치국으로 독립시켜버렸다. 또한 수어드는 멕시코시티를 미래의 수도로 삼을 것을 기대했다. 역사가 월터 라 페버Walter La Feber가 "수어드가 링컨의 국무장관이 될 때 바로 새로

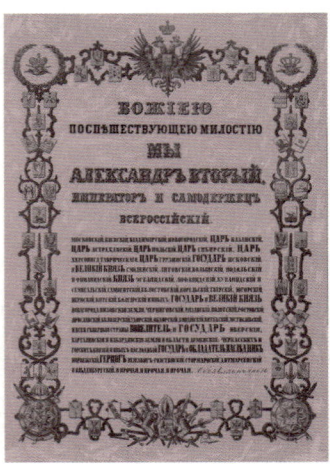

Certificate of Alaska Purchase

운 제국이 시작되었다"고 말하는 것도 무리는 아니다.

비록 수어드의 그런 기대는 실현되지 않았지만, "미국인들이 알래스카의 가치를 발견하려면 한 세대가 지나야 한다"는 수어드의 주장은 정확히 맞아 떨어졌다. 실제로 30년 후인 1897년 알래스카에서 금광이 발견되어 '골드러시'가 일어난다. 어디 그뿐인가. 알래스카는 풍부한 어장과 산림자원 등 자원의 보고임이 곧 드러났다.

알래스카는 에스키모Eskimo의 언어로 '위대한 땅'이란 뜻인데, 알래스카는 말 그대로 '위대한 땅'임이 확인되었다. 알래스카는 1959년 미국의 49번째 주로 승격된다. 주의 별명은 '마지막 프론티어The Last Frontier'. 알래스카 주의 면적은 171만 7,854제곱킬로미터로 미국 50개 주 가운데 1위, 인구는 71만 231명(2010년)으로 47위, 인구밀도는 1제곱킬로미터 당 0.46명(2010년)으로 50위, 1인당 소득은 4만 2,603달러(2009년)로 9위다.[24]

처세술 전문가인 데일 카네기Dale Carnegie, 1888~1955가 1926년에 출간한 『사람들 앞에서 말하는 법Public Speaking: A Practical Course for Business Men』에서 말을 할 때 상대방의 이해를 높이기 위해선 비교를 사용하라고 권하면서 알래스카를 예로 든 게 흥미롭다. 그는 자신의 대학 시절 한 강사가 알래스카에 대해 한 강연을 실패 사례로 규정하면서 실감나는 설명 방식을 제시한다. 그 강사는 알래스카의 총 면적은 151만 2,550제곱킬로미터이고, 인구는 6만 4,356명이라고 했는데, 이러한 식으로 말하지 말고 면적은 다음과 같이 말해야 듣는 사람에게 그 어떤 그림이 떠오를 것이라고 했다.

"알래스카와 그곳에 있는 섬들의 해안선을 합친 총 길이는 지구를 한 바퀴 돈 거리보다 더 길고, 면적은 버몬트, 뉴햄프셔, 메인, 매사추세츠, 로드아일랜드, 코네티컷, 뉴욕, 뉴저지, 펜실베이니아, 델라웨어, 메릴랜드, 웨스트버지니아, 노스캐롤라이나, 사우스캐롤라이나, 조지아, 플로리다, 미시시피, 그리고 테네시를 모두 합친 것보다 더 넓다."[25]

amateur

amateur는 라틴어 'amator(lover)'에서 비롯된 말이다. 이 어원의 정신에 따르자면, 아마추어는 돈이 아니라 스스로 좋아서 일을 하며, 전문적 권위나 승진을 위해서가 아니라 사람들을 기쁘게 하기 위해 일을 하는 사람들이다.

아마추어 예찬론자인 미국 역사가 대니얼 부어스틴Daniel J. Boorstin, 1914~2004은 전문 직업profession과 관료제bureaucracy가 미국 지도자들이 가져야 할 아마추어 정신을 질식시키고 있다고 개탄한다. 그는 "전문직은 보통사람들에 대한 음모Profession is a conspiracy against the laity"라는 조지 버나드 쇼George Bernard Shaw, 1856~1950의 주장에 일리가 있음을 인정하면서, '전문직업적 오류' 야말로 현대 사회의 큰 질병이라고 말한다. 전문직은 전문직업인들 자신을 위해 존재하는 경향이 있다. 이것이 바로 부어스틴이 우려하는 전문직업적 오류다.

법은 법률가들을 위해 존재하며, 대학은 대학 교수들을 위해 존재하며, 언론은 언론인들을 위해 존재한다는 것이다. 건축 전문가들은 사진을 찍기에 좋은 멋진 건축물을 만들어 그들끼리 칭찬하며 흐뭇해하지만, 그런 건축물에는 쓰레기를 버릴 곳도 없고 자전거 하나 세워둘 공간도 없다는 것이다. 부어스틴은 아마추어라는 단어가 프로가 등장한 이후 프로들의 기득권 보호와 강화의 음모로 인해 경멸적인 단어로 바뀌었다는 점을 지적하면서, 아마추어는 프로들이 하지 않는 일을 하려고 한다는 점을 높이 평가했다. 그는 다음과 같이 말한다.

"Aristocracies are governed by people born to govern; totalitarian societies by people who

George Bernard Shaw

make ruling their profession. But our representative government must be led by people never born to govern, temporarily drawn from the community and sooner or later sent back home. Democracy is government by amateurs. The progress- perhaps even the survival-of our society depends on the vitality of the amateur spirit in the U.S.A. today and tomorrow(귀족주의 사회는 통치하기 위해 태어난 사람들에 의해 통치되고, 전체주의 사회는 통치를 전문 직업으로 삼는 사람들에 의해 통치되지만, 민주주의 사회는 일시적으로 나섰다가 원상 복귀하는 아마추어들에 의해 통치된다. 미국 사회의 발전, 더 나아가 생존도 아마추어 정신의 활력에 달려 있다)."²⁶

정치 분야에서 아마추어를 예찬하는 건 양면성이 있다. 썩어빠진 정치를 전면적으로 바꿔야 한다는 취지에서는 아마추어 예찬론이 정당한 면이 있지만, 일종의 '밥그릇 교체'를 위해 아마

추어 예찬론을 이용하는 선동으로 비쳐질 수도 있다. 1992년 미국 대선에서 제3의 후보로 나와 19퍼센트의 지지를 얻은 로스 페로Ross Perot는 그 경계선상에 있는 인물이었다. 그는 선거운동 과정에서 기성 정치인과 관료들을 "시민 아마추어citizen amateurs"로 대체하겠다고 공약했다.²⁷

인터넷과 스마트폰은 아마추어의 득세를 몰고 왔다. 크리스 앤더슨Chris Anderson은 『메이커스: 새로운 수요를 만드는 사람들』(2012)에서 "페이스북, 텀블러, 핀터레스트 같은 SNS 돌풍은 전문가가 만든 상업적 콘텐츠를 찾던 20세기 소비자와 달리, 아마추어가 만든 콘텐츠도 찾는 21세기 소비자의 추세를 반영한다. 이와 같은 일이 물리적 상품에도 일어날 수 있다"며 다음과 같이 말한다.

"디지털 카메라나 음악 편집 소프트웨어가 디지털 콘텐츠 제작에 영향을 미쳤듯, 3차원 프린터를 비롯한 여러 가지 프로토타입 툴prototyping tool도 물리적 상품 제작에 영향을 미칠 수 있다. 이러한 프로토타입 툴을 이용하면 누구든 자신만의 상품을 만들 수 있다. 육아 전문 사이트인 배블닷컴babble.com을 설립한 웹 기업가 루퍼스 그리스컴Rufus Griscom은 이를 '딜레탕티즘dilettantism의 르네상스'라고 표현했다."²⁸

이런 추세에 대해 비판적인 사람들도 있다. 예컨대, 미국 IT 사업가인 앤드루 킨Andrew Keen, 1960~은 웹 2.0은 카를 마르크스가 묘사한 '공산주의 사회'와 유사한 "거대한 유토피아 운동grand utopian movement"으로 '아마추어 컬트' 현상이라고 주장한다. 이게 그가 2007년 6월에 출간

한 『아마추어 컬트The Cult of the Amateur』의 핵심 내용인데, 한국에서는 2010년 1월 『구글, 유튜브, 위키피디아, 인터넷 원숭이들의 세상』이란 제목으로 번역·출간되었다. '아마추어 컬트'란 말은 2005년 니콜라스 카Nicholas G. Carr, 1959~가 자신의 블로그에서 처음 사용한 용어다.[29]

"Hell is full of amateur musicians(지옥은 아마추어 음악가들로 가득 차 있다)." 영국 작가 조지 버나드 쇼George Bernard Shaw, 1856~1950의 독설이다. 킨은 이 말을 인용하면서 "오늘날 인터넷에서는 전문성이 아니라 아마추어리즘amateurism이 찬양, 심지어 숭배의 대상이 되었다"고 개탄한다. 그가 쓴 책의 부제는 "인터넷은 어떻게 우리 문화를 죽이는가How Today's Internet Is Killing Our Culture"다.[30] [참고 digital narcissism]

프로와 아마추어를 구분할 게 아니라 둘이 힘을 합하면 어떨까? 웹 2.0 문화를 통해 신구新舊 미디어는 새로운 콘텐츠 제작 행태를 선보였는데, 매시업mash-up과 프로암pro-am 방식이 바로 그것이다. 매시업은 웹에서 서로 다른 콘텐츠나 프로그램을 섞어서 완전히 새로운 자원이나 서비스를 만드는 것을 말하고, 프로암은 원래 골프에서 프로와 아마추어가 함께 시합을 치르는 경기를 가리키는 것으로 한 이슈에 대해 프로 기자와 아마추어 네티즌이 함께 콘텐츠를 만들어가는 것을 말한다. 둘 다 비빔밥 정신에 충실한 것이다. 김택환은 이를 "비빔밥 패러다임"이라 불렀다.[31]

ambient

ambient는 '주위(주변)의'란 뜻인데, '환경環境'이나 편재遍在'로 번역해, ambient noise(환경 소음, 주변 소음), ambient light(주위 밝기, 환경광), ambient music(환경 음악), ambient air standard(대기 오염 허용 한도) 등과 같이 쓰인다.

영국의 테크놀로지 전문가 레이사 레이첼트Leisa Reichelt는 2007년 3월 자신의 블로그에서, 친구들과 팔로어들에게 자신의 일상사를 자유롭게 공유하는 페이스북과 같은 새로운 서비스 경험을 가리켜 "앰비언트 인티머시ambient intimacy"라는 표현을 썼다. 이는 '시공간의 제약으로 평소라면 접근이 불가능한 사람들과도 일정 수준 정기적으로 친밀하게 연락을 지속할 수 있는 상태'를 의미한다.

ambient intimacy를 굳이 번역한다면, '환경적 친밀성' 정도가 될 텐데, 영 이상하다. 그냥 '앰비언트 인티머시'라는 외래어로 쓰는 게 더 나을 것 같다. '앰비언트'는 항상 우리를 둘러싸고 있으면서 원하는 순간에 원하는 것을 사용할 수 있게 해준다는 뜻으로 이해하면 될 것 같다. 예컨대, 애플의 아이튠스는 음악을 앰비언트로 만들었다고 볼 수 있다.[32]

2008년 9월 클라이브 톰슨Clive Thompson은 『뉴욕타임스 매거진』에 쓴 글에서 앰비언트 인티머시의 미덕을 이렇게 찬양했다. "이 새로운 사회적 인식은······과거 서로의 모든 일을 알고 지내던 작은 동네에서 살았을 때와 같은 경험을 재현한다."³³

ambient awareness(주변 인식, 환경 인식)라는 말도 쓰이는데, 이는 주로 1998년경 이후에 성장한 디지털 세대가 소셜 네트워킹을 통해 멀리 떨어져 있는 사람의 온갖 사소한 행동이나 기분 등을 바로 옆에서 보는 듯한 인식을 갖는 것을 말한다.³⁴ 미국의 매우 인기 있는 위치 기반 서비스 가운데 하나인 포스퀘어Foursquare의 고객 서비스 부문 책임자 에릭 프리드먼Eric Friedman은 다음과 같이 말한다.

"'ambient awareness'는 그야말로 새롭게 생겨난 또 하나의 인식층입니다. 10명이 연결될 수도 있고 그 이상이 모여 집단을 구성할 수도 있겠죠. 이것이 바로 우리 서비스가 제안하는 가치입니다. 소비자들이 구성한 집단에는 청소년도 있고 성인도 있습니다. 소비자 관점에서 이 서비스를 한마디로 표현하자면 '발견'이라 할 수 있죠. 가령 사용자는 자신이 사는 곳이 아닌 다른 도시에서 무슨 일이 일어나는지 확인할 수 있습니다.······포스퀘어를 이용하면 뉴욕 지역의 레스토랑만 골라서 표시해둘 수도 있습니다. 여행을 할 때든 어떤 장소를 방문할 때든 간단한 정보를 덧붙여 체크인을 하며 즐기면 됩니다."³⁵

2009년 6월 오길비 아시아 태평양 총괄이사 토마스 크램턴은 서울 코엑스에서 열린 '2009 국제방송통신컨퍼런스'에서 '5대 인터넷 트렌드' 중의 하나로 'ambient awareness'를 들었

다. 그는 "트위터나 페이스북을 통해 자신의 상태나 기분을 나타내고 가까이 있는 것처럼 느낀다"며 "전 세계 친구들과 실시간 비디오를 통해 대화하고 일본에서는 모바일 구직사이트를 통해 일자리까지 구하는 시대"라고 말했다.³⁶

anger

"화는 고통을 동반하지만 증오는 고통을 동반하지 않는다." "화는 감정, 곧 함축적으로 순수한 감정인 반면 증오는 다른 사람이나 집단에 대한 공격적인 충동이 오랜 기간 구조화된 복잡한 감정이다." 첫 번째는 아리스토텔레스Aristoteles, B.C. 384~B.C. 322, 두 번째는 심리학자 고든 올포트Gordon Allport, 1897~1967의 말이다.³⁷

화anger와는 달리 증오hatred는 카타르시스 효과를 낳아 즐길 수 있는 놀이로 전환될 수도 있다는 점을 시사하는 것으로 볼 수 있겠다. 'anger'는 고대 스칸디나비아어Old Norse language에서 온 말이다.³⁸ "Delay is the antidote of anger(지연은 분노의 해독제다)"라는 말처럼 거의 모든 속담과 명언은 화 또는 분노를 자제할 것을 권한다. 현인들의 분노 관련 명언들을 감상해보자.

(1) Anger is like ruin, which breaks itself

anger bird

upon that it falls(분노는 몰락과 같아서, 떨어지면서 자신을 망가뜨린다). 로마 철학자 세네카Seneca, B.C.4~A.D.65의 말이다.

(2) To seek to extinguish anger utterly, is but a bravery of the Stoics. We have better oracles: Be angry, but sin not. Let not the sun go down upon your anger(분노를 완전히 잠재우려 애쓰는 것은 스토아 학파의 자만일 뿐이다. 우리에게는 더 좋은 경우가 있으니 "분을 내어도 죄를 짓지 말며, 해가 지도록 분을 품지 마라"는 것이다). 영국 철학자 프랜시스 베이컨Francis Bacon, 1561~1626의 말이다. 그는 다음과 같은 말도 남겼다.

(3) Anger is certainly a kind of baseness: as it appears well in the weakness of those subjects in whom it reigns; children, women, old folks, sick folks(분노는 확실히 저급한 무엇이다. 분노란 어린이나 여성, 노인이나 환자같이 분노의 지배를 당하는 사람이 약자일 때 잘 나타나기 때문이다).[39]

(4) Anger begins with folly, and ends with repentance(분노는 어리석음으로 시작해서 후회로 끝난다). 영국 출판인 H. G. 본H. G. Bohn, 1796~1884의 말이다.

(5) To rule one's anger is well; to prevent it is still better(분노를 다스리는 건 미덕이나, 더 큰 미덕은 분노를 예방하는 것이다). 미국 신학자 트라이언 에드워즈Tryon Edwards, 1809~1894의 말이다.

(6) Anger blows out the lamp of the mind(분노는 마음의 등불을 꺼버린다). 미국 정치인 로버트 그린 잉거솔Robert Green Ingersoll, 1833~1899의 말이다.

(7) Anger and intolerance are the twin enemies of correct understanding(분노와 불관용은 올바른 이해의 쌍둥이 적敵이다). 인도 지도자 마하트마 간디Mahatma Gandhi, 1869~1948의 말이다.

이렇듯, 분노에 관한 명언들은 한결같이 자제를 권하고 있지만, 매우 드물게나마 분노를 예찬하는 말도 있기는 하다. Anger is a traveling companion of courage on the road to justice and truth(분노는 정의와 진실로 가는 용기의 동반자다). 그런가 하면 이러한 속담도 있다. No one is as angry as the person who is wrong(방귀 뀐 놈이 성 낸다).[40] [참고 hatred]

appearance

Excuse my appearance(꼴이 말이 아니라서 미안합니다). 누군가 집에 갑자기 찾아왔는데 집안 꼴

은 엉망이고 세수도 안 하고 옷도 제대로 차려입지 못한 상황에서 쓸 수 있는 적절한 표현이다.[41]

Appearances are deceptive(겉만 보면 모른다. 겉모습은 믿을 게 못 된다). Never judge from appearances/Never judge a book by its cover(겉만 보고 판단하지 마라).

"We had better appear what we are, than affect to appear what we are not(실제와 다르게 보이기 위해 애쓰기보다는 있는 그대로의 모습을 보이는 게 좋다)." 17세기 프랑스 작가로 풍자와 역설의 잠언으로 유명한 라로슈푸코 François de La Rochefou-cauld, 1613~1680의 말이다.

"In politics, more than anywhere else, we have no possibility of distinguishing between being and appearance(그 어떤 분야보다도 정치에서는 실재와 외양을 구별할 길이 없다)." 미국 정치학자 해나 아렌트 Hannah Arendt, 1906~1975의 말이다.[42]

laborer of appearance는 '존재 노동자'다. 대중에게 모습을 드러내는 것 자체로 노동가치를 생산하는 노동자로, 유명인사가 대표적인 '존재 노동자'다. 이 용어를 만든 영국 스태포드셔 대학 교수 캐시 모어는 "이들의 시장가치는 객관적 기준에 의해 결정되는 것이 아니라 이들을 향유하는 소비자들이 얼마나 즐거워하느냐에 달렸다"고 말했다. 영국에서는 유명인사를 다루는 판매부수 상위 10위 이내 잡지와 대중매체의 독자만 모두 2300만 명에 이르는데, 스타에겐 이들에게 얼굴 보여주기가 노동이고, 스캔들도 경제행위가 된다.

셰필드 대학 노동심리연구소의 데이비드 홀

emotional laborer

먼은 몸으로 특정 감정을 표현하기 때문에 연예인들을 '감정 노동자 emotional laborer'로, 외모가 주된 장사 수단이기 때문에 '심미적 노동자 aesthetic laborer'로, 자신의 아이덴티티를 시장에 내다판다는 점에서 '아이덴티티 노동자 identity laborer'로 부를 수 있다고 했다. 스타의 노동이 일반 노동과 결정적으로 다른 점은 이들의 품행이 나쁘다고 시장가치가 떨어지지는 않는다는 것이다. 프로 농구스타들의 행실이 안 좋은 이유를 분석한 클렘슨 대학의 교수 토드 캔들은 "대체 가능성이 적을수록, 즉 인기가 많을수록 행실은 나빠진다"고 했다.[43] [참고 emotional labor]

appeasement

appease는 '달래다, 진정(완화) 시키다, 유화宥和하다, 양보하다'라는 뜻이며, "Nothing could console and appease her(아무것도 그녀를 위로하고 달랠 수는 없었다)"처럼 쓰인다. 명사형인 appeasement는 대인관계에서는 더할 나위 없이 좋고 아름답고 바람직한 일이지만, 국제관계에서 appeasement 또는 appeasement policy는 '유약과 비겁'을 상징하는 '유화정책'으로 역사적 사형선고를 받은 거나 다름없을 정도로 부정적 평가를 받고 있다.⁴⁴

1938년 3월 아돌프 히틀러Adolf Hitler, 1889~1945는 총 한 방 쏘지 않고 오스트리아를 점령하고 병합했으며, 오스트리아 국민 대다수의 열광적인 환영을 받았다. 그로부터 6개월 후인 1938년 9월 30일 오전 2시, 영국·프랑스·독일·이탈리아 4국 수뇌는 뮌헨에 모여 한 장의 협정문에 서명했다. 이른바 뮌헨협정이다. 10월 10일까지 체코슬로바키아 내 독일인 다수 거주지역인 수데텐Sudeten 지역을 독일이 점령할 수 있도록 허용하는 내용이었다. 수데텐 지역을 차지하기 위해 전쟁을 불사하겠다는 독일의 압력에 영국과 프랑스가 동맹국 체코슬로바키아 영토의 3분의 1을 내주는 일방적인 양보였지만 이날은 영국과 프랑스 외교의 승리로 비쳤다.

그날 런던과 파리로 돌아간 네빌 체임벌린Neville Chamberlin, 1869~1940 영국 총리와 에두아르 달라디에Édouard Daladier, 1884~1970 프랑스 총리는 열렬한 환영을 받았다. 개선장군이 되어 베를린으로 돌아온 히틀러는 자신이 '평화의 수호자'로 박수를 받은 것에 불만을 터뜨렸다. 특히 체임벌린이 자동차로 뮌헨 거리를 지나는 동안 주민들이 열광적으로 환호했다는 말을 전해 듣고 분노는 더 커졌다. 히틀러는 이 승리를 아주 비싼 값을 치르고 얻은 것처럼 여겼다. 히틀러는 당장 프라하로 쳐들어가려던 자신의 계획을 당분간 중단해야 한다는, 그래서 승리를 도둑맞았다는 생각에 신경질이 났다. 그는 측근에게 "체임벌린, 그놈이 내가 프라하로 진군하는 것을 망쳤어"라고 성을 냈다.

뮌헨협정에 대한 냉정한 평가는 며칠 뒤 영국 하원에서 나왔다. 윈스턴 처칠Winston Churchill, 1874~1965은 "우리는 전면적이고 포괄적인 패배

Adolf Hitler

를 했다.……우리가 자유를 위해 다시 일어서지 않는 한 이것은 앞으로 마셔야 할 쓰디쓴 잔의 첫 모금일 뿐이다"라고 비판했다.[45]

왜 체임벌린은 그런 유화정책을 폈던 걸까? 역사가 레이몽 손타그Raymond J. Sontag는 체임벌린의 생각을 이렇게 해석했다. "독일이 경제적으로 번영하게 됨에 따라 독일이 식민지를 확보한 국가로서 평등을 확보한다면, 또 독일이 다른 나라에 거주하는 독일계가 불공정하게 대우받고 있다는 감정을 가지지 않게 된다면, 상대하기 어려운 이웃인 독일의 신경질적이고 흥분된 감정은 가라앉게 될 것이다. 더욱이 진정된 독일은 공산주의 소련에 대한 유용한 억제력을 가진 국가로 활용될 수 있을 것이다."[46]

물론 그런 생각이 일장춘몽一場春夢이라는 걸 깨닫는 데는 오랜 시간이 걸리지 않았다. 몇 주일 뒤 히틀러는 몇백 명의 독일 언론인들을 모아놓은 자리에서 무력행사가 필요하다는 뜻의 연설을 했다. 무력행사도 오래 걸리지 않았다. 어디에도 기댈 곳이 없어진 체코슬로바키아는 결국 6개월도 지나지 않은 1939년 3월 독일의 무력 압박에 완전히 백기를 들고 말았다. 그로부터 6개월 후 1939년 9월 1일 오전 4시 45분, 히틀러 군대의 폴란드 침공으로 제2차 세계대전이 시작되었다.

1940년 4월 초 히틀러가 덴마크와 노르웨이를 침공하고, 이를 저지하기 위해 파병된 영국군이 노르웨이 해안 이곳저곳에서 비참할 정도로 패배하자, 뮌헨협정을 성사시킨 체임벌린에 대한 열광은 이제 완전히 환멸과 악몽으로 변하고 말

았다. 그는 1940년 5월 10일 수상직에서 사실상 쫓겨나 11월 9일 사망했다.

오늘날에도 실패한 유화정책의 대표 사례로 꼽히는 뮌헨협정은 "뮌헨의 배신", "뮌헨의 비굴"로 기록된다. 좋게 보자면, 체임벌린은 어떻게 해서든 국민을 전쟁의 고통으로 몰아넣지 않기 위해 전쟁을 피하고자 했던 것이겠지만, 결과도 좋지 않았거니와 역사는 아무 일도 없었던 평화 시의 지도자보다는 그 어떤 희생이 있었을지라도 전쟁에서 승리한 지도자를 기리기 마련이다.[47]

Arizona

Arizona는 미국의 서남부에 있는 주 이름이다. 1539년 이 지역을 탐험한 스페인 탐험대가 전체를 보지 못한 채 일부 지역만을 보고 'small spring(작은 샘)'이라는 뜻을 가진 'Arizonac'이라고 부른 데서 연유된 이름이다. 'arid zone(건조한 지역)'이라는 뜻의 스페인어 'árida zona'가 줄어들어 Arizona가 되었다는 설도 있는데, 애리조나 주에 적합한 걸로 보자면 이 후자가 더 설득력이 있다. 건조하긴 하지만, 애리조나 주 전체 면적의 27퍼센트가 삼림으로 이는 프랑스나 독일과 비슷한 수준이다.

애리조나 주의 별명은 'The Copper State'인데, 오늘날에도 애리조나 주가 미국 구리copper 생산량의 3분의 2를 점하고 있다는 점에 비추어 보건대 당연한 별명이다. 과거에 애리조나 경제는 5C에 의존한다는 말이 있었는데, 그 5C는 copper(구리), cotton(면화, 한때 미국 1위), cattle(소), citrus(감귤), climate(관광자원으로서의 기후)이었다. 또 다른 별명은 천혜의 관광 자원인 그랜드 캐니언Grand Canyon을 내세운 'Grand Canyon State'다.

Grand Canyon

애리조나 주는 1912년 2월 14일 48번째로 미국의 주가 되었다. 주도이자 가장 큰 도시는 피닉스Phoenix다. 애리조나 주의 면적은 29만 5,254제곱킬로미터로 미국 50개 주 가운데 6위, 인구는 639만 2,017명(2010년)으로 16위, 인구밀도는 1제곱킬로미터당 21.7명(2010년)으로 33위, 1인당 소득은 3만 2,935달러(2009년)로 43위다. 조상의 국적 중심으로 살펴본 인구의 민족 구성비는 2009년 기준으로 멕시코 27.4퍼센트, 독일 16.0퍼센트, 아일랜드 10.8퍼센트, 영국 10.1퍼센트, 이탈리아 4.6퍼센트 등이다.[48]

애리조나 주는 미국 메이저리그 야구의 스프링캠프로 유명하다. 한국 프로야구의 스프링캠프는 1월에 시작되는 반면 메이저리그의 스프링캠프는 2월 중순에 시작되어 시즌 개막일 직전까지 6주간 운영된다. 메이저리그 30개 팀은 미국 동남부의 플로리다 주와 서남부의 애리조나 주로 나뉘어 스프링캠프를 벌이는데, 플로리다 주 스프링캠프는 그레이프프루트리그Grapefruit League, 애리조나 주 스프링캠프는 캑터스리그Cactus League라고 한다. 플로리다 주의 명물인 자몽grapefruit, 애리조나 주의 명물인 선인장cactus을 따서 붙인 이름이다. 우리말로 하자면, '자몽리그'와 '선인장리그'인 셈이다.

스프링캠프는 처음 열흘 정도 팀 훈련을 한 후에 곧바로 시범 경기에 돌입하는데, 2011년 캑터스리그의 경우 총 관중은 159만 명이었다. 팬들에게 스프링캠프와 정규 시즌의 가장 큰 차이점은 선수들을 아주 가까이서 볼 수 있고 사인을 받을 수 있는 기회도 아주 많다는 점이다. 스프링리그는 지역경제에도 큰 기여를 하는데, 애리조나 주가 캑터스리그로 벌어들이는 수입은 매년 3억 달러 이상으로 추산된다. 물론 8개 경기장을 새로 짓고 2개 경기장을 보수하느라 5억 달러를 쓰긴 했지만 말이다. 한국 프로야구 팀들도 매년 스프링캠프 장소로 플로리다 주와 애리조나 주를 찾는다.[49]

ash

"ashes to ashes, dust to dust(재는 재로, 먼지는 먼지로)"는 장례식에서 쓰이는 말이다. 인간을 ashes와 dust로 표현한 것은 구약성서「창세기」18장 27절로 거슬러 올라간다. "Then Abraham spoke up again: Now that I have been so bold as to speak to the Lord, though I am nothing but dust and ashes(아브라함이 대답하여 이르되 나는 티끌이나 재와 같사오니 감히 주께 아뢰나이다)."[50]

'in sackcloth and ashes'는 '깊이 뉘우쳐, 비탄에 잠겨'라는 뜻이다. 구약성서「다니엘」9장 3절에서 유래된 말이다. "So I turned to the Lord God and pleaded with him in prayer and petition, in fasting, and in sackcloth and ashes(내가 금식하며 베옷을 입고 재를 덮어쓰고 주 하나님께 기도하며 간구하기를 결심하고)." 당시 기도를 하는 사람들은 뉘우치는 표시로 삼베옷sackcloth을 입고 하나님 앞에서 겸손을 표시하기 위해 온몸에 재ashes를 뒤집어썼다.[51]

'rise from the ashes like a phoenix'는 '불사조不死鳥처럼 재생하다, 타격에서 다시 일어나다'라는 뜻이다. 피닉스는 그리스신화(또는 이집트신화)에서 등장하는 아라비아 사막에서 500~600년을 사는 신성한 새로 죽음이 임박하면 스스로 제단을 쌓고 불을 붙여 자신의 몸을 태워 재로 변한 뒤 그곳에서 다시 새로 태어나는 불사조로 알려져 있다. 16세기 영국에서는 작가들에 의해 'as rare as the phoenix(불사조처럼 희귀한)'라는 표현이 많이 쓰였으며, 특히 윌리엄 셰익스피어William Shakespeare, 1564~1616는『헨리 8세 Henry VIII』에서 피닉스를 여러 차례 언급해 이 말의 대중화에 기여했다.[52]

2010년 7월 30일 미국 대통령 버락 오바마는 다 죽어가던 자동차산업의 중심지인 디트로이트를 방문하여 "우리는 올바른 방향으로 가고 있다"고 주장했다. 구제금융 이후 자동차산업은 7만 6,000개의 일자리를 만들어 그 이전 46만 개를 잃어버렸던 위기상황에 비해 희망적인 조짐을 보였다는 것이다. 이와 관련, 영국의『이코노미스트Economist』는 "디트로이트의 잿더미에서 일어나다Rising from the Ashes in Detroit"라는 제목의 기사를 게재했다.[53]

phoenix

astral

"아이유 눈화장, 짙은 색조화장 선보이며 '아스트랄한 분위기.' 아이유 눈화장이 화제다. 지난 6월 12일 동영상 커뮤니티 유튜브에는 아이유가 출연하는 한 글로벌 화장품 브랜드의 프로모션 영상이 공개되어 관심을 모았다. 특히 해당 영상 속 아이유는 지금까지 순수한 모습과는 사뭇 다른 화려한 색조화장을 한 채 등장하며 짙은 눈화장을 선보이고 있어 시선을 사로잡는다. 또한 아이유는 양쪽 눈이 서로 다른 색상의 눈화장으로 몽환적이면서도 묘한 분위기를 자아내 관심을 집중시키고 있다."[54]

이 같은 방식으로 "아스트랄한"이라는 말이 많이 쓰이고 있다. '몽환적이면서도 묘한 분위기'를 뜻하는 말인가? 그런데 『한겨레 21』(2012년 6월 12일)에 실린 칼럼 「'아스트랄' 한 박근혜」에서 '아스트랄'은 또 무슨 의미인가? 이 칼럼을 쓴 조광희 변호사는 다음과 같이 말한다.

"'아스트랄하다'라는 표현을 처음 듣고서는 도무지 무슨 뜻인지 짐작하지 못했다. 친애하는 네이버 지식인에게 물어보니, 별이나 영적 세계와 관련된 'astral'이라는 외국어에서 유래했고, '현실과 동떨어져 있다, 이해하기 힘들다, 너무 황당하다'라는 뜻을 가졌다고 한다. 그보다 익숙한 표현으로는 '개념이 안드로메다'라는 말이 있다. 안드로메다는 그리스신화에 등장하는 왕비 카시오페이아의 딸이자, 영웅 페르세우스의 아내다. 태양계가 속한 우리 은하에서 250만 광년가량 떨어져 있는 나선형 은하의 이름이기도 하다. 이 말은 '개념이 없거나, 너무 멀리 가 있다'라는 뜻으로 풀이되는데, 어떤 언행에 대한 '우회적이면서도 신랄한 야유'라고 보면 되겠다."[55]

astral은 '별의, 영적 세계의'란 뜻으로, 라틴어 'astrum(star)'에서 나온 말이다. 그리스어로는 star를 aster라고 하는데, 여기서 비롯된 말이 asteroid(소행성)이다. 소행성과 비슷한 말로 유성·화구火球·운석 등이 있는데, 이들은 어떻게 다른가? 소행성asteroid은 태양 주위를 도는 지름 1,000킬로미터 이하의 우주 물체를 말한다. 그중 일부는 지구로 떨어지는데, 이때 대기와의 마찰로 불타며 떨어지는 것이 유성meteor 또는 별똥별이다. 화구火球·fireball는 공중에서 폭발하는 것, 운석meteorite은 유성이 다 타 없어지고 않고 지상에 추락한 것을 가리킨다.[56]

Atlanta Compromise

Atlanta Compromise(애틀랜타 타협)는 유화적인 흑인 운동을 펼친 흑인 지도자 부커 워싱턴 Booker T. Washington, 1859~1915의 제안이다. 문서로

Booker T. Washington

존재하는 건 아니며, 나중에 흑인 학자인 W. E. B. 두보이스W. E. B. Du Bois, 1868~1963가 붙인 이름이다. 애틀랜타 타협에 담긴 정신을 가리켜 accommodationism이라고도 한다.⁵⁷

노예로 태어난 워싱턴은 수위로 일하면서 학자금을 벌며 햄튼 사범농업학교를 졸업한 뒤 교사로 일했다. 미국의 대표 흑인 직업학교가 된 앨라배마의 터스키기 대학Tuskegee Institute은 그가 거의 혼자 힘으로 세운 것이다. 그는 1895년 조지아 주 애틀랜타에서 행한 유명한 연설에서, 바로 이 애틀랜타 타협이라고 널리 알려지게 된 인종관계론을 역설했다.

일종의 실력양성운동이라고나 할까? 그는 "우리 동포 중에서도 현명한 분들은 사회적 평등 문제로 분란을 일으키는 것이 얼마나 바보짓인지 잘 알고 계십니다"라며 흑인들은 정치적 권리를 위한 선동을 그만두고 자기발전과 평등을 위한 준비에 집중해야 한다고 주장했다. 흑인들의 당면 문제에 관심을 집중하는 실용주의 노선을 걷자는 것이었다.⁵⁸

워싱턴이 그 연설에서 한 "I shall never permit myself to stoop so low as to hate any man(나는 다른 사람을 증오할 만큼 나 자신이 비루하게 구는 걸 용납하지 않을 것이다)"이라는 말은 지금도 증오와 관련된 명언으로 인구에 회자되고 있다.⁵⁹

1901년에 출간된 워싱턴의 자서전인 『노예제도로부터Up From Slavery』는 고전적인 미국 성공담으로 벤저민 프랭클린Benjamin Franklin, 1706~1790의 자서전과 맞먹는다. 그는 "어떤 피부를 가졌건 장점은 결국 인식되고 보답된다"는 확신을 피력하면서 공개적으로 보수파 남부 신사들의 위엄과 예의를 찬양했다. 그는 인종적 편견은 편협한 무지의 소산으로 대중적인 계몽사상의 진보 속에서 일소될 것이라고 주장했다.⁶⁰

워싱턴의 주장은 일부 백인들, 특히 대통령들의 호감을 샀다. 1895년의 연설은 그로버 클리블랜드Grover Cleveland, 1837~1908 대통령의 찬사를 받았으며, 그의 후임인 윌리엄 매킨리William McKinley, 1843~1901 대통령은 터스키기 대학을 방문했고, 시어도어 루스벨트Theodore Roosevelt, 1858~1919대통령은 워싱턴을 백악관에 초대해 같이 식사하기도 했다.⁶¹

비판자들은 워싱턴의 주장은 흑인 중산층의 이해만을 대변했을 뿐 남부의 흑인 인구 중 75퍼센트를 차지하는 흑인 소작농의 처지를 전혀 고려하지 않았다고 말한다. 그래서 현대의 민권운동가에게 그는 백인사회에 순종하는 '엉클 토미즘Uncle Tomism'을 선전한 데 지나지 않는다는 비난을 받기도 한다.⁶² 워싱턴에 대한 평가와 관련, 케네스 데이비스Kenneth C. Davis는 다음과 같이 말한다.

"당대나 후대나 워싱턴의 비판자들은, 그가 현존 질서에 화해, 수용하는 방식이 서툴렀고 심지어 비겁하기까지 했다고 불만을 토로한다. 그런가 하면 어떤 사람들은 선택의 폭이 극히 제한된 시대에 그는 자신이 할 수 있는 모든 것을 다했다면서 그를 옹호한다. 어찌되었든 그는 '건방지다'는 이유 하나만으로 군중이 흑인을 교수형시킬 수도 있었던 시대를 살았던 인물인 것만은 분명하다."[63]

attention

왜 '관심을 기울이다'라는 표현은 영어로 'pay attention'일까? 미국의 경영 컨설턴트 토머스 데이븐포트Thomas H. Davenport와 존 벡John C. Beck은 『관심의 경제학 The Attention Economy: Understanding the New Currency of Business』(2001)이란 책에서 그건 관심이 은유적으로 화폐와 대응되어 왔음을 보여준다고 말한다.[64] 그래서 '관심산업 attention industry'이라는 말도 나왔다. '주목산업'이라고도 한다. 그간 대중매체가 전형적인 관심산업이었지만, 오늘날에는 관심산업 아닌 게 없다. 대중의 관심과 주목을 쟁취하지 못하면 그 누구도 살아남을 수 없거니와 그런 경쟁이 더욱 치열해졌기 때문이다.

attention economy(주목경제)는 갈수록 자신을 널리 알리는 것, 즉 남의 주목을 받는 것이 생존과 성장에 중요한 요소가 되면서 일어나는 사회경제적 변화상을 가리키는 말이다. 미국 경제학자 로버트 라이히Robert Reich는 지금과 같은 신경제new economy 시대에 자신의 이름을 알리는 것이 얼마나 중요한지에 대해 다음과 같이 말한다.

"많은 사람들이 인터넷을 통해 새로운 시장에 쉽게 진입할 수 있으므로 이름을 알릴 필요성이 줄어든다고 잘못 생각하고 있다. 그리고 상품이나 서비스가 뛰어나면 고객을 자동적으로 끌어모을 수 있다는 것도 잘못된 생각이다. 유명 작가 스티븐 킹이 웹을 통해 베스트셀러를 발표해 큰 인기를 얻고 있는데 나라고 안될까 하고 생각할 수도 있다. 완성은 오래전에 되었지만 아직 출판되지 않은 당신의 책을 꺼내어 인터넷에 올리고 직접 판매 방식으로 수백만 부를 팔 수 있지 않을까 생각할 것이다. 당신 자신을 바보로 만들지 마라. 당신의 작품이 훌륭하다 할지라도 여러 소음과 구호 속에 파묻혀 그 존재는 사라질 것이다."[65]

이처럼 자신을 팔기 위해 남들의 주목을 받아야만 살 수 있다는 점에서 우리는 질적으로 전혀 새로운 '주목경제attention economy'로 진입한 것이다. 이러한 환경에서 가장 중요한 상품은 '생각의 공유mindshare'인데, 인터넷 전문가들의 예측은 이렇다. "우리 생활이 점점 더 '인터넷 중심적인' 것으로 변모함에 따라 우리는 1년 365일 중 깨어 있는 모든 시간을, 어쩌면 잠자는 시간까지, '신新 가상경제New Virtual Economy'의 유지에 필요한 '비트bit 상품' 들을 소비하고 생산하는 데 쓰게 될 것이다."[66]

Audi

Audi(아우디)는 독일의 자동차 회사 이름이자 브랜드 이름으로 1910년에 첫 생산되었다. 대주주는 폭스바겐Volkswagen이다. 아우디의 작명作名 과정은 매우 이색적이고 복잡하다. 아우구스트 호르히August Horch, 1868~1951는 자신의 이름을 내세운 자동차회사를 설립했는데, 내분內紛으로 쫓겨나고 말았다. 그는 다시 자신의 이름을 내세운 새로운 자동차회사를 만들었는데, 자신을 쫓아낸 회사에서 Horch라는 상호를 써선 안 된다며 소송을 제기했다. 법원은 원고의 손을 들어주었다.

자기 이름을 쓸 수 없는 기막힌 상황에 처하게 된 호르히는 새로운 회사 이름을 짓기 위해 사업 친구인 프란츠 피켄처Franz Fikentscher의 아파트에서 동료들과 회의를 열었다. 회의를 하는 동안 프란츠의 아들은 방 한 구석에서 라틴어를 공부하고 있었는데, 회의가 길어지자 자기 아버지에게 'Audi'라는 이름을 제안했다. 독일어로 'Horch!'는 '들어라', '경청하라'는 뜻인데, 그 뜻을 가진 라틴어가 바로 Audi라는 것. 이 제안은 참석자들의 만장일치로 채택되어 바로 오늘날의 아우디가 탄생하게 된 것이다.

아우디의 상징인 4륜마크는 아우디를 구성하게 된 4개 회사를 나타낸다. 이 4륜마크와 올림픽 5륜마크의 유사성을 문제 삼은 국제올림픽위원회는 미국 미네소타 법정에 소송을 제기하기도 했다.[67] 한국에서는 2005년에 유난히 아우디가 많이 팔렸는데, 자동차업계에서는 그 이유를 리움미술관 오픈 때 삼성 이건희 회장의 부인 홍라희 여사가 아우디를 몰고 나타났기 때문인 것으로 분석했다.[68]

아우디는 1990년대 미국 시장에서 고전을 했는데, 이에 대해 허윤희는 이렇게 말한다. "독일 자동차 아우디는 한 번의 잘못으로 나락으로 떨어졌다. 1990년 미국 TV 시사프로그램 〈60분〉이 급발진 사고로 많은 사람이 사망했다는 내용의 보고서를 방송했다. 사고를 낸 자동차 중에 아우디가 있었다. 아우디는 즉각 '우리 차에는 문제가 없고, 사고는 운전자의 부주의 때문에 일어났을 것'이라고 반박했다. 사고 원인이 급발진 때문이라는 주장은 입증되지 않았으나, 이후

Audi logo

아우디는 미국 시장에서 거의 추방되다시피 했다. 추락한 브랜드 이미지를 다시 세우기까지 20년이 걸렸다. 적절히 사과하는 데 실패하여 대중의 외면을 받았기 때문이다."[69]

authoritarian

authority의 형용사형인 authoritarian은 '권위주의적인, 독재적인', an authoritarian regime/government/state은 '독재 정권/권위주의적인 정부/독재 국가'라는 뜻이다. authoritarian을 다시 명사화한 authoritarianism은 '권위주의'란 뜻이다. [참고 authority] 신자유주의 시대에 시장이 독재력을 행사하는 걸 가리켜 시장권위주의market authoritarianism라고 한다.

유대인으로 독일계 미국인 학자인 에리히 프롬Erich Fromm, 1900~1980은 『자유로부터의 도피Escape from Freedom』(1941)에서 authoritarian을 인간의 생각과 성격에까지 연결시켰는데, 그의 주장 2개만 들어보자.

(1) The feature common to all authoritarian thinking is the conviction that life is determined by forces outside of man's own self, his interest, his wishes. The only possible happiness lies in the submission of these forces(모든 권위주의적 생각의 공통적인 특성은 삶이 자기 자신, 자신의 관심, 자신의 소망 등이 아니라 그 밖에 있는 힘에 의해 결정된다고 믿는 확신이다. 이러한 생각을 가진 사람이 행복할 수 있는 유일한 길은 이러한 힘에 굴종하는 데 있다).[70]

(2) The courage of the authoritarian character is essentially a courage to suffer what fate or its personal representative or "leader" may have destined him for. To suffer without complaining is his highest virtue-not the courage of trying to end suffering or at least to diminish it. Not to change fate, but to submit to it, is the heroism of the authoritarian character(권위주의적 성격에서 나오는 용기란 본질적으로 운명 또는 그의 상관이나 지도자가 그에게 요구한 것을 견뎌내는 용기다. 그 괴로움을 끝내거나 적어도 완화시키려고 시도하는 용기는 금물이다. 불평 없이 견디는 것이 최상의 미덕이다. 운명을 바꾸지 않고 운명에 복종하는 것이 권위주의적 성격의 영웅주의다).[71]

프롬은 1930년대의 파시즘 대두를 받아들인 당시의 독일 중산계급의 사회심리학적 분석 차원에서 authoritarian character의 문제를 다루었는데, 테오도어 아도르노Theodor W. Adorro, 1903~1969 등은 프롬의 이러한 개념을 받아들여 1950년 『The Authoritarian Personality(권위주의적 성격)』를 출간함으로써 authoritarian personality라는 개념을 널리 유행시켰다.

그들은 권위주의적 성격을 가진 사람들은 편견이 강하고 권위에 순응하는 체질을 보임으로써 파시즘에 친화적이었다는 결론을 내렸다.

즉, "potentially fascistic individual(잠재적으로 파시스트적인 개인)"이 있다는 것이다. 따라서 이들은 편견을 사회학적인 문제라기보다는 심리학적인 문제로 공식화한 셈이다.[72] [참고 prejudice]

authority

authority(권한, 권력, 권위, 지휘권, 당국, 인가, 권위자)는 invention, advice, opinion, influence, command 등의 뜻을 가진 라틴어 'auctoritas'에서 나온 말이다. 대문자를 쓴 Authority는 Tennessee Valley Authority처럼 권한을 행사하는 기관을 뜻한다. authority는 power의 의미로 많이 쓰이지만, power가 주로 다른 사람에게 어떤 일을 하게 하거나 하지 못하도록 영향을 끼칠 수 있는 능력을 뜻한다면, authority는 power를 행사할 수 있는 권리와 그 정당성을 가리키는 개념으로 쓰인다.[73]

Nothing intoxicates some people like a sip of authority(권력의 맛을 보면 누구나 거기에 취한다). Authority shows the man/If you wish to know what a man is, place him in authority/If you wish to know a man, give him authority(권력을 쥐면 본성이 나온다. 권력의 자리에 올랐을 때 인간 됨됨이가 드러난다.). authority에 관한 명언 5개만 감상해보자.

(1) Well, I must be patient; there is no fettering of authority(권력에 족쇄를 채우는 방법이 없기 때문에 참고 살 수밖에 없다). 영국 극작가 윌리엄 셰익스피어의 작품 『All's Well That Ends Well(끝이 좋으면 다 좋은 법)』에 나오는 말이다.[74]

(2) All authority belongs to the people(모든 권력은 국민에게 있다). 미국 제3대 대통령(1801~1809년) 토머스 제퍼슨Thomas Jefferson, 1743~1826의 말이다.[75]

(3) Authority is quite degrading(권력은 치사한 것이다). 영국 작가 오스카 와일드Oscar Wilde, 1854~1900의 말이다.[76]

(4) Unthinking respect for authority is the greatest enemy of truth(생각도 없이 권력자들을 존중하는 것은 진실의 최대 적이다). 세계적인 물리학자 앨버트 아인슈타인Albert Einstein, 1879~1955의 말이다.[77]

(5) Rational authority is based on competence, and it helps the person who leans on it to grow. Irrational authority is based on power and serves to exploit the person subjected to it(합리적 권위는 능력에 바탕을 두며, 그것에 의지하는 사람이 성장하도록 도움을 준다. 비합리적 권위는 권력에 바탕을 두며, 그 지배하에 있는 사람을 착취하는 데 이용된다). 에리히 프롬이 1976년에 출간한 『To Have or to Be?(소유냐 존재냐?)』에서 한 말이다.[78]

autoeroticism

autoeroticism(오토에로티시즘)은 자위masturbation 따위에 의한 자기색정(의 만족)을 뜻한다. 영국의 내과의사이자 성과학자sexologist인 해브록 엘리스Havelock Ellis, 1859~1939가 19세기 말에 유행시킨 용어다. 자위와 거의 동의어로 쓰이지만, autoeroticism은 자기색정의 만족을 위해 자위뿐만 아니라 음악, 미술, 모험 등 다양한 방법 등을 포괄하는 개념이다.[79] [참고 masturbation]

autoeroticism에는 '자동차 에로티시즘'이라는 뜻도 있다. 미국 여성들의 원만한 성생활을 위해 애를 쓰는 잡지 『코스모폴리탄Cosmopolitan』은 1990년대에 「오토에로티시즘: 그의 자동차가 당신보다 그를 흥분시킬 때Autoeroticism: When His Car Excites Him More Than You Do」라는 기사를 게재했다. 이 잡지는 그런 문제, 즉 남편이나 애인이 자신보다 자동차를 사랑하는 문제에 다음과 같은 해법을 제시했다.

"침대에 자동차 방향제를 뿌리세요. 당신 가슴에 장식술처럼 '퍼지 다이스(미국인들이 차 백미러에 즐겨 달던 주사위 모양의 장식물)'를 다세요. 그리고 그를 '점퍼 케이블(차 배터리 충전용 케이블)'로 침대에 묶어놓고 당신의 배터리도 충전이 필요하다고 속삭이세요(Perfume the bedroom with an auto air freshener. Attach fuzzy dice, like tassels, to your breasts. Tie him to the bed with jumper cables and whisper that your battery needs a charge too)."[80]

그러나 자동차 회사들이 한결같이 오토에로티시즘을 자극하는 광고 슬로건들을 내세우고 있어서 그런 해법이 먹힐지는 의문이다. 미국에서 유통되고 있는 대표적인 광고 슬로건 8개만 감상해보자.

(1) "It's not a family car. It's family(가족용 차가 아닙니다. 가족입니다)." —Mazda

(2) "We don't sell cars. We merely facilitate love connections(우리는 차를 파는 게 아닙니다. 단지 사랑의 관계를 촉진할 뿐입니다)." —Lexus

(3) "Buying a car is like getting married. It's a good to know the family first(차를 사는 건 결혼하는 것과 같습니다. 가족을 먼저 알아야죠.)."
—Mercedes-Benz

(4) "If you do shiver, it'll be from excitement(당신이 몸을 떤다면 그건 흥분 때문일 겁니다)." —BMW

(5) "Is it wrong to be in love with a car? There's no reason to hide your true feelings. ……After all, who could blame you for giving in to the seductive powers of this sleek, sexy automobile?(차와 사랑에 빠지는 게 잘못된 일인가요? 당신의 진짜 감정을 감출 이유가 없습니다.……이 매끄럽고 섹시한 차의 유혹에 굴복한다고 해서 누가 당신을 탓할 수 있을까요?)" —Accord

(6) "Like a Spirited Woman Who Yearns to Be Tamed. Sleek. Agile. The sculptured lines of the one-piece body invite you in. Go to her. Surround yourself with the lushness of

her interior appointments. Now turn her on(길들여지기를 원하는 활기찬 여자처럼. 매끄럽고 날렵한. 원피스 몸매의 조각 선이 당신을 들어오라고 부릅니다. 들어가 보세요. 그 안에 갖춰진 풍요로움을 만끽해보세요. 그리고 시동을 걸어 보시죠)."—Subaru

(7) "Its beauty will draw you in. Its new engine will pump the valves of your heart. And the line that separates man from machine will disappear completely(차의 아름다움이 당신을 빨아들입니다. 새 엔진은 당신의 심장 판막을 뛰게 할 것입니다. 인간과 기계를 분리하는 경계는 완전히 사라질 것입니다)."—Lexus

(8) "They say the soul lives on. And it does(사람들은 영혼이 살아 있는 차라고 말합니다. 실제로 그렇습니다)."—Chrysler[81]

일본과 독일의 자동차업체들이 자국에서도 그렇게 광고를 하는지는 모르겠지만, 미국의 자동차 광고는 자동차를 오토에로티시즘, 더 나아가 영혼에 연결시킨다. 자동차에 영혼이 살아 있다면, 자동차와 결혼인들 못하겠는가. 자동차와 결혼하고 싶어 하는 남자에 관한 만화가 등장하고, 실제로 테네시 주에서는 어떤 남자가 자신의 머스탱Mustang 승용차를 신부로 등록하려다 거절당한 일도 있었다.[82]

B

back-to-back

2013년 2월 미국 조지아 주 트루프 카운티 고등법원은 2011년까지 인터넷에서 아동 포르노 2만 6,000여 건을 내려받은 지역 방송사 TV33의 전 사장 피터 멀로이(64)에게 징역 1,000년을 선고했다. 검찰은 2만 6,000건의 아동 포르노 다운로드 가운데 50건에 대해서만 정식으로 기소했는데, 법원은 50건을 각각 징역 20년씩으로 계산해 징역 1,000년을 선고한 것이다.[1]

이러한 영미식 형량 산정 방식과는 달리 한국의 처벌 방식은 여러 죄 가운데 법정형이 가장 무거운 죄 형량의 최대 2분의 1까지 가중加重처벌하는 유럽식 방식을 쓴다. 예컨대, 절도죄 2건, 사기죄 2건, 강간죄 3건을 지은 사람은 법정 최고형이 절도죄는 징역 6년, 사기죄는 10년, 강간죄는 30년으로 강간죄가 가장 무겁다. 따라서 강간죄 30년을 기준으로 그 2분의 1인 15년을 더해 최대 45년 범위 내에서 처벌할 수 있다. 반면 미국식으로 한다면 절도죄 2건 12년, 사기죄 2건 20년, 강간죄 3건 90년을 더해 최대 122년까지 선고할 수 있다. 왜 영미법계 국가들은 이러한 처벌 방식을 쓰게 되었을까?

김낭기는 "중요한 설명 중 하나는 범죄를 보는 눈이 유럽 국가들과 달랐다는 것이다. 유럽은 범죄를 사회질서를 위협하는 행위로 봐왔다. 그래서 사회질서 유지에 적절한 기준을 정해서 처벌해왔다. 반면 영국과 미국은 범죄를 개인의 권리를 침해하는 행위로 여겨왔다. 그래서 피해를 본 개개인 입장에서 처벌 수준을 정했다"고 말한다.[2]

종신형life sentence을 여러 번 합산해 수백 년에서 수천 년에 이르는 형량을 매기는 걸 가리켜 back-to-back life sentences라고 한다. 왜 back-to-back일까? back-to-back은 보통 연속적으로 이어지는 프로그램, 광고물, 장면 들을 뜻한다. 예를 들어 광고주가 2개 제품의 각 30초 CM을 2개의 네트워크 프로그램에 인접해서 방송하면 바로 그게 back-to-back이다. 연달아 우승을 하거나, 야구에서 앞 타자에 이어 바로 홈런을 칠 때에도 이 용어가 쓰인다.³ back-to-back life sentences는 종신형을 받더라도 중도에 사면이나 감형 등을 통해 출소할 수 있는바, 아예 출소 가능성을 원천봉쇄하겠다는 뜻에서 나온 것이다.⁴

back to back은 "서로 등을 맞대고(마주하고)", back-to-back seats는 "등을 맞대는 좌석", sit back to back with는 "~와 등을 대고 앉다", stand back to back은 "등을 마주 대고 서다", a couple of fives back to back은 "10년 형刑"이란 뜻이다. That crime deserves a couple of fives back to back(그 범죄는 10년 형을 받을 만하다).⁵

야구의 한 경기에서 같은 팀의 두 타자가 타석에서 연속 홈런을 쳤을 때 첫 홈런에 이어 연속해서 터진 그다음 홈런을 가리켜 '랑데부 홈런rendezvous home run'이라고 하는데, 이는 일본식 명칭이며, 미국에서는 '백투백 홈런back-to-back home run'이라고 부른다. 타자 3명이 연속으로 홈런을 때리는 때에는 '백투백투백 홈런back-to-back-to-back home run'이라고 한다. 미국에서 이러한 연속홈런은 4번이 최다기록인데, 모두 다섯 차례 작성이 되었다. 프로야구 세계기록은 일본이 가지고 있다. 1971년 5월 3일 도에이 플라이어즈는 롯데 마린즈를 상대로 연장 10회 초 무려 타자 5명이 연속홈런을 기록했다.⁶

baguette

바게트는 프랑스 빵의 일종으로 길고 딱딱한 원통형 빵이다. 19세기 중반 오스트리아 빈에서 처음 개발된 빵으로 딱딱하고 매끈하며 윤이 나는 껍질을 가지고 있지만 속은 부드러워 쫄깃한 맛을 느낄 수 있다.⁷ 특히 파리의 바게트가 유명한데, 파리바게트는 한국의 유명 프랜차이즈 제과 브랜드이기도 하다.

바게트는 'wand(지팡이, 막대기)', 'baton(막대기, 몽둥이, 지휘봉)'이란 뜻이다. 지금도 프랑스어에서는 baguette magique(magic wand), baguettes chinoises(chopsticks), baguette de direction (conductor's baton) 등과 같은 식으로 쓰이고 있다. 바게트의 역사는 200년이 넘는다고 하지만, 바게트가 빵의 이름으로 쓰이게 된 건 1920년대부터다.

프랑스에서 1920년 10월 노동자들이 오전 4시 이전에 일할 수 없게 만든 법이 발효되면서 바게트가 대중화되었다는 설이 있다. 둥근 빵은 만드는 데 시간이 오래 걸리기 때문에 아침식사용 빵을 사러 오는 고객들을 위해 비교적 빨리 만들 수 있는 막대기 모양의 빵을 많이 만들었는데, 이게 바로 바게트 대중화의 기원이라는 것이다.⁸ 오늘날 개당 가격이 89센트(약 1,300원)인 바게트의 프랑스 내 연간 판매량은 80억 개, 연간 총 매출액은 70억 유로(약 10조 5,000억 원)를

2013년 6월 26일 프랑스 일간 『르파리지앵』은 와인, 치즈와 함께 프랑스인의 '식탁 위 성聖 삼위일체三位一體'로 꼽혀온 바게트 판매량이 지난 40여 년간 절반으로 떨어져 프랑스 제빵업계가 전국 캠페인에 나섰다고 보도했다. 프랑스 생활환경연구센터는 "원래 바게트는 전채·메인·후식으로 구성된 프랑스식 전통 음식과 함께 즐기는 것"이라며 "젊은 층을 중심으로 아침을 거르고, 빵을 곁들이지 않는 파스타 등 간단한 음식을 즐기면서 지난 10년간 바게트 소비량이 28퍼센트 감소했다"고 분석했다.¹¹

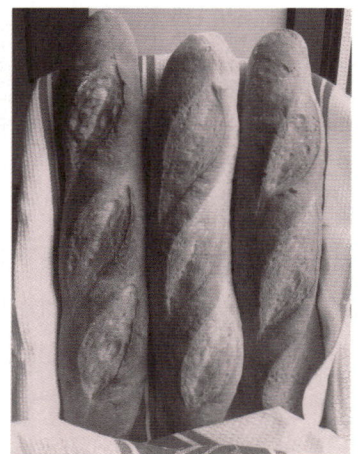
baguette

넘는다.⁹

전 세계적으로 인기를 누리면서 바게트는 프랑스의 상징이 되었다. 심순철은 『프랑스 미식기행』에서 "프랑스인의 스테레오타입stereotype은 머리에 베레béret를 쓰고, 한 손에 긴 바게트빵을 들고 있는 모습이다. 오후 여섯 시쯤 되면 실제로 거리에서 이렇게 긴 빵을 들고 귀가하는 사람들을 쉽게 발견할 수 있는데, 빵이 한 나라의 상징이 되어버린 나라로는 프랑스가 유일할 것이다"며 다음과 같이 말한다.

"오늘날 프랑스에는 1년에 3,200만 톤의 빵을 생산하는 3만 5천 개 이상의 불랑주리boulangerie가 있다. 하지만 프랑스인들은 19세기에 비해 빵을 적게 소비한다. 하루에 500그램씩 먹던 빵을 이제는 150그램 정도밖에 먹지 않으니 말이다. 아무리 현실이 그렇다 해도 아침에 갓 구운 따뜻하고 바삭거리는 바게트에 신선한 버터를 발라 먹는 그 맛은 정말 오래도록 기억에 남는다."¹⁰

balkanize

balkanize는 '(발칸반도의 나라들처럼 국가나 영토를) 서로 적대시하는 약소국가들로 분열시키다'라는 뜻이다. balkan은 터키어로 '산mountain'이란 뜻이다. 발칸 반도의 이름은 불가리아와 세르비아에 걸친 발칸 산맥에서 유래한 것으로, 이 지역에서는 산맥이 인종적 경계를 나누는 데 큰 구실을 하고 있다.

발칸반도Balkan peninsula는 유럽의 남동부에 있는 반도인데, 보통 그리스, 알바니아, 불가리아, 루마니아, 터키의 유럽 부분, 구 유고연방의 일부였던 나라들이 발칸반도에 포함된다. 발칸반도는 제1차 세계대전 이래 '유럽의 화약고'라는 별칭을 가지게 되었고, 보다 최근에는 유고슬라비아의 분열로 발칸이라는 이름이 '발칸화balkanization'라는 부정적 의미의 용어를 낳았다.[12]

cyber-balkanization(사이버 발칸화)은 1996년 미국 MIT의 에릭 브리뇰프슨Eric Bryjolfsson과 보스턴 대학의 마셜 반 앨스타인Maschall Van Alstyne이 처음 사용한 말로, 이들은 『경영과학』에 발표한 「전자 커뮤니티: 지구촌 혹은 사이버 발칸? Electronic Communities: Global Village or Cyberbalkans?」이라는 논문에서 필터링과 개인화 기술들의 효과를 지적하면서 다음과 같은 결론을 내렸다.

"자신들의 현재 선호에 적합하지 않은 자료를 가려내는 능력을 가진 개인들은 가상 파벌을 형성하고, 반대 견해들과는 스스로 절연하고, 자신들의 편견을 강화할지도 모른다. 이러한 선호에 빠짐으로써 이전부터 가져온 편견들을 더욱 배가시키고 강화시키는 왜곡의 효과를 초래할 수도 있다. 그 효과는 구성원들이 집단의 일반적인 사고에 순응하는 경향뿐만 아니라, 이 일반적인 사고가 극단으로 치닫는 급진화이다.…… 발칸화와 더불어, 서로 공유하는 경험 및 가치관의 상실이 민주주의 사회 구조에 위협이 될 것이다."[13]

이처럼 갈갈이 찢겨진 채로 각자 극단으로 치닫는 '사이버 발칸화'를 입증하는 연구 결과는 계속 나오고 있다. 캐스 선스타인Cass Sunstein은 2001년에 출간한 『Republic.com』에서 사이버 발칸화가 상호 소통을 어렵게 만들어 민주주의를 위협한다고 우려했다.[14]

2005년 8월 영국 조셉론트리 재단의 한 연구 보고서는 "인터넷이 지역과 계층 간 차이를 확대시키고 사회통합을 저해하고 있다"는 결론을 내렸다. 이 재단은 "인터넷의 발달로 보다 많은 사람들이 더 쉽게 지역과 개인에 대한 정보를 얻고 있다"면서 "이 같은 정보들은 같은 계층끼리 모이고 다른 계층들을 배제시키는 데 이용되는 경향이 높다"고 분석했다. 이는 과거보다 훨씬 쉽게 자신이 원하는 주거지와 교류집단을 선정할 수 있게 되었기 때문이다. 이미 미국 등에서는 특정지역의 소득수준, 주민들의 인종분포, 교육기관 수준 등에 대한 정보를 상업 사이트 등을 통해 쉽게 구할 수 있다. 연구팀을 이끈 요크 대학 교수 로저 버로는 "인터넷의 발달에 따른 정보접근의 용이성으로 이제 부자들이 이전보다 더 쉽게 덜 다양하고 더 획일적인 지역을 만들 수 있게 되었다"고 말했다.[15]

2005년 가을 백지운은 사이버 발칸화에 대해 이렇게 말했다. "글로벌한 정보인프라의 출현을 통해 지리적 경계를 뛰어넘은 '지구촌'이 형성되는 듯하지만, 사실상 사이버공간을 통해 사람들은 자신과 정치적·문화적·경제적 관점과 입장이 비슷한 사람과 공동체를 형성한다. 따라서 결과적으로 인터넷은 자기와 다른 문화에 대한 이해를 키우기보다 상대를 적대하는 소국들로 분열되는 '발칸화'의 위험을 더 많이 낳는다."[16]

사이버 발칸화와 유사한 개념인 splinternet은 기술, 경제, 정치, 내셔널리즘, 종교, 이해관계 등의 이유로 인터넷이 분열로 치닫는 현상을 뜻하는 말이다.[17] splinter는 '조각, 가시, 파편', splinter group은 '정치적인 분파'라는 뜻이다.

Barbie

바비 인형. 선풍적인 신드롬을 불러일으킨 이 인형은 1959년 3월 9일 미국 장난감박람회에 얼룩말 무늬 수영복 차림에 굽 높은 뾰족구두를 신은 모습으로 출현했다. 30센티미터의 크기였다. 당시에는 아기 인형이 주류였는데, 바비 인형은 실물과 같은 10대 소녀 모습이었다. 폴란드 이민자 가정의 10형제 중 막내로 태어나 1945년 플라스틱 전문 디자이너인 남편 엘리엇 핸들러Elliot Handler, 1916~2011와 함께 마텔 사를 설립한 루스 핸들러Ruth Handler, 1916~2002의 작품이었다.

마텔Mattel은 남편과 남편의 동업자인 헤럴드 매트 맷슨Harold "Matt" Matson의 이름을 합성하여 만든 이름이다("Matt" and "Elliot"→Mattel).

루스는 딸 바버라Barbara에서 바버라의 애칭인 '바비'라는 이름을 얻고 독일신문에 연재되던 프로노그래피의 여주인공이자 독일 인형인 '릴리Lilli'에서 인간으로서는 상상하기 어려운 39-18-33이라는 몸매를 가져왔다.[18]

바비 인형은 나오기가 무섭게 대중문화의 우상으로 떠올랐고, 페미니스트들은 바비가 어린 소녀들에게 비현실적인 몸의 이미지를 심어주며 바비의 눈동자에 숨어 있는 여성스러움에서 굴종의 냄새가 난다고 비판했다. 바비의 모습이 지나치게 성적이라는 비판도 제기되었다. 보수파는 바비가 가족에는 전혀 관심이 없다는 이유로, 마초들은 바비가 자신만만하게 하늘을 향해 가슴을 펴고 있다는 이유로 비판했다.[19]

이러한 모든 비판에 대해 훗날(1977년) 핸들러는 『뉴욕타임스』 인터뷰에서 다음과 같이 말했다. "어린 소녀들은 누구나 미래의 꿈을 펼쳐볼 수 있는 인형을 갖고 싶어 합니다. 그런데 열여섯이나 열일곱이 되었을 때의 모습을 연출하고 싶은 아이들에게 절벽 가슴의 인형을 주면 좋아하겠어요? 바비의 가슴은 그래서 예쁘게 만들었어요."[20]

원래 인형은 수명이 매우 짧은 상품이지만 바비 인형이 장수할 수 있게 된 것은 끊임없이 세

Barbie doll

상의 변화에 발맞춰 바비의 역할을 변화시킨 덕분이었다. 1960년대 바비는 주부, 간호사, 패션모델로 나타난다. 미국의 부모들은 바비의 형제, 자매, 남자친구를 만들도록 요구했다. 인간관계를 형성하도록 가르쳐야 한다는 바람이었다. 마텔 사는 인형시장에서 남자인형은 장사가 안 된다는 이유로 주저했으나 사회의 요구가 비등해 결국 굴복했다. 1961년에 나온 Ken은 핸들러 부부의 아들 이름을 가져온 것이다.[21]

여성해방의 물결이 밀어닥치면서 1971년 다소곳하게 눈을 내려깔았던 바비가 당당하게 정면을 쳐다보기 시작했다. 바비는 금메달을 단 올림픽선수(1975년)로 나타나는 등 활동적인 여성이 되었다. 1980년 처음으로 '미스 USA' 바비에 검은 피부를 입혀 출시했는데 3년 후 1983년 바네사 윌리엄스Vanessa L. Williams, 1963-가 진짜 최초의 아프리카계 출신 미스 USA가 되었다. 바비는 1984년 "우리 소녀들은 무엇이든 할 수 있다. 세계의 운명은 한 아름다운 소녀의 손에 놓여 있다"고 세상을 향해 폭탄선언을 한다. 이어 컴퓨터를 갖고 일하는 '여피 바비(1985년)', '우주조종사 바비(1986년)', '의사 바비(1988년)'가 잇달아 데뷔했다.[22]

바비가 남녀평등을 만들고 평등의 시대가 바비의 변화를 재촉했지만, 그렇다고 '섹스 어필'까지 사라진 건 아니다. 2001년 바비보다 훨씬 섹시한 라이벌 브래츠Bratz가 등장하자, '섹시 경쟁'이 벌어진다. 바비 인형은 우뚝 솟은 가슴과 가느다란 허리에도 불구하고 상당히 무성적인 존재처럼 보이지만, 브래츠 인형에는 거리의 아이들 같은 거친 면과 섹스가 결합되어 있다. 브래츠의 공식 웹사이트에는 관능적인 엉덩이와 멜론만 한 가슴을 뽐내는 이 인형들의 사진이 올랐다.

이에 질세라 마텔은 입술과 엉덩이가 더 풍만한 '마이 신My Scene' 바비를 새로 출시한다. 이어 2002년에 '란제리 바비'가 나오면서 바비가 브래츠를 압도하는데, 이는 일명 '포르노 바비'라 불린다. 항의가 빗발치자 매장에서 철수시켰지만, 이후로도 인형들의 섹스 경쟁은 계속된다.[23] 2011년 11월 마텔은 어깨에서 목에 걸쳐 문신을 한 바비 인형을 출시해 논란을 빚었다. 바비 인형은 처음 10년간 5억 달러의 매출을 올렸고 2001년까지 140개 국가에서 10억 개 이상의 바비 시리즈가 팔렸다. 2초마다 1개꼴로 팔린다는 통계도 나왔다. 미국 소녀의 90퍼센트 이상이 적어도 1개 이상, 평균적으로는 7개 바비를 갖고 있다.

basket case

basket case는 '사지를 절단한 환자, 완전 무능력자, 노이로제에 걸린 사람'을 뜻한다. 제1차 세계대전1914-1918 때 미국이 참전한 1917년 이후 미군 병원에서 탄생한 표현이다. 사지를 절단한 병사는 바구니basket 비슷한 들것에 의해 이동해야 했기에 생겨난 말이다. 오늘날에는 주로 정신적인 노이로제 상태를 묘사하는 데 쓰인다.[24]

basket case가 많다는 소문이 광범위하게 퍼지자 1919년 3월 미 육군 의무감Surgeon General of the Army 메릿 아일랜드Merritte W. Ireland, 1867~1952 소장은 그 소문을 부정하는 성명을 발표하기까지 했지만, 사실 여부에 관계없이 이 표현은 살아남아 지금까지도 널리 쓰이고 있다.[25]

미국의 여성 기업가인 바버라 그로간은 성공한 뒤 과거를 회상하면서 이렇게 말했다. "I was a basket case when my husband left me. I had no emotional resources to deal with what had happened. All my values and beliefs were ripped apart(남편이 떠나간 뒤 저는 완전히 절망적인 상태였지요. 사태에 대처할 만한 감정적인 힘조차 없었지요. 저의 모든 가치와 믿음이 산산조각 나버렸으니까요)."[26]

신경과학자인 대니얼 레비틴Daniel Levitin, 1957~은 어느 분야에서든 세계 수준의 전문가가 되려면 1만 시간의 연습시간이 필요하다는 연구결과를 내놓았다. 1만 시간은 대략 하루 3시간, 일주일에 20시간씩 10년간 연습한 것과 같다.[27]

세계적인 베스트셀러 저자가 된 미국 저널리스트 맬컴 글래드웰Malcolm Gladwell은 자신의 성공에 대해 이렇게 말했다. "I was a basket case at the beginning, and I felt like an expert at the end. It took ten years—exactly that long(나는 처음에는 구제불능이었지만, 결국에는 스스로 전문가라고 느끼게 되었다. 그렇게까지 되는 데 10년이라는 긴 세월이 필요했다)."[28]

Benedict Arnold

outsourcing(아웃소싱, 외부하청)은 2004년 미국 대선에서 뜨거운 쟁점이 되었다.[참고 outsourcing] 민주당 대통령 후보 존 케리John Kerry는 해외로 아웃소싱을 하거나 세금을 피하기 위해 조세피난처tax haven에 서류상 등록을 하는 기업들을 가리켜 "Benedict Arnold corporations"라고 비난했다.[29] '매국노 기업' 이라는 뜻이다.

미국에서는 누군가를 향해 반反애국적이라는 비난을 할 때마다 빠지지 않고 등장하는 이름이 Benedict Arnold이므로, 그가 도대체 누구인지 확실히 알아두는 게 좋겠다. 베네딕트 아놀드Benedict Arnold, 1741~1801는 미국 독립전쟁 당시 장군 신분으로 영국군에 자진 투항해 미국사에서 '배신자' 나 '매국노' 의 대명사가 된 대표적 인물이다.

남북전쟁 때에는 남부 대통령 제퍼슨 데이비스Jefferson Davis, 1808~1889가 '제2의 베네딕트 아놀드' 라는 욕을 먹었다. 금주당Prohibition Party 대표 데이비드 레이 콜빈David Leigh Colvin, 1880~1959은 1932년 대선에서 재선을 노리는 공화당 후보 허버트 후버Herbert Hoover, 1874~1964가 1928년 대선

Benedict Arnold

때와는 달리 금주법 폐지에 찬성하자 이러한 독설을 퍼부었다. "Mr. Hoover is the most conspicuous turncoat since Benedict Arnold(후버는 베네딕트 아놀드 이래로 최고의 변절자다)."[30]

케네스 데이비스는 "그러나 아놀드가 처음 전쟁에 참여했을 때는 이상적인 애국파였다"며 이렇게 말했다. "그는 뛰어난 용맹성을 발휘하고 군사적 대승을 거두어 조지 워싱턴의 존경과 우정, 헌신적인 지원을 받았다. 과장하는 법이 거의 없는 조지 워싱턴의 전기 작가 토머스 플렉스너는 아놀드에 대해 이렇게 쓰고 있다. '베네딕트 아놀드는 지휘와 전투에 천재적인 재능을 지녔으며, 아군과 적군을 막론하고 이 전쟁에서 최고의 전투 사령관이었다.'"[31]

아놀드는 상인 출신으로 여러 면에서 유능했지만 다혈질로 적이 많아 자신의 공로를 제대로 인정받지 못한 게 불만이었다. 진급에서 억울하게 누락된 적도 있었다. 사치로 빚까지 졌다고 한다. 그의 강한 반反가톨릭 정서도 문제였다. 영미전쟁은 지지하지만 프랑스와의 연합은 지지할 수 없다는 것이다. 미국의 장래를 비관적으로 보았다는 이야기도 있다.

이런저런 이유로 그는 1780년 10월 9일 대륙군 장성에서 영국군 장성으로 변신했다. 똑같은 내용의 연애편지를 두 여자에게 보낸 전력을 들어 양다리 걸치기는 그의 체질이라는 주장도 있다. 그는 1783년까지 왕당파 근거지인 뉴욕에 있다가 탈출해 캐나다의 뉴브런즈윅New Brunswick으로 도피했으며, 1791년 런던으로 이주해 1801년 60세로 사망했다.[32]

미국 건국의 미화를 위해서도 악마는 필요한 법. demonization(악마화)의 대표적 제물로 선택된 인물이 바로 베네딕트 아놀드다. 애국자의 대표적 인물 중의 한 명인 벤저민 프랭클린 Benjamin Franklin, 1706~1790은 "Judas sold only one man, Arnold three millions(유다는 단지 한 사람을 팔았지만, 아놀드는 300만 명을 팔았다)"라고 썼다.

이거야 얼마든지 할 수 있는 비판이지만, 문제는 '애국 상업주의'였다. 아놀드를 고발한 책이 많이 나오면서 그의 악행은 과장되었을 뿐만 아니라 날조되기까지 했다. 『잔인한 소년The Cruel Boy』이라는 동화는 19세기에 어린이들에게 널리 읽혔는데, 이런 이야기였다. 남의 달걀을 훔치고, 곤충을 잡아 괜히 날개를 뜯어내는 등 못된 짓만 골라서 하는 소년이 있었다. 그 소년은 어른이 되어서 매국노가 되었다. 실명은 마지막에 나온다. 그의 이름은 베네딕트 아놀드![33]

미국 좌우左右 세력은 날이 갈수록 양극화되고

있지만, 이들이 의견의 일치를 보는 것 중의 하나가 바로 '베네딕트 아놀드 때리기'다. 보수 언론인 잭 캐실Jack Cashill, 1947~은 2003년 7월 자신의 딸의 친구들이 베네딕트 아놀드가 누군지 모른다는 것을 알고 미국 학생들의 '배신'에 분노해서 이렇게 말했다. "우리는 우리 가운데 이런 베네딕트 아놀드 같은 자들을 찾아내서 적어도 그들을 재교육해야 한다."[34]

Berkeley

미국에서 가장 많이 인용하는 영국의 시 가운데 하나는 정작 영국의 명작 선집에는 나오지 않는 것이다. 그것은 아일랜드계 영국 철학자이자 주교였던 조지 버클리George Berkeley, 1767~1845가 쓴 「미국에 이식된 예술과 학문의 전망에 대하여 노래함Verses on the Prospect of Planting Arts and learning in America」이다. 이 시는 문화의 진행을 고전적인 5막 희곡처럼 동東에서 서西로 오랜 행보를 통해 완성되는 운동으로 묘사했다.

"Westward the course of empire takes its way/The first four Acts already past/A fifth shall close the Drama with the day/Time's noblest offspring is the last(제국은 늘 서쪽으로 향했지/이미 4장은 지나갔고,/이제 다섯 번째 장이 나오면 막이 내릴 것이다/우리 시대에 가장 아름다운 후예가 마지막으로 등장하리라)."

이와 관련, 독일 작가 한스 디터 겔페르트Hans-Dieter Gelfert는 다음과 같이 말한다.

"미국은 동양으로부터 발생하여 그리스에서 로마로, 그리고 서양의 기독교를 통해 계속 발전한 문화의 왕관을 전승한 것으로 나온다. 미국 사람들은 이러한 구상이 너무 마음에 들어서, 서부 해안에 이르렀을 때 캘리포니아에 대학을 세워 버클리라고 명명했다. 이 연의 첫 번째 행, '제국은 늘 서쪽으로 향했지'는 수많은 대중적인 출판에 등장하는 문장이 되었다."[35]

이것이 1868년에 문을 연 캘리포니아 대학 버클리캠퍼스University of California-Berkeley의 소재지 이름이 Berkeley가 된 배경이다. Berkeley라는 이름을 제안한 사람은 이 대학의 재단이사였던 프레더릭 빌링스Frederick H. Billings, 1823~1890였다. 이후 San Francisco(1873), Davis(1908), Santa Barbara (1909), Los Angeles(1919), Riverside (1954), San Diego(1960), Irvine(1965), Santa Cruz(1965), Merced(2005) 등 9개 지역에 새로운 캘리포니아 대학 캠퍼스가 생겨난다. 캘리포니아 대학 시스템의 본부 구실을 하고 있는 캘리포니아 대학 버클리캠퍼스는 그냥 '버클리 대학'이라고도 하며, UC로스앤젤레스는 UCLA라는 약칭으로 더 알려져 있다.

미국 교육전문 주간신문인 『고등교육신문』 2005년 1월 7일자는 시카고 대학이 미 정부 후원으로 1999~2003년 미 박사학위 취득자의 출신학부를 조사한 결과 버클리 대학이 1위를 차지했다고 보도했다. 톱 15는 ① 미국 캘리포니아 대학 버클리캠퍼스 2,175명 ② 서울대학 1,655명 ③ 미시간 대학 1,537명 ④ 코넬 대학 1,499명 ⑤ 일리노이 대학 1,420명 ⑥ 텍사스 대학 1,330명 ⑦ 하버드 대학 1,290명 ⑧ UCLA 1,287명 ⑨ 펜실베이니아 주립 대학 1,250명 ⑩ 위스콘신 대학 1,249명 ⑪ 타이완 국립대학 1,190명 ⑫ 중국 베이징 대학 1,153명 ⑬ 미국 브링엄영 대학 1,065명 ⑭ 미국 MIT 1,011명 ⑮ 중국 과학기술 대학 988명 등이었다.[36]

한국에서는 한때 가수 싸이의 미국 출신학교를 두고 때 아닌 '버클리 대학 논쟁'이 일어났다. 싸이가 다닌 버클리 대학Berklee College of Music은 재즈에서부터 힙합에 이르기까지 현대음악contemporary music에 관한 한 세계 최대의 독립적인 음악대학이다. 매사추세츠 주 보스턴에 있는 이 학교는 1945년 피아니스트이며 작곡가인 로렌스 버크Lawrence Berk가 세운 대학으로 설립 시에는 쉴링거 하우스Schillinger House라고 했지만 1954년 자신의 아들인 리 엘리엇 버크Lee Eliot Berk의 이름을 따 Berklee로 개명했다.[37]

그런데 일부 네티즌들이 싸이가 캘리포니아 대학 버클리캠퍼스를 나온 것처럼 행세했다고 주장한 것이다. 그것 참 이상한 발상이다. 싸이가 공부하고 싶어 하는 분야로는 Berklee가 명문이지 Berkeley가 명문이 아니다. 왜 우리는 적성과 더불어 분야별 명문을 인정하는 데 이리도 인색한 것인가. 한국 발음으로는 둘 다 '버클리'인데, 그럼 싸이가 매번 "버클리 음대를 다녔는데 캘리포니아 버클리가 아니고 매사추세츠 버클리입니다"라고 토를 달아야 한단 말인가? 이 논란은 미국 명문대 숭배 중독증 때문에 빚어진 해프닝이라는 진단을 내리는 게 무방하겠다.

1960년대 진보의 기수였던 버클리 대학은 미국에서 가장 상업화된 대학으로 기업문화business culture의 지배를 받으면서 보수의 아성으로 변모했다. 미국 대학들 중 아이비리그를 제치고 사립학교 출신이 가장 많은 대학 1위가 되었다(2006년 86퍼센트).[38] 등록금은 하늘 높은 줄 모르고 치솟았고, 버클리라는 캠퍼스 도시는 양극화로 치달아 미국에서 애틀랜타 다음으로 가장 불평등한 도시가 되고 말았다.[39] 버클리의 인구는 11만 2,580명(2010년 기준)으로 앨라메다 카운티Alameda County 소속이다.

bestseller

bestseller(베스트셀러)라는 말의 최초 사용 기록은 1889년 캔자스 시의 신문인 『캔자스 타임스 앤드 스타The Kansas Times & Star』에 나와 있지만,[40] 널리 쓰이게 된 건 1897년 『북맨The Bookman』이라는 월간지가 최초로 '가장 잘 팔리는 책들'을 소개한 이후부터다. 원래 영어에서 seller는 '책을 파는 사람'만을 의미했으나, 1900년경부터 '많이 팔리는 책'까지 의미하게 되었다.

미국 역사가 대니얼 부어스틴Daniel J. Boorstin, 1914~2004은 『이미지The Image: A Guide to Pseudo-Events in America』(1964)라는 책에서 다음과 같이 말했다. "A best seller is a book which somehow sells well simply because it is selling well(베스트셀러는 잘 팔리기 때문에 잘 팔리는 책이다)." "Best-sellerism is the star system of the book world (베스트셀러주의는 출판계의 스타 시스템이다)."[41]

미국에서 매년 출간되는 책은 약 20만 권(2006년 기준)인데, 이 가운데 베스트셀러가 되는 건 1퍼센트 미만이다. 베스트셀러의 80퍼센트는 5대 출판사Random House, Harper Collis, Time Warner Publishing, Penguin USA, Simon & Schuster에서 나오며, 10대 출판사가 차지하는 비중은 98퍼센트에 이른다. 나머지 5개 출판사는 Macmillan, Hyperion, Rodale Press, Houghton Mifflin, Harlequin Enterprises다.[42]

프랑스의 『르 피가로』 1999년 4월 14일자는 존 그리섬, 스티븐 킹, 마이클 크라이튼, 톰 클랜시 등과 같은 베스트셀러 작가들의 성공 배후에는 할리우드 영화산업이 있다는 점을 강조하는 분석 기사를 실었는데, 『동아일보』 1999년 4월 16일자에 소개된 기사 내용을 일부 인용한다. 이 기사는 "영화사는 기획 단계부터 유명작가 혹은 출판사를 지원한다. 물론 영화화를 염두에 두고서다. 마이클 크라이턴의 『쥐라기 공원』은 1,000만 부가, 존 그리섬의 처녀작 『더 펌The Firm』은 700만 부가 팔렸다. 이 정도 책이 나가면 걱정 없이 영화화를 할 수 있다. 영화화되면 책이 안 팔릴까. 더 많이 나간다. 베스트셀러와 영화가 서로 상승작용을 일으키기 때문이다"라고 했다. 그리고 다음과 같이 덧붙였다.

"존 그리섬의 『펠리컨 브리프』, 『의뢰인』, 『타임 투 킬』, 스티븐 킹의 『캐리』, 『쇼생크탈출』, 『미저리』, 『돌로레스 클레이븐』, 톰 클랜시의 『붉은 10월』 등은 영화화된 뒤로도 더 인기를 끌었다. 영어의 힘이 발휘되면서 미국 베스트셀러는 지구촌 베스트셀러가 된다. 프랑스에서는 10만 부 이상 나가면 베스트셀러로 치지만 미국에서는 100만 부는 보통이고 이들 유명작가 작품은 300만 부도 어렵지 않다. 『르 피가로』는 출판시장 규모는 미국이 프랑스의 5배인데 베스트셀러 판매부수는 이처럼 10배 이상 차이가 나는 것을 영어권과 프랑스어권의 차이로 돌린다. 이 신문은 또 미국에서는 유력한 신문의 서평보다 영화, 혹은 책과 저자를 소개하는 TV 토크쇼가 베스트셀러를 만들고 있다고 분석했다. 『뉴욕타임스』의 호평보다 1,500만 명 이상이 시청하는 미국의 토크쇼〈오프라 윈프리 쇼〉에 출연하고 싶어 작가들이 안달한다."[43]

"She was the person who suffered my first efforts at storytelling(그녀는 이야기를 들려주고 싶었던 저의 첫 번째 노력의 희생자였지요)." 『해리 포터』 시리즈 작가인 조앤 K. 롤링Joanne K. Rowling, 1966~이 자신을 소개한 글에서 한 말이다. 그녀는 어려서부터 이야기하기를 즐겼는데 두 살 아래인 여동생이 언니의 강압에 못 이겨 그 이야기를 내내 들어줘야만 했다는 것이다.[44]

"That's absolute rubbish. This is not vanity or arrogance, but if you look at the facts, very,

very few people manage to write anything that might be a best seller. Therefore, I'm lucky by anyone's standards, let alone single mothers' standards. The crucial thing is, I had a talent you need no money to pursue(그건 정말 쓰레기 같은 말이에요. 이건 허영심이나 오만이 아닙니다. 사실을 보세요. 그야말로 극소수의 사람만이 베스트셀러가 될 수 있는 걸 쓸 수 있습니다. 저는 싱글맘의 기준은 말할 것도 없고 그 어떤 사람의 기준으로건 운이 좋았어요. 중요한 것은 제가 돈 주고 추구해야 할 필요가 없는 재능을 갖고 있었다는 겁니다)."

롤링이 『타임』 1999년 9월 20일자 인터뷰에서 한 말이다. 당시 언론은 그녀가 중산층 가정에서 대학교육을 제대로 받고 자랐는데도, 그녀의 성공을 드라마틱하게 만들기 위해 가난에 허덕이면서 비참하게 살아온 행운의 싱글맘으로 묘사했다. 그렇게 함으로써 다른 가난한 싱글맘도 그녀처럼 성공할 수 있다는 환상을 심어주었다는 게 롤링의 주장이다. 그게 쓰레기 같은 말이

라는 것이다.45 미국의 경제전문 잡지 『포브스』에 따르면, 롤링의 2007년 수입은 약 3억 3천만 달러(3,670억 원)로 하루 평균 약 10억 원씩 번 것으로 나타났다고 한다.

bible

bible(성경)은 '책들'을 뜻하는 그리스어 biblia(단수는 biblion)에서 유래된 말이다. 이 단어의 족보에 대해 케네스 데이비스Kenneth C. Davis는 이렇게 말한다. "오늘날의 레바논 지역인 고대 페니키아에 비블로스Byblos라는 해안 도시가 있었다. 페니키아인은 오늘날 우리가 사용하는 알파벳을 발명하여 그리스인에게 그것을 쓰는 법을 가르쳐주었다. 또 페니키아인은 키블로스에서 초기의 책을 만드는 재료로 쓰인 파피루스 '종이'를 수출했다(파피루스는 갈대 비슷한 식물인데, 흰 속을 잘게 찢어서 엮어 문질러 글을 쓰는 '종이'로 사용되었다). 비블로스byblos는 원래 그리스어로 '파피루스'란 뜻이었는데, 결국은 '책'이란 뜻으로 쓰이게 되었으니, 책을 뜻하는 영어 단어는 이 도시의 이름에서 유래한 셈이다."46

영어에선 접두사 biblio를 써서 서지학자書誌學者·bibliographer 같은 말이 나왔으며, 문학 용어 중에는 고전을 비롯한 책과 기록 문서를 소재로

『Harry Potter』

삼은 추리소설을 가리키는 비블리오 미스터리 biblio-mystery도 있다. 2013년 7월 박해현은 '비블리오 미스터리'의 대표적인 작품에 대해 다음과 같이 말한다.

"1980년 움베르토 에코가 낸 『장미의 이름』은 금서禁書 때문에 빚어진 살인을 그렸다. 세계에서 5,000만 부 넘게 팔려 인문학과 추리를 결합한 소설 붐을 일으켰다. 2003년 미국 영문학자 매튜 펄도 소설 『단테 클럽』을 냈다. 19세기 보스턴을 무대로 단테의 서사시 『신곡』에 얽힌 살인 사건을 추적한다. 단테는 사기꾼이 지옥에서 구덩이에 거꾸로 처박힌 채 두 발이 불타는 고통을 겪는다고 묘사했다. 밀리언셀러 『단테 클럽』에서 연쇄 살인범은 단테가 상상한 형벌을 흉내내 사람을 죽인다. 『다빈치 코드』의 작가 댄 브라운도 단테에게서 영감을 얻었다. 브라운이 지난 5월에 낸 『인페르노』에선 주인공이 『신곡』의 시구를 해석해 수수께끼를 푼다. 이 추리소설은 영어권에서 석 달도 안 돼 50만 부 넘게 팔렸다."[47]

chapter and verse는 "정확한 출처, 전거典據"란 뜻으로, 성경의 장章과 절節을 뜻한 데서 유래된 말이다. cite(give) chapter and verse는 "정확한 출처를 대다"는 뜻이다. chapter에는 "연속"이란 뜻도 있어, a chapter of disaster는 "계속되는 참사", a chapter of accidents는 "사고(불행)의 연속"이란 뜻이다.[48]

성경에 처음부터 chapter and verse가 있었던 건 아니다. chapter는 13세기에 켄터베리의 대주교 스티븐 랭턴Stephen Langton, 1150~1228이, verse는 16세기에 프랑스 인쇄업자 로베르 에스티엔Robert Estienne, 1503~1559이 만든 것이다.[49]

믿음이야 어찌됐건, '성경의 나라'는 단연 미국이다. 돈 왓슨Don Watson은 "미국에서는 전체 가구의 90퍼센트가, 그리고 4명 중 1명이 1권 이상의 성경책을 가지고 있다. 미국은 해마다 2,500만 권의 성경책이 판매되는 나라다. 미국에서는 인터넷을 통해 언제든지 모든 판본의 성경을 읽을 수 있고, 마음대로 다운로드할 수도 있다"며 다음과 같이 말한다.

"오늘날에는 성경책도 스타벅스에서 파는 커피만큼이나 그 종류가 많아졌지만, 매년 새로 판매되는 2,500만 권 중에서도 '킹 제임스 성경'이 가장 큰 비중을 차지하고 있다.……성경 구절의 '너', '당신', '그대' 등 2인칭 자리에 사랑하는 사람의 이름이 대신 적힌 성경책도 있다. 물론 이런 성경책은 개인이 주문해서 만들어지는데, 예를 들면 '테드가 가는 곳은 어디든지 나 또한 가겠노라' 같은 식이다. 자녀가 있는 부모의 경우 성경 구절에 자녀의 이름을 넣어 '콜린, 나를 믿으면 구원을 얻으리라' 같은 내용의 CD를 구매할 수도 있다. 미합중국의 법에 따라서 모든 성경의 판매세는 면제된다."[50]

또 크리스토퍼 히친스Christopher Hitchens는 『논쟁』(2011)에서 "요즘은 업계에서 '틈새 성경'이라는 것을 내놓는 것이 유행이다"고 말한다. "'커플 성경', '바쁜 엄마들을 위한 1년짜리 신약', '최고의 10대를 위한 공부용 성경', '경찰관 성경' 등이 그것이다. 심지어 '회복 축하 성경'까지 나온 것은 왠지 불가피한 일이었다는 생각이 들 정도다.……하나의 구조물이 서서히 허물어지면서 나타난 것은 새로운 명료함이 아니라 새로운 바벨탑이다."[51]

bikini

bikini(비키니)는 '투피스의 여자 수영복'을 말한다. 1946년 미국은 태평양 마셜 군도의 환초環礁인 비키니Bikini에서 원주민 167명을 소개疏開시킨 뒤 제2차 원자폭탄 실험을 실시했다. 유럽에서는 이 실험을 또 한 번의 충격으로 받아들였고, 그 충격의 연상 효과를 노려 그해 여름 7월 5일 파리 패션계에는 비키니라는 이름의 파격적인 여성 수영복이 선을 보였다. 자동차 엔지니어 겸 디자이너인 루이 리어드Louis Réard, 1897~1984의 작품이었다.

그 직전에 자크 하임Jacques Heim, 1899~1967이 먼저 선을 보였지만, 리어드의 작품이 훨씬 파격적이었다. 예컨대, 하임은 배꼽을 감추었지만, 리어드는 배꼽을 드러냈다. 기존 모델들은 아무도 이 수영복을 입으려 하지 않았기 때문에 리어드는 하는 수 없이 스트립걸을 모델로 써야 했다.

파리에서부터 시작된 비키니 수영복은 곧 전 세계적으로 유행했다. 이 수영복이 남성들에게 미칠 충격은 원자폭탄이 비키니 섬에 미친 충격과 비슷할 것이라고 해서 비키니라는 이름이 붙었다고 한다. 비키니 섬의 작은 사이즈 때문에 붙은 이름이라는 설, 비키니에 살던 주민들이 옷을 거의 걸치지 않았기 때문에 생긴 이름이라는 설도 있다.[52]

비키니는 수많은 파생어를 낳았다. string bikini는 그 얼마 되지도 않은 천 조각을 더 아끼겠다며 상당 부분을 끈으로 대체해 몸을 더욱 드러내는 비키니를 말한다. monokini 또는 unikini는 아예 위는 드러내놓고 아래만 감추는 수영복이다. pubikini는 아래를 끈으로만 가려 사실상 음모陰毛를 그대로 드러내는 비키니다. microkini는 위든 아래든 드러나도 상관없다는 자세로 결정적인 곳만 감추는 시늉을 내는 초미니 비키니다. 1970년대 초 미국 캘리포니아주 베니스 비치Venice Beach에서 이전에 허용되었던 누드가 금지되자 이곳을 자주 찾던 여성들이 법망을 피하기 위해, 아니 법을 조롱하기 위해 착용한 비키니다. 포르노 영화에서 자주 등장하여 제법 인기를 끌었다.[53]

Bircher

Bircher는 '극우 반공주의자'다. Birchist,

Birchite라고도 한다. 1958년 미국의 기업가이자 열렬한 반공주의자인 로버트 웰치Robert Welch, 1899~1985를 중심으로 결성된 존 버치 소사이어티 John Birch Society에서 나온 말이다. 이는 침례교 선교사이자 미군 정보장교였던 존 버치John Birch, 1918~1945가 1930년대에 중국으로 건너가 장제스蔣介石의 국민당과 함께 활동하다가 1945년 중국 공산주의자들에게 살해당한 후 그를 기념하기 위해 만든 단체였다. 버치를 자유를 지키기 위한 '순교자'로 간주한 회원들은 주로 공산주의에 엄청난 공포심을 가진 부유한 사업가, 전역한 군 고위간부, 젊은 여성 등이었다.[54]

1934년 8월에 발족한 반反뉴딜그룹인 자유연맹Liberty League의 경제적 보수주의(자유방임주의)와 매카시즘McCarthyism의 반공 이데올로기를 접맥시킨 존 버치 소사이어티는 미국 대통령을 공산주의의 꼭두각시로 추정하는 등 지독한 음모론conspiracy theory을 바탕으로 활동했다. 공산주의 음모에서부터 "유대인들이 세계 지배의 음모를 꾸미고 있다"는 유대인 음모론에 이르기까지 그 메뉴도 다양했다.[55] [참고 McCarthyism]

웰치는 드와이트 아이젠하워Dwight D. Eisenhower, 1890~1969 대통령이 조지프 매카시Joseph Raymond McCarthy, 1908~1957의 몰락을 방조한 것, 한국전쟁에서 공산주의자들과 휴전을 한 것, 인도차이나·베를린·헝가리의 반공운동에 대한 원조를 거부한 것, 뉴딜정책과 프랭클린 루스벨트Franklin Delano Roosevelt, 1882~1945 정부의 급진적 리버럴리즘이 도입한 복지국가정책을 확대했던 점 등을 예로 들면서 아이젠하워는 공산주의자가 아니면 공산주의의 책동에 넘어간 얼간이라고 주장했다. 그는 고위관료들과 이전 대통령들을 싸잡아 공산주의자로 몰아갔다.[56]

1960년대에 공화당 정치인들에겐 "Do you accept or reject support of the Birchers?(극우 반공주의자들의 지지를 받아들일 것인가, 거부할 것인가?)"라는 질문이 던져졌다. 1960년 대선에서 패배한 뒤 1962년 캘리포니아 주지사 선거에 출마한 리처드 닉슨Richard M. Nixon, 1913~1994은 "거부한다"고 답했는데, 그는 공화당 후보로 뽑히긴 했지만 본선에서는 패배했다.

1966년 캘리포니아 주지사 선거에 출마한 로널드 레이건Ronald Reagan, 1911~2004은 그 질문에 대해 답을 하지 않은 채 캘리포니아 공화당 위원장 게이로드 파킨슨Gaylord Parkinson이 만든 이른바 '제11계명Eleventh Commandment'으로 답을 대신했다. "Thou shalt not speak ill of fellow Republicans(동료 공화당원들에 대해 험담을 하지 말지어다)." 제11계명은 레이건과 샌프란시스코 시장 조지 크리스토퍼George Christopher 사이의 격돌로 상호 비방이 난무하자, 파킨슨이 제시한 방안이었다. 이는 레이건에게 유리하게 작용하여 레이건은 크리스토퍼를 눌렀고, 이어 캘리포니아 주지사에 당선되었다.[57]

존 버치 소사이어티는 원래 매사추세츠 주 벨몬트Belmont에 본부를 두었으나 조지프 매카시의 출생지인 위스콘신 주 그랜드슈트Grand Chute로 본부를 옮겨 미국 전 50개 주에 지부를 둔 가운데 현재도 활동 중이다. 산하 기구인 아메리칸 오피니언 퍼블리싱American Opinion Publishing을 통해

『뉴아메리칸The New American』이란 기관지를 발행하고 있다.[58]

로버트 웰치는 'Comsymp' 라는 말을 만들어냈는데, 이는 Communist sympathizer를 줄인 말로 '공산당 동조자fellow traveler' 란 뜻이다. 그는 미국 사회의 각계에 Comsymp들이 침투했다고 주장했다. 이 단어는 입증의 책임 등과 같은 법적 책임을 피할 수 있어 반공주의자들이 특정인을 공개적으로 비판할 때 즐겨 사용했다.[59]

black capitalism

black capitalism(흑인 자본주의)은 정부의 지원으로 흑인 자신이 기업을 소유하고 경영하는 걸 말한다. 1968년 미국 대선에서 공화당 후보 리처드 닉슨Richard M. Nixon, 1913~1994이 흑인 표를 얻기 위해 제시한 개념이다. 이게 호응을 얻자 다급해진 민주당 후보 휴버트 험프리Hubert Humphrey, 1911~1978는 'black entrepreneurship(흑인 기업가 정신)' 이라는 개념을 제시했지만, black capitalism에 밀리고 말았다. 패배 이후 험프리의 한 참모는 다음과 같이 말했다.

"We couldn't use Nixon's phrase, black capitalism, so we had to go with black entrepreneurship, which is a mouthful, and is hell to fit into a headline(우리는 닉슨의 캐치프레이즈인 black capitalism을 사용할 수 없었기 때문에 black entrepreneurship으로 가야만 했다. 그런데 이 단어는 발음하기도 쉽지 않을 뿐더러 언론의 헤드라인을 장식하기에는 영 적합하지 않은 것이었다)."[50]

그러나 흑인계 내부에서는 black capitalism을 'black flight' 로 보는 시각도 있다. 경제적으로 성공한 흑인들이 흑인 밀집 거주 지역을 벗어나 백인 거주 지역으로 들어가며 생활양식도 백인을 흉내내는 '변절' 비슷하게 보는 것이다.[61] 크게 성공한 흑인들이 백인 여자와 결혼하는 것도 그런 '변절' 의 일환으로 간주된다.

blink

미국 저널리스트 맬컴 글래드웰Malcolm Gladwell이 2005년에 출간한 『블링크Blink: The Power of Thinking Without Thinking』는 세계적인 베스트셀러가 되었는데, 그가 이 주제로 책을 쓰게 된 동기가 흥미롭다. 글래드웰은 영국 백인인 아버지와 자메이카 흑인인 어머니 사이에 태어난 혼혈인이라 머리가 곱슬머리다. 그는 자신이 자동차를 운전하고 가다가 자주 경찰에 심문당하고 과속 딱지를 떼이는 원인이 자신의 머리카락에 있다는 걸 알았다. 그래서 『블링크』를 쓰게 된 것이

다.⁶²[참고 DWI]

blink는 '깜짝임, 흘긋 봄, 섬광' 등의 뜻과 더불어 '순간적인 판단snap judgment'이라는 의미를 갖고 있는 단어다. 우리 인간이 일상적 삶에서 사람이나 일에 대해 판단을 내릴 때 심사숙고하기보다는 순간적인 직감에 의존하는 경향이 강하다는 걸 밝힌 책이다. 이 책의 세 대목만 감상해보기로 하자.

(1) In the military, brilliant generals are said to possess "coup d'oeil" – which, translated from the French, means "power of the glance": the ability to immediately see and make sense of the battlefield. Napoleon had coup d'oeil. So did Patton(군대에서 총명한 장군들은 '혜안coup d'oeil'을 갖고 있다고 알려져 있다. 프랑스어인 '혜안'은 '한눈에 알아채는 힘'을 뜻한다. 즉, 전황을 순식간에 파악할 수 있는 능력인 것이다. 나폴레옹은 혜안을 갖고 있었으며, 패튼도 마찬가지였다).⁶³

(2) In the U.S. population, about 14.5 percent of all men are six feet or taller. Among CEOs of Fortune 500 companies, that number is 58 percent. Even more striking, in the general American population, 3.9 percent of adult men are six foot two or taller. Among my CEO sample, almost a third were six foot two or taller(미국 인구 중 키가 182센티미터 이상인 사람은 전체 남성의 14.5퍼센트다. 『포천』 500대 기업 CEO 중에서는 그 비율은 58퍼센트나 된다. 더욱 놀라운 건 전체 미국 인구 중 188센티미터 이상의 키를 가진 사람은 3.9퍼센트이지만, CEO 그룹에서는 3분의 1 가량이나 된다는 사실이다).⁶⁴

(3) Most of us, in ways that we are not entirely aware of, automatically associate leadership ability with imposing physical stature. We have a sense of what a leader is supposed to look like, and that stereotype is so powerful that when someone fits it, we simply become blind to other considerations(대부분의 사람은 자신도 모르는 사이에 자동적으로 리더십 능력을 당당한 체격과 연계시켜 생각한다. 우리는 지도자는 어떠해야 한다는 생각을 갖고 있으며, 그 고정관념은 너무도 강해 그것에 들어맞는 사람을 보면 다른 고려 사항들에는 눈을 감게 된다).⁶⁵

같은 맥락에서 미국의 동물학자 리처드 코니프Richard Conniff는 "영장류의 생활에 지배행위는 거의 호흡만큼이나, 그리고 아마도 잠재의식만큼이나 기본적일 것이다"라고 말했다. 키와 사회적 지배가 서로 밀접히 연관되어 있기 때문에 늑대 무리의 우두머리 수놈이 머리와 꼬리를 곧추세우고 걷는 것이나 인간 지배자들이 몸을 더 똑바로 세우고 더 활기차게 움직이는 거나 다를 바가 없다는 것이다.⁶⁶

하긴 텔레비전에서 〈동물의 왕국〉 같은 동물 다큐멘터리 프로그램을 시청하더라도 영장류가 아닌 다른 동물들도 적이 나타나면 자신의 몸길이를 길게 보이게 하려고 애를 쓰는 모습을 쉽게 볼 수 있다. 그런데 인간이 겨우 그 수준이란 말인가? 유감스럽게도 그렇다. 자신의 큰 키를 자랑하거나 키가 작다고 깔보는 사람일수록 인간적 품질의 수준이 낮다는 건 결코 우연이 아니다. 키가 작은 사람들은 '동물의 왕국' 수준을 벗어나지 못하는 사람들의 시선에 주눅 들지 말고 오히려 그들을 가엾게 여기는 여유를 갖고 사는 게 좋을 것이다.

blitz

London blitz

blitz는 '전격적인 공격(을 하다)' 이란 뜻으로, 독일어 'blitzkrieg(전격전, 기습)' 의 줄임말이다. blitz는 'lightning(번개)', krieg는 'war(전쟁)' 라는 뜻이다. 스페인 내전1936~1939과 폴란드 침공1939 때 독일군이 처음 사용한 전법이지만, 널리 알려진 건 1940~1941년에 이루어진 독일군의 런던 대공습 때다.

1940년 9월 7일부터 1941년 5월 21일까지 267일간 런던은 71차례나 공중 폭격blitz을 받았다. 런던 이외에도 15개 도시가 폭격을 받았지만 1회에서 8회에 그친 반면, 런던은 집중적인 폭격의 대상이 된 것이다. 이로 인해 런던에서만 집 100만 채가 파괴되었고, 민간인 약 2만 명이 목숨을 잃었다.

독일군의 런던 blitz는 군사 정보 부재로 효과적이진 못했다는 게 전쟁사가들의 평가다. 예컨대, 영국 공군이 단 한 차례의 함부르크 폭격으로 민간인 4만 2,000명을 사망하게 한 것과 대비된다는 것이다. 영국의 군수 공장도 타격을 거의 받지 않아 1940년 항공기 생산 대수는 독일이 8,000대인 반면 영국은 1만 대에 이르렀다.[67]

blitz는 오늘날에는 비유적으로 '총력을 집중시키는 노력' 이라는 뜻으로 많이 쓰인다. 선거 때 정치 광고를 집중적으로 퍼붓는 것도 blitz이며, a blitz sale은 "(손님을 몰려들게 만드는) 대대적인 세일"을 말한다. a blitz of commercials every few minutes는 '몇 분마다 끊임없이 튀어나오는 상업광고' 라는 뜻이다.

The town was blitzed mercilessly by enemy planes during the war(그 소도시는 전쟁 중 적기의 무자비한 공습을 받았다). The visitors really blitzed the home team(원정팀은 실로 전격적으로 홈팀을 압도했다). We'll have a blitz on the garden and get it all tidied up today(정원을 집중 공략해서 오늘 중으로 말끔하게 단장해놓을 생각이야).[68]

block

block은 '(단단한) 사각형 덩어리, (도로로 나뉘는) 구역, 장애, (지나가지 못하게) 막다, 방해하다, 저지하다'는 뜻이다. stumbling block은 '방해물, 장애물'로, 구약성서 「레위기」 19장 14절에서 유래된 말이다. "Do not curse the deaf or put a stumbling block in front of the blind, but fear your God. I am the Lord(너는 귀먹은 자를 저주하지 말며 맹인 앞에 장애물을 놓지 말고 네 하나님을 경외하라. 나는 여호와이니라)." [69] "A stumbling block to the pessimist is a stepping stone to the optimist(비관주의자에게 걸림돌은 낙관주의자에게는 디딤돌이다)"라는 말이 있다.

미국의 흑인 민권운동가 마틴 루서 킹Martin Luther King Jr., 1929~1968은 다음과 같이 말했다. "The negro's great stumbling block is not the White Citizen's Councilor or the Ku Klux Klanner, but the white moderate who is more devoted to 'order' than to justice(흑인의 커다란 장애물은 극우 보수주의 백인평의회원이나 KKK단원이 아니라 정의보다는 '질서'를 중시하는 백인 온건주의자다)."

blockbuster(블록버스터)는 '막대한 돈을 들인 영화나 소설'을 가리킨다. 원래의 뜻은 제2차 세계대전에서 영국 공군Royal Air Force에 의해 사용된 대형 고성능 폭탄이다. 폭탄 하나의 무게가 1,800킬로그램에서 5,400킬로그램에 이를 정도로 컸거니와 도시의 한 블록block 전체를 파괴bust시킬 수 있을 만큼 강력한 폭탄이라는 뜻에서 붙여진 이름이다. 1960년대부터 이 단어가 영화나 소설에 쓰이게 된 건 block이 'head'의 속어俗語이기도 하지만, 그게 아니라 하더라도 영화나 소설의 힘이 대중의 의식을 강타한다는 비유 때문이다.[70]

blockbusting(블록버스팅)은 미국에서 이웃에 흑인 등이 이사 온다는 소문을 퍼뜨려 백인 거주자에게 집이나 땅을 싸게 팔게 하는 걸 가리킨다. 한 블록 전체를 강타해 백인들의 탈출이 일어난다는 의미에서 생긴 단어로, 1950년대와 1960년대에 미국 사회를 강타한 이른바 '백인의 교외 탈출white flight' 과정에서 많이 일어난 일이다. blockbusting을 하는 악덕 부동산업자를 blockbuster라고 한다.[71]

Bloody Mary

Bloody Mary(블러디 메리)는 기본적으로 보드카와 토마토 주스를 섞은 칵테일의 이름으로, 그 밖에도 섞는 게 워낙 많아 '세계에서 가장 복잡한 칵테일'로 불린다. 1921년 미국 뉴욕에서 최초로 만들어진 걸로 알려져 있지만, 이름의 기원에 대해선 설이 분분하다. 1910년대와 1920년대에 폭발적인 인기를 누리던 여배우 메리 픽퍼드Mary Pickford, 1893~1979의 이름에서 비롯되었다는 설도 있지만, 영국을 5년간1553~1558 통치했던 메리 여왕Queen Mary Tudor of England의 별명인 "피투성이 메리Bloody Mary"에서 유래했다는 설이 유력하다.[72]

잠시 영국사 산책을 해보자. 1547년 헨리 8세 Henry VIII, 1491~1547가 사망하자 어린 아들 에드워드가 에드워드 6세라는 칭호로 왕위를 계승하지만, 어린애가 뭘 알았겠는가. 이때 캔터베리 대주교Archbishop of Canterbury 토머스 크랜머Thomas Cranmer, 1489~1556는 왕께 충성하면서 헨리의 시대에는 꿈도 꿀 수 없었던 신교 사상들을 도입하는 데 성공했다.

그러나 1553년 어린 에드워드의 죽음은 그의 이복 누나이자 열성적 가톨릭교도 메리를 영국의 왕좌에 오르게 했다. 메리 여왕은 영국과 로마의 유대를 복원하면서 크랜머를 포함한 300명 이상의 신교도를 화형에 처함으로써 "피투성이 메리Bloody Mary"라는 별명을 얻게 된 것이다. 그러나 이 별명은 그의 반대파들이 붙인 것일 뿐 그녀의 집권 기간이 다른 집권기에 비해 더 피를 많이 흘리게 했다고 볼 수 없다는 견해도 있다. 1558년 메리 여왕이 죽자 그녀의 이복자매인 엘리자베스가 여왕이 되는데, 엘리자베스 1세는 1603년 사망하기까지 45년간 영국을 통치하게 된다.[73]

blurb

blurb(블러브)는 '(책 표지 따위의) 선전문구, 추천문, 추천광고, 과대선전'을 뜻한다. 책 표지의 날개나 뒷면에 책을 설명해놓은 글, 또는 기사의 전체 머리글 밑에 붙는 돌출글로 흔히 기사 내용을 축약하거나 기사의 중요성이나 유용성을 알려주어 독자들이 본문의 기사를 읽도록 유도하는 기능을 한다. 제목 앞에 오게 되면 상투제목precede이 되며 머리글 뒤에 오게 되면 부제deck가 된다. 제목과 관계없이 지면의 임의적 위치에 독자적으로 올 수도 있다. 신문사나 방송국 또는 잡지사 등에 보내는 PR용 보도자료를 낮추어 지칭하는 속어slang이기도 하다.[74]

blurb라는 단어를 만들어낸 미국의 유머 작가

Bloody Mary

겔렛 버지스Gelett Burgess, 1866~1951는 1907년 자신의 책 표지를 이색적으로 장식했다. Belinda Blurb라는 젊은 여성의 유혹하는 듯한 사진과 그 밑에 "Are You a Bromide?"라는 제목의 짧은 홍보성 글을 게재했다. 스스로 blurb라는 개념과 예시를 시도한 것이다. 그는 blurb를 "현란한 광고, 어용(우호적) 증언a flamboyant advertisement; an inspired testimonial"이라고 정의했다. He wrote a good blurb for his friend's novel(그는 친구의 소설을 위해 좋은 선전문을 썼다).[75]

blurb와 더불어 버지스가 만든 bromide라는 말은 너무도 진부한 사람이나 틀에 박힌 문구를 뜻한다. bromidic은 '평범한, 진부한, 낡아 빠진'이란 뜻이다. 배경적 유래를 보자면, 당시 신경안정제로 쓰이던 브로마이드 염bromide salts에서 나온 말로 볼 수 있다. 상대편으로 하여금 할 말을 잃고 잠자코 있게 만들 정도로 진부하거나 낡아 빠진 문구라는 뜻이다.[76]

bromide에는 '브롬화은을 감광제로 하여 만든 고감도의 확대용 인화지 또는 그 인화지에 현상한, 색이 변하지 않는 사진'이란 뜻도 있다. bromide paper를 줄인 말인데, 배우·가수·운동선수 등의 엽서 크기만 한 초상 사진을 가리키는 말로 널리 쓰이고 있다.[77]

board

board는 '나무판'이란 뜻이지만 비즈니스 세계에서는 '이사회' 또는 '위원회'로 사용된다. 이사회가 열리는 기업의 대회의실은 'boardroom', 이사회 참석 자격이 있는 기업의 중역은 'board member'라고 한다. 왜 이런 뜻까지 갖게 되었을까?

중세 유럽에서는 보통 작은 나무판을 식판으로도 썼는데, 이것이 점차 발전해 식탁으로 되었지만, 이름은 계속 board라고 불렀다. 오늘날까지 숙식을 'room and board'라고 하고, 학생들에게 숙식까지 제공하는 사립학교는 'boarding school'인 것은 바로 그런 역사의 잔재라고 할 수 있다. 같은 이치로 중역회의나 이사회가 열리는 방에는 아주 큰 탁자가 놓여 있었는데, 이 탁자도 board, 이 탁자가 있는 방은 boardroom이라고 했다.[78]

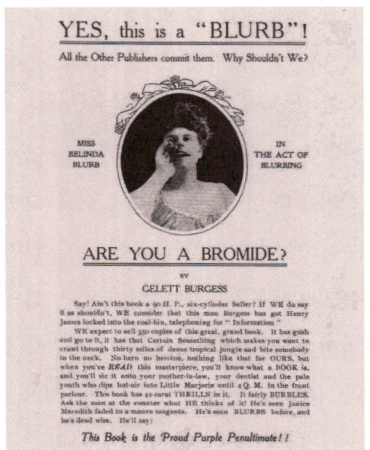

blurb

above board는 '공명정대하게' 란 뜻인데, 'open and above board' 의 형식으로 많이 쓰인다. 카드게임에서 나온 말이다. 손을 카드 테이블board 위에 올려놓음으로써 그 밑에서 딴짓을 한다거나 하지 않고 모든 걸 테이블 위에서 남들이 보는 가운데 하겠다니, 이야말로 공명정대한 것이 아니고 무엇이겠는가.[79]

across the board는 '전면적으로' 라는 뜻이다. 예컨대, across-the-board wage increases라고 하면 모든 직원을 대상으로 한 전면적인 임금 인상을 말한다. 'bet across the board(1위는 물론 2, 3위까지 알아맞히기에 돈을 걸다)' 라는 경마 용어에서 유래된 말이다. 1950년경부터 주로 경제 분야에서 비유적 의미로 쓰이기 시작했다.[80]

go(pass) by the board는 '버림받다, 실패하다' 는 뜻이다. 여기서 board는 '뱃전' 을 가리키는바, 돛대 따위가 부러져 배 밖, 즉 바닷속으로 떨어진 걸 뜻하는 데서 유래된 말이다. 19세기 중반부터 비유적 의미로 쓰이기 시작했다.[81]

학교 교실에서 사용하던 칠판(미국 chalk-board, 영국 blackboard)은 whiteboard(markerboard, dry-ease board, dry-wipe board, pen-board)를 거쳐 interactive whiteboard, 즉 smart board의 시대로 접어들었다. smart board는 학생들의 노트북과 연결되어 있어 이제 과거처럼 칠판에 적힌 내용을 베껴 쓸 필요가 없게 되었다. smart board의 찬성론자들은 이제 학생들이 즉흥성과 창의성을 위한 많은 시간을 갖게 되었다며 신기술을 찬양하지만, 독일의 뇌 전문가 만프레드 슈피처Manfred Spitzer는 『디지털 치매: 머리를 쓰지 않는 똑똑한 바보들』(2012)에서 "학생들의 정신적 활동을 감소시키기 때문에 필연적으로 학습에 부정적인 효과를 주게 되어 있다"고 주장한다.[82]

bobbitt

bobbitt은 '남자의 성기를 절단하다' 는 뜻이다. 미국에서 로레나 보빗Lorena Bobbitt이라는 여인이 남편의 음경을 절단함으로써 미국을 넘어 전 세계적인 화제의 인물이 된 사건에서 비롯된 신조어다. 이 사건은 술 취한 남편이 강제로 아내와 성관계를 가진 데 격분, 그 아내가 남편의 성기를 식칼로 잘라버린 데서 비롯되었다. 이 단어가 신조어로 사전에 오른 데는 이미 쓰이고 있는 "bob it(짧게 자르다)" 과의 유사성 때문일 것이라는 설도 있다.[83] 이 사건의 전말은 이렇다.

1993년 6월 23일 새벽 워싱턴에서 서쪽으로 약 40킬로미터 떨어진 버지니아 주 매나사스Manassas에서 술집 경비원인 존 보빗John Wayne Bobbitt, 1967~이 술에 취해 돌아와 미용사인 부인 로레나Lorena, 1970~의 거부에도 불구, 강제로 관계를 가졌다. 화가 난 로레나는 남편이 잠든 사이 부엌칼로 그의 성기를 자른 뒤 차를 타고 나가 길가에 던져버렸다. 사건 직후 신고를 받고 달려온 경찰에 의해 잘린 성기는 수거되어 9시간 넘게 걸린 봉합수술 끝에 존 보빗은 소변을 보는 데는 지장이 없을 만큼 되었다.

사건 직후 이들 부부는 성폭행 혐의와 고의적인 중상해죄로 서로를 고소, 법정싸움이 시작되었다. 이 사건은 부부 간 성폭행죄(강간죄)가 성립될 수 있는지와 부인의 정당방위가 인정될 것인지를 놓고 처음부터 비상한 관심을 끌었다. 1993년 연말에 끝난 제1라운드 재판에서 남편의 아내에 대한 성폭행 부분은 배심원의 무죄평결을 받았다.

1994년 1월 제2라운드 재판이 시작되었다. 그녀는 배심원들에게 "나는 그가 처음 나를 강간했을 때를 기억합니다. 나는 그가 처음으로 나를 강요해서 항문 섹스를 가졌던 것을 기억합니다. 나는 낙태를 기억합니다. 나는 모든 것을 기억합니다"라고 말했다.[84] 이 사건에 대해 여권단체들은 로레나의 정방방위가 인정되어야 한다고 주장했다. 단체들은 이 사건이 아내 측의 일방적인 유죄로 끝날 경우 모든 여성의 인권과 자기방어 권리는 보호받지 못하는 결과가 된다고 강조했다.

이 사건이 갈수록 화제를 모은 이유는 사건 자체가 갖는 '흥미성'에다 미국 언론의 보도경쟁, 부부 간 성폭행 성립 여부에 대한 공방, 아내의 행위를 정당방위라고 주장하는 여권단체의 지원 등이 복합적으로 적용했기 때문이다. 법정 주변에는 위성중계 차량 20대가 몰려드는 등 연일 북새통을 이루었다. 여기에다 상인들은 약삭빠른 상혼을 발휘해 존의 사인이 든 셔츠를 20달러씩에 파는가 하면 범행에 쓰인 것과 똑같은 칼과 남성 성기 모양의 초콜릿도 날개 돋친 듯 팔려나갔다. 또 이 사건으로 유명해진 이들 부부는 각기 홍보담당자까지 정해 TV나 잡지 등에 출연, 상당한 돈을 벌어들였다.[85]

1994년 1월 21일 로레나는 무죄 평결을 받았다. 이날 여자 7명, 남자 5명으로 구성된 배심원단은 7시간의 토론 끝에 그녀가 잠자는 남편의 성기를 자른 행위를 '일시적인 정신이상' 상태에서 저지른 행위로 인정하여 무죄를 평결했다. 로레나는 이 평결로 버지니아 주법에 따라 정신감정을 위해 최고 45일간의 보호관찰을 받게 되었다.

남편에 의한 강간을 문제로 인식한 시점은 스웨덴에서는 1965년, 영국에서는 1991년이었는데, 미국에서는 비로소 보빗 사건을 통해서 그러한 인식이 이루어진 셈이다.[86] 여성단체들은 크게 고무되었고 로레나의 출생지인 에콰도르에서는 수백 명의 주민들이 거리로 몰려나와 허공에 공포를 쏴대는 등 축제 분위기를 연출했다. 그러나 미 남성 단체들은 "비극이다. 앞으로 남성들은 과거보다 훨씬 여성의 폭력 앞에 노출되게 되었다"는 내용의 성명을 냈다.[87]

로레나 보빗은 심각했지만, 그녀의 남편인 존 보빗은 그렇지 않았던 것 같다. 그는 로레나 보빗에 대해 무죄 평결이 내려지고 난 뒤, 기자들이 재판 결과에 대해 어떻게 생각하느냐고 묻자 "내 대리인이 아무 말도 하지 말라고 그랬다"고 답했다. 이 사건으로 워낙 유명해지다 보니, 그는 사건담당 변호사 외에 연예담당 변호사를 두어 대언론 관계의 일을 모두 맡아 처리하게 한 것이다. 그의 대리인인 연예담당 변호사는 이미 보빗을 〈아메리칸 저널〉이라는 폭로성 텔레비전 프로그램에 독점으로 팔아버렸기 때문에, 존 보빗은 〈아메리칸 저널〉 이외에는 어떤 언론과도 회견을 할 수가 없었다.[88]

이 부부는 1995년에 이혼을 했지만, 한동안 풍성한 화젯거리를 계속 제공했다. 존 보빗은 자신의 이름을 제목으로 쓴 포르노 영화 두 편에 출연했고, 로레나는 자기 어머니를 때려 뉴스에 다시 등장했다. 두 사람은 2009년 5월 〈인사이더The Insider〉라는 텔레비전 프로그램에 같이 출연했는데, 이 자리에서 로레나는 존이 그간 자신에게 계속 밸런타인 카드와 꽃을 보내온 것으로 보아 여전히 자신을 사랑하는 게 틀림없다고 말했다. 2013년 뉴질랜드 가수 아라드나Aaradhna는 〈로레나 보빗Lorena Bobbitt〉이라는 노래를 발표했다.[89]

body odor

body odor는 '체취, 암내'로 'B.O.'로 표기하기도 한다. 1919년 'Odo-Ro-No'라는 탈취제 deodorant를 만든 미국 회사가 광고용 선전술로 만든 말이다. 너무도 당연해 문제될 게 없는 냄새를 심각한 문제인 양 공포감을 조장하여 탈취제를 판매한 것이다.[90] 미국에서는 odor, 영국에서는 odour로 표기한다.

odor는 비유적 의미로도 쓰이는데, the odor of sanctity(신성하다는 명성)가 좋은 예다. 오늘날에는 지나치다거나 위선적이라는 비아냥의 의미를 다소 내포하고 있다. sanctity는 '신성, 존엄, 고결', sanctities는 '신성한 의무', the sanctities of the home은 '가정의 신성한 의무'를 뜻한다.[91]

body odor를 대하는 자세는 문화권별로 크게 다르다. body odor를 당연하거나 오히려 좋게 생각하는 문화권의 사람들은 목욕을 잘 하지 않는데, 그 대표적인 나라가 바로 프랑스다. 루이 14세1638-1715는 거의 씻지 않고 살았다. 그러나 그는 셔츠를 하루에도 서너 번씩 갈아입음으로써 나름 청결을 유지했다.[92]

오늘날에도 프랑스인은 1년에 1인당 4.2개의 비누를 사용하는데, 이는 영국인의 1인당 비누 소비량의 절반 수준에 지나지 않는다. 영국인의 60퍼센트가 매일 샤워하는 반면, 매일 샤워하는 비율은 프랑스 남자 19퍼센트, 여자의 32퍼센트에 불과하다.[93] 유럽에서 가장 목욕을 자주 하는 사람은 역시 로마의 전통을 이어받은 이탈리아인이다. 유럽에서 개인 위생 1위 국가다. 반면 스페인 사람들은 프랑스인들처럼 목욕은 적게 하고 향수를 많이 사용한다. 프랑스인들보다 목욕을 더 안 해 유럽에서 개인 위생 꼴찌 국가다.[94]

그렇다고 해서 프랑스인이 더럽고 지저분하냐 하면 그건 아니다. 목욕에 대한 개념이 다르기 때문이다. 다른 나라 사람들이 체취를 없애려고 애쓰는 반면 프랑스인은 체취를 유지하려고 애를 쓴다. 이와 관련, 나폴레옹Napoleon Bonaparte, 1769~1821이 전쟁터에서 아내인 조세핀에게 보낸 편지에 "내일 저녁 파리로 돌아가겠소. 씻지 마시오"라고 썼다는 일화가 전해진다.[95]

프랑스인은 물에 대한 두려움을 갖고 있어 옷이나 화장품으로 대신하는 건성 청결법을 쓰고 있다는 주장도 있지만, 어찌되었건 프랑스의 향수산업이 발달한 것은 바로 이러한 이유 때문이다.[96] 파리는 향수산업의 중심지가 되어 세계 향수산업을 주도하고 있다.[97]

boondoggle

boondoggle은 '(가죽, 나뭇가지 따위로 만드는) 간단한 세공품, (보이스카우트가 목둘레에 거는) 가죽 장식 끈, 쓸데없는(무익한) 일(을 하다), 공공사업으로 경기를 자극하다'는 뜻이다. 소년 소녀 스카우트들이 목에 매는 스카프를 고정할 때 쓰는 스카프 고리를 woggle이라고 하는데, boondoggle의 대용으로 쓰는 말이라고 보아도 무방하다. boondoggle에서 doggle의 정체는 알 수 없으나, boon은 '은혜, 혜택, 이익'이라는 뜻으로, 공짜로 준다는 의미가 내포되어 있다. 오늘날 gadget(간단한 기계 장치)의 원조 격 단어로 여겨지기도 한다.

boondoggle은 미국 보이스카우트 단장 R. H. 링크R. H. Link가 만든 말이라고 하는데, 이 말이 만들어진 1920년대에는 부정적 의미가 전혀 없었으나, 1935년 『뉴욕타임스』에 최초로 등장하면서 부정적인 의미로 바뀌었다. 당시 『뉴욕타임스』는 프랭클린 루스벨트 행정부의 뉴딜 사업을 보도하면서 실업자들의 레크리에이션 활동을 위해 300만 달러가 쓰이고 있다며, 그 중에는 "boondoggle을 만드는 공예 프로그램도 있다"고 했다. 당시에는 "boon doggles"로 표기되었다.[98]

대량실업 사태에 직면해 일자리를 만들려고 하다 보니 boondoggle 따위를 만들게 하는 일들도 있었을 것이다. 그런데 언론이 이걸 세금 낭비의 사례로 지목하고 비판한 이후, boondoggle은 정부의 낭비성 대형사업을 비판하는 말로 쓰이게 되었다. 1930년대 후반 반대파들이 루스벨트 행정부의 뉴딜사업을 비난하는 데 많이 사용했다.

이러한 비판에 대해 루스벨트는 이렇게 대꾸했다. "If we can boondoggle ourselves out of the depression, that word is going to be enshrined in the hearts of the American people for years to come(우리가 어떻게 해서든지 공황에서 빠져나올 수만 있다면 그 단어는 미국인들의 가슴속에 소중하게 기억될 것이다)."[99]

그러나 루스벨트의 희망과는 달리 boondoggle은 여전히 좋지 않은 뜻으로 쓰이고 있다. 1966년 미국재향군인회American Legion가 1966

년 베트남전쟁 전사자는 물론 그 가족들까지 묻힐 수 있게끔 국립묘지를 확장할 것을 요구하자, 『뉴리퍼블릭New Republic』은 "The Grave-doggle"이라고 비꼬았다.¹⁰⁰

bottle

bottle은 '병, 병에 담다'는 뜻이지만, 영어에서는 술의 대명사로 자주 쓰인다. 술을 병에 담지 어디에 담겠는가. bottle의 어원인 라틴어 'buttis'의 뜻도 'cask(주로 술을 담아두는 나무 통)'다. hit the bottle은 '술에 빠지다, 취하다'는 뜻이다. He began hitting the bottle again(그는 또다시 술에 빠지기 시작했다). He hits the bottle whenever things become a bit difficult(좀 어려운 일에 부딪치기만 하면 으레 그는 술을 마시지 않고는 못 견딘다).¹⁰¹[참고 BYOD]

bottle이 동사로 쓰이면 주로 억제의 뜻을 갖는다. bottle up은 '(노여움 따위를) 억누르다', bottle up one's anger는 '분노를 억누르다'는 뜻이다. 원래는 '병에 밀봉하다'는 뜻인데, 이를 사람의 감정 표현에 비유적으로 쓴 것으로 볼 수 있겠다. 이러한 비유적 의미는 19세기 중반부터 사용되었다. Bottle it!은 '조용히, 그만'이란 뜻이다.¹⁰²

말이 아니라 실제 행동으로 공연장에서 물병 등을 무대로 던지는 걸 가리켜 bottling이라고 하는 게 흥미롭다. "Bottle it!" 하라는 뜻일 테니 말이다. 영국 여가수 셰어 로이드Cher Lloyd는 2012년 8월 V 페스티벌에서 오줌이 든 병이 무대 위로 날아드는 봉변을 당하기도 했는데, 이러한 행위가 바로 bottling이다.¹⁰³

"Time In a Bottle(병 속의 시간)"은 미국 가수 짐 크로스Jim Croce, 1943~1973의 1973년 히트곡 제목이다(Croce의 발음은 '크로치'이나, 국내에서는 '크로스'로 많이 알려졌으므로, 그냥 크로스로 쓰기로 하자). 싱어송라이터인 크로스는 1970년 12월 아내인 잉그리드Ingrid에게서 임신을 했다는 말을 듣고 이 가사를 썼는데, 그는 끔찍한 애처가였다. 자신은 이탈리아계였지만 유대인인 아내를 따라 유대교로 개종했고 결혼식도 유대교식으로 올렸다.

이 노래는 원래 1972년에 발표되었으나 별 주

Jim Croce

목을 받지 못했다. 그러다가 1973년 9월 12일 ABC-TV의 텔레비전용 영화made-for-TV movie인 〈She Lives!〉에 크로스의 다른 노래들이 삽입됨으로써 갑자기 크로스의 인기가 오르기 시작했는데, 8일 후인 9월 20일 크로스가 비행기 사고로 숨지는 비극성이 더해지면서 그의 인기는 거의 폭발적인 것으로 바뀌었다. 그런 분위기 속에서 가장 주목을 받은 노래가 바로 〈Time In a Bottle〉인데, 그의 죽음은 이 노래 가사의 의미를 더욱 애틋하게 만들었다. 자신의 죽음을 예감presentiment했던 것 같은 느낌을 주었으니 말이다.[104] 이 노래의 가사는 다음과 같다.

"If I could save time in a bottle/the first thing that I'd like to do/is to save every day 'til eternity passes away/just to spend them with you/If I could make days last forever/If words could make wishes come true/I'd save every day like a treasure and then/again I would spend them with you//But there never seems to be enough time to do/the things you want once you find them/I've looked around enough to know that/you're the one I want to go through time with//If I had a box just for wishes/and dreams that had never come true/the box would be empty except for the memories/of how they were answered by you//But there never seems to be enough time to do/the things you want once you find them/I've looked around enough to know/that you're the one I want to go through time with."

"내가 만일 병 속에 시간을 저장할 수 있다면/내가 가장 먼저 하고 싶은 것은/영겁이 지나갈 때까지 매일을 저장할 거예요/그 시간들을 당신하고만 지내면서요/내가 만일 낮을 영원히 지속하게 할 수 있다면/내가 만일 말로써 소원을 이루게 할 수 있다면/나는 매일을 보석처럼 저장할 거예요/그리고 다시 그 시간들을 당신하고만 지낼 거예요//그러나 그 시간들을 찾게 되면 당신이 원하는 일들을 하기에는/ 넉넉한 시간이 없는 것처럼 보여요/나는 내가 시간을 같이 지낼 사람이 바로 당신이란 걸/알만큼 충분히 주변을 둘러보았어요//내가 만일 결코 이루어지 않았던/소원과 꿈만을 담을 상자를 갖는다면/그 상자는 당신이 어떻게 답했는가 하는/추억만 남기고 비어 있을 거예요//그러나 그 시간들을 찾게 되면 당신이 원하는 일들을/하기에는 넉넉한 시간이 없는 것처럼 보여요/나는 내가 시간을 같이 지낼 사람이 바로 당신이란 걸/알만큼 충분히 주변을 둘러보았어요."

"세월은 흐르는 물과 같다Time flies"고 했는데, 무슨 수로 시간을 병 속에 저장할 수 있단 말인가. 불가능한 희망이기에 무언가 비극을 예고하고 있는 셈이다. 프랑스 작곡가 엑토르 베를리오즈Hector Berlioz, 1803~1869는 "시간은 위대한 스승이기는 하지만 유감스럽게도 자신의 모든 제자를 죽인다Time is a great teacher, but unfortunately it kills all its pupils"는 명언을 남겼다. 사랑도 그와 같지 않을까? 시간마저 이겨낸 사랑은 아예 없거나 매우 희소한 법이다.

boycott

boycott은 '배척하다, 불매不買 동맹을 하다, 참가를 거부하다'는 뜻이다. We are asking people to boycott goods from companies that use child labour(아동 노동력을 이용하는 회사들의 상품에 대해 불매 운동을 해주시길 부탁드립니다).105

영국의 육군 대위로 복무한 찰스 보이콧Charles Boycott, 1832~1897은 아일랜드에서 부재 지주인 존 크리치튼 백작John Crichton, 3rd Earl Erne, 1802~1885의 경작지 관리인이 되었다. 1879년 아일랜드 전역에 흉년이 들면서 2차 감자 기근에 대한 공포가 확산되자 소작농들은 토지동맹을 결성하고 '공정한 소작료' 등의 조건을 내걸고 지주에 저항했다. 이때 보이콧의 임무는 그런 소작농들을 내쫓는 일이었는데, 토지동맹은 마을 주민들에게 보이콧을 배척하라는 지침을 내렸다. 상점들은 보이콧에게 물건을 판매하지 않았으며, 심지어 보이콧이 다니던 교회마저도 그를 철저히 배척했다. 이 사건은 1880년 11월 『타임스The Times』에 보도되었고, 이어 유럽 전역의 다른 신문들에도 보도되면서 '보이콧'이라는 단어가 탄생하게 되었다.106

보이콧은 불매운동은 물론 노동운동과 국제관계에도 쓰인다. 노동운동에서는 노동자가 사용하는 보이콧과 사용자들이 사용하는 보이콧이 있다. 전자에는 근로자가 사용자에게 압력을 가하는 제1차적 보이콧이 있으며, 사용자와 거래관계에 있는 제3자에게 사용자와의 거래관계 중단을 요구하고 불응할 때 상품 구입이나 인력 공급을 중단하겠다고 위협하는 제2차적 보이콧이 있다. 후자의 보이콧은 사용자가 파업 또는 직장폐쇄 기간 중 해당 근로자가 다른 사용자에게 취업하지 못하도록 하는 것을 말한다.

국제관계에서 사용되는 경우는 어떤 나라의 정책 또는 행동에 반대의사를 표시하는 수단으로 사용되는 경우로, 1965년 국제연합이 불법적으로 영연방에서 독립을 선언한 로디지아와 경제관계를 끊을 것을 요청한 경우와(1979년까지 계속), 1979년 소련의 아프가니스탄 침공에 대한 항의로 미국이 1980년 모스크바 하계올림픽대회에 다른 나라가 불참하도록 요청한 경우이다.107

girlcott은 boycott의 boy가 '소년'이라는 뜻을 이용해 만들어진 신조어로, 여성들의 보이콧을 가리키는 말이다. 이 신조어의 기원은 1968년 멕시코 올림픽으로 거슬러 올라간다. 10월 16일 남자 200미터 결승에서 입상한 미국의 흑인 선수 금메달리스트 토미 스미스Tommie Smith와 동메

boycott

달리스트 존 카를로스John Carlos가 미국의 국가가 연주되는 동안 주먹을 치켜올려 블랙파워의 뜻을 표현했다. 다음 날 두 선수는 "스포츠를 정치로 더럽혔다"는 이유로 메달을 잃고 미국 팀에서 제명되었다.[108]

사람들의 이목이 흑인 여성 육상선수들에게 집중된 가운데 그들을 대표해 레이시 오닐Lacey O'Neal은 흑인 여성 선수들은 이제 막 세상에 알려지기 시작한 때이므로 girlcott을 하지 않겠다고 말했다. 2005년 펜실베이니아 주 알레게니 카운티Allegheny County에 사는 젊은 여성들은 성차별적인 슬로건이 새겨진 애버크롬비앤드피치 Abercrombie & Fitch 티셔츠에 대한 girlcott을 주장하기도 했다.[109]

bra burner

bra burner는 경멸적 의미에서 전투적 여성해방운동가를 가리킨다. 이 단어의 탄생은 1968년으로 거슬러 올라간다. 그해 9월 7일 미스 아메리카 대회가 열리고 있는 뉴저지 주의 애틀랜틱 시티Atlantic City에는 여성 200명이 모여들었다. 이들은 미스 아메리카 대회를 남성의 눈요기를 위한 굴욕적인 대회이자 인종차별적인 백인 여성들의 경연대회로 간주했으며, 당선자들이 군인들을 위문하기 위해 베트남을 여행하기로 되어 있는 것도 문제 삼았다. 주동자 중의 한 명인 캐롤 허니쉬Carol Hanisch는 미인대회는 여성을 선천적으로 타고난 생물학적 요인에 의해서 가치를 결정 짓는 것으로, 여성도 부단히 노력함으로써 인간의 가치를 개발할 수 있다는 의지를 말살시킨다고 주장했다.[110]

여성들은 "자유의 쓰레기통Freedom Trash Can"이라 이름 붙인 거대한 쓰레기통에 행주치마, 거들, 가슴을 올려주는 기능성 브래지어, 가짜 속눈썹 등 여타의 '여성 억압도구'를 내던지면서 양에게 "진정한 미스 아메리카"라고 적힌 왕관을 씌우는 이벤트를 벌였다.[111] 이들은 "대회 참가자들은 온순하고 어리석은 양과도 같다"는 메시지를 전하기 위해서 양을 끌고 와 시위를 벌이면서 "여성은 가축이 아니라 사람이다Women are people not livestock"라고 주장했다.[112] 또 이들은 "미스 아메리카가 몸을 팝니다"는 선정적인 구호와 함께 〈자기 고기를 팔아서 돈을 벌 때 그녀는 더는 예쁘지 않다네〉라는 노래를 불렀다.[113]

이는 '페미니즘 제2의 물결'의 시작을 알리는 상징적인 사건이었지만, 언론은 "시위를 위해 브래지어를 불태웠다"고 날조한 기사를 내보내, 'bra burner(브래지어를 불태우는 사람)'가 전투적 페미니스트들을 지칭하는 단어로 영어사전에 오르게 되었다. brassiere(브래지어)라는 단어는 1909년, 이를 줄인 bra는 1936년부터 사용되었다.[114]

그런데 '브래지어 불태우기'에 대해선 여러 설이 있다. 그날 브래지어를 불태우지 않은 건 분명하지만, 불태웠다고 보도한 기사가 완전 날조 기사는 아니며 그렇게 보도할 만한 근거는 있었다는 주장이 있다. 이 시위 계획 초반 단계에 어떤 회원이 브래지어를 불태우자고 제안했지만, 이 아이디어는 채택되지 않았다. 그런데 어느 기자가 이 계획을 듣고 그것이 사실인 양 보도했다는 것이다.[115] 또 다른 설은 브래지어를 시위 현장에서 실제로 불태우려고 했는데, 그것이 위법이라는 경찰의 경고로 그렇게 하지 못했을 뿐이라는 설이다. 이는 훗날 허니쉬의 회고에 따른 설이다.[116]

미국의 선구적 페미니스트인 엘리자베스 스튜어트 펠프스 워드Elizabeth Stuart Phelps Ward, 1844~1911는 이미 1873년 "코르셋을 불태우자!Burn up the corsets!"고 주장한 바 있었고, 미스 아메리카 대회가 열리던 당시 반전시위자들이 징집 영장을 불태우는 시위를 한 바 있었기에,[117] 브래지어를 불태우는 건 자연스럽게 여겨질 수도 있는 상징적 이벤트였다.

그러나 '브래지어'라는 단어가 주는 성적 선정성으로 인해 'bra burner'는 여성운동을 비하하는 의미로 쓰였다. 그다음 해인 1970년 8월 여성해방주의자 1만 여 명이 뉴욕 5번가에서, 2,000여 명이 샌프란시스코에서, 1,000여 명이 보스턴에서 행진 시위를 벌일 때에 일부 구경꾼들은 '브래지어를 하지 않은 반역자'라고 야유를 보내기도 했다.[118]

BRICs

BRICs(브릭스)는 브라질Brazil, 러시아Russia, 인도India, 중국China 등 세계경제의 새로운 성장엔진을 일컫는 말로, 1970~1980년대가 고도 경제성장을 이룬 한국 등 신흥공업국NICs의 시대였다면, 앞으로는 브릭스의 시대가 열린다는 것이다. BRIC countries 또는 BRIC economies를 줄여 부르는 의미에서 보통 BRICs라고 한다. 2001년 골드만삭스의 짐 오닐Jim O'neil, 1957~이 처음 만든 말이다.

2009년 6월 16일 브릭스의 지도자들은 러시아의 예카테린부르크Yekaterinburg에서 정상회담을 열었으며, 이후 매년 연례 정상회담을 열었다. 2010년 남아프리카공화국South Africa이 브릭스에 참가를 신청해 그해 8월에 받아들여짐으로써 BRICs는 BRICS가 되었다.[119]

자신이 만든 말 하나로 인해 각국의 지도자들까지 움직이는 데 재미를 붙인 걸까? 짐 오닐은 2005년 12월에는 성장 가능성과 투자 전망이 좋은 나라들로 Next Eleven을 선정하여 발표했다. Bangladesh, Egypt, Indonesia, Iran, Mexico, Nigeria, Pakistan, Philippines, Turkey, South Korea, Vietnam이다. 그러더니 짐 오닐은 2011년 말에는 Next Eleven 중에서 뛰어난 네 국가를 추려 MIKT 또는 MISTMexico, Indonesia, [South] Korea and Turkey라는 이름을 붙였다.[120]

2012년 8월 브릭스에 대해 대표적인 비관론자인 모건스탠리의 루치르 샤르마Ruchir Sharma는 2000년대 세계경제 호황으로 늘어난 글로벌 유동성이 유입되면서 브릭스가 빠르게 성장했지만, 앞으로는 그 거품이 사라질 것이라고 주장했다.[121] 2012년 10월 6일 『뉴욕타임스』는 전 세계 금융시장의 초점이 브릭스에서 미스트MIST로 옮겨가고 있다고 보도했다.[122]

2013년 2월 짐 오닐 골드먼삭스자산운용GSAM 회장이 돌연 사표를 냈다. 당장 물러나지는 않고 2013년 말까지 근무한다고 했다. 이에 『중앙일보』는 "오닐은 단어 하나 잘 만들어 스타가 된 인물이다"며 이렇게 말했다. "브릭스는 10여 년 동안 글로벌 증시의 테마였다. 템플턴 등 대형 자산운용사들이 앞다퉈 '브릭스 펀드'를 내놓았다. 그러나 글로벌 불황이 이어지면서 브릭스의 취약성도 그대로 드러났다. 브릭스 투자 수익률이 곤두박질하자 펀드에 몰렸던 자금들도 썰물처럼 빠져나갔다. 오닐도 고전하기 시작했다."[123]

2013년 7월 27일 주간 『이코노미스트』는 지난 10년간 세계 경제를 이끌었던 브릭스가 고속 성장을 마감하고 '대감속 시대'로 접어들고 있다는 분석을 제시했다. '대감속Great Deceleration'은 신흥시장국의 성장이 선진국의 불황을 만회하거나 보완하지 못하는 상황을 뜻한다. 지난 10년간 미국과 일본, 유럽연합 경기가 침체되어도 세계 경제가 굴러갈 수 있었던 것은 브릭스의 선전 덕분이었지만, 최근 들어 브릭스의 성장률이 반토막 나고 국내총생산GDP 증가 속도가 둔화되면서 세계 경제가 성장 동력을 잃을 위기에 놓였다는 것이다.[124]

브릭스와 같은 acronym(두문자어) 말장난은 그 밖에도 많다. 경제 전망이 어둡다는 비하의 의미로 PIGSPortugal, Italy, Greece, Spain가 있다. Ireland를 더해 PIIGS라고도 하고, Great Britain을 더해 PIIGGS라고도 한다.[125] 새로 떠오르는 신흥시장에는 CIVETSColombia, Indonesia, Vietnam, Egypt, Turkey, South Africa도 있고,[126] TIMBITurkey, India, Mexico, Brazil, Indonesia도 있고,[127] VISTAVietnam, Indonesia, South Africa, Turkey, Argentina도 있다.[128] 경제 관련 기업들이나 연구소들이 자기 홍보를 위해 앞다투어 이러한 두문자어를 만들어낸다고 보는 게 옳겠다.

bright

bright는 '빛나는, 밝은, 선명한, 찬란한, 영리한, 재치 있는'이라는 뜻이다. bright가 '빛나는, 광채 나는' 외에 '머리가 좋은, 기지가 있는, 민첩한'이라는 뜻까지 갖게 된 것은 18세기 초부터다. bright as a button은 '아주 영리(활발)한'이란 뜻인데, button 대신 new penny를 쓸 수도 있다. 놋쇠로 만든 단추나 새 주화는 반짝반짝 빛나기 마련인데, 그걸 비유적으로 사람의 이해력에 적용시킨 표현으로 볼 수 있겠다.[129]

bright-eyed and bushy-tailed는 '활기찬, 발랄한, 정력적인' 이란 뜻이다. bright-eyed는 '눈이(눈매가) 시원한(또렷한)', bushy는 '털이 많은' 이란 뜻이다. 다람쥐squirrel의 건강한 상태를 사람에 비유해 의인화anthropomorphizing, anthropomorphism한 말이다.[130]

bright and early는 '아침 일찍' 이란 뜻이다. 19세기 미국에서 작가 워싱턴 어빙Washington Irving, 1783~1859 등의 글에서 유래된 말이다. bright in the eye는 '거나해서', look on the bright side of things는 '일을 낙관하다' 는 뜻이다.[131]

bright shiny object syndrome(스타 물건 증후군)은 사람들이 반짝반짝 빛나는 새로운 물건에 쏠리는 경향을 말한다. 예컨대, 그럴듯해 보이는 모바일 혁신이 새롭게 나타났을 때 기업이 거기에 성급하게 몰려드는 경향을 보인다면, 이걸 가리켜 '스타 물건 증후군' 이라 할 수 있겠다.[132]

broadcasting

broadcast는 원래 '씨앗을 뿌리다' 에서 '말을 퍼뜨리다' 를 거쳐 '방송하다' 는 뜻으로 쓰이게 되었다. 1912년 broadcasting이란 단어가 미 해군에 의해 최초로 '명령을 무선으로 한꺼번에 여러 군함에 보낸다' 는 의미로 사용되었으며,

바로 그해에 미 의회는 무선커뮤니케이션의 '교통정리' 를 위해 라디오 사용을 원하는 사람은 누구나 통상, 노동장관의 허가를 얻어야 한다고 규정한 '1912년 라디오법' 을 통과시켰다.[133]

지상파 방송만 존재했을 땐 방송放送: broadcasting 개념만 있었지만, 케이블과 위성 방송이 나오면서 채널 수가 급격히 늘어나자 협송狹送: narrowcasting 개념이 등장했다. 이제 인터넷 시대에는 망송網送: netcasting이 가능하게 되었다. 방송이 중앙집중적인 바퀴 패턴이라면, 인터넷은 다통로 패턴이다. 방송 구조와 네트워크 구조를 결합하여 양쪽의 장점을 취하는 것이 바로 망송 구조다. 또한 인터넷을 포함한 디지털 기술은 수용자를 '1 대 1' 로 상대할 수 있는 점송點送: pointcasting을 가능하게 만들었다.

포인트캐스팅은 특히 마케팅 분야에서 각광을 받고 있다. 기존의 마케팅이 브로드캐스트 마케팅이라면, 인터넷에서 고객 하나하나의 자료를 검색하여 조건이 일치하는 고객을 찾아내는 마케팅을 가리켜 포인트캐스트 마케팅pointcast marketing이라고 한다. 미국에서 고객이 주문하는 기사를 찾아내 컴퓨터로 배달해주는 기업의 이름도 '포인트캐스트' 다.

매스 미디어를 이용한 매스 마케팅은 혼란clutter, 클리킹clicking, 냉소cynicism, 경쟁competition 등의 4C 때문에 영향력이 감소했다. 미국인은 하루 평균 3,000여 개의 광고 메시지에 접하고 있기 때문에 매우 혼란스러워하고 있다. 원치 않는 광고가 나오면 클리킹을 하며, 상업 광고의 홍수 속에서 자라난 사람들이라 광고에 대해

냉소적이며, 기업 간 경쟁은 더욱 치열해지고 있다. 그런 이유로 광고대행사들의 수입도 과거에 비해 크게 감소했다. 과거에는 15퍼센트의 수수료를 챙겼으나 이젠 8~12퍼센트로 줄어들었다. 브로드캐스트 마케팅의 적중률은 0.1퍼센트에 불과한 반면, 포인트캐스트 마케팅의 적중률은 50퍼센트 이상이다.[134]

팟캐스팅podcasting은 인터넷을 통해 라디오 프로그램 파일을 PC에 다운로드 받아 MP3 플레이어 · PMP(휴대용 멀티미디어 기기) · 휴대전화 등의 휴대기기에 저장 · 재생할 수 있는 서비스다. 애플사가 출시한 MP3 플레이어인 '아이포드iPod'와 '방송broadcasting'의 합성어로 'PC를 이용해 개인이 만든 방송 프로그램을 MP3 파일 형태로 녹음해 인터넷에 유포하고 이용자들이 이를 선별해서 듣는 형식'을 취한다.

팟캐스팅은 2001년 초 미국의 소프트웨어 개발자 데이브 위너와 그의 고객인 애덤 커리가 초기 개발 아이디어를 냈다. 듣고 싶은 라디오 채널을 고르면 매일 방송이 나올 때마다 컴퓨터가 자동으로 수집 · 저장하는 프로그램을 고안한 것이다. 2004년에는 미국의 한 라디오방송이 자체 프로그램을 MP3 파일로 변형, 청취자가 인터넷으로 내려받아 즐길 수 있도록 서비스하면서 대중화의 길을 열었다. 이어 2005년 애플이 아이포드용 소프트웨어 아이튠스에 팟캐스팅 기능을 탑재하면서 이용자가 급격히 늘어났다. 기존 라디오방송이 편성표에 따라 프로그램을 편성하는 방식이라면, 팟캐스팅에서는 장르별 콘텐츠를 하이라이트 중심으로 4~8분 분량으로 재편집하는 방식이다.

팟캐스팅이 사용되는 분야는 다양하다. 북미 지역에서는 교회 설교나 예배실황을 팟캐스팅으로 제공한다. MP3를 통한 종교활동은 '갓캐스팅godcasting'이라고 불린다. 2006년 미국에서 갓캐스팅에 참여한 교회는 2,000곳으로, 미국의 팟캐스팅 서비스 중에 갓캐스팅을 이용하는 사람은 음악과 IT기술 분야에 이어 세 번째로 많았다. 미국에서는 팟캐스팅을 통해 강좌를 공개하는 대학도 늘고 있다. 세계적인 기업들은 팟캐스팅을 경영에 적극 활용하고 있다. 미국 GM(제너럴모터스)과 펩시는 제품을 소개하는 동영상과 광고를 팟캐스팅 방식으로 전 세계 소비자에게 뿌리고 있다.

신문은 팟캐스팅을 통해 '보는 신문'에서 '읽는 신문'으로 거듭나고 있다. 『뉴욕타임스』는 매일 기사를 오디오파일로 변형해 제공하고 있다. 팟캐스팅의 수익모델은 콘텐츠의 시작 지점에 삽입하는 광고를 통해 찾는다. 팟캐스팅은

podcasting

개별 콘텐츠별로 특화된 고객층을 노릴 수 있다는 점에서 향후 맞춤형 광고 수요를 이끌 것으로 전망되었다.

팟캐스팅은 인터넷 특유의 양방향성이 결합되면서 오디오 UCC(이용자제작콘텐츠)의 시대를 열 것으로 기대되었다. 특정 개인이 PC를 통해 자신만의 원고와 음악을 녹음한 후 이를 MP3 파일로 변환해 인터넷을 통해 유포하면, 청취자들은 자신이 원하는 내용을 각자 MP3 플레이어에 자유롭게 다운받아 즐기는 UCC 사업모델이 팟캐스팅의 잠재력을 더하고 있다. 이어 동영상까지 보여주는 비디오 팟캐스팅이 이루어지면서 라디오뿐만 아니라 TV 프로그램까지 팟캐스팅 대상이 되었다.[135]

slivercasting(슬리버캐스팅)은 극히 제한된 대상이나 주제를 위한 프로그램 편성을 말한다. 물론 채널의 폭증으로 인해 가능해진 일이다. 미국에는 심지어 개 진드기를 잡아내는 방법에 관한 프로그램도 있다. sliver는 "(깨지거나 잘라낸) 조각", slivers of glass는 "유리 조각들", sliver building은 "폭이 좁은 고층 빌딩", a sliver of bacon은 "베이컨 조각", win by a sliver는 "간신히 이기다", a sliver of light는 "한 줄기 불빛"이란 뜻이다.[136]

egocasting(에고캐스팅)은 미국 역사학자 크리스틴 로젠Christine Rosen이 만든 말로, '나의 즐거움, 우리의 신념이 더욱 공고해지고, 이것을 보며 즐거워하는 현상'을 말한다. 이와 관련, 앤드루 킨Andrew Keen, 1960~은 다음과 같이 말한다. "자기가 제작의 주체가 되는self-publishing 인터넷 세상에서 당신이 개인지, 원숭이인지, 이스터 버니Easter bunny(부활절 때 부활 달걀을 가져다준다는 토끼)인지 알 수 있는 사람은 없다. 왜냐하면 우리는 모두 에고캐스팅을 하느라 바쁜 데다가 인터넷에서 인지도를 높이기 위한 적자생존 경쟁에 몰두하느라 다른 사람에게 주의를 기울일 여유가 없기 때문이다.……아마추어의 시간이 도래했으며, 이제 쇼는 수용자에 의해 만들어진다."[137]

broker

1790년 필라델피아에 미국 최초의 주식시장이 문을 열었는데, 1790년대 미국 금융의 중심지는 필라델피아였다. 그런데 전신이 필라델피아의 운명을 바꿔놓고 말았다. 존 스틸 고든John Steele Gordon은 "사무엘 모스Samuel Morse가 1820년대에 완벽한 전신 시스템을 완성했다면, 아마도 필라델피아가 이를 활용하여 뉴욕의 지위를 차지했을 것이다"고 말한다.[138] 그러나 전신 시스템은 1840년대에 등장했으므로, 1817년 3월 8일에서야 창설된 뉴욕증권거래소New York Stock Exchange and Board로 권력이동이 일어난 것이다.

1830년대와 1840년대에 많은 주에서 주식회사법이 통과되었고, 1861년 10월 전신망이 서부

해안도시인 샌프란시스코까지 확대되면서 미국 금융자본주의는 혁명적인 변화를 맞게 되었다. 이후 뉴욕의 월스트리트에는 투기꾼들이 득실거렸다. 당시 이들은 '브로커Broker'로 불렸다.

원래 '브로커'라는 단어는 포도주통에 구멍을 내어 포도주를 병이나 잔으로 파는 상인을 뜻하는 프랑스어 'brocour'에서 14세기 영어로 파생되었다. 17세기에는 도매상과 소매상 구분 없이 쓰였고, 이후에는 재화를 직접적으로 생산하지 않고 단지 중개만 하는 상인을 일컫는 말이 되었다. 더 나아가 파는 사람과 사는 사람의 거래를 알선해주고 커미션을 받는 사람을 뜻하는 말로 바뀌었다.

훗날(1940년대) 메릴린치가 전국적인 지점망을 설치하고 세일즈와 리서치 부문을 분리해 현대적인 의미의 증권사 체제를 갖추게 되기 전까지 증권 브로커들은 월스트리트에 사무실을 열어 주식 매매를 중개했다. 따라서 메릴린치의 등장까지는 매매중개업자를 증권사로 부르지 않고 '증권 브로커' 또는 '브로커'라고 불렀다. 증권시장이 초호황을 구가하자 증권 브로커들은 점심을 거르기 시작했다. 점심 노점상들이 출현하기 시작했고, 월스트리트의 풍경으로 자리 잡으며 패스트푸드로 점심을 간단히 때우는 식습관이 일반화되기 시작했다.[139]

brother

Brother Jonathan은 '미국 정부, 전형적인 미국인'으로, 1812년경부터 쓰이기 시작한 엉클 샘Uncle Sam 이전에 많이 쓰이던 말이다. 17세기 초에 처음 나타난 이 말은 1769년부터 1784년까지 코네티컷 주지사를 지낸 조너선 트럼불Jonathan Trumbull, 1710~1785에서 유래되었다.

트럼불은 영국의 지배세력에 속했으면서도 식민지 반군(독립세력)에게 우호적이었다. 조지 워싱턴George Washington, 1732~1799이 독립운동 준비 당시 어려움에 처할 때마다 "이 문제는 조너선 형과 의논해야 해We must consult Brother Jonathan on this"라고 말했다는데, 워싱턴은 그를 "애국자 중의 애국자"로 칭송했다.

트럼불은 그런 기여로 혁명 후에도 로드아일랜드의 니콜라스 쿡Nicholas Cooke, 1717~1782와 함께 주지사를 계속 지낼 수 있었다. 오늘날 코네티컷 대학University of Connecticut의 마스코트 이름은 트럼불이며, 트럼불의 이름을 딴 예일 대학Yale University 트럼블 대학Trumbull College의 졸업증서에는 "We must consult Brother Jonathan"이란 구절이 박혀 있다.[140]

'빅브라더Big Brother'는 정보의 독점으로 사회를 통제하는 관리 권력, 혹은 그러한 사회체계를 일컫는 말이다. 긍정적 의미로는 선의 목적으로 사회를 돌보는 보호적 감시, 부정적 의미로는 음모론에 입각한 권력자들의 사회통제의 수단을 말하지만, 오늘날 주로 부정적 의미로 쓰인다.

영국 소설가 조지 오웰George Orwell, 1903~1950의 소설 『1984년』(1949)에서 비롯된 용어인데, 이 소설에서 사람들은 끊임없이 "빅브라더가 당신을 보고 있다Big Brother is watching you"는 말을 듣게 된다. 오웰은 Big Brother라는 말을 어디에서 가져왔을까? 3가지 설이 있다.

첫째, 통신교육강좌 회사 베넷스Bennett's의 포스터 설이다. 이 회사의 사장인 베넷은 광고 포스터에 인자한 할아버지의 얼굴로 등장해 "당신의 아버지처럼 가르치겠다Let me be your father"고 말한다. 사업을 물려받은 그의 아들은 유감스럽게도 다소 고압적이고 험상궂은 얼굴임에도 비슷한 포스터를 만들어 "당신의 큰형처럼 가르치겠다Let me be your big brother"고 말하는데, 오웰이 이 포스터의 영향을 받았다는 것이다.

둘째, 제1차 세계대전 당시의 징병 광고 설이다. 당시 전쟁장관이던 허버트 키치너Herbert Kitchener, 1850~1916는 징병 광고 포스터에서 근엄한 얼굴로 보는 이를 향해 손가락을 가리키면서 "조국은 당신이 필요하다Your Country Needs You"라고 말한다. 어렸을 때 키치너를 찬양하는 시를 써서 동네신문에 발표하기도 했던 오웰이 여기서 강한 인상을 받았으리라는 것이다.

셋째, 빅브라더는 소련의 독재자 이오시프 스탈린Iosif Stalin, 1879~1953을 가리킨다는 설이다. 오웰은 사회주의자를 자처하면서도 『동물농장』(1945)과 『1984년』(1949)을 통해 풍자적으로 소련

"Your Country Needs You"

체제를 비판했다는 것이다.[141]

"I want to be the white man's brother, not his brother-in-law(나는 백인의 의형제가 아니라 친형제가 되고 싶다)." 미국의 흑인 민권운동가 마틴 루서 킹의 말이다. brother의 고어古語인 brethren은 특수한 친목단체나 종교단체 등의 친구들에 대해서 쓴다. The brethren will meet at the church(교우教友들이 교회에 모일 것이다).[142]

brogrammer는 '(더럽고 지저분한 괴짜라는 전통적 이미지와 달리) 세련되고 부유하며 유행에 민감한 프로그래머'를 뜻한다. 미국인들이 서로를 격의 없이 부르는 호칭인 bro와 programmer를 합성한 신조어다. bro라는 호칭이 남자 형제를 뜻하는 brother에서 비롯되었다는 이유로 여성차별적 단어라는 비판도 있지만, 『뉴욕포스트』 2012년 3월 4일자는 최근 페이스북 기업공개 등으로 돈 많은 컴퓨터 전문가들이 속출하면서 브로그래머가 새 트렌드로 떠오르고 있다고 보도

했다.[143]

cadet은 '사관학교 생도, 견습생'이란 뜻으로, 'young brother(장남 이외의 아들)라는 뜻의 프랑스어다. 왜 장남 이외의 아들이 사관학교 생도라는 뜻을 갖게 되었을까? 프랑스에 존재했던 장남의 독식 상속제 때문이다. 재산을 물려받지 못한 장남 이외의 아들들이 택할 수 있는 직업 중 가장 나은 게 군인이었기 때문에 그런 뜻을 갖게 된 것이다.[144]

brown

brown(갈색)은 '색의 어스름하거나 어두운 그늘'을 뜻하는 옛 영어 brún에서 나온 말로, 색의 이름으로 쓰인 건 1000년경부터다. 브라운은 색상학적으론 빨강, 노랑, 검정의 3가지 색을 합하면 나오는 색이다. 이탈리아의 파시스트 무솔리니의 지지자들이 검은 색 셔츠를 입은 걸 흉내내 독일의 히틀러 지지자들, 특히 나치 돌격대는 갈색 셔츠를 입었기 때문에, 갈색은 파시즘을 연상시키는 색이기도 하다. 나치 돌격대를 가리켜 'Brownshirt', 이탈리아의 파시스트 당원을 가리켜 'Blackshirt'라고 했다.[145]

do it up brown은 '철저히 하다, 완벽하게 하다, 더할 나위 없이 하다'는 뜻이다. 알맞게 구운 고기의 색깔이 brown인 데서 유래된 말로, 17세기부터 쓰이기 시작했다.[146] 그러나 brown이 nose와 만나면 아주 좋지 않은 뜻으로 변질된다. brown이 졸지에 똥 빛깔로 전락하고 마는 것이다. 리처드 스텐겔Richard Stengel은 다음과 같이 말한다.

"1961년 판 『웹스터사전』에는 brownnosing(코에 똥 묻히기)을 '인사권자의 항문을 코로 애무하는 것과 같은 아부'라고 정의하고 있다. brownnoser는 궁둥이에 입 맞추는 자나 빨아주는 자보다 훨씬 더 비릿하고 추하게 아양을 떠는 사람이다. 그들은 너무나 열성적으로 아첨하느라 자신의 행동이 얼마나 추한지조차 모르는 군상들이다."[147]

brownout은 부분적인 등화관제燈火管制를 뜻한다. 완전 등화관제blackout와는 달리, 생활에 꼭 필요한 전등 사용은 허용하되 광고용 전등이나 가로등 같은 등화에 대해서만 관제를 하는 것이다. 미국에서 제2차 세계대전 당시에 실시하면

Brownshirt

서 처음 만들어진 말인데, 독일과 일본이 미국 본토에는 힘이 미치지 못한다는 걸 알고 얼마 후 해제했다. 오늘날 일부 국가에서 에너지 절약 차원에서 실시하기도 한다.148

brown study는 '생각에 잠김, 공상reverie, 우울'로 프랑스어 sombre reverie를 영어로 번역한 것이다. sombre에는 '색이 산뜻하지 않은'과 더불어 '슬픈, 우울한'이란 뜻도 있다. 16세기부터 다음과 같은 용법으로 사용되었다. Lack of company will soon lead a man into a brown study(다른 사람들과 어울리지 않으면 우울해지기 쉽다). in a brown study는 '생각에 사로잡힌, 우울한'이란 뜻이다.149

브라우니Brownie는 brown sugar로 만든 초콜릿 과자다. 질감은 케이크와 쿠키의 중간쯤 된다. 초콜릿이 들어가지 않은 건 블론디blondie라고 한다. 브라우니는 19세기 말 미국에서 탄생했는데, 요리 강사이자 작가인 패니 파머Fannie Merritt Farmer, 1857~1915는 자신의 1906년 판 『보스턴 요리 학교 요리책Boston Cooking School Cook Book』에서 최초의 브라우니 레시피를 출간했다. 20세기에 접어들면서 날이 갈수록 시간에 쫓기는 가정주부들에게 집에서 굽는 케이크나 파이보다 훨씬 간단한 대용품으로 인기를 끌었으며, 아이스크림과 초콜릿 소스, 또는 캐러멜 소스를 토핑으로 얹으면 브라우니 선데brownie sundae가 된다.150

browse

browse는 '(살 생각도 없으면서 상품을) 이것저것 구경하다, (책을) 여기저기 읽다, (가축이) 어린잎을 먹다'는 뜻이다. 어린잎을 뜻하는 프랑스 고어古語 brost에서 나온 말로, 가축이 한가롭게 나무와 덤불에서 어린잎을 골라먹는 모습을 비유적으로 사람의 쇼핑과 독서에 적용한 것으로 볼 수 있겠다.151

가축이 풀밭의 풀을 뜯어먹는 것은 grazing이다. graze는 어원상 grass(풀)와 사촌 간이다. browsing은 grazing과는 달리 골라서 뜯어먹어야 하기 때문에 nibbling(조금씩 뜯어먹기)할 수밖에 없다. 책 구경이나 상품 구경을 뜻하는 browsing도 당연히 nibbling에 가깝다. 미국에서 일부 서점들은 "come in and browse around (들어와서 책을 들춰보세요)"라는 안내문을 문밖에 내걸기도 한다.152

She browsed the shelves for something interesting to read(그녀는 뭐 재미있는 읽을거리가 있나 하고 책꽂이들을 훑어보았다). I found the article while I was browsing through some old magazines(나는 몇몇 옛날 잡지를 훑어보다가 그 기사를 발견했다).153

browsing strategy는 analytical strategy(분석적 전략)와 달리 heuristic approach(발견적 해결 방법), 즉 복잡한 문제를 푸는 데 시행착오를 반복

평가하여 자기 발견적으로 문제를 해결하는 방법의 한 유형이다.[154]

information grazing이란 말도 있는데, 이는 새로운 문제를 시간에 맞춰 해결하기 위해 필요한 정보와 지식을 재빨리 획득할 수 있는 능력을 가리킨다. 이는 정보폭발의 시대에 모든 걸 다 아는 '르네상스 맨'의 존재는 불가능하다는 전제하에 필요한 정보와 지식을 그때그때 찾아서 이용하고 내버리는 새로운 정보 이용 방식이다.[155]

browsing의 '골라서 선택한다'는 개념은 인터넷 용어로 차용되었다. 인터넷에서 웹서버의 모든 정보를 볼 수 있게 해줄 뿐 아니라, 하이퍼텍스트 문서 검색을 도와주는 응용 프로그램인 브라우저browser가 바로 그것이다. 최초의 브라우저는 1990년 팀 버너스리Tim Berners-Lee, 1955~가 발명했으며, 최초의 상용 브라우저는 1993년 개발된 모자이크Mosaic다. 주요 웹 브라우저web browsers에는 Internet Explorer, Firefox, Google Chrome, Safari, Opera 등이 있다. 스마트폰 등 모바일 기기용 브라우저는 mobile browser, microbrowser, minibrowser, 또는 wireless internet browser(WIB)라고 한다.[156]

BTL

BTLBelow the Line은 미디어를 매개하지 않는 프로모션Non-Media Promotion으로 판매지원·유통지원·샘플링 등과 같은 대면 커뮤니케이션Face-to-Face Communication을 활용하는 것이다. BTL의 반대되는 개념인 ATLAbove the Line은 마케팅 커뮤니케이션 활동 중 비非대인적 커뮤니케이션 활동으로 TV·인쇄·라디오·옥외광고 등과 같은 전통적 매체로 구성된다. 옥외광고는 BTL로 분류되기도 한다. BTL의 주요 수단은 뉴미디어·PR·세일즈 프로모션 등이다.

BTL·ATL 용어는 미국에서 광고회사가 광고주에게 청구서를 발행할 때 매체사에서 대행수수료를 받을 수 있는 부분은 청구서의 상단 부분에 게재하여 ATL이라 명명되고, 대행수수료 없이 서비스에 대한 수수료를 받는 내용은 청구서의 하단에 게재하기 때문에 BTL이라고 구분된 것이다.

국내 광고회사들은 2004년을 기점으로 과거의 프로모션·SPSales Promotion 등의 부서 명칭을 BTL로 개명하거나 신설해 2005년 9월 현재 총 7개 사가 BTL 담당 부서를 운영하고 있다. 이와 관련, LG애드의 BTL플래닝팀의 오상도는 다음과 같이 말했다.

"이처럼 한국시장에서 BTL이 부각되고 있는 것은 1980년대 후반에 이벤트가 하나의 산업 분야로 인정된 이후 SP 부서에서 프로모션 부서로, 그리고 IMC 부서로의 영역 확장을 위한 개명 때와는 분명 다른 배경을 내포하고 있다. 과거의 경우 광고라는 메인 프레임에서 광고주의 만족을 위한 통합 마케팅 차원의 부가적 서비스 제공이라는 구색 맞추기의 의미가 강했던 것이 사실이다. 그러나 지금은 4대 매체를 중심으로 하는 매스미디어 커뮤니케이션의 대안으로서, 또는 광고시장 위축에 따른 돌파구로서 좀더 의미가 확대되어 다루어지고 있는 것이다."

BTL은 ATL에 비해 빠른 속도로 성장하고 있는데, 가장 큰 이유는 소비자의 세분화다. 불특정 다수에게 메시지를 전달하는 ATL의 효용이 그만큼 떨어진 것이다. 광고대행사 LG애드의 BTL플래닝팀 국장 이용진은 어떤 광고주들은 "ATL로 해결할 수 없는 문제를 BTL로 해결해 달라고 요청한다"고 했다.

'ATL talks at you, BTL talks to you.' 'ATL은 당신이 있는 곳을 향해서 말을 하고, BTL은 바로 당신에게 말을 한다'는 뜻이다. ATL이 불특정 다수를 대상으로 분위기를 띄우면 BTL이 구체적인 타깃을 대상으로 그들의 참여와 체험을 유발한다는 것이다. 제일기획 BTL전략팀 국장 손형채는 BTL의 그런 특성을 활용해 브랜드의 이미지를 확고히 구축한 사례로 스타벅스를 들었다.

" '우리의 가장 중요한 광고 미디어는 매장과 사람들이다' 라는 말처럼 스타벅스는 매장 자체를 가장 중요한 접점 미디어로 인식하고 이를 거점으로 고객이 스스로의 오감체험을 통해서 커피를 마시는 경험과 부가가치를 느끼게 하였다. 그리고 고객이 직접 스타벅스 커피를 경험한 뒤에 입소문을 통해서 신뢰감 있는 홍보를 하도록 유도하였다. 또한 스타벅스 매장 일주 프로모션, 영화 등의 PPL 및 개봉 후의 타깃 프로모션, 그리고 각종 문화 공연 연계 프로모션을 통해서 커피에 대한 독특한 체험과 문화를 연계하여 커피를 마시는 문화와 커피와 문화의 이미지를 연계하여 하나의 문화 코드를 만들었다."

최근의 추세는 ATL과 BTL을 합한 TTLThrough-the-Line이다. 방송과 통신의 융합으로 인한 미디어 컨버전스는 인터넷이나 뉴미디어에 의해서만 전개되는 것이 아니라 ATL과 BTL의 미디어 컨버전스로 심화·발전되는 양상을 보이고 있기 때문이다. TTL은 '통합커뮤니케이션접근법 Integrated Communication Approach'이라고도 하지만, BTL에 더 힘을 실어주는 결과를 낳고 있다.[157]

ATL과 BTL은 광고뿐만 아니라 방송계와 영화계에서도 사용되는 용어다. ATL은 방송·영화 제작의 기본 예산 또는 고정 비용을 가리키는 말이다. 감독, 작가, 배우 등에게 들어가는 비용이다. 기타 다른 비용은 가변성이 있는데, 이를 BTL로 부른다. 이 또한 예산명세서에 line을 기준으로 상단에 고정 비용, 하단에 가변 비용을 기록하던 데서 유래된 것이다.[158]

BTL이라는 말은 행정에서도 많이 쓰이는데, 그 BTL은 Build Transfer Lease로, 민간이 공공시설을 짓고 정부가 시설임대료를 지불하는 방식을 의미한다. 시중의 여유자금을 공공투자로 연결해 경기를 활성화하기 위해 한국 정부가

2000년대 중반부터 추진한 것이다. 정부는 BTL 방식으로 사업을 추진할 수 있는 시설을 기존의 도로와 철도 등 사회간접자본SOC 외에도 기숙사나 도서관, 박물관 등 9개 시설로 확대했다. 현행 BTL 방식의 가장 큰 문제점은 민간 사업자가 건설해 직접 사용자에게서 사용료를 징수하는 BTOBuild-Transfer-Operate 또는 BOTBuild-Own-Transfer 운영 방식과는 근본적으로 다르지만 종래 사업방식을 그대로 답습하는 데 있다는 지적이 있다.[159]

bucket

kick the bucket은 '죽다, 자살하다'는 뜻이다. 옛날에 많이 사용된 자살 방법 중의 하나는 높은 곳에 밧줄을 매단 뒤 양동이 위에 올라가 목에 밧줄을 걸고 나서 양동이를 발로 걷어차는 것이었다. 이러한 자살법에서 유래된 표현이다.[160] 돼지를 잡을 때 돼지의 목에 줄을 건 뒤 대들보에 줄을 매달아 질식사시키는 방법을 썼는데 이때 돼지가 발버둥치면서 발로 대들보를 찬 데서 비롯된 말이라는 설도 있다. bucket은 옛날에는 대들보beam라는 뜻으로도 쓰였다.[161] During the summer my Mom's 1970 Thunderbird kicked the bucket(이번 여름에 엄마의 1970년

형 선더버드 자동차가 수명을 다했다).[162]

kick the bucket에서 유래된 말로 bucket list(버킷리스트)가 있다. 죽기 전에 하고 싶은 일의 목록을 뜻한다. 암에 걸려 6개월 시한부 선고를 받은 두 노인이 우연히 병원 중환자실에서 만나 각자의 소망 리스트를 실행에 옮기는 내용의 할리우드 영화 〈버킷리스트The Bucket List〉(2007)가 흥행에 성공하면서 일반에게 유행하게 되었다. 이 영화에서 각각 재벌 사업가인 에드워드 콜과 자동차 수리공 카터 챔버스 역을 맡은 잭 니컬슨Jack Nicholson과 모건 프리먼Morgan Freeman은 버킷리스트를 만들어 3개월간 세계 곳곳을 여행한다.[163]

2011년 11월 취업포털 잡코리아가 20~30대 남녀 362명을 대상으로 '2012년 버킷리스트'를 조사한 결과 응답자의 67퍼센트가 '세계일주'를 꼽았다. '열정적인 사랑'이라는 중복 응답도 42퍼센트에 달했다. '당장 사장 면전에 사표 던지기', '취직 대신 사업체 꾸리기' 등과 같은 배포 큰 버킷리스트도 있었다. 그러나 인터넷·SNS 등에 올라온 '2013년 버킷리스트'는 훨씬 더 현실적인 소망들, 즉 '하고 싶은 일'보다는 '해야 하는 일'들로 넘쳐났다. 이에 대해 서울대 심리학과 곽금주 교수는 "2013년에 나라 경제가 힘들어질 것으로 예고되면서 허황된 새해 계획을 세우는 대신 실현 가능성이 높은 생계형 소망들을 버킷리스트에 담는 사람이 많아졌다"고 분석했다.[164]

2013년 6월 한화생명 은퇴연구소 연구위원 이해준은 「은퇴 후 인생은 길다… 당신의 버킷리

스트에 'LIST'는 있는가」라는 칼럼에서 은퇴에 대비해 꼭 준비해야 할 LIST로 여가Leisure, 보험Insurance, 안전자산Safe asset, 여행Travel을 들면서 다음과 같이 말한다.

"영화 〈버킷리스트〉의 마지막 장면에서 카터는 가족의 품으로 돌아가 행복한 저녁식사를 한 후 침실에서 와이프와 농담을 주고받다가 갑자기 쓰러져 병원으로 실려간다. 에드워드는 카터의 장례식에 참석해서 고별사를 낭독하고, 친구의 유언이기도 했던 버킷리스트를 전부 실천하기 위해 기부를 결심한다. 이후 에드워드가 딸의 집을 찾아가 세상에서 가장 아름다운 손녀와 키스하는 장면이 잔잔하게 흘러나온다. 은퇴 이후 삶에 있어서도 가장 소중한 것은 끊임없이 격려와 용기를 주는 친구와 가족일 것이다. 여유가 있다면 자신이 가진 재물과 재능을 이웃과 함께 나누며 사는 것도 방법이다."165

bucket shop은 '무허가 중개소, 엉터리 거래점, 도박장'을 뜻한다. 미국 최초의 bucket shop은 남북전쟁 직후 시카고에 생겼는데, 이들의 영업은 불법은 아니었을망정 변칙인 건 분명했다. 주식이나 곡물을 사고파는 걸 거래하는 게 아니라, 주식·곡물 시세 예측을 도박의 소재로 이용했기 때문이다. 그래서 사실상의 도박장이나 다름없었다. 가끔 실제 거래를 중개하기도 했던 모양인데, 그 규모라는 게 곡물을 톤ton 단위로 사고파는 정식 업체들과는 달리 매우 소규모로 했기에 이걸 bucket(양동이) 단위 수준에 비유해 bucket shop이라 부르게 되었다. 이들 업소에서는 도박꾼들에게 술을 bucket으로 팔았기 때문에 bucket shop이라고 했다는 설도 있다.166

bully

bully는 '(약자를) 괴롭히는 사람, (약자를) 괴롭히다(왕따시키다), 협박하다'는 뜻인데, 연인lover을 뜻하는 네덜란드어 boel에서 나왔다. 이 단어가 영국에 수입되면서 1700년경 '뚜쟁이pimp'라는 뜻을 거쳐 오늘날 같은 부정적 의미를 갖게 된 것이다.167

play the bully는 '마구 뽐내다, 약한 사람을 들볶다', bully a person into(out of) doing은 '~를 들볶아서 시키다(~을 그만두게 하다)', bully a thing out of a person은 '위협하여 ~에게서 물건을 빼앗다', treat him bully는 '그를 혼나게 하다(경치다)', the school bully는 '학교에서 아이들을 괴롭히는 학생'이란 뜻이다.

He came to bully us and eventually put grit in the machine(그는 오더니 우리를 괴롭히고 우리의 원활한 진행을 방해했다). He is a bully-but a coward(그는 골목대장이지만 겁쟁이다). I was never a bully nor was I ever really picked on (나는 절대 약자를 괴롭히는 사람도, 괴롭힘을 당하는 사람도 아니었다). He's a bully and he's been bothering me(그 애는 아이들을 괴롭히는 녀석인데

계속 날 성가시게 해요). My son is being bullied at school(우리 아들이 학교에서 괴롭힘을 당하고 있어요). I won't be bullied into signing anything(내가 협박을 받아 무엇에 서명을 하는 일은 없을 거요).[168]

bullying(왕따)을 집단적으로 하면 mobbing이 되고, bullying을 당하던 아이가 자살을 하면, 그게 바로 bullycide다. 2001년 영국의 유명한 왕따 추방 운동가인 팀 필드Tim Field, 1952~2006가 닐 마Neil Marr와 공저로 출간한 『불리사이드Bullyside: Death at Playtime』에서 bully에 '-cide(=kill)'라는 라틴어를 붙여 만든 말이다. 피해자가 가해자를 죽이는 것도 bullycide라고 한다. 한국 못지않게 bullying이 심한 미국에서는 "Stop Bullies!" 혹은 "Stop Bullycide"라는 표어가 학교 게시판에 나붙기도 한다.[169]

최근 들어 가장 많이 쓰이는 용법은 악플 등 인터넷을 통해 다른 사람을 괴롭히는 행위를 가리키는 cyberbullying이다. 2006년 말 미주리 주에서 13세 소녀가 사이버불링으로 자살하고, 2007년 버몬트 주에서도 13세 소년이 사이버불링으로 자살하는 사건이 벌어지자, 2008년 6월 미주리 주는 사이버불링을 형사처벌하는 내용의 법안을 통과시켰다. 이러한 입법은 다른 주로 파급되었다. 사이버스토킹cyberstalking은 사이버불링의 한 형태인데, 이를 막기 위해 1995년 미국에서 설립된 단체의 이름은 사이버에인절스CyberAngels다.[170]

온라인 게임에서 상대를 끊임없이 괴롭히거나 죽이는 행위를 의미했던 griefing도 남이 고통당하는 것을 즐기는 못된 취미와 그런 살인적

cyberbullying

행위를 포괄적으로 지칭하는 단어로 쓰인다. grief는 본래 '슬픔, 비통함'의 뜻이지만 이를 동사로 활용해서 '남을 비참하게 하거나 못살게 구는 행위'를 말한다. 사람들이 비난해 한 여자가 죽었다면 "They griefed her"라고 말한다.[171]

bully가 좋은 의미로 쓰는 건 주로 "Bully for you!=Good for You!(잘한다!)", "Bully for you! So cool!(근사해! 멋져!)" 등과 같은 표현에 국한된다. 이는 bully의 옛 의미가 남아 있는 경우로 볼 수 있는데, 이를 잘 보여주는 말이 bully pulpit이다. bully pulpit은 대통령 또는 고위 공직자가 자신의 지위를 주장·사상 전파의 연단으로 이용하는 것을 말한다. 1901년에서 1909년까지 미국 제26대 대통령을 지낸 시어도어 루스벨트Theodore Roosevelt, 1858~1919가 만든 말이다. pulpit은 '설교단說敎壇', occupy the pulpit은 '설교하다'는 뜻이다.

bully는 오늘날에는 주로 '약한 자를 못살게 구는 사람'을 뜻하지만, 이 말을 만든 시어도어 루스벨트 대통령 시절에는 주로 '월등한, 훌륭

한'이란 뜻이었다. 물론 오늘날에도 bully에는 그런 뜻이 남아 있으나, 그간 이 단어의 주요 의미가 변화된 건 분명하다.¹⁷²

bundle

go(do) a bundle on은 '~을 매우 좋아하다, ~에 열광하다'는 뜻이다. bundle은 '묶음, 묶은 것, 묶다, 뒤죽박죽 던져넣다, 급히 물러가다', a bundle of letters는 '편지 한 묶음'이란 뜻이다. bundle은 많은 것을 운반·저장하기 위해 비교적 느슨하게 묶은 것이고, bunch는 a bunch of flowers처럼 같은 종류의 것을 가지런히 묶은 것을 뜻한다.

이 숙어에서 bundle은 20세기 초에 주로 도박꾼들 사이에서 쓰이던 속어로 'a large sum of money(많은 돈)'을 뜻했다. go(do) a bundle on gambling을 직역하면, '도박에 많은 돈을 걸다'는 뜻인바, 이는 뒤집어 말하면 도박을 매우 좋아하고 도박에 열광한다는 게 아니겠는가. 좋은 일에 열광하는 게 아닌지라 주로 부정어법으로 쓰인다. He never drink and certainly didn't go a bundle on gambling(그는 금주했으며 도박도 좋아하지 않았다).¹⁷³

bundling(번들링)은 오늘날 '일괄 (시스템) 판

매'란 뜻으로 많이 쓰이지만, 옛날에는 묘한 뜻이 있었다. 미국에서 1700년대에 약혼 중인 남녀가 판자나 베개로 선을 그어놓고 옷을 입은 채로 한 침대에서 같이 자는 번들링bundling이 성행했는데, 이는 종종 성관계로 이어졌고 원치 않는 아이를 낳게 되는 원인이 되었다. 그렇지만 이 관습은 널리 퍼져 있었다. 웨일즈Wales에도 퍼져 있던 풍습이었다고 한다.

로드아일랜드 브리스톨에서는 1720년과 1740년 사이에 임산부의 약 10퍼센트는 결혼한 지 8개월 이내에 첫 아기를 낳았고, 그후 20년 동안에는 신혼부부의 약 50퍼센트가 결혼한 지 9개월이 되기 전에 출산했다. 매사추세츠의 점잖은 마을인 콩코드에서 독립전쟁 전 20년 사이에 태어난 아기의 3분의 1은 사생아였다. 어떤 면에서 보면 청교도 가족이 현대의 미국 가족보다 섹스에 대해 훨씬 개방적이었다는 말이 나오는 이유다.¹⁷⁴

청교도는 섹스에 매우 관대했다는 주장은 메이플라워호의 청교도들이 도착한 지 반세기만에 보스턴은 "창녀로 가득"했다는 사실로도 입증된다. 다른 도시들도 마찬가지였다. 1699년부터 1779년까지 버지니아의 주도였던 윌리엄스버그Williamsburg에는 작지만 매춘굴이 3개나 있었다. 청교도는 성행위를 식사만큼 자연스러운 것으로 여겼고 대수롭지 않게 화제에 올렸다. 혼전 성관계가 권장되었으며, 결혼을 하려는 남녀는 precontract, 곧 성관계를 할 수 있는 허가를 받았다.

간음은 공개적으로 장려되진 않았지만 뉴잉글

랜드의 청교도 사이에서 매우 빈번하게 일어났다. 1770년대에는 뉴잉글랜드 여성의 절반이 임신한 상태에서 결혼했으며, 특히 시골 지역에서는 신부의 94퍼센트가 임신을 한 몸으로 결혼했다. 18세기가 끝날 무렵에서야 성행위에 대한 태도가 억압적인 방향으로 바뀌기 시작했지만, 그것도 공식적인 태도가 그랬다는 것일 뿐이다.[175]

오늘날 bundling은 주로 IT 분야에서 하드웨어에 기본 소프트웨어를 포함시켜 판매하는 것을 가리킨다. 소프트웨어 개발 역사를 되돌아볼 때 IBM이 자사의 컴퓨터 운영체제 소스 코드의 번들링을 중단한 것은 1965년이었다. 소스 코드 공개를 중단하기 전에 IBM은 신뢰할 수 있는 운영체제 구축을 위해 모든 사용자의 도움이 필요했지만, 그들의 도움 없이도 자체 운영체제를 구축할 수 있을 만큼 충분히 큰 프로그래밍팀을 보유하게 되자 그런 조치를 취한 것이다.[176]

마이크로소프트 엔카르타Microsoft Encarta는 마이크로소프트가 1993년부터 2009년까지 발행한 디지털 멀티미디어 백과사전인데, 1993년 8월 엔카르타가 나온 지 6개월 후에 마이크로소프트는 자신들의 백과사전이 CD-ROM 백과사전 시장의 약 33퍼센트밖에 점유하지 못하고 있다는 결론에 도달했다. 엔카르타 마케팅의 가장 큰 약점은 판매방식에 있었다. 당시에 엔카르트는 방문판매가 아닌 컴퓨터 전문상점에서만 유통되고 있었다. 1992년 내부회의에서는 유망한 고객을 찾아가 직접 판매하는 위탁판매방식이 제안되기도 했다. 컴퓨터가 없는 가정을 방문하여 PC 구매를 설득할 때, 엔카르트 CD-ROM을 함께 끼워서 제공하는 방식이었다. 이 방식은 '역번들Reverse Bundle'로 받아들여졌다. 즉, 컴퓨터 때문에 프로그램을 구하는 대신 소비자는 프로그램 때문에 컴퓨터를 구입하게 되는 것이다.[177]

bunk

bunk는 '허풍, 남의 눈을 속임'이란 뜻인데, '잠자리, 침상, 도망가다, 수업을 빼먹다' 등과 같은 전혀 다른 뜻도 있다. 허풍이라는 뜻의 bunk는 1817년에서 1823년까지 노스캐롤라이나 주 하원의원을 지낸 펠릭스 워커Felix Walker, 1753~1828의 지역구가 벙컴 카운티Buncombe County인 것에서 비롯된 말이다. Buncombe은 노스캐롤라이나의 농장주이자 독립전쟁 당시 대령으로 싸운 에드워드 벙컴Edward Buncombe, 1742~1778을 기려 붙인 이름이다.

워커는 하원에서 2시간 동안 연단을 점령한 채 이렇다 할 내용도 없는 장광설을 늘어놓았는데, 의원들의 야유가 쏟아지자 이렇게 말했다고 한다. "당신들 들으라고 한 소리가 아니요. 벙컴 주민들을 위해 한 말이오." Buncombe은 세월이 흐르면서 bunkum으로 바뀌었는데, 오늘날에도 buncombe와 bunkum 모두 '선거민에게 인기를 끌기 위한 연설, 부질없는 이야기(짓), 분별없는 일' 등을 뜻한다.

1900년경 같은 뜻으로 더 줄어든 bunk가 쓰이게 되었다. 토머스 에디슨Thomas Alva Edison, 1847~1931은 "Religion is all bunk(종교란 모두 부질없는 이야기)"라 했고, 자동차왕 헨리 포드Henry Ford, 1864~1947는 1916년 "History is bunk(역사란 부질없는 이야기)"라고 했다.[178]

bunk에서 비롯된 debunk는 '정체를 폭로하다, 가면을 벗기다, 헐뜯다'는 뜻이다. debunk는 1920년 작가 윌리엄 우드워드William E. Woodward가 미국의 자동차왕 헨리 포드의 이모저모를 폭로한 책인 『벙크Bunk』에서 만든 말이다.[179]

bureaucracy

bureaucrat(관료)과 bureaucracy(관료제)는 프랑스어 'bureau'에서 비롯된 말이다. bureau는 18세기 프랑스 왕실에서 책상을 덮는 천을 가리켰다. 그런 고급 천이 덮인 책상에서 일한다고 해서 bureaucrat이라고 한 것이다.[180] bureaucracy에 관한 명언을 7개만 감상해보자.

(1) He'll sit here and he'll say "Do this! Do that!" And nothing will happen. Poor Ike-it won't be a bit like the Army(그는 이 자리에 앉으면 "이거 해! 저거 해!"라고 말하겠지만, 아무 일도 일어나지 않을 것이다. 불쌍한 아이크는 여기가 군대와는 다르다는 걸 알게 될 것이다). 1952년 미국 제33대 대통령 해리 트루먼Harry Truman, 1884~1972이 당시 대선에서 대통령 당선이 유력한 군인 출신 공화당 후보 드와이트 아이젠하워(아이크는 애칭)와 관련, 정부 관료제는 대통령 권력조차 보잘것없게 만들 정도로 막강하다면서 한 말이다.[181]

(2) There is hardly an institution where we are not ruled by the bureaucratic frame of mind-caution, concern for regularity of procedures, avoidance of the need for decision(극도의 조심, 절차의 규칙성에 대한 집착, 결단의 회피 등으로 점철된 '관료제적 사고'는 모든 사회 영역을 지배하고 있다). 미국 역사학자 대니얼 부어스틴의 말이다. 그는 프랑스의 한 공무원의 책상에 놓여 있던 다음과 같은 표어야말로 관료제의 속성을 잘 보여준다고 했다. Never Do Anything for the First Time(새로운 일은 절대 하지 마라).[182]

(3) The bigger any bureaucracy becomes, the more it is apt to yield to a kind of incestuous relationship with itself, with middle management devoting its time to justifying its existence to itself and losing touch with the outside world(관료 조직이 커질수록 일종의 근친상간 관계에 굴복할 가능성이 높아진다. 중간 경영층은 자신들의 존재를 정당화하는 데 시간을 바치면서 외부세계에 대한 감각을 잃는 게 그 증상이다). 미국 리더십 전문가 워런 베니스Warren G. Bennis, 1925~가 『왜 지도자는 지도할 수 없는가Why Leaders Can't Lead』(1989)에서 한 말이다.[183]

(4) It does no good to rail against bureaucracy. It is a feature of contemporary society that we must learn to live with and, more important, to exploit for our own ends(관료제를 매도해봐야 소용없다. 관료제는 우리가 더불어 같이 사는 법을 배워야 하고, 더 나아가 우리의 목적을 위해 이용해야 할 현대사회의 한 특징이다). 미국의 미래학자 앨빈 토플러Alvin Toffler, 1928~가 『문화소비자The Culture Consumers: Art and Affluence in America』(1965)에서 한 말이다. 문화가 엘리트의 전유물에서 대중적 소비의 대상으로 변하는 것에 대해 기존 엘리트들이 퍼부어댄 비난을 반박하는 맥락에서 한 말이다.[184]

(5) The central characteristic of bureaucracy is the absence of corrective feedback(관료주의 핵심적 특성은 잘못된 것을 바로잡는 교정적 피드백의 결여다). 뉴질랜드 정치학자 마이클 크로지어 Michael Crozier, 1937~의 말이다.

(6) An obstinate bureaucracy can be a formidable antagonist when giving up money is involved(돈을 포기하는 문제가 생기면 완고한 관료주의는 무시무시한 적대자가 될 수 있다). 2009년 2월 미국 국방예산 감축을 시도하던 국방장관 로버트 게이츠Robert Gates, 1943~가 한 말이다.[185]

(7) Many powerful people prefer to take advice from those who make them feel comfortable rather than from those who will force them to think hard. That is, those who really manage to influence policy are the best courtiers, not the best analysts(권력자들은 골똘히 생각할 걸 요구하는 사람보다 편안하게 느끼게 만들어주는 사람들에게 조언을 받는 걸 선호한다. 즉, 정책에 영향력을 행사하는 사람들은 보통 최상의 아첨꾼이지, 최상의 분석가는 아니다). 미국 경제학자 폴 크루그먼Paul Krugman, 1953~이 젊었을 때 워싱턴에서 관료로 일하다가 그만둔 이유를 설명하면서 한 말이다.[186]

burke

burke는 '(상처가 남지 않도록) 목 졸라 죽이다, 남모르게 제거하다, (소문 따위를) 깔아뭉개다, (의안 따위를) 묵살하다'는 뜻인데, 이 단어는 엽기적 사건에서 유래했다.

18세기 후반 영국에서는 해부학anatomy이 크게 발달했지만, 해부를 할 시체의 절대적 부족 사태가 빚어지고 있었다. 당시 법은 살인죄를 저질러 사형당한 사형수의 시체만을 해부할 수 있도록 했기 때문이다. 급증하는 수요에 비해 공급이 절대적으로 부족했기 때문에 시체 값이 뛰면서 무덤에서 시체를 도굴해 의과대 학생들에게 공급하는 신종 직업마저 생겨났다.

학생들은 해부를 하고 싶은 욕심이 앞선 나머지 도굴 시체임을 알면서도 시체의 공급원에 대해선 묻지 않는 걸 불문율로 했다. 이러한 시체

도굴꾼body snatcher을 가리켜 resurrectionist 또는 resurrection man이라고 했다. 예수의 부활을 뜻하는 Resurrection을 소문자로 쓰면 '시체 도굴'이라는 뜻도 있다.

1827년 스코틀랜드 에든버러Edinburgh에서 하숙집lodging house을 운영하던 윌리엄 헤어William Hare와 그의 하숙집에 머물고 있던 윌리엄 버크William Burke, 1792~1829는 어느 늙은 하숙객이 죽자 그의 시체를 해부용으로 팔기로 공모했다.

그렇게 해서 제법 큰돈을 벌자 이들은 아예 하숙집에 묵는 여행객을 목 졸라 죽이는 방식으로 시체를 공급하는 사업에 뛰어들었다. 그런 식으로 모두 15명을 죽였다. 결국 이들은 경찰수사에 걸려들어 재판을 받게 되었는데, 헤어는 이른바 '공범자에 대한 증언(king's evidence, 미국에서는 state's evidence)'으로 빠져나온 반면, 버크는 1829년 교수형에 처해졌다. burke가 이 같은 뜻을 갖게 된 이유다.

이 연쇄살인 자체도 충격적이었지만, 시체 17구를 사들인 사람은 에든버러 의과대학 강사인 로버트 녹스 박사Doctor Robert Knox였으며, 이 연쇄살인에는 버크의 정부情婦인 헬렌 맥두걸Helen McDougal과 헤어의 부인인 마가릿 레어드Margaret Laird가 연루되어 있어 온 영국을 발칵 뒤집어놓았다.

이 사건이 큰 사회적 반향을 불러일으키면서 해부용 시체를 엄격하게 제한했던 법도 크게 바뀌어 의대 학생들은 불법 시체를 더는 암거래할 필요가 없게 되었다. 오늘날까지 이 사건을 주제로 영화 10여 편이 만들어졌다.[187]

business

business는 busy에서 나온 말이다. 사업을 하려면 바빠야 하지 않겠는가.[188] "Business is like riding a bicycle—either you keep moving or you fall down(사업이란 자전거 타기와 같다. 계속 달리지 않으면 쓰러진다)"이라는 말이 그 점을 잘 말해준다 하겠다.

business가 워낙 우리 삶의 전 국면을 지배하고 있기 때문에 business는 세상사 이치와 관련한 명언 소재로 자주 등장한다. Business is business(장사는 장사다. 계산은 계산이다). The

William Burke

business covers a multitude of sins(사업에는 여러 더러운 면이 있는 법이다). Everybody's business is nobody's business(공동책임은 무책임이다). business에 관한 명언을 8개만 감상해보자.

(1) Business? It's quite simple. It's other people's money(사업? 그건 아주 단순하다. 다른 사람들의 돈이다). 프랑스 작가 알렉상드르 뒤마 Alexandre Dumas, 1802~1870의 말이다.

(2) A friendship founded on business is better than a business founded on friendship (사업하다 생긴 우정이 우정으로 하는 사업보다 낫다). 스탠더드 석유회사를 설립한 미국의 석유재벌 존 록펠러John D. Rockefeller, 1839~1937의 말이다.

(3) Nowhere else does the captain of big business rule the affairs of the nation, civil and political, and control the conditions of life so unreservedly as in democratic America(민간 영역에서든 정치 영역에서든 대기업 거물들이 국사國事를 지배하고 삶의 조건을 통제하는 것이, 민주적이라는 미국에서만큼 거리낌 없이 일어나는 나라는 없다). 미국 경제학자 소스타인 베블런Thornstein Veblen, 1857~1929의 말이다.[189]

(4) The business of America is business(미국이 할 일은 비즈니스다). 미국 제30대 대통령(1923~1929년 재임) 캘빈 쿨리지Calvin Coolidge, 1872~1933의 말이다. 당시 『월스트리트저널』은 이 명언(?)에 맞장구를 치면서 "그 어느 때도, 그 어느 곳에서도 정부가 이처럼 비즈니스와 완벽히 혼연일체가 된 적은 없었다"고 썼다.[190]

쿨리지는 같은 취지로 이러한 말도 했다. "공장을 건설하는 사람은 교회를 건설하는 것이다. 공장에서 일하는 사람은 교회에서 경배하는 것이다." 종교와 경제를 혼동한 어설픈 주장일망정, 이는 칼뱅주의적 자본주의 정신의 표현으로 평가받고 있다. 그는 "광고는 더 나은 것을 위해 욕망을 창조하는 방법이다"는 말도 했는데, 이러한 일련의 발언들은 흥청망청대던 1920년대의 사회상을 반영한 것이었다.[191]

(5) What is good for General Motors is good for the country(제너럴 모터스에 좋은 것이 국가에도 좋다). 미국 자동차회사 제너럴 모터스GM의 사장을 지낸 찰스 윌슨Charles E. Wilson, 1890~1961이 1952년 아이젠하워 행정부 국방장관으로 발탁되어 상원의 장관 인준 청문회에서 "국방장관으로서 내려야 할 결정이 제너럴 모터스의 이익에 배치될 경우 어떻게 하겠느냐"는 질문을 받고 한 답이다. "미국에 좋은 것은 GM에도 좋은 것이며, GM에 좋은 것은 미국에도 좋은 것"이라는 말은 이 시대를 말해주는 명언으로 인구에 널리 회자되었다.[192]

(6) The secret of business is to know something that nobody else knows(사업의 비결은 다른 사람들은 모르고 있는 무엇인가를 아는 것이다). 그리스의 해운 재벌인 아리스토틀 오나시스 Aristotle Onassis, 1906~1975의 말이다. 그는 1968년 10월 20일 재클린 케네디(재키)와 결혼하여 유명해졌는데, 이때 오나시스의 나이 62세, 재키의 나이 39세였다.

재키와 오나시스의 결합은 서로의 필요에 의한 것이었다. 우선 오나시스는 자신의 나쁜 평판을 쇄신시킬 수 있는 여자를 찾았고 그에 적합한 인물은 세계적으로 인기 있고 명망 높은 재키였다. 재키 또한 당시 재정적인 압박에 시달리고 있었다. 사치벽이 있던 그녀로서는 미국 정부에서 나오는 연금과 케네디 가에서 주는 돈으로 생활을 꾸려갈 수 없었다. 그래서 돈 많은 오나시스가 필요했다. 이 같은 사실은 오나시스와 재키가 결혼하기 이전에 체결한 혼전계약에 잘 나타난다. 재키가 자신의 변호사를 시켜 오나시스와 협상한 계약서에는, 오나시스는 결혼과 동시에 재키에게 300만 달러를 일시불로 지급하고, 재키의 자녀가 21세 때 찾을 수 있도록 100만 달러를 별도로 예금시킬 것이며, 오나시스가 죽거나 재키와 이혼할 경우 재키에게 평생 매년 20만 달러씩을 지급해야 한다는 조항이 명시되어 있다. 대신 오나시스는, 자신이 사망할 경우 재키는 상속권을 포기해야 한다는 조건을 내걸었다.[193]

(7) The business of business is business(기업이 하는 일은 돈을 버는 것이다). 미국 경제학자 밀턴 프리드먼Milton Friedman, 1912~2006의 말이다.

(8) When the economy fails, the Government falls. When the economy declines it is not a David Rockefeller but a Senator Daniel Patrick Moynihan who loses his job. Hence, no category of persons is more attentive to the needs of business than the Government official. Businessmen consequently do not need to strain or conspire to win privileges already thrust on them by anxious legislators and administrators(경제가 실패하면 정부가 몰락한다. 경제가 침체될 때 일자리를 잃는 건 데이비드 록펠러가 아니라 대니얼 패트릭 모이니한 상원의원이다. 정부 관료만큼 기업의 요구에 잘 부응하는 집단이 없는 이유가 바로 여기에 있다. 그래서 기업가들은 안달하는 의원들과 행정가들에 의해 이미 떠맡겨진 특권을 얻기 위해 무리하거나 공모할 필요가 없다). 미국 정치학자 찰스 린드블롬Charles Lindblom, 1917~이 1978년 정치가 기업에 종속될 수밖에 없는 이유를 설명하면서 한 말이다.[194]

BYOD

BYOD라는 말의 원조인 BYOB부터 살펴 보자. BYOB는 "(파티 안내문에) 술은 각자 지참할 것"이란 뜻으로, Bring your own bottle(beer, booze)의 준말이다. Bottle을 Alcohol로 바꿔 BYOA로 말하는 사람도 있고 먹고 마실 것을 모두 포함할 경우에는 'Bring Your Own Bottle and Food(BYOBF)'라고 말한다.

고객의 와인 지참을 허용하는 술집도 있는데, 이러한 경우 술집에서는 '마개 따주는 값corking fee'이라는 이름으로 다소의 돈을 받는다. cork에는 '코르크 마개를 하다, 빼다'는 상반된 2가지 뜻이 동시에 있는데, 특히 빼는 걸 가리켜

uncork로 쓰기도 한다. 멤버십을 가진 고객이 직접 가져오는 술만 팔게 되어 있는 술집도 있는데, 이러한 술집을 가리켜 bottle club이라고 한다.

1970년대 초반부터 쓰이기 시작한 이 말은 무한 변용이 가능하다. 파티 등에서 노는 데 필요한 도구나 시설 일체를 언급할 때는 "Bring Your Own Amenities"라고 말하기도 한다. 각자 요리를 하나씩 해오는 공원의 모임 Pot Luck Lunch나 Dinner에서는 'BYOF'가 쓰이는데 자신이 먹을 것Food을 지참하라는 뜻이다. 도시락을 싸들고 오라는 경우에는 전통적으로 누런 봉투Brown bag가 쓰여 'Bring Your Own Brown Bag(BYOBB)'처럼 쓰기도 한다.[195]

여기에 최근 등장한 것이 바로 BYOD다. 랩톱이나 스마트폰, 탭같은 디지털 기기Device를 지참하라는 것이다. BYOTBring Your Own Technology, BYOPBring Your Own Phone, BYOPCBring Your Own PC 등 다양한 변형이 가능하다. 주로 회사 또는 학교에서 허용하거나 요청하는 걸 알리는 메시지로 쓰인다.

이 밖에도 Bring Your Own Equipment처럼 BYOE도 있고, 'Bring Your Own Tools'나 각자 게임 도구를 들고 친구 집에 모여서 게임을 할 경우에는 'Bring Your Own Games(BYOG)', 레코드Record 음반을 지참할 경우에는 BYOR이라고 말한다. 동반자를 언급할 때는 Bring Your Own Friends를 쓰는데 Friends 대신 Grandparents, Girlfriend, Man, Matches, Partner 등도 가능하다.[196] 심지어 BYOABring Your Own Advil이라는 말도 있다. 진통제Advil를 스스로 준비해야 할 정도로 골치 아픈 일이라는 걸 미리 알려주는 말이다.[197]

인터넷 콘텐츠의 아마추어리즘을 개탄하는 미국 IT 사업가 앤드루 킨은 오늘날 실리콘밸리의 잘나가는 비즈니스 모델은 BYOCBring-Your-Own-Content 모델이라고 개탄한다. 인터넷 사업가들은 플랫폼만 제공할 뿐 콘텐츠는 사용자들이 알아서 채우라는 식으로 돈벌이를 하고 있다는 것이다.[198]

이 수많은 BYO 시리즈 가운데 가장 인기가 높은 것은 단연 BYOD다. 자신이 구매한 모바일 기기로 회사 업무를 처리하는 사람들을 일러 BYOD족이라 한다. 스마트 오피스족으로 볼 수 있다. 2013년 2월 21일 가상화·클라우드 솔루션 업체인 VM웨어가 발표한 'VM웨어 2013 아태지역 업무환경에 대한 리서치'에 따르면 한국 직장인 중 자신의 모바일 기기를 회사에 가져오는 BYOD족은 93퍼센트로 조사되었다고 한다. 2012년의 96퍼센트보다는 소폭 줄었으나 조사 대상에 포함된 아시아태평양 지역 12개 국가 중 3위로 여전히 높은 편에 속한다.

BYOD족은 평균 2.4개의 개인 모바일 기기를 소유했으며, 가장 많이 소유한 모바일 기기는 스마트폰(96퍼센트)이었다. 다음으로 노트북(71퍼센트)과 태블릿PC(47퍼센트) 순이었다. '개인 모바일 기기를 업무에 사용하려는 이유'를 묻는 질문에 응답자의 47퍼센트가 '고객과의 신속, 원활한 커뮤니케이션을 위해서'라고 답했으며, '개인용 모바일 기기에 더 많은 기능이 있다'

(37퍼센트), '회사 소프트웨어보다 내 기기 안의 SW가 사용이 편리'(29퍼센트) 순이었다.[199] VM웨어 코리아의 윤문석 지사장은 "한국은 BYOD족의 숫자가 늘어나면서 개인생활과 비즈니스의 접점이 늘어나고 기기가 다변화하는 이른바 'BYOD 생태계 조성' 단계로 진화"하고 있다고 해석했다.[200]

BYOD 트렌드의 확산은 기업에 한 가지 고민거리를 안겨주고 있다. 바로 보안 문제다. 개인용 스마트 기기로 회사 업무를 처리하는 사람들이 증가하면서 회사에 관한 정보 유출에 대한 우려가 확산되고 있는 것이다. 이 때문에 기업은 모바일 보안과 안전 솔루션 도입에 관심을 보이고 있으니, 그런 흐름 속에서 등장한 게 바로 MDM Mobile Device Management과 MAM Mobile Application Management이다.[201]

어디 보안 문제뿐인가. BYOD가 악성코드의 매개가 되면서 "BYOD 재앙"이라는 말까지 생겨났다. 2013년 3월 미국 『네트워크 월드Network World』의 콜린 니글Colin Neagle은 「BYOD 재앙을 피하는 방법」이라는 글에서 "직원들에게 매년 긴 휴가를 주는 기업이 있다면, BYOD의 시대 IT 책임자들에게는 '악몽'이 될 수 있다"며 다음과 같이 말했다.

"21개 학교와 3만 3,000명의 사용자가 네트워크에 접속하고 있는 캘리포니아 애너하임 고등교육구AUSHD CTO 에릭 그린우드는 여름방학이 끝나면 악성코드가 기승을 부리기 시작한다고 말했다. 교직원들은 여름방학 동안 자유롭게 웹을 서핑하고, 링크를 클릭하고, 이메일 첨부파일을 열어본다. 그러나 소프트웨어는 자주 업데이트하지 않는다. 그 디바이스를 갖고 학교를 다시 출근하는데, 바이러스에 감염된 경우가 많다. AUSHD의 경우, 바이러스 하나 때문에 교육구 전체의 이메일 시스템을 다시 설치하고 업그레이드까지 했다."[202]

Cadillac

1701년 7월 24일 프랑스 탐험가 앙투안 캐딜락Antoine de la Mothe Cadillac, 1658~1730이 오늘날의 디트로이트 지역에 최초로 도착하여 도시를 건설하기 시작했다. 5대호와 연결되는 강변에 있는 해협strait이라는 뜻의 프랑스어 'détroit'를 붙여 Fort Detroit라고 했다. 1760년 영국을 상대로 한 '프랑스인과 인디언의 동맹 전쟁' 때 영국군이 장악하면서 Fort Detroit를 Detroit로 줄여 부르게 되었다.

디트로이트가 소재한 미시간 주는 인디아나·오하이오 주와 더불어 단단한 목재가 풍성하여 마차산업의 중심지였으며, 중서부 농장에서 사용되는 각종 가솔린 엔진의 주요 생산지였고, 비조직화된 풍부한 숙련 노동력을 쉽게 조달할 수 있었기 때문에 자동차산업이 발달하기에는 적지였다. 이제 디트로이트는 미국 자동차 산업의 중심지로 성장하면서 '모터시티Motor City' 또는 '모타운Motown'이라는 별명을 갖게 되며, 제2차 세계대전 때는 '민주주의의 병기고 Arsenal of Democracy'로 불리기도 했다. 민주주의의 병기고는 미국을 가리키는 말이었지만, 좀더 좁게는 디트로이트가 가장 대표적인 '병기고'로 꼽힌 셈이다.[1]

1902년 헨리 릴런드Henry Leland, 1843~1932는 캐딜락 자동차회사Cadillac Automobile Company를 설립했는데, 캐딜락은 1701년 디트로이트의 최초 건설자로 자신의 조상인 앙투안 캐딜락을 기려 지은 이름이다. 캐딜락은 1909년 제너럴 모터스 General Motors에 450만 달러에 인수되었는데, 이후 GM 체제하에서 여러 차례의 기술혁신을 통해 캐딜락이라는 이름의 고급 브랜드 자동차가 탄생했다. 캐딜락은 탄생 이후 오늘날까지도 아메리칸 드림의 아이콘으로 인식되고 있는 고급 브랜드로 미국에서 뷰익Buick 다음으로 오래된 자동차 브랜드다.[2]

캐딜락과 관련된 수많은 에피소드 중 가장 유명한 게 가수 엘비스 프레슬리Elvis Presley, 1935~

Cadillac

1977의 지극한 캐딜락 사랑이다. 아직 유명해지기 전 중고 캐딜락을 산 그는 그날 밤 호텔 방에서 몇 시간 동안 자기 차를 바라보고만 있었다. 이 차가 곧 불에 타는 아픔을 겪은 엘비스는 다시 중고 캐딜락을 사서 자신의 무대복과 비슷하게 핑크와 검은색 칠을 했다. 그가 점차 유명해지면서 새 캐딜락을 살 수 있게 되자 그 차를 온통 핑크빛으로 칠해 어머니에게 선물했다. 엘비스는 기분 내키면 오다가다 만난 사람들에게도 자동차를 선물하는 걸로 유명했다. 언젠간 캐딜락 판매소에 들러 한꺼번에 14대를 구입했는데, 때마침 그곳을 지나가던 흑인 할머니에게도 캐딜락을 선물했다나.[3]

GM은 캐딜락을 '꿈의 자동차'라는 콘셉트로 광고했다. 1950년대에 나온 광고는 "이 운전대 앞에 앉을 권리를 획득한 분이 바로 여기 있습니다"라면서 신파조 해설을 내보냈다. "31년 전 화창한 6월 어느 날이었지요. 한 소년이 분주한 거리에 있는 신문 판매대 옆에 서서 캐딜락의 친근한 경적 소리를 들었어요. '거스름돈은 그만둬라.' 운전하는 남자는 신문을 받아들면서 미소를 짓고는 미끄러지듯 거리로 사라졌어요. 소년은 동전을 손에 꼭 움켜쥐고서 '저것이 바로 나를 위한 자동차구나!'라고 생각했지요. 그런데 이곳 미국은 소년이 가슴속에 새긴 꿈을 이룰 수 있는 곳이기에 그는 이제 실업가가 되었지요. 그는 가족에게 안겨주고 싶은 세계를 얻기 위해 부단히 싸운 거예요. 이 시대에 타협이란 결코 있을 수 없으니까요."[4]

1950년대 후반 캐딜락이 어느 정도로 지위와 품격을 나타내고 있었는지를 말해주는 일화를 보자. 어느 골프장 주인이 회원 가입을 권유하면서 한 주장이다. "우리 골프장에는 캐딜락을 가진 회원이 8명이나 되지만, 저쪽 골프장에는 캐딜락 가진 회원이 2명밖에 안 되고 그마저 비교적 새 것이라는 게 3년 묵은 캐딜락이지요."[5]

캐딜락 등쌀에 못 견딘 다른 차종들은 캐딜락을 흉내내느라 차 덩치를 자꾸 키워갔다. 이로 인해 심각한 주차 문제가 빚어지자 급기야 여러 주지사들과 시장들이 자동차회사들에 제발 차를 작게 만들어달라고 하소연하기도 했다. 1950년대 후반 뉴욕 시에서는 간부 49명이 운전수가 있는 캐딜락을 이용하고 있었는데, 뉴욕시장 로버트 와그너Robert F. Wagner, Jr., 1910~1991는 "앞으로 캐딜락을 주문하지 않겠다"고 선언했다. 그렇지만 뉴욕 시 감사관 로렌스 제로사Lawrence Gerosa, 1894~1972가 뉴욕 시 비용으로 6,392달러를 들여 새 캐딜락을 장만하여 논란이 되었다. 이에 제로사는 "시의 고위 공직자는 자기 직위의 위엄을 위해 캐딜락이 꼭 필요하다"고 항변했다.[6]

1950년대에 가장 인기가 높았던 캐딜락 브랜드는 엘도라도Eldorado였다. 아마존 강변에 있다고 상상한 황금의 나라 엘도라도에는 자유가 철철 흘러넘쳤겠지만, 아무나 엘도라도에 들어갈 수 있는 건 아니었다. 그로부터 60여 년 후 한국에서는 '미국산 캐딜락 출입금지' 사건이 일어났다.

2013년 6월 인천 부평의 한국GM 본사로 들어가려던 이 회사 생산담당 임원 A씨의 승용차 앞을 노조원들이 가로막았다. 차에는 '출입금지' 스티커도 붙였다. 스티커에는 "이 차량의 사내 출입은 자랑스러운 한국GM 조합원의 자부심을 짓밟는 행위이므로, 사내 출입금지 경고 스티커를 부착합니다"라고 적혀 있었다. A씨가 자기 회사에 출입을 금지당한 이유는 그가 캐딜락을 타고 있었기 때문이다. 한국GM 임원들은 주로 한국에서 만든 알페온을 타다가 최근 캐딜락도 탈 수 있게 되었는데, 노조는 "미국 자본이 만든 캐딜락을 한국 임원들이 타는 게 말이 되느냐"고 문제를 삼은 것이다. 이에 대해 『조선일보』(2013년 7월 9일)는 다음과 같이 말한다.

"한국에서 만든 GM의 소형·중형차가 미국을 포함해 전 세계로 팔려나가는 마당에, 미국 본사에서 만든 차를 한국 공장에 들어오지 못하게 하는 것은 '억지' 아니냐는 시각이 지배적이다. 하지만 GM 미국 본사만큼은 노조가 캐딜락을 놓고 극도로 민감하게 반응하는 이유를 헤아릴 필요가 있다. 한국GM 노사는 임금협상을 벌이며 팽팽하게 대립하는 중이다. 노조의 요구 사항은 사실 돈을 더 달라는 것보다도, 향후 생산 차종과 물량을 보장해달라는 데 무게 중심이 있다. 군산공장에서 만들던 주력 차종 쉐보레 크루즈의 신차 물량이 내년부터 끊기고, 소형 SUV 등도 중국·유럽 공장으로 뺏길 처지이기 때문이다.……캐딜락의 출입을 거부하는 것으로 입장을 대변하고 있는 노조의 처지가 한편으로는 참 안타깝다."[7]

call

Don't call us, we'll call you(전화하지 마세요. 우리가 전화할 테니까). 지원자를 퇴짜 놓는 완곡어법이다. 할리우드에서 영화 회사가 배우나 시나리오 작가 지망생들을 상대로 많이 쓰던 말이다. 그렇지만 지원자가 전화를 한다면, 그때에는 "It's in the pipeline(아직 진행 중입니다)"라는 말이 쓰일 수 있다. in the pipeline은 '수송(수배) 중, 진행(준비) 중'인데, 기름을 pipeline(송유관)으로 나르는 정유업계에서 나온 말이다. 컴퓨터 시대에 이르러 같은 뜻으로 "It's going through the computer"라는 말도 쓰인다.[8]

미국 회사들은 30년 전부터 미국의 높은 인건비 때문에 전화로 여러 종류의 업무를 처리하는 콜센터Call Center를 해외로 옮기기 시작했는데, 최근에는 그 중심지가 인도에서 필리핀으로 서서히 바뀌고 있다. 필리핀 종사자들의 임금이 월 300달러로 인도인의 250달러보다 높은데도 인도를 제치고 아웃소싱 업체가 필리핀으로 몰리는 것은 미국식 영어American English에 대한 선호 때문이다. 필리핀은 미국의 식민지였고 젊은 층이 많으며 인도 사람보다 사투리 억양이 심하지 않아 미국인들이 알아듣기 쉽다. 이미 40만 이상의 필리핀인이 이 업종에 종사하고 있다.9

be at person's beck and call은 '~가 시키는 대로 하다'는 뜻이다. beck은 고갯짓nod, 손짓, 몸짓 등을 뜻하는데, beckon의 줄임말이라고 보아도 무방하겠다. 영국에서 웬만한 중산층이면 하인을 두고 살던 시절에 나온 말이다.10

〈I Just Called To Say I Love You(그저 당신을 사랑한다고 말하려 전화했어요)〉. 미국 가수 스티브 원더Stevie Wonder, 1950~가 부른 노래 제목이다. 1984년의 코미디 영화〈우먼 인 레드The Woman in Red〉의 삽입곡으로 처음 소개되어 대박을 친 노래다. 이 노래의 작사자가 누구냐를 두고 원더를 포함한 세 사람 사이에서 치열한 법정 다툼까지 벌어졌는데, 결국 원더의 승리로 끝났다.11

I love you. 이 세 단어를 붙여서 말하는 게 무어 그리 힘들단 말인가. 그러나 사랑에 빠진 사람들에겐 세상에 그렇게 힘든 말이 없다. 이 노래가 나오게 된 배경도 바로 거기에 있다. 좀더 쉽게 말하려고 전화를 했겠지만, 까딱 잘못하면 안부 인사 주고받다가 그걸로 끝나버릴 수가 있다. 사랑한다는 말도 못한 채. 스티브 원더가 전하는 그 사연을 감상해보자.

"No New Year's Day to celebrate/No chocolate covered candy hearts to give away/No first of spring/No song to sing/In fact here's just another ordinary day//No April rain/No flower bloom/No wedding Saturday within the month of June/But what it is, is something true/Made up of these three words/That I must say to you//I just called to say I love you/I just called to say how much I care/I just called to say I love you/And I mean it from the bottom of my heart."

"새해 축하 인사도 아니에요/초콜릿을 바른 하트 사탕을 주려는 것도 아니에요/봄을 알리는 첫 날도 아니에요/노래를 부르려는 것도 아니에요/사실 오늘은 다른 날과 같은 또 다른 평범한 날이에요//4월의 봄비가 내리는 것도 아니에요/꽃이 활짝 피는 것도 아니에요/6월의 토요일 결혼식 날도 아니에요/그러나 무언가 진실된 거예요/그것은 내가 당신에게 반드시 말해야만 하는/이 세 단어들이에요//그저 당신을 사랑한다고 말하려 전화했어요/그저 당신을 내가 얼마나 아끼는지 말하려고 전화했어요/그저 당신을 사랑한다고 말하려 전화했어요/정말이에요, 내 마음 깊은 곳에서 나오는 진실이에요."

call girl

세계적인 미디어 학자 마셜 매클루언Marshall

McLuhan, 1911~1980은 1964년에 출간한 『미디어의 이해』에서 전화의 예상치 못한 결과로 '콜걸call girl'의 등장을 들었다. 전화 때문에 매매춘 형식의 혁명이 이루어졌다는 것이다.[12] 그런데 『조선일보』 1964년 11월 28일자에 「서울에도 콜걸 우글우글」이라는 기사가 실린 걸 보면, 그 혁명이 한국에도 상륙했던 것으로 보인다.

"고급 창녀들이 적선지역 밖의 도심지 주택가에 잠식, 순결한 가정생활에 흙탕질을 치고 있다. 충무로 5가·오장동·묵정동 등지의 주택가에 방 2~3개를 얻어 비싼 세를 물어가며 자리 잡고 있는 이들 독립 창녀들은 거리에서 유객행위를 하지 않고 ① 전화로 매음 청부를 맡아 금수장, 아스토리아 호텔 등으로 하룻밤 1,000원 내지 2,000원씩 받고 원정(?)을 가거나('콜걸' 제) ② 호텔보이나 웨이터들의 소개를 받고 손님을 찾는(매음 소개) 등 종래와는 달리 점점 지능적으로 번져가고 있다. 25일과 26일 밤 중부경찰서는 새로운 '콜걸'의 '아지트'를 급습, 충무로 5가 42 강성자(22) 양 등 20여 명을 연행, 즉결에 회부했다."[13]

call girl은 완곡어법으로 female escort라고 하며, 이들을 관리하는 업소를 escort agency라고 한다. 고객이 call girl을 직접 찾아가는 건 incall, call girl이 고객을 직접 찾아가는 건 outcall이라고 한다. call girl 역할을 하는 남자는 call boy라고 한다. call boy는 male escort, gigalo, rent-boy, hustler, masseur로 불리기도 한다. 물론 hustler는 '사기꾼', masseur는 '마사지사, 안마사'를 뜻하기 때문에 늘 모든 경우에 call boy를 의미하는 건 아니다.

일부 콜걸들은 광고를 내기도 하는데, 광고에 GFE를 제공한다는 걸 알리는 경우가 있다. GFE는 girlfriend experience의 약자로, 돈만 더 내면 여자친구처럼 친밀한 서비스를 제공하겠다는 것이다. 그런 서비스 중에는 DFKdeep french kissing를 비롯하여 글로 옮기기 민망한 것들이 포함된다. call boy가 비슷한 서비스를 제공하건, 그것은 boyfriend experience다.[14]

저넷 앙겔Jeanette Angell은 2004년 『콜걸 아이비리그 매춘부의 고백Callgirl: Confessions of an Ivy League Hooker』이라는 자서전을 출간했는데, 그녀는 자신이 escort business에 종사했다고 밝히고 있다. 프랑스에서 대학을 나온 후 사회인류학 전공으로 예일 대학에서 석사, 보스턴 대학에서 박사학위를 받고 대학 강사로 일하면서 동시에 밤에는 콜걸 노릇을 한 이색 경력의 소유자인 그녀는 콜걸은 전문 지식과 경험이 필요한 컨설턴트라고 주장했다. 그녀는 콜걸 착취를 막기 위해선 매매춘의 합법화가 필요하다고 주장하면서, 책을 다음과 같이 끝맺었다.

"Please don't be so quick to call us hookers, to dismiss us, to judge us. We could be your mother, your sister, your girlfriend, your daughter. Even your college professor(우리를 성급하게 매춘부라고 부르고, 무시하고, 비난하지 말아주세요. 우리는 당신의 어머니, 누이, 여자친구, 딸일 수 있습니다. 아니 당신의 대학교수일 수도 있지요)."[15]

Camelot

Camelot(카멜롯)은 영국 전설에 아서Arthur 왕의 궁전이 있었다는 곳인데, 비유적으로 '(행복이 넘치는) 목가적 장소나 시대, 매혹적인 시대나 분위기'를 뜻한다. 미국 제35대 대통령 존 F. 케네디John F. Kennedy, 1917~1963 시절에 많이 쓰인 말이다.

케네디는 젊고 매력적이었기에, 이전까지 보아온 정치인보다는 신비하면서도 연예인에 가까운 느낌을 미국인들에게 주었다. 케네디의 대통령 취임 직전인 1960년 12월 앨런 제이 러너Alan Jay Lerner, 1918~1986와 프레더릭 로우Frederick Loewe, 1901~1988의 뮤지컬 〈카멜롯Camelot〉이 브로드웨이에서 개막되었는데, 이게 케네디를 둘러싼 분위기를 반영하는 것으로 여겨졌다.

케네디를 숭앙하는 사람들은 그의 행정부를 아서 왕의 신화적인 카멜롯 궁정에 비유하면서 케네디에게 아서 왕과 란슬롯의 역할을, 케네디의 부인인 재클린 케네디Jacqueline Kennedy, 1929~1994에게는 귀네비어Guinevere 왕비의 역할을 부여했다. 영국 아서 왕 시절의 태평성대를 가져오길 바라는 마음에서였지만, 이러한 사실과 무관하게 케네디의 비극적인 죽음의 후광을 업은 '카멜롯 신화'로 미국인들의 마음에 영원히 자리 잡게 된다.[16]

케네디 암살 후 재클린은 언론인 시어도어 화이트Theodore H. White, 1915~1986와 가진 『라이프Life』 인터뷰에서 이렇게 말했다. "위대한 대통령들은 앞으로도 나오겠지만, 또 다른 카멜롯은 없을 것입니다There will be great Presidents again, but there'll never be another Camelot again."[17]

뮤지컬 〈카멜롯〉은 1967년 동명의 영화로, 2011년에는 텔레비전 10부작 드라마로 제작되었다. 2012년에 출간된 빌 오라일리Bill O'Reilly가 마틴 더가드Martin Dugard의 『케네디 죽이기Killing Kennedy』의 부제는 '카멜롯의 종언the end of Camelot'이다. 이 책은 케네디를 암살로 내몬 시대적 상황을 양단으로 구분했는데, 한 시대의 영웅주의heroism와 그를 죽음으로 몰고 간 기만deceit이 그것이다.[18]

Camelot

candidate

고대 로마에서 고위 공직 후보자들은 하얀 옷을 입고 대중 앞에 나서는 관행이 있었는데, 하얀 옷을 입는 걸 가리켜 라틴어로 candidatus라고 했다. 라틴어 candida는 white란 뜻이다. 오늘날의 candidate(후보자)는 물론 다른 영어 단어인 candid(정직한, 솔직한)나 candor(정직, 솔직)도 바로 여기서 비롯된 말이다.[19] candidate에는 여러 종류가 있는데, 그 면면을 살펴보자.

write-in candidate는 투표용지나 후보자 리스트에 이름이 기재되어 있지 않은 후보자다. 유권자가 직접 써넣어야 한다는 의미에서 write-in이다. 미국의 일부 주와 지역에서 시행하는 방식이다. 선거에 출마하지 않으려는 사람을 불러내기 위한 드래프트 캠페인draft campaign의 방식으로도 쓰인다.[20]

paper candidate는 선거에 출마는 했지만 선거운동은 전혀 하지 않는 후보를 말한다. 도저히 당선될 가능성이 없는 지역이어도 정당 차원의 체면을 위해 후보는 내야 한다는 당위의 차원에서 나타나는 현상이지만, 뜻밖의 상황이 벌어져 실제로 당선되는 경우도 있다.[21]

résumé candidate는 화려한 경력을 갖고 있으면서도 카리스마라든가 유권자들과의 스킨십 요소가 약한 걸 꼬집기 위해 만든 말이다. 제41대 대통령을 지냈지만 1992년 대선에서 재선에 실패한 조지 H. W. 부시George H. W. Bush가 대표적인 résumé candidate로 꼽힌다.[22]

perennial candidate는 당선 가능성을 염두에 두지 않고 선거를 자신의 주장을 전파하기 위한 무대로 활용하기 위해 선거 때마다 출마하는 만년 후보를 가리킨다. 주요 정당이 아닌 작은 정당 소속이거나 무소속 후보가 즐겨 쓰는 방식이다. 기네스북에 오른 세계 최고의 만년 후보는 캐나다의 전문 도박꾼인 존 터멜John Turmel, 1951~이다. 그의 전적은 77전 76패 1무승부다(1무승부는 출마했지만 취소된 보궐선거).[23]

captive candidate는 "특정세력의 포로가 된 후보"를 뜻한다. 미국 선거판에서 자주 등장하는 비난 공세의 일환인데, 특정 세력의 지지나 지원을 많이 받아 그 세력의 영향에서 자유롭지 못하다는 뜻이다. captive는 "포로(의)", a captive of selfish interests는 "제 실속만 차리는 사람", a captive bird는 "새장 속의 새", a captive balloon은 "계류 기구", take(hold, lead) a person captive는 "~를 포로로 하다", captive audience는 "(스피커 등을 갖춘 버스의 승객처럼) 싫어도 들어야 하는 청중"을 뜻한다. captive audience는 20세기 초 미국에서 만들어진 말이다.[24]

shoo-in은 "당선이 확실한 후보자, 우승이 확실한 선수"라는 뜻이다. shoo는 "(동물을 특정 방향으로 가게끔 모는) '쉬이' 하는 소리"를 뜻한다. shoo-in은 원래 경마에서 미리 짜고서 우승하게끔 되어 있는 말馬을 가리키는데, 이게 비유적으로 쓰이면서 부정적 의미는 사라지고 당선(우승)이 확실한 후보(선수)를 가리키게 되었다.[25]

capitalism

'가축cattle'과 '자본capital'은 어원이 같다. 가축은 최초의 움직이는 재산이었고, 서로 교환하는 데 사용할 수 있는 표준 매체였으며, 사람이나 영토를 지배하는 힘으로 사용할 수 있는 도구였기 때문이다.[26]

자본주의資本主義: capitalism라는 개념은 19세기에 처음 등장했다. '노동자를 부리는 자본가'라는 말은 영국 작가 새뮤얼 테일러 콜리지Samuel Taylor Coleridge, 1772~1834가 1823년 발표한 『식탁에서의 대화』에서 처음 사용했으며, capitalism이란 단어 자체는 영국 작가 윌리엄 새커리William Makepeace Thackeray, 1811~1863가 1854년 『뉴컴 일가 The Newcomes』에서 처음 사용했다.

capitalism을 오늘날과 같은 의미로 쓴 선구자는 1850년에 이 단어를 쓴 프랑스 사회주의자 루이 블랑Louis Blanc, 1811~1882, 1861년에 이 단어

capitalism

를 쓴 프랑스 무정부주의 사상가 피에르 조제프 프루동Pierre-Joseph Proudhon, 1809~1865이다. 통념과는 달리 카를 마르크스Karl Marx, 1818~1883의 저술에서는 자본주의라는 용어가 거의 등장하지 않으며(독일어판에만 딱 두 번 등장), 주로 자본주의적 생산양식capitalist mode of production이라는 개념만 나온다.[27]

자본주의는 진화를 거듭했다. 1930년대 이래 산업자본주의 내에 큰 변화가 일었는데, 그것은 기업통제권이 소유주에서 경영인으로 변화된 것을 의미하는 경영자 자본주의의 출현이었다. 1950년대에는 독점자본주의, 1960년대에는 탈산업자본주의, 1970년대에는 서비스 자본주의, 1980년대에는 소비자 자본주의 또는 후기자본주의, 1990년대에는 탈근대 혹은 포스트 포디스트 자본주의 등의 용어가 쓰였다.

경제학자 존 메이나드 케인스John Maynard Keynes, 1883~1946는 "자본주의는 성공작이 아니다. 그것은 현명하지도 아름답지도 공정하지도 않으며, 고결하지도 않다. 그것은 우리의 기대에 어긋난다. 요컨대 우리는 그것을 좋아하지 않으며, 이제는 경멸까지 하고 있다. 그러나 그것을 무엇으로 대체하는 것이 좋을까 생각해볼 때 우리는 몹시 당혹스러워 한다"고 했다. 반면 경제학자 밀턴 프리드먼Milton Friedman, 1912~2006은 탐욕의 해악이 가장 적게 작용하는 사회제도가 바로 자본주의라고 주장했다. 그는 개인이나 집단의 자기 이익과는 다른 별개의 공공이익이 존재한다는 '공화국' 개념을 부인했다.[28]

1979~1990년 영국 수상을 지낸 '철의 여인'

마거릿 대처Margaret Thatcher, 1925-는 공기업의 민영화와 더불어 살벌한 시장 논리를 밀어붙이면서도 노동자들이 프로테스탄티즘 윤리를 통해 자수성가하여 중산층으로 도약할 수 있다고 믿었는데, 이를 가리켜 대중자본주의Popular Capitalism라 불렀다.[29]

마크 베니오프Marc Benioff와 캐런 사우스윅Karen Southwick의 『온정적 자본주의Compassionate Capitalism』는 영성을 강조하는 자본주의를 역설했다. 같은 맥락에서 '깨어 있는 자본주의Conscious Capitalism'와 '도덕적 자본주의'도 제기되었다.[30]

2000년 7월, 미국의 『크리스천사이언스모니터』는 '소비자consumers의 시대'에서 '고객clients의 시대'로 이행하고 있는 '하이퍼 자본주의hyper-capitalism 시대'가 도래했다고 보도하면서 환경보호 운동가이자 문명비판가로 알려져 있는 제러미 리프킨Jeremy Rifkin의 주장을 소개했다.

리프킨은 "사람들은 더 이상 우리 부모세대처럼 자동차나, 집, 가전집기 등 물건을 구매한 것에 대해 말하지 않는다. 이제 그들은 여행이나 음식, 음악 등 최근의 새로운 경험에 대해서 말한다"고 지적하면서 "오늘날 상품goods은 경험을 제공하는 서비스로 변신하고 있다"고 주장했다. 리프킨은 컴퓨터, 로봇, 통신기기, 생명공학 기술 등이 모든 산업 분야와 근무처에서 인간을 대치하고 있으며 이로 인해 도입된 첨단 기술은 인간의 삶에서 '재산'이나 '소유권'의 개념까지 변화시키고 있다고 말했다. 이 신시대의 인간들이 사는 것은 정신적인 각성이나 놀이 등이며 제한된 가족관계를 제외한 모든 활동이 경험의 구매행위로 나타난다는 것이다.[31]

자본주의를 둘러싼 논의와 논쟁에는 동서양 간 문화적 차이도 자주 반영된다. 아시아 신흥 공업국가들의 경제성장을 예찬하던 서양인들은 1997년 외환위기로 그 나라들의 경제가 휘청거리자 모든 책임을 그 나라들에 만연한 부정부패로 돌리면서 '정실 자본주의crony capitalism'라는 딱지를 붙였다. 그러나 미국 경제학자 로버트 라이시Robert B. Reich는 "미국 역시 그러한 비난을 받을 수 있다. 다른 곳과 마찬가지로 미국에서도 개인적 인맥이 점점 더 중요해지면서, 거미줄 같은 강력한 인맥의 세계에 속해 있는 사람은 확실하게 유리한 위치를 차지하고 있다"고 했다.[32]

'정실 자본주의'라는 혐의에 맞서 동아시아 국가의 자본주의 발전은 유교의 문화적 유산 덕분이라고 보는 '유교 자본주의'를 부르짖는 이들도 있다. 연세대 교수 유석춘은 "얼마 전까지만 해도 '자본주의와 유교는 조화될 수 있는가?'라는 질문을 놓고 많은 논란이 벌어지곤 했었다. 그러나 이 질문은 이제 분명한 '답', 그것도 정답을 얻은 질문이 되었다. 일본의 경제적 번영과 그 뒤를 이은 한국, 대만, 싱가포르, 홍콩의 눈부신 성장, 그리고 최근 개혁과 개방을 통해 경제적 도약에 진입한 중국과 베트남이 모두 유교 문화권의 국가라는 사실이 분명한 답을 제시하고 있기 때문이다. 자본주의와 유교는 이미 조화되고 있다"고 주장했다.[33]

'유교 자본주의'에 이어 '선비 자본주의'라는 말까지 나왔다. 서울대 명예교수 박우희와

이화여대 석좌교수 이어령은 2005년 4월에 출간한 『한국의 신자본주의 정신』에서 지식정보시대에는 선비士와 상인商이 손잡는 한국적 자본주의 정신인 '사상士商 정신'이 필요하다고 역설하면서 사상 자본주의 정신 또는 선비 자본주의 정신이란 용어를 처음 선보였다.[34]

영국의 경제 저널리스트 매슈 비숍Matthew Bishop과 마이클 그린Michael Green은 2008년 『박애 자본주의Philanthrocapitalism: How the Rich Can Save the World』에서 '박애 자본주의'를 제시했다. 박애자본주의의 대표적 국가는 세계 최대 '자선 대국'인 미국이다. 국내총생산에서 자선기부금 비율은 미국이 1.67퍼센트로 영국 0.73퍼센트, 독일 0.22퍼센트, 프랑스 0.14퍼센트, 네덜란드 0.45퍼센트 등 다른 선진국들보다 월등히 높다. 온라인 잡지 『슬레이트』가 매년 발표하는 거액 자선기부자 순위 '슬레이트 60'에 오르기 위한 최소 기부액이 1997년 1,000만 달러에서 요즘에는 3,000만 달러로 뛰어올랐다. 이처럼 개인적 선행의 차원을 넘어 체계적이고 효과적인 기부를 통해 다양한 사회문제를 해결하려는 흐름이 바로 '박애 자본주의'다.[35]

이렇듯 자본주의의 종류는 다양하다. 뜻만 통하고 그 나름의 근거만 있다면 자본주의 앞에 그 어떤 수식어를 붙여도 무방하다. 예컨대, '노동감시'를 단기적인 효율에 집착하는 이른바 '성급한 자본주의impatient capitalism'의 산물이라고 말할 수 있다.

car

자동차를 무엇이라고 부를 것인가? '말이 끌지 않는 마차horseless carriage'에서부터 '모터사이클motorcycle'에 이르기까지 그간 수십 가지 이름이 나왔다가 'auto-mobile'이라는 이름으로 정착된 것은 1899년이었다. 라틴어 'carrus(이륜마차)'에서 나온 car는 16세기부터 영어에서 여러 종류의 마차를 뜻하는 단어로 쓰였기 때문에 1910년부터 auto-mobile을 대신할 수 있는 말로 대중에게 인식되었다.

초기의 기술발전은 거의 독일에서 이루어졌지만 최초의 대규모 자동차 제조업자는 프랑스인이었기 때문에 자동차와 관련된 많은 프랑스 단어들이 영어에 유입되었다. chassis(차틀), garage(차고), chauffeur(운전사), carburetor(기화기), coupe(2인승 차), limousine(대형 고급승용차) 등이 바로 그것이다.[36]

포드 자동차의 가격은 1920년대 후반에는 290달러까지 떨어지지만, 그래도 일반 대중에게는 여전히 부담되는 가격이었다. 그래서 새로운 결재 방식 용어들이 등장한다. installment plan(할부판매), time payment(분할 지불), one-third down(3분의 1 계약금), down payment(계약금), 'buy now, pay later'(신용거래) 등이 바로 그것이다.[37]

자동차에 대한 인식은 나라마다 다르다. '유

사 이데올로기'라 해도 좋을 정도로 자동차는 한 국가의 중심적 가치를 대변한다. 자동차는 유럽에서 발명되었지만, 자동차 문화가 먼저 만개한 나라는 미국이었다. 미국인들에게 자동차는 동서로 약 4,300킬로미터, 남북으로 약 3,000킬로미터나 되는 거대한 대지를 장악하기 위한 수단이었다. 미국인은 세계 어느 나라 국민들보다 자유를 '자율autonomy'과 '이동성mobility'의 개념으로 파악해왔으며, 이는 곧 자동차auto-mobile를 의미하는 것이었다.[38]

'자동차 왕' 헨리 포드Henry Ford, 1864~1947는 모델 T의 가격을 인하하면서 "자동차를 사기 위해 부자가 될 필요는 없지만 부자가 되기 위해서는 자동차를 사야 한다You don't have to be rich to have a car, but you have to have a car to be rich"고 선전했다. 이 선전 구호가 시사하듯이, 미국에서 자동차는 '자유 이데올로기'와 '개인주의'뿐만 아니라 '아메리칸 드림'의 상징이자 실체이기도 하다.[39]

Ford-Model T

You can have it in any color you like so long as it's black(검정색만 버리지 않는다면 무슨 색을 고집해도 상관없다). 헨리 포드가 모델 T라는 대중적인 차를 만들 때 검은색 하나로 승부를 걸면서 남긴 말이다. 이와 관련, 임귀열은 다음과 같이 말한다.

"1908년 10월 1일부터 만들기 시작한 Model T는 여러 가지 기록을 갖고 있다. 미국 역사상 최초로 대량생산된 차, 한 가지 이름으로 20년 동안1908~1927 1,500만 대가 생산된 차, 미 전역 시장점유율 50퍼센트를 넘긴 차 등이다. 단순한 디자인, 표준화된 기술, 한 가지 색상을 적용하여 당시 부유층의 전유물이었던 자동차를 누구나 가질 수 있도록 한 것이다. Ford가 택한 색은 검정black이었다. 한 가지 색으로 20년 동안 생산된 차는 Model T 외에는 전무후무하다.……쉽고도 어려운 이 말은 후에 명언집에까지 실리게 된다. 결국 우리가 내놓은 것은 검정색뿐이며, 이 색이 맘에 들면 좋지만 싫어도 할 수 없다는 강한 메시지다."[40]

미국인은 세계인구의 5퍼센트에 불과하지만 세계 자동차 운행거리의 50퍼센트, 휘발유 소비의 40퍼센트를 점하고 있다. 전체 국토 면적의 2퍼센트에 해당하고 경작 가능 면적의 10퍼센트에 해당하는 15만 5,399제곱킬로미터가 자동차를 위한 포장 아스팔트로 덮여 있고, 도로 유지 비용으로 하루 평균 2억 달러를 쓴다. 1억 개가 넘는 아스팔트 주차장 면적은 남한 면적의 1.5배인 조지아 주 면적(15만 3,909제곱킬로미터)에 해당된다.[41] '아스팔트 국가Asphalt Nation'라는 말이

나오는 이유다.⁴² 자동차 속의 사랑이든 자동차에 대한 사랑이든, 그 사랑은 '아스팔트 사랑' 이라고 불러야 하는 걸까?

care

take care는 "조심(주의)하다"는 뜻이다. Take care that you don't catch cold(감기 들지 않도록 조심하라). 1960년대 말부터 쓰이기 시작한 작별인사이기도 하다. Take care(잘 가세요)라고 말하는 건 Take good care of yourself(아무쪼록 몸조심 하십시오)를 줄인 말로 이해하면 되겠다. take care of itself는 "자연히 처리되다", Let it take care of itself now는 "이제 그 일은 되어가는 대로 놔두자"라는 뜻이다.⁴³

couldn't care less(조금도 개의치 않다)는 1930년대 말 영국에서 탄생하여 1940년대에 유행한 표현이다. 1960년대 중반 미국에서는 이렇다 할 이유도 없이 not이 빠진 채 could care less(마음에 두지 않다, 괘념치 않다)로 사용되기 시작했다. for all I care는 "나는 상관하지 않는다, 내 알 바가 아니다"는 뜻이다. It may go to the devil for all I care(그것이 어떻게 되든 내 알 바가 아니다).⁴⁴

caretaker는 "(공공시설 등의) 관리인, (집) 지키는 사람"인데, 미국에서 쓰는 janitor의 영국식 표현으로 이해하면 되겠다(단, 스코틀랜드에서는 이 표현을 쓰지 않는다).⁴⁵ 정치에서는 "caretaker government(총사직 후의 과도정부, 선거관리 내각)"처럼 '임시 관리'의 의미로 쓰인다. 다음 주인공이 나타날 때까지 자리를 따뜻하게 만드는 역할을 할 뿐이라는 의미에서 seatwarmer라고도 한다.

존 케네디John F. Kennedy, 1917~1963가 암살된 후 부통령이던 린던 존슨Lyndon Johnson 1908~1973이 대통령직을 승계했을 때 사람들이 존슨을 존 케네디의 동생인 로버트 케네디Robert Kennedy, 1925~1968가 대통령이 될 때까지의 caretaker president로 보았지만, 예상은 빗나갔다. 존슨은 존 케네디 못지않은 자기 브랜드를 확실하게 만들면서 1964년 대선에서 승리했기 때문이다. 반면 리처드 닉슨Richard M. Nixon, 1913~1994의 중도 사임으로 1974년 8월 대통령직을 승계한 제럴드 포드Gerald Ford, 1913~2006는 1976년 대선에서 패배함으로써 세간의 예상대로 caretaker president에 머물고 말았다.⁴⁶

caste

caste(카스트, 계급)는 '혈통, 품종, 인종lineage, breed, race'을 뜻하는 스페인어 casta에서 나온 말이다. 포르투갈어에서도 casta라는 말을 같은 뜻으로 쓰는데, 포르투갈인들이 1498년 인도에 도착하면서 인도에 이 단어가 수입되었다. 영어에서는 1613년경부터 쓰였다.[47]

물론 인도의 카스트 제도는 이 단어 이전에 존재했던 것으로 2,000여 년의 역사를 갖고 있다. 인도에서 카스트 제도는 1947년 법적으로는 금지되긴 했지만, 인도인의 정체성을 규정하는 가장 중요한 요소로 인도 사회에 여전히 강하게 살아 있다. 석가모니도 마하트마 간디도 카스트만은 건드리질 못했다. 간디는 카스트는 각기 다른 인간의 차이에 의한 자연스런 반영일 뿐이라고 주장하기도 했다.

카스트 제도는 브라만Brahmins(승려계급), 크샤트리야Kshatriyas(무사계급), 바이샤Vaishyas(상공계급), 수드라Shudras(노예계급) 등 4개 계급 외에 수드라 이하의 계층으로 구성되어 있다. 전체 인구 중 브라만은 7퍼센트가량이며, 20퍼센트 이상이 수드라 이하의 계층에 속한다. '다리트Dalit'로 불리는 불가촉천민Untouchables은 온갖 멸시와 배척을 받으면서 이른바 3D 업종에 종사하는데, 이들은 인도 인구의 15퍼센트를 차지한다. 이보다 낮은 계급이 '부족민' 또는 '트리발Tribal'로 일컬어지는 토착민들로 약 5,000만 명에 이른다. 다리트와 트리발은 아예 카스트에 끼지도 못하는 열외 인간으로 사람 대접을 못 받는다.

인도의 카스트 제도는 지역에 따라 조금씩 다른 양상을 보이는데, Pariah는 일부 남부 지역의 열외 인간, 즉 천민賤民을 가리킨다. Pariah는 "drummer(북치는 사람)"를 뜻하는 타밀Tamil어 paraiyan에서 나왔다. 축제 때 북치는 역할을 도맡아 했기 때문이다. 이들은 처음에는 열외 인간이 아니라 하층일망정 카스트에 소속되었던 사람들이다.[48] pariah state는 주로 미국 기준으로 반미적인 '불량국가rogue state'를 비하하여 일컫는 말이다.

Brahmin은 미국에서도 19세기 말부터 동부, 특히 보스턴의 상류계급을 가리키는 말로 쓰였다. Boston Brahmin 또는 줄여서 Brahmin으로 쓰기도 했다.[49] 1947년 저널리스트 존 군터John Gunther, 1901~1970는 하버드 대학을 포함한 보스턴의 귀족계급에 대해 다음과 같이 썼다. "The Brahmins today make a wonderfully close-knit archaic group, which nothing in the United States quite rivals(오늘날의 브라만은 놀라울 정도로 끈끈하게 얽힌 그룹을 형성하고 있는데, 그 점

Untochables

에 관한 한 미국의 그 어떤 것도 이들에 필적하지 못한다)."[50]

영국 출신의 하버드 대학 역사학과 교수 니얼 퍼거슨Niall Ferguson은 『위대한 퇴보The Great Degeneration』(2012)에서 "하위 20퍼센트에 속하는 부모에게서 태어났다면 대학 졸업장 없이 상위 20퍼센트에 들어갈 수 있는 가능성은 5퍼센트에 불과하다"며 "고급 사립 대학교에서 교육받고 근친결혼을 하여 몇몇 '고급 우편번호' 지역에 모여 사는 사람들은 오늘날 새로운 카스트를 형성했다"고 말한다.[51]

일본의 스즈키 쇼鈴木翔가 쓴 『스쿨 카스트』(국내에서는 『교실 카스트』로 번역되었다)라는 책은 일본에서 반향을 불러일으켰는데, '스쿨 카스트'는 학급 안에서 인기도에 따라 발생하는 서열을 나타내는, 인도의 카스트 제도를 본뜬 조어로 일본의 학교 문화를 이해하는 데 중요한 개념으로 정착되었다. 그는 이지메의 메커니즘을 작동시키는 것이 교실 내에서 '지위의 차이'가 생겨나는 학생들 간의 관계성, 즉 '스쿨 카스트'에 있다고 파악했다.

이와 관련, 현무암 홋카이도 대학 교수는 "이지메를 당하지 않더라도 '왠지 하대당하는 느낌'을 받으면서 지내야 하는 스쿨 카스트는 학교생활에서 중요한 요소다. 그뿐만 아니라 '지위'의 상하관계는 어떤 조건하에서는 악의가 뒤섞여 표적이 되는 학생이 가혹한 상황에 놓일수도 있다. 스쿨 카스트는 이지메와 연속되어 있으며, 이지메의 온상이 되는 것이다"며 다음과 같이 말한다.

"'스쿨 카스트'를 모티브로 최근 방영된 학원 드라마 〈35세의 고교생〉에서 학급 학생은 1군, 2군, 3군으로 나뉜다. 상위그룹은 하위그룹에게 무언의 압력을 가하거나 아이돌 그룹의 악수회 티켓 구입을 강요하는 등 악행을 일삼고, 학급도 원하는 방향으로 운영한다. 이는 드라마상의 극단적 상황 연출이지만 1군, 2군, 3군 혹은 '잘난 애들'과 '보통 애들', '못난 애들'로 각각 역할이 주어지는 스쿨 카스트의 생생한 모습이 드러난다. 실제로는 드라마와 달리 이들 '지위'는 고정적이어서 그룹 간 이동은 드물다. 하지만 교사들이 스쿨 카스트를 '권력'이 아니라 '능력'에 의한 것으로 보고 학급의 원활한 운영을 위해 그것을 묵인하거나 활용하는 것은 현실과 드라마를 관통한다."[52]

cause

cause는 "원인, (특정한 감정이나 행동의) 이유, (정치사회적 운동)에서 조직의 대의명분이나 이상"을 뜻한다. lost cause는 "실패한(실패할 것이 뻔한) 주의(주장, 목표, 운동)"이다. 미국 제28대 대통령 우드로 윌슨Woodrow Wilson, 1856~1924은 "I would rather fail in a cause that would ultimately succeed, than succeed in a cause that would ultimately fail(궁극적으로 실패할 대의에 성공하느니 궁극적으로 성공할 대의에 실패하련다)"이라는 명언을 남겼다.

그러나 윌슨은 바로 그런 고집 때문에 제1차 세계대전 후 체결된 베르사유 평화조약을 빈껍데기로 만들고 말았다. 1919년 9월 24일 미 상원은 43 대 40으로 베르사유 조약에 대한 인준을 거부했고, 11월 19일 마침내 조약을 폐기해버렸기 때문이다.

윌슨이 당초 내건 14개 평화조항 중 유일하게 건질 수 있었던 것은 전후 세계질서 비전을 담은 국제연맹의 창설이었지만, 이마저 미 상원의 인준 거부로 날아가고 말았다. 그러나 윌슨이 어떻게 하느냐에 따라서 상원의 인준은 얼마든지 얻어낼 수 있는 것이었다는 데에는 이견이 거의 없다. 윌슨은 상원을 장악하고 있던 공화당 측 인사를 평화회의 대표단에 1명도 포함시키지 않는 실수를 저질렀다. 더욱이 상원이 국제연맹 창설에 부정적인 태도를 보이자 국민에게 직접 호소하겠다며 3주간 열차로 미국 전역을 돌아다녀 의회의 분노를 샀다.

국제연맹은 미국이 베르사유 조약에 대한 의회의 인준 거부로 처음부터 불참하는 등 유명무실한 채로 표류하다 제2차 세계대전 이후 해체되고 만다. 아니 국제연맹의 표류 때문에 제2차 세계대전이 일어난 건지도 모른다. 윌슨이 고집을 피우지 않고 수정안에 따라 미국이 국제연맹에 가입했다면 패전국 독일은 이후 국제법 절차에 따라 불만을 해소할 수 있었을지 모른다. 하지만 독일은 허울만 남은 국제연맹을 무시하며 무력으로 모든 것을 해결하려 했고 결국 유럽에서는 또 한 차례의 세계대전이 일어난다.[53]

미국 정치가 웬들 윌키Wendell L. Willkie, 1892~1944도 윌슨의 말을 조금 바꾸어 다음과 같은 명언을 남겼다. "I would rather lose in a cause that I know some day will triumph than to triumph in a cause that I know some day will fail(나는 언젠간 실패하리라는 걸 아는 대의大義에서 승리하기보다는 언젠간 승리할 것이라는 걸 아는 대의에서 패배하련다)."

인간은 대의명분Cause에 약한 법이다. 기업들은 이 점을 이용해 이른바 '코즈마케팅Cause Marketing'을 구사한다. 판매·영업 등 기업의 경영 활동과 사회적인 이슈를 연계시키는 마케팅 기법인데, 대의명분과 마케팅을 전략적으로 결합한다는 의미로 코즈 연계 마케팅Cause Related Marketing이라고도 불린다. 세계적으로 기업의 사회적 책임CSR·Cooperate Social Responsibility이 중요해지면서 나타난 마케팅 기법이다.

하버드 대학 마이클 포터Michael Porter, 1947~ 교수는 2011년 경제적 가치 창출과 사회 문제 해결을 연계해야 한다는 '공유가치 창출CSV·Creating Shared Value'이란 개념을 내놓고 사회 공헌 활동에 대한 기업의 관점을 바꿔야 한다고 주장했는데, 코즈마케팅은 이 전략의 구체적인 실천 방안인 셈이다.

예컨대, CJ는 2012년 초부터 생수 제품 '미네워터'를 구입하는 소비자가 제품에 따로 마련된 기부용 바코드나 QR코드를 찍으면, 100원을 아프리카 어린이들이 마시는 물을 정화하기 위한 비용으로 기부할 수 있게 했다. 제일모직은 2012년 5~6월 입던 남성복을 가져오면 같은 종류의 옷을 샀을 때 1만~5만 원가량을 할인해주는 행사를 펼쳤는데, 약 한 달간 3,000여 명이 참여해 제일모직은 의류 5,000여 벌을 기아 대책 재단인 '행복한 나눔'에 기부했다.

또 삼성생명은 2012년 9월 서울시와 함께 마포대교를 '생명의 다리'로 바꾸는 프로젝트를 진행했다. 2008년 이후 5년간 85명이 자살을 시도한 이 일대를 4개 구간으로 나누고 구간마다 센서를 설치해 사람이 지나갈 때마다 '가장 빛나는 순간은 아직 오지 않았다. 아직 오지 않은 것은 너무도 많다' 등 생명의 소중함을 일깨워주는 메시지를 전달하게 했다. '생명의 전화'도 설치해 상담원의 도움을 받을 수 있게 했다.[54]

celebrity

celebrity(명성, 명사, 유명인사)는 celebritocracy(유명인사에 의한 지배체제),[55] Celebrity-Industrial Complex(유명인사와 미디어산업의 유착)[56] 등과 같은 용어들이 나올 정도로 현대사회의 중요한 현상으로 부각되었다. celebrity라는 단어 또는 개념을 가장 깊이 파고든 사람은 단연 미국 역사학자 대니얼 부어스틴 Daniel J. Boorstin, 1914~2004이

다. 1961년에 출간된 그의 책 『이미지 The Image』의 세 대목을 음미해보자.

(1) The word "celebrity" originally meant not a person but a condition-as the Oxford English Dictionary says, "the condition of being much talked about; famousness, notoriety"("celebrity"라는 단어는 원래 사람이 아니라 상태를 의미했다. 『옥스퍼드 영어사전』에 따르면, "많이 거론되는 상태로 유명有名 또는 악명惡名"이다).[57]

(2) The hero created himself; the celebrity is created by the media. The hero was a big man; the celebrity is a big name(영웅은 자력으로 컸지만, 유명인사는 미디어에 의해 만들어진다. 영웅은 큰 인물이었지만, 유명인사는 큰 이름일 뿐이다).[58]

(3) The celebrity is a tautology. We forget that celebrities are known primarily for their well-knownness(유명인사는 동어반복同語反覆이다. 우리는 유명인사들이 근본적으로 그들의 유명성 때문에 유명해졌다는 걸 망각한다).[59] tautology(동어반복)는 술어가 이미 주어에 포함되어 있는 것으로 수학 공식이야말로 전형적인 동어반복이다. $3 \times 3 = 9$는 3×3과 9가 동일한 것을 다르게 표현한 것이다.[60] 이러한 관점에서 보자면, 베스트셀러도 단지 잘 팔리기 때문에 잘 팔리는 책에 지나지 않는다. "famous for being famous(유명하기 때문에 유명한)"는 celebrity에 관한 부어스틴의 주장 가운데 널리 쓰이는 표현이다.[61]

"The professional celebrity, male or female, is the crowning result of the star system of a society that makes a fetish of competition(전문

적인 유명인사는 남녀를 막론하고 경쟁을 숭배하는 사회가 만든 스타 시스템의 대미를 장식하는 결과다).” 이는 부어스틴의 말이 아니라 그 이전에 사회학자 C. 라이트 밀스C. Wright Mills, 1916~1962가 『파워엘리트The Power Elite』(1957)에서 한 말이다. 유명인사는 내용 없는 경쟁 만능주의의 산물로 사회적 중요성과 무관하게 어느 분야에서건 치열한 경쟁을 뚫고 승리한 사람에게 경쟁 숭배의식의 일환으로 주어지는 타이틀이라는 뜻이다.62

사회 전반이 유명인Celebrity에 열광하는 풍토가 몰고 온 것이 바로 한국에서 유행하는 셀럽Celeb 현상이다. 예컨대, '연예인 닮은꼴 찾기' 앱을 즐기는 사람들의 목표는 선망하는 연예인과의 '싱크로율 100퍼센트'를 기록하는 것이며, 일생에 단 한 번의 추억을 멋지게 만들겠다며 화려한 결혼식을 선호하는 이들은 자기 자신도 유명인의 흉내를 내보겠다는 것이 아닌가.63 '대한민국은 거대한 스튜디오'라거나 '셀카 공화국'이란 말이 나올 정도로 셀카에 열광하는 것도 셀럽 현상이 우리의 일상적 삶에 깊이 침투해 있다는 걸 말해주는 게 아닐까?64 그래서 새로운 스마트폰이 나와도 '셀카 화면발 최고'를 내세우는 게 아닐까?65

change

"Anything for a change(새로운 것은 무엇이든 좋다)"라거나 "There is nothing permanent except change(변화 이외에 영원한 것은 아무것도 없다)"라는 말이 말해주듯이, 변화는 늘 미화되거나 불가피한 것으로 간주되지만, 현실 세계에서 변화가 그리 쉬운 것은 아니다. 변화에 관한 명언을 6개만 감상해보자.

(1) Everyone thinks of changing the world, but no one thinks of changing himself(모든 사람이 세상을 바꿀 생각을 하지만 자신을 바꾸려고 하진 않는다). 러시아 작가 레프 톨스토이Lev Tolstoi, 1828~1910의 말이다.

(2) Progress is impossible without change: those who can't change their minds can't change anything(진보는 변화 없인 불가능하다. 스스로 바뀌지 않는 사람은 그 어떤 것도 바꿀 수 없다). 영국 작가 조지 버나드 쇼George Bernard Shaw, 1856~1950의 말이다.

(3) What we know of other people is only our memory of the moments during which we knew them. And they have changed since then……at every meeting we are meeting a stranger(우리가 다른 사람들에 대해 안다는 건 우리가 그들을 알았던 순간의 기억에 지나지 않는다네. 그들은 그때 이후로 변했고 우리는 그들을 만날 때마다 전혀 새

로운 사람을 만나는 거라네). 미국에서 태어난 영국 시인 T. S. 엘리엇T. S. Eliot, 1888~1965의 말이다. 이른바 '정적 평가static evaluation의 오류'를 설명할 때 자주 거론되는 말이다. 이 오류를 설명해주는 아주 좋은 실험 사례가 있다. 어항에 큰 물고기와 작은 물고기를 넣어놓고 중간에 유리벽을 설치한다. 큰 물고기는 작은 물고기를 먹고 사는데, 큰 물고기는 유리벽으로 인해 거듭된 좌절을 겪게 된 나머지 나중에는 유리벽을 제거해도 작은 물고기를 먹지 못하고 굶어 죽고 만다. 우리 인간도 과거 경험의 포로가 되면 이러한 어리석음을 얼마든지 범할 수 있는데, 이걸 가리켜 '정적 평가의 오류'라고 한다. 행복하기 위해선 반드시 넘어서야 할 오류다.[66]

(4) God, grant me the serenity to accept the things I cannot change, the courage to change the things I can change, and the wisdom to know the difference(신이시여, 제가 바꿀 수 없는 것을 받아들일 수 있는 차분함을, 제가 바꿀 수 있는 것들을 바꾸는 용기를, 그리고 그 둘의 차이를 알 수 있는 지혜를 제게 주시옵소서). 미국의 신학자이자 정치학자인 라인홀드 니부어Reinhold Niebuhr, 1892~1971의 말이다.

(5) The basic requirement for the understanding of the politics of change is to recognize the world as it is(변화를 추구하는 정치를 이해하는 데 가장 중요한 것은 세상을 있는 그대로 인식하는 것이다). 미국의 빈민운동가이자 커뮤니티 조직 운동가community organizer인 솔 알린스키Saul Alinsky, 1909~1972가 1971년에 출간한 『급진주의자를 위한 규칙Rules for Radicals』에서 한 말이다.

너무도 뻔한 말 같지만, 진보주의자들이 늘 실패하는 지점을 정확히 지적한 것이다. 세상을 바꾸고자 하는 진보주의자들은 세상을 있는 그대로 보는 게 아니라 자기들이 원하는 방향으로 또는 세상이 어떠해야 한다는 당위적 관점에서 보는 경향이 있다. 즉, the differences between the world as it is and the world as we would like it to be를 보지 못하는 것이다. 흥미롭게도 알린스키는 버락 오바마Barack Obama, 1961~와 힐러리 클린턴Hilary Clinton, 1947~에게도 큰 영향을 끼쳤다. 오바마는 알린스키 이론에 따라 시카고에서 지역사회 운동을 벌여 자신의 정치적 발판을 마련했고, 힐러리는 웰즐리 대학Wellesley College 졸업논문을 알린스키 모델에 대해 썼다.[67]

(6) Change doesn't come from Washington.

Barack Obama

Change comes to Washington(개혁은 정부에서 나오는 것이 아니라 정부로 향해야 하는 것이다). 2008년 8월 미국 제44대 대통령 버락 오바마가 대선 유세에서 한 말이다. 오바마는 승리가 확정된 2008년 11월 4일 자신의 정치적 고향인 시카고의 그랜트 파크에 운집한 24만여 지지자들 앞에서 행한 연설에서 Change has come to America(미국에 변화가 도래했습니다)라고 외치면서 다음과 같이 말했다.

"If there is anyone out there who still doubts that American is a place where all things are possible, who still wonders if the dream of our founders is alive in our time, who still questions the power of our democracy, tonight is your answer(미국은 모든 것이 가능한 나라라는 걸 여전히 의심하는 사람들이 있다면, 우리 건국의 아버지들의 꿈이 우리 시대에도 살아 있다는 걸 여전히 의심하는 사람들이 있다면, 우리 민주주의의 힘을 여전히 의심하는 사람들이 있다면, 오늘밤이 바로 그런 의심에 대한 답입니다).

This victory alone is not the change we seek. It is only the chance for us to make that change. And that cannot happen if we go back to the way things were. It cannot happen without you(이 승리는 우리가 추구하는 변화가 아닙니다. 승리는 우리가 변화를 이뤄낼 수 있는 기회일 뿐입니다. 만약 우리가 구태의연하다면 변화는 일어날 수 없습니다. 여러분들 없는 변화는 불가능합니다)."[68]

charisma

카리스마는 '신의 은총gift of grace'이란 뜻의 그리스어에서 유래된 말로, 사람을 끌어당기는 특별한 능력이나 자질을 말한다.[69] "비서와 아내한테는 영웅이 없다"는 말이 있다.[70] 이는 카리스마가 서로 떨어진 거리감에서 발생한다는 걸 시사한다.

독일 사회학자 막스 베버Max Weber, 1864~1920는 카리스마란 "어느 특정한 사람을 다른 사람들과는 구분되게 하는 특징으로서 초자연적인, 초인간적인 또는 비상한 힘과 능력을 가졌다고 사람들이 믿음으로써 생기는 것"이라고 말했다.[71] 그는 정당한 권력의 3가지 유형으로 군주 또는 부족장 같은 전통적 권력, 민중의 지도자 같은 카리스마적 권력, 법률로 정해진 절차에 따라 부여받은 합법적 권력 등을 들었다.[72] 카리스마 지도자는 순전히 개인적 매력으로 기존의 규칙과 구조를 변화시킬 수 있는 이들을 말한다. 베버는 이들을 "개인적인 모범의 힘에 의해서 규범체제를 정당화시킬 수 있는 영웅"으로 설명했다.[73]

카리스마는 리더의 퍼스낼리티보다는 사람들의 지각perceptions에서 찾아야 하는데, 베버의 위와 같은 정의가 오해를 유발하고 있다는 지적도 있다.[74] 어디에서 비롯되었든 카리스마는 대중의 정치참여와 행동주의activism를 자극할 수 있다. 물론 자율적이고 깊이 있는 정치적 판단을 수반하는 건 아닐지라도 참여의 습관 형성이 중요하다는 점에서 의미를 가지며, 특히 신생국가에서는 국가정체성 형성에도 기여할 수 있다.[75]

특히 집단적 스트레스가 큰 상황이 강력한 지도자를 원한다.[76] 이와 관련, 미국 툴레인Tulane 대학의 정치학 교수 로버트 로빈스Robert S. Robins와 조지워싱턴 대학George Washington University의 심리학 교수 제롤드 포스트Jerrold M. Post는 『정치적 편집증Political Paranoia』(1997)에서 다음과 같이 말한다.

"When a nation is wounded, it seeks—indeed, may create—a charismatic leader to rescue it from its distress(국민이 상처를 입었을 때 그들은 자신들을 고통에서 구해줄 카리스마적 지도자를 찾는다. 아니 만들어내고야 말 것이다)."[77]

카리스마적 리더십에 대해서는 비판론과 긍정론이 있다. 비판론에 따르면, 카리스마는 종교적 개념으로 아프리카나 전근대사회에서나 적합하며 현대사회에서는 오히려 유해하다는 것이다. 개념 자체도 모호해서 반지성적 선동이나 독재자들에게 악용될 소지가 많다는 것이다. 반면 긍정론은 오늘날 정치와 종교의 유사성을 감안할 때 카리스마의 개념은 리더십 이론과 혁명 이론을 연구하는 데 도움이 된다는 것이다.[78]

미국 시카고 대학 교수 마빈 조니스Marvin Zonis 등은 "카리스마가 있는 지도자가 되려면 의사소통 능력이 뛰어나야 한다. 카리스마를 보이려는 지도자는 추종자들에게 자기가 그들의 대망을 구현시켜줄 것이며, 그들의 깊은 열망을 이해하고 있고 그 열망을 실현시키기 위해 헌신할 것임을 확신시켜야 한다. 여기에는 굉장한 공감이 필요하다. 카리스마가 있는 지도자들은 섬뜩할 정도로 추종자들의 정신 상태를 잘 파악해, 자기가 그들을 이해하고 있다는 느낌을 갖게 하는 능력이 있다"고 주장했다.[79]

최진은 카리스마적 리더십의 5대 공통점으로 ① 메시아나 구세주의 모습으로 출현한다, ② 추종자들의 헌신적 충성이 있다, ③ 혼란기나 혁명적 상황에서 자주 등장한다, ④ 집권 초기일수록 카리스마의 강도는 세다, ⑤ 소수정예 부대의 강력한 응집력이 있다를 들었다. 또 최진은 카리스마적 리더십을 지닌 지도자들에게는 ① 설득력 또는 연설 능력이 뛰어나다, ② 독특한 외모를 갖고 있는 경우가 많다, ③ 적극적이고 도전적이라는 3가지 독특한 외형적 특징이 나타난다고 했다.[80]

카리스마는 '제조' 되기도 한다. 딕 모리스Dick Morris는 『신군주론』에서 카리스마의 후천적 개발이 가능하다며 다음과 같이 주장했다. "카리스마란 현실 속에 어떤 구체적인 형태로 존재하는 것이 아니라 그 정치인의 오랜 노력과 좋은 이슈의 결실로서 오직 우리 마음속에만 존재하는 것이기 때문에 정치에서 가장 난해한 요소이다."[81]

진 립먼―블루먼Jean Lipman-Blumen은 『부도덕한 카리스마의 매혹』에서 "전통적으로 볼 때 리더십을 다루는 많은 책들이 신봉자보다는 리더들에게 초점을 맞춰왔다. 그 책들은 리더들을 일그러진 렌즈로 보면서 그들의 힘을 강조하는 한편, 그들의 실패는 최소화한다. 이러한 식으로 리더들을 설명하다 보니 카리스마와 관계있는 리더의 자질은 너무나 미화되어 눈이 부실 정도

이고 그들의 이미지도 한껏 부풀어져 헤라클레스에 버금갈 정도이다"고 했다.[82]

프랑스 사상가 미셸 드 몽테뉴Michel de Montaigne, 1533~1592는 격변하는 시대일수록 인간은 불안해지고, 힘에 매달리고, 안정을 추구하기 때문에 "불확실한 시대에 아부가 널리 유행한다"고 했는데, 그래서 그런지 오늘날에는 카리스마란 단어가 오·남용되고 있다. 게리 윌스Garry Wills는 다음과 같이 말한다.

"Now the word is used of any celebrity, attractive businessman, or headstrong athlete. It means something like 'attention-compelling'(오늘날 카리스마는 유명인사, 매력적인 기업가, 고집불통의 운동선수에까지 사용되고 있다. 카리스마는 '이목을 사로잡는' 그 어떤 특성을 의미한다)."[83]

리처드 스텐걸Richard Stengel은 『아부의 기술』에서 오늘날 아부는 지나치게 넘쳐서 칭찬과 구별하기 힘들 정도이며, '카리스마' 라는 단어도 누구에게나 갖다붙이기 일쑤라고 지적했다.[84] 하긴 카리스마는 연예인들에게도 마구 붙여주는 딱지가 되어버렸다. 미국 저널리스트 윌리엄 새파이어William Safire, 1929~2009는 카리스마를 일종의 '정치적 섹스어필' 이라고 했는데,[85] 이젠 그런 수준의 의미로 쓰이고 있는 게 아닌가 싶다. 한국에서는 '따뜻한 카리스마' 가 필요하다는 말까지 나왔다.[86]

'따뜻한 카리스마' 든 '차가운 카리스마' 든 카리스마는 상황이 만들어내는 것이기도 하다. 정신분석학자 에릭 에릭슨Erik Erikson, 1902~1994은 사람들은 공포와 위기의 시대에 '카리스마에 대한 갈망'에 빠질 수 있다고 했다.[87] 카리스마에 굶주린 대중이 많다는 건 그만큼 사회적 불안정이 심하다는 걸로 볼 수 있다.

charity

charity(자선)는 라틴어 caritas에서 유래된 말인데, caritas는 preciousness(귀중함, 소중함), dearness(사랑스러움, 친애함, 귀여움), high price(고가)를 뜻했다. 이 단어가 기독교 신학과 만나면서 타인에 대한 무한한 사랑을 뜻하는 말로 바뀌었다.[88]

Charity begins at home(자선은 가정에서부터 시작된다). 자신과 가족부터 먼저 돌볼 줄 알아야 한다는 뜻이다. 신약성서 「디모데전서」 5장 4절의 말에서 유래된 것이다. "But if a widow has children or grandchildren, these should learn first of all to put their religion into practice by caring for their own family and so repaying their parents and grandparents, for this is pleasing to God(만일 어떤 과부에게 자녀나 손자들이 있거든 그들로 먼저 자기 집에서 효를 행하여 부모에게 보답하기를 배우게 하라 이것이 하나님 앞에 받으실 만한 것이니라)."[89]

성경에는 charity를 강조하는 말이 많이 나오

는데, 2개만 더 들어보자.

(1) It is more blessed to give than to receive(주는 것이 받는 것보다 복이 있다). 신약성서 「사도행전」 20장 35절에 나오는 말이다.

(2) When you give to the needy, do not let your left hand know what your right hand is doing(너는 구제할 때 오른손이 하는 걸 왼손이 모르게 하여라). 신약성서 「마태복음」 6장 3절에 나오는 말이다. 오늘날 의미가 달라져 "the left hand doesn't know what the right hand is doing"은 조정되지 않은 행위나 신념이 없지만 어떤 이슈에 대해 입장을 취하는 것 등을 가리킬 때 쓰이고 있다.[90]

영국 작가 찰스 디킨스Charles Dickens, 1812~1870는 한 걸음 더 나아가 "Charity begins at home, and justice begins next door(사랑은 가정에서 시작하고 정의는 사회에서 시작한다)"라고 말했다. 이 말의 의미에 대해 임귀열은 다음과 같이 말한다.

"후반부의 'Justice begins next door'는 '정의는 옆집에서'가 아니라 일단 집 밖을 나가면 공정하고 정의로운 언행을 해야 한다는 뜻이다. 즉 남이 '잘되면 행운을 빌고 누군가 대접을 받아야 한다면 다른 사람에게 베풀라If something good is coming, knock on my door. If someone is to get what they deserve, next door would be better'는 의미이자 '그런 사회적 정의를 위해서 행동하는 양심이 되라Justice delayed is justice denied'는 뜻이다."

또 임귀열은 "'Charity begins at home'은 'Look after your own first'의 뜻으로 쓰일 때도 있는데, 이때의 속뜻은 '너부터 잘하세요'이다"

라며 다음과 같이 말한다.

"사회운동가나 여성운동가가 자신들이 내세운 사회적 구호와 전혀 맞지 않는 행동을 하거나 가정 문제를 주로 상담하는 정신과 의사나 성직자가 자기 가정은 제대로 돌보지 못할 때 쓴다. 한편 자기 방이나 집안 청소도 하지 않는 사람에게는 'Practice begins at home(실행은 집에서부터)'이라고 말하면 훌륭한 응용 표현이 될 수 있다."[91]

무정부주의자이자 사회주의를 자처한 미국 작가 앨버트 허버드Elbert Hubbard, 1856~1915는 'Charity begins at home'을 이렇게 비틀었다. Charity is a thing that begins at home, and usually stays there(자비는 집에서 시작하여 보통 집에만 머무르는 것이다).

결코 그렇지 않다는 걸 보여주겠다는 듯, 미국의 철강 재벌 앤드루 카네기Andrew Carnegie,

Andrew Carnegie

1835~1919는 "Surplus wealth is a sacred trust which its possessor is bound to administer in his lifetime for the good of the community(잉여의 부는 그 소유자가 평생 동안 공동체의 선을 위해 관리해야 하는 신성한 신탁이다)"라며, 이를 실천으로 옮겼다.

카네기는 노동자 탄압으로 악명을 떨치기도 했지만, 1901년 출간한 『부의 복음The Gospel of Wealth』에서 부유한 사람은 자신에게 필요한 것 이상의 모든 수입을 공동체의 선을 위해 쓰여야 할 '신탁 자금'으로 간주해야 한다고 주장했다. 개인적 부는 공공의 축복이라는 생각이다. 그는 "부자인 채로 죽는 것은 정말 부끄러운 일이다", "통장에 많은 돈을 남기고 죽는 것처럼 치욕적인 인생은 없다" 등 명언을 남겼다.

카네기는 1919년 8월 11일 세상을 떠나기까지 18년간 자선사업에 몰두했다. 뉴욕에 900만 달러를 기부해 공공도서관을 세운 것을 시작으로 전 세계에 2,509개의 도서관을 지었다. 또 미국의 과학발전을 위해 카네기 멜론 대학의 전신인 카네기 과학연구원과 기술원을 설립한다. 시카고 대학 등 12개 종합대학과 12개 단과대학을 지어 사회에 기증했으며 각종 문화예술 분야에 거액을 쾌척했다. 자신이 평생 모은 재산 90퍼센트가량에 이르는 3억 500만 달러를 사회에 환원한 것이다. 그는 "많은 유산은 의타심과 나약함을 유발하고, 비창조적인 삶을 살게 한다"는 이유에서 부의 대물림을 혐오했다.[92]

자선charity과 박애philanthropy는 어떻게 다를까? 에바 일루즈Eva Illouz는 『오프라 윈프리, 위대한 인생』(2003)에서 "F. 오스트로워는 박애정신에서 비롯된 기부행위에 대한 연구에서 자선charity과 박애philanthropy를 구분했다"며 다음과 같이 말한다.

"자선은 가난한 사람에게 주어지는 것인 반면에 박애는 부유한 제도적 기관에 주어질 수 있고 실제로 대부분의 경우에 이런 형태로 이루어진다는 것이다. 따라서 박애는 부자가 부자에게 주는 형태를 띤다. 오프라는 두 형태의 기부를 결합시켜서, 아이비리그의 대학이나 박물관 등과 같은 중산층 기관에 주어진 전통적인 기부행위에서 벗어나 가난한 사람이나 중산층의 흑인을 대리하는 기관들에 돈을 기부한다."[93]

chase

cut to the chase는 "곧장 본론으로 들어가다"는 뜻이다. Right, let's cut to the chase. How much is it going to cost?(좋아요, 바로 본론으로 들어가죠. 비용이 얼마나 들겠어요)? Cut to the chase(본론만 말해).[94]

서부영화의 제작 관행에서 유래된 말이다. 서부영화의 백미白眉는 추격전chase인데, 그렇다고 해서 무턱대고 추격 장면만 보여줄 수는 없는 일이다. 왜 추격을 해야 하는지 그걸 설명해주는 대화 중심의 장면이 필요하다. 그런 장면을 찍은 뒤에 추격전으로 돌입하게 되는바, 제작진들 사이에서는 자연스럽게 "이젠 'cut to the chase'로 넘어갈 때"라는 말이 나온 것이다. 그건 달리 말하자면, 본론으로 들어간다는 말인데, 이게 비유적인 의미로 쓰이게 된 것이다.[95]

"Cuts to the chase: It is all, and only, about white self-hate(곧장 본론만 말하자면, 그것은 모두, 오직, 백인의 자기 증오에 관한 것이다)." 캐나다 『내셔널포스트National Post』 칼럼니스트 바버라 케이Barbara Kay가 2006년 9월 13일자 칼럼에서 '백인연구Whiteness studies'를 비판하면서 한 말이다. 1983년경부터 시작된 '백인연구'는 과거 백인들이 저지른 악행에 대한 성찰을 시도하는 학문인데, 보수파는 이 연구가 백인을 악으로 몰아간다고 비판한다.[96]

steeplechase는 "장애물 경마, 장애물 경주"를 뜻한다. 별 소득 없이 사냥을 끝낸 채 말을 타고 돌아가는 사람들이 지루하다 싶으면 "우리 저기 보이는 교회 뾰족탑steeple까지 누가 빨리 가나 내기할까?"라면서 달리기 시합을 벌였던 모양이다. 사냥감 대신 교회 뾰족탑을 추격chase의 대상으로 삼은 셈이다. 목적지까지 가급적 직선거리로 가는 게 유리할 터인즉, 이런저런 장애물들을 통과해야 했을 것이고, 그래서 이 같은 뜻을 갖게 되었다.

18세기 아일랜드의 여우 사냥꾼들 사이에서 시작되었다고 한다. 오늘날 미국과 영국에서는 이 같은 경기가 현대화된 형식으로 이루어지고 있는데, 적어도 약 1.6킬로미터당 한 번은 물을 건너뛰어야 한다. 2008년 기준으로 steeplechase가 각 나라별로 치러진 회수를 보면, 영국 3,366회, 프랑스 2,194회, 아일랜드 1,434회, 미국 200회, 호주 146회, 일본 132회, 뉴질랜드 129회, 독일 58회 등이다.[97]

chauvinism

chauvinism은 "쇼비니즘, 맹목(호전, 배타)적 애국주의"란 뜻이다. 프랑스의 연출가 코냐르 형제Théodore Cogniard, 1806~1872, Hippolyte Cogniard, 1807~1882가 지은 속요俗謠 『삼색모표三色帽標, La Cocarde Tricolore』(1831)에 나오는 니콜라스 쇼뱅Nicolas Chauvin이라는 한 병사의 이름에서 유래한 말이다.

쇼뱅은 나폴레옹 군대에 참가하여 17차례나 부상을 당할 정도로 분전奮戰하고, 나폴레옹Napoleon Bonaparte, 1769~1821 황제를 신神과 같이 숭배하여 열광적이고도 극단적인 애국심을 발휘했지만 그 정도가 지나쳐 동료들에게도 왕따를 당했다. 그는 제대 후에도 계속 그런 자세를 유지함으로써 동네 사람들에게도 비웃음의 대상이 되었다.[98]

쇼비니즘은 극단적인 일변도라는 뜻으로도 쓰여 지독한 남성 쇼비니즘을 가리켜 "male

chauvinism"이라고 한다. 영국 출신의 미국 작가 마이클 코다Michael Korda, 1933~는 1972년에 출간한 『남성 쇼비니즘Male Chauvinism and How It Works at Home and in the Office』에서 남녀의 성별 역할을 명확히 구분해 가사노동은 아내에게만 전담시킨 채 자신은 돈만 벌어오면 된다고 생각하는 남편까지 '남성 쇼비니즘'의 범주에 넣었다.

남성 쇼비니즘과는 정반대 개념인 여성 쇼비니즘이란 말까지 나왔다. 미국 저널리스트 아리엘 레비Ariel Levy는 2006년에 출간한 『여성 쇼비니즘Female Chauvinist Pigs: Women and the Rise of Raunch Culture』에서 오늘날 미국의 젊은 여성들이 남성 쇼비니즘과 '여자를 혐오하는 남자misogynist'의 행태를 역할만 바꿔 똑같이 재생산하는 작태를 저지르고 있다고 비판했다. 그녀는 젊은 여성들이 젖은 티셔츠 입기 대회에 참가한다거나 남성들과 같이 노골적인 포르노를 편안하게 시청하는 걸 강함의 상징으로 여기는 걸 raunch culture(천박한 문화)로 규정하면서 구역질이 날 정도라고 개탄했다.99

쇼비니즘의 영국판 단어는 jingoism(징고이즘)이다. jingo는 요술사가 무엇을 꺼낼 때 외치는 주문을 말한다. gosh와 golly가 god에서 나왔듯이, Jesus에서 나온 말이라는 설이 있다. 1878년 영국-러시아 전쟁에서 전쟁을 지지하는 사람들이 jingoes로 불리면서, 오늘날의 jingo.sm이란 말이 탄생했다. 당시 G. W. 헌트G. W. Hunt가 만든 노래가 전쟁의 굳은 결의를 다지면서 추임새 비슷하게 "Jingo!"라고 외친 것과 관련이 있는 것으로 추정된다.100

jingo는 "호전적 애국주의자, 대외 강경주의자"란 뜻이며, by jingo는 "맹세코, 확실히, 실제로"란 뜻으로 쓰인다. I know you can do it, by jingo!(자넨 할 수 있어, 틀림없이!) 앞서 지적했듯이, by Jesus가 불경하게 들려 by jingo로 바꾸었다는 설이 유력하다.

jingoism이란 단어가 미국 언론에 처음 등장한 건 미국이 하와이를 집어삼킨 1893년이다. 당시 하와이 합병에 반대하던 민주당계 언론은 공화당 대통령 벤저민 해리슨Benjamin Harrison, 1833~1901과 공화당의 정책을 jingoism이라며 맹렬히 비판했다. 대외정책에서 매우 호전적이었던 시어도어 루스벨트Theodore Roosevelt, 1858~1919 대통령도 jingoism이란 비판을 많이 받았는데, 루스벨트는 1895년 10월 "미국의 권리를 주장하는 일이 jingoism이라면 우리는 징고jingoes가 되겠다"고 반격했다.101

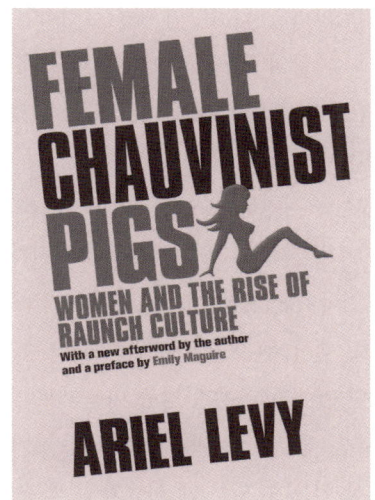

『Female Chauvinist Pigs』

Checkers speech

1952년 9월, 공화당 부통령 후보 리처드 닉슨Richard M. Nixon, 1913~1994은 상원의원 재직 시 부정 선거자금 1만 8,235달러를 받은 혐의로 곤란에 처하게 되었다. 공화당 대통령 후보인 드와이트 아이젠하워Dwight D. Eisenhower, 1890~1969는 "해명하지 못하면 같이 갈 수 없다"고 최후통첩을 한 상황이었으니, 닉슨으로선 자신의 정치생명이 걸린 문제였다.

공화당전국위원회Republican National Committee는 닉슨의 해명을 위해 NBC의 방송시간 30분을 7만 5,000달러에 사들였다. 닉슨은 선거유세를 중단하고 해명 생방송을 위해 로스앤젤레스로 가는 비행기에서 프랭클린 루스벨트Franklin Delano Roosevelt, 1882~1945 대통령이 8년 전에 했던 그 유명한 팔라 연설Fala speech을 떠올렸다.

Fala는 루스벨트가 기르던 애견愛犬인데, 공식 석상에 자주 나타나 거의 모든 미국인이 잘 알고 있던 유명한 개였다. 루스벨트와 정치적 이전투구泥田鬪狗를 벌이던 공화당은 루스벨트가 북태평양에 있는 알류샨 열도Aleutian Islands 방문 시 팔라를 그곳에 놓고 오는 실수를 저질렀는데 나중에 팔라를 데려오기 위해 해군 함정을 보냈다고 주장했다. 개 1마리를 위해 엄청난 혈세血稅를 썼다는 게 비판의 요지였다. 이에 루스벨트는 1944년 9월 23일 라디오 연설을 통해 공화당의 주장은 근거가 전혀 없는 날조라고 반박하면서 자신에 관한 험담은 그 어떤 것이라도 참을 수 있지만 팔라에 대해서만큼은 참을 수 없다고 밝혔다. 공화당의 비난 공세를 간단히 잠재운 이 연설이 바로 '팔라 연설' 이다.[102]

9월 23일 오후 6시 30분 시청자 앞에 선 닉슨은 '팔라 연설' 을 원용해 이렇게 말했다. "지인에게서 1만 8,000달러의 후원금을 받은 것은 사실이다. 국민과 유권자 여러분께 사과드린다. 그러나 개인 용도로는 단 한 푼도 쓰지 않았다. 개인적으로 받은 것은 내 딸을 위한 체커스라는 이름의 강아지 한 마리뿐이다."

이게 그 유명한 이른바 '체커스 연설Checkers speech' 이다. 닉슨은 논리적인 방법으로 자신의 부정 혐의를 반박한 것이 아니라, 자신이 범한 부정이라곤 체커스라고 하는 개를 선물받은 것이 전부이며 그것도 돌려주려고 했으나 아이들이 너무 좋아하는 바람에 정이 무엇인지 차마 개와 이별할 수는 없었다며 매우 감성적인 어법으로 시청자들의 감동을 자아내게 하는 데 성공했다. 한 편의 드라마soap-opera를 방불케 했다는 평가마저 나왔다.[103]

이 연설을 시청하거나 들은 미국인은 6,000만 명에 이르렀는데, 이 연설에 감동한 지지자들은 공화당전국위원회 본부로 닉슨을 지지하는 전화, 전보, 엽서, 편지 등을 보냈는데, 그 수는 무려 400만 건에 이르렀다. 방송 비용의 80퍼센트에 이르는 성금도 답지했는가 하면, 체커스가 1년 이상 먹을 수 있는 개 사료와 수백 개의 개 목걸이와 장난감 등도 쏟아져 들어왔다.

이렇듯 대성공을 거둔 덕에 닉슨은 부통령 후보 자리를 지킬 수 있었고 1952년 대선에서도 아이젠하워의 승리에 일조했다. 이후 매년 이 연설일을 기념한 닉슨은 이 연설이 '정치자금 연설the Fund speech'로 불리길 원했지만, 역사에 남은 이름은 물론 'Checkers speech'다.[104]

cheese

cheese(치즈)의 어원은 확실치 않으나, 라틴어 caseus에서 나온 말이라는 설이 유력하다. caseus은 카세인casein의 어원이기도 한데, 카세인은 우유 속에 약 3퍼센트 함유되어 있으면서, 우유에 함유된 전 단백질의 약 80퍼센트를 차지한다. 건락소乾酪素라고도 한다. cheese는 '발효시키다, 시게 만들다'는 뜻을 가진 말에서 나온 것으로 추정된다는 설도 있다. 세계 최고의 치즈 생산국은 미국, 최고 치즈 수출국은 프랑스이지만, 1인당 소비량 기준으로 최고 소비국은 그리스다.[105] 치즈에는 수많은 종류가 있는데, 세계적으로 유명한 4가지만 살펴보기로 하자.

Limburger(림버거 치즈)는 벨기에의 Limburg 지역에서 만들어진 치즈로 부드럽고 하얀 색의 벽돌 모양으로, 냄새가 매우 독해 처음 냄새를 맡는 사람은 코를 틀어쥐어야 할 정도다. 얼얼한 매운 맛을 갖고 있다. Roquefort(로크포르 치즈)는 프랑스의 Roquefort 마을이 원산지이고 염소젖으로 만든 크림색 치즈로 상표명이기도 하다. 상당히 짜고 맛이 자극적이며, 이탈리아의 고르곤졸라, 영국의 스틸턴과 함께 세계 3대 블루치즈(푸른빛의 곰팡이로 숙성시킨 치즈)로 꼽힌다. Cheddar(체더 치즈)는 영국의 Cheddar 마을이 원산지이며, 하얀색과 노란색, 냄새가 강한 것과 약한 것 등 여러 종류가 있다. 그냥 크러커나 셀러리와 함께 먹기도 하며 쉽게 녹아 요리에도 많이 사용된다. Mozzarella(모차렐라 치즈)는 원래 남부 이탈리아 지역의 물소젖으로 만들어진 치즈이나 현재는 소젖으로 만든다. 나폴리 지방에서 시작된 피자에 넣은 치즈가 모차렐라이며 흔히 '피자 치즈'로 많이 알려져 있다.[106]

cheese

not know chalk from cheese는 '중요한 차이를 모르다, 선악을 분간하지 못하다', (as) different (like) as chalk from (and) cheese는 '(겉은 비슷하나 본질은) 전혀 다른' 이란 뜻이다.

chalk는 '분필, 백악白堊' 인바, 색깔을 전혀 내지 않고 하얀 색의 치즈만을 만들던 시절에 나온 말이다. 별로 믿기진 않지만, 백악을 치즈라고 속여서 팔던 악덕 상인들이 있어 둘을 구분하는 게 중요했던 때가 있었나 보다. 영국 시인 존 가워 John Gower, 1330~1408의 『사랑의 고백Confessio Amantis』에 처음 등장했다.[107]

the cheese는 "안성맞춤의 것, 대단한 것, 일류품, 귀중한 것, 보스", big(whole) cheese는 "보스, 중요 인물", Quite the cheese는 "바로 안성맞춤이다"는 뜻이다. big cheese는 big bug, big chief, big shot, bigwig, top banana라고도 하는데, 냉소적 의미로 많이 쓰인다.[108]

the cheese의 뜻과는 모순되게 보이긴 하지만, cheesy는 "치즈의, 치즈 같은, 치즈 맛이 나는, 치즈 냄새가 나는"이란 뜻과 동시에 비유적으로 "값싼, 하등의, 저급한, 하찮은, 싸구려의"란 뜻으로 쓰인다. a cheesy party는 "형편없는 파티"란 뜻이다. 아니 치즈라면 사족을 못 쓰는 사람들이 왜 cheesy를 그렇게 폄하한 것일까?

1863년경 과잉 숙성된 치즈의 냄새가 매우 고약한 것을 가리켜 나온 말이라는 설도 있고,[109] 치즈의 인기가 정말 높아 cheesy가 "좋은, 멋진"이란 뜻으로 쓰이던 것을 1890년대에 미국 학생들이 반어법으로 비틀어 쓰면서 그런 의미의 반전이 일어났다는 설도 있다.[110]

Dress classy, dance cheesy(옷은 제대로, 춤은 멋대로). 2012년 9월 가수 싸이Psy, 1977-가 미국에서 〈강남 스타일Gangnam Style〉 홍보를 하면서 만들어낸 유행어다.[111] classy는 "고급의, 상류의, 훌륭한, 멋진"이란 뜻으로 쓰이는데, 우리말의 "격이 있다"에서 '격'을 class로 간주하면 쉽게 이해가 되겠다. 외국어로 영어를 배운 한국인이 classy, cheesy 등과 같은 단어를 대화에서 구사하긴 쉽지 않다. 싸이의 '명언'은 싸이가 미국 유학 시절에 공부도 나름 열심히 했겠지만 동시에 미국인들과 어울리면서 제대로 놀았다는 것을 시사해준다 하겠다.

cherry picker

cherry는 체리가 유럽에 처음 수출된 지역인 고대 로마의 Cerasus라는 지명에서 유래된 말이다. Cerasus는 현재 터키 북부 지역으로 오늘날의 이름은 Giresum이다. 프랑스어 cerise, 스페인어 cereza의 중개 과정을 거쳐 영어에 편입되었다.[112]

make(take) two bites of(at) a cherry는 "한 번에 될 일을 두 번에 하다, 꾸물거리다, 하찮은 일에 안달하다"는 뜻이다. 사람들이 있는 자리에서 우아하게 점잔을 빼려고 그 작은 체리를 한 입에 털어넣는 게 아니라 두 번에 걸쳐 나눠 먹는 모습을 연상해보면 되겠다. a second(another) bite at the cherry는 "두 번째 기회"를 뜻한다.[113]

cherry picker는 글자 그대로 '체리를 따는 사람' 이지만, 건설 분야에서는 높은 곳에서 작업을 할 수 있게 사람을 들어 올려주는 크레인을 가리킨다. elevated work platform, boom lift, man lift, basket crane, hydraladder 등 다양한 이름으로 불린다. 원래 과수원에서 과일을 따기 위해 만든 것인데, 그 이름이 건설 현장으로 수출된 셈이다.[114]

cherry picker는 대중의 일상적 삶의 한복판으로 진출했는데, 비유적으로 자신의 실속만 차리는 소비자를 일컫는 말로 쓰이는 용법이 바로 그것이다. 접시에 담긴 신포도와 체리 가운데 달콤한 체리만 쏙쏙 집어먹거나pick 체리가 올려져 있는 케이크 위에서 비싼 체리만 골라먹는 사람을 빗댄 마케팅 용어다. 본래는 신용카드 회사의 특별한 서비스 혜택만 누리고 카드는 사용하지 않는 고객을 가리켰는데, 이젠 기업의 상품·서비스 구매 실적은 낮으면서 기업이 제공하는 각종 부가 혜택·서비스를 최대한 활용하는 소비자를 뜻한다. 이들은 기업의 서비스나 유통체계의 약점을 이용하여, 잠시 동안 사용하기 위해 상품이나 서비스를 주문했다가 반품하는 등 해당 회사에 적지 않은 피해를 일으키기도 한다.

체리 피커는 기업에는 수익에 도움이 되지 않는 고객이지만 소비자로서는 실속을 챙길 수 있어 '벤치마킹' 대상이 되기도 한다. 『중앙일보』(2012년 10월 22일) 기사에 따르면, 이러한 사례가 있다. 주부 권모(37)씨는 다니는 직장도 없는데 증권사에 만들어놓은 월급통장이 하나 있다. 증권사에 매달 한 번씩 '급여'라는 문구를 넣어서 50만원씩 이체해 권씨가 월급을 받는 것처럼 착각하게 하는 것이다. 권씨는 "월급통장으로 인정받으면 각종 수수료가 면제되는데다 3퍼센트대의 이자까지 받을 수 있기 때문"이라고 말했다. 체리 피커 사이에서는 이처럼 자신에게 가짜 월급을 보내는 것을 '급여 자작自作'이라고 부른다.[115]

2013년 6월 현대카드는 혜택을 받는 문턱까지만 카드를 사용하는 체리 피커 고객을 과감히 버리고, 실적이 우수한 고객군에 마케팅을 집중하겠다는 전략을 발표해, 업계에서는 현대카드의 실험이 성공을 거둘 수 있을지 주목하고 있다.[116]

cherry picking은 논리학에서는 자신의 주장을 뒷받침할 증거나 자료만 선택적으로 제시하는 걸 가리킨다. 일명 '불완전 증거의 오류the fallacy of incomplete evidence'라고 한다. 심리학적으론 '확증 편향confirmation bias'이라고 한다. 자신의 신념과 일치하는 정보는 받아들이고 신념과 일치하지 않는 정보는 무시하는 경향을 가리키는 말이다.[117]

cherry picking은 스포츠 용어로도 쓰이는데, 특히 농구에서 자주 거론된다. 자기 팀이 수비를 하고 있는데, 혼자서 상대편 골대 근처에 있다가 자기 팀 선수가 볼을 가로채면 패스를 받아 쉽게 골을 넣는 걸 가리킨다. 축구에서는 오프사이드 규칙이 있어 위반이지만, 농구에서는 규칙은 따로 없고 관행상 불공정 행위로 간주된다.[118]

apple picking이라는 말도 있는데, 이는 다른 의미다. 임귀열은 "가을이면 사과를 따러가는 일이 즐겁다. 미국의 동북부에는 큰 사과밭이 많아 주인이 일손이 부족해 미처 따지 못하는 것을 사람들이 찾아와 박스째 따서 계산하고 가는 apple picking이 있다. 도로 갓길의 "U pick We weigh" 같은 멋들어진 말도 눈에 띄지만 값이 싸고 원하는 것을 직접 수확하는 재미는 더 쏠쏠하다"며 다음과 같이 말한다.

"그런데 지금 인터넷에서는 'Apple Picking' 이라는 표현이 엉뚱하게 쓰이고 있다. 즉 Apple 사의 제품인 아이폰이나 아이패드, 아이포드 등을 훔치는 것을 말한다. 소매치기 pick pocketing에서 pick을 차입해 Apple사 물건을 연계한 것으로 이러한 어구야말로 최신판 double entente double meaning(이중 의미)이다. 본래 프랑스어에서 출발한 것인데 double과 entendre=hear, understand의 조합으로서 2가지로 이해되거나 2가지 의미로 들리는 표현이며 당시에 1가지 의미는 상스럽거나 좋지 못한 것이 포함되었다."[119]

Chevrolet

Chevrolet

Chevrolet는 미국 제너럴 모터스General Motors의 대표적인 자동차 브랜드로 '쉐비Chevy'라는 애칭으로 불린다. 한국에서는 일제 강점기 때부터 '시보레'로 널리 알려져 있다. 역사는 100년 전으로 거슬러 올라간다. 1911년 11월 3일 자동차 레이서이며 엔지니어인 루이스 쉐보레Louis Chevrolet, 1878~1941와 자신이 만든 GM에서 쫓겨난 윌리엄 듀런트William C. Durant, 1861~1947는 Chevrolet Motor Car Company를 설립했다.

쉐보레 자동차는 1913년부터 지금 사용하는 '보타이 문양Bowtie emblem'을 사용하고 있는데, 이는 프랑스계로 스위스 출신인 쉐보레가 자신의 부모의 고향을 기리기 위해 스위스 십자가를 토대로 만든 것이다. 듀런트가 프랑스 호텔의 벽지에서 본 문양이라는 설도 있기는 하다. 쉐보레는 듀런트와 자동차 디자인에 관한 의견 갈등으로 자신의 지분을 팔고 1915년에 회사를 떠났는데, 1929년 대공황에 재산을 몽땅 날려 쉐보레 공장 노동자로 취직해 연명하는 비운의 주인공이 되었다. 그래도 그의 이름은 뷰익처럼 자동차에 새겨져 오늘도 미국 거리를 누비고 있다.

듀런트는 쉐보레의 대성공으로 1917년 GM의 다수 지분을 인수해 GM 사장에 복귀하는 동시에 쉐보레를 GM에 합병했다. 쉐보레는 1920년대에 포드의 모델 T에 대항하는 주력상품이었으며, 1963년 미국에서 팔린 차 10대 중 1대는 쉐보레였을 정도로 GM의 효자 브랜드 역할을 해냈다. 외국시장을 겨냥한 쉐보레의 공급 기지는 한국의 'GM대우'다. GM은 2011년 3월 'GM대우'에서 '대우'를 빼고 모든 대우 제품을 쉐보레 브랜드로 대체하는 조치를 취했다.[120]

Chinese

중국을 China로 부르게 된 유래에는 여러 설이 있지만, 진秦 나라 시절에 진을 영어로 표기한 데서 비롯되었다는 설이 유력하다. 한때는 비단길을 통해 유럽 선진문물을 전해주었던 중국은 아편전쟁1840~1842 때부터 유럽의 먹잇감이 된 탓인지, China의 형용사형인 Chinese는 부정적인 의미로 많이 쓰인다.

Chinese whispers는 "사람들을 거칠수록 전달되는 내용이 조금씩 달라지는 것", Chinese copy는 "완벽한 모조, 해적판", Chinese money는 "장난감 돈, 가짜 돈", Chinese tour는 "안내자가 보이고 싶은 곳만 안내하는 관광", Chinese three-point landing은 "(조종 미숙으로) 비행기 추락"을 뜻한다.[121]

Chinese homer는 "멀리까지 나가지 않는 홈런"인데, 이는 중국을 동양의 대표로 여겨 동양 구장의 좁은 곳에서 친 홈런이란 비하의 의미로 쓰인다. 즉, 미국인들이 일본이나 한국 등의 동양에서 친 홈런은 좁은 구장에서 기록한 것이라며 자신들의 기록과 비교하는 것이 마땅치 않다는 것이다. 미국인들은 자기들끼리도 좁은 구장에서 나온 홈런이나 펜스를 가까스로 넘긴 아슬아슬한 홈런을 가리킬 때 이 말을 쓴다.[122]

Chinaman's chance는 "희박한 가능성"이다. He doesn't have a Chinaman's chance(기회가 전혀 없다. 희박한 가능성조차 없다). 이 말은 특별한 역사성을 갖고 있다. 19세기 중후반 미국으로 건너온 중국인들이 받았던 극심한 인종차별 때문에 생겨난 말이다. 영국인들은 미숙련 노동자를 의미하는 힌두어인 '쿨리Coolies'라는 말로 중국인을 지칭했는데, 이 용어가 미국에서도 쓰였다. Chinaman's chance는 "일자리를 얻을 가능성"으로 좁게 해석하기도 하지만,[123] 중국인들이 당한 차별은 그 정도를 훨씬 넘어서는 것이었다.

정치인들은 누가 더 쿨리를 싫어하는지를 놓고 경합을 벌이는 것처럼 보였다. 캘리포니아 주지사 릴런드 스탠퍼드Leland Stanford, 1824~1893는 선거전에서조차 중국인들을 '아시아의 쓰레기', '저질 인종'이라고 언급할 정도였다. 1858년 캘리포니아는 중국인의 유입을 금지하는 법령을 세우기도 했지만, 그래도 그들은 계속 몰려들었다.[124]

이러한 중국인들 중 1만 4,000여 명이 서부 철도 건설에 투입되어 수많은 이들이 작업 중 목숨을 잃어가면서 대륙횡단철도의 개통(1869년 5

월 10일)을 가능케 했지만, 일부 백인들은 이들에게 감사하기는커녕 이들을 증오했다. 중국인들은 아일랜드계가 주도하는 노동조합에도 눈엣가시 같은 존재였다. 극심한 인종차별주의로 중국인 살해가 자주 저질러졌다.[125]

중국인이 1880년경 30만 명으로 증가하여 캘리포니아 인구의 10분의 1을 차지하자, 미 의회는 1882년 '중국인배척법Chinese Exclusion Act'을 만들어 중국인들의 노동이민을 금지했다. 이 법안을 논의하는 과정에서는 "중국인들은 자율 정부 구성에 필요한 동기를 제공할 두뇌의 용적이 부족하다"와 같은 중국인 비하 발언들이 쏟아져 나왔다.

이후로도 중국인 박해는 끊이지 않았다. 1885년 와이오밍의 록스프링스Rock Springs에서는 한 무리의 백인들이 중국인 500명이 모여 사는 부락에 침입해서 단지 그들이 싫다는 이유만으로 28명을 살해하고 수백 명을 마을에서 내쫓았다. 서부의 법정에서는 중국인들에게 정당방어권조차 용납하지 않았다. 중국인들에게는 법적 보호를 받을 가능성조차 없었던 것이다.[126]

snake oil은 "가짜 약, 헛소리, 허풍"이란 뜻인데, 이 단어 역시 중국 폄하의 뜻을 담고 있다. 옛날 장터의 약장수들이 뭔가 신비한 느낌을 주기 위해 있지도 않은 snake oil(뱀 기름)로 만든 약이라며 팔아먹던 관행에서 유래된 말이라는 설이 있지만, 이 설에는 오리엔탈리즘Orientalism(서양의 동양에 대한 편견)이 배어 있다. 실제로 중국에서는 snake oil을 사유蛇油라고 해서 관절염이나 타박상 등에 약으로 썼기 때문이다. 철도 건설을 위해 미국에 온 중국인들은 snake oil을 가지고 왔는데, 이때 이걸 본 미국인들은 조롱을 퍼부었다고 한다. 당시 중국인들이 미국인들에게 어떤 대접을 받았던지를 상기한다면 이해할 수 있는 일이다.[127]

Chrysler

Chrysler는 1925년 월터 퍼시 크라이슬러Walter Percy Chrysler, 1875~1940에 의해 설립된 자동차 회사다. 1928년 Dodge를 인수하고 그해 뉴욕 시에 크라이슬러 빌딩을 기공하는 등의 활약으로 크라이슬러는 1929년 『타임』의 '올해의 인물'로 뽑혔다. 크라이슬러는 GM이나 Ford와 함께 미국 자동차산업의 '빅3'로 불리지만, 한참 뒤처

Chrysler Building

지는 3위다. 경영난으로 1998년 독일회사 다임러에 합병되어 2007년까지 다임러-크라이슬러Daimler-Chrysler로 존재하다가 2009년 6월 이탈리아의 Fiat에 팔리는 등 계속 헤매고 있는 상태다.

2009년 기준 업체별 자동차 생산량에서 크라이슬러는 95만 9,070대로 16위로 처졌다. 상위 15개 업체는 ① Toyota 723만 4,439대, ② GM 645만 9,053대, ③ Volkswagen 606만 7,208대, ④ Ford 468만 5,394대, ⑤ Hyundai 464만 5,776대, ⑥ PSA Peugeot Citroen 304만 2,311대, ⑦ Honda 301만 2,637대, ⑧ Nissan 274만 4,562대, ⑨ Fiat 246만 0,222대, ⑩ Suzuki 238만 7,537대, ⑪ Renault 229만 6,009대, ⑫ Daimler AG 144만 7,953대, ⑬ Chana Automobile 142만 5,777대, ⑭ BMW 125만 8,417대, ⑮ Mazda 98만 4,520대 등이었다.[128]

Chrysler Building은 뉴욕 시에 있는 역사적인 고층건물로, 건축예술적 가치가 높은 건물로 평가받고 있다. 크라이슬러 자동차 회사를 세운 월터 퍼시 크라이슬러가 1928년에 기공해 1930년 5월에 완공했다. 77층에 319미터 높이로 당시 세계 최고의 건물이었다. 그러나 크라이슬러 빌딩이 최고의 지위를 누린 수명은 매우 짧았다. 불과 11개월이었다. 바로 다음 해 1931년에 뉴욕 맨해튼 34번가에 102층 381미터의 엠파이어 스테이트Empire State 빌딩이 세워졌기 때문이다. 한 층의 평균 높이가 약 3.8미터인 건 아니고, 68미터에 이르는 TV탑을 합한 높이였다. 이 빌딩은 1972년 맨해튼 남쪽에 417미터 높이의 세계무역센터 빌딩이 들어설 때까지 41년간 최고 기록을 보유하게 된다.

세계무역센터 빌딩은 1974년 시카고에 110층, 443미터의 시어스타워Sears Tower가 건립될 때까지 겨우 2년간 세계 최고 기록을 누린다. 크라이슬러 빌딩에는 1950년대 중반까지 크라이슬러 본사가 입주했지만 이 빌딩은 크라이슬러 사와는 무관하게 크라이슬러 개인이 자기 자식들을 위해 지은 건물이었다. 이 빌딩은 2008년 아부다비투자위원회Abu Dhabi Investment Council 소유로 넘어갔다.[129]

churn

churn은 "(물, 흙탕물 등이[을]) 마구 휘돌다[휘젓다], (걱정, 역겨움 등으로 속이[을]) 뒤틀리다[뒤틀리게 하다], (마음속에서 분노, 혼란스러움 등이) 부글거리다[들끓다], (버터를 만들기 위해) 우유를 휘젓다"는 뜻이다. 명사로 쓰이면 주로 "(버터를 만드는) 교유기"를 뜻한다.

The water churned beneath the huge ship(거대한 배 아래서 물이 거세게 휘돌았다). Vast crowds had churned the field into a sea of mud(수많은 관중이 휘젓고 다닌 경기장은 온통 진흙탕이 되어 있었다). My stomach churned as the names were read out(이름들이 호명되자 나는 속이

뒤틀렸다). Conflicting emotions churned inside him(상충되는 감정들이 그의 마음속에서 들끓었다).[130]

churn은 케이블 시스템의 가입자 이동이나 단기간 동안 요금 등의 이유로 사업자를 자주 바꾸는 고객을 뜻하기도 한다. churn rate는 케이블 텔레비전의 가입자 변동률, 즉 끊는 자disconnects와 신규가입자new customers 간의 비율을 뜻한다. 이는 신규가입 서비스를 제공하는 이동전화사업자들에게 심각한 문제로 대두되고 있는데 실제로 미국은 이동전화사업에서 churn의 비율은 25퍼센트에 달해 churn rate를 낮추는 일이 통신사업자의 중요한 과제가 되고 있다.[131]

처널리즘churnalism은 제품을 대량으로 찍어낸다는 뜻의 '천 아웃churn out'과 저널리즘journalism이 합쳐진 신조어로, 비슷한 뉴스를 대량생산하는 언론의 일그러진 모습을 비판하는 말이다. 비슷한 용어로 '햄스터 휠 저널리즘Hamster wheel journalism(기자들을 쳇바퀴를 돌고 있는 햄스터에 비유한 신조어)'이란 말도 쓰인다.[132]

처널리즘은 영국 BBC 기자 와심 자키어Waseem Zakir가 2008년에 만든 말인데, 영국 『가디언』에 기고하는 탐사보도 언론인 닉 데이비스Nick Davies가 그해 출간한 『평평한 지구 뉴스Flat Earth News』라는 책을 통해 널리 알려졌다. 이 책은 영국 주요 신문의 기사 가운데 매우 많은 부분이 홍보자료나 통신 뉴스를 재구성한 것으로 보인다는 대학 연구팀의 조사 결과와 함께 이와 관련한 언론 보도 현실을 고발해 화제를 모았다.[133]

2011년 영국에서 처널리즘닷컴churnalism.com이라는 웹사이트가 만들어졌다. 보도자료와 기사를 비교 검색해 기사가 보도자료를 몇 퍼센트나 그대로 옮겨 적었는지 계산해주는 검색엔진이다. 홍보자료 전체나 특정 문장을 따다가 검색창에 넣으면 홍보자료와 닮은 영국 매체 기사를 보여주는데, 일치 비율이 20퍼센트 미만인 기사도 많지만 70~80퍼센트나 되는 불명예 기사도 뜬다.

이와 관련, 오철우는 "이 사이트를 처음 봤을 때 국내 과학 기사들은 사정이 어떨까 궁금했다. 국내에는 이러한 검색엔진이 없으니 다른 방법을 써야 했다. 먼저 보도된 뉴스의 홍보자료 원문을 정부나 기관의 웹사이트에서 찾는다. 그런 뒤에 일부 문장을 따다가 네이버 뉴스의 검색창에다 넣고 검색한다. 그랬더니 '너무 많은' 매체 기사들이 홍보자료와 '너무 많이' 닮은 것으로 나타났다. 기사의 자존심과 같은 첫 문장(리드)이 홍보자료의 첫 문장과 일치하는 경우도 많았다"며 다음과 같이 말한다.

"온라인 시대에 많은 매체가 거의 실시간으로 빠르게 보도하려고 경쟁한다. 이제 더 빠르고 더 많아진 뉴스는 독자의 정보생활을 유익하게 바꿔놓았을까? 속도 경쟁에 빠진 우리는 홍보자료가 마련해준 스토리텔링의 길을 따져보지도 못한 채 잘라내기와 붙여넣기로 따라가고 있진 않은지 다시 생각해본다."[134]

영국의 신경정신과 의사이자 과학저술가인 벤 골드에이커Ben Goldacre는 『배드 사이언스: 우리를 속이고 주머니를 털어가는 그들의 엉터리 과학』에서 과학 관련 보도자료를 베껴 쓰는 처널리즘을 비판했다. 이 책에 따르면, 타블로이드 신문은 "미래의 모든 남자들의 음경이 더 클 것이다"라는 진화생물학자의 주장을 "고로 여자들의 젖가슴은 더 근사해질 것"이라는 말을 보태 대서특필하는가 하면, "케임브리지 대학 수학 연구팀에 따르면, (신체 비율 등을 고려했을 때) 영화배우 제시카 알바는 걸음걸이가 나무랄 데 없이 섹시하다"는 기사도 나왔다. 광고회사가 이 대학 교수에게 '섹시한 여성 10명'을 추천해달라고 해 받은 설문조사를 과학인 양 포장해 보도자료를 만들어 뿌리자, 언론사들이 그대로 베껴 쓴 것이다.[135]

미국의 비영리기관인 선라이트 재단Sunlight Foundation은 '처널리즘 서비스'를 2013년 4월 23일부터 미국 내에서 시작했다. 뉴스 소비자들이 다른 기사나 자료를 단순히 재가공된 일종의 '표절뉴스'와 제대로 취재해서 작성한 원본 기사를 구별할 수 있도록 확인해주는 오픈소스 웹툴과 웹 브라우저 확장기능이다. 재단 측은 "지금 읽고 있는 뉴스가 제대로 된 저널리즘의 결과물인지 아니면 다른 곳에 이미 보도된 내용을 단순히 재가공한 것인지를 궁금해하는 사람들이 많다"며 "이 서비스를 통해 해당 기사가 믿을 수 있는 저널리즘인지 여부와 우리가 정말 관심을 가져야 하는 것들을 발견할 수 있게 될 것"이라고 밝혔다.[136]

Cincinnati

Cincinnati는 오하이오Ohio 주에 있는 도시로, 오하이오 주와 켄터키 주의 경계인 오하이오 강변의 북쪽에 자리 잡고 있다. 2010년 기준으로 신시내티의 인구는 약 30만 명이지만, 인근지역까지 합한 신시내티 메트로폴리탄 인구는 약 214만 명으로 미국 내 메트로폴리탄 순위 제27위다. 도시 건축물이 아름답다고 해서 '미국의 파리Paris of America'로 불린다. 1788년에 형성된 이 도시가 신시내티라는 이름을 갖게 된 배경은 무엇일까?

독립전쟁이 승리로 끝나고 장교들이 시민으로 되돌아갔을 때, 이들은 로마의 정치가 신시나투스Cincinnatus, B.C. 519~B.C. 430의 이름을 따서 신시내티회Society of the Cincinnati라는 단체를 창립했다. 신시나투스는 조국을 적에서 방어하기 위해 자신의 영지를 떠나 세 차례나 로마의 집정관과 독재관으로 옹립되었지만, 전쟁에서 승리하거나 일을 끝낸 이후 아무런 미련 없이 자신의 고향으로 돌아가기 위해 권력을 내놓았던 인물이다. 조지 워싱턴George Washington, 1732~1799을 최초의 회장으로 선출했던 이 단체는 후손들이 전통을 이어가면서 오늘날까지도 존재하고 있다.

조지 워싱턴은 American Cincinnatus로 불렸다. 워싱턴은 혁명전쟁을 승리로 이끈 후 고향으로 돌아가 6년 후 초대 대통령이 되었으며, 세 번째 임기를 거절하고 다시 고향으로 돌아갔는데, 이게 신시나투스와 비슷하다고 해서 붙여진 이름이다.[137]

독일 작가 한스 디터 겔페르트Hans-Dieter Gelfert는 "미국의 대도시 중 하나가 신시내티라는 이름을 갖고 있다는 사실은 평화를 사랑하는 전사의 정신이 미국인들의 기질에 얼마나 뿌리 깊게 박혀 있는지를 말해주는 증거이다"고 말한다.[138] 그렇게 볼 수도 있겠지만, 독립전쟁에서 싸운 군인들에게 주로 이 지역의 땅을 무상 불하한 것이 가장 큰 이유다. 처음에 도시 이름은 Losantiville이었으나, 신시내티회의 회원인 아서 클레어Arthur St. Clair, 1737~1818가 1790년 이 지역의 주지사가 되면서 도시 이름을 신시내티로 바꾼 것이다.[139]

신시내티는 추신수가 소속된 프로야구팀 Cincinnati Reds(신시내티 레즈)로도 유명한데, 이 팀 때문에 생겨난 야구 용어로 '신시내티 안타Cincinnati hit'라는 게 있다. 야구 경기에서 충분히 잡을 수 있는 쉬운 플라이를 야수가 서로 미루다 놓쳐 만들어주는 안타를 가리키는 말인데, 그 유래는 다음과 같다.

1880년 신시내티 레즈가 내셔널리그에서 쫓겨났다. "구장 내 술 판매를 금한다"는 조항을 어겼기 때문인데 당시 맥주 회사의 지원에 전적으로 의지하고 있던 신시내티 레즈로서는 어쩔 수 없는 일이었다. 이후 아메리칸리그로 무대를 옮겨 활동하다 1890년에 다시 내셔널리그로 복귀하기는 했지만 만년 꼴찌를 도맡아 했다. 당시 신시내티의 외야 수비는 한마디로 개판이었

Cincinatus

기 때문에 충분히 잡을 수 있는 쉬운 플라이를 야수들이 '양보의 미덕(?)'을 발휘해 서로 미루다 안타를 자주 허용한 데서 유래했다.[140]

전국총기협회NRA: National Rifle Association와 관련, '신시내티 혁명The Cincinnati Revolution'이란 말도 쓰인다. 오늘날과는 달리 NRA는 1871년 창설 이래로 100여 년간 사격 스포츠와 사냥 중심으로 활동해왔으며, 최소한의 총기 규제에도 협조적이었다. 1977년 신시내티에서 열린 연례총회에서 최초로 개인의 총기 소유를 보장한 수정헌법 2조를 들고 나오면서 정치적 조직으로 바뀌었는데, 이를 가리켜 '신시내티 혁명'이라고 한다.[141]

circle

circle(원, 원형)은 원을 뜻하는 그리스어 kirkos

에서 유래된 말로, ker는 둘러싼다는 의미다. circus, circuit도 kirko에서 나온 말이다. circle은 "원, 순환"이라는 뜻 외에도 "범위, 집단, 사회, 동아리, 계통, 전체"라는 뜻으로도 쓰인다. 왜 이러한 뜻을 갖게 되었을까? 노르만족이 최초로 집 안의 벽난로를 반(反)원형으로 만든 데서 유래되었다. 겨울에 매서운 추위를 피하기 위해 가족은 그 반원형 난로에 죽 둘러앉았는데, 이게 바로 family circle이다. 친구들을 초청해 그렇게 앉으면 그건 circle of friends다.

이러한 배경에서 a large circle of friends는 "광범한 교우(交友)"라는 비유적 의미를 갖는다. the family circle은 "친족", the upper circles는 "상류사회", political circles는 "정계", business circles는 "실업계", literary circles는 "문인들, 문학계", well-informed circles는 "소식통", the circle of sciences는 "학문의 전 계통", He gave up a circle of pleasures는 "그는 일체의 쾌락과 담을 쌓았다"는 뜻이다.[142]

come full circle(빙 돌아 제자리로 오다)은 윌리엄 셰익스피어William Shakespeare, 1564~1616의 『리어왕King Lear』에서 유래된 말이다.[143] go round in circles는 "제자리를 맴돌다, 애쓴 만큼의 진보가 없다"는 뜻이다. 길을 잃은 사람은 같은 곳을 맴돈다고 하는 속설에서 유래된 말이다. run round (around) in circles는 "목적 없이 방황하다, 하찮은 일에 안달복달하다"는 뜻이다. 20세기 초반 미국에서 쓰인 말이다.[144]

circus

circus(서커스)는 그리스어 kirkos(circle, ring)에서 나온 말로, 원형 광장이라는 뜻도 있다. 옛날의 서커스는 구경꾼들이 둘러싼 원형의 공간에서 이루어졌으며, 로마 시대의 서커스 경기장도 원형으로 이루어졌기 때문에 붙여진 이름이다. 검투사들의 피 튀기는 살육전도 서커스라는 이름으로 불려졌지만, 오늘날에는 곡마·곡예 등의 묘기를 보여주는 구경거리로 한정되었다.[145] 최초의 서커스 게임은 그리스신화에서 태양신인 헬리오스와 바다의 요정 페르세(바다의 신 오케아노스의 딸) 사이에서 태어난 키르케Circe가 주관했다는 설도 있다.[146]

bread and circuses는 "잠재적인 불만을 딴 데로 돌리기 위한 수단, 대중의 주의를 딴 데로 돌리기 위해 정부나 권력이 제공하는 음식과 오락"을 뜻한다. 로마의 풍자 시인 주베날Juvenal, 55~127이 영웅주의의 쇠퇴를 개탄하는 가운데 로마인들을 묘사하면서 "빵과 서커스만 있으면 그들은 아무 불만 없이 잘 살아간다"고 말한 데서 유래되었다. 1914년 영국 시인 헬렌 패리 에덴Helen Parry Eden은 『Bread and Circuses』라는 책을 내기도 했다.[147]

서커스가 오늘날과 같은 의미로 쓰이게 된 것은 18세기 말부터이며, 이를 혁명적으로 변화시켜 대중적 엔터테인먼트로 만든 주인공은 '세계

역사상 가장 위대한 흥행사'로 불리는 미국의 P. T. 바넘Phineas Taylor Barnum, 1810~1891이다.

a three-ring circus는 "매우 혼란스러운 광경, 대활극, 아찔한 것"이란 뜻으로 바넘이 서커스를 동시에 세 곳의 무대ring에서 연출해내던 것에서 유래된 말이다. 영국 작가 러디어드 키플링Rudyard Kipling, 1865~1936은 『생명체의 다양성A Diversity of Creatures』(1914)에 이렇게 썼다. I can see lots of things from here. It's like a three-ring circus!(나는 이곳에서 많은 것을 볼 수 있다. 마치 삼종 서커스 무대를 동시에 보는 것 같다.)148

러시아 혁명가 블라디미르 레닌Vladimir Illich Lenin, 1870~1924은 1919년 서커스를 민중예술의 한 형태로 주목해 국유화를 통해 발전시켰다. 1927년 모스크바 서커스 학교가 설립되었으며, 소련의 서커스는 1950년대에 일련의 세계공연을 통해 격찬을 받았다. 소련에 영향받아 같은 공산주의 국가인 중국과 북한에서도 서커스가 크게 발전했다.149

circus

city

도시는 문명이다. 'savage(야만)'라는 영어 단어의 어원이 라틴어로 숲을 뜻하는 반면, 영어 'civilization(문명)'과 'city(도시)' 모두 도시의 뜻을 지닌 'civitas'에서 비롯되었다는 점도 바로 그 점을 말해준다.150 그래서 18세기 영국의 시인 윌리엄 쿠퍼William Cowper, 1731~1800는 "신은 시골을 만들었고 인간은 도시를 만들었다"고 말했다.151

세계 최초로 산업화를 이룩한 영국이 1820년에 100만 명이 넘는 최초의 근대 산업도시를 선보인 이후, 인구 100만 명을 초과하는 도시는 1900년에는 11개, 1950년에 75개, 1976년에는 191개, 2009년에는 414개에 달한다. 이와 관련, 제러미 리프킨Jeremy Rifkin은 "2007년은 인류 정착사에 거대한 티핑포인트로 기록되는 해였다"며 "UN에 따르면 역사상 처음으로 대다수 인류는 거대도시mega city에 살거나 도시권에 속한 거대 도시에 살고 있다.……바야흐로 '호모 우르바누스Homo Urbanus(도시형 인간)'의 시대이다"고 말한다.152

미국인들은 희망에 부풀어 도시를 세웠다가 상황이 나빠지면 아무런 망설임 없이 버리고 떠났다. 1800년대 이전에 city는 대규모 지역사회를 뜻하는 말이었지만, 19세기 미국에서는 아무리 작아도 마을을 가리켰다. 작은 마을도 하룻밤 사이에 도시가 되고, 그럴 듯한 도시도 순식간에 폐허로 변했다. 아이오와 한 곳만 해도 한 세기 동안 마을 2,205개가 폐허로 변했다. 지금도 미국에는 네브라스카의 Republican City, 아이오와의 Barnes City, 일리노이의 Rock City라는 지명이 있지만, 이 도시들의 인구는 각각 200명대 수준에 불과하다.[153]

fight city hall은 "관권을 상대로 무익한 싸움을 하다, 관료의 권위를 상대로 싸우다"는 뜻이다. city hall(시청)을 관권의 상징으로 간주한 표현인데, 보통 부정형으로 쓰인다. 관료집단과 싸워보려는 사람에게, "You can't fight city hall"이라며 싸우지 않는 게 좋다는 뜻으로 말할 때 자주 사용된다. 지금도 쓰이지만, 1940~1950년대에 가장 많이 사용되었다.[154]

city slicker는 "도회지 물이 든 사람, (닳아빠진) 도시인"이다. slicker는 "협잡꾼, 사기꾼, 야바위꾼, 닳고 닳은 도회지 사람"이란 뜻이다. 1920년대 미국에서 만들어진 말로, 1991년에 개봉된 동명同名의 영화와 1994년의 속편 영화로 유명해진 표현이다.[155]

I'm in fat city(나는 기분이 참 좋다). fat city는 원래 흑인 슬랭으로 "더할 나위 없이 멋진 상태(상황)"라는 뜻이다. 20세기 중반 미국에서 탄생한 말이다. 소설가 레너드 가드너Leonard Gardner, 1933~의 1969년 소설 『팻 시티Fat City』가 베스트셀러가 되면서 널리 알려졌다. This last jump in the Dow average has put Mr. Welch in fat city(지난번 주가 급등으로 웰치는 더할 나위 없이 기분이 좋은 상태다).[156]

clam

as happy as a clam은 "매우 행복하다"는 뜻이다. clam은 대합조개이며, 말이 없는(뚱한, 멍청한) 사람이란 뜻으로도 쓰인다. 그런데 대합조개와 행복이 도대체 무슨 관계가 있단 말인가? 이 말은 as happy as a clam at high tide(water)를 줄인 말이다. 대합조개는 썰물ebb, ebb tide, low tide, low water 때 잡는데, 밀물flow, flux, tide, 그것도 만조滿潮: high tide 때는 대합조개 잡이를 할 수 없으니 대합조개로서는 얼마나 행복하겠는가.[157]

clam up은 "입을 꾹 다물다, 침묵하다"는 뜻이다. 대합조개의 모습을 사람의 입술에 비유한 표현이다. Clam up! Be silent! Don't say anything! When the boss asked who had left the copy machine on all night, Tom clammed up(누가 복사기를 밤새 켜놨느냐고 보스가 묻자 톰은 입을 굳게 다물었다).[158]

clamshell은 "(조개 뚜껑 같은) 뚜껑이 달린" 이

clam

clean

Cleanness is next to godliness(청결은 인품이다). 미국의 어느 대학 기숙사 벽면에 붙은 구호로, 직역하면 '청결함이야말로 하느님 다음으로 중요하다'는 뜻이다. 옛 바빌론과 헤브라이 종교 문헌에서 유래된 말이지만, 감리교Methodism의 창시자인 존 웨슬리John Wesley, 1703~1791가 사용해 유명해진 말이다. 그는 다음과 같이 말했다. "Slovenliness is no part of religion. Cleanliness is indeed next to Godliness(깔끔하지 못한 것은 종교의 일부가 아니다. 청결이야말로 하느님 다음으로 중요한 것이다)." 161

그러나 정반대로 지나친 청결의식을 꼬집는 말도 있다. Cleanliness is next to greed(청결을 강조하는 것은 탐욕 다음으로 나쁜 것이다). 실제로 1960년대의 미국 히피 공동체에서는 청결을 부르주아나 항문강박증과 관련 있는 것으로 여겼기 때문에 지저분한 것을 혁명적이라고 보았다. 중산층 방문자들은 히피의 생활양식 중에서도 지저분한 것을 가장 역겨워했고, 이러한 모습을 히피들은 아주 좋아했다. 162

오늘날의 '맥도날드 제국'을 건설한 레이 크록Ray Kroc, 1902~1984은 업무 표준화 기준을 만들어 가맹점들이 절대적으로 지키게끔 관리했는데, 특히 'QSC & V' 즉 품질Quality, 서비스Service, 청결Cleanliness, 가치Value를 입버릇처럼 강조하면서

란 뜻인데, 그런 용기container를 가리키기도 한다. 뚜껑이 따로 분리되어 있지 않고 한 몸체에 붙어 있어 닫을 수 있게 된 용기들은 모두 clamshell이라고 할 수 있다. 음식을 넣는 플라스틱 용기의 대부분이 바로 그런 방식이다. clamshell phone은 "폴더형 전화기"를 가리킨다. 159

as happy as a clam과 같은 뜻의 말로 as happy as a sandboy가 있다. 영국에서 쓰는 말이다. sandboy는 술집이나 상점 등에서 바닥 보호·청소용으로 쓰던 모래를 팔던 사람인데, 이들이 늘 술에 취해 있을 정도로 술을 좋아한 데서 유래된 말이다. 모래 대신 톱밥sawdust이 쓰이면서 sandboy는 사라졌지만, as happy as a sandboy는 살아남았다. 160

가맹점들을 섬뜩시킨 걸로 유명하다. 'QSC & V'는 그의 종교라고 해도 과언이 아니었다.[163] 그는 "만약 내가 'QSC & V'라는 구절을 이야기할 때마다 바다에 벽돌을 하나씩 쌓았다면 아마 대서양을 가로지르는 다리도 놓을 수 있었을 것이다"고 했다.[164]

clean out은 '깨끗이 청소하다, ~를 쫓아내다, 돈을 다 써버리다, 도박에서 ~를 빈털터리로 만들다'는 뜻이다. 19세기 초부터 쓰인 말인데, 세탁소cleaners가 많아진 20세기 중반에 이르러 cleaners가 들어간 같은 뜻의 숙어들도 생겨났다. go to the cleaners는 '도박 따위로 빈털터리가 되다', take(send) a person to the cleaners는 "~를 빈털터리로 만들다"는 뜻이다.[165]

cloud

2011년 5월 11일 기자회견에서 구글 창업자 세르게이 브린Sergey Brin은 "몇 년 전만 해도 모두가 과연 가능하겠느냐고 되묻던 '완전히 새로운 컴퓨터'가 현실이 되었다"고 이야기를 시작했다. 그 컴퓨터는 '크롬북Chromebook'으로 불렸다. 하드디스크 없이 구글서버에 저장하는 클라우드cloud PC였으니, 그야말로 파격적인 컴퓨터라 할 만 했다.

클라우드 컴퓨팅 파워는 사실 브린과 래리 페이지Larry Page의 스탠퍼드 시절로 거슬러 올라간다. 당시 그들은 손에 닿는 모든 PC를 긁어모아 서로 연결해야 했다. 그 효과가 워낙 성공적이어서 구글은 여전히 이 방식을 사용하고 있다. 2006년까지만 해도 전문가들은 구글이 검색어 처리를 위해 서버 컴퓨터 100만 대를 리눅스 운영체제로 돌리고 있다고 추정했는데, 그 실상은 비밀에 붙여져 있다.[166]

클라우드 컴퓨팅에서 '클라우드cloud(구름)'라는 말은 컴퓨터 네트워크상에 숨겨진 복잡한 인프라 구조와 인터넷을 은유적으로 뜻하며, 2008년 9월 2일에 선을 보인 구글 브라우저의 명칭인 '크롬'은 창문을 의미하는 속어다.[167] 페이지와 브린은 사용자들에게 이러한 메시지를 던진 셈이었다. "집(PC)에 물건을 놓아둘 필요가 없다. 창문(단말기)을 통해서 구름(클라우드) 저 너머에 있는 정보와 소프트웨어를 필요할 때 그냥 꺼내 쓰기만 하면 된다."[168]

이와 관련, 오카지마 유시岡嶋裕史는 "일본의 전형적인 데이터 센터는 두꺼운 방벽에 둘러싸여 완벽한 공조 장치와 전원 설비, 내진 구조를 갖추었으며, 24시간 체제로 감시원이 상주한다.……이에 비해 벨기에에 있는 구글의 데이터 센터는 컨테이너에 서버들이 수납되어 있는 이른바 컨테이너형이다. 놀랍게도 야외에 설치되어 있어 컨테이너 상부는 비에 젖을 때도 있다"며 다음과 같이 말한다.

"게다가 놀라운 사실은, 정보 기기에 필수라고 여겨지던 공조설비조차 없다는 것이다. 만약 서버가 뜨거워져서 가동률이 떨어지면 잠시 동안 다른 나라의 데이터 센터로 그 처리를 넘긴다고 한다. '구글 검색 2번이면 커피 1잔 분의 물을 끓일 때와 같은 양의 이산화탄소를 발생시킨다'는 비판이 있지만, 이렇게까지 전력과 비용 절감에 철저히 주력하는 자세는 참으로 놀랍다.……클라우드 서비스에서 하드웨어는 단순한 범용품이며 교체 가능한 소모품이다. 극단적으로 말하면 클라우드에서는 하드웨어 따위는 아무래도 상관없다고 생각한다."[169]

구글은 크롬을 이용해 노트북을 만들었는데, 그게 바로 크롬북이다. 제조는 한국 삼성전자와 타이완 에이서가 맡았다. 브린은 "마이크로소프트MS나 다른 OS 회사들은 오늘날의 컴퓨터를 예전 컴퓨터보다 더 복잡하게 만들어놓고 우리 모두를 괴롭힌다"며 "크롬은 소비자와 기업을 괴롭히지 않을 것"이라고 강조했다.

그의 호언대로 크롬북은 기존 노트북과는 완전히 달랐다. 기존 윈도 노트북은 1분도 넘게 걸렸는데, 크롬북은 부팅 속도가 빨라 전원 버튼을 누른 뒤 8초만 지나면 쓸 수 있는 상태가 되었다. 사용자가 직접 '장치 드라이버'를 설치한다거나 '보안 프로그램'을 설치하는 등 복잡한 일을 할 필요도 없었다. 크롬북이 인터넷에 연결되었을 때 구글 서버가 알아서 대신해 주기 때문이다.

판매 방식도 크게 달랐다. 크롬북의 일반 소비자 가격은 349~499달러이지만 주력 시장은 소비자가 아닌 기업 고객이었다. 크롬팀을 이끄는 구글의 부사장 선다 피차이Sunder Pichai는 "사용자 1인당 월 28달러를 내면 구글이 소프트웨어 설치와 애프터서비스, 최신 소프트웨어 업데이트는 물론이고 새 노트북 교체 비용, 노트북의 인터넷 통신 비용까지 부담한다"고 말했다. 기업 전산담당자의 업무가 크게 줄어드는 셈이다. 구글은 통상 기업 직원 1명이 컴퓨터를 쓰기 위해 연간 3,000달러 정도를 쓰는데, 이 비용을 10분의 1 수준으로 줄이겠다고 했으니, 기업으로선 솔깃할 수밖에 없었다.

그러나 이날 행사에서는 "이건 무조건 구글만 믿고 따라오라는 소리"라며 "구글이 세계인의 정보를 모으는 '빅 브라더'가 될 수 있다"는 지적도 나왔다. 크롬북은 하드디스크 대신 인터넷에 파일을 저장하는데 이 경우 개인의 주요 정보가 고스란히 구글에 저장되기 때문이다. 이에 대해 피차이는 "구글을 믿지 못하는 이들을 감안해 MS의 검색, 야후의 e메일, 드롭박스의 저장공간을 사용해도 되게 만들었다"며 "구글은 크롬의 프로그램 한 줄까지 모두 뜯어볼 수 있도록 제품을 투명하게 공개하기 때문에 문제될 게 없다"고 해명했다.

크롬북이 보편화되면 MS의 윈도 OS와 MS오피스는 커다란 타격을 입을 게 분명했다. 브린은 "구글 직원 가운데 MS 윈도 컴퓨터를 쓰는 직원은 20퍼센트도 되지 않는다"며 "내년에는 크롬북 때문에 이 수가 더욱 줄어들 것"이라고 말했다. 1980년대 PC가 등장한 후 30년 동안 변함없던 컴퓨터 시장이 처음으로 요동치기 시작한 것이다.[170]

최용석은 클라우드 컴퓨팅의 전망에 대해 이

렇게 말한다. "이러한 클라우드 컴퓨팅이 가능해지는 이유는 지금보다 100배는 빨라질 인터넷 인프라에 있다. 원격지에 있는 메인 호스트에 접속해서 소프트웨어를 다운로드 받고 구현하는 시간이 내 컴퓨터에 있는 프로그램을 직접 사용하는 것만큼 빨라지는 시대가 도래하는 것이다."[171]

기업으로서는 사업이 커져서 시스템 용량을 늘려야 할 때 기계를 살 필요 없이 단지 클라우딩 공간을 좀더 빌리면 되므로 유연성이 높아진다. 그러나 문제는 서버가 공격당하면 개인 정보가 유출될 수 있고, 재해로 서버의 데이터가 손상되면 미리 백업하지 않은 정보를 되살리지 못하며, 소수의 회사만 클라우딩을 운영한다는 점이다. 이와 관련, 엘리 패리저Eli Pariser는 "정부기관은 클라우드에 저장된 개인 데이터를 가정의 컴퓨터에 저장된 정보와 달리 손바닥 뒤집듯이 쉽게 검색할 수 있다"며 다음과 같이 말한다.

"FBI가 당신의 노트북을 조사하려면 판사의 영장이 필요하다. 그러나 당신이 사용하는 지메일이나 핫메일, 야후메일에 대해서는 헌법상의 사생활 보호 권리는 온데간데없다. FBI는 해당 회사에 정보를 요구할 수 있다. 판사의 영장이나 허가는 필요 없다. 단지 긴급 상황이라고 주장하면 된다.……데이터 분야에서도 규모의 경제 때문에 클라우딩 회사들은 점점 더 강력해진다. 또 이러한 회사들은 규제에 취약하기 때문에 정부기관의 비위를 맞추는 데 여념이 없다."[172]

니콜라스 카Nicholas Carr는 "우리는 무의식적으로 구글의 검색 엔진에 기여한다. 브린과 페이지는 자신들의 기계를 프로그래밍해서 우리가 일상적 일을 하면서 웹에 남겨놓은 자질구레한 작은 지능들을 모으는 것이다. 컴퓨팅 클라우드가 성장하고 유비쿼터스화하면서, 우리는 계속해서 컴퓨팅 클라우드에 지능을 심어줄 것이다"며 다음과 같이 말한다.

"전 지구 위치확인위성과 작은 라디오 송신기를 사용해서, 컴퓨팅 클라우드는 물리적 세계 속에서의 우리의 이동을 (오늘날 가상세계 속에서의 우리의 클릭을 추적하는 것만큼이나) 아주 정확하게 추적할 것이다. 그리고 인터넷을 통해 실행되는 상업적이고 사회적인 거래 유형들이 확산됨에 따라, 훨씬 더 다양한 종류의 데이터가 수집되고, 저장되고, 분석되고, 소프트웨어 프로그램에 유용하게 될 것이다. 월드와이드컴퓨터는 상상할 수 없을 만큼 한층 더 영리해질 것이다. 즉, 우리의 두개골에 칩이나 소켓을 끼우든 끼우지 않든 우리의 지능을 기계로 양도하는 일이 일어나는 것이다."[173]

모빌라우드Mobiloud는 스마트폰, 태블릿 PC 등이 주도하는 모바일Mobile이란 단어와 클라우드Cloud 컴퓨팅이란 단어를 결합한 신조어다. 언제 어디서나 데이터·영상 등을 실시간으로 내려받아 즐길 수 있어 PC 시대의 종언을 이끌고 있다.[174]

Coca-Cola

코카콜라는 1886년 5월 조지아 주 녹스빌 출생으로 애틀랜타에서 활동하던 가난한 늙은 약사인 존 펨버턴John S. Pemberton, 1831~1888이 피나는 노력과 인내로 발명했다. 자신의 집 뒤뜰에 걸어놓은 허술한 솥에서 설탕과 캐러멜을 주원료로 하여 이걸 첨가해보고 저걸 첨가해보는 등 수많은 실험을 반복한 끝에 이룬 결실이었다. 탄산수를 섞은 게 주효했다. 탄산수는 1767년 조지프 프리스틀리Joseph Priestley가 그 제조법을 발명했는데, 당시에는 '고정된 공기'로 불렸다.

코카콜라의 탄생 무렵의 미국은 '매약賣藥의 전성시대'였다. 남북전쟁1861~1865 이전에도 신문지면의 절반은 약 광고가 차지할 정도로 약장사들은 극성스러웠는데, 남북전쟁은 이 극성의 불길에 기름을 퍼부은 결과를 초래했다. 이 전쟁은 이른바 '군인병'으로 알려진 마약 상용화를 널리 퍼뜨렸기 때문이다. 당시에는 여러 약 중에서도 코카coca의 잎에서 추출한 코카인cocaine의 인기가 대단했다. 코카인은 1860년 독일 과학자들이 붙인 이름인데, 많은 사람이 그 효능에 주목했다.

Coca-Cola라는 작명은 펨버턴의 경리사원이었던 프랭크 로빈슨Frank Robinson이 한 걸로 알려져 있는데, 당시 대대적인 코카 붐이 일고 있었다는 걸 감안한다면 사실 로빈슨의 공은 이것보다는 오늘날 코카콜라의 로고가 된 그의 Cola-Cola 필체다.

1886년 5월 29일자 『애틀랜타 저널』에 낸 최초의 코카콜라 광고는 "코카콜라! 향긋하고 시원하고 마음을 유쾌하게 하며 기운이 넘치게 한다! 이 탄산수 매장의 새로운 인기 음료에는 신비한 코카의 잎과 유명한 콜라 열매의 성분이 들어 있습니다"라고 주장했다. 처음에는 주성분이 코카와 관련이 있다는 걸 인정했으나, 나중에는 점점 의문시되는 코카인과의 연계를 차단하기 위해 '코카콜라'는 단순히 어조가 좋아서 붙인 이름이라는 점을 강조했다. 코카콜라의 약효 성분이 소문이 나자 코카콜라 측은 이를 강하게 부정하고 나섰지만 실은 이게 판매 촉진에 큰 기여를 했다.

1896년의 광고는 "코카콜라를 마시는 사람은 점점 더 강해진다. 코카콜라를 마시면 머리가 점점 더 총명해진다"고 주장했다. '코카콜라=약'이라는 이미지는 장점도 있었지만 멀리 보면 약점이기도 했다. 그래서 코카콜라 사는 "마시자 코카콜라를. 매우 향긋하고, 시원한"이라고만 강조한 광고를 늘려나갔다. 1898년 스페인-

John Pemberton

미국 전쟁 때 매약에 전시 특별세를 징수하는 법률이 통과되자 코카콜라 사는 법정투쟁을 벌여 결국 승소 판결을 받아냈다. 그러나 이러한 문제를 피하기 위해 코카콜라 사는 이후 더욱 약 이미지를 탈피하기 위해 애를 썼다. 그렇지만 "심신의 피로를 가시게 하고, 두통을 고친다"는 광고 카피는 포기하지 않았다.

사회적으로 계속 코카인의 중독성이 문제가 되자 코카콜라 사는 1903년부터 원료에서 코카인 성분을 제거했다. 말은 그렇게 했지만 실제로는 1929년에서야 코카인 성분을 완전히 제거했다는 설도 있다. Coca-Cola의 약칭인 Coke는 제1차 세계대전1914~1918 직전부터 사용되었지만, 곧 모든 콜라를 가리키는 말로 쓰이게 되었다. 그러나 이에 코카콜라는 소송을 제기했고, 1940년 미 연방대법원은 Coke는 오직 코카콜라에만 해당된다는 판결을 내렸다.[175]

Pepsi-Cola(펩시콜라)는 코카콜라가 나온 지 12년 후인 1898년에 나온 콜라로, 노스캐롤라이나 주의 뉴번New Bern에서 약사인 케일럽 브래드햄Caleb Bradham, 1867~1934이 만들었다. 왜 Pepsi인가? 브래드햄은 처음에는 소화불량dyspepsia을 치료할 수 있는 약이라는 생각으로 펩시콜라를 만들었기 때문이다. dyspepsia에서 pepsi를 가져오면서 pep이라는 단어가 "원기, 기력"이라는 뜻이 있음을 감안했다.[176]

"The difference between Republicans and Democrats is like the difference between Pepsi and Coke(공화당 정치인과 민주당 정치인의 차이는 펩시콜라와 코카콜라의 차이와 같다)." 2009년 2월 이란 국회의원 비잔 노바베Bijan Nobaveh가 미국 정치인들은 이스라엘 로비의 포로가 되어 있다면서 한 말이다.

7-Up(세븐업)은 미국의 레몬향 소프트드링크의 브랜드다. 7가지 성분을 섞어 만들었고 마시는 사람을 'up'시켜 준다고 해서 7-Up이라는 이름을 붙였다. 1929년 미주리 주 세인트루이스에서 찰스 라이퍼 그리그Charles Leiper Grigg, 1868~1940가 만들었는데, 1950년까지도 신경안정제 계열의 약인 리튬 구연산염lithium citrate 성분을 포함하고 있었다. 정말 효과가 있는 건지는 알 수 없으나, 세븐업은 지금도 복통을 덜어주는 효과가 있다는 속설이 널리 퍼져 있다.[177]

cocoon

cocoon은 "(곤충의) 고치", a silkworm cocoon은 "누에고치"다. cocoon은 동사로 쓰이면 "둘둘 말아서 싸다"는 뜻이다. The doctor cocooned the patient in blankets(의사는 환자를 담요로 둘둘 말았다).[178]

미국의 마케팅 전문가 페이스 팝콘Faith Popcorn, 1947~은 1981년 '코쿤'을 "불확실한 사회에서 단절되어 보호받고 싶은 욕망을 해소하는 공간"이라는 뜻으로 사용했는데, 지금은 집어 틀어박혀 지내는 누에고치 같은 사람을 가리킨다. 1980~1990년의 베이비붐 세대에서 코쿠닝cocooning 현상을 찾아낸 팝콘은 21세기에는 직장의 속박에서 벗어나 개성과 자유를 찾아 재택근무를 하는 이른바 코쿠닝 신드롬이 일어날 거라는 보고서를 발표했다.

코쿤족은 복잡한 현실에서 벗어나 편안함과 자신만의 공간을 추구하며, 이들의 대표적인 특징은 쇼핑과 문화생활 등을 인터넷과 첨단 장비를 통해 가정에서 모두 해결하는 것이다. 이들은 디지털 유목민과 대조되는 정착 성향의 그룹으로 급격한 사회 변화에 대응해 가족, 안전, 인간 등의 개념을 중시한다. 코쿤족은 외부와의 접촉이 없이 혼자서만 어떤 일을 즐기며 살아가는 인간형 또는 세상과 무관하게 자기만의 공간에 갇혀서 사는 전자 시대 개인주의자의 한 전형을 가리키기도 한다.

당신은 코쿤족인가? 팝콘이 제시한 '코쿤족 테스트'에는 "고속도로에서 누군가가 당신을 추월할 때 클랙슨을 누르지 않고 그냥 둔다면, 당신은 코쿤족이다. 화를 내는 우체국 직원이나 얼굴을 찌푸리는 판매원 혹은 성마른 웨이터 등에게 따지기보다는 미소로 달래려고 한다면, 당신은 코쿤족이다. 흥분한 군중은 사소한 꼬투리에도 순식간에 난동을 부리는 폭도로 변할 수 있다고 믿기 때문에 록 콘서트나 농구 게임을 보러 가지 않는다면, 당신은 코쿤족이다. 집에 머물면서 소꿉장난하는 것이 당신이 꿈꾸는 이상적인 휴가라면, 당신은 코쿤족이다"라고 나와 있다.

집 가꾸기와 집에서 할 수 있는 일들을 개발해내는 등 코쿤족을 겨냥한 비즈니스를 가리켜 코쿤 비즈니스cocoon business라고 한다. 미국에는 코쿤족들의 사랑을 받는 HGHouse and GardenTV라는 채널이 있는데, 이 채널은 사람들이 실제로 해볼 수 있는 정원 가꾸기, 집 고치기, 애완동물 기르기, 인테리어, 공예 등에 관한 프로그램을 내보냄으로써 1,000만 명에 이르는 시청자를 확보했다.[179] 페이스 팝콘Faith Popcorn도 '코쿠닝'이라는 이름의 팔걸이의자 판매에 나서 너무 돈을 밝히는 게 아니냐는 빈축을 사기도 했다.[180]

자동차야말로 대표적인 코쿤 비즈니스가 되었다. 1992년 앨런 테인 더닝Alan Thein Durning은 "현재 미국 근로자는 일주일에 9시간을 운전에 허비하고 있다. '집 밖의 집'이 되어버린 자동차를 좀더 안락하게 만들기 위해 자동차 생산회사와 운전자들은 자동차에 각종 옵션을 장치하고 있다"며 다음과 같이 말했다.

"이 같은 추세의 필연적인 결말이 어떨지는, 운전자들이 그들의 자동차를 커피제조기, 팩시밀리, 텔레비전 및 기타 요즘의 가전제품을 모두 갖춘 전자 누에고치처럼 만들어감에 따라 자동차 분석가들이 이를 '카쿠닝carcooning: car+cocoon'이라고 이름 붙인 것으로 이미 명백히 드러나고 있다."[181]

카쿠닝 현상을 예견했던 걸까? 오래전 캐나다의 커뮤니케이션 학자 마셜 매클루언Marshall McLuhan, 1911~1980은 이러한 말을 남겼다. "북미에서 대중교통은 실패할 수밖에 없다. 이곳에서는 자가용이 사람들이 혼자 생각할 수 있는 유일한

장소이기 때문이다."¹⁸²

윌리엄 서든William A. Sherden은 1999년에 출간한 『운 판매자들The Fortune Sellers: The Big Business of Buying and Selling Predictions』에서 팝콘의 코쿠닝 현상은 과장된 것이라고 비판했다. 자신이 직접 조사해본 결과, 팝콘의 예측이 나온 후 5년간 사람들이 집 밖에서 하는 활동이 두 자리 수 증가율을 보였다는 것이다.¹⁸³

일부 젊은 연인들은 스마트폰 등 모바일 기기들을 끼고 살면서 함께 일어나고, 함께 일하고, 함께 먹고, 심지어는 함께 잠자리에 들기도 한다. 그들이 서로 멀리 떨어져 살고 있고 자주 보지 못한다 하더라도 말이다. 헨리 젠킨스Henry Jenkins는 이러한 현상을 가리켜 텔레코쿠닝telecocooning라고 이름 붙였다.¹⁸⁴

Cod

매사추세츠 만Bay 식민지는 세계 시장어 30만 마리의 대구를 수출했다.

대구 덕분에 벼락부자들과 신흥계급이 출현하게 되었는데, 이들을 가리켜 codfish aristocracy라고 했다. 오늘날에도 "벼락부자들, 신흥계급, 졸부"라는 뜻으로 쓰인다. codfish aristocracy는 문화적 교양이 없는 졸부猝富라는 부정적 의미가 강했지만, 대구에 대한 미국인들의 애정은 각별했다.

대구는 각종 공식 문장紋章으로 사용되었으며, 훗날(1776년) 발행된 아메리카의 첫 주화에도 대구가 들어갔다. 1784년 존 로John Rowe, 1715~1787라는 보스턴 상인은 대구가 매사추세츠의 번영에 기여한 공로를 강조하면서 주 의회가 대구에 대해 좀더 경의를 표할 것을 요청하는 공식 제안을 했다. 그 결과 주 의회 내부에 나무로 만들고 페인트 칠을 한 대구 모형이 공중에 매달리게 되었는데, 그 이름도 거창하다. '매사추세츠의 성스러운 대구Sacred Cod of Massachusetts'다. 이는 지금까지도 매사추세츠 번영의 상징으로 기려지고 있다.

일반적인 미국사 책들은 이 시기 대구의 중요성에 대해 거의 언급하고 있지 않지만, 대구가

cod

cod는 '대구'라는 물고기인데, codfish로도 쓴다. 미국 역사에서 가장 중요한 물고기를 들라면 그건 단연 대구다. 미국으로 건너온 영국의 청교도들에게 가장 큰 축복은 대구였다. 1629년 세일럼Salem의 청교도 목사 프랜시스 히겐슨은 "바다 물고기가 얼마나 많은지 거의 믿기지 않을 정도"라고 했는데, 1640년에 이르러

없었더라면 미국사는 크게 달라졌을지도 모른다. 대구의 풍요는 아메리카가 자연적으로 축복받은 땅이었다는 걸 말해주지만, 미국인들은 이러한 축복을 자신들이 특별한 사람임을 입증해주는 걸로 이해하게 된다.

1713년 매사추세츠 글로스터Gloucester에 살던 앤드루 로빈슨Andrew Robinson에 의해 스쿠너schooner(두 개 이상의 마스트가 있는 세로돛 범선)가 처음으로 건조되었는데, 이는 항해와 어업 분야의 일대 혁명을 가져왔다. '수면 위를 가볍게 스치듯 미끄러져 간다'는 뜻을 지닌 '스쿤scoon'이라는 18세기 뉴잉글랜드어에서 유래된 스쿠너는 대구 어업에도 큰 기여를 했으며, 이는 노예무역을 부추기는 결과를 초래했다. 노예 인구가 소금에 절인 값싼 대구를 먹으며 급속히 증가할 수 있었기 때문이다. 뉴잉글랜드가 영국 시장이 감당할 수 없을 정도로 많은 대구를 생산하자, 아메리카 식민지인들은 남는 대구로 노예를 사오기 시작했다. 대구는 당시 현금, 보스턴산 럼주와 더불어 3대 지불 수단이었다.[185]

Boston Tea Party

coffee

'커피'라는 말의 어원에는 여러 설이 있으나, 영어의 coffee, 불어의 cafe는 커피를 의미하는 아랍어의 '까흐와qahwah'에서 유래했다는 설과 커피의 원산지인 에티오피아의 커피 재배 지역인 카파Kaffa에서 유래했다는 설이 유력하다. 오늘날 커피는 세계 70여 개국에서 재배되는데, 2011년 세계시장 점유율 기준으로 커피green coffee 생산을 가장 많이 하는 10대 국가는 ① 브라질(33.1퍼센트) ② 베트남(15.2퍼센트) ③ 인도네시아(6.3퍼센트) ④ 콜롬비아(5.9퍼센트) ⑤ 에티오피아(5.0퍼센트) ⑥ 페루(4.1퍼센트) ⑦ 인도(4.1퍼센트) ⑧ 온두라스(3.4퍼센트) ⑨ 멕시코(3.3퍼센트) ⑩ 과테말라(2.9퍼센트)다.[186]

미국에서 커피는 독립운동의 시발점이 된 1773년 '보스턴 차 사건Boston Tea Party'과 밀접한 관련을 맺고 있다. 보스턴 차 사건 때문에 아메리카 식민지인이 커피를 마시는 습관이 생겼기 때문이다. 커피는 1607년에 영국에 소개되었지만 식민지인들은 차를 더 많이 마셨다. 그러나 1790년경에는 커피 수입량이 차 수입량의 3배, 10년 뒤에는 10배에 이르렀다. 1909년에는 미국은 전 세계 커피 소비량의 40퍼센트를 차지하게 된다.[187]

보스턴 차 사건 이후 커피 소비의 급증은 애

국심도 작용했겠지만, 커피값 하락과 더불어 커피가 음주 퇴치를 위한 이데올로기 상품으로 청교도 가치와 맞아 떨어진 점도 또 다른 이유였다. 이에 대해 볼프강 쉬벨부시Wolfgang Schivelbusch는 다음과 같이 말한다.

"정신을 말짱하게 하는 음료로서의 커피와 성적인 충동을 억제하는 수단으로서의 커피, 이러한 방향으로 커피의 성격을 규정하는 데는 어떠한 이데올로기적 세력이 작용하고 있는지 우리는 어렵지 않게 인식할 수 있다. 영국의 청교도주의, 더 일반적으로 프로테스탄트적 윤리는 커피를 이러한 의미에서 규정하고 그것을 그 영육靈肉을 위한 음료로 선언한다." [188]

"If this is coffee, please bring me some tea, but if this is tea, please bring me some coffee(이것이 커피라면 차를 갖다주세요. 하지만 이게 차라면 커피로 해주세요)." 미국 제16대 대통령 에이브러햄 링컨Abraham Lincoln, 1809~1865이 호텔 웨이터에게 커피 맛에 대한 불만을 이렇게 우아하게 표현했다는 설이 있다. [189]

Maxwell House(맥스웰 하우스)는 미국 크라프트 푸즈Kraft Foods의 자회사인 맥스웰 하우스에 의해 생산되는 커피 브랜드다. 커피광이었던 세일즈맨 조엘 치크Joel Cheek는 나름의 커피 배합 기술을 개발하여 테네시 주 내슈빌Nashville의 최고급 호텔인 Maxwell House를 접촉해 자신의 커피를 고객들에게 맛보게 해달라고 요청했다. 호텔 고객들의 호평이 쏟아지자, 맥스웰 하우스 호텔은 손님들에게 오직 치크의 커피만을 대접함으로써 이른바 '맥스웰 하우스 커피'라는 브랜드가 탄생하게 되었다.

1901년에서 1909년까지 미국 제26대 대통령을 지낸 시어도어 루스벨트Theodore Roosevelt, 1858~1919가 내슈빌에 머무를 때 맥스웰 하우스 커피를 맛보게 되었다. 루스벨트가 몹시 흐뭇한 표정으로 내뱉은 말은 맥스웰 하우스가 오늘날까지도 써먹는 슬로건이 되었다. Good to the last drop. 마지막 한 방울까지 맛이 좋다! 이보다 큰 찬사가 어디에 있겠는가.

그러나 이 말이 널리 알려지자 일부 꼼꼼한 언어 전문가들이 이의를 제기하고 나섰다. 그런 문장에서의 "to"는 "up until"을 의미하는바, 마지막 한 방울에 무슨 문제가 있었다는 뜻이 된다는 것이다. 이에 권위 있는 컬럼비아 대학 영어학 교수가 나서서 교통정리에 들어갔다. 그는 "to"는 "including"을 의미할 수 있다고 유권해석을 내림으로써 논란을 잠재운 것이다. [190]

espresso(에스프레소)는 커피 가루에 스팀을 쐬어 진하게 만든 커피의 일종이다. 이탈리아어 caffe espressopressed-out coffee에서 나온 말이다. 1945년경부터 쓰이기 시작한 말이다. [191]

커피의 맛을 감별하는 것을 커피 커핑Coffee Cupping이라고 하는데, Q-Grader(큐그레이더)는 커피 원두 감별사다. 커피 품질Quality의 등급Grade을 정하는 사람을 가리킨다. 커피의 신맛, 짠맛, 단맛 강도를 맞히고, 커피 속 최대 9가지 향을 구분하는 국제적 시험을 통과해야 자격이 주어진다. 2012년 3월 현재 전 세계에 1,500여 명이 있는데, 그중 4분의 1인 370명이 한국인이라, 한국은 '커피공화국'이라는 말까지 낳게 했다. [192]

coffee klatsch는 "잡담회, 간담회"인데, 줄여서 klatsch, klatch라고도 한다. klatsch는 독일어로 영어의 clatter(시끄러운 말소리)에 해당하는 말이다. 전체를 독일어로 해서 kaffeklatsch라고 쓰기도 한다. 미국 선거에는 coffee-klatsch campaign이란 게 있는데, 이는 후보가 소규모의 유권자들과 커피 타임을 가지면서 선거운동을 하는 걸 말한다. 비용은 유권자들이 부담하기 때문에 돈이 안드는 데다 도시 아파트 지역의 유권자들을 공략하는 데 효과적이라 후보들이 즐겨 쓰는 선거운동 방식 중의 하나다.[193]

cup of coffee(컵 오브 커피)는 야구 용어다. 2군(마이너리그)에서 잠깐 1군(메이저리그)에 올라왔다가 경기에 제대로 임해보지도 못하고 다시 2군으로 밀려난 선수나 1군에 머무른 짧은 시간을 가리킨다. 1군에 머문 시간이 겨우 커피 한 잔 마실 정도로 짧았다는 뜻에서 나온 말이다. 아이스하키나 농구에서도 쓰이는 표현이다. 1996년에 나온 영화 『팬The Fan』에서 투수 출신의 중년 사내 역을 맡은 로버트 드니로Robert De Niro는 이렇게 말한다. "I was in the bigs for a cup of coffee myself until my arm went south(내가 팔 부상을 당하기 전까지 잠시나마 빅 리그에 있었다고)."[194] go south는 "실패하다, 가치가 하락하다"는 뜻이다.

coin

pay a person (back) in his own coin=pay a person back in the same coin은 "~에게 대갚음하다, 복수하다"는 뜻이다. 고대 로마 시대에 빌린 돈은 빌렸을 때와 똑같은 통화로 갚던 데서 유래된 말이다. 16세기부터 비유적 의미로 쓰였다.[195]

coin a phrase(새 표현을 만들어내다)는 16세기 말부터 사용된 말인데, 1940년대부터 상투구를 쓰는 것에 대한 변명의 반어적 표현으로 쓰는 새로운 의미가 부가되었다. He acts like the cock of the walk, to coin a phrase(참신한 표현을 쓴다면, 그는 리더나 되는 것처럼 행동한다).[196]

the other side of the coin은 "이면裏面, 역逆의 입장"이다. 20세기 초부터 사용된 말이다. 동전의 양면 중 다른 한 면을 가리키는 것인바, 세상 모든 일에 명암이 있다는 걸 시사하는 걸로 볼 수 있겠다. The new building is wonderful, but on the other side of the coin, it cost $10 million(그 신축건물은 매우 멋있지만, 건축비로 1,000만 달러나 들었다).[197] There are two sides to every question(모든 문제에는 양면이 있다).

"Everyone is a moon, and has a dark side which he never shows to anybody(인간은 달이다. 그 누구에게도 보여주지 않은 어두운 면을 갖고 있기 마련이다)." 미국 작가 마크 트웨인Mark Twain, 1835~1910의 말이다.

collaborate

　　Collaborate or perish(협업하라. 그러지 않으면 망할 것이다). '위키노믹스wikinomics'라는 말을 만든 IT 전문가 돈 탭스콧Don Tapscott의 말이다. 위키노믹스는 인터넷 이용자들이 만든 백과사전 '위키피디아'와 경제를 뜻하는 '이코노믹스'를 합성한 말로, 집단지성과 협업collaboration에 의해 창출되는 경제를 가리킨다. 2006년 12월 돈 탭스콧과 앤서니 윌리엄스Anthony D. Williams에 의해 발행되었고, 국내에는 2007년 4월에 번역·출간된 책의 제목이기도 하다.[198]

　　탭스콧은 웹을 통해 뭉쳐진 개인 지성의 합을 '집단 지성Collective Intelligence'이라고 불렀다. 수백만 또는 수십억 사용자의 지식을 조직화하여 활용할 수 있는 능력, 바로 대규모 협업을 통해 새로운 웹은 지구 전체의 거대한 두뇌로 변모 중이며, 이러한 협업은 과거 어떤 생산양식보다 훨씬 큰 가치를 만들어낼 수 있다는 것이 위키노믹스의 핵심 메시지다.[199]

　　collaborative filtering(협업 필터링)은 컴퓨터 이용자의 모든 사용 및 소비 기록을 입력시켜 그걸 근거로 불필요한 정보를 필터링하주는 기술이다. 정보의 과잉은 관심의 빈곤을 가져온다. 눈이 어지러울 정도로 정보가 흘러넘치는데 관심을 어디에 둬야 할지 헷갈리지 않겠는가. 조지프 나이Joseph Nye, 1937~는 이를 가리켜 '과잉의 역설paradox of plenty'이라 부르면서 그 의미에 대해 다음과 같이 말했다.

　　"이쯤 되면 부족한 것은 정보가 아니라 관심이 되는 셈이다. 이제 값진 시그널과 단순한 소음을 분명하게 구별할 줄 아는 사람이 파워를 갖게 된다. 그에 따라 선별하고 편집하는 사람이나 큐 사인을 내리는 사람들의 수요가 늘어나게 된다. 사람들에게 관심을 집중시킬 대상을 알려주는 사람에게는 이러한 작업이 파워의 원천이 된다."[200]

　　그걸 상업화한 것이 바로 협업 필터링이다. 협업 필터링의 선구자는 아마존닷컴의 추천 소프트웨어로, 예컨대 살만 루슈디Salman Rushdie의 『한밤의 아이들Midnight's Children』을 구매한 사람은 아룬다티 로이의 『작은 것들의 신The God of Small Tings』도 좋아할 것이라는 것을 예측해 추천하는 것이다.[201] 협업 필터링이 널리 사용된다면 '자아 추출extraction of self'의 단계로 나아갈 것이다. '나보다 나를 잘 아는 컴퓨터'라는 말이 괜한 말이 아니다. 이에 대해 심슨 가핀켈Simson Garfinkel, 1965~은 『데이터베이스 제국: 21세기 프라이버시의 죽음Database Nation; The Death of Privacy in the 21st Century』(2000)에서 다음과 같이 말한다.

　　"자아 추출은 컴퓨터가 개인 사생활과 인간의

art collaboration

정체성에 행사하는 가장 큰 위협 중 하나이다. 프로파일에는 여러분이 읽은 문서, 알고 있는 사람, 가본 적이 있는 곳, 여러분이 말한 단어가 모두 포함되어 있다. 당신의 정체성은 당신 안에만 존재하는 것이 아니라 자아 추출 모델 안에도 존재하게 된다."[202]

collaboration은 기업 간 공동작업. 주로 패션계에서 디자이너 간의 공동작업을 일컫는 용어로 많이 쓰였는데, 최근 들어서는 다양성을 추구하는 수단으로 채택되고 있다. 명품 브랜드가 대중성을 강화하기 위해 저렴한 브랜드와 손잡고 고객층을 넓히는 전략이 이에 속한다. 국내에서는 LG전자의 프라다폰, KT&G의 람보르기니 담배 등이 대표적이다.[203]

art collaboration은 브랜드 이미지 구축을 위해 광고와 예술을 결합(사실적 이용, 재가공, 변형)하는 전략으로, 고전적인 사례로는 영화와 브랜드가 결합한 BMW의 단편영화 시리즈가 있다. 코카콜라와 캠벨 수프를 소재로 아트 마케팅을 개척한 앤디 워홀Andy Warhol, 1928~1987을 비롯해, 키스 해링, 루이비통 등과 컬래버레이션한 올라푸르 엘리아손Olafur Eliasson, 1967~ 등도 유명하다.[204]

2013년 1월 20일 SBS 인기가요에서 소녀시대는 신곡 〈I got a boy〉을 부를 때 힙합 스타일로 재해석한 '동양화 팝아트' 의상을 선보였다. 소녀시대 9명의 이름이 각각 새겨진 이 의상은 컬러풀한 안경, 교정기, 양머리, 무궁화, 아이스크림 등 팝아트적인 이미지로 표현되어 관객들의 눈길을 끌었다. 이 행사를 주최한 손보미는 "소녀시대와 같은 대중 스타와의 협업을 통해 이루어진 아트 컬래버레이션은 미술에 대해 어렵게 느끼는 소비자들에게 친근함과 신선한 자극을 제공한다는 점에서 대중문화에 시사하는 바가 크다"고 말했다.[205]

common sense

fallacy of common sense는 "(논리학에서) 상식의 오류"로, 과거의 일에 지나치게 특별한 의미를 두고 잘못 해석하여 "선행하는 것이 곧 원인이라는 논리post hoc ergo propter hoc, 즉 어떤 일이 과거에 일어난 다른 일보다 시간적으로 나중에 발생했다면 그 원인은 과거에 일어난 일 때문"이라고 막연하게 생각해버리는 오류를 말한다. 과거에 일어난 일과 나중에 일어난 일의 인과관계가 확인되지 않았는데도 지레짐작으로 그럴 것이라고 믿어버리는 오류인 셈이다. 홍은주는 "'상식'은 경험에 의존하는 집합적 지혜인 반면 경제행위는 미래를 결정하는 교환행위이다. 전혀 발생하지 않은 새로운 변수를 해석하기 위해서는 과거의 상식이 걸림돌이 되는 경우가 많다"고 했다.[206]

post hoc ergo propter hoc은 직역하면 "그것에 뒤따르는, 그러므로 그것 때문인"이란 뜻이다. 미국 문화인류학자 에드워드 홀Edward T. Hall, 1914~2009은 "이 라틴어는 사고에 미치는 언어의 영향을 논할 때 사용하는 말로서 기술記述 언어학이라는 학문세계에서는 오랜 상투적 문구"라며 이렇게 말한다. "구미문화에 속한 우리는 원인-결과라는 사고방식에 익숙하다. 그렇게 된 이유 중 하나는 선택의 여지도 없이 우리의 사고를 한 번에 1가지씩이라는 선형적 태도로 틀 짓도록 한 언어나 시간체계의 영향력과 관계가 있다."207

또 그는 post hoc ergo propter hoc은 "우리 문화의 전통적인 구조에 여전히 불가결한 부분이다"며 이렇게 말한다. "을이 살해된 직후에 그 근방에 갑이 나타났다면 우리는 자동적으로 갑과 을을 연결시킨다. 그에 반해 두 사건이 발생한 시간의 격차가 너무 클 경우에는 쉽게 연결시키지 못한다. 이러한 사고방식으로 인해 미국은 국가적인 장기계획을 세우는 일이 거의 불가능하다."208

"Common sense is the least common=Common Sense is the most uncommon thing in the world(상식이 귀해진 세상이다)"라는 말이 있다. 이 상식은 꼭 필요한 것으로 간주되지만, 훗날 세월이 흐르면 말도 안 되는 관습이 상식으로 통용되는 수도 있으니 상식에는 두 얼굴이 있는 셈이다. 상식에 관한 명언을 5개만 감상해보자.

(1) Nothing is more fairly distributed than common sense: no one thinks he needs more of it than he already has(상식만큼 공평하게 분배된 건 없다. 자신이 이미 갖고 있는 것보다 필요하다고 생각하는 사람은 아무도 없으니 말이다). 프랑스 철학자 르네 데카르트Rene Descartes, 1596~1650의 말이다.

(2) The three great essentials to achieve anything worth while are, first, hard work; second, stick-to-itiveness; third, common sense(성공의 3대 요건은 근면, 끈기, 상식이다). 미국의 발명왕 토머스 에디슨Thomas A. Edison, 1847~1931의 말이다.

(3) Common sense is instinct. Enough of it is Genius(상식은 본능이다. 상식이 넘치면 천재다). 영국 작가 조지 버나드 쇼George Bernard Shaw, 1856~1950의 말이다.

(4) Everybody gets so much information all day long that they lose their common sense(정보 과잉으로 사람들은 상식을 잃고 만다). 미국 작가 거트루드 스타인Gertrude Stein, 1874~1946의 말이다.

(5) Common sense is the collection of prejudices acquired by age eighteen(상식은 18세 때까지 형성된 편견을 모아놓은 것에 지나지 않는다). 세계적인 물리학자 앨버트 아인슈타인Albert Einstein, 1879~1955의 말이다.209

communication

communication(커뮤니케이션)은 라틴어인 communis(공유)와 communicare(공통성을 이룩한다 또는 나누어 갖는다)에서 유래된 단어로 공동 common 또는 공유 sharing라고 하는 기본적인 의미를 갖는다. 즉, '공통의 것을 갖게 한다 to make common'는 것이다. 달리 말하자면, 사람들이 서로 의미를 공유함으로써 이해에 도달하고 합의에 도달하고 거기에서 공동체의 규범으로서 문화를 창출하는 걸 가리켜 커뮤니케이션이라고 할 수 있다. 한국언론학회가 커뮤니케이션이라는 단어의 우리말 번역을 국어학자에게 의뢰한 적이 있었는데, 그때 나온 번역어는 '알림알이'였다. 그러나 '알림알이'는 거의 사용되지 않고, '커뮤니케이션'이 외래어로 정착되어 널리 쓰이고 있다.

커뮤니케이션은 과정이지 메시지 message 그 자체가 아니다. 또 그건 '공유'를 위해 쌍방적이어야 한다. 그래서 일부 학자들은 communication이라는 단어를 쓸 때 여하한 경우를 막론하고 꼭 's'를 붙여 communications라고 표기함으로써 쌍방성을 강조하기도 한다. 쌍방향 커뮤니케이션에서 '보내는 사람'은 communicator, '받는 사람'은 communicatee라고 한다.

커뮤니케이션 연구의 선구자라 할 수 있는 해럴드 라스웰 Harold Lasswell, 1902~1978은 1948년에 커뮤니케이션 과정과 관련하여 다음과 같은 질문을 던진 바 있다. "누가 무엇을 어떤 채널을 통해 누구에게 어떤 효과를 내면서 말하는가? Who says what, in which channel, to who, with what effect?"

"Sixty percent of all management problems are the result of poor or faulty communication(모든 경영 문제의 60퍼센트는 부실하거나 잘못된 커뮤니케이션의 결과다)." 미국 경영학자 피터 드러커 Peter Drucker, 1909~2005의 말이다.

"By assuming that too-much is always better than not-enough, we pave the road to overcommunication(우리는 늘 많아서 넘치는 것이 충분하지 않은 것보다는 낫다고 생각함으로써 과잉커뮤니케이션으로 빠져든다)." 미국 역사학자 대니얼 부어스틴 Daniel J. Boorstin, 1914~2004이 『민주주의와 그 불만 Democracy and Its Discontents: Reflections on Everyday America』(1975)이라는 책에서 한 말이다. 그는 미국인들이 너무 쓸 데 없는 말을 많이 떠들고 있다고 비판했다.[210]

부어스틴은 또한 '공유'의 중요성을 강조했다. "Democracy depends on the communication which is sharing, not on that which is purely self-expressive, explosive, or vitupera-

twitter logo

tive(민주주의는 순전히 자기표현적이거나 폭발적이거나 독설적인 커뮤니케이션이 아니라 공유하는 커뮤니케이션에 의존한다)."²¹¹

사회학자 조디 딘Jodi Dean은 『민주주의와 다른 신자유주의적 판타지: 소통 자본주의와 좌파정치Democracy and Other Neoliberal Fantasies: Communicative Capitalism and Left Politics』(2009)에서 '소통 자본주의communicative capitalism' 개념을 제시했다. 사람들이 거리에 나가 갈등의 상대와 직접 대결을 펼치는 대신, 말하고, 의견을 내고, 댓글을 달고, 트위터를 쓰고, 팟캐스트를 듣는 일을 물신화하며, 그래서 자신이 정치적 대의와 '소통'하고 있다는, 자신이 민주주의에 참여하고 있다는 환상에 빠진다는 것이다. 이 논지를 긍정하는 문강형준은 나꼼수와 안철수 토크 콘서트를 그런 사례로 간주하면서 다음과 같이 주장한다.

"어떤 '소통'은 스마트폰이나 토크 콘서트로는 절대로 될 수 없는 것이다. 소통 자본주의의 물신 판타지는 정치의 소멸을 나타내는 탈정치적 경향이 소소하고 부드러운 엔터테인먼트 민주주의와 만나 출산한 이 시대의 축복받은 신생아다."²¹²

거리로 나가 직접 대결을 펼쳐야 한다는 주장인데, 그게 어디 쉬운 일이겠는가. 다만 한 가지 분명한 사실은 "Communication works for those who work at it(소통은 노력할 때 가능해진다)"이라는 점일 것이다.²¹³

community

community(주민, 지역사회, 공동체)는 라틴어 communitas에서 나온 말인데, com은 with/together(함께), munitas는 gift(선물, 재능)란 뜻이다. 커뮤니티는 "지연에 의하여 자연 발생적으로 이루어진 공동 사회. 주민은 공통의 사회 관념, 생활양식, 전통, 공동체 의식을 가진다"고 정의할 수 있다.²¹⁴

"All the believers were one in heart and mind. No one claimed that any of his possessions was his own, but they shared everything they had(믿는 무리가 한마음과 한뜻이 되어 모든 물건을 서로 통용하고 자기 재물을 조금이라도 자기 것이라 하는 이가 하나도 없더라)." 신약성서 「사도행전」 4장 32절에 나오는 말이다. 커뮤니티 조직화community organizing의 한 원리로 거론된다.²¹⁵

"A community will evolve only when a people control their own communications(지역사회는 주민들이 그들 자신의 커뮤니케이션을 통제할 수 있을 때만 발전할 수 있다)." 아프리카의 혁명 투사 프란츠 파농Frantz Fanon, 1925~1961의 말이다.

"Change can't just come from the top, it must come from communities of people who organize to make demands, and in the process transform themselves(변화는 위에서 오지 않는다. 변화는 요구를 하기 위해 조직을 만들고 그 과정

에서 자신부터 바꾸는 사람들의 커뮤니티에서 나와야 한다).” 1960년대부터 미국 민권운동 현장에서 맹활약해온 흑인 민권운동가 로버트 모제스Robert P. Moses, 1935~가 2001년 언론 인터뷰에서 한 말이다. 그는 빈곤층의 교육, 특히 수학 교육의 중요성을 강조하면서 수학을 아는 게 곧 민권이라고 주장했다.[216]

community의 중요성을 강조하는 공동체주의communitarianism는 우리 인간의 정체감은 우리 자신이 특정한 가족, 계급, 공동체, 국가, 민족의 구성원이라는 의식에서 분리될 수 없다고 보는 사상이다. 자유주의자들은 개인의 자율성에 절대적인 우선성을 부여하는데, 이는 인간이 사회 이전에 개인으로 존재한다고 보는 것이다. 반면 공동체주의자들은 자유주의가 사람들의 가치는 그들이 살고 있는 사회에 의해 만들어지는 점을 무시한다고 비판한다.

송재룡은 공동체주의에 대한 오해와 편견은 특히 서구의 계몽주의적 사상의 전통을 갖고 있지 못한 나라들, 예컨대 한국을 포함하는 아시아와 중남미의 여러 사회에서 자못 심각하다고 말한다. 이들 사회는 공동체주의를 자신들의 역사를 오랫동안 수놓아온 권위주의적·집단주의적 전통과 유사한 어떤 것으로 간주한다는 것이다. 미국의 공동체주의자들은 한국의 자유주의자들보다 자유주의적이며, 한국의 자유주의자들은 미국의 공동체주의자들보다 공동체주의적이라는 말은 바로 그런 오해와 편견을 꼬집은 것이라고 볼 수 있다.[217]

"The rights of individuals must be balanced with responsibilities to the community(개인의 권리는 공동체에 대한 책임과 조화되어야 한다)."[218] 1980년대 말부터 공동체운동의 필요성을 역설해온 미국 사회학자 아미타이 에치오니Amitai Etzioni, 1929~의 말이다. 그는 '나와 우리의 패러다임I & We paradigm'을 역설한다. 에치오니는 1993년에 낸 『공동체 정신The Spirit of Community: The Reinvention of American Society』에서 개인의 이익 추구가 전체의 효용 극대화와 맞물릴 수 있다는 가정에서 너와 내가 함께 가는 우리라는 공동체를 만들어갈 수 있다고 주장했다.

그러나 에치오니의 주장은 적잖은 반발에 직면했다. 에치오니의 공동체론에 대한 비판의 핵심은 "공동체는 불명확한 용어이며 강력한 공동체의 재건은 개인의 자유를 억제한다"는 것이다. 공동체론자들은 결코 존재하지도 않았던 '질서정연한 과거'에 향수를 느끼고 가정의 와해를 저지하려는 과정에서 미래에 대한 병적 공포에 사로잡혀 있다는 비난도 나왔다. 영국의 『선데이 타임스』지는 "에치오니는 새로운 무솔리니를 위한 길을 닦고 있다"고 주장했으며, 자유주의 노선의 『이코노미스트』지는 에치오니의 생각을 나치 전단 작성자의 그것에 비유하기까지 했다. 그 밖에도 여러 사람이 그의 공동체주의에 파시즘적 요소가 있지 않느냐는 주장을 폈다. 에치오니가 독일에서 탈출한 유대인이지만 그의 주장을 나치와 파시즘에까지 연결시키는 공격이 이루어지는 건 이 논쟁이 얼마나 뜨거운지를 잘 보여준다.

company

'회사'를 의미하는 단어 'company'는 원래 'com(함께)' + 'pane(빵)' + 'ia(먹는 것)'를 붙인 것으로, 우리말로 "한솥밥을 먹는다"와 같은 말이다. 'compania'는 1150년경 라틴어에서 프랑스어compagnie로 넘어와 '군인 집단body of soldiers'을 뜻했는데, 이는 군인은 같이 행군하며 끼니를 나누기 때문이다.[219]

companion(친구, 동료)이라는 말도 라틴어 com(together)과 panis(bread)가 합해져 만들어진 말이다. 즉, 빵을 같이 먹을 수 있는 사이가 companion이라는 것이다.[220] boon companion은 "친한(좋은, 유쾌한) 친구"란 뜻이다. boon은 프랑스어 bon(good)에서 나온 말이다. boon의 또 다른 뜻은 "은혜, 혜택, 이익"으로, ask a boon of a person은 "~에게 부탁하다", be(prove) a great boon to는 "~에게 큰 은혜가 되다"는 뜻이다.[221]

물론 company도 "동료, 친구, 교제, 친교"의 의미로도 많이 쓰인다. Better be alone than in bad company(나쁜 사람과 어울리는 것보다는 혼자 있는 게 낫다). A man is known by the company he keeps=A man is known by his friends(사귀는 친구를 보면 사람 됨됨이를 알 수 있다). Two is company, three is none=Two is company, three is a crowd(둘이면 친구, 셋이면 남. 제3자가 개입해서 나머지 두 사람이 서로 하고 싶은 이야기를 자유롭게 하지 못하는 경우가 있는데, 대개는 그 두 사람이 연인 사이일 때 많이 쓰이는 속담이다. 16세기부터 사용된 말이다.[222]

Misery loves company(동병상련). 곁에 같은 고통을 겪는 사람이 있으면 고통을 견디기가 좀 나아진다는 뜻으로, 이 말의 기원은 고대 그리스 비극 작가인 소포클레스Sophocles, B.C. 496~B.C. 406가 사용한 데까지 거슬러 올라간다. 같은 뜻의 속담으로 "Company in distress makes distress less(슬픔도 같이 나누면 덜 하는 법이다)"가 있다.[223]

이솝 우화에는 "친구를 보면 그를 알 수 있다You are known by the company you keep"는 말이 있고, 프랑스 철학자 장 폴 사르트르Jean-Paul Sartre, 1905~1980는 "혼자 있을 때 외롭다면 당신은 친구를 잘못 사귄 것이다If you are lonely when you're alone, you are in bad company"고 했고, 영국 소설가 제인 오스틴Jane Austen, 1775~1817은 "내가 생각하는 좋은 친

Jane Austen

구는 똑똑하고 아는 게 많아서 대화를 잘 하는 사람이다My idea of good company is the company of clever, well-informed people who have a great deal of conversation"고 했다.[224]

『조선일보』 2006년 8월 10일자에는 이런 기사가 실렸다. "'집처럼 편안한 환경 만들기'가 경영의 새로운 트렌드로 등장했다. 가정 같은 회사를 추구한다고 해서 '홈퍼니hompany: home+ company' 전략이라고 불린다. 이들 홈퍼니 회사들은 전통적 기업의 관심영역 밖이던 직원의 사적私的 활동·공간에까지 세심한 배려의 눈길을 보내고 있다. 비데서 안마기·수유授乳시설·족욕기·피트니스센터·보육시설까지 투자를 아끼지 않는다."[225]

compassion fatigue

굶주린 7세 아프리카 어린이 한 명의 사진과, 이 사진 옆에 비슷한 처지의 아프리카 어린이 '수백만 명'에 대한 통계가 곁들여졌을 때, 자선 모금액은 후자가 전자보다 훨씬 적었다. 왜 그럴까? 2007년 3월 18일 미 외교전문지 『포린폴리시Foreign Policy』는 「숫자에 무뎌진numbed by numbers」이란 웹사이트 기사를 통해, 대량학살 사건 등의 대규모 희생자 숫자는 이를 접한 사람에게 '동정 피로증compassion fatigue'을 주고, 기부금 지원 같은 행동도 방해할 수 있다고 밝혔다.[226]

소련 독재자 이오시프 스탈린Iosif Stalin, 1879~1953이 "A single death is a tragedy; a million deaths is a statistic(한 사람의 죽음은 비극이지만, 백만 명의 죽음은 통계다)"이라고 말한 것과 같은 이치다. 테레사Teresa, 1910~1997 수녀도 인간 본성에 대해 "다수를 보면 행동하지 않고, 한 명만 본다면 행동한다"고 했다. 제러미 리프킨Jeremy Rifkin은 『공감의 시대The Emphatic Civilization』(2009)에서 다음과 같이 말한다.

"남을 돌봐주는 사람들, 특히 의사나 간호사들은 흔히 말하는 '동정 피로증compassion fatigue'에 걸리기 쉽다. 사회복지사도 그렇고 전쟁터나 재해 현장에서 비상구조대원으로 근무하는 사람들도 이러한 증세에 취약하다. 끊임없는 공감 과잉은 정서적 고갈을 가져와서 공감적 반응은 무뎌지며 정서는 메말라간다."[227]

1950년대에 간호사들에게서 처음 발견된 compassion fatigue는 완곡어법인데, 전문적 명칭은 "secondary victimization", "secondary traumatic stress", "vicarious traumatization", "secondary survivor", "secondary traumatic stress disorder" 등 다양하다. "burnout"이라고도 한다. burnout은 원래 '(로켓의) 연료 소진'인데 '(신체적 또는 정신적인) 극도의 피로'를 가리키는 말로도 쓰인다. 1995년 『Compassion Fatigue: Coping With Secondary Traumatic Stress Disorder in Those Who Treat the

『Traumatized』의 공동 저자인 찰스 피글리Charles R. Figley는 고통받는 사람을 잘 돌볼 수 있는 공감 능력이 뛰어난 사람이 그렇지 않은 사람보다 큰 스트레스 장애를 겪는다고 말한다.[228]

donor fatigue(기부자 피로)는 기부자에게 기부를 해달라고 여기저기서 수많은 요청과 요구가 들어오기 때문에 기부자가 피로를 느껴 더는 기부를 하고 싶어하지 않은 현상을 가리킨다.[229] 비슷한 이치로 voter fatigue(투표자 피로)는 직접민주주의라는 미명하에 시행되는 잦은 투표에 대해 피로를 느껴 투표를 멀리하게 되는 현상을 가리킨다.[230]

지금은 잘 쓰지 않지만 battle fatigue=combat fatigue(전쟁 피로)도 있고, 처음에는 지나치게 민감했다가 빨리 지쳐 나중에는 오히려 둔감해지는 AIDS fatigue(에이즈 피로)도 있다. 특정 냄새를 오래 맡아 둔감해지는 건 odor fatigue 또는 olfactory fatigue라고 한다. 정보의 과잉으로 인한 information fatigue(정보 피로)도 있는데, 이는 information overload, infobesity(information+obesity)라고도 한다.[231] 이젠 Facebook fatigue라는 것까지 나왔다.

2011년 6월 20일 CNN은 페이스북에 대해 피로감Facebook fatigue을 호소하는 이용자가 늘고 있다고 보도했다. 지인들의 똑같은 일상사를 매일 확인하는 것을 지겨워하거나 타인의 사생활을 시시콜콜히 알게 되는 것에 대해 피로감을 호소하는 사람들이 늘었으며, 특히 페이스북에 뜨운 사생활 정보가 누군가에 의해 악용되는 사례가 빈번히 발생하면서 불안감을 키우고 있다는 것이다.[232]

conscience

conscience(양심)는 라틴어 conscientia(은밀한 앎)에서 나온 말이다. 양심이 은유적으로 voice within(내 안의 목소리), inner light(내부의 빛)로 표현되는 것도 바로 그런 이유 때문이다. 죄책감이야말로 가장 대표적인 '은밀한 앎'이 아닐까?[233]

have a clear(good) conscience는 "떳떳한 마음을 갖고 있다"는 뜻이다. 16세기부터 사용된 말인데, 미국 정치가이자 발명가인 벤저민 프랭클린Benjamin Franklin, 1706~1790은 이러한 말을 남겼다. Keep conscience clear, then never fear(떳떳한 마음을 갖고 있으면 두려워할 일이 없다).

a bad(guilty) conscience는 "떳떳하지 못한 마

facebook fatigue

음", for conscience(conscience's) sake는 "양심에 걸려, 양심 때문에, 제발", have on one's conscience는 "~을 꺼림칙해하다, ~을 떳떳하지 않게 생각하다", have the conscience to do는 "뻔뻔스럽게도 ~하다, 태연히 ~하다", in (all) conscience는 "양심에 비추어, 도의상, 확실히, 꼭", keep a person's conscience는 "양심에 부끄럽지 않은 행동을 하게 하다", make a thing a matter of conscience는 "~을 양심에 따라 처리하다", on(upon) one's conscience는 "양심에 걸고 (맹세하다), 기필코", out of all conscience는 "참으로, 실로", sleep on a calm conscience는 "마음 편히 자다", with an easy(a good, a safe) conscience는 "안심하고"란 뜻이다.[234]

dictates of conscience는 "양심의 명령"이란 뜻이다. dictate는 "구술하다, 명령하다", dictates는 "(양심, 이성 따위의) 명령, 지령, 지시"를 뜻한다. Don't let impulse dictate your actions(충동에 따라 행동하지 마라). I will refuse to be dictated to(남에게 지시받는 것은 싫다).[235]

Conscience is a cut-throat(양심은 흉한兇漢이다). 비슷한 뜻의 속담으로 A guilty conscience needs no accuser(도둑이 제 발 저린다), Conscience is a thousand witnesses.(양심은 천 명의 증인[목격자]이다) 등이 있다. conscience에 관한 명언을 6개만 감상해보자.

(1) The first and indispensable requisite of happiness is a clear conscience(행복의 첫째이자 필수적인 조건은 깨끗한 양심이다). 영국 역사가 에드워드 기번Edward Gibbon, 1737~1794의 말이다.

(2) Conscience is the virtue of observers and not of agents of action(양심은 관찰자들의 덕목일 뿐 행동하는 사람의 덕목은 아니다). 독일 시인 요한 볼프강 괴테Johann Wolfgang von Goethe, 1749~1832의 말이다.[236]

(3) Remorse is the pain of sin(양심의 가책은 죄의 고통이다). 미국의 종교개혁가 시어도어 파커Theodore Parker, 1810~1960의 말이다. remorse의 동의어로 compunction이 있다. compunctious는 "양심에 가책되는"이란 뜻이다.

(4) Courage without conscience is a wild beast(양심 없는 용기는 야수와 같다). 미국 정치인 로버트 그린 잉거솔Robert Green Ingersoll, 1833~1899의 말이다.

(5) The only tyrant I accept in this world is the still voice within(이 세상에서 내가 순응하는 유일한 폭군은 양심의 속삭임이다). 인도 지도자 마하트마 간디Mahatma Gandhi, 1869~1948의 말이다.

(6) Conscience is a mother-in-law whose visit never ends(양심은 끊임없이 방문하는 시어머니[장모]다). 독설가로 유명한 미국 저널리스트 헨리 루이 멩켄Henry Louis Mencken, 1880~1956의 말이다.

conservation

conservation은 "(자연·자원의) 보호, 관리, 보존"을 뜻한다. 비슷한 뜻의 단어로 preservation이 있는데, 이 둘은 어떻게 다를까? 1901년에서 1909년까지 미국 제26대 대통령을 지낸 시어도어 루스벨트Theodore Roosevelt, 1858~1919 대통령 시절에 있었던 자연보호 논쟁을 통해 그 차이를 살펴보기로 하자.

루스벨트는 1905년 산림청의 권한을 강화하고 그 책임자로 기퍼드 핀촛Gifford Pinchot, 1865~1946을 임명했다. 루스벨트의 자연보호 정책에 따라 2,500개 댐 건설이 취소되고 1억 9,000만 에이커의 광대한 숲이 국유림이 되었다. 그의 재임 중에 국립공원이 2배로 늘어났고 16개의 국립명소, 51개의 야생 서식처가 생겨났다.

핀촛은 자연을 보호하면서도 '현명한 사용wise use'를 부르짖은 소극적 자연보호주의자conservationist인 반면, 루스벨트 행정부와 협력하면서도 갈등 관계를 빚었던 존 뮤어John Muir, 1838~1914는 자연을 있는 그대로 보존하기를 원한 적극적 자연보호주의자preservationist였다. 즉, 자연보호에서 preservation이 conservation보다 적극적인 개념이라고 볼 수 있다.

1892년 뮤어의 주도하에 미국 최초의 전국규모의 환경단체인 시에라 클럽Sierra Club, 1905년 오더본 협회Audubon Society 등이 창설되면서, 미국의 자연보호운동은 이 두 갈래 흐름 사이에서 치열한 논쟁을 벌이게 된다. 그러나 어떤 방향의 운동이나 정책이건 미국 정부의 자연보호는 인디언에겐 치명타였다. 그랜드 캐니언처럼 보호지역에 살던 모든 인디언 부족이 강제퇴거를 당해야 했다.[237]

오늘날 널리 쓰이는 environmentalism(환경보호주의)은 preservation 운동의 연장선상에 있는 것이다. 뮤어는 1903년 루스벨트의 요세미티 계곡Yosemite Valley 방문에 동행하는 등 일정 부분 협력했지만, 두 사람의 간극은 좁혀지기 어려운 것이었다. 루스벨트는 나중에 잘 써먹기 위해 자연과 환경을 보호해야 한다는 입장이었던 반면, 뮤어는 자연과 야생세계의 그 자체를 위해 인간의 접근과 이용을 막아야 한다는 것이었으니 말이다. 이러한 갈등은 오늘날에도 지속되고 있다.[238]

권영락은 conservationism은 '보호주의', preservationism은 '보전주의'라고 번역했는데, 이 번역이 무난한 것 같다. 그는 보전주의는 "18세기 후반 이후 이성과 계몽주의에 대한 반작용으로 대두된 낭만주의적 자연관을 잘 보여준다"며 이렇게 말한다. "낭만주의적 관점에 의하면 자연 현상에는 감정적 진실이 깃들어 있으며, 자연은 인간사에 유익하고 유용한 영향을 미치며, 인간에게 신의 존재와 의도 그리고 권능의 증거를 제시하며, 신의 현시顯示라는 것이다."[239]

conservatism

"What is conservatism? Is it not adherence to the old and tried, against the new and untried?(보수란 무엇인가? 보수는 새롭고 해보지 못한 것을 반대하면서 낡고 해본 것만 고집하는 것이 아닌가?)" 미국 제16대 대통령 에이브러햄 링컨 Abraham Lincoln, 1809~1865의 말이다.

"There is danger in reckless change, but greater danger in blind conservatism(무모한 변화도 위험하지만 맹목적 보수는 더 위험하다)." 미국 경제학자 헨리 조지 Henry George, 1839~1897의 말이다.

"A conservative is a man with two perfectly good legs who, however, has never learned how to walk forward(보수주의자는 두 다리는 멀쩡한데 앞으로 걸을 줄 모르는 사람이다)." 미국 제32대 대통령 프랭클린 루스벨트 Franklin Delano Roosevelt, 1882~1945의 말이다.[240]

dynamic conservatism(역동적 보수주의)은 미국 제34대 대통령 드와이트 아이젠하워 Dwight D. Eisenhower, 1890~1969가 자신의 사회경제적 정책 프로그램을 묘사하기 위해 쓴 말이다. 그는 1955년 2월 17일 공화당 전국위원회 산하 재정위원회 연설에서 다음과 같이 말했다.

"I believe we should conserve on everything that is basic to our system. We should be dynamic in applying it to the problem of the day so that all our 165,000,000 Americans will profit from it(나는 우리 시스템의 기본적인 모든 것을 지켜야 한다고 믿습니다. 다만 우리는 그 원칙을 오늘날의 문제에 적용하는 데 모든 1억 6,500만 미국인들이 혜택을 볼 수 있게끔 역동적이어야 합니다)."[241]

compassionate conservatism(온정적 보수주의)은 2000년 미국 대선에서 공화당 후보 조지 부시가 공화당의 보수주의에 신앙심을 결합시켜 약자와 소외계층을 보호하는 따뜻한 국가를 건설하겠다면서 내놓은 개념이다. 이는 '대중을 포용하는 보수주의' 라는 슬로건 아래 민주당의 전통적 이슈인 빈곤과 교육 문제를 선점하겠다는 것으로, "보수주의적 정책을 내세워 진보주의적 목적을 달성한다"는 클린턴 전략을 역이용한 전략이었다. 부시가 대통령에 당선된 뒤, 백악관의 홈페이지는 '온정적 보수주의' 를 다음과 같이 설명했다.

"대통령은 취임 이후 온정적 보수주의를 자신의 통치 철학으로 사용해왔다. 행정부는 어린이 교육, 가정 내 빈곤 퇴치, 세계 빈국 지원 등 사회의 아주 어려운 과제 가운데 일부와 맞서기 위해 움직여왔다. 어려운 우리의 시민을 적극적으로 돕는 것은 온정적이다. 대통령은 '큰 정부' 대 '무관심한 정부' 라는 낡은 담론을 거부한다. 정부는 사람들에게 집중적이고 효과적이고 가까워야 한다.……가장 진실한 온정은 좀더 많은 정부 지출에서가 아니라 시민들이 자신의 삶을 구축하도록 돕는 것에서 나온다. 이 철학의 목표는 돈을 더 적게 또는 더 많이 쓰는 게 아니라 효과가 있는 곳에만 쓰는 것이다."[242]

2009년 12월 21일 2000년 이후 10년간 세상을 움직여왔으나 이제는 폐기처분해야 할 '지난 10년 최악의 아이디어'에 대한 『워싱턴포스트』 인터넷 투표에서 온정적 보수주의가 '최악 중 최악'으로 1위에 올랐다. 이 신문은 온정적 보수주의는 분배와 성장의 균형을 강조했으나 결과적으로 정실情實 자본주의를 양산하고 사업가 정신을 기르는 데 방해가 되었다고 지적했다.243

consumer

consumer(소비자)는 이루 헤아릴 수 없을 정도로 많은 합성어의 주역이 되고 있다. 물론 소비자들을 대상으로 한 마케팅의 필요성 때문인데, 아래 소개하는 각종 소비자 유형 중에는 한국에서 만들어진 말도 있다. 물론 그 뜻을 설명하면 어느 나라 사람이건 쉽게 이해할 수는 있겠지만 말이다.

프로슈머prosumer는 'producer+consumer'로 생산소비자(또는 생산적 소비자)란 뜻이다. 참여소비자라고 해도 좋겠다. 미래학자 앨빈 토플러Alvin Toffler가 1979년에 출간한 『제3의 물결』에서 소개한 개념으로,244 생산과 소비가 완벽하게 분리되는 것이 아니라 소비자가 제품개발과 관련된 제안을 적극적으로 하는 등 둘 사이의 부분적인 결합이 나타나는 현상을 가리킨다. 특히 인터넷이 기폭제가 되었다.

두 번째 용례는 'professional+consumer'로 전문소비자란 뜻이다. 1987년경에 나온 이 두 번째 개념은 디지털 캠코더나 사진기 등 새로운 미디어 기술이 발전함에 따라 과거에는 전문직 종사자만이 할 수 있었던 일들을 아마추어도 손쉽게 처리할 수 있게 되었다는 것을 의미한다.245

프로슈머에 이어 창조적 소비자를 뜻하는 크리슈머Creative+Consumer 개념도 등장했다. 단순히 물건을 사는 데(컨슈머) 그치지 않고, 상품 제작에 직·간접적으로 참여하더니(프로슈머), 이젠 소비자가 직접 도안하고 제작(크리슈더)한 작품이 기업의 신상품으로 만들어지고 있다. 고객 모니터링(프로슈머) 등 기업-소비자 간 쌍방향 마케팅이 갈수록 확산되면서 나타난 현상이다.246

아이덴슈머idensumer는 정체성을 뜻하는 아이덴티티identity와 소비자consumer를 결합한 단어로 똑같은 상품이나 서비스를 이용하는 사람들이 동질감을 느끼는 소비자를 말한다. 소비자는 같은 제품을 사용하는 사람들끼리 정보를 공유하고 기업은 이들의 의견을 적극적으로 받아들인다. SK텔레콤 임성식 마케팅팀장은 "아이덴슈머 마케팅은 브랜드 마케팅이나 프로슈머 마케팅에서 한 발 더 진화한 것"이라며 "동질감을 느낄 수 있는 문화코드를 개발했더니 가입자의 응집력이 높아졌다"고 말했다.247

이 외에도 주부 시각에서 상품을 평가하고 홍보하는 마담슈머madam+consumer, 직접 제품을 사용한 뒤 적극적인 홍보맨이 되는 트라이슈머

try+consumer, 소비자 개인의 만족뿐 아니라 사회 전체의 혜택을 위해 의견을 제시하는 소비자인 소셜슈머socialsumer, 전시회의 큐레이터처럼 스스로 삶을 꾸미고 연출하는 데 능숙한 소비자인 큐레이슈머curasumer, 평범한 제품에 변화를 더해 새로운 제품으로 진화시키려는 소비자인 메타슈머metasumer, 스포츠 관전과 참여에 깊은 관심을 가지고 있는 소비자인 스포슈머sposumer, 뷰티 관련 제품이나 서비스를 효율적으로 구매하는 보테슈머beautesumer, 다른 사람의 사용 후기를 참조해 상품을 구입하는 트윈슈머twinsumer 등 끝이 없다.[248]

최근 식품업계에서는 모디슈머를 대상으로 한 마케팅 열기가 뜨겁다. '수정하다modify'와 '소비자consumer'를 합성한 모디슈머Modisumer는 기존 조리법을 따르지 않고 자신이 재창조한 방법으로 제품을 즐기는 소비자를 말한다. 처음에는 전 국민이 자신만의 레시피(조리법) 하나씩은 갖고 있다는 라면에서 시작되었다. 대표적인 게 '짜파구리'다. 짜파게티와 너구리를 섞어 끓이는 짜파구리 레시피는 2009년 한 대학생의 블로그를 통해 퍼지기 시작했다. 모디슈머의 활약은 라면을 뛰어넘어 음료나 시리얼·즉석밥·안동찜닭 등 다양한 메뉴로 확대되고 있다.[249]

이상 소개한 소비자 유형들은 프로슈머의 진화한 형태일 뿐, 기본 개념은 프로슈머다. 프로슈머는 축복인가? 귄터 포스Günter Voβ는 『일하는 고객, 소비자들이 보수를 받지 않는 직원이 될 때』라는 책을 통해 프로슈밍에 대해 비판적 자세를 취했다. 그는 이케아 같은 저렴한 가구를 생산하는 업체에서 슬그머니 고객들로 하여금 직접 가구를 조립하게 하는 데서부터 많은 사람이 웹2.0에서 애호하는 '베타'라는 말에 이러한 메커니즘이 숨겨져 있다고 했다. '완제품이 아닌 베타 버전'이라는 것은 결국 기업들이 자기들이 생산한 제품의 최종적인 테스트를 고객들에게 떠넘긴다는 의미라는 것이다.[250]

최항섭은 "프로슈머의 행위가 종종 새로운 제품의 소비에 대한 집착으로 이어진다는 점에서 이들의 행위를 언제나 합리적으로 볼 수는 없으며, 오히려 감정적 측면을 이해할 필요가 있다"며 다음과 같이 말한다.

"프로슈머에 대한 가장 큰 논쟁거리는 프로슈머가 언뜻 보기에는 자본주의와 기업에 대항하는 소비권력으로 보일지 모르지만, 그 내면을 들여다보면 오히려 자본주의와 기업에 의해 교묘하게 이용되고 있지 않은가에 대한 것이다.……이 경우 프로슈머는 새로운 경제권력이 아니라 기존의 거대 경제권력인 대기업의 이윤 창출을 위한 '용병'으로 평가될 수도 있다. 경제논리와 이윤논리가 지배적인, 그래서 인간과 주체가 계속 움츠러드는 세상에서 우리가 지켜나가야 할 것 중 하나가 바로 순수한 의미에서 경제권력으로의 프로슈머가 아닐까 한다."[251]

프로슈머 현상은 여러 장점이 있지만 기업이 대중의 일상적 삶에 미치는 영향력이 커졌다는 걸 말해주는 것으로 볼 수 있다. 소비자의 힘이 커졌다지만, 그건 어디까지나 기업이라고 하는 틀을 전제로 한 권력 증대라는 점에 주목할 필요가 있다.

containment

containment는 '봉쇄(정책)'다. 공산주의의 공격적 팽창을 저지(봉쇄)함으로써 공산권 국가의 공산주의 시스템이 내부 모순으로 붕괴할 것을 기대하는 정책을 말한다. 1946년 미국 외교관 조지 케넌George F. Kennan, 1904~2005이 만든 개념이다. 이 개념 탄생의 배경은 1946년 2월 9일 소련의 스탈린이 연설을 통해 제2차 세계대전은 "현대적 독점자본주의에 토대를 둔 세계적인 경제적·정치적 세력들의 대두가 불러온 불가피한 결과"로 발생했다면서 자본주의 국가들 간 대결이 불가피하다고 주장한 데서 비롯되었다.

미국 관리들은 스탈린의 연설을 '불길한' 징후로 보았다. 특히 자본주의 국가들 간 전쟁의 불가피성을 주장한 대목에 충격을 받았다. 미 국무부는 소련 주재 대리대사인 조지 케넌에게 스탈린 연설의 배경을 보고토록 했다. 사안의 중대성을 감안한 케넌은 그가 평소 갖고 있던 소련에 대한 생각과 정책 방향을 소논문 수준으로 작성해 '긴 전문long telegram'을 보냈다. 스탈린의 연설이 있은 지 2주 후였다.

이 전문은 러시아인들을 외국에 대한 피해의식과 불안감으로 점철된 사람들로 묘사하면서, "국민들이 외부 세계에 대한 진실을 알까 두려워서 역으로 공격적인 대외정책을 펴는 것이 소비에트 정권의 근본적인 목적이다"고 결론내렸다. 이 전문은 소련에 대한 '봉쇄정책Containment Policy'의 이론적 지침서가 될 정도로 미국의 대외정책에 큰 영향을 끼쳤다.[252] 이에 대해 김봉중은 다음과 같이 말한다.

"미국 외교사의 큰 획을 긋는 중요한 순간이었다. 토머스 페인의 유명한 『상식』이래로 미국 외교사의 흐름에 이처럼 결정적인 이념적 토대를 제공한 순간이 어디 있었을까. 학자풍의 소련 전문가인 케넌의 펜에서 흘러나온, 무려 8,000여 단어로 조합된 그의 전문은 복잡한 전후 외교 문제로 갈팡질팡하던 미국의 관료들에게 형형한 빛을 제공했다. 소련의 과거, 현재, 미래를 관통하는 객관적이고 심층적인 분석에 초점을 맞춘 케넌의 전문은 글을 읽는 사람들의 고개를 강하게 끄덕이게 만들었고 순식간에 외교 담당자들의 필독문으로 회람되기 시작했."[253]

프란츠 슈만Frantz Schumann은 케넌의 '긴 전문'이 미국 정부에서 강력한 반향을 불러일으킨 것은 그 문건 자체가 보여준 '분석적 탁월함' 때문만이 아니라, "워싱턴에 이미 존재하고 있던 이데올로기적 필요에 봉사했기 때문"이라고 말한다. 사실 타이밍이 절묘했다. 훗날(1967년) 케넌

George Kennan

도 "이 메시지를 6개월 일찍 받았다면 국무부는 틀림없이 눈살을 찌푸리며 승인하지 않았을 것이다. 만일 6개월 뒤에 받았다면 이 메시지는 불필요한 되풀이로 들렸을 것이다"고 회고했다.[254]

이 전문 하나로 무명의 외교관 케넌은 순식간에 일약 외교통의 스타로 부상했고 채 2개월도 지나지 않아서 국방대학National War College의 교수로 초빙되었고, 1947년 초에는 향후 외교정책의 핵심 부서로 자리 잡는, 국무부의 신설 부서인 정책기획부Policy Planning Staff의 부장을 맡아 사실상 대소對蘇 외교를 주도했다.

그런데 containment의 기원은 사실 1910년대로 거슬러 올라간다. 1917년 러시아 혁명이 일어나자 이에 불안을 느낀 프랑스 수상 조르주 클레망소George Clemenceau, 1841~1929는 1919년 3월 소련을 고립시키기 위해 비공산권 국가들의 단결을 요청했다. 당시 공산주의는 전염병 비슷하게 간주되었으므로, 클레망소는 cordon sanitaire라는 표현을 썼다. 영어로는 sanitary cordon인데, 전염병을 차단하기 위한 방역선防疫線이다. 흥미롭게도 당시 미국 대통령 우드로 윌슨Woodrow Wilson, 1856~1924은 클레망소의 발언을 영어로 번역해 말하면서 quarantine이라는 단어를 썼다. "(전염병 확산을 위한 동물, 사람의) 격리"라는 뜻이다. 방역선이나 격리가 바로 containment의 본질이다.[255] [참고 quarantine]

Cool Britannia

쿨 브리타니아Cool Britannia(멋진 영국)는 보수당의 18년 장기집권에 종지부를 찍게 하면서 1997년에 집권한 토니 블레어Tony Blair, 1953~가 '새로운 노동당, 새로운 영국'을 부르짖으면서 내걸었던 구호다. 브리타니아는 고대 로마 시대에 영국 땅을 이르던 말이다. 쿨 브리타니아는 1967년 Bonzo Dog Doo Dah 그룹이 부른 노래 제목이었으며, 영국의 애국가인 "Rule Britannia(브리타니아여 통치하라)"를 흉내낸 말이기도 하다.[256]

블레어는 '쿨 브리타니아' 건설을 내걸면서 '아이디어와 감수성이 반짝이는 사회, 독창성과 개성이 어우러진 활기찬 사회, 그것을 원동력으로 경제가 발전하는 사회'를 만들겠다고 공약했다. 과거 다른 나라와 민족들에게 못된 짓은 아주 많이 했을망정, '영국' 하면 떠오르는 건 역시 '역사와 전통'이라는 이미지다. 그러나 그게 밥 먹여주진 않는다. 오히려 무언가 '낡았다'라는 느낌을 주기에 족하다. 문화 분야도 예외일 수는 없다. '셰익스피어'만 팔아선 장사가 안 된다. 자꾸 새로운 것이 나와야 한다. 그런 문제의식에서 나온 게 바로 '쿨 브리타니아'다.

미국의 월간 『배니티 페어Vanity Fair』 1997년 3월호는 '쿨 브리타니아' 특집을 게재하면서 표지에 "London Swings! Again!"이라는 제목을 달았다. 1960년대에 매우 역동적이었던 런던, 즉

"Swinging London(신나는 런던)"이 부활했다고 본 것이다.[참고 Swinging London] 근엄한 영국 경제지 『이코노미스트The Economist』는 1998년 3월 14일자에서 "많은 사람이 이젠 '쿨 브리타니아'라는 구호를 지겨워한다"고 주장했지만, 그게 다수 영국인의 생각이었던 것 같지는 않았다.

실제로 1990년대 말 영국 사회의 변화를 주도한 분야는 문화와 지식산업이었는데, 특히 영화 〈풀 몬티The Full Monty〉(1997)와 록그룹 롤링스톤스로 대변되는 대중문화의 르네상스는 황금알을 낳는 새로운 거위로 떠올랐다. 스파이스걸스Spice Girls는 물론 Oasis, Blur, Suede, Supergrass, Pulp, the Verve, Elastica 등 다양한 그룹들이 이른바 '영국 팝 운동BritPop movement'을 이끌었으며, 스파이스걸스의 멤버였던 게리 할리웰Geri Halliwell이 섹시한 유니온잭Union Jack(영국 국기) 디자인 옷차림으로 무대에 섰듯이 대영제국의 영광을 음미하고자 하는 애국적 기운도 감돌았다.[257]

'쿨 브리타니아'는 'e-브리타니아'도 수반했다. 유럽의 정보혁명을 영국이 선도하여 미국의 문화·정보제국주의를 견제하겠다는 프로젝트였다. 'e-브리타니아' 캠페인이 성공을 거둔 탓인지 영국은 IT 기업의 '유럽 허브'로 떠올랐다. 문화산업과 정보산업은 이른바 '창조산업creative industry'으로 통합되어, 이 분야에서 영국이 낸 무역 흑자는 2003년에 22조 원에 이르는 것으로 추산되었다. 대중문화와 더불어 디자인과 소프트웨어를 포괄하는 영국의 창조산업이 GDP에서 차지하는 비중은 8퍼센트를 넘어섰다. 영국은 2002년에 유럽의 영화와 방송 시장에서 프랑스를 누르고 1위가 되었다.

특히 텔레비전 어린이 프로그램인 〈텔레토비Teletubbies〉(1997~2001)는 누적 수입이 1조 원이 넘었고, 2003년 한 해에만 9억 2,000만 달러의 텔레비전 프로그램을 수출했다. 또 2003년 영국영화위원회의 대변인은 "영국 영화산업이 이젠 할리우드의 상업적 그늘에서 벗어나 제 모습을 드러내고 있다"고 주장했다. 세계적인 베스트셀러가 된 『해리포터Harry Potter』와 영화 시리즈는 '쿨 브리타니아'의 상징이자 대표선수가 되었다. '쿨 브리타니아'는 국가 브랜드 캠페인 사업으로서 성공적이었다는 평가를 받았다.[258]

Teletubbies

2002년 '쿨 브리타니아'를 흉내낸 Cool Japan 이라는 말도 나왔다. 일본이 경제대국에서 이제 만화, 애니메이션, J-팝, 영화, 패션, 요리, 건축 등 다양한 분야에서 문화대국으로도 위세를 떨치고 있다는 걸 지적하는 말이다. 더글라스 맥그레이Douglas McGray가 2002년 『포린폴리시Foreign Policy』에 기고한 「Japan's Gross National Cool」이라는 글에서 유래된 말이다.[259]

courage

courage는 용기, animal(brute) courage는 만용蠻勇, serene courage는 침착한 용기, adamantine courage는 굳센 용기, unflinching courage는 불굴의 용기, courage in the face of danger는 위험에 직면해서 발휘하는 용기, lose courage는 낙담하다, screw up one's courage는 용기를 쥐어짜다, take(muster, pluck, screw) up courage는 용기를 내다[불러일으키다], take courage (from something)는 (~에서) 용기를 얻다, pluck up (the) courage (to do something)은 무서움을 참고 용기를 내다(내어 ~을 하다)는 뜻이다. [260] 용기에 관한 명언 10개만 감상해보자.

(1) One man with courage makes a majority(용기를 가진 한 사람이 다수를 만든다). 미국 제7대 대통령으로 대통령이 되기 전 용맹을 떨친 군인으로 유명했던 앤드루 잭슨Andrew Jackson, 1767~1845의 말이다.

(2) When one professes courage too openly, by words or bearing, there is a reason to mistrust it(말로든 행동으로든 자신의 용기를 너무 공개적으로 드러내는 사람은 신뢰가 안 간다). 미국 남북전쟁 시에 활약한 북군의 장군인 윌리엄 티컴서 셔먼William Tecumseh Sherman, 1820~1891의 말이다.

(3) Courage is resistance to fear, mastery of fear-not absence of fear(용기란 두려움의 부재가 아니라 두려움에 대한 저항이자 두려움의 정복이다). 미국 작가 마크 트웨인Mark Twain, 1835~1910의 말이다.

(4) Keep your fears to yourself, but share your courage(두려움은 혼자 간직하고 용기는 여러 사람과 나누라). 스코틀랜드 작가 로버트 스티븐슨Robert Louis Stevenson, 1850~1894의 말이다.

(5) Man cannot discover new oceans unless he has the courage to lose sight of the shore(육지가 시야에서 사라져가는 걸 감내할 용기가 없으면 새로운 대양을 발견할 수 없다). 프랑스 작가 앙드레 지드André Gide, 1869~1951의 말이다.

(6) Courage is almost a contradiction in terms. It means a strong desire to live taking the form of a readiness to die(용기라는 말은 그 자체로 모순에 가깝다. 용기는 죽을 각오가 되어 있다는 형식을 취하면서 살겠다는 강한 욕망을 의미하기 때문이다). 영국 작가 G. K. 체스터턴G. K. Chesterton, 1874~1936의 말이다.

(7) Success is not final, failure is not fatal: It is the courage to continue that counts(성공이 종착역이 아니듯 실패가 끝이 아니다. 중요한 것은 끈질긴 용기다). 영국 정치가 윈스턴 처칠Winston Churchill, 1874~1965의 말이다.

(8) No man in the world has more courage than the man who can stop after eating one peanut(땅콩 한 알을 먹은 뒤 멈출 수 있는 사람보다 용기 있는 사람은 없다). 미국 작가 채닝 폴록Channing Pollock, 1880~1946의 말이다.

(9) Life shrinks or expands in proportion to one's courage(인생의 성쇠盛衰는 용기에 달렸다). 프

랑스 출신의 미국 작가인 아나이즈 닌Anais Nin, 1903~1977의 말이다.

(10) Courage is the ladder on which all the other virtues mount(용기는 다른 모든 미덕이 타고 올라갈 수 있는 사다리다). 『타임』의 발행인 헨리 로빈슨 루스Henry Robinson Luce, 1898~1967의 부인이자 정치인이었던 클라레 부스 루스Clare Boothe Luce, 1903~1987의 말이다.

coward

coward(겁쟁이)는 꼬리tail를 뜻하는 프랑스어 'couard'에서 비롯된 말이다. 양 다리 사이로 꼬리를 감추고 도망가는 개의 모습을 연상하여 만들어진 말로 이해하면 되겠다. cowardice는 '겁, 비겁'이다. 동의어로 pusillanimity(무기력, 비겁, 겁 많음)가 있다. 형용사형인 pusilanimous(무기력한, 소심한, 겁 많은)는 pusillanus(narrow)와 animus(soul)가 합해진 라틴어 pusillanimus에서 나온 말이다.[261]

coward와 tail의 관계를 실감나게 보여주는 숙어가 바로 have one's tail between one's legs(기가 죽다, 위축되다, 겁에 질리다)이다. 겁에 질려 꼬랑지를 다리 사이로 감추는 개를 본 적이 있는가? 그 장면을 유심히 관찰한 사람들이 서기 6세기경부터 이 표현을 만들어 쓰기 시작했다. 그러다가 16세기경부터 turn tail로 이어지는데, 이는 "(방향을 바꿔) 꽁무니를 빼다, 달아나다"는 뜻이다.[262] 겁쟁이에 관한 속담과 명언 6개만 감상해보자.

(1) The virtue of a coward is suspicion(겁쟁이의 미덕은 의심이다).

(2) Fear makes brave men out of cowards(공포는 겁쟁이를 용감한 사람으로 만든다).

(3) Necessity and opportunity may make a coward valiant(필요와 기회는 겁쟁이도 용감하게 만들 수 있다).

(4) It is better to be a coward for a minute than dead for the rest of your life(일순간 겁쟁이가 되어 목숨을 건질 수 있다면 죽는 것보다는 그게 낫다).

(5) The coward has too much fear and too little courage, the rash man too much courage and too little fear(겁쟁이는 두려움이 너무 많고 용기가 너무 적은 반면, 경솔한 사람은 용기가 너무 많고 두려움이 너무 적다). 그리스 철학자 아리스토텔레스Aristoteles, B.C. 384~B.C. 322의 말이다.

(6) Cowards die many times before their deaths; The valiant never taste of death but once(겁쟁이는 진짜 죽기 전에 여러 번 죽지만, 용감한 사람은 죽음의 기미를 전혀 못 느끼다가 딱 한 번 죽는다). 윌리엄 셰익스피어William Shakespeare, 1564~1616의 『줄리어스 시저Julius Caesar』에 나오는 말이다.

cradle

cradle은 "요람, 아기 침대"이며, 바구니같이 생긴 아기 침대는 bassinet 또는 bassinette라고 한다. bassinet bedding은 "(유아용품) 요람 시트", baby bassinet은 "항공기 객실 앞의 벽면에 설치하여 사용하는 기내용의 유아 요람", rob the cradle은 "어린애를 데리고 놀다(자기보다 훨씬 어린 사람과 성관계를 하는 경우를 가리킴)"는 뜻이다.[263]

from the cradle to the grave는 "요람에서 무덤까지, 나서 죽을 때까지, 한평생"이란 뜻이다. 아일랜드의 작가이자 정치가인 리처드 스틸Sir Richard Steele, 1672~1729이 1709년에 만든 말이다. 영국 수상 윈스턴 처칠Winston Churchill, 1874~1965은 1943년 3월 21일 라디오 연설에서 "National compulsory insurance for all classes for all purposes from the cradle to the grave(한평생 모든 계급, 모든 목적에 적용되는 국가 의무 보험)"의 필요성을 역설했다.[264]

미국의 탐사전문 저널리스트 스티븐 프라이드Stephen Fried는 『필라델피아Philadelphia』라는 잡지의 1998년 4월호에 「Cradle to Grave」라는 기사를 게재해 충격을 주었다. 필라델피아 지역에 사는 한 부부의 비극을 다룬 기사인데, 이 부부는 1949년에서 1968년까지 10명의 아이를 낳았지만 모두 다 이렇다 할 이유도 없이 낳은 지 얼마 안 되어 죽고 말았다. 그저 비극으로만 여기고 넘어갔던 사건인데, 프라이드는 오랜 탐사 취재 끝에 2명의 아이는 자연사했지만 8명의 아이는 엄마가 목을 졸라 죽였다는 걸 밝혀냈다. 문자 그대로 Cradle to Grave이었던 셈이다.[265]

"What is learned in the cradle is carried to the grave(세 살 버릇 여든까지 간다)"와 같은 종류의 속담은 무수히 많다. He that will steal an egg, will steal an ox(바늘 도둑이 소 도둑 된다). Once a use, for ever a custom(버릇은 천성이 된다). Use is (a) second nature=Habit is a second nature=Custom is second nature(습관은 제2의 천성). 미국에서 태어난 영국 시인 T. S. 엘리엇T. S. Eliot, 1888~1965의 『The Confidential Clerk』(1954)에는 이러한 말이 나온다. "I do feel more at ease……behind a desk. It's second nature(나는 책상을 앞에 두고 앉을 때 편안함을 느낀다. 습관이 된 것이다)."[266]

cradle to cradle(요람에서 요람으로)은 미국의 친환경 건축가 빌 맥도너Bill McDonough, 1951~가 외치는 슬로건이다. 이러한 의미에서다. "맥도너가 꿈꾸는 세상은 소비를 다한 제품이 음식물 쓰레기나 면처럼 생태계로 안전하게 분해되어 돌아가거나, 기술부품으로 산업시스템에 재투입되어 새로운 제품으로 변신하는 세상이다. 이러한 비전을 뒷받침해주는 설계만이 우리를 본질적으로 지속가능한 세계로 인도한다고 그는 강조한다."[267]

crime

crime(범죄)은 "I decide, I give judgment(내가 결정하고 내가 판단을 내린다)"라는 뜻의 라틴어 어근 cern에서 나온 말이다. 어원을 더 거슬러 올라가면 'intellectual mistake(지적 실수)'나 'an offense against the community(지역사회에 대한 범행, 공격)'라는 뜻의 그리스어 krima에 이르는데, 여기서 눈여겨볼 것은 개인적이거나 도덕적인 잘못보다는 집단 중심의 잘못과 관련된 개념이라는 점이다.[268]

crime wave는 "범죄의 급증", criminal은 "범죄의", criminalize는 "(새로운 법을 통과시켜 무엇을) 불법화하다", criminalization은 "범죄화, 법률로 금하기, 유죄로 하기", criminalization of civil cases는 "민사사건의 형사화", criminologist는 "범죄학자", criminology는 "범죄학, 형사학", decriminalization은 '비범죄화'란 뜻이다. crime에 관한 명언 7개만 감상해보자.

(1) Men blush less for their crimes than for their weaknesses and vanity(인간은 자신의 약점과 허영심보다는 범죄에 대해 덜 부끄러워한다). 프랑스 작가 장 드 라 브뤼에르Jean de La Bruyère, 1645~1696의 말이다.

(2) Crime contagious. If the government becomes a lawbreaker, it breeds contempt for law(범죄에는 전염성이 있다. 정부가 법을 어기면 법에 대한 경멸을 불러올 뿐이다). 미국 대법관 르이스 브랜다이스Louis D. Brandeis, 1856~1941의 말이다.

(3) The real significance of crime is in its being a breach of faith with the community of mankind(범죄의 진정한 중대성은 그것이 인간 공동체를 배신하는 것에 있다). 폴란드 출신의 영국 소설가 조지프 콘래드Joseph Conrad, 1857~1924의 말이다.

(4) Capital punishment is as fundamentally wrong as a cure for crime as charity is wrong as a cure for poverty(자선이 빈곤의 해결책이 될 수 없듯이, 사형이 범죄의 해결책이 될 수 없다). 미국의 자동차 왕 헨리 포드Henry Ford, 1864~1947의 말이다.

(5) We enact many laws that manufacture criminals, and then a few that punish them(우리는 범법자를 양산하는 많은 법을 만들면서도 그들을 처벌할 수 있는 법은 조금만 만든다). 미국 건축가 앨런 터커Allen Tucker, 1866~1939의 말이다.

(6) All crime is a kind of disease and should be treated as such(모든 범죄는 일종의 병이므로 병처럼 다루어야 한다). 인도 지도자 마하트마 간디Mahatma Gandhi, 1869~1948의 말이다.

(7) Tough on crime, tough on the causes of crime(범죄를 치려면, 범죄의 원인을 쳐야 한다). 영국에서 1997년에 집권한 토니 블레어Tony Blair, 1953~의 신노동당이 내걸었던 정치 슬로건이다. 로익 바캉Loic Wacquant은 이 슬로건이 언뜻 보기에는 좌파 정당으로 균형이 잡힌 듯 보이지만, 신노동당은 보수당의 단골 선거 공약인 억압 정책을 재탕했다며 다음과 같이 말한다.

"지금까지는 특히 '범죄만' 그러니까 거리 경

범죄만 '쳤다'는 것이다. 이러한 새로운 슬로건 때문인지 신노동당이 집권한 후 영국의 교도소 수감 인구는 한 달에 수천 명에 이르는 등 막기 힘든 속도로 급증했다. 마거릿 대처 정부 때보다 10배나 빠른 증가세였다. 1998년 봄 급기야 6만 6,800명이라는 기록을 달성했다. 블레어 입각 이후 교도소 예산은 더욱 증가하여 1억1천만 파운드 증액된 반면 사회복지비용 지출은 거의 늘어나지 않았다.[269]

crocodile tears

crocodile tears는 직역하면 "악어의 눈물"인데, "거짓 눈물"이란 뜻으로 쓰인다. 악어가 큰 먹이를 먹을 때 먹이가 크게 벌린 입의 윗부분에 부딪히면서 누선 涙腺: lachrymal glands에 자극을 주면 눈에서 물이 나오는 것으로 알려져 있다. 물론 감정과 관련된 눈물은 아니다. 눈에서 나오는 물이니 눈물이라고 부를 수도 있겠지만, 거짓 눈물이라고 하는 게 옳지 않겠는가. 인간 중에도 상황에 따라 그런 거짓 눈물을 흘리는 이들이 있는바, 이를 묘사할 수 있는 적절한 표현이라 할 수 있다. 1400년 영국 작가 존 맨더빌 Sir John Mandeville의 『항해와 노고 Voyage and Travail』에 처음 기록되었다.[270]

윌리엄 셰익스피어 William Shakespeare, 1564~1616는 이 표현을 즐겨 썼는데, 『오델로 Othello』, 『헨리 6세 Henry VI』, 『안토니와 클레오파트라 Antony and Cleopatra』 등에 등장한다.[271] "I begged and cried to go to the party, but dad said I was crying crocodile tears(나는 파티에 가고 싶다고 사정하면서 울었지만, 아빠는 내가 거짓 눈물을 흘린다고 말했다)."[272]

'악어의 눈물'은 국내에서도 자주 쓰이는 말이다. 예컨대, 『세계일보』(2013년 5월 25일)는 「일본, '악어의 눈물'로 면죄부 넘볼 수는 없다」는 사설에서 "아베 신조 일본 총리가 그제 '과거 많은 국가, 특히 아시아 여러 나라의 사람들에게 큰 손해와 고통을 안겼다'면서 '통절한 반성이 전후 일본의 원점(출발점)'이라고 했다. 1995년 무라야마 담화를 연상시키는 발언이다. 반역사적 망언과 망동으로 역풍을 맞자 한 걸음 물러선 셈이다. 그러나 '악어의 눈물'과 얼마나 다른지 의문이다"라며 다음과 같이 말했다.

"일본 정치인의 망언·망동은 즉각 중단되어야 한다. 악어의 눈물로 면죄부를 넘보는 짓도 꼴사납다. 일본이 반성할 뜻이 있다면 빈말이 아니라 행동으로 증명해야 한다. 위안부 문제를 비롯한 개별 사안에 대해 명확히 사과하고 피해 배상을 하는 것이 급선무다."[273]

일반적으로 악어는 crocodile이라고 하는데, 미국 악어는 alligator라고 한다. 처음 북미대륙에 발을 디딘 스페인 사람들은 악어를 보고 생김새가 비슷하다 하여 도마뱀 lizard이라고 불렀다. 스페인어로 도마뱀은 el lagarto. 이 단어가

alligator pear

영국인들의 입으로 옮겨지면서 18세기 초에 alligator라는 단어가 탄생했다.[274]

alligator pear는 "아보카도avocado"를 뜻한다. 악어의 등처럼 울퉁불퉁한 껍질 때문에 '악어배'라는 이름이 붙었다는 설도 있지만, 아보카도 나무가 악어들이 많이 사는 늪지대에서 잘 자라고 아보카도 열매의 생김새가 배를 닮았다고 해서 붙여진 이름이라는 설이 유력하다.[275]

crowdsourcing

crowdsourcing(크라우드소싱)은 미국 『와이어드 매거진Wired Magazine』의 제프 하우Jeff Howe가 2005년에 만든 용어로 군중crowd과 아웃소싱 outsourcing의 합성어다.[참고 outsourcing] 기업들이 인터넷을 통해서 대중에게서 아이디어를 얻고 이를 활용하는 방식이다. 그러나 보상은 대개는 소액이어서 일반적으로 아이디어를 제공한 네티즌은 그것을 헐값에 파는 꼴이 되므로 이러한 제도에 대한 비판도 제기되고 있다.[276]

crowdsourcing을 넓은 의미로 쓰자면, 일반 시민이 기업이나 정부와 같은 조직들의 내부 인력을 대체하는 현상을 일컫는다. 이어 대해 황용석은 "기업이나 조직이 제품이나 지식의 생성과 서비스 과정에 소비자를 참여시키는 것으로 소수의 제한적인 엘리트의 지식에서부터 군중의 지식으로 관심과 가치를 이동시킨 것이다"며 다음과 같이 말한다.

"크라우드소싱은 이미 공공문제 해결에서 효과적인 수단으로 평가받고 있다. 크라우드소싱이 일반적인 아웃소싱과 다른 점은 과제를 특정한 외부의 전문가에게 맡기는 것이 아니라 불특정한 독자 또는 시민에게 맡긴다는 점으로 비전문가들의 지식의 집합적 지식활동인 '집단지성'을 의미한다. 사회문제가 점점 복잡할수록 언론사 내의 소수 엘리트 기자들로 세상을 조망하는 것이 어려워지고 있다. 미래 언론은 웹2.0과 같은 개방적 기술과 독자를 언론인의 파트너로 삼는 크라우드소싱 모델로 발전할 가능성이 크다. 온라인신문으로 주목받는 『허핑턴포스트』의 성공은 이를 단적으로 보여준다."[277]

2013년 6월 27일 홍원표 삼성전자 미디어솔루션센터장(사장급)은 KAIST 경영대학 특강에서 '삼성전자의 5가지 고민'으로 ① 제품의 고객들에게 미디어로 다가가기 ② 신흥국 시장 개척 ③ 사업부 간 협업 구축 ④ 소비자에게 신제품 아이디어 구하기 ⑤ 스마트폰 사용자의 구매행동 분석을 들었다. 이 가운데 네 번째 고민이 바로 crowdsourcing이다.

"삼성전자는 주로 내부에서 새로운 제품을 생각하고 디자인해왔는데, 앞으로는 삼성전자 제품을 쓰고 있는 세계 곳곳의 고객으로부터도 다음 제품 기획에 대한 정보를 얻겠다는 것이다. 좋은 예가 뉴욕에 있는 '쿼키Quirky'라는 회사다. 산업 디자인 제품을 제작·판매하지만, 제품 아이디어를 일반 대중으로부터 받는다. 쿼키는 지금까지 이러한 방식으로 36만 명으로부터 아이디어를 받아 305개를 제품화했다."278

『한겨레』는 2013년 7월 12일자 2면에 「'비자금 조력자' 제보 기다립니다」는 안내문을 공지했다. 그 내용은 이렇다. "전두환 전 대통령이 내지 않은 추징금 1,672억 원이 그대로 남아 있습니다. 추징 시효가 2020년으로 늘어났지만, 시간이 지날수록 은닉재산은 더욱 찾기 어려워집니다. 『한겨레』는 독자·시민과 함께 전두환 전 대통령의 숨은 재산을 찾는 '크라우드소싱' crowdsourcing을 진행중입니다. 『한겨레』 누리집에서 '잊지 말자 전두환 사전 1.2'(c.hani.co.kr/facebook/2139505)를 내려받으실 수 있습니다. 특히 '조력자 명단'에 주목해주십시오. 알고 계신 정보를 제보해주시면 『한겨레』가 취재하겠습니다."

crowdsourcing은 다른 여러 하부개념을 낳고 있다. crowdvoting은 웹사이트를 이용한 여론조사나 시장조사를 말한다. crowdsearching은 네티즌들이 힘을 합해 잃어버린 사람이나 물건을 찾는 것, crowdfunding은 네티즌들이 각자 소액을 내서 큰 자금을 만드는 것이다. 물론 이러한 식으로 무한 변용이 가능하다.279

2012년 현재 미국의 크라우드펀딩 사이트는 450여 개에 이르는데, 대표적인 크라우드펀딩 사이트인 킥스타터Kickstarter에서는 창립 3년 만인 2012년 5월을 기준으로 기술·예술 분야의 4만 7,000개 프로젝트가 출범했으며, 2012년 투자 유치금은 3억 달러였다. 2013년 7월 24일 현재 프로젝트 건수는 10만 개, 투자 유치금은 7억 달러를 돌파했으며, 프로젝트 성공률은 44퍼센트로 나타났다.280

크리스 앤더슨Chris Anderson은 『메이커스: 새로운 수요를 만드는 사람들』(2012)에서 "크라우드펀딩은 제조자 운동을 위한 벤처 캐피털"이라며 이렇게 말한다. "생산도구의 민주화가 새로운 생산자 계층을 창조했듯 자금 조달 도구의 민주화가 새로운 투자자 계층을 창조했다. 새로운 투자자 계층은 한 기업에 투자하는 것이 아니라 한 제품 또는 더 정확히 말해 한 제품 아이디어에 투자한다. 새로운 투자자 계층은 금융 소득을 보상으로 바라기보다는 실제로 제품을 얻는 것을 큰 보상으로 여기거나 제품 출시에 자신이 기여했다는 사실에서 심리적 보상을 얻는다."281

civic crowdfunding은 지역사회에서 박애의 목적으로 하는 크라우드펀딩이며, investment crowdfunding은 크라우드펀딩을 주식·증권 투자에 적용하려는 것이다. crowdfunding과 유사한 것으로 micropatronage가 있는데, 이는 아무 조건 없는 일방적인 기부라는 점에서 차이가 있다. micropatronage가 전통적인 후원patronage과 다른 점은 소수다액 기부가 아니라 다수소액 기부라는 점이다. 2005년 미국에서 블로거 제이슨 코크Jason Kottke의 지지자들이 그의 생활비를 다수소액 형식으로 기부함으로써 널리 알려진 방식이다.[282]

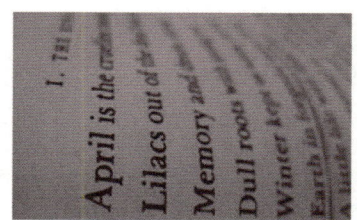

「The Waste Land」

cruel

cruel(잔인한, 가혹한)은 라틴어 crudelis에서 유래되어 13세기경부터 쓰인 말이다. crudelis는 "rude, unfeeling, hard-hearted"란 뜻인데, 17세기부터 오늘날의 의미로 쓰인 crude(막된, 상스러운, 대충의)의 라틴어 어원인 crudus(rough, raw, bloody)와는 사촌 관계다.[283]

세상을 살다 보면, '잔인'과 '부도덕' 사이에서 선택해야 할 때가 많다. 그런 고민을 해야 했던 일이 있었나 보다. 프랑스 시인 아나톨 프랑스Anatole France, 1844~1924는 이러한 선택을 내렸다. "If it were absolutely necessary to choose, I would rather be guilty of an immoral act than of a cruel one(반드시 하나를 선택해야만 한다면, 나는 잔인한 행위보다는 부도덕한 행위를 범하련다)."

"the cruellest month(가장 잔인한 달)"는 미국에서 태어나 자랐으면서도 39세에 영국을 국적으로 택한 시인 T. S. 엘리엇T. S. Eliot, 1888~1965의 시詩 「황무지The Waste Land」에서 유래된 말이다. "April is the cruellest month, breeding lilacs out of the dead land, mixing memory and desire, stirring dull roots with spring rain(4월은 가장 잔인한 달, 라일락 꽃을 죽은 땅에서 피우며, 추억과 욕망을 뒤섞고, 봄비로 활기 없는 뿌리를 일깨운다)."

'가장 잔인한 달'은 이제 4월에만 국한되지 않는다. 언론이 무슨 어렵고 비극적인 사건만 일어났다 하면 the cruellest month라고 해대는 통에 1월부터 12월까지 '가장 잔인한 달'이 아닌 달이 없게 되어버렸다.[284]

cruel의 명사형은 cruelty다. cruelty to animals는 "동물 학대", the cruelties of life는 "삶의 불공평한 일들"이란 뜻이다. The deliberate cruelty of his words cut her like a knife(그의 말에 담긴 의도적인 잔인함이 그녀를 비수처럼 쩔렀다).[285] cruelty와 관련된 명언을 4개만 감상해보자.

(1) All cruelty springs from hardheartedness and weakness(모든 잔인성은 냉혹과 심약에서 나온다). 로마 철학자 세네카Seneca, B.C. 4~A.D. 65의 말

이다.

(2) One of the ill effects of cruelty is that it makes the bystanders cruel(잔인한 행위의 나쁜 효과 중의 하나는 구경꾼마저 잔인하게 만드는 것이다). 영국 정치가 토머스 벅스턴Thomas Fowell Buxton, 1786~1845의 말이다.

(3) Cruelty and fear shake hands together (잔인과 공포는 동반자다). 프랑스 소설가 오노레 드 발자크Honore de Balzac, 1799~1850의 말이다.

(4) Cruelty is, perhaps, the worst kind of sin. Intellectual cruelty is certainly the worst kind of cruelty(잔인은 최악의 죄일 가능성이 높지만, 지적 잔인이 최악의 잔인이라는 것은 확실하다). 영국 작가 길버트 체스터턴Gilbert K. Chesterton, 1874~1936의 말이다.[286]

cry

cry에는 크게 보아 "울다"와 "외치다"는 두 가지 뜻이 있는데, 두 번째 뜻에서 비롯된 말을 먼저 살펴보자. a far cry는 "먼 거리, 큰 격차(차이), 아주 다른 것"을 뜻한다. 중세 스코틀랜드에서는 정부가 국민들에게 알릴 일이 있을 땐 crier(외치는 사람)를 이용했다. 이들은 각자 맡은 구역을 돌아다니면서 정부의 고지 사항을 큰 소리로 알렸다. 가까운 곳은 "near cry", 먼 곳은 "far cry"라고 한 데서 오늘날과 같은 의미가 탄생했다.[287]

raise a hue and cry는 "도둑이야! 도둑이야! 하고 소리치다"는 뜻이다. 프랑스 고어古語 hu et cri에서 나온 말로, hu는 위험을 경고하는 외침, cri는 소리를 지르는 걸 뜻한다. 오늘날 hue에는 "추적의 고함(외침) 소리"라는 뜻이 있지만, "a hue and cry(고함 소리, 심한 비난)"라고 하는 관용구에만 쓰인다. 물론 hue는 "색조, 빛깔, 경향, 특색"이라는 뜻으론 자주 쓰이는 단어다.[288]

cry one's eyes out은 "몹시 울다, 하염없이 울다"는 뜻이다. 18세기 초에 만들어진 말로, 19세기부터는 cry one's heart out도 같이 쓰이기 시작했다. The little girl cried her eyes out when her cat was run over by a car(소녀는 자기 고양이가 차에 치었을 때 몹시 울었다). 울음과 관련된 이러한 속담이 있다. Don't cry before you are hurt(서둘러 불평하지 마라. 엄살 피우지 마라).[289]

요즘 대중가요는 '쿨cool'의 유행 탓인지 crying을 별로 다루지 않지만, 1960년대까지만 해도 crying은 사랑 노래에 자주 등장했다. 대표적으로 수많은 가수가 부른 〈Crying〉(1961)과 에벌리 브라더스Everly Brothers의 〈Crying in the Rain〉을 들 수 있겠다. 시詩라고 해도 좋을, 주옥같은 가사 내용을 차례대로 감상해보자.

"I was all right for a while/I could smile for a while/But When I saw you last night/you held my hand so tight/When you stopped to say "Hello"/And though you wished me well/you couldn't tell/That I've been/cry-i-i-i-ng over you/cry-i-i-i-ng over you//Then you said "so long"/left me standing all alone/Alone and crying/crying, crying cry-i-ing/It's hard to understand/that the touch of your hand/can start me crying."

"나는 잠시 동안 괜찮았어요/나는 잠시 동안 미소 지을 수 있었어요/그러나, 내가 어제 당신 만났을 때/당신이 인사하려고 멈추면서/당신은 내 손을 꼭 잡았지요/당신은 내가 잘 지내기를 기원했지만/당신은 알 수 없었지요/내가/당신을 생각하며 울고 지낸 것을요/당신을 생각하며 울고 지낸 것을요//그리고 당신은 작별인사를 했지요/나를 혼자 서 있게 내버려두고요/혼자서 울었어요/울었어요, 울었어요, 울었어요/이해하기 어려웠어요/당신의 손을 만진 사실이/나를 울게 할 수 있다는 것을요."

"I'll never let you see/The way my broken heart/is hurtin' me/I've got my pride and/I know how to hide/All my sorrow and pain/I'll do my crying in the rain/If I wait for cloudy skies/You won't know the rain/from the tears in my eyes/You'll never know/that I still love you so/Though the heartaches remain/I'll do my crying in the rain/Raindrops fallin' from heaven/could never wash away my misery/But since we're not together/I look for stormy weather/to hide my tears/I hope you'll never see/Someday when my cryin's done/I'm gonna wear a smile/and walk in the sun/I may be a fool/but till then darling/you'll never see me complain/I'll do my crying in the rain."

"나는 당신이 보지 못하게 할 거예요/내 마음의 상처가/나를 아프게 하는 것을요/나에겐 자존심이 있고/모든 나의 슬픔과 고통을/감추는 방법을 나는 알아요/나는 빗속에서 울 거예요/내가 만일 구름 낀 하늘을 기다렸다면/당신은 내 눈에서/비처럼 흐르는 눈물을 알지 못해요/당신은 결코 모를 거예요/내가 아직도 당신을 그렇게 사랑하는 걸/마음의 상처는 남아 있지만요/나는 빗속에서 울 거예요/하늘에서 떨어지는 빗방울은/나의 고통을 깨끗이 씻어내지 못해요/우리가 함께 있지 않기 때문에/나는 폭풍우의 날씨를 기다려요/내 눈물을 감추기 위해서요/나는 당신이 보지 못하길 원해요/언젠가 나의 울음이 멈출 때/나는 미소를 띠며/햇빛 속을 걸을 거예요/그때까지는 나는 어리석게/지낼지도 몰라요, 나의 사랑/내가 불평하는 걸 절대로 보지 못할 거예요/나는 빗속에서 울 거예요."

cuff

cuff는 "(상의나 셔츠의) 소맷동, (주로 복수 형태로, 와이셔츠의) 커프스, (손바닥으로 살짝) 침, 치다"는 뜻이지만, 아무래도 가장 많이 쓰이는 용법

cuffs

은 off the cuff와 on the cuff다. off the cuff는 "즉흥적인(으로), 즉석의(에서), 비공식의(으로), 형식을 차리지 않는(않고)"이란 뜻인데, 왜 이러한 뜻을 가지게 되었을까?

영국의 빅토리아 시대에 신사들의 정장에서 목 부분의 칼라와 소매 끝의 커프스(소맷부리)는 분리할 수 있게끔 되어 있었다. 그 부분이 가장 빨리 더러워지므로 늘 깨끗하게 보이기 위해서였다. 분리할 수 있는 커프스에는 또 하나의 주요 용도가 있었으니, 그건 바로 메모장의 역할이었다. 어떤 회합에서 발언을 하기로 되어 있을 때 다른 사람이 하는 말이나 자신이 할 말의 요점을 커프스 위에 기록해두는 것이다. 이는 발언을 할 때 아주 편리했다. 손으로 제스처를 취하는 척 하면서 자연스럽게 커프스 위에 쓰인 메모를 볼 수 있었기 때문이다. 따라서 그런 커프스 없이 말을 한다는 건 즉흥적으로 말을 한다는 게 아니고 무엇이겠는가.[290]

반대일 것 같지만 on the cuff도 비슷한 용법으로 쓰인다. 다만 on the cuff에는 '즉석에서'의 뜻 이외에 '외상의(으로)'라는 뜻이 있다. 한국에서 외상을 할 때 "장부에 달아두라"고 말하는 것처럼 커프스 위에 기록해두라는 뜻이다.

한때 식당이나 술집의 웨이터들이 주문받는 걸 커프스 위에 기록했기 때문에, 고객은 "나도 커프스 위에 기록해두라"는 조크를 하면서 외상 처리를 했다고 한다.[291] Cosmo couldn't pay his bill, so he asked the owner to put it on the cuff(코스모는 계산서를 지불할 돈이 없었기 때문에 주인에게 외상으로 해달라고 요청했다).[292]

웨이터와 더불어 세일즈맨들도 커프스 위에 메모를 했는데, 이들은 젖은 걸레로 쉽게 지워 다시 쓸 수 있게끔 셀룰로이드로 만든 커프스를 썼다. 여기서 나온 표현이 "shoot one's cuff(셔츠의 커프스를 소맷부리 밖으로 내놓다"다. 거만을 떤다는 뜻이다. 자신의 깨끗한 cuff를 과시하는 듯한 제스처이기 때문이다.[293]

curation

큐레이션curation은 미술관·박물관 등에 전시되는 작품을 기획하고 설명해주는 '큐레이터curator'에서 파생한 신조어다. 큐레이션은 큐레이터처럼 인터넷에서 원하는 콘텐츠를 수집해 공유하고 가치를 부여해 다른 사람이 소비할 수 있도록 도와주는 서비스로, 개방성과 참여성 등을 이유로 위키피디아에 빗대 '위키미디어'라고도 부르기도 한다.

큐레이션을 확산시킨 대표 서비스인 '핀터레스트Pinterest'는 소셜미디어 확산과 맞물려 자신이 좋아하는 이미지를 취합해 다른 사람과 공유하는 모델로 인기를 끌었다. 공동 창립자이자 현 CEO인 벤 실버만Ben Silbermann, 1982- 등에 의해 2010년 3월 서비스를 시작했고 2년 만인 2012년 3월 기준 미국 방문자 순위에서 페이스북과 트위터에 이어 3위를 기록했다.[294]

정종혁은 벽에 물건을 고정할 때 쓰는 핀Pin과 '관심사'를 뜻하는 Interest의 합성어인 핀터레스트는 온라인에서 자신이 관심 있는 이미지를 핀으로 콕 집어서 포스팅하고, 이를 페이스북이나 트위터 등 다른 소셜네트워크 사이트와 연계하여 지인들과 공유하는 이미지 기반 소셜네트워크 서비스라고 말한다. 미술관이나 박물관에서 큐레이터가 제한된 전시공간에 어떤 작품을 전시할지 결정하듯이 핀터레스트의 이용자들은 개개인이 큐레이터가 되어 소셜미디어라는 공간에 자신이 고른 이미지들을 포스팅하고 이를 다른 사람과 공유한다고 해서 '소셜 큐레이션Social Curation'이라고도 한다. 사무실 벽이나 냉장고 등에 할인쿠폰, 마음에 드는 옷이나 가방 사진, 맛있는 음식의 레시피 등을 핀으로 고정시켜 놓는 소비자들의 일상생활에서 아이디어를 얻은 새로운 소셜네트워크 서비스인데, 페이스북마저 긴장시킬 정도로 인기가 하늘 높은 줄 모르고 치솟고 있다.[295]

2013년 7월 현재 핀터레스트의 전 세계 이용자는 7,000만 명에 이르며, 핀터레스트의 자산 가치는 2013년 2월 기준 25억 달러다. 2012년 기준으로 전체 이용자 중 83퍼센트가 여성이다(예외적으로 영국만 이용자의 56퍼센트가 남성이다).[296]

2013년 8월 남은주는 "SNS는 여행의 풍경도 바꿔놓았다. 블로거들은 여행을 다녀와서 사진을 정리하며 글을 쓴다. 페이스북이나 트위터 사용자들은 여행지에서 짧은 글과 사진을 올린다. 이미지 SNS 사용자들은 사진을 찍어 바로 올리는 것으로 여행의 기록을 대신한다. 페이스북 이후 가장 빠르게 성장하는 SNS인 핀터레스트는 사진이나 동영상을 공유하는 소셜네트워크 서비스다"며 다음과 같이 말한다.

"핀터레스트에 사진을 올리는 것을 '핀'한다고 하는데 다른 사람이 올린 사진 중 다음에 드는 사진은 '리핀'을 눌러 내 보드에 저장한다. 핀터레스트에 접속해보았다. 여행 게시판을 만들어 지난 라오스 여행 때 찍은 사진을 '핀' 했다. 내가 찍은 사진은 몇 장 안 되지만 다른 사람들이 라오스에서 찍은 사진을 '리핀' 했더니 내 계정에는 원래 가지고 있던 라오스 사진들보다 몇 배 화려한 라오스 앨범이 생겼다. 인스타그램은 실제 풍경에 디지털 효과를 주어 색다른 이미지를 만들어낸다면 핀터레스트는 다른 사람들의 이미지를 내 추억에 보낼 수 있는 것이 장점이다. 인스타그램이나 핀터레스트 모두 자체 네트워크에 올리거나 페이스북이나 트위터 같은 다른 소셜네트워크 서비스와 연결해 다른 사람들과 공유할 수 있다."[297]

국내에 큐레이션 개념을 처음 도입해 '마이픽업mypickup'이라는 플랫폼을 개발하고 베타 서비스 중인 이투커뮤니케이션즈 대표 강학주는 이렇게 말한다. "큐레이션은 다른 사람이 만들어 낸 콘텐츠를 목적에 따라 가치 있게 구성할 수 있습니다. 정보의 2차 생산인 셈입니다. 정보 과잉 시대에 꼭 필요합니다. 구슬이 서 말이라도 꿰어야 보배라는 속담에 딱 들어맞는 서비스입니다.……2세대 간판서비스인 페이스북·트위터 등은 자신의 생각을 단지 몇 줄로 적거나 사진을 찍어 올리는 등 콘텐츠 생산이 이전보다 훨씬 간편해져 이용자가 폭발적으로 늘어났습니다. 그러나 친구나 팔로어가 많아지면서 수없이 쏟아지는 과잉 메시지 때문에 큐레이션과 같은 3세대로 옮겨가고 있습니다."[298]

이젠 전시회의 큐레이터처럼 기존 제품을 꾸미고 다양하게 활용하는 편집형 소비자를 뜻하는 큐레이슈머Curasumer: Curator+Consumer라는 개념마저 나왔다. 직접 생산에 참여하는 프로슈머보다 한 발 더 진화한 능동적인 소비자로, 제품을 기존 용도와 다르게 활용할 수 있는 법을 적극적으로 찾거나 기업에 원하는 상품 사양을 요구하기도 한다는 것이다. 개성을 중시하는 큐레이슈머의 대표적인 사례는 적극적인 스마트폰 사용자들인데, 배경화면과 앱의 배치를 자신의 원하는 방식으로 재구성하고 다양한 액세서리를 활용해 자신의 스마트폰을 톡톡 튀게 치장한다. 이 덕분에 전 세계 스마트폰 액세서리 시장 규모는 50조 원, 한국 시장 규모는 1조 원대에 이르렀다.[299]

custom

Do in Rome as the Romans do(로마에서는 로마인들이 하는 대로 하라). When in Rome, do as the Romans do라고도 한다. 비슷한 속담이 많다. So many countries, so many customs(지방마다 관습이 다르다). So many races, so many customs(세상에는 인종도 가지가지요 풍습도 가지각색이다). Manners are stronger than law(관습은 법보다 강하다). Custom makes all things easy(배우기보다 익혀라).

성 아우구스티누스St. Augustinus, 354~430는 383년 아프리카에서 로마로 이사해 철학을 공부했다. 그는 로마의 기독교도들이 토요일에 금식을 하는 것에 익숙해졌는데, 밀라노에 철학교수 자리를 얻어 이사한 뒤 밀라노 사람들은 토요일에 금식을 하지 않는 걸 보고 의아하게 생각했다. 이러한 궁금증에 대해 밀라노의 주교인 아우렐리우스 암브로시우스Aurelius Ambrosius가 아우구스티누스에게 다음과 같이 말한 게 기원이 되었다. "When you're in Rome, then live in Roman fashion; when you're elsewhere, then live as there they live(로마에 가면 로마식으로 살고, 다른 곳에 가면 그곳 사람들이 사는 식으로 사는 법이다)."[300]

"Custom is the principal magistrate of man's life(관습은 인생의 최고 지도자다)." 영국 철학자 프랜시스 베이컨Francis Bacon, 1561~1626의 말이다. 그

는 이러한 말도 남겼다. "Men commonly think according to their inclinations, speak according to their learning and imbibed opinions, but generally act according to custom(인간은 보통 자신의 성향에 따라 생각하고, 배움과 받아들인 의견에 따라 말하지만, 일반적으로 관습에 따라 행동한다)."

"Custom is the plague of wise men and the idol of fools(관습은 현명한 사람에겐 재앙이요 어리석은 사람에겐 우상이다)." 영국 역사가 토머스 풀러Thomas Fuller, 1608~1661의 말이다.

"Custom is the great guide of human life(관습은 인간의 삶에 가장 큰 지침이다)." 스코틀랜드의 철학자 데이비드 흄David Hume, 1711~1776의 말이다. 그는 열정, 특히 종교적 열정을 증오했다는 점에서 18세기의 대표적 인물이었다.[301] 흄은 1739~1740년에 출간된 『인간본성에 관한 연구A Treatise of Human Nature』에서 이성을 감성의 시녀라 했다. "이성은 정념passion의 노예이고, 오로지 정념의 노예이어야 하며, 정념에 시중들고 복종하는 것 이외에 다른 어떤 직분도 요구할 수 없다."

흄은 인간의 모든 동기를 쾌락의 추구와 고통의 회피에서 이끌어내려 한 공리주의의 일반적 형태에 반대했다. 그는 공리주의가 허위적인 관점에 입각해 동기들을 지나치게 단순화시켰다고 믿었다. 흄은 쾌락과는 상관없는 본능적인 충동들(동정, 사랑, 공포, 증오 등)이 많다고 보았다. 이기적 동기들이 합리적이라는 보편적 편견은 정의가 이성적이라고 생각하는 합리주의자들이 범한 오류와 부분적으로 동일한 오류를 범하고 있는 것에 지나지 않는다는 것이다. 이는 인간본성을 타산 중심으로 본 당대의 지배적인 생각에 도전한 것으로 인간은 그리 타산적이지 않다는 주장이었다. 감정과 충동은 자비심을 방해하는 것만큼이나 자주 이기심도 방해한다는 것이다.

흄은 냉철하고 다소 냉소적이었지만, 그도 넓은 의미의 공리주의자였다. 그는 언제나 공리주의자들의 기질을 특징짓는 사물의 본질에서 동기와 목적을 중요시하는 입장을 견지했다. 참된 지식은 경험에 바탕을 두어야 한다고 주장했던 흄이 노골적으로 불신하고 혐오한 것은 '열정', 특히 종교적 열정이었다.[302]

흄의 주장은 당시로선 파격적인 사상이었기에, 옥스퍼드 대학에서는 학생들이 흄의 『인간본성에 관한 연구』를 읽지 못하도록 했다. 애덤 스미스Adam Smith, 1723~1790가 학생 시절 이 책을 자신의 방에 두었다는 이유로 거의 퇴학당할 뻔했다는 일화가 있다.[303]

"Custom governs the world; it is the tyrant of our feelings and our manners and rules the world with the hand of a despot(관습은 세상을 지배한다. 그것은 우리의 감정과 행동양식의 압제자이며 폭군처럼 세상을 다스리기 때문이다)." 미국 역사가이자 언어학자인 존 러셀 바트렛John Russell Bartlett, 1805~1886의 말이다.

"Custom meets us at the cradle and leaves us only at the tomb(관습은 요람에서부터 시작되어 무덤에 가서야 우리를 놓아준다)." 미국 정치인 로버트 그린 잉거솔Robert Green Ingersoll, 1833~1899의 말이다.

customer

The customer is always right(고객은 늘 옳다). 1909년 스위스의 호텔사업가 세자르 리츠César Ritz, 1850~1918가 한 말이다. ritzy라는 단어는 "최고급의 호화로운, 몹시 사치스러운" 이란 뜻인데, 리츠가 1900년경 파리, 런던, 뉴욕 등에 세운 최고급 호텔 리츠Ritz에서 비롯된 단어다. 1910~1911년 사이에 만들어져 1920년대에 유행한 단어다. put on the ritz는 "떵떵거리며 지내다" 는 뜻인데, 1929년 어빙 벌린Irving Berlin, 1888~1989의 노래 〈Puttin' on the Ritz〉로 유명해진 표현이다.[304]

"The customer is always right"이란 말은 나중에 미국의 대표적 소매유통업체인 월마트 등 여러 기업이 내건 슬로건이 되었다. 한국 삼성 회장 이건희는 『이건희 에세이: 생각 좀 하며 세상을 보자』(1997)에서 "어느 경영자에게 들은 것인데 미국에 이익 많이 내기로 유명한 슈퍼마켓에 갔을 때, 그 점포 입구에 '1조, 고객은 항상 옳다. 2조, 고객이 틀렸다고 생각되면 1조를 다시 보라' 라고 쓰인 팻말을 보았다고 한다. 되새겨볼수록 단순하지만 깊은 철학을 담고 있는 말이다"고 말했다.[305]

Always Low Prices(항상 저렴하게). 세계 최대의 유통업체 월마트의 슬로건이다. 창업자인 샘 월튼Sam M. Walton, 1918~1992은 1945년 잡화점을 시작해 박리다매로 성공을 거둔 뒤 1962년 아칸소주 로저스에 월마트 1호점을 개설함으로써 세계 유통업의 판도를 바꿔놓을 혁명을 시작했다. 월튼은 컴퓨터를 혁명적으로 활용하여 재고를 추적 관리하고 운영 비용을 절감함으로써 비약적인 성장을 거듭함으로써 1988년 67억 달러의 재산으로 미국 최고의 부호가 되었으며, 월마트는 2001년부터 매출액 기준으로 세계 1위 기업의 자리를 지켜왔다. 2005년 기준으로 종업원 수는 170만 명(120만 명은 미국), 전 세계 매장 수는 5,200개(75퍼센트는 미국)에 이른다. 월마트는 마이크로소프트보다 수입을 8배나 올리며 미국 GDP(국내총생산)의 2퍼센트를 담당하고 있다.

그러나 월마트의 '소비자 지상주의'에는 그림자도 있다. 무엇보다도 생산자와 소비자 사이에서 극단적으로 소비자 편에 서기 때문에 영세 납품업체들이 죽어난다. 사원 인건비도 매우 박하다. 그렇지만 노조는 절대 금기다. 그러나 고객은 대만족이다. 그래서 고객은 자꾸 밀려드니 월마트는 욕을 먹으면서도 큰소리치면서 승승

『Sam Walton : Made in America』

장구해온 것이다.[306] 월마트 최고경영자 리 스콧 Lee Scott은 2005년 월마트에 대해 쏟아지는 사회적 비판에 대해 "월마트가 미국 경제 전체를 책임질 수는 없다"고 주장했다.[307]

"The power of Wal-Mart is such, it's reversed a hundred-year history in which the manufacturer was powerful and the retailer was sort of vassal(월마트의 힘은 생산업체가 '갑'이고 유통업체가 '을' 노릇을 해온 100년 묵은 역사를 뒤집었다는 것이다)." 미국 캘리포니아 대학(산타바바라) 역사학 교수 넬슨 리히텐슈타인 Nelson Lichtenstein, 1944~이 월마트의 경제사적 의미를 평가하면서 한 말이다.[308]

Customer Relationship Management Marketing(CRM 마케팅)은 전통적인 고객 서비스와 달리 고객의 회사에 대한 장기적인 가치를 증가시키고, 증대된 만족과 로열티를 통해 고객을 개발하고 유지하는 것을 목표로 하는 고객과의 일련의 지속적인 상호작용을 주요 내용으로 하는 고객관계경영 마케팅이다.

예컨대, 신용카드사들이 고객이 어디를 가서 무엇에 돈을 쓰는지 정보를 낱낱이 분석, 그 고객이 좋아하는 식당이나 상품 정보만 골라서 제공한다면, 이걸 CRM 마케팅으로 볼 수 있다. 은행들이 콜센터를 전문상담을 해주는 금융지원센터와 단순상담기능만 하는 금융판매센터로 이원화하는 것도 바로 CRM 마케팅의 일환이다. 전문가들로 구성된 금융지원센터의 상담원들은 고객 전화가 걸려올 때 고객정보가 저장된 CRM 시스템에서 실시간으로 고객정보를 파악한 후 고객 니즈에 맞는 맞춤형 상담을 제공한다.[309]

cyberspace

cyberspace(사이버공간)는 1982년 미국 과학소설SF 작가 윌리엄 깁슨 William Gibson, 1948~이 쓴 단편 소설 『불타는 크롬 Burning Chrome』에 최초로 등장했으며, 2년 후인 1984년에 나온 깁슨의 대표작 『뉴로맨서 Neuromencer』를 통해 널리 알려지게 되었다. 사이버공간은 기술적으로는 '가상현실 기술 기반 컴퓨터네트워크'를 가리키지만, '사이버'라는 용어는 사이버공간을 넘어서 패션이나 화장품 등 각종 상품의 이름에 등장할 정도로 오・남용되고 있다.

cyber는 원래 '통제'나 '조타수'를 의미하는 그리스어 어근이다. '사이버'는 '가상virtual'이라는 의미를 갖는 접두어처럼 사용되고 있는데, 이는 1990년대 중반 이후 이 용어를 상업적으로 남용한 결과이며, '사이버'는 접두어가 아니라 흔히 인공두뇌학으로 번역되는 '사이버네틱스 Cybernetics'라는 용어의 줄임말이다. 미국 수학자 노버트 위너 Norbert Wiener, 1894~1964가 1948년 동물과 기계에서 제어・커뮤니케이션 시스템이 어떻게 작동하는지를 연구하는 것을 cybernetics라고 부르고, 기계에 의한 통제에 cybernation

이란 이름을 붙이면서 최초로 만들어진 단어인 것이다.[310]

깁슨의 소설에서 사이버공간은 매트릭스 matrix(원래 뜻은 자궁, 모체, 행렬)로도 불린다. 『뉴로맨서』에서 "매트릭스는 사이버공간이 고도의 수학에 기반을 두고 있으며, 모든 사람의 가장 기본적인 일상 환경이라는 것을 가리키는 것"이다.[311] 1999년 전 세계를 강타한 할리우드 영화 〈매트릭스〉도 바로 깁슨의 사이버공간을 의미하는 것이었다. 한국을 비롯하여 전 세계를 열광시킨 '매트릭스 신드롬'은 사이버공간의 신비화와 더불어 기술 유토피아적 전망을 부각시키는 데 큰 영향을 끼쳤다.[312]

〈매트릭스〉의 주인공 '네오'는 실제인 줄 알았던 현실 세계가 사실은 컴퓨터가 만든 가상세계임을 알게 되면서 큰 혼돈에 빠져드는데, 프랑스 철학자 장 보드리야르 Jean Baudrillard, 1929~2007는 우리 인간이 매트릭스의 세계로 가고 있다고 주장했다.[313]

〈매트릭스〉는 속도의 개념에서 새로운 경지를 보여주었다. 주인공 네오의 '총알 피하기' 장면에 쓰인 '불릿타임 bullet-time'은 카메라 120대로 전체를 에워싸고, 1초에 100프레임씩 전체적으로 1초에 1만 2,000프레임을 찍는 초고속 촬영 방식이었다.[314]

깁슨은 추종자들 사이에선 '선지자'로 불리는데, 깁슨은 파란만장한 인생살이 때문에 일종의 현실 도피로 일찍 사이버 세계에 눈을 뜨게되었다. 깁슨의 삶은 한 편의 영화로 만들어도 좋을 만큼 드라마틱하다. 6세 때 아버지, 18세 때 어머니를 사별한 그는 어린 시절부터 여기저기 떠돌아다니며 사느라 적응에 어려움을 겪어 매우 수줍어하는 성격을 갖게 되었다. 상실감이 매우 컸던 듯, 훗날 그는 『뉴욕타임스매거진』(2007년 8월 19일) 인터뷰에서 다음과 같이 말했다.

"Loss is not without its curious advantages for the artist. Major traumatic breaks are pretty common in the biographies of artists I respect(상실은 예술가에게 나쁘기만 한 것은 아니다. 내가 존경하는 예술가들의 전기들을 읽어보니 트라우마를 겪지 않은 이가 없더라)."

깁슨은 20세이던 1968년 베트남전쟁 징집을 피해 캐나다로 도주 이민을 가서 산 덕분에 지금도 미국 시민권과 캐나다 시민권을 동시에 갖고 있는 이중국적자다. 깁슨은 좌파적 반反문화 성향에 푹 빠진 히피족이었지만, 병역 기피의 동기는 무슨 고상한 원칙 때문은 아니었다. 그는 2000년 자신의 자전적 다큐멘터리에서 히피족의 자유로운 성 생활과 대마초 탐닉을 계속 누리고 싶어 캐나다로 도망갔다고 밝혔다.

그는 30년 전에 오늘날과 같은 디지털 세상을 정확히 예언했지만, 그렇다고 해서 그가 디지털 문화에 심취해 사는 건 아니다. 오히려 정반대다. 그는 집필 작업에 방해가 된다는 이유로 1996년까지도 이메일을 쓰지 않았다.[315] 혹자는 깁슨이 『뉴로맨서』를 쓸 당시에 이른바 '컴맹'이었다는 점을 들어 그가 소설에서 제시한 일련의 인터페이스들을 무지의 소산으로 치부해버리기도 하지만,[316] 전혀 새로운 비전은 오히려 국외자들의 눈에 더 잘 보이는 법이다.

깁슨은 어쩔 수 없이 따라가면서도 컴퓨터의 업그레이드 열풍에 대해서도 비판적이다. 그는 "새 컴퓨터를 살 때마다 얼음을 사는 듯했다. 자동차 트렁크에 넣고 집에 오는 동안 다 녹아버려 쓸모없게 되는 얼음 같았다"며 "날로 발전하는 테크놀로지에 맞서 깊이 의심하는 것이 유일하게 건전한 반응"이라고 말했다.[317]

"The future is already here it's just not evenly distributed(미래는 이미 와 있다. 단지 널리 퍼져 있지 않을 뿐이다)." 깁슨이 1993년 미국 공영라디오 NPR과의 인터뷰에서 한 말로, 안철수가 2012년 9월 19일 대선 출마 선언을 하면서 인용하여 한국에서 유명해졌다. 깁슨은 "한국의 한 유력 대선 후보가 깁슨의 말을 인용했다"는 트위터 글을 리트윗하면서 이런 감사의 글을 트위터에 올렸다. "한국인 팔로워들 고맙습니다. 엄청난 거리를 뛰어넘어 저한테까지 오셨군요."[318]

안철수가 깁슨의 말을 인용한 후, 한국 출판계에선 다소 놀라운 일이 벌어졌다. 국내 출간 20년이 지난 깁슨의 소설 『뉴로맨서』가 하루 만에 재쇄에 들어간 것이다. 이 책은 세계적으로 650만 부 넘게 팔린 베스트셀러이지만, 국내에서는 안철수 발언 전까지 일부 마니아층에만 알려졌다. 1992년 같은 이름으로 세계사에서 출간되었다가 2005년 황금가지에서 재출간되었다. 황금가지 편집장 김준혁은 "장르문학이 가장 잘 나가는 8월 한 달 순 출고량이 11부였는데, 어제(19일) 하루 만에 1,500부 주문이 들어와 재쇄 5,000부를 찍기로 했다"고 말했다. 그는 "출마 선언 전 영업부에서 윌리엄 깁슨에 관한 언급이 있을 거란 정보를 들었지만, 이 정도로 파급력이 있을지 몰라 미처 준비하지 못했다"고 덧붙였다.[319]

깁슨의 소설 『뉴로맨서』는 또한 '사이버펑크cyperpunk'라는 새로운 공상과학 장르를 낳았다. '펑크 록' 운동에서 파생된 '펑크'라는 어근은 거친 도시생활, 섹스, 마약, 폭력, 팝 문화와 패션에서의 반권위주의적 반항 태도를 의미한다. 319 시간이 흐르면서 사이버펑크의 개념은 확대되었는데, 사이버펑크 전문잡지 『몬도 2000』은 사이버펑크를 ① 20세기 말 기술혁명 도는 그것을 이끄는 사람들 ② 아나키즘에 빠진 해커 ③ 정부기관의 컴퓨터 통신망에 접속, 해킹을 시도하는 사람 ④ 반문화운동의 일환으로 기술적 통찰력과 반항적인 생활태도를 함께 갖고 있는 사람으로 정의했다.[320]

사이버펑크의 세계관에서 확연히 드러나는 건 사이버리즘cyberism이다. 사이버리즘은 인간의 몸과 정신을 분리하는 데카르트적 사고가 디지털 기술의 발달로 다시 나타난 것으로 육체를 폐기하는 탈육화 지향성을 말한다. 홍성태는 "사이버리즘의 핵심 내용은 정보 통신 기술의 발달을 통해 우리가 물질적 한계를 벗어나 무한한 자유의 왕국에 도달하게 된다는 것으로 요약할 수 있다"며 사이버리즘을 "정보 통신 기술에 대한 과도한 기대나 오해에 바탕을 두고 자본주의를 합리화하는 이데올로기"로 규정했다.[321]

실제로 깁슨의 사이버펑크 추종자들은 "신체는 고깃덩이다"고 선언했다. 이에 대해 미국 카네기-멜론 대학 예술·로봇공학 교수 사이먼 페니Simon Penny는 신체 극복에 대한 그들의 욕망은 결코 새로운 생각이 아니라고 지적했다. 그는 "신체가 '폐물' 이라는 생각은 이상하게도 특히 사이버 문화 서클에서 유행하고 있다"며 "당대의 기술을 통해 신체를 극복하려는 이 욕망은 내 생각으로는 기묘할 뿐만 아니라 지지자들이 생각하는 것보다는 훨씬 덜 미래적이다. '신체' 보다 '마음' 을, 구체보다 추상을 우위에 두는 것은 기독교 신플라톤주의부터 데카르트와 그 이후에 이르기까지 서구 철학에서는 강하게 지속하는 흐름이다"고 말했다.[322]

사이버공간에 푹 빠진 '폐인' 들은 신체를 혹사하거나 돌보지 않는다. 신체를 고깃덩이로 보기 때문에 그런 건 아니겠지만, 그들을 매료시키는 건 현실세계보다는 탈육화된 사이버공간임이 틀림없다. 그러나 동시에 사이버공간은 '얼짱', '몸짱' 등 극단적인 신체 숭배의 무대로 활용되기도 한다. 그 어느 쪽이든 사이버공간의 구원에도 한계가 있다는 건 분명하다.

사이버공간은 전 인류적 차원의 새로운 프런티어로 등장했다. 그것은 개척하고 정복해야 할 미지의 세계로 많은 사람의 호기심을 사로잡고 열광을 자아내게 한다. 그 과정에서 열광의 극한을 치닫는 폐인들, 또 그들 중에서 일확천금을 쥐는 기업가들도 나타나고 있다. 호기심과 열광의 잔치는 프런티어의 종언이 외쳐지는 그날까지 계속될 것이 틀림없다.

cybersquatting

사이버스쿼팅cybersquatting은 특정기업의 문패에 해당되는 주소를 미리 차지하고 비싼 값의 보상금을 타내는 도메인 선점방식을 의미한다. domain squatting이라고도 한다. 스쿼팅squatting의 원래 의미를 훼손하는 잘못된 용법이라 할 수 있다. 1999년 UN의 한 조사위원회는 사이버스콰팅을 근절시키자는 제안서를 발표하기도 했다.[323] [참고 squatting]

도메인 이름의 등록 유효 기간이 끝날 때 즈음 미리 자동 소프트웨어 툴을 가동시켜 날치기 해가는 것을 renewal snatching이라고 하며, 네티즌들이 사이트에 접속할 때 주소를 잘못 입력하거나 철자를 빠뜨리는 실수를 이용하기 위해 이와 유사한 유명 도메인을 미리 등록하는 걸 가리켜 타이포스쿼팅typosquatting 또는 URL 하이재킹hijacking이라고 한다.

typosquatting은 유명 사이트들의 도메인을 입력할 때 오타 실수로 발생할 수 있는 온갖 도메인 이름을 선점해놓고 이용자가 모르는 사이에 광고 사이트로 이동하게 만드는 수법이다. 예를 들면, 유튜브yuube.com, 야후yahoo.com, AOLwwwaol.com, MSNwww-msn.com, 넷스케이프Netcsape.com 등과 같이 미리 등록해놓고 여기에 광고 배너를 가득 채운 뒤 클릭을 하게 만드는 것이다. 미국은 이에 대응하기 위해 1999년 ACPA

Anticybersquatting Consumer Protection Act를 만들었다.³²⁴

cynicism

cynicism은 냉소주의冷笑主義다. 철학의 학파로서의 냉소주의는 소크라테스Socrates, B.C. 470?~B.C. 399의 제자인 안티스테네스Antisthenes, B.C. 445~B.C. 366까지 거슬러 올라간다. 냉소주의의 창시자라고 할 수 있는 안티스테네스는 아테네 시 외곽의 연무장演武場: gymnasium에서 강론을 펼쳤는데, 그 연무장의 이름이 Cynosarges인 데서 cynic(냉소적인)이라는 말이 나왔다.

안티스테네스가 이끈 냉소주의자들은 금욕주의asceticism를 실천하면서 거만한 독선insolent self-righteousness으로 유명했다. 사회적 관습을 무시하는 것에서부터 아무데서나 잠을 자는 것에 이르기까지 이들의 행태가 개와 비슷하다고 해서 이들의 사상을 견유주의犬儒主義라고도 하는데, 우연의 일치지만 그리스어로 '개 같은doglike' 이라는 뜻의 단어는 cynikos이다. 그래서 이들을 견유학파 또는 키니코스학파라고도 한다.³²⁵

냉소주의자들은 나중에 개에 대한 비유를 스스로 받아들였는데, 냉소주의자와 개가 닮은 점은 4가지로 압축된다. 첫째, 맨발로 다니고 아무데서나 자는 등 삶의 방식에 대한 무관심이다. 둘째, 위선이 없는 건 물론 부끄러움을 모르고 뻔뻔하다. 셋째, 개가 훌륭한 파수꾼이듯, 냉소주의자들은 자신들의 철학 신조를 굳게 지킨다. 넷째, 개가 주인에게만 충성하고 남에겐 사납게 굴 듯, 냉소주의자들은 같은 철학을 공유하는 동지들에겐 더할 나위 없이 친절하지만, 그렇지 않은 사람들은 공격적으로 비판한다.³²⁶

Skepticism not cynicism(냉소주의가 아닌 회의주의를). 『뉴욕타임스』편집자 R. W. 애플R. W. Apple, 1934~2006의 책상에 걸려 있던 표어다. skeptic(회의론자), skepticism(회의주의)은 그리스어 skeptikos(inquirer)에서 나온 말이다. 회의론자들은 인간지식의 한계와 감각을 통해 얻은 지식의 신뢰도를 의심했기에 자신들이 확실한 지식을 알고 있다고 믿는 dogmatists와 투쟁했다. 반면 냉소주의자는 주로 수사학적 형식rhetorical form에 치중한다.³²⁷

냉소주의 사상에는 자족自足: self-sufficiency과 자기통제self-control 등 좋은 점도 많았는데, 후세에

Antisthenes

는 좋지 않은 점만 부각되었다. 일반적으로 냉소주의에 대한 평가는 부정 일변도지만, 냉소는 권위에 대한 풍자적이고 반어적인 반응의 하나로, 지배질서의 위선을 우스꽝스럽게 만드는 것이기도 하다. 현대적 의미로 냉소주의는 이상과 현실의 괴리를 지적하고 위선을 폭로하는 성향이기도 한데, 이는 영국 작가 조지 버나드 쇼 George Bernard Shaw, 1856~1950의 다음과 같은 말로 잘 표현된다. "The power of accurate observation is often called cynicism, by those who don't have it(정확한 관찰의 힘은 그걸 갖지 못한 사람들에 의해 냉소주의로 불린다)."[328]

냉소주의의 재건을 주장하는 독일 철학자 페터 슬로터다이크 Peter Sloterdijk, 1947-는 '뻔뻔함'을 새로운 철학적 사유 양식으로 제시했다. 철학이 말하는 대로 살려면 위선적이 될 수밖에 없었기 때문에 바로 우리가 살고 있는 바를 말할 수 있는 표현 양식이라 할 뻔뻔함을 발휘하자는 것이다. 탈형이상학적인 현실적 삶에 대해 긍정하면서 건강하고 즐거운 삶을 적극적으로 추구하자는 뜻이다.[329]

김석수는 "견유학파의 대표적인 인물인 디오게네스는 이상적인 인간이 아니라 현실적인 인간을, 일정한 시간이나 예의범절의 규칙에 따라 살아가는 도덕적 인간이 아니라 배고플 때 먹고, 지칠 때 잠자는 동물적인 인간을 추구하였다. 견유학파는 인간의 동물성을 그 자체 행복의 요건으로 삼았으며, 그것을 결코 부끄럽게 생각하지 않았다. 슬로터다이크는 견유학파의 이와 같은 관점이 소비사회의 장식들을 추방하고, 생태적 균형을 유지하는 데 이바지하며, 부당한 정치적 권력에 대해서 비판적 기능을 수행하였다고 보았다"며 다음과 같이 말한다.

"그러나 유감스럽게도 슬로터다이크가 볼 때 이러한 견유학파의 냉소성은 역사 속에서 긍정적인 면을 창출하지 못하고 부정적인 측면을 나타내기 시작했다. 특히 기독교가 서양의 세계를 지배했던 무렵에 이르러서는 냉소성은 자유분방한 본래의 특징을 상실하고 권력에 동화되기 시작하였다. 그래서 그는 냉소주의를 '계몽된 거짓 의식' 내지는 '근대화된 불행한 의식'이라고 규정하였다. '계몽된 거짓 의식'으로서 냉소주의는 삶을 기본적으로 값어치 없는 것으로 만들고, 그래서 우리가 할 수 있는 것이라곤 우리와 달리 생각하는 사람들을 비웃는 것뿐이라는 입장에 이르게 한다. 그러나 슬로터다이크는 냉소주의의 부정적인 무력함을 벗어나기 위해서 고대 견유학파가 지니고 있었던 긍정적인 점, 즉 탈형이상학적인 현실적 삶에 대한 긍정을 새롭게 주장하였다. 그래서 그는 이 생에서의 건강하고 즐거운 삶을 적극적으로 추구하자 하였다."[330]

냉소주의를 상식적인 수준에서 정의하자면, 세상만사를 구경꾼의 자세로 보면서 빈정대는 자세를 가리킨다. 고영복은 냉소주의를 "현실에 적극적으로 참여하여 자기가 만족스럽지 못한 부분을 비판하고 개선시켜 나가기 위하여 노력하지 않고, 멀리서 팔짱을 끼고 지켜보며 이것저것 불평불만을 늘어놓는 태도"라고 정의했다. 그는 냉소주의는 대체로 대안이 없는 비난이라는 점에서 건전한 비판과 전혀 다르며, 냉소적 인간은 현실에 대해 못마땅해하면서도 변화를 진심으로 바라지는 않거나 변화·발전을 위한 의지나 능력이 결핍된 경우가 대부분이라고 주장했다.[331]

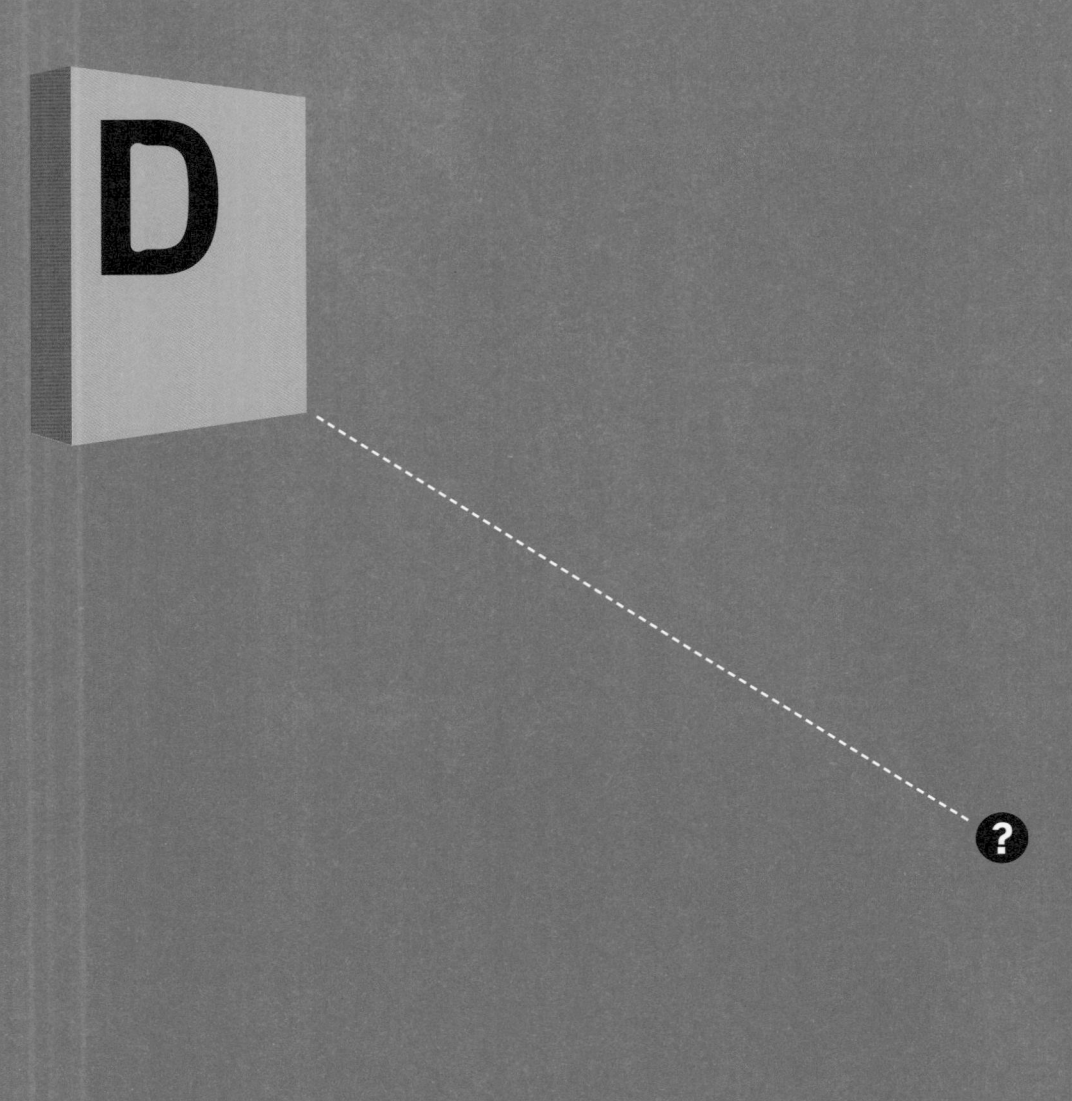

D

data smog

data smog(데이터 스모그)는 1997년 미국의 미디어 비평가 데이비드 솅크David Shenk가 출간한 『데이터 스모그』에서 '정보 폭발' 또는 '정보 홍수'를 묘사하기 위해 만든 말이다. 2004년 『옥스퍼드 영어사전Oxford English Dictionary』은 이 단어를 수록했다.[1] [참고 smog]

1971년 미국인은 하루 평균 560건의 광고 메시지에 노출되었으나, 20년 후 그 6배인 3000건의 광고 메시지에 노출되었다. 정보가 주체할 수 없을 정도로 과잉으로 흘러넘치다 보니 '쓰레기'가 발생하지 않을 수 없다. 개인의 프라이버시 영역을 함부로 침투해 들어오는 정보도 많다. 솅크는 그런 쓰레기 정보를 '데이터 스모그'라고 부르겠다면서 다음과 같이 말한다.

"데이터 스모그는 단지 우리의 가정이나 전자우편함에 날마다 배달되는 쓸데없는 광고지와 정보 쓰레기 더미뿐만이 아니다. 그것에는 또한 우리가 상당한 돈을 지불하는 정보, 우리가 '갈망하는' 정보도 포함된다. 그것은 매혹적이고 매료시키는 빠른 장면의 텔레비전 광고들과 24시간 최신의 뉴스 속보들이다. 그것은 요청하지 않은 것은 물론 요청한 팩스들, 저녁 시간 동안 잘못 걸려온 전화들, 저녁식사 시간에 걸려오는 애처롭게 호소하는 판촉 전화들이다. 또한 그것은 저녁식사 시간을 전후하여 우리가 열심히 방문했던 웹사이트이며, 매달 탐독하는 잡지 더미이며, 자유시간이 생길 때마다 손끝으로 돌려대는 수많은 채널들이다."[2]

가장 공격적인 자세로 우리의 일상적 삶에 침투해 들어오는 데이터 스모그는 물론 광고다. 광고의 편재성은 실로 감탄마저 자아내게 만든다. 아름다운 감탄은 아니다. 그 집요함에 대한 감탄이다. 솅크는 오늘날 상업적 메시지의 대부분은 미학적으로 호소하며 각각은 비교적 해가 없는 것으로 생각될 수 있지만, 집합적으로 보면 그들은 우리 삶의 모든 구석구석과 틈새들로 소리 없이 스며들고 있다고 말한다.

"우리의 윗옷, 넥타이, 모자, 내의, 팔목 밴드, 자전거, 벤치, 자동차, 트럭, 심지어는 테니스 네트 위에도 스며든다. 광고 현수막들은 비행기 뒤에서 길게 나부끼기도 하며, 운동 경기와 연주회 현장에 걸려 있고 이제는 웹페이지들의 둘레에도 스며든다. 그리고 하늘을 떠다니는 광고용 비행선들의 옆면에도 스며든다. 잡지 광고는 이제 단지 색깔과 문구들을 통해서뿐만 아니라 향기와 심지어 소리를 통해서도 커뮤니케이션을 할 수 있다. 스모그는 '기사 형식의 광고advertorials'와 상품 배치에 있어 기사 내용과 상업적 메시지들 간 경계가 교묘하게 흐려짐으로써 더욱 짙어진다."[3]

"It has become an elite act not to watch network TV or not to videotape your wedding. The sad irony of the information age is that the have-nots are going to end up with the data dumped on them(네트워크 TV를 보지 않거나 결혼식 비디오테이프를 찍지 않는 것은 엘리트적 행동이 되었다. 정보화 시대의 슬픈 아이러니는 결국 못 가진 자들이 쏟아지는 정보 쓰레기들에 파묻히게 될 것이라는 사실이다)." 사회학자 안드라스 산토András Szántó, 1964~의 말이다. 솅크는 산토의 말을 인용하면서 "교육받은 엘리트가 데이터 스모그라는 새로운 도전에 지적으로 대응하도록 배우는 반면에, 부가적으로 불이익을 당할 사람들은 바로 가난한 사람들이다"며 다음과 같이 말한다.

"The best way to prevent such a data smog gap from settling in is to shift the attention and resources toward basic educational infrastructure for all Americans……Above all else, it is imperative that in the coming years we strive to keep the quality of our thinking as great as the quantity of our information(그러한 데이터 스모그의 격차가 고착되는 것을 방지하는 최선의 방법은 관심과 자원을 모든 미국인을 위한 기본 교육 하부구조 쪽으로 돌리는 것이다.……다가올 시대에는 다른 무엇보다도 정보의 양만큼이나 중요한 사고의 질을 유지하려고 노력하는 것이 필수적이다)."[4]

deal

Deal me in(내게도 기회를 달라). 미국인들이 좋아하는 슬로건이다. 데이비드 포터David M. Porter는 『풍요의 국민People of Plenty: Economic Abundance and the American Character』(1954)에서 풍요로움에 의해 자극받은 정신이 미국 국민성의 핵심이라고 주장했다. 미국에서 '자유'란 기회를 잡을 자유를 의미하며, '평등'이라는 단어 역시 기회를 잡을 자유를 의미한다는 것이다.

포터는 "유럽은 계급투쟁을 생각하지 않고는 사회의 다양한 계층 간 관계를 변화시킬 수 없다고 생각한 반면 미국은 어느 한 계급을 희생자로 취급한다든지, 혹은 궁극적인 의미에서, 다른 계급의 적대자로 취급하지 않고도 이러한 관계를 변화시켰고 또한 변화시킬 수 있다고 생각했다"고 주장했다. 대다수의 미국인은 "부자의 부를 빨아내자Soak the Rich"라는 구호를 역겨워하는 대신에 "내게도 기회를 달라Deal me in"와 같은 구호가 훨씬 "자발적이고 즐겁게 미국인들의 입에서 터져나왔다"는 것이다.[5]

have(get) a raw deal은 "푸대접 받다"는 뜻이다. raw에는 "지독한, 부당한"이란 뜻이 있는바, raw deal은 "부당한 취급, 가혹한 처사"를 뜻한다. 그 반대가 square deal 또는 fair deal이라 할 수 있는데, 이는 각각 시어도어 루스벨트Theodore Roosevelt, 1858~1919 대통령과 해리 트루먼Harry Truman, 1884~1972 대통령의 슬로건이기도 했다.

루스벨트는 1904년 대선 유세에서 '공정거래the Square Deal'를 강조했다. 이는 루스벨트가 1902년 광산파업 타결 후 대기업과 노조의 평화공존이라는 이상을 묘사하면서 한 말이었다. 예컨대 기업과 노조의 대립을 조정할 때 역설하는 개념이 바로 '공정거래'였다. 이는 그의 별명이 되다시피 했다.[6]

독립운동가 이승만은 1905년 8월 4일 여름 별장지인 뉴욕의 롱아일랜드에 있는 사가모어 힐Sagamore Hill 저택에서 루스벨트를 만나 하와이 교민 8,000명을 대표하여 한국의 주권과 독립보전에 대한 희망을 담은 청원서를 제출했다. 청원서를 읽은 루스벨트의 낯빛이 어두워지자 이승만은 "각하의 스퀘어 딜square deal(공정한 대우)을 구하러 먼 지방에서 왔습니다"라고 말했다. 물론 루스벨트는 이 문제에 대해서만큼은 전혀 square하지 않았을 뿐만 아니라 골수 친일파였다.[7]

시어도어 루스벨트의 조카인 프랭클린 루스벨트Franklin Delano Roosevelt, 1882~1945는 1932년 7월 2일 시카고 민주당 전당대회 대통령 후보지명 수락연설에서 '뉴딜'을 들고 나왔다. 'I pledge you, I pledge myself, to a new deal for the American people(나는 여러분에게 맹세합니다. 또 나 자신에게 맹세합니다. 미 국민을 위한 '새로운 정책 New Deal'을 펼 것을 말입니다)."

1948년 재선에 성공한 트루먼은 농민보조금 제공, 의무적 건강보험 실시 등 새로운 사회개혁정책을 시도했다. 이 정책은 "모든 집단과 모든 개인은 정부에서 공정한 대우Fair Deal를 받을 권리가 있다"는 그의 연설에 근거해 '페어 딜' 정책으로 명명되었다. 사회보장, 노동권 확립, 경제통제, 시민권 확대 등을 시도한 일련의 개혁정책들은 의회 내 보수파들에 의해 대부분 묵살되어 이렇다 할 성과를 거두진 못했다.[8]

Theodore Roosevelt

debt

debt(빚, 부채)은 프랑스어 dette에서, dette는 라틴어 debere(신세를 지다)에서 온 말이다. debt에서 b는 묵음이라 발음상 있으나 없으나 마찬가지이지만, 프랑스어에서 빠진 b가 영어에서 복원된 것은 사전편찬가lexicographer인 새뮤얼 존슨Samuel Johnson, 1709~1784이 1755년 현대 영어에 엄청난 영향을 끼친 『영어사전A Dictionary of the English Language』을 만들면서 집어넣은 것이라는 설이 있다.[9]

5,000년 전부터 존재했던 빚은 늘 경계의 대상이었기에, 그 위험성을 말해주는 수많은 속담과 격언이 존재했다. Debt is the worst poverty (빚은 최악의 가난이다). Out of debt, out of danger (빚이 없으면 위험도 없다). A man in debt is caught in a net(빚 진 사람은 그물에 갇힌 사람이다). Better to pay and have little than have much and be in debt(빚을 지고 많이 갖는 것보다는 빚을 지지 않고 적게 갖는 것이 낫다). Creditors have better memories than debtors(채권자가 채무자보다 기억력이 좋은 법이다).

구약성서 「잠언」 22장 7절에는 이러한 말이 나온다. "The rich rule over the poor, and the borrower is servant to the lender(부자는 가난한 자를 주관하고 빚진 자는 채주의 종이 되느니라)."

빚의 위험에 대한 이러한 오래된 경계는 현대에 들어와 '신용'이란 말이 생기면서 무너져내리기 시작했다. 미국 사회학자 대니얼 벨Daniel Bell, 1919~2011은 『자본주의의 문화적 모순The Cultural Contradictions of Capitalism』(1976)에서 "The trick of installment selling was to avoid the word 'debt' and emphasize the word 'credit'(할부판매제의 성공 비결은 '빚'이란 단어를 피하고 '신용'이란 단어를 강조한 데 있었다)"라고 말했다.[10]

'신용'이 '빚'을 대체한 언어적 사건은 근검절약을 기반으로 하는 전통적인 프로테스탄트 윤리에도 큰 위협이 되었다. 이에 대해 벨은 다음과 같이 말한다.

"The greatest single engine in the destruction of the Protestant ethic was the invention of the installment plan, or instant credit. Previously one had to save in order to buy. But with credit cards one could indulge in instant gratification(프로테스탄트 윤리를 파괴한 최대의 주범은 할부판매제 또는 신용카드의 발명이었다. 이전에는 무엇을 사기 위해서는 저축을 해야만 했다. 그러나 신용카드 덕분에 이제 사람들은 즉각적인 만족에 빠져들 수 있었다)."[11]

Deep Throat

Deep Throat는 "익명의 제보자"를 뜻한다. 1972~1973년에 걸쳐 리처드 닉슨Richard M. Nixon, 1913~1994 대통령의 몰락을 가져온 워터게이트 사건을 보도한 『워싱턴포스트』의 밥 우드워드Bob Woodward와 칼 번스타인Carl Bernstein 기자가 취재원을 끝내 밝히지 않은 채 버티면서 자신들에게 정보를 준 익명의 제보자를 가리켜 '딥 스로트Deep Throat' 라는 별명을 붙인 데서 비롯된 말이다.

좀더 정확히 말하자면, 당시 『워싱턴포스트』 편집국장이었던 하워드 사이먼스Howard Simons, 1929~1989가 붙인 말인데, 우드워드와 번스타인이 1974년에 출간한 베스트셀러 『모두가 대통령의 사람들All the President's Men』을 통해 처음 소개되었다.[12]

원래 '딥 스로트' 는 성인영화 전문 제작자인 제라드 다미아노Gerard Damiano, 1928~2008가 만들어

Bob Woodward

1972년에 개봉한 포르노 영화 제목으로, 4만 5,000달러의 제작비로 이후 10년 동안 6억 달러를 벌어들인 포르노계의 기념비적인 작품이다(범죄조직이 지하자금 양성화를 위해 지하자금을 이 영화의 수입으로 잡았기 때문에 크게 부풀려진 액수라는 설도 있다). 최초의 합법적 포르노 영화였다지만, 22개 주에서는 상영이 금지되었다. 이 영화의 여주인공은 성적 만족을 느끼는 클리토리스clitoris가 목구멍 뒤에 있어 오럴 섹스에 탐닉한다는 스토리다. 그러나 이 영화보다는 워터게이트 사건이 더 유명해진 탓에 '딥 스로트' 는 이후 '은밀한 제보자' 또는 '심층취재원' 을 가리키는 보통명사가 되었다.[13]

'딥 스로트' 의 정체를 놓고 그간 수많은 추측들이 난무했는데, 수많은 사람이 딥 스로트가 누구라고 주장하는 기사와 책을 발표함으로써 이것 자체가 하나의 신드롬이 되었다. 33년 만인 2005년 5월에서야 월간지 『배니티 페어Vanity Fair』의 보도를 통해 모든 진실이 밝혀졌다. '딥 스로트' 는 당시 연방수사국FBI 2인자였던 윌리엄 마크 펠트William Mark Felt, 1913~2008였다. 이제 91세가 된 그가 왜 스스로 자신의 정체를 드러내게 된 것인지, 당시 정보를 제공한 진정한 동기는 무엇이었는지, FBI와 백악관의 힘겨루기 때문에 누설한 것이라면 워터게이트 사건을 재평가해야 하는 건 아닌지 등에 대한 논란이 분분한 가운데 미국 사회에는 한동안 '워터게이트 복고 열풍' 이 불었다.

당시 펠트는 치매 상태였다. 그의 가족이 공개를 한 것인데, 이 문제를 놓고 사건 보도 당시

펠트를 접촉했던 우드워드는 고민했다. 영원히 익명으로 처리하겠다고 했던 취재원과의 약속 때문이었다. 결국 고민 끝에 펠트가 맞다고 사실 확인을 해주지만, 이 에피소드의 정치학은 언론의 생명이 신뢰라는 걸 말해준다. 자기 조직의 내부고발을 하고 싶어도 익명 보장이 안 될까봐 기자에게 정보를 주지 못하는 사람이 많다. 익명으로 해주기로 했으면 기자가 그것 때문에 감옥에 가는 한이 있더라도 그 약속은 지켜야 한다. 우드워드는 33년간 그 약속을 지킴으로써 언론의 신뢰도를 높이는 데에는 기여했지만, 워터게이트 취재는 미국 언론계에 익명 취재원을 범람하게 하는 부작용을 초래하고 말았다.[14]

definition

operational definition(조작적 정의)은 노벨 물리학상 수상자(1946년)인 미국의 퍼시 윌리엄스 브리지먼Percy Williams Bridgman, 1882~1961이 『근대 물리학의 논리The Logic of Modern Physics』(1927)라는 책에서 처음 사용한 것으로 "어떤 경우에 일정한 조작을 수행했을 때 일정한 결과가 나타난다면, 그리고 오직 그런 때만, 그 개념은 그 경우에 타당하게 적용된다는 것을 진술하는 것"이다.

일부 사회과학자들은 어떤 중심 개념들에 대한 전통적 정의가 안고 있는 혼란과 불일치를 벗어나기 위해 이 개념을 사회과학에 도입했다. 사회과학에서 조작적 정의는 어떤 용어에 대해 그 용어가 적용되는지 안 되는지를 결정하는 특정한 기준이나 절차를 구체화하여 용어를 정의하는 방식을 말한다. 이는 비단 논문뿐만 아니라 법과 규칙의 제정에서도 필수적이다.

예컨대, 미국 위스콘신 주의 법은 모든 '(입법)회의'는 공개해야 한다고 규정하고 있다. 그런데 어떤 회의가 이 법의 취지에 정확하게 들어맞는 회의인가? 위스콘신 주 법은 엄밀한 조작적 기준을 명시화했는데, 그건 "회의란 그 회의의 주제인 법안의 상정을 막을 수도 있는 충분한 수의 의원들의 모임이다"라는 것이다. 이는 흔히 쓰이는 '회의'라는 단어의 정의에 비해 그 범위를 굉장히 좁힌 것인데, 의원들이 대중의 눈을 피해 중대한 결정을 하는 것을 막으려는 법의 취지를 잘 살리고 있는 정의라 할 수 있겠다.[15]

fallacy of persuasive definition은 "(논리학에서) 설득적 정의의 오류"를 말한다. 논쟁에서 용어를 정의할 때 부정 또는 긍정의 방향으로 감정이 실린 방식으로 정의하는 걸 말한다. 부정의 예는 '신앙'을 "감정에 휩쓸려 과학적 근거나 증거가 없는 걸 맹목적으로 믿는 것"으로 정의하는 걸 들 수 있고, 긍정의 예로는 '보수주의자'를 "인간의 한계에 대해 현실적인 견해를 지닌 사람"으로 정의하는 걸 들 수 있을 것이다. 웹스터 사전은 '낙태'를 "포유동물의 태아를 미숙한 상태에서 강제로 적출하는 것"으로 정의했는데, 이러한 중립적인 정의를 벗어나 "낙태는 아기를 살해하는 것을 의미한다"고 한다면 이게 바로 설득적 정의의 오류가 될 것이다.

설득적 정의는 제3자가 볼 때 오류일 뿐 설득의 주체는 늘 자신에게 유리한 쪽으로 언어를 구사하기 마련이다. 예컨대, 좌익은 사회주의를 "경제 영역으로 확장된 민주주의"라고 정의하고, 우익은 자본주의를 "경제 영역에서의 자유"라고 정의한다. 또 미국에서 낙태 반대자들은 '친 생명pro-life'을 구호로 내세우고 낙태 찬성자들은 '자유 선택pro-choice, free choice'을 구호로 내세운다. 이처럼 설득적 정의는 아전인수我田引水의 게임이다. 이는 사실상 거의 모든 사람이 알게 모르게 구사하는 기법이라 해도 과언이 아니다. 정의적情意的 언어의 오류fallacy of emotive language라고도 한다.[16]

"The definition of the alternatives is the supreme instrument of power(대안의 정의를 내리는 것이 최고의 권력 수단이다)." 미국 정치학자 E. E. 샤트슈나이더E. E. Schattschneider, 1892~1971의 말이다.[17]

democracy

democracy(민주주의)는 '인민에 의한 지배rule by the people'라는 뜻의 그리스어 dēmokratía에서 나온 말이다. '엘리트에 의한 지배'의 반대 개념으로 나온 말인데, 영어에서는 16세기경부터 사용되었다.[18]

민주주의의 한계와 위기를 지적하는 목소리가 높다. 예컨대, 매튜 크랜슨Matthew Crenson과 벤저민 긴스버그Benjamin Ginsberg는 『다운사이징 데모크라시: 왜 미국 민주주의는 나빠졌는가 Downsizing Democracy: How America Sidelined Its Citizens and Privatized Its Public』(2004)에서 '다운사이징 데모크라시'를 들고 나왔다.

이들은 "이제 시민의 시대는 끝나가고 있다. 오늘날 서구 국가들은 평범한 시민들의 참여 없이도 군대를 모으고 세금을 걷고 정책을 집행하는 방법을 발견했다. 이런 근본적인 변화는 정치 엘리트들이 대중의 정치참여에 의지하지 않고 권력을 유지하며 행사할 수 있는 길을 열었다. 어떤 면에서 이런 변화의 징후는 미국에서 가장 뚜렷하다"며 다음과 같이 말한다.

"미국에서는 일반 시민이 정치의 변방으로 밀려나면서 60년 이상 투표율이 하락했다. 건국 초기 예외적일 만큼 인상적이었던 민주주의의 발전에도 불구하고, 오늘날의 정치 엘리트들은 유권자 대중을 주변화했고, 점차 법원과 관료들에 의존하여 자신들이 원하는 것을 얻고 있다. 우리는 이런 경향을 대중민주주의popular democracy와 구분하여 개인민주주의personal democracy라고 부른다.……민주주의에 대한 대중의 경험은 집단적인 것이 아니라 개인적인 것이 되어가고 있다. 최근 수십 년 동안 평범한 미국인들은 시민에서 '고객customers' (워싱턴 정가에서는 흔히 이렇게 부른다)이라고 불리는 존재로 변해왔다."[19]

민주주의의 위기에 대한 우려의 목소리는 높지만, 이렇다 할 대안은 없다. 호주 철학자 존 번하임John Burnheim은 『민주주의는 가능한가?Is Democracy Possible?』(1985)에서 '데마키demarchy'라는 대담한 방식을 제안했다. 데마키는 민民을 뜻하는 '데모스'와 지배 형태를 뜻하는 '아르키'의 합성어로, 직역하면 '민주정民主政'이 된다. 원래 경제학자 프리드리히 하이에크Friedrich August von Hayek, 1899~1992가 『법, 입법, 자유Law, Legislation and Liberty』(1973)에서 국가나 관료체제가 없는 정치 시스템을 묘사하기 위해 만든 말이다.

번하임이 말하는 데마키는 국가나 관료가 통치하는 것이 아니라 제비뽑기 등 '대표 표본제'로 선출된 '기능적 집단'들의 네트워크를 기반으로 하는 정치로, 일명 '선거 없는 민주주의'라 불리며 본질적으로 일종의 '통계적 민주주의'라 할 수 있다.[20]

이것 역시 많은 사람의 지지를 얻을 수 있는 대안이라고 보기는 어렵다. 인도 지도자 자와할랄 네루Jawaharlal Nehru, 1889~1964의 말이 실감난다. "Democracy is good. I say this because other systems are worse(민주주의는 좋다. 다른 제도들이 더 나쁘기 때문에 이렇게 말하는 것이다)." 민주주의는 차선次善 또는 차악次惡으로 계속 건재할 것인가? democracy에 관한 명언 10개를 감상하면서 생각해보기로 하자.

(1) As I would not be a slave, so I would not be a master. This expresses my idea of democracy(내가 노예가 되고 싶지 않으므로 나는 주인도 되지 않으런다. 이것이 내가 생각하는 민주주의다). 미국 제16대 대통령 에이브러햄 링컨Abraham Lincoln, 1809~1865의 말이다.

(2) Democracy is the form of government that gives every man the right to be his own oppressor(민주주의란 모든 사람에게 자기 자신이 압제자가 될 권리를 준 정부 형태다). 미국의 시인, 평론가 겸 외교관인 제임스 러셀 로웰James Russell Lowell, 1819~1891의 말이다.

(3) Perhaps no form of government needs great leaders so much as democracy(민주주의만큼 위대한 지도자가 필요한 정부 형태는 없을 것이다).[21] 1907년에서 1913년까지 미국 대사를 지낸 영국의 역사가이자 정치가인 제임스 브라이스James Bryce, 1839~1922가 1888년에 출간한 『미국공화국The American Commonwealth』에서 한 말이다.

(4) Democracy is not so much a form of government as a set of principles(민주주의는 정부 형태가 아니라 일련의 원칙이다). 미국 제28대 대통령 우드로 윌슨Woodrow Wilson, 1856~1924의 말이다.

(5) Democracy substitutes election by the incompetent many for appointment by the corrupt few(민주주의는 다수의 무자격자가 부패한 소수를 선거를 통해 임명하는 것이다). 영국 작가 조지 버나드 쇼George Bernard Shaw, 1856~1950의 말이다.[22]

(6) The serious threat to our democracy is not the existence of foreign totalitarian states. It is the existence within our own personal attitudes and within our own institutions of

conditions which have given a victory to external authority, discipline, uniformity and dependence upon The leader in foreign countries. The battlefield is also accordingly here-within ourselves and our institutions(우리의 민주주의에 심각한 위협은 외국의 전체주의 국가들의 존재가 아니다. 위험은 그런 나라들에서 외적 권위, 규율, 획일성, 지도자 숭배 등에 승리를 안겨준 조건들이 우리 자신의 개인적인 태도와 우리 자신의 제도 속에도 존재한다는 데 있다. 따라서 싸움터는 바로 여기, 즉 우리 자신과 우리의 제도 내부에도 있는 것이다). 미국 철학자 존 듀이John Dewey, 1859~1952가 1939년에 출간한 『자유와 문화Freedom and Culture』에서 한 말이다.[23]

(7) Democracy is based upon the conviction that there are extraordinary possibilities in ordinary people(민주주의는 보통 사람들에게 엄청난 잠재력이 있다는 신념에 바탕을 둔다). 미국 목사 해리 에머슨 포스딕Harry Emerson Fosdick, 1878~1969의 말이다.

(8) Democracy is only a dream: it should be put in the same category as Arcadia, Santa Claus, and Heaven(민주주의는 꿈일 뿐이다. 그것은 아르키디아, 산타클로스, 천국과 같은 범주에 넣어야 한다). 독설가로 유명한 미국 저널리스트 헨리 루이 멩켄Henry Louis Mencken, 1880~1956의 말이다. 아르키디아는 옛 그리스 산속의 이상향을 말한다.

(9) Political democracy is not so much a way of expressing the wisdom people have, as it is a way of enabling them to get wisdom(정치적 민주주의는 국민이 갖고 있는 지혜를 표현하는 방식이라기보다는 그들이 지혜를 갖는 걸 가능케 하는 방식이다). 미국 칼럼니스트 월터 리프만Walter Lippmann, 1889~1974의 말이다.[24]

(10) Too many people expect wonders from democracy, when the most wonderful thing of all is just having it(많은 사람이 민주주의에서 굉장한 걸 기대하고 있다. 모든 것 중에서 가장 굉장한 건 민주주의를 누리는 그 자체임에도 말이다). 미국 언론인 월터 윈첼Walter Winchell, 1897~1972의 말이다.

desire

욕구need가 생존에 절대적으로 필요한 것을 원하는 것인 반면, 욕망desire은 생존에 절대적으로 필요한 것이 아닌 것을 원하는 것을 가리키지만, 보통 혼용되기도 한다. 라캉은 프로이트가 동의어처럼 혼용해온 욕구, 요구, 욕망을 엄격히 구별하면서 무의식적 욕망이 심리적이고 생물학적이라기보다는 문화적이고 상징적인 것이라고 주장했다. 이와 관련, 전경갑은 다음과 같이 말한다.

"인간은 식욕이나 성욕 같은 생리적 욕구를 언어로 표현한다. 욕구need가 식욕이나 성욕 같은 생리적 충동이라면, 요구demand는 생리적 욕구의 언어적 표현이요 상징적 표현이다. 그러나 언어로 표현하는 순간, 언어로 표현할 수 없는 욕구는 의식적 언어의 이면으로 억압되어 무의식적 욕망을 형성한다. 결국 생리적 욕구와 언어적 요구 간 메울 수 없는 심연에서 욕망desire이 형성되는 것이다."[25]

desire에 관한 명언 7개만 감상해보기로 하자.

(1) It is a miserable state of mind to have few things to desire, and many things to fear(욕망하는 게 적고 두려워하는 게 많은 건 비참한 정신 상태다). 영국 철학자 프랜시스 베이컨Francis Bacon, 1561~1626의 말이다.

(2) The fundamental motivation of all human action is the desire for pleasure(모든 인간 행동의 근본적 동기는 쾌락을 얻고자 하는 욕망이다). 영국 철학자 토머스 홉스Thomas Hobbes, 1588~1679의 말이다.[26]

(3) The stoical scheme of supplying our wants by lopping off our desire is like cutting off our feet when we want shoes(욕망을 제거함으로써 필요를 충족시키는 금욕주의 방식은 신발이 필요할 때 다리를 잘라버리는 것과 같다). 영국 작가 조너선 스위프트Jonathan Swift, 1667~1745의 말이다.

(4) I have learned to seek my happiness by limiting my desires, rather than in attempting to satisfy them(나는 욕망을 충족시키려는 시도를 하기보다는 욕망을 통제함으로써 행복을 추구하는 법을 터득해왔다). 영국 철학자 존 스튜어트 밀John Stuart Mill, 1806~1873의 말이다.

(5) All human activity is prompted by desire(모든 인간 행동은 욕망에 의해 유발된다). 영국 철학자 버트런드 러셀Bertrand Russell, 1872~1970의 말이다.

(6) The starting point of all achievement is desire(모든 성취의 출발점은 욕망이다). 미국의 처세술 전문가 나폴레온 힐Napoleon Hill, 1883~1970의 말이다. 그의 저서 『생각하라, 그러면 부자가 되리라Think and Grow Rich』(1937)는 3,000만 권 이상이 팔렸으며 지금까지도 팔리고 있다. 힐은 이 책에서 독자들에게 적어도 하루에 한 번씩 눈을 감고 20여 분에 걸쳐 돈에 집중해야 한다고 조언했다.[27]

(7) To believe that if we could but have this or that we would be happy is to suppress the realization that the cause of our unhappiness is in our inadequate and blemished selves. Excessive desire is thus a means of suppressing our sense of worthlessness(이런저런 것만 있으면 행복해질 것이라고 믿는 것은 불행의 원인이 불완전하고 오염된 자아에 있다는 인식을 억누르는 것이 된다. 따라서 과도한 욕망은 자신이 무가치하다는 느낌을 억누르는 수단이 된다). 미국 작가 에릭 호퍼Eric Hoffer, 1902~1983의 말이다.[28]

destiny

destiny(운명)는 "확고하게 하다"는 뜻의 라틴어 destinare에서 나온 말이다. "If a man is destined to drown, he will drown even in a spoonful of water(물에 빠져 죽을 운명의 사람이라면 한 숟가락의 물에서조차 익사할 것이다)"라는 말이 있지만, 현인들은 한결같이 운명에 굴복하지 말고 그것에 도전할 것을 권한다. 명언 9개만 감상해보자.

(1) All my life I have sacrificed everything-comfort, self-interest, happiness-to my destiny(나는 평생 나의 운명을 위해 안락, 이기심, 행복을 포함한 모든 것을 희생해왔다). 나폴레옹 보나파르트 Napoleon Bonaparte, 1769~1821가 연인인 조세핀 Josephine에게 보낸 편지(1807년 3월 27일자)에서 한 말이다.

(2) It is destiny-phrase of the weak human heart; dark apology for every error. The strong and the virtuous admit no destiny(운명은 나약한 인간이 모든 실패에 대해 내놓는 어리석은 변명이다. 강하고 덕이 높은 사람은 '운명'을 인정하지 않는다). 영국 작가 에드워드 불워-리튼 Edward Bulwer-Lytton, 1803~1873의 말이다.

(3) Destiny: A tyrant's authority for crime and a fool's excuse for failure(운명은 범죄를 저지를 수 있는 폭군의 권한이며 실패를 정당화하는 바보의 변명이다). 미국의 독설 작가 앰브로즈 비어스 Ambrose Bierce, 1842~1914의 말이다.[29]

(4) Destiny is no matter of chance. It is a matter of choice: It is not a thing to be waited for, it is a thing to be achieved(운명은 우연의 문제가 아니다. 선택의 문제다. 기다려서 얻는 것이 아니라 스스로 성취해야 하는 것이다). 미국 정치가 윌리엄 제닝스 브라이언 William Jennings Bryan, 1860~1925의 말이다.

(5) Men heap together the mistakes of their lives, and create a monster they call Destiny(인간은 인생의 실수들을 모두 모아 쌓아놓고서는 그들이 운명이라 부르는 괴물을 창조한다). 미국 작가 존 올리버 홉스 John Oliver Hobbes, 1867~1906의 말이다.

(6) Lots of folks confuse bad management with destiny(많은 사람이 나쁜 경영과 운명을 혼동한다). 미국의 유머리스트 humorist 킨 허버드 Kin Hubbard, 1868~1930의 말이다.

(7) Destiny is an invention of the weak and the resigned(운명은 약자와 낙오자의 발명품이다). 이탈리아 작가 이그나치오 실로네 Ignazio Silone, 1900~1978의 말이다.

(8) We are not permitted to choose the frame of our destiny. But what we put into it is ours(운명의 틀은 선택할 수 없지만 그 안에 무엇을 넣을 것인지는 우리의 몫이다). 스웨덴 정치가로 제2대 UN 사무총장을 지낸 다그 함마르셸드 Dag Hammarskjold, 1905~1961의 말이다.

(9) Control Your Destiny or Someone Else Will(당신의 운명을 스스로 통제하지 않으면 남이 통제

Paul Anka

"당신은 나의 운명이에요/당신은 나의 환상을 나눠요/당신은 나의 행복이에요/그게 바로 당신이에요/당신은 나의 멋진 애무예요/당신은 나의 외로움을 나눠요/당신은 나의 꿈의 실현이에요/그게 바로 당신이에요//하나님, 하나님만이/내게서 당신의 사랑을 빼앗아 갈 수 있어요/왜냐하면 내가 당신을 남겨두고 떠나가는/바보가 되기 때문이죠, 그대여/그리고 난 절대로 바보가 아니에요/당신은 나의 운명이에요/당신은 나의 환상을 나눠요/당신은 나의 행복이에요/그게 바로 당신이에요."

할 것이다). 노엘 티치Noel M. Tichy와 스트래트포드 서먼Stratford Sherman이 1993년에 출간한 책 제목이다.

그러나 사랑은 예외다. 운명과는 아무런 관계가 없더라도 운명이라고 우겨야만 한다. You Are My Destiny(당신은 나의 운명이에요)도 그런 우김을 잘 보여주는 노래다. 캐나다 가수 폴 앵카Paul Anka, 1941~의 1958년 히트곡인 이 노래의 가사는 다음과 같다.

"You are my destiny/You share my reverie/You are my happiness/That's what you are/You have my sweet caress/You share my loneliness/You are my dream come true/That's what you are//Heaven and heaven alone/Can take your love from me/ 'Cause I'd be a fool/To ever leave you dear/And a fool I'd never be/You are my destiny/You share my reverie/You're more than life to me/That's what you are."

detail

The Devil is in the details(악마는 디테일에 있다). 디테일에 숨어 있는 신비스러운 요소를 언급할 때 쓰는 말이다. 예컨대, 잘 되어가던 협상이 세부사항에서 암초에 걸려 결렬될 때 이 말을 쓰면 제격이다. "신은 디테일에 있다God is in the details"에서 파생된 말이다.

"신은 디테일에 있다"는 독일의 유명 건축가인 루트비히 미스 반데어로에Ludwig Mies van der Rohe, 1886~1969가 성공 비결에 관한 질문을 받을 때마다 내놓던 대답이다. 아무리 거대한 규모의 아름다운 건축물이라도 사소한 부분까지 최고

의 품격을 지니지 않으면 결코 명작이 될 수 없다는 뜻이다.[30]

이 말은 수많은 변용이 가능하다. "진실은 디테일에 있다"거나 "행정은 디테일에 있다"거나 웬만한 건 다 끌어다 대도 말이 통한다. 늘 총론에는 강하면서도 각론이 부실한 한국 사회 특유의 거대담론증 때문일까? 우리 사회에서는 "악마는 디테일에 있다"는 말이 자주 인용되는데, 몇 가지 용법을 살펴보기로 하자.

2012년 11월 25일 강동수는 "'악마는 디테일에 있다'는 말은 달리 말하면 소탐대실小貪大失을 경계하라는 뜻. 구약성서의 한 대목. 이삭의 둘째 아들 야곱이 죽을 끓이고 있었다. 형인 에사우가 좀 달라니 야곱은 장자권을 넘겨주면 죽을 주겠다고 제의한다. 허기진 에사우는 죽 한 그릇에 장자권을 팔아넘겼다"며 다음과 같이 말했다.

"안철수 후보와 단일화 협상을 시작하면서 문재인 후보가 했던 말이 '악마는 디테일에 있다'였다. 말이 씨가 되었던지 양 진영은 여론조사 방법을 놓고 온갖 잡음을 일으켰다. 적합도, 지지도, 가상대결 등 디테일로 신경전을 벌이다가 초읽기에 몰린 안 후보가 전격적으로 일방적인 사퇴를 했다. 결과적으로 단일화야 되었지만 두 후보가 손을 맞잡고 만면에 웃음을 띠는 장면을 연출하려던 민주당으로서는 당혹스러울밖에. 단일후보라는 죽 한 그릇 얻은 대신 장자권을 잃지 않으려면 문 후보와 민주당이 정신 바짝 차려야 할 터."[31]

2013년 2월 7일 류동민은 "최근 신문이나 인터넷에 '악마는 디테일에 있다'라는 말이 많이 오르내린다. 아마도 선거국면에서는 두루뭉술하게 넘어갔던 공약들의 실행 가능성과 의지가 문제되기 시작하면서 의미 활용도가 부쩍 높아진 모양이다. 무릇 세월을 이겨낸 잠언은 촌철살인의 진리를 갖고 있기 마련이지만, 세상 모든 일이 '촌철'만으로는 포착할 수 없는 다층적 구조를 갖는다는 사실, 그 또한 진리일 것이다. 내 마음은 거꾸로 악마는 디테일 그 자체에 있는 것이 아니라 오히려 사람들이 디테일에 관심을 갖지 못하도록 만드는 편견으로 구축된 강고한 틀에 있다는 쪽으로 기울어진다"며 다음과 같이 말했다.

"사랑의 대상이 되는 이가 무슨 행동을 해도 그를 사랑하는 사람에게는 사랑스럽게만 보인다. 이미 만반의 준비를 갖춘 채 사랑할 이유만 찾고 있기 때문이다. 한 걸음만 더 나아가면 자신이 사랑하는 사람을 사랑하지 않는 자들은 모두 유죄로 간주한다. 모든 사랑은 어느 정도는 감성의 맹목을 전제로 하지만, 그 맹목을 타인에게 강요하는 순간 횡포가 되고 위협이 되며 이성은 설 자리를 잃고 만다. 편견의 틀, 그것을 가능하게 하는 구조를 깨지 못한다면 디테일은 무력할 따름이다."[32]

2013년 6월 10일 김학순은 "오는 12일 서울에서 열릴 예정인 남북장관급 회담도 디테일에서 악마를 발견할 개연성이 작지 않다. 6년 만에 열리는 고위급 회담인데다 그동안 남북 간 신뢰관계에 금이 가는 사태를 여러 측면에서 겪었기에 한결 그렇다. 9일 판문점에서 열린 실무접촉에서도 특유의 '밀당(밀고당기기)'이 고스란히 드러났다. 남북관계는 그리스신화에 나오는 시시포스의 바윗돌 올리기 같다는 생각이 들 때가 많다"며 다음과 같이 말했다.

"한반도 신뢰 프로세스의 성공신화를 쓰려는 박근혜정부는 '대관세찰大觀細察' 하는 자세로 접근하려 할 게 분명하다. 크게 보되 작은 것도 세밀하게 살피는 전략이야말로 원칙적인 길이기 때문이다. 다만 디테일 속의 악마와 싸우느라 기회마저 날리는 우를 범하지 말아야 한다. 대화에 나선 북한의 궁극적인 의도는 좀더 지켜봐야 할 것 같긴 하다. 북한도 버릇처럼 남북관계의 선순환 구조를 허물어뜨리려 해서는 안 된다. 남북관계에서 더 이상 시시포스 신화나 악보의 도돌이표가 회자되지 않도록 예측불허의 국면을 조성하지 말아야 한다. 남북 관계와 대화는 논리의 싸움이 아니라 마음의 문제다."³³

2013년 6월 26일 배성규는 "여야는 25일 국가정보원에 대한 첫 국정조사에 합의했지만 실제 국정조사가 이뤄지기까지는 '산 너머 산' 이라는 관측이 나온다. 큰 얼개만 합의했을 뿐 구체적인 조사 범위·대상·시기·증인 채택 문제에 대해선 아무런 논의 없이 국정조사 특위에 일임해놓은 상태다. 여권 관계자는 '악마는 디테일detail(세부 사항)에 있다는 말처럼 진짜 싸움은 이제 시작' 이라고 했다"며 다음과 같이 말했다.

"양측은 국정조사 범위와 대상부터 이견을 보이고 있다.……가장 민감한 것은 증인 채택 문제다. 민주당은 남재준 국정원장과 원세훈 전 국정원장 등 국정원 전·현직 간부, 김용판 전 서울경찰청장 등을 증인으로 채택하겠다고 했다. 또 작년 12월 16일 경찰 수사 발표 과정에서 김 전 청장과 전화 통화를 했다는 의혹이 제기된 권영세 주중 대사와 박원동 전 국정원 국익정보국장 등도 불러내겠다는 계획이다. 그러나 새누리당 측은 '민주당이 권 대사 등 새누리당 인사를 증인으로 채택하겠다면 우리는 매관매직 의혹과 관련하여 문재인 의원과 김부겸 전 의원을 불러내겠다' 고 했다. 국정조사를 얼마나 공개할 것이냐도 논란거리다. 국정원에 대한 국정감사와 정보위 회의 등은 비공개가 원칙이다. 따라서 국정원이 '비공개 국정조사' 를 요구할 경우 이를 어디까지 수용할지를 놓고 여야 간 공방이 일 수 있다."³⁴

2013년 7월 24일 정환봉은 "간혹 사소한 것들이 발목을 잡는 경우가 있다. 크게 보면 잘 굴러가는 일에 숨어 있는 작은 악마가 전체를 그르치게 하는 것이다. 원세훈 전 국가정보원장의 경우가 그렇다. 원 전 원장은 '정권 재창출' 이라는 대업에 성공했다. 하지만 사소한 악마에게 발목이 잡혔다. 국정원법과 공직선거법 위반 혐의로 수사를 받던 국정원 심리전단 소속의 김아무개(29)씨가 파일 하나를 제대로 지우지 않은 것이다. 김씨가 제대로 삭제하지 않은 노트북 속 메모장 파일에서 발견된 20개의 아이디와 20개의 닉네임은 국정원의 범죄 혐의를 밝히는 단서가 되었다"며 다음과 같이 말했다.

"국정원이 직접 나서 NLL 논란에 불을 붙이면서 국정원 사건에 대한 진상 규명은 부차적인 문제가 되어버렸다. 목줄이 풀린 큰 악마는 정상회담 대화록 실종 논란까지 불러일으키면서 한국 사회를 진창으로 만들고 있다. 작은 악마가 그르친 일을 큰 악마로 제압한 셈이다.……
다시 디테일에 숨은 작은 악마가 필요할 때다. 큰 악마가 세상을 성기게 할퀸 틈 사이에서 사건의 실체를 밝힐 실마리를 찾아내고 진실을 끈질기게 추적하는 작은 악마들이 없다면 정보기관이 특정 정당을 편들고 선거에 영향을 미치기 위해 정치공작을 벌이는 역사는 반복될 것이다.…… 국회의원이건 기자건, 시민들이건 더 많은 사람들이 작은 악마를 자처하며 이 사건을 끈질기게 지켜볼 때 한국 사회를 진창으로 만든 큰 악마를 길들일 수 있다."[35]

Digital Maoism

"The collective isn't always stupid. In some special cases the collective can be brilliant. …… The collective can be stupid, too. Witness tulip crazes and stock bubbles(집단이 늘 어리석은 건 아니다. 일부 특별한 경우에 집단은 현명할 수 있다.…… 집단은 어리석을 수도 있다. 튤립 열풍과 주식 투기를 보라)."[36] 미국의 컴퓨터 과학자이자 예술가인 제이런 래니어Jaron Lanier, 1960-가 2006년 5월 각 분야 전문가들의 웹사이트인 '에지Edge'에 쓴 「디지털 마오이즘: 새로운 온라인 집단주의의 위험Digital Maoism: The Hazards of the New Online Collectivism」이라는 글에서 한 말이다.

래니어는 이 글에서 '대중의 지혜'나 '집단지성'으로 대변되는 인터넷 집단주의의 위험에 대해 경고하면서 그것을 극단적인 좌파나 우파, 마오이즘, 독일 나치즘 같은 집단주의 운동들과 동일시했다. 더글라스 러시코프Douglas Rushkoff, 지미 웨일스Jimmy Wales, 래리 생어Larry Sanger, 케빈 켈리Kevin Kelly, 하워드 라인골드Howard Rheingold 등 웹 2.0을 찬양하는 논객들의 반론이 이어지면서 한바탕 싸움이 벌어졌다.

이 논쟁에 대해 독일의 IT 전문가인 홀름 프리베Holm Friebe와 사샤 로보Sascha Lobo는 "래니어의 논박은 사실 그들의 아픈 곳을 찔렀다. 인터넷에서 집단이라는 말은 정치에서 '민주주의'라는 말처럼 적절한 만병통치약이 아니다. 그러나 사용자들이 웹 2.0에 참여하는 것은 민주화 시대에 집단정신이 다시 태어난 것 이상이다"라며 다음과 같이 말한다.

"웹 2.0은 개인의 사회적인 사정거리가 그 자신의 목소리가 미치는 사정거리보다 넓다는 것을 알려준다. 또한 개인이 지나치게 많은 자금이나 구조적인 비용을 들이지 않고도 수년 전에 도달했던 것보다 훨씬 많은 것에 도달할 수 있게 해준다. 과연 도달하고자 하는 것이 무엇인지, 그것이 틈새 제품들을 가지고 경제적인 성공을 거두는 것인지, 아니면 그러지 못할지의 여부는 기술에 달려 있기보다는 사람들이 그것으로 무슨 일을 행하느냐에 달려 있다. 지금까지 고안되었던 다른 모든 것이 그랬던 것처럼 말이다."[37]

스티븐 존슨Steven Johnson은 이 논쟁에 대해 이렇게 말한다. "Against this collectivist mythos, Lanier tried to carve out a crucial space for the insight and creativity of the individual mind. Unlike most counterrevolutionary manifestoes, however, Lanier's essay aimed not so much to topple the dominant regime as to limit its application(이런 집단주의 신화에 대항해 래니어는 개인의 안목과 창의성을 위한 중요한 공간을 지키려고 애썼다. 그러나 대부분의 반反혁명 선언문들과는 달리 래니어의 글은 기존의 지배적인 체제를 전복하려는 것이라기보다는 그 적용에 제한을 가하려는 것이었다)."[38]

즉, 뛰어난 아이디어나 창조적 작업은 집단이 아닌 개인만이 할 수 있는 일이라는 것이다. 사실 「디지털 마오이즘」의 전반적인 내용은 의외로 온건하다. '디지털 마오이즘' 이라는 제목이 선정주의적이라고 비판할 수도 있겠지만, 그건 경각심을 주려는 의도가 강한 것으로 이해할 수도 있다. 집단이 잘할 수 있는 일이 있고 개인이 잘할 수 있는 일이 있는데, 무조건 집단지성과 대중의 지혜를 예찬하는 풍조가 바람직한 것인가? 이게 바로 래니어의 문제의식이다.

래니어는 대중의 지혜니 집단지성이니 하는 것은 개인을 희생으로 한 집단 찬양이며, 집단이 해낼 수 없는, 또 집단이 해내는 것이 바람직하지 않은 일이 많다고 역설한다. 예컨대, 오픈소스 운동이 아이폰을 만든 게 아니라는 것이다. 대중의 지혜나 집단지성은 그걸 이용하는 극소수만 부자로 만들어줄 뿐이며, 혁신보다는

행운이 대접받는 결과를 초래한다는 게 래니어의 주장이다.

래니어는 1989년 인터넷 '가상현실virtual reality' 이란 말을 대중화시킨 주인공이며, 2010년 웹 2.0을 비판하는 『당신은 기계 부속품이 아니다You Are Not a Gadget』를 출간했다. 유럽에서 이민을 온 유대인 가정에서 태어나 13세에 뉴멕시코 대학에 입학한 래니어는 그곳에서 같은 유대인이자 인공지능artificial intelligence 전문가인 마빈 민스키Marvin Minsky, 1927~ 교수를 만나 영향을 받기도 했다.[39]

래니어는 2010년에 출간한 『디지털 휴머니즘』에선 "나는 페이스북, 트위터, 위키피디아, 자유로운/개방적/창의적 저작권 매쉬업 같은 신新 디지털 이데올로기의 상징들을 열정적으로 우상화하는 젊은이들을 만날 때마다 마음이 아프다. 나는 그들이 스스로를 끝없는 스트레스 속에 몰아넣는 것에 늘 충격을 받는다"며 다음과 같이 말한다.

"지금 시대의 젊은이들은 온라인 평판을 끊임없이 관리해야 하고, 온라인 어디에나 존재하는, 그리고 언제라도 특정한 개인을 표적으로 삼아 잔인한 공격을 감행할 수 있는 집단적 사고의 사악한 감시망을 피해야 한다. 어느 순간 갑자기 온라인에서 왕따가 된 '페이스북 세대' 의 젊은이는, 거기에는 오직 단 하나의 집단(페이스북) 만이 있을 뿐이므로 그로부터 빠져나올 도리가 없다."[40]

래니어의 글이 2008년 6월 한국에서 때 아닌 화제가 된 적이 있다. 한나라당 의원 주성영이

낸 「디지털 마오이즘과 인터넷 실명제」라는 논평 때문이다. 그는 래니어의 글을 인용하면서 "비이성적인 집단폭력까지 서슴지 않는 '디지털 야만족'들의 사냥터로 변질되어 있다"며 한국의 인터넷 상황을 강하게 비난했다. "익명성에 기초한 '감춰진 개인'들이 가득한 인터넷 공간에서 이내 야만野蠻적 폭력성과 반문명, 천민민주주의가 잉태됐다"는 것이다. 그는 "'디지털 마오이스트'들의 야만적 폭력을 막는 제도적 장치는 그래서 시급히 마련되어야 한다"며 그 대안으로 디지털 실명제를 제안했다.[46]

이에 대해 주성영이 「디지털 마오이즘」이란 글의 논지를 왜곡해 소개한 신문 기사에 영향을 받아 또 한 번의 왜곡을 저질렀다는 비판이 제기되기도 했다. 인터넷 논객 '자그니'의 지적이다. "「디지털 마오이즘」이란 글의 주장은 '집단주의의 이념에 결부되었을 때 어쩌구 저쩌구……'가 아니다. '위키피디아 같은 온라인 집단지성에도 함정이 있을 수 있으며, 그것을 주의해야 한다'가 결론이다.……촛불집회를 계기로 갑작스럽게 집단지성에 대한 학자들의 찬사가 터지는 세상에서, 제이런 래니어의 비판은 분명 신중하게 고려해야 할 지점이다."[47]

digital narcissism

"The so-called 'democratization' of the internet is actually undermining reliable information and high-quality entertainment(이른바 인터넷 '민주화'는 실제로는 신뢰할 수 있는 정보와 양질의 엔터테인먼트를 해치고 있다)." 인터넷 민주화에 비판적인 영국 출신의 미국 IT 사업가인 앤드루 킨Andrew Keen, 1960~이 2007년 9월 17일 미국 〈PBS Newshour〉 인터뷰에서 한 말이다.

킨은 웹 2.0(데이터의 소유자나 독점자 없이 누구나 손쉽게 데이터를 생산하고 인터넷에서 공유할 수 있도록 한 사용자 참여 중심의 인터넷 환경)을 '디지털 나르시시즘digital narcissism'이라고 비판하면서, 유튜브 열풍이 분 2006년 『타임』이 '올해의 인물'로 'You'를 선정한 것에 대해 다음과 같이 말했다.

"I don't think that 'you' is a good person. I don't believe that the key to citizenship means self-expression. I think the key to citizenship means listening, and reading, and consuming high-quality information and entertainment(저는 '당신'이 좋은 사람이라고는 생각하지 않습니다. 바람직한 시민이 되는 열쇠가 자기 표현은 아니라는 거죠. 바람직한 시민이 되기 위해선 듣고 읽고 양질의 정보와 엔터테인먼트를 소비하는 게 필요하다고 생각

합니다)."[43]

킨은 『뉴욕타임스』에 따르면 전체 블로거 중 50퍼센트는 블로그를 하는 유일한 목적이 개인생활에 대해 알리고 경험을 공유하는 것이다. 유튜브의 캐치프레이즈는 '당신 자신의 방송국Broadcast Yourself'이며, 실제로 우리는 수치심을 전혀 느끼지 않고 자아도취의 나르시스 신화에 빠져 스스로를 방송하고 있다. 전통적인 주류 미디어가 개인화된 미디어로 대체되고 있는 지금, 인터넷은 우리 자신을 투영하는 거울이 되었다. 인터넷으로 뉴스와 정보, 문화를 찾기보다는 그것을 사용하여 스스로가 뉴스와 정보, 문화가 되려 한다"며 다음과 같이 말한다.

"이처럼 주목받고 싶어하는 개인의 무한한 욕망을 거름 삼아 탄생한 것이 소셜네트워킹 사이트인 마이스페이스MySpace.com와 페이스북Facebook.com, 베도MyBedo.com와 같은 사이트이다.……블로그는 날이 갈수록 정보조작 전문가들이 선전전을 벌이는 각축장이 되고 있다.……무브온MoveOn.org에서 스위프트베츠Swiftvets.com에 이르기까지, 이들 블로그 중 떠오르는 이슈에 대해 심각하게 토론하거나 정치의 모호성과 복잡성에 주의를 기울이는 곳은 없다. 그 대신 이런 블로그들은 진실을 흐리게 하고 여론을 조종함으로써 '민주화된 디지털 미디어'를 이용하는 당파성이 강한 소수자의 입맛에 맞추고 있다."[44]

킨이 영 마땅치 않게 생각하는 '웹 2.0'이라는 용어의 진원지는 실리콘밸리에 있는 오라일리 미디어O'Reilly Media다. 이 회사의 데일 도허티Dale Dougherty 부사장은 2003년 웹 2.0이라는 용어를 최초로 만들어 브레인스톰 세션에서 사용하고 서비스 상표로 등록했으며, 오라일리 미디어는 2004년 개최된 웹 2.0 컨퍼런스에서 이를 본격적으로 전파하면서 IT 관련 서적 출판, 회의와 전시회를 주관하는 업체로 성장했다. 아일랜드 출생으로 1978년 오라일리 미디어를 창업한 팀 오라일리Tim O'Reilly, 1954~는 프리 소프트웨어와 오픈 소스 운동의 열렬한 지지자다. 킨은 오라일리에 대해 다음과 같이 말한다.

"억만장자인 창업자 팀 오라일리의 친구들은 돈이 엄청나게 많은 부자일 뿐 아니라 기술이 경제적, 문화적 이익을 가져온다고 하는 구세주적인 믿음을 가진 사람들이다. 오라일리와 그의 실리콘밸리 광신자들-그들 중에는 머리가 반백인 히피, 새로운 미디어 사업가, 신기술 마니아가 뒤섞여 있다-은 하나같이 전통 미디어와 엔터테인먼트에 대한 적의를 품고 있다."[45]

이에 대해 오라일리는 "킨은 책을 팔아먹기 위해 논란을 만들고 있으며, 그의 헛소리에는 그 어떤 알맹이도 없다"고 일축했다.[46] 하버드 대학에서 고전학을 전공한 오라일리는 인터넷이 글로벌 브레인global brain이 될 것으로 전망한다.[47] 킨은 런던 대학에서 역사 전공으로 학사, 미국 캘리포니아 버클리 대학에서 정치학으로 석사 학위를 받고, 미국 내 여러 대학에서 역사와 정치를 강의하기도 했다.[참고 amateur]

dignity

dignity는 "위엄, 품위, 존엄", beneath one's dignity는 "자기 품위를 떨어뜨리는", stand on one's dignity는 "제대로 존중해줄 것을 요구하다", a man[player] of dignity는 "관록 있는 사람(선수)", dignify는 "위엄(품위) 있어 보이게 하다, 중요한 것처럼 보이게(그럴듯 하게) 만들다"는 뜻이다. She accepted the criticism with quiet dignity(그녀는 그 비판을 조용히 품위 있게 받아들였다). The mayor was there to dignify the celebrations(시장이 그 경축 행사에 참석해서 식의 품위를 살려주었다).[48]

death with dignity는 "존엄사"다. 안락사 euthanasia의 일종이자 완곡한 표현으로, 지금까지의 생존방식, 사상, 의지에 역행하는 일이 없이 스스로 원하는 상태에서 죽음을 맞이하는 것이다. 존엄사를 요구하면 자신이 원하지 않는 연명 처치는 하지 않고 고통이나 증상을 완화시키는 치료만을 하여 온화한 죽음을 맞이하도록 원조를 제공하는 의료기관도 생겨나고 있지만, 아직도 법적·도덕적으로 해결해야 할 문제가 많다.[49]

100명이 넘는 희망자들의 안락사와 그러한 행위를 적극적으로 도운 '자살 방조assisted suicide'로 '죽음의 의사Dr. Death'라는 별명을 얻은 미국 병리학자 잭 키보키언Jack Kevorkian, 1928~2011은 자신의 철학적 신념을 이렇게 표현했다. "If we can aid people into coming into the world, why can't we aid them in exiting the world?(인간들이 [아기로] 이 세상에 올 때는 도울 수 있으면서 왜 그들이 이 세상을 하직할 때는 도울 수 없다는 건가?)"[50]

Jack Kevorkian

dignity는 "worthiness"를 뜻하는 라틴어 dignitatem에서 나온 말인데, 기독교에서는 dignity의 근거를 인간이 신의 형상대로 창조되었다는 점에서 찾는다.[51] dignity에 관한 명언을 5개만 감상해보자.

(1) Dignity does not consist in possessing honors, but in deserving them(존엄은 명예를 누리는 데 있지 않고 인정받는 것에 있다). 그리스 철학자 아리스토텔레스Aristoteles, B.C. 384~B.C. 322의 말이다.

(2) All celebrated people lose dignity on a close view(모든 유명인은 근접 거리에서는 위엄을 잃게 되어 있다). 나폴레옹 보나파르트Napoleon Bonaparte, 1769~1821의 말이다.

(3) Dignity is a mask we wear to hide our ignorance(위엄은 무지를 감추기 위해 쓰는 가면이다). 미국 작가 앨버트 허버드Elbert Hubbard, 1856~1915의 말이다.

(4) When boasting ends, there dignity begins(허풍을 멈출 때 위엄이 시작된다). 미국 기업가이자 외교관인 오언 영Owen D. Young, 1874~1962의 말이다.

(5) Dignity belongs to the conquered(위엄은 승리자의 것이다). 미국 문학비평가이자 철학자인 케네스 버크Kenneth Burke, 1897~1993의 말이다.

dilemma

on the horns of a dilemma는 "딜레마(진퇴양난)에 빠져"란 뜻이다. between Scylla and Charybdis, between a rock and a hard place, between the devil and the deep blue sea, lesser of two evils 등 이와 관련된 여러 표현이 있다. dilemma는 di(two)와 lemma(thing taken, assumption)가 합해진 그리스어인데, 이 2개의 대안을 황소의 두 뿔에 비유해 horns라고 했다. 논리학에서 이른바 양도兩刀 논법의 두 뿔을 가리키는 것이다. 두 뿔 중 어느 하나를 잡건 다른 하나에 받힐 것이기에 이러지도 저러지도 못하는

진퇴양난進退兩難의 상황이라 할 수 있다.

[참고 trilemma]

이러한 질문을 받았다고 가정해보자. "당신은 아내 폭행버릇을 바로잡았습니까?" 아내를 폭행한 적이 없다면, 뭐라고 답할 것인가? '네' 라고 하든 '아니오'라고 하든 두 뿔 모두 아내 폭행을 인정하는 함정이 있는 질문이요 논법이다. 바로 이러한 상황에 빠져 있는 상태를 묘사하기 위한 표현인데, 이는 논리학에서 복합적 질문의 오류fallacy of complex question라고 한다.[52]

논리학을 떠나 일상적 삶에서는 이러한 용법이 가능하다. Tom didn't like either girl who asked him to the dance, but he had to go with one of them. He was on the horns of a dilemma(톰은 댄스파티에 가자고 요청한 두 소녀 모두 좋아하지 않았지만 둘 중 하나와 가야만 했다. 그는 딜레마에 빠졌던 것이다).[53]

"fallacy of false dilemma(잘못된 딜레마의 오류)"는 다른 대안들이 있지만 양자택일의 질문을 강요하는 오류다.[54] 애덤 스미스는 자본주의를 옹호하는 글에서 "맥주를 만드는 사람이나 빵 만드는 사람이 당신에게 음식을 제공하는 것은 당신을 위해서가 아니고 자기 자신을 위해서다"라고 말했다. 이에 대해 미국 심리학자 리처드 니스벳은 "하지만 둘 모두 이유가 될 수 있지 않을까? 물론 자기와 자기 가족만을 위해 장사하는 사람들도 있겠지만, 대부분은 다른 사람들의 식사를 돕는다는 생각도 가지고 있다"고 말했다.

니스벳은 양자택일 논리는 서양의 산물이라고 했다. 서양 사고에 만연한 'either/or' 식의

접근은 이미 많은 서양 철학자에게 비판받아왔는데, 그 문제점은 동양의 'both/and' 접근 방식과 비교하면 더 분명하게 드러난다는 것이다. "예를 들어, 서양인들은 행동의 배후에 '다른 많은 이유'가 아니라 '하나의 이유 a cause'가 있다고 믿는 경향이 있어서, 행동을 설명할 때 그 행동이 '내부적 이유'로 일어났다고 설명하거나 아니면 '외부적 이유'로 발생했다고 설명하는 양자택일의 방식을 취한다. 따라서 어떤 사람이 다른 이를 도와주는 상황이 발생하면, 그가 '관대해서'이거나 아니면 '이기적인 이유' 때문에 도와주었을 것이라고 믿는다. '둘 다'라고는 좀처럼 생각하지 않는다."[55]

이 세상 모든 일을 흑백 이분법으로 보려는 흑백사고의 오류 fallacy of black-and-white thinking도 이 오류에 속한다고 볼 수 있다. 스티븐 바커는 흑백사고 오류의 사례를 다음과 같이 제시했다. "어떤 부인이 자기 남편에게 다음과 같이 말할 수도 있다. '그러니까 당신은 수프가 너무 차다고 생각하는군요. 그렇죠? 그렇다면 아마 당신은 그것을 펄펄 끓여오면 좋아하겠군요.' 두 번째의 언명은 그것이 마치 첫 번째 언명으로부터 논리적으로 도출되어 나온 것처럼 제시되어 있지만, 거기에는 아무런 논리적 연관도 없다. 그러나 사람들은 이러한 종류의 극단적인 사고에 빠지기 쉬우며, 특히 논쟁이 과열되었을 때는 더욱 그러하다."[56]

fallacy of complex question(복합적 질문의 오류)은 논쟁에서 한 질문에 사실상 2개의 질문을 담음으로써 발생할 수 있는 오류를 가리킨다. 복합적 질문은 '그렇다' 또는 '아니다'로 대답할 수 없는 물음이다. 예컨대, 야동을 보지 않는 사람에게 "당신은 야동을 보는 걸 중단했는가?"라고 묻는다면, 어떻게 답할 수 있겠는가? 이 질문은 사실상 "당신은 야동을 보는가?"라는 질문을 포함하여 2개의 질문을 한꺼번에 던진 셈이다.

"왜 이혼한 가정의 어린이는 이혼하지 않은 가정에서 자란 어린이보다 정서적으로 불안정한가?"라는 질문도 복합적 질문이다. 이혼한 가정의 어린이가 이혼하지 않은 가정에서 자란 어린이보다 정서적으로 불안정하다는 불확실한 주장을 가정하고 있기 때문이다. 이 주장을 증명하고 나서 질문을 던지는 것이 옳다. 다음과 같은 법정 심문을 보자. 여기에도 복합적 질문이 나타나고 있다. "여러 정황으로 보아 당신의 허위 광고 결과로 판매가 늘었지요. 맞지요?" "판매고가 늘지는 않았어요." "그러면 당신은 당신의 광고가 허위였다는 사실은 인정하고 있군요. 당신은 얼마 동안 그런 짓을 해왔지요?"[57]

dime

dime(다임)은 10센트 동전이다. 1786년 미국의 화폐 시스템이 만들어질 때 토머스 제퍼슨이 작명한 것으로, "tenth"를 뜻하는 프랑스어 dixième에서 비롯된 말이다. 1792년 주화법The Coinage Act of 1792이 만들어지면서 유통되기 시작했다. dime은 10센트이긴 하지만, cent와 마찬가지로 '싸구려'라는 의미로 사용된다. 미국에서 거리에 거지들이 득실대던 1930년대 대공황 시대에는 "Mister, can you spare a dime(1다임만 적선해줍쇼)?"이라는 말이 거리 곳곳에 흘러넘쳤다.

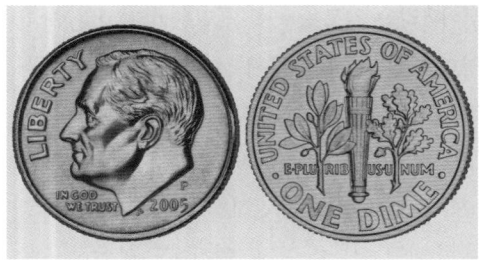

dime

dime store(=five-and-ten)는 "싸구려 잡화점", dime museum은 "값싼 구경거리, 간이 박물관", a dime a dozen은 "싸구려의, 흔해빠진, 평범한", not care a dime은 "조금도 개의치 않다"는 뜻이다. He thought his old books were rare, but they were a dime a dozen(그는 자신의 고서古書들이 희귀한 것이라고 생각했지만, 실은 흔해빠진 것에 지나지 않았다).[58]

dime novel은 "싸구려 소설"인데, 1860년에 라스투스 비들Erastus Beadle과 어윈 비들Irwin Beadle이 '비들즈 다임 소설Beadle's Dime Novels'이라는 시리즈 제목으로 일련의 싸구려 소설을 출판하면서 생겨난 말이다. 오늘날에는 돈벌이를 위해 급조해서 만든 싸구려 소설 따위를 일컫는 말이다.[59]

nickel-and-dime은 "소액의, 인색한, 하찮은, 인색하게 굴다, 인색하게 대우하다"는 뜻이다. nickel은 5센트 동전으로, 20세기 미국 흑인 영어에서 나온 말이다. He said he worked for a big corporation, but it was really only a nickel-and-dime company(그는 대기업에서 일했다고 말했지만, 그가 일한 회사는 하찮은 회사였다). He never takes her to fancy restaurants. He always nickels and dimes her(그는 그녀를 한 번도 근사한 레스토랑에 데려가지 않았다. 그는 늘 그녀를 인색하게 대우한다).[60]

1935년 미국에서는 '10센트 보내줘Send a Dime'라는 행운의 편지가 크게 유행했다. '번영 클럽 Prosperity Club'이라는 이름을 내걸고 콜로라도 주 덴버에서 시작된 이 편지에는 지금까지 거쳐 간 인명 목록이 적혀 있었는데, 10센트를 송금한 뒤, 똑같은 편지를 만들어 자기 이름을 적고 대신 맨 윗사람 이름을 지워 다른 사람에게 보내는 방식이었다.[61]

1938년 1월 3일 소아마비 퇴치를 위한 루스벨트 자선재단 '마치 오브 다임스March of Dimes'가 설립되었다. "전 국민이 백악관으로 10센트씩 보내자"는 가수 에디 캔터의 제안에 따라 붙여진 이름이었다. 루스벨트가 세상을 떠난 뒤, 어떤 동전에 그의 얼굴을 새겨 오래도록 기억할 것인지는 고민거리가 되지 못했다. 당연히 다임(10센트)이었다. 1955년 '마치 오브 다임스'는 미시간 대학에서 기자회견을 열고 세계를 향해 공표했다. 이 단체의 지원을 통해 조너스 소크 박사가 소아마비 백신을 개발한 것이다. 이제 소아마비는 찾아보기가 거의 힘들어지자, 임무를 완수한 '마치 오브 다임스'는 선천성 기형, 조산, 1세 미만 유아 사망 예방 쪽으로 초점을 옮겨 활동한다.[62]

drop a dime은 "밀고하다"는 뜻이다. 과거 비밀 정보원informant이 공중전화로 정보를 제공하던 관행에서 비롯된 말이다. 공중전화를 걸기 위해선 동전 투입구에 dime을 넣어야 한다. The spy for the police dropped a dime about the local scandal(경찰 스파이는 마을의 스캔들에 대해 밀고했다).[63]

Dirty Dozen

더티 더즌Dirty Dozen은 유명한 전쟁영화인 '특공대작전(원제 더티 더즌)'에 주인공으로 등장하는 흉악범 12명을 가리키는데, 시민운동 단체 등이 '언론 플레이'를 위해 이 표현을 애용한다. 예컨대, 2013년 4월 미국의 비영리단체 환경실무그룹EWG은 가장 많이 농약에 오염된 채소와 과일 12가지를 선정한 '더티 더즌Dirty Dozen 2013'을 발표했다.

'더티 더즌'은 환경실무그룹의 '구매자를 위한 농산물 중 농약에 관한 가이드'의 일부로, 영양소가 풍부하고 소비자들이 자주 섭취하는 48가지 대표 농산물의 잔류 농약을 비교한 것이다. 올해 9년째 이어지고 있는 '더티 더즌' 목록(잔류 농약이 많은 순)은 사과, 딸기, 포도, 셀러리, 복숭아, 시금치, 파프리카, 천도복숭아, 오이, 감자, 방울토마토, 고추였으며, '클린 피프틴clean 15(잔류 농약이 적은 순)'은 옥수수, 양파, 파인애플, 아보카도, 양배추, 스위트피(냉동), 파파야, 망고, 아스파라거스, 가지, 키위, 자몽, 캔털루프 멜론, 고구마, 버섯이었다.[64]

미국과 일본의 사법제도를 비교연구해온 미국 하와이 대학 사회학 교수 데이비드 존슨은 2005년 6월 미국 형사사법의 12가지 문제점을 '더티 더즌'으로 표현했다. 그가 지적한 '더티 더즌'은 ① 높은 범죄율 ② 가혹한 처벌 ③ 인종차별적인 수사와 관행 ④ 사형집행 남발 ⑤ 빈번한 오판 ⑥ 경찰 검찰 등 수사기관의 불법수사 ⑦ 실체적 진실발견의 실패 ⑧ 유죄협상(플리바게닝) ⑨ 체포와 구속의 남발 ⑩ 높은 무죄율 ⑪ 형사사법의 포퓰리즘 ⑫ 말뿐인 '피의자 인권'과 사실상의 자백 강요 등이다. 존슨은 "미국식 당사자주의 소송구조Adversary System는 피고인의 인권을 획기적으로 보호하는 제도로 인식되어오지 않았는가"라는 질문에 대해 다음과 같이 답했다.

"당사자주의의 본질은 피고인과 검사가 전쟁 또는 스포츠게임에서처럼 '이기기 위해' 자유롭게 공격과 방어를 하도록 보장하는 것이다. 실체적 진실은 그 싸움의 결과 '부수적으로' 드러난다는 것이다. 그러나 결과는 그렇지 않다.

돈이 많은 피고인은 좋은 무기(변호인과 증거 등)를 보유하여 가난한 국가(검사)를 제압한다. 물론 돈이 없는 피고인은 그 반대다. 돈의 위력이 너무 세고 진실은 무의미하다."

그는 유죄협상 제도에 대해선 "플리바게닝은 배심제의 '사생아'다. 배심제는 '12사람(배심원)의 머리가 한 사람(판사) 머리보다 낫다'는 것을 전제로 하고 있다. 그 이상은 고결하지만 현실은 다르다. 배심원들의 판단은 미숙하고 인종적 편견에 따라 좌우되기도 한다. 무엇보다 비용이 많이 들고 복잡하며 시간이 오래 걸린다.……그러다 보니 변호사, 검사, 판사 모두 피의자에게 플리바게닝을 통해 사건을 편리하게 종결하도록 압력을 가한다. 그 결과 90퍼센트 이상의 사건이 플리바게닝을 통해 검사의 손(재량)으로 해결된다"고 말했다.

반면 그는 일본의 검찰과 형사사법 제도에 대해선 '보기 드물게 공정한' 제도라는 평가를 내렸다. "일본은 전 세계가 인정할 정도로 범죄 억제에 성공한 나라다. 이는 일본이 전후 이룩한 경제 기적과는 다른 '사회 기적Social miracle'이다. 일본 검찰은 사건을 치밀하게 조사하고 피의자의 반성 여부 등 정상을 참작한 뒤 선별적으로 기소하며, 합의와 화해를 중시함으로써 피해자를 배려하고 범죄자의 사회 복귀까지 고려한다. 엄벌과 사회질서를 중시하는 미국 검찰제도와는 다르다."[65] [참고 plea]

저널리스트 닉 터스Nick Turse는 2008년에 출간한 『콤플렉스: 군부는 어떻게 우리의 일상적 삶에 침투했는가The Complex: How the Military Invades Our Everyday Lives』에서 미 국방부가 군 지원을 늘리기 위해 사용하는 떳떳하지 못한 12가지 수법을 더티 더즌으로 표현했다. 첫 번째 수법은 hard sell(집요한 설득, 강매)인데, 2005년 지원자 1명당 '판촉 비용'은 1만 6,000달러였다. 그 밖에 rubber-stamp promotion(무조건 진급) 정책 등 다양한 수법이 쓰이고 있다."[66] [참고 rubber]

disco

디스코 음악, 춤, 클럽. 프랑스어 디스코텍discothèque(음반 라이브러리)에서 유래된 디스코의 역사는 제2차 세계대전으로 거슬러 올라간다. 독일 나치 점령하의 파리 시민들은 나치 몰래 음악과 춤을 즐기기 위해 들킬 위험이 있는 밴드보다는 레코드 음반을 이용했다. 이후 세상은 크게 달라졌어도 음반에 맞춰 춤을 추는 클럽, 그리고 이 클럽에서 사용되는 펑키 댄스 음악funky dance music과 댄스를 모두 디스코라고 불렀다.[67]

특히 1977년 〈토요일 밤의 열기Saturday Night Fever〉라는 영화가 대히트하면서 이른바 '디스코 열풍'이 전 미국을 휩쓸었다. 디스코는 해방감을 주는 음악으로 여겨지면서 한국을 포함한 전 세계로 번져나갔다. 한국에서는 1980년대 초반까지 디스코텍은 말할 것도 없고 '디스코 파

disco

표적 사례다. 이 운동 이후 디스코 열풍은 급하강세를 보였다.

반디스코 운동은 인종차별적 역풍이었다는 시각이 있다. 디스코를 즐기는 비非백인들과 동성애자들에 대한 반감이 이 운동의 동력이었다는 것이다. 그런가 하면 디스코는 록 뮤직의 헤게모니에 도전하는 성격이 강했기 때문에, 반디스코 운동은 록의 부활을 위한 음악적 논쟁으로 보아야 한다는 반론도 있다.[70]

마'와 '디스코 바지' 등 파생 유행 현상을 낳았으며, 당시로서는 비싼 2~3만 원짜리 외제 운동화로 멋 내기 경쟁마저 벌어졌다.[68]

디스코는 대중음악 전문가들 사이에 뜨거운 찬반 논란을 낳았다. 일부 전문가들은 디스코의 피상성, 해방성, 혁신성, 반사작용성, 육감성 등을 찬양했지만, 다른 전문가들은 음악이 댄스 열풍으로 전락한 것을 개탄했다. D. 클라크D. Clarke는 "디스코는 대중음악에 심대하고도 불행한 영향을 준 1970년대 댄스 열풍이었다"며 "중요한 것은 쿵쿵거리는 thump-thump 비트였으며, 프로듀서는 다른 음악적 가치를 희생하면서 드럼 머신과 신시사이저, 그 밖의 속임수gimmick를 이용했다"고 개탄했다.[69]

1970년대 말 미국에서는 "disco sucks(디스코는 역겨워)", "death to disco(디스코를 타도하라)" 등의 슬로건을 내세운 반反디스코 운동이 제법 거세게 벌어졌다. 1979년 7월 12일 시카고 코미스키 야구장Comiskey Park에서 벌어진 반디스코 시위 '디스코 파괴의 밤Disco Demolition Night'이 대

dive

"물속에 뛰어든다"는 뜻을 가진 dive에는 "무허가 술집, 사창굴, 도박장"이란 뜻도 있다. 이렇게 하나같이 좋지 않은 업종은 과거에 주로 지하실에 있었던 데서 유래된 말이다. 밑으로 걸어서 내려가는 것을 물속으로 뛰어드는 모습에 비유한 셈이다.[71]

최소한의 인테리어에 값싼 술을 파는 허름한 술집을 가리켜 dive bar라는 말이 많이 쓰인다. 동네 근처에 있다고 해서 neighborhood bar라고도 한다.[72] 미국 남부나 남서부 지역에는 honky-tonk(=honkytonk)도 있는데, 이는 어느 정도의 음악적 엔터테인먼트를 제공하는 싸구려 술집이다. 왜 honky-tonk라고 했는지에 대해서

neighborhood bar

door

는 아무도 모르지만, 1889년의 신문에 Honky Tonk theater라는 말이 등장하는 걸로 미루어 고유명사에서 나온 단어일 것이라는 설이 있다.[73]

'백인들이 좋아하는 것'이라는 웹사이트의 개설자인 미국 작가 크리스천 랜더 Christian Lander는 "허름한 술집 하나를 '발견'해 그곳의 단골들이 자신을 같은 부류로 받아줄 정도로 붙박이 손님이 되는 것이(진보적인) 백인들의 판타지다. 그러나 허름한 술집에서는 그곳을 들락거리는 백인들을 정말로 싫어한다"며 다음과 같이 말한다.

"마음에 드는 허름한 술집을 찾고 난 뒤에 백인들은 기생충과 거의 비슷하게 움직이기 시작한다. 머지않아 몇몇 친구를 데려오고, 그 친구들이 또 다른 친구들을 데려오고, 그 친구들이 또 다른 친구들을 데려오게 된다. 결국 밀러라이트 생맥주를 팔던 조용한 술집은 벨기에 맥주 스텔라까지 들여놓게 되고, 스카프를 두르고 안경을 쓰고 나이트클럽은 정말 싫다고 투덜대는 백인들로 득실득실하게 된다."[74]

darken a person's door는 "~를 방문하다"는 뜻이다. door 대신 threshold를 쓰기도 하며, 주로 부정형으로 쓰인다. Don't(Never) darken my door again(내 집에 두 번 다시 발을 들여놓지 마라).[75]

lay something at someone's door는 "~을 ~의 탓으로 하다, ~의 일로 ~를 힐책하다"는 뜻이다. 도대체 무엇을 남의 집 문 앞에 놓겠다는 것일까? 그리고 그게 왜 책임을 묻는 게 될까? 옛날부터 가끔 일어났던 '풍습'에서 유래된 말이다. 처녀가 아이를 낳았는데, 아이의 아빠가 유부남이라거나 자신과 결혼하지 않으려고 한다. 그때 처녀가 취하는 방법은 아이를 몰래 아이 아빠의 집 문 앞에 놓고 가는 것이다. 아이에 대한 책임을 지고 잘 키우라는 뜻이다.[76]

"Ask and it will be given to you; seek and you will find; knock and the door will be opened to you(구하라 그리하면 너희에게 주실 것이요 찾으라 그리하면 찾아낼 것이요 문을 두드리라 그리하면 너희에게 열릴 것이니)." 신약성서 「마태복음」 7장 7절에 나오는 말이다. 성서에서 문은 희망의 상징으로 쓰이지만, 미국 수도 워싱턴 D.C.에서 문은 부정부패의 상징으로 쓰이기도 하는데, 그게 바로 회전문 revolving door이다.

미국에서 회전문을 최초로 발명해 1888년 특허를 낸 사람은 필라델피아의 발명가인 테오필

러스 반 카넬Theophilus Van Kannel, 1841~1919이다. 이 발명 하나로 그는 미국 발명가 명예의 전당 National Inventors Hall of Fame에 헌액되었다. 1942년 매사추세츠 주 보스턴의 인기 나이트클럽인 코코아넛 그로브Cocoanut Grove에서 화재가 일어났는데, 회전문 때문에 고객들의 탈출 속도가 늦어져 무려 492명이 사망하는 참사가 일어났다. 이후 회전문 옆에는 반드시 일반 문을 따로 설치하게끔 하는 법이 제정되었다.[77]

revolving door

정치와 행정에서 비유적 의미로 쓰이는 회전문 현상을 잘 보여주는 것 중 하나가 군수업체 중역실과 미국 행정부 사이에 놓여 있는 회전문이다. 군수업체 중역을 하던 사람이 국무장관이나 국방장관 같은 고위직을 맡고, 또 그렇게 장관을 했던 사람이 군수업체 중역으로 다시 일하는 악순환이 계속 벌어져도 미국에서는 그걸 당연하게 생각하고 있는 것이다. 이걸 가리켜 미국에서는 '회전문 이론Revolving Door Theory'이라고 한다.

의원이나 의원 보좌관들이 로비스트로 활약하는 것도 회전문 현상이다. 2005년 7월 퍼블릭 시티즌Public Citizen이라는 시민단체는 「의회에서 K 스트리트로 가는 여정The Journey from Congress to K Street」라는 보고서를 통해 1998년 이래로 전 의원 198명 가운데 43퍼센트가 로비스트로 일하고 있다고 밝혔다. K 스트리트는 워싱턴 D.C.의 스트리트 이름으로 이곳에 로비 회사들이 많이 몰려 있었기 때문에, 로비의 대명사로 쓰이는 말이다. 지금은 로비 회사들이 다른 곳으로 옮겨가 2012년 현재 K 스트리트에는 미국의 '톱 20' 로비 회사들 가운데 단 하나만 있을 뿐이지만, 그 상징성은 아직 건재하다.

2011년 기준으로 지난 10년간 의원 400명, 의원 보좌관 5,500명이 로비스트로 일하고 있는 걸로 나타났다. 가장 드라마틱한 변신은 늘 민중주의 냄새마저 풍길 정도로 노동자 계급을 챙겼던 미주리 주 하원의원 출신의 리처드 게파트 Richard Gephardt다. 2007년에 로비 회사를 차린 그는 2011년 골드만삭스, 보잉, 비자 등 거대기업들을 위한 로비 대가로 700만 달러의 수입을 올린 것으로 나타났다.[78]

dope

dope는 "(죽 모양의) 진한 액체, 마약(환자), 바보, (경마에 관한) 내보內報, 정보, 예상, 비밀정보"를 뜻한다. spill the dope는 "정보를 흘리다", dope off는 "실책을 범하다", dope out은 "추측하다, 알아내다, 날조하다, 예상하다", doper(dope fiend)는 "마약 상용자", dope pusher(peddler)는 "마약 밀매자", doped는 "마약 중독의", dopester는 "(선거나 경마에 대한) 예상가, 정보에 밝은 사람", dopy(dopey)는 "(마약이나 술을 먹고) 멍한, 게으름뱅이", doping은 "(운동선수 등이) 흥분제 따위를 복용하는 일"이라는 뜻이다.

'마약'이라는 뜻의 dope는 네덜란드어 doop에서 유래되었다. doop은 지금은 "baptism(세례)"라는 뜻으로 쓰이지만, 옛날에는 'sauce(소스)'라는 뜻이었다. 당시 마약 상용자들이 '끈적끈적한 것 gooey substance'을 다루었기에 '마약'이라는 뜻을 갖게 된 것으로 보인다. '정보'라는 뜻의 dope의 기원에 대해선 알려진 바 없으며, 20세기 초부터 사용되었다.[79]

dope story는 "의도적인 누설 기사, 신문의 시사해설물"이다. 정치인들이 여론을 떠보거나 경쟁 세력의 반응을 살피기 위해 의도적으로 특정 정보를 누설시켜 언론에 보도된 기사를 말한다. 정치 용어로 이 말을 공개적으로 쓴 최초의 대통령은 리처드 닉슨이다. 그는 1969년 1월 28일 국무부 관리들에게 다음과 같이 말했다.

"I have been reading some dope stories lately about the rivalries that may develop between the various Departments in government(나는 최근 정부의 여러 부서 사이에서 벌어진 것 같은 암투暗鬪에 관한 '의도적인 누설기사'들을 봐왔습니다.)"[80]

스포츠 분야에서는 체력을 극도로 발휘해서 좋은 성적을 올리게 할 목적으로 선수에게 심장흥분제·근육증강제 따위의 약물을 먹이거나 주사 또는 특수한 이학적 처치를 할 때 사용되는 약물을 도프 dope, 그런 행위를 도핑 doping이라고 한다. 원래는 경주마에 투여하는 약물을 도프라고 했는데, 인간의 스포츠계界에서도 사용하게 되었다. 오늘날은 각종 경기에서 선수들의 특정약물 투여 여부를 검사하는데, 이를 도핑테스트 doping test라고 한다.[81]

dream

dream something up은 "(특히 말도 안 되는 내용을) 생각해내다", dream something away는 "~을 몽상하며 시간을 보내다", go/work like a dream은 "기가 막히게 잘 작동되다", like a bad dream은 "나쁜 꿈(악몽) 같은", dream a (dreadful) dream은 "(무서운) 꿈을 꾸다", be(live, go about) in a dream은 "꿈결같이 지내다", dream of(about) home은 "고향의 꿈을 꾸다", an uneasy dream은 "불안한 꿈"이란 뜻이다. 명령문 형태로 쓰여 남의 생각이 현실성이 없음을 반어적으로 나타낼 때 "Dream on(아무리 꿈꿔봐. 그렇게 되냐)"이라고 하지만,[82] 현인들은 한결같이 "You are what you dream(꿈을 꾸면 이룰 수 있다)"고 말한다. 그런 명언 8개만 감상해보자.

(1) Keep true the dreams of thy youth(젊었을 때의 꿈에 충실하라). 독일 시인 요한 쉴러Johann von Schiller, 1759~1805의 말이다.

(2) These who dream by day are cognizant of many things that escape those who dream only by night(낮에 꿈꾸는 사람들은 밤에만 꿈꾸는 사람들에겐 떠오르지 않는 많은 것을 알 수 있다). 미국의 시인이자 소설가 에드거 앨런 포Edgar Allan Poe, 1809~1849의 말이다. 이 문장에서 escape라는 단어의 용법을 쉽게 설명한 예를 2개만 제시하자면 다음과 같다. Her name escapes me (그녀의 이름이 생각나지 않는다). A lament escaped him[his lips](자신도 모르게 탄식이 그의 입에서 흘러 나왔다).

(3) The more a man dreams, the less he believes(꿈을 꿀수록 믿는 게 적어진다). 독설가로 유명한 미국 저널리스트 헨리 루이 멩켄Henry Louis Mencken, 1880~1956의 말이다.

(4) It is difficult to say what is impossible, for the dream of yesterday is the hope of today and the reality of tomorrow(어제의 꿈은 오늘의 희망이고 내일의 현실이기 때문에 무엇이 불가능하다고 말하기는 어렵다). 미국 과학자 로버트 고다르Robert H. Goddard, 1882~1945의 말이다.

(5) All our dreams come true, if we have the courage to pursue them(추구하고자 하는 용기만 있다면 우리의 모든 꿈은 실현된다). 디즈니의 창업자인 월터 디즈니Walter Elias Disney, 1901~1966의 말이다.

(6) I Have a Dream(저에겐 꿈이 있습니다). 미국의 흑인 민권운동 지도자인 마틴 루서 킹Martin Luther King, Jr., 1929~1968 목사가 1963년 8월 28일 워싱턴 D.C.의 링컨기념관에서 한 연설로, 불후의 명연설로 꼽힌다. 1983년 11월 2일 로널드 레이건Ronald Reagan, 1911~2004 대통령은 킹을 기념하는 공휴일을 제정하는 법안에 서명했다. 1986년 1월 20일부터 시작된 '마틴 루서 킹 2세의 날'은 해마다 킹의 생일에 가까운 1월 셋째 월요일에 지켜진다. 미국의 열 번째 법정 기념일이다. 킹에 앞서 이러한 영광을 얻은 이는 조지 워싱턴과 크리스토퍼 콜럼버스뿐이다. 미국에서 73개 도시가 킹의 이름을 딴 거리를 갖고 있으며, 미국

Martin Luther King

성공회와 루터교는 그를 '성인'으로 추대했다.[83] 「I Have a Dream」 연설의 일부는 다음과 같다.

"I have a dream that one day this nation will rise up and live out the true meaning of its creed: We hold these truths to be self-evident that all men are created equal. I have a dream that one day on the red hills of Georgia the sons of former slaves and the sons of former slave owners will be able to sit down together at a table of brotherhood. I have a dream that one day even the state of Mississippi, a desert sate, sweltering with the heat of injustice and oppression, will be transformed into an oasis of freedom and justice. I have a dream that my four children will one day live in a nation where they will not by judged by the color of their skin but by the content of their character(저에겐 꿈이 있습니다. 언젠가는 이 나라가 바로 서 모든 인간이 평등하게 태어난 존재임을 자명한 진리로 지키며, 그 신조의 진정한 의미대로 살게 되리라는 꿈이 있습니다. 저에겐 꿈이 있습니다. 언젠가 조지아의 붉은 언덕에서 노예로 살았던 이들의 후손들과 노예를 부렸던 이들의 후손들이 형제애의 식탁에 함께 마주 앉는 날이 올 것이라는. 저에겐 꿈이 있습니다. 불의와 억압의 광기에 허덕이던 사막, 미시시피 주마저도 언젠가 자유와 정의의 오아시스로 변모할 것이라는. 저에겐 꿈이 있습니다. 언젠가 저의 네 아이들이 피부색이 아니라 인격의 내용으로 평가받는 날이 올 것이라는)."[84]

(7) I don't dream at night, I dream all day. I dream for a living(나는 밤에 꿈꾸는 게 아니라 하루 종일 꿈꾼다. 나는 생존(생계)을 위해 꿈꾼다.) 미국의 영화감독이자 제작자 스티븐 스필버그Steven Spielberg, 1946~의 말이다. 그의 사업체 이름도 '드림웍스'다. 그는 1980년대 중반 영화를 만드는 것은 환상, 그것도 사람들이 빠져드는 기술적인 환상을 만드는 것이라고 말했다. 자신의 일은 영화 기술을 요리하되 그걸 잘 감추어 사람들이 영화관의 좌석에 앉아 있는 동안 자신이 어디에 있는지 생각하지 못하게 하는 데 있다는 것이다. 그러나 그는 〈쉰들러 리스트〉로 1994년 3월 제66회 아카데미 시상식에서 작품, 감독, 촬영, 음악, 미술, 각색, 편집 등 7개 부문을 휩쓴 뒤에는 "나는 영화가 인간의 세계관을 바꾸는 힘을 가졌다고 생각지 않았다. 이제 영화를 만드는 것은 나의 권리가 아니라 의무임을 안다"고 말했다.[85]

(8) Never let your memories be greater than your dreams(과거의 기억이 미래의 꿈을 압도하면 안 된다). 코카콜라 CEO를 지낸 더글러스 이베스터Douglas Ivester, 1947~의 말이다.

dress

dressed to the nines는 "성장盛裝하여"란 뜻이

다. dressed to the teeth, dressed to kill이라고도 한다. dressed up to the nines라고도 하는데, dressed up에는 to the nines를 붙이지 않더라도 이미 그런 뜻이 있다. You are dressed up(옷을 잘 차려 입었군요). What are you all dressed up for?(옷을 잘 차려입었는데 무슨 일 있어요?)

to the nines는 "완전히, 공들여, 화려하게"란 뜻이다. 이 숙어의 기원에 대해선 3에 3을 곱한 9를 완벽의 수로 보았기 때문이라는 설, 순금과 순은이 100퍼센트가 아니라 99.99퍼센트로 표시되는 것과 같이 9가 완전을 뜻하기 때문이라는 설 등 여러 설이 분분하다. When Ramon came into the gym on the night of the dance, he was dressed to the nines(라몬이 댄스파티가 벌어지는 밤 체육관에 들어섰을 때 그는 멋지게 차려입고 있었다).[86]

give a person a good dressing-down은 "~를 몹시 꾸짖다(때리다)"는 뜻이다. dress에는 "정돈하다, 마무르다"는 뜻이 있는데, 그 연장선상에서 dress food for the table은 "식탁에 내도록 음식을 조리하다", dress leather는 "가죽을 무두질하다"는 뜻이다. dressing-down(dress-down)은 "질책, 호된 꾸지람"을 뜻한다. 원래 dressing-down은 정육점에서 요리용 고기를 마련하기 위해 칼로 난도질하는 걸 말하는데, 이걸 비유적으로 사람에게 적용한 것이다.[87]

redress는 "교정(하다), 보상·배상(을 받다)"는 뜻이다. They had the courage to redress the wrongs they had suffered(그들이 고통을 받아온 여러 악을 바로잡을 용기가 있었다). dress는 프랑스 고어古語인 drecier(to arrange), redress는 redrecier (to rearrange)에서 나온 말인데, arrange를 다시 한다는 것은 잘못된 것을 바로잡는 게 아니고 무엇이겠는가.[88]

drone

최근 군사 관련 외신으로 자주 등장하는 것 중의 하나가 drone(드론)이다. 무인無人 항공기로, 정식 명칭은 UAVunmanned aerial vehicle이다. 원래 drone은 "(꿀벌의) 수벌, 게으름뱅이, 윙윙하는(단조로운) 소리, 단조롭게 이야기하는 사람, (벌, 기계 등이) 윙윙거리다, 단조롭게 말하다, 게으름 피우다"는 뜻이다. drone on(away)은 "(진절머리가 날 정도로) 단조롭게 말을 계속하다"는 뜻이다. 벌이 윙윙거리는 모습에 빗대 무선으로 조종하는 무인 비행기에 drone이라는 별명을 붙인 것이다.

drone

drone journalism은 카메라가 장착된 소형 드론을 통해 기자들이 안전한 재난 방송을 할 수 있는 저널리즘을 말한다. 러시아의 한 시민언론은 2011년 말 모스크바 광장의 시위 상황을 드론에 카메라를 장착한 후 하늘에서 사진과 동영상을 찍어 보도했는데, 시위자 중 일부는 이를 UFO(미확인비행물체)로 오인하는 해프닝도 있었다. 드론 저널리즘은 사생활 침해 문제를 일으킬 수도 있어, 구체적인 가이드라인을 만들어야 한다는 주장도 있다.[89]

미국에서 드론의 활용 범위는 실종자 수색부터 산불감시, 범죄용 차량 추적, 에너지 회사들의 가스·석유 송유관 점검, 부동산 중개업소의 항공사진 촬영 등 광범위하다.[90] 실리콘밸리의 벤처회사인 '매터넷'은 드론을 이용한 택배 네트워크를 시범 운용 중이다. 의약품같이 긴급을 요하는 소규모 물품을 드론을 통해 배달한다는 구상이다. 프랑스에 본사를 둔 '패럿'사가 개발한 'AR 드론 2.0'은 일종의 고급 장난감이다. 대당 300달러에 판매되는 이 쿼드콥터(프로펠러 4개를 사용하는 초소형 헬리콥터) 형식의 드론은 스마트폰으로 조종하며, 초소형 카메라가 내장되어 있어 실시간으로 영상을 전송받을 수 있다. 일본에서는 참치 떼 추적에 드론을 사용하고 있고, 케냐의 생태공원들은 멸종위기의 흰색 코뿔소 관찰을 위한 드론을 구입하기 위해 모금활동을 펴고 있다.[91]

2013년 7월 7일 『허핑턴포스트』는 도미노피자가 '도미콥터DomiCopter'라는 드론을 이용, 배달서비스를 준비 중이라고 보도했다. 오토바이를 탄 배달원 대신 드론이 피자를 나르면서 지금보다 빨리 주문한 피자를 받아볼 수 있게 되었다는 것이다. 미국 연방항공국은 향후 5년 안에 1만 대 정도의 상업용 드론이 운영될 것으로 전망했다.[92]

그런데 현재 뜨거운 논란이 되는 건 공격용 드론이다. 10년 전만 해도 드론은 미국만 독점하고 있었지만, 2012년 9월 현재 세계 76개국이 드론을 보유하고 있으며, 공격용 드론 보유국도 10여 개국으로 늘어났다. 미국이 2001년 '테러와의 전쟁'을 선언했을 때 50대에 불과했던 드론이 현재 7,500대로 150배로 늘어났다.[93]

오바마 행정부 출범 이후 2013년 3월까지 미 중앙정보국CIA과 군 당국이 드론을 출격시켜 파키스탄·예멘·소말리아 등지에서 사살한 테러분자는 3,000여 명에 이르렀다. 오바마 행정부가 드론을 이용한 표적 살해를 선호하는 것은 미군이 희생될 위험이 거의 없기 때문이다. 10여 년간 이라크·아프가니스탄 전쟁으로 이미 수많은 미군이 사망·부상한 상황에서 미 정부는 "추가 희생자를 감수해야 한다"고 국민을 설득할 명분이 없다는 것이다.[94]

국제 테러 조직 알카에다는 '드론 대비 지침서'까지 만들었는데, 여기에는 22가지 드론 대비책이 들어 있다. 드론 대비책 중에는 '실외에서 모여 있을 때는 인형을 들든지 위장을 해서 적을 기만하라', '지붕에는 반짝이는 유리조각을 붙여 드론을 교란하라', '드론은 고도 6킬로미터 이하에서 저공비행한다. 항시 정찰을 하고 숙련된 저격수를 배치하라', '우리의 위치 정보를 유출하는 첩자를 색출할 특별팀을 조직하라', '러시아제 위성 신호 탐지기를 사용해 드론의 임무가 무엇인지를 파악할 수 있다. 탐지기는 시중에서 2,595달러에 구입 가능하다', '신종 드론에는 적외선 센서가 있다. 차는 양탄자로 덮어라' 등이 있다.[95]

2013년 6월 19일 로버트 뮬러 FBI 국장이 상원 법사위원회 청문회에서 'FBI가 미국 영토에서 감시를 위해 드론을 사용하느냐'는 찰스 그래슬리(공화·아이오와) 상원의원의 질문에 "그렇다"고 답함으로써 큰 논란을 불러 일으켰다. 다이앤 파인스타인(민주·캘리포니아) 의원은 "미국인의 사생활에 가장 큰 위협은 드론이다. 드론에 대한 규제가 너무 적다"고 비판했다.[96]

드론이 지금은 주로 테러 조직을 공격하는 데 쓰이지만, 앞으로는 드론에 의한 테러의 가능성도 높아졌다. 구글 회장 에릭 슈미트Eric Schmidt는 『새로운 디지털 시대』(2013)에서 "프랑스 기업인 패럿Parrot이 개발한 무인비행체 'AR.드론AR. Drone'은 2011~2012년 성탄절 연휴 때 가장 많이 팔리는 장난감 중 하나였다"며 다음과 같이 말한다.

"이러한 장난감은 이미 스마트폰 조종이 가능하고, 여기에는 카메라도 장착되어 있다. 이착륙장치에 사제폭탄이 들어가고, 와이파이로 연결된 보다 복잡한 형태의 드론이 개발됐다고 상상해보라. 이는 완전히 새로운 차원의 공포를 초래한다. 그리고 이 공포는 조만간 미국에 닥칠 것이다."[97]

dust

dust는 "먼지(를 털다), 가루(를 뿌리다)'는 뜻이다. as dry as dust는 "무미건조한" 이란 뜻으로, 16세기부터 사용된 말이다.[98] dust는 비유적으로 "굴욕, 하찮은 것" 이란 뜻으로도 쓰인다. The glory of France dropped to the dust(프랑스의 영광은 땅에 떨어졌다). She married for love, and the love turned to dust(그녀는 연애결혼을 했지만, 그 사랑도 허무한 것이 되고 말았다).[99]

shake the dust from one's feet은 "자리를 박차고 (분연히) 떠나다"는 뜻이다. shake off the dust of one's feet이라고도 한다. 신약성서 「마태복음」 10장 14절에서 유래된 말이다. "If anyone will not welcome you or listen to your words, shake the dust off your feet when you leave that home or town(누구든지 너희를 영접하지도 아니하고 너희 말을 듣지도 아니하거든 그 집이나 성에서 나가 너희 발의 먼지를 떨어버리라)."[100]

throw dust in a person's eyes는 "~를 속이다"는 뜻이다. 고대 로마 시대부터 사용된 전법에서 유래된 말이다. 적과 대치하고 있는 상황에서 일부러 하늘에 흙먼지를 불러일으켜 적의 시야를 가림으로써 공격의 유리한 입지를 확보하는 전법이다. 미국 정치가이자 발명가인 벤저민 프랭클린Benjamin Franklin, 1706~1790이 비유적 의미로 쓰기 시작했다.[101]

dust off는 "(오랫동안 쓰지 않았던 것을 쓰려고) 꺼내다, 때려눕히다, (야구에서 투수가) 빈볼을 던지다"는 뜻이다. 먼지를 털어내는 모습을 연상하면 3가지 뜻이 모두 이해가 될 것이다. The gang of hoodlums dusted off a cop(한 무리의 깡패들이 경관을 집단구타했다). I'm going to dust off that old gun and see if I can still hit a rabbit(저 낡은 총을 꺼내서 아직도 토끼를 쏠 수 있겠는지 시험해 보자).[102]

야구에서도 타자는 빈볼bean ball을 피하기 위해 땅에 주저앉을 것이고, 따라서 먼지를 털어내야 하지 않겠는가. dust-off는 타자를 겨누어 투구하는 것, duster는 빈볼을 뜻한다. 빈볼에서 빈bean은 '콩' 인데, 사람 머리를 가리키는 속어로도 쓰인다. 즉, 투수가 투구 시 고의적으로 타자의 머리 부근을 겨누어 던지는 반칙 투구이자 위협 투구라는 점에서 빈볼이라고 한다. 빈볼은 녹다운 피치knockdown pitch라고도 하는데, 이는 빈볼이 타자로 하여금 땅에 주저앉거나 몸을 수그리지 않을 수 없게 만들기 때문에 생겨난 말이다.

Dutch

네덜란드Netherlands라는 국명은 국토의 20퍼센트가 바다 수면 아래에 있어서 생긴 이름이다. 영어로 직역하면 'Low Country(낮은 나라)' 라는 뜻이다.[103] Holland는 네델란드의 지역 이름이지만, 가끔 네델란드를 대체하는 국명으로 쓰이기도 한다. Holland는 영어로 "hollow land" 라는 뜻으로 알려지기도 했지만, "wooded land"라는 뜻이다.[104] 그렇다면 '네델란드의' 라고 하는 형용사로 쓰이는 Dutch의 어원은 무엇일까? 임귀열은 "Dutch라는 말은 본래 독일Deutsch(도이치)을 지칭했다"며 다음과 같이 말한다.

"1934년에는 Dutch라는 말 대신 Netherlands 라는 말을 사용토록 정부에서 종용했다고 한다. Dutch라는 말은 뭔가 '열등하고 미흡한 것an epithet of inferiority' 으로 인식되었기 때문인데, 17세기에 군사적으로 상업 경쟁에서 미움을 샀던 영국과 여타 국가들이 시샘을 하면서 생긴 감정들이다. 게다가 독일을 의미했던 Deutsch 중에서 좀더 열등했던 저급 '도이치' 가 오늘날 Dutch로 남게 되었고, 그 잔재는 영국 영어, 미국 영어에도 상당한 흔적을 남겼다."[105]

그래서 Dutch와 결합된 영어 단어들은 한결같이 부정적인 의미를 담고 있다. 예컨대, 네덜란드식 경매Dutch auction는 서로 짜고서 값을 올리거나 값을 깎아내려가는 경매, 네덜란드식 매매Dutch bargain는 술자리에서 맺는 매매계약, 네덜란드식 용기Dutch courage는 술김에 내는 용기를 뜻한다. 'Double Dutch' 는 도무지 알아들을 수 없는 말을 뜻했고, "I'll be a Dutchman"은 "내가 틀렸으면 내 목을 쳐라" 는 말로 통용되었다.[106] "엄하게 꾸짖는 사람, 잔소리꾼" 이라는 뜻

dutch treat

을 가진 Dutch uncle도 마찬가지다. 뉴욕을 네덜란드에서 빼앗은 뒤 나온 "beat the Dutch(깜짝 놀라게 하다, 경탄시키다)"라는 말도 네덜란드의 패배를 조롱하는 것에 다름이 아니다.¹⁰⁷

go Dutch는 "비용을 각자 부담하다", Dutch treat는 "비용을 각자 부담하는 회식"인데, 이러한 말들이 만들어질 때에는 네덜란드인은 인색하다는 의미를 내포하고 있었다. 한국에서 많이 쓰이는 Dutch pay는 엉터리 한국식 영어다. 'This is a Dutch treat(이건 각자 내는 겁니다)' 식으로 말하거나, 아예 Dutch를 쓰지 않고 'Let's go fifty-fifty', 'Let's split the bill' 이라고 말하는 게 옳다.¹⁰⁸

그 밖에도 as drunk as a Dutchman(곤드레만드레 취하다), Dutch defense(항복), Dutch cap(콘돔의 일종), Dutch comfort(은근히 약 오르게 하는 위로의 말), Dutch drink(단숨에 술잔을 비우는 것), Dutch feast(파티에서 손님보다 주인이 먼저 취하는 것), Dutch wife(섹스 파트너) 등 Dutch를 비하하는 말이 많다.¹⁰⁹

최근에는 네덜란드 병Dutch Disease이니 네덜란드의 기적Dutch Miracle이니 하는 말이 눈길을 끈다. 유경준 KDI 선임연구위원은 "1980년대 초까지 네덜란드는 실업률이 14퍼센트에 달했다. 또 만성적인 복지병에 재정적자까지 겹쳐 유럽뿐 아니라 전 세계로부터 네덜란드 병Dutch Disease이라는 조롱을 받았다"며 다음과 같이 말한다.

"그러나 네덜란드 노사는 1982년 말 경제의 체질 개선을 위한 대타협을 이루었고, 10여 년 만에 유럽의 문제 국가에서 강소국으로 환골탈태했다. 임금인상 자제와 근로시간 단축을 통한 일자리 나누기가 대타협의 주요한 골자였다. 이 협약이 그 유명한 바세나르 협약Wassenaar Accord이며, 폴더Polder 모델로도 불리는 네덜란드 식 사회적 합의 모델의 기초가 되었다. 시간제 일자리는 이러한 네덜란드의 기적Dutch Miracle을 만든 주요한 원동력이었다."¹¹⁰

또 『중앙일보』 이하경 논설실장은 '네덜란드 기적'을 만든 주인공은 1982년에 집권한 루드 루버스 총리였다며 이렇게 말한다. "43세의 혈기 방장한 이 중도 우파 정치인은 과도한 복지비용으로 비틀거리던 나라의 상태를 '네덜란드 병Dutch Disease'으로 규정했다. 그러고는 '정부부터 솔선수범하겠다'며 공무원 임금을 삭감해버렸다. 노사가 타협하지 않으면 정부가 개입하겠다고 선언하는 강수를 두었다. 그러자 불과 이틀 뒤 산업고용주연합회장이 노조총연맹 대표를 집으로 불렀다. 노조는 임금을 삭감하고 기업은 노동시간을 주 40시간에서 38시간으로 줄여 더 많은 사람을 고용하기로 합의했다. 이렇게 해서 '네덜란드 기적Dutch Miracle'의 시동을 건 바세나르 협약이 탄생했다."[111]

바세나르는 헤이그에서 북쪽으로 10킬로미터 떨어진 곳에 있는 도시 이름으로, 이곳에서 노사정 대타협이 이루어졌다고 해서 '바세나르 협약'이라고 한다. 인구는 2만 5,000여 명(2007년 기준)으로 작은 도시이지만, 부자들이 모여 사는 부촌으로 유명하다. 네덜란드에서는 이 도시의 부를 조롱하는 〈바세나르〉라는 노래가 나오기도 했다.[112]

DWI

DWI는 Driving While Intoxicated의 약자로 음주운전을 말한다. DUI driving under the influence라고도 한다. He was caught driving under the influence(그는 음주운전으로 걸렸다). 그 어떤 영향 하에서, 즉 술의 영향을 받아 운전을 했다는 뜻으로 이해해도 안 될 것 없지만, 굳이 influence라는 단어를 쓰게 된 배경은 influenza(인플루엔자, 유행성 감기, 독감)와 관련이 있다.

줄여서 flu라고도 하는 influenza는 influence를 뜻하는 라틴어 influentia에서 나온 말이다. 1743년 이탈리아에서 유행성 독감이 번지자, 그 이유에 대해 별들의 영향astrological influence 때문이라는 해석이 나왔다. 이후 유행성 독감을 influenza라 부르게 된 것이다. 오늘날 influence라는 단어는 병病과는 무관하지만, 술에 의한 영향으로 정상이 아닐 때 쓰이긴 한다. 그 대표적인 사례가 오늘날 미국인들의 친숙한 생활용어가 된 DUI다.[113]

DUI와 더불어 미국인들의 일상에서 많이 쓰이는 DWI의 변형으로 DWB라는 게 있다. Driving While Black의 약자로, 미국에서 경찰이 흑인 운전자를 차별하는 걸 가리키는 말이다. 흑인 운전자는 백인 운전자에 비해 자동차를 운전하고 가다가 자주 경찰에 심문당하고 과속 딱지를 떼이는 횟수가 더 많은데, 이러한 흑인 차별을 풍자한 개념이라고 할 수 있다.

[참고 blink]

DWI는 '스노클론snowclone' 붐을 몰고와 수많은 유사 약자들이 탄생했다. walking while black, eating while black, hailing while black(택시가 흑인을 피하는 것), flying while black, ailing while black 등으로 모두 흑인 차별을 풍자하고 사실상 고발하는 단어들이다.

DWI

9·11 테러 이후 공항에서 무슬림에 대한 차별이 심해지자, flying while Muslim이라는 말도 나왔다.[114]

스노클론은 2004년 작가 글렌 휘트먼Glen Whitman이 만든 신조어다. DWI와 같은 어구 견본phrasal template을 끝없이 확장시켜 이용하는 걸 가리키는 말로, 이미 쓰인 유명한 용례가 있기 때문에 이해하기 쉽다는 장점이 있다. template는 "형판形板, 견본, 본보기"라는 뜻으로, 이러한 식으로 쓰이는 단어다. If you need to write a lot of similar letters, set up a template on your computer(비슷한 편지를 많이 써야 하면 컴퓨터에 견본으로 쓸 편지 한 통을 작성하라).[115]

미국에서 음주운전은 DWI와 DUI 외에도 지역에 따라 DUII driving under intense influence, OVI operating vehicle under the influence or drugs, OMVI operating a motor vehicle while intoxicated 등과 같이 매우 다양한 이름으로 불린다. 자전거 음주운전도 문제 삼는 BWI bicycling while intoxicated도 있다. 음주 측정은 FST field sobriety test라고 한다.[116]

E

economy

economy(절약, 경제)는 가족이 경제의 기본 단위였던 시절 '가정'을 뜻하는 그리스어 oikos에서 나왔다.[1] economy of time and labor는 "시간과 수고의 절약", some little economies는 "몇 가지의 사소한 절약", a man of economy는 "검약가", with economy는 "경제적으로"란 뜻이다.

"It is wise(poor) economy(그것은 경제적[비경제적]이다)." "Economy is for the poor; the rich may dispense with it(절약은 빈자의 것이다. 부자는 그럴 필요가 없다)." 미국 작가 크리스티앙 네스텔 보비Christian Nestell Bovee, 1820~1904의 말이다. dispense with는 "~없이 지내다", dispense with ceremony는 "격식을 차리지 않고 하다", dispense with a person's service는 "남을 해고하다"는 뜻이다. I can dispense with your advice(너의 충고 없이도 해나갈 수 있다).[2]

economy-class syndrome(이코노미클래스 신드롬)은 장시간 비행기 여행 시 이코노미클래스의 좁은 공간에서 움직이지 못하고 발을 마음껏 뻗지도 못해 일어나는 정맥 혈전증thrombosis 등과 같은 신체상의 이상 현상을 말한다. In-flight yoga in my opinion presents an excellent preventive with respect to the economy class syndrome(내 생각에는 이코노미클래스 신드롬을 예방하는 데는 비행기 안에서 할 수 있는 요가가 아주 좋은 것 같아).[3]

"It's the economy, stupid(바보야, 중요한 건 경제야)." 미국 제42대 대통령 빌 클린턴Bill Clinton, 1946~이 1992년 대선에서 사용한 선거 구호로, 그의 참모였던 제임스 카빌James Carville이 그간 사

Bill Clinton

용했던 슬로건 '국민이 우선인 국가Putting People First'가 진부하다고 판단하여 새로 만들어낸 것이다. 클린턴은 1992년 7월 민주당 대통령 후보 지명 수락연설에서 "미국 경제가 독일에 뒤지고 일본 총리가 동정을 느낄 정도가 되었다"고 개탄하고 이같이 실추된 미국의 위신을 끌어올리겠다고 다짐했다.

그럴 만도 했다. 1989년 1월부터 1992년 9월 말까지 조지 부시 행정부의 집권 3년 9개월간 '경제성적표'는 국내총생산GDP 성장률 2.2퍼센트, 고용증가율 0.9퍼센트, 가처분소득 증가율 3.8퍼센트였고 미국인들이 중요하게 생각하는 시간당 소득증가율은 0퍼센트로 나타났다. 반면 인플레이션과 실업지수는 10.5퍼센트에 달했다. 제2차 세계대전 후 집권한 9명의 대통령 가운데 최악의 점수였다. 여기에 실업인구는 1,000만 명에 달했고 매일 수백 개의 기업이 파산하고 있었다. 또 재정적자는 무려 4조 달러에 달해 미국인들에게 큰 정신적 압박이 되어가고 있었다. 투표를 마치고 나온 유권자들을 상대로 한 여론조사에서도 43퍼센트가 경제 문제에 따라 표를 던졌다고 대답한 걸로 미루어보더라도 경제 문제가 대세를 결정지은 게 분명했다.[4]

"Japan is not stagnating. Japan is moving from being a society driven by economic growth irrespective of environmental and social costs to a more balanced society. The latter is reflected in its high quality public sector: its well-educated population; its schools and hospitals; its public transportation system. Japan's economy is twice as energy efficient as that of the U.S.(일본은 침체된 게 아니다. 일본은 환경과 사회적 비용을 무시한 경제성장으로 돌아가는 사회에서 더욱 균형 잡힌 사회로 변하고 있는 것이다. 이는 잘 교육받은 인구, 학교와 병원, 대중교통 시스템 등과 같은 고품질의 공공 영역에서 드러난다. 일본 경제의 에너지 효율성은 미국의 2배나 된다)." '지속가능한 경제sustainable economy'를 주장하는 미국 경제학자 헤이즐 헨더슨Hazel Henderson, 1933~이 2001년 이른바 '일본경제 침체론'을 반박하면서 한 말이다.[5]

education

" 나는 많이 배우지 못했으니 실패하는 게 당연하다', '나는 많이 배웠으니 성공할 수 있다'는 말은 변명에 불과합니다. '아는 것이 힘이다'라고 말하지만, 그건 반쪽짜리 진리에 불과합니다. 여기서 지식이란 잠재력을 말하는 것으로, 명확한 행동에 의해 표현되었을 때만 힘이 될 수 있으니까요. 지식의 소유와 '배우다being educated'라는 말에는 차이가 있습니다. 'educate'란 단어는 라틴어 'educare'에서 나온 말로 '끌어내다, 발전시키다, 계발하다'라는 뜻이 있습니다. 결코 지식의 소유나 습득을 가리키는 말이 아니죠."[6]

미국의 성공학 전도사 나폴레온 힐Napoleon Hill, 1883~1970이 1937년에 한 말이다. 미국의 노동자 출신 작가이자 사회운동가인 에릭 호퍼Eric Hoffer, 1902~1983도 비슷한 취지로 다음과 같이 말한다.

"The central task of education is to implant a will and facility for learning; it should produce not learned but learning people. The truly human society is a learning society, where grandparents, parents, and children are students together(교육의 주요 역할은 배우려는 의욕과 능력을 몸에 심어주는 데 있다. '배운 인간'이 아닌 계속 배워나가는 인간을 배출해야 하는 것이다. 진정으로 인간적인 사회란 조부모도, 부모도, 아이도 모두 학생인 배우는 사회이다)."[7]

그 밖에 수많은 현인이 남긴 교육 관련 명언들을 10개만 더 감상해보자.

(1) The educated differ from the uneducated as much as the living differ from the dead(교육을 받은 사람과 그렇지 않은 사람은 살아 있는 것과 죽은 것의 차이와 같다). 그리스 철학자 아리스토텔레스Aristoteles, B.C. 384~B.C. 322의 말이다.[8]

(2) Education makes people easy to lead, but difficult to drive; easy to govern but impossible to enslave(교육으로 말미암아 사람들을 쉽게 인도할 수 있지만 강제로 이끌어가기는 힘들다. 교육이 통치하기 쉽게 만들어주지만 노예화는 불가능하게 한다). 영국 정치가 브로엄 경Lord Brougham, 1778~1865의 말이다.[9]

(3) Education is a better safeguard of liberty than a standing army(자유를 지키는 데는 상비군보다 교육이 낫다). 미국 정치가이자 교육자 에드워드 에버렛Edward Everett, 1794~1865의 말이다.

(4) The secret of education lies in respecting the pupil(교육의 비결은 학생들을 존중하는 데 있다). 미국 철학자 랠프 월도 에머슨Ralph Waldo Emerson, 1803~1882의 말이다.

(5) You can never be overdressed or over-educated(옷과 교육은 지나쳐도 괜찮다). 영국 작가 오스카 와일드Oscar Wilde, 1854~1900의 말이다.

(6) Education is, not a preparation for life; education is life itself(교육은 인생의 준비가 아니다. 교육이 인생 그 자체다). 미국 교육학자 존 듀이John Dewey, 1859~1952의 말이다.

(7) You can't be serious. We've just spent ten million dollars educating you!(너무 심각하지 말게. 우린 자네를 교육시키는 데 1,000만 달러를 쓴 것뿐이야!) IBM의 창업자인 토머스 왓슨Thomas J. Watson, 1874~1956이 실험에 실패해 1,000만 달러를 날려 해고될 것을 각오하고 있던 젊은 중역에게 한 말이다. 리더십 전문가인 워런 베니스Warren G. Bennis와 로버트 토머스Robert J. Thomas는 사원에 대한 교육의 중요성을 강조하면서 이 일화를 소개했다.[10]

(8) To the uneducated, an A is just three sticks(무지한 사람에게는 A는 막대기 3개로 보일 뿐이다). 영국 작가 앨런 알렉산더 밀른Alan Alexander Milne, 1882~1956의 말이다.

(9) Our best chance for happiness is education(행복을 찾을 수 있는 최상의 가능성은 교육

이다). 미국 작가 마크 반 도렌Mark Van Doren, 1894~1972의 말이다.

(10) Education is too important to be left solely to the educators(교육은 너무 중요해서 교육자들에게만 맡겨둘 수 없다). 미국 교육자 프란시스 케펄Francis Keppel, 1916~1990의 말이다.

emotional labor

emotional labor(감정노동)은 대중과 접촉하는 일에 종사하면서 의지를 갖고 어떤 마음 상태를 생산해내야만 하는 일을 가리킨다. 1983년 미국의 사회학자 앨리 혹실드Arlie Hochschild, 1940~는 『관리된 마음: 인간 감정의 상업화The Managed Heart: The Commercialization of Human Feeling』에서 처음 제시한 개념이다. 그녀는 금전적 보상 없이 가족이나 친구들과의 관계에서 요구되는 감정노동은 emotion work이라고 따로 구분했다.[11] 안토니오 네그리Antonio Negri와 마이클 하트Michael Hardt는 정서의 창조와 처리에 초점을 맞추는 노동을 가리켜 '정서적 노동affective labor'이라 불렀다.[12]

혹실드는 캘리포니아 버클리 대학 대학원생 시절 사회학자 C. 라이트 밀스C. Wright Mills, 1916~1962의 『화이트칼라: 미국의 중산층White Collar: The American Middle Classes』(1951)을 읽다가 "we sell our personality"라는 대목에 시선이 꽂혀 감정노동에 관심을 갖게 되었다.[13]

혹실드는 소비자본주의 사회의 환경에서 좋아하고, 싫어하고, 슬프고, 화나는 매우 사적인 감정이 조직 속에서 집단적 감정으로 변형되며, 집단적 감정은 조직 속에서 바람직한 것으로 여겨져 강요된다고 보았다. 감정노동을 엄밀히 정의하면 "업무상 요구되는 특정한 감정 상태를 연출하거나 유지하기 위해 행하는 일체의 감정 관리 활동"이 직무의 40퍼센트 이상을 차지하는 노동 유형이다.[14]

승무원, 판매원, 외판원 등 서비스 직종에 종사하는 여성을 대표적인 감정노동자라 할 수 있는데, 혹실드는 백화점 여성 노동자를 대표적인 '감정 노동자'로 보았다. 백화점들은 '미소의 여왕'을 선발한다든가 하는 방식으로 감정 생산에 경쟁을 도입하기도 한다. 일부 직종에서는 노동의 '연예화'라고 해도 좋을 정도로 감정 노동의 고급화를 추구한다.[15]

서비스 제공자의 감정뿐만 아니라 외모도 중시하면 '심미적 노동aesthetic labor', 서비스 제공자가 특별한 인생관으로 인해 정말 가슴에서 우

emotional labor

러나오는 감정노동을 하는 건 '박애적 감정노동philanthropic emotional labor'으로 부르는 학자들도 있다.[16]

감정노동은 정당한 대접을 받지 못하고 있다. 미국의 한 간호사는 이렇게 항변한다. "의사들이 암세포를 꺼내지만, 환자가 시련을 이겨내게 하는 건 우리 간호사들이라고요. 왜 세상은 의사들이 하는 일은 알아보고 공을 돌리면서, 간호사들이 하는 일에는 그러지 않죠?"[17]

한국에서 감정노동의 확산은 여성 비정규직의 증가와 밀접한 관련이 있으며, 이들은 과도한 대對고객 친절을 강요받고 있다. 한 증권회사의 콜센터에서 일하는 전모씨(25 · 여)는 "하루 80~100통의 전화상담을 하는데 통화 내용이 모두 녹음되어 인사담당자가 평가한다"며 "조금이라도 목소리가 낮아져도 불친절하다는 지적을 받아 점수가 깎인다"며 감정노동의 괴로움을 토로했다."[18]

최선경은 여성 감정노동자들의 노동이 낮게 평가되고 있다고 지적하면서 그 이유 중 하나는 감정노동이 노동으로서 제대로 평가받지 못하고 있기 때문이며, 이는 여성의 사적 공간, 가정에서도 그대로 적용된다고 말한다. 여성들은 가정에서 어머니로서, 아내로서, 며느리로서 다양한 역할들을 수행하고 있는데, 이 역할들 속에는 근력을 쓰는 일, 머리를 쓰는 일, 요리를 하는 일 등 다양한 노동이 존재하지만 노동 그 자체로 존재하기보다는 가족에 대한 보살핌이라는 의미에 종속되어 있다는 것이다.[19]

한국직업능력개발원이 2012년 203개 직업에 종사하는 근로자 5,667명을 대상으로 설문 조사한 자료를 분석한 결과 항공기 승무원이 감정노동에 가장 많이 시달리는 것으로 나타났다. 승무원은 심각도 5점 만점에 4.7점을 기록했으며, 이어 홍보 도우미(4.6), 휴대전화 판매원(4.5), 장례지도사(4.49), 아나운서 · 리포터(4.46), 식당 웨이터(4.44), 검표원(4.43), 마술사(4.39), 패스트푸드점 점원(4.39), 콜센터 상담원(4.38), 미용사(4.35), 텔레마케터(4.35), 은행 창구 직원(4.34), 응급구조사(4.34), 간호사(4.33), 물리치료사(4.20), 비서(4.19), 레크리에이션 강사(4.18), 치과의사(4.16), 사회복지사(4.16), 여행 가이드(4.15), 경찰관(4.15), 웨딩플래너(4.13), 유치원 교사(4.13), 매니저(4.13), 경호원(4.12), 보험 판매원(4.12), 보육교사(4.12), 약사(4.11) 등의 순이었다.[20]

장기간 감정노동을 하는 근로자들은 심한 스트레스로 정신적 · 육체적 병을 앓는 경우가 적지 않은데, 일본의 오사카 쇼인여대樟蔭女大의 마코토 나쓰메Makoto Natsume 교수가 처음 규명한 '스마일 마스크 증후군smile mask syndrome'이 대표적이다. 이 병은 '밝은 모습을 보여야 한다'는 강박에 사로잡혀 겉으로는 웃지만 근육통과 두통에 시달리는 동시에 늘 우울해하고 식욕 · 성욕 등이 떨어지는 증상을 가리킨다. 심하면 자살하는 경우도 있다.[21]

empathy

1872년 독일 철학자 로베르트 피셔Robert Vischer, 1847~1933는 그리스어 empatheia(in-feeling, feeling-into)를 근거로 Einfühlung(감정이입感情移入)이라는 단어를 만들어 자신의 박사학위 논문에서 최초로 사용했다.[22]

감정이입은 관찰자가 흠모하거나 관조하는 물체에 자신의 감성을 투사하는 방법을 설명하는 용어로, 실제로는 예술작품을 감상하고 즐기는 원리를 밝히기 위해 만들어진 것이었다. 독일의 철학자이자 역사가 빌헬름 딜타이Wilhelm Dilthey, 1833~1911는 이 미학 용어를 빌려와 정신 과정을 설명하는 데 사용했는데, 그에게 감정이입은 다른 사람의 입장이 되어 그들이 어떻게 느끼고 생각하는지 이해하는 것을 의미했다.

1909년 미국 심리학자 에드워드 티치너Edward B. Titchener, 1867~1927는 Einfühlung에 근거해 '공감empathy'이라는 단어를 만들어냈다. 이후 '공감적empathic', '공감하다empathize' 같은 파생어들이 속속 등장하여 심리학 문화의 유행어로 자리 잡았다. 그 덕분에 empathy는 독일어에서 나온 단어이지만 독일로 역수입되어 Empathie라는 독일어로 번역되어 지금도 사용되고 있다.

'공감' 이전에 나온 단어 '동정sympathy'은 다른 사람의 곤경을 보고 측은함을 느끼는 수동적인 감정이지만, 공감은 적극적인 참여를 의미하여 관찰자가 기꺼이 다른 사람의 경험의 일부가 되어 그들의 경험에 대한 느낌을 공유한다는 의미를 갖게 되었다.[23]

미국 커뮤니케이션 학자 존 스튜어트John Stewart는 "Empathy is the process of putting yourself in the other's place(공감은 역지사지易地思之의 과정이다)"라고 했다.[24]

제러미 리프킨Jeremy Rifkin은 『공감의 시대The Emphatic Civilization』(2009)라는 책까지 내가면서 공감의 중요성을 강조했다.[25] 그런데 이 책에 대해 미국 시카고 컬럼비아 대학 철학과 교수인 스티븐 아스마Stephen T. Asma는 『편애하는 인간Against Fairness』에서 '신히피적 발상'이라며 매우 냉소적인 반응을 보였다. 그는 "리프킨은 그저 열심히 노력하면 전 인류에 대해 배려와 공감을 느낄 수 있다는 일반적인 생각을 드러낸다"며 "배려나 공감은 제한적인 자원이다. 그렇지만 신히피적 관점은 공감을 무한히 쓸 수 있는 비축물로 여긴다"고 비판했다.[26]

enemy

물리치거나 극복해야 할 enemy(적)가 없다면 정치나 종교가 존재할 수 있을까? 없다면 어떻게 해서든 만들어내야만 정치와 종교의 존재 근거가 확보되는 건 아닐까? 수많은 연구자가 정치 영역에서 '우리 대 그들Us Against Them'이라고 하는 구도가 모든 의식과 행동양식을 지배하는 상황에서 이성적 사고는 기대하기 어렵다고 말하지만,²⁷ "If you are not with us, you are against us(우리편이 아니라면, 곧 적이다)"라고 하는 이분법 모델은 건재하다.

데이비드 베레비David Berreby의 『우리와 그들, 무리짓기에 대한 착각Us and Them: Understanding Your Tribal Mind』은 유유상종에 대한 상식을 뒤엎는다. 베레비는 "인간은 서로 비슷한 사람들과 한패가 되는 게 아니라, 한패가 되고 나서 비슷하다고 판단하는 것이다"고 했다. 임종엽의 해설에 따르면, "'우리'는 서로 비슷해서 무리짓는 것이 아니라 '우리'가 되고 나서 비슷해진다. 그럼으로써 '우리'의 맞은 편에 '그들'이 만들어진다. 유유면 상종이 아니라 상종이면 유유라는 것이다. 그런데 문제는, '그들'보다는 '우리' 사이에 있는 게 사람들을 편하게 한다는 사실이다."²⁸

지식인들도 더하면 더했지 다를 게 없다. 베레비는 이렇게 말한다. "사상이 일단 깃발이 되고 나면 더이상 자유로울 수 없다. 우선 그것을 사용하려면 대가를 치러야 한다. 즉 그 사상이 대변하는 인간 부류를 거부하는 사람들과 갈라서게 되는 것이다. 사상 자체도 자유로운 길을 택할 수 없다. 생각을 바꾸고자 하면, 인간 부류의 코드가 함께 싸우는 형제들을 배신하는 행위라고 말한다. 지식인들의 삶이 우리와 그들을 가르는 충성과 배신의 언어로 가득한 이유도 이 때문일 것이다."²⁹

반면 '우리 대 그들'을 예찬하진 않을망정 그건 불가피한 현상이라고 보는 사람들도 있다. 미국 시카고 컬럼비아 대학 철학과 교수인 스티븐 아스마Stephen T. Asma는 『편애하는 인간Against Fairness』에서 "자유주의자는 흔히 '우리'와 '그들'을 구분하지 않음으로써 적대감을 없애고자 하는 실수를 저지른다"며 다음과 같이 말한다.

"나도 집단 간 적대감은 없애야 한다고 생각하지만 그것이 우리의 집단 편파성을 부정하거나 거부함으로써 이뤄질 거라고 생각하지는 않는다. 어쨌든 20세기에는 부족주의보다 평등주의가(즉, 공산주의와 민주주의가) 훨씬 더 많은 피를 불렀다는 사실을 기억해야 한다."³⁰

우리 인간은 '우리 대 그들'이라고 하는 이분법을 정녕 넘어설 수 없는 걸까? enemy와 관련된 다음의 10가지 명언은 이러한 근본적인 의문에 대한 답이나 단서를 줄지도 모르겠다.

(1) He that wrestles with us strengthens our nerves, and sharpens our skill. Our antagonist is our helper(우리와 싸우는 사람들은 우리의 정신을 강하게 해주고 우리의 기술을 연마시켜준다. 우리의 적은 우리를 돕는 사람이다). 영국의 보수 사상가이자 정치가인 에드먼드 버크Edmund Burke, 1729~1797의 말이다.³¹

(2) You needn't love your enemy, but if you refrain from telling lies about him, you are doing well enough(적을 사랑할 필요는 없지만, 적에 대해 거짓말을 하는 걸 자제한다면 충분히 잘 하고 있는 것이다). 미국 작가 에드 호우Ed Howe, 1853~1937의 말이다.

(3) A man cannot be too careful in the choice of his enemies(적을 선택하는 일에서는 아무리 신중해도 지나치지 않다). 영국 작가 오스카 와일드Oscar Wilde, 1854~1900의 말이다.

(4) An enemy is anyone who tells the truth about you(적이란 당신에 대해 진실을 말해주는 사람이다). 미국 작가 앨버트 허버드Elbert Hubbard, 1856~1915의 말이다.

(5) All the people like us are We, and everyone else is They(우리와 같은 모든 사람은 '우리'이고, 그 밖의 나머지 사람들은 '그들'이다). 영국의 '팽창주의' 작가 러디어드 키플링Rudyard Kipling, 1865~1936의 말이다.

(6) Nothing would more contribute to make a man wise than to have always an enemy in his view(자신의 시야에 늘 적을 두고 있는 것 이상으로 사람을 현명하게 만드는 데 기여할 수 있는 건 없다). 영국 정치가 핼리팩스 경Lord Halifax, 1881~1959의 말이다.

(7) Politicized people define themselves in large part in terms of their opposition to other groups they fear and condemn(정치화된 사람들은 대체적으로 그들이 두려워하고 매도하는 다른 그룹에 대한 반대에 의해 자신을 규정한다). 미국 정치학자 머리 에덜먼Murray Edelman, 1919~2001의 말이다.[32]

(8) Beliefs in political enemies seem to influence public opinion most powerfully when the enemy is not named explicitly, but evoked through an indirect reference(정치적 적에 대한 신념은 적이 명시적으로 지목되지 않고 간접적인 언급으로 환기될 때 여론에 가장 강력한 영향을 끼치는 것 같다). 이 또한 머리 에덜먼의 말이다.[33]

(9) The 'us' versus 'them' tendency is, in the political arena, almost universal('우리'와 '그들'의 대립 구도 경향은 정치 영역에서는 거의 보편적이다). 케냐 출신의 미국 정치학자 알리 마즈루이Ali Mazrui, 1933~의 말이다.[34]

(10) There can be no true friends without true enemies. Unless we hate what we are not, we cannot love what we are(진정한 적이 없다면 진정한 친구도 있을 수 없다. 우리가 아닌 것을 중오하지 않는다면 우리 것도 사랑할 수 없다). 영국 작가 마이클 딥딘Michael Dibdin, 1947~2007의 소설 『죽은 늪Dead Lagoon』에서 베네치아의 민족주의 선동가가 한 말이다.[35]

entertainment

엔터테인먼트entertainment라는 말을 우리말로 번역하면 '오락'이 되겠지만, 엔터테인먼트는 오락보다는 넓은 개념이다. entertainment의 어원이 '특정한 틀로 붙들어두다entretenir'라는 12세기 프랑스어라는 사실이 시사하듯이[36] 엔터테인먼트는 우리의 일상적 삶의 구도와 풍경 자체를 바꾸는 틀로 군림하고 있다. 엔터테인먼트라는 단어가 수많은 합성어를 만들어내고 있는 것도 그만큼 엔터테인먼트의 가치가 치솟고 있기 때문일 것이다.

엔터테인먼트가 정보information와 결합한 인포테인먼트infotainment, 디지털digital과 결합한 디지테인먼트digitainment, 다큐멘터리documentary와 결합한 다큐테인먼트docutainment, 아나운서announcer와 결합한 아나테인먼트annatainment, 스포츠sports와 결합한 스포테인먼트sportainment, 예술art과 결합한 아트테인먼트arttainment, 광고advertising와 결합한 애드테인먼트adtainment, 판촉promotion과 결합한 프로모테인먼트promotainment, 마켓market과 결합한 마켓테인먼트marketainment, 쇼핑shopping과 결합한 쇼퍼테인먼트shoppertainment, 유통retail과 결합한 리테일먼트retailment, 식사eating와 결합한 이터테인먼트eatertainment, 자원봉사volunteering와 결합한 볼런테인먼트voluntainment, 교육education과 결합한 에듀테인먼트edutainment, 의학medicine과 결합한 메디테인먼트meditainment, 일work과 결합한 워크테인먼트worktainment, 정치politics와 결합한 폴리테인먼트politainment 등.

환자의 치료를 게임 형태로 구현하는, 즉 치료therapy와 엔터테인먼트가 결합된 테라테인먼트theratainment도 나타났다.[37] 팝송 스타일의 새로운 성가를 따라 부르기 좋게 하려고 대형 스크린 TV를 설치하는가 하면 예배에 록 밴드와 댄서들까지 동원하는 교회church가 많이 생겨나자 처치테인먼트churchtainment라는 말도 등장했다.[38] 심지어 '티티테인먼트tittytainment' 라는 말까지 생겨났다. 즈비그뉴 브레진스키Zbigniew Brzezinski가 만든 말로 '세계화'로 인해 '20 대 80' (부유층 20퍼센트, 빈곤층 80퍼센트)이 이루어진 세상에서는 티티테인먼트가 판치게 될 것이란다. 이는 entertainment와 엄마 젖을 뜻하는 속어인 titty를 합한 말인데, 기막힌 오락물과 적당한 먹을거리의 절묘한 결합을 통해서 이 세상의 좌절한 사람들을 기분 나쁘지 않게 만들 수 있다는 것이다.[39]

자동차 내의 엔터테인먼트와 관련해 ICE나 IVI라는 말도 쓰이고 있다. ICE In-Car Entertainment, IVI In-Vehicle Infortainment는 자동차 안에 장착된 엔터테인먼트 기기들로 CD, DVD, TV, 비디오 게임, 컴퓨터 등을 가리킨다.[40]

닐 포스트맨Neil Postman, 1931~2003은 엔터테인먼트에 대해 이렇게 말했다. "Entertainment is the supra-ideology of all discourse on television. No matter what is depicted or from what point of view, the overarching presumption is that it is there for our amusement and pleasure(엔터테인먼트는 모든 텔레비전 담론의 상위 이데올로기다. 어떻게 묘사하든, 어떤 관점을 가지고 있든 가장 중요한

ICE/IVI

가정은 거기에는 오락과 즐거움이 있다는 것이다)."[41]

enthusiasm

enthusiasm(열정, 열광, 열의)은 '안에'를 뜻하는 그리스어 'en'과 '신'을 뜻하는 그리스어 'theos'의 두 단어에서 유래되었다. enthusiastic은 '열렬한, 열광적인', enthuse는 '열변을 토하다, 열광해서 말하다'는 뜻이다. 열정을 강조하는 성공학 전도사 데일 카네기는 enthusiasm의 어원을 지적하면서 다음과 같이 역설한다.

"열정은 어원적으로 '우리 안에 있는 신'이라는 의미를 갖고 있다. 열정적인 사람은 결국 '신들린' 듯이 말하는 사람이다. 이것은 물건을 광고하거나 팔 때 혹은 어떤 일을 시작할 때 가장 효과적이고 중요한 요인이다."[42]

그러나 enthusiasm을 갖고 있는 enthusiast는 처음에는 그리 좋은 의미는 아니었다. enthusiast는 오늘날에는 '열광적인 팬'을 뜻하지만, 처음에는 광신도 비슷한 느낌을 주는 단어였다.[43] 과거에는 어떠했든, 과거나 지금이나 성공한 사람 치고 열정을 강조하지 않는 이는 없다.

미국 철학자 랠프 월도 에머슨Ralph Waldo Emerson, 1803~1882은 "Nothing great was ever achieved without enthusiasm(위대한 일 치고 열정 없이 이루어진 것은 없다)"이라고 했고, 미국 작가 새뮤얼 울만Samuel Ullman, 1840~1924은 "Years wrinkle the skin, but to give up enthusiasm wrinkles the soul(세월은 피부에 주름살을 만들지만, 열정을 포기하면 영혼에 주름살이 생긴다)"이라고 했다.

미국 자동차회사 크라이슬러 사를 세운 월터 크라이슬러Walter Chrysler, 1875~1940는 "The real secret of success is enthusiasm(성공의 진짜 비법은 열정이다)"이라고 했고,[44] 미국 광고인 브루스 바턴Bruce Barton, 1886~1967은 "If you can give your son or daughter only one gift, let it be enthusiasm(당신의 아들딸에게 단 하나의 재능만을 줄 수 있다면 열정을 주어라)"이라고 했다.

그러나 열정이 늘 좋기만 한 건 아니다. "The end of passion is the beginning of repentance(열정의 끝은 후회의 시작이다)", "Zeal without knowledge is a runaway horse(지식 없는 열정은 고삐 풀린 말과 같다)", "Zeal is fit only for wise men but is found mostly in fools(열정은 오직 현인에게만 적합하지만 대부분 바보들에게서 나타난다)" 등의 속담이나 격언은 열정의 위험을 경고한다.

이러한 경고들은 그만큼 열정의 매력과 마력이 크다는 걸 말해주는 건 아닐까? 열정의 '열 관리'를 잘 해내면서 "The worst bankrupt in the world is the man who has lost his enthusiasm(이 세상에서 최악의 파산은 열정을 잃은 사람이다)"이라는 말에 무게를 더 두는 건 어떨까?

envelope

push the envelope는 "기존의(허용된) 경계를 넘어서다, 모험을 하다"는 뜻이다. 여기서 envelope는 '봉투'가 아니라 속력, 고도, 엔진 추력推力 등 비행기의 기술적 능력과 관련된 것을 기술하고 규정한 flight envelope를 말한다. flight envelope는 비행체의 비행활동에 대한 도면상의 선형 그림으로 '비행영역선도'라고 한다.

비행기가 속도 등에서 규정된 한계를 넘어서 비행할 때, 그것은 outside the envelope라고 한다. 1979년 미국의 우주 프로그램 초기 시절을 다룬, 저널리스트 톰 울프Tom Wolfe의 소설 『필사의 도전The Right Stuff』에서 이 말이 쓰여 널리 알려지게 되었다. 이 소설은 나중에 영화로도 만들어져 큰 호응을 받았다. right stuff는 불굴의 정신, 용기, 정의감, 결단력, 신의 등 인간에게 필요한 자질이란 뜻이다.

push the envelope는 다른 분야에서도 널리 쓰이고 있는데, 특히 새로운 아이디어를 소개하거나 마케팅을 실시할 때 많이 사용된다. 예컨대, 애플의 스티브 잡스Steve Jobs, 1955~2011는 1989년 다음과 같이 말한 바 있다. "What we want is to create the next computing revolution. We want to push the envelope(우리가 원하는 것은 또 한 번의 컴퓨터 혁명을 만들어내는 것입니다. 우리는 기존의 한계를 넘어서고 싶습니다)." 1990년대 중반에 갑자기 유행한 표현이다.[45]

back-of-the-envelope는 "간단히 계산한, 힘들이지 않고 생각해낸, 대강 정리한"이란 뜻이다. 봉투 뒷장에 메모하거나 계산을 하는 데서 유래된 말이다. We have a kind of back-of-the-envelope idea, but no hard scientific facts(우리에게는 대강 정리한 추측 같은 것은 있으나, 엄밀한 과학적 사실은 파악되지 않고 있다).[46]

equal

all other things being equal(다른 조건이 같다면)은 given the same circumstances와 같은 뜻으로, 라틴어 ceteris paribus에서 유래된 말이다. all을 빼고 쓰기도 하며, other things를 else로 대체해 쓰기도 한다. 19세기 말부터 널리 쓰이는 표현이 되었다.[47]

All are equal in the grave(죽음 앞에서 만인은 평등하다). Death equals(equalizes) all men=Death is the great leveler로 쓰기도 한다. leveler는 "평등하게 하는 것"을 뜻한다. The only real equality is in the cemetery(유일한 진짜 평등은 묘지에 있다)도 같은 뜻의 속담으로 볼 수 있겠다. equal과 equality에 관한 명언 8개만 감상해보자.

(1) Men are equal; it is not birth but virtue

that makes the difference(인간은 평등하다. 차이를 만드는 건 태생이 아니라 덕이다). 프랑스 사상가 볼테르Voltaire, 1694~1778의 말이다.

(2) No two men can be half an hour together but one shall acquire an evident superiority over the other(두 사람이 30분만 같이 있으면 어느 한쪽이 다른 한쪽에 비해 명백한 우세를 보이게 되어 있다). 영국 작가 새뮤얼 존슨Samuel Johnson, 1709~1784의 말이다.

(3) We hold these truths to be self-evident, that all men are created equal, that they are endowed by their Creator with certain unalienable Rights, that among these are Life, Liberty and the Pursuit of Happiness(우리는 모든 인간은 평등하게 창조되었고, 그들의 창조주에게서 생명, 자유, 행복 추구 등 양도할 수 없는 권리를 받았다는 자명한 진리를 믿는다). 1776년 7월 4일 채택된 미국 독립선언서the Declaration of Independence의 일부 내용이다. 이에 영국인들은 냉소적인 반응을 보였다. 독립선언서의 초안을 작성한 토머스 제퍼슨Thomas Jefferson, 1743~1826부터 200명의 노예를 소유하고 있는 것을 겨냥, 영국 작가 새뮤얼 존슨은 "흑인을 부리는 사람들이 꽥꽥거리며 자유를 부르짖다니 어떻게 이럴 수 있는가?"라고 꼬집었다.[48]

(4) Some men must follow, and some command, though all are made of clay(모두 다 흙으로 만들어진 존재이련만 어떤 사람들은 추종해야 하고 어떤 사람들은 명령한다). 미국 시인 헨리 워즈워스 롱펠로Henry Wadsworth Longfellow, 1807~1882의

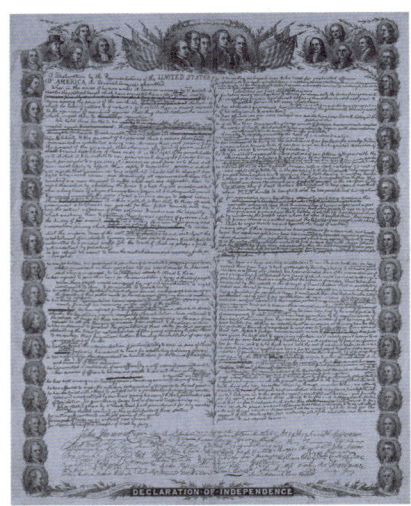

Declaration of Independence

말이다.

(5) Complete equality means universal irresponsibility(완전한 평등은 모두의 무책임을 의미한다). 미국에서 태어난 영국 시인 T. S. 엘리엇T. S. Eliot, 1888~1965의 말이다.

(6) All animals are equal, but some animals are more equal than others(모든 동물은 평등하지만 어떤 동물은 다른 동물보다 평등하다). 영국 작가 조지 오웰George Orwell, 1903~1950의 『동물농장Animal Farm』(1945)에 나오는 말이다.

(7) All human beings are born free and equal in dignity and rights(모든 인간은 자유롭게 태어났으며 존엄과 권리에서 평등하다). 1948년 12월 10일 제3회 국제연합UN 총회에서 채택된 유엔인권선언U.N. Declaration of Human Rights 제1조의 내용이다.

(8) We clamor for equality chiefly in matters

in which we ourselves cannot hope to attain excellence. To discover what a man truly craves but knows he cannot have we must find the field in which he advocates absolute equality. By this test Communists are frustrated Capitalists(우리는 주로 자신이 우위에 설 희망이 없는 문제에서 평등을 주장한다. 누군가가 절대적 평등을 내세우는 분야는 자신이 절실히 원하지만 가질 수 없음을 알고 있는 것이다. 이렇게 볼 때 공산주의자란 좌절한 자본주의자라는 것이 드러난다). 미국 작가 에릭 호퍼Eric Hoffer, 1902~1983의 말이다.49

Alexander Pope

err

err는 "정도正道에서 벗어나다, 실수하다, 죄를 범하다"는 뜻으로, error에서 나온 말이다. err from law는 "법률에 어긋난 일을 하다", err in one's judgment는 "판단을 그르치다", err on the right(safe) side는 "잘못을 저질러도 중대한 과오는 피하(도록 하)다", err on the side of lenity (severity)는 "지나치게 관대(엄격)하다"는 뜻이다.

라틴어 경구에 errare humanum est(to err is human)이라는 게 있다. 영국 시인 알렉산더 포프 Alexander Pope, 1688~1744는 여기에 "to forgive divine"을 추가하여 다음과 같은 명언을 만들어냈다. "To err is human, to forgive divine(잘못은 인지상사요, 용서는 신의 본성이다)." "Live and learn(살다보면 실수도 하는 법이다)"이라는 격언과 통하는 말이다.50 포프의 명언과 관련, 임귀열은 다음과 같은 일화를 소개한다.

"어느 회사를 방문했을 때 벽에 재미있는 문구가 있었다. 'To Err is human, to forgive is not a Company policy.' 이 말에 눈길이 간 것은 유명한 말을 살짝 고쳐 사용했기 때문이다. 본래 17세기 말 영국 시인 Alexander Pope의 시구 끝 무렵에 '인간은 잘못을 저지르고 신은 용서한다'고 되어 있는 것인데, 그 후반부를 비틀어 '인간은 실수를 저지르지만, 용서하는 것이 회사 방침은 아니다'라고 한 것이다."51

독일 시인 요한 볼프강 괴테Johann Wolfgang von Goethe, 1749~1832는 "While man's desires and aspirations stir he cannot choose but err(욕망과 열망이 꿈틀거리는 동안에는 실수하기 마련이다)"라고

했고, 미국 시인 헨리 워즈워스 롱펠로Henry Wadsworth Longfellow, 1807~1882는 "Sometimes we may learn more from a man's errors, than from his virtues(때로 우리는 한 사람의 덕보다는 실수에서 많은 걸 배울 수 있다)"라고 했고, 미국 정치인 에드워드 펠프스Edward Phelps, 1822~1900는 "The man who makes no mistakes does not usually make anything(실수를 하지 않는 사람은 이루어내는 것도 없다)"이라고 했다.

euphemism

euphemism(완곡어법)은 남을 불쾌하게 만들거나 감정을 상하게 할 수 있는 말을 부드럽고 간접적으로 표현하는 수사법을 가리킨다. 그 기본 정신은 "If you can't say something nice, say it nicely(좋은 말을 할 수 없으면 좋은 방식으로 말하라)"라 할 수 있겠다. 기업들이 '해고' 대신에 '구조조정'이나 '기구축소'라는 표현을 사용한다거나, 미국의 일부 대학에서 학생들에게 'Ffailed' 대신 'NPnot passing'이라는 학점을 주는 게 바로 그렇다. '청소원'을 '환경미화원', '미용사'를 '헤어디자이너', '보험원'을 '생활설계사'로 부르는 것도 완곡어법이다.[52]

그 밖에 'riot squad'를 'crowd management team', 'pornographic'을 'explicit', 'shouted threats'를 'frank exchange of views', 'surveillance of customers'를 'loss prevention', 'dead end'를 'no outlet', 'used'를 'preowned', 'blatantly illegal'을 'questionable', 'raised in poverty'를 'culturally deprived', 'the poor'를 'the underprivileged', 'rape case'를 'sexual assault'라고 하는 것도 모두 완곡어법으로 볼 수 있다.[53]

임귀열은 "완곡한 표현이 잘 발달한 분야 중 하나는 아마도 sex 관련 표현일 것이다. 성폭력 관련 뉴스가 쏟아지는 요즘에는 성에 관한 것이라면 온 사회가 더욱 예민하게 반응하기 때문이다. 세계적 문호 셰익스피어Shakespeare도 그의 작품에서 '남성 성기penis'는 다른 유사어 45개를 동원해 표기했고 '여성의 경우vagina' 68개의 다른 말로 표현했으며 '동물들의 짝짓기copulation'는 무려 275개의 유사어로 표현했다"며 다음과 같이 말한다.

"관련 어구도 마찬가지다. 가령 'masturbation'을 'hand job'이라고 하는 것이나 'oral sex'를 'fellatio'라고 하는 것이 좋은 예다. Fellatio는 라틴어 'fellare=suck(빨다)'를 차용한 것이지만 이미 사장된 언어까지 동원해 표현하는 이유는 이것이 그만큼 난감한 표현이기 때문이다. penis의 경우 순수 영어로는 'prick'이라 하고 vagina는 'cunt'라는 직설적 표현이 있는데도 남녀의 성기를 지칭하는 용어는 각각 약 1,000개가 넘는다."[54]

그 어떤 소신 때문에 완곡어법을 거부할 수도

있겠지만, 그에 따르는 희생은 감수해야 한다. 지그문트 프로이트Sigmund Freud, 1856~1939는 '성본능'이라는 말을 완곡어법으로 대체하지 않아 겪은 시련에 대해 다음과 같이 털어놓았다.

"'교양 있는' 사람들은 대부분 이 명칭에 모욕감을 느끼고, 정신분석학을 '범성욕주의'라고 비난하여 앙갚음을 했다. '섹스'를 인간성에 굴욕과 창피를 주는 것으로 생각하는 사람은 좀더 점잖은 '에로스'나 '에로틱'이라는 낱말을 사용해도 좋다. 나도 처음부터 그렇게 할 수는 있었다. 그랬다면 수많은 반대를 모면할 수도 있었을 것이다. 하지만 나는 그러고 싶지 않았다. 소심함 때문에 양보하고 싶지는 않았기 때문이다. 그런 식으로 물러서다 보면 결국은 어떻게 될지 아무도 모른다. 처음에는 말에서 양보하지만, 나중에는 내용에서도 조금씩 양보하게 된다. 성을 부끄러워하는 것에 무슨 가치가 있는지 나는 이해할 수 없다."[55]

그렇지만 처음에는 시련을 겪었을망정 자신의 메시지를 확실하게, 그리고 널리 전할 수 있었기에 프로이트는 완곡어법을 쓰지 않은 게 더 나은 전략이었다고 볼 수도 있을 것이다.

euphemism의 배려 대상이면서도 euphemism에 반대하는 사람들도 있다. euphemism이 문제나 상태의 심각성을 은폐한다는 이유 때문이다. 1960년대 초 메이저리그 야구의 구단주였던 빌 비크Bill Veeck, 1914~1986는 다리가 하나 없는 장애인이었는데, 그는 당시 선호되던 완곡어법인 handicapped보다는 crippled가 낫다고 주장했다.

코미디언 조지 칼린George Carlin, 1937~2008은 다음과 같은 사례를 들면서, 과연 이게 누구를 위한 배려냐는 의문을 제기했다. "shell shock (World War I) → battle fatigue (World War II) → operational exhaustion (Korean War) → posttraumatic stress disorder (Vietnam War and later)."

shell shock는 '포탄 충격'인데 비유적으로 장기간의 전투 참가로 인한 전쟁 신경증을 뜻한다. 원래대로 shell shock라고 할 때 듣는 사람에게도 문제의 심각성이 전달될 수 있고, 따라서 궁극적으로 문제 해결에도 도움이 되지 않겠느냐는 주장이다. 그는 shell shock라는 표현이 계속 쓰였더라면 베트남 참전용사들이 좀더 나은 배려와 대접을 받았을 것이라고 했다.[56]

experience

tabula rasa는 "글자가 쓰여 있지 않은 서판書板, (마음 등의) 백지 상태, 순결한 마음"을 뜻하는 라틴어다. 영국 사상가 존 로크John Locke, 1632~1704는 첫 번째 저서인 『인간오성론Essay concerning Human Understanding』(1690)에서 바로 이 tabula rasa의 원리를 들어 우리가 머릿속에 생각을 가지고 태어나는 것이 아니라고 주장했다. 정신은 비어

John Locke

있는 상태로 태어나고 지식은 경험에서 온다는 것이다.

로크의 주장은 프랑스 철학자 르네 데카르트Rene Descartes, 1596~1650나 당시의 이신론자들이 믿고 있던 '생득관념生得觀念'을 완전히 부정하는 것이었다. 로크는 인간의 문제에 대해 절대적인 대답이 있다는 생각을 배격하고 답은 하나씩 직접적인 실험을 통하여 찾을 수 있다고 주장했다. 그를 '경험주의empiricism의 아버지'라고 부르는 이유도 바로 여기에 있다. 로크는 경험주의를 온몸으로 구현했다. 그는 처음에 학자였다가 의사가 되었으며, 그 후 외교관·공무원·경제학자·시사평론가 등으로 직업을 바꾸었는데, 이는 경험만이 어떤 것을 배울 수 있는 유일한 수단이라고 생각했기 때문이다.[57]

experience(경험)에 근거한 지식, 그것을 empirical knowledge(또는 a posteriori knowledge)라고 한다. empiric은 그리스어에서 유래된 단어인 반면, experience와 experiment는 라틴어 experientia에서 나온 말이다.[58] 배움의 근거로 간주된 experience를 예찬하는 속담이 무수히 많은 건 당연한 일일 것이다.

Experience teaches(사람은 경험을 통해서 영리해진다). Experience is the best teacher(경험이 최상의 스승이다). Experience is the mother of wisdom(경험은 지혜의 어머니다). Experience keeps a dear school(경험이란 학교는 수업료가 비싸다. 쓰라린 경험을 통해서 현명해진다). Experience without learning is better than learning without experience(배움 없는 경험이 경험 없는 배움보다는 낫다). Good judgement comes from experience, and experience comes from bad judgement(좋은 판단력은 경험에서 나오고, 경험은 나쁜 판단력에서 나온다).

프랑스 조각가 오귀스트 로댕Auguste Rodin, 1840~1917은 "Nothing is a waste of time if you use the experience wisely(경험을 현명하게 이용한다면 시간낭비란 없다)"라고 했고, 미국 경제학자 찰스 킨들버거Charles P. Kindleberger, 1910~2003는 "Investors seem not to have learned from experience(투자자들은 경험에서 배우려 하지 않는 족속이다)"라고 했지만, 미국 커뮤니케이션 학자 칼리 도드Carley H. Dodd는 "Do not rely on past experiences to deal with every new situation(새로운 상황에 대처하는 데 과거 경험에 의존하지 마라)"이라고 한다.

많은 사람이 경험이 중요하다고 말하지만, 정작 사람들은 자신의 경험을 하찮게 보는 경향이 없지 않다. 영국 작가 조지 버나드 쇼George Bernard Shaw, 1856~1950의 다음과 같은 말이 가슴에 와닿는다.

"People exaggerate the value of things they haven't got; everybody worships truth and unselfishness because they have no experience with them(사람들은 자신이 가져보지 못한 것의 가치를 과장한다. 사람들이 진실성과 이타성을 숭앙하는 이유도 그걸 가져본 적이 없기 때문이다)."

experiential marketing

experiential marketing(체험 마케팅)은 체험을 마케팅의 핵심으로 삼는 마케팅을 의미하는 것으로 마케팅과 대중문화의 합일화 현상으로 볼 수 있다. 체험 마케팅은 감각sense, 감정feel, 인지think, 행동action, 관계relation 등의 5가지 차원에서 소비자들에게 최고의 경험을 하게 해주어야 브랜드에 대한 이미지를 높일 수 있다는 개념이다.

미국 컬럼비아 대학 교수 번트 슈미트Bernd Schmitt는 『체험 마케팅Experiential Marketing: How to Get Customers to Sense, Feel, Think, Act, and Relate to Your Company and Brands』(1999)에서 "소비자들은 자신의 감각에 호소하고 가슴에 와닿으며, 자신의 정신을 자극하는 제품, 커뮤니케이션, 마케팅을 원한다. 고객은 느낄 수 있고 체험할 수 있는 제품과 커뮤니케이션, 마케팅 캠페인을 원하는 것이다"라고 말했다.

스타벅스는 체험 마케팅의 대표적인 성공 사례로 꼽힌다. 스타벅스는 단순히 커피만 팔지 않고 커피와 함께 이국적 분위기, 친절한 서비스, 재즈 음악을 제공하는 사업으로 정의된다. 독특한 체험을 제공한다는 의미에서 스타벅스 매장마다 '경험experience' 이라는 단어가 삽입된 슬로건을 내걸었다.

디지털 카메라업체들의 '체험 마케팅' 은 소비자들의 수요에 맞춰 아예 '가르쳐서 파는' 방식을 택하고 있다. 모델을 모셔놓고 '체험 행사'를 열기도 한다. 자동차업체들은 여름 휴가철을 맞아 피서지에서 시승차를 운영하거나 백화점과 골프연습장 등 고객이 있는 곳이면 마다하지 않고 달려가 시승 기회를 제공하고 있다. 아예 '상설 시승센터' 를 운영하는 업체도 있다.[59]

기업들이 소비자들의 소비 경험을 중히 여겨 그걸 알아내 제품 설계와 제조에 반영하려고 애를 쓴다. 예컨대, LG유플러스는 아예 UX개발센터를 만들었는데, UX는 User Experience (사용자 경험)를 줄인 말이다. UX개발센터의 별명은 '인간 사파리' 다. 사파리의 동물들을 관찰하듯 고객의 일상을 직접 들여다보는 일을 하기 때문이다. UX개발센터는 열 길 물속보다 알기 힘든 한 길 사람 속을 알기 위해 에스노그라피ethno-

THE STARBUCKS EXPERIENCE

experiential marketing

graphy 기법을 도입했는데, 이는 문화인류학에서 원주민 연구에 주로 쓰는 참여관찰 방식으로, 침팬지 연구가로 유명한 제인 구달Jane Goodall, 1934~이 사용해 유명해졌다.

UX개발센터의 직원들은 출근길 버스에서는 사람들이 스마트폰으로 뉴스를 보는지 트위터를 하는지, 비 오는 날에는 스마트폰을 어느 쪽 손으로 드는지, 요리를 하면서 듣는 음악 목록은 어떻게 고르는지 같은 시시콜콜한 일상을 하나하나 관찰한다. "지하철 옆자리 사람의 스마트폰을 자꾸 훔쳐보게 되어요. 신기한 기능을 다루면 사진 찍고 싶은 충동에 시달려요."(상효진·35·여) "택시 타면 내비게이션의 사용자환경UI을 알아보려고 이것저것 누르다가 기사님께 혼나기 일쑤예요."(서혜경·37·여)[60]

F

Facebook

세계 최대의 소셜네트워크서비스인 페이스북 Facebook을 만든 마크 주커버그Mark Zuckerberg, 1984~는 2002년 하버드 대학에 입학해 심리학과 컴퓨터 사이언스를 전공했지만, 수업 자체에는 별로 관심이 없었다. 그의 관심은 오직 컴퓨터뿐이었다. 그는 수업은 잘 들어가지도 않으면서 수업을 같이 듣는 사람들의 리스트를 볼 수 있는 '코스매치Coursematch'를 개발했고, 누가 인기가 있고 없고를 가리는 '페이스매쉬닷컴Facemash.com', 하버드생들끼리 인맥을 구축할 수 있는 '하우스시스템houseSYSTEM'을 만들어 인기를 끌었다. 하지만, '페이스매쉬'는 적잖은 논란을 불러 일으켰다.[1]

주커버그가 다닌 명문 사립고 필립스엑스터는 학생들의 사진과 학년, 주소, 전화번호를 담은 '사진주소록The Photo Address Book'을 발간해 정보를 공유했는데, 학생들은 이것을 '페이스북'이라고 불렀다.[2] 이렇게 하는 학교가 많았거니와 '페이스북'이란 말은 다른 학교들에서도 널리 쓰이던 말이었는데, 하버드 대학에서는 다른 학교와 달리 학생들의 기본적인 정보와 사진 등이 들어 있는 디렉토리, 즉 페이스북을 제공하지 않았다. 이에 주커버그가 이런 서비스를 하려고 했지만 대학 측에서 사생활 정보를 모으는 것을 반대하며 허락하지 않았다.

그러자 주커버그는 대담하게도 어느 날 밤 하버드 대학의 전산 시스템을 해킹해 학생들의 기록을 빼냈다. 그리고 이를 바탕으로 2003년 11월

Mark Zuckerberg

2일 페이스매시Facemash라는 간단한 사이트를 제작하여 12개 기숙사 여학생들의 사진을 2명씩 올리면서 어느 쪽이 더 마음에 드는지 고르게 했다. 4시간 만에 450명이 이 사이트를 방문했고, 사진이 2만 2,000번 노출되었다.³

페이스매시의 홈페이지에는 이렇게 쓰여 있었다. "우리가 외모로 하버드에 입학했는가? 아니다. 우리는 외모로 판단될까? 그렇다." 하버드 대학신문인 『하버드 크림슨Harvard Crimson』은 페이스매시에 대해 이런 평가를 내렸다. "주커버그는 하버드 학생들이 가진 최악의 측면에 대한 요구를 맞추고 있다.……우리 하버드 학생들은 주변 사람들을 직접 대면할 필요도 없이 표면적인 기준으로 판단하는 데 취미를 몰입하게 되었다."⁴

대학 당국은 이 사태를 뒤늦게 파악하고, 주커버그의 인터넷 접속을 차단했을 뿐만 아니라 윤리 규정 위반과 사생활 침해 등의 이유로 그에게 징계를 내렸다. 그는 보호관찰을 받게 되었고, 상담사를 찾아갈 것과 그 사이트에 대해 항의한 라틴계 여학생 단체인 푸에르사 라티나Fuerza Latina와 하버드 흑인여학생연합과 같은 단체들에 사과할 것을 명령받았다.⁵

이 사건은 그에게 큰 교훈이 되었다. 어떻게 하면 윤리 위반과 법적 분쟁을 피해갈 수 있을까? 이를 두고 고민하던 그는 사용자가 자신의 정보를 직접 업로드하게 하면 이 문제를 해결할 수 있다는 아이디어를 생각해냈다. 즉 "공개하고 싶은 자신의 정보를 공개한다"와 "그 정보에는 누구나 접근할 수 있다"는 2가지 조건을 내세우면 된다는 해법을 찾은 것이다.⁶

이에 따라 주커버그는 2004년 2월 4일 하버드 대학 기숙사 룸메이트인 더스틴 모스코비츠Dustin Moskovitz, 에두아르도 새버린Eduardo Saverin, 크리스 휴즈Chris Hughes와 함께 인맥과 지인 관리 인터넷 사이트로 페이스북을 개설했다. 오프라인 페이스북을 온라인으로 옮겨 실시간으로 친구들의 소식과 안부를 확인할 수 있게 만든 것이다. 페이스북이 폭발적 인기를 끌자 다른 대학들에서도 서비스를 요청하는 이메일이 쏟아졌다. 그래서 당초 하버드생으로 국한했던 회원 가입 조건을 아이비리그 대학, 미국 전역의 대학, 13세 이상 등으로 점차 확대해가면서 급속도로 성장했다. 바로 이런 점진적 확대가 신뢰할 수 있는 환경을 조성하여 페이스북의 경쟁력을 높여주었다.⁷

주커버그는 2010년 5월 『와이어드Wired』 인터뷰에서 "내가 정말로 신경 쓰는 것은 세상을 개방적인 곳으로 만들겠다는 사명이다The thing I really care about is the mission, making the world open"고 말했다.⁸ 늘 엄청나게 큰돈을 번 사람들이 이구동성으로 말하듯이, 돈을 버는 게 자신의 첫 번째 관심사는 아니라는 뜻이다.

주커버그는 인터뷰를 할 때마다 이런 종류의 말을 하는데, 어떤 때는 '세상을 연결하는 것connecting the world'이 자신의 꿈이라고 말한다.⁹ 또 어떤 때는 둘을 합해서 말하기도 한다. "페이스북은 원래 기업이 되기 위해 탄생한 것이 아니다. 세상을 좀더 공개적이고 연결되는 곳으로 만들기 위한 사회적 사명을 이루기 위해 만들어졌다Facebook was not originally created to be a company. It was built to accomplish a social mission-to make the world more open and connected."[10]

주커버그는 '개방'과 '연결'에 따라붙기 마련인 '공유'의 가치를 역설하기도 한다. "사람들은 더 많은 정보와 더 다양한 정보를 공유하는 것뿐만 아니라, 더 많은 사람과 더 개방적으로 공유하는 데 익숙해졌다. 사회적 표준은 시간이 지남에 따라 진화하는 그 무엇이다."[11]

주커버그는 그런 고상한 명분들을 들이대면서 아예 '투명성'을 외쳐댄다. 주커버그가 그러하니 페이스북 직원들이야 그 뒤를 따라야지 어쩌겠는가? 페이스북 직원들은 '절대 투명성ultimate transparency' 또는 '혁신적인 투명성radical transparency'이라는 표현을 쓰면서 투명성이 사람을 더 선하게 만든다고 주장한다. 이 주장을 뒷받침하기 위해 페이스북 때문에 요즘 젊은이들이 바람을 피우기 힘들어졌다는 예를 들기도 한다.[12]

'공개'와 '연결'에 대한 주커버그의 집착은 2009년 『포천』 기자 데이비드 커크패트릭David Kirkpatrick과의 인터뷰에서도 발견된다. 주커버그는 "사람들은 단 하나의 정체성을 가집니다You have one identity"라며 다음과 같이 말했다. "The days of you having a different image for your work friends or co-workers and for the other people you know are probably coming to an end pretty quickly……Having two identities for yourself is an example of a lack of integrity(여러분이 직장 동료들과 지인들에게 각기 다른 이미지로 기억되는 시대는 아마도 빠른 시간 내에 종료될 것입니다.……여러분 자신에 대해 이중적인 정체성을 지니는 것은 온전한 자기 자신을 보여주지 못한다는 것을 뜻합니다)."[13]

주커버그는 커크패트릭과의 인터뷰에서 "사람들은 단 하나의 정체성을 가집니다"는 말을 1분 동안 3번이나 강조하며 반복했다고 한다. 페이스북 초기에 성인 가입자에게 2가지 프로필, 즉 업무용과 여가용 프로필 생성을 허용해야 한다는 목소리가 높았지만, 주커버그는 바로 위와 같은 논리로 반대했다.[14]

이와 관련, 사생활 정보를 입력하지 않게 되어 있는 비즈니스형 SNS인 링크드인LinkedIn의 창업자 레이드 호프먼Reid Hoffman은 이렇게 말한다. "Mark doesn't believe that social and professional lives are distinct. That's a classic college student view. One of the things you learn as you get older is that you have these different contexts(주커버그는 사회생활과 직업생활이 구분된다고 믿지 않습니다. 그건 고전적인 대학생의 시각이죠. 나이가 들면서 배우는 것들 중 하나가 이런 다양한 관계들을 갖게 되는 건데 말이죠)."[15]

단지 어린 나이 때문만일까? 페이스북에는 주커버그와 그 일행들의 풍요롭고 안락한 계급적 배경이 전제되어 있다는 시각도 있다. 그 어떤 면에서든 자신의 정체성을 공개적으로 드러내는 것으로 인한 불이익이나 취약성을 느껴보지 못한 젊은 세대의 자신감이 페이스북에 그대로 반영되어 있다는 것이다.[16]

과연 주커버그가 언제까지 "세상을 좀더 공개

적이고 연결되는 곳으로 만들기 위한 사회적 사명"에 충실할 수 있을까? 또 그게 과연 좋기만 한 건가? 왜 꼭 우리 주변에서 일어나는 일을 깊이 알아야만 하는 걸까? 너무 고독하고 불안하기 때문에 그런 건 아닐까? 'SNS에 대한 피로감'을 호소하는 이들이 점차 늘고 있는 현상은,[17] 우리 인간이 '고독'과 '관계' 사이에서 방황하는 존재라는 걸 말해주는 건 아닐까?

데이비드 커크패트릭David Kirkpatrick은 『페이스북 이펙트The Facebook Effect』(2010)에서 지리적·문화적으로 분리되어 있던 사람들이 순식간에 페이스북을 통해 서로 연결되어 공통의 경험, 관심사, 문제, 대의 등을 갖게 되는 걸 가리켜 '페이스북 효과Facebook effect'라고 불렀다. 그는 페이스북이 새로운 공동체 개념을 창출해냄으로써 캐나다의 커뮤니케이션 학자 마셜 매클루언Marshall McLuhan, 1911~1980이 약 반세기 전 예견했던 지구촌global village을 실현하는 길로 나아가고 있다고 주장했다.[18] [참고 global village]

fail

Words failed him(그는 어이가 없어 말이 막혔다). 여기서 fail은 "(막상 필요할 때) 쓸모가 없어지다, 저버리다, 실망시키다, 기대에 어긋나다, 부족하

다"는 뜻이다. On their wedding day, she went to have breakfast with both of her former husbands well, words fail me(그녀는 결혼식을 하는 날 아침 식사를 전 남편 2명과 같이했다. 그거 참 말문이 막히네)! His memory failed him(그는 아무리 해도 기억이 나지 않았다). 이런 용법의 사례들을 좀 더 살펴보자면 다음과 같다.

Her English failed her(그녀의 영어는 충분하지 않았다). My tongue failed me(입이 열리지 않았다). Match after match failed her(그녀는 몇 번 해봐도 성냥은 켜지지 않았다). Time would fail me to tell of it(그 이야기를 한다면 시간이 아무리 있어도 모자랄 것이다). One of her guests failed her(그녀의 손님 중 한 사람이 오지 않았다). Do not fail me in need(곤경에 처했을 때 힘이 되어주시오). His friends failed him(그의 친구들은 그를 저버렸다).[19]

속담이나 격언은 한결같이 실패를 두려워하지 말라고 말한다. "Failures are the stepping stone to success(실패는 성공의 디딤돌이다)"라든가 "If you fear failure, you shall never succeed(실패를 두려워하면 성공은 멀어진다)"라는 식이다. 임귀열은 좀더 효과적인 표현법을 다음과 같이 소개한다.

"'실패는 성공의 어머니Failure is the mother of success'도 좋은 말이지만 이를 역설적 반어법으로 말하면 더욱 좋을 것이다. 고전에 나오는 것처럼 '실패는 쓰러진 것 때문이 아니라 일어나지 못하는 것Failure lies not in falling down. Failure lies in not getting up'이라고 하면 효과는 더 커진다."[20]

"Don't ask 'Did I fail?' Ask 'What do I do

next?'(자신이 실패했느냐고 묻지 말고 다음에 무엇을 해야 할 것인가를 물어라)"도 효과적인 표현법에 속하겠지만, 그냥 담담하게 실패의 원인을 말해주는 이런 말이 더 반갑다. "Failures are divided into two classes those who thought and never did, and those who did and never thought(실패에는 두 종류가 있다. 생각만 하고 행동하지 않는 사람과 행동만 하고 생각하지 않는 사람)."

실패를 두려워하지 말라는 말을 그대로 다 믿어도 될지 모르겠다. 이른바 '패자부활전'이 없는 나라에서는 조심스럽게 받아들여야 하는 게 아닐까? 하지만 다 좋은 뜻으로 하는 말이니, 한 번쯤 음미해봐도 나쁠 건 없을 것 같다. 명사들의 실패 관련 명언을 8개만 감상해보자.

Thomas Edison

(1) Not failure, but low aim is crime(실패가 아니라 낮은 목표가 수치스러운 것이다). 미국의 시인, 평론가 겸 외교관인 제임스 러셀 로웰James Russell Lowell, 1819~1891의 말이다. crime엔 "어리석은(수치스러운) 행위"란 뜻이 있다. It's a crime to overfeed a dog like that(개에게 그렇게 많이 먹이다니 어리석은 짓이다).[21]

(2) I have not failed. I've just found 10,000 ways that won't work(나는 실패한 것이 아니라 아직까지 작동하지 않는 실험 1만 가지를 해봤을 뿐이다). 미국 발명가 토머스 에디슨Thomas A. Edison, 1847~1931의 말이다.[22]

(3) When I was young I observed that nine out of every ten things I did were failures, so I did ten times more work(내가 젊었을 때 내가 한 일의 90퍼센트는 실패로 돌아갔기에 나는 10배 더 노력했다). 영국 작가 조지 버나드 쇼George Bernard Shaw, 1856~1950의 말이다.

(4) Success is not final, failure is not fatal: It is the courage to continue that counts(성공이 종착역이 아니듯 실패가 끝이 아니다. 중요한 것은 끈질긴 용기다). 영국 정치가 윈스턴 처칠Winston Churchill, 1874~1965의 말이다.[23]

(5) Many a man never fails because he never tries(시도하지 않으면 실패도 없다). 영국 공군 장성 노먼 맥이완Norman MacEwan, 1881~1953의 말이다.

(6) I cannot give you the formula for success, but I can give you the formula for failure, which is: Try to please everybody(성공의 공식은 모르지만 실패의 공식은 안다. 그것은 모든 사람을 기쁘게 하기 위해 애쓰는 것이다). 미국 저널리스트 허버트 스워프Herbert Bayard Swope, 1882~1958의 말이다.

(7) The only people who never fail are those who never try(실패를 모르는 유일한 사람은 아예 시도하지 않는 사람이다). 미국 여배우이자 소설가 일카 체이스Ilka Chase, 1900~1978의 말이다.

(8) Failure seldom stops you; what stops you is the fear of failure(실패가 아니라 실패에 대한 두려움이 당신을 멈추게 한다). 미국 배우 잭 레몬 Jack Lemmon, 1925~2001의 말이다.

family

"It runs in the family. And don't expect me to be ashamed(집안 내력이라 창피해하지 않아요)." 로맨스 소설로 유명한 미국 베스트셀러 작가 수전 엘리자베스 필립스Susan Elizabeth Phillips의 말이다. 좋은 것이든 나쁜 것이든 우리가 즐겨 쓰는 '집안 내력'의 영어식 표현이 바로 'run in the family'다. 상대를 폄하할 때 '교활한 것도 그 집안 내력Craftiness runs in the family'이라거나 '그 집안은 뭘 해도 안 되는 모양Failure runs in the family'이라고 말하고, 가족 병력에도 이 표현을 쓴다. I'm just paranoid because cancer runs in the family(암이 집안 내력이라니 지금 대혼란 상황이다).[24]

all in the family는 다 한가족인데 까다롭게 격식 차릴 것 있느냐는 뉘앙스로 하는 말이다.

가족 밖의 사람은 상관없는 일이고 가족 구성원은 다 이해할 수 있는 일 아니냐는 의미다. CBS TV의 히트 홈 코믹드라마 〈올 인 더 패밀리All in the Family〉(1971~1983)에서 'all in the family'는 family가 사회적 차원에서 쓰인 사례다.

〈All in the Family〉

1970년대 내내 가장 인기있는 TV 프로그램이었던 〈올 인 더 패밀리〉의 주인공 아치 벙커 Archie Bunker는 무식하고 큰소리로 떠드는 화물 노동자다. 그는 반反흑인, 반히스패닉, 반노동조합, 반동성애, 반여성, 반정부 등 당시의 모든 우익의 관점과 가치를 신봉하는 인물로 그려졌다. 공식석상에서는 뭐라고 떠들든 보통 사람은 실제 생활에서 그렇지 않던가?

벙커의 일거수일투족은 리얼리즘 그 자체였다. 매주 TV에서는 그의 고루함이 반항의 1960년대를 상징하는 그의 아이들이 지닌 진보적 급진주의와 코믹하게 대조를 이루었다. 이 프로그램에 대한 반응도 양극을 달렸다. 어떤 사람들은 격렬하게 분노했지만, 어떤 사람들은 재미있어 미칠 지경이었다. 수적으로는 후자의 사람들이 우세했다. 가족 구성원들이 다양하듯이, 사회라는 가족의 구성원도 다양한 게 아닌가. 격식 차리지 말고 속 생각을 다 털어놔보는 것도 어떠냐는 의미를 내포한 드라마였던 셈이다.[25] family에 관한 명언 4개만 감상해보자.

(1) The family is one of nature's masterpieces(가족은 자연의 걸작품 중 하나다). 미국 하버드 대학 철학교수였던 조지 산타야나George Santayana, 1863~1952의 말이다. 그는 스페인 출신으로 어릴 때 미국으로 이주하여 살다가 1912년 하버드를 떠나 유럽으로 건너가 활동한 세계주의자였다. 그는 존 듀이의 실용주의가 무사고無思考의 도그마를 만들어 하나님과 무한한 도덕적 가치를 배제한 '세속종교'를 도입함으로써 '에덴동산의 뱀'이 되었다고 비판했다.[26]

(2) The family you come from isn't as important as the family you're going to have(당신의 출신 가문은 당신이 앞으로 만들려고 하는 가족보다 중요하지 않다). 미국 작가 링 라드너Ring Lardner, 1885~1933의 말이다.

(3) Family life is too intimate to be preserved by the spirit of justice. It can be sustained by a spirit of love which goes beyond justice(가족생활은 너무 친밀하여 정의의 정신에 의해 유지되지 않는다. 그것은 정의를 뛰어넘는 사랑의 정신에 의해 유지될 수 있다). 미국의 신학자이자 정치학자인 라인홀드 니부어Reinhold Niebuhr, 1892~1971의 말이다.

(4) While most people see work and family life as a zero sum game(if you give to one side, you take away from the other), our research clearly finds that a good work life enhances family life and job performance(대부분의 사람이 일과 가정생활을 제로섬게임으로 봅니다. 한쪽에 열중하면 한 쪽은 소홀해지게 된다는 식으로 말입니다. 그러나 우리의 연구 결과는 일을 어떤 식으로 하느냐에 따라 가정생활과 일의 성과가 동시에 향상될 수 있다는 걸 보여주고 있습니다). 미국 '가정-노동 연구소'의 소장인 엘렌 갤린스키Ellen Galinsky, 1942~가 일과 가정은 제로섬게임이 아니라고 주장하면서 한 말이다.[27]

far

far(멀리)라는 단어는 사교성이 좋아, 다른 단어들과 만나 다양한 뜻을 갖는다. far out은 '보통이 아닌(탁월한), 엉뚱한'이란 뜻이다. 1950년경 재즈에서 아방가르드avant-garde를 가리키던 데서 유래된 말이다. 형용사적 용법과 감탄사적 용법으로 동시에 쓰인다. This performance is far out(뛰어나다). This is great far out(대단해 정

말로)! far-outer는 "인습에 구애받지 않는 사람, 파격적인 사람"을 뜻한다.[28]

far and away(훨씬, 단연)는 far의 강조형으로, 비교급이나 최상급과 함께 쓴다. He is far and away the best writer of today(그는 단연 당대 제일의 작가다). He was far and away the cleverest of his party(그는 그의 일행 중 단연 가장 똑똑하다).[29]

far and wide는 '널리, 두루', far and near는 '여기저기에, 도처에', far be it from me to do는 '~하려는 생각 따위는 조금도 없다'는 뜻이다. Far be it from me to consent(내가 승낙하다니 말도 안 되지). 14세기부터 사용된 말이다.[30]

few and far between은 '극히 드물게(적은)'다. 스코틀랜드 시인 토머스 캠벨Thomas Campbell, 1777~1844의 시 「희망의 즐거움The Pleasures of Hope」(1799)에 나오는 말이다. In Nevada the towns are few and far between(네바다 주에는 도시가 적고 띄엄띄엄 있다).[31]

farfetched는 '에두른, 무리한forced, 억지의, 부자연스러운' 이란 뜻이다. fetch는 '가져오다, 데려오다', Go fetch!는 "(개에게) 물고 와!", a farfetched joke는 "부자연스러운 익살"을 뜻한다. farfetched는 직역을 하자면 "멀리서 가져온"이란 뜻인데, 1492년 크리스토퍼 콜럼버스Christopher Columbus, 1451~1506의 '신대륙 발견' 이후 유럽에 쏟아진 진기한 것들의 풍요 속에서 나온 말이다.

특히 신대륙 항해를 하고 돌아온 선원들은 자신이 보고 온 진기한 것들에 대해 열심히 떠들기 마련이었는데, 열변을 토하다 보면 과장과 날조도 서슴지 않는 '오버'를 하기 마련이었다. 선원들의 이야기 중에는 나중에 사실이 아닌 것으로 밝혀진 게 많았던바, "멀리서 가져온"이란 말이 어느덧 "무리한, 억지의"라는 뜻으로 발전하게 된 것이다.[32]

fascism

fascism은 "파쇼fascio의 사상"이다. 파쇼는 19세기 이탈리아에 존재했던 작은 정치결사집단에서 유래된 것이다. 그 어원은 라틴어인 fasces로, 나무 막대기 묶음에 도끼날이 결합된 것을 가리킨다. 이는 고대 로마에서 권위의 상징이었다. 나무 막대기는 처벌, 도끼는 처형을 의미했다. 또 이 말은 동시에 묶음束을 뜻한다는 점에서 정치적으로는 결속과 단결의 뜻으로 사용되

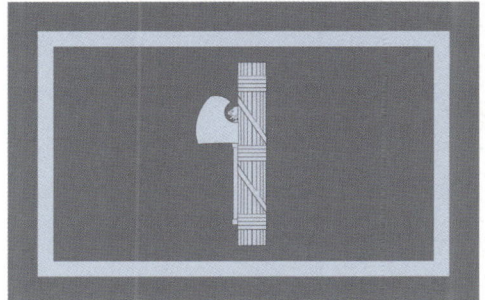

flag of Mussolini

기도 했다.

이러한 의미를 가진 파쇼를 정치적 상징으로서 19세기의 한 정치결사집단이 이용했고, 1914년 이전엔 여러 좌익 집단이 이용했으며, 1914년에 혁명적 신디칼리스트 그룹이 이용하다가, 1919년 3월 23일 이탈리아의 베니토 무솔리니Benito Mussolini, 1883~1945가 새로운 파시스트당을 결성하면서 국가의 절대 권력과 로마의 영광을 재현한다는 의미에서 당의 상징으로 채택한 것이다.³³ 파시즘의 어원은 fasces가 아니라 fascio(league)라는 주장도 있다.³⁴ 신승권은 파시즘의 이데올로기로 다음 8가지를 들었다.

① 반합리주의antirationalism다. 인간관계에서 이성을 불신하고, 인간의 비합리적이고 감정적인 억제하기 곤란한 요인들을 강조한다. ② 기본적인 인간 평등을 부인한다. 파시스트 사회는 인간 불평등의 사실을 받아들일 뿐 아니라, 더 나아가 하나의 이상으로서 불평등을 확신한다. ③ 파시즘의 행동 규칙은 여러 국민 내의, 그리고 그 사이의 모든 인간관계에서 폭력과 기만에 중점을 두고 있다. ④ 엘리트에 의한 정치government by elite는 국민들의 자치 능력을 강조하는 민주주의의 오류에 반대하는 파시즘의 원리다. ⑤ 파시즘은 단순한 정치제도보다는 오히려 생활양식으로서 모든 인간관계에서 전체주의라는 데 그 특색이 있다. ⑥ 인종주의와 제국주의는 불평등과 폭력이라는 파시즘의 2가지 기본적인 원리를 말한다. ⑦ 국제법과 국제질서에 반대하는 불평등·폭력·인종주의·제국주의·전쟁을 신념으로 하는 파시스트들의 논리적인 귀결이다. ⑧ 파시즘의 조직과 관리 원칙은 경제와 관련되는 협동체국가corporate state다. 파시스트 경제는 국가관리의 자본과 노동연합회로 세분되며, 각 연합회는 상업이나 직업에서 독점권을 가지고 있다.³⁵

Believe! Obey! Fight!(믿어라! 복종하라! 싸워라!) 베니토 무솔리니 치하의 이탈리아에서 자주 외쳐진 파시스트의 슬로건이다.³⁶

"Feel, don't think!(생각하지 말고 느껴라!)"³⁷ 무솔리니의 말이다. 그는 파시즘의 교리를 다음과 같이 설파했다. "Fascism is a religious conception. If fascism were not a faith, how could it give its adherents stoicism and courage(파시즘은 종교적 개념이다. 파시즘이 신앙이 아니라면, 어떻게 그 신봉자에게 금욕주의나 용기를 줄 수 있겠는가)?"³⁸

무솔리니와 마찬가지로 독일 나치의 히틀러도 생각보다는 느낌을 강조했다. 추종자들에게 감정적 반응만을 요구함으로써 대중을 정치적 목적에 이용하기 위해서였다. 특히 군중집회가 그런 목적으로 많이 활용되었다. 파시즘을 가능케 한 건 마이크였다는 말이 나오는 것도 바로 그런 이유 때문이다.

1920년 독일노동자당은 히틀러가 주도적 역할을 한 가운데 국가사회주의독일노동자당으로 이름을 바꾸었는데, 이때부터 '국가사회주의자Nationalsozialist'의 약자로 '나치Nazi'라는 표현이 널리 쓰이게 되었다.³⁹

노르웨이 파시스트 비드쿤 크비슬링Vidkun Quisling, 1887~1945은 노르웨이 최초의 총통이 되겠다는 야망을 품고 독일의 히틀러를 만나 자신의 고국을 침략해준다면 고맙겠다고 했다. 히틀러는 그의 요청을 받아들였다. 1940년 4월 독일 군대가 노르웨이 영토에 도착하자 비드쿤은 라디오를 통해 쿠데타를 선언했지만, 그를 멍청이로 여긴 히틀러는 그를 권력에서 밀어내버렸다. 우여곡절 끝에 1942년 꼭두각시 정부의 수상이 된 비드쿤은 1945년 체포되어 처형당했다. 이후 크비슬링quisling은 "매국노, 배반자"라는 뜻을 갖게 되었는데, 자신의 이름을 매국노라는 보통명사로 만든 게 업적이라면 업적이었던 셈이다.[40]

"Whoever does not want to speak of capitalism should be equally silent on fascism(자본주의에 대해 말하기 싫은 사람은 똑같이 파시즘에 대해서도 침묵해야 한다)." 독일 철학자 막스 호르크하이머Max Horkheimer, 1895~1973의 말이다.[41]

"There is one way to define the real meaning of the difference between democracy and Fascism. Democracy is a system that creates the economic, political, and cultural conditions for the full development of the individual. Fascism is a system that, regardless under which name, makes the individual subordinate to extraneous purposes and weakens the development of genuine individuality(민주주의와 파시즘 사이의 진정한 의미를 밝혀줄 수 있는 한 가지 방법이 있다. 민주주의는 개인의 충분한 발전을 위한 경제·정치·문화적 조건을 창출하는 시스템이다. 반면 파시즘은 무슨 간판을 내걸고 행해지든 개인이 외부의 목적에 종속되게 만들고 참된 개성의 발전을 약화시키는 시스템이다)." 유대인으로 독일계 미국인 학자인 에리히 프롬Erich Fromm, 1900~1980이 『자유로부터의 도피Escape from Freedom』에서 한 말이다.[42]

"The basic tenets of fascism were (and are) self-evident: nationalism, social Darwinism, racialism, the need for leadership, a new aristocracy, and obedience, and the negation of the ideals of the Enlightenment and the French Revolution(파시즘의 기본 교의教義는 자명하다. 민족주의, 사회진화론, 인종주의, 리더십 숭배, 신新귀족주의, 맹종, 계몽과 프랑스혁명의 이상을 부정하는 것 등이다)." 미국 역사가 월터 래커Walter Laqueur, 1921~가 『파시즘Fascism』(1997)에서 한 말이다.[43]

"Fascism is a recurrent feature of capitalist society: so long as there is economic crisis and unemployment, there will be political despair, so long as there is organised racism, there will be fascism(파시즘은 자본주의 사회의 반복되는 특성이다. 경제 위기와 실업이 있는 한 정치적 좌절이 나타날 것이고, 조직화된 인종주의가 있는 한 파시즘은 나타난다)." 데이브 렌턴Dave Renton이 『파시즘Fascism』(1999)에서 한 말이다.[44]

fashion

fashionista(패셔니스타)는 "패션디자이너, 패션의 추종자"를 뜻한다. fashion에 스페인어 접미사 ista(예컨대, Sandista)를 합친 말이다. 미국의 탐사전문 저널리스트 스티븐 프라이드Stephen Fried가 1993년에 출간한 『아름답다는 것: 수퍼모델 지아의 비극Thing of Beauty: The Tragedy of the Supermodel Gia』에서 처음 쓴 말이다. 경멸적인 용어derogatory term의 성격이 강했지만, 점점 변화를 보이고 있고 한국에선 좋은 의미로 쓰인다.[45]

한국에서 fashionista는 옷 잘 입는 사람을 가리키는 말이 되었다. 이런 기사마저 나온다. "FnC코오롱, 코오롱패션, 캠브리지가 지난해에 이어 올해 두 번째 개최하는 '코오롱 패션 어워드'의 캐치프레이즈는 'Are You Fashionista?'다. Fashionista는 패션에 관심이 많고, 최신 스타일을 선호하는 사람을 뜻하는 말로 뛰어난 패션 감각과 심미안으로 대중의 유행을 이끄는 패션 이노베이터Fashion Innovator를 칭한다."[46]

심각한 지식인들은 유행을 좋아하지 않는다. 소로와 산타야나의 말을 들어보자. "Every generation laughs at the old fashions but religiously follows the new(모든 세대는 옛것을 비웃고 새것을 종교적으로 추종한다)." 미국의 초월주의 작가 헨리 데이비드 소로Henry David Thoreau, 1817~1862의 말이다. "Fashion is something barbarous, for it produces innovation without reason and imitation without benefit(유행은 야만스러운 것이다. 이유 없는 혁신과 이익 없는 모방을 낳기 때문이다)." 스페인 출신의 철학자 조지 산타야나George Santa-yana, 1863~1952의 말이다.

"I wore Yves Saint Laurant's things all the time in the 1970s even to political protests. People looked at me strangely when I handed out pamphlets in my expensive clothes(저는 1970년대까지 입생로랑 옷을 입었지요. 심지어는 정치적 저항을 할 때도요. 사람들은 제가 비싼 옷을 입고 전단을 나눠주면 이상한 눈초리로 보았지요)."

1913년 할아버지가 세운 작은 가죽제품 기업을 이어받아 가문 재산 30억 달러 제국을 세운 프라다 경영자이자 패션디자이너 미우치아 프라다Miuccia Prada, 1949~가 영국 『파이낸셜타임스』 1995년 2월 11일자 인터뷰에서 한 말이다. 10대 시절부터 이탈리아 공산당 당원이었던 그녀는 정치활동을 열심히 하면서도 옷만큼은 악착같이 입생로랑 제품을 입었다고 한다.[47]

Miuccia Prada

Father's Day

Father's Day

미국 워싱턴 주 스포케인Spokane에 소노라 스마트 도드Sonora Smart Dodd, 1882~1978라고 하는 효녀가 있었다. 어머니가 일찍 돌아가 1녀5남을 홀로 키운 아버지가 '희생자'라는 죄책감을 갖고 있던 도드는 1910년 YMCA 등을 통해 스포케인 지역에 아버지의 날Father's Day을 만들자는 제안을 했다.

도드의 제안은 곧 지역을 넘어 전국적으로 호응을 얻었지만, 어머니의 날처럼 뜨거운 반응을 얻지는 못했다. 무엇보다도 전원 남성으로 구성된 의회가 너무 속 보인다는 욕을 먹을까봐 전혀 움직일 생각을 하지 않았다. 1966년에서야 린던 존슨Lyndon Johnson 1908~1973 대통령이 6월 세 번째 일요일을 아버지의 날로 선포했고, 정식 법제화는 1972년 리처드 닉슨 대통령 재임 시 이루어졌다. 2010년 스포케인에서는 한 달에 걸쳐 '아버지의 날 100주년 기념 축제'가 열렸다.[48]

[참고 Mother's Day]

"They're our mentors and they're our role models. They set an example of success and they push us to succeed, encourage us when we're struggling, and they love us even when we disappoint them, and they stand by us when nobody else will(아버지는 멘토이고 인생의 본보기다. 성공의 모델로 자식이 성공하도록 지원하며 힘들 때도 격려해주시고 자식이 실망스러울 때도 사랑해주고 모두가 떠날 때에도 곁에서 지켜주신다)." 미국 대통령 버락 오바마Barack Obama, 1961~가 2009년 Father's day(매년 6월 셋째 일요일)를 맞아 한 연설의 일부다.[49]

한국에서는 1972년 2월 아동문학가 윤석중이 신문 기고를 통해 "5월 들어서 둘째 주일에 마련된 미국의 '어머니날'이 갸날프고도 억센 꽃인 카네이션과 함께 수입된 것은 고마운 일이나 '아버지날'이 없어 섭섭하다. 구정을 '설'로 쳐서 이중과세의 혹을 달지 말고 대대로 물려온 이 날을 '어버이날'로 살려서 경로일, 스승의 날, 어머니날 등을 한데 묶어 웃어른 섬기는 날로 정하면 어떨까"라고 제안했다.[50] 윤석중의 모든 제안이 다 받아들여진 건 아니지만 아버지의 '섭섭함'은 받아들여진 것인지, 1973년 5월 8일부터 어머니날이 어버이날로 개칭되어 제1회 어버이날을 맞게 되었다.

fault

to a fault는 "결점이라 해도 좋을 만큼, 극단으로, 너무나"란 뜻이다. He is kind to a fault(그는 너무나도 친절하다). faultless to a fault는 "완벽한"이란 뜻이다. to a fare-the-well도 같은 뜻의 말이다. The table was decorated to a fare-the-well; nothing was lacking(테이블은 완벽하게 장식되었다. 무엇 하나 모자란 게 없었다).[51]

"To find a fault is easy; to do better may be difficult(결점을 찾는 건 쉽지만 더 잘하는 건 어렵다)." 그리스 역사가 플루타르코스Ploutarchos, 46?~120?의 말이다.

"We confess small faults, in order to insinuate that we have no great ones(우리는 우리에게 큰 결점이 없다는 걸 은근히 알리기 위해 작은 결점들을 고백한다)." 17세기 프랑스 작가로 풍자와 역설의 잠언으로 유명한 라로슈푸코François de La Rochefoucauld, 1613~1680의 말이다.

"A benevolent man should allow a few faults in himself, to keep his friends in countenance (인정 많은 사람이라면 친구들의 낯을 세워주기 위해서라도 약간의 결점은 있어야 한다)." 미국 정치가이자 발명가인 벤저민 프랭클린Benjamin Franklin, 1706~1790의 말이다.

"If the best man's faults were written on his forehead he would draw his hat over his eyes (최상의 사람일지라도 결점을 이마에 쓴다면 모자를 눈 위까지 눌러써야 할 것이다)." 영국 작가 토머스 그레이Thomas Gray, 1716~1771의 말이다.

fear

2005년 미국에서 갤럽이 13~15세를 대상으로 무엇을 가장 두려워하는가what they feared the most에 대해 자유롭게 쓰도록 하는 방식의 설문조사를 실시했는데, 1위에서 10위는 다음과 같았다. terrorist attacks, spiders, death, being a failure, war, criminal or gang violence, being alone, the future, and nuclear war. 거미가 2위를 차지했다는 게 흥미로운데, 실제로 서양에서는 성인들 중에도 arachnophobia(거미 공포증)을 갖고 있는 사람이 많다. 이 단어에서 비롯된 Baracknophobia란 신조어도 생겼는데, 이는 인종차별주의나 근거 없는 루머로 인해 생긴, 버락 오바마 미 대통령에 대한 부정적 감정을 말한다.[52]

Do right, fear not(똑바로 행동하고 겁내지 마)! Fear is often begotten of guilt(공포심은 종종 죄를 범한 데서 생긴다). Fear begins to melt away when you begin to take action on a goal you really want(진실로 원하는 목표를 향해 행동을 취하기 시작했을 때 두려움은 눈 녹듯이 사라지기 시작한다).

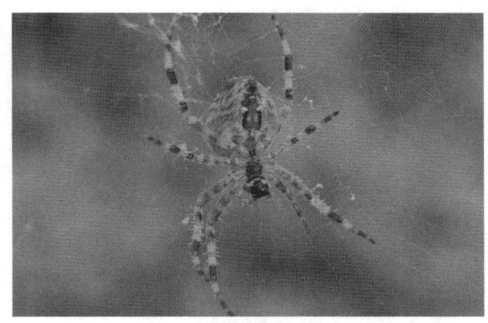
spider

Fear is a darkroom for developing negative(공포는 [필름을 인화하는 것처럼] 부정을 만드는 암실이다).[53] 다 좋은 말이다. 실제로 수많은 사상가가 이런 취지의 명언들을 남겼다.

(1) The man who fears suffering is already suffering from what he fears(고통을 두려워하는 사람은 이미 그가 두려워하는 것으로 고통을 겪고 있는 것이다). 프랑스 작가 몽테뉴Lord Michel Eyquem de Montaigne, 1533~1592의 말이다.

(2) Fools rush in where angels fear to tread(바보는 서두르고 천사는 발길을 조심한다. 하룻강아지 범 무서운 줄 모른다). 영국 시인 알렉산더 포프Alexander Pope, 1688~1744가 『비평에 관한 에세이Essay on Criticism』(1711)에서 한 말이다.[54]

(3) Fear is the main source of superstition, and one of the main sources of cruelty. To conquer fear is the beginning of wisdom(공포는 미신의 주요 근원이며 잔인성의 주요 근원 중 하나다. 공포를 정복하는 것이 지혜의 시작이다). 영국 철학자 버트런드 러셀Bertrand Russell, 1872~1970의 말이다.

(4) The only thing we have to fear is fear itself(우리가 두렵게 생각해야 할 유일한 것은 두려움 그 자체다). 미국 제32대 대통령 프랭클린 루스벨트Franklin Delano Roosevelt, 1882~1945가 1933년 3월 4일 취임연설에서 대공황 극복 의지를 밝히며 한 말이다. 이는 인구에 많이 회자되고 있는 명언이지만, 말이 안 되는 말장난이라는 비판도 있다. 역사가 리처드 호프스태터Richard Hofstadter, 1916~1970는 루스벨트가 취임식 며칠 전에 헨리 데이비드 소로Henry David Thoreau, 1817~1862의 글을 읽고 "두려움만큼 두려워해야 할 것은 아무것도 없다Nothing is so much to be feared as fear"라는 글귀에서 영감을 받은 것이 분명하다고 주장했다.[55]

소로의 글은 1851년에 발표된 것인데, 이 또한 독창적인 것은 아니다. 이미 오래전 영국에서 비슷한 글들이 발표되었기 때문이다. 1623년 철학자 프랜시스 베이컨Francis Bacon, 1561~1626은 "Nothing is to be feared except fear itself"라고 했고, 1831년 군인이자 정치가인 아서 웰즐리Arthur Wellesley, 1769~1852는 "The only thing I am afraid of is fear"라고 했다. 그러나 기억되는 건 오직 루스벨트뿐이다.[56]

(5) Logic and cold reason are poor weapons to fight fear and distrust. Only faith and generosity can overcome them(논리와 차가운 이성은 공포와 불신과 싸우는 데 형편없는 무기다. 믿음과 아량만이 그것들을 극복할 수 있다). 인도 지도자 자와할랄 네루Jawaharlal Nehru, 1889~1964의 말이다.

하나같이 다 아름다운 말씀이지만, 오늘날엔 공포가 상업적으로 대량 제조되고 있어 의지만으론 극복하기 어렵게 되었다. 이미 1970년대

전반 『마케팅저널The Journal of Marketing』은 「공포: 마케팅에서 외면된 어필의 잠재력Fear: The Potential of an Appeal Neglected by Marketing」을 게재한 바 있다. 사회심리학자들의 공동연구로 공포가 강력한 마케팅 수단임을 역설한 논문이다. 저자들은 '공포 마케팅'이 윤리적인지 자문자답하더니 공포의 수준이 높지 않아 별 문제가 안 된다고 주장했다.[57]

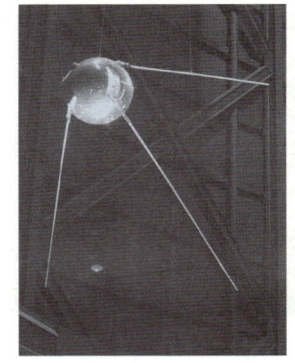
sputnik

fellow traveler

fellow traveler는 '(공산주의의) 동조자'다. 영국에선 fellow traveller로 표기한다. 말 그대로는 '길동무'라는 뜻이지만, 이미 빨간 물이 든 단어라 그 용도로는 안 쓰는 게 좋다. 레온 트로츠키Leon Trotsky, 1879~1940가 『문학과 혁명Literature and Revolution』(1924)에서 "공산당원은 아니더라도 공산주의 사상과 운동에 공감하는 개인이나 집단"을 묘사하기 위해 만든 말이다. 긍정하는 뜻으로 한 말은 아니다. 그는 볼셰비키 혁명Bolshevik Revolution에 관심만 있을 뿐 헌신하지 않는 지식인들에 대해 분노하면서 그들에 대해 이렇게 말했다. "They are not the artists of the proletarian revolution, but only its artistic fellow travelers(그들은 프롤레타리아 혁명을 위한 예술가들이 아니라 단지 그 혁명의 예술적 동조자들일 뿐이다)."

fellow traveler는 러시아어로는 스푸트니크sputnik인데, 이는 1957년 10월 4일 소련이 인류 역사상 최초로 발사에 성공한 무인 인공위성의 이름이기도 하다. 스푸트니크 1호는 약 83킬로그램의 무게로 농구공보다 약간 컸는데 시속 2만 8,968킬로미터의 속도로 지표면 위를 회전하며 무선신호를 보내왔다. "something(satellite) traveling with a traveler(the earth)(지구와 함께 여행하는 위성)"라는 뜻에서 붙여진 이름이다.[58]

미국 FBI 국장이었던 존 에드거 후버John Edgar Hoover, 1895~1972는 1958년에 출간한 『기만의 대가들: 미국 공산주의와의 투쟁 이야기Masters of Deceit: The Story of Communism in America and How to Fight It』에서 fellow traveler를 5대 위험 세력의 하나로 지목했다. 그가 열거한 5대 위험 세력은 다음과 같다.

(1) card-carrying Communist(정식 공산당원): 자신이 공산당 당원임을 공개적으로 밝히는 자. (2) underground Communist(지하 공산주의자): 공산당원 신분을 숨기고 암약하는 자. (3) Commu-

nist sympathizer(공산주의 동조자): 공산주의에 심취한 잠재적 공산주의자. (4) fellow traveler (공산주의 동조자): Communist sympathizer보다는 낮은 단계의 공산주의 동조자. (5) dupe(얼간이): 공산주의자도 아니고 잠재적 공산주의자도 아니지만, 인도주의나 평화주의 등을 내세워 사실상 공산주의를 돕는 어리석은 인간들.[59]

fellow traveler는 한국 문학사에서는 동반자 작가로 번역하는데, 1930년대 전후에 프롤레타리아문학에 동조한 작가들의 총칭이다. 이들은 정식 카프KAPF(조선프롤레타리아예술가동맹)의 회원은 아니었으나 사상적으로 카프의 작가들과 일치한다. 김팔봉은 1934년을 전후한 한국 문인의 계보를 제시하는 가운데 카프의 존재와 관계없이 작품을 통해 동반자적 경향을 보인 작가로 유진오·장혁주·이효석·이무영·채만식·조벽암·유치진·안함광·안덕근·엄흥섭·홍효민·박화성·한인택·최정희·이흡·조용만 등을 들었다.[60]

fence

mend one's fences는 "기반을 굳히다, (의원 등이) 자기 선거구의 지반을 다지다, 화해하다"는 뜻이다. 이 표현이 나오게 만든 주인공은 오하이오 주 상원의원 존 셔먼John Sherman, 1823~1900이다. 그는 남북전쟁1861~1865에서 맹활약한 윌리엄 셔먼William T. Sherman, 1820~1891 장군의 동생이자, 1890년 제정된 '셔먼 반反트러스트 법Sherman Anti-Trust Act'을 발의한 인물이다.

1879년 대통령 출마를 고려하고 있던 셔먼은 생각을 정리하기 위해 오하이오의 고향으로 돌아가 휴식을 취하고자 했다. 기자들이 그를 찾아왔을 때, 그는 자신의 농장 울타리가 부서진 것을 수리하고 있었다. 기자들이 그에게 고향에서 무얼 하고 있느냐고 묻자, 그는 수리하고 있는 중이라고 답했다. 멀리서 찾아온 기자들이 겨우 그 정도의 답에 만족할 리는 만무했다. 기자들은 '울타리 수리'를 정치적으로 해석하는 기사를 썼다. 이 말이 위와 같은 뜻을 갖게 된 배경이다.

오늘날엔 깨진 인간관계를 복원하는 의미로도 쓰인다. 다음과 같은 2가지 용법을 들 수 있겠다. "Jennifer tried to mend fences after the argument by inviting her friend to dinner(제니퍼는 친구와 말다툼 후 친구를 저녁에 초대함으로써 화해하고자 했다)" "China and Japan recently took steps to mend some fences(중국과 일본은 최근 상호 화해를 위한 조치들을 취했다)."[61]

sit on the fence는 "형세를 관망하다, 사태가 돌아가는 걸 보다가 거취를 정하다"는 뜻이다. stand on the fence, straddle the fence, walk the fence의 형식으로 사용된다. fence-sitter는 "형세를 관망하는 사람, 중립적 태도를 취하는 사람, 기회주의자, 회색분자"라는 뜻이다. 이 말

fence

은 굳이 설명하지 않더라도 그림이 그려질 것이다.

울타리 밑에서 싸움이 벌어지고 있을 때 울타리 위에 걸터앉아 있으면 어느 편이 유리한지 한눈에 들어온다. 울타리에서 뛰어내려 유리한 편에 낄 수도 있다. 이런 그림을 연상하노라면 울타리 위에 앉아 있는 사람이 기회주의자가 아니냐고 의심할 수도 있겠다. 실제로 이 말은 그런 의미로 많이 쓰였다. 그러나 드물게나마 그 어느 편에도 속하지 않는 '독립성'을 강조하는 좋은 의미로도 쓰인다.[62]

filibuster

filibuster(필리버스터)는 "합법적 의사진행 방해(자)"를 뜻한다. 해적海賊: freebooter, pirate을 뜻하는 스페인어 filibustero에서 나온 말이다. 1850년대 초에 본국의 이익에 반하여 중남미에서 폭동과 혁명을 선동한 스페인 해적들이 최초의 filibustero인데, 이들은 본국의 명령이나 허락 없이 사적 이익을 위해 함부로 외국 영토를 침범하기도 했다. 여기서 '국익에 대한 방해자' 라는 이미지가 강해져 의회에서 의사진행 방해자에게 쓰이게 된 것이다.[63]

1853년 미국 상원에서 쓰인 것이 최초의 기록이다. 한 상원의원이 원하는 한 무한정 연설을 할 수 있는 상원의원의 특권을 이용하여 연설을 오래하는 방식으로 의사진행을 방해하자, 다른 의원이 그걸 가리켜 "미국에 도전하는 필리버스터링filibustering against the United States"이라고 비판한 것이 현 의미의 근거가 되었다.

미국 의회의 대표적인 filibuster로는 1935년 16시간의 연설 기록을 세운 루이지애나 주 상원의원 휴이 롱Huey Long, 1893~1935, 1957년 24시간의 연설 기록을 세운 사우스 캐롤라이나 주 상원의원 스트롬 서먼드Strom Thurmond, 1902~2003 등을 들 수 있다.[64]

필리버스터는 미국 하원에서는 1842년까지 존재하다가 규제가 가해졌으며, 1890년엔 완전 폐지되었다. 하원은 상원과 달리 의원 수가 너무 많다는 이유에서였다. 주 의회에선 앨라배마, 알래스카, 아칸소, 코네티컷, 플로리다, 하와이, 아이다호, 메인(이론적으로만 존재), 네브래스카, 사우스캐롤라이나, 텍사스 등 13개 주에서만 필리버스터를 허용한다.[65]

2013년 6월 25일 민주당 소속 텍사스 주 상원의원 웬디 데이비스Wendy Davis가 낙태를 제한하는 법안 통과를 막기 위해 오전 11시부터 휴식시간 없이 13시간 가까이 '마라톤 연설'을 하는 필리버스터를 벌임으로써 일약 스타로 떠올랐다. 텍사스 주 다수당인 공화당 의원들은 이날 임신 20주 이후 낙태 금지, 병원 시설 개선 의무화, 낙태 유도제 제한 등을 담은 새 법안을 통과시키려 했다.

데이비스 의원은 의회 연설 규정에 따라 기대거나 앉지 못한 채 연설을 이어나갔다. 미혼모 슬하에서 자랐고 자신 또한 10대에 아이를 출산한 미혼모인 그녀는 낙태 제한으로 인하여 어려움을 겪는 임신 여성들의 사연을 소개하며 수차례 눈물을 보이기도 했다. 이렇게 고군분투하는 모습은 소셜미디어를 통하여 중계되었고 지지자들은 주 의회로 몰려들어 그녀를 응원했다.

데이비스가 연설할 동안 트위터에는 "웬디를 지지한다"는 내용의 트윗이 40만 개나 올랐다. 온라인상에는 데이비스의 용감함을 주제로 한 패러디 사진이 쏟아졌고 긴 연설에 대비하여 그녀가 신은 핑크색 운동화도 화제가 되었다. 『뉴욕타임스』는 어려운 환경에서 자신의 힘으로 하버드 대학 로스쿨을 졸업하고 변호사로 일하다 주상원의원이 된 그의 이력을 소개하며 "여성이 무엇을 할 수 있는지를 보여준 상징이 되었다"고 전했다. 공화당 의원들은 "데이비스가 주제를 벗어나는 발언을 하여 필리버스터 규정을 위반했다"며 연설을 중단시키고 새 법안을 가결했지만, 투표 시점이 마감 시한인 자정을 넘겨 진행된 것으로 확인되어 법안 통과는 무효가 되었다.[66]

flannel

flannel(플란넬)은 영국 웨일즈 지방에서 생산되기 시작한 평직이나 능직의 방모직물로 가볍고 부드러우며 표면에 솜털이 있다. 16세기경 영국에서 많은 품종을 생산했으며, 주로 슈트·바지·양복·유니폼 등에 사용한다. 부드럽고 촉감이 좋으며 탄력성 있는 것이 특징이며, 면 플란넬은 잠옷·속옷·유아복 등에 사용된다. flannel을 뜻하는 프랑스어 flanelle은 17세기 말부터, 독일어의 Flanell은 18세기 초부터 사용되었다.[67]

man in the gray flannel suit는 "성공을 위하여 세상의 흐름에 순응하는 인물"이다. flannel은 면의 일종으로 1950년대 미국에서 유행했던 섬유다. 1955년에 출간되자마자 최고의 베스트셀러가 된 슬론 윌슨Sloan Wilson, 1920~2003의 『회색 플란넬 양복을 입은 남자The Man in the Gray Flannel Suit』라는 소설에서 유래된 말이다. 개성과 성공 사이에서 성공을 위하여 관료제적 복종을 택하는 미국인을 그린 이 소설은 저자의 개인적 경험에서 출발했다.

윌슨은 풋내기 기자 시절 상사에게 "나는 도

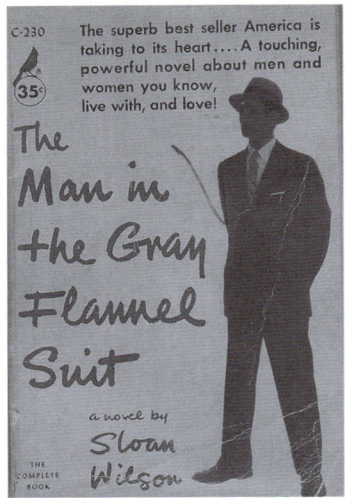

『The Man in the Gray Flannel Suit』

시달렸으며, 말년에는 생계를 위해 별로 내키지 않은 글을 써야 했다. flannelmouth는 "아첨꾼, 허풍선이", flannelmouthed는 "입에 발린 말을 잘하는"이란 뜻이다.[68]

영국에선 얼굴 없는 관료 집단을 가리켜 men in gray suits라고 한다. 비틀스의 존 레논John Lennon, 1940~1980이 써 유명해진 말이다. 1990년대 초 마거릿 대처Margaret Thatcher가 권력의 정상에서 퇴진할 때에 영국 언론은 "men in gray suits"가 그녀의 퇴진을 사실상 주도했다고 보도했다.[69]

대체 다른 기자가 나보다 글을 덜 쓰고도 월급도 더 받고 승진도 먼저 하는 까닭을 모르겠다"고 항의했다가 이런 말을 듣는다. "당신의 문제는 글의 스타일이 현대 감각과 맞지 않기 때문에 그럴 거야. 예를 들면 우선 당신이 입고 있는 옷도 위아래의 색이 조화되지 않거든. 지금 당당 양복점에 가서 버튼 3개가 달린 회색 플란넬 양복을 맞추어 입고 시대감각에 뒤떨어지지 않게 해보게나." 이 충고가 좋은 효과를 낳자, 윌슨은 이 소설을 쓰게 된 것이다.

이 소설은 1956년 그레고리 펙Gregory Peck, 1916~2003이 주연한 동명의 영화로도 만들어졌는데, 주인공은 체면과 도덕 사이에서 동요하면서 결국엔 자기의 개성을 희생하여 새로운 얼굴 없는 중산층의 일원이 되려고 애쓴다. 그게 혹 저자 자신의 모습은 아니었을까? 그의 삶은 그다지 성공적이진 못했다. 그는 평생 알코올중독에

flash mob

2003년 6월 3일 저녁 미국 뉴욕의 메이시 백화점 9층의 한 매장에 100명이 넘는 사람들이 한꺼번에 몰려들었다. 매장 직원이 당황하여 무엇을 찾느냐고 묻자, 그들은 자신들이 공동생활을 하고 있는데 '사랑의 러그love rug'를 찾고 있다고 했다. 그러고는 얼마 후 저마다 다른 방향으로 뿔뿔이 흩어져 사라져버렸다. 최초의 '플래시몹' flash mob, flashmob이다. 인터넷과 휴대전화의 다양한 문자 메시지 기능이 만든 일종의 '번개모임'이다. 이 대중 퍼포먼스를 기획한 『하퍼스 매거진Harper's Magazine』 편집장 빌 와식Bill Wasik은 최신 유행만 좇는 획일적 문화를 비꼬

flash mob

고 싶었다고 말했다.[70]

이렇게 시작된 플래시몹은 전 세계로 확산되었으며, 브라질 상파울로에서는 100여 명이 거리에서 신발을 벗어 땅바닥을 두드렸고 독일 베를린의 백화점 로비에서는 동시에 바나나 먹기가 행해지기도 했다.[71] 한국에선 2003년 8월 일단의 사람들이 강남역 횡단보도에서 "행복하세요, 건강하세요"를 외친 게 최초의 플래시몹이다. 세간의 화제를 모은 건 두 번째 플래시몹이었다.

"외계인이다!", "외계인이 출현했다!" 주말인 2003년 9월 20일 오후 7시, 서울 명동 한복판에서 '외계인의 출현'을 알리는 한 무리의 외침이 울려퍼졌다. 20~30명의 무리들은 일제히 하늘을 가리키며 이렇게 소리를 지르더니, 또 갑자기 풀썩 땅바닥으로 쓰러졌는데, 동시에 이들이 손에 쥔 휴대전화에서는 알람 소리가 울리고 있었다. 그 뒤 2분여가 지난 뒤, 바닥에 몸을 붙인 채 꼼짝하지 않던 이 '시체'들은 박수를 치며 벌떡 일어섰고 이어 환호성을 질렀고, 그걸 마지막으로 아무 일도 없었다는 듯 군중 속으로 뿔뿔이 흩어져 사라졌다.[72]

플래시몹은 특정 사이트의 접속자가 급격히 증가하는 '플래시 크라우드flash crowd'와 뜻을 같이하는 군중을 일컫는 '스마트몹smart mob'의 합성어로 해석된다. 스마트몹은 미국의 하워드 라인골드Howard Rheingold가 2002년 10월에 출간한 『스마트몹smart mobs』에서 처음 소개한 것으로, 라인골드는 스마트몹을 PDA · 휴대전화 · 메신저 · 인터넷 · 이메일 등 첨단 정보통신 기술로 무장한 군중으로 정의하면서, 이들이 미래를 바꾸는 핵심 세력으로 등장할 것으로 전망했다.[73] 이런 견해도 있다. The flashmob is the idiot child of our instant-communication age(플래시몹은 인스턴트 커뮤니케이션 시대의 저능아다).[74]

flash rob(플래시롭)은 불특정 다수가 소셜미디어를 통해 정해진 시간과 장소에 모여 주어진 행동을 하고 곧바로 흩어지는 것을 의미하는 플래시몹flash mob을 범죄에 이용하는 것으로, '강도질rob'이라는 단어를 합성해 나타난 신조어다. flash mob robbery, mob rob이라고도 한다.

flash rob은 주로 편의점 등과 같은 상점에서 돈도 내지 않고 물건을 들고 나오는 방식으로 이루어지는데, 이때 가게 주인이나 직원은 수십 명이 한꺼번에 몰려들어와 그 짓을 하기 때문에 수에 압도되고 '암묵적 폭력의 위협implied threat of violence'을 느껴 그런 도둑질을 저지할 생각조차 하지 못한다. 신고를 받고 경찰이 출동했을 땐 모두 다 사라진 뒤라 체포하기도 어렵다.

미국 전역에서 10대 청소년들이 이 짓을 벌여 큰 사회적 논란이 되었다. 경찰을 비롯한 비판자들은 flash rob이라는 표현은 옳지 않다고 주장한다. flash mob이 연상되어 일종의 재미나 장난으로 여겨지는 효과를 낼 수 있기 때문이라는 것이다. 그건 그냥 mass theft, mass robbery(떼거리 절도)라고 부르는 게 옳다는 것이다.[75]

crop mob은 인터넷을 이용한 농산물 수확 동아리다. 2008년 10월 노스캐롤라이나 주에서 인터넷을 통해 모인 150명가량의 사람들이 지역에 있는 작은 농가를 방문해 일손을 도왔다. 이들은 700킬로그램이 넘는 고구마를 캐는 등 몇 주나 걸릴 일을 단 몇 시간 만에 해치워 농가의 수익성 향상에 큰 도움을 주었다. 이 이야기가 온라인을 타고 전해지면서 다음 해에는 미국 전역에 60개가 넘는 수확 동아리가 결성되어 일손이 부족한 소규모 농장의 일을 도왔다.[76]

flattery

flatter(아첨하다, 아부하다)는 '평평하게 하다, 부드럽게 하다' 또는 '손으로 살짝 만지다, 어루만지다'라는 뜻을 가진 옛 프랑스어 flater에서 나온 말이다. flattery(아첨, 아부)는 '손바닥으로 사물이나 사람이나 짐승을 토닥거리는 행위'라는 뜻을 가진 프랑스 프로방스 지방의 명사 flataria에서 비롯되었다.[77]

단테는 flattery라는 영어 단어가 아닌 이탈리아어 lusinghe를 사용하고 있는데, 아부에 대하여 보다 일반적인 이탈리아어는 라틴어 어원을 가지고 있는 adululotor에서 유래한 adulazione이다. 다시 말해 adululotor라는 단어에서 생각 없이 경의를 표하기 위해 과장되게 또는 비열하게 칭찬한다는 뜻을 가진 아첨adulation이란 말이 나왔다.[78]

임귀열은 "'Flattery gets you everywhere'라는 말처럼 상대방을 칭찬하면 거의 누구든 초면에도 경계심을 풀고 대화에 응해준다"며 이렇게 말한다. "어느 시골 마을에서 가끔 첼로를 치던 30대 남자에게 동네의 한 할아버지가 다가와서 이런 말을 던졌다고 한다. 'If I were forty years younger, I'd be camping out on your doorstep(내가 40년만 젊었다면 당신 문 앞에서 텐트를 치고 그 연주를 들었을 것이다)!' 그 청년은 그 후 20년이 지나도 이 말이 항상 가슴에 남았다고 한다. 멋진 칭찬과 그 방법은 한마디로 두 사람을 감동으로 이어준다."[79]

리처드 스텐걸Richard Stengel은 『아부의 기술』에서 "아부flattery라는 단어에서 특별한 점은 어원이나 역사성이 아니라, 놀랄 만큼 다양한 유사어, 은어, 구어, 속어, 비어가 존재한다는 사실이다. 내가 조사한 것만 해도 영어에서 133개가 넘는다"고 했다.[80] 아부 관련 명언 6개만 감상해보자.

(1) Avoid flatterers, for they are thieves in disguise(아첨꾼을 피하라. 그들은 변장한 도둑이기 때문이다). 오늘날의 미국 펜실베이니아Pennsylvania 주를 세운 영국 귀족 윌리엄 펜William Penn, 1644~

1718의 말이다.

(2) Just praise is only a debt, but flattery is a present(공정한 칭찬은 빚이지만, 아첨은 선물이다). 영국 작가 새뮤얼 존슨Samuel Johnson, 1709~1784의 말이다.

(3) It is easy to flatter; it is harder to praise(아첨은 쉽지만 칭찬은 어렵다). 독일 작가 장 폴 프리드리히 리히터Jean Paul Friedrich Richter, 1763~1825의 말이다.

(4) Knavery and flattery are blood relations(부정행위와 아첨은 혈연관계다). 미국 제16대 대통령 에이브러햄 링컨Abraham Lincoln, 1809~1865의 말이다.

(5) Flattery is like cologne water, to be smelt of, not swallowed(아첨은 콜론 화장수와 같다. 냄새를 맡을 순 있지만 삼킬 수는 없다). 조시 빌링스Josh Billings라는 필명으로 활동한 미국의 유머리스트 헨리 휠러 쇼Henry Wheeler Shaw, 1818~1885의 말이다.

(6) Flattery is from the teeth out. Sincere appreciation is from the heart out(아첨은 치아에서 나오고, 진실된 평가는 가슴에서 나온다). 미국 처세술 전문가 데일 카네기Dale Carnegie, 1888~1955의 말이다.

flop

flophouse는 "간이 숙박소, 싸구려 여인숙"이다. flop에는 "픽 쓰러지다, 벌렁 드러눕다"는 뜻이 있는데, 피곤에 지친 노동자가 싸구려 여인숙에서 잠자리에 드는 모습을 연상해보면 이해가 되겠다. flop의 다양한 뜻을 숙어를 통해 살펴보면 다음과 같다.

flop oneself down은 "털썩 앉다", flop down a sack of corn은 "옥수수자루를 털썩 내려놓다", flop one's book on the desk는 "책상에 책을 털썩 던지다", flop down on (into) the chair는 "의자에 털썩 앉다", flop along은 "무거운 발걸음으로 걷다", flop out은 "~을 때려눕히다", go flop은 "실패하다", take a flop은 "넘어지다, 뒹굴다", He flopped over to the other party는 "그는 갑자기 다른 당으로 변절했다"는 뜻이다.

또 flop-eared는 "(사냥개 따위) 귀가 축 늘어진", flopover는 "텔레비전 영상이 위아래도 흔들림, 전복", flopper는 "새끼 물오리, 보험금을 노리고 사건을 날조하는 사람, 부랑자, 실업자, 변절자", floppy는 "퍼덕(펄럭)이는, (사람이) 느슨한, (옷이) 헐렁헐렁한, 약한", floppy cisk는 "(컴퓨터) 무른(연성) 저장판, 즉 외부 기억용 플라스틱제의 자기磁氣 원판"을 뜻한다. floppy disk는 1972년부터 사용된 말이다.[81]

flip-flop은 "이슈에 대한 생각을 바꾸다, 상습적으로 의견을 바꾸다"는 뜻으로, flip-flap이라고도 한다. flip(뒤집다)와 flop(툭 떨어지다)가 만난 flip-flop은 원래 공중제비somersault를 뜻한다. 몸을 뒤집어 재주넘기를 하는 모습에서 이 같은 뜻이 유래된 것이다. "to jump over" 또는 "to jump over oneself"라는 뜻을 가진 라틴어에서 비롯된 somersault에도 "(의견, 태도 등의) 180도 전환"이란 뜻이 있다.

2004년 대선에선 공화당 후보 조지 부시George W. Bush와 민주당 후보 존 케리John Kerry가 서로 상대방을 "flip-flopper"라고 비난하는 공방전이 벌어지기도 했다. 장거리 트럭 운전사들 사이에선 목적지까지 갔다가 돌아가는 걸 가리켜 flip-flop이라고 한다.[82]

Florida

Florida는 미국의 동남부에 있는 주 이름이다. 1565년 플로리다의 세인트 어거스틴St. Augustine에 스페인 요새가 설치되었는데, 이는 오늘날의 미국 땅에 건설된 최초의 영구적인 유럽의 정착지였다. 플로리다는 원래 스페인이 1513년에 발견한 지역이었다. 그해 부활절, 후안 폰세 데 레온Juan Ponce de Leon, 1460~1521은 멕시코 만의 북쪽 해안에 도착했고, '꽃피는 부활절'이라는 뜻의 스페인어 '파수쿠아 플로리다pascua florida'에서 착안해 그 지역 전체를 플로리다로 이름 지었다. 후안 폰세 데 레온이 지천에 널려 있는 꽃florida를 보고 감동해 플로리다로 이름 지었다는 설도 있다.[83]

미국은 스페인이 남미 식민지 전역에서 반란이 일어나 정신이 없는 틈을 타 외교적 수완으로 1819년 플로리다 전체를 양도받았다. 플로리다 주의 면적은 17만 304제곱킬로미터로 미국 50개 주 가운데 22위, 인구는 1,880만 1,310명(2010년)으로 4위, 인구밀도는 1제곱킬로미터당 135.4명(2010년)으로 8위, 1인당 소득은 3만 7,780달러(2009년)로 24위다.

플로리다의 최대 산업은 단연 관광이다(2위 산업은 농업). The Sunshine State라는 별명이 말해주듯이 좋은 날씨와 더불어 올란도Orlando의 Walt Disney World Resort를 비롯한 각종 놀이·휴양 시설, 지형이 반도라 미국 본토에서 가장 긴 해안선(2,170킬로미터), 즉 해변을 갖고 있어 사시사철 관광객을 불러들인다. 그래서 매년 플로리다를 찾는 관광객의 수가 6,000만 명에 이른다.

인생 말년을 보내기 위해 찾는 사람도 많아 전체 인구의 3분의 2도 다른 주에서 태어난 사람들이다. 개인 소득세가 없는 7개 주 가운데 하나라는 것도 그런 이주의 주요 이유 가운데 하나다. 그렇지만 안전도는 낮은 편이다. 2009년 조사에서 범죄사건 발생 기준으로 미국에서 5번째로 위험한 주이며, 부동산 사기사건은 1위, 신용 사기사건은 6위를 차지했다.[84]

flower

flower(꽃)와 flour(밀가루)는 전혀 다르지만, 어원상으론 flower가 flour의 엄마다. 제분 기술이 발달하지 않았던 시절, 고운 밀가루를 얻기까진 시간이 오래 걸렸다. 체로 여러 번 걸러야 했기 때문이다. 그런 밀가루는 값이 비싸져 귀족들의 식탁에만 올라갔으며, "flower of wheat"로 불렸다. 엘리자베스 여왕 시대에 flower는 "the best(최상)"라는 뜻으로 쓰였는데, 이후 19세기까지 flower와 flour는 언제든지 상호 교체가 가능했다. 즉, flour를 flower로 표기해도 무방했고, flower를 flour로 표기해도 괜찮았다.[85]

Say it with flowers(그대 마음을 꽃으로). 꽃집의 표어다. 1920년대 초 미국화훼협회의 홍보 책임자 헨리 펜Henry Penn은 꽃 마케팅을 위해 한 광고 대행사를 찾았다. 그 광고대행사의 사장인 메이저 패트릭 오키프Major Patrick O'Keefe는 미국 뉴욕 성공회 주교인 아서 클리블랜드 콕스Arthur Cleveland Coxe, 1818~1896가 남긴 명언을 하나 찾아냈다.

"Flowers are words even a babe can understand(꽃은 아기도 이해할 수 있는 언어입니다)." 다 좋은데 너무 길다는 데 의견을 같이한 두 사람은 머리를 맞대고 궁리한 끝에 콕스의 명언을 근거로 짧은 표어를 하나 만들어냈으니, 그게 바로 그 유명한 "Say it with flowers"다.[86]

"No one flower can ever symbolize this nation. America is a bouquet(하나의 꽃으로는 미국을 결코 상징할 수 없다. 미국은 부케[꽃다발]다)." 미국 언론인 윌리엄 새파이어William Safire, 1929~의 말이다. 작은 꽃다발은 nosegay 또는 tussie-mussie라고 한다.

flower child

flower child는 "히피족, 비현실적인 사람"이다. 집합적으론 flower children, flower people로 불렸다. 1960년대 후반 히피족이 몸에 꽃을 장식하거나 꽃을 들고 다니면서 평화와 사랑의 상징으로 삼은 데서 유래된 말이다. 또 이들은 역시 평화와 사랑의 상징으로 염주식 목걸이를 걸고 다녔는데, 그걸 가리켜 love beads라 한다.

flower

"Make love, not war(전쟁이 아닌 사랑을 하자)"를 구호로 내세운 히피족의 반전反戰, 반反물질주의 철학은 flower power로 불렸다. flower power 는 "히피족의 세력"을 뜻하기도 한다.[87]

반전운동의 상징으로 꽃을 생각한 아이디어는 1965년 앨런 긴스버그Allen Ginsberg, 1926~1997에게서 나왔지만, flower child 탄생의 계기는 1960년대 초부터 샌프란시스코 헤이트 애시베리Haight-Ashbury 지역에서 종이꽃을 팔던 두 소녀 샬럿 윌리엄스Charlotte Williams와 빅토리아 윌리엄스Victoria Williams였다. 두 소녀는 자신들의 머리에 종이꽃을 달고 관광객들에게 그것을 팔았는데, 이들이 바로 flower children이었다.

그러다가 1967년 5월 가수 스콧 매켄지Scott McKenzie, 1939~2012는 〈San Francisco (Be Sure to Wear Flowers in Your Hair)〉라는 곡을 발표해, "If you're going to San Francisco, be sure to wear some flowers in your hair"라고 노래했다. 이 노래는 6월에 캘리포니아 주 몬터레이Monterey에서 3일간 열리는 'Monterey International Pop Music Festival'을 홍보하기 위한 것이었는데, 순식간에 대박을 치면서 미국을 넘어 세계적으로 큰 영향력을 행사하게 된다.

몬터레이 페스티벌은 샌프란시스코에서 열린 '1967 Summer of Love'라는 국제적인 행사의 일환이었다. 샌프란시스코 행사에 참가하기 위해 세계 각국에서 몰려든 10만여 명의 젊은이들이 헤이트 애시베리 지역에 집결했던바, 이들을 가리켜 flower children이라고 부르기 시작했다.

이후 꽃은 반전운동의 상징이 되었다. 1967년

Monterey International Pop Festival

10월 21일 워싱턴 D.C.에서 펜타곤을 향한 반전 행진이 벌어졌을 때, 시위대는 총을 든 연방군에 의해 포위되었다. 이때 배우 조지 해리스 George Harris, 1949~1982는 군인이 들고 있는 총의 총구멍에 꽃을 꽂아주었는데, 이 장면이 사진에 찍혀 보도되면서 반전운동의 대표적인 이미지가 되었다.[88]

〈San Francisco (Be Sure to Wear Flowers in Your Hair)〉는 싱글 앨범이 세계적으로 700만 장이 팔리면서 반전운동의 주제가가 되었다. 중부 유럽에선 젊은이들이 이 노래를 '자유를 위한 노래an anthem for freedom'로 택했으며, 1968년 이른바 '프라하의 봄' 때도 널리 불렸다.[89]

fool

April fool(에이프릴 풀)은 만우절에 감쪽같이 속아 넘어가는 사람이다. 프랑스에서 1564년까지 새해 첫날은 3월 25일이었다. 3월 25일은 교회의 행사 주간과 겹쳐 일반적으로 새해 축하는 4월 1일에 이루어졌다. 1565년부터 새해 첫날은 1월 1일이 되었지만, 많은 사람이 여전히 4월 1일에 새해 인사를 하는 걸 조롱한 것에서 비롯된 말이다.[90]

do not suffer fools gladly는 "어리석은 짓을 용서치 않다"는 뜻이다. 늘 부정형으로만 쓰이며, 신약성서「고린도후서」11장 19절에서 유래된 말이다. "You gladly put up with fools since you are so wise(너희는 지혜로운 자로서 어리석은 자들을 기쁘게 용납하는구나)." 이는 바울Paul이 반어법으로 한 말로 바보를 용납하는 사람도 바보라는 게 참뜻이다.[91]

fool's paradise는 "어리석은 자의 천국, 헛된 기대, 환영幻影의 행복illusory happiness"이란 뜻이다. 15세기부터 쓰인 말이다. She may go on living in a fool's paradise(그녀는 죽을 때까지 헛된 꿈을 그리며 살아갈지도 모른다).[92]

fool을 소재로 한 속담은 무수히 많다. A fool believes everything(바보는 모든 것을 믿는다). A fool and his money are soon parted(바보의 돈은 금방 없어진다. 바보와 돈은 궁합이 맞지 않는다).

Fools and madmen speak the truth(바보와 미친 사람은 사실을 말한다). Fools are wise after the event(바보는 일이 지난 뒤에야 깨닫는다). At forty every man is a fool or his own physician(40세가 되어서도 자기 몸이 어떤지를 잘 모르는 자는 바보다). No fool like an old fool(특히 여자에게 빠진 나이 든 사람에 대해) 늙은 바보만큼 곤란한 바보는 없다). As the fool thinks, so the bell clinks(바보는 자기가 바라는 것을 믿어버린다). Fools go in crowds(바보들은 떼거리로 다닌다). What the fool does in the end, the wise man does in the beginning(어리석은 사람들이 마지막에 하는 걸 현명한 사람들은 처음에 한다).[93] fool에 관한 명언을 5개만 감상해보자.

(1) A fool must now and then be right by chance(바보의 이야기도 맞을 때가 있다). 고대 로마의 철학자 키케로Cicero, B.C. 106~B.C. 43의 말이다.

(2) A wise man will be the master of his mind. A fool will be its slave(현명한 사람은 자기 마음의 주인이 되지만, 어리석은 사람은 그 노예가 된다). B.C. 1세기 시리아 출신의 로마 작가인 푸빌리우스 시루스Publilius Syrus의 말이다.

(3) You may fool all the people some of the time; you can even fool some of the people all the time; but you can't fool all of the people all the time(모든 사람을 잠시 속일 수도 있고, 일부 사람을 영원히 속일 수도 있지만, 모든 사람을 영원히 속일 수는 없다). 미국 제16대 대통령 에이브러햄 링컨Abraham Lincoln, 1809~1865의 말이다.[94]

(4) A fool can no more see his own folly

than he can see his ears(어리석은 사람은 자신의 귀를 볼 수 없는 것처럼 자신의 어리석음을 보지 못한다). 영국 소설가 윌리엄 새커리William Thackeray, 1811~1863의 말이다.

(5) The fool is much worse than the knave, for the knave does take a rest sometimes, the fool never(어리석은 자가 악한 자보다 훨씬 나쁘다. 악한 자는 때때로 쉬기도 하지만, 어리석은 자는 쉬는 걸 모르기 때문이다). 프랑스 시인 아나톨 프랑스 Anatole France, 1844~1924의 말이다.[95]

it is exhibited(우리는 힘을 사랑하면서도 그것이 어떻게 행사되는지에 대해선 거의 신경 쓰지 않는다)." 미국 철학자 랠프 월도 에머슨Ralph Waldo Emerson, 1803~1882의 말이다.

"Force is all-conquering, but its victories are short-lived(무력은 모든 걸 정복할지라도 그 승리는 짧다)." 미국 제16대 대통령 에이브러햄 링컨 Abraham Lincoln, 1809~1865의 말이다.

force

brute force는 "폭력"이다. brute는 "짐승, 잔인한, 이성이 없는, 맹목적인, 무감각한", brute courage는 "만용", brute matter는 "무생물", brutish는 "잔인한, 야만적인"이란 뜻이다. brute force는 아예 생각이 없이 힘을 행사하는 걸 가리킨다.[96]

"Force rules the world, and not opinion; but opinion is that which makes use of force(세상을 지배하는 건 무력이지 의견이 아니다. 그러나 무력을 사용하게 만드는 건 의견이다)." 프랑스 사상가 블레즈 파스칼Blaise Pascal, 1623~1662의 말이다.

"We love force and we care very little how

forget

Forgive and forget(용서하고 잊어버려라). 이에 대해 Forgiving does not mean Forgetting(용서한다고 잊는 것은 아니다)이라고 반박할 수 있겠다.[97] 실제로 남아프리카공화국 최초의 흑인 대통령으로 당선된 넬슨 만델라Nelson Mandela 변호사가 백인들에 대한 복수심으로 들끓는 흑인들을 설득하기 위해 "용서하되 잊지 말자Forgive without Forgetting"고 했다.[98] 이 말의 선의야 십분 이해할 수 있지만, 다른 견해도 있다. 미국의 목사이자 노예폐지운동가였던 헨리 워드 비처Henry Ward Beecher, 1813~1887는 다음과 같이 주장했다.

"'I can forgive, but I cannot forget', is only another way of saying, 'I will not forgive'. Forgiveness ought to be like a cancelled note

Nelson Mandela

torn in two, and burned up, so that it never can be shown against one("용서는 하지만 잊을 순 없다"는 말은 "용서하지 않겠다"는 말과 다를 바 없다. 용서는 취소된 어음과 같아야 한다. 찢겨져 불태워짐으로써 다시는 제시될 수 없게끔 말이다)."

"Am I That Easy to Forget?(그렇게 쉽게 나를 잊을 수 있나요?)" 1958년 미국 컨트리 뮤직 가수 칼 벨루Carl Belew와 W.S. 스티븐슨W.S. Stevenson이 발표한 노래 제목인데, 이후 수많은 가수가 이 노래를 불러 사랑의 명곡이 되었다. 한국에선 1967년에 이 노래를 취입한 영국 가수 잉글버트 험퍼딩크Engelbert Humperdinck, 1936~의 노래로 가장 많이 알려져 있다. 가사의 일부는 다음과 같다.

"They say you've found somebody new,/ But that won't stop my loving you./I just can't let you walk away,/Forget the love I had for you./Guess I could find somebody new/But I don't want no one but you./How can you leave without regret?/Am I that easy to forget?"

"사람들이 말하기를 당신은 새로운 사람을 찾았다고 하더군요/그러나 그런 사실은 당신에 대한 나의 사랑을 멈추게 하지 못해요./나는 당신을 그렇게 나에게서 떠나보내게 할 수 없어요./당신을 위해 내가 가졌던 사랑을 잊어버리세요./생각해보세요.……나도 새로운 사람을 찾을 수 있다고요/그러나 나는 당신 이외에 다른 사람을 원하지 않아요./당신은 어찌하여 후회 없이 떠날 수 있어요?/그렇게 쉽게 나를 잊을 수 있나요?"

사랑하는 연인들이야 잊히는 걸 두렵게 생각하겠지만, 인터넷은 잊히지 않는 걸 두렵게 생각하는 수많은 피해자를 만들어냈다. 이들을 구제하기 위해 최근 "잊힐 권리right to be forgotten"라는 개념이 떠오르고 있다. 개인이 온라인 사이트에 올라 있는 자신과 관련된 각종 정보의 삭제를 요구할 수 있는 권리다.

인터넷 검색을 통해 볼 수 있는 개인 신상정보, 사망한 뒤 페이스북에 남아 있는 사적인 사진 등의 정보는 개인의 것이지만 정보의 삭제 권한은 기업에 있다. 최근 유럽에서는 이러한 온라인상의 정보를 삭제 요구할 수 있는 잊힐 권리에 대한 논란이 뜨겁다. 유럽연합EU은 2012년 1월 25일 유럽연합 집행위원회가 인터넷에서 정보주체의 권리를 강화하기 위해 잊힐 권리를 명문화하는 내용을 골자로 한 정보보호법data protection

개정안을 확정했다. 1995년 정보보호 방침을 제정한 이후 16년 만으로, 세계적으로 잊힐 권리가 입법화된 것은 이게 처음이다.

EU 집행위는 이번 개정안을 개인과 법인을 포함한 EU 전체 회원국에 직접 적용시키는 최고 수준의 규범인 '규정regulation' 수준으로 격상해 법적 구속력을 강화했다. 기존 법규는 권고 수준의 구속력을 갖는 '지침directive'이었다. 이 개정안이 발효되기 위해서는 27개 회원국의 정부 대표로 구성된 이사회와 유럽의회의 승인을 거쳐야 하며, EU 집행위는 2014년 발효를 목표로 하고 있다. 반면, 미국은 잊힐 권리가 인정되면 페이스북이나 구글 등 인터넷 업체들은 소송을 당할 가능성이 커 이를 반대하는 분위기다.[99]

미국은 아무래도 '시장 논리'를 좋아하는 것 같다. 미국에서는 죽은 사람이 인터넷에 남긴 흔적을 대신 지워주는 '사이버 장의사' 서비스와 더불어 살아생전 자신의 온라인 흔적을 지우는 걸 도와주는 사이트도 등장했다. 자살기계 www.suicidemachine.org · 세푸쿠www.seppukoo.com 등과 같이 SNS에 올라온 게시물을 모두 삭제해주는 서비스다.[100]

한국은 어떤가? 현행 정보통신망에 따르면 삭제 요청을 할 수 있는 경우를 '사생활 침해나 명예훼손이 있을 때'로 제한하고 있다. 이러다 보니 저작자가 명예훼손 등을 증명하지 않는 이상, 서비스업체에 삭제를 요청할 수 있는 실질적인 법적 근거가 없다. 물론 저작자는 온라인 서비스에 자체 삭제 기능이 있다면 삭제를 하면 되지만, 삭제 기능이 없으면 사전에 명예훼손 발생 가능성을 인지하더라도 저작물 삭제를 요청할 법적 근거가 없다는 뜻이다.

2013년 2월 12일 이노근 새누리당 의원은 저작자가 온라인서비스업체에 자신의 저작물에 대한 삭제를 요청할 수 있고, 서비스업체는 확인 후 삭제하게 하는 내용의 '저작권법'과 '정보통신망 이용촉진 및 정보보호 등에 관한 법률(정보통신망법)' 개정안을 대표발의했다. 이 의원은 "정확하지 않은 정보나 밝혀지기 꺼리는 개인의 신상까지 무분별하게 전파되어 억울한 사례가 발생하고 있다"며 "자신의 저작물은 자신이 삭제할 수 있는 최소한의 권한은 보장해야 한다"고 말했다.[101]

이에 대해 문재완 한국외국어대 법학전문대학원 교수는 "잊힐 권리가 의미 있으려면 좀더 복잡한 사안에 적용될 수 있어야 한다. 첫째는 내가 올린 글이나 사진을 다른 사람이 복사해서 자기 사이트에 재게재한 경우이고, 둘째는 다른 사람이 나에 관한 정보를 온라인에 게재한 경우"라며 다음과 같이 말한다.

"첫째 유형에 적용되는 잊힐 권리가 만들어지면 포털사이트는 정보 재게재자 모두에게 삭제 동의를 받아야 한다. 이것이 기술적으로, 경제적으로 가능한지 의문이다. 만약 정보 재게재자의 동의 없이 일괄 삭제할 경우 법리적인 문제가 발생한다. 해당 정보가 표현의 자유의 대상이라면 정보 재게재자의 권리를 침해하게 된다.……둘째 유형은 첫째보다 다른 사람의 권리를 더 중시해야 할 유형이다. 내 마음에 들지 않는다고 나에 대해서 떠들지 말라고 요구할 권리를 보편적으로 인정할 수는 없다. 또 이미 발생한 사실, 즉 역사의 공개를 당사자의 호불호에 맡길 수도 없다."[102]

반면 임종인 고려대 정보보호대학원 원장은 "지금은 소모적인 권리 논쟁보다 잊힐 권리를 SNS 시대의 새로운 권리로 인정하고 권리 범위와 한계, 적용 방법과 절차를 구체적으로 함께 찾아야 할 때다. 프랑스처럼 법에 잊힐 권리를 명시하고 구체적인 적용 범위와 시행 절차는 관련 주체들의 협의하에 규정하는 것도 대안이 될 수 있다. 다행히 우리 사회에서도 최근 포털의 잊힐 권리 보장을 위한 가이드라인 제정과 같은 자율규제 차원의 노력들이 이뤄지고 있다. 잊힐 권리를 올바로 정립하기 위해서는 다음 사항을 명심할 필요가 있다"며 다음과 같이 말한다.

"우선 잊힐 권리는 헌법상 다른 권리보다 우선하는 최상의 권리가 아니며 모든 문제를 해결하는 만능열쇠가 아니다. 유럽도 잊힐 권리가 공공이익에 우선할 수 없음을 명확히 하고 표현의 자유, 보건 복지 차원의 공익, 연구에 필요한 경우를 예외로 하고 있다. 둘째, 잊힐 권리의 과잉과 오용이 가져올 역기능을 방지해야 한다. 셋째는 잊힐 권리가 법 제정만으로 완성되지 않는다는 점이다. 완벽한 법부터 만들려는 노력은 자칫 '잊힐 권리 실현 불가능' 논리에 빠질 위험이 있다."[103]

forgive

"Then Peter came to Him and said, 'Lord, how often shall my brother sin against me, and I forgive him? Up to seven times?' Jesus said to him, 'I do not say to you, up to seven times, but up to seventy times seven(그때에 베드로가 나아와 가로되 '주여 형제가 내게 죄를 범하면 몇 번이나 용서하여 주리이까. 일곱 번까지 하오리이까.' 예수께서 이르시되 '네게 이르노니 일곱 번뿐 아니라 일곱 번을 일흔 번까지라도 할지니라')." 신약성서 「마태복음」 18장 21~22절에 나오는 말이다.

"And when you stand praying, if you hold anything against anyone, forgive him, so that your Father in heaven may forgive you your sins(서서 기도할 때에 아무에게나 혐의가 있겨든 용서하라. 그리하여야 하늘에 계신 너희 아버지께서도 너희 허물을 사하여 주시리라)." 신약성서 「마가복음」 11장 25절에 나오는 말이다.

"Do not judge, and you will not be judged. Do not condemn, and you will not be condemned. Forgive, and you will be forgiven(비판하지 말라, 그리하면 너희가 비판을 받지 않을 것이요. 정죄하지 말라, 그리하면 너희가 정죄를 받지 않을 것이요. 용서하라, 그리하면 너희가 용서를 받을 것이요)." 신약성서 「누가복음」 6장 37절에 나오는 말이다.

"And Jesus said, 'Father, forgive them, for they know not what they do'(예수께서 이르시되 '아버지 저들을 사하여 주옵소서, 자기들이 하는 것을 알지 못함이니이다')." 신약성서 「누가복음」 23장 34절에 나오는 말이다. 예수가 자신을 십자가에 못 박은 자들의 용서를 요청하는 대목이다.

이렇듯 성경에는 용서의 덕목을 강조하는 내용이 많다. 오늘날 용서는 인문사회과학의 연구 주제로 다루어지고 있는데, 위스콘신 대학University of Wisconsin-Madison 국제용서연구소International Forgiveness Institute의 로버트 엔라이트Robert Enright 박사는 '용서의 20단계 과정 모델20-Step Process Model of Forgiveness'을 개발하기도 했다.[104] 어쩌면 그만큼 용서가 어렵다는 걸 말해주는 게 아닐까? 용서에 관한 명언을 5개만 더 감상해보자.

(1) Forgive many things in others; nothing in yourself(남들에겐 많은 용서를 베풀되, 당신 자신에겐 그러지 마라). 로마 시인 아우소니우스Decimus Magnus Ausonius, 310~395의 말이다.

(2) It is easier to forgive an enemy than a friend(친구보다는 적을 용서하는 게 쉽다). 프랑스 배우 도로시 들루지Madame Dorothée Deluzy, 1747~1830의 말이다.

(3) There is no revenge so complete as forgiveness(용서만큼 철저한 복수는 없다). 조시 빌링스Josh Billings라는 필명으로 활동한 미국의 유머리스트 헨리 휠러 쇼Henry Wheeler Shaw, 1818~1885의 말이다. The noblest vengeance is to forgive(가장 고상한 복수는 용서다)라는 속담도 있다.

(4) The weak can never forgive. Forgiveness is the attribute of the strong(약자는 용서할 수 없다. 용서는 강자의 것이다). 인도의 지도자 마하트마 간디Mahatma Gandhi, 1869~1948의 말이다.

(5) With the frame shaking in my hand, I emptied my chest. I forgave her. I forgave "The Mother"(사진 액자를 손에 쥐고 떨면서, 나는 가슴을 비워버렸다. 나는 그녀를 용서했다. '그 어머니'를 용서했다). 자신의 불행한 어린 시절을 쓴 여러 권의 책으로 베스트셀러 작가가 된 데이브 펠저Dave Pelzer, 1960~가 1999년에 출간한 『A Man Named Dave: A Story of Triumph and Forgiveness』에서 한 말이다. 30대의 나이가 되어 어머니의 장례식 직전 아버지와 어머니가 찍은 결혼사진을 손에 들고 보다가 사진 속 어머니의 얼굴에 희망과 기쁨이 넘치는 걸 보고 새삼 충격을 받고 한 말이다.

도대체 어머니에게 어떤 학대를 받았길래 그런 걸까? 펠저는 어머니에 의해 사람이 아닌 'It'으로 불렸다고 한다. "If 'It' wants to be fed, then it's simple: 'It' does exactly as It's told(그것이 먹기를 원하면 그건 간단했다. 시키는 대로 복종하면 되는 일이었다)."

펠저는 캘리포니아 주, 아니 미국에서 가장 학대받은 아이였던 걸로 유명하다. 친어머니였음에도 알코올중독자였던 그의 어머니는 그를 굶기고 가두고 때리고 칼로 찌르는 등 상상을 초월하는 방법으로 학대했다. 오랜 세월 확대를 당해온 그는 결국 학교와 경찰에 의해 구출되었지만, 임시로 맡아 키워주는 집을 5곳을 거치면서 10대 시절을 내내 불행하게 보냈다. 대부분의 사람이 그가 정상적인 사람이 되기 어려울 것이며 범죄자가 될 것이라고 보았지만, 그는 올바르게 성장해서 모범적인 시민이 되었다. 펠저는 2000년에 출간한 『Help Yourself: Celebrating the Rewards of Resilience and Gratitude』에서 다음과 같이 말했다.

"If I learned anything from my unfortunate childhood it is that there is nothing that can dominate or conquer the human spirit. This is the essence of the message I wish to present to you(내가 나의 불행한 어린 시절에서 배운 게 있다면 인간 정신을 지배하거나 정복할 수 있는 것은 없다는 사실이다. 이것이 내가 독자들에게 주고 싶은 내 메시지의 핵심이다)."[105]

'help oneself'는 '자조自助하다, 즉 필요한 일을 스스로 하다'는 뜻으로, "Help yourself!"는 "좋을 대로 하시오!"로 번역하면 무난하다. "Help yourself to the fruit"은 "과일을 마음대로 드십시오"라는 뜻이 된다. 여기서 한 걸음 더 나아가면 '착복하다'라는 부정적인 의미도 있다. "He helped himself to the money"는 "돈을 착복했다"는 뜻이다.

Formica

Formica(호마이카)는 "내열耐熱 플라스틱판"이다. 나무, 섬유, 종이 등의 표면에 멜라민 수지를 덧입혀 내열성을 갖는 동시에 깨끗한 느낌을 주는 플라스틱 박판a heat-resistant, wipe-clean, plastic laminate of paper or fabric with melamine resin을 말한다. lamina는 "얇은 판자, 박판薄板, 박막薄膜", laminal은 "얇은 판자의", laminate는 "얇은 판자(로 만들다), ~에 박판薄板을 씌우다"는 뜻이다. 한국에서도 가구에 많이 쓰여 한때 선풍적인 인기를 끌었다.

호마이카는 1912년 미국 펜실베이니아 주 피츠버그Pittsburgh의 웨스팅하우스Westinghouse 공장에서 일하던 엔지니어 댄 오코너Dan J. O'Conor와 허버트 파버Herbert A Faber가 발명했다. 이들은 이 발명에 대해 회사에서 보상이 너무도 적은 것에 실망한 나머지 회사를 뛰쳐나와 회사를 차렸다. 제품의 이름을 무엇으로 할 것인가?

당시 전기의 절연체insulator로 가장 많이 쓰이던 물질은 마이카mica(운모, 돌비늘)라는 광물이었다. 이들은 자신의 제품을 "마이카의 대체물substitute for mica"로 생각하는 뜻에서 "for mica"를 가져와 Formica라는 제품 이름을 만들어냈다. Formica라는 상표명이 나오기 이전에 이미 formica(모든 개미 종류를 총칭하는 라틴어)라는 단어가 있었지만, 대부분의 사람은 formica는 몰

라도 Formica는 알게 되었다.[106]

fort

fort는 "보루, 요새"이며, fort보다 큰 요새는 fortress, 작은 요새는 fortalice라고 하나, fortalice는 고어古語로 요즘엔 잘 쓰지 않는다. fortify는 "(특히 높은 성벽을 쌓아) 요새화하다", fortification은 "요새화, 무장, 축성築城, 방어 시설"이란 뜻이다. a fortified town은 "요새화한 도시", an impregnable fort[fortress]는 "난공불락의 요새", take a fortress by assault는 "(요새를) 급습하여 공략하다", take a fortress는 "요새를 점령하다", field fortification은 "(군사) 야전축성野戰築城", art of fortification은 "축성술築城術"이란 뜻이다.

Fortress Europe은 "유럽 요새(EU의 경제 통합에 따른 단일화된 강력한 유럽)", Flying Fortress는 "하늘의 요새(제2차 세계대전 시 미군의 대형 폭격기 B-17의 별칭)", Fort Knox는 "미국 켄터키 주 북부 루이스빌 근처의 군용지. 연방 금괴 저장소가 있음", This place is as safe as Fort Knox는 "이곳은 절대로 안전하다"는 뜻이다.[107]

hold the fort는 "(공격·비판에 대해) 자기 주장을 고수하다, 세력을 유지하다, (남 대신) 직무를 수행하다, 긴급 사태에 대처하다"는 뜻이다. Why not have a day off? I'll hold the fort for you(하루 쉬지 그래요? 내가 대신 자리를 지켜줄 테니).

남북전쟁1861~1865이 한창이던 1864년 10월 5일 아침 북부의 윌리엄 서먼William T. Sherman, 1820~1891 장군은 조지아 주 앨라투나Allatoona 요새를 지키기 위해 병력 2,000명과 함께 존 코스John M. Corse, 1835~1893 장군을 파견했다. 몇 시간 후 남부군 3,000명이 앨라투나 요새에 도착했지만, 코스 장군은 이미 서먼 장군에게서 "Hold the fort, for I am coming(내가 갈 테니 요새를 지켜라)"이라는 연락을 받은 터라 끝까지 잘 버텨냈다.

그러나 나중에 서먼 장군은 그런 연락을 보낸 적이 없는 것으로 밝혀졌다. 그냥 잘 버텨내라는 수준의 메시지만 보냈다는 것이다. 당시 전신이 끊겨 깃발 신호로 연락을 했는데, 여기서 빚어진 착오였다. 진실이야 어찌됐든, "Hold the fort, for I am coming"이라는 말은 찬송가 가사로 살아남아 유명해졌다. 시인 필립 블리스Philip Bliss, 1838~1876가 어느 날 YMCA 모임에서 어느 참전 장교에게서 그 이야기를 전해 듣고 만

Battle of Allatoona

든 노래였다.

신약성서 「요한계시록」 2장 25절에 비슷한 대목이 있다는 것도 블리스를 자극했다. "Only hold on to what you have until I come(다만 너희에게 있는 것을 내가 올 때까지 굳게 잡으라)." 찬송가 가사 중의 일부는 Hold the Fort for I am Coming, Jesus signals still로, 예수가 우리에게 오신다는 신호를 계속 보내고 있으니 굳건하게 신앙을 지키면서 그 은총에 보답하자는 내용의 노래였다. 이 찬송가는 엄청난 성공을 거두어 복음성가의 표준이 되다시피 했다.

오늘날엔 곧 다른 사람이 도착하여 고생을 덜어줄 것이니 조금만 참고 기다리라는 의미로 많이 쓰인다. Our teacher was late, so the teacher next door held the fort in our room until he showed up(지각을 한 우리 선생님이 출근할 때까지 옆 방 선생님이 우리 교실을 책임졌다).[108]

「Frankenstein」

Frankenstein

Frankenstein(프랑켄슈타인)은 영국 시인 퍼시 셸리Percy Bysshe Shelley, 1792~1822의 아내이기도 한 메리 셸리Mary Wollstonecraft Shelley, 1797~1851가 1818년에 발표한 소설 『Frankenstein, or the Modern Prometheus』에서 나온 단어다.

이 소설에서 젊은 스위스 학생 빅토르 프랑켄슈타인Victor Frankenstein은 생명을 가진 인조 괴물을 만들어내지만, 그 어떤 영혼을 만들어내지 못해 이 괴물에 대한 통제력을 잃는다. 짝을 만들어달라는 괴물의 요구를 거절하자, 괴물은 그 보복으로 빅토르 프랑켄슈타인의 친구, 형제, 신부를 죽이더니 마침내 빅토르 프랑켄슈타인까지 죽인다.

메리 셸리는 괴물의 이름을 짓지 않았지만, 이 소설이 엄청난 인기를 끌면서 독자들은 괴물을 프랑켄슈타인으로 불렀다. 프랑켄슈타인은 비유적으로 자기를 파멸시키는 물건을 만드는 사람, 자기가 만들어낸 저주의 씨 등을 뜻하게 되었다. 프랑켄슈타인 신드롬Frankenstein syndrome은 유전자 변환 실험으로 엉뚱한 병원체가 나타날지도 모른다는 두려움을 뜻한다. 2010년에 출시된 DVD용 미국 영화 〈프랑켄슈타인 신드롬 The Frankenstein Syndrome〉은 메리 셸리의 소설을 현대화한 작품이다.[109]

GMOgenetically modified organism(유전자변형작물)를 반대하는 전 세계의 환경단체들은 GMO를 '프랑켄슈타인 푸드Frankenstein food' 또는 '프랑켄푸드Franken food'로 낙인찍었다. 이에 대해 대니얼 에스티Daniel C. Esty와 앤드루 윈스턴Andrew S. Winston은 2006년 다음과 같이 말했다.

"'프랑켄슈타인 푸드'라는 외침에 맞서, 몬산토Monsanto(세계 최대의 GMO 기업)는 프랑스와 독일, 이탈리아 소비자들의 우려를 잠재우기 위해 이성적이고 과학적인 주장을 내세웠지만 모두 허사였다. 오래지 않아 몬산토는 유럽시장에서 철수했고, 회사 자체도 휘청거리기 일보 직전이었다. 몬산토의 일류 분석가들이 놓친 것은 바로 정서도 엄연한 사실이라는 점이었다."110

[참고 GMO]

Herman Melville

자유의 적용 외연이 확대되면서, 주로 개인의 자유를 중심으로 자유권의 개념 아래 기본권·민권·정치권·생활권 등의 여러 자유가 제도화되고 다양화되어 가는 방식으로 발전했다."111 freedom과 관련된 명언 5개만 감상해보자.

(1) Freedom is only good as a means; it is no end in itself(자유는 수단으로서만 좋을 뿐 그 자체가 목적은 아니다). 미국 작가 허먼 멜빌Herman Melville, 1819~1891의 말이다. 그의 대표적인 『모비 딕Moby Dick』(1851)은 19세기 미국의 거칠고 개인주의적이며 성취 지향적인 문화를 비유한 작품이다. 당대에는 인정받지 못해 멜빌은 독서 대중의 몰이해에 울분과 소외감을 느껴야만 했다. 이 작품은 그의 사후 30년이 지난 1920년대부터 인정을 받았는데, 그는 죽기 전 가까이 두고 읽은 쇼펜하우어 책의 다음 구절에 밑줄을 그어놓았다. "사람이 후세에 속하면 속할수록, 다시 말해 인류 일반을 많이 포용하면 포용할수록, 그는 동시대의 사람들에게서 그만큼 더 소외된다."112 그러나 그건 멜빌 개인의 운명이었을 뿐,

freedom

freedom은 자연 상태에서 인간의 자유를 말하며, liberty는 법적 권리로 보장된 상태로 '자유권'이라고 보는 게 정확하다. 자유는 진화한다. 이와 관련, 홍윤기는 이렇게 말한다. "지금까지 자유의 문명화 곡선은 '~으로부터의 자유freedom from'에서 '~으로의 자유freedom to'로, 그리고 다시 거기에서 '~을 위한 자유freedom for'로

그는 소설 『하얀 재킷White-Jacket』(1850)에서는 미국인을 다음과 같이 찬양했다.

"우리 미국인들은 선택받은 특별한 사람들이다. 현 시대의 이스라엘과 같다.……신이 모든 것을 예정해놓으셨다. 인류는 우리에게 많은 것을 기대하며 위대한 정신을 보여주길 바란다. 우리는 세계의 개척자다. 진보를 추구하며, 개척되지 않은 거친 세상 속으로 보내졌다. 우리의 신세계에 새로운 길을 만들기 위해서다. 우리는 스스로에 대해 오랜 세월 회의적이었고 정치적 메시아가 정말로 왔는지 의구심을 품어왔다. 그러나 그는 이미 우리 안에 들어와 함께 계셨다." [113]

(2) Freedom is not worth having if it does not connote freedom to err(자유가 실수를 저지를 수 있는 자유를 내포하지 않는다면 가질 만한 가치가 없다). 인도 지도자 마하트마 간디Mahatma Gandhi, 1869~1948의 말이다.

(3) Freedom is a system based on courage(자유는 용기를 전제로 한 제도다). 프랑스의 시인이자 사상가인 샤를 페기Charles Peguy, 1873~1914의 말이다.

(4) A world founded upon four essential freedom. The first is freedom of speech and expression everywhere in the world. The second is freedom of every person to worship God in his own way everywhere in the world. The third is freedom from want……everywhere in the world. The fourth is freedom from fear……anywhere in the world(4개의 본질적인 자유에 근거한 세상이 필요합니다. 이 세계 어느 곳에서건 누려야 할 언론의 자유, 신앙의 자유, 결핍으로부터의 자유, 공포로부터의 자유가 바로 그것입니다).

미국 제32대 대통령 프랭클린 루스벨트Franklin Delano Roosevelt, 1882~1945가 1941년 1월 6일 의회에 보낸 연두교서에서 한 말이다. 그는 이 4가지 자유를 역설하면서 미국의 이익을 위해 꼭 방위할 필요가 있다고 생각되는 국가들에 무기를 원조해줄 것을 요청했다. 무기대여법안은 3월 8일 상원에서는 60 대 31, 3월 11일 하원에서는 317 대 71로 가결되었다. 이런 일련의 과정을 거쳐 미국은 제2차 세계대전에 참전하게 된다.

(5) The basic test of freedom is perhaps less in what we are free to do than in what we are free not to do(자유의 기본적인 검증은 우리가 자유롭게 할 수 있는 것보다는 우리가 자유롭게 할 수 없는 것에 의해 이루어진다). 미국 작가이자 사회운동가인 에릭 호퍼Eric Hoffer, 1902~1983의 말이다. 그는 또 이렇게 말했다. Unless a man has the talents to make something of himself, freedom is an irksome burden(인간이 스스로 어떤 것을 만들어낼 수 있는 재능을 갖고 있지 못할 경우, 자유는 성가신 부담이 된다).[114]

민주화가 이룩된 사회에서 '자유'는 좀 다른 의미를 갖게 된다. 놈 촘스키Noam Chomsky, 1928~는 '자유 기업'이라는 단어가 "실제로는 부유층을 위한 복지 국가를 유지하기 위해 정부가 경제에 대대적으로 개입하는 공공 보조금과 사적 이윤의 체제"에 지나지 않는다면서 "관용적 어법에서 '자유'라는 단어를 포함하는 말은 모두 그 실

제 뜻과는 반대되는 것을 의미한다고 보면 옳겠다"고 주장했다.[115]

2005년 1월 20일 미국 대통령 조지 W. 부시는 20분 동안 이루어진 2기 취임사 연설에서 free, freedom, liberty를 49번이나 사용했다. 『중앙일보』 논설주간 문창극은 부시의 '자유의 연설'은 흠잡을 데 없는 연설이었다고 평가하면서 박수를 쳐주자고 제안했다. 반면 인제대 교수 한기욱은 부시는 2기 취임사를 자유라는 말로 도배를 했지만 "부시의 시대에 이르러 미국의 자유에는 타자의 피 냄새가 가득하다. 자유의 참뜻을 망각하면서부터 시작된 미국의 도덕 불감증이 중증에 도달한 것이다"라고 평가했다.[116]

[참고 liberty]

호주 작가 돈 왓슨Don Watson은 2008년에 출간한 미국 여행기에서 "미국을 여행하다 보면 자유라는 케케묵은 말을 귀 따가울 정도로 자주 듣는다"며 "우리가 아는 자유와 미국인들이 아는 자유는 그 개념이 다르다"고 말한다. 그는 텍사스의 한 호텔 바에서 히스패닉계 바텐더와 나눈 대화를 다음과 같이 소개한다.

"바텐더는 학교에서 다른 나라에 대해 배운 적은 한 번도 없으며, 오로지 미국의 훌륭한 점만 배웠다고 했다.……그는 호주 사람들이 학교에서 미국 역사를 배운다는 내 말을 듣고 놀란 표정을 지었다. '미국의 좋은 점 한 가지를 든다면 자유예요.' 그의 말에 나는 이렇게 응수했다. '자유는 다른 나라에도 얼마든지 있어요.' 그러자 그는 이렇게 말했다. '아, 그래요? 저는 그런 것에 대해서 배운 적이 한 번도 없어요.'"[117]

Frisbee

Frisbee(프리스비)는 "(원반 던지기 놀이의) 플라스틱 원반"이다. 1871년 코네티컷 주 브리지포트Bridgeport에서 제과업을 하던 윌리엄 러셀 프리스비William Russell Frisbie는 파이를 둥근 쟁반 깡통에 담아 팔았는데, 이 파이가 엄청난 인기를 끌면서 Frisbie Pie Company를 차려 인근 지역까지 팔게 되었다.

프리스비 파이의 주요 고객 중엔 인근 뉴헤이븐New Haven에 있는 예일 대학의 학생들이 있었다. 학생들은 파이를 먹고 나서 파이를 담은 둥근 쟁반 깡통을 공중에 날리는 재미가 쏠쏠하다는 걸 곧 알게 되었다. 이게 유행처럼 번져나갔는데, 쟁반 깡통에 지나가던 사람이 다칠 수 있어 던질 때 경고의 의미로 "Frisbie!"라고 외치는 게 일종의 룰 비슷하게 자리 잡았다.

Frisbee

이걸 본격적으로 상업화한 사람은 월터 모리슨Walter Morrison이다. 그는 1948년부터 판매한 자신의 원반에 '나르는 접시Flying Saucer'라는 이름을 붙였고, 1955년 개량 신제품엔 '플루토 원반Pluto Platter'이라는 이름을 붙였다. 그는 1957년 자신의 사업권을 200만 달러에 장난감 회사에 팔았는데, 이 회사는 예일 대학을 비롯한 대학 캠퍼스에서 이미 프리스비라는 이름이 널리 쓰이고 있다는 점을 감안하여 이름을 Frisbie에서 i를 e로 바꿔 Frisbee로 했다.

프리스비는 1964년부터 스포츠 경기로 발전했다. 프리스비는 모든 '날아다니는 원반flying disc'를 가리키는 보통명사로도 쓰이는데, Wham-O사는 자신들의 등록상표 지위를 위협당할까봐 그런 용법을 반기지 않는다.[118]

fun

컴퓨터 운영 체제인 리눅스Linux 개발에 핵심적 역할을 한 리누스 토르발스Linus Torvalds, 1969~는 사람들의 동기 부여 요인으로 3가지를 드는데 생존, 사회적 관계, 재미fun가 바로 그것이다. 토르발스는 시종일관 '재미'를 강조한다.

"I've never felt that I was in the idealistic camp. Sure I've always seen open source as a way of making the world a better place. But more than that, I see it as a way of having fun. That's not very idealistic. And I have always thought that idealistic people are interesting, but kind of boring and sometimes scary(나는 이상주의자는 아니었다. 나는 오픈 소스를 보다 나은 세상을 만들기 위한 방편으로 생각했다. 하지만 내게 더 중요한 것은 '재미'였다. 재미를 즐기는 방편으로 오픈 소스를 생각했으니, 분명 이상주의적인 견해는 아니었던 셈이다. 나는 항상 이상주의자들을 재미있지만 다소 따분하고, 가끔씩은 무서운 사람들로 생각했다)."[119]

토르발스는 자신이 쓴 책의 제목을 '그냥 재미로Just for Fun'라고 붙인 이유를 이렇게 설명한다. "People die every day doing things that they're only doing for fun. Jumping out of perfectly operational airplanes just to get the rush, for example······Survive. Socialize. Have fun. That's the progression(매일 사람들이 재미를 위해 하는 일, 예컨대 그저 짜릿함을 맛보기 위해 멀쩡한 비행기에서 낙하산 타고 뛰어내리다 죽는다.······생존하라. 사회화하라. 즐겨라. 그것이 진보다)."[120]

[참고 Linux]

토르발스의 인생관은 이렇게 요약할 수 있겠다. Life is fun(인생은 즐겁게 살아야 한다). 그러나 fun이라는 말을 즐겨 쓰더라도 때와 장소는 가려야 한다. "It was a loooot of fun(엄처엉 재미있었어요)." 2009년 4월 미스 유니버스에 뽑힌 베네수엘라의 다야나 멘도사Dayana Mendoza, 1986~가 쿠바의 수도 아바나에서 100킬로미터 떨어진 동남쪽 끝부분에 있는 미국의 관타나모 기지를 방문

Dayana Mendoza

한 뒤 자신의 블로그에 올린 글에서 한 말이다. 그녀는 관타나모가 편히 쉴 수 있는 조용하고 아름다운 곳이라고 칭찬했다. 미군이 수감자들에게 고문을 자행한 수용소가 있는 관타나모는 미국의 치부로 간주되기 때문에 이 발언은 비난을 받았다. 그러자 미스 유니버스 조직위원회 측은 멘도사가 한 말은 그녀가 미군들을 만났을 때 받은 환대에 대한 것이라고 서둘러 해명했다.

fun의 어원은 확실치 않지만, 옛 영어인 fonne(바보)와 fonnen(남을 바보로 만드는 사람)에서 나왔다는 설이 있다. 1727년경까지만 해도 fun에 "속이다, 골탕먹이다"는 뜻이 있었고, 그 잔재가 make fun of(놀리다, 비웃다)라는 숙어에 남아 있는 걸로 미루어 그럴 듯한 설이라 할 수 있다. 동의어인 enjoyment와 다른 점은 fun이 더 spontaneous(즉흥적인), playful(장난기 많은), active(활발한)하다는 점이다.[121]

fun은 명사인 동시에 형용사로도 쓰인다. 2011년 포털 야후Yahoo가 더 빨라진 이메일 시스템을 광고하면서 "Faster is funner. Introducing the 2x faster Yahoo! Mail Beta"라는 슬로건과 함께 젊은 여성 둘이 뻥 뚫린 도로에서 자동차를 빠르게 모는 모습을 보여주었다. 그러자 형용사 fun을 비교급인 funner로 쓸 수 있느냐는 의문이 제기되었다. 웹스터 사전은 fun을 비교급 형태인 funner로 쓰는 게 가능하다고 설명했지만, 낯선 용법인 건 분명하다. 미국 광고협회는 문법 논란과 관계없이 젊은이들이 자동차로 과속하는 것을 조장할 수 있다는 이유에서 이 광고 문구 사용을 금지했다.[122]

fun and games는 "기분 전환, 즐거움, 성교性交"라는 뜻이다. fungo는 "(야구에서 외야수의 수비 연습을 위한) 연습 플라이"인데, "It's 'fun' to 'go' hitting a ball and running after it(플라이를 날리고 그걸 쫓아가 잡는 것이 재미있다)"는 말에서 나온 말로 이해하면 되겠다. fungology는 버섯 등을 연구하는 균류학菌類學이며, fungo와는 아무런 관계가 없다.[123]

future

future는 "미래", in future는 "앞으로는", future-proof는 "(제품 등을) 미래에도 경쟁력을

Todd Gitlin

갖추게 하다, ~의 미래를 보증하다"는 뜻이다. Please be more careful in future(앞으로는 더 조심해주세요). Future greatness is expected of him(그는 장래를 촉망받고 있다).[124] Fear of the future is a waste of the present(미래를 두려워하는 것은 현재를 낭비하는 것이다).

futurology는 '미래학'이다. 독일 학자 오시프 플레히트하임Ossip K. Flechtheim이 1940년대 중반에 만든 말이다. 그 밖에도 같은 뜻으로 futures studies, strategic foresight, futuristics, futures thinking, futuring, futurism 등이 쓰인다. futurology는 art인가, science인가 하는 논쟁이 있다.[125] future에 관한 명언을 5개만 감상해보자.

(1) If a man takes no thought about what is distant, he will find sorrow near at hand(사람이 멀리 내다보지 않으면 바로 앞에 슬픔이 닥치는 법이다). 공자Confucius, B.C. 551~B.C.479의 말이다.

(2) The future is purchased by the present(미래는 현재로 사는 것이다). 영국 작가 새뮤얼 존슨 Samuel Johnson, 1709~1784의 말이다.

(3) The future depends on what we do in the present(미래는 현재 우리가 무엇을 하느냐에 달려 있다). 인도 지도자 마하트마 간디Mahatma Gandhi, 1869~1948의 말이다.

(4) I never think of the future. It comes soon enough(나는 미래를 생각하지 않는다. 왜냐하면 저절로 오니까). 세계적인 물리학자 앨버트 아인슈타인Albert Einstein, 1879~1955의 말이다.

(5) We find ourselves incapable of formulating the future(우리는 미래에 대한 대안이 없었지요).[126] 1960년대 미국 신좌파 학생운동권 지도자였던 토드 기틀린Todd Gitlin, 1943~이 신좌파 운동의 실패 이유를 설명하면서 한 말이다. 기틀린은 현재 컬럼비아 대학 저널리즘 교수다.

G

gamut

gamut은 옛날 음계에서 가장 낮은 소리를 뜻하는 gamma(감마)라는 그리스어에서 나온 말로, 모든 사물의 영역 전체를 뜻한다. 음악에선 전음계全音階, 특히 (목소리, 악기의) 전 음역을 뜻하며, 1850년대부터는 색상에도 적용되었다. 이때 color gamut이라고도 한다. 특정 색이 어떤 컬러 모델에서 표현될 수 없을 때, 그 색은 out of gamut이 되었다고 표현한다.

run the (whole) gamut of (expressions)는 "갖은 ~(표현)을 다하다"는 뜻이다. gamut이 비유적으로 쓰이면서 (사물의) 전 범위, 전 영역, 전반을 가리키게 된 것이다. the whole gamut of crime은 "온갖 범죄"라는 뜻이다.

드물게나마 우리 인간의 모든 감정이 복합적으로 분출될 때가 있는데, 그 때에는 이렇게 말할 수 있다. Her feelings ran the full gamut of emotion from horror to sorrow to ecstasy and joy(그녀는 인간의 모든 감정을 다 느꼈다. 두려움, 슬픔, 환희, 기쁨 등에 이르기까지).[1]

"wisecracker(신랄한 경구를 잘 만드는 사람)"로 명성을 얻은 미국 비평가 도로시 파커Dorothy Parker, 1893~1967는 여배우 캐서린 헵번Katharine Hepburn, 1907~2003이 〈호수The Lake〉(1933)에서 보인 연기에 대해 이렇게 혹평한 바 있다. She runs the whole gamut of emotions from A to B(그녀는 감정 연기의 폭이 좁아 A에서 B 사이에 머무르고 있다).[2]

역사가 대니얼 부어스틴Daniel Boorstin, 1914~2004은 "미래의 정치 혁명을 생각할 수 있는 인간의 능력과 미래의 기술 혁명을 생각할 수 있는 인간의 능력에는 차이가 있다. 이것이야말로 정치 세계와 기술 세계의 차이 가운데서 가장 중요하면서도 잘 인식되지 못하는 차이인 것 같다. 이러한 차이를 이해하지 못하는 것을 '개멋 오류Gamut Fallacy'라고 부를 수 있다"며 다음과 같이 말한다.

"우리가 우리의 정치 생활이 미래에 어떻게

될 것인가에 대해서 생각하게 되면, 그때 우리는 모든 영역의 가능한 것들을 구체적으로 생각해보게 된다. 바로 이것이 정치 이론이라는 전통적인 지혜를 확인해보게 함은 물론이다. 예를 들면, 그것은 '존 애덤스의 법칙', 다시 말해 정치적 지혜는 실질적으로 진보하지 않는다는 것을 보여준다. '회전revolving'이란 천문학 용어의 첫째 의미인 '혁명revolution'에 사람들이 그처럼 매력을 느끼는 것은 이상한 일이 아니다. 그러나 여기서도 기술의 역사는 아주 다르다. 우리는 기술의 역사가 미래에 어떻게 전개될 것인지 그 가능성의 범위에 대해 윤곽을 그려볼 수도 없고 상상조차 할 수 없다."[3]

이어 부어스틴은 "미국인들의 빗나간 희망, 좌절, 국내 및 국외에서의 불화가 생기게 된 원인은 미국인들이 이른바 '해결할 수 없는' 문제가 있다는 것을 믿지 않으려는 데 있다. 다시 말해 그 원인은 해결책이 있다고 믿는 '신세계적인 신념'에 있다"며 다음과 같이 말한다.

"그러므로 미국인들은 인간의 변화에 있어서 목적의 역할을 지나치게 높이 평가하고, 재산의 힘과 권력의 힘을 지나치게 중요하게 평가하게 되는 것이다. 어떻게 해서 미국인들이 이와 같은 모험적이면서도 위험스러운 사고방식에 빠져들게 되었는가를 역사적으로 설명하는 한 가지 방법이 있다. 그것은 미국인들이 가지고 있는 국가적 문제의 핵심은 기술적인 문제라고 생각하는 경향, 따라서 해결할 수 있는 문제라고 생각하는 경향이 있었다는 사실을 지적하는 것이다."[4]

gauche caviar

caviar는 철갑상어 알을 소금에 절인 것으로, 2012년 시세로 1킬로그램당 3,000달러에서 5,500달러나 나갈 정도로 값이 매우 비싸다. 최고급이며 가장 비싼 캐비어는 카스피 해Caspian Sea 연안에서 생산되는데, 카스피 해 남쪽 연안이 북쪽보다 나은 조건을 갖추고 있어 남쪽을 차지하고 있는 이란의 캐비어를 최고로 친다. 세계 최고의 생산국도 이란인데, 2009년 기준 연간 300톤 이상을 생산했다. 이란 다음으로 캐비어를 많이 생산하는 국가는 카스피 해 북쪽 연안을 차지하고 있는 러시아다.[5]

gauche caviar(고슈 캐비어)는 '캐비어 좌파'라는 뜻으로 생활은 상류층처럼 하면서 정치적 성향은 진보 노선을 내세우는 프랑스판 강남좌파를 일컫는 말이다. 캐비어는 값이 비싸 상류층

caviar

만 입에 댈 수 있는데, 그걸 즐기면서 좌파 행세를 하는 게 말이 되느냐는, 비아냥과 더불어 비난조로 나온 말이다.

gauche caviar는 미국의 '리무진 진보주의자limousine liberal', 영국의 '샴페인 사회주의자champagne socialist', 캐나다의 '구치 사회주의자Gucci socialist', 호주의 '샤르도네 사회주의자Chardonnay socialist(고급 와인 사회주의자)'에 상응하는 개념이다. 프랑수아 미테랑François Mitterrand, 1916~1996 대통령의 집권 기간(1981~1995년) 동안, 특히 1980년대에 미테랑의 비판자들에 의해 많이 사용되었다.[6]

프랑스에서 gauche caviar를 대표하는 언론인인 로랑 조프랭Laurent Joffrin은 2006년에 출간한 『캐비어 좌파의 역사Histoire de la gauche caviar』에서 "'캐비어 좌파'란 아무런 위험도 감수하지 않으면서 스스로를 양심적이라고 간주하는 사이비 좌파, 입으로 정의를 말하지만 이를 실천에 옮기지는 않는 좌파, 무엇을 해야 하는지를 말하지만 자신이 한 말을 행동으로 보여주지 않는 좌파를 가리킨다"며 다음과 같이 말한다.

"그들을 경박하고 위선적인 종족, 경멸스러우며 기회에 편승하는 부류, 우아한 위선자들의 집단이라고 치부하는 사람들도 있다. 민중을 사랑하지만 민중의 운명을 공유할 마음은 없는 자, 노동자들이 지지하는 인물에 투표하긴 하나 밥만큼은 부자와 먹는 자, 진보주의 운동 속에서 어울리지 않게도 상류 계급의 사고와 행동방식을 끌어들이는 자를 말한다. 요컨대 '캐비어 좌파'는 배신을 우아하게 부르는 또 다른 이름이다."[7] 2013년 4월 『조선일보』 논설위원 김광일은 「캐비아 좌파」라는 제목의 칼럼에서 이렇게 말한다. "이번 주 프랑스 좌파 내각이 처음으로 장관들 재산을 공개했다. 지금까지는 사생활이라며 고위 공직자 재산을 공개하지 않았다. 최근 장관들이 부유세를 적게 내고, 해외 비밀계좌를 운용하고, 미술품을 팔아 수백억 원을 벌었다는 게 드러나자 대통령이 재산 공개라는 칼을 빼들었다. 몇몇 장관들이 '캐비어 좌파'라는 딱지가 붙을까봐 걱정하는 모양이다.……부르주아 출신 좌파가 캐비어 맛을 어찌 잊을까. 그러면서도 그들은 입맛이 사상보다 위라는 걸 끝내 인정하지 않는다."[8]

gauntlet

gauntlet은 "(갑옷의) 손가리개, (펜싱 등에 쓰는 쇠 혹은 가죽으로 만든) 긴 장갑"을 뜻한다. 옛날에는 기사와 군인들이 싸움에서 가장 중요한 손과 손목 등을 보호하기 위해 착용했지만, 오늘날에는 펜싱, 모터사이클, 스노모빌, 매 사냥 등의 스포츠 분야와 용접 등의 산업 분야에서 쓰인다.[9]

옛날에 기사들은 결투를 하자는 도전의 표시로 자신의 gauntlet을 상대편 기사 앞에 벗어던졌다. 상대편 기사가 그 gauntlet을 집어든다면, 그건 결투에 응하겠다는 표시였다. 그래서

throw(fling) down the gauntlet은 "도전하다", take(pick) up the gauntlet은 "도전에 응하다"는 뜻이 된다. He was always willing to take up the gauntlet for a good cause(그는 정의를 위해서는 언제든지 기꺼이 도전에 응했다).

스펠링은 같지만, 전혀 다른 뜻의 gauntlet도 있다. 스웨덴어 gatlopp에서 나온 말인데, gata는 "road", lop는 "course"를 뜻한다. 30년 전쟁 (1618~1648) 시절에 유행했던 군의 처벌 방식인데, 처벌받을 사람을 두 줄로 늘어선 사람들 사이로 달리게 한 뒤, 두 줄로 늘어선 사람들은 자신의 앞으로 달려가는 사람을 향해 양쪽에서 몽둥이, 채찍 등을 휘두르는 처벌법이다. 태형이긴 한데, 매우 독특한 방식의 태형이라 할 수 있다. 알몸으로 뛰게 했다는 설도 있다.

gauntlet을 gantlet으로 표기하기도 하는데, run the gauntlet(gantlet)은 "심한 비평이나 시련을 받다, 호된 공격을 받다"는 뜻이다. The Irish had their turn running the gauntlet(아일랜드인이 고난을 당할 차례였다). I ran the gauntlet of these mad, staring, cruel eyes(나는 이들의 광기 어린 잔혹한 시선의 집중 공격을 받았다).[10]

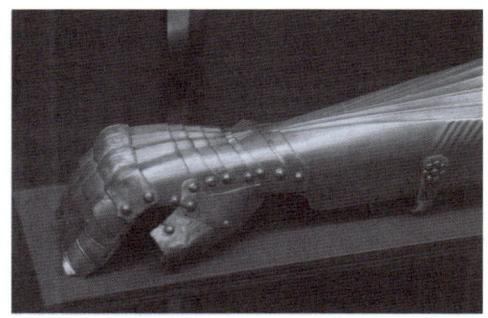

gauntlet

gentrification

gentrification은 "(슬럼가의) 고급주택화", 동사형인 gentrify는 "슬럼화한 주택가를 고급주택화하다"는 뜻이다. 상류계급 또는 신사계급을 말하는 gentry에서 파생된 것으로, 1964년 영국 사회학자 루스 글래스Ruth Glass, 1912~1990가 영국 런던에서 일어난 그런 현상을 묘사하기 위해 만든 말이다. 슬럼가에 중산층이 들어와 살기 시작하면 집값, 임대료, 재산세, 기타 서비스 요금 등이 올라 빈민은 점점 밀려나게 되었다. 지방정부나 기업이 특정 지역을 살리기 위해 재개발의 형식으로 주도하는 경우도 있고, '백인 탈출 white flight'과는 정반대로 직장과 가까운 곳에서 일하고 싶어하는 젊은 중산층 백인들에 의해 '시장 논리'로 발생하기도 한다.

gentrification은 도시의 고밀도 개발과 밀접한 관련이 있다. 1960년대 미국의 유명 도시학자 제인 제이콥스Jane Jacobs, 1916~2006와 루이스 멈퍼드Lewis Mumford, 1895~1990는 도시의 고밀도 개발이 바람직한가 하는 문제에 대해 논쟁을 벌였다. 제이콥스는 고밀도 개발에 반대한 멈퍼드와는 달리 고밀도 개발이 저밀도 개발보다 편의

성·효율성·다양성을 증대시키고 환경보호에도 훨씬 유리하며, 고밀high densities이 문제가 아니라 과밀overcrowding이 문제라고 주장했다.

그러나 고밀과 과밀의 구분은 명확하지 않다. 제이콥스의 정의에 따르면, 고밀은 단위 면적당 많은 수의 사람이 사는 것이고, 과밀은 집 또는 방과 같은 거주 단위 당 너무 많은 수의 사람이 사는 것인데, 충분한 관련 인프라가 구축되지 않을 경우 교통혼잡 등과 같은 단위 면적당 과밀도 얼마든지 빚어질 수 있다고 보는 게 옳을 것이다.[11]

제이콥스는 쾌적한 고밀도 개발을 위해 슬럼가를 없애는unslumming 운동을 전개했는데, 문제는 그 선의와 무관하게 이것이 바로 gentrification을 유발시켰다는 것이다. 제이콥스는 오늘날에도 존경받는 도시학자임에도 바로 이 점이 그녀의 가장 큰 문제였다는 비판이 있다.[12]

미국에선 1970년대부터 '여피yuppie', 즉 '도시에 사는 젊은 전문직 종사자Young Urban Professional'들이 출현하면서 대규모의 gentrification이 일어났는데, 그렇다고 해서 교외로 탈출하는 것에 변화가 생긴 건 아니었다. 1970년대 도심지 이출과 이입의 인구 비율은 10 대 1이었다. 도심지 재개발urban renewal은 '흑인 제거Negro removal'라는 비판이 나오는 가운데에도 gentrification은 2000년대까지 지속되었다.[13]

이와 관련, '백인들이 좋아하는 것'이라는 웹사이트의 개설자인 미국 작가 크리스첸 랜더Christian Lander는 "백인들은 절대 손해 보지 않는 상황을 좋아한다. 이것이 생활 대부분에서 사실이기는 하나, 그중에서도 가장 안전한 도박은 앞으로 괜찮아질 동네에 있는 집을 사는 것이다"라며 다음과 같이 말한다. "백인들은 리노베이션할 수 있는 낡은 집을 찾아다닌다. 다른 백인들이 이주해오기 시작하면, 초기 개척자들은 원래 가격의 세 배에 집을 팔고 최첨단 주택으로 이사할 것이다. 신뢰성이나 돈, 어떤 것도 잃지 않는다."[14]

glass ceiling

glass ceiling(유리 천장)은 여성의 고위직 진출을 가로막는 직장 내의 보이지 않는 장벽을 말한다. 유리로 되어 있어 천장이 없는 것 같이 보이지만 실은 그렇지 않다는 뜻이다. 미국에서 1970년대 여성운동의 과정에서 탄생한 말이다.[15] 최근에는 여성뿐만 아니라 비슷한 차별이나 불이익을 겪는 소수 집단의 남성에게도 쓰인다.[16]

1999년 7월 여성으로서 세계 제2위의 컴퓨터 업체인 휼렛패커드의 CEO 자리에 오른 칼리 피오리나Carleton Fiorina, 1953~는 기자회견에서 다음과 같이 말했다. "I hope that we are at a point that everyone has figured out that there is not a glass ceiling. My gender is interesting but not really the subject of the story here(저는 모든

Carly Fiorina

사람이 유리 천장이 없다고 판단한 지점에 우리가 이르렀다고 보고 싶습니다. 저의 성性은 흥미롭겠지만 여기 오늘 이야기의 주제는 정말 아닙니다."[17]

2008년 미국 대선 민주당 경선에서 버락 오바마에게 패한 민주당 힐러리 클린턴 상원의원도 '유리 천장'을 거론했다. 그녀는 2008년 6월 7일 워싱턴의 국립빌딩박물관National Building Museum에서 한 패배 승복 연설에서 "오늘 나는 선거운동을 중단한다. 나는 그의 승리를 축하한다. 그를 전폭적으로 지지한다. 여러분이 나를 위해 한 것처럼 오바마를 위해 열심히 뛰어달라"며 다음과 같이 말했다.

"우리가 비록 가장 높고, 가장 단단한 유리 천장(여성에 대한 보이지 않는 차별)을 깨지는 못했으나 그 천장에는 1,800만 개의 틈(경선에서 힐러리를 찍은 표)이 생겼다. 그걸 통해 들어온 빛이 반짝반짝 빛나고 있다. 나는 여자이고, 여성에게는 아직도 사회적 장벽과 편견이 남아 있다. 나는 우리 모두를 존중하는 미국을 만들길 원한다." 시카고에서 인터넷을 통해 힐러리의 연설 장면을 지켜본 오바마는 "힐러리의 지지를 얻게 된 데 대해 전율과 영광을 느낀다"며 "그는 나의 딸과 모든 여성을 대신하여 장벽을 허물었고, 여성은 그들의 꿈에 제한이 없다는 걸 알게 되었다"는 성명을 발표했다.[18]

한국 10대 그룹의 여성 직원 비율은 20.3퍼센트인데, 여성 임원 비율은 1.5퍼센트에 그친다. 이와 관련, 여성가족부 박난숙 여성정책과장은 "기업 관리직, 국회의원, 정부위원회 등 의사결정직에 여성이 더 많이 진출해야 한다"고 했으며, 한국여성정책연구원 주재선 박사는 "여성들이 육아 때문에 발목 잡혀 직장을 그만두는 '마미 트랩mommy trap(엄마의 덫)'에서 빠져나올 수 있도록 대책을 마련해야 한다"고 말했다.[19]

[참고 mommy track]

2013년 7월 7일 미국의 기업지배구조 분석기관 GMI레이팅스는 2013년 3월 말 기준 한국 기업의 여성 임원 비율은 1.9퍼센트로 조사 대상 45개국 가운데 두 번째로 낮았고, 일본 기업의 여성 임원은 1.1퍼센트로 꼴찌였다고 밝혔다. 한국 기업의 여성 임원 비율은 선진국 평균인 11.8퍼센트는 물론 신흥국 평균인 7.4퍼센트에도 크게 못 미쳤다. 여성 임원 비율이 가장 높은 나라는 노르웨이(36.1퍼센트)로, 임원 5명 중 2명이 여성이었으며, 이어 스웨덴(27.0퍼센트), 핀란드(26.8퍼센트), 프랑스(18.3퍼센트) 등 여성 임원 할당제를 도입한 나라들이 1~4위를 차지했다. 아시아에서는 태국의 여성 임원 비율이 9.7퍼센트로 가장 높았고, 홍콩과 중국은 각각 9.5퍼센트, 8.4퍼센트였다. 필리핀(7.9퍼센트), 싱가포르(6.9퍼센트), 말레이시아(6.6퍼센트), 인도(6.5퍼센트), 인도네시아(6.0퍼센트)도 한국을 앞질렀다.[20]

glass wall(유리벽)은 직장에서 여성을 전통적인 여성적 기술이 요구되는 직종(보조원, 상담, 인간관계 관련 업무)에만 배치하는 성 분리sex segregation 현상을 가리킨다. 이런 직종은 승진 가능성이 아예 없기 때문에 glass ceiling을 논할 처지도 못된다.[21]

glass cliff(유리 절벽)라는 말도 있다. 영국 엑서터 대학의 심리학자 미셸 라이언Michelle Ryan과 알렉스 하슬람Alex Haslam이 2004년 유리 천장의 장벽을 뚫고 고위직에 오른 여성이 눈에 보이지 않는 또 다른 장벽 때문에 실패할 가능성이 높다는 걸 지적하기 위해 만든 말이다. 예컨대, 고위직이 되면 주로 상대해야 할 사람들이 남성인데, 그들의 문화는 여성에게 불리하게 작용하는바, 이게 바로 유리 절벽이 된다는 것이다.[22]

호주의 첫 여성 총리였던 줄리아 길라드Julia Gillard, 1961~는 임기 내내 미혼여성이자 무신론자라는 점 때문에 야당 정치인들과 미디어에서 끊임없이 성차별 공격을 받았다. 2013년 7월 5일 공개된 작가 앤 서머스Ann Summers와 인터뷰에서 길라드는 그동안 자신이 부딪혀야 했던 각종 성차별적 공격에 대한 속마음을 처음으로 허심탄회하게 밝히면서 "성차별 공격에 대응하지 않는다면 결국 인간이기를 포기하게 되는 것You wouldn't be human if you had no reaction it"이라고 말했다. 그녀는 인터뷰에서 토니 애벗Tony Abbott, 1957~ 자유당 대표가 자신을 처절하게 공격해왔다며 그가 "진정 여성이 이 세계에서 어떻게 살아가고 있고 그 (삶의) 무게를 어떻게 느끼고 있는가를 알고 있는 것인가"라고 반문했다. 또 당시 각종 성차별적 공격에 침묵함으로써 겪게 될 고통을 자신은 감내할 준비가 되어 있지 않았다고 회고했다.[23]

종교계에 작동하는 유리 천장을 가리켜 stained-glass ceiling이라는 말도 쓰인다. 교계의 고위직에 여성이 없거나 적은 것을 교회나 성당의 스테인드글라스에 빗대 만든 말이다.[24]

한국 개신교에선 아직도 많은 교단이 "여자는 교회 안에서 잠잠하라"고 써 있는 신약성서의 구절 등을 근거로 여성 목사를 인정하지 않는다. 여성 목사를 인정하는 교단에서도 여성 차별은 심각한 수준이다. 여교역자연합회 사무총장 김혜숙 목사는 "여성 목회자 중 교회를 담임하는 비율은 20퍼센트에 불과하고 대부분 농어촌 소규모 교회를 맡는다. 담임이 아닌 경우 문화교실, 노인학교, 상담 등의 역할을 맡는 경우가 많다"고 밝혔다.

신도들의 '편견'도 있다. 30명 규모의 소형교회를 담임하는 한 여성목사는 교인에게서 다음과 같은 이야기를 듣고 "뭐라 말하기 힘든 복잡한 기분이었다"고 했다. "아들이 결혼하는데, 여자 목사님이 주례를 서는 것은 남들 보기에 어색할 수 있으니 인근 교회 남자 목사에게 부탁하겠다."

대한불교조계종에서도 사찰 행정의 기본단위인 교구 본사는 모두 비구 스님들이 주도하며,

비구니 사찰 숫자도 비구 사찰의 10분의 1 수준에 불과한 것으로 알려져 있다. 2013년 6월에는 승려의 잘못을 조사하는 행정기관인 호계원의 호계위원으로 '비구니'를 참여시키는 종헌 개정안이 일부 비구(남성 승려) 스님들의 강한 반대로 끝내 부결된 것에 대한 논란이 일었다. 이에 대해 불교계 여성단체들은 "중앙종회가 성차별적 제도를 고집한다면 재가여성불자들은 차별적 종헌종법 개정을 포함해 전면적 교단평등운동을 벌일 것"이라는 성명을 냈다.[25]

global village

global village(지구촌)는 캐나다 커뮤니케이션학자 마셜 매클루언Marshall McLuhan, 1911~1980이 1962년 『구텐베르크 은하계The Guternberg Galaxy』에서 처음 만들어 쓴 말이다. global village는 그 이전에 다른 사람에 의해 쓰였던 말이라는 주장이 제기되었으나, 그 취지로 한 주장들은 있었을망정 정확하게 global village라는 용어를 쓴 건 매클루언이 처음이라는 설이 유력하다.[26]

매클루언은 전자미디어가 모든 성원이 조화 속에서 존재했던 부족사회로 복귀하는 걸 예고하고 있다고 주장했다. 그의 설명은 이렇다. 사람이 책을 읽을 때에는 한 감각 기관을 사용하지만 영화와 텔레비전은 눈과 귀를 사용한다. 그러한 다감각적 사용은 원시인들이 '터치touch'의 감각을 중시했던 것으로 복귀하는 걸 의미한다. 텔레비전은 전 세계 구석구석까지 즉각적으로 그러한 '터치'를 가능하게 만들어 인간 생활의 '재부족화retribalization'를 낳는 데 가장 중요한 미디어라는 것이다. 매클루언은 이렇게 텔레비전에 의해 재부족화된 세계를 '지구촌'이라고 했다.[27] [참고 Facebook]

1974년 영국의 비평가 레이몬드 윌리엄스Raymond Williams, 1921~1988는 '지구촌' 개념을 다음과 같이 비판했다. "방송과 관련하여 흔히 '지구촌global village'이라고 불리는 것은 그 상정되는 거주자들에 의해 세워지거나 통치되지는 않을 것이다. 오히려 강력한 뉴 미디어의 사용은 여태까지는 상상할 수 없을 정도의 규모로 소수가 다수에게 말하는 것을 가능케 할 것이며, 만약 강력한 보호 장치가 세워지지 않는다면, 한 사회의 그리고 더 나아가 전 인류의 진정한 담화인 더욱 다양하고 참된 목소리들을 몰아내게 될 것이다."[28]

village와 관련이 있는 villain(악인, 악한)이란 단어는 시골에 대한 극단적 편견을 잘 보여주는 사례다. 영국에선 16세기까지도 villain은 시골 사람을 뜻했기 때문이다. villa(시골집)를 뜻하는 라틴어 villanus에서 나온 말이다. 오늘날 villa라고 하면 별장이나 그럴 듯한 주택을 뜻하지만, 원래 뜻은 시골집이다. villa들이 모인 곳이 바로 village(촌락)다. 시골집에 사는 사람의 신분이 낮고 무식하다고 해서 "악인, 악한"으로까지 나아

갔다니, 해도 해도 너무 했다고 할 수 있다.[29]

glove

fit like a glove는 "꼭 맞다"는 뜻이다. 장갑은 작으면 손이 들어가질 않고 크면 헐렁해서 손이 빠지기 쉬운바, 다른 의류보다는 장갑이 손에 맞는 것에 특별한 의미를 부여한 표현으로 이해할 수 있다. 18세기부터 사용된 말이다. These new curtains match your bedspread perfectly. They fit your bedroom like a glove(이 새로운 커튼은 침대보와 완벽하게 어울려. 침실에 꼭 맞는다니까).[30]

hand and glove는 "매우 친밀한(하여), ~와 한통속이 되어"란 뜻이다. hand in glove라고도 한다. 손과 장갑의 긴밀한 관계에서 유래된 말이다. be hand in glove with는 "~와 매우 친하다, ~와 공모하고 있다"는 뜻이다. 17세기부터 쓰인 말이다.[31]

handle with kid gloves는 "신중히 다루다, 점잖고 조심스럽게 다루다"는 뜻이다. kid gloves는 키드(새끼 염소)의 부드러운 가죽으로 만든 장갑으로, 부드럽게 다룬다는 비유적 의미를 내포하고 있다. When you're speaking to Courtney, handle the subject of summer vacation with kid gloves(커트니에게 말을 할 때 여름방학 문제는 매우 조심스럽게 다루어야 한다).[32]

반대로 handle without gloves는 "거칠게 다루다, 용서(사정)없이 다루다"는 뜻이다. handle with gloves off라고도 한다. 글로브 없이 맨주먹으로 싸우던 옛날 권투에서 유래된 말이다.[33] 오늘날 미국의 아마추어 복싱 대회를 가리켜 Golden Gloves라고 한다. 16세 이상부터 참가할 수 있으며, 10~15세 대회는 Silver Gloves라고 한다.[34]

골드글러브Gold Glove는 미국 야구 메이저리그에서 각 포지션별 최고의 수비선수에게 주는 상으로 아메리칸리그와 내셔널리그에서 각각 9명씩 수상한다. 정식 명칭은 Rawlings Gold Glove Award인데, 1957년 야구장비 제조업체인 Rawlings가 만들었다. 메이저리그에서 매년 각 포지션에서 최고의 공격력을 보여준 선수에게 수여하는 상은 실버슬러거 상Silver Slugger Award인데, 1980년 야구 배트 제조업체인 Hillerich & Bradsby가 만들었다.

한국 야구에는 골든글러브 상이 있는데, 매년

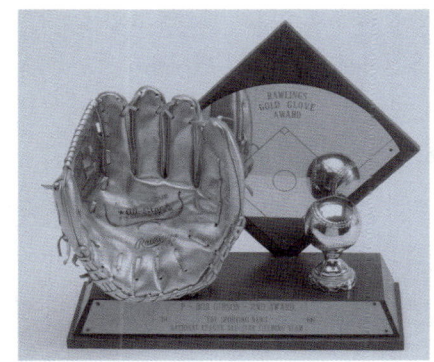

Gold Glove

프로야구 해설가, 아나운서, 프로듀서 등 야구 관계자들의 투표로 각 포지션별 최고 선수 1명씩, 모두 10명을 선정해서 수상한다. 선수의 개인기록과 인기도 등이 반영되며, 수상자에게는 일본에서 금도금으로 특수 제작한 골든글러브와 부상을 준다.[35]

GMO

GMO genetically modified organism는 번역이 쉽지 않은 말이다. 치열한 찬반 논쟁 때문이다. GMO 중 M을 국내에선 GMO에 대한 호불호에 따라 각각 다르게 번역해왔다. 반GMO 진영에선 '유전자조작식품', 농림축산식품부는 '유전자변형식품', 식품의약품안전처는 '유전자재조합식품'이라고 부른다. 신문과 방송에서도 세 용어를 혼용하여 쓰고 있기 때문에 유전자조작식품과 유전자재조합식품이 별개라고 오인하는 사람도 많다.[36]

이런 혼란은 '네이버 영어사전'에서도 그대로 드러난다. modified는 "완화된, 한정된, 수정된"으로 뜻풀이를 해놓았는데, genetically modified는 "유전자가 조작된", genetically modified foods는 "유전자 조작 식품"으로 되어 있다. organism은 "유기체, 생물체"라는 뜻임에도 '식품'이라고 말하는 것은 유전자를 조작 또는 변형시킨 생물체로 만들었다는, 즉 한 단계 앞질러간 번역이라 할 수 있다. 엄밀히 말하자면 GMO는 genetically modifed foods의 원료일 뿐, 그 자체가 식품은 아니다.

GMO를 반대하는 전 세계의 환경단체들은 소비자들이 눈으로 구별해 사 먹지 않을 수 있도록 정부와 식품업체에 'GMO 표시제'를 강력히 요구했다. GMO는 생산성 향상과 상품의 질 강화를 위해 생겨난 것으로 병해충에 강하고 소출량이 많아 식량난을 해소할 수 있다는 장점이 있으나, GMO 품종으로 인해 생태계 교란 등 환경재앙이 발생할 수도 있다는 위험성을 안고 있다.

GMO는 1994년 미국에서 처음 껍질이 무르지 않은 토마토를 개발한 뒤 콩, 옥수수, 감자 등으로 퍼져갔다. 미국 정부는 1990년대 중반 GMO 식품의 전면 도입을 허용했고, 1990년대 말에는 미국 농지의 절반 이상이 GM 농산물을 재배했다.[37] GMO에 호의적인 미국에선 '바이오테크' 식품이라고 부르며, GMO 기술로 만든 콩, 옥수수는 유기체·작물을 의미하는 O를 빼고 GM콩, GM옥수수라고 칭하는 것이 일반적이다.[38]

그러나 유럽은 GMO에 결사반대하고 나섰다. 제러미 리프킨 Jeremy Rifkin은 미국은 유럽이 GMO 도입을 반대한 것은 무역 문제에서 미국의 양보를 얻어내기 위한 정치 책략이라기보다는 그것을 훨씬 초월하는 매우 중요한 조치였다는 걸 이해하지 못했다고 말했다. 환경의식의 차이가 크다는 것이다. 리프킨은 또 유럽인들은 GMO 식품이 문화 정체성에 미칠 수 있는 영향력에 대해서도 우려했다고 말했다. 유럽에서는 음식이 문화 정체성을 규정하는 데 결정적인 구실을 한다는 것이다. 유럽인들의 사회적 결속을 유지하는 데 음식은 언어와 비슷하거나 심지어 언어보다 중요하다고 주장하는 사람도 적지 않다. 그러나 미국인들은 그걸 이해할 수 없었다는 것이다.[39] [참고 Frankenstein]

1990년대 후반부터 국제환경단체 원월드넷 OneWorld.net 등에서 GMO 반대운동을 해온 영국의 환경운동가 마크 라이너스 Mark Lynas, 1973~는 2013년 1월 돌연 GMO와 관련된 자신의 입장을 뒤집어 화제가 되었다. 그는 "입장을 바꾼 후 '대기업으로부터 돈을 받았느냐'는 등의 악성 메일에 시달리기도 했다"고 밝히면서 "지난 10여 년간 과학적 근거 없이 유전자변형식품GMO을 악惡으로 매도했습니다. GMO는 식량 위기에서 수백만 명의 목숨을 구할 소중한 자원이 될 수 있습니다"라고 주장했다.

라이너스는 지난 10여 년간 GMO로 인한 사고는 단 한 건도 보고된 바 없다며, "식품 안전성에 대한 소비자의 불안감을 나 같은 환경운동가들이 극대화했다"고 말했다. "실제 있지도 않은 GMO 피해 사례가 인터넷을 통해 확대 재생산되기도 했어요. 2002년 아프리카 잠비아에서는 정부가 GMO에 독성 물질이 있다고 오해하여 GMO 식량 원조를 거부했다 수천 명이 기아로 목숨을 잃었습니다. 책임 있는 환경운동가로서 스스로의 잘못을 바로잡기 위한 것입니다."[40]

그러나 세계적인 학자들도 의견이 갈리기 때문에 여전히 판단이 쉽지 않은 문제다. 영국 브리스톨 대학 존 베린저(분자유전학) 교수는 "20년만 지나면 GMO가 인간의 건강과 행복에 필수적이란 생각에 반대하는 사람이 없을 것"이라고 한 반면, 노벨의학상 수상자이자 미국 하버드 대학 명예교수인 조지 월드 박사는 "GMO는 예기치 못한 새로운 동·식물 질병을 유발할 수 있다"고 우려한다.[41]

'예기치 못한'이란 말에 답이 있는 것 같다. 현재의 과학 수준으로는 그 누구도 단언하기 어렵다는 것이다. 그래서 논란은 주로 '표시' 여부에 집중된다. 미 식품의약국은 1992년 유전자변형식품을 별도 표기 없이 판매할 수 있도록 허용했다. "유전자변형식품의 유전적인 차이를 맛과 냄새, 다른 감각으로 구별할 수 없기 때문에 실질적으로 다른 식품들과 다르지 않다"는 이유였다. 2013년 6월 3일 코네티컷 주 하원이 유전자변형식품에 '유전공학 생산'이라는 표시를 하도록 강제한 법안을 찬성 134 대 반대 3로 통과시킨 것이 큰 화제가 된 것도 바로 그런 이유 때문이다.[42]

한국에선 2001년 7월부터 'GMO 표시제'를 시행했는데, 그간 GMO 표시 대상에서 빠진 옥수수기름, 콩기름, 간장, 전분당 등에 대해서도 표시를 의무화하는 법안이 2013년 4건이나 국회에 상정되었다. 이 같은 GMO 표시 강화 명분은 소비자의 알 권리 충족이지만, 곡물시장에서 일반 콩·옥수수의 가격이 GM콩·GM옥수수보다 고가로 거래되기 때문에 GMO 표시를 강화하면 식품 가격이 올라가게 되어 있다는 게 문제다.[43]

Golliwog

Golliwog(골리워그)는 얼굴 전체가 시커먼 털로 된 괴상한 모습의 헝겊 인형이다. 처음에는 "Golliwogg"였으나 나중에 "Golliwog" 또는 "golly doll"로 바뀌었다. golliwog라고 소문자로도 쓰며, 소문자로 쓰면 "얼굴이 괴물 같은 사람"을 뜻하기도 한다.

수년간 뉴욕에 거주한 영국 여성 플로렌스 업턴Florence Upton과 그녀의 어머니 버사Bertha는 런던에 돌아가 1895년 『두 네덜란드 인형과 골리워그의 모험The Adventures of Two Dutch Dolls and a Golliwog』이라는 동화책을 출간했다. 플로렌스는 동화 속에 그린 삽화를 통해 골리워그의 모습을 만들어냈는데, 이 책이 선풍적인 인기를 끌면서 급기야 골리워그 인형까지 나오게 된 것이다.

이 인형은 뜨거운 인종차별 논란을 빚었으며, 이런 논란은 지금까지도 계속되고 있다. 1934년 독일에서는 판매가 금지되기도 했는데, 그 이유가 재미있다. 인종차별에 반대해서 금지된 게 아니라 오히려 정반대의 이유 때문이었다. 순수한 아리안Aryan 백인 혈통의 아이들이 갖고 놀기에는 적합하지 않은 인형이라는 것.[44]

Golliwog

Google

세계 최고의 검색 사이트 구글Google은 10의 100제곱, 즉 1 뒤에 0이 100개 달린 수를 뜻하는 구골googol에서 따온 말이다. 구골은 1938년 미국의 수학자 에드워드 캐스너Edward Kasner, 1878~1955의 9세 조카 밀턴 시로타Milton Sirotta가 이름 붙인 거대한 수로, 캐스너가 『수학과 상상Mathematics and the Imagination』(1940)에서 처음 소개했다.

고등학교 수업시간에 이 숫자에 매료된 구글 공동 창업자 래리 페이지Larry Page는 방대한 정보를 얻는 건 물론 인터넷 세상의 무한한 정보를 체계화하겠다는 뜻으로 이 단어를 쓰려고 했는데, 철자를 헷갈리는 바람에 기억 속의 단어 구골은 구글이 되었다. 캘리포니아 주 마운틴뷰Mountain View에 있는 구글 본사 건물의 이름인 구

Google logo

글플렉스Googleplex도 10의 구골 제곱을 뜻하는 구골플렉스googolplex에서 따온 말이다.[45]

구글은 1998년에 창업했는데, 창업 5년 만인 2003년 미국방언협회American Dialect Society는 'google'을 '검색하다'라는 뜻의 동사로 공식 인정했다. 이 협회는 1년 전인 2002년 '올해의 단어'로 '구글'을 '대량학살무기'에 이어 두 번째로 가장 주요한 단어로 꼽았다.[46]

또한 존 배텔John Battelle과 알렉스 솔크에버Alex Salkever는 2003년 구글이 모든 종류의 온라인 정보산업에 미치는 압도적 영향력을 가리켜 '구글리제이션Googlization'이라는 말을 만들어냈으며, 이 말은 나중에 구글에 의해 주도되는 디지털 커뮤니케이션 혁명을 가리키는 긍정적·부정적 의미를 동시에 갖게 된다.[47]

그 밖에도 구글은 구글링Googling(구글에서 검색 중), 구글리Googly(구글 임직원이 구글 문화에 어울리는 그 어떤 것이든 설명할 때 쓰이는 말), 구글러Googler(구글에서 일하는 사람, 구글 사용자), 구글리언Googlian(구글 콘셉트에서 파생된 모든 것), 구글마니아Googlemania(구글 애용자), 구글피디어Googlepedia(구글 백과사전), 구글리셔스Googlicious('훌륭하다' '멋지다'의 구글 식 표현), 구글아키Googlearchy(온라인의 승자독식 체제), 구글 스토크Google stalk(좋아하는 이성의 관심사를 알아내기 위한 구글 검색), 구글포비아Googlephobia(구글 권력이 날로 막강해지는 것에 대한 공포), 구글플렉서티Googleplexity(겉보기에는 매우 간단하고 단순하지만, 그걸 가능케 하기 위한 이면의 복잡성), 구글버스Googleverse(Google과 universe의 합성어로 구글을 중심으로 돌아가는 생태계) 등 다양한 신조어들을 탄생시켰다.[48]

'구글'이라는 단어는 2006년 '인터넷에서 정보를 검색하다'라는 뜻으로 『메리엄 웹스터 사전Merriam Webster Collegiate Dictionary』과 『옥스퍼드 영어사전Oxford English Dictionary』에 등재되었다. 2006년 5월 자신의 소설 『제이팟JPod』에서 구글을 신神에 비유한 소설가 더글러스 커플랜드Douglas Coupland는 『타임』(2006년 5월 16일) 인터뷰에서 "구글은 신인가?"라는 질문에 이렇게 답했다. "구글 자체가 신은 아니지만, 오랫동안 구글에 접속하여 검색을 하고 나면 마치 구글이 신처럼 느껴진다. 갑자기 모든 것에 대한 해답을 알게 되는 것이다. 신이라면 이처럼 모든 것을 알 게 아닌가."[49]

Google Glass

2012년 6월 27일 '구글 신기술발표회 2012'가 열린 미국 샌프란시스코 모스코니센터 3층에선

한 편의 쇼가 펼쳐졌다. 수석부사장 빅 군도트라Vic Gundotra가 한창 소셜네트워크서비스SNS 구글플러스의 신기능을 발표하고 있을 때 갑자기 세르게이 브린Sergey Brin이 무대로 뛰어올라왔다. 예상치 못한 일이었다. 발표는 중단되었고 객석은 술렁였다. 뭔가 이상했지만 브린이 곧 객석을 향해 소리쳤다. "구글 글라스 시연을 보실래요?"

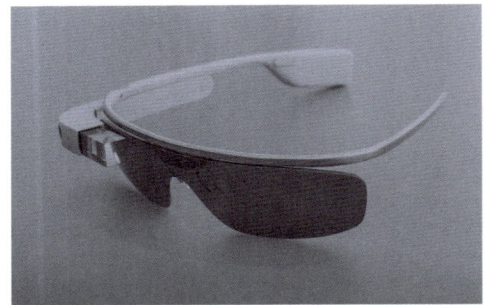
Google Glass

구글 글라스Google Glass는 구글이 만든 '스마트 안경'으로 스마트폰처럼 안드로이드 운영체제OS를 이용해 사진도 찍고 인터넷 검색도 하며 길 안내도 받을 수 있다. 브린은 무대의 대형화면에 샌프란시스코 상공에 떠 있는 비행선을 연결했다. 그 시간 하늘에선 구글 글라스를 낀 스카이다이버들이 낙하를 준비하고 있었다. 이후에는 한 편의 블록버스터 뮤지컬을 보는 듯한 광경이 펼쳐졌다.

스카이다이버들은 곧장 비행선에서 뛰어내려 발표장인 모스코니센터 지붕에 착륙했다. 그러고는 계단 대신 밧줄을 타고 행사장이 있는 3층 발코니로 내려와 미리 준비된 자전거로 갈아탔다. 이들이 자전거를 탄 채로 무대에 오를 때까지 걸린 시간은 단 10분이었으며, 이 모든 광경이 이들의 1인칭 시점으로 대형화면에서 생중계되었다. 브린은 "구글 글라스는 상상도 못한 미래가 우리 앞에 놓여 있음을 보여주는 기계"라고 말했다.

구글은 이날 행사에 참석한 개발자들을 대상으로 구글 글라스의 사전예약 주문을 받았다. 한 대에 1,500달러(약 173만 원)나 했지만 참가자들은 사전예약을 하기 위해 긴 줄을 섰다. 구글 글라스는 2013년 초 예약자들에게 배송되며, 소비자 대상 제품은 2013년 하반기에 판매될 예정이라고 했다.[50]

웨어러블 컴퓨터wearable computer라고 할 수 있는 구글 글라스는 음성 명령을 통해 작동된다. 구글 글라스에 내장된 소형 마이크에 '오케이 글라스Okay Glass'는 명령어를 내린 후, 음성 명령을 내리면 인터넷 검색과 사진 찍기, 동영상 녹화, 길 찾기, 영상 공유, 실시간 통역 검색 등 해당 기능을 수행한다. 손동작을 통해서도 기능 수행이 가능하다. 오른쪽 작은 창에 뜨는 화면에서 몇 가지 손동작을 하면 명령어를 선택하거나 통화 상대를 고를 수 있다. 또한 구글 글라스는 기존 스마트폰이 제공하고 있던 모든 기능을 수행할 수 있다. 음성 명령으로 실시간 촬영이나 SNS 공유, 문자 전송, 내비게이션 등을 즐길 수 있다. 블루투스 기능으로 안드로이드 운영체제를 사용하는 스마트 기기나 아이폰과 연동할 수 있다. 증강현실AR 기술을 활용, 주변 지역 정

보를 바로 보여주거나 촬영·통신하는 기능도 갖추었다.[51]

그러나 바로 그런 기술적 탁월성 때문에 구글 글라스를 두고 사생활 침해 논란이 발생하고 있다. 구글 글라스를 착용한 상태에서는 눈으로 보는 모든 것을 기록할 수 있기 때문이다. 벌써부터 구글 글라스 반대 움직임도 나타났다. 게리 하월Gary Howell 미국 웨스트버지니아 주 의원은 안전상의 이유를 들어 운전 중 구글 글라스 사용금지 법안을 제출했다.[52]

2013년 2월 구글 글라스를 비롯한 웨어러블 컴퓨터에 반대하는 단체인 '스톱더사이보그 stopthecyborg.org'가 활동을 개시했다. 이들은 "구글 글라스가 사생활을 침범할 것이 분명하다"며 "구글 글라스가 사용되는 동안 제한을 둬야 한다"고 주장했다. 구글 글라스에 내장된 초소형 카메라는 "녹화"라는 음성 명령에 따라 보이는 모든 것을 녹화해 구글 서버로 전송하는 기능이 탑재되어 있기 때문에 만일 구글 글라스 사용자가 카페에 들어설 경우 그곳에서 이뤄지는 대화는 전 세계에 '트루먼쇼'처럼 생생하게 중계될 수 있어 사생활 노출의 정도가 심각하게 우려된다는 것이다. 스톱더사이보그는 '사이버 수집에서 인간성을 지키자'라는 캠페인 아래 조직원을 구성하면서 구글 글라스 사용 반대 포스터를 배포하고 미국과 영국 정치권에 규제 입법을 촉구하고 나섰다.[53]

더 나아가 스톱더사이보그는 프라이버시 문제를 넘어서 사람들이 점점 구글 글라스가 제공하는 정보에 의존하여 실제 생활에서 판단을 내리고 사람들과 소통하게 될 것이라고 경고했다. 이 단체 관계자는 "결정하고 상호 작용하는 데 있어 사람들은 점차 자주적인 객체로서 행동하는 것을 중단할 것"이라며 "온라인 프로필을 탈출시킬 공간은 그 어디에도 없게 될 것"이라고 밝혔다. 그래서 구글 글라스 착용을 못하도록 막는 감시 기기 프리존free zone을 만들어야 한다는 것이다.[54]

2013년 3월 미국 시애틀에 있는 술집 '더 파이브 포인트The 5 Point'는 페이스북을 통해 구글 글라스 착용자는 입장할 수 없다는 내용의 공지글을 올리는 동시에 카페 입구에는 '구글 글라스 입장금지'란 스티커를 붙였다. 이 술집은 "우리 가게는 사적인 공간으로 손님들은 누군가 몰래 자신을 촬영하여 이 사진이 인터넷에 올려지는 것을 원하지 않을 것"이라며 "이를 위반하는 사람은 가게 밖으로 쫓겨날 것"이라고 말했다.[55]

그러나 에릭 슈미트 구글 회장은 2013년 4월 16일 구글 글라스의 성공을 장담하며 "사람들이 몸에 10개의 IP 주소를 달고 다니는 날이 올 것이다"고 말했다. 그는 또 "컴퓨터와 기술이 점점 더 우리 몸과 연동되는 시대가 오고 있다"며 "10년 내 50억 인구가 모두 인터넷으로 연결되는 시대가 도래할 것"이라고 강조했다.[56]

글라스홀Glasshole은 다른 사람들이 불편해하는 점을 무시하고 구글 글라스에 대한 이야기만 늘어놓는 사람들을 가리킨다. 구글 글라스가 프라이버시 침해 논란을 불러일으키고 있지만 주변을 전혀 신경 쓰지 않고 구글 글라스를 사용하는 사람들과 애스홀asshole이라는 비속어를 조

합한 말이다. 반反구글 글라스 정서를 반영한 조어라 할 수 있다.[57]

gossip

gossip(가십)은 "잡담雜談, 한담閑談"이란 뜻이다. 대부代父: godparent를 뜻하는 옛날 영어 godsibb에서 나온 말로, godsibb은 아이가 세례를 받을 때 후견인 역할을 했다. 이 단어는 시간이 흐르면서 점차 친한 친척과 친구들까지 포함하는 개념으로 발전했는데, 이들이 모이면 무얼 하겠는가. 오랜만에 만났으니 서로 주고받을 이야기들이 오죽 많겠는가. 그게 바로 가십이다.[58]

조지 워싱턴George Washington, 1732~1799과 관련된 설도 있다. 미국 독립전쟁 당시 워싱턴이 첩자들을 시켜 술집에 있는 적군들에게 'go sip', 즉 술을 홀짝이게 하여 그들의 작전 계획을 염탐하도록 했던 데서 비롯된 말이라는 설인데,[59] 이건 아무래도 신빙성이 좀 떨어지는 것 같다.

자신이 발행하는 신문에 '참견쟁이'라는 이름으로 필라델피아 등지에서 온갖 사람들의 약점을 캐내 기고한 벤저민 프랭클린Benjamin Franklin, 1706~1790은 미국 최초의 가십 칼럼니스트로 꼽힌다. 이 칼럼은 오래가진 못했지만, 프랭클린은 처음에 가십의 정당성을 다음과 같이 주장했다.

"대부분의 사람들은 자신이 비난의 대상이 아닐 때, 남을 비난하는 데서 기쁨을 느낀다. 그러므로 내가 개인적인 악덕을 폭로해서 기분 나쁜 사람이 있더라도, 조만간 그들의 친구나 이웃이 똑같은 경우를 당하는 것을 보고 만족감을 느끼리라고 단언한다."[60]

Benjamin Franklin

미국 코미디언 윌 로저스Will Rogers, 1879~1935는 "The only time people dislike gossip is when you gossip about them(사람들이 가십을 싫어하는 유일한 경우는 자신이 가십의 도마 위에 오를 때다)"이라고 했고, 미국 가십 저널리즘의 원조라 할 월터 윈첼Walter Winchell, 1897~1972은 "Gossip is the art of saying nothing in a way that leaves practically nothing unsaid(가십은 실제로는 입 밖에 내지 않은 것은 하나도 없게끔 하는 방식으로 아무것도 말하지 않는 기술이다)"라고 했다.

열렬한 가십 애호가였던 영국 철학자 A. J. 에이어Alfred Jules Ayer, 1910~1989는 "나는 가십을 싫어하지만 진실은 사랑한다"고 말했다. 칼럼니스트 조지프 엡스타인Joseph Epstein은 에이어의 이 말은 "가십에 관한 인식론적 문제를 제기한다"며 다음과 같이 말한다.

"즉 가십에서 진실은 무엇이며, 가십이 얼마나 신뢰할 수 있는가 하는 문제이다. 여기서 우리는 가십의 매력과 좌절 두 가지 모두에 이른다. 가십은 짜릿하면서 흥분을 불러일으키기도 하고, 가끔 즐거움을 주는 풍부한 이야기지만 결국 확인할 수 없는 경우가 많기 때문에 완벽한 만족을 이끌어내지 못한다. 가십은 점성술, 정신 분석이나 다른 과학적 노력과 마찬가지로 중요한 비밀을 이야기하겠다는 약속을 내놓는다. 그리고 때때로 그 약속을 지키기도 하지만 공약으로 끝나버리는 경우가 많다."[61]

엡스타인은 동시대의 유명 인사와 관련된 가십에서 느끼는 즐거움의 상당 부분은 샤덴프로이데Schadenfreude(남의 불행에서 얻는 행복)라는 심술궂은 감정과 관련이 있다며, 다음과 같이 말한다. [참고 Schadenfreude]

"생각해보라. 빼어난 외모와 훌륭한 연기력, 그리고 뛰어난 음악적 재능으로 엄청난 돈을 벌어들인 사람도 우리와 같은 문제로 고민하고, 게다가 그 고민거리들이 한 짐이나 된다면 어떻겠는가! 이를테면 대인기피증에 시달리는 자녀, 힘거운 다이어트, 공개적으로 드러난 부부 사이의 불화, 파산 등등. 유명 인사를 동경하던 평범한 사람들은 이제 그 행운의 주인공도 우리보다나을 게 없으며 때로는 가혹한 운명의 여신과 가십 판매업자들로 인해 그들이 자신들보다 못할 수도 있음을 알게 되었다. 그리고 이로 인해 사람 사는 게 다 거기서 거기라고 생각하게 되었다."[62]

가십에 대한 부정적 인식과는 달리, 영국 인류학자 로빈 던바Robin Dunbar는 가십이 집단의 결속력을 높이는 도구로 활용되는 점에 주목한다. 가십이라는 정보를 공유하기 위한 소통 채널이 만들어지고 가십을 주고받는 관계가 만들어내는 사교가 집단 전체의 결속력을 높인다는 것이다. 그는 가십을 원숭이 같은 영장류가 끼리끼리 주고받는 그루밍grooming(털 손질)과 같은 성격의 것으로 본다. 그런가 하면 또 다른 학자들은 가십이 사회규범을 세우고 관리하는 데 기여한다고 본다. 가십을 퍼나르면서, 즉 남의 흉을 보면서, 그런 행위는 해선 안 되는 것이라는 확인이 이루어진다는 것이다.[63] [참고 grooming]

그간 수많은 언론인이 가십을 팔아 큰 재미를 보았지만, 인터넷 시대에 '가십 장사'의 천재는 단연 1995년 '드러지 리포트www.drudgereport.com'란 웹사이트를 만든 맷 드러지Matt Drudge일 것이다. 『뉴스위크』 1997년 8월 27일자는 다음과 같이 보도한 바 있다.

"맷 드러지가 발행하는 온라인 가십잡지 '드러지 리포트'는 미 전역에서 정계 및 연예계 인사들에게 필독의 대상이 되고 있다. 미 정계와 연예계 인사들은 지금까지는 수군거리면서 뒷소문을 서로 주고받았다. 그러나 이제는 드러지가 '비밀 보장'을 약속하면서 그들이 알고 있는 최신 루머를 전자우편으로 보내도록 하고 있다. 문제가 된 빌 클린턴 미국 대통령의 '뚜렷한 신체적 특징'은 황금 독수리 문신이었다고 보도했다. 이 같은 주장은 놀림감이 되었으며 드러지의 주장을 뒷받침할 아무런 증거도 나타나지 않았다. 그러나 드러지는 자신의 업무가 입증된 사실이 아닌 루머의 유포에 있다고 반박했다."[64]

드러지는 공부에는 완전히 흥미를 잃은 학생이었다. 평균 학점은 D. 노쓰우드 고교 동기 350명 가운데 325등으로 졸업했다고 한다. 그러나 드러지에게는 다른 학생들과 확연히 구별되는 한 가지 별난 점이 있었으니, 그건 드러지가 '미디어 중독자' 라고 하는 사실이었다. 그는 혼자서 TV 토크쇼 사회자 놀이를 하는 등 거의 미친 수준이라고 해도 지나치지 않을 정도로 미디어에 탐닉했다. 그는 고교 졸업 후 몇 년간 뉴욕에서 지내며 편의점 점원 일을 하기도 했는데 편의점을 일자리로 택한 것도 편의점 점원은 누구보다 신문을 먼저 읽을 수 있다는 장점 때문이었다고 한다.

미국의 미디어계를 지배하는 두 도시는 뉴욕과 할리우드다. 뉴욕에서 몇 년을 보낸 드러지가 할리우드로 건너간 건 너무도 당연한 일이었는지 모른다. 고교 졸업생에게 그럴 듯한 일자리가 있었을 리 만무했지만, 드러지에게 중요한 건 지위의 높고 낮음이 아니라 미디어계의 핵심에 얼마나 가까운가 하는 것이었다. 그가 택한 곳은 할리우드 CBS 스튜디오 센터 의 기념품 가게였다.

기념품 가게 점원이라고 깔볼 일이 아니다. 그 일자리는 TV 연예계와 관련된 이런저런 소문과 뒷이야기를 얻어듣기엔 최상의 직장이었다. 드러지는 그 '흥미진진한' 이야기를 혼자만 알고 있기에는 정말 아깝다는 생각이 들었다.

그는 그 이야기를 인터넷에 띄우기 시작했다. 그게 1995년이었다. 그의 '1인 전자신문' 에 점점 손님이 몰리기 시작했다.

드러지는 1996년 1월 과감하게 기념품 가게 점원 일을 그만두고 전업 체제로 돌입했다. 그는 '드러지 리포트' 의 손님들에게서 1인당 10달러씩의 자발적인 기부금을 받는 걸로 자신의 생계비와 운영비를 충당했다. 가끔씩 특종을 해대면서 '드러지 리포트' 의 인기는 더욱 높아졌고, 그 결과 1997년 6월부터 AOL America Online 사와 『와이어드』를 통한 배포 약정을 맺음으로써 '세계적인' 인터넷 매체로 각광을 받게 되었다.[65]

드러지는 1998년 1월 17일 최초로 빌 클린턴 대통령의 애인인 모니카 르윈스키 Monica Lewinsky 스캔들을 터뜨림으로써 한 단계 더 큰 도약을 했다. 공화당에서 이를 적극 이용함에 따라, 그는 졸지에 미국 정치를 쥐고 흔드는 거물이 된 것이다.[66] 그 덕분에 그는 하루에 4,000달러, 1년에 100만 달러 이상 벌어들이는 부자가 되었다. 드러지의 시대에 이르러, 가십은 뉴스의 양념 정도가 아니라 주식主食이 되었다.[67]

governance

governance(거버넌스)는 사회 내 다양한 기관

이 자율성을 지니면서 함께 국정운영에 참여하는 변화 통치 방식을 말하며, 다양한 행위자가 통치에 참여·협력하는 점을 강조해 '협치'라고도 한다. 오늘날의 행정이 시장화, 분권화, 네트워크화, 기업화, 국제화를 지향하고 있기 때문에 기존의 행정 이외에 민간 부문과 시민사회를 포함하는 다양한 구성원 사이의 네트워크를 강조한다는 점에서 생겨난 용어다.[68]

governance는 steer(키를 잡다, 조종하다)를 뜻하는 그리스어 kubernáo에서 나온 말로, 이를 비유적 의미로 최초로 사용한 이는 플라톤Platon, B.C. 427?~B.C. 347?이다. governance는 global governance, regulatory governance, corporate governance, project governance, participatory governance, non-profit governance 등 다양한 분야에서 다양한 의미로 쓰이고 있다. meta-governance는 governance에 관한 governance, 즉 governance의 모든 과정에 적용되는 원칙과 규범을 세우는 걸 말한다.[69] 이렇듯 다양성이 두드러져, 각 분야별 의미가 조금씩 다르다. governance의 터줏대감이라 할 행정학 분야의 정의를 살펴보자.

『행정학용어사전』은 "'국가경영' 또는 '공공경영'이라고도 번역되며, 최근에는 행정을 '거버넌스'의 개념으로 보는 견해가 확산되어 가고 있다. 거버넌스의 개념은 신공공관리론新公共管理論에서 중요시되는 개념으로 국가·정부의 통치기구 등의 조직체를 가리키는 'government'와 구별된다"며 다음과 같이 말한다.

"즉, 'governance'는 지역사회에서부터 국제사회에 이르기까지 여러 공공조직에 의한 행정서비스 공급체계의 복합적 기능에 중점을 두는 포괄적인 개념으로 파악될 수 있으며, 통치·지배라는 의미보다는 경영의 뉘앙스가 강하다. 거버넌스는 정부·준정부를 비롯하여 반관반민半官半民·비영리·자원봉사 등의 조직이 수행하는 공공활동, 즉 공공서비스의 공급체계를 구성하는 다원적 조직체계 내지 조직 네트워크의 상호작용 패턴으로 인간의 집단적 활동으로 파악할 수 있다."[70]

각국 정부의 투명성·효율성 제고 등을 연구·조언하는 '유엔거버넌스센터'가 2006년 9월 서울에 개설되었다. 초대 유엔거버넌스센터 원장으로 내정된 김호영은 "거버넌스센터는 우리나라에 설립된 최초의 유엔본부 산하기구"라면서 "현재 국내에 있는 유엔개발계획UNDP 서울사무소나 국제백신연구소IVI 등은 산하기구가 아닌 소속기구"라고 강조했다.

그는 "거버넌스는 정부와 민간기업, 시민단체 등이 협력해 사회 전체의 발전을 도모한다는 의미로 풀이할 수 있을 것"이라면서 "거버넌스센터는 정부혁신과 지방분권, 시민사회와의 협력으로 유엔 회원국의 역량을 개발하고 세계인의 '삶의 질'을 향상시키는 데 기여하는 것이 목표"라고 설명했다.

아울러 한국의 경제·사회개발 경험과 정부혁신 노하우, 세계 최고 수준의 정보기술IT 등을 동유럽과 중남미, 아프리카 등 개발도상국에 널리 전파한다는 계획도 갖고 있다. 김호영은 "이제는 우리가 국제사회의 단순한 참여자로서가 아니라, 국제 문제 해결의 주체로서 역할을 해야 할 때"라면서 "거버넌스센터가 이 같은 변화의 시발점이 될 수 있도록 노력할 것"이라고 말했다.[71]

이후 거버넌스는 전국적으로 유행어가 되었다. 예컨대, 2007년 11월부터 본격 가동한 전북 지역 농업 관련 5개 기관 협의체의 이름은 '전북 농정 거버넌스' 이며, 또 전북에선 새만금사업에 사회 구성원들의 다양한 참여와 합의를 끌어내기 위한 '새만금 거버넌스'가 활발하게 거론되었다. 2013년 6월 서울시 도봉구청은 '지역맞춤형 안전마을 사업'과 관련, 각 동 생활안전 거버넌스와 협약식을 갖고 생활안전 거버넌스 교육을 실시한다고 밝혔는데, 이런 데까지 거버넌스라는 말을 써야 하는지는 의문이다.[72]

CIA

government

invisible government(보이지 않는 정부)는 미 CIA의 별칭이다. CIA처럼 공공의 감시와 비판에서 차단된 가운데 정부의 일과 정책을 은밀하게 추진하는 기구나 세력을 뜻한다. 1964년에 베스트셀러가 된 저널리스트 데이비드 와이즈David Wise와 토머스 로스Thomas B. Ross의 『보이지 않는 정부The Invisible Government: The CIA and U.S. Intelligence』로 인해 널리 알려진 말이다. CIA와 같은 공식 기구를 넘어서 그 어떤 비밀 조직에 의해 정부가 움직인다는 음모론적 관점에선 shadow government, secret government라는 말도 쓰인다.[73] 반면 shadow cabinet은 영국의 야당 예비 내각을 말한다. 집권을 예상하고 만든 야당의 각료 후보자들이다. 1906년부터 사용된 말이다.[74]

"That government is best which governs least(최소한으로 통치하는 정부가 최고의 정부다)." 미국 독립전쟁의 당위성을 역설한 토머스 페인Thomas Paine, 1737~1809의 말이다. 또 그는 다음과 같이 주장했다. "Society in every state is a bless-ing, but government, even in its best state, is but a necessary evil; in its worst state, an intolerable one(어떤 상태에서든 사회는 축복이지만 정부는 최상의 상태에서도 필요악일 뿐이며 최악의 상태에서는 견딜 수 없는 악이다)."

"The best of all governments is that which teaches us to govern ourselves(모든 정부 가운데

최상의 정부는 우리에게 자치自治를 가르쳐주는 정부다)." 독일 시인 요한 볼프강 괴테Johann Wolfgang von Goethe, 1749~1832의 말이다.

"It is the duty of the government to make it difficult for people to do wrong, easy to do right(사람들이 옳지 않은 일을 하는 걸 어렵게 만들고 옳은 일을 하는 걸 쉽게 만드는 것이 정부의 의무다)." 영국 정치가 윌리엄 글래드스턴William E. Gladstone, 1809~1898의 말이다.

"You can't run a government solely on a business basis. Government should be human. It should have a heart(정부를 기업처럼 운영할 수는 없다. 정부는 인간적이어야 한다. 가슴을 가져야 한다)." 미국 정치가 허버트 리먼Herbert Henry Lehman, 1878~1963의 말이다.

"Government alone is not the answer to the challenges American faces. Yes, the U.S. government must rebuild schools, but mentors and tutors are also needed to serve in those schools. Yes, the U.S. government must modernize the health-care system, but volunteers are also needed in hospitals and communities to care for the sick and help people lead healthier lives. Yes, the U.S. government must maintain the finest military in the history of the world, but that is only possible if brave men and women across America sign up to serve in that military(정부 혼자선 미국이 직면한 도전을 헤쳐나갈 수 없다. 물론 정부는 학교를 재건해야 하지만, 교사들의 도움이 필요하다. 물론 정부는 의료 시스템을 현대화해야 하지만, 환자를 돌보고 사람들이 더 건강하게 할 수 있도록 돕는 자원봉사자들이 병원과 지역에 필요하다. 물론 정부는 세계역사상 최상의 군을 유지해야 하지만, 그것은 미국 전역의 용감한 남녀가 군 복무에 지원할 때에 가능하다)." 미국 대통령 버락 오바마Barack Obama, 1961~가 『타임』(2009년 3월 30일자)에 기고한 「새로운 서비스의 시대A New Era of Service」에서 한 말이다.

Great Compromise

미국사에는 수많은 타협compromise이 있었는데, 이른바 '대타협Great Compromise'은 미국 건국의 기초가 되었다. 1787년 7월 2일 제헌의회는 벤저민 프랭클린Benjamin Franklin, 1706~1790을 의장으로 하여 각 주에서 한 사람씩의 대의원으로 구성하는 대의원회를 만들었다. 이 의원회는 '대타협'의 기초가 된 제안을 만들어냈다. 대의제도의 난제를 해결하기 위한 이 제안에서 각 주는 인구수에 근거하여 대표되며 대표와 직접세의 근거를 계상計上할 때 흑인 노예를 백인 자유인의 5분의 3으로 계산하여 구성하는 하원이 제시되었다. 또한 이 제안에서 각 주가 두 의원으로 동등하게 대표되는 상원이 제시되었다. 1787년 7월 16일 제헌의회는 이러한 타협안을 투표로 승인했다.

1787년 9월 17일 39명의 대표들이 헌법에 서명했다. 3명은 반대, 13명은 투표에 불참했다. 불참자 중 7명은 최종안에 찬성한 것으로 간주되었다. 이제 남은 건 각 주의 비준이었다. 제헌의회는 13개 주 가운데 9개 주가 비준하면 새 정부가 성립할 수 있으며, 미국 헌법을 비준하기 위해서는 주 의회가 아니라 주 비준회의를 소집해야 한다고 권고했다.[75]

권용립은 "양원제를 채택한 것은 연방의회에 보내는 각 주의 대표 수를 인구 비례로 결정하자는 큰 주州와, 인구에 관계없이 균등하게 하자는 작은 주 간의 타협의 산물로 이해되기도 한다. 그러나 양원제의 철학은 근본적으로는 공화주의적 균형에 대한 고려였다"며 다음과 같이 말한다.

"사회적으로 귀족 신분이 따로 없는 미국에서 '소수'의 역할을 부담할 연방 상원의원은 각 주의 '귀족'이기 때문에 인구에 관계없이 각 주 2명씩 배정하고, 연방 하원의원의 수는 '다수' 인민을 대표한다는 의미에서 각 주 인구에 비례하게 만들었다. 한편 임기를 정하는 데 있어서도 하원의원은 '인민의 변덕'을 바로 반영할 수 있도록 2년으로 짧게 한 반면, 상원의원은 그 3배인 6년으로 정하였다. 아울러 상원의원 선거는 6년에 한 번이 아니라 매 2년마다 상원 전체 의석의 3분의 1만 대상으로 해서 실시하게 함으로써 귀족정의 특징인 정치적 연속성이 급격히 단절되지 않도록 장치해놓았다."[76]

노예제 폐지론자인 윌리엄 로이드 개리슨 William Lloyd Garrison, 1805~1879은 이 '대타협' 중 흑인 노예를 백인 자유인의 5분의 3으로 계산하는 '5분의 3 타협 Three-Fifths Compromise'을 '추악한 반인륜적 결탁'이라고 비난했다. 그러나 1840년대에 이런 친노예적 헌법에 대해 노예제 폐지론자들 사이에서도 새로운 해석이 등장했다. 그들은 다음과 같은 헌법의 전문에 주목했다. "우리 미국 국민은 더욱 완벽한 연방을 형성하고 정의를 확립하며 국내 안녕을 보장하고 공동방위를 도모하며 전 국민의 복리를 증진하고 우리 현 세대와 후손들에게 자유의 축복을 확보하기 위하여 미국 헌법을 제정한다." 노예제 폐지론자들은 흑인 노예도 여기서 말하는 '국민people'에 속한다는 해석을 내렸고, 이런 해석은 후에 노예제를 폐지한 헌법 수정조항 제13조(1865)의 사상적 뿌리가 된다.[77]

green

get the green light(공식 허가를 얻다)는 교통신호등에서 유래된 말이다. Mrs. Mucha hoped to get the green light from the principal to redesign her science lab(무차 부인은 교장 선생님에게서 자신의 과학 실험실을 개조해도 좋다는 허락을 받아내길 희망했다).[78]

the green-eyed monster(질투)는 윌리엄 셰익스피어William Shakespeare, 1564~1616의 『오셀로Othello』에서 나온 말이다. green-eyed는 "질투가 심한"이란 뜻이다.⁷⁹ 셰익스피어는 『Antony and Cleopatra』에선 질투jealousy를 가리켜 "green sickness"라고 했다. green with envy(jealousy)는 "(얼굴이 창백해지도록) 몹시 시기하다"는 뜻이다. When Tom sees my new Rollerblades, he'll be green with envy(톰이 나의 새 롤러블레이드를 보면 시기심으로 안색이 변할 걸).⁸⁰

greenhorn은 "풋내기, 초심자, 얼간이, 세상 물정 모르는 사람"이란 뜻이다. 어린 황소의 뿔이 green 색을 띠었기 때문에 나온 말이다. 황소 뿔의 가공 과정에서 나온 말이라는 설도 있다. 황소 뿔에 열을 가해 갈색으로 변하게끔 하는 게 작업의 기본인데, 초심자가 실수로 많은 열을 가하면 green으로 변해 일을 망치는 경우가 있었기에, 초심자를 가리켜 greenhorn이라 불렀다는 것이다. 1460년경부터 사용된 말이다.⁸¹

greenroom(green room)은 "극장의 배우 휴게실, 분장실"이다. green색은 마음을 진정시켜주는 효과가 있다고 알려져 옛날 극장의 배우 분장실이나 휴게실 벽을 엷은 green색으로 칠한 데서 유래된 말이다.⁸²

have a green thumb은 "원예 솜씨가 있다"는 뜻이다. green thumb은 식물(야채) 재배의 재능을 뜻하며, green fingers라고도 한다. 이 말이 나오게 된 이유를 알려면 원예 전문가가 일하는 현장을 가보면 금방 알 수 있다. 하루 종일 원예 일을 하느라 엄지를 비롯한 손가락들에 초록색 물이 들어 있기 때문이다.⁸³

green card(그린카드)는 미국에서 발급되는 영주권 카드다. 운전면허증만 한 크기의 green card는 색이 여러 번 바뀌었다. 1940년 외국인 등록법에 의해 흰색의 카드가 발행되었으나, 제2차 세계대전 이후, 이민이 급증하자 이민 비자 소유자나 불법 체류자와 구별하기 위해 1946년부터 초록색 카드가 발행되었다.

카드의 색채에 따라 부르게 된 그린카드는 미국에서 영구 거주와 취업을 보장하는 카드로, 당시 주변국과 제3세계의 이민 희망자들에게는 꿈의 카드였으나 늘어나는 영주권의 위조와 변조를 막기 위해 1964년에는 초록에서 푸른색으로 바뀌었고, 다시 옅은 색의 노란색 바탕이었다가 2010년 5월 다시 좀더 짙은 색의 녹색 바탕으로 바뀌어서 이제야말로 진짜 그린카드라고 할 수 있다. 중간 40여 년 동안 다른 색으로 했다가 다시 green으로 바꾼 것은 대중이 사용하는 일반 용어에 충실하자는 요청이 많았기 때문이라고 한다.

그린카드의 공식 명칭은 a United States Permanent Resident Card이며, 유효기간은 10년이지만 연장하면 되기 때문에 글자 그대로 영주권이다. 이론적으로는 18세 이상은 소지하고 다녀야 하며, 미소지 시 100달러 벌금이나 30일 이내 구류에 처해질 수 있다. 단 연방정부만이 이런 벌칙을 부과할 수 있다.⁸⁴

grin

grin and bear it은 "억지로 웃으며 참다", grin-and-bear-it은 "(고통·실망 등을 웃으며) 참는, 견디는"이란 뜻이다. grin은 11~15세기에는 "치아를 보이는 표정"이나 "으르렁거림, 호통"을 뜻하는 단어였다. 15세기 말부터 오늘날과 같은 다양한 웃음을 뜻하게 되었다. 억지 웃음, 부자연스러운 웃음, 어리석은 웃음, 행복한 웃음 등 모든 웃음을 가리켜 grin이라고 한다. grin and bear it은 grin의 옛날 의미에 접근하는 숙어라 할 수 있다.[85]

grin like a Cheshire cat은 "공연히 능글맞게 웃다"는 뜻이다. 체셔Cheshire는 영국 북서부의 주 이름이고, Cheshire cat은 늘 능글맞게 웃는 사람을 가리킨다. 루이스 캐롤Lewis Carroll, 1832~1898의 『이상한 나라의 앨리스Alice In Wonderland』(1865)에 등장하여 익숙한 표현이 되었다.

Cheshire cat은 정말 능글맞게 웃는 모습인가? 꼭 그런 것 같진 않기에 그런 뜻을 갖게 된 것에 대해 많은 사람이 궁금해하지만 이렇다 할 답은 없다. 다만 체셔에서 생산되는 둥근 치즈에 고양이가 반원형으로 웃는 모습이 찍혀져 있기 때문이라는 가설만 제시될 뿐이다. 『이상한 나라의 앨리스』에서 앨리스도 공작부인Duchess에게 같은 질문을 던지지만, 답은 동어반복이다. It's a Cheshire cat, and that's why (체셔 캣이기 때문이지. 그게 이유야).[86]

그래도 포기하지 말고 다른 설을 찾아보자. 원래는 grin like a Cheshire Caterling이었다는 설에 눈길이 간다. Caterling은 리처드 3세Richard III, 1452~1485의 삼림 감시원이었는데, 소름끼치는 큰 웃음a huge, hideous grin으로 유명했기 때문에 Caterling이 cat으로 바뀌어 이 같은 말이 나오게 되었다는 설명이다.[87]

미국인들은 grin을 좋아한다. 그런데 그 이유에 대해 프랑스 작가 시몬 드 보부아르Simone de Beauvoir, 1908~1986는 1947년 1월 31일자 일기에서 미국인들의 grin 사랑이 작위적이지 않느냐는 의문을 제기했다. 그녀는 "미국에서 일상생활을 유쾌하게 만드는 것은 미국인들의 쾌활한 기질과 온정이다. 물론 이러한 장점에는 이면도 있다. 하루 종일 말로든 영상으로든 반복해대는 '삶을 좋은 쪽으로 보자'는 강압적인 권유들에 짜증이 난다"며 다음과 같이 말했다.

Cheshire cat

"광고 벽보에는 퀘이커 오츠, 코카콜라, 럭키 스타링크 앞에서 흰 치아들이 과시되고 있다. 그 미소는 파상풍 경련 같다. 변비에 걸린 젊은 여자가 장을 이완시켜주는 레몬즙을 보며 사랑스런 미소를 짓고 있다. 지하철에서, 길거리에서, 잡지에서, 이 미소들은 강박관념처럼 나를 따라다닌다. 한 드러그 스토어의 벽보에서 'Not to grin is a sin(웃지 않는 것은 죄악이다)' 라는 말을 읽은 적이 있다. '기운을 내라! 여유를 가져라' 식의 명령과 체계가 느껴진다."88

grooming

'그루밍grooming'은 마부groom가 말을 빗질하고 목욕시켜 말끔하게 꾸민다는 데서 유래한 것으로 원래 동물의 털 손질, 몸단장, 차림새라는 뜻을 가진 단어인데, 최근에는 외모에 관심이 많아 자신을 가꾸는 데 투자를 아끼지 않는 남성들을 일컬어 '그루밍족'이라고 부르는 신조어가 생겨났다. 남성인데도 치장이나 옷차림에 금전적 투자를 아끼지 않는 사람 또는 그런 무리를 말한다. 그루밍은 여성의 '뷰티beauty'에 해당하는 남성의 미용 용어로 피부, 두발, 치아 관리는 물론 성형수술까지 포함하는 뜻으로 사용된다.89

이에 대해 『세계일보』(2012년 3월 27일)는 "불과 몇 년 전까지만 해도 꾸미지 않고 거친 이미지의 마초 같은 남성상이 인기를 끌면서 원래 꾸미고 가꾸는 것은 여자들만의 전유물로 여겨져 왔지만 근래에는 다시 자신을 가꾸고 투자하는 남성들을 선호하는 추세이다. 여자들도 자신을 돌보지 않는 남자들보다는 자기관리를 할 줄 아는 남자들을 선호하면서 더욱 아름다워지기 위한 남성들의 노력은 화장품 사용에 그치지 않는다"며 다음과 같이 말했다.

"실제로 최근 몇 년 동안 남자 성형이 크게 늘어난 것. 남자 성형 중 모발 이식의 경우에는 비절개 모발 이식을 통해 수술 후 바로 일상생활이 가능해 30대의 변호사, 의사 같은 전문직 종사자나 일반 직장인, 결혼을 앞둔 신랑 등 많은 이들이 찾는다. 남성과 여성 모두가 가장 관심을 두는 성형 부위는 코와 눈이다. 하지만 성형 후 원하는 이미지와 결과는 성별에 따라 다르다. 특히 눈 성형은 여성과 달리 쌍꺼풀이 잘 풀리는 두꺼운 눈꺼풀을 갖고 있어서 매몰법을 이용해 절개하지 않고 흉이 남지 않도록 자연스럽게 속쌍꺼풀을 만드는 것을 많이 선호한다. 또 코 성형의 경우 남성들은 여성보다 눈썹 부위의 뼈가 나와 있기 때문에 높은 콧대를 간들기에 오히려 적합하다. 또 대체로 선호하는 일자로 곧게 뻗는 형태는 콧속 절개를 통해 수술을 하기 때문에 흉터가 보이지 않는다."90

2013년 7월 1일 영국 『데일리메일Dailymail』은 온라인 유통업체 에센추얼닷컴essentuale.com의 조사 결과를 인용해, 영국에서 여자 친구의 화장품을 애용하는 '그루밍족'이 늘어나면서 여성 1인당 화장품 구입비가 연간 230파운드(약 40만 원)가 추가로 들어간다고 보도했다. 업체 측은 "그루밍족이라도 아직은 직접 매장에 가서 화장품을 사는 것을 낯설어하기 때문에 여성들의 화장품을 빌려 쓰는 탓에 그만큼 구입 비용이 많이 든다"고 해석했다. 이번 조사에서 그루밍족 남성들은 여성보다 값비싼 브랜드, 특히 프랑스산 화장품들을 선호하는 것으로 나타났다. 라케쉬 아가왈 에센추얼닷컴 대표는 "20년 전만 해도 남성 대부분이 화장품을 사용하는 것을 상상하지 못했지만 지금은 축구 스타 데이비드 베컴 같은 롤모델들 덕분에 훨씬 일상적인 일이 됐다"고 말했다.[91]

grooming은 titivating 또는 preening이라고 한다. titivate는 "(외모를) 매만지다[가다듬다]", titivate oneself before a mirror는 "거울 앞에서 몸치장을 하다", preening은 "깃털 고르기", preen oneself는 "멋 부리다, 몸치장하다; 우쭐거리다, 기뻐하다"는 뜻이다. She titivated her hair in the mirror(그녀는 거울 앞에서 머리를 매만졌다). She was preening herself before going to the gathering(그 모임에 가기 전에 그녀는 멋 부리고 있었다).[92]

이상 이야기한 것은 personal grooming이며, 인간관계에 무게를 두는 social grooming이라는 것도 있다. "When two Englishmen meet, their first talk is of the weather(영국인이 2명 만나면 그들의 첫 대화는 날씨에 관한 것이다)." 영국 작가 새뮤얼 존슨 Samuel Johnson, 1709~1784의 말이다. 이는 영국 날씨가 그만큼 좋지 않다는 뜻으로 해석되었다. 그러나 영국의 문화인류학자 케이트 폭스 Kate Fox는 "우리의 날씨 이야기는 영국인이 태생적인 수줍음을 극복하여 진정한 대화로 들어가기 위해 쓰기로 한 암호일 뿐이다"며 다음과 같이 말한다.

"영국인의 날씨 이야기는 '안면트기 대화 grooming talk' 이자 영장류 동물이 보이는 '짝짓기 몸짓 social grooming'의 인간화라고 볼 수 있다. 이것은 서로 사귀려는 동물들이 상대의 털을 이미 깨끗한데도 불구하고 시간을 들여 정성스레 핥아주는 것 같은 행위다."[93]

grooming

grotesque

grotesque는 "기괴한, 괴이한"이란 뜻인데, 어원적으로 grotto(동굴), grotty(보기 흉한, 더러운, 불쾌한)와 관련이 있는 단어다. grotto는 hidden place(숨겨진, 은밀한, 신비한 장소)라는 뜻을 가진 그리스어 krypte에서 나온 말이다. grotesque라는 단어가 영어에서 쓰이기 시작한 것은 18세기부터다.[94] grotesque는 어원적으로 여성 성기의 특성과 관계가 있다는 주장도 있다.

김홍탁은 "객관적 형상으로 볼 때 여성의 성기는 아름답다기보다는 그로테스크하다"며 이렇게 말한다. "동굴의 의미를 갖는 '그로테grotte'라는 이탈리아어로부터 그로테스크란 말이 유래했는데 '동굴같이grotto-esque' 깊고 어두운 지형적 특성이 여성의 성기를 나타내는 메타포로 쓰일 수 있기 때문이다. 특히 남자에게 어둡고 내밀하고 비의적인 그곳은 끝이 보이지 않는 판타지의 세계다. 수많은 도색잡지들이 여성의 성기를 해부학적으로 드러내는 데 혈안이 되어 있는 것도 판타지의 충족을 위한 것이다. 늘 제기되는 페미니스트의 지적처럼 여성의 몸이란 남성적 환상에 의해 식민화된 신체인지도 모른다."[95]

grotesque는 미술, 조각, 문학 등 다양한 예술 분야에서 쓰인 개념인데, 문학에서 grotesque와 관련이 있는 대표작은 영국 작가 조너선 스위프트Jonathan Swift, 1667~1745의 『걸리버 여행기Gulliver's Travels』(1726), 프랑스 작가 빅토르 위고Victor-Marie Hugo, 1802~1885의 『노트르담의 꼽추(원제: Notre-Dame de Paris)』(1831), 영국 작가 루이스 캐럴Lewis Carroll, 1832~1898의 『이상한 나라의 앨리스Alice In Wonderland』(1865) 등이다.[96]

grotty는 미국에선 a grotty little hotel(지저분한 작은 호텔), I'm feeling pretty grotty(나 몸이 좀 안 좋아) 등과 같이 널리 쓰이지만, 영국에서는 속어의 성격이 강해 점잖은 사람들은 쓰지 않을 뿐만 아니라 무슨 뜻인지도 잘 모른다고 한다. 이런 에피소드가 있다.

비틀스The Beatles의 인기가 하늘을 치솟던 1964년 비틀스가 출연한 〈힘든 하루의 밤A Hard Day's Night〉이란 영화가 개봉되었다. 알룬 오언Alun Owen이 쓰고, 리처드 레스터Richard Lester가 감

〈A Hard Day's Night〉

독을 한 흑백영화였다. 비틀스 멤버들의 일상을 그린 다큐 형식의 이 영화에서 조지 해리슨 George Harrison은 당시 유행하던 셔츠에 대한 의견을 묻자 "dead grotty, yeah(정말 보기 흉한데)"라고 답한다. 이 영화의 시사회에 참석한 마거릿 공주 Princess Margaret는 나중에 "grotty"가 무슨 뜻이냐고 물어보았다지만, 비틀스의 인기에 힘입어 히트를 친 이 영화 덕분에 grotty라는 단어가 널리 쓰이게 되었다고 한다.[97]

진 이름이다.[98]

착용 후 string의 모양이 T자와 비슷하다고 해서 T-string, V자와 비슷하다고 해서 V-string도 있다. jockstrap은 "(남자들이 운동 경기 때 차는) 국부 보호대"다. thong(끈 팬티)은 유연한 가죽 끈을 뜻하는 고어 古語 thwong에서 나온 말이다.[99]

G-string

G-string(지-스트링)은 음부를 가린 뒤 허리에 묶어 고정하게 되어 있는 가느다란 천 조각을 말한다. geestring으로 쓰기도 한다. 19세기에는 인디언들의 loincloth(간신히 성기만 감추는 천)를 G-string이라고 했지만, 오늘날에는 해변이나 댄서들의 무대에서 자주 볼 수 있다.

그런데 왜 G가 쓰였는지는 아무도 모른다. 언어학자 로버트 헨드릭슨 Robert Hendrickson은 과거에는 groin(사타구니)이라는 단어가 금기 단어였기 때문에 G로 표기했을 거라고 추정한다. G-string과 비슷하지만 아무 끈이 없이 부착식으로 되어 있는 것은 C-string이라고 한다. 부착식 천 조각의 생김새가 C자와 비슷하다고 해서 붙여

guest

Be my guest는 "(간단한 청을 받고) 네 좋습니다. 그러세요. 좋으실 대로"라는 뜻으로 쓰는 말이다. May I see your program? Be my guest처럼 비교적 간단하거나 사소한 부탁에 대한 답으로 많이 쓰인다. 1950년경부터 유행한 말이다.

wear out one's welcome은 "너무 여러 번 찾아가서 (오래 머물러) 눈총 받다", wear out은 "닳아 없어지게 하다, 다 써버리다"는 뜻이다. Do not wear out your welcome(남의 집에 너무 자주 가거나 오래 머물러 눈총받을 짓은 하지 마라).[100]

그런 눈총과 관련된 속담이 많다. Fish and guests smell at three days old. The best fish smells after three days. Fresh fish and newcome guests smell in three days. A constant guest is never welcome. 모두 다 "아무리 귀한 손님도 사흘 지나면 귀찮아진다. 가

는 손님은 뒤통수가 예쁘다"고 번역할 수 있는 속담들이다.

프랑스 법학자이자 정치인인 에두아르 라부라이에Edouard R. Laboulaye, 1811~1883는 좀더 재미있게 표현했다. "The first day, a guest; the second, a burden; the third, a pest(첫째 날에는 손님, 둘째 날에는 부담, 셋째 날에는 골칫거리)."

이런 표현의 원조는 영국 작가 존 릴리John Lyly, 1554~1606다. Lyly는 Lilly 또는 Lylie로 표기하기도 한다. 그는 처음에는 "Fish and visitors go off in three days(싫어진다)"라고 온건하게 표현했는데, 1579년에 출간한 『Euphues, the Anatomy of Wit』에선 "Fish and guests in three days are stale(맛이 간다)"이라고 한 걸음 더 나아갔다. 1733년 미국의 벤저민 프랭클린Benjamin Franklin, 1706~1790은 Fish and visitors stink in three days(고약한 냄새가 난다)로 바꿔 한 수 더 떴다.[101]

guillotine

guillotine

guillotine(기요틴), 즉 단두대斷頭臺는 프랑스혁명 훨씬 전인 1100년경부터 나타났지만, 무통無痛 처형이라는 기술적 혁신을 이루었다고 내세운 프랑스판 단두대, 즉 기요틴이 처음 선을 보인 건 1792년 4월 25일이었다. 이날 기요틴의 성능을 확인하기 위해 참관했던 의사 조제프 이냐스 기요틴Joseph Ignace Guillotine, 1738~1814은 "사형수는 고통을 전혀 느끼지 않았습니다"라면서 기요틴이 인도주의적 발명품이라고 주장했다.

이 최초의 기요틴 처형이 있은 지 1주일도 되지 않아 파리의 거리에서는 기요틴 모형의 작은 장난감이나 기념품 또는 귀걸이 등이 팔려나갔다. 기요틴의 발명자는 해부학자이며 외과 의사였던 앙투안 루이Antoine Louis, 1723~1792로 처음에는 '루이에트louisettes'로 불렸지만, 루이에트의 성능을 증언한데다 그런 기계의 필요성을 처음 제안했던 기요틴이 더 유명해지는 바람에 기요틴이라는 이름이 붙게 되었다.

기요틴은 죽는 날까지 루이에트를 기요틴으로 부르는 건 부당하다고 항의했고, 사후 그의 가족들은 수년간 법정투쟁을 벌였지만 패소함으로써 기요틴이라는 이름은 역사에 길이 남게

되었다. 기요틴 가문은 결국 성을 다른 것으로 바꿔버리고 말았다.[102]

오늘날에는 기요틴이 인도주의적 발명품이라는 주장에 공감할 사람이 많지 않겠지만, 당시에는 그렇게 볼 수 있는 충분한 이유가 있었다. 기요틴 이전에는 귀족과 평민의 처형 방법이 달랐지만, 기요틴은 그런 귀족과 평민에게 똑같이 적용됨으로써 그런 차별을 없앴다. 기요틴 이전의 처형 방법은 다양했지만, 한 가지 공통점은 사형수의 목숨을 즉각 끊지 못해 엄청난 고통을 안겨주었다는 점이다. 고통을 가하는 게 주요 목적이었으므로 그건 다분히 의도적인 것이기도 했다.

그래서 칼이나 도끼를 사용하여 처형할 때 사형수의 가족은 사형집행자에게 칼이나 도끼의 날을 미리 갈아둬 사형수의 고통을 줄여달라는 뜻으로 뇌물을 주기도 했다. 그런데 기요틴은 묵직한 칼날이 공중에서 아래로 툭 떨어짐으로써, 기요틴의 말마따나 사형수는 고통을 전혀 느끼지 않게 해주었으니, 당시로선 인도주의적 발명품이라는 말이 나올 법도 했다.

프랑스 철학자 미셸 푸코 Michel Foucault, 1926~1984가 1975년에 출간한 『감시와 처벌 Surveiller et Punir』은 절대 왕정체제하에서 자행되었던 무자비한 형벌의 현장을 자세히 묘사하는 걸로 시작하고 있다. 심장이 약한 사람은 그 부분을 건너뛰고 읽는 게 좋을 것이나, 살아 있는 사람의 육체를 죽어 있는 소고기나 돼지고기 다루듯이 다루었다고 보면 된다. 후자는 요리를 위한 것이지만 전자는 순전히 처벌을 위한 것이라는 차이가 있을 뿐이다.

그런데 왜 오늘날에는 그런 잔인한 형벌이 사라진 걸까? 죄수를 인간적으로 대하기 위해서? 그게 아니다. 사람들이 잔인한 형벌을 받는 죄수에게 동정심을 갖게 되고 그에 따라 권력에 대한 반감이 생겨나게 되었기 때문에 잔인한 형벌 대신 '감시' 또는 '규율'이라는 방법을 택하게 되었다는 것이 푸코의 주장이다.[103]

어찌되었든 기요틴이 새로 창출해낸 '인도주의'를 기리고자 했던 걸까? 프랑스에선 사형제가 폐지된 1981년까지 사형 방식으로 단두대를 사용했다. 비록 단두대로 사형에 처해진 마지막 사형수는 1977년 9월 10일에 나왔지만 말이다. 프랑스에서 단두대 처형은 남녀노소를 막론하고 수많은 구경꾼을 불러들인 '대중문화'였는데, 공개 처형 대신 비공개 처형으로 바뀐 건 1939년부터였다. 프랑스에서만 단두대를 쓴 건 아니다. 유럽의 여러 나라에서 사용되었으며, 특히 단두대에 매료된 독일의 아돌프 히틀러는 1933년 단두대 사형장 20개를 만들라고 지시해 1945년까지 1만 6,500명을 단두대 사형에 처했다.[104]

guy

guy는 "사내, 녀석, 친구", 복수 형태인 guys

는 성별 구분 없이 "사람들, 패거리들"이란 뜻이다. a queer(nice) guy는 "이상한(좋은) 녀석", you guys는 "여러분"이란 뜻이다. 가이 포크스 Guy Fawkes, 1570~1606라는 실존 인물에서 유래된 말이다.

가이 포크스는 1605년 11월 5일 밤 정부의 가톨릭 탄압정책에 반대하여 왕 제임스 1세James I, 1566~1625가 방문하는 시간에 맞춰 영국 의사당을 폭파시킬 음모를 꾸몄다가 발각되고 말았다. 이른바 '화약음모The Gunpowder Plot 사건'이다. 주동자들은 모두 사건의 와중에서 살해되었는데, 가이 포크스만이 생포되어 처형당했다.

이후 영국인들은 매년 11월 5일 밤 축제를 열어 불꽃놀이와 함께 the guy 인형을 불태우는 행사를 벌였다. 처음에 왕실에서는 왕의 무사함을 기뻐하고자 불꽃놀이를 벌이도록 했으나, 훗날 많은 사람은 가이 포크스의 실패를 아쉬워하는 의미에서도 불꽃놀이를 벌였다. 그래서 11월 5일은 신교도와 구교도 모두가 즐기는 축제일이 되었다.105

영웅은 사람들의 상상 속에서 만들어지는 법이다. 1841년 소설가 윌리엄 해리슨 에인스워스 William Harrison Ainsworth, 1805~1882는 『가이 포크스, 또는 화약음모Guy Fawkes; or, The Gunpowder Treason』를 통해 그를 긍정적이고 동정적으로 묘사했으며, 1905년경 출판된 아이들용 소설책인 『옛 런던의 음모자인 가이 포크스의 어린 시절The Boyhood Days of Guy Fawkes; or, The Conspirators of Old London』에서는 가이 포크스가 액션 영웅으로 등장했다.106

1982년부터 출간된 만화책 시리즈 『브이 포 벤데타V for Vendetta』에서는 자신을 브이v라고 칭하는 무정부주의자 주인공이 가이 포크스의 가면을 쓰고 전체주의 정부에 맞서는 모습이 그려지는데, 이 만화를 각색하여 영상으로 옮긴 2006년 제임스 맥티그James McTeigue 감독의 영화 〈브이 포 벤데타〉는 가이 포크스를 전 세계적인 인물로 탈바꿈시키는 데 결정적인 역할을 했다. 〈브이 포 벤데타〉에 등장한 가이 포크스의 가면은 오늘날 저항자의 상징처럼 여겨지고 있다. 국제적 해커 그룹인 어나니머스Anonymous의 회원들은 가이 포크스의 가면을 자신들의 로고이자 상징으로 사용하고 있으며, 2011년 '월가 시위Occupy Wall Street'에서도 많은 사람이 가이 포크스의 가면을 착용했다.107

영국에선 guy가 19세기에는 '이상한 옷차림의 남자'로, 지금은 '익살스런 인형상'의 뜻으로 쓰이지만,108 이 단어를 수입해 일상적 삶에서 시도 때도 없이 써댄 건 바로 미국인들이었다. 미국의 어느 TV 드라마에선 10대 딸이 부모와 나머지 식구들이 모여 있는 곳으로 오면서 "What are you guys doing here?"라고 말한다. "다들 여기서 뭐 하는 거예요?"라는 뜻의 인사

Guy Fawkes

말이다.[109] 내가 2011년 콜로라도 주 덴버의 미국 교회에 갔더니 목사가 설교를 시작하면서 신자들을 다정스럽게 부르는 말도 바로 you guys였다.

halcyon days

halcyon days(평온하고 행복한 시대)는 그리스 신화에서 나온 말이다. 바람의 신인 아이오로스Aeolus의 딸인 알시온Alcyon은 인간 남자와 결혼해 제우스Zeus 신을 분노하게 만들었다. 제우스는 알시온 부부가 배를 타고 항해를 할 때 천둥번개를 내려 알시온의 남편이 바다에 빠져 죽게 만들었다. 이에 상심한 알시온도 바다에 뛰어들어 자살하고 말았다.

뒤늦게 그들에 대해 동정심을 갖게 된 제우스는 그들을 물총새kingfisher로 다시 태어나게 만들었다. 이 새는 Alcyon, 나중에 h가 더해져 Halcyon으로 불리게 된다. 물총새가 된 알시온이 알을 낳자 바람의 신인 아버지 아이오로스는 바다 위에 띄운 둥지에서 알이 부화할 수 있게끔 바람을 멈추게 한다. 그 기간은 동지winter solstice(12월 21일) 전후의 고요한 14일간인데, 이게 비유적으로 이와 같은 뜻을 갖게 된 것이다.

로마 시인 오비디우스Ovidius, B.C. 43~A.D. 17가 기록한 이 전설을 1567년 영국 작가 아서 골딩Arthur Golding이 번역해, 윌리엄 셰익스피어William Shakespeare, 1564~1616의 『헨리 6세Henry VI』에 "halcyon days"라는 말이 등장하게 되었다. 이 전설의 한 가지 흠은 물총새에 90종이 있긴 하지만 바다에 둥지를 띄워 알을 까는 물총새는 없으며, 모든 물총새가 주로 강둑에 구멍을 파서 둥지로 삼는 점이라 하겠다.[1]

halcyon days라는 말의 어감과 뜻이 좋은 탓인지 미국과 영국에선 이걸 제목으로 삼은 노래와 앨범이 20개 이상 나왔다. 그냥 halcyon만 쓴

halcyon

것까지 합하면 30개가 넘는다. 하긴 누가 평온하고 행복한 시대를 동경하지 않으랴. 그 밖에도 건물, 도시, 게임, 소설, 희곡, 선박 등 다양한 분야에서 halcyon을 제목으로 가져다 쓰고 있다. Halcyon Days Ltd.는 영국의 도자기 등 명품 판매업체의 이름이다.

happiness

Possessed of happiness, don't exhaust it(행복을 절약하라). Happiness is the highest level of success(행복은 성공의 최고 수준이다). Success is getting what you want; happiness is wanting what you get(성공은 원하는 것을 갖는 것이고, 행복은 가진 것을 원하는 것이다). Happiness is the result of being too busy to be miserable(행복은 너무 바빠서 비참할 겨를이 없는 상태다). Knowledge of what is possible is the beginning of happiness(무엇이 가능한지 아는 게 행복의 시작이다). Everyone speaks of happiness, few know it(모든 사람이 행복을 말하지만 행복을 아는 사람은 드물다).

이상 소개한 행복 관련 속담들은 우리 인간의 행복에 대한 집착을 잘 말해준다. 그러나 철학자 탁석산은 『행복 스트레스』(2013)에서 행복은

역사가 200년밖에 안 된 발명품이라고 주장한다. 영국 철학자이자 법학자 제러미 벤담Jeremy Bentham, 1748~1832이 1789년 저서에서 공리주의功利主義를 주장하면서 행복을 쾌락과 같은 의미로 처음 사용했으며, 그게 바로 '최대 다수의 최대 행복'이었다는 것이다. 아시아에서 행복은 1860년대 이후, 일본에서 처음 쓰였는데, '최대 다수의 최대 행복'이라고 번역하면서 일본어에 'happiness'나 프랑스어의 'bonheur'에 해당하는 단어가 없었기 때문에 '행幸'과 '복福'을 합성해 빚어진 일이라고 한다. 또 한국에서는 1886년 10월 4일자 『한성주보漢城週報』에 '행복'이란 낱말이 처음 등장했다고 한다.[2]

아닌 게 아니라 happiness의 본뜻은 "good fortune(행운)"이었다.[3] 하지현은 happy가 '요행, 우연히 일어난 일'을 뜻하는 hap에서 왔다며 이렇게 말한다. "행복감은 예정된 즐거움에서보다 우연히 일어날 때 더 크게 느낀다고 해석할 수 있다. 뒤집어 생각해보면 사람들이 선택해야 하는 상황 자체를 싫어하고 불편해하는 경향이 그만큼 크다는 것을 알 수 있다."[4] 행복 강박증에서 벗어난 자유로운 마음도 행복 관련 명언을 10개만 감상해보자.

(1) A happy life consists in tranquillity of mind(행복한 삶은 마음의 평화에 있다). 고대 로마의 철학자 키케로Cicero, B.C. 106~B.C. 43의 말이다.

(2) Better to be happy than wise(현명한 것보다는 행복한 게 낫다). 영국 작가 존 헤이우드John Heywood, 1497~1580의 말이다.

(3) Happiness and misery depend as much

on temperament as on fortune(행복은 행운 못지 않게 기질에 달려 있다). 17세기 프랑스 작가로 풍자와 역설의 잠언으로 유명한 라 로슈푸코 François de La Rochefoucauld, 1613~1680의 말이다.[5]

(4) All the unhappiness of men arises from one single fact, that they cannot stay quietly in their own chamber(인간의 모든 불행은 단 한 가지 사실에서 비롯된다. 그것은 인간이 자기 자신의 방에서도 조용히 머무를 수 없다는 사실이다). 프랑스 사상가 블레즈 파스칼Blaise Pascal, 1623~1662의 말이다.

(5) Never fear spoiling children by making them too happy. Happiness is the atmosphere in which all good affections grow(아이들을 아주 행복하게 해줘 버릇이 나빠질까봐 걱정하지 마라. 행복은 모든 좋은 감정이 생겨나는 분위기와 같다). 영국 목사 토머스 브레이Thomas Bray, 1658~1730의 말이다.

(6) The U.S. Constitution doesn't guarantee happiness, only the pursuit of it. You have to catch up to it yourself(미국 헌법은 행복을 보장하지 않는다. 행복의 추구만을 보장할 뿐이다. 행복은 국민 스스로 찾아내야 한다). 미국 정치가이자 발명가인 벤저민 프랭클린Benjamin Franklin, 1706~1790의 말이다.

(7) Every man wants to be happy, but in order to be so he needs first to understand what happiness is(모든 사람이 행복을 원하지만, 정말 행복하려면 행복이 무엇인지부터 이해해야 한다). 프랑스의 계몽 사상가 장 자크 루소Jean Jacques Rousseau, 1712~1778의 말이다.

(8) What can be added to the happiness of the man who is in health, who is out of debt, and has a clear conscience(건강하고 빚이 없고 깨끗한 양심을 가진 사람의 행복에 무엇을 더할 게 있겠는가)? 영국 경제학자 애덤 스미스Adam Smith, 1723~1790의 말이다.

(9) Happiness is not an ideal of reason, but of imagination(행복은 이성이 아닌 상상의 이상이다). 독일 철학자 이마누엘 칸트Immanuel Kant, 1724~1804의 말이다.

(10) The first and indispensable requisite of happiness is a clear conscience(행복의 첫째이자 필수적인 조건은 깨끗한 양심이다). 영국 역사가 에드워드 기번Edward Gibbon, 1737~1794의 말이다.

hash

make a hash of it은 "~을 망쳐놓다, ~을 요절내다, 찍소리 못하게 하다"는 뜻이다. settle(fix) a person's hash도 비슷한 표현이다. hash는 "잘게 썬 고기"로 프랑스 요리법인데, chop(잘게 썰다, 다지다)이라는 뜻의 프랑스어 hacher에서 온 말이다. 17세기 중반 영국에 수입되었다. 어떤 고기든 잘게 썬 것은 hash라고 할 수 있다. 이를 사람에 비유한 것이니, 의외로 잔인한 표현이라 할 수 있다.[6]

1937년 그 유명한 '스팸SPAM'을 탄생시킨 미

SPAM

하므로 음식을 나르는 걸 sling(던지다)으로 표현한 것이다. 19세기 중반부터 사용된 말이다. To earn money for college, Maggie got a job slinging hash(대학에 갈 돈을 벌기 위해 매기는 간이식당 웨이트리스 일자리를 얻었다).[9]

국의 식품업체 호멜푸즈Hormel Foods는 자기들이 1950년부터 미국에 corned beef hash와 roast beef hash를 소개했다고 주장하지만, 미국에서도 hash 요리는 19세기부터 존재했으며, 이는 이 요리 이름을 따서 부른 hash house가 많이 있었다는 걸로도 입증된다. 미국에서 매년 9월 27일은 National Corned Beef Hash Day라고 한다.[7]

mince도 hash와 비슷한 뜻이다. mince는 "(고기 따위를) 다지다, 잘게 썬(다진) 고기, 조심스레(완곡하게) 말하다", minced meat는 "잘게 썬 고기", mincemeat는 "민스미트(다진 고기에 잘게 썬 사과, 건포도, 기름, 향료 등을 섞은 것으로 파이 속에 넣어 만드는 것)", make mincemeat of는 "~을 잘게 토막치다, 되게 혼내주다, 찍소리 못하게 해치우다", not mince one's words는 "까놓고 말하다, 솔직히 말하다"는 뜻이다. not mince one's words는 늘 부정형으로 쓰이며, 윌리엄 셰익스피어William Shakespeare, 1564~1616가 자주 사용했다.[8]

sling hash는 "(간이식당 등에서) 급사 노릇을 하다"는 뜻이다. hash엔 속어로 "음식"이란 뜻이 있다. 간이식당 등과 같은 곳에선 속도가 중요

hatred

"우리는 편견과 증오를 극복해야 할 악덕으로 여기지만, 편견과 증오는 보편적인 인간 현상이다.……정치는 '공격성 분출의 제도적 승화'로 탄생된 것인바, 정치의 원동력이 증오라는 건 매우 자연스러운 일인지도 모른다.[10] 증오가 정치의 원동력이자 본질이라면 그걸 사라지게 하는 건 영원히 가능하지 않다. 그건 인간의 본성을 바꾸는 일과 다를 바 없기 때문이다. 우리가 할 수 있는 일은 증오의 양을 조절하는 것이다. 증오가 정치의 주요 동력과 콘텐츠가 되는 지금과 같은 '증오 시대'는 필연이거나 숙명은 아니다. 따라서 증오를 가급적 줄이는 방향으로 나아가면서 화합을 모색하는 건 얼마든지 가능한 일이다."

나의 『증오 상업주의』(2013) 머리말에 나오는 말이다. "Love and hate are blood relations(사랑과 증오는 혈연관계다)"라거나 "He that cannot hate cannot love(증오를 모르면 사랑도 모른다)"라는 말은 우리 인간의 삶에서 증오를 피해가는 건 어렵다는 걸 시사해준다. 증오hatred, hate 관련 명언 10개만 감상해보자.

(1) Hatred is blind, as well as love(증오는 사랑처럼 맹목적이다). 영국의 성직자이자 작가로 『잉글랜드 명사名士들의 역사The History of the Worthies of England』를 쓴 토머스 풀러Thomas Fuller, 1608~1661의 말이다.

(2) Hatred is self-punishment(증오는 자기 형벌이다). 미국 신학자 호세아 벌루Hosea Ballou, 1771~1852의 말이다.

(3) We hate some persons because we do not know them; and we will not know them because we hate them(우리는 어떤 사람들을 모르기 때문에 싫어한다. 그리고 우리는 그들을 싫어하기 때문에 그들에 대해 알려고 하지 않는다). 영국 작가 찰스 케일럽 콜턴Charles Caleb Colton, 1780~1832의 말이다.

(4) There is no faculty of the human soul so persistent and universal as that of hatred(증오만큼 끈질기고 보편적인 정신력은 없다). 미국의 목사이자 노예폐지운동가였던 헨리 워드 비처Henry Ward Beecher, 1813~1887의 말이다.

(5) It is better to be hated for what you are than to be loved for what you are not(근거 있는 증오의 대상이 되는 것이 근거 없는 사랑의 대상이 되는 것보다 낫다). 프랑스 작가 앙드레 지드André Gide, 1869~1951의 말이다.

(6) They are unanimous in their hate for me and I welcome their hatred(그들은 나를 증오하는 데는 모두 한통속이다. 그렇지만 나는 그들의 증오를 환영한다)![11] 미국 제32대 대통령 프랭클린 루스벨트Franklin Delano Roosevelt, 1882~1945가 지지자들 앞에서 한 연설에서 한 말이다.

(7) A man who lives, not by what he loves but what he hates, is a sick man(사랑하는 것이 아니라 증오하는 것에 의해 살아가는 사람은 병든 사람이다). 미국 시인 아치볼드 매클리시Archibald MacLeish, 1892~1982의 말이다.

(8) Passionate hatred can give meaning and purpose to an empty life(열정적인 증오는 공허한 삶에 의미와 목적을 줄 수 있다).[12] 미국 사회운동가이자 작가인 에릭 호퍼Eric Hoffer, 1902~1983의 말이다.

(9) Hatred has become a habit. With no more outside enemies to destroy, the fanatics make enemies of one another(증오는 습관이 되었다. 파괴해야 할 외부의 적이 없으면 광신자들은 다른 적을 만들어내고야 만다).[13] 이 또한 호퍼의 말이다.

(10) Blind hate against the enemy creates a forceful impulse that cracks the boundaries of natural human limitations……A people without hate cannot triumph against the adversary(적에 대한 맹목적 증오는 인간의 한계를 뛰어넘을 수 있는 강력한 원동력을 만들어낸다.……증오가 없는 사람은 적과 싸워 이길 수 없다). 게릴라 혁명 투사 체 게바라Che Guevara, 1928~1967의 말이다. 그는 증오를 적에겐 공포를 줄 뿐만 아니라 병사들을 통제하고 지휘하기 위한 전략적 도구로 이해했다.[14] [참고 anger]

have

have it in for a person은 "~에게 원한을 품고 있다, ~를 싫어(미워) 하고 있다"는 뜻이다. Max has it in for Lefty(맥스는 레프티를 싫어하고 있다). 여기서 it는 그간 쌓인 악감정을 뜻한다. 20세기 초반 미국 소설들에서 많이 쓰인 말이다.[15]

hobnob는 "친하게(허물없이) 사귀다, 사이좋게 이야기하다, 권커니 잣거니 술을 마시다"는 뜻이다. 원래 "hab or nab"에서 비롯된 말로, "have or have not"이란 뜻이었다. "hit or miss"라는 뜻으로도 볼 수 있다. 이게 술집에서 한잔 얻어 마시면 다음에 한잔 사는 "give and take"를 거쳐 "이래도 한 세상, 저래도 한 세상" 하는 태도로 세상을 사는 흥겨운 친목의 의미로 발전한 것이다.[16]

'To Have or to Be(소유냐 존재냐)?'는 유대인으로 독일계 미국인 학자인 에리히 프롬Erich Fromm, 1900~1980이 1976년에 출간하여 세계적인 베스트셀러가 된 책의 제목이다. 프롬은 이 책에서 "A certain change in the emphasis on having and being is apparent in the growing use of nouns and the decreasing use of verbs in Western languages in the past few centuries(소유와 존재를 강조하는 데 한 가지 변화는, 지난 몇 세기 동안 서구 언어에서 명사 사용이 증가되고 동사 사용이 줄어든 데서도 분명히 눈에 띈다)"라고 말했다.[17] 이 책 제목의 용법처럼 have는 '소유'와 관련해 쓰인다. 다음의 두 가지 사례를 보자.

(1) He is rich or poor according to what he is, not according to what he has(빈부는 소유가 아니라 존재에 의해 결정된다). 미국의 목사이자 노예폐지운동가였던 헨리 워드 비처Henry Ward Beecher, 1813~1887의 말이다.

(2) Lives based on having are less free than lives based on doing or on being(소유에 근거한 삶은 행위나 존재에 근거한 삶보다 덜 자유롭다). 미국 철학자이자 심리학자인 윌리엄 제임스William James, 1842~1910의 말이다.[18]

프롬은 현대인들의 삶에서 have 동사가 남용되고 있다고 지적했지만, 즉 소유 양식이 존재 양식을 압도하고 있다고 했지만, 남녀 간 사랑도 그 문제를 피해가긴 어려울 것이다. 미국 그룹 스카이라이너스Skyliners는 1958년에 발표한 〈Since I Don't Have You〉라는 노래에서 다음과 같이 절규한다.

"I don't have plans and schemes/And I don't have hopes and dreams/I don't have anything/Since I don't have you//And I don't have fun desires/And I don't have happy hours/I don't have anything/Since I don't have you//I don't have happiness/And I guess I never will again/When you walked out on me/It worked old misery/And he's been here since then//I don't have love to share/And I don't have one who cares/I don't have anything/Since I don't have you."

"나는 어떤 계획도 없어요/나는 희망과 꿈도 없어요/나는 아무것도 없어요/왜냐하면 당신이 없기 때문이에요//나는 즐거운 욕망도 없어요/나는 행복한 시간도 없어요/나는 아무것도 없어요/왜냐하면 당신이 없기 때문이에요//나는 행복하지 않아요/나는 결코 다시 행복하지 않을 거예요/당신이 나를 떠났을 때/고통이 찾아와서 머무르며/내게서 떠나지 않아요//나는 같이 나눌 사랑이 없어요/아무도 나를 염려해줄 사람이 없어요/나는 아무것도 없어요/왜냐하면 당신이 없기 때문이에요."

이 노래는 이후 Chuck Jackson(1964), Manfred Mann(1965), Jay and the Americans(1969), The Vogues(1970), Lenny Welch(1973), Ricky Nelson·Barbra Streisand(1974), Patti LaBelle(1977), Art Garfunkel(1979), Don McLean(1981), Gloria Loring(1986), Johnny Mathis(1989), The Brian Setzer Orchestra(1998) and Ron Sexsmith(2012) 등에 의해 14번이나 리메이크로 불리는 불후의 명곡이 된다.[19]

왜 그랬을까? 사랑을 잃지 않기 위한 이른바 '폐인 선언' 이기 때문이다. 일종의 자해自害 수법이라고 해도 좋다. 당신이 없으면, 당신을 갖지 못하면, 나에겐 계획, 희망, 꿈, 욕망, 행복 등 모든 게 없어지니 알아서 하라고 협박하는 셈이다. 동원할 수 있는 가장 강력한 호소요, 절규이기 때문이다. 이런 협박을 듣고 그녀는 다시 돌아올까? 현실 세계에선 매우 희박한 가능성이지만, 이 노래를 부르는 사람들에겐 그런 행운이 있기를 빌어주자.

hawk and dove

hawk and dove는 "매파(강경론자)와 비둘기파(온건론자)"를 뜻한다. 비둘기는 그리스신화에서 사랑과 미의 여신인 아프로디테Aphrodite의 팔에 앉아 있던 이래로 평화의 상징으로 여겨졌다. 그러나 현대에 들어와 공산주의자들이 비둘기를 선점하여 평화의 상징으로 많이 이용함으로써 반공주의자들에겐 비둘기가 그리 순수한 의미로 받아들여지지 않았다. 반면 강경론자의 상징으로서 매의 역사는 그리 오래되지 않는다. 미국 제3대 대통령(1801~1809년) 토머스 제퍼슨Thomas Jefferson, 1743~1826이 1798년에 "war hawk"라는 말을 쓴 것이 그 시초로 여겨지고 있다.

hawk와 dove의 상징적 대립은 1960년대의 쿠바 미사일 사건과 베트남 전쟁 기간 중에 많이 사용되었다. 『새터데이이브닝포스트Saturday Evening Post』 1962년 12월 8일자는 다음과 같이 보

hawk

도했다. "The hawks favoured an air strike to eliminate the Cuban missile bases. The doves opposed the air strike and favored a blockade(매파는 쿠바의 미사일 기지를 제거하기 위해 공중 폭격을 선호한 반면 비둘기파는 공중 폭격에 반대하면서 해안 봉쇄를 선호했다)."

『뉴요커The New Yorker』 기자인 니컬러스 톰슨Nicholas Thompson은 2009년 『매파와 비둘기파: 폴 니체, 조지 케넌, 그리고 냉전의 역사The Hawk and the Dove: Paul Nitze, George Kennan, and the History of the Cold War』라는 책을 출간했다. 1940년대에 미국의 대외정책 노선을 놓고 핵전쟁 불사론까지 폈던 매파 폴 니체1907~2004와 봉쇄정책으로 소련이 내부에서 무너지는 걸 기대한 비둘기파 조지 케넌1904~2005의 관계를 다룬 책이다. 톰슨은 니체의 외손자다.[20][참고 containment]

오늘날엔 그 어떤 주장이건 전투적으로 외치는 사람을 가리키는 데에도 hawk라는 말을 쓰는데, 예컨대, privacy hawk는 프라이버시 문제에 전투적인 주장을 하는 사람을 뜻한다. chicken hawk라는 말도 있는데, 이는 대외정책에서 hawk이면서도 병역을 기피한 사람을 조롱하는 뜻으로 쓰는 말이다.[21]

chicken hawk는 오늘날엔 sofa samurai라고 한다. 군대에 가본 적도 없고 갈 뜻도 없으면서, 전쟁 이야기에 열을 내면서 호전성을 보인다면 그런 사람이 바로 소파 위에서 칼을 휘두르는 사무라이가 아니고 무엇이랴.[22]

Hawk and Dove는 1968년에 탄생해 지금까지도 인기를 누리고 있는 미국 만화의 주인공 이름이기도 하다. Hawk and Dove는 한 팀을 이룬 superhero인데, 1960년대의 미국 대외정책이 매파와 비둘기파의 대결 구도로 이루어진 것을 빗대어 Hawk는 매파, Dove는 비둘기파의 행동 양식을 보인다.[23]

hay

hay는 '건초'다. 기차나 고속버스를 타고 가다 보면 논에 원통형 모양의 건초 더미가 만들어져 있는 걸 볼 수 있는데, 그걸 bale이라고 한다. bale은 원래 "(가벼운 것을 단단히 다져 크게 묶은) 더미[뭉치]"라는 뜻이다. a bale of hay는 '건초 한 꾸러미', hay fever는 "고초열(꽃가루 알레르기)"이다. hay diet(헤이 다이어트)는 빵이나 밥

bales

과 같은 탄수화물 음식을 다른 음식과 같은 시간에 먹지 않는 다이어트다. The waste paper is baled, then sent for recycling(폐지는 뭉쳐두었다가 재활용되도록 보낸다).[24]

건초를 만드는 걸 가리켜 haymaking, making hay, doing hay라고 한다. Make hay while the sun shines(해가 빛날 때 건초를 말려라). 1500년대 초부터 쓰인 속담이다. 이런 물실호기勿失好機(좋은 기회를 놓치지 않음)와 관련된 속담이 많다. Strike while the iron is hot(쇠는 뜨거울 때 두드려라). A stitch in time saves nine(제때의 바늘 한 땀이 나중의 아홉 땀을 던다). After death comes the doctor(사후약방문死後藥方文). There is a time and place for everything(모든 일에는 할 수 있는 때와 장소가 있는 법이다).

그러나 이 모든 속담을 반박하려는 듯, 미국의 민권운동가 마틴 루서 킹Martin Luther King, Jr., 1929~1968은 "The time is always right to do what is right(옳은 일을 하는 데 알맞은 때란 없다)"라고 말했다.

hit the hay는 "잠자다"는 뜻이다. 옛날 선원들은 배를 타기 전에 자신의 잠자리를 스스로 챙겨야 했는데, 주로 건초hay로 속을 채운 값싼 침구를 사서 쓴 데서 유래된 말이다. 미국에선 1930년대 집 없는 사람들이 양산되었을 때 널리 쓰인 말이다. 이들은 어디서든 잠을 자야 했기에 때론 건초 더미가 있는 헛간 같은 곳도 감지덕지해야 했다. 온종일 피곤에 지친 그들은 머리를 건초에 대는 순간 잠에 곯아떨어졌기 때문에 hit the hay라는 표현이 어울렸다. It's been a long day, and now it's time to hit the hay(오늘 긴 하루였는데, 이젠 잠자리에 들 시간이다).[25]

health

health(건강)의 정의를 놓고 그간 제법 열띤 논쟁이 전개되어왔다. 그 논쟁의 핵심은 건강을 소극적으로 정의할 것인가, 적극적으로 정의할 것인가 하는 문제였다. 소극적으로 정의하자면, 건강은 '병이나 고통이 없는 상태'이지만, 적극적으로 정의하면 가치 판단의 문제에 이른다. 오늘날 널리 통용되는 적극적 정의를 가리켜 health triangle이라고 하는데, 이는 육체적 건강, 정신적 건강, 사회적 행복 등 3가지를 가리키는 것이다.[26]

Live healthy. Live happy. Live Longs(건강하세요. 행복하세요. 장수하세요). 미국의 약국 체인점 Longs Drugs의 홍보 문구다. 건강이 행복과 장수의 첫 번째 조건이라는 건 두말할 나위가 없다. 수많은 현인이 이 점을 강조했는데, 명언 10개만 감상해보자.

(1) Having good health is very different from only being not sick(좋은 건강을 갖는다는 것은 단지 아프지 않다는 것과는 크게 다른 것이다). 로마 철학자 세네카Seneca, B.C. 4~A.D. 65의 말이다.

Longs Drugs

(2) A healthy body is the guest-chamber of the soul; a sick, its prison(건강한 몸은 영혼의 객실, 아픈 몸은 영혼의 감옥이다). 영국 철학자 프랜시스 베이컨Francis Bacon, 1561~1626의 말이다.[27]

(3) Health is better than wealth(건강이 부보다 낫다). 영국 박물학자naturalist 존 레이John Ray, 1627~1705의 말이다.

(4) Health is not valued till sickness comes(건강은 병이 찾아올 때까지 그 소중함을 모른다). 영국의 성직자이자 작가로, 『잉글랜드 명사들의 역사The History of the Worthies of England』를 쓴 토머스 풀러Thomas Fuller, 1608~1661의 말이다.

(5) Health is the first and greatest of all blessings(건강은 모든 축복 가운데 첫 번째이자 가장 위대한 것이다). 영국 정치인 체스터필드 경Philip Dormer Stanhope, 4th Earl of Chesterfield, 1694~1773의 말이다.

(6) With health, everything is a source of pleasure; without it, nothing else, whatever it may be, is enjoyable. Health is by far the most important element in human happiness(건강하면 모든 게 쾌락의 원천이 되지만, 그렇지 못하면 그 어떤 것일지라도 즐길 수 없다. 건강은 인간의 행복에서 단연 가장 중요한 요소다). 독일 철학자 쇼펜하우어Arthur Schopenhauer, 1788~1860의 말이다.

(7) Health is the condition of wisdom, and the sign is cheerfulness(건강은 지혜의 조건이며, 그 징후는 유쾌함이다). 미국 철학자 랠프 월도 에머슨Ralph Waldo Emerson, 1803~1882의 말이다.

(8) There's a lot of people in this world who spend so much time watching their health that they haven't the time to enjoy it(이 세상의 많은 사람이 건강을 즐길 시간이 없을 정도로 건강을 주의하는 데 많은 시간을 쓰고 있다). 미국의 유머리스트 조시 빌링스Josh Billings, 1818~1885의 말이다.

(9) Health is the first of all liberties(건강은 모든 자유 가운데 첫 번째 것이다). 스위스 철학자 앙리 아미엘Henri Amiel, 1821~1881의 말이다.

(10) The only way to keep your health is to eat what you don't want, drink what you don't like, and do what you'd rather not(건강을 지키는 유일한 방법은 원치 않는 걸 먹고 좋아하지 않는 걸 마시고 하기 싫은 일을 하는 것이다). 미국 작가 마크 트웨인Mark Twain, 1835~1910의 말이다.

heckle

heckle은 "질문 공세를 퍼붓다, (선거 후보자 등을) 조롱(야유)하다", heckler는 "야유를 하는 사람"을 뜻한다. heckle은 원래는 "삼flax or hemp 따위를 삼빗으로 훑다, 삼빗"이라는 뜻이다. 삼을 삼빗으로 훑는 건 좋지 않은 걸 가려내기 위함인데, 이게 18세기 말부터 비유적으로 질문 공세를 통해 상대의 약점을 드러나게 하려는 뜻으로 쓰이게 된 것이다. 19세기 초부터 '야유'의 의미가 더해졌다.

앞서 heckle은 "삼flax or hemp 따위를 삼빗으로 훑다, 삼빗"이라는 뜻이라고 했는데, 흥미롭게도 hackle도 똑같은 뜻을 갖고 있다. 다만 hackle엔 "(위험을 당하여) 개나 수탉이 곤추세우는 털"이란 뜻을 추가로 갖고 있는데, 이와 관련된 숙어가 여러 개 탄생했다. get a person's hackles up, make a person's hackles rise, raise the hackles of a person은 "~를 화나게 하다", with one's hackles up(rising)은 "성이 나서, 싸우려는 기세로"란 뜻이다.[28]

정치인들은 해클러로 인해 큰 망신을 당할 수도 있기 때문에 연설 행사에서는 가급적 이를 예방하기 위해 큰 신경을 쓴다. 아예 청중을 자신의 지지자들로만 제한하는 방법을 쓰기도 하는데, 이런 예방책 때문에 해클링은 많이 줄었지만 오히려 그렇기 때문에 해클링의 뉴스 가치는 높아졌다. 대중적인 인기를 누리는 정치인이 되려면 해클러를 잘 다룰 줄 알아야 한다. 때로는 강경 대응이 좋은 효과를 낳기도 한다.

1964년 공화당 대통령 후보 배리 골드워터Barry Goldwater가 러트거스 대학Rutgers University에서 연설을 하는데, 대학생 1명이 벌떡 일어나 "You goddam Fascist bastard(망할 파시스트 개자식아)!"라고 외쳤다. 이에 골드워터가 "If you call me a bastard again, I'll meet you outside(나를 다시 개자식이라고 부르면 밖에 나가서 한판 붙을 거야)"라고 말하자, 골드워터에 결코 호의적이지 않았던 청중이 뜨거운 박수를 보냈다. 일부 평자들은 골드워터가 "Fascist"보다는 "bastard"라는 단어에 민감하게 반응했다는 것을 흥미롭게 생각했다.[29]

2013년 5월 23일 버락 오바마 미국 대통령은 워싱턴 D.C.에 있는 국방대학교에서 연설을 하다가 반전反戰단체 여성 회원의 항의 시위로 3차례나 중단해야 했다. 반전단체 '코드핑크Code Pink'의 회원인 미디어 벤저민은 이날 객석에서 관타나모 수용소의 수감자들을 즉각 석방할 것을 요구하며 소리를 질렀고, 오바마 대통령은

heckler

"연설을 계속하게 해달라"며 진땀을 흘렸다. 오바마는 그러면서도 "이 여성의 주장은 들어볼 가치가 있다"고 했다.[30]

반면 오바마의 부인 미셸 오바마는 자신의 연설을 방해한 해클러와 '맞짱'을 떠 화제가 되었다. 미셸은 2013년 6월 4일 워싱턴 북동부 카롤라마에서 열린 민주당 모금행사에 초청받아 연단에 섰는데, 20분짜리 연설이 12분 정도 진행되었을 무렵, 한 여성이 200명이 앉아 있는 관객석 앞으로 나오더니 "오바마 대통령은 노동자 차별을 금지하는 행정명령에 서명을 하라"고 소리를 치며 시위를 벌였다.

그러자 미셸은 바로 연단에서 내려가 여성에게 다가갔다. 눈을 마주보고는 "내 이야기를 듣든지, 아니면 당신이 마이크를 잡아라. 그러면 나는 떠날 것이다. 당신이 결정해라. 하나의 선택만 할 수 있다"고 말했다. 이에 청중은 "미셸이 떠나서는 안 된다"며 술렁였고, 여성 근처에 있던 한 청중이 "당신이 떠나라"고 외쳤다.

강연장 밖으로 끌려나간 이 여성은 동성애권리옹호단체 '겟 이퀄' 소속의 활동가 앨런 스터츠(56)로 밝혀졌다. 이날 500달러를 지불하고 모금행사에 참여했다. 정치자금 조사단체 책임정치센터에 따르면 민주당과 2008년 대선을 앞둔 오바마 캠프에 5,000달러를 기부했다고 한다. 스터츠는 어안이 벙벙해져 "미셸이 내 얼굴 앞으로 바로 다가와 오히려 놀랐다"고 이후 인터뷰에서 말했다.[31]

스포츠나 대중음악 공연에서 야유를 퍼붓는 사람도 해클러라고 한다. 가수 밥 딜런Bob Dylan은 일렉트릭 록을 시도하는 콘서트를 열어 일부 전통적인 팬들에게서 큰 반발을 샀다. 1966년 공연 중 한 팬이 공연 중간에 딜런을 향해 "Judas(변절자)!"라고 외치자, 딜런은 "I don't believe you, you're a liar(헛소리 하지 마, 당신은 거짓말쟁이야)!"라고 맞받아치면서 자신의 밴드에게 더 크게 연주할 것을 지시했다.[32]

딜런을 자신의 영웅으로 삼았던 애플의 스티브 잡스는 딜런의 이런 점을 좋아했다. 잡스는 이렇게 말했다. "딜런은 결코 한자리에 머무르지 않았어요. 정말 좋은 아티스트라면 반드시 어느 순간에는 남은 인생 내내 같은 음악만 할 수도 있을 때가 와요. 끊임없이 위험을 무릅쓸 줄 알아야 진정한 아티스트입니다. 딜런과 피카소 모두 언제나 실패의 위험을 감수했습니다."[33]

hindsight

hindsight는 "사후 평가, 때늦은 지혜", 반대말은 foresight(예측, 선견지명)이다. twenty-twenty hindsight는 시력 측정 용어를 동원한 비유적 표현으로, 사후 평가는 2.0일 정도로 늘 정확하다는, 아니 정확할 수밖에 없다는 뜻의 말이다. 할리우드의 영화 대본가이자 제작자인 빌리 와일더Billy Wilder, 1906~2002는 이런 말을 남겼다. Hindsight is always twenty-twenty(사후 평가는 늘 정확하기 마련이다).[34]

2012년 11월 최재천은 「통찰洞察」이라는 칼럼에서 이렇게 말했다. "버뮤다 제도에서 목회하고 있는 마일즈 먼로 목사는 예지력vision을 다음과 같은 멋진 말로 설명한다. '과거에 대한 이해를 바탕으로 통찰력을 갖추면 미래가 보인다 Foresight with Insight based on Hindsight.' 결코 순탄치 않을 향후 5년간 이 나라를 이끌 명견만리明見萬里의 통찰력을 지닌 후보가 누군지 우리 모두 밝게洞 살필察 일이다."[35]

hindsight bias는 '사후설명편향'이다. knew-it-all-along effect라고도 한다.[36] 조긍호는 "어떤 일이 벌어진 이후에 그 일이 왜 벌어졌는가에 대한 설명hindsight은 어떤 일이 벌어지기 전에 그 일에 대해 예측하는 것foresight보다 쉬우며, 이러한 사후설명은 실제로 우연적인 사건일지라도 필연적으로 그렇게 벌어질 수밖에 없었던 것처럼 보이게 한다는 것이 사후설명편향이다"고 정의한다.

조긍호는 예기치 않은 사건에 대해 집단주의자들은 개인주의자보다 사후설명편향을 크게 보이는 경향이 있다며 이렇게 말한다. "개인주의자들은 기대와 결과의 일치에 대한 신념이 강하여, 이것이 어그러졌을 때 사후설명에 어려움을 겪지만, 집단주의자들은 이의 일치에 대한 신념이 약하므로, 이의 불일치에 대한 설명을 쉽게 할 수 있음을 의미하는 것이다."[37]

일본의 심리학자인 고자카이 도시아키小坂井敏晶는 근대의 이상적인 자아상은 타인의 의견에 휩쓸리지 않고 자율적으로 생각해서 판단·행동하고 자신의 행위에 대해 책임을 지는 것이지만, 그런 인간은 실제로 있을 수 없기 때문에 개인주의적이라는 것을 외부 정보에 의존하고 있으면서도 그것에 무지한 경향이 강하다는 의미로 해석한다. 어떤 행동을 한 후에 '왜 이런 행동을 했을까'라고 자문할 경우, 개인주의적인 사람일수록 자신의 내부에 그 원인이 있었을 것이라 반성하고 자신의 행동에 더 강한 책임을 느끼는 경향이 있다는 것이다. 그래서 개인주의적인 사람일수록 행동과 의식 사이의 모순을 완화하기 위해 무의식적으로 자신의 의견을 변경하기 쉽다고 한다.[38]

그 반대도 상정해볼 수 있다. 개인주의적인 동시에 강한 신념과 열정을 가진 사람들은 어떤 일을 추진하는 데 당위 이외의 다른 변수들을 과소평가할 가능성이 높다. 행운에 의한 성공마저도 자기 자신의 신념과 열정과 결단이 옳았던 탓으로 돌리는 등 이들은 환경에 대한 통제력 착각을 더 쉽게 일으킬 수 있다.

history

The rest is history(나머지는 다 아는 사실이므로 더는 말씀드릴 필요는 없을 것 같습니다). 보통 자서전이나 전기에서 쓰는 말로, 널리 알려진 사실의 이면을 이야기한 뒤에 하는 말이다. 20세기 후반부터 사용된 말이다.[39]

History repeats itself(역사는 반복된다). 격언처럼 쓰이지만, 늘 맞는 이야기는 아니다. 미국 작가 마크 트웨인Mark Twain, 1835~1910의 다음과 같은 말이 적절하다. "The past does not repeat itself, but it rhymes(과거는 반복되는 게 아니라 운韻만 맞을 뿐이다)."[40] 역사에 대한 명언 10개만 감상해보자.

(1) History is nothing but a pack of tricks that we play upon the dead(역사란 우리가 죽은 자를 이용하여 벌이는 장난들을 모은 것에 지나지 않는다). 프랑스 사상가 볼테르Voltaire, 1694~1778의 말이다.

(2) History is little more than the register of the crimes, follies and misfortunes of mankind(역사란 인류의 범죄, 어리석은 행위, 불행 등에 관한 기록에 지나지 않는다). 영국 역사가 에드워드 기번Edward Gibbon, 1737~1794의 말이다. little more than은 "~와 마찬가지, ~에 지나지 않는", It costs me little more than a dollar는 "그것은 1달러밖에 안 든다"는 뜻이다.

(3) The men who make history have not time to write it(역사를 만드는 사람들은 그것을 기록할 시간이 없다). 오스트리아 정치가 클레멘스 메테르니히Klemens Wenzel Nepomuk Lothar von Metternich, 1773~1859의 말이다.

(3) History is a child's box of letters with which we can spell any word we please(역사란 우리가 원하는 대로 어떤 단어든 만들어낼 수 있는 어린애들의 글자 맞추기 판이다). 영국 역사가 제임스 프루드James Froude, 1818~1894의 말이다.[41]

(4) History is the record of what one age finds worthy note in another(역사란 한 시대가 다른 시대에서 기록할 만한 가치가 있다고 발견한 것의 기록이다). 스위스 태생의 역사가 야코프 부르크하르트Jakob Burckhardt, 1818~1897의 말이다.[42]

(5) God cannot alter the past, but historians can(신은 과거를 바꿀 수 없지만, 역사가는 바꿀 수 있다). 영국 작가 새뮤얼 버틀러Samuel Butler, 1835~1902의 말이다.

(6) All history is contemporary history(모든 역사는 현대사다). 이탈리아 역사가 베네데토 크로체Benedetto Croce, 1866~1952의 말이다. 역사란 현재적 관점에서 과거를 바라보는 것이며, 역사가의 임무는 기록이 아니라 평가라는 뜻이다.[43]

(7) The facts of history do not exist for any historian till he creates them(역사적 사실은 역사가가 창조하기 전까지는 존재하지 않는다). 상대주의 역사관으로 유명한 미국 역사가 칼 베커Carl Becker, 1876~1933의 말이다.[44]

(8) History is a continuous process of interaction between the historian and his facts, an unending dialogue between the present and the past(역사란 역사가와 사실들 간 계속되는 상호작용의 과정이며, 현재와 과거 사이의 끊임없는 대화다). 영국 역사가 에드워드 카Edward Hallett Carr, 1892~1982의 말이다.[45] 객관성 문제에 비교적 균형된 입장을 취하고자 했던 카는 '사실의 숭배cult of facts'에 반대하면서도 역사를 사실들의 단순한

편찬으로 간주하거나 오직 해석뿐이라는 상대주의 시각은 완전한 회의주의에 이르게 된다고 주장했다.

(9) History is the historian's experience. It is 'made' by nobody save the historian: to write history is the only way of making it(역사란 역사가의 경험이다. 그것은 역사가에 의해서만 만들어진다. 역사는 쓰는 것이 역사를 만드는 유일한 길이기 때문이다). 영국 역사가 마이클 오크쇼트Michael Oakeshott, 1901~1990의 말이다.[46]

(10) The belief in historical destiny is sheer superstition……There can be no prediction of the course of human history by scientific or any other rational methods(역사적 운명에 대한 믿음은 순전한 미신이다.……인간 역사의 진로를 과학적 또는 그 어떤 다른 합리적 방법으로 예측할 수는 없다). 영국 철학자 칼 포퍼Karl Popper, 1902~1994의 말이다. 포퍼는 지식은 역사에 영향을 끼치는데, 지식발전의 정도나 속도를 예측할 수 없는바 역사도 예측 불가하다며, 인간 역사가 예측가능하다는 마르크스주의 주장을 전면 반박했다.[47]

[참고 past]

hoi polloi

hoi polloi는 "민중, 대중, 서민"이란 뜻이다. 그리스어로 the people, the many란 뜻이다. 영국 시인 존 드라이든John Dryden, 1631~1700이 『Essay of Dramatick Poesie』(1668)에서 쓴 말이다.[48] 보통 herd(경멸적인 의미의 대중)라는 뜻으로 지금도 사용된다.

hoi가 영어로 the이므로 그냥 hoi polloi라고 하는 게 맞지만 실제로는 the hoi polloi로 사용할 때도 많다. 우리말에서 '역전앞'이라고 하는 게 자연스러운 것처럼 말이다. 바로 이걸 지적하는 게 1989년 영화 〈죽은 시인의 사회Dead Poets Society〉에서 키팅Keating의 수업시간에 등장한다. the hoi polloi라고 말하면 the herd라는 뜻이 되므로, 그렇게 말하는 사람은 herd가 된다는, 경멸적인 뜻으로 사용한 것이다.

미국 공영라디오방송 NPRNational Public Radio의 프로그램 〈On the Media〉의 공동 진행자인 밥 가필드Bob Garfield, 1955~는 2005년 11월 8일 방송에서 위키피디아를 폄하하는 백과사전 업계의 반응에 대해 이렇게 말했다. "The people in the encyclopedia business, I understand, tend to sniff at the wiki process as being the product of the mere hoi polloi(제가 알기로 백과사전업계 사람들은 위키피디아의 작업 과정을 어중이떠중이의 산물로 비웃는 경향이 있습니다)."[49]

hoist

hoist는 "(흔히 밧줄이나 장비를 이용하여) 들어[끌어]올리다", air hoist는 "(압축 공기를 이용한) 권양[기중]기", hoist sails는 "돛을 올리다", hoist[hang; put up] a flag는 "깃발을 달다"는 뜻이다. He hoisted himself onto a high stool(그는 등받이 없는 높은 의자에 올라앉았다). Let's hoist one at a bar(호프집에서 한잔 들이키자). His job is to hoist the flag at 6 every morning(그의 일은 매일 아침 6시에 깃발을 게양하는 것이다). Schools and public buildings hoist the flag all year round(학교와 공공건물은 1년 내내 태극기를 올립니다).[50]

hoist by one's own petard는 "자승자박自繩自縛이 되어, 자기 꾀에 당한"이란 뜻이다. petard는 (중세 시대에 성문 따위를 파괴하기 위한) 폭약의 일종이다. 중세 시대의 화약의 품질과 그걸 다루는 기술이 영 신통치 않았던 데서 비롯된 말이다. 무엇보다도 화약에 불을 붙이는 도화선fuse이 말썽을 부렸는데, 천천히 타게끔 되어 있는 도화선이 일찍 타버리면 불을 붙이던 병사까지 폭약의 힘으로 공중 부양을 하게 되는 일이 적잖이 일어났다.

자신들의 폭약에 의해 피해를 입으니 이게 자승자박이 아니고 무엇이랴. 윌리엄 셰익스피어 William Shakespeare, 1564~1616의 『햄릿Hamlet』에 나오는 말이다. 현대인들로선 이해하기 쉽지 않아 오래전에 사라졌어야 했을 말이지만, 셰익스피어의 파워 덕분에 아직 생명을 부지하고 있다고 할 수 있겠다.[51]

They are hoist with their own petard(그들은 그들이 판 함정에 빠지고 말았어). I am now hoist with my own petard(이제 나는 내 꾀에 내가 넘어간 꼴이 되었군). The mean guy deserves to hoist with his own petard(저 비열한 자식은 자승자박해도 싸).[52]

hold

hold one's own은 "자기 지위를 지키다, 자기 이익을 지키다, 지지 않고 버티다"는 뜻이다. 여기서 own은 사실상 지위나 이익을 뜻한다고 보아야겠다. 16세기부터 사용된 말이다. The stock market seems to be holding its own these days(증권시장은 요즘 잘 견뎌내고 있는 것 같다). He can hold his own in any fight(그는 어떤 싸움에서든 지지 않는다).[53]

hold the line은 "현상을 유지하다, 꽉 버티다, 물러서지 않다, 고수하다, 전화를 끊지 않고 기다리다"는 뜻이다. "Hold the line, please(전화를 끊지 말고 기다려주세요)"라는 용법이 가장 익숙하겠지만, 다른 분야에서도 많이 쓰이는 말이다. "Hold that line!"은 미식축구나 군사작전에서 많이 쓰이는 말로, 물러서지 말고 그 선을 고수하라는 뜻이다. 정치에선 가장 많이 쓰이는 상투어구가 "Holding the line against inflation(인플레이션 저지)"이다.[54]

with no holds barred는 "모든 수단이 허용되어, 규칙을 무시하여, 제한 없이, 제멋대로"란 뜻이다. with no-holds-barred로도 쓴다. 레슬링에서 나온 말이다. 레슬링에도 목을 졸라선 안 된다든가 하는 최소한의 규칙은 있기 마련이다. 그런데 가끔 흥행을 위해 아무런 규칙도 제약도 없는 경기가 펼쳐진다. 이 방식은 다른 분야에서도 쓰이게 되었다. 예컨대, 정치인·연예인 등과 사전 조율 없이 무엇이든 물어볼 수 있는 인터뷰를 가리켜 "a no holds barred interview"라고 한다.[55]

hold up은 "제시하다, 드러내다, 방해하다, (강탈할 목적으로) 멈추게 하다, (손 따위를) 쳐들다" 등 다양한 뜻을 갖고 있는데, holdup이라는 명사형으로 쓰이면 "노상강도 행위, (진행의) 정지, 중지"를 뜻한다. holdup man은 '노상강도'다. There was a holdup in the construction of the bridge(다리 건설이 한때 중지되었다).[56]

hold-up problem(홀드업 문제)은 경제학에서 두 당사자가 상호 협력을 통해 얻을 수 있는 이익이 매우 크지만 협력할 때 둘 사이에 존재하는 힘의 불균형으로 약한 쪽이 강한 쪽에 사실상의 '인질'이 됨으로써 종속되는 걸 우려하여 협력을 기피하는 문제를 뜻한다. 중소기업과 대기업의 관계나 노사관계에서 자주 나타난다.[57]

한순구 연세대 경제학부 교수는 이 문제를 '연애 방정식'으로 재미있게 풀어 설명한다.

그는 "한 젊은 남자에게 여자 친구가 생겼다. 그런데 이 여자 친구는 취향이 너무 특이하다. 그녀는 어느 날 갑자기 남자 친구의 자동차 색깔을 노란 형광색으로 바꾸자고 우겼다. 남자는 노란 형광색 자동차를 타는 게 너무 창피했지만, 새 여자 친구에 대한 사랑의 증표로 결국 자동차를 노란 형광색 페인트로 칠했다. 그런데 여자 친구는 여기에 그치지 않고 자기 이름을 가슴에 문신으로 새겼으면 좋겠다고 졸라댔다. 남자 친구는 이것도 시키는 대로 했다. 이제 여자 친구는 이토록 헌신적인 남자 친구를 정말 고마워하면서 이전보다 친절하게 잘해줄까?"라면서 다음과 같이 말한다.

"경제학적으로 보면 그렇지 않다. 이 여자 친구는 헌신적인 남자 친구에게 고마워하며 잘 대해주기는커녕 오히려 더 마구 대할 가능성이 크다. 자동차 색을 이상하게 바꾸고 가슴에 문신을 한 남자 친구는 이제 더 이상 다른 여성을 사귀기 어렵기 때문에 미우나 고우나 여자 친구에게 매달릴 수밖에 없다.……이 청년의 문제는 자기 여자 친구 딱 한 사람만 좋아하는 것들에 너무 많이 투자한 것이다. 경제학에서는 이런 투자를 '특정 관계를 위한 투자relation specific investment'라고 한다. 문제는 이런 투자를 하다보면 관계를 맺고 있는 상대방 이외의 사람들과는 관계를 맺기 어렵게 되어 상대방에게 인질이나 볼모로 잡혀 있는 것과 같은 상황이 된다는 것이다. 경제학에서는 이를 '홀드업 문제hold-up problem'라고 부른다. 올리버 윌리엄슨Oliver Williamson 교수는 이 문제에 대한 분석으로 2009년 노벨경제학상을 받았다."[58]

야구에서 홀드hold는 게임 중간에 나와 최소 원아웃을 잡고 근소한 리드를 지키는 구원투수에게 돌아가는 기록이다. 투구 중 리드를 유지하지 못하고 경기가 동점 또는 역전이 된 상황에서 물러날 때 그 구원투수에게는 홀드를 기록하지 않지만, 물러난 이후 역전당해 패한 경우에는 홀드가 주어진다. 승리와 패전, 세이브가 오직 1명의 투수에게만 주어지는 것과는 달리 홀드는 2명 이상의 중간계투에게 돌아갈 수 있다. 노력에 비해 빛이 나지 않는 중간 계투 투수들을 좀더 부각시키고, 그들의 숨은 노력에 대한 연구와 보상이 필요하다는 뜻에서 만들어진 기록 부문이다.[59]

hooligan

hooligan은 "난동꾼, 깡패"를 뜻한다. 19세기 런던에 있던 아일랜드 빈민촌인 사우스워크의 토박이였던 패트릭 홀리건Patrick Hooligan은 술집의 경비원으로 일하면서 동네의 어린 불량배들에게 도둑질과 폭행 기술을 가르쳐주었다. 그는 어느 날 말다툼 끝에 경찰을 살해한 죄로 감옥살이를 하다가 옥중에서 사망했다. 그의 이름은 축구장의 난동꾼들을 가리키는 보통명사로 되살아났다.[60]

지금과 같은 의미의 훌리건은 영국에서 1970년대부터 사용되었다. 영국의 축구 훌리건은 세계적으로 악명이 높다. 39명이 죽고 454명이 부상을 입은 1985년 헤이셀 참극, 265명의 사상자를 낸 1989년 힐스버루 참극은 모두 영국의 훌리건들에 의해 촉발된 것이다.[61]

훌리건에 의한 폭력 현상인 훌리거니즘hooliganism을 막기 위해 영국 축구장 내에 가족석이 늘면서 열정의 사유화privatization of passion 현상이 나타나고 있다는 지적도 있다. 가족석 이전엔 열정이 모든 팬에 의해 공유되었고 그게 지나쳐 훌리거니즘으로 빠지기도 했지만, 이젠 열정마저도 가족 중심으로 온건하게 소비되고 있다는 것이다.

비슷한 용어로 '축구의 여성화feminization of football'라는 말도 쓰인다. 훌리건 예방책으로 여성 관중을 많이 끌어들인 결과로 나타난 현상인데, 이에 대해선 남성들에 의해 저질러지는 문제를 해결하기 위해 여성을 이용하는 것에 대한 윤리적 문제를 제기하는 이들도 있다. 축구산업이 훌리거니즘 예방이 아니라 축구 열기를 지속할 수 있는 수요 개발 차원에서 여성 관객 마케팅을 벌이고 있다는 주장도 있다.[62]

hooligan firm 또는 football firm은 특정 목적을 가진 훌리건 패거리를 말한다. 이들은 주로 자신들의 정치적 대의(극우거나 극좌로 지지자들이 별로 없는 대의)를 널리 알리기 위한 수단으로 훌리거니즘을 이용한다. 폭력을 통해 자신들의 정치적 주장을 알리는 것이 축구 그 자체보다 중요하다고 보는 것이다.[63]

hooligan consultant(훌리건 컨설턴트)는 자신의 훌리거니즘 노하우를 젊은 훌리건들에게 조언해주는 나이 먹은 훌리건들을 말한다. 오늘날엔 주로 라이벌 훌리건들끼리 전화로 미리 약속을 정해 경기장 밖에서 패싸움을 벌이기 때문에 이러한 조언이 필요해진 것이다. 프랭클린 포어에 따르면, "중년이 된 훌리건들이 젊은이들의 작전에 관여하는 이유는, 싸움의 모든 즐거움을 포기한다는 것이 선뜻 내키지 않거니와 아직도 젊은 시절에 대한 향수가 남아 있기 때문이다. 또 여기에 오랜 시간 자신을 받아주고 가르쳐온 단체에 대한 책임감 같은 것도 작용한다.……마치 대학 동창회처럼, 퇴직한 훌리건들도 모임을 지속시키기 위한 구심점이 있다. 그것은 인터넷 게시판으로, 이들은 게시판을 통해 연락을 취한다."[64]

hooligan literature(훌리건 문학)는 훌리건을 소재로 다뤄 큰 성공을 거둔 영국의 독특한 문학 장르를 말한다. 미국 저널리스트 프랭클린 포어Franklin Foer는 "존 킹이라는 소설가는 특히 첼시의 훌리건들을 소재로 수많은 소설을 발표했으며, 그 밖에 훌리건의 패션과 훌리건의 비밀스런 돈벌이를 다룬 책들을 비롯해, 훌리건이라는 자극적인 소재를 이용해 돈을 벌려는 학자들이 쓴 대작들도 서가를 채우고 있다"며 이렇게 말한다.

"훌리건 산업은 영국 축구의 고급화가 한창 진행되던 1990년대 후반, 즉 훌리거니즘이 전통적인 형태로 번창하던 것을 멈춘 무렵부터 시작되었다. 물론 훌리건들이 아직도 싸움을 일삼고 있지만 경기장 안에서는 아니다.……훌리건들은 전형적으로 자신을 선량한 폭력을 행사하는 인물로 내세운다. 예컨대, 그들은 무고한 구경꾼들을 결코 공격하지 않고, 무기를 절대로 사용하지 않은 인물로 그려진다. 이들의 이야기는 종종, 스스로를 해명하려는 욕구와 극적인 효과를 위해 어쩔 수 없이 과장된 이야기를 꾸며내면서 코믹한 책이 되어버리기도 한다."[65]

hooligan sociology(훌리건 사회학)는 훌리건을 연구하는 사회학을 말한다. 사람들은 저마다 훌리거니즘의 이유에 대한 상식적 답을 갖고 있지만, 학자들 사이에선 여러 학파를 형성할 정도로 그 원인에 대한 해석이 구구하다. 비교적 긍정적으로 보는 시각은 원래 축구의 주요 소비자였지만 축구의 상업화로 인해 소외된 젊은 노동계급의 저항이 훌리거니즘이며, 이는 그들 내의 '참여 민주주의의 장'이라는 주장이다.

hooligan

그러나 일부 훌리거니즘이 신나치주의적 성향을 띠면서 이민자들에 대해 적대적인 태도를 보이고 있어 그런 긍정적 시각은 설득력을 잃고 있다. 훌리건은 알려진 것과는 달리 극빈층은 드물며 어느 정도의 경제적·문화적 자본을 갖고 있는 동시에 주류사회와 연결되어 있다는 주장도 있다. 훌리건들은 반대편 훌리건들을 만나 싸울 때 경험할 수 있는 강력한 감정적 흥분을 즐기기 때문에, 훌리거니즘을 스쿠버다이빙·행글라이딩·번지점프 등과 같은 모험스포츠의 한 형태로 보아야 한다는 이론도 있다.66

정준영은 다음과 같이 주장한다. "훌리건 스스로는 폭력 행위에 참여하는 것에 대해 구단에 대한 지배력의 확인이나 사회적 위신 획득, 남성적 힘 과시 등과 같은 다양한 의미를 부여할 수 있지만 주류 집단(들)이 장악하고 있는 매스컴에 의해 그들의 행위는 의미 없는 폭력과 일탈 행위로 규정되는 경우가 대부분이다."67

정준영이 말한 '사회적 위신'은 '훌리건 집단 내 위신'이라고 하는 게 정확하다. 훌리건이 거친 폭력에 앞장설수록 집단 내에선 존경을 받으며, 그런 무용담을 과장되게 말하는 게 훌리건 문학의 주요 소재이기도 하다.

hoolivan(훌리밴)은 영국에서 1980년대 초 축구장에 등장한 차량으로, 검게 칠해진 창문과 군중 촬영용 카메라 장치가 달렸다. 훌리건을 단속하기 위한 목적으로 도입되었다. 서치라이트는 물론 비디오카메라까지 달린 헬리콥터도 훌리건 단속에 동원되었다. 이런 일련의 조치 이후 훌리거니즘은 경기장 밖에서 많이 일어나게 되었다.68

netigan(네티건)은 netizen과 hooligan의 합성어로, 인터넷에서 과격하고 공격적인 글을 통해 특정 집단이나 사안을 무조건적으로 옹호하거나 비판하는 사람들을 뜻한다.69

horserace journalism

horserace journalism(경마 저널리즘)은 언론이 선거를 경마를 취재하는 스포츠 기자처럼 오로지 누가 앞서고 누가 뒤지는지에만 집착하여 보도하는 관행을 뜻한다. horse race journalism으로 표기하기도 한다. 경마 저널리즘의 실상을 가장 잘 묘사하고 있는 '고전'으로 미국의 '언더그라운드 페이퍼'인 『롤링 스톤Rolling Stone』의 기자 티모시 크라우즈Timothy Crouse가 1972년의 대통령 선거 취재진에 직접 가담해 쓴 『버스를 타고 다니는 녀석들The Boys on the Bus』이 거론된다.70

'홀스 레이시스트horce racist'라는 별명이 어울리게끔 미국 언론은 선거보도 시 움직이지 않는 이슈 또는 배경 이야기보다는 빨리 움직이는 뉴스를 선호한다. 이슈가 아무리 재미있어도 경마의 재미를 따를 수는 없다. 『월스트리트 저널Wall Street Journal』의 워싱턴 지국장 앨런 헌트는 언론은 '순간의 열정passion of the moment', 전통적인 지

horserace

식, 경마에 호의적인 편견 등을 갖고 있다고 주장했다. '경마에 호의적인 편견'이란 다음과 같은 '보도의 초점'으로 나타난다. 누가 출마할 것인가? 누가 지명될 것인가? 누가 앞서고 있는가? 유권자들은 어떻게 반응할 것인가? 누가 승리할 것인가?

1984년 대통령 선거에 출마했던 조지 맥거번George McGovern은 기자들의 질문이 한심하다고 개탄했다. 선거자금은 얼마나 모았느냐? 왜 여론조사에서 지지도가 그렇게 낮으냐? 왜 당신의 아내는 선거운동을 하지 않느냐? 러닝메이트로 여성을 내세울 생각이 있느냐? 1972년 선거에서 참패해놓고 왜 또 출마했느냐? 기자들은 이 따위 질문들만을 던진다는 것이다. 맥거번은 이슈와 관련된 중요한 질문은 기자들이 아니라 고교생과 대학생들에게서 받았다고 말했다.

경마 저널리즘은 팩 저널리즘pack journalism과 밀접한 관계를 맺고 있다. 팩 저널리즘은 언론의 선거보도에서 기자들이 한 무리pack가 되어 취재하고 보도하는 행태를 가리키는 것으로 기사 획일화의 주범으로 지목되고 있다. '무리 저널리즘', '패거리 저널리즘', '떼거리 저널리즘' 등으로 불린다. wolf-pack journalism, herd journalism, fuselage journalism 등도 같은 뜻으로 쓰인다. The legacy of Watergate is wolf-pack journalism(이리 떼 저널리즘은 워터게이트의 유산이다).

미국 대통령 선거에 출마했던 상원의원 유진 매카시Engene McCarthy는 언론을 전화선 위에 앉은 개똥지바퀴에 비유한 적이 있다. 하나가 날면 다른 새들도 날고 하나가 앉으면 모두 따라서 한 줄로 앉는다는 것이다. 후보자를 따라 비행기에서 버스에 이르기까지 취재기자들은 일단의 패거리를 형성하여 그야말로 개똥지바퀴들처럼 일사불란하게 행동하는 걸 실감나게 묘사한 것으로 볼 수 있겠다.[71]

2004년 "Horserace journalism is spreading, which is a disaster(경마 저널리즘이 확산되고 있는 것은 재앙이다)"라는 말이 나왔지만,[72] 이후로도 달라진 건 없었다. '경마 저널리즘'은 '상업 언론'의 속성이지만, 여기에 선거에서 인간 드라마를 보고 싶어하는 유권자들의 속성이 가세하면 사실상 언론의 숙명이라고 볼 수 있는 면이 없지 않다. 전 세계인들을 감동시킨 미국의 '오바마' 현상과 '경마 저널리즘'이 추구하는 인간 드라마 사이의 거리는 그리 멀지 않다. 어쩌겠는가. 우리 인간이 드라마에 약한 것을.

hot dog

1852년 독일 프랑크푸르트Frankfurt 지방의 정육업자들은 가늘고 긴 소시지를 만들어 '프랑크푸르터frankfurter'라는 이름을 붙였다. 한 정육업자가 날씬하게 길게 뻗은 닥스훈트dachshund 개를 갖고 있었는데, 길다란 몸과 짧은 다리를 가진 이 개의 모습이 프랑크푸르터와 비슷하다 해서 일명 '닥스훈트 소시지'로 알려지게 되었다. 영국에선 닥스훈트를 sausage dog라고 한다.

닥스훈트는 dachs(badger)와 hund(hound)가 합해진 말로 'badger-dog(오소리 개)'란 뜻인데, 주로 굴을 파는 동물들burrowing animals을 사냥하는 개라 그런 이름이 붙었다. 사냥개이자 애완견의 일종인 terrier(테리어)도 "earth(땅)"를 뜻하는 라틴어 terra에서 나온 이름이다. 땅 속에 굴burrow을 파고 사는 여우나 오소리badger의 집을 terrier라고 하는데, 이런 동물들을 잡게끔 훈련된 개의 이름도 terrier라고 했다.[73]

닥스훈트 소시지는 미국에 수입되어 붉은 색으로 뜨겁게 만들어 길고 둥그런 빵bun에 넣어 먹는 등 약간의 변형을 거쳐 큰 인기를 끌었다. 1900년 『뉴욕타임스』만화가인 토머스 도건Thomas A. Dorgan, 1877~1929은 이 소시지를 소개하는 그림을 그리면서 dachshund의 스펠링을 몰라 애를 먹었다. 시간은 없고 해서 그가 붙인 이름이 'hot dog'였는데, 사람들이 이 쉬운 이름을 선호해 '핫도그'로 굳어지게 되었다.[74]

이게 그간의 정설이었는데 2011년, 뉴저지 주에서 발행된 『피터슨 데일리 프레스Paterson Daily Press』 1892년 12월 31일자에 이미 'hot dog'라는 말이 등장했다는 점을 들어 이 '이론'에 대한 반론이 제기되어 있는 상태다.[75]

hot dog는 여러 의미의 속어로 쓰이는데, 대표적인 것 두 가지만 들자면 '과도하게 뻐기는 사람'과 '최고의, 멋진, 굉장한'이란 뜻이다. 첫 번째 의미로는 douche bag과 같은 뜻인데, douche bag은 원래 여성의 질을 세정하는 휴대용 관수기이지만, 지겨운 녀석 또는 얼간이라는 뜻도 있다. 과도하게 뻐기니 얼간이가 아니고 무엇이냐는 것이다.

이 첫 번째 뜻의 연장선상에서 핫도그 플레이hotdog play는 야구 선수가 과도한 제스처나 세리머니를 하는 것을 가리킨다. 미국에선 타자가 홈런을 치고 과도한 세리머니를 하거나 베이스를 천천히 돈다면 다음 타자나 혹은 그 선수의 타석이 돌아왔을 때 보복을 당할 확률이 높으며, 타자의 몸에 맞는 볼이 발생했을 때 타자는

hot dog

투수를 노려보지 않고 1루를 쳐다보며 뛰어가는 것이 불문율이다.[76]

두 번째 뜻은 미국인들이 입에 달고 다닐 정도로 즐겨 쓰는 "Awesome!"과 비슷한 감탄사 용법으로 쓰인다. 우리식 속어로 바꾸자면 "죽여주네! 끝내주네!"가 된다. 야구에선 핫도그 플레이hotdog play와는 전혀 달리 좋은 의미로도 쓰이는데, 경기가 끝난 후 '오늘의 핫도그'를 선정하는 게 바로 그런 용법이다. '오늘의 베스트 플레이' 쯤 된다. 2013년 6월 24일 신시내티와 애리조나 경기에서 추신수가 1회 선두타자 홈런을 치면서 4 대 2로 신시내티가 승리했는데 TV 중계 마지막 부분에 발표하는 '오늘의 핫도그'에서 추신수의 선두타자 홈런이 선정되었다.[77]

fejee mermaid

humbug

humbug는 "속임, 허위, 사기, 야바위"라는 뜻인데, 다른 언어에서 그 어떤 어원도 찾을 수 없는, 1750년대에 만들어진 미국 영어다. 처음엔 학생들의 은어로 사용된 이 단어를 감탄사로 쓰면 "Nonsense!"에 가장 가까운 뜻이 된다.[78] hum-bug엔 노골적인 사기라곤 말하기 어려운 그 무엇이 있다. 미국에서 '험버그의 대가master of hum-bug'로 불린 P. T. 바넘P. T. Barnum, 1810~1891이 그런 미묘함을 잘 보여주었다.

예컨대, 바넘은 1842년 피지 섬에서 잡혔다는 피지 인어Fejee Mermaid를 전시함으로써 세상을 떠들썩하게 만들었다. 이건 원숭이 미라와 마른 물고기를 조악하게 붙여서 만든 것이었지만, 대중의 호기심을 자극한 것이 중요할 뿐 진실은 별로 중요하지 않았다. 사람들은 그걸 보기 위해 몇 시간 동안 줄을 서는 걸 마다하지 않았다. 이에 대해 바넘은 훗날 박물관을 홍보하기 위한 유인술이었다고 밝히면서 이렇게 말했다. "나는 대중을 기만하는 것은 믿지 않습니다. 하지만 먼저 사람들을 유인한 다음 그들을 즐겁게 해주는 것은 믿습니다I don't believe in duping the public, but I believe in first attracting and then pleasing them."[79]

이와 관련, 제임스 B. 트위첼James B. Twitchell은 "순회공연의 호객꾼은 외친다. '여러분이 한 번도 본 적이 없는 것을 보여드립니다!' '피~지'에서 온 '아름~다운' 인어를 보고 싶은가? 가슴을 드러내고 꼬리는 물고기처럼 생긴 미녀'의 환상적인 모습을 구경하고 싶은가? 1840년대에는 수만 명의 사람이 보았다"며 다음과 같이 말한다.

"이런 식으로 사람 끄는 행위를 좋아하지 않는 사람들은 그것을 엉터리선전hype이라고 부른다. 19세기에는 이것을 야바위humbug라고 불렀다. 야바위는 'hoopla', 'ballyhoo', 'bunkum' 'flim-flap', 'claptrap', 'codswallop' 따위와 마찬가지로 당대의 새 어휘 목록에 포함되어 있었다. 이 말들은 미국만의 독특한 새로운 흥행 형식, 즉 매스컴에 의한 조작극, 다시 말해 약속은 거창하나 주는 것은 별 볼일 없는, 그리고 뭔가는 소비하고 돌아와야 하는 일을 묘사하기 위한 새로운 표현들이었다. 바로 이것이 바넘이 역사상 최초로 터득했던, 매스컴을 통한 조작극과 같은 종류의 쇼다."[80]

바넘은 이런 명언들을 남겼다. "미국 대중의 취향을 과소평가해서 손해 본 사람은 아무도 없다Nobody ever lost a dollar by underestimating the taste of the American public."[81] "지금 이 순간에도 속기 위해 태어나는 사람들이 있다There's a sucker born every minute."[82] 이 두 번째 말은 바넘의 경쟁자인 조지프 베시머Joseph Bessimer가 바넘에게 타격을 주기 위해 지어낸 말이라는 설이 있지만, 바넘은 오히려 이 말을 자기가 한 것처럼 역이용했다고 하니 바넘의 말로 간주해도 무방할 것 같다.[83]

sucker(잘 속는 사람)는 낚시에서 나온 말이다. 미끼가 무엇이든 낚시 바늘을 덥석 잘 무는 물고기를 sucker라 했는데, 이를 사람에 비유한 것이다. 물고기가 덥석 무는 걸 "suck(빨다, 빨아들이다)"으로 표현한 게 재미있다.[84]

바넘의 활약은 대중이 속임을 당하는 걸 즐기기도 한다는 걸 말해준다.[85] 이와 관련, 트위첼은 다음과 같이 말한다. '바넘은 사람들을 북적거리는 전시장에서 밖으로 내보내고 싶을 때가 되면 '울 밖으로 나가는 길'이라는 문구가 크게 쓰인 입간판을 출입문 위에 가져다놓았다. 진기한 물새 같은 것을 구경하게 되겠거니 하고 기대했던 손님들은 자신이 뜻밖에 전시장 밖으로 나와 버렸다는 것을 알게 되었고, 도로 입장하기 위해서는 다시 돈을 지불해야 했다. 그래도 사람들은 화를 내기는커녕 마냥 재미있어 했다."[86]

돈을 내고 들어온 관객을 밖으로 나가게 만드는 트릭엔 'egress'라는 어려운 영어 단어가 동원되었다. egress는 '출구exit'란 뜻이지만, exit란 단어는 알아도 egress라는 단어를 아는 대중은 거의 없었다. 그래서 'This Way to the Egress'라는 안내 표지는 뭔가 진기한 것이 있겠거니 하는 호기심을 고조시키는 효과를 냈던 것이다.[87]

바넘은 "모든 사람을 위한 즐길거리를 갖고 있다We've got something for everyone"고 주장했는데, 바로 이 말에 근거해 '바넘 효과Barnum effect'라는 신조어마저 탄생했다. 대중이 근거가 매우 희박한데도 일단 믿고 보자 하는 심리 상태를 가리키는 말로도 쓰이지만,[88] 사람들이 보편적으로 가지고 있는 성격이나 심리적 특징을 자신만의 특성으로 여기는 심리적 경향을 가리키는 말로 더 많이 쓰인다.

사람들은 보통 막연하고 일반적인 특성을 자신의 성격으로 묘사하면, 다른 사람들에게도 그러한 특성이 있는지는 생각하지 않고, 자신만이 가지고 있는 독특한 특성으로 믿으려는 경향이 있다. 이러한 경향은 자신에게 유리하거나 좋은 것일수록 강해지는데, 이처럼 착각에 의해 주관적으로 끌어다 붙이거나 정당화하는 경향을 말한다. 그래서 '주관적 정당화subjective validation'라고도 한다.

1948년 심리학자인 미국 버트럼 포러Bertram R. Forer, 1914~2000가 성격 진단실험을 통해 처음으로 증명한 까닭에 '포러 효과Forer effect'라고도 한다. 포러는 자신이 가르치는 학생들을 대상으로 각각의 성격 테스트를 한 뒤, 그 결과와는 상관없이 신문 점성술 난의 내용 일부만을 고쳐서 학생들에게 나누어주었다. 그는 이 테스트 결과가 자신의 성격과 맞는지 맞지 않는지를 학생들이 평가하도록 했다. 자신이 받은 테스트 결과가 자신에게만 적용되는 것으로 착각한 학생들은 대부분이 자신의 성격과 잘 맞는다고 대답했다. 포러가 학생들의 성격 진단 결과로 나누어 준 점성술 난의 내용은, 대부분의 사람이 가지고 있는 보편적인 특성을 기술한 것이다. 포러는 실험을 통해 보편적 특성을 개개인에게 적용할 때 사람들이 어떻게 반응하는지를 알아보고, 그 결과로 바넘 효과를 증명한 것이다.

'바넘 효과'는 사람들이 점성술, 점, '필적 감정graphology(글씨로 사람의 성격을 알아내는 것)', 기타 각종 성격 테스트 등을 믿는 것을 설명할 때에 도움이 되는 이론이다. 사람들은 의학적으로 반론을 했지만 혈액형과 성격의 관계를 믿는 것도 설명할 수 있다. 무슨 일에 대한 판단을 할 때 여러 모로 많은 고민을 하는 것은 A형만이 아니라 대부분의 사람이 그렇다. 거꾸로 아무리 A형의 얌전한 사람도 과감한 행동을 할 때는 있는 법이다. 그렇지만 사람들은 A형은 어떻다는 확신을 버리지 않는다.[89]

husband

husband(남편)는 중세 시대에는 남자의 결혼 여부가 아니라 가정 경제를 돌보는 등 경제적 사정과 관련된 말이었다. 원래의 뜻도 hus(house)와 bunda(owner of land and stock)가 합해진 말로 "집을 소유·관리하는 사람"이었다. 이 원래의 뜻인 오늘날에도 husband의 동사형에서 "절약하다economize"는 뜻으로 살아남았다. husband one's resources는 "자금을 아껴쓰다"는 뜻이다.[90]

husband가 관리하는 집에 세들어 살던 사람들 중엔 야심 많은 엄마들도 있기 마련이었다. husband가 미혼이면 큰 딸이 있는 엄마는 어떻게 해서든 husband와 딸을 엮어보려고 애를 썼다. 그 작전이 성공해 husband를 얻으면 그게 곧 남편이 되는 것이었다는 이야기다. 13세기경부터는 집이 있든 없든 남편을 가리켜 husband라고 부르게 되었다. 반면 wife는 "weaving(천짜기)"을 뜻하는 wifan에서 나온 말이다.[91]

"All husbands are alike, but they have

different faces so you can tell them apart(모든 남편은 똑같지만 각자 얼굴이 다른 덕분에 구별할 수 있다)"라는 말도 있지만, 신약성서 「에베소서」 5장 22~23절은 다음과 같이 남편을 띄워주고 있다. "Wives, submit to your husbands as to the Lord. For the husband is the head of the wife as Christ is the head of the church, his body, of which he is the Savior(아내들이여 자기 남편에게 복종하기를 주께 하듯 하라. 이는 남편이 아내의 머리 됨이 그리스도께서 교회의 머리 됨과 같음이니 그가 바로 몸의 구주시니라)."

미국 침례교단 소속의 목사로 1979년 창립한 '도덕적 다수파Moral Majority'를 통해 보수적인 운동을 벌인 제리 폴웰Jerry Falwell, 1933~2007은 이 성경 말씀에 근거하여 남녀평등 운동에 반대하기도 했다. "ERAEqual Rights Amendment defies the mandate that the husband is the head of the wife, even as Christ is the head of the church(남녀평등을 위한 '평등권 수정조항'은 '남편이 아내의 머리 됨이 그리스도께서 교회의 머리 됨과 같다'는 성경 말씀을 어기는 것이다)."[92]

hybrid

hybrid는 "(동식물의) 잡종, 혼성체, 혼합물"이란 뜻으로, 라틴어 hybrida=mongrel(잡종)에서 온 말이다. 라틴어에선 집돼지와 멧돼지의 교배로 난 돼지, 자유민과 노예 사이에서 난 아이를 뜻하기도 했다. hybrid dog는 일반 집 개와 늑대의 교잡종이고 Lion과 Tiger의 교잡종을 Liger라고 부르는 것이나 지브라zebra와 말horse을 교합하여 만든 종을 zorse라고 부르는 것도 일종의 hybrid 종이다. 이처럼 hybrid는 다른 동물들 간 교합과 관련된 말이었지만, 지금은 hybrid corn이나 hybrid sheep 혹은 a mongrel pup처럼 잡종이나 혼혈이 뒤섞인 것을 두루 의미한다.[93]

더 나아가 hybrid는 파생어인 hybridity, hybridization 등과 함께 문화 전반에 쓰이면서 인기어가 되었다. 예컨대, 한류는 문화혼종성cultural hybridity이 성공한 대표적 사례로 꼽히고 있다. 이에 대해 류웅재는 이렇게 말한다. "한류는 온전히 한국적인 콘텐츠로만 채워진 것은 아니며, 지역과 수용자의 취향에 맞게 글로벌하고 동시에 지역적인, 즉 글로컬glocal한 요소를 배합하고 뒤섞은 이종교배Hybridization, 음식으로 비유하자면 짬뽕 혹은 가든 샐러드적인 요소를 가지고 있기에 가능한 것이었음을 이해해야 한다."[94]

문화혼종성cultural hybridity을 연구하는 혼종성 이론가들이 대부분 이중 문화성 혹은 혼합 문화적 정체성을 갖고 있다는 것도 흥미롭다. 에드워드 사이드Edward Said, 1935~2003는 이집트에서 태어나고 미국에서 학생들을 가르쳤던 팔레스타인인으로 자신이 어디에 있든 간에 항상 "어디에도 속하지 못한" 사람이라고 묘사했다. 호미 바바Homi Bhabha, 1949~는 영국에서 학생들을 가르쳤고 지금은 미국에서 거주하고 있는 인도인이다. 스튜어트 홀Stuart Hall, 1932~은 자메이카에서 태어난 혼혈인으로 대부분의 삶을 영국에서 보냈으며, 자기 자신을 "절대적으로 혼종 문화적인, 문화적 잡종"으로 묘사한다. 폴 길로이Paul Gilroy, 1956~는 혼혈인으로 런던에서 태어나 미국에서 활동한다. 이엔 앙Ien Ang, 1954~은 자신을 "인도네시아에서 태어나고 유럽에서 교육받았으며 호주에서 거주하고 활동하는 중국계"라고 묘사한다.[95]

IT 분야에선 hybrid는 곧 컨버전스convergence(수렴, 집중성)를 의미하기도 한다. 컨버전스를 위키피디아Wikipedia에서 찾아보면 경제, IT, 문학, 음악, 수학, 자연과학 등 여러 분야에 걸쳐 30여 항목이 나와 있다. 그만큼 많은 분야에서 쓰이는 말이다. 예컨대, 예술 분야에선 '하이브리드 예술hybrid arts', '트랜스 예술trans arts', '퓨전 아트fusion arts' 등이 모두 컨버전스 현상에서 비롯된 것이다.[96]

어디 그뿐인가. 골프채 중에서 iron과 wood의 중간 형태를 hybrid라고도 부르는가 하면, hybrid computer, hybrid tea도 있다. 직장에서 경영 지식과 IT기술을 접목하여 능력이 출중한 사람을 hybrid manager라고 부르는가 하면, eat라는 앵글로색슨어에 라틴어 접미사 ~able을 붙여서 eatable이라고 말하는 것도 일종의 hybrid word다.[97]

hybrid card는 무얼 혼합하느냐에 따라 그 내용이 나라마다 다르지만, 한국에선 체크카드와 신용카드의 결제 방식을 혼합한 것으로, 통장 잔액이나 일정 지정 금액 이내에서는 체크카드처럼 직불 결제 시스템이 적용되고, 한도를 넘어서면 매달 30만 원 이내에서 소액 결제가 되는 카드를 말한다. 체크카드는 총급여액의 25퍼센트 초과 금액에 대해 30퍼센트, 신용카드는 총급여액의 25퍼센트 초과 금액에 대해 15퍼센트씩 각각 소득공제를 받을 수 있어, 이를 활용해 종잣돈을 마련하려는 젊은이들 사이에서 인기다.[98] [참고 hybrid car]

hybrid car

hybrid car는 기존의 gasoline 차량과 diesel 차량을 결합한 것도 있지만, 보통 휘발유 차량에 배터리나 전기 동력을 추가한 차를 말한다.[99] hybrid car의 정식 명칭은 HEVHybrid Electric Vehicle인데, 그냥 전기차라고 부르기도 한다. 1997년에 나온 도요타Toyota의 프리우스Prius가 대표적인 하이브리드 카이며, 1999년엔 혼다Honda의 인사이트Insight가 선을 보였다. GM은 2010년 12월부터 내놓은 볼트Volt가 연료 효율면에선 프리우스를 능가한다고 주장했다.

하이브리드 차 판매량 세계 1위인 도요타는 프리우스를 판매하기 시작한 이래, 2013년 6월 말까지 하이브리드 차 누적 판매량이 300만 대

Prius

를 돌파했다고 발표했다. 이제까지 가장 연비가 좋은 하이브리드 차는 도요타 소형 하이브리드 '아쿠아(연비 35.4km/L)'였는데, 혼다는 휘발유 1리터로 36킬로미터를 달릴 수 있는 역대 최고 연비의 하이브리드 차를 개발, 2013년 9월부터 일본에서 판매를 시작한다고 발표했다.[100] 반면 수소차hydrogen vehicle는 아직도 개발 중이다.[101]

프리우스Prius라는 이름은 라틴어에서 따온 것으로 직역하면 'go before, before its predecessors', 즉 '앞서가는, 한 세대 앞선'의 뜻이다. 이 차가 친환경 고연비 차로 인기가 높자 이 차의 복수형을 어떻게 쓰느냐는 문제가 제기되었다. 영어식 복수형 규칙을 따르면 어미에 ~es를 붙여 Priuses가 되지만 라틴어 규칙을 따르면 Prii(프라이아이)가 되는데, 어떤 걸 택할 것이냐 하는 문제였다. 도요타는 Prius의 복수형은 Prii로 한다고 발표했지만, 여전히 Priuses라고 쓰는 사람도 많다.[102]

'백인들이 좋아하는 것'이라는 웹사이트의 개설자인 미국 작가 크리스천 랜더Christian Lander는 "백인들은 오랫동안 그들을 대표하는 자동차를 찾아왔다. 1980년대에는 사브와 볼보였고, 1990년대에는 폭스바겐 제타, 혹은 사륜구동 스바루 스테이션왜건이었다. 하지만 요즘 백인들은 오직 하나의 차를 선망한다. 그들이 사랑하는 모든 것을 대변하는 차, 바로 도요타 프리우스"라며 다음과 같이 말한다.

"지금까지 나온 모든 자동차들 중에서 프리우스는 가장 완벽한 백인다운 제품일 것이다. 고급이고, 환경보호에 기여하고 있다는 생각이 들게 하며, 돈이 꽤 들지만 그 외에 어떤 부담이나 생활의 변화를 요구하지 않는다.……프리우스를 운전하는 백인을 만나면 '와, 환경을 위해 기여하시니 참 보기 좋습니다'라고 말해라. 그들은 크게 자부심을 느끼며 당신을 집이나 이케아 매장, 또는 1980년대식 나이트클럽까지 태워다 줄 것이다."[103]

hypocrite

위선자를 뜻하는 hypocrite는 "one who plays a part(배우, 연기하는 사람)"을 뜻하는 그리스어 hupocretes에서 나왔다.[104] 실제 삶에서 연기를 한다면, 그게 바로 위선이 아니고 무엇이 겠는가. hypocritical은 "위선적인", hypocrisy는 "위선", play the hypocrite는 "위선적인 태도를 취하다"는 뜻인데, 위선과 위선자에 관한 명언을 감상해보자.

(1) You hypocrite, first take the plank out of your own eye, and then you will see clearly to remove the speck from your brother's eye(외식外飾하는 자여 먼저 네 눈 속에서 들보를 빼어라. 그 후에야 밝히 보고 형제의 눈 속에서 티를 빼리라). 신약성서 「마태복음」 7장 5절에 나오는 말이다.

(2) Hypocrisy is the homage that vice pays to virtue(위선은 악덕이 미덕에 바치는 공물이다). 17세기 프랑스 작가로 풍자와 역설의 잠언으로 유명한 라로슈푸코François de La Rochefoucauld, 1613~1680의 말이다.[105]

(3) We are not hypocrites in our sleep(우리 인간은 잠을 잘 때에만 위선에서 자유로울 수 있다). 영국 작가 윌리엄 해즐릿William Hazlitt, 1778~1830의 말이다.[106]

(4) Every man alone is sincere; at the entrance of a second person hypocrisy begins(누구든 혼자 있을 때는 진실하다. 다른 사람이 들어설 때에 위선이 시작된다). 미국 철학자 랠프 월도 에머슨Ralph Waldo Emerson, 1803~1882의 말이다.

(5) Ostentation is the signal flag of hypocrisy(허식虛飾은 위선의 전조前兆다). 미국 목사 에드윈 허벨 채핀Edwin Hubbel Chapin, 1814~1880의 말이다.

(6) Where there is no religion, hypocrisy becomes good taste(종교가 없는 곳에선 위선이 고상한 멋으로 통한다). 영국 작가 조지 버나드 쇼George Bernard Shaw, 1856~1950의 말이다.

(7) The reason why privileged classes are more hypocritical than underprivileged ones is that special privilege can be defended in terms of the rational ideal of equal justice only, by proving that it contributes something to the good of the whole(특권계급이 그렇지 않은 사람들보다 위선적인 이유는 특권이 오직 평등한 정의라고 하는 합리적 이상에 의해 정당화될 수 있으며, 그 정당화는 특권이 전체의 이익에 기여한다는 걸 입증함으로써 이루어지기 때문이다). 미국의 신학자이자 정치학자인 라인홀드 니부어Reinhold Niebuhr, 1892~1971의 말이다. 그는 또 이런 명언을 남겼다. Perhaps the most significant moral characteristic of a nation is its hypocrisy(국가의 가장 현저한 도덕적 특징은 아마도 위선일 것이다).[107]

Saint or shut up(성인이 아니면 입 닥쳐). 위선에 대한 혐오가 지나친 나머지 나타나는 '반反위선 근본주의' 구호라 할 수 있다.[108]

I

미국인들은 "I"라는 단어를 사랑한다. 미국의 처세술 전문가 데일 카네기Dale Carnegie는 1936년에 출간한 책에서 "당신이 먼저 다른 사람에게 관심을 보이면, 당신한테 관심을 갖게 애써서 2년 동안 사귈 수 있는 친구보다 훨씬 더 많은 친구를 두 달 안에 사귈 수 있다"며 이렇게 말한다. "뉴욕 전화회사에서 통화 중 가장 많이 사용하는 단어에 관한 세부 조사를 실시했다. 당신이 짐작한대로 1위는 1인칭 대명사 '나'였다. '나'라는 단어는 500통의 전화 중에 3,990번 사용되었다. 단체 사진을 볼 때 당신은 누구를 가장 먼저 찾아보는가?"[1]

그러나 비교적 공식적인 커뮤니케이션 상황에서는 좀 다르다. 일반적으로 말이나 글에서 비인칭 수동태 사용은 주장의 권위를 높여주는 효과가 있다. 이에 대해 하워드 S. 베커Howard S. Beckor는 이렇게 말한다. "권위주의자들은 명령조로 말한다. '우리는 반드시 ~을 인식해야만 한다', '우리는 ~을 무시할 수 없다.' 그들은 비인칭으로 말하고, 1인칭을 사용하기보다는 일을 수행하는 '어떤 사람'에 관해서 이야기한다.……권위주의자들이 수동태를 사용하는 까닭은 자신들의 주장이 전혀 개인적인 측면에 의존하는 것이 아니며, 그 반대로 자신의 독특한 지식에 의해 현실이 그만큼 접근가능해진다는 점을 보여주고자 하는 것이다."[2]

그러나 '나'를 내세우는 걸 꺼리는 한국의 글쓰기 풍토에선 많은 지식인이 비인칭 수동태를 즐겨 사용하고 있는 게 현실이다. 베커의 주장은 미국의 풍토에서 바람직한 글쓰기를 위한 이상을 역설한 것이기 때문에 한국에서 곧장 적용하는 데는 한계가 있다.

또한 미국에서도 적어도 공적 영역에서 '나'를 내세우는 것에 대해선 말이 많다는 걸 감안할 필요가 있다. 강천석은 해리 트루먼Harry S. Truman, 1884~01972의 '대통령학 골자' 중 하나는 "'나'라는 말을 가급적 삼가라"는 것이라며 다음과 같이 말한다.

"'나'를 내세울수록 국민과 멀어질 뿐이라는 것입니다. 그래서 수천 단어로 되어 있는 트루먼 취임사에 '나'라는 단어는 딱 7번 나온다고 합니다. '취임사 중의 취임사'로 꼽힐 정도의 명문인 케네디의 취임사에도 '나'는 3번밖에 나오지 않습니다. 두 대통령 모두 '나'라는 말을 내세우는 데 여간 조심스러웠던 게 아니었습니다."[3]

트루먼의 후임 대통령인 드와이트 아이젠하워Dwight D. Eisenhower, 1890~1969 역시 '나'를 내세우지 않은 것으로 유명하다. 아니 오히려 지나쳐서 문제였다. 아이젠하워의 어법은 자신의 생각을 말하지 않고 일반적인 묘사와 설명을 선호하는 것으로 악명이 높았다.[4] 프랭클린 루스벨트와 해리 트루먼은 기자들이 곤란한 질문을 하면 적절히 잘 피한 반면, 아이젠하워는 무슨 질문이든 답을 했다. 그런데 그 답이라는 게 하나마나 할 정도로 싱거운 것이었다.[5] 오랜 군인 생활 중 몸에 익힌 브리핑 버릇 때문인지 그는 인간적 갈등은 한사코 피하려고 드는 어법을 구사했다.[6] '브리핑 어법'이라고 해도 좋을 정도였다. 그는 '나'라는 단어를 거의 쓰지 않았으며, '우리we'와 '당신들의 정부your government'라는 표현을 즐겨 썼다.[7]

반면 리처드 닉슨은 1969년 1월 20일 대통령 취임연설에서 "미국의 열정과 양심에 귀 기울이는" 대통령이 되겠다고 약속했지만, 'I'를 많이 썼다는 비판을 받았다. 미네소타 대학의 커뮤니케이션 학자 로버트 스콧Robert L. Scott은 케네디가 대통령 취임연설에서 'I'라는 말을 딱 한 번 사용한 반면 닉슨은 'I'를 16번이나 사용했다는 점을 지적하면서 취임연설에서 두드러진 건 '닉슨 개인'이었지 '미국 대통령'이 아니었다고 꼬집었다.[8]

그러나 다른 해석도 가능하다. 앞서 베커의 말이 시사하는 것처럼, 'I'를 쓰지 않는 것이 더 권위적일 수도 있다. 대통령 취임사에서 'I'를 한 번도 쓰지 않은 유일한 대통령은 자기를 드러내는 걸 좋아한 건 물론이고 매우 호전적이었던 시어도어 루스벨트Theodore Roosevelt였다는 건 무얼 말하는가?[9] 오히려 세월의 변화를 고려하는 게 더 설득력이 있지 않을까?

비키 쿤켈Vicki Kunkel은 『즉각적 어필Instant Appeal』(2009)에서 미국에서 중소기업 사장들은 자신의 회사를 더 크게 보이게 하려고 대기업 사장들에 비해 "I"보다는 "we"를 더 많이 사용하지만, 그건 조직을 장악하고 있지 못하다는 인상을 주기 때문에 오히려 역효과를 유발한다고 말한다. 대기업의 성공한 사장들은 거의 "I"를 많이 사용한다는 것이다. "I"를 많이 사용하면 팀 플레이어가 아니라는 인상을 준다고 보는 것은 이른바 '정치적 올바름political correctness' 문화에 영향받은 오류이며, 그런 이유로 "we"를 많이 사용하는 것은 언어적 굴복이라는 게 쿤켈의 주장이다.[10]

그렇지만 일상적인 영어 표현법에서 'I'의 사용은 자제하는 게 좋다는 시각도 있다. 임귀열은 "식사를 마쳤는데 'I'll pick up the tab'나 'I'll pay the bill'이라고 말하면 어떨까. '내가 계산하겠다'는 의미는 같지만 듣기에 따라 어감은 다르다. 자신을 내세우기 때문에 권위적이거나 다소 오만하게 들릴 수도 있기 때문이다. 그러나 똑같은 상황에서 'This is on ME'라고 말하면 '이건 제가 내겠습니다'의 뜻으로 자신me을 맨 나중에 배치함으로써 겸손하게 들리게 한다. 일종의 'I-statement'를 배제한 것이다"며 다음과 같이 말한다.

"꼬마들의 대화를 들어보면 유난히 주어 I가 많다. 'I went out to play with Tom. I won the game'처럼 I가 이야기의 중심이 된다. 성인들 중에서도 'I'm telling you how I feel about Tim(내가 팀에 대해 어떤 기분인지 말할까)', 'I'm not asking you if you find it offensive(난 당신이 기분 나쁘게 받아들였는지를 묻는 게 아냐)'처럼 I를 남발하는 사람이 있다. 그러나 나이가 들며 남을 배려할수록 I는 줄고 제3의 주어나 상대방을 주어로 표현하는 비율이 높아진다."[11]

idea

"사과는 나누면 반이 되고 아이디어는 나누면 배가 된다." 2013년 7월 4일 서울시 역삼동 리츠칼튼호텔에서 열린 '창조경제와 지식재산IP 국제 컨퍼런스'에서 최순홍 청와대 대통령비서실 미래전략수석이 축사를 통해 한 말이다.[12] 박근혜 정부가 '창조경제'를 외쳐대면서 '아이디어'라는 단어의 사용이 봇물을 이루고 있다. 새로운 아이디어로 창업할 수 있는 지식재산 기반 일자리를 창출하겠다는 좋은 뜻이겠지만, 아이디어 창출은 결코 쉽지 않은 일이다. 유명인들의 아이디어에 관한 명언도 그걸 잘 말해준다. 10개만 감상해보자.

(1) Many ideas grow better when transplanted into another mind than in the one where they sprung up(사상은 그걸 처음에 생각해낸 사람보다는 다른 사람의 머리에 이식될 때 더욱 잘 자란다). 미국 대법관을 지낸 올리버 웬들 홈스Oliver Wendell Holmes, 1841~1935의 말이다.

(2) The great accomplishments of man have resulted from the transmission of ideas, into enthusiasm, into actions(인간의 위대한 성취는 아이디어를 열정과 행동으로 옮긴 결과다). 미국 IBM 회장 토머스 왓슨Thomas J. Watson, 1874~1956의 말이다.

(3) One sound idea is all that you need to achieve success(성공에 가장 필요한 것은 훌륭한 아이디어다). 미국의 성공학 전문가 나폴레온 힐Napoleon Hill, 1883~1970의 말이다.

(4) Great minds discuss ideas; average minds discuss events; small minds discuss people(훌륭한 사람들은 아이디어를 논하고 보통 사람은 이벤트를 논하며 별 볼일 없는 사람은 딴 사람 이야기만 한다). 프랭클린 루스벨트 대통령의 부인 엘리너 루스벨트Eleanor Roosevelt, 1884~1962의 말이다.[13]

(5) Apple has been always existed between

technology and liberal arts(애플은 변함없이 기술과 인문학의 교차점에 서 있었다). 애플사 최고경영자 스티브 잡스Steve Jobs, 1955~2011가 2010년 1월 애플의 차세대 태블릿 PC '아이패드iPad' 발표 때 했던 말이다. 이와 관련, 2008년 『월스트리트저널』이 선정한 세계 경영 대가大家·guru 20인 중 1위에 오른 게리 해멀Gary Hamel 교수는 이렇게 말했다.

"저는 지금껏 어느 기업의 CEO도 그렇게 말하는 것을 본 적이 없습니다. 애플이 재무나 기획 분야에서 다른 회사와 다른지는 잘 모르겠지만, 최소한 애플은 다른 형태의 관리 혁신 DNA를 가지고 있음을 알 수 있습니다. 직원들에게 왼쪽 뇌를 활용한 이성적·논리적 업무를 강조하기보다는, 오른쪽 뇌에서 말하는 창의적·예술적 감각이 더 중요하다고 말하는 분위기가 갖춰져 있다는 것이지요. 이는 제가 관리 혁신에서 강조하는 '급진적 아이디어radical idea'와 맥을 같이하는 것이기도 합니다."14

(6) Apple is not just a technology company; it's more than that(애플은 단지 기술기업이 아닙니다. 그 너머에 있는 기업입니다). 스티브 잡스가 2010년 6월 7일 샌프란시스코 모스콘센터에서 열린 '아이폰 4' 출시행사에서 애플은 '기술과 인문학의 결합'이라는 점에서 다른 회사와는 구별된다고 강조하면서 말이다.15

(7) I am continually impressed by how many brilliant ideas there are that don't see the light of day beyond the world of academia(상아탑 세계를 벗어나 햇빛을 보지 못하는 훌륭한 아이

Malcolm Gladwell

디어가 많다는 것에 대해 저는 늘 놀라고 있습니다).16 미국 저널리스트 맬컴 글래드웰Malcolm Gladwell, 1963~의 말이다. 그는 학술 논문이나 서적에서 자료들을 발췌하여 대중적인 베스트셀러를 만드는 저널리스트로 유명하다. 그가 2000년에 출간한 『티핑포인트The Tipping Point: How Little Things Can Make a Big Difference』는 28주간이나 『뉴욕타임스』 베스트셀러를 기록했으며, 미국에서만 200만 부 이상이 판매되었다.17 이 책은 한국 등 세계 여러 나라에서도 베스트셀러가 되었다.18

『티핑포인트』는 처음에 잡지 기사로 쓴 것이 큰 주목을 받으면서 리틀 브라운Little Brown 출판사에서 선인세 150만 달러를 받고 쓴 것이다. 이 책이 베스트셀러가 되면서 원래 경제학자 토머스 셸링Thomas Schelling이 제시한 개념인 '티핑포인트'가 글래드웰의 것처럼 되어버렸다.19 아이디어와 관련된 그의 진술을 3개만 더 들어보자.

(8) There is a genuine hunger in the business world, like all aspects of Western

society, for new ideas(서양 사회의 모든 분야처럼 비즈니스 세계에는 새로운 아이디어에 대한 진한 갈망이 있습니다).[20]

(9) Every piece I write must have two ingredients. 'The story', which is about an event or person, and 'the idea' some theory or organizing principle(제가 쓰는 모든 글은 2가지 요소를 꼭 담고 있습니다. 하나는 사건이나 사람에 대한 '이야기' 이고, 하나는 이론이나 조직하는 원칙과 같은 '아이디어' 입니다).[21]

(10) I realized that in order for people to talk about something……they need some way to describe and name things. So I always like to try to come up with simple, sort of catchy ways of capturing complex ideas(저는 사람들이 무엇에 대해 말하게 하려면 그들이 그걸 묘사하거나 부르기 위한 어떤 방식을 필요로 한다는 걸 깨달았습니다. 그래서 저는 늘 복잡한 아이디어들을 포착할 수 있는 단순하고 외우기 쉬운 방식을 찾아내려고 애쓰는 걸 좋아합니다).[22]

글래드웰은 영국에서 태어나 6세 때에 캐나다로 이민을 가 토론토 대학에서 역사학을 전공했다. 그의 아버지는 수학 교수, 어머니는 심리치료사psychotherapist다. 대학졸업 후 통일교 계통의 잡지인 『뉴스에 대한 안목Insight on the News』에 정기 기고를 하는 등 여기저기를 떠돌다가 1996년부터 유력 잡지인 『뉴요커The New Yorker』에 자리를 잡았다. 그는 유명 강사이기도 하다. 연간 30여 회의 강연회를 갖는데, 2005년 기준으로 강연 1회당 4만 5,000달러를 받을 정도의 명사가 되었다.[23]

그의 글쓰기를 곱게 보지 않는 이도 많다. 과학자도 아니면서 과학 논문이나 서적을 광범위하게 활용하여 과잉단순화를 범하고, 흥미 위주의 에피소드에 치중하며, 선별적 자료수집으로 편향적이라는 비판과 더불어 '지적인 탭댄서'라는 비아냥도 있다.[24] 그러나 글래드웰이 출판의 '블루오션'을 개척했다고 보는 게 공정한 평가가 아닌가 싶다.

identity

정체성正體性: identity이란 사물 본디의 형체가 갖고 있는 성격을 말한다. 'identity' 란 단어가 '확인하다identify' 란 말에서 유래했다는 사실은 정체성이 자기가 아닌 남에 의한 확인과 증명을 통해 형성되는 것임을 말해준다.[25] 자아와 정체성은 각각의 개념 규정은 물론 둘 사이의 관계에 대해서도 다양한 의견이 존재하지만, 보통 자아는 개인적 정체성, 정체성은 사회적 정체성을 의미하는 걸로 보고 있다.[26]

에릭 에릭슨Erik Erikson, 1902~1994은 1940년대에 오늘날 흔히 쓰이는 정체성 위기identity crisis라는 말을 만들어낸 인물인데, 그 자신이 심각한 정체성 위기를 겪었다는 게 흥미롭다. 그는 유대인으로서 덴마크 국적으로 태어났다. 그는 나중

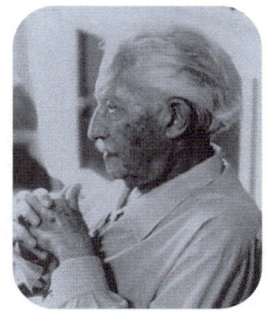
Erik Erikson

에 독일에 살며 자신을 독일인으로 생각했지만 그의 학교 친구들은 그를 유대인이라고 멸시했다. 그는 유대인들 사이에서는 북유럽인처럼 생긴 얼굴 때문에 이교도로 간주되었다. 또 그가 태어나기도 전에 그의 부모는 이혼했는데 그가 3세 되던 해에 어머니가 다른 남자와 결혼하여 한동안 계부의 성으로 살았으며 자신의 아버지가 계부라는 걸 뒤늦게야 알았다. 그런 개인적인 이유로 에릭슨은 정체성에 큰 관심을 갖게 되었다. 그는 학사 학력조차 없이 하버드와 예일 대학의 교수까지 지낸 걸로도 유명하다.[27]

에릭슨은 정체성 위기identity crisis를 다룬 『아동기와 사회Childhood and Society』(1950)에서 이렇게 말했다. "우리는 우리 사회를 구성하는 모든 이민자들이 모국에서 갖고 온 다양한 정체성을 모두 포함하면서도 동시에 이를 능가하는 수퍼 정체성Super-identity을 만들려고 하고 있으며, 진정 정체성이 무엇인지를 사회적으로 개념화하려는 노력을 이제 드디어 시작했다."[28]

정체성은 사회학자 어빙 고프먼Erving Goffman, 1922~1982이 지적했듯이 사회정체성social identity, 개인정체성personal identity, 자아정체성ego identity으로 분류할 수 있지만, 차원을 구분하지 않은 채 논의가 뒤섞여 혼란스러운 점이 있다. 정체성의 정체를 규명하는 것도 문제다. 원용진은 정체성 설명을 위한 패러다임으로 3개를 들었다. 본질주의 패러다임, 언어(이데올로기) 패러다임, 권력 패러다임이 바로 그것이다.

'본질주의 패러다임'은 집단 차원에서 이미 특정 모습을 갖춘 정체성이 있을 것으로 파악하고 그것이 무엇일까를 고민하는 것이다. '언어 패러다임'은 정체성이 언어에 의해 재현되는 것에 주목한다. 예컨대, 이력서를 생각해보라. 성공한 극소수를 제외하고 누구나 이력서를 쓸 때마다 허망하다는 생각이 들겠지만, 실제로 세상이 그런 식으로 돌아가고 있는 걸 어떡하랴. '권력 패러다임'은 권력에 의해 '정체성 없는 주체'가 가능해진다는 점에 주목한다. 즉, 많은 사람이 외부의 상황과 압력에 따라 자신을 적응시킨다는 것이다.[29]

스페인 사회학자 마누엘 카스텔Manuel Castells, 1942~은 『정체성 권력The Power of Identity』이라는 책에서 정체성의 사회적 구성이 언제나 권력관계의 맥락 안에서 발생한다는 전제하에 정체성 구성의 형태와 근원을 다음 3가지로 구분했다.

(1) 정당화 정체성legitimizing identity: 사회 행위자와 비교하여 자신의 지배를 확대 또는 합리화하기 위해 사회의 지배적인 제도에 의해 도입된다. 이는 리처드 세넷Richard Sennett, 1943~의 권위와 지배 이론의 핵심 주제이며, 다양한 민족주의 이론과도 일치한다.

(2) 저항적 정체성resistance identity: 지배 논리에

의해 폄하되거나 비난받는 처지에 있는 행위자들에 의해 생성되며, 따라서 사회제도에 널리 퍼져 있는 원리와는 다른, 또는 그것에 반대되는 원리에 기반하여 저항과 생존의 경향을 구축한다. 존 칼훈John Calhoun, 1782~1850이 주장하듯이, 정체성 정치의 출현을 설명하는 경우와 동일한 맥락이다.

(3) 기획적 정체성project identity: 어떠한 사회행위자들이든 간에 그들에게 이용 가능한 문화적 재료에 기반하여 사회 속에서 자신들의 지위를 재정의하는 새로운 정체성을 구축하고, 그럼으로써 사회구조 전반의 전환을 추구하려고 할 때 드러난다. 가령 페미니즘이 여성의 정체성과 여권을 위한 저항적 경향을 탈피하여 가부장주의와 가부정적 가족제도에 도전하고, 이에 따라 사회가 역사적으로 근거해온 생산, 재생산, 섹슈얼리티, 퍼스널리티에 도전하는 경우와 같은 맥락이다.[30] [참고 identity politics]

identity politics

identity politics(정체성 정치)는 인종·성·종교·계급 등 여러 기준으로 분화된 집단이 각 집단의 권리를 주장하는 데 주력하는 정치를 말한다. 미국에서 1970년대부터 거론된 개념이다. 1980년대에는 동성애자들의 활동이 두드러져, '정체성 정치'라고 하면 곧 그들의 정치를 의미하는 걸로 여겨졌다. 정체성 정치의 주체들은 자신들이 가장 중요하게 여기는 이슈에 집중하는 이른바 '단일 이슈 정치single-issue politics'를 하는 경향이 있다.[참고 single-issue politics]

역사학자 아서 슐레진저Arthur Schlesinger, Jr., 1917~2007는 1991년에 출간한 『미국의 분열: 다문화 사회에 대한 고찰The Disuniting of America: Reflections on a Multicultural Society』에서 정체성 정치가 야기하는 'marginalization through affirmations of difference(차이의 확인을 통한 주변화)'에 대해 우려를 표하면서 주류 문화가 이들을 포용할 것을 역설했다.[31]

정치학자 새뮤얼 헌팅턴Samuel P. Huntington, 1927~2008은 1996년에 출간한 『문명 충돌과 세계질서의 재편The Clash of Civilizations and the Remaking of World Order』에서 다음과 같이 말했다.

"People do not live by reason alone. They cannot calculate and act rationally in pursuit of their self-interest until they define their self. Interest politics presupposes identity(사람은 이성만으로 살지 않는다. 자아를 규정하기 전까지는 자기 이익을 추구하면서 합리적으로 계산하고 행동할 수 없다. 이익 추구 정치는 정체성을 전제로 한다)."[32]

맞는 말이다. 그런데 좌파로선 바로 그게 문제다. 미국 컬럼비아 대학 언론학 교수 토드 기틀린Todd Gitlin, 1943-은 『공동 꿈의 황혼: 왜 미국은 문화 전쟁으로 파멸되고 있는가?』(1995)에서 미국 전역에 정체성 정치가 판을 치고 있음을 개탄했다.

기틀린은 '정체성 정치'가 도시의 황폐화, 자원 낭비, 극심한 빈부격차 등 진정한 사회 문제에는 침묵하는 결과를 낳고 있다고 지적하면서 '정체성 정치'를 시도하는 사람들이 각자의 독특성을 정당화시키는 이론 개발에만 주력할 것이 아니라 공동의 지식과 공동의 꿈을 추구해야 한다고 역설한다. 그는 다음과 같이 말한다.

"Identity politics has too strong a focus on culture, on goals of pride, distracting us from the economic justice questions. Even worse, identity politics is divisive. They are not interested in 'compromise' but 'wanted all or nothing'(정체성 정치는 문화와 자긍심 목표에 너무 초점을 맞춘 나머지 우리를 경제적 정의의 문제에서 멀어지게 만들고 있다. 더욱 심각한 건 정체성 정치가 분열적이라는 것이다. 정체성 정치의 주도자들은 타협이나 협상에는 관심이 없고 '전부 아니면 전무'를 원한다)."[33]

기틀린은 "Democracy is more than a license to celebrate (and exaggerate) differences(민주주의는 차이를 축하하는 (그리고 과장하는) 면허 이상의 것이다)"라며,[34] 다음과 같이 주장한다. "For too long, too many Americans have busied themselves digging trenches to fortify their cultural borders, lining their trenches with insulation. Enough bunkers! Enough of the perfection of differences! We ought to be building bridges(아주 오랫동안 많은 미국인이 그들의 문화적 경계를 강화하는 참호를 파는 데 전념해왔다. 그 참호를 고립시키면서 말이다. 이제 참호는 충분하다! 차이의 완성도 충분하다! 우리는 다리를 건설해야 한다)."[35]

빈센트 모스코Vincent Mosco도 기틀린의 주장에 공감을 표하면서 '정체성 정치'가 전통적인 좌-우파 정치를 역전시키는 데 일조했다며 다음과 같이 주장했다. "결함이 있기는 했거도 한때 보편주의를 굳건히 떠받들던 좌파는 지금에 와서는 분화한 이해관계들의 영역을 증진도모하고 있다. 이와 반면에 전통적으로 엘리트의 특정기준을 증진도모했던 우파는 이제 레이건-대처 시대에 굳건히 기초해서 자신만만하게 보편주의적 보수 인민주의를 도모하고 있다."[36]

ignorance

blissful ignorance는 "현실의 부조리 등을 못 느끼는 행복한 무지"를 뜻한다. "모르는 것이 약이다Ignorance is bliss.=What you don't know can't hurt you"라는 속담에서 비롯된 말이다. The bad news can wait until tomorrow. Sometimes, ignorance is bliss(나쁜 소식은 내일 알아도 늦지 않다. 때로는 모르는 것이 약이다).

이 말의 기원은 고대 그리스 비극 작가인 소포클레스Sophocles, B.C. 497~B.C. 406가 사용한 데까지 거슬러 올라간다. 이후 네덜란드 성직자이자 학자인 에라스뮈스Desiderius Erasmus Roterodamus, 1466~1536가 인용했고, 다시 영국 시인 토머스 그레이Thomas Gray, 1716~1771가 청춘의 순진innocence을 묘사하기 위해 사용했다. 그러나 약 100년 후에 활동한 시인 로버트 브라우닝Robert Browning, 1812~1889은 "무지는 순진이 아니라 죄악이다Ignorance is not innocence, but sin"는 말을 남겼다.[37]

ignoramus는 "무식한 사람, 무지한 사람"이다. 라틴어인 ignoramus는 영어로 "we do not know"란 뜻이다. 원래는 정당성이 의심되는 것을 나타내는 법률 용어였으나, 1615년 영국 극작가 조지 러글George Ruggle이 〈Ignoramus〉라는 제목의 연극을 공연함으로써 널리 쓰이게 되었다. 법률가들의 오만과 무지를 묘사한 이 연극에서 Ignoramus는 주인공의 이름이기도 했다.[38]

dense ignorance는 '지독한 무식'이지만, 유식한 사람이라도 어떤 점에 대해 모를 때 "They were in ignorance of the news(그들은 소식을 전혀 몰랐다)", "Ignorance of the law excuses no man(법을 몰랐다고 해서 죄를 면할 수는 없다)"이라는 식으로 말할 수 있다. ignorance에 관한 명언을 10개만 감상해보자.

(1) Ignorance is the night of the mind, a night without moon or star(무지는 마음의 밤이고 별도 달도 없는 밤이다). 공자Confucius, 551 B.C.~479 B.C.의 말이다.

(2) There is only one good, knowledge, and one evil, ignorance(한 가지 선은 안다는 것이고 한 가지 악은 무지다). 그리스 철학자 소크라테스Socrates, B.C. 469~B.C. 399의 말이다.[39]

(3) Ignorance is a voluntary misfortune(무지는 자발적인 불운이다). 영국 출판인 니콜라스 링Nicholas Ling, 1570~1607의 말이다.

(4) To be proud of learning is the greatest ignorance(학식을 자랑스럽게 생각하는 것이야말로 가장 큰 무지다). 영국 작가 제러미 테일러Jeremy Taylor, 1613~1667의 말이다.

(5) Admiration is the daughter of ignorance(숭배는 무지의 자식이다). 미국 정치가이자 발명가인 벤저민 프랭클린Benjamin Franklin, 1706~1790의 말이다.

(6) There is nothing more frightful than ignorance in action(무지에 의한 행동보다 두려운 건 없다). 독일 시인 요한 볼프강 괴테Johann Wolf-gang von Goethe, 1749~1832의 말이다.

(7) All you need in this life is ignorance and confidence, and then success is sure(인생에서 필요한 것은 무지와 자신감뿐이다. 그러면 성공은 확실하다). 미국 작가 마크 트웨인Mark Twain, 1835~1910의 말이다.

(8) When ignorance gets started it knows no bounds(무지에 발동이 걸리면 막히는 게 없다).[40] 미국 코미디언 윌 로저스Will Rogers, 1879~1935의 말이다.

(9) Most ignorance is vincible ignorance. We don't know because we don't want to know(대부분의 무지는 극복할 수 있는 무지다. 우리는 알기를 원치 않기 때문에 모르는 것이다). 영국 작가 알도스 헉슬리Aldous Huxley, 1894~1963의 말이다.

(10) Where ignorance is our master, there is no possibility of real peace(무지가 지배하면 진정

Dalai Lama

한 평화는 없다).[41] 티베트 지도자 달라이 라마The Dalai Lama, 1935~의 말이다. 또 그는 2009년 3월 티베트 봉기 50주년을 맞아 다음과 같이 말했다. Even today, Tibetans in Tibet live in constant fear(오늘날까지 티베트에 사는 티베트인들은 끊임없는 공포에 시달리고 있다).[42]

다. 1958년 300만 유로에 불과했던 매출은 2012년 275억 유로(약 41조 원)를 기록함으로써 54년 만에 9,167배로 성장했다. 전 세계에서 매일 150만 명, 연간 5억 8,000만 명이 이케아 매장을 방문하고 있다.[43]

IKEA는 창업자인 잉바르 캄프라드Ingvar Kamprad, 1926~와 그의 가족 농장 이름인 엘름타리드Elmtaryd, 그의 고향 마을 이름인 아구냐리드Agunnaryd의 첫 글자를 따서 지은 이름이다. 이케아의 상품들이 가지고 있는 독특함은 DIYDo It Yourself(소비자가 직접 조립에 참여한다)의 특징을 가진 저렴한 상품이라는 것, 단순하면서도 밝고 실용적인 스웨덴식 디자인을 일관되게 고수한다는 것, 가구의 디자인을 라이프스타일과 연계한다는 것 등이다.

그러나 찬반 논란도 있다. 이케아는 2007년부터 "Home is the most important place in the world(가정은 세상에서 가장 중요한 곳이다)"라는 캠

IKEA

IKEA(이케아)는 스웨덴의 세계적인 가구업체다. 미국에선 '아이키아eye-KEY-ah'로 발음한다. 1943년 유통업으로 창업해 1948년부터 가구를 취급한 이케아는 2012년 말 기준으로 세계 43개국에 338개 매장을 운영하고 있으며, 종업원은 15만 4,000명이고 다루는 제품은 무려 1만 점이

IKEA chair

페인 구호를 외치고 있지만, 영국의 작가 엘렌 루이스Elen Lewis는 이케아가 '체인징-룸-제너레이션Changing-Room-Generation', 다시 말해 인테리어를 자주 바꾸는 세대를 불러왔다는 주장을 폈다.[44]

DIY는 1945년 영국에서 시작되어 미국으로 확산되었는데, 1950년대 들어 전문가의 도움이 없이도 자신의 집 안팎을 공사home improvement할 수 있게 되면서 Do it yourself라는 문구가 일상에서 널리 쓰이게 되었다. 이케아는 DIY의 거인이다. DIY는 이케아의 다음과 같은 5대 원가절감 방안과 밀접한 관련이 있다.

① 대량구입 또는 대량주문으로 구매 가격을 낮춘다. ② 가구는 조립형으로 설계하여 납작하게 쌓아 운반함으로써 운송비용을 대폭 절감한다. ③ 고객은 전시장에서 조립된 가구를 보고 마음을 정한 다음, 창고에서 직접 그 가구를 찾고, 값을 지불한 뒤 차에 실어 집으로 가져가게 함으로써 배달비용을 절감한다. ④ 고객이 스스로 가구를 조립하게 함으로써 제조업자와 상점은 비용을 더욱 절약한다. ⑤ 이케아 상점은 마진은 낮지만 매출을 높이는 데 역점을 둔다.[45]

이케아는 '단순함이 최선Simplicity is the best' 이라는 철학과 '트럭에 공기air를 실어나르는 것은 죄악' 이라는 신념으로 조립식 가구의 혁명을 일으켰는데,[46] 더불어 다른 라이프스타일의 판매에까지 열을 올리고 있다. 2006년 독일의 사례를 보자. 이케아의 독일 광고 에이전트인 헤어베르트는 다음과 같이 말한다.

"이케아 책상은 정치적인 책임의식을 지닌 학생들에게 제품이 생산되는 과정에 참여하고 있다는 노동의 느낌을 주었지요. 떡갈나무로 만든 거만하고 권위적인 책상에 대한 반항인 셈이었어요. 떡갈나무 책상의 잠글 수 있는 비밀서랍들은 아버지와 할아버지, 그들 구시대의 정신이 숨기고 있는 권위와 같은 느낌이었습니다."[47]

또 김현진은 "이케아 매장이 독일에서 새로운 '문화 현상'을 만들고 있다. 이케아는 단순히 조립식 가구를 제조해 파는 기업을 넘어서 이케아 매장만의 독특한 '라이프 스타일' 까지 팔고 있다. 스웨덴 음식 문화를 전파하여 '미트볼 이케아' 라는 수식어가 붙었고, 누구나 편안히 내 집처럼 쉬어 갈 수 있는 '체험體驗형 공공公共 거실' 매장 문화를 정착시켰다"며 다음과 같이 말한다.

"날마다 독일에서만 1만 4,000명 이상이 이케아 매장 내 식당을 이용한다. 다양한 사람들이 만나는 모던한 약속 장소이자, '거대한 거실' 이 되어가고 있는 셈이다.……레스토랑뿐 아니라. 널찍한 공간에 누구나 편히 쉬고 갈 수 있는 문화공간까지 마련되어 있다. 안내원이 없는 이케아 매장 2층에 설치된 쇼룸에서 사람들은 편히 쉬어 가며 책을 읽거나 커피 한잔의 여유를 즐기기도 한다. 직장인들은 점심시간을 이용해 낮잠을 즐기고, 오갈 데 없는 대학생들은 이곳에서 열띤 토론을 벌인다. '워킹맘working mom' 들은 이케아를 '무료 탁아소' 로 이용하기도 한다. 매장마다 마련되어 있는 탁아 시설에 하루 종일 아이를 맡겨놓고 출근하는 것. 최근 독일 인터넷에는 '이케아에서 밥을 공짜로 먹는 방법', '이케아에서 12시간을 보내는 방법' 등을 주제

로 한 '팁'들이 인기 몰이를 하고 있다."⁴⁸

물론 이런 라이프 스타일 판매는 독일뿐만 아니라 이케아 매장이 있는 곳이라면 어디서든 이루어지고 있다. 동일인일망정 소비자와 쇼퍼shopper(물건을 사는 사람)는 다르다. 제일기획 부사장 최인아는 "소비자가 쇼퍼가 되는 순간에는 '사용자'에서 '구매하는 사람'으로 관점이 달라지고, 그 결과 다르게 생각하고 행동하며 결정한다"며 그 사례로 이케아를 들었다.

최인아는 "그저 소비자에 맞춘 프레임이라면, 매장은 소비자가 원하는 제품을 빠르고 쉽게 찾을 수 있도록 단순하고 깔끔한 구조로 꾸며야 한다. 하지만 이케아는 쇼퍼들이 최대한 가구를 보고 즐기면서 선택할 수 있도록 일부러 매장을 미로처럼 꾸몄다. 그 결과 고객들이 다른 가구 매장보다 더 오랫동안 머물렀고, 이는 매출 증대로 연결됐다"며 다음과 같이 말한다.

"세계적인 불황 속에서도 2010~2011 회계연도에 이케아는 29억 7,000만 유로(약 4조 4,000억 원)의 순이익을 냈다. 이케아 사상 최대 규모였다. 이런 점 때문에 최근 마케팅의 새로운 흐름으로 주목받고 있는 것이 '쇼퍼 마케팅'이다. 쇼퍼 마케팅이라고 하면 언뜻 매장 안에서 제품의 진열 같은 것을 떠올릴지 모르겠다. 하지만 쇼퍼 마케팅은 그와 많이 다르다. 구매자의 수요와 심리를 고려하여 점포에서의 판매 방법 이외에도 옥외 광고나 팝업스토어, 온라인 마케팅과 같은 점포 바깥과의 연계까지도 통합해 발상을 한다. 마케팅의 대상이 '점포'에서 '쇼퍼'로 이동한 셈이고, 마케팅의 범위도 훨씬 넓다는 점에서 차이가 있다."⁴⁹

이케아는 한국에서 수년에 걸쳐 매장 부지를 찾다가, 2011년 말 한국토지주택공사LH에서 경기도 광명시에 있는 7만 8198제곱미터짜리 땅을 2,346억 원에 낙찰받았는데, 2014년으로 예정된 이케아의 한국 상륙을 앞두고 국내 가구업체들이 떨고 있다. 『조선일보』(2013년 6월 13일)는 "국내 가구업체들이 요즘 가장 무서워하는 것은 불경기가 아니다. 내년으로 예정된 세계 1위 가구기업 이케아IKEA의 국내 진출이다. 이케아가 들어오면 한국 가구업계는 초토화될 것이라는 전망까지 나온다"며 다음과 같이 말한다.

"국내 가구업계는 이케아 상륙에 대비해 하나로 뭉쳐 대응하고 있다. 1 대 1로 대응해서는 밀릴 수밖에 없다는 판단에서다. 국내 최대 업체인 한샘의 작년 매출은 7,336억 원으로 이케아의 56분의 1에 불과하다. 작년 말 가구업계는 대·중소기업이 모인 '가구산업발전전문위원회'를 만들었다. 대한가구산업협동조합연합회, 한국가구산업협회 등 가구 단체도 참여했다. 가구업계는 관세에 역차별이 있다고 주장하고 있다. 국내 가구업체는 원자재인 파티클보드(원목을 가공해 만든 판상 재료)를 수입할 때 8퍼센트 관세를 물지만, 완제품을 수입하는 이케아에는 적용되지 않는다는 것이다."⁵⁰

창업자인 캄프라드는 10대 시절에 친親나치 활동을 한 것이 1994년에 밝혀지자, 그 활동에 대해 "내 인생 최대의 실수"였다고 사과한 바 있다. 그는 2007년 『포브스』의 '세계 대부호 리스트'에서 330억 달러의 재산으로 3위를 차지한 적도 있다. 이케아는 주식시장에 상장하지 않은 가족기업이지만 그 소유 구조가 매우 복잡해 본사는 엉뚱하게도 스웨덴이 아닌 네덜란드의 델프트Delft에 있다.

이케아는 현재 공식적으로는 네덜란드에 등록된 공익재단 스티흐팅 잉카Stichting Ingka 재단의 소유다. 이 재단이 이케아 그룹의 지주회사인 잉카홀딩을 지배하고 있으며, 이케아의 상표권, 제품 디자인 등은 인터이케아시스템스라는 별도 회사가 갖고 있다. 이런 복잡한 지배구조는 세금문제와 더불어 가족기업인 이케아가 적대적 인수합병M&A이나 상속세 등에서 회사를 지키기 위한 '안전장치' 다.

캄프라드는 87세의 나이지만 자식 3명 중 1명에게 경영권을 넘겨줄지, 아니면 전문경영인에게 맡길지, 후계 구도를 전혀 밝히지 않은 채 여전히 회사의 중요 의사결정을 주도하고 있다. 17세 때 창업을 했으니, '70년 황제경영' 이라는 말이 실감이 난다.[51]

캄프라드는 버려진 몽당연필까지 주워 쓰게 할 정도로 인색하며 이런 문화는 이케아의 조직문화에도 반영되어 있지만, "비용을 낮추라. 그러나 그 어떤 희생도 치러서는 안 된다"는 슬로건을 이케아가 잘 실천하고 있다는 호평도 있다.[52] 덴마크 코펜하겐 대학의 한 연구자는 2008년 이케아가 싸구려 카펫의 이름에는 덴마크 지명을 붙이고, 고급 가구의 이름에는 스웨덴 지명을 붙이는 '문화제국주의cultural imperialism'를 저지르고 있다고 비난하기도 했다.[53]

imperial presidency

미국 대통령 존 케네디의 특별보좌관을 지낸 역사학자 아서 슐레진저 2세Arthur M. Schlesinger, Jr., 1917~2007는 1973년에 낸 『제왕적 대통령The Imperial Presidency』에서 '제왕적 대통령' 이라는 말을 만들어냈다. 그는 대통령이 외교와 내정에서 의회의 권력을 압도하는 걸 가리켜 "전대미문前代未聞의 백악관 권력집중이며 헌법적 대통령을 국민투표적 대통령으로 변형시키려는 전대미문의 시도" 라고 규정하면서, 국가가 직면하고 있는 근본적인 문제는 '대통령 권력의 확대와 남용' 이라고 주장했다.[54]

민주당파인 슐레진저는 공화당 대통령 리처드 닉슨을 겨냥해 '제왕적 대통령' 이라는 말을 썼던 것인데, 공화당파인 정치학자 새뮤얼 헌팅턴Samuel Huntington은 "드러난 권력은 약화된 권력이다, 은폐된 권력은 강화된 권력이다" 는 논리로 '제왕적 대통령론' 을 반박했다.

"대통령이 지나치게 강력하다고 사람들이 믿는다면, 이는 대통령이 그 정도로 강력하지 않거나 그의 권력이 퇴조하고 있다는 증거이다. 강력한 권력은 잘못으로 간주되기 때문이다. 대통령의 권력이 실제로 강할 때, 여론은 그것이 지나치게 강하다고 생각하지 않는다. 대통령의 권력이 쇠퇴할 때 여론은 그것이 과도하다고 생각한다." [55]

정치학자 로버트 달Robert A. Dahl, 1915~은 닉슨이 imperial presidency를 만든 게 아니라 물려받은 것이며, 공화당보다는 오히려 민주당에 큰 책임이 있다고 말했다.[56]

시어도어 로위Theodore J. Lowi, 1931~는 워터게이트 사건이 큰 변화의 기점이라는 슐레진저의 낙관주의에 반대하면서 그 사건은 정치시스템을 바꾸는 데 기여하지 못했다고 평가했다. 그는 슐레진저가 워터게이트 사건의 개인적 차원personal dimension을 강조했다고 비판하면서, 그의 imperial presidency론도 그 귀결이라고 했다. "There is a Watergate of some kind everyday in the life of a president(대통령의 일상에선 매일 워터게이트와 비슷한 종류의 일들이 일어나고 있다)." 즉, 닉슨이 문제가 아니라 미국의 대통령직 자체에 근본 문제가 있다는 것이다."[57]

2009년 슐레진저는 부시행정부를 "the Imperial Presidency redux"라고 했다. redux는 명사 뒤에 붙어서 '돌아온, 되돌아온'이라는 뜻을 갖는데, '돌아온 제왕적 대통령'이라는 말이 된다. 닉슨은 "When the president does it, that means it's not illegal(대통령이 하는 일이라면 그것은 불법이 아니라는 걸 의미한다)"이라고 했는데, 이젠 조지 W. 부시 대통령이 그 말을 실천에 옮기고 있다는 것이다.[58] Imperial Presidency라는 말이 유행하면서 Imperial Congress(제왕적 의회), Imperial Press(제왕적 언론)라는 말도 등장했다.[59] [참고 president]

indentured servant

indentured servant는 '계약하인'이다. 인덴처indenture는 톱니꼴의 자르는 선이 있는 날인증서를 말하는 것으로, 대개 종이 한 장에 두 부 이상의 문서를 작성한 다음 톱니꼴 자르는 선을 따라 자른 후 당사자들이 각각 한 부씩 보관한다. 중세 잉글랜드에서부터 있었던 제도였으나, 미국 개척 초기의 계약하인indentured servants 제도에서 성행했다. 이는 주인이 유럽에서 아메리카로 가는 경비, 음식, 숙소를 제공해주는 대신에 정해진 기간 동안(주로 4~5년) 하인으로 봉사하는 제도였다. 오늘날에도 take up(be out of) one's indentures는 "(도제살이의) 연한年限을 마치다"는 뜻으로 쓰인다.

당시 대부분의 계약 하인은 자발적으로 식민지에 왔으나, 1617년부터 영국 정부는 여러 척의 배에 죄수들을 실어서 그들을 하인으로 팔아넘겼다. 고아, 부랑자, 빈민 들을 비롯하여 1650년대에는 스코틀랜드와 아일랜드와의 전쟁에서 잡은 포로도 이주시켰다. 탐욕스러운 투기꾼들에 의해 납치되어 강제로 끌려온 사람들도 있었다. 17세기 말에는 식민지 계약하인의 수가 식민지 인구 중에서 차지하는 비율이 가장 높아졌다.[60]

투기꾼들에 의해 납치되어 강제로 끌려온 사람들의 수는 찰스 2세Charles II, 1630~1685(재위 1660~1685) 왕위 재임 기간에만 10만 명이 넘었는

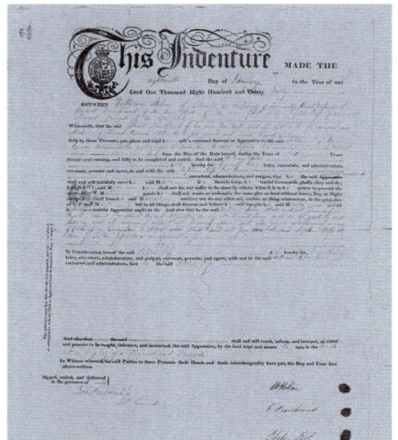
indenture

데, kidnap(아이를 유괴하다)이라는 말은 이때 만들어졌다. 투기꾼들은 주로 집 없는 아이들을 납치했는데, kidnap은 kid(아이)와 nap(훔치다)의 합성어였다. 1682년 14세 이하의 아이는 자신이 원하더라도 부모의 동의가 없으면 계약하인을 할 수 없다는 법이 만들어지면서 kidnaping이 줄어들었다.[61]

계약하인제는 1917년까지 존속했으며, 1630년대부터 독립전쟁까지의 기간 동안 미국으로 온 백인 이민자의 절반에서 3분의 2가 계약하인이었을 것으로 추정하는 연구도 있다. 계약하인은 주인의 허락 없이는 결혼을 할 수도 없었으며, 체벌을 당하기도 했다. 계약기간이 끝나면 계약하인들은 주인에게서 "freedom dues"로 불린 돈을 받아 자립의 밑천으로 삼았다.[62]

individualism

individualism은 '개인주의'다. 1830년대 말 공상적 사회주의자인 로버트 오언Robert Owen, 1771~1858을 추종하는 오언주의자들Owenites들에 의해 폄하의 의미로 처음 소개된 말이다.[63] individual(개인)은 어원상 in-dividuum, 즉 더는 나뉠 수 없는 개체를 뜻하며 그리스어로는 atomon에 해당된다.[64]

이런 어원이 시사하듯이, 개인주의란 사회나 집단의 이익에 우선하여 개인에게 주요한 의의를 인정하는 태도를 의미한다. 바꿔 말하면 individuality(개성, 특성, 개별성)를 존중하는 것이다. individuality에서 한 걸음 더 나아간 것은 quirk(사람의 성격에서 별난 점, 기벽)다.

이현송은 "미국인이 다른 나라 사람보다 기부나 자원봉사를 더 많이 하는 이유를 역설적으로 미국인의 극단적인 개인주의적 가치 지향이 낳은 독특한 사회심리적 상태에서 찾을 수 있다"며 다음과 같이 말한다.

"미국인의 극단적 개인주의는 사회적 욕구 충족의 결핍 상황을 초래하는데, 이것이 타인에 대한 이타적 행위를 가능하게 하는 사회심리적 동인으로 작용한다. 개인주의적 가치 지향은 사람들이 타인에 의지하는 것을 금기시하므로 자연히 사람들과 정서적으로 교류할 기회를 차단하며 어렵게 만든다. 그 결과 정서적으로 외로운 개인주의자들은 이타적 행위를 통해 결핍된 사회적 교류 욕구를 충족하려 한다."[65]

individualization은 '개별화, 개성화'다. 미시적으론 개개인의 요구에 맞춰나간다는 긍정적인 의미가 있지만, 거시적으론 파편화의 의미로 쓰인다. 독일 사회학자 울리히 벡Ulrich Beck, 1944~은 "개별화는 먼저 산업사회의 생활방식이 해체되고, 그 후 새로운 생활방식으로 대체된다는 뜻"이라며, 현대 사회는 '개별화 과정', 즉 시장과 국가에 의해 개개인의 삶이 끊임없이 분열되는 현상이 지배한다고 말한다. 국가와 시장이 우리에게 자율적이고 경쟁력 있는 행위자가 되라고 끊임없이 요구하기 때문에, 각 개인은 자신을 돌아보면서 스스로 미래의 선택을 위한 규칙과 근거를 만들어가야 한다는 것이다.[66]

individuality, individualism에 관한 명언 5개를 감상해보자.

(1) Mine is better than ours(내 것이 우리 것보다 좋다). 미국 정치가이자 발명가인 벤저민 프랭클린Benjamin Franklin, 1706~1790의 말이다.

(2) Individuality is the aim of political liberty(개성은 정치적 자유의 목적이다). 미국 작가 제임스 쿠퍼James Fenimore Cooper, 1789~1851의 말이다.

(3) Men are not, when brought together, converted into another kind of substance(인간은 함께 모인다고 해서 다른 종류의 실체로 바뀌진 않는다). 영국 철학자 존 스튜어트 밀John Stuart Mill, 1806~1873의 말이다.[67]

(4) Individuality is either the mark of genius or the reverse. Mediocrity finds safety in standardization(개성은 천재 또는 그 반대의 특징이다. 평범한 사람은 남들과 똑같아지는 것에서 안전을 찾는다). 미국 법률가이자 정치가인 프레더릭 크레인Frederick E. Crane, 1869~1947의 말이다.

(5) "Individualism," which in its positive sense means liberation from social chains, means, in the negative sense, "self-ownership," the right-and the duty-to invest one's energy in the success of one's own person("개인주의"는 긍정적 의미에서는 사회적 속박에서 해방을 의미하지만 부정적 의미에서는 "자기소유"를 의미한다. 즉 자기의 에너지를 자신의 성공에 투자할 권리-그리고 의무-를 의미한다). 유대인으로 독일계 미국인 학자인 에리히 프롬Erich Fromm, 1900~1980이 1976년에 출간한 『To Have or to Be?(소유냐 존재냐?)』에서 한 말이다.[68]

미국인은 개인주의에 투철한 사람들로 알려져 있지만, 이견도 있다. 미국 미주리 대학의 도시문제 전문가 데니스 저드Dennis Judd는 "미국인을 개인주의자로 보는 것은 난센스다. 우리는 가축이나 다름없는 국민이다"며 다음과 같이 말한다.

"범죄에 대해 걱정할 필요가 없으며 우리 재산이 안전하게 지켜질 것이라고 누군가 말해주기만 한다면 스스로의 많은 권리들을 포기할 체제순응적인 들쥐 떼 같은 존재가 우리다. 우리는 공공영역에서라면 결코 참지 않을 각종 제약들을 회사생활에서는 감내한다. 그런데도 많은 사람들이 인식하지 못하고 있는 것은, 특정한 종류의 회사 내 생활이 점차 우리 모두의 미래

생활이 될 것이라는 점이다."[69]

그렇게 들쥐 떼 같은 사람들이 개인주의자란 말인가? 이런 곤혹스러움을 설명하기 위해 영국 출신의 미국 철학자 알래스데어 매킨타이어 Alasdair Macintyre, 1929~는 『덕의 상실After Virtue』(1981)에서 '관료주의적 개인주의bureaucratic individualism' 라는 말을 만들어냈다. 전문 기구나 전문가들에게 공적 사안에 관한 판단을 기꺼이 넘겨버리는 미국인들의 행태를 설명하기 위한 말이지만,[70] 일종의 모순어법으로 볼 수 있다. 매킨타이어는 "우리가 살고 있는 사회는 관료제와 개인주의가 동료가 되기도 하고 적이 되기도 하는 사회이다"고 말한다.[71]

개인주의는 미국의 사상적 토대로 간주되기 때문에,[72] '개인주의' 라는 말을 포기할 수 없는 건지도 모른다. 미국의 진보주의자들이 개인주의와 진보정치의 화합을 위해 끊임없이 고민하는 것도 그런 이유 때문일 것이다.[73] 사회학자 폴 리흐터먼Paul Lichterman은 공공적 삶을 증진시키는 개인주의 유형이 있다며, 그것을 personalism이라고 불렀다. 이게 그가 말하는 급진 민주주의radical democracy의 핵심이라는 주장이다.[74]

문화 간 비교를 해보자면 서양인이 동양인에 비해 더 개인주의적인 건 분명하다. 개인주의와 관련, 미국 심리학자 리처드 니스벳Richard Nisbett은 동서양 두 문화의 차이에 주목했다. 그는 그리스인들은 개인을 독립적이고 개별적인 존재로 본 반면, 중국인들은 인간을 '사회적이고 상호의존적인' 존재로 파악하고 인간에게 가장 중요한 것은 개인의 자유가 아니라 조화라고 생각했다고 주장했다.[75]

니스벳이 주도하는 미국 미시간 대학 심리학과 연구진은 백인 미국인 학생 25명과 중국인 학생 27명에게 호랑이가 정글을 어슬렁거리는 그림 등을 보여주고 눈의 움직임을 관찰한 결과에 따르면, 미국 학생의 눈은 호랑이처럼 전면에 두드러진 물체에 빨리 반응하고 오래 쳐다본 반면 중국 학생의 시선은 배경에 오래 머물렀으며 물체와 배경을 오가며 그림 전체를 보는 것으로 나타났다고 한다.

니스벳은 이런 지각과정의 차이가 문화적 변수에 기인하는 것이라며, "중국 문화의 핵심은 조화에 있기 때문에 서양인보다 타인과의 관계에 많은 신경을 써야 하는 반면 서양인은 타인에게 신경을 덜 쓰고도 일할 수 있는 개인주의적 방식을 발전시켜왔다"고 말했다.

그는 이런 차이가 서로 다른 문화적 배경에 기인한다는 것은 미국에서 태어나 자란 아시아계 학생들이 사물을 볼 때 아시아에서 나고 자란 학생들과 백인계 미국인의 중간 정도의 반응을 보이며 때로는 미국인에 가깝게 행동한다는 사실로도 입증된다고 덧붙였다.[76]

2004년 11월 유네스코 베이징 사무처의 위탁을 받아 베이징 대학교 아시아태평양연구센터가 한·중·일 3개국 대학생 1,200명을 대상으로 실시한 설문조사에 따르면, 개인주의 성향은 일본, 한국, 중국 순으로 강하게 나타났다고 한다. "개인의 가치가 사회의 인정을 받기를 원한다"며 개인 가치의 사회적 실현을 강조한 경우는 중국 42.5퍼센트, 한국 30.7퍼센트, 일본 10.5

퍼센트였다. 또 가치 실현에서 사회의 인정보다는 "내가 선택한 목표를 실현하는 것"을 더 중요하다고 본 경우는 일본 49퍼센트, 중국 36.5퍼센트, 한국 26.8퍼센트였다.[77]

inferiority

inferiority는 '열등함, 열등성', a sense of inferiority는 '열등감'이다. 열등감이나 열등의식을 심리학적으로 표현하자면 inferiority complex가 된다. 오스트리아 태생으로 미국으로 이주하여 활동한 정신의학자 알프레트 아들러Alfred Adler, 1870~1937는 inferiority complex 연구의 전문가인데, 그는 다음과 같은 말들을 남겼다.

"We must interpret a bad temper as a sing of inferiority(못된 성질은 열등의 징후다). Exaggerated sensitiveness is an expression of the feeling of inferiority(과장된 민감성은 열등감의 표현이다). The greater the feeling of inferiority that has been experienced, the more powerful is the urge to conquest and the more violent the emotional agitation(평소 쌓여온 열등감이 클수록 정복의 충동은 강해지고 감정적 흥분은 격렬해진다)."

아닌 게 아니라 평소 열등감에 찌들어 살아온 사람의 '못된 성질'이나 '과장된 민감성'이나 '감정적 흥분'을 한 번이라도 접한 사람이라면 아들러의 진단에 쉽게 공감할 수 있을 것이다. 그러나 동시에 우리가 잊지 말아야 할 것은 인류 역사에서 자행된 모든 유형의 식민통치에서 공통적으로 나타나는 1가지 특징은 피지배자들에게 열등감을 심어주는 것이었다는 사실이다. 억압받는 자들이 자기들이 억압받는 이유가 자신의 열등감 때문이라고 생각하게 되면, 그만큼 그들의 저항 의지는 약화되기 마련이다.[78] 일반적인 인간관계에서도 다를 게 없다. inferiority, superiority와 관련된 명언을 3개만 감상해보자.

(1) The superiority of some men is merely local. They are great because their associates are little(어떤 사람들의 우월성이란 단지 지역적국부적일 뿐이다. 그들은 그들의 동료들이 변변치 않기 때문에 우월하다). 영국 작가 새뮤얼 존슨Samuel Johnson, 1709~1784의 말이다.

(2) No one can make you feel inferior without your consent(당신의 승낙 없이는 그 누구도 당신이 열등하다고 느끼게 만들 수 없다). 미국 제32대 대통령 프랭클린 루스벨트Franklin Delano Roosevelt, 1882~1945의 부인인 엘리너 루스벨트Eleanor Roosevelt, 1884~1962가 흑인 등 소수자들의 인권운동을 펼치면서 한 말이다. 1962년 78세로 생을 마감한 그녀는 국민들 마음에 헌신적이고도 박애적인 영원한 퍼스트레이디로 깊이 각인되었으며, 1997년 여름에는 워싱턴에 동상이 선 첫 퍼스트레이디가 되었다.

(3) The less justified a man is in claiming

Eleanor Roosebelt

excellence for his own self, the more ready he is to claim all excellence for his nation, his religion, his race or his holy cause(인간은 자신의 우월성을 주장할 근거가 약할수록 자신의 국가나 종교, 인종의 우월성을 내세우게 된다). 미국 작가 에릭 호퍼Eric Hoffer, 1902~1983의 말이다.[79]

ingratiation

ingratiation은 "아부, 아첨", ingratiate with는 "~의 환심을 사도록 행동하다", ingratiate oneself with는 "~에게 잘 보이도록 하다"는 뜻이다. He ingratiates himself with his superior all the time(그는 언제나 상사의 비위를 맞춘다). He's always trying to ingratiate himself with people in authority(그는 언제나 권력자들에게 알랑거리려고 한다).[80]

사회심리학자 에드워드 존스Edward E. Jones, 1927~1993는 "the father of ingratiation"으로 불릴 만큼 ingratiation에 대한 연구를 많이 했다. ingratiation를 찬양했다는 게 아니라, ingratiation을 연구의 대상으로 삼은 것이다. 그는 1964년에 출간한 『환심 사기Ingratiation: A Social Psychological Analysis』에서 ingratiation의 유형을 3가지로 분류했는데, 다음과 같다.

① other enhancement(남 띄워주기): 다른 사람에게 무조건 칭찬을 해주는 것. ② conformity(동조, 순응): 상대방의 의견에 무조건 맞장구를 쳐주고 똑같이 따르는 것. ③ self-presentation(자기 표현): 자신의 약점은 가급적 감추고 장점이나 강점을 떠벌리는 것.

이후 연구자들은 4가지를 추가했는데, 이는 다음과 같다.

① self-deprecation(자기 비하): 위의 '자기 표현'과는 반대되지만, 때로는 자기비하가 상대방의 동정심을 이끌어낼 수 있다는 것. ② instrumental dependency(도구적 의존): 상대방에게 "아, 이 사람은 나 없으면 안 되겠구나"하는 생각을 갖게 만들라는 것. ③ name-dropping(유명 인사의 이름을 잘 아는 사람인 양 들먹이기) ④ situation-specific behaviors(상황에 맞는 행동): 환심을 사려는 대상에 관한 정보를 잘 챙겨 맞춤식 아부를 하라는 것.[81]

존스는 환심 사기와 아부는 '가벼운 경멸'이라고 말했다. 그는 아부를 서로서로의 체면을 살리기보다 "노력한 것보다 좋은 결과를 얻겠다"는 의지의 표현으로 간주해 '불법적'이라고 주장했다.[82] 그는 특별히 ingratiation에 관심을 갖고 연구한 이유에 대해선 그 연구가 집단 응집성, 사회적 영향력과 동조의 조건, 사회적 상호 작용 등을 연구하는 데 도움이 될 수 있기 때문이라고 밝혔다.[83] [참고 flattery]

strategic ingratiation은 '전략적 아부'다. 모든 아부가 다 전략적이긴 하지만, strategic ingratiation은 즉각적이고 구체적인 반대 급부를 바라고 하는 언행이라는 점에서 차이가 있다. 예컨대, 이런 식이다. "I need that raise, so I'm going to engage in a little strategic ingratiation by volunteering for that extra assignment(나는 그 급료 인상이 필요하기 때문에 추가 업무에 자원함으로써 전략적 아부를 좀 해볼 생각이야)."[84]

insult

insult(모욕, 무례)는 라틴어 insulto에서 나온 말인데, 원래 뜻은 사람이나 사물에 달려드는 것이었다. 맹수가 사람에게 달려드는 모습을 연상하면 된다. 이를 비유적인 차원에서 사람의 세 치 혀로도 사람을 다치게 하거나 죽일 수 있다는 의미로 쓰게 된 것이다. foods that insult the body는 "몸에 해로운 식품", add insult to injury는 "혼내주고 모욕까지 하다"라는 뜻이다. 영국 작가 찰스 디킨스Charles Dickens, 1812~1870의 『픽윅 페이퍼스The Pickwick Papers』(1836)에는 이런 말이 등장한다. To offer me a sandwich, when I am looking for a supper, is to add insult to injury(저녁 식사를 하고 싶은데 내게 달랑 샌드위치 하나만 주는 건 나를 박대하는 데다 모욕까지 주는 거야).

미국 비평가 에드윈 퍼시 휘플Edwin Percy Whipple, 1819~1886은 Irony is an insult conveyed in the form of a compliment(아이러니[풍자, 반어]법는 찬사의 형식으로 전달되는 모욕이다)라고 했다.[85]

swallow an insult는 "모욕을 참다"는 뜻이다. swallow에는 17세기 이래로 "참다, 받아들이다, (노여움 따위를) 억누르다"는 뜻이 있는데, swallow an unfavorable condition은 "불리한 조건을 받아들이다", swallow one's pride는 "자존심을 억누르다"는 뜻이다.[86]

『하퍼스Harper's』 잡지 편집장이었던 J. 러셀 라인스J. Russel Lynes는 "The only gracious way to accept an insult is to ignore it; if you can't ignore it, top it; if you can't top it, laugh at it; if you can't laugh at it, it's probably deserved(모욕을 우아하게 받는 길은 무시하는 것이다. 무시할 수 없다면 압도하면 되고 압도할 수 없다면 웃어야 하고 웃을 수 없다면 모욕당할 이유가 있는 것이다)"라고 말했다.[87]

그러나 모욕을 멋진 말대꾸retort, repartee로 응수할 수도 있다. 2011년 9월 임귀열은 "최근 정몽준 의원이 박근혜 의원을 향해 '박근혜 의원의 미 외교지 기고문은 내가 아는 교수가 대필했다더라'고 트집을 잡았다"며 다음과 같이 말했다.

"필자는 순간 미국의 배우 겸 작가 Ilka Chase의 말대꾸가 떠올랐다. 어느 여자 배우가 다가와 'I enjoyed reading your book. Who wrote it for you(당신의 책을 읽었는데 그건 누가 써준 거예요)?'라고 묻자 Chase는 'Darling, I'm so glad that you liked it. Who read it to you(아 네, 잘 읽었다니 다행이네요. 그런데 누가 읽어주던가요)?'라고 응수했다. 멋진 강펀치로 역공한 것. retort와 repartee의 예증이다."[88]

integrity

integrity는 personal integrity(인간적 진실성), professional integrity(직업적 진실성), artistic integrity(예술가적 진실성) 등의 형식으로 많이 쓰인다. "(나뉘지 않고) 완전한 상태, 온전함"이라는 뜻도 있어, in its integrity는 "꼭 그 모양대로", territorial integrity는 "영토 보전", a man of high integrity는 "청렴결백한 사람"이라는 뜻이다.[89]

integrity는 "whole, complete"를 뜻하는 라틴어 형용사 integer에서 나온 말이다. 그래서 누구를 정직하다고 말할 때 honesty를 쓸 수도 있겠지만, integrity는 honesty마저 wholeness(전체, 총체, 일체)를 갖고 있느냐를 따지는 더 적극적인 개념이다. 즉, 누군가에게 integrity가 있다고 말할 때는, 그 사람이 자신의 가치, 신념, 원칙 등에 한 치의 오차 없이 총체적으로 부합한다는 의미를 내포하는 것이라고 할 수 있다.[90]

data integrity는 "데이터 완전성(입력된 데이터가 변경·파괴되지 않은 상태)"을 뜻한다. 데이터 무결성이라고도 한다. 컴퓨터 시스템에 의하여 관리되는 자료의 정확성, 일관성, 완전성을 통합한 데이터의 능력으로, 우연 또는 고의에 의한 데이터의 파괴, 변경 또는 상실이 생기지 않으면 보전되는 데이터의 품질을 뜻하는 개념이다. 달리 말하자면, 데이터를 인가되지 않은 방법으로 변경할 수 없도록 보호하는 성질이다. 데이터 완전성(무결성)의 보호는 네트워크 관리자만의 서버 접근, 전송 선로 관리, 서지Surge와 전자적 충격에서 하드웨어와 저장 장치의 보호 등을 통해 이루어지며, 사용자 인증 수준 유지, 시스템 관리 절차·유지 보수 지침 문서화, 장애와 외부 공격에 대비한 복구 대책 수립 등 관리 대책이 필요하다.[91]

"Integrity is one absolute requirement of managers(진실성은 경영자의 절대적 요건이다)." 미국 경영학자 피터 드러커Peter F. Drucker, 1909~2005의 말이다. integrity는 드러커가 경영과 리더십을 논할 때마다 즐겨 쓰던 덕목이었다. 일단 '진실성'으로 번역하긴 했지만, 임귀열은 '인품'이 가장 정확한 번역이라고 말한다.

임귀열은 "최근 국내의 게임업체 대표가 한 일간지와 인터뷰를 하면서 Drucker의 integrity를 놓고 일본에서는 '진지함'으로, 우리말 번역본에서는 '성실함'으로 번역되었다며 '성실함

Peter Drucker

심', '도덕관'을 대변하는 말이다. 법 없이도 사는 인품Integrity has no need of rules도 있다는데, 한국의 지도자들에게는 왜 도덕심integrity은 없고 도둑심만 있는 것일까."[92]

은 감동이 없는 것'이라는 촌평까지 했다. 그 CEO의 Drucker에 대한 이해는 잘못되었다. 왜냐하면 integrity는 그런 용어도, 개념도 아니기 때문이다"며 다음과 같이 말한다.

"우선 integrity는 '흠이 없는 온전함'과 '윤리관moral soundness'이다. 도덕적 해이의 반대 개념이 integrity이고 이는 Drucker 자신이 한 말 'It's more important to do the right thing than to do things right(일을 제대로 하는 것보다 올바른 일을 하는 것이 중요하다)'에서도 그 의미가 보인다. 그는 또 훌륭한 leader에서 무엇을 보느냐는 질문에 'Would I want one of my sons to work under that person? Then I would look for integrity'라고 말했다. 자신의 아들이 그 밑에서 일해도 될 만한 그런 인품의 지도자를 찾는다는 뜻이다. 또 다른 명언 'Integrity is doing the right thing, even if nobody is watching(아무도 보지 않아도 정의로운 일을 하는 게 integrity)'도 있다. '약속은 양심을 걸고 지켜라Honor your commitments with integrity'는 말처럼 integrity는 '인품'과 '양

Invictus

"Out of the night that covers me/Black as the Pit from pole to pole/I thank whatever gods may be/For my unconquerable soul/In the fell clutch of circumstance/I have not winced nor cried aloud/Under the bludgeonings of chance/My head is bloody, but unbowed/Beyond this place of wrath and tears/Looms but the Horror of the shade/And yet the menace of the years/Finds and shall find me unafraid/It matters not how strait the gate/How charged with punishments the scroll/I am the master of my fate/I am the captain of my soul."

"나를 감싸고 있는 밤은 구덩이 속같이 어둡다/어떤 신에게라도 정복되지 않는 영혼을 내게 주심에 나는 감사하리라/가혹한 상황의 손아귀에서도 나는 움츠러들거나 소리 내어 울지 않으리/운명의 막대기가 날 내려쳐/내 머리가 피투

성이가 되어도 나는 굽히지 않으리/분노와 비탄 너머에/어둠의 공포만이 거대하고/절박한 세월이 흘러가지만/나는 두려움에 떨지 않으리/지나가야 할 문이 얼마나 좁은지/얼마나 가혹한 벌이 기다릴지는 문제되지 않는다/나는 내 운명의 주인이며/나는 내 영혼의 선장이다."[93]

영국 시인 윌리엄 어니스트 헨리William Ernest Henley, 1849~1903의 시詩「인빅터스Invictus(천하무적)」다. 17세 때에 골관절 결핵으로 다리 하나를 잃은 뒤에도 꿋꿋하게 살면서 26세 때인 1875년에 쓴 시다. 이 시는 오늘날까지도 실패와 좌절에 빠진 사람들에게 큰 희망과 용기를 안겨주는 불멸의 시로 애송되고 있다.

invictus는 라틴어다. in(~없는)+victus(~패배)=invictus(패배가 없는 자, 천하무적). invictus team은 "천하무적의 팀", tournament invictus는 "토너먼트에서 상대할 자가 없는 천하무적, 패배를 모르는 토너먼트의 구성원"이라는 뜻이다. 팀 이름으로도 활용되며, 영화에서도 볼 수 있고, 고대 로마나 그리스 배경의 게임에서도 볼 수 있다.[94]

「인빅터스」는 미국의 성공학 전도사인 나폴레온 힐Napoleon Hill, 1883~1970이 자주 인용한 시이기도 하다. 힐은 자신의 책을 읽을 주요 독자들이 실패와 좌절에 시달렸을 사람들이라는 걸 염두에 두고 이런 강력한 위로의 메시지를 던진다.

"어느 경우든 성공을 거둘 때까지의 인생은 절망과 좌절의 반복이다. 일시적인 패배에서 모든 것을 단념하기란 매우 간단한 일이며, 더욱이 좌절에 그럴듯한 변명을 다는 것은 그다지 어렵지 않다. 대부분의 사람이 일시적인 패배로 곧 소망을 포기하고 마는 이유다. 성공한 미국인에 드는 500명이 들려준 이야기의 공통점은 '위대한 성공이라는 것은 사람들이 패배의 투구를 벗은 시점에서 불과 얼마 지나지 않았을 때 찾아온다'는 것이다. 실패는 마치 사기꾼처럼 교활하고 약다. 성공이 가까이 왔을 때 우리에게 필요한 것은 이 사기꾼에게 현혹되지 않는 명민한 지혜다."[95]

위로와 격려의 메시지는 실화일수록 더욱 강력하게 다가오는 법이다. 이 점에 관한 한 독보적인 인물이 이미 존재하고 있으니, 그가 바로 헨리다. 힐은 독자들에게 '인빅터스의 정신'을 가지라고 권한다. "'나야말로 내 운명의 지배자이며 내 영혼의 선장이다.' 영국의 시인 헨리가 쓴 이 시는 모든 사람에게 공통되는 진리를 담고 있다. 그것은 자신만이 자기의 사고를 조절하는 힘을 가지고 있기 때문이다."[96]

그러나 「인빅터스」를 유명하게 만든 이는 힐보다는 남아프리카공화국의 인종분리정책 아파르트헤이트를 종식시키고 화합과 평화의 새 시대를 연 넬슨 만델라Nelson Mandela일 것이다. 아파르트헤이트에 저항했던 만델라는 1962년 8월 5일 투옥되어 27년 6개월간 감옥생활을 했는데, 그는 철창에 갇혀 있으면서도 「인빅터스」를 되뇌면서 두려움을 이겨내고 희망을 잃지 않았다.[97]

2005년 7월 7일 런던 테러 폭파 사건이 일어났을 때, 영국 『데일리미러Daily Mirror』는 헤드라인을 「인빅터스」에 들어 있는 "bloody, but unbowed"로 뽑았다. 미국 테니스 선수 앤드리

〈Invictus〉

iPod

이 애거시André Agassi, 1970~는 2010년에 출간한 자신의 자서전 『Open』에 「인빅터스」를 인용했다. 버마의 민주화 지도자 아웅 산 수치Aung San Suu Kyi, 1945~는 2011년 BBC 강연에서 자신의 아버지 아웅 산을 포함한 버마의 독립투사들에게 「인빅터스」가 큰 용기를 주었다고 말했다.

다 아름다운 이야기인데, 희대의 살인마저 「인빅터스」를 애송한다는 건 곤혹스럽다. 1995년 4월 19일 오클라호마 주 주도인 오클라호마 시의 연방정부 관공서 건물을 폭파시켜 건물 내 유아원에 있던 어린이를 포함한 168명을 사망하게 한 티머시 맥베이Timothy McVeigh, 1968~2001는 2001년 법정 최후 서류 진술에서 「인빅터스」 전체를 인용했다고 한다.[98]

2001년 애플 사가 개발하여 출시한 디지털 오디오 플레이어 iPod은 이른바 팟캐스팅podcasting을 탄생시켰다. 팟캐스팅은 미국에서 PC를 이용해 만든 개인 방송을 MP3 파일 형태로 녹음해 인터넷에 유포하는 행위를 일컫는, 아이팟을 위한 방송이다. 2005년 podcast.net에서는 검색 빈도가 두 번째로 많은 단어가 '포르노'일 정도로 섹스가 흘러넘쳐 논란이 되었다. 이에 대해 『뉴스위크』는 다음과 같이 논평했다.

"마이크와 PC, 그리고 약간의 사적인 공간만 있다면 누구나 방송 제작이 가능하다. '오픈 소스 섹스'의 진행자 바이올렛 블루는 '(TV가 아니기 때문에) 가슴이 큰 여자나 대형 광고주가 필요 없다. 섹스 교육을 위한 가장 민주적인 도구다'라고 말했다. 물론 부모들은 달가워하지 않는다. 차단 소프트웨어가 이 신기술에는 통하지 않는 점도 그 이유 중 하나다. 그러나 낙담할 필요는 없다. 그다음으로 떠오를 아이팟 방송은 종교 프로그램이다('가톨릭 내부자' '휴대용 기도 방송국' 등). 그런 방송은 다름 아닌 갓캐스팅godcasting으로 알려졌다."[99]

팟캐스팅을 비롯해 아이팟에 열광하는 조류를 의미하는 '파디즘Poddism', 아이팟 애용자를 가리키는 '파디스Poddies' 같은 신조어들과 "나는 아이팟을 쓴다, 고로 존재한다iPod, therefore I am"라는 표현까지 등장했다. 아이팟 신드롬은 2005년 7월 일단의 10대들이 다른 10대들을 공격하여 아이팟을 빼앗는 과정에서 16세 소년이 흉기에 찔려 죽은 사건까지 낳았다. 애플 사 사장 스티브 잡스는 피해자 부모에게 직접 위로전화를 했다고 한다.

iPod

언론인 딜런 존스Dylan Jones는 『나는 아이팟을 쓴다, 그러므로 나는 존재한다iPod, Therefore I am』(2005)는 책까지 내가면서 아이팟을 찬양했다. 그는 "처음에는 불이 있었고, 바퀴가 고안되었으며, 페니실린이 발견되었다. 그리고 마침내 인류에 축복이 될 차세대의 위대한 발명품 아이팟이 등장했다"며 이런 주장을 폈다.

"작고 세련되고 매혹적인 외양에 1만 곡 이상의 노래를 담을 수 있는 대용량 아이팟은 전 세계의 음악팬과 기기 애호가들을 열광시켰다. 인디 록을 즐기는 대학생들로부터 10대 힙합 팬, 나이 든 재즈 팬들, 클래식 애호가 등에 이르기까지 모든 이들이 아이팟에 매료되었다. 이처럼 모든 연령층과 기호층을 이음매 없이 아우른 테크놀로지는 일찍이 없었다."[100]

잡스의 사후 애플의 모든 주요 제품이 잡스의 분신으로 살아남았지만, 아이팟의 의미는 각별하다. 2001년 아이팟을 출시했을 때 잡스는 "만약 누군가가 애플이 이 지구상에 존재하는 이유를 묻는다면 나는 이 제품을 들어 보이겠습니다"라고 호언했다. 오죽하면 늘 빈정대던 빌 게이츠마저 아이팟을 처음 보고 놀라 곤혹스러운 표정으로 "이거 매킨토시에만 연결되나요?"라고 물었을까.[101]

'백인들이 좋아하는 것'이라는 웹사이트의 개설자인 미국 작가 크리스천 랜더Christian Lander는 "백인들은 애플 제품을 사용함으로써 창의적이고 특별한 사람임을 만천하에 알리고자 한다"며 이렇게 말한다. "백인의 아이팟은 그저 그들이 즐기는 음악을 모아놓은 것이 아니다. 아이팟을 통해 그들은 어떤 사람인지 분명하게 규정된다. 백인들은 항상 아무도 들어본 적이 없는 유망한 최신 밴드를 찾는 데 혈안이 되어 있다. 언젠가 애플 광고에 나오기 전에 그 음악을 먼저 접하고 즐기기 위해서다. 백인에게 있어, 어떤 밴드가 인기를 얻기 전에 먼저 그들의 팬이 된다는 것은 살아가면서 할 수 있는 가장 중요한 일 중 하나다. 그 일을 영원히 친구에게 자랑할 수 있기 때문이다!"[102]

다소 냉소적이긴 하지만, 랜더의 말은 유머로 받아들여도 무방할 것 같다. 과장은 있을망정 애플 제품 소비자들이 자긍심을 갖고 있는 건 분명한 사실이니까 말이다. 그러나 영국으로 가면 냉소가 진해지면서 '아이팟IPOD 세대'라는 부정적인 신조어까지 나타난다. 불안정하고 Insecure, 압력을 받으며Pressed, 과중한 세금부담에 시달리고Overtaxed, 빚에 쪼들리는Debt-ridden 청년 세대가 '아이팟 세대'라는 것이다.[103]

적어도 미국에선 어떤 이유에서였든 사람들은 아이팟을 자신의 분신처럼 사랑했다. 자신의 아이팟에 이름을 지어주고, 아이팟 하드드라이브의 진동이 자신을 살아 있는 것처럼 느끼게 해준다고 말했다. 아이팟이 자신의 일부가 되어버렸다고 말하는 사람들도 있었다. 하나의 기기나 도구가 아니라 신체의 연장인 동시에 기억의 일부가 된 것이다. 아이팟을 잃어버리면 정체성도 일부 사라진다는 믿음,[104] 그 믿음은 의인화의 과정을 거쳐 잡스에 대한 열광으로 나타났다.

island

No man is an island(그 누구도 섬은 아니다). 모든 사람은 휴머니티라고 하는 대륙의 부분으로 다른 사람들에게서 고립된 존재가 아니라는 뜻이다. 출처는 영국 시인 존 돈John Donne, 1572~1631의 「Devotions」(1624)다. "No man is an Island, entire of itself; every man is a piece of the Continent, a part of the main." 임귀열은 "Donne은 그가 쓴 글을 Charles왕에게 바쳤다고 한다. 그가 발진티푸스와 열병으로 사경을 헤매다 회복한 뒤 쓴 병상일지는 명상과 진심 어린 충고, 기도 등으로 이루어져 있다"며 다음과 같이 말한다.

"지구상에 인구가 넘치는데도 새삼 'No man is an island' 같은 말이 소중하게 들린다면 그것은 사람이 느끼는 상대적인 고독과 외로움 때문일 것이다. 정치인은 모든 세대를 정부가 돌보겠다며 'No family is an island'라고 외친다. 이젠 세상 모두가 연결되고 상호보완해야 한다는 의미에서 'No smart phone is an island, No gene is an island, No bank is an island, No university is an island, No religion is an island' 등의 파생어가 쏟아져나온다. 최근 차기 정부가 비밀과 독단으로 일을 처리하면서 생기는 잡음을 듣노라면 그들에게 가장 절실한 말이 'No man is an island, no politics is an island'일 것이라는 생각이 든다."[105]

미국 심리학자 니컬러스 디폰조Nicholas DiFonzo는 'No man is an island'에 대해 이렇게 말한다. "대부분의 창조물처럼 인간 역시 사회적 상호작용을 하도록 태어났다. 함께 이야기하고, 함께 먹고, 함께 일한다. 거래를 하고, 물물교환을 하며, 언쟁을 벌인다. 우리가 스스로 인간임을 증명하는 데 가장 중요한 증거는 타인과 의사소통을 한다는 점이다. 우리는 타인과의 관계 속에서 스스로를 바라보기도 한다."[106]

그런데 'No smart phone is an island'는 당

위일 뿐 현실은 아니다. 이른바 '스마트아일랜드Smart Island 족族'의 등장이 그 점을 잘 말해준다. 『매일경제』(2011년 4월 1일)는 이렇게 말한다. "대화가 사라지고 있다. 지인들과 만난 자리에서도 대화보다는 소셜네트워크서비스SNS와 문자 대화를 더 많이 하는 사람들이 늘고 있다. SNS로는 얼굴 한 번 본 적 없는 사람들과 시시콜콜한 이야기까지 주고받지만 사람들을 직접 대하는 자리에선 어색한 침묵이 흐른다.……스마트기기를 들고 소통하고자 하지만 사실은 '고립된 섬'처럼 되는 사람들이다. 스마트폰 이용자 1,000만 명 시대가 만들어낸 새로운 암暗인 셈이다."[107]

'스마트아일랜드Smart Island 족' 때문에 당장 타격을 받은 사람들이 있다. 『조선일보』(2013년 7월 6일)는 이렇게 말한다. "지하철 승객들의 시선을 바닥에 고정시키는 스마트폰 때문에 울상 짓는 사람들이 많다. 바로 지하철 내 광고를 관리하는 업체와 전동차 안에서 물건을 파는 잡상인, 전단을 돌리며 어려운 사정을 호소하는 걸인乞人들이다. 이들은 스마트폰이 '매출 저하'의 원흉元兇이라고 입을 모았다."[108]

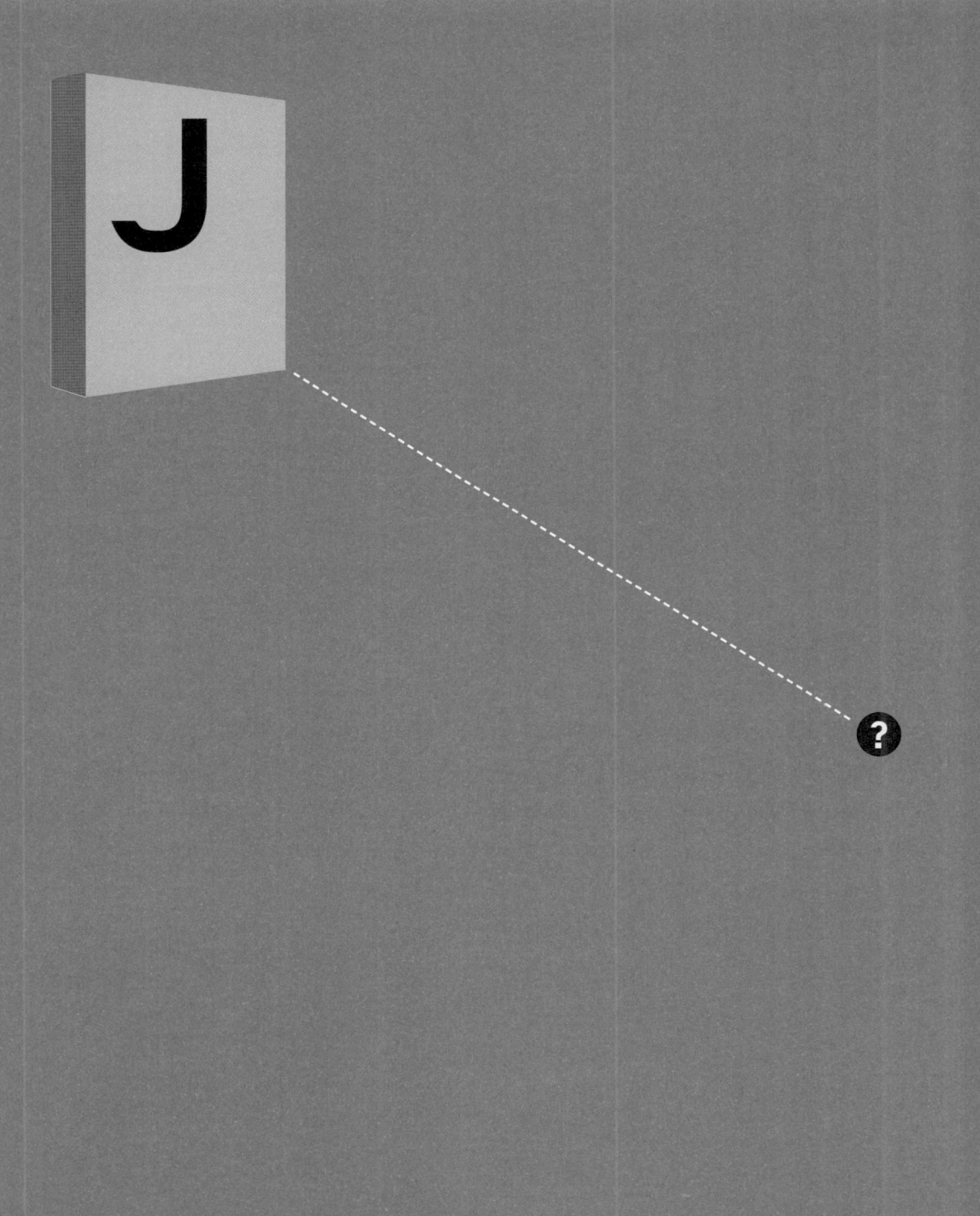

J

jazz

jazz라는 단어의 기원은 분명치 않다. 가장 일반적으로 알려져 있기로는 이 말이 정액을 뜻하는 20세기 초 미국 단어 jass에서 유래되었다는 것이다. 재스뮤직jass music이란 말은 그래서 음악적 능력보다 전염성 강한 리듬과 번드르르한 연기가 중요했던 싸구려 술집 따위에서 주로 연주되었던 성적이고 방종한 음악을 가리켰다. 그러나 재즈가 북아프리카어나 아랍어에 기원을 두고 있으며 따라서 노예제도나 오늘날 재즈라 불리는 음악보다 오래된 말이라고 주장도 있다. 이때 재즈를 jass와 관련시키는 주장은 악의적인 것으로 비쳐진다.[1]

미국에서 1920년대에 클래식과 재즈의 접목을 시도하면서 '재즈의 왕The King of Jazz'으로 불렸던 오케스트라 지휘자 폴 화이트먼Paul Whiteman, 1890~1967은 "Jazz came to America 300 years ago in chains(재즈는 300년 전 [흑인 노예들의] 쇠사슬에 묶여 아메리카로 건너왔다)"라고 했다. 이것이 재즈냐 아니냐 하는 것처럼 재즈와 관련된 음악적 평가에 있어서는 엄청나게 많은 논쟁이 계속 되어왔는데, 재즈 정체성의 가장 중요한 기준으로 꼽히는 것은 improvisation(즉흥성)이다. 미국방언협회American Dialect Society는 jazz를 '20세기의 단어the Word of the Twentieth Century'로 선정했다.[2]

미국에서 1920년대는 '광란의 20년대Roaring Twenties'로 부를 만큼 번영과 환락이 극에 이른 시대였다. 1919년 제1차 세계대전의 종전으로

charleston

그간 억눌렸던 쾌락의 욕구를 풀겠다는 듯, 자유분방한 재즈와 더불어 찰스턴Charleston과 같은 광란의 춤이 유행하고 여성들은 빅토리아 시대의 속옷을 벗어던지고 짧은 스커트를 입기 시작했다.³

양쪽 발을 안팎으로 돌리면서 발가락을 안으로 오므려 균형을 잡아 몸을 이쪽저쪽으로 흔드는 동시에 손으로 미친 듯이 무릎을 치면서 "춤을 춥시다"라고 외치는 찰스턴은 동작의 격렬함으로 인해 보수층의 격렬한 반감의 대상이 되었다. 보스턴의 한 댄스클럽이 무너져 44명의 춤꾼이 사망하는 사고가 발생하자, 비판자들은 찰스턴 때문이라고 주장할 정도였다. 이후 댄스클럽들은 "우리 건물은 찰스턴을 이겨낼 수 없습니다"라는 내용의 경고장을 붙이기에 이르렀지만, 재즈 시대엔 그 무엇 하나 격렬하지 않은 것이 없었다.⁴

1920년대를 '재즈 시대Jazz Age'로 부른 F. 스콧 피츠제럴드Francis Scott Fitzgerald, 1896~1940는 "재즈 시대의 특성은 정치에 대한 철저한 무관심"이라며 이렇게 말했다. "1920년대의 불안감은 안정적인 황금빛 포효에 가려 더 이상 들리지 않았고 파티는 더 크게, 공연은 더 거창하게, 건물은 더 높게, 도덕규범은 더 느슨하게, 술은 더 싸게 변해갔다."⁵

언론 분야에서 1920년대는 타블로이드 신문이 맹활약하고 더불어 사진을 많이 사용했다는 이유 등으로 '재즈 저널리즘jazz journalism의 시대'로 불린다. 이 시대에 '해석적 보도'도 도입되었지만, 가장 눈에 띈 건 독자들을 유인하기 위한 각종 쿠폰이었다. 미녀 선발대회를 비롯한 각종 대회의 개최도 신문 마케팅의 일환으로 성황을 누렸다.⁶

타블로이드 신문은 열차에서 읽기가 편했지만, 당시엔 이를 선정적이고 저속한 신문이라는 뜻으로 하수도에 빗대어 '거터 저널리즘gutter journalism'이라고 불렀다. 타블로이드 신문의 제작 방식과 철학은 광고에도 큰 영향을 끼쳤다. 타블로이드 신문의 등장 이후 개인화되고 고백적인 광고 카피가 많이 등장했다. 제품은 제쳐놓고 소비자의 심리 상태를 파고드는 치료적theraputic' 광고가 대세를 이루기 시작한다.⁷

재즈 저널리즘의 이면엔 기술발전이 있었다. 특히 1920년 텔레타이프teletype의 등장은 언론의 비약적인 발전을 가져왔다. 이제 속도가 느린 모르스식 부호 대신 분당 100단어의 속도로 전 세계에 뉴스를 동시에 전달할 수 있게 되었기 때문이다. 1924년에는 처음으로 사진을 전송하게 되었고 그로부터 10년 뒤에는 AP통신에서 최초로 전송사진 서비스를 한다.⁸

jean

jean은 주로 청바지blue jeans를 만드는 데 쓰이는 질긴 면직물인 데님denim이나 데님의 일종인 덩거리dungaree를 말한다. jean은 이탈리아의 제노아Genoa에서 처음 만들어졌는데, 영국에선 제노아의 발음을 Gene 또는 Jean으로 했기 때문에 jean이라 불리게 되었다.

이 면직물로 바지를 만들면서, jean은 복수 형태로 청바지를 뜻하게 되었다. 처음 색이 청색이었기 때문에 blue jeans라고 했다. 블루진은 처음엔 골드러시Gold Rush로 미국 캘리포니아에 몰려든 미국 뜨내기 노동자들을 위해 만들어졌다. 청바지를 최초로 만든 주인공은 유대인으로 독일 바바리아Bavaria 출신인 리바이 스트라우스Levi Strauss, 1829~1902다.

스트라우스가 1850년 광부용 작업복으로 최초의 청바지를 만들 때 사용한 천은 포장마차 덮개로 쓰던 것이었으며, 이 천은 사우스캘리포니아 노예 농장에서 재배되던 '인디고페라' 잎에서 추출한 푸른 염료로 물들여졌다. 스트라우스가 1853년 샌프란시스코에 세운 Levi Strauss & Co.는 Levi's라는 브랜드를 앞세워 오늘날 거대 의류업체가 되었다.[9]

청바지를 '골드러시'와 연결시키는 건 Levi Strauss & Co.가 스토리텔링 차원에서 벌인 광고 캠페인의 일환일 뿐, 데님의 생산은 골드러시가 끝난 1870년대부터였다는 주장도 있다.[10] 어찌되었든 광부의 이미지가 어른거린 탓인지, 청바지는 서민의 상징처럼 여겨졌다. 1876년에서 1880년까지 인디아나 주지사를 지낸 제임스 더글러스 윌리엄스James Douglass Williams, 1808~1880의 별명은 'Blue Jeans Bill'이었는데, 이는 그가 농촌 표를 얻기 위해 늘 블루진을 입었기 때문

에 붙여진 별명이다.[11]

영화배우 제임스 딘James Byron Dean, 1931~1955이 자동차 사고로 사망한 지 나흘째 되던 1955년 10월 3일 개봉한 〈이유 없는 반항Rebel Without a Cause〉은 미국 사회에 일대 센세이션을 불러일으켰다. 이 영화에서 딘이 입은 청바지는 반항의 상징으로 여겨졌고 실제로 많은 젊은이가 그런 정신으로 청바지를 입었기 때문에 한동안 학교, 레스토랑, 극장 등에선 청바지 착용을 금지하기도 했다.[12]

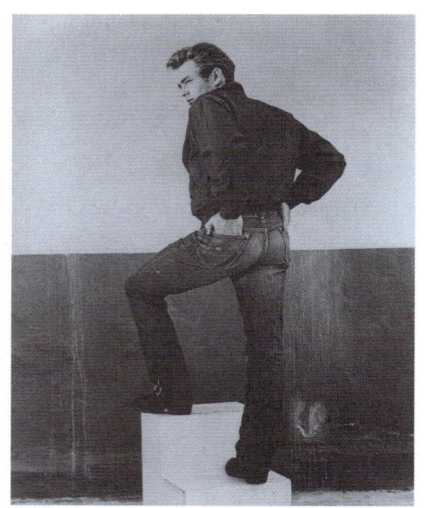

James Dean

1960년대에는 청바지에 대한 그런 부정적 시선이 누그러졌으며, 1970년대에는 평상복으로 폭넓게 받아들여졌다. 2012년 3월 미국 공화당 대선 후보 경선의 선두 주자였던 전 매사추세츠 주지사 밋 롬니Mitt Romney, 1947~도 정치적 공식 행사에 청바지를 입은 채로 나타나기도 했다.

How can you shout "Death to America!" when you're wearing blue jeans(청바지를 입고서 어떻게 '미국 타도'를 외칠 수 있단 말입니까)? 21세 먹은 이란 여대생이 1999년 11월 4일 이란혁명 20주년을 맞아 벌어진 반미집회에 대해 청바지를 입은 이란 학생들을 비판하면서 『뉴욕타임스』 기자에게 한 말이다. 친미·반미와 무관하게 전 세계를 휩쓸고 있는 미국 대중문화의 힘을 말해준 것으로 볼 수 있다.[13]

designer jeans는 유명 디자이너 브랜드가 붙은 고가의 진을 말한다. 800달러나 받는 디자이너 진도 있다. 2011년 기준 미국인이 진 구입에 쓴 돈은 연간 138억 달러였는데, 이 가운데 50달러 이상 나가는 진의 시장 점유율은 약 1퍼센트 정도였다.[14]

mom jeans는 체형이 영 좋지 않은 여자가 입은 볼품없는 진을 유머러스하게 비하하는 말이다. 2003년에 생겨난 말이다. 마찬가지로 아저씨가 입은 볼품없는 진은 dad jeans라고 한다. 2009년 미국 대통령 버락 오바마가 야구장에 진을 입고 나타났을 때, 오바마가 입은 진을 놓고 dad jeans 시비가 일어나기도 했다.[15]

jezebel

jezebel은 "수치를 모르는 여자, 요부, 독부"란 뜻이다. 성서 「열왕기 상」에 나오는 이스라엘왕 아합Ahab의 아내인 제저벨Jezebel에서 나온 말이다. 제저벨은 희대의 독부를 가리킨다. 악녀, 닳고 닳은, 굴러먹은 여자라는 뜻이다. 제저벨은 인간의 본능과 욕망이 시키는 대로 행동하는 성적으로 문란하다는 함의를 담고 있는데, 미국에서 흑인 차별이 심각하던 시절 흑인 여성에게 이런 이미지가 씌워졌다.

1736년에 발간된 『사우스캐롤라이나 가제트The South-Carolina Gazette』는 "흑인 여성들은 선천적으로 강인한 체격을 가져서 쉽사리 지치지도 않는다. 따라서 이들은 밤낮을 가리지 않고 연인을 위해 봉사할 수 있다"고 썼다. 심지어 윌리엄 스미스라는 노예 상인은 "오랑우탄 같은 것들이 자주 숲속에서 흑인 여성들을 습격하여 성관계를 맺곤 했다"고 주장했다. 미국 제3대 대통령(1801~1809년) 토머스 제퍼슨Thomas Jefferson, 1743~1826은 "흑인 여성들이 오랑우탄과 성교를 하는 것은 분명 오랑우탄들도 자기네 종족보다 흑인 여성들이 훨씬 더 낫다는 확신이 있었기 때문일 것"이라고 썼다.[16]

백인들은 오랑우탄에게 무슨 한 맺힌 게 있는가? 21세기에도 오랑우탄 타령을 하는 정신 나간 자들이 있으니 말이다. 2013년 7월 13일 이탈리아 로베르토 칼데롤리Roberto Calderoli 상원 부의장은 한 정치 집회에서 아프리카 콩고민주공화국에서 태어난 첫 흑인 여성 장관 세실 키엥게Cécile Kyenge, 1964~를 오랑우탄에 비유하여 논란을 빚었다. 이민 반대 정당인 북부연맹 당수이기도 한 칼데롤리는 "나는 곰과 늑대 같은 동물을 좋아한다"며 "하지만 키엥게 장관의 사진을 보면 오랑우탄이 떠오른다"고 말했다니,[17] 이런 인간을 그대로 내버려둬도 되는지 모르겠다.

흑인 여성에 대한 또 하나의 만들어진 이미지는 mammy(매미)다. mammy는 mother의 방언이기도 하지만, 주로 과거 미국 남부의 백인 가정에서 아이들을 돌보던 흑인 유모를 경멸적으로 가리키던 말이다. 해리엇 비처 스토H. B. Stowe, 1811~1896의 『톰 아저씨의 오두막Uncle Tom's Cabin』 (1852)에 등장하는 Aunt Chloe가 전형적인 mammy인데, 뚱뚱하고 가슴이 크지만 중성적이고 백인에게 위험이 되지 않는 이미지다.[18]

미국 '토크쇼의 여왕' 오프라 윈프리Oprah Winfrey도 한때는 mammy로 불렸는데, 체중을 30킬로그램을 빼고 유명해지면서 mammy 이미지에서 벗어났다. 이와 관련, 에바 일루즈Eva Illouz는 이렇게 말한다. "1984년 오프라의 이름이 알려지기 시작한 초기에 『뉴스위크』는 오프라를 '블랙 마미black mammy'라 칭하며 '미시시피 태생으로 거의 90킬로그램에 육박하는 흑인 여자, 구릿빛 피부에 약간은 세속적이고 산전수전을 다 겪은 듯한 활기찬 여자'라고 표현했다. 그로부터 5년 후 『뉴욕타임스』의 한 기사에서는 '가냘프고 질리도록 매력적인 여자'로 묘사되었다. 놀라운 변화였다."[19]

judge

"작년 대선 과정에서 문재인·안철수 단일화 협상이 실패한 후 협상에 참여했던 실무자들 사이에서 이런 얘기가 쏟아져나왔다. '(상대의 언론 플레이 때문에) 피가 거꾸로 솟는다' '(상대편은) 겉과 속이 다르다' 둘 중에 뭐가 더 잘못된 표현일까? 답은 둘째 표현이다."

최철규 HSG 휴먼솔루션그룹 대표가 "미숙한 협상가들이 협상 테이블에서 자주 저지르는 실수가 있다. 첫째는 판단judgement의 언어를 쓰는 것이다"라며 한 말이다(judgment는 미국식, judgement는 영국식 스펠링이다). 그는 "협상학에서는 상대에 대해 판단하지 말고, 내 감정을 표현하는 게 낫다"며 다음과 같이 말한다.

mammy

"피가 거꾸로 솟는 것은 나의 주관적 감정이다. 나도 인간인 이상 '분노' 라는 감정을 느낄 수 있다. 반면 '겉과 속이 다르다' 는 것은 상대의 본질에 대한 나의 판단이다. 상대가 나를 '너는 어떤 인간' 이라고 규정하는 셈이다. 누군가가 나의 본질을 '낙인' 찍는 일은 인간이 경험할 수 있는 가장 불쾌한 일이다. 나쁜 협상가는 판단의 언어를 쓴다. '약속을 지키지 않는 분이군요' 좋은 협상가는 감정의 언어를 쓴다. '약속을 어기시니 화가 납니다.' "[20]

"When you meet a man, you judge him by his clothes; when you leave, you judge him by his heart(사람을 만날 땐 옷으로 판단하지만, 떠날 땐 그 사람의 가슴으로 판단한다)"라는 말이 있다. 이런 경우의 판단이야 당연한 일이고 바람직한 것이기도 하지만, 판단의 위험과 더불어 판단 능력의 부실함을 경계해야 한다는 명언이 많다. 5개만 감상해보자.

(1) Do not judge, or you too will be judged (비판을 받지 아니하려거든 비판하지 마라). 신약성서 「마태복음」 7장 1절에 나오는 말이다.

(2) Everyone complains of the badness of his memory, but nobody of his judgment(자신의 기억력이 부실한 건 불평해도 판단력이 부실한 걸 불평하는 사람은 없다). 17세기 프랑스 작가로 풍자와 역설의 잠언으로 유명한 라로슈푸코François de La Rochefoucauld, 1613~1680의 말이다.

(3) We judge ourselves by what we feel capable of doing; others judge us by what we have done(우리는 우리가 할 수 있을 것 같은 느낌으로 우리 자신을 평가하지만, 남들은 우리가 이미 해놓은 일로 우리를 평가한다). 미국 시인 헨리 워즈워스 롱펠로Henry Wadsworth Longfellow, 1807~1882의 말이다.

(4) The major barrier to interpersonal communication lies in our very natural tendency to judge the statements of the other person(대인對人 커뮤니케이션의 주요 장벽은 남의 말을 평가하려는 우리의 타고난 버릇이다). 미국 심리학자 칼 로저스Carl Rogers, 1902~1987의 말이다.[21]

(5) Joy is self-acceptance, it is freedom from self-judgment(행복은 자신을 받아들이는 것, 즉 자신을 평가하는 것에서 벗어나는 것이다). 영국 심리학자 로버트 홀덴Robert Holden, 1964~의 말이다. 아닌 게 아니라 끊임없이 자신을 분석하고 평가해 스스로 자신을 못 살게 구는 사람이 의외로 많다. 물론 자기 발전을 위한 노력이겠지만, 적당한 선에서 멈출 줄 알아야 한다. 자기 발전을 꾀하더라도 일단 있는 그대로의 자신을 받아들이는 일부터 확실하게 해두는 게 행복으로 가는 길이다.

kiss

여배우 잉그리드 버그먼Ingrid Bergman, 1915~1982은 "A kiss is a lovely trick designed by a nature to stop speech when words become superfluous(키스는 말이 불필요해질 때 말을 멈추게 하기 위해 신이 고안해낸 사랑스러운 요술이다)"라고 했지만, 모든 키스가 다 그렇게 고상한 것만은 아니다.

kiss and tell은 "신뢰를 저버리다, 비밀을 입 밖에 내다, 서약을 깨다"는 뜻이다. 어떤 여자가

Ingrid Bergman

돈을 바라고 과거에 맺었던 유명인과의 성관계를 공개하는 장면을 연상하면 된다. the kiss of death는 "죽음의 키스, 위험한 관계(행위), 재앙의 근원"을 뜻한다. 예수를 배신한 유다Judas가 예수의 뺨에 키스를 함으로써 로마군에게 그가 예수임을 알린 데서 비롯된 말이다. 일부 마피아들은 이걸 흉내내 제거해야 할 단원에게 보스가 키스를 해주는 의례를 행한다고 한다.[1]

키스에도 여러 종류가 있다. French kiss는 진한 키스, air-kiss는 키스하는 시늉을 내면서 소리만 내는 키스다. 영국에선 여자들만 에어 키스를 하며, 남자들은 게이, 특히 여성 역의 게이가 아니면 이런 키스를 하지 않는다.[2] flying kiss는 자신의 손에 키스를 한 뒤 그걸 상대편을 향해 입으로 날려보내는 상징적 키스를 말한다.[3] Eskimo kiss는 서로 코를 비벼대는 것, butterfly kiss는 윙크를 보내고 눈썹을 깜박여 상대의 얼굴을 간질이는 것이다. 〈Butterfly Kiss〉라는 제목의 영화와 노래도 있다.[4]

kissathon은 kiss와 marathon의 합성어로 키스 오래하기 시합이다. A determined Thai couple locked lips for 46 hours, 24 minutes and nine seconds to celebrate Valentine's Day in Pattaya, Thailand to win a 'Kissathon', and record the longest kiss in history(한 태국 커플이 태국 파타야에서 밸런타인데이를 기념하기 위해 46시간 24분 9초 동안 키스를 해서 키스 오래하기 대회에서 우승하며 역사상 최장시간 키스 신기록을 세웠다).[5] 이게 언제 한 건지는 모르겠으나, 2013년 2월 14일에 치러진 똑같은 행사에서 다시 신기록이 세워져 기네스북에 올랐다. 우승자는 역시 태국 커플로 58시간 35분 58초![6] 입술 다 문드러졌겠다.

ass-kissing(엉덩이에 입 맞추기)이라는 것도 있다. 리처드 스텐걸Richard Stengel이 『아부의 기술: 전략적인 찬사, 아부에 대한 모든 것』에서 소개한 눈물겨운 아부법 3가지만 감상해보자.

(1) "ass-kissing은 알랑쇠의 처절한 행동이다. 무릎 꿇고 키스하듯이 입술을 오므리며 권력자의 엉덩이에 다가서는 비굴한 모습이 눈에 선하다. ass-kissing은 두목-졸개, 높은 자-낮은 자, 무엇을 얻으려는 자-그것을 지니고 있는 자 사이에서 이루어지는 아부를 표현한다. 알랑쇠가 간과 쓸개를 모두 빼어놓고 정말 밥맛이 뚝뚝 떨어질 정도로 살살거릴 때 사용된다."[7]

(2) "엉덩이 핥기ass-licking는 엉덩이에 입 맞추는 행위보다 좀더 비굴해 보이지 않는가. 입 맞추기가 조금 덜 고약하게 느껴지는 이유는 그것이 누군가의 반지나 발에 입 맞추던 우아한 풍습에서 유래한 까닭이다. 예수님도 발에 입 맞추는 겸손한 모습을 보이지 않았던가! 덤으로 boot-licking(장화 핥아주기)이라는 말도 있는데, 물론 장화에 입 맞추기boot-kissing보다 심한 아부를 의미한다."[8]

(3) "sucking up은 엉덩이 핥아주기보다 좀더 강력하고 직설적인 표현이라 할 수 있다. 빨기와 핥기는 분명 다른 행동이다. 빨기는 좀더 열성적으로 혼신의 힘을 다하는 노예적인 아부를 시사한다. sucking에 around를 붙이면, 정말 드러내놓고 빨아줄 수 있는 기회를 잡으려고 여기저기 기웃거리는 모양새를 의미하게 된다."[9]

KISS principle

키스 기술art of kissing 또는 키스학을 philematology라고 하는데, KISS principle은 입술로 하는 키스와는 아무런 상관이 없다. "Keep it simple, stupid(이 바보야, 간단히 해)"의 acronym(두문자어) 용법으로, 컴퓨터 프로그램·통신문 등에서 '간단명료하게'라는 뜻으로 쓰이지만, 알고 보면 하나의 학學으로 정립되어 있을 만큼 오랜 연구 역사와 규모를 자랑한다.

"Keep it simple, stupid"는 항공 엔지니어 켈리 존슨Kelly Johnson, 1910~1990이 만든 말로, 1960년 미 해군에서 통용된 디자인 원칙이었으며, '키스 원칙KISS principle'으로 통용되어 다른 분야에서도 널리 사용되었다. 그래서 다음과 같은 수

많은 변용이 있다.

"keep it stupid simple", "keep it short and simple", "keep it simple sir", "keep it super simple", "keep it simple or be stupid", "keep it simple and stupid", "keep it simple and straightforward", "keep it simple and safe", "Keep it simple student", "keep it simple, silly", "keep it simple and sincere", "keep it simple and secular" 등.[10]

knickerbockers

knickerbockers는 "무릎 아래에서 졸라매는 넉넉한 바지"로, 줄여서 knickers라고도 한다. knee pants라고 부르기도 한다. 뉴암스테르담(지금의 뉴욕) 시절 네덜란드의 성인 니커보커에서 비롯된 말로 네덜란드인들이 즐겨 입던 넉넉한 바지였다. plus fours(골프용의 짧은 바지)는 1920년경 영국의 한 디자이너가 니커보커의 길이, 즉 무릎 위치에서 10.16센티미터를 더한 길이의 짧은 바지를 만든 데서 비롯된 말이다.[11] 무릎 밑의 길이가 얼마인가에 따라 plus twos, plus sixes, and plus eights 등 다양한 변형이 있다.[12]

워싱턴 어빙Washington Irving, 1783~1859의 『뉴욕의 역사A History of New York』(1809)에는 노신사인 디드리히 니커보커Diedrich Knickerbocker가 등장하는데, 이 작품을 계기로 니커보커는 19세기 초 뉴욕 맨해튼에 모인 젊은이들을 가리키는 말이 되었다. 이들은 네덜란드ㆍ영국 양쪽의 피를 이은 혼혈이며, 신세계의 사회에서 쉽게 뒤섞여 자유로운 생활을 할 수 있었던 상인ㆍ지주 계급 출신이었다. 인생을 개조하는 것보다는 혼락에 관심을 가진 이들은 문학을 미국에서 인정받는 떳떳한 작업으로 만드는 데 기여했다.

이곳의 작가들은 '니커보커Knickerbocker'라고 불렸으며, 19세기 초 미국 문필 활동의 중심부는 뉴욕이었기에 1810년에서 1840년까지의 기간은 미국 문학에서 '니커보커 시대'로 불린다. 한때 니커보커는 빵집에서 호텔에 이르기까지 전 분야에 걸쳐 상호명으로 쓰일 정도로 인기가 높았지만, 오늘날엔 거의 쓰이지 않아 뉴욕 농구팀의 이름으로만 남았다.[13]

Knickerbocker는 "뉴욕 사람, 네덜란드인의 자손"이란 뜻으로도 쓰였으며, Knickerbocracy

Diedrich Knickerbocker

는 뉴욕이 뉴암스테르담이었던 시절에 재산을 모은 뉴욕 사교계의 명사들을 빗댄 말이다. Knickerbocracy와 관련된 말이 Four Hundred다. Four Hundred는 "(한 도시의) 사교계 명사들, 상류 특권계급"을 뜻하는데, 이 말엔 역사적 배경이 있다.

1889년경 뉴욕 시의 부유한 사교계 명사이자 tastemaker(유행을 만들거나 퍼뜨리는 사람)인 워드 매컬리스터Ward McAllister, 1827~1895 등은 조지 워싱턴의 대통령 취임 100주년 기념행사를 고급스러운 분위기로 벌일 계획을 세우고 각계 유명인사들을 초청했는데, 그 수가 400명이었다. 『뉴욕 트리뷴New York Tribune』의 기자가 왜 하필 400명이냐고 묻자, 매컬리스터는 이렇게 답했다. "There are only four hundred persons in fashionable New York society(뉴욕의 상류사회는 400명밖에 없습니다)."

이 말이 널리 알려지면서 Four Hundred가 이와 같은 뜻을 갖게 되었다. fashionable은 "유행의"라는 뜻 외에 "사교계의" "상류의", fashionable society는 "상류 사회", a fashionable resort는 "상류 인사들이 모이는 곳", a fashionable tailor는 "일류 양재사", the fashionable world는 "사교계, 유행의 세계"라는 뜻이다. New York's Four Hundred can generally be counted on for good copy(뉴욕의 상류 명사들은 일반적으로 좋은 신문 기삿거리가 된다).[14]

knot

at the rate of knots는 "재빨리"란 뜻이다. 이 말이 만들어지던 당시에는 1노트(배가 한 시간에 1,852미터를 항해하는 속도)가 매우 빠른 속도로 여겨졌다는 걸 감안할 필요가 있다. 노트는 당시 배의 속도를 측정할 때 긴 밧줄에 길이를 알 수 있는 일정한 간격으로 여러 매듭knot을 만든 긴 밧줄을 바다에 던져 통과 지점의 시간을 재던 데서 유래된 말이다.[15]

cut the Gordian knot는 "비상 수단으로 어려운 일을 해결하다"는 뜻이다. 프리지아Phrygia라는 나라의 신전 기둥엔 건국자인 고르디우스Gordius 왕이 몰던 마차가 복잡하고 단단한 매듭으로 묶여 있었다. 고르디우스는 자신이 묶어둔 이 매듭을 푸는 자는 동쪽 세계를 지배하게 될 것이라고 예언했다. 수많은 도전자가 나섰지만 모두 다 실패해 고르디우스의 매듭Gordian knot은 영원한 난제難題로 남게 되었다.

그러나 300여 년 후인 B.C. 333년 페르시아를 정복하고 동쪽으로 전진하던 알렉산더 대왕Alexander the Great, B.C. 356~B.C. 323이 이 이야기를 전해듣고서는 프리지아의 신전으로 가서 단칼에 매듭을 잘라버렸다는 데서 유래된 말이다. 물론 지어낸 이야기일 가능성이 높긴 하지만 말이다. cut the knot는 "변칙적이지만 효과적인 방법으로 문제를 해결하다"는 뜻으로 쓰인다.[16]

Alexander the Great

Kodak

프랑스 작가 알베르 카뮈Albert Camus, 1913~1960는 1957년 12월 14일 스웨덴 웁살라 대학University of Uppsala 강연에서 Gordian knot를 20세기 힘의 정치와 허무주의라고 하는 칼에 의해 부서진 문명에 대한 은유로 사용했다. 그는 새로운 예술가들이 '반反알렉산더' 역할을 통해 상처를 치료하고 매듭을 수선해야 한다고 역설했다.[17]

〈연가시〉라는 영화 덕분에 널리 알려진 연가시는 길이 10센티미터에서 1미터, 직경 1~3밀리미터의 가늘고 긴 유선형동물인데, 가늘고 긴 벌레가 꿈틀거리는 모습이 말 꼬리털이 바람에 날리는 것처럼 보인다고 해서 horsehair worm(말총벌레) 혹은 hair worm(머리카락벌레)라고도 불린다. 고르디우스의 벌레Gordian worm라고도 하는데, 그건 연가시가 짝짓기를 할 때 고르디우스의 매듭Gordian knot처럼 엉겨붙기 때문이라고 한다.[18]

코닥Kodak은 미국 뉴욕 주 로체스터Rochester에 본사를 둔 이스트먼 코닥 사Eastman Kodak Company의 브랜드 이름이다. 1880년 은행원이던 조지 이스트먼George Eastman, 1854~1932은 사상 처음으로 유리판 필름을 발명했다. 1885년 뉴욕의 로체스터에 이스트먼 드라이 플레이트 필름 컴퍼니Eastman Dry Plate and Film Company를 설립한 이스트먼은 카메라의 대중화에 심혈을 기울였다. 그는 3년 만인 1888년 길이 16.5센티미터, 폭 8센티미터로 아담하거니와 놀라울 정도로 단순한 카메라를 제작하는 데 성공했다.

당시 셜록 홈스가 미국에 막 상륙한 시점이라 아주 작고 간편해서 탐정처럼 눈에 띄지 않게 사용할 수 있다는 걸 암시하는 의미에서 처음엔 디텍티브 카메라Detective Camera라고 불렀다. 1888년 9월 이스트먼은 카메라의 이름을 '코닥Kodak'으로 바꾸었는데, 이는 아무 뜻도 없는 이상한 이름이었다. 다만 이스트먼이 염두에 둔 건 3가지였다. 이름이 짧고 강한 느낌을 줘야 하며 상표 소송 시비에 걸릴 일이 없어야 한다는 것. 이걸 충족시킨 게 Kodak인데, 그는 K의 강한 발음을 좋아했다. 그는 4년 뒤에는 회사 이름도 코닥으로 바꾸었다.

카메라의 발명은 1839년에 이루어졌지만, 보통 사람들도 비교적 손쉽게 사진을 찍을 수 있게 된 것은 코닥의 탄생 이후다. 1888년 코닥 광고는 "그 누구건 10분이면 배울 수 있습니다"라는 점을 강조하면서 "버튼만 누르십시오. 나머지는 우리가 합니다You press the button and we do the rest"라고 외쳤다. 필름의 현상과 인화 작업을 대행해주는 최초의 서비스였다. 필름 100장을 다 찍은 코닥 카메라를 10달러와 함께 코닥의 대리점으로 보내면, 코닥이 필름을 현상하고 인화한 사진과 함께 새 필름을 넣은 카메라를 주인에게 돌려주는 서비스였다.

kodak

처음엔 종이필름이어서 잘 찢어지는 문제가 있었으나, 뉴저지 뉴어크Newark의 한니발 굿윈Hannibal Goodwin, 1822~1900이라는 65세의 감독교회 목사가 셀룰로이드 필름을 발명함으로써 그 문제를 극복했다. 이는 이때가 진정한 아마추어 발명가의 시대라는 걸 말해준다. 코닥도 1891년부터 셀룰로이드 필름을 사용했다. 굿윈은 자신이 발명한 셀룰로이드 필름을 사용한 이스트먼과 법정 싸움을 벌이게 되는데, 굿윈이 죽은 지 몇 년이 지난 뒤에야 이스트먼은 굿윈의 특허를 이어받은 회사에 500만 달러를 지불하는 것으로 끝이 났다.

코닥은 '카메라 대중화'라는 혁명을 일으켰다. 이스트먼은 1898년 주머니에 쏙 들어갈 정도로 작은 포켓 카메라를 제작하는 등 1890년대 말에 점점 더 싸고 멋진 카메라를 잇달아 소개하면서 광고에 어마어마한 투자를 했다. 떼돈을 번 이스트먼은 침실 12개를 포함하여 방이 37개나 딸린 호화주택에서 어머니와 함께 평생 독신으로 살았다. 그는 건강이 나빠지자 1932년 모든 재산을 병원과 대학에 기증하고 "내 일은 끝났다. 더 기다려야 할 필요가 없다"는 유서를 남긴 채 권총으로 자살했다.[19]

코닥은 2012년 1월 파산 신청을 하고 각종 특허를 5억 2,500만 달러에 매각하는 등 사망 일보 직전까지 내몰렸다. 코닥은 왜 몰락했는가? 이 주제는 하버드 경영대학원을 비롯하여 미국 경영대학원의 단골 연구 사례다. 많은 사람이 디지털 카메라 때문에 그렇게 된 게 아니냐고 하지만, 그게 아니다. 디지털 카메라를 가장 먼저 개발한 회사가 바로 코닥이다. 그게 1975년이었다. 그러나 코닥은 디지털 카메라가 자신들의 주력 사업인 필름 사업에 해가 될까봐 방치하다시피 했다.

코닥은 1976년 미국 카메라 필름 시장의 90퍼센트, 카메라 시장의 85퍼센트를 차지했으며, Kodak moment(사진으로 길이 간직할 필요가 있는 중요한 순간)라는 말이 사전에 오를 정도로 번영을 누렸다. 바로 이게 독약이었다. 이때 형성된 안일한 기업 문화가 몰락의 원인이 된 것이다.

코닥은 2005년 미국 디지털 카메라 시장에서 57억 달러 매출로 1위를 차지하기도 했지만, 사실상 적자를 보면서 파는 등 그간 기술개발과 원가절감을 외면해온 대가를 혹독하게 치러야 했다. 필름 제조는 기본적으로 화학산업이다. 한때 코닥이 뉴욕 주 내 오염물질 배출 기업 1위를 차지했다는 게 그걸 잘 말해준다. 화학회사에서 이미지 회사로 체질 변신이 어려웠던 것, 그것이 바로 코닥이 몰락한 최대 원인이었다.[20]

고급스러운 느낌을 주는 단어들을 좋아하여 의도적으로 사용한 『타임Time』 덕분에 많이 쓰이게 된 말이다. 『타임』의 그런 현학적인 편집정책은 이를 싫어한 다른 잡지에 의해 패러디의 대상이 되기도 했다.[22]

이런 단어들을 좋아한 이는 헨리 루스Henry R. Luce, 1898~1967의 예일 대학 동창이자 『타임』의 공동창업자인 브리턴 해든Briton Hadden, 1893~1929이었다. 그는 'kudos' 외에도 'tycoon(실업계 거물)', 'socialite(사교계 명사)' 등과 같은 단어들을 유행시켰다. tycoon은 일본어 taikun(great prince)에서 온 말이다.[23]

kudos

kudos는 "(특정한 성취나 위치에 따르는) 명성, 영광, 영예"란 뜻이다. the kudos of playing for such a famous team은 "그렇게 유명한 팀에서 뛰게 되는 영광", get kudos for는 "~에 대해서 칭찬을 받다", earn[win] kudos는 "명성(평판)을 얻다"는 뜻이다.[21]

"찬사, 명성"의 뜻을 가진 그리스어 kydos에서 나온 말로, 전투 또는 경쟁에서 뛰어난 개인에게 주어지던 것이다. "The talented, young playwright received kudos for his new drama(그 젊고 재능 있는 극작가는 새 드라마로 영예를 누렸다)"와 같은 식으로 쓰인다.

미국에서는 1920년대부터 역사가 오래되어

language

speak(talk) the same language는 "~와 생각이나 태도(취미)가 같다"는 뜻이다. speak(talk) a person's language라고도 한다. 19세기 말부터 쓰인 말이다.[1] 그러나 영어권 사람들끼리 대화를 하다가도 상호소통이 되지 않을 때 "Are we speaking the same language?"라고 반문할 때가 있다.[2] language에 관한 이런저런 명언 10개만 감상해보자.

(1) One great use of words is to hide our thoughts(말의 한 가지 큰 용도는 우리의 생각을 감추는 것이다). 프랑스 사상가 볼테르Voltaire, 1694~1778의 말이다.

(2) Language is the dress of thought(언어는 생각의 옷이다). 영국 작가 새뮤얼 존슨Samuel Johnson, 1709~1784의 말이다.

(3) The principal function of language is to conceal our thoughts(언어의 주요 기능은 우리의 생각을 감추는 것이다). 영국 작가 올리버 골드스미스Oliver Goldsmith, 1730~1774의 말이다.[3]

(4) Because everyone uses language to talk, everyone thinks he can talk about language(사람들은 말을 할 때 언어를 사용한다는 이유만으로 언어에 대해 말할 수 있다고 생각한다). 독일 시인 요한 볼프강 괴테Johann Wolfgang von Goethe, 1749~1832의 말이다.

(5) Language is the armory of the human mind, and at once contains the trophies of its past and the weapons of its future conquests(언어란 과거의 전리품과 미래의 정복을 위한 무기들을 담고 있는 인간 정신의 병기고다). 영국 시인 새뮤얼 콜리지Samuel Taylor Coleridge, 1772~1834의 말이다.

(6) Language is a city to the building of which every human being brought a stone(언어란 모든 인간이 돌 하나씩을 가져와 만든 도시다). 미국 철학자 랠프 월도 에머슨Ralph Waldo Emerson, 1803~1882의 말이다.

(7) Kindness is a language the dumb can

speak and the deaf can hear and understand(친절은 벙어리가 말할 수 있고 귀머거리가 듣고 이해할 수 있는 언어다). 미국 작가 크리스티안 네스텔 보비Christian Nestell Bovee, 1820~1904의 말이다.

(8) Freedom of thought is made possible by language: we are thereby released from complete bondage to the immediacies of mood and circumstance(사상의 자유는 언어에 의해 가능하다. 그 덕분에 우리는 분위기와 환경의 즉각성에 철저히 속박되는 것에서 풀려날 수 있다). 영국 철학자 앨프리드 노스 화이트헤드Alfred North Whitehead, 1861~1947의 말이다.[4]

(9) The limits of my language are the limits of my world(내 언어의 한계는 내 세계의 한계다). 오스트리아 출신 영국 철학자 루트비히 비트겐슈타인Ludwig Wittgenstein, 1889~1951의 말이다.[5]

(10) Political language has to consist largely of euphemism, question-begging and sheer cloudy vagueness. Defenseless villages are bombarded from the air, the inhabitants driven out into the countryside, the cattle machine-gunned, the huts set on fire with incendiary bullets: this is called pacification. Millions of peasants are robbed of their farms and sent trudging along the roads with no more than they can carry: this is called transfer of population or rectification of frontiers(대개 정치언어는 에둘러 말하기, 논점 회피, 최대한 모호하게 표현하기 등으로 이루어진다. 무방비 상태의 마을이 폭격을 당해서 주민들이 낯선 곳으로 내몰리고 가축들이 기총소사에 몰살당하고 불을 뿜는 총탄이 삶의 보금자리를 불태우는 상황이 '평정'이라고 불린다. 수많은 농부가 농토를 빼앗긴 채 보따리를 이고 지고 길거리로 쏟아져나와 피난길에서 헤매는 상황이 '인구이동' 또는 '국경수정'이라고 불린다). 영국 작가 조지 오웰George Orwell, 1903~1950의 말이다.[6]

laugh

Laughter is the best medicine(웃음이 보약이다). All people smile in the same language(미소에는 국경이 없다). Smile. It makes people wonder(웃으면 복이 온다). Even if there is nothing to laugh about, laugh on credit(웃을 일이 없으면 억지로라도 웃어라).[7] 속담이든 격언이든 웃음을 권하지 않는 경우는 거의 없다. 웃음을 권하는 명언 10개만 감상해보자.

(1) Laughter is the sun that drives winter from the human face(웃음은 얼굴에서 추위를 몰아내는 태양이다). 프랑스 작가 빅토르 위고Victor Hugo, 1802~1885의 말이다.

(2) A good laugh is sunshine in a house(좋은 웃음은 집 안의 햇빛이다). 영국 소설가 윌리엄 새커리William Thackeray, 1811~1863의 말이다.

(3) Laugh, and the world laughs with you,

Weep, and you weep alone(웃으면 세상이 따라서 웃지만, 울면 당신 홀로 울게 된다). 미국 작가 엘라 휠러 윌콕스Ella Wheeler Wilcox, 1850~1919의 말이다.

(4) If you don't learn to laugh at trouble, you won't have anything to laugh at when you're old(어려움에 처했을 때 웃는 법을 배우지 못한다면, 늙어선 웃을 일이 없을 것이다). 미국 작가 에드 하우Ed Howe, 1853~1937의 말이다.

(5) The young man who has not wept is a savage, and the old man who will not laugh is a fool(웃어본 적이 없는 젊은이는 야만인이고, 웃지 않는 늙은이는 바보다). 스페인 출신의 철학자 조지 산타야나George Santayana, 1863~1952의 말이다.

(6) A man is not poor if he can still laugh(여전히 웃을 수 있는 사람은 가난하지 않다). 미국 배우 레이먼드 히치콕Raymond Hitchcock, 1865~1929의 말이다.

(7) If we couldn't laugh we would all go insane(웃지 못한다면 인간은 미쳐버릴지도 모른다). 미국 시인 로버트 프로스트Robert Frost, 1874~1963의 말이다.[8]

(8) Laughter is the tonic, the relief, the surcease for pain(웃음을 활기를 돋게 하고 고통을 덜어주고 멎게 만든다). 영국 출신으로 미국에서 활동한 희극배우 찰리 채플린Charlie Chaplin, 1889~1977의 말이다.

(9) Happy is the person who can laugh at himself. He will never cease to be amused(자신을 보고 웃을 수 있는 사람은 행복하다. 즐거워할 일이 끊기지 않을 테니 말이다). 튀니지 공화국의 초대 대통령 하비브 부르기바Habib Bourguiba, 1903~2000의 말이다.

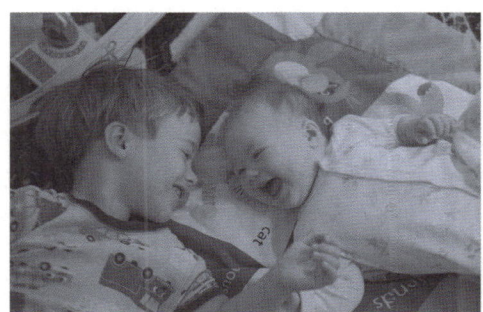
laughter

(10) Laughter may be the shortest distance between two brains, an unstoppable infectious spread that builds an instant social bond(웃음은 두 사람 사이를 가깝게 해주는 최상의 것이다. 웃음으로 인한 멈출 수 없는 전염적 확산은 즉각적인 사회적 유대관계를 만들어준다). 미국 심리학자 대니얼 골먼Daniel Goleman, 1946~의 말이다.

law

2013년 5월 19일 밤 보스턴 마라톤 테러범 조하르 차르나예프Dzhokhar Tsarnaev, 1993~가 붙잡히자 일주일을 분노와 불안에 떨던 보스턴 시민들이 성조기를 들고 거리로 쏟아져나왔다. 곳곳에서 'USA, USA'라는 연호가 터져나왔다. 장상진

『조선일보』 뉴욕특파원은 "심야까지 현장을 지키다가 이러한 분위기도 느껴보고 목도 축일 겸 해서 시내 술집 거리로 향했다. 이때가 오전 1시 30분. 그러나 어떤 술집도 들어갈 수 없었다. 새벽 2시 이후 술을 팔지 못한다는 매사추세츠 주 법규 때문이었다. 여러 장소를 옮겨다니며 '오늘처럼 좋은 날, 딱 한잔만'이라며 읍소해봤다"며 다음과 같이 말한다.

"2시까지는 수십여 분이 남았거니와, 어차피 2시라고 술 마시던 손님을 칼같이 내쫓는 건 아니기에 웬만하면 슬쩍 넣어줄 줄 알았다. 그러나 한결같이 돌아온 대답은 9개월 미국 생활에 너무나 익숙해진 한마디, '미안하다. 그게 법이다That's the law'였다.……법에 대한 시민의 존중, 그러한 인식의 밑거름이 되는 공정한 법 집행과 법 집행자에 대한 확고한 권위 부여. 이것이 기자가 '자유의 나라' 미국에서 목격한 법치주의의 선순환 구조다."[10]

그러나 법이 오히려 미국을 망친다는 비판의 목소리도 있다. 변호사인 필립 하워드Philip K. Howard는 『상식의 죽음: 법은 어떻게 미국을 질식시키나The Death of Common Sense: How Law Is Suffocating America』(1994)에서 법의 과잉이 미국의 활력을 죽이고 있다고 비판한다.[11] 이런 문제에 대해 생각도 해볼 겸, 법에 관한 명언을 10개만 감상해보자.

(1) Nobody has a more sacred obligation to obey the law than those who make the law(법은 만드는 사람이 먼저 지켜야 한다). 고대 그리스의 비극 시인 소포클레스Sophocles, B.C. 496~B.C. 406의 말이다.[12]

(2) Good people do not need laws to tell them to act responsibly, while bad people will find a way around the laws(착한 사람은 법이 필요 없고 나쁜 사람은 법망을 피해간다). 고대 그리스 철학자 플라톤Plato, B.C. 427~B.C. 347의 말이다.[13]

(3) More law, less justice(법치를 강조하면 정의는 줄어든다). 고대 로마의 철학자 키케로Cicero, B.C. 106~B.C. 43의 말이다.

(4) No law can be sacred to me but that of my nature(내 인간성의 법을 빼놓곤 그 어떤 법도 내게 신성하지 않다). 미국 철학자 랠프 월도 에머슨Ralph Waldo Emerson, 1803~1882의 말이다.

(5) The best way to get a bad law repealed is to enforce it strictly(나쁜 법을 없애는 최상의 방법은 그걸 엄격하게 집행하는 것이다). 미국 제16대 대통령 에이브러햄 링컨Abraham Lincoln, 1809~1865의 말이다.

(6) Laws control the lesser man(법은 약자만 통제한다). 미국 작가 마크 트웨인Mark Twain, 1835~1910의 말이다.

(7) Laws that do not embody public opinion can never be enforced(여론을 구현하지 않는 법은 집행될 수 없다). 미국 작가 앨버트 허버드Elbert Hubbard, 1856~1915의 말이다.

(8) If we desire respect for the law, we must first make the law respectable(법에 대한 존경을 원한다면 먼저 법을 존경할 수 있게끔 만들어야 한다). 미국 대법관 루이스 브랜다이스Louis D. Brandeis, 1856~1941의 말이다.

(9) It is the spirit and not the form of law that keeps justice alive(정의를 살아 숨 쉬게 하는 건 법의 형식이 아니라 법의 정신이다). 미국 제14대 대법원장 얼 워런Earl Warren, 1891~1974의 말이다.

(10) We can not expect to breed respect for law and order among people who do not share the fruits of our freedom(우리가 누리는 자유의 과실을 공유하지 못하는 사람들에게 법과 질서에 대한 존중이 생겨나는 걸 기대할 수는 없다). 미국 정치가 휴버트 험프리Hubert H. Humphrey, 1911~1978의 말이다.

lay

lay it on with a trowel은 "과장하다, 아첨하다"는 뜻이다. lay it on은 "짙게 칠하다(바르다)", trowel은 "(미장이 등의) 흙손, 모종삽"을 뜻한다. 우리말 속어에 아첨을 가리켜 "빠다 바른다"고 하는데, 이는 영어에서도 같다. 흙손까지 동원할 정도로 '빠다'를 짙게 발라주는 것으로 생각하면 이해가 되겠다. lay it on만으로도 "과장(아첨)하다"는 뜻이 있다.

윌리엄 셰익스피어William Shakespeare, 1564~1616의 『As You Like It』(1598)에 처음 사용되었으며, 영국 수상 벤저민 디즈레일리Benjamin Disraeli, 1804~1881의 사용에 의해 유명해진 말이다. 디즈레일리는 비평가 매슈 아놀드Matthew Arnold, 1822~1888에게 다음과 같이 말했다고 한다. "Everyone likes flattery and when you come to Royalty you should lay it on with a trowel(누구나 아첨을 좋아하지만 왕실에 대해선 더욱 진한 아첨이 필요하다)."[14]

lay it on thick은 "허풍을 떨다, 지나칠 정도로 칭찬을 늘어놓다"는 뜻인데, lay it on with a trowel에서 파생된 말이다.[15] lay it on thick은 "극찬하다, 혀가 닳도록 칭찬하다, 과장하다"는 뜻이다. He's laying it on thick because he wants you to do him a favor(그는 너에게 부탁할 일이 있어서 그토록 침이 마르게 칭찬하는 것이다).[16]

lay off는 "(명령형으로 쓰여) (~을) 그만둬(해)", lay off something은 "~을 그만 먹다(쓰다/하다)"는 뜻이다. Lay off me will you it's nothing to do with me(날 좀 그만 내버려둬, 응. 그건 나와 아무 상관없잖아). I think you'd better lay off fatty foods for a while(제 생각에 당신은 당분간 기름진 음식은 그만 먹어야 할 것 같습니다).[17]

layoff는 "불경기로 인한 일시 해고"의 뜻으로 쓰이지만, 실은 영구 해고의 완곡어법이다. 해고는 당하는 사람에겐 충격을 주기 마련인지라, 이런 식의 완곡한 표현이 발달되어 있다. "downsizing", "excess reduction", "rightsizing", "delayering", "smartsizing", "redeployment", "workforce reduction", "workforce optimization", "simplification", "force shaping", "recussion", "reduction in force" 등이 다 그런 표현이다.[18]

lay away는 "~을 따로 떼어놓다, 저축하다", layaway는 "상품 예약 구입제도(상품 값을 일부만 내고 예약을 한 뒤 잔액 완불 후 상품을 수령하는 방식)"를 뜻한다. I will lay away that shirt for you until you come again and pay for it(당신이 와서 계산할 때까지 이 셔츠를 따로 챙겨놓겠습니다).[19]

임귀열은 "이 방식은 경제 여건이 최악이었던 대공황의 1930년대에는 인기가 많았다가 신용카드의 사용으로 인해 점차 줄어들었다. Wal-Mart의 경우 2006년 폐지했다가 2011년 소비 경제가 어렵게 되자 다시 도입했는데 다른 유통점에서도 도입이 다시 늘었다. 지난 40년간 꾸준히 이 제도를 실시해온 Kmart 슈퍼마켓은 가장 충실하게 이를 지원하고 있다"며 다음과 같이 말한다.

"그러나 물건 값을 불입하다가 마음이 바뀌면 도중에 전액 환불 Full Refund을 받기도 하고 '대금 분납에 대한 약정서'도 써야 하고 취소로 인한 손실이 발생하는 등 가게 입장에서는 비용이 들기 때문에 어떤 가게에서는 5퍼센트 정도의 수수료나 할증료 surcharge를 부과하는 곳도 있다. layaway에 대한 구체적인 법률적 보호 장치가 미흡하고 가게가 폐업하면 구제 수단이 어려운 것도 단점이다. 그런데 크리스마스나 명절 때에는 익명의 천사 layaway angel가 나타나 모르는 사람의 layaway 남은 금액을 대신 갚아주는 일이 수백 건씩 있다고 한다."[20]

leadership

"It is better to confide any expedition to a single man of ordinary ability, rather than to two, even though they are men of the highest merit, and both having equal authority(원정대의 지휘권을 평범한 능력을 가진 한 사람에게 맡기는 것이 가장 출중한 두 사람에게 반씩 나누어 맡기는 것보다 낫다)."[21]

이탈리아 정치가이자 사상가인 마키아벨리 Niccolò Machiavelli, 1469~1527의 말이다. 이른바 '리더십 1극 원리'의 중요성을 강조한 것으로 볼 수 있다. '집단지도체제'가 좋은 경우도 없진 않겠지만, 적어도 기업 경영에서 리더십의 분산은 좋은 효과를 가져오기 어렵다. 책임경영이라고 하는 관점에서도 그렇거니와 지금과 같은 '속도전쟁'의 시대에는 신속한 의사결정이 매우 중요

walmart

하기 때문이다. 리더십에 관한 명언을 10개만 더 감상해보자.

(1) The strongest is never strong enough to be always the master, unless he transforms strength into right and obedience into duty(최강자라도 힘을 정의로, 복종을 의무로 전환시키지 않으면 늘 지배자가 되기에 충분하다고 할 만큼 강하진 않다). 프랑스의 계몽 사상가 장 자크 루소Jean Jacques Rousseau, 1712~1778의 말이다.[22]

(2) A leader is a dealer in hope(지도자는 희망의 상인이다). 나폴레옹 보나파르트Napoleon Bonaparte, 1769~1821의 말이다. 나폴레옹이 남긴 수많은 말 중에 가장 멋진 말이 아닌가 싶다. 지도자는 따르는 사람들에게 반드시 희망을 팔아야 한다. 엉터리 희망을 팔라는 게 아니다. 얼마든지 실현이 가능한 희망을 팔면서 그들이 잘 따르게끔 해야 한다. 희망을 주지 않고 일방적으로 밀어붙이기만 하면 소기의 성과를 거두기 어렵다. 그러나 나폴레옹을 너무 좋게 볼 필요는 없다. 그는 다음과 같은 말도 남겼으니까 말이다.

Napoleon Bonaparte

I reign only through the fear I inspire(나는 공포를 조성하여 통치한다).

(3) The leader works in the open, and the boss in covert. The leader leads, and the boss drives(리더는 공개적으로 일하고 보스는 숨기는 게 많으며, 리더는 앞서서 끌지만 보스는 밀어붙인다). 1901년에서 1909년까지 미국 제26대 대통령을 지낸 시어도어 루스벨트Theodore Roosevelt, 1858~1919의 말이다.

(4) I have nothing to offer but blood, toil, tears and sweat(내가 [국민에게] 드릴 수 있는 것은 피와 노고와 눈물과 땀밖에 없다). 독일군이 프리를 향해 파죽지세로 돌격하던 1940년 5월 13일 영국 정치가 윈스턴 처칠Winston Churchill, 1874~1965이 총리 취임 연설에서 한 말이다.[23]

(5) Leadership is the ability to get men to do what they don't want to do and like it(리더십은 사람들이 하기 싫어하고 좋아하지 않는 것을 하게끔 하는 능력이다). 미국 제33대 대통령 해리 트루먼Harry S. Truman, 1884~1972의 말이다.

(6) No leader, however great, can long continue unless he wins victories(아무리 위대한 지도자일지라도 승리를 거두지 못하면 오래 버티기 어렵다). 노르망디 상륙작전 때 영국군 총사령관 버나드 몽고메리Bernard Law Montgomery, 1887~1976의 말이다.

(7) Leadership is particularly necessary to ensure ready acceptance of the unfamiliar and that which is contrary to tradition(리더십은 익숙지 않은 것과 전통에 반하는 것을 잘 수용하게 하는 데

꼭 필요하다). 영국 군사 역사가 시릴 폴스Cyril Falls, 1888~1971의 말이다.

(8) Leadership and learning are indispensable to each other(리더십과 배움은 서로 뗄 수 없는 관계다). 미국 제35대 대통령 존 F. 케네디John F. Kennedy, 1917~1963의 말이다.[24]

(9) Great leadership arises out of great conflict(위대한 리더십은 큰 갈등에서 비롯된다). 미국 정치학자 제임스 맥그리거 번스James MacGregor Burns, 1918~의 말이다.

(10) History and theory suggest that followers create leaders rather than the converse(역사와 이론은 지도자가 추종자를 만들기보다는 추종자가 지도자를 만든다는 걸 시사한다). 미국 정치학자 머리 에덜먼Murray Edelman, 1919~2001이 『정치적 스펙터클 만들기Constructing the Political Spectacle』(1988)에서 한 말이다. 민주사회에서 지도자는 '정치적 스펙터클(구경거리, 보기 드문 일대 장관)' 현상에 가깝다는 게 그의 주장이다.[25]

Lego

Lego

덴마크 빌룬트Billund의 목수인 올레 키르크 크리스티얀센Ole Kirk Christiansen, 1891~1958은 아내가 일찍 세상을 떠나는 바람에 네 아들을 홀로 키워야 했다. 그는 아이들을 위해 나무로 된 장난감을 만들어주었는데, 아이들이 매우 재미있어 하는 걸 보고 그걸 사업으로 삼기 시작했다. 그는 나무로 만든 장난감을 생산하다가 2년 뒤 회사 이름을 레고LEGO라 지었는데, 이는 덴마크어로 레그 고트leg golt, 즉 잘 논다play well는 뜻이다. 이 말은 나중에 우연히 알게 된 사실이었지만 라틴어로 '조립한다'는 뜻을 가지고 있다. 크리스티얀센은 1947년부터 플라스틱 장난감을 만들기 시작해, 1949년 지금과 같은 브릭brick 장난감인 레고를 생산하기 시작했다.[26]

장난감으로 창조적인 놀이를 할 수 있게 하는 것, 이를 통해 무한한 가능성을 실현하는 것을 경영 목표로 삼은 레고 그룹의 슬로건은 "det bedste er ikke for godt(only the best is the best, 오직 최고만이 최고다)"이다. 이런 엄격한 품질 관리 정신 덕분에 레고 브릭은 70여 나라의 아이들에게 제일 인지도가 높은 장난감으로 꼽히고 있다.[27]

레고의 인기는 '레고랜드Legoland'라는 테마파크의 탄생으로 이어졌다. 1968년 레고 탄생지 빌룬트에 약 33만 578제곱미터 규모의 레고랜드가 문을 연 데 이어 1996년 영국의 윈저Windsor 근교, 1999년 미국 캘리포니아 주 칼즈배드Carlsbad, 2002년 독일 귄즈부르크Güzburg, 2011년 미국 플로리다 주 윈터 헤이번Winter Haven, 2012년 말레이시아의 누사자야Nusajaya에 레고랜드가 생겨났다. 한국의 춘천, 일본의 나고야 등도 2015년 개장을 목표로 레고랜드 건설을 추진하고 있다.²⁸

레고는 1996년 창사 이래 최초의 적자를 내자 조립형 장난감 시장을 벗어나 가족형 교육과 오락을 겨냥한 이른바 'family edutainment', 쌍방향 컴퓨터게임, 테마공원 등 사업 다각화를 꾀했다. 그러나 2000년에 1억 5,000만 달러라는 사상 최대 적자를 기록했다. 강력한 구조조정으로 2001년부터 흑자로 돌아서긴 했지만, 레고의 문제가 완전히 해결된 건 아니다.²⁹

레고는 문화 간 커뮤니케이션intercultural communication 연구에도 유용하다. 나라마다 레고를 사용하는 방식이 다르기 때문이다. 예컨대, 레고가 미국에서는 어려움을 겪었지만, 독일에선 즉각 성공을 거둔 것은 독일인들 특유의 '질서' 코드 때문이었다는 분석이 있다.

레고의 경영진은 자신들이 성공한 것은 블록 상자마다 들어 있는 훌륭한 설명서 덕분이라고 믿었는데, 미국에선 전혀 엉뚱한 일이 일어났다. 어린이들이 설명서를 아예 읽지 않은 채 자기들 멋대로 이런저런 조립물을 만들어내는 게 아닌가? 그래서 미국 어린이들은 레고 한 상자로 여러 해를 놀 수 있었기 때문에 레고가 많이 팔려 나가긴 어려웠던 것이다. 반면 독일은 어떠했던가? 프랑스의 문화인류학자 클로테르 라파이유Clotaire Rapaille는 다음과 같이 말한다.

"독일 어린이들은 레고 상자를 열면. 설명서를 찾아서 자세하게 읽은 다음 블록들을 색깔별로 분류했다. 그들은 설명서에 있는 명쾌하고 자세한 그림에 조립과정을 비교해가며 작품을 만들기 시작했다. 조립이 완료되면 상자 포장지의 모형과 똑같은 복제품이 생겨났다. 어린이들은 그것을 어머니에게 자랑하고, 어머니는 박수를 치며 칭찬해준 다음 그 모형을 선반 위에 올려놓았다. 따라서 이제 독일 어린이들은 또 다른 조립 블록이 필요했다."³⁰

한국 최고의 레고동호회는 다음카페에 있는 '브릭마스터cafe.daum.net/brickmaster' 다. 레고를 주제로 매달 발행되는 잡지의 이름이기도 하다. 『조선일보』(2013년 7월 31일)에 따르면, "보통 건물 한 동을 만드는 데 쓰이는 브릭은 1,500~2,000개. 실제 건물처럼 색상을 2~3가지만 쓰려면 한 색상당 수백 개씩이나 되는 물량을 국내에선 구하기 어렵다. 이때 회원들이 주로 찾는 곳이 최근 김정주 NXC 회장이 인수해서 화제가 된 오픈마켓 '브릭링크' 다. 여기서도 원하는 물량을 다 확보하지 못하면 미국에 있는 특별회원에게 SOS를 치기도 한다. 회원 중엔 '아이에게 레고를 사주다가 나도 빠졌다' 는 이들이 많다".³¹

liberty

　liberty(자유)의 정체를 둘러싸고 그간 숱한 논쟁이 전개되었지만, 그 주요 쟁점 중 하나는 '소극적 해석 대 적극적 해석'이다. 즉, 외부의 강압이 없는 상태를 자유로 볼 것인가 아니면 더 나아가 그 어떤 행위를 할 수 있는 힘과 상태를 자유로 볼 것이냐의 문제다.[32] 자유에 대한 명언 10개를 감상하면서 한번쯤 생각해봐도 좋을 문제다.

　(1) Give me liberty, or give me death(자유가 아니면 죽음을 달라). 미국의 애국자 패트릭 헨리 Patrick Henry, 1736~1799가 1775년 3월 23일 버지니아 리치먼드의 헨리코 교회에서 영국에 대한 무장 봉기를 호소하는 연설에서 한 말이다. 그러나 헨리는 노예 소유주였으며, 이 연설을 하고 나서 8개월 후 "우리 편에 선다면 자유를 주겠다"는 영국의 제안을 버지니아의 노예들이 받아들이지 못하도록 순찰병들에게 감시 명령을 내렸다고 한다.[33]

　(2) Perhaps it is a universal truth that the loss of liberty at home is to be charged to the provisions against dangers, real or pretended, from abroad(사실이든 아니든 국외의 위험에 대비하기 위해 국내에서의 자유의 상실이 불가피하다고 둘러대는 건 아마도 보편적인 진리일 것이다). 미국의 제4대 대통령으로, 대통령이 되기 전 헌법과 권리장전을 작성하고 검토하는 등 헌법 이해의 최고 수준을 자랑하는 '헌법의 아버지 Father of the Constitution'였던 제임스 매디슨 James Madison, 1751~1836의 말이다.

　(3) I believe there are more instances of the abridgment of the freedom of the people by gradual and silent encroachments of those in power than by violent and sudden usurpations(나는 폭력적이고 갑작스런 찬탈 행위에 의해서보다는 권력자들의 점진적이고도 소리 없는 침입에 의해 사람들의 자유가 축소되는 사례가 더 많다고 믿는다). 이 또한 매디슨의 말이다.

　매디슨은 공화주의 republicanism의 주창자로도 유명하다. 공화주의는 직접민주주의 direct democracy와 대의제代議制 민주주의 representative democracy 사이의 균형을 취하기 위한 고민에서 비롯된 것으로, 이는 매디슨의 주장에서도 잘 나타난다. 매디슨은 "순수한 민주정은 한 사회를 구성하고

Statue of Liberty

있는 많지 않은 수의 사람이 직접 회합을 가지면서 정부를 운영하는 정치체제인 반면, 공화정은 대의제를 통해 운영되는 정치체제"라면서 "민주정과 공화정의 가장 큰 차이는 첫째, 공화정에서는 전체 시민이 선출된 소수의 시민들에게 정부 운영을 위임한다는 것이며, 둘째, 시민의 수가 늘어나고 국가의 영토가 커질수록 공화정의 가능성이 확대된다는 것이다"라고 말했다.[34]

(4) Liberty consists in wholesome restraint(자유는 건전한 절제를 전제로 한다). 미국 정치가 대니엘 웹스터Daniel Webster, 1782~1852의 말이다.

(5) What light is the eyes what air is to the lungs what love is to the heart, liberty is to the soul of man(눈에는 빛이, 폐엔 공기가, 가슴엔 사랑이 필요하듯이, 인간의 영혼엔 자유가 필요하다). 미국 정치인 로버트 그린 잉거솔Robert Green Ingersoll, 1833~1899의 말이다.

(6) Liberty means responsibility. That is why most men dread it(자유는 책임을 의미한다. 대부분의 사람이 자유를 두려워하는 이유가 여기에 있다). 영국 작가 조지 버나드 쇼George Bernard Shaw, 1856~1950의 말이다.

(7) Liberty is the only thing you can't have unless you give it to others(자유는 남에게 주지 않으면 가질 수 없는 유일한 것이다). 미국 신문인 윌리엄 앨런 화이트William Allen White, 1868~1944의 말이다.

(8) Liberty is always dangerous, but is safest thing we have(자유는 늘 위험하지만, 우리가 갖고 있는 가장 안전한 것이다). 미국 목사 해리 에머슨 포스딕Harry Emerson Fosdick, 1878~1969의 말이다.

(9) I believe in only one thing: liberty; but I do not believe in liberty enough to want to force it upon anyone(내가 믿는 유일한 것은 자유이지만, 아무에게나 그것을 강요하고 싶을 정도로 믿는 건 아니다). 독설가로 유명한 미국 저널리스트 헨리 루이 멩켄Henry Louis Mencken, 1880~1956의 말이다.

(10) Liberty, not communism, is the most contagious force in the world(공산주의가 아니라 자유야말로 이 세상에서 가장 전염성이 강한 힘이다). 미국 제14대 대법원장 얼 워런Earl Warren, 1891~1974의 말이다. [참고 freedom]

lie

스티븐 헤스Steven Hess는 미국의 고위 관리들이 즐겨 쓰는 거짓말의 유형을 4가지로 나누었다. 수많은 인명을 보호하거나 국가안보를 위해 불가피할 수밖에 없는 '정직한 거짓말honest lies', 위기상황 시 본의 아니게 급해서 나온 '실수형 거짓말inadvertent lies', 허를 찌르는 질문을 모면하기 위해 임시방편으로 해대는 '노골적인 거짓말flat-out lies', '노골적인 거짓말'은 거짓말이 크게 보도되어도 거짓말이라는 사실은 나중에 아주 작게 보도되는 것을 노려서 하는 경우가 많다.

끝으로 '반 거짓말half-truths'은 뻔히 아는 비리 사실도 '무슨 말인지 잘 모르겠다I'm not sure I understand the answer'고 둘러대는 것처럼 도망갈 구멍은 만들어놓고 하는 거짓말이다. 이런 경우도 있다. 기자들은 국무부 대변인에게 국무차관이 중국에 초청되었느냐고 묻는다. 대변인은 단호히 부인한다. 그러나 며칠 후 국무차관은 중국을 방문했다. 항의하는 기자들에게 대변인은 초청된 건 부통령이고 국무차관은 부통령을 수행했을 뿐이라고 말한다. 또 이런 경우도 있다. 기자들은 국무부의 순회대사가 이집트를 방문할 결정이 났느냐고 묻는다. 대변인은 단호히 부인한다. 그러나 기자들은 다른 통로를 통해 그런 결정이 이미 났다는 것을 알게 되어 대변인에게 항의한다. 그러면 대변인은 국무부 관례상 '결정'은 국무장관이 서명을 한 시점을 의미하는 데 서명은 내일 하기로 되어 있다고 대꾸한다.³⁵

a pack of lies는 "거짓말투성이", a tissue of lies는 "거짓말의 연속"을 뜻한다. pack은 "꾸러미, 보따리"이니, a pack of lies는 거짓말을 한 꾸러미가 될 정도로 했다는 뜻이 된다. tissue는 "천, 직물"이니, a tissue of lies는 거짓말로 천을 짤 정도로 잘 엮어놓았다는 뜻이 되겠다.³⁶ lie in(through) one's teeth(throat)는 "지독한(새빨간) 거짓말을 하다"는 뜻이다. "A liar ought to have a good memory(거짓말도 머리가 좋아야 한다)"라는 말이 있는데, 거짓말에 관한 명언 7개만 감상해보자.

(1) One ought to have a good memory when he has told a lie(거짓말을 한 사람은 좋은 기억력을 갖고 있어야 한다). 프랑스 작가 피에르 코르네유Pierre Corneille, 1606~1684의 말이다.

(2) Father, I cannot tell a lie. I did it with my little hatchet(아빠, 전 거짓말을 할 수 없어요. 제가 이 작은 도끼로 한 일이에요). 미국 초대 대통령 조지 워싱턴George Washington, 1732~1799이 어렸을 때 도끼로 벚나무를 자른 것에 대해 아버지에게 한 말로 알려지고 있다. 이 일화는 거짓말을 해선 안 된다는 교훈으로 널리 쓰이고 있지만, 이 일화 자체가 거짓말이라는 주장도 있다. 메이슨 로크 웜스Mason Locke Weems, 1759~1825가 1806년에 출간한 『조지 워싱턴의 생애』에서 저지른 날조라는 것이다.

이 일화는 신파조로 이렇게 계속된다. "이리온, 사랑스러운 내 아들", 아버지는 감격해서 외친다. "어디 안아보자. 조지, 네가 나무를 죽인 것이 이 아빠는 얼마나 기쁜지 모른다. 네가 1,000배는 많은 것을 주었기 때문이란다. 내 아들이 그런 영웅적인 행위를 하다니 나무 1,000그루보다 더 값진 선물이다." 웜스는 자신이 '마운트 버논 교구의 목사'로 일한 적이 있다고 자신을 광고했지만, 그런 교구는 없었다고 한다. 하지만 그 책은 그 시대 최고의 베스트셀러가 되었다.³⁷

(3) Any fool can tell the truth, but it requires a man of some sense to know how to lie well(진실은 바보라도 말할 수 있지만, 거짓말을 잘하기 위해선 센스가 좀 있어야 한다). 영국 작가 새뮤얼 버틀러Samuel Butler, 1835~1902의 말이다.

(4) There is no worse lie than a truth misunderstood by those who hear it(듣는 사람에 의해 오해되는 진실만큼 나쁜 거짓말은 없다). 미국 철학자이자 심리학자인 윌리엄 제임스William James, 1842~1910의 말이다.

(5) The liar's punishment is not in the least that he is not believed, but that he cannot believe anyone else(거짓말쟁이에 대한 벌은 그가 신뢰받지 못하는 데 있는 게 아니라 그 자신이 누구도 믿을 수 없다는 데 있다). 영국 작가 조지 버나드 쇼 George Bernard Shaw, 1856~1950의 말이다.

(6) The bigger the lie, the more its chance of being believed(거짓말이 심할수록 받아들여질 가능성은 높아진다). 아돌프 히틀러Adolph Hitler, 1889~1945의 말이다.[38]

(7) A deft administrator must master the technique of denying the truth without actually lying(능숙한 행정가는 진실을 부인하면서도 실제로는 거짓말을 하지 않는 기술을 습득해야 한다). 미국 역사가 대니얼 부어스틴Daniel J. Boorstin, 1914~2004의 말이다.[39]

life

"We've learned how to make a living, but not a life. We've added years to life but not life to years(우리는 생활비를 버는 법은 배웠지만 어떻게 살 것인지는 배우지 못했다. 우리의 수명은 늘었지만 시간 속에 생기를 불어넣지는 못하고 있다)." 미국 목사 밥 무어헤드Bob Moorehead가 『우리 시대의 역설The Paradox of Our Age』(1995)에서 한 말이다. 이에 대해 김찬호는 다음과 같이 말한다.

"'life'라는 단어가 상반된 뜻으로 쓰이고 있다. 두 번째 문장의 'years to life'에서 life는 그냥 생물학적인 생존이라고 할 수 있다. 그에 비해 'life to years'와 첫 번째 문장의 'but not a life'에서 life는 가슴 뿌듯하게 차오르는 살아 있음의 느낌이라고 해야 할 것이다. 한국어에서 '삶'이란 후자에 가까운 개념이 아닐까 싶다. 삶은 단순한 생존이 아니다. 물리적인 시간과 생리적인 연명을 넘어 의미를 생성하는 것이 삶이다."[40]

김찬호는 "우리의 인생에 삶이 없다"고 말한다. 우리 모두 자신 있게 이 말을 반박할 수 있는지 한 번쯤 생각해보자. life에 관한 명언을 10개만 감상해보면서 말이다.

(1) It matters not how long you live, but how well(얼마나 오래 사느냐가 중요한 게 아니라 어떻게 사느냐가 중요하다). B.C. 1세기 시리아 출신의 로마 작가인 푸빌리우스 시루스Publlius Syrus의 말이다.

(2) Every man dies, but not every man lives(모든 사람은 죽지만, 모든 사람이 진정한 삶을 사는 건 아니다). 13세기 잉글랜드의 잔학한 통치에 처절하게 투쟁한 스코틀랜드의 영웅인 윌리엄 월리

스William Wallace, 1270~1305의 말이다. 영화 〈브레이브 하트〉는 그의 이야기를 소재로 한 것이다.[41]

(3) Life is a tragedy for those who feel, and a comedy for those who think(인생은 느끼는 사람에겐 비극이요. 생각하는 사람에겐 희극이다). 프랑스 작가 장 드 라브뤼예르Jean de La Bruyére, 1645~1696의 말이다.

(4) Live as you will wish to have lived when you are dying(죽어가고 있을 때 그동안 이렇게 살았더라면 하고 바라는 것처럼 인생을 살아가라). 독일 시인 크리스티안 겔레르트Christian Fürchtegott Gellert, 1715~1769의 말이다.

(5) Life is a voyage(인생은 항해다). 프랑스 작가 빅토르 위고Victor Hugo, 1802~1885의 말이다.

(6) Life is ecstasy(인생은 황홀이다). 미국 철학자 랠프 월도 에머슨Ralph Waldo Emerson, 1803~1882의 말이다.

(7) Life consists not in holding good cards, but in playing those you hold well(인생은 얼마나 좋은 카드를 쥐고 있느냐가 아니라 이미 갖고 있는 카드를 얼마나 잘 활용하느냐에 달려 있다). 조시 빌링스Josh Billings라는 필명으로 활동한 미국의 유머리스트 헨리 휠러 쇼Henry Wheeler Shaw, 1818~1885의 말이다.

(8) Life is a daily oscillation between revolt and submission(인생은 반항과 복종 사이를 오가는 일상적 진동이다). 스위스 철학자 앙리 아미엘Henri Amiel, 1821~1881의 말이다.

(9) You must live as you think. If not, sooner or later you will end by thinking as you have lived(생각한 대로 살지 않으면 살아온 대로 생각하게 된다). 프랑스 시인 폴 발레리Paul Valéry, 1871~1945의 말이다.

(10) The best use of life is to spend it for something that outlasts life(삶을 가장 잘 보내는 방법은 삶을 삶보다 오래 지속되는 것을 위해 쓰는 것이다). 미국 철학자이자 심리학자인 윌리엄 제임스William James, 1842~1910의 말이다.

Linux

"A big part of personal satisfaction is having your work recognized by your peers(개인적 만족의 대부분은 자신이 한 일이 동료들의 인정을 받는 것입니다)." 컴퓨터 운영 체제인 리눅스Linux 개발에 핵심적 역할을 한 리누스 토르발스Linus Torvalds, 1969~가 『포브스Forbes』(1998년 8월 10일) 인터뷰에서 "왜 돈도 안 받고 그런 일을 하느냐"는 질문을 받고 한 말이다.[42]

1983년 해커hacker를 자처한 리처드 스톨먼Richard Stallman은 GNUGNU's Not Unix라고 하는 무료 운영 체제 개발 작업에 착수했고, 1984년 이를 뒷받침할 FSFFree Software Foundation를 창설했다. 그러나 스톨먼은 개발 작업을 하면서 지나치게 자판 작업을 많이 한 탓에 손을 더는 쓸 수가 없어 그걸 완성할 수 없었다.

1990년 초 GNU의 핵심 부분을 완성한 주인공은 바로 핀란드 헬싱키 대학 출신의 젊은 컴퓨터 프로그래머 토르발스였다. 토르발스는 이 운영 체제를 자신의 이름인 Linus를 clinics와 운율을 맞춰 리눅스Linux라고 불렀다. Unix의 본을 따 s를 x로 바꾼 것이라는 설도 있다. 또 그는 자신이 좋아하는 펭귄을 리눅스의 로고로 삼았다.[43] 그런데 '리눅스' 라는 작명은 스톨먼을 비롯한 여러 사람에게서 책망을 들었다. GNU-Linux라고 부르는 게 온당하다는 이유 때문이었다.[44] 리눅스의 역사는 토르발스가 자신만의 운영 체제를 인터넷에 띄우면서부터 이루어지기 시작했는데 이러쿵저러쿵 훈수를 두는 사람들이 생겨난 것이다. 그들은 토르발스에게는 필요가 없었던 기능까지 지적하며 다양한 제안을 했고 그런 사람들의 수는 점점 늘어났다.

이러한 참여가 시사하듯이, 마이크로소프트와는 달리 리눅스 운영 체제 코드는 비밀이 아니다. 무료로 배포하는 개방 체제다. 다른 전문가들도 자유롭게 참여할 수 있을 뿐만 아니라 10대 컴퓨터 마니아도 리눅스에 들어가 코드를 이모저모 살펴본 다음 토르발스에게 제안을 할 수 있었다. 물론 해커들도 리눅스를 개선하는 데 크게 기여했다.

자발적인 참여자들의 쇄도 이후 토르발스는 리눅스를 유지하고 업그레이드하는 역할을 했다. 그는 참여자들의 각종 제안을 읽는 데만도 하루 평균 2시간, 그걸 나름으로 검증하는 데 하루 평균 2~3시간을 소비했다. 그의 석사 학위 논문도 리눅스에 관한 것이었다. 토르발스는 그런 식으로 그간 리눅스 제국의 중추신경절 역할을 맡아온 것이다.

리눅스의 탄생은 리눅스 애호가들의 정열 덕분에 가능한 것이었는데, 그들의 정열은 거의 종교적인 것이었다. 그들은 마이크로소프트를 '악惡의 제국' 으로 보고 리눅스를 '구세주' 로 간주했다. 그들의 리눅스 제국 건설은 이윤추구에 미친 자본주의 탐욕에 대한 도전이라는 정치적 의미를 내포하고 있었던 것이다. 언론은 이들의 도전을 '소스 코드 공개운동open-source movement' 이라고 불렀다.

그러나 토르발스의 생각은 그런 열성적인 '신도' 들의 생각과는 좀 달랐다. 그는 이렇게 말했다. "I don't mind Microsoft making money. I mind them having a bad operating system(나는 마이크로소프트가 돈을 버는 것에는 개의치 않는다. 내가 신경을 쓰는 것은 마이크로소프트의 운영 체계가 불량하다는 점이다)."[45][참고 fun]

Linux

listen

"You can make more friends with your ears than your mouth(입보다는 귀로 많은 친구를 만들 수 있다)"는 말이 있지만, 우리 인간은 의외로 귀, 즉 경청傾聽에 서투르다. '히어링'과 '리스닝'을 구분해야 할 이유다. 경청의 필요성을 강조하는 명언 6개를 감상하면서 성찰을 해보는 것도 좋겠다.

(1) One man's word is no man's word; we should quietly hear both sides(한쪽의 말만 들어선 알 수 없다. 양쪽의 말을 다 경청해야 한다). 독일 시인 요한 볼프강 괴테Johann Wolfgang von Goethe, 1749~1832의 말이다.

(2) Some people have better ideas than others; some are smarter or more experienced or more creative. But everyone should be heard and respected(다른 사람들보다 더 나은 생각을 갖고 있고, 더 똑똑하고, 더 경험 있고, 더 창의적인 사람들이 있기 마련이다. 그럼에도 모든 이들의 말을 경청하고 존중해야 한다). GE 회장(1981~2000년)을 지낸 잭 웰치Jack Welch, 1935~의 말이다.[46]

(3) Good leaders are good listeners(좋은 지도자는 좋은 경청자이다). 미국의 리더십 전문가 존 캘빈 맥스웰John Calvin Maxwell, 1947~의 말이다.

(4) The importance of distinguishing between hearing and listening is that we don't need training to hear well, but we do need training to listen well(우리는 청각적으로 잘 듣기 위해 훈련을 할 필요는 없지만 내용을 이해할 수 있게끔 잘 듣기 위해선 훈련이 필요하다). 미국 커뮤니케이션 학자 캐롤 로치Carol A. Roach의 말이다.

(5) Listening is hard work, and we don't apply ourselves to the task unless there is a clear payoff(경청은 힘든 일이기 때문에 사람들은 분명한 이해관계가 없는 한 그 일에 전념하지 않는다)." 이 또한 로치의 말이다.[47]

(6) We "say a lot" by listening for other people's feelings and needs(다른 사람의 감정과 어려움을 경청하는 것은 사실상 "많은 말을 하는 것" 이상이다). 미국의 커뮤니케이션 학자 마셜 로젠버그Marshall B. Rosenberg의 말이다.[48]

Listerine

Listerine(리스테린)은 미국의 구강 청결제 브랜드로, 1881년에 출시되었다. 살균 외과수술법 antiseptic surgery의 아버지로 불리는 영국 외과의사 조지프 리스터Joseph Lister, 1827~1912의 이름에서 유래되었다. listerize는 "(수술할 부위를 리스터 소독법으로) 소독하다", Listerism은 "(석탄산에 의한) 리스터 소독법"을 뜻한다.[49]

1910년대까지만 해도 미국인에게는 '구취ㅁ 臭'라는 단어가 낯설었고, 따라서 Listerine도 많이 팔려 나가지 않았다. 그러다가 1920년대부터 리스테린이 공격적인 '공포 유발 광고'로 구취에 대해 두려움을 갖게 만들면서 리스테린의 판매량이 폭증하는 동시에 문화 자체가 바뀌고 말았다. 리스테린은 "Kills germs that cause bad breath(악취를 유발하는 세균을 죽인다)"는 광고 슬로건을 내거는 동시에 bad breath의 의학 용어인 halitosis를 사용해 입 냄새가 병인 것처럼 생각하게 만들면서 대인관계의 문제를 집중 공략했다.

즉, "입 냄새 때문에 면사포는 못 쓰면서 들러리 노릇만 하다가 어느새 비참한 서른 번째 생일을 맞이한 아가씨 에드나"에서부터 "엄마의 입 냄새 때문에 얼굴을 찌푸린 채 엄마의 품을 벗어나려는 꼬마"에 이르기까지 다양한 모델들을 등장시켜 미국인으로 하여금 리스테린을 사게끔 했고, 이는 대성공을 거두었다. 다른 청결 용품들도 그 뒤를 따라 각종 공포 조장에 공격

Listerine

적으로 나섰다. 리스테린은 이른바 '공포 유발 마케팅'의 대표적인 성공 사례로 꼽힌다. 리스테린 제조사인 워너-램버트Warner-Lambert는 2000년 화이자Pfizer에 인수되었다.[50]

loin

loin은 "허리, (짐승의) 허리살, 엉덩이살, (인체의) 둔부, (사람의) 음부" 등 여러 뜻을 갖고 있다. loin of pork는 "돼지 허릿살", a loin cloth는 "(열대 지방에서 옷 대신에) 허리에 걸치는 천", wear a loin cloth는 "남자의 음부를 가리는 폭이 좁은 천을 매다"는 뜻이다. He was worried about the fruit of his loins(그는 자기 자식에 대해 걱정했다). Tom was sprung from my loins(톰은 내 자식이다).[51]

loin cloth는 loincloth로 붙여 쓰기도 하는데, breechcloth라고도 하며, 지역에 따라 여러 종류가 있다. 주로 간신히 성기만 감추는 천을 가리키기 때문에, 서양인들에겐 야만의 상징으로 여겨져 왔다. 일본의 훈도시fundoshi도 loincloth의 하나로 볼 수 있다.[52]

gird up one's loins는 "(여행 등의) 행장을 갖추다, 단단히 태세를 갖추다, 크게 분발하다'는 뜻이다. 여기서 loins는 "허리", gird는 "허리를 졸

loincloth

loin(허리고기)의 합성어인 surloin이지만 이와 같은 이야기가 인기를 끌면서 sirloin으로 잘못 표기되었다고 말한다.[54]

loneliness

라매다"는 뜻이다. 벨트 등으로 허리를 졸라매는 건 전투에 출정하는 군인들, 또는 먼 길을 떠나는 여행자의 준비 자세로 보면 된다. 구약성서 「열왕기 상」 18장 46절에 나오는 말이기도 하다. "The power of the LORD came upon Elijah and, girding up his loins(tucking his cloak into his belt), he ran ahead of Ahab all the way to Jezreel(여호와의 능력이 엘리야에게 임하매 그가 허리를 동이고 이스레엘로 들어가는 곳까지 아합 앞에서 달려갔더라)."[53]

sirloin은 소 허리고기의 윗부분. 영국의 어느 왕이 소 허리고기loin의 윗부분을 먹다가 맛에 감탄한 나머지 먹다 말고 칼을 빼 고기 위에 얹고 작위爵位를 주듯 "이제부터 너를 'Sir Loin'으로 임명하노라"라고 말했다는 일화에서 비롯된 말이라는 설이 있다. 그 왕이 헨리 8세Henry VIII, 1491~1547라는 설, 제임스 1세James I, 1566~1625라는 설, 찰스 2세Charles II, 1630~1685라는 설이 있다. 그러나 일부 학자들은 sirloin이 프랑스어 sur-longe에서 나온 말로 '윗부분'을 뜻하는 sur와

Language has created the word 'loneliness' to express the pain of being alone, and the word 'solitude' to express the glory of being alone(홀로 있음의 고통을 표현하기 위해 '외로움', 홀로 있음의 영광을 표현하기 위해 '고독'이라는 말이 만들어졌다). 미국 신학자 파울 틸리히Paul Tillich, 1886~1965의 말이다.

여기선 '외로움'으로 번역했지만, loneliness는 고독으로도 번역한다. 정작 구분해야 할 것은 고독·고립이다. 둘 다 홀로 있음을 뜻하는

loneliness

말이지만, 고독loneliness은 주관적 심리상태인 반면, solitude, aloneness, isolation은 다른 사람들에게서 떨어져 있는 객관적 상태를 의미한다. 무슨 일을 하기 위해 일부러 고립을 택하는 사람들도 있다. 고독과 고립 사이엔 필연적인 연관은 없다. 혼자서도 행복할 수 있으며, 군중 속에서 고독을 느낄 수도 있다. 물론 대체적으론 고립되어 있을 때 고독을 느끼는 경우가 많지만 말이다.[55][참고 solitude]

사회학, 생물학, 심리학을 아우르는 '사회신경과학'의 대가인 존 카치오포John T. Cacioppo 시카고 대학 교수는 윌리엄 패트릭William Patrick과 공저한 『인간은 왜 외로움을 느끼는가Loneliness: Human Nature and the Need for Social Connection』(2008)에서 외로움은 일종의 '자기충족적 예언self-fulfilling prophecy'이 된다고 했다. 이에 대해 김종목은 다음과 같이 말한다.

"외로움의 수준이 높은 사람은 실패를 자신의 탓으로 돌리면서 위축되는 경향이 강했다. 반대로 외로움의 수준이 낮은 사람은 실패하면 '운이 따르지 않았다'고 하고, 성공하면 '내가 잘해서 그랬다'고 여긴다. 외로움의 악영향은 외로움을 벗어나라는 신호지만, 사실 외로운 상태를 벗어나기는 쉽지 않다. 외로우면 사회적 인지, 판단 능력이 떨어지고, 이것이 외로움을 강화하는 부정적인 피드백 고리를 형성하기도 한다. 객관적 현실이 부정적 인식에 의해 만들어진 가짜 현실에 자리를 내준다."

외로움과 고독에 관한 명언을 10개만 감상해보자.

(1) Be good and you will be lonesome(착하게 살면 외롭게 된다). 미국 작가 마크 트웨인Mark Twain, 1835~1910의 말이다.

(2) We live as we dream-alone(삶이나 꿈이나 혼자이기는 마찬가지다). 폴란드 출신의 영국 소설가 조지프 콘래드Joseph Conrad, 1857~1924의 말이다.

(3) If you are afraid of being lonely, don't try to be right(외로운 게 두렵다면 의롭지 마라). 프랑스 시인 쥘 르나르Jules Renard, 1864~1910의 말이다.[56]

(4) If a man knows more than others, he becomes lonely(다른 사람들보다 많이 알면 외로워진다). 스위스 정신분석학자 칼 융Carl G. Jung, 1875~1961의 말이다.

(5) In cities no one is quiet but many are lonely; in the country, people are quiet but few are lonely(도시에선 조용한 사람은 없지만 많은 이가 외롭고, 농촌에선 모두 조용하지만 외로운 사람은 거의 없다). 영국의 캔터베리 대주교 제프리 프랜시스 피셔Geoffrey Francis Fisher, 1887~1972의 말이다.

(6) What loneliness is more lonely than distrust(불신보다 외로운 게 있을까)? 미국에서 태어난 영국 시인 T. S. 엘리엇T. S. Eliot, 1888~1965이 지도자가 대중에게 불신을 받는 것보다 외로운 것은 없다며 한 말이다.[57]

(7) There is no loneliness greater than the loneliness of a failure(실패로 인한 외로움보다 큰 외로움은 없다). 미국 작가 에릭 호퍼Eric Hoffer, 1902~1983의 말이다.

(8) Loneliness is the most terrible poverty(고독은 최악의 빈곤이다). 테레사 수녀Mother Teresa,

1910~1997의 말이다.[58]

(9) Loneliness is now so widespread it has become, paradoxically, a shared experience(외로움은 이젠 너무도 널리 퍼져서 역설적으로 공유된 경험이 되었다). 미국 미래학자 앨빈 토플러Alvin Toffler, 1928~의 말이다.

(10) Loneliness is the universal problem of rich people(고독은 부자의 영원한 고민이다). 영국 배우 조앤 콜린스Joan Collins, 1933~의 말이다.[59]

lounge lizard

lounge lizard는 "(돈 있는 여자를 찾아 어슬렁거리는) 건달, 제비족"을 뜻한다. 잘생겼고, 옷을 잘 입었고, 매너도 좋았다. 주로 호텔 라운지에서 그런 '사냥'을 하는데, 굳이 lizard(도마뱀)가 선택된 것은 도마뱀의 어슬렁거리는 모습과 더불어 두운頭韻: alliteration 효과 때문인 것으로 보인다. 파충류의 차갑고 교활한insinuating 이미지 때문이라는 설, 그런 제비족이 뱀 가죽이나 악어 가죽으로 된 신발을 신었기 때문이라는 설도 있기는 하다.

lounge lizard는 미국에서 1917년에 처음 나타나 1920년대 초부터 널리 사용되었는데, 1923년 워싱턴 D.C.에서 '반反희롱 클럽Anti-Flirt Club'이 창립되면서 더욱 많이 알려지게 되었다. 남자들의 희롱을 당한 적이 있는 젊은 여성들로 구성된 '반희롱 클럽'의 회장은 앨리스 래일리Alice Reighly였는데, 그녀의 주도로 회원들의 '지침'이 작성되었다.

『워싱턴포스트』(1923년 2월 18일)의 기사에 따르면, '지침'의 일부 내용은 다음과 같았다. The unpolished gold of a real man is worth more than the gloss of a lounge lizard(빛이 나지 않는 금과 같은 진짜 남자가 광택만 번지르르한 '라운지 리저드'보다 낫다). 나중에 조 매닝Joe Manning이라는 연구자가 추적 조사를 해보았더니, 앨리스 래일리는 81세의 나이에 독신으로 사망한 것으로 밝혀졌다나.

lounge lizard는 라운지에서 음악을 하는 사람, 나이트클럽을 자주 가는 사람을 뜻하기도 하는데, 돈 많은 여자를 노린다는 부정적 이미지에서 자유롭진 않다. 버스터 키턴Buster Keaton, 1895~1966의 1924년 영화 〈Sherlock, Jr.〉에 등장하는 영화, 즉 영화 속의 영화 제목이 〈The Lounge Lizard's Lost Love〉였던 걸로 미루어 보아 1920년대엔 인기를 누린 표현이었던 것 같다.[60]

love

cupboard love는 "타산적인 사랑"이다. 어린아이가 용돈을 타려고 어머니에게 "엄마가 좋아"라고 말한다면, 이게 바로 그런 사랑이라고 할 수 있다. 아이가 맛있는 음식을 원하는 걸 cupboard(찬장)와 연결시킨 표현이다. 지금은 쓰이지 않지만 옛날에 "cry cupboard(공복을 호소하다, 시장해하다)"라는 말이 쓰인 걸로 미루어 보더라도, cupboard가 곧 '먹을 것'을 뜻했다는 걸 알 수 있다.[61]

puppy love는 "풋사랑"이다. calf love라고도 한다. 직역을 하자면, "강아지 사랑"인데, 좋은 의미로 쓰인 건 아니다. 나중에 좀 달라지긴 했지만, 처음엔 경멸조로 하는 말이었다. W. A. 캐러더스W. A. Carruthers의 『A Kentuckian in New York』(1834)엔 이런 말이 나온다. "Oh! it is nothing more than puppy love!(아이고! 그건 풋사랑일 뿐이야!)"[62]

"Love me, love my dog(내가 좋으면 내 개도 좋아해라. 아내가 사랑스러우면 처갓집 말뚝 보고도 절한다)." 프랑스 북동부에 있는 클레르보 대수도원 Clairvaux Abbey의 대수도원장이었던 성聖 베르나르 St Bernard, 1091~1153가 한 말에서 비롯되었다. Qui me amat, amat et canem meum(Who loves me will also love my dog).[63]

"She lived with no other thought than to love and be loved by me(그녀는 날 사랑하고 나의 사랑을 받는 것 외엔 아무 생각 없이 살았다)."[64] 미국의 시인이자 소설가인 애드거 앨런 포 Edgar Allan Poe, 1809~1849의 시 「애너벨 리 Annabel Lee」(1849)의 일부다. 그는 1839년 『종탑 속의 악마 The Devil in the Belfry』, 1843년 『검은 고양이 The Black Cat』, 『고자질쟁이 심장 The Tell-Tale Heart』 등을 발표하면서 인간 영혼의 어두움을 포착했다.[65]

'미국이 낳은 최초의 보헤미안'이라는 평가를 받기도 하는 포는 26세 때인 1835년 열세 살밖에 안 된 사촌누이 버지니아 클렘 Virginia Clemm과 비밀결혼했다. 그의 걸작시인 「애너벨 리」는 비참한 가난 속에서 살다 결혼 5년 만에 죽은 아내를 읊은 시다. 이 시는 그가 죽고난 지 이틀 만인 1849년 10월 9일 『뉴욕트리뷴』을 통해 발표되었다. "나의 그녀는 나이 어린 철부지였다.……그러나 우리의 사랑은 우리보다 원숙한 사람들의 사랑보다도 강렬했다."[66]

극심한 가난과 정신착란에 시달리던 포는 연고도 없는 매릴랜드 주 볼티모어에서 무연고 병자로 쓸쓸히 숨을 거뒀으며, 당시 유일한 유족이었던 사촌은 그의 죽음을 대중에 알리지 않아 10명 남짓 추모객만 참여한 채 서둘러 장례식을 마쳤고 볼티모어 공동묘지에 비석도 없이 매장했다. 그런 이유 때문에, 2009년 10월 포 탄생 200주년과 사망 160주년을 맞아 볼티모어 시는 특수 제작한 포의 시신 모형으로 10~11일 이틀 동안 실제와 똑같은 장례식을 다시 거행했다. 사랑에 관한 명언을 10개만 감상해보자.

(1) Love is blind(사랑은 맹목적인 것이다. 사랑은

눈을 멀게 한다). '영국 문학의 아버지'로 불리는 제프리 초서Geoffrey Chaucer, 1343~1400의 말이다.

(2) It is impossible to love and be wise(사랑하는 동시에 현명하다는 것은 불가능하다). 영국 철학자 프랜시스 베이컨Francis Bacon, 1561~1626의 말이다.

(3) Love built on beauty, soon as beauty, dies(미모에 혹한 사랑은 미모처럼 곧 사라진다). 영국 시인 존 돈John Donne, 1572~1631의 말이다.

(4) If you love yourself too much, nobody else will love you at all(당신이 당신 자신을 너무 사랑한다면, 다른 사람이 당신을 사랑할 여지는 전혀 없을 것이다). 영국의 성직자이자 작가로, 『잉글랜드 명사名士들의 역사The History of the Worthies of England』를 쓴 토머스 풀러Thomas Fuller, 1608~1661의 말이다.

(5) True love is like seeing ghosts: we all talk about it, but few of us have ever seen one(진정한 사랑은 유령을 보는 것과 같다. 모두 다 그것에 대해 이야기하지만 그것을 본 사람은 거의 없다). 17세기 프랑스 작가로 풍자와 역설의 잠언으로 유명한 라로슈푸코François de La Rochefoucauld, 1613~1680의 말이다.

(6) Love, like virtue, is its own reward(사랑은 덕행처럼 그 자체가 보상이다). 영국 건축가 존 밴브루John Vanbrugh, 1664~1726의 말이다. 사랑을 하면 그 자체가 보상일 뿐 그 어떤 것도 기대하지 말라는 뜻이다.

(7) Love and murder will out(사랑과 살인은 결국 드러나게 되어 있다). 영국 작가 윌리엄 콩그리브William Congreve, 1670~1729의 말이다. Love and a cough cannot be hidden(사랑과 기침은 숨길 수 없다)이라는 속담도 있다.

(8) He that falls in love with himself will have no rivals(자기 자신과의 사랑에 빠지는 사람에겐 경쟁자가 없다). 미국 정치가이자 발명가인 벤저민 프랭클린Benjamin Franklin, 1706~1790의 말이다.

(9) Remove self-love from love, and not much would be left(사랑에서 자기애를 빼면 남는 게 별로 없다). 프랑스 작가 니콜라 샹포르Nicholas Chamfort, 1741~1794의 말이다.

(10) We are shaped and fashioned by that we love(우리는 우리가 사랑하는 것에 의해 형성되고 변형된다). 독일 시인 요한 볼프강 괴테Johann Wolfgang von Goethe, 1749~1832의 말이다.

love hotel

love hotel(러브호텔)은 숙박용이 아니라 주로 남녀 간 애정 행각의 장소로 이용되는 모텔 또는 호텔을 말한다.[참고 motel] 1968년 일본 오사카에 등장한 'Hotel Love'가 그 원조로 꼽히고 있다. 일본의 러브호텔은 초기엔 유럽 성城을 흉내낸 키치 양식으로 지어졌고, 이는 나중에 한국에서도 그대로 답습된다.

일본에선 2006년 기준으로 3만 7,000개의 러브호텔을 5억 명 이상이 이용했을 정도로 러브

love hotel

호텔의 인기가 높다. 이는 매일 일본 인구의 2퍼센트인 140만 명이 러브호텔을 드나들고 있다는 걸 의미하는 것이다. 이런 높은 인기 때문에 일본의 러브호텔은 세계적인 주목의 대상이 되었고, 미국에서 다음과 같은 제목의 책들이 출간되어 love hotel이라는 단어가 제법 쓰이게 되었다. 『Love Hotels: The Hidden Fantasy Rooms of Japan』(2006), 『Japanese Love Hotels: A Cultural History』(2007), 『Love Hotels: An Inside Look at Japan's Sexual Playgrounds』(2008).[67]

한국에선 1985년을 계기로 러브호텔이 우후죽순처럼 생기기 시작했는데, 처음엔 'Parktel'이라는 이름을 썼고, 속어로는 '떡텔'로 불렸다. 이 시기에는 교외의 러브호텔과 대중화의 길을 걷기 시작한 룸살롱 등 섹스산업이 번창하고, 여기에 비디오 테크놀로지와 영상미디어의 진보가 가세하면서 에로비디오가 전성기를 누렸다. 에로비디오는 러브호텔의 고객 유인 수단이기도 했다.[68]

그러나 한국에서 러브호텔은 돈이 좀 있는 사람들이 이용할 수 있었기에, 이 점에 대한 반감이 높았다. 1994년 세상을 떠들썩하게 만든 살인마 지존파는 경찰에 체포된 후 기자들과의 일문일답에서 "압구정동 야타족과 백화점 고객 등 '돈 많은 사람들'을 혼내준 뒤 경기도 일대 러브호텔도 쓸어버리려 했다"고 말했다.

1997년경에는 분당 신시가지에 무인 러브호텔이 등장해 화제를 모았다. 그 구조는 이랬다. 일단 주차장으로 들어가서 차를 차고에 놓은 뒤 차고 안에 있는 정산기에 요금을 내면 차고에서 객실로 연결된 통로문이 열린다. 나올 땐 객실에서 쓴 물품들의 요금을 객실 안에 있는 정산기에 넣어야 하는데, 돈을 넣지 않으면 차고로 연결되는 통로문이 열리지 않는다. 무인호텔마다 방식이 좀 다를지는 몰라도, 한 가지 분명한 건 절대로 다른 사람을 만날 일이 없다는 점이었다.[69]

일본과 한국에 비할 정도는 아니지만 러브호텔은 다른 나라들에도 있다. 미국에선 보통 no-tell motel로 불린다.[70] 미국의 환경심리학자 environmental psychologist 파코 언더힐Paco Underhill이 2010년에 출간한 『여성은 무엇을 원하는가: 여성친화적으로 변하는 글로벌 시장What Women Want: The Global Marketplace Turns Female-Friencly』에는 다음과 같은 대목이 나온다.

"Across South America, where grown children and their spouses often still share an apartment with their parents, love hotels, known colloquially as 'telos' aren't just an indulgence, they're a necessity……Within this context, the love hotel, where you and your spouse can roll around for a few hours, allows you to enjoy a degree of sexual freedom that would be awkward in an apartment you share with your parents(3대가 한 아파트에서 함께 생활하는 남미에서 '텔로스'로 알려진 러브호텔들은 도락이 아니라 필수다.……부모와 함께 사는 아파트에서 성적 자유를 누리긴 어렵기 때문에 부부는 러브호텔을 찾아 몇 시간 동안 자유로운 부부관계를 즐길 수 있는 것이다)."[71]

luck

as luck would have it은 "운 좋게, 요행히도, 다행히도, 공교롭게, 운수 나쁘게"란 뜻이다. 뜻에 따라 good, ill을 luck의 앞에 붙여 good luck, ill luck으로 구별해 쓰기도 한다.[72] down on one's luck은 "운이 기울어, 불행하여, 돈이 떨어진"이란 뜻이다.

"If a man who cannot count finds a four-leaf clover, is he lucky(수를 셀 줄 모르는 사람이 네 잎 클로버를 발견한다면, 그래도 그 사람에겐 행운인가)?"라는 말이 있다. 행운의 정체가 과연 무엇인지 생각해보게 만드는 말이라 할 수 있다. 행운에 관한 명언 10개만 살펴보자.

(1) Depend not on fortune, but on conduct(행운에 의존하지 말고 행동에 의지하라). 기원전 1세기 시리아 출신의 로마 작가인 푸빌리우스 시루스Publilius Syrus의 말이다.

(2) Luck is what happens when preparation meets opportunity(행운은 준비한 사람에게 기회가 왔을 때 생기는 것이다). 로마 철학자 세네카Seneca, B.C. 4~A.D. 65의 말이다.

(3) I find the harder I work, the more luck I have(행운은 노력의 편이다). 미국 제3대 대통령(1801~1809년) 토머스 제퍼슨Thomas Jefferson, 1743~1826의 말이다.

(4) Diligence is the mother of good luck(근면은 행운의 어머니다). 미국 정치가이자 발명가인 벤저민 프랭클린Benjamin Franklin, 1706~1790의 말이다.

(5) Shallow men believe in luck. Strong men believe in cause and effect(천박한 사람은 행운을 믿고, 강한 사람은 인과관계를 믿는다). 미국 철학자 랠프 월도 에머슨Ralph Waldo Emerson, 1803~1882의 말이다.

clover

(6) Chance favors the prepared mind(기회[행운]는 준비된 자를 선호한다. 뭐든지 거저 먹으려는 공짜 근성을 버려야 행운과 행복도 찾아오는 법이다). 프랑스의 화학자이자 미생물학인 루이 파스퇴르 Louis Pasteur, 1822~1895의 말이다.

(7) Fortune knocks at every man's door once in a life, but in a good many cases the man is in a neighboring saloon and does not hear her(행운의 여신은 인생에 한 번은 모든 사람의 문을 두드리지만 많은 경우 사람들은 가까운 술집에 가 있느라 그 노크 소리를 듣지 못한다). 미국 작가 마크 트웨인Mark Twain, 1835~1910의 말이다.

(8) When a man has no reason to trust himself, he trusts in luck(사람은 자기 자신을 믿을 이유가 없을 때 행운을 믿는다). 미국 작가 에드 하우 Ed Howe, 1853~1937의 말이다.

(9) It is the mark of an inexperienced man not to believe in luck(행운을 믿지 않는다는 건 경험이 없는 사람들의 특징이다). 폴란드 출신의 영국 소설가 조지프 콘래드Joseph Conrad, 1857~1924의 말이다.

(10) I believe in luck: how else can you explain the success of those you dislike(나는 행운을 믿는다. 그렇지 않으면 당신이 싫어하는 자들의 성공을 달리 어떻게 설명할 수 있겠는가)? 프랑스 작가 장 콕토Jean Cocteau, 1889~1963의 말이다.

luxury

luxury는 "호화로움, 사치(품), 드문 호사(자주 누릴 수 없는 기쁨, 혜택)"란 뜻인데, 14세기 초에는 '성교性交', 14세기 중반엔 '음탕함lasciviousness'이란 뜻으로 쓰였다. 지금과 같은 의미를 갖게 된 것은 17세기부터다.[73] 형용사형인 luxurious엔 아직도 14세기적 의미가 남아 있어, "사치스러운, 사치를 좋아하는, 풍부한, 지나치게 화려한" 외에도 "감각적인 쾌락에 빠지는, 관능적인"이란 뜻도 있다.

to lead a life of luxury는 "호화로운 생활을 하다", a luxury hotel은 "호화 호텔", luxury goods는 "사치품들", small luxuries like chocolate and flowers는 "초콜릿과 꽃 같은 작은 사치품들", a person with luxurious taste는 "미식가", a luxurious harvest는 "풍조", luxurious prose that overwhelmed the slender story는 "빈약한 내용의 이야기를 압도한, 지나치게 화려한 문장"이란 뜻이다.[74]

luxury가 14세기의 음탕한 이미지는 벗어났다곤 하지만, 여전히 사치에 대해 좋게 말하는 사람은 거의 없다. 그런 명언 6개만 들어보자.

(1) War destroys men, but luxury destroys mankind; at once corrupts the body and the mind(전쟁은 인간을 파괴하지만, 사치는 인류를 파괴한다. 사치는 육체와 정신을 부패하게 만들기 때문이

다). 영국 작가 존 크라운John Crowne, 1641~1712의 말이다.

(2) Luxury may possibly contributes to give bread to the poor; but if there were no luxury, there would be no poor(사치는 가난한 자에게 빵을 주는 데 도움을 줄지도 모르지만, 사치가 없다면 가난한 자도 없을 것이다). 스코틀랜드 철학자 헨리 홈Henry Home, 1696~1782의 말이다.

(3) Luxury is the first, second and third cause of the ruin of republics. It is the vampire which soothes us into a fatal slumber while it sucks the lifeblood of our veins(사치는 국가 멸망의 첫 번째, 두 번째, 세 번째 이유다. 사치는 우리를 치명적인 잠으로 빠져들게 유혹하고선 그 사이에 우리의 피를 빨아먹는 흡혈귀다). 미국 목사 에드워드 페이슨Edward Payson, 1783~1827의 말이다.

(4) We live in an age when unnecessary things are our only necessities(우리는 불필요한 것들이 최상의 필수품이 되는 시대에 살고 있다). 영국 작가 오스카 와일드Oscar Wilde, 1854~1900의 말이다. only엔 '유일한' 외에 '최상의'나 '가장 알맞은'의 뜻도 있다.

(5) On the soft bed of luxury most kingdoms have expired(대부분의 왕국은 사치라는 푹신푹신한 침대에서 사라져갔다). 영국 시인 에드워드 영Edward Young, 1863~1765의 말이다.

(6) Possessions, outward success, publicity, luxury to me these have always been contemptible. I believe that a simple and unassuming manner of life is best for every one, best for both the body and the mind(나는 늘 소유, 외적 성공, 홍보, 사치 등을 경멸해왔다. 나는 단순하고 검손한 삶의 방식이 모든 이의 육체와 정신에 가장 좋다고 믿는다). 세계적인 물리학자 앨버트 아인슈타인Albert Einstein, 1879~1955의 말이다.

사치에 대한 이런 부정적인 시각에 대해 프랑스의 패션 디자이너 크리스티앙 디오르Christian Dior, 1905~1957는 "Our culture is a luxury, and we fight for its survival(우리의 문화는 사치이며, 우리는 그 존속을 위해 싸운다)"이라고 반박했다.[75] 그는 이런 말도 했다. Zest is the secret of all beauty. There is no beauty that is attractive without zest(풍미는 모든 아름다움의 비밀이다. 풍미 없이 매력적인 아름다움은 없다). zest는 "풍미風味, 맛, 향미, 풍취"란 뜻이다.

디오르는 사치를 행복론까지 연결시켰다. "I insist on using the word happiness. I believe Alponse Daudet once wrote that he would like to feel that his works made him 'a merchant of happiness.' In my own modest field, I too pursue that dream(나는 행복이라는 단어를 힘주어 말하고 싶다. 알퐁스 도데는 언젠가 자신의 작품들이 자신을 '행복의 상인'으로 만들어준 걸로 느끼고 싶다고 쓴 적이 있다. 나 역시 내 분야에서 그 꿈을 추구하고 있다)."[76]

M

?

Mae West

Mae West는 "해상 구명조끼"다. mae west로 쓰기도 한다. 미국 여배우 메이 웨스트Mae West, 1893~1980의 이름에서 유래된 말이다. 웨스트는 키 155센티미터, 가슴 38인치, 엉덩이 38인치, 허리 28인치의 신체를 가졌다. 그녀의 가슴이 크다는 이유로 제2차 세계대전 당시 공군대원들은 자신들이 쓰던 팽창형 구명 재킷을 '메이 웨스트'라 불렀는데, 이게 오늘날까지도 해상 구명조끼의 속어俗語로 정착된 것이다. 처음에 이 구명 재킷을 착용한 군인들이 자신의 부풀어진 가슴을 가리키며 "어때? 나 Mae West 같지 않아?"라고 말한 데서 유래되었다는 설도 있다. breasts(가슴)와 life vest(구명조끼)와의 각운脚韻: rhyme 효과도 일조했다.

웨스트는 1920년대에는 극장 공연 관객의 섹스 심벌이었지만, 1933년부터 스크린에 진출해 월드스타로 활약했다. 1934년 약 40만 달러의 수입으로 최고 수입 연예인 1위에 오르는데, 이는 같은 급의 여배우 마를레네 디트리히Marlene Dietrich, 1901~1992가 벌어들인 14만 달러의 3배 가까운 액수였다. 그녀는 "집에 있는 한 남자가 길거리에 있는 두 남자보다 낫다A man in the house is worth two in the street"거나 "쓸쓸한 밤에 이혼 수당이 무슨 소용인가?"라는 명언을 남겼다.[1]

이 명언이 시사하듯이 웨스트는 말 펀치가 강했다. 그래서 극작가로도 활동할 수 있었을 것

Mae West

이다. 그녀는 특히 여성의 심리나 여성관을 짧은 말로 표현하는 재주, 특히 촌극Vaudeville과 이중의미의 재담double entendres, double sense에서 독보적인 인기를 누렸다. 그녀의 명언을 5개만 감상해보자.

(1) I didn't discover curves, I only uncovered them(나는 S라인 몸매가 아니지만 몸매를 과감히 드러낸다).

(2) I only like two kinds of men, domestic and imported(나는 두 남자만 좋아한다 – 국산과 수입산).

(3) A man in love is like a clipped coupon- it's time to cash in(사랑에 빠진 남자는 쿠폰 같아서 돈을 뜯어내기만 하면 된다).

(4) When women go wrong, men go right after them(여자가 못되게 굴면 남자는 그런 여자를 떠나고서야 제정신이 든다).

(5) A man can be short and dumpy and getting bald but if he has fire, women will like him(남자가 키 작고 땅딸막하고 대머리일 수도 있지만 화력이 좋으면 여자는 그를 좋아할 것이다).[2]

오늘날까지도 메이 웨스트는 '가슴이 큰 여자'의 대명사로 쓰인다. 칼럼니스트 조지프 엡스타인Joseph Epstein은 2011년에 출간한 『가십Gossip』에서 미국 가십 저널리즘의 원조라 할 월터 윈첼Walter Winchell, 1897~1972에 대해 말하는 가운데 메이 웨스트를 이런 식으로 끌어들인다. "칼럼을 못 쓰는 월터 윈첼은 배트 없는 베이브 루스, 바이올린 없는 야샤 하이페츠, 풍만한 가슴이 없는 육체파 여배우 메이 웨스트와 같다."[3]

mafia

mafia(마피아, 범죄 조직)는 maffia라고도 쓴다. "boastful or bragging(허풍 치는)"을 뜻하는 아랍어 mahyah에서 나온 말인데, 이 말이 이탈리아 시실리Sicily에선 "boldness and lawlessness(대담과 무법)"라는 뜻으로 통했다. 처음에는 시실리의 반反정부 비밀테러단체의 이름으로 쓰였지만, 나중에 범죄 조직을 가리키는 말이 돼었다.[4]

미국에서 활동한 마피아로 가장 유명한 인물은 시카고 갱단의 두목 알 카포네Al Capone, 1898~1947다. 1893년 이탈리아 나폴리에서 미국으로 이주한 부모의 아홉 자녀 중 넷째로 태어난 카포네는 유년기를 빈민가에서 보냈다. 이기 13세 때 담임교사와 교장을 폭행해 퇴학을 당할 정도

Al Capone

로 갱단 두목의 자질을 보였다. 그는 왼쪽 뺨에 칼 맞은 상처가 있어 '스카페이스scarface(흉터 난 얼굴)'라는 별명으로 불렸다. 카포네를 다룬 브라이언 드 팔마Brian de Palma 감독의 영화 〈스카페이스〉도 바로 여기서 따온 제목이다.

암흑가의 두목 조니 토리오Johnny Torrio, 1882~1957의 보디가드로 출발한 카포네는 1925년 토리오의 후계자가 되어 부하 1,000명을 거느리며 '밤의 황제' 노릇을 했다. 왜 뉴욕이 아닌 시카고였던가? 마피아 내부에도 등급이 있었다. A급인 시실리 출신이 장악하고 있는 뉴욕에서는 나폴리 출신은 명함을 내밀기가 어려웠다.[5]

1927년 10월 11일부터 1929년 1월 15일까지 15개월이 조금 넘는 기간 동안 시카고 구역에서 적어도 157건의 폭탄이 터졌지만, 이 모든 사건의 가해자들 가운데 벌을 받은 사람은 한 사람도 없었다. 오히려 사업가들은 카포네의 보호를 요청할 정도였다. 흥미롭게도 타블로이드 신문 독자들은 갱들의 살인 이야기에 심취하여, 그 속에서 모험과 영광과 낭만을 맛보고 있었다.[6]

왜 그랬을까? 온 세상, 특히 공직자들이 썩었기 때문이다. 그간 약화되었던 부정부패는 금주법 시대에 되살아나 악화되었다. 무엇보다도 조직범죄집단이 상습적이고 일상적으로 공직자들을 매수했기 때문이다. 무허가 술집을 눈감아주는 대가로 돈을 받지 않은 공직자들을 찾아보기 어려울 정도였다.[7]

그런 상황에서 카포네는 실업자들을 위해 무료 급식소를 차려주고 가난한 사람들을 위해 파티도 열어주는 등 자선사업을 많이 해서 시카고의 대중에게는 인기가 높았다. 심지어 그는 자신이 사람들에게 원하는 것을 공급하는 좋은 일을 한다고 주장했다.[8]

카포네는 스스로 이탈리아계 출신임을 꺼려 자신의 이름을 와스프WASP, White, Anglo-Saxon, Protestant 풍으로 앤서니 브라운으로 부르게 했으며, 아들 앤서니가 와스프 일류교육을 받도록 예일 대학에 입학시켰고, 결혼도 그런 식으로 하게끔 했다.[9]

카포네 갱단은 250명에 달하는 사람들을 살해했지만, 카포네는 건재했다. 그가 엘리엇 네스Eliot Ness, 1903~1957를 비롯한 경찰에게 걸려든 죄목은 우습게도 연방소득세법 위반이었다. 그는 그 혐의로 1931년 기소되어 11년간 징역살이를 했으며, 출감 후 플로리다 주에 있는 자신의 농장에서 은둔 생활을 했다. 그는 죽을 때까지 암살에 대한 공포에 시달리다가 매독으로 사망했다.[10]

흥미롭게도 1990년 미국 주류업소협회는 카포네의 탈세에 대한 모의재판을 열었는데, 여기서 나온 결론은 카포네의 변호사들이 그들의 의무를 충실히 이행하지 않았다는 것이다. 카포네의 변호인단은 연방 정부가 자신들의 고객에 대한 반대 증인으로 내세운 이들 중 일부가 강요로 출두한 사람들이었다는 것조차 몰랐다는 것이다.[11]

더욱 흥미로운 것은 카포네가 구속된 31년에만 전년의 2배가 넘는 100만 달러 이상의 체납 세금이 들어왔다는 점이다. 탈세범에 대한 강력한 처벌에 놀란 범죄자와 시민이 체납된 세금을 납부하기 시작한 것인데, 이를 가리켜 '알 카포네 효과'라고 한다. 『중앙일보』(2013년 2월 25일)는 「국세청, 역외 탈세와 전면전 돌입: '알 카포네 효과' 노린다」라는 기사에서 이렇게 말했다.

"국세청이 역외 탈세와의 전면전에 돌입했다. 역외탈세는 세원 발굴은 물론 국부 유출 엄단을 위해서도 근절해야 한다는 게 국세청의 인식이다. 수천억 원의 세금을 포탈한 혐의로 기소된 '선박왕' 권혁 시도상선 회장이 최근 법원에서 실형을 선고받고 법정 구속되면서 국세청은 한층 자신감을 얻었다.……국세청은 특히 권혁 시도상선 회장의 법정 구속을 계기로 그동안 세금을 탈루해온 이들이 자발적으로 세금을 내는 '알 카포네 효과'가 생겨날 것으로 기대하고 있다."[12]

Irish Mafia(아일랜드 마피아)는 아일랜드 혈통을 가진 존 케네디의 대통령 당선에 기여하고 집권 후 케네디 행정부에서 활약한 보스턴 지역의 아일랜드계 인사들을 가리키는 말이다. 미국 정치에서 이렇게 혈통을 따져서 마피아를 붙이는 건 드문 경우이고, 대통령이나 대통령 후보의 출신 주州에 마피아를 붙이는 게 일반적인 용법이다.

어떤 정치인이 자신의 지역에서 오랫동안 주지사나 상하원의원을 지내다 보면 아무래도 주요 참모들이 그 지역 출신으로 이루어질 가능성이 높다. 그 정치인이 대통령이나 대통령 후보가 될 경우 이들은 전국 정치무대에서도 강한 결속력을 갖고 실권을 행사하기 마련이므로 이들을 가리켜 마피아라는 딱지를 붙이는 것이다. 1964년 대선에선 공화당 후보였던 배리 골드워터 Barry Goldwater의 측근 인사들을 가리키는 Arizona Mafia, 지미 카터 행정부에선 Georgia Mafia가 유명했다.[13]

manner

by all manner of means는 "반드시, 꼭"이란 뜻이다. 18세기 초부터 사용된 말이다. all manner of는 "모든 종류의all kinds of", what manner of는 "어떤 종류의", by no manner of means는 "결코 ~이 아니다by no means", develop a manner of one's own은 "일가(일파)를 이루다", a picture in the manner of Picasso는 "피카소 풍風의 그림", in a manner는 "어떤 의미로는, 얼마간", in a manner of speaking은 "말하자면, 어떤 의미에서는"이란 뜻이다. The problem can be solved in all manner of ways(그 문제는 온갖 종류의 방식으로 풀 수 있다). What manner of man could do such a terrible thing(어떤 종류의 인간이 그런 끔찍한 짓을 할 수 있을까)?

to the manner born은 "타고난, 우아함과 사치에 익숙한"이란 뜻이다. 윌리엄 셰익스피어 William Shakespeare, 1564~1616의 『햄릿Hamlet』에 나오는 말이다. He is a soldier to the manner born(그는 타고난 군인이다). "우아함과 사치에 익

숙한"이란 뜻에 한해 to the manor born으로 쓰기도 한다. manor는 "귀족들의 장원莊園"이란 뜻이다.[14]

Manners are stronger than law(관습은 법보다 강하다). manner의 복수인 manners는 "관습, 풍습, 관례"란 뜻으로 쓰이기도 한다. a comedy of manners는 "풍속 희극"이란 뜻이다.

"Manners require time, and nothing is more vulgar than haste(매너는 시간이 필요하며, 성급보다 상스러운 건 없다)." 미국 철학자 랠프 월도 에머슨 Ralph Waldo Emerson, 1803~1882의 말이다. 그는 또 "Good manners are made up of petty sacrifices(좋은 매너는 사소한 희생들로 이루어진다)"라고 했다. be made up of는 "갖가지 요소로 구성되다", The Morse code is made up of dots and dashes는 "모스 부호는 점과 선으로 이루어져 있다"는 뜻이다.[15]

Atlas

map

그리스 지리학자들은 6세기경부터 항해를 위한 제법 정교한 지도들을 만들어내기 시작했는데, 늘 지도 작성의 문제는 어디에 지도를 그릴 것이냐 하는 문제였다. 처음에는 돌로 된 판 위에 새기는 법에서부터 진흙으로 만든 판을 이용하는 법에 이르기까지 다양한 방법이 시도되었다. 그러다가 나온 게 테이블보table linen였다. 이를 라틴어로 mappa라고 했는데, 여기서 바로 map(지도)이라는 단어가 나온 것이다.

map out은 "(지도에) 상세히 나타내다, 배치하다", on the map은 "중요한, 유명한", put on the map은 "(도시, 지역을) 유명하게 하다", off the map은 "(도시, 간선도로에서) 멀리 떨어진, 가기 힘든, 잊힌, 중요치 않은", wipe off the map은 "~을 파괴(말살)하다, 지워 없애다"는 뜻이다.[16]

atlas는 "지도책"이다. 16세기 말에 출간된 최초의 지도책들이 한결같이 표지에 그리스신화에 나오는 아틀라스Atlas가 지구를 등에 진 모습을 그려넣었기 때문에 atlas는 지도책을 뜻하게 되었다. 아틀라스는 그리스신화에서 신들을 배반한 벌로 하늘을 짊어지게 된 신이다.[17]

여기서 나온 또 하나의 표현이 "carry the weight of the world on your shoulders(이 세상의 모든 문제[고민]를 떠안다)"다. Since Jennifer became head of the art department, she looks as if she's carrying the weight of the world on her shoulders(제니퍼는 미술부서의 책임을 맡은 후 이 세상의 모든 고민을 떠안은 사람처럼 보인다).[18]

marathon

B.C. 490년 아테네 동북쪽에 있는 마라톤Marathon 광야에서 벌어진 마라톤 전쟁에서 그리스가 침략해온 페르시아군을 격파했을 때 그리스군의 병사인 페이디피데스Pheidippides가 그리스의 승리를 알리기 위해 중간에 쉬지 않고 약 40킬로미터를 달려 "우리는 이겼노라!We won!"고 아테네 시민들에게 알리고 그 자리에 쓰러져 숨졌다고 한다.

이 고사는 1879년 영국 시인 로버트 브라우닝Robert Browning, 1812~1889이 「페이디페데스」라는 제목의 시를 발표함으로써 19세기 말 대중문화의 소재가 되었다. 이 같은 관심에 힘입어, '마라톤marathon'이라는 이름의 장거리 달리기가 스포츠의 형식으로 재현되었다. 1896년 근대올림픽 제1회 아테네 대회부터 육상의 정식종목으로 채택되었고, 마라톤에서 아테네의 올림픽 스타디움까지의 코스를 달렸다.

이때의 거리는 후일 실측해보니 36.75킬로미터로 밝혀졌으나, 제7회 올림픽까지는 대회 개최지의 여건에 따라 통일된 거리가 아닌 40킬로미터 전후를 달렸다. 1924년 제8회 파리 올림픽대회를 앞두고 마라톤 경기의 거리를 일정하게 통일하자는 의견이 대두되었고, 1908년 제4회 런던 올림픽대회 때 윈저 궁전에서 올림픽 스타디움까지의 거리 42.195킬로미터(26마일, 385야드)가 마라톤의 정식 거리로 채택되었다. 페르시아의 후예인 이란은 오늘날까지도 마라톤 경기에는 참여하지 않는다. 미국에는 플로리다, 아이오와, 미시간, 뉴욕, 오하이오, 텍사스, 위스콘신 등 여러 주에 마라톤이라는 이름의 도시들이 있다.[19]

marathon은 비유적으로 "장기간의 열성과 인내가 필요한 일"이라는 뜻으로도 쓰이며, "a darts marathon"처럼 어떤 시합에서든 누가 더 오래 견디나를 겨룰 때 따라붙는 이름이 되기도 한다. 'thon'만 가져와 합성어를 만들기도 하는데, telethon이 대표적인 사례다. television과 marathon의 합성어로, 자선사업이나 정치자금 모금 따위를 위한 장시간의 텔레비전 방송을 말한다.[20]

Statue of Pheidippides

marriage

Marriage is the tomb of love(결혼은 사랑의 무덤이다). Marry in haste and repent at leisure(서두른 결혼은 두고두고 후회한다). There is no perfect marriage, for there are no perfect men(완벽한 결혼은 없다. 왜냐하면 완벽한 사람이 없기 때문이다). Better to marry a neighbor than a stranger(모르는 사람과 결혼하는 것보다는 이웃과 결혼하는 게 낫다). 결혼에 관한 속담들이다. 이번에는 현인들의 결혼에 관한 명언을 10개만 감상해보자.

(1) My advice to you is to get married. If you find a good wife, you'll be happy; if not, you'll become a philosopher(내 조언은 결혼하라는 것이다. 좋은 아내를 만나면 행복할 것이고 그렇지 않으면 철학자가 될 것이다). 그리스 철학자 소크라테스Socrates, B.C. 469~B.C. 399의 말이다.[21]

(2) Wives are young men's mistresses, companions for middle age, and old men's nurses(아내는 젊은 남자의 애인이고 중년 남자의 동반자이며 늙은이의 간호사다). 영국 철학자 프랜시스 베이컨Francis Bacon, 1561~1626의 말이다.[22]

(3) Marriage is our last, best chance to grow up(결혼은 인간이 성장할 수 있는 마지막이자 최상의 기회다). 오스트리아 안과의사ophthalmologist 조지프 바스Joseph Barth, 1746~1818의 말이다.

(4) Love is an ideal thing, marriage is a real thing; confusion of the real with the ideal never goes unpunished(사랑은 이상, 결혼은 현실이다. 현실과 이상을 혼동하면 반드시 그 대가를 치르기 마련이다). 독일 시인 요한 볼프강 괴테Johann Wolfgang von Goethe, 1749~1832의 말이다.

(5) Marriage is neither heaven nor hell, it is simply purgatory(결혼은 천국도 지옥도 아니고 연옥일 뿐이다). 미국 제16대 대통령 에이브러햄 링컨Abraham Lincoln, 1809~1865의 말이다.

(6) Men marry women with the hope they will never change. Women marry men with the hope they will change. Invariably they are both disappointed(남자는 결혼하면 둘이서 영원히 변치 않을 것으로 믿고 여자는 둘이서 변할 것이라고 믿고 결혼한다. 그러나 둘 다 반드시 실망하게 된다). 세계적인 물리학자 앨버트 아인슈타인Albert Einstein, 1879~1955의 말이다.[23]

(7) I guess the only way to stop divorce is to stop marriage(이혼을 막을 수 있는 유일한 방법은 결혼을 막는 것이다). 미국 코미디언 윌 로저스Will Rogers, 1879~1935의 말이다.

(8) A successful marriage is an edifice that must be rebuilt every day(성공적인 결혼이란 매일 다시 지어야 하는 건축물이다). 프랑스 작가 앙드레 모루아André Maurois, 1885~1967의 말이다.

(9) A man in love is incomplete until he has married. Then he's finished(남자의 사랑은 결혼해야 완성이 되지만 일단 결혼하면 그는 끝난다). 헝가리 출신 미국 여배우 자자 가보Zsa Zsa Gabor, 1917~의

말이다.[24]

(10) There are four stages in marriage. First there's the affair, then the marriage, then children and finally the fourth stage, without which you cannot know a woman, the divorce(결혼에는 네 단계가 있다. 연애를 하고, 결혼을 하고, 아이를 낳고, 끝으로 네 번째 단계가 있는데 이것 없이는 여자를 알 수 없다. 그것은 이혼이다). 미국 작가 노먼 메일러Norman Mailer, 1923~2007의 말이다.[25]

masturbation

onanism은 "수음手淫, 자위masturbation"를 뜻한다. 구약성서의 「창세기」 38장에 등장하는 인물 오난Onan에서 비롯된 말이다. 이스라엘 부족의 지도자인 유다는 엘Er과 오난이라는 두 아들을 두었는데, 하나님이 사악하다는 이유로 엘을 죽이자 오난에게 "네 형의 아내와 동침을 하고 결혼하여 네 형의 씨를 기르도록 하라"고 명령을 내린다. 이는 당시 통용되던 시동생의 의무였다고 한다. 자기 아이의 계부繼父가 되어야 한다는 생각에 동의할 수 없었던 오난은 형수와 동침은 했지만 정액을 바닥에 쏟아버렸다. 이에 노한 하나님은 오난마저 살해해버렸다.[26] 이에 대해 케네스 데이비스Kenneth C. Davis는 다음과 같이 말한다.

"그 후로 이 짧은 이야기는 청소년들에게 큰 고통의 씨앗이 되었다. '오난의 죄' 또는 '오나니즘'으로 불리게 된 자위는 성경에서 그것을 금지하는 것으로 오랫동안 잘못 해석되어왔다. 그러나 오난의 행위는 질외 사정이지 자위가 아니다. 어쨌든 죽은 형의 자손을 남겨줄 동생의 의무를 규정한 율법을 따르지 않은 대가로 오난은 목숨을 잃었다. 그 대가치고는 너무 가혹하다고 생각되긴 하지만."[27]

masturbation도 "손을 써서 몸을 더럽힌다"에서 전화轉化된 말이다. 19세기까지만 하도 마스터베이션은 heinous(악랄한, 극악무도한), deplorable(개탄스러운, 끔찍한), hideous(흉측한, 흉물스러운) 등과 같은 단어로 비난의 대상이 되었다. 이런 부정적 인식은 아직도 masturbation의 대체어로 사용되던 self-abuse, self-pollution 같은 단어에서 찾아볼 수 있다.[28]

1950년대에 이르러서야 마스터베이션은 "어떤 나이의 인간에게나 정상적이고 건강한 행위다"는 인정을 받게 되고, 1971년 어느 품격 높은 여성 잡지는 다음과 같은 인생 상담 기사를 게재했다. "마스터베이션은 정상적이고 건전한 행위입니다. 여러분도 자신의 몸이 빼어난 러브 머신love machine이 되도록 즉시 훈련을 시작하십시오. 게다가 마스터베이션은 여성의 마음을 충족시켜줍니다."[29]

마스터베이션에 대한 부정적인 시각은 에이즈 창궐 이후 긍정적인 시각으로 바뀌었으며, 일부 국가에서는 심지어 예찬의 경지로 나아갔다. 인도의 에이즈 예방 공익광고는 남성의 자위하는 모습을 보여주면서 다음과 같은 2가지 광고 카피를 들고 나왔다.

You can have the safest sex in the world without ever using a condom(콘돔 없이 이 세상에서 가장 안전한 섹스를 즐길 수 있습니다). The best sexual partner is one you understand over a period of time. We recommend someone you've known since you were born(가장 훌륭한 섹스 파트너는 오랜 기간 당신이 잘 알고 있는 사람입니다. 우리는 당신이 태어난 이후로 당신이 알아왔던 그 사람을 추천합니다).[30]

그러나 마스터베이션은 아직도 '뜨거운 감자' 다. 미국 클린턴 행정부의 공중위생국장 Surgeon General이었던 조이슬린 앨더스Joycelyn Elders, 1933~는 1994년 유엔의 에이즈 세미나에서 10대 임신과 성병을 예방하기 위해 학생들에게 마스터베이션을 가르쳐야 되느냐는 질문을 받고 이렇게 답해 논란을 빚었다. "I think that it is part of human sexuality, and perhaps it should be taught(저는 마스터베이션이 인간 성생활의 일부라고 생각합니다. 아마도 학교에서 가르쳐야 하지 않을까요)." 논란이 커지자, 빌 클린턴 대통령은 그녀를 해임했다.

앨더스는 소아과 의사 출신으로 미국 역사상 여성으로서는 두 번째, 흑인으로서는 첫 번째로 공중위생국의 국장 자리에 올랐던 인물인데, 솔직한 의견 피력으로 자주 화제를 불러일으켰던 인물이다. 마약의 합법화가 오히려 범죄를 줄일 수 있다며 그걸 연구해보자는 제안을 했는가 하면, 마리화나의 합법화를 강력 주장했다. 마약 합법화 검토 주장을 한 직후 아들인 케빈Kevin이 코카인을 거래하다 체포되어 10년형을 선고받아 구설수에 오르기도 했다.[31][참고 autoeroticism]

McCarthyism

McCarthyism(매카시즘)은 논리적인 이론이나 사실의 근거 없이 정적을 비난하거나 공산주의 등으로 몰아 탄압하는 걸 뜻한다. 미국 상원의원 조지프 레이먼드 매카시Joseph Raymond McCarthy, 1908~1957의 이름에서 비롯된 단어다. 미국에서는 1946년에서 1954년까지를 흔히 '매카시 데카드McCarthy Decade' 라고 부르지만, 매카시즘이란 말을 낳게 한 매카시의 주요 활동 기간은 1950년

Joseph Raymond McCarthy

에서 1954년까지의 5년간이다.

그 시기에 수많은 인권탄압이 저질러졌다. 비판자들은 특히 매카시가 "guilt by association(관계에 의한 죄)", 즉 어떤 사람을 공산주의자나 공산주의자로 의심받는 사람과의 관계만으로 공산주의자로 모는 수법을 썼다고 비난했다. 매카시의 반공 투쟁이 반공에 실질적인 도움을 준 것도 아니었다. 매카시가 맹활약하던 시절에 일했던 FBI의 방첩활동 책임자 로버트 램피어Robert Lamphere는 "매카시의 접근방법은 반공의 명분에 해를 입혔으며, 많은 자유주의자로 하여금 공산주의 활동을 위축시키려고 하는 정당한 노력에 대해 등을 돌리게 만들었다"고 말했다.[32]

매카시는 가고 매카시즘만 남았다. 그 용법도 다양해지고 있다. 보수주의자에 대한 차별과 탄압 또는 그런 암묵적 분위기를 가리켜 '역逆 매카시즘reverse McCarthyism'이라고 한다.[33] 캐나다 경제가 캐나다인의 전반적인 의지와는 무관하게 미국의 극우적 논리에 휘둘려 갈팡질팡하고 있는 현상을 가리켜 '경제적 매카시즘economic MaCarthyism'이란 말도 나왔다.[34]

적어도 미국에서 매카시즘이란 단어가 남용되고 있는 건 분명한 것 같다. 담배회사는 금연운동을 매카시즘이라고 비판하질 않나, 포르노 산업은 포르노 규제를 '섹스 매카시즘sexual McCarthyism'이라고 비판하는 일까지 벌어지고 있다. 『시카고 트리뷴』 1985년 12월 4일자에는 이런 기사가 실렸다. 『플레이보이』의 발행인 휴 헤프너에 관한 이야기다. "Hugh Hefner decries the Reagan Administration's commission on pornography as 'sexual McCarthyism'(휴 헤프너는 레이건 행정부의 포르노그라피 위원회를 '섹스 매카시즘'이라고 비난했다)."[35]

그런가 하면 매카시즘이라는 말이 아주 어렵게 사용되는 용법도 늘고 있다. 에이즈AIDS에 관한 어느 책의 저자는 에이즈가 '공중 건강 분야의 매카시즘the public-health version of McCarthyism'을 만들어냈다고 주장하는가 하면, 『미국의학저널Journal of American Medicine』의 편집자는 소변검사를 '화학적 매카시즘chemical McCarthyism'이라고 불렀다. 일부 우파는 그런 실정을 거론하면서 매카시즘을 '좌파의 마지막 피난처the last refuge of the left'라고 주장한다.[36]

McCarthyism is now McCarthywasm(매카시즘은 이제 과거사가 되었습니다). 1954년 12월 상원이 67 대 22로 매카시에 대한 '비난condemn' 결의를 단행하자, 당시 매카시에게서 공격을 받던 드와이트 아이젠하워 대통령Dwight D. Eisenhower, 1890~1969이 한 말이다. 아이젠하워는 나중에 매카시에 반대하는 공적 역할을 왜 좀더 적극적으로 하지 않았느냐는 질문을 받고 "저는 단지 그 스컹크(매카시)와 오줌 멀리 누기 경쟁a pissing contest을 하지 않으려고 했을 뿐입니다"라고 말했다.[37][참고 Bircher]

memory

"Creditors have better memories than debtors(채권자의 기억력이 채무자의 기억력보다 좋은 법이다)"라는 말이 있다. 이는 기억이라는 것이 자신의 필요와 상황에 따라 적잖은 영향을 받을 수 있다는 걸 시사한다. memory에 관한 명언을 6개만 감상해보자.

(1) Writing destroys the memory(글은 기억을 망친다). 이런 속담에는 그럴 만한 역사적 근거도 있다. 소크라테스B.C. 469~B.C. 399는 '기억력 저하'를 이유로 문자의 사용에 반대했다. 플라톤B.C. 428~B.C. 348도 그 뒤를 따랐다. 플라톤은 문자가 대화 문화를 위태롭게 만들고 사람들의 기억력을 감퇴시킬 것이라며 "일단 글로 적은 말은 무작위로 곳곳을 떠돌아다닌다. 그 말을 이해하는 사람이든 전혀 관계가 없는 사람이든 구별 않고 아무렇게나 떠돌아다닌다"고 우려했다.[38]

(2) Memory is the mother of all wisdom(기억은 모든 지혜의 어머니다). 그리스 비극 작가 아이스킬로스Aeschylos, B.C. 525~B.C. 456의 말이다.

(3) Memory is the treasury and guardian of all things(기억은 보배요 모든 것의 수호자다). 고대 로마의 철학자 키케로Cicero, B.C. 106~B.C. 43의 말이다. 아이스킬로스와 키케로의 말은 당시 기억이 지식 전승의 주요 방법이었음을 말해준다.

(4) Experience teaches that a strong memory is generally joined to a weak judgment(경험적으로 보자면, 기억력이 강하면 판단력이 약한 법이다). 프랑스 사상가 미셸 몽테뉴Michel Eyquem de Montaigne, 1533~1592의 말이다.

(5) Many a man fails to become a thinker only because his memory is too good(기억력이 너무 좋다는 이유만으로 사상가가 되지 못하는 사람이 많다). 독일 철학자 니체Friedrich Wilhelm Nietzsche, 1844-1900의 말이다.

(6) Eyewitnesses who point their finger at innocent defendants are not liars, for they genuinely believe in the truth of their testimony. That's the frightening part the truly horrifying idea that what we think we know, what we believe with all our hearts, is not necessarily the truth(무고한 피고를 손가락으로 가리키는 목격자들은 거짓말쟁이가 아닙니다. 왜냐하면 그들은 그들의 증언이 진실이라고 정말 믿기 때문이죠. 그게 바로 무서운 점이죠. 우리가 안다고 생각하는 것, 우리가 온 마음으로 믿는 것이 꼭 진실은 아니라니, 이 얼마나 끔찍한 일인가요). 미국 워싱턴 대학 심리학과 교수 엘리자베스 로프터스Elizabeth F. Loftus, 1944~가 『Psychology Today』 1996년 1월호 인터뷰에서 한 말이다. 현재는 캘리포니아 대학University of California, Irvine 교수다. 그녀는 우리 인간의 기억이 믿을 만한 게 아니라는 주장을 해왔다. 그녀는 수백 회에 걸쳐 목격자의 기억에 도전하는 법정 증언을 했는데, 그 덕분에 많은 범죄혐의자가 무죄로 풀려났다.

그로 인한 그녀의 시련이 만만치 않았다. 그녀는 법정 증언 한 회당 실비인 수백 달러를 받을 뿐인데도 그녀가 지식을 팔아먹는다는 비난이 끊이질 않았다. 심지어 일부 검사들은 그녀를 '갈보whore'라고 욕하기도 했으며, 온라인에선 사탄의 사주를 받고 있다는 비난 공세에 시달려야 했다. 그녀는 왜 그렇게 심한 욕까지 먹으면서 그런 일을 하는 걸까? 그녀는 자신이 독가스실로 끌려들어갈 유대인의 생명을 돈을 주고 구한 쉰들러의 심정으로 하는 일이라고 밝혔다. 그녀는 '일 중독'으로 인해 1991년 남편과 이혼했다.[39]

meritocracy

meritocracy(능력주의, 능력주의 사회)는 1958년 영국의 정치가이자 사회학자인 마이클 영Michael Young, 1915~2002이 『능력주의 사회의 부상The Rise of Meritocracy』을 출간하여 '귀족주의 사회aristocracy'에 상응하는 개념으로 만든 말이다. 과연 무엇이 '능력merit'인가? 배경background보다는 지능과 노력intelligence and effort을 능력으로 본 영은 '기회균등equality of opportunity'의 원칙은 '불평등하기 위한 기회균등equality of opportunity to be unequal'으로 전락했다고 했다.[40]

이 책은 우경화하려는 영국 노동당 정부에 경고하기 위한 풍자로 쓰였지만, 영의 뜻과는 다르게 읽혔다. 오히려 정반대로 노동당 정부는 능력주의 사회 구현을 정책 목표로 삼는, 영의 뜻과는 정반대되는 일이 일어났다.[41] 이 책은 특히 미국에서 큰 주목을 받으면서 교육사회학에 큰 영향을 끼쳤으며, 미국인들은 '능력주의 사회'를 대학교육은 물론 아메리칸 드림의 이론적 기반으로 간주했다.

대학은 능력주의 사회를 지키는 보루로 간주되었던바, 이른바 '테스트 산업test industry'이 급성장하기 시작했다. 테스트를 능력 측정의 객관적 근거로 신봉한 탓이었다. 곧 테스트의 많은 문제가 드러나지만, 당시 테스트에 열정을 보였던 이들은 그들 나름으로는 '귀족주의'를 넘어선 '능력주의'의 구현이라는 진보적 욕망에 사로잡혀 있었다. 물론 이후 수많은 문제와 한계가 드러나게 되지만 말이다.

능력주의 사회는 실현되기도 어렵지만, 설사 실현된다 해도 문제다. 가난과 불평등의 문제를 사회적 이동성의 문제로 둔갑시켜버리는 효과를 내기 때문이다. 능력주의 사회는 부자나 빈자 모두에게 자기정당화 효과를 발휘하게 되어 있다. 부자는 자신의 능력 때문에 부자가 되었다고 할 것이고, 빈자도 자신의 능력의 한계 때문에 빈자가 되었다고 할 게 아닌가 말이다. 바꿔 말해서 능력주의 사회는 빈부격차에 가장 둔감한 사회가 될 수 있다는 것이다. 이런 이유로 존 롤스John Rawls, 1921~2002는 능력주의 사회를 배격한다. 능력주의 사회가 민주적일지는 몰라도

공정성fairness에 위배된다는 이유 때문이다.[42]

마이클 영은 85세를 맞은 2001년 자신의 책은 경고를 위한 풍자satire였건만 능력주의 사회meritocracy를 이상理想으로 삼는 이상한 일이 벌어졌다고 개탄했다. 개탄할 만하다. 능력주의 사회 이데올로기는 엘리트 기득권층의 지위를 더욱 탄탄하게 만들어주는 결과를 초래했으니 말이다. 하층계급의 자식들 중 최상의 아이들을 뽑아 엘리트층에 편입시켜 주는 출구를 열어주고 잘 관리하는 것이 기존 체제 유지에 절대적으로 필요하다는 원칙도 그런대로 제법 잘 지켜지고 있다.[43] 아이비리그 대학들이 소수의 가난한 집 아이들에게 장학금을 주면서 생색을 내는 데서 알 수 있듯이 말이다.

미국은 고등교육 '소비' 규모가 세계에서 가장 큰 나라다. GDP의 2.75퍼센트를 차지하는데, 이는 유럽국가들의 2배에 이르는 수치다.[44] 또한 미국은 고등교육에 가장 돈을 많이 지원하는 국가다. 그 돈은 사회복지를 희생으로 한다. 사회복지에 들어가야 할 돈이 교육 분야에 쓰이는 것이다. 물론 국가경쟁력 강화를 위해서라는 명분을 앞세우기 때문이다. 그렇게 해서 미국이 세계 최강대국이 된 건 좋은 일이지만, 미국이 선진 21개 국가 중 사회복지는 꼴등이라는 점은 어떻게 이해해야 할 것인가?[45]

대학, 그것도 좋은 대학을 간 사람일수록 국가 지원이라는 혜택은 크게 누리는 반면, 대학을 가지 않았거나 서열체계에서 낮은 곳에 속하는 대학을 간 사람들이나 아예 대학을 가지 못하는 사람들은 자신들이 누려야 할 몫도 누리지 못하는 게 아닌가. 이게 과연 공정한 게임인가? 한국에서도 당연히 제기되어야 할 문제다.

mesmerize

mesmerize는 "최면을 걸다. 매혹시키다"는 뜻이다. 비엔나의 내과의사 프란츠 메스머Franz Mesmer, 1734~1815는 하늘의 별들이 인간의 신체에 영향을 끼치는 자기력magnetic power을 방출한다고 믿었다. 그는 이 원리를 환자들의 치료에 이용했다. 환자들에게 철이 함유된 용액을 삼키게 하고 그들의 몸 위로 자석을 통과시켜 인위적인 흐름을 만들어냄으로써 막혀 있던 '생명 유체'가 자유롭게 흐르도록 하는 방식이었는데, 이는 꽤 성공을 거두었다.

그렇지만 그는 1778년 오스트리아 당국에 의해 비엔나에서 추방되어 프랑스 파리로 건너가 활동했다. 그의 치료법이 파리에서도 인기를 끌자, 1784년 루이 16세는 미국 대사 벤저민 프랭클린Benjamin Franklin, 1706~1790을 포함한 전문가 위원회를 구성해 그의 치료법을 검증해보라는 지시를 내렸다.

프랭클린은 위원회 대표로 다수 의견을 밝히는 글을 썼는데, 이 글은 메스머의 성공은 최면술 덕분일 뿐 자기력과는 아무런 관계가 없다는

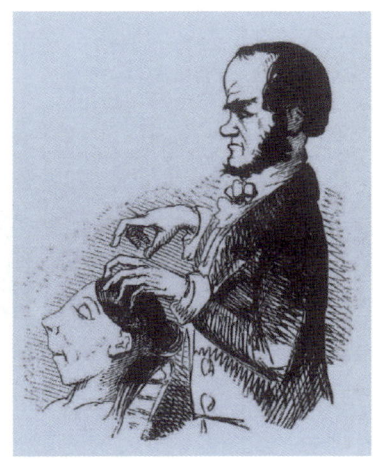

mesmerize

military-industrial complex

결론을 내리면서 그를 돌팔이나 사기꾼 비슷하게 폄하했다. 이 때문에 메스머는 또 스위스로 떠나 그곳에서 불행하게 여생을 마쳤다.

이렇듯 메스머는 인정을 받지 못하고 죽었지만, 그의 이름은 1829년부터 최면술을 가리키는 단어로 영원히 살아남았다. mesmerism(메스머리즘)은 "최면술, 저항하기 힘든 유혹, 매력", "mesmerization은 "최면 걸기, 최면 상태"를 뜻한다.[46]

스코틀랜드의 외과의사 제임스 브레이드 James Braid, 1795~1860는 메스머리즘의 영향을 받아 1841년 '뉴로히프노티즘neuro-hypnotism'이란 말을 만들었다. hypnos는 그리스어로 sleep이란 뜻이므로, neuro-hypnotism은 "nervous sleep"이란 뜻이다. 바로 이 단어에서 오늘날 많이 쓰는 hypnotism(최면술)이라는 단어가 탄생했는데, mesmerism은 hypnotism의 여러 종류 가운데 하나로 보면 된다.[47]

1960년 11월 8일 대통령 선거에서 민주당 후보 존 F. 케네디John F. Kennedy, 1917~1963가 당선된 이후 레임덕 대통령이 된 드와이트 아이젠하워 Dwight D. Eisenhower, 1890~1969는 겨울 내내 백악관 앞에 케네디 취임식을 위한 무대가 세워지는 것을 침울하게 바라보았다. 그는 "자기 교수대가 만들어지는 것을 바라보는 사형수 같은 느낌이 들었다I feel like the fellow in jail who is watching his own scaffold being built"고 말했다.[48]

그런 이유 때문이었을까? 사색적인 무드에 잠기면서 역사와 국가의 장래를 의식한 양심이 발동했던 걸까? 아이젠하워는 1961년 1월 17일 대통령직을 떠나면서 한 고별연설에서 군부를 포함한 행정부와 산업체가 하나로 결탁한 이른바 '군산복합체military-industrial complex'의 실상과 위험성을 다음과 같이 경고했다.

"This conjunction of an immense military establishment and a large arms industry is new in the American experience. The total influence economic, political, even spiritual is felt in every city, every statehouse, every office of the federal government……we must guard against the acquisition of unwarranted influence, whether sought or unsought, by the military-industrial complex. The potential for the disastrous rise of misplaced power exists, and will persist. We must never let the weight of this combination endanger our liberties or democratic processes. We should take nothing for granted. Only an alert and knowledgeable citizenry can compel the proper meshing of the huge industrial and military machinery of defense with our peaceful methods and goals so that security and liberty may prosper together(방대한 군사체제와 대규모 무기산업 간 결합은 전에는 미국인들이 경험하지 못했던 새로운 현상입니다. 경제, 정치, 심지어 정신 영역에까지 침투한 그것의 전면적인 영향력은 모든 도시, 모든 주 정부, 모든 연방 정부의 사무실에서 나타나고 있습니다.……우리는 군산복합체가 그들의 의도와 상관없이 갖게 될 부당한 영향력을 경계해야 합니다. 잘못된 힘이 재앙적인 모습으로 등장할 가능성은 이미 존재하고 있고 앞으로도 지속될 것입니다. 우리는 군산복합체의 권력이 우리의 자유나 민주적 절차를 위협하는 걸 방치해선 안됩니다. 우리는 이를 당연하게 여겨선 안됩니다. 깨어 있고 지식을 갖춘 시민들이 평화적 방법과 목표로 이 군산복합체를 통제할 때에 비로소 국가 안보와 자유가 함께 번영할 것입니다)."[49]

훗날 널리 쓰일 '군산복합체'라는 단어가 최초로 공개적으로 등장한 역사적 순간이었다. complex에는 "복합 건물, (건물) 단지, (관련 있는 것들의) 덩어리, 집합체, 복합체"라는 뜻도 있다. 아이젠하워의 경고는 1975~1976년 군산복합체의 부정부패가 대규모로 드러나면서 더 주목을 받게 되는데, 이때 미국 경제가 제2차 세계대전

Military industry

을 계기로 '영구적인 전쟁 경제permanent war economy'로 바뀌었다는 주장이 설득력을 얻게 된다.[50] 경제학자 존 케네스 갤브레이스John Kenneth Galbraith, 1908~2006는 1977년에 출간한 『불확실성의 시대The age of Uncertainty』에서 군산복합체에 대해 다음과 같이 말했다.

"일찍이 존 메이너드 케인스는 영국 정부가 파운드 지폐뭉치를 폐갱에 넣고 갱을 메우면 어떻겠느냐고 제안한 일이 있다. 이렇게 하면 일자리가 만들어진다. 그리고 이번에는 파운드를 파내는 작업에 의해 더욱 많은 일자리가 만들어지고, 나아가서는 이 지폐를 사용함으로써 많은 수요가 생겨나게 될 것이라는 것이다. 이 착상은 한 번도 실천에 옮겨진 일이 없었는데, 그 대신에 케인스 이후의 세계에 있어서는 무기 구매를 위한 지출-설계, 생산, 폐기, 대체의 순환-이 케인스의 정책을 대신했다. 나는 전에 이것을 군사 케인스주의military Keynesianism라고 부른 적이 있다. 정직한 경제학자들은 누구나 군사비 지출이 현대 경제를 떠받치는 역할을 하고 있다

는 것을 인정하고 있다."⁵¹

이젠 정직한 경제학자들뿐만 아니라 웬만큼 사리에 밝은 보통 사람이라면 다 아는 사실이다. 군산복합체에 관한 수많은 통계 수치가 언급되곤 하지만, 전 세계 인구의 5퍼센트를 점하는 미국이 전 세계 군사비의 절반 이상(2012년 기준)을 쓰고 있다는 사실만으로 족하다.⁵²

군산복합체는 의회마저 장악했다. 아이젠하워도 이 사실을 잘 알고 있었다. 그의 연설문 원본에는 "군-산업-의회 복합체military-industrial-congressional complex"로 쓰여 있었지만, 퇴임하는 대통령이 새로 구성될 의회를 비난하는 것은 적절치 않다는 판단에 따라 아이젠하워는 의회를 언급하지 않았을 뿐이다.⁵³

미국 대학의 명문도 순위는 군산복합체의 연구자금 획득 순위라고 해도 과언이 아닐 정도로 대학도 군산복합체의 굳건한 파트너다. 그래서 MAGICMilitary-Academic-Governmental-Industrial Complex(군정산학 복합체)라는 말까지 나온다. 어디 그뿐인가. 범죄와의 전쟁, 특히 마약전쟁은 군수 계약자들의 영원한 펀딩 채널이 되었기 때문에, 바로 이 지점에서 범산복합체prison-industrial complex는 군산복합체에 편입된다.⁵⁴

『뉴욕타임스』의 국가안보 전문기자 마크 매저티Mark Mazzetti는 『칼의 길: CIA, 은밀한 군대, 그리고 지구 끝에서의 전쟁The Way of Knife: The CIA, a Secret Army, and a War at the Ends of the Earth』(2013)이라는 책에서 버락 오바마 행정부 들어 중앙정보국CIA이 전쟁의 직접적인 도구로 변질됨으로써 이제 미국은 '군정(군과 정보기구)복합체'라는 새롭고도 위험한 상황을 맞고 있다고 했다.⁵⁵ 그 밖에도 military-industrial-media complex, corporate-military-entertainment complex 등 수많은 변형 군산복합체가 존재한다. 군산복합체를 평산복합체peace-industrial complex로 바꿔야 한다는 목소리도 있다.⁵⁶

mill

through the mill은 "고생하여, 쓰라린 체험을 쌓아, 단련받아", go through the mill은 "시련을 겪다", put a person through the mill은 "시련을 겪게 하다, 시험(테스트)하다"는 뜻이다. 1832년에 제정된 채무자파산법Insolvent Debtor's Act에 따라 세워진 영국 최초의 파산 법원을 가리켜 Mill이라 부른 데서 유래된 말이다.

mill은 "맷돌, 제분기, 방앗간, 제분소"를 뜻하는데, 옛날의 큰 맷돌에서 유래된 말이라는 설도 있다. 껍질이 벗겨지지 않은 곡식이 맷돌의 회전 과정을 거치면서 매끄러운 낟알과 껍질로 분리되는 걸 생각해보라. 이 같은 뜻들이 저절로 살아나지 않겠는가. 그래서 이런 속담도 있다. No mill, no meal(부뚜막의 소금도 집어넣어야 짜다). All is grist that comes to his mill(무엇이든 이용한다. 넘어져도 그냥은 안 일어난다). grist는 제분

용 곡물이다.⁵⁷

run of the mill은 "보통의 평범한"이란 뜻이다. run-of-the-mill로 쓰기도 한다. 여기서 run은 등급이 매겨지거나 분류되기 이전 방앗간에서 나오는 평균적 곡물을 가리키는 말이다. 광산에서도 조광粗鑛의, 즉 골라내지 않은 광물을 가리켜 run of the mine(=run-of-the-mine)이라고 하는데, 이 또한 "보통의, 평범한"이란 뜻이다.⁵⁸

minuteman

minute

잠시 시간 좀 있으세요? 이렇게 묻고 싶을 때, "시간=time"이라는 생각에 "Do you have some time?"이라고 말하고 싶은 생각이 들겠지만, 그렇게 말하면 상대편이 당황한다. "Do you have a minute?" 혹은 "You got a minute?"이라고 말해야 정확하다.⁵⁹

a mile a minute(매우 빨리)는 기차가 1분에 1마일을 가는 게 매우 빠른 속도로 여겨지던 시절에 만들어진 말이다. talk a mile a minute은 "계속 지껄여대다"는 뜻이다.⁶⁰

minuteman은 미국에서 "민병民兵: militia"을 뜻한다. 미국의 독립전쟁 직전인 1774년 당시 생업에 종사하면서 명령이 떨어지면 1분 내에 즉시 출동한다는 의미에서 붙여진 이름이다. 30세 이하의 젊은이들로 구성되었다고 한다. 1961년 미 공군이 최초로 실험한 3단계 대륙간 탄도탄, 즉 ICBMIntercontinental Ballistic Missile의 이름도 언제든 발사할 준비가 되어 있다는 의미에서 Minuteman이라 불렀다.⁶¹

minutemen들은 총도 제대로 쏘지 못하는 엉터리였다는 증언이 무수히 많지만, 독립전쟁 미화 차원에서 이들은 미국의 영웅으로 간주되고 있다. 매사추세츠 대학University of Massachusetts-Amherst의 운동팀의 별명이 남자 선수들은 Minutemen, 여자 선수들은 Minutewomen인 것도 이해할 만하다.⁶²

minutes(의사록)는 라틴어 minutus(small)에서 나온 말이다. minute가 시간의 분分을 뜻하는 것이나, 형용사로 쓰여 "미소한, 사소한, 하찮은, 상세한, 세심한"이라는 뜻을 갖는 것도 모두 minutus와 관련이 있다. 옛날 회의의 의사록은 매우 작은 글씨로 썼다가 나중에 큰 글자로 정서했는데, 이 과정을 engrossing이라고 했다. 오늘날에는 글씨 크기에 관계없이 의사록을

minutes라 한다. minute difference는 "근소한 차이", a minute observer는 "세심한 관찰자", be on the minutes는 "의사록에 올라 있다", make(take) a minute of는 "기록해두다, 각서를 만들다"는 뜻이다.[63]

Miranda rule

한국 형사소송법은 "피고인에 대하여 범죄사실의 요지, 구속의 이유와 변호인을 선임할 수 있음을 말하고 변명할 기회를 준 후가 아니면 구속할 수 없다"고 규정하고 있다. 이에 따라 경찰이 피의자를 연행할 때에는 반드시 "당신은 묵비권을 행사할 수 있으며 당신이 말한 것은 법정에서 불리하게 사용될 수 있습니다. 우리가 질문하기 전에 당신은 변호사와 상의할 권리가 있습니다"라고 알리게 되어 있다. 이걸 가리켜 미란다 원칙Miranda rule이라고 한다. 미국 연방대법원의 미란다 판결에서 비롯된 원칙이다.

이 원칙을 낳게 한 에르네스토 미란다Ernesto Miranda, 1941~1976는 멕시코계 미국인이다. 고등학교를 중퇴하고 10대부터 전과자가 된 그는 1963년 3월 미국 애리조나 주 피닉스 시의 한 영화관 매점의 18세 소녀를 유괴해 자동차에 태운 뒤 사막으로 끌고 가 강간했다. 경찰은 당시 21세인 그를 납치 강간 혐의로 체포했다. 경찰서로 붙들려간 그는 피해 소녀에게 범인으로 지목받았는데, 변호사는 선임되지 않은 상태였다. 미란다는 무죄를 주장하며 완강하게 버텼다. 하지만 2시간의 경찰 심문 끝에 그는 범행자백자술서를 쓰고 서명도 했다.

재판이 시작되자 미란다는 말을 바꿔 무죄를 주장하고 나섰다. 강요된 자백에 따라 진술서를 억지로 썼다는 것이다. 그러나 범죄 사실이 명백했기 때문에 애리조나 주법원은 그에게 '최저 20년 최고 30년'의 중형을 선고했다. 주대법원의 판결도 마찬가지였지만, 그의 무죄를 주장하는 '미국자유시민연맹'은 연방대법원으로 이 사건을 끌고 갔다. 1966년 6월 13일 미 연방대법원은 5 대 4로 미란다의 손을 들어주는 극적인 판결을 내렸다. 미란다는 불리한 증언을 하지 않아도 될 권리(미국 수정헌법 제5조)와 변호사의 조력을 받을 권리(미국 수정헌법 제6조)를 침해당했다는 이유에서였다.

Ernesto Miranda

이 판결로 미란다는 석방되었지만 후폭풍이 거셌다. 소수 의견을 낸 4명의 대법관들은 다수 대법관들의 결정이 경찰의 수사 기능을 크게 위축시키는 것이라고 신랄하게 비난했으며, 미국 전역의 경찰들도 강력 반발했다. 그렇지만 1966년 이후 나온 할리우드 경찰 영화에는 경찰이 꼭 "그의 권리를 알려주게"라는 대사가 들어가게 되었다.

미란다는 일단 풀려났지만, 검찰은 그 자백 이외의 증거를 가지고 다시 기소했다. 미란다는 1967년 2월 애리조나 주법원에서 다시 재판을 받았는데, 이번에는 동거 여인의 증언으로 다시 유죄 판결을 받았다. 미란다가 감옥에 찾아온 동거녀에게 자신의 성폭행 범행을 솔직하게 털어놓았던 것이다. 1972년에 가석방된 미란다는 그 후에도 가석방 규칙을 어겨 수차례 교도소를 드나들다가 1976년 피닉스의 어느 술집에서 카드 노름을 하다가 싸움이 붙어 살해되었다. 이때 애리조나 경찰은 미란다의 살해 용의자를 체포하면서 '미란다 원칙'을 낭독해주었다.[64]

공무 집행 전 범죄 혐의자에게 피의자의 방어 권리를 알릴 때에 우선 가장 흔하게 사용되는 문구는 "You have the right to remain silent(당신은 묵비권을 행사할 권리가 있다)"다. "You have the right to an attorney(당신은 변호사를 선임할 권리가 있다)"라고 간단하게 말하기도 하고 "Anything you say or do can and will be held against you in a court of law(당신이 말하는 내용은 법정에서 당신에게 불리하게 작용할 수도 있다)"라거나 "If you cannot afford an attorney, one will be provided for you(변호사 선임할 능력이 없다면 국선 변호인을 알선하겠다)", "Do you understand these rights I have just read to you(지금 말해준 피의자 권리를 알아듣겠습니까?)"라고 확인하기도 한다.[65]

임귀열은 "혹은 미란다 법칙을 비웃기라도 하듯 아주 간단하게 'Tell it to a lawyer!', 'Tell it to the judge!'라고 내뱉고 마는 경찰도 있다. 그래도 경찰은 피의자에게 이런 권리를 알린 후 'do you understand?'라고 묻고 'Yes' 같은 응답을 피의자에게 확인해야 한다. 영어를 못해 이해하지 못하는 피의자 보호를 위해 이를 의무화했기 때문이다. 미성년자는 부모 입회하에 질문에 응할 수 있도록 하는 주state도 있고 멕시코 등의 국경 인접 지역에서는 필요하면 당신네 국가 영사의 도움을 얻으라고 알려야 한다"며 다음과 같이 말한다.

"미란다 규칙은 호주(관습법common law)나 캐나다, EU(the Reding Rights), 독일, 영국, 스페인 등 웬만한 나라에서는 채택하고 있다. 각기 약간의 차이는 있으나 묵비권의 'You have the right to remain silent'와 변호사 선임 권리는 공통된 부분이다. 이를 듣지 못하거나 심문 과정 중 한 번이라도 피의자에게 제대로 고지하지 않으면 나중에 변호사의 도움으로 절차상 하자를 항변하고 무죄까지도 주장할 수 있을 것이다."[66]

미국의 글쟁이들은 고유명사에 'ize'를 붙여 신조어를 만들기 좋아하는데, mirandize도 바로 그런 단어다. "Miranda rule을 읽어주다(알려주다)"는 뜻이다. Miranda는 윌리엄 셰익스피어

William Shakespeare, 1564~1616가 『폭풍The Tempest』에서 처음 만든 이름인데, "worthy to be admired (찬사를 보낼 만한, 숭배할 만한)"라는 뜻의 라틴어에서 가져온 것이다.[67]

moderation

"Too far east is west(동쪽으로 아주 멀리 가면 서쪽에 이른다)"라는 말이 있다. "Extremes meet(극과 극은 통한다)"는 말과 통하는 말이다. 둘 다 극단으로 흐르면 좋을 것이 없다는 뜻의 속담이다. 그래서 나온 말이 "Moderation in all things(매사에 중용을 지켜라)"다. moderation은 "적당함, 온건, 절제, 중용"인데, 문맥에 따라 적당한 번역을 택하면 된다. 현인들의 moderation에 관한 명언 8개만 감상해보자.

(1) In everything the middle course is best; all things in excess bring troubles(모든 일에서 중용이 최상이다. 무슨 일이든 지나치면 탈난다). 고대 로마의 극작가인 플라우투스Titus Maccius Plautus, B.C. 254~B.C. 184의 말이다.

(2) Candor and generosity, unless tempered by due moderation, leads to ruin(솔직함과 관용도 지나치면 망친다). 고대 로마의 역사가 타키투스Tacitus, 56?~120?의 말이다.[68]

(3) Complete abstinence is easier than perfect moderation(금욕은 절제(중용)보다 쉽다). 성 아우구스티누스St. Augustine, 354~430의 말이다.

(4) Moderation in temper is always a virtue; but moderation in principle is always a vice(기질의 중용(평정심)은 미덕이지만 원칙의 중용은 악덕이다). 미국 독립전쟁의 당위성을 역설한 토머스 페인Thomas Paine, 1737~1809의 말이다.

(5) Out of moderation a pure happiness springs(절제할 줄 알아야 진정한 행복을 누린다). 독일 시인 요한 볼프강 괴테Johann Wolfgang von Goethe, 1749~1832의 말이다.

(6) Extremes meet and there is no better example than the haughtiness of humility(양 극단은 만나는 법인데, 겸손의 오만 이상 더 좋은 예는 없다). 미국 철학자 랠프 월도 에머슨Ralph Waldo Emerson, 1803~1882의 말이다.

(7) Moderation is the last refuge for the unimaginative(중용은 상상력이 없는 사람의 마지막 피난처다). 영국 작가 오스카 와일드Oscar Wilde, 1854~1900의 말이다.

(8) Moderation is a virtue only in those who are thought to have an alternative(중용은 대안이 있을 때만 미덕이다). 미 국무장관을 지낸 헨리 키신저Henry Kissinger, 1923~의 말이다.[69]

mole

mole에는 "사마귀, 점"이란 뜻도 있지만, 여기선 "두더지, 비밀공작원"이란 뜻에 대해 이야기해보자. make a mountain out of a molehill은 "침소봉대하여 말하다, 허풍떨다"는 뜻이다. molehill은 두더지mole가 파놓은 흙둑으로 작은 것이나 사소한 곤란(장애)을 뜻한다. 원래의 표현은 "make an elephant out of a fly"로 2세기경 그리스 풍자가이며 수사학자 루치안Lucian, 125~180이 만든 말인데, 1548년 영국 작가 니컬러스 유돌Nicholas Udall, 1504~1556이 지금의 표현으로 바꾸었다.

mole

이제 이 말은 속담으로 통용되고 있다. Don't make a mountain out of a molehill(호들갑 떨지 마라. 침소봉대 하지 마라).⁷⁰ Your "broken arm" was only a sprained wrist. Don't make a mountain out of a molehill(손목이 삔 걸 갖고 팔이 부러졌다고 호들갑 떨지 마라).⁷¹

비밀공작원이란 뜻은 영국의 스파이 소설가 존 러 카레이John le Carré, 1931~의 소설 『Tinker, Tailor, Soldier, Spy』(1974)에서 유래되었다. 그러나 카레이 이전에 1626년 영국 철학자 프랜시스 베이컨Francis Bacon, 1561~1626에 의해 사용된 바 있고, 소련의 비밀첩보기관 KGB에 의해서도 사용되었다. 비교적 공식적인 용어로는 sleeper agent라고 한다.⁷²

『뉴욕타임스』 1983년 6월 9일자는 다음과 같이 보도했다. "Apparently a Reagan mole in the Carter camp had filched papers(레이건 진영의 비밀공작원이 카터 진영에 침투하여 서류들을 훔쳤던 것으로 보인다)." 이는 이른바 '디베이트 게이트Debategate' 사건에 관한 기사로, 1980년 미국 대선 당시 공화당 대통령 후보 로널드 레이건과 민주당 대통령 후보 지미 카터의 텔레비전 토론을 위해 레이건의 참모들이 카터의 토론 연습내용을 담은 책자를 사전에 입수했다는 것이 밝혀진 사건이다.⁷³

mollycoddle

mollycoddle은 "여자 같은 남자, 나약한 사

내"를 가리킨다. Molly는 여자 이름 Mary의 애칭으로 1700년대는 게이라는 뜻으로 쓰였으며, 이후에도 갱의 정부(情婦: ganster's moll, gun moll) 또는 매춘부라는 뜻으로 사용되어 왔다. coddle은 약골 또는 나약한 사람을 뜻한다. 이 두 단어가 합해진 mollycoddle은 나약한 남자에게 게이라는 부정적 함의를 갖고 있는 말이다.[74]

풋볼의 거친 남성성을 사랑한 제26대 대통령(1901~1909년 재임) 시어도어 루스벨트Theodore Roosevelt, 1858~1919는 하버드 대학 총장 찰스 윌리엄 엘리엇Charles William Eliot, 1834~1926이 풋볼의 폭력성을 비난하면서 대학 풋볼팀을 없애려고 시도하자 그건 어리석은 짓이라고 주장하면서 엘리엇을 '나약한 사내mollycoddle'라고 비난한 바 있다.[75]

이 사건의 배경은 이렇다. 당시 대학 풋볼은 매우 거칠고 난폭했다. 1904년 풋볼을 하다 사망한 사람만도 21명, 1905년에는 18명이나 되었

football

다. 이런 참사의 여파로 컬럼비아, 캘리포니아, 스탠퍼드 대학은 이후 10년간 풋볼을 중단하는 조치를 내렸다. 10여 년 전부터 풋볼을 폭력적이고 야만적이라고 비난해온 엘리엇은 일련의 참사를 대학에서 풋볼을 추방할 수 있는 절호의 기회로 인식하고 목소리를 높였다. 그러자 풋볼의 거친 남성성을 사랑한 루스벨트가 그런 욕설을 퍼부은 것이다.

엘리엇도 "야만적 행위brutality보다 나쁜 건 유약함effeminacy"이라며 누구 못지않게 하버드 학생들에게 남성성을 강조해온 인물이었는데, 엘리엇이 '나약한 사내'라니![76] 하버드 출신으로서 아이비리그 풋볼을 지켜야 한다는 사명감에 불타오른 루스벨트는 1905년 10월 9일 하버드, 예일, 프린스턴 풋볼 관계자들을 백악관에 불러들여 '정화 캠페인' 등과 같은 자구책을 강구하게 함으로써 풋볼을 폐지의 위기에서 구해냈다.

루스벨트는 1907년 2월 하버드 대학 연설에서 풋볼을 찬양하면서 남성성을 국가의 장래와 연결시켰다. 여론과 시대적 상황은 엘리엇보다는 루스벨트의 편이었다. 당시 풋볼의 인기와 문화적 의미는 이런 것이었다. "물질적 풍요로 인해 점점 더 약해지는 신체를 이대로 둘 것인가. 노동윤리를 찬양해야 하지 않겠는가. 점점 더 복잡해지는 사회, 기계문명, 획일화에 대한 해독제가 필요하지 않은가. 개인의 찬양이 필요하지 않은가."

게다가 풋볼은 모두를 하나 되게 만들어 부잣집 아이들과 가난한 집 아이들 사이에 존재하는 계급 차이를 없애주는 효과가 있을 것으로 기대

되었다. 풋볼은 전쟁, 경쟁, 미국적 가치를 대변하는 것으로 인식되었다. 풋볼은 대학과는 거리가 먼 서민 대중도 대학과 친근해지는 효과를 발휘함으로써 대학 대중화에 기여했다. 물론 이를 간파한 대학들은 풋볼을 대학 홍보수단으로 적극 이용하게 된다.[77]

momentum

momentum은 "운동량, 타성, 여세, 힘impetus, 탄력, 가속도"란 뜻이다. The fight for his release gathers momentum each day(그의 석방을 위한 투쟁에 나날이 탄력이 붙고 있다). Finish work before you lose momentum(탄력을 잃기 전에 일을 끝내라). I should do it all when I gain momentum(나는 탄력이 붙을 때 모든 것을 해야겠다). On Thursday, the United States said momentum is shifting toward the imposition of UN sanctions against Iran(미국은 목요일에, 유엔이 이란에 대해 제재 조치를 취하는 방안이 힘을 얻고 있다고 말했습니다).[78]

momentum은 이런 식으로 쓰이는 단어인데, 미국 선거에서 그 과정을 묘사하는 데 남용되는 경향이 있다. 일단 어느 후보가 모멘텀을 얻으면 무섭게 치고 올라가 승리가 확실하다는 속설이 지배적이다. 그런데 그 속설에 대한 신봉이 지나쳐, 정치학자 제프 그린필드Jeff Greenfield는 "한 후보의 초기 승리는 억누를 수 없는 모멘텀을 만들어내는 것으로 간주되고 있다. 그러나 1980년은 모멘텀이 반대편 경쟁자가 오랜 정치적 근거를 갖고 있으면 아무런 의미를 갖지 못한다는 걸 보여주었다"고 비판했다.[79]

하지만 여전히 모멘텀은 후보들의 신앙처럼 여겨지고 있기에 아예 mo라고 줄여서 쓸 정도이며, 모멘텀이 크냐 작냐에 따라 big mo니 little mo니 하는 신조어까지 등장했다. 예컨대, 1992년 2월 18일 NBC-TV의 〈투데이쇼Today Show〉는 "Tsongas has the big mo"라고 논평했다. 비단 선거뿐만 아니라 정치적 운동에도 많이 쓰이는데, 1989년 8월 5일 CNN-TV에는 다음과 같은 대화가 등장했다. "Does the abortion lobby have the big mo now?" "Well, I think they have a little mo."[80]

momentum은 이제 한국에서도 외래어로 널리 쓰이고 있다. 예컨대, 허창수 GS 회장은 2013년 7월 17일 계열사 최고경영자 등 경영진 150여 명이 참석한 임원 모임에서 "수익을 동반한 성장이 되어야 기업이 영속할 수 있고 양질의 일자리를 많이 창출하여 사회에 공헌할 수 있다"며 "시장 변화의 속도가 대단히 빠른 만큼 적기 투자를 통해 성장 모멘텀을 놓치지 말아야 한다"고 당부했다.[81]

mommy track

마미 트랙mommy track은 육아 등을 위해 출퇴근 시간을 조절할 수 있되 승진·승급의 기회는 적은 어머니의 취업 형태를 말한다. 1989년 미국의 여성 경영컨설턴트 펠리스 슈바르츠Felice Schwartz, 1925~1996가 『하버드 경영리뷰Harvard Business Review』에 실은 「여성 경영자와 삶의 새로운 사실Management Women and the New Facts of Life」이라는 논문에서 유래된 말이다. 『뉴욕타임스』(1989년 3월 8일)가 이 논문을 'Mommy Career Track Sets Off Furor'라는 비판적 기사로 다루면서 마미 트랙이라는 말이 만들어졌다.[82]

핵심 인재에 대한 인센티브 경력관리제도를 '패스트 트랙Fast track(빠른 길)'이라 하는데 이 용어에 빗대 '마미 트랙Mommy track(엄마의 길)'이라는 말을 쓴 것이다. 슈바르츠는 직장 내 출산 여성을 배려하자는 뜻에서 재택근무 등 다른 유형의 근무제도를 주창하기 위해 마미 트랙이라는 말을 썼지만, 그녀의 뜻과는 관계없이 여성의 승진 탈락 현상을 가리키는 말로 많이 쓰이고 있다. 마미 트랙이 여성의 승진을 가로막는 '마미 트랩Mommy trap(엄마의 덫)'으로 작용하고 있다는 것이다.[83]

줄리아 우드Julia T. Wood는 『젠더에 갇힌 삶Gendered Lives』에서 '여성운동에 대한 보도의 편견' 사례로 이 개념을 들고 있다. 우드는 "이 논문에서 슈바르츠는 아이를 원하는 여성들에게 기업은 너무 많은 지출을 해야 하므로 아이 없이 직장만을 지향하는 여성과 남성에게만 승진의 기회를 주고, 아이가 있는 직장 여성들은 그와는 분리된 트랙을 밟도록 해야 한다고 주장했다"며 다음과 같이 말한다.

"당시 신문과 잡지는 이것을 '마미 트랙'이라고 칭하면서 여성이 있어야 할 곳은 진정으로 가정이며 여성이 직장에서 더 적은 봉급을 받아야 하는 증거로서 슈바르츠의 논문을 인용했다. 이러한 주장들 역시 얄팍하게 속이 들여다보이는 것이었다. 슈바르츠 자신도 나중에 대다수의 여성들은 가족과 함께 지내기 위해 승진이나 승급의 기회를 포기하지 않을 것이라는 의견을 제시했을 정도로 슈바르츠의 논문은 탁상공론에 지나지 않는 것이었다. 슈바르츠는 나중에 여성이 남성보다 비용이 더 많이 드는 직원이라는 자신의 주장에는 잘못이 있다면서 마미 트랙에 대한 주장을 철회했다. 그러나 그 철회에 대해서는 거의 보도가 되지 않았다. 그녀가 수정한 관점이 여성의 역할에 대한 미디어의 입맛에 맞지 않았기 때문이다. 마미 트랙의 허구에 대한 보도가 거의 되지 않았기 때문에 많은 이들은 처음 접했던 보도만을 그대로 계속 믿게 된 것이다."[84]

『젠더에 갇힌 삶』을 번역한 한희정은 '시중의 영한사전에서 '마미 트랙'이란 단어를 찾아보면 '여성의 출세가도(이건 너무나도 엉뚱한 오역)', 또는 '육아 등을 위해 출퇴근 시간, 휴가 등을 탄력적으로 할 수 있는 여성 근로 형태'로 마치 무슨 대단한 경영학의 전문용어처럼 소개되어 있다. '마미 트랙'이라는 개념은 현실에는 없는 가설적 상황이라는 것을 명시하거나 이러한 용어의 사용으로 인해 여성의 승진이나 직업상 기회가 제한된다는 해설은 어디에도 없다"며 다음과 같이 말한다.

"많은 일하는 여성들이 가사노동의 분담 없이 육아를 전담하는 우리나라의 현실에서 '일하는 엄마'들에게 참으로 넘기 어려운 산이 많은 것은 사실이다. 그러나 넘기 어려운 것과 넘기 어려우니 다른 길(마미 트랙)을 제시하는 것과는 차원이 다른 문제이다. 그것도 본인의 선택으로 이루어지는 것이 아니라 '일하는 엄마'라는 카테고리에 들어 있는 조직원이기 때문에 조직에서 배려하는 길을 가야 한다는 것은 평등을 가장한 불평등이라고 하지 않을 수 없다." [85]

정지혜는 "아예 직장을 떠나는 것보다는 여성들의 능력을 활용하게 해야 한다는 취지에서 제안된 내용이지만 당시 큰 비판을 불러일으켰다. 한번 마미 트랙을 선택하고 난 다음에는 원래의 자리로 돌아가기 어려운 경우가 많아 사실상의 경력 포기나 다름없다는 것이다. 가족을 위한 경력 희생을 '엄마'에 한정시키는 전제도 원성을 샀다. 여성 개인의 입장을 떠나 기업 입장에서도 더 발전 가능성이 있는 인재의 커리어 전환은 인재활용 측면에서 최선의 결과는 아니다"며 다음과 같이 말한다.

"미국의 샌드라 데이 오코너 전 연방 대법관도 세 아들의 육아를 위해 마미 트랙을 받아들인 적이 있다. 그러나 그녀는 4년 만에 마미 트랙에서 벗어나 미국 최초의 여성 대법관 자리에 오른다. 만일 그녀가 마미 트랙으로 커리어를 마무리 지었다면 불가능한 결과였을 것이다. 장기 휴직이든 단축 근무든 유연 근무제가 자리잡기 위해 가장 중요한 것은 이것이 '한시적'인 것이어야 하고 돌아갈 기회가 보장되어야 한다는 것이다." [86]

오늘날 마미 트랙이 부정적인 의미로 쓰이는 것에 대해 이젠 고인이 된 슈바르츠로선 억울하게 생각할지도 모르겠다. 슈바르츠는 여성을 위한 현실적 대안을 모색하기 위한 것이었는데 그렇게 욕을 먹었으니 말이다. 고교(사립 기숙학교) 시절 유일한 유대인 학생이었던 경험을 가진 슈바르츠는 스미스 대학 Smith College에 진학해 그곳에서 흑인 학생들이 겪는 소외에 공감하여, 1945년 흑인 학생들을 위한 장학금 재단 National Scholarship Service and Fund for Negro Students까지 만들었고, 1962년에는 일하는 여성들을 위한 시민단체인 캐털리스트 Catalyst를 만들어 평생 활발한 사회운동을 한 개혁적 페미니스트였기 때문이다. [87]

또한 슈바르츠 자신이 셋째 아이를 출산한 후 9년간 직장을 떠나야 했고, 그래서 그 기간 동안 좌절했던 경험을 바탕으로 차선책으로나마 제시한 것이 바로 마미 트랙이다. 그녀는 생전에도 자신의 주장에 대한 오해가 억울했던지 1992년 『보스턴 글로브』 인터뷰에서 다음과 같이 항변했다.

"I violated the politically correct thing by saying that women are not just like men. What I said then and still say is that women face many, many obstacles in the workplace that men do not face. I was saying to that group of men at the top, 'Rather than let womens' talents go to waste, do something about it'(나는 여성이 남성과 같을 수 없다고 말함으로써 '정치적 올바름'의 원칙을 어겼다. 그때나 지금이나 내가 말했고 말하고자 하는 것은 여성이 직장에서 남성은 겪지 않는 수많은 장애에 직면한다는 것이다. 나는 기업의 최고경영진에게 이런 메시지를 던지고자 했던 것이다. '여성의 재능이 사장되게 방치하는 대신 뭔가 조치를 취하시오').".[88]

이어 슈바르츠는 아이를 직접 키우게 되면 남자도 여자와 똑같은 상황에 처할 수 있다며, '부모 트랙parent track'이 필요하다고 주장했다. 1996년 슈바르츠가 71세의 나이로 사망하자 7년 전 그녀의 주장에 대해 비판적 기사를 실었던 『뉴욕타임스』는 부고 기사에서 그녀를 "일하는 여성의 챔피언Working Women's Champion"으로 묘사했다.[89] 슈바르츠의 마미 트랙 개념은 여성의 사회 진출이 지금보다 훨씬 못했던 20여 년 전에 나온 것임을 감안할 필요가 있다. 나이 드신 부모를 보살피기 위해 딸들이 근무 시간을 조절해가며 일하는 것은 daughter-track이라고 하며, 직장 다니는 자식이 노인 부모를 보살피기 위해 내는 휴가는 granny leave라고 부른다.[90]

money

Money is power(돈이 힘이다). When money speaks the world is silent. Money governs the world. Gold rules the world(돈이 세상을 지배한다). A golden key can open any door(돈이면 다 통한다). Money makes the mare (to) go(돈만 있으면 귀신도 부릴 수 있다). mare는 "암말"을 가리킨다. Money talks! Talk is cheap, and money talks(돈이 좋기는 좋군. 돈이면 안 되는 일도 되게 할 수 있다. 말보다는 돈이다).

돈의 위대성을 인정하는 속담들이다. 그런 현실에 대해 "A man's worth is not judged by the size of his purse(인간의 가치는 돈[지갑의 크기]으로 판단하는 게 아니다)"는 항변은 무력하게 들린다. 오히려 이런 냉소가 가슴에 더 와닿는다. "Money isn't everything–as long as you have enough of it(돈이 전부는 아니다. 당신이 그걸 충분히

money

갖고 있다면 말이다).” 돈에 관한 명언을 10개만 감상해보자.

(1) Money is far more persuasive than logical arguments(돈이 논리적 주장보다 훨씬 설득력이 있다). 그리스의 비극 작가 에우리피데스 Euripides, B.C. 484?~B.C. 406?의 말이다.

(2) Neither a borrower nor a lender be(돈 거래는 하지 마라). 윌리엄 셰익스피어 William Shakespeare, 1564~1616의 『햄릿』에 나오는 말이다. 이와 관련, 특히 다음 속담을 유념할 필요가 있다. Lend your money and lose your friend(친구와는 돈 거래를 하는 게 아니다).

(3) He that is without money as a bird without wings(돈 없는 사람은 날개 없는 새와 같다). 영국의 성직자이자 작가로, 『잉글랜드 명사名士들의 역사 The History of the Worthies of England』를 쓴 토머스 풀러 Thomas Fuller, 1608~1661의 말이다.

(4) The darkest hour of any man's life is when he sits down to plan how to get money without earning it(인간의 삶에서 가장 암울한 시간은 돈을 벌 생각은 않고 돈을 얻을 궁리만 하느라고 죽치고 앉아 있을 때이다). 미국 정치가이자 신문 발행인인 호러스 그릴리 Horace Greeley, 1811~1872의 말이다.

(5) It costs a lot of money to die comfortably (편안하게 죽기 위해선 많은 돈이 필요하다). 영국 작가 새뮤얼 버틀러 Samuel Butler, 1835~1902의 말이다.[91]

(6) Money is like a sixth sense, and you can't make use of the other five without it(돈은 제 육감六感과 같다. 돈이 없으면 다른 오감五感을 사용할 수 없다). 영국 작가 W. 서머싯 몸 W. Somerset Maugham, 1874~1965의 말이다.

(7) I detest a man who conceals the extent of his wealth it is as bad as leaving out the date of one's birth in 'Who's Who' (나는 자신의 재산 규모를 감추는 사람을 혐오한다. 그건 인명사전에서 생년월일을 빠트리는 것처럼 고약한 짓이다). 영국의 정치가이자 언론재벌인 윌리엄 맥스웰 에이킨 William Maxwell "Max" Aitken, 1st Baron Beaverbrook, 1879~1964의 말이다.[92]

(8) The chief value of money lies in the fact that one lives in a world in which it is overestimated(돈의 가장 중요한 가치는 우리가 돈이 과대평가되는 세상에 살고 있다는 사실에서 비롯된다). 미국의 저널리스트 독설가로 유명한 헨리 루이 멩켄 Henry Louis Mencken, 1880~1956의 말이다.

(9) Not only does money speak; it also imposes silence(돈은 말을 할 뿐만 아니라 침묵도 가능케 한다). 영국 작가 올더스 헉슬리 Aldous Huxley, 1894~1963의 말이다.

(10) Money, it turned out, was exactly like sex, you thought of nothing else if you didn't have it and thought of other things if you did(돈은 섹스와 같다. 없으면 오직 그것만 생각하지만 있으면 딴 걸 생각한다). 미국의 흑인 작가 제임스 볼드윈 James Baldwin, 1924~1987의 말이다.

moss

"A rolling stone gathers no moss(구르는 돌에는 이끼가 끼지 않는다)." 네덜란드 성직자이자 학자인 에라스뮈스Desiderius Erasmus Roterodamus, 1466~1536가 1523년에 사용해 유명해진 말인데, 두 가지 뜻이 있는 속담이다. 하나는 사람이나 연장은 그냥 방치하면 망가진다는 뜻이다. 하나는 이리저리 옮겨다니느라 성취하지 못한 사람을 빗대어, 너무 자주 직업을 바꾸면 좋지 않다는 뜻이다.

He's moved three times in three years, so he doesn't have any furniture or close friends. A rolling stone gathers no moss(그는 3년 동안 세 번이나 이사를 다니는 바람에 가구도, 가까운 친구도 없다. 구르는 돌에는 이끼가 끼지 않는 법이다).[93]

mossback은 "시대에 뒤진 사람old fogey, 극단적인 보수주의자"를 뜻한다. 경멸의 뜻이 내포되어 있는 단어다. 원래는 등에 이끼moss가 낀 노어老魚나 바다거북을 말한다. 노스캐롤라이나 주의 늪지대에 사는 가난한 백인 주민들이 자신들의 등에 이끼가 낄 정도로 사이프러스cypress(삼나무) 숲속에서 살았다고 말한 데서 유래되었다.[94]

motel

motel(모텔)은 "motor hotel" "motorists' hotel"의 줄임말로, 이 말을 최초로 쓴 업소는 1925년 12월 12일 캘리포니아 샌루이스오비스포San Luis Obispo에 문을 연 아서 하이네만Arthur S. Heineman의 마일스톤 모텔Milestone Mo-Tel이다. 나중에 이름을 모텔 인Motel Inn으로 바뀌었다.

하이네만이 자동차 여행객을 위해 특별히 설계한 건물이었지만, 사람들은 처음에는 간판을 보고 hotel을 motel로 오기誤記한 것으로 알았다. 하긴 하이네만도 처음에는 제한된 공간에 Milestone Motor Hotel이라고 길게 쓰는 게 여의치 않아 Mo-Tel이라는 줄임말을 생각해냈다고 한다. 지금도 샌루이스오비스포에 남아 있는 건물에는 '세계 최초의 모텔'이라는 현판이 걸려 있다.[95]

그러나 모텔motel이란 말을 쓰지 않았을 뿐, 사실상의 모텔은 1915년경부터 나타났고, 1925년경에는 수천 개의 업소가 있었다. 1935년 텍사스 주 서든메소디스트 대학Southern Methodist University의 사회학과 학생들은 주말 동안 댈러스에 있는 모텔들의 출입자를 은밀히 조사했다. 어떻게 조사했는지는 의문이지만, 38가 모텔을 이용한 2,000명의 고객 중 대부분이 가짜 이름을 남겼고 그들 중 적어도 4분의 3이 불륜 관계라는 걸 밝혀냈다.

댈러스의 한 모텔은 24시간에 16번, 즉 90분에 한 번씩 특별실을 빌려준 것으로 드러났다. 업주는 손님이 시간을 지체하면 방으로 찾아와 노크를 하는 방식으로 손님을 쫓아냈다. 1940년 FBI 국장 J. 에드가 후버J. Edgar Hoover, 1895~1972는 모텔을 가리켜 공개적으로 '위장된 매음굴 camouflaged brothels'이요 '범죄의 온상'이라고 비난했다.[96]

1950년대 초까지도 모텔들의 시설은 열악했고 서비스는 부실했다. 1951년 여름 테네시 주 멤피스에서 성공한 건축업자인 케먼스 윌슨 Kemmons Wilson, 1913~2003은 가족과 함께 워싱턴 D.C.로 여행을 떠났는데, 모든 모텔이 아이들에 대해 추가요금을 받고, 식사할 만한 곳도 없는 것에 분노하여 직접 모텔 사업에 뛰어들기로 결심했다.

윌슨은 1년 만인 1952년 8월 멤피스에서 내슈빌로 이어지는 간선도로 변에 방 120개가 갖추어진 '홀리데이 인Holiday Inn'을 개장했다. 식당, 선물의 집, 수영장 등을 갖추고, 각 방에는 에어컨디셔너를 달았다. 다른 모텔에서는 1달러의 추가 비용을 받는 텔레비전 시청도 무료로 했다. 당시 모텔 요금은 8달러에서 10달러였고, 애들이 있으면 20달러를 받았는데, 그는 수에 관계없이 싱글룸은 4달러, 더블룸은 6달러를 받았다.

윌슨의 사업은 성공을 거둬 2년 내 멤피스로 이어지는 3개 다른 간선 도로변에 모텔 3개를 더 신축할 수 있었다. 간판은 도로 양방향에서 볼 수 있게끔 약 15미터 높이에 크게 내걸었다. 그는 다른 건축업자들에게 체인 사업에 동참하

Holiday Inn

라고 제안했지만, 겨우 3명이 참여하는 데 그쳤다. 건축업자들이 고속도로가 늘어나고 자동차 여행이 증가 추세에 있는 걸 깨닫지 못한 탓이었다.

윌슨은 의사, 변호사 등 전문직종을 대상으로 소유권 분양 방식을 택해, 방 하나에 3,500달러에 분양하는 방식을 택했다. 호응이 좋아 1954년 홀리데이 인이 11개 더 생겨났다. 1956년에는 26개에 객실이 2,107개가 되었다. 1956년 의회가 760억 달러에 달하는 예산을 세우고 전국 고속도로망 설립안을 통과시키자, 윌슨은 1957년 기업을 공개해 무한성장의 길로 나아갔다.

윌슨의 강점은 좋은 입지를 골라내는 능력이었다. 그는 가시성이 높고 도심으로 통하는 도로변을 증축하고 싶을 경우에 대비하여 여분의 땅이 넓은 곳을 택했다. 단발 엔진 비행기인 보난자를 타고 전국 입지 선정을 다니는 게 그의 주요 일과였다. 그것도 교통의 흐름을 정확히

파악하기 위해 이른 아침과 초저녁에 입지 선정을 했다.

그 결과 한때는 이틀 반나절마다 모텔 1개가 세워지고 매 15분마다 새로운 객실이 생겨나더니, 급기야 '홀리데이 인'은 1,500개 모텔 체인으로 성장했다. 나중에 하워드 존슨Howard Johnson, 쉐라톤, 라마다 등의 경쟁자들이 생겨났지만, 1970년대 초기 '홀리데이 인'은 다른 주요 경쟁사보다 3배가 넘는 20만 8,939개의 객실을 보유하게 되었다.[97]

오늘날 미국에서 motel이라는 단어는 인기가 없다. 낡고 부실하다는 느낌을 준다. 그래서 motor inn, motor court, motor lodge, tourist lodge, cottage court, auto camps, tourist home, tourist cabins, auto cabins, cabin camps, cabin court, auto court 등 다양한 이름으로 불린다. 2000년 미국 호텔-모텔협회 American Hotel-Motel Association가 이름을 호텔-숙박협회 American Hotel and Lodging Association로 바꾼 것도 그런 변화상을 잘 말해준다.[98] [참고 love hotel]

는 효녀가 있었다. 1902년 아버지가 사망하자 그녀와 어머니는 친척들이 있는 필라델피아로 이사를 갔다. 3년 후인 5월 9일 그녀의 어머니도 사망했다. 그 어떤 기준으로 보건 효녀였음에도 그녀는 어머니에게 효도를 하지 못했다며 자신을 심하게 자책했다. 1907년 어머니 제삿날인 두 번째 일요일, 그녀는 자신의 친구들을 집으로 초대한 뒤 전국적으로 어머니의 날 Mother's Day을 만들고 싶다는 자신의 꿈을 밝혔다.

그녀는 친구들의 전폭적인 지지를 받았으며, 나중에 지인知人인 백화점 재벌 존 워너메이커 John Wanamaker, 1838~1922의 재정적 후원 약속까지 얻어냈다. 그녀의 헌신적인 노력 끝에 1908년 5월 10일 웨스트버지니아 주 그래프턴Grafton에서 400여 명이 참여한 가운데 첫 번째 어머니의 날 행사가 열렸다. 그녀는 자신의 어머니가 좋아했던 카네이션 꽃을 참석한 어머니와 아이들에게 나눠주었다.

이제 어머니의 날의 상징이 되는 카네이션 carnation은 고대 그리스의 대관식戴冠式에서 유래된 말이다. 당시 관은 화환花環: flower garland이었던바, 이때 많이 쓰인 꽃 중 하나가 카네이션이

Mother's Day

미국 웨스트버지니아 주 그래프턴Grafton에서 교사로 일하던 애너 자비스Anna Jarvis, 1864~1948라

carnation

다. 그래서 대관식이라는 뜻의 coronation에서 carnation이라는 단어가 나온 것이다. 그런가하면 육체를 갖추게 한다는 화신化身, 즉 incarnation에서 비롯된 말이라는 설도 있다. incarnation은 사람의 살flesh을 가리키는 라틴어 caro에서 비롯된 말인데, 지금은 색이 다양해졌지만 카네이션 꽃의 원래 색이 살색(백인 중심)이어서 carnation이라는 꽃 이름이 나왔다는 것이다.[99]

연방 하원은 어머니의 날을 제정하는 결의안을 통과시켰지만, 상원에선 "어머니의 날을 만들면 아버지의 날, 장모의 날, 장인의 날, 삼촌의 날 등도 만들어 할 게 아니냐"는 이유로 부결되었다. 자비스는 사회 각계의 저명인사들에게 일일이 편지를 써보내는 여론투쟁을 전개했으며, 그 결과 결국 상원도 어머니의 날을 통과시켰다. 1914년 5월 8일 우드로 윌슨Woodrow Wilson, 1856~1924 대통령은 어머니의 날을 5월 두 번째 일요일로 하는 법안에 서명했다. 자비스는 각 가정에 어머니는 한 분밖에 없다며, Mother's Day라는 표기를 고집했고 이게 관철되었지만, 일부 사람들은 지금도 Mothers' Day나 Mothers Day라고 표기하기도 한다.

1980년대 중반 미국에선 어머니의 날에 팔리는 꽃다발이 1,000만 개, 축하카드가 1억 5,000만 장에 이르렀고, 어머니의 날은 미국 가정의 3분의 1이 그날 외식을 하는 바람에 1년 중 레스토랑에 가장 손님이 밀리는 날이 되었다. 그러나 정작 어머니의 날을 만든 자비스는 평생 독신으로 지내다 외롭고 가난하게 죽었다. 그녀는 죽기 전까지 어머니의 날의 상업화에 반대하는 투쟁을 전개했지만 이번에는 여론의 호응을 전혀 얻지 못했다. 어머니의 날은 세계 각국으로 전파되었는데, 한국에선 1955년 8월 30일 국무회의에서 5월 8일이 '어머니의 날'로 제정되었다.[100] [참고 Father's Day]

motivation

영국의 생물학자이자 진화론자인 찰스 다윈 Charles Robert Darwin, 1809~1882은 감정적 표시를 잘 송수신 하는 능력이 사회적 행위를 통제해 개인의 생존할 가능성을 높여준다고 주장했다. 감정의 또 다른 능력은 행동을 촉발하는 동기부여의 가장 강력한 근원이라는 점이다. "Determination and motivation equal success(결의와 의욕은 성공의 쌍두마차다)"라는 말이 바로 그 점을 말해주는 게 아닐까?

"It is no accident that the words motivation and emotion share the same Latin root, movere, which means to move(모티베이션[동기부여]과 이모션[감정]이 '움직이게 만든다'는 뜻을 가진 라틴어 movere에서 유래되었다는 것은 결코 우연이 아니다)."

미국 에머리 대학의 심리학자 드루 웨스틴 Drew Westin이 감정은 행동을 촉발하는 동기부여의 가장 강력한 근원이라고 주장하면서 한 말이다. 이는 리더가 집단 성원들의 어떤 행동을 촉발하는 동기부여를 잘하기 위해서는 논리와 이성만으론 부족하며 감정 구사 능력이 뛰어나야 한다는 걸 시사한다.[101] 이와 관련, 웨스틴은 유권자들의 투표 시 feeling이 belief를 압도한다는 점도 지적한다.[102] motivation과 관련된 명언을 4개만 감상해보자.

(1) No man does anything from a single motive(어떤 일이건 1가지 동기만으로 하는 사람은 없다). 영국 시인 새뮤얼 콜리지Samuel Taylor Coleridge, 1772~1834의 말이다.

(2) Leaders don't invent motivation in their followers, they unlock it(리더는 부하들의 모티베이션을 만들어내는 사람이 아니라 열어주는 사람이다). 리더십 전문가 존 가드너John W. Gardner, 1912~2002의 말이다.[103] 즉, 무에서 유를 창조하는 게 아니라 원래 갖고 있던 것을 발휘하게끔 발굴해주는 사람이라는 뜻으로 이해할 수 있다.

(3) Motivation is what gets you started, habit is what keeps you going(동기부여는 시작하게 만드는 것이고 습관은 하던 걸 계속하게 만드는 것이다). 미국 육상선수 출신 정치인 짐 리언Jim Ryun, 1947~의 말이다.

(4) The right place to be for maximum motivation is wherever it is that you have a fifty-fifty chance of success(동기부여를 극대화시킬 수 있는 지점은 성공의 가능성이 50 대 50일 때다). 『팀 이끌기Leading Teams: Setting the Stage for Great Performances』(2002)의 저자인 리처드 해크먼J. Richard Hackman의 말이다.

Ms.

Ms.는 미혼·기혼의 구별이 없는 여성의 존칭이다. 영국에선 Ms로 표기하며, 호칭으로 사용하지 않을 경우에는 miz로 표기하기도 한다. 페미니스트들이 남성Mr.과는 달리 여성에게만 Miss와 Mrs.의 구별이 있는 것은 여성 차별이라는 이유로 만들어낸 호칭이다.

Ms.는 Miss, Mrs.와 같이 Mistress에서 나온 말로 그 역사는 17세기로 거슬러 올라간다. 그러나 존재만 했을 뿐 거의 사용되지 않다가 20세기에 들어와서 빛을 본 단어다. 미국 매사추세츠 주 스프링필드Springfield에서 발행되던 『The Republican』 1901년 11월 10일자에 Ms. 호칭을 쓰자는 최초의 제안이 실렸으나, 실제는 1949년부터 사용되었다. 그러나 여전히 사용이 뜸하자, 1960년대부터 실라 마이클스Sheila Michaels가 'Ms. 사용 운동'을 전개했다.

여성운동가 글로리아 스타이넘Gloria Steinem, 클레이 펠커Clay Felker 등은 페미니즘 언론자유를 표방해 1971년 12월에 창간한 잡지 이름을 『미즈Ms.』로 했는데, 이게 Ms. 대중화의 결정적 계기가 되었다. 이 잡지 이름은 1971년 우연히 라디오 방송에서 마이클스가 Ms.를 사용하자고 말한 걸 들은 스타이넘의 친구가 스타이넘에게 제안해 탄생한 것이다.

『미즈』창간호(1972년 1월호)는 표지에 원더우먼의 사진을 실었고 스타이넘을 포함해서 이미 낙태를 한 적이 있는 50명이 넘는 저명한 여성들의 서명과 함께 낙태의 법적 허용을 요구하는 탄원서를 실었다. 이 창간호는 8일 만에 30만 부나 팔려나가는 놀라운 기록을 세웠다(1970년대 중반 『미즈』의 독자는 50만 명으로 증가하면서 페미니스트 운동의 원동력이 되었다). 『미즈』의 인기에 힘입어, 1972년 2월 미국정부간행물인쇄국US Government Printing Office은 정부의 공식 문서에 "Ms."를 사용하는 걸 승인했다.

1984년 미국 대통령 선거는 뜻하지 않게 Ms.의 효용을 부각시킨 선거가 되었다. 민주당 부통령 후보로 출마한 제럴딘 페라로Geraldine A. Ferraro, 1935~2011 때문이다. 그녀의 남편 이름은 John Zaccaro였지만, 그녀는 남편 성을 따르지 않고 처녀 때 성을 계속 썼다. 따라서 그녀는 Mrs. Zaccaro도 아니고 Mrs. Ferraro도 아니었다. 결혼을 했으니 Miss Ferraro라고 할 수도 없었다. Ms.라는 호칭이 없었더라면 아주 곤란한 일이 일어날 뻔했다.[104]

multi-tasking

multi-tasking(멀티태스킹)은 '다중처리능력'이다. 컴퓨터를 사용할 때, 1가지 작업에서 다른 작업으로 왔다갔다하면서 동시에 여러 일을 할 수 있는 걸 의미한다. 멀티태스킹은 정체성의 문제를 대단히 복잡하게 만들고 있다. MIT 대학 심리학과 교수 셰리 터클Sherry Turkle은 "윈도의 멀티태스킹 기능이 첨가되면서 다중인격체 형성이 가속화되었다"고 말했다. 터클은 그걸 긍정적으로 보지만, 우려하는 목소리도 높다.

2006년 『타임』은 멀티태스킹이 사람의 정신건강, 일의 능률, 생산성 향상 등에 부정적인 영향을 끼치는 것은 아닌지 의문을 제기했다. 정신과의사 에드워드 헬러웰Edward Hallowell은 멀티태스킹으로 인해 뇌가 과부하 상태에 놓여 여러 부정적인 심리 현상을 보인다고 지적했다. 그는 일중독에 빠져 있으면서도 주의력 결핍 증세

multi-tasking

ADT: Attention Deficit Trait를 호소하는 환자들이 최근 10년 새 10배나 증가했다고 밝혔다.

이 증세를 호소하는 환자들은 대체로 초조한 성격 때문에 치밀함이 떨어지고 생산성도 떨어진다. 자신의 일에 적절한 사고를 하기보다는 흑백논리적인 의사결정을 하거나 깊이 생각하지 않고 함부로 말을 하거나 행동하는 경향이 있다. 일을 빨리 마무리해야겠다는 강박관념을 갖고 있기 때문이다. 이 증세가 주의력 결핍 장애ADD: Attention Deficit Disorder 환자와 다른 점은 이 같은 증세가 직장에서 일을 한다든지, 가정 일을 한다든지 특별한 상황에서만 나타난다는 점이다. 헬러웰은 이런 사람들은 무자비할 정도로 일의 우선순위를 매기고 생각하고 명상하는 데 하루 30분 정도를 할애할 걸 권했다.[105]

그러나 마이크로소프트는 여전히 멀티태스킹을 자사 제품의 경쟁력으로 내세우고 있다. 『G밸리』(2013년 7월 10일)는 이렇게 보도했다. "마이크로소프트는 윈도8 태블릿과 멀티태스킹 기능을 지원하지 않는 아이패드를 비교하는 광고를 선보였다. 이번 광고는 윈도8 태블릿을 갖고 있는 사람과 멀티태스킹이 안 되는 아이패드를 지닌 사람의 차이를 우스꽝스럽게 표현했다. 마이크로소프트는 시리즈 광고를 통해 아이패드의 결점을 지적하고 있다. 마이크로소프트는 아이패드의 비싼 가격, 추가메모리 확장 불가, 부족한 기본 설치 앱 그리고 멀티태스킹 지원 불가 등 총 4가지를 주제로 시리즈 광고를 제작했다."[106]

『내일신문』(2013년 4월 25일)은 「'멀티태스킹' 박 대통령」이라는 기사에서 "요즘에는 복수의 업무를 집중력을 잃지 않으면서도 동시에 처리할 수 있는 능력을 가진 사람을 지칭하기도 한다"며 이렇게 말한다. "박근혜 대통령은 24일 내일신문 편집국장을 비롯 신문·신문방송사 편집·보도국장 46명과 가진 오찬간담회에서 멀티태스킹의 진수를 보여줬다. 당초 사회를 맡은 김행 대변인에게서 사회권을 '인수' 받은 박 대통령은 2시간 동안 사회와 답변, 식사를 동시에 진행했다. 박 대통령은 '제가 원래 밥 덕으면서 생각하고 답변하는 데 익숙하다'며 스스로를 '멀티태스킹'이라고 두 번이나 강조했다."[107]

music

"Music is the universal language of mankind (음악은 인류의 공통어다)." 미국 시인 헨리 워즈워스 롱펠로Henry Wadsworth Longfellow, 1807~1832의 말이다. 미국 작곡가이자 지휘자인 레너드 번스타인Leonard Bernstein, 1918~1990의 다음과 같은 말도 불후의 명언이라 할 만하다. "Music can name the unnamable and communicate the unknowable(음악은 이름 지을 수 없는 것들을 이름 짓고 알 수 없는 것들을 전달한다)."

face the music은 "자진하여 어려움을 맡다, 당당히 비판을 받다"는 뜻이다. 1930년대에 작곡가 어빙 벌린Irving Berlin, 1888~1989의 노래 〈Let's Face the Music and Dance〉로 익숙해진 말이다.[108] 왜 이런 표현이 나오게 되었는지에 대해선 여러 설이 있으나 크게 3가지다.

첫째, 뮤지컬 무대에 서는 배우가 긴장되고 떨리지만 무대로 나가 무대 밑에 있는 오케스트라의 음악에 따라 노래와 연기를 한다는 설이다. 둘째, 군인이 출정出征할 때에 군악대나 나팔bugle의 연주에 따라 씩씩한 임전 태세를 갖춘다는 설이다.[109] 셋째, 군에서 불명예제대를 하는 군인을 대상으로 한 군대 의식儀式에선 북을 쳐서 내쫓는다는 의미로 북 연주가 있었는데, 이를 감내한다는 설이다.[110]

오늘날에는 불편한 상황이나 시련을 각오 할 때에 자주 사용된다. "I'm on my way to the supervisor's office to face the music(잔뜩 깨질 각오하고 주임 사무실에 가는 길이야)."[111]

Let's face it(현실을 직시하자. 현실을 받아들이자. [괴롭지만] 분발해야 한다). 미국 작곡가 콜 포터Cole Porter, 1891~1964의 1941년 뮤지컬 제목으로 쓰임으로써 널리 유행하게 된 표현이다.[112]

Mustang

Mustang(머스탱)은 1964년 4월 17일 선을 보인 포드 사의 자동차 브랜드다. mustang은 "야생마", (as) wild as a mustang은 "몹시 난폭한"이란 뜻이다. 머스탱이라는 이름은 제2차 세계대전 때 맹활약한 머스탱 전폭기의 이름을 가져온 것이라는 설과 1960년의 베스트셀러인 J. 프랭크 도비J. Frank Dobie, 1888~1964의 『머스탱The Mustangs』에서 가져왔다는 설이 있다.

이름을 어디서 가져왔든 '야생마'라는 이름부터가 박력의 느낌을 준데다 스포츠카 냄새를 잔뜩 풍겨 머스탱은 젊은이들 사이에 폭발적인 인기를 누렸다. 출시 1주 만에 2만 2,542대의 주문이 밀려들더니, 한 달 만에 7만 대, 9개월 만에 25만 대를 팔아치웠다. 쇄도하는 주문을 대기 위해 다른 차종을 만들던 라인을 급히 개조해 머스탱을 생산해내야 할 정도였다.

Mustang

포드 자동차는 머스탱을 전국 15개의 공항, 200개 이상의 홀리데이 인Holiday Inn 로비에 전시했다. 머스탱은 1964년 9월 제임스 본드James Bond 영화 〈골드 핑거Goldfinger〉에 최초의 PPL로 등장했지만,[113] 장기적으로 머스탱 홍보에 가장 큰 기여를 한 건 1966년에 나온 맥 라이스Mack Rice, 1933~의 〈머스탱 샐리Mustang Sally〉라는 노래였다. 한 남자가 여자에게 머스탱을 사주었는데, 이젠 그 여자가 자신을 그 차에 태워주지 않으려 한다는 내용의 노래였다. 돈을 주고 시킨 것도 아닌데 스스로 머스탱 노래를 만들어 부르고, 또 그게 대히트를 친 노래가 되었으니, 이보다 좋은 홍보가 어디에 있으랴.

또 머스탱은 1968년 스티브 매퀸Steve McQueen, 1930~1980 주연의 〈불릿Bullitt〉에서 10여 분간 차량 추격전에도 등장해 폭발적인 인기를 얻었다. 『월스트리트저널』 기사 제목으로 '머스탱 세대Mustang Generation'라는 표현이 쓰이자, 포드 자동차는 이 표현을 홍보에 이용하기도 했다.114

포드 사는 남녀관계에 초점을 맞춰 머스탱을 광고했다. 1964년의 한 광고 카피에 따르면, "이 남자는 2주 전만 해도 숫기 없는 교사였습니다. 지금은 계속 만나는 여자 친구만 3명이고 이 동네 최고급 식당의 지배인과 트고 지내는 사이이며 사교 모임의 총아입니다. 이 모든 것이 머스탱과 함께 왔습니다.……차가 아닙니다. 사랑의 묘약입니다.……멋진 자동차는 열정을 자극합니다."115

머스탱은 1964년 4월 『타임』과 『뉴스위크』 표지에 동시에 등장했다. 머스탱과 함께 '머스탱의 아버지'로 불리는 포드 자동차의 젊은 중역의 얼굴도 실렸는데, 그는 바로 훗날 크라이슬러 자동차를 맡아 이름을 떨치는 리 아이어코카Lee Iacocca, 1924~다. GM은 머스탱에 대적하기 위해 1966년 9월 29일 "온 세상이 콘크리트로 포장되면 좋겠다고 생각하게끔 만드는 차A car that makes you wish the whole world was paved with concrete"라는 광고 슬로건과 함께 쉐보레 카마로Chevrolet Camaro를 시장에 내놓았지만, 머스탱의 적수가 되진 못했다.116

머스탱은 1966년 한 해에만 60만 대가 팔리는 기록을 세우며, 1964년에서 1973년까지 모두 300만 대 이상을 판매했다. 1980년대 말 포드가 사업 파트너인 일본의 마즈다Mazda에 머스탱 브랜드를 넘겨주려고 하는 계획이 새어나가자 머스탱 팬들이 대분노하면서 '머스탱 구하기Save the Mustang' 캠페인이 벌어졌다. 머스탱에 쏟아부었던 미국인들의 열정이 얼마나 뜨거웠던지를 짐작하게 하는 사건이다.117

한국에서 머스탱이 최초로 선을 보인 건 1969년 영화배우 신성일에 의해서였다. 이에 대해 전영선은 "스피드광인 신 씨는 1968년 서울 중앙극장에서 상영한 〈불릿〉의 주연 배우 스티브 매퀸이 몰고 질주하는 빨간 머스탱을 보고는 넋을 잃었다. 매끈하게 잘 빠진 차체와 총알처럼 튀어나가는 강력한 힘에 반했던 것이다. 그러나 정부가 과소비를 억제한다는 명목으로 외제차 수입을 엄격히 규제했다. 더욱이 외제차를 구입하기 위해서는 수입 쿼터가 있어야 했다. 당시 정부는 수출 실적이 있는 기업에 수입 쿼터를 줬다. 그는 대우실업에서 쿼터를 사 69년 식 신형 머스탱을 어렵사리 손에 넣을 수 있었다"며 다음과 같이 말한다.

"8기통 7,000cc 375마력의 막강한 힘에 최고 시속이 190킬로미터였다. 가격은 640만 원이었다. 당시 신 씨가 240만 원짜리 집에서 살고 있었으니 엄청나게 비싼 차였다. 톱스타 신영균 씨도 머스탱을 구입하려 했으나 재고가 없어 머스탱과 비슷하게 생긴 V8 250마력의 빨간색 머큐리 쿠거를 사는 데 만족해야 했다. 신성일씨는 틈나는 대로 머스탱을 몰고 다녔다. 그러던 중 어느 날 차의 성능을 발휘할 찬스를 갖게 됐다. 1970년 7월 7일 경부고속도로가 완전 개통되는 날 박정희 대통령이 부산에서 개통 테이프를 끊고 서울로 시주始走한다는 소식을 듣고 오기가 솟았다. 박대통령이 부산을 출발한 시각에 그는 서울 톨게이트를 출발했다. 시속 200킬로미터에 육박하는 스피드로 경부고속도로 서울~부산 구간의 중간 지점인 영동을 지날 때까지 대통령 일행과 마주치지 못했다. 추풍령을 뒤로 하고 19분 더 달렸을 때 헤드라이트를 켜고 달려오는 한 무리의 차량 행렬을 만났다. 신 씨는 '내가 이겼다'며 쾌재를 부르고 냅다 액셀러레이터를 밟았다. 그러나 며칠 후 평소에 알고 지내던 경호실장 박종규 씨를 만나 이야기를 듣고는 등골이 오싹해졌다. 박대통령이 '저 빨간 차를 몰고 휙 지나가는 놈을 당장 잡아오라'고 호령했다는 것이다. 그러나 정상급 배우여서 간신히 용서받을 수 있었다는 것이다. 그는 석유파동이 닥쳐오자 '애마' 머스탱과 이별했다. 대신 국산차로 바꿨다."[118]

mystery shopper

mystery shopper(미스터리 쇼퍼)는 손님으로 가장해 매장 직원을 감시하는 사람을 가리킨다. secret shopper라고도 한다.[119] 미국의 직장을 '유연한 감옥'에 비유한 『유연한 감옥The Soft Cage: Surveillance in America From Slavery to the War on Terror』(2003)의 저자인 크리스천 패런티Christian Parenti는 한때 미 국방부나 몇몇 고급 카지노에서만 사용되던 기술이 이제는 새로 만들어지는 작업장들에서도 통합적으로 사용되고 있다며 다음과 같이 말했다.

"한 경영학 연구는 전체 미국 기업의 80퍼센트가 노동자들을 전자적 방식으로 감시하고 있음을 보여주었다. 최고의 소프트웨어와 감시기구들이 타코벨이나 타깃과 같은 기업의 작업장에서 일하는 저임금 서비스 노동자들의 자판 입력과 같은 육체적 움직임을 감시하고 있다.……사무실에서와 마찬가지로 작업장과 매장에서도 지난날 국방부에서 사용하던 소프트웨어가 소리 없이 노동자들의 근무실적, 노동행태, 의사소통을 감시하고 분석한다. 이런 상황 속에서 노동계급의 생존전술은 모조리 격파된다."[120]

미국에서 일반 기업들을 대신해 mystery shopper를 고용하고 보고서까지 작성해주는 mystery shopping 산업은 1940년대 초부터 시작되었는데, 2004년에는 총매출액이 거의 6억 달러에 이를 정도로 성장했다. 고용된 mystery shopper의 수는 150만 명이다. mystery shopping 기업들은 자신들의 보고서는 직원들에게 상을 주거나 인센티브 용으로만 사용되어야 하며 처벌이나 해고의 수단으로 이용되어서는 안 된다고 의뢰 기업들에 조언하지만, 이는 잘 지켜지지 않고 있다.[121]

negro

negro는 'black'의 뜻을 가진 라틴어 niger에서 온 말인데, 1442년경 포르투갈인들이 인도로 가는 항로를 찾다가 사하라 지역에 이르렀을 때 현지 흑인들을 보고는 스페인·포르투칼어로 black을 의미하는 negro라고 부르기 시작했다는 설이 있다. 이때는 단순한 '검은 피부의 인종'이라는 뜻이었고 이런 쓰임은 미국에서도 1960년대까지 지속되었다.

미국의 흑인 민권운동 지도자인 마틴 루서 킹 Martin Luther King, Jr., 1929~1968 목사가 1963년 8월 28일 워싱턴 D.C.의 링컨기념관에서 그 유명한 "I Have a Dream(저에겐 꿈이 있습니다)"이라는 연설을 할 때에도, 그는 흑인을 negro라고 했다. 그러다가 킹에 비해 강성 흑인 지도자인 맬컴 엑스 Malcolm X, 1925~1965가 negro에는 노예제의 부정적인 유산이 스며 있다며, black을 쓰다가 Afro-American이라는 말도 쓰기 시작하면서 negro는 점차 금기어가 되었다.

하지만 아직도 당시에 생긴 기관명이나 흑인 재단 명칭은 United Negro College Fund, Negro Leagues, Negro Fund 등으로 쓰이고 있다. 인류학이나 생물학에서는 생물학적인 인종 분류법의 하나로 Negroid를 사용하기도 했고 미국의 인구 통계청에서는 인구 조사서의 인종 구분 항목에서 2010년까지는 negro라는 명칭을 사용하다가 이제는 African-American을 가장 많이 권장하고 있다.[1]

nigger는 negro보다 비하의 의미가 강해, 이미 1900년경부터 흑인에 대한 모욕어로 사용되었다.[2] 물론 오늘날에도 nigger, nigga라는 말을 백인이나 다른 인종이 쓰면 문제를 낳을 수 있는 욕insult이지만, 흑인들끼리는 사용하는 경우가 많다. 이에 대해 임귀열은 다음과 같이 말한다.

"이런 역차별 언어사용 같은 현상은 다른 곳에도 있다. 여자들끼리 '야, 지지배야bitch'라고 부르면 욕이 되지 않지만 남자가 여자에게 그런 용어를 쓰면 욕설이나 성희롱이 될 수도 있다.

영어에서도 여성끼리는 bitch가 무난하지만 남성이 쓰면 욕으로 받아들인다. 중년의 아줌마들이 커피숍에서 잡담을 할 때 'Hey, you girls' 식으로 말하면 학창시절로 돌아간 기분일 것이다. 그러나 직장에서 상사가 여성 직원을 girl로 호칭하면 비하나 하대하는 줄 알고 문제가 된다."[3]

a nigger in the woodpile(fence)은 "숨은 사실(동기, 결점, 장애), 숨겨진 속사정(의도, 인물)"이란 뜻이다. 이 말을 이해하기 위해선 미국에서 남북전쟁1861~1865 이전에 노예들의 탈주를 돕는 노예제 반대운동의 비밀조직인 '지하철도Underground Railroad'의 활동을 알 필요가 있다. 퀘이커 교도들이 중심이 된 지하철도는 1840년에서 1861년까지 수천 명의 흑인들에게 도움을 주었다. 대부분 익명으로 활동한 개인들의 느슨한 연합체인 지하철도는 노예 1명의 해방이 곧 노예제 반대의 표현이라고 믿었다. 그런 생각으로 필라델피아와 뉴욕을 거점 역으로 삼아, 흑인 노예들을 남부 노예주에서 북동부의 자유주와 캐나다로 탈출시켰다. 노예를 탈출시키는 건 비밀리에 해야 하는 일이었기에, 노예를 숨길 곳이 필요했다. 그런 장소로 애용된 곳이 woodpile(땔감용 장작더미)와 fence(울타리, 담장)였기에 이 같은 말이 나오게 된 것이다.

탈주한 노예가 이런 탈주를 돕는 일도 있었는데, 가장 유명한 인물이 해리엇 터브먼Harriet Tubman, 1820~1913이다. 그녀는 1849년에 북부 주로 탈출했다가 즉시 남부로 돌아와 다른 노예들의 탈주를 도왔다. 19번 이상의 여행을 통해 300명 이상의 노예를 탈주시켰으며, 1857년에는 자신의 부모를 탈주시키는 데 성공했다. 이런 활약으로 그녀의 생포에 4만 달러의 현상금이 붙기도 했다. 그녀는 남북전쟁 때는 북부군 조리사로 일하며 남부군의 뒤를 캐는 정탐 활동을 벌이는 동시에 북부군의 도움을 받아 노예 750명을 탈출시켰다.

이때 터브먼과 더불어 노예폐지운동에 앞장선 또 1명의 여성 흑인 영웅이 있다. 뉴욕 주 얼스터의 한 농장에서 탈출한 도망 노예로 순회 설교자이자 웅변가로 이름을 떨친 소저너 트루스Sojourner Truth, 1797~1883다. 노예제 폐지론자abolitionist인 윌리엄 로이드 개리슨William Lloyd Garrison, 1805~1879의 설득으로 그녀가 살아온 이야기를 구술받아 1850년 출간된 『소저너 트루스 이야기The Narrative of Sojourner Truth: A Northern Slave』는 노예제 폐지운동의 강력한 무기가 되었다. 열성적인 백인 노예 폐지론자들도 내심 흑인들의 자치 능력에는 회의를 품고 있었는데, 터브먼과 트루스의 탁월한 활동은 흑인의 지성·규율·

Harriet Tubman

자치력을 확인시켜주는 좋은 사례가 되었다.[4]

a nigger in the woodpile은 그런 역사가 있었다는 걸 이해하기 위해 아는 게 좋지만, 오늘날에는 사용해선 안될 표현이다. 큰 논란을 부를 수 있기 때문이다. 그런 대표적인 예가 바로 niggardly라는 단어를 둘러싼 논란이다. niggardly는 "인색한, 보잘것없는"이란 뜻인데, 이 말이 nigger에서 나온 것이라는 이유로 써선 안될 금기어로 통하고 있다.

그러나 그간 써온 언어 습관이 하루아침에 사라지겠는가. 1999년 1월 15일 워싱턴 D.C.의 흑인 시장 앤서니 윌리엄스Anthony A. Williams의 백인 보좌관인 데이비드 하워드David Howard는 예산과 관련해 niggardly라는 단어를 썼다가 논란이 되어 사임했다. 미국에선 이 단어의 사용으로 인한 유사 사건들이 여러 건 일어났다.[5]

이와 관련, 저널리스트 크리스토퍼 히친스Christopher Hitchens는 "워싱턴에서 아주 국제적인 청중을 상대로 영국이 파르테논 신전에서 엘긴 마블스Elgin Marbles(영국인 엘긴이 아테네의 파르테논 신전에서 떼어간 대리석 작품)를 훔쳐온 일에 대해 강연할 때였다. 나는 이 문제에 대해 현재 영국이 취하고 있는 태도를 '쩨쩨하다niggardly' 라고 표현했다. 이에 대해 아무도 뭐라고 하지 않았지만, 나는 앞으로는 'parsimonious(인색한)' 라는 단어를 대신 써야겠다고 속으로 결심했다. niggardly라는 단어가 허공에 무겁게 걸려 있는 것 같은 느낌이 조금 들었기 때문이다"며 다음과 같이 말했다.

"그러고서 오래지 않아 워싱턴 시 정부의 한 고위 인사가 예산 관련 메모에 'niggardly' 라는 단어를 썼다가 결국 본의와 달리 사임하게 되었다. 앤서니 윌리엄스 시장이 그것을 구해하고 귀중한 단어로 생각한다고 공개적으로 말했지만 소용없었다. 여기에서 우리는 금기의 효과를 볼 수 있다. 얼마 뒤에는 상황이 더 심각해졌다. 워싱턴의 한 교사가 자기 반 학생들을 칭찬하면서 'discriminating('안목 있다'는 뜻이지만, '차별하다'는 뜻의 discriminate에서 파생된 단어)' 이라는 단어를 쓰는 바람에 눈물과 고뇌의 홍수가 일어난 것이다."[6]

그런 '눈물과 고뇌의 홍수'는 엄청난 흑인 차별을 저지른 미국사의 업보일 수 있지만, 아프리카에선 negro에 대한 생각이 좀 다르다. 네그리튀드négritude가 "니그로의 문화적 긍지"라는 뜻으로 널리 쓰이는 게 그걸 잘 말해준다.

네그리튀드는 1930년부터 1950년 사이에 프랑스어권의 아프리카와 카리브 지역의 흑인 작가들에 의해 추진된 정치적 문화운동을 의미한다. 영어로 blackness의 뜻을 가진 프랑스어 네그리튀드라는 말을 처음 사용한 사람은 1935년 마르티니크의 에메 세제르Aimé Césaire, 1913~2008였으며, 그 초석을 놓은 사람은 세네갈의 레오폴 세다르 상고르Léopold Sédar Senghor, 1906~2001(상고르는 1960년 세네갈의 초대 대통령이 되어 1980년까지 재임했다)였다.

네그리튀드의 작가들은 서양의 인종과 문화가 우월하다는 가르침과 식민주의의 토착문화에 대한 동화주의적 압력에 대항하여 범국가적인 아프리카계 흑인의 사회적 · 예술적 정체성을 불러일으키려고 시도했다. 이들은 예술적으로는 초현실주의를, 정치적으로는 마르크스주의를 어느 정도 활용하면서 서구의 물질주의, 개인주의, 폭력, 합리성을 비판하면서 그것들과 대비하여 집단과 부족의 단결, 예술과 종교의 리듬과 상징, 평화로움과 자연과의 친화라는 아프리카적 가치를 내세웠다.[7]

김영명은 "네그리튀드 운동은 그 엘리트성과 폐쇄성 때문에 많은 비판을 받기도 하지만, 아프리카 사람들의 자긍심 고양에 많은 기여를 했고, 서양 학자들의 연구대상이 되었다"는 평가를 내린다.[8] 네크리튀드의 정신은 지금까지도 살아남아 네그리튀드는 일반적으로 '아프리카인들의 문화적 긍지'라는 의미로 사용되고 있다.

Alexander VI

가장 대표적인 인물이 스페인 출신의 로드리고 보르자Rodrigo Borgia, 즉 교황 알렉산더 6세Pope Alexander VI, 1431~1503였다. 그의 아들 조반니Giovanni는 스페인 간디아Gandia의 공작, 아들 체사레Cesare는 16세에 대주교 17세에 추기경이 되었으며, 그 밖에도 여러 친척이 고위직에 임명되었다.[9]

알렉산더 6세 외에도 식스토 4세와 인노첸시오 8세가 네포티즘의 교황으로 유명하다. 1567년 비오 5세는 네포티즘을 금지했는데, 바오로 5세, 우르바노 8세, 인노첸시오 10세, 알렉산데르 7세는 그러한 금령을 파기했다. 1692년에 이르러 인노첸시오 12세의 교서에 의해 네포티즘은 최종적으로 금지되었다.[10]

nepotism

nepotism은 "(관직 임용 등에서) 친척 편중, 동족 등용"으로, 친족중용주의親族重用主義·족벌주의族閥主義·족벌정치族閥政治로 번역해 쓰기도 한다. 형용사는 nepotic이다. nephew(조카)나 descendent(자손, 후예)를 뜻하는 라틴어 nepos에서 나온 말로, 15~16세기 교황들이 자신의 사생아들을 '조카nepos'로 위장시켜 온갖 특혜를 베풀던 관행에서 유래되었다.

미국 시카고 컬럼비아 대학 철학과 교수인 스티븐 아스마Stephen T. Asma는 『편애하는 인간Against Fairness』(2012)에서 "편애와 차별로 소송을 당할까 불안해하던 미국의 기업들은 1950년대에 '반족벌주의 방침anti-nepotism policies'을 강구했다. 그런데 더 큰 평등을 낳기 위해 나온 이 반족벌주의 대책이 실제로는 새로운 차별을 만들어냈다"며 다음과 같이 말한다.

"결혼한 부부가 함께 일하다 들통 나면 보통

둘 중 경험이 많은 상급자가 아니라 지위가 더 낮은 사람이 해고됐다. 이는 기혼여성 고용자가 반족벌주의 방침 때문에 불공평한 해를 당한다는 걸 의미했다. 결국 1980년대에 반대 소송이 줄줄이 쏟아졌다. 1990년대 들어 기업들은 비용이 많이 드는 이 모든 소송에 대응해 족벌주의 방침을 완화했고, 현재의 기업 환경은 그 자유방임주의 접근 방식을 지속하고 있다."[11]

소설가 솔 벨로Saul Bellow, 1915~2005의 아들인 애덤 벨로Adam Bellow, 1957~는 『족벌주의 예찬In Praise of Nepotism』(2003)에서 족벌주의가 기업세계에 실제로 이롭다고 주장했다. 직장에 친척이 많을수록 지식 이전과 접촉이 활발하고 일반적으로 소통이 늘며 고용인 만족도와 헌신도가 증가한다는 것이다.[12]

nerd

nerd는 영어사전에는 "바보, 얼간이" 등으로 풀이되어 있지만, 바보치곤 단수가 매우 높은 바보다. 지적·기술적으로 어느 한 가지에 좁고 깊게 빠져 다른 세상일은 몰라라 하는 사람을 가리켜 nerd라고 한다. 반면 geek는 지적·기술적으로 어느 한 가지에 좁고 깊게 빠지는 점에서는 같지만, 삶의 다른 면에 대해 한결 느긋하고 여유로운 자세를 가진 사람을 말한다. geek도 영어사전에는 "변태자, 이상자, 바보" 등으로 풀이되어 있는데, 오늘날에는 수정이 필요한 뜻풀이다. nerd는 1950년 "Dr. Seuss"라는 필명으로 널리 알려진 미국의 동화작가 시어도어 가이젤Theodor Seuss Geisel, 1904~1991의 『If I Ran The Zoo』에서 최초로 사용되었다.[13]

그러나 nerd와 geek의 구분이 명쾌한 건 아니다. 임귀열은 "Nerd에는 '얼간이, 멍청이'의 뜻도 있지만 그의 말뜻은 '한 분야에 빠져 몰두하는 사람'으로 '바보처럼 빠져들어 일했다'는 의미였다. 그런데 이 말도 캐나다의 동부나 다른 지역에서는 부정적으로 쓰일 때가 있다. 한편 미국의 서부에서는 비슷한 단어 geek를 두고 'He's a computer geek(컴퓨터의 괴짜 전문가)'라고 말하면 부정적인 의미를 내포하고 다른 지역에서는 오히려 긍정의 의미로 쓰인다"며 다음과 같이 말한다.

"따라서 보는 각도에 따라 nerd, dork, geek 등 얼마든지 다르게 쓰일 수 있다. 요즘 자주 듣게 되는 dork는 본래 '유행에 뒤지거나 촌뜨기, 얼뜨기'를 말하는데 남자들이 군대에서 사용하는 '고문관'이나 젊은 층에서 말하는 '연구대상'도 해당된다. 현대 시대에 조선 시대 복장을 하고 다니는 '괴짜'도 여기에 해당된다. 그럼에도 위에서 말한 nerd나 geek처럼 월등한 지식이나 전문가적 소양은 없다. 그런 의미에서 dork나 dweeb 등은 괴짜이고 얼간이 같은 언행을 하지만 한 우물만 파는 전문가 소질은 없는 편이다. 따라서 속어로 '저 사람 또라이 아니야?!'라고

말할 때는 'He is such a dork' 라고 말한다."¹⁴

nerd의 이미지를 향상시킨 1등 공신은 단연 빌 게이츠Bill Gates, 1955~를 비롯한 IT 업계의 거물들이다. 이들의 성공 이후 nerd는 물론 nerdy, nerdiness는 긍정적인 의미를 갖는 단어들이 되었으며, 1990년대에는 nerd pride라는 말까지 나왔다. 미디어에서 묘사되는 nerd는 늘 백인 남성이다. 2010년 조사에선 백인 다음으론 아시아계가 nerd 이미지에 적합하며, 히스패닉계와 흑인은 그 이미지에 어울리지 않는 것으로 나타났다.¹⁵

미국 IT 전문가 니코 멜레Nicco Mele는 "기술 마니아들은 응용프로그램을 의도적으로 복잡하게 만들어 기관이 약화되고 있는 시대에 '더욱 거대한' 기관으로서 새로운 지위를 확보함으로써 자신들의 기술전문성을 원하는 시장의 니즈를 만들어냈다"며, 이런 복잡성을 가리켜 "nerd disease(기술전문가의 병폐)"라고 불렀다.¹⁶

이명박 대통령이 2010년 2월 26일 청와대에서 열린 확대비서관회의에서 스마트폰 문화에 대한 전문가 발표를 들은 뒤 "요즘 세상은 '별난 놈'들이 만든다"며 "청와대가 먼저 유연한 사고를 가져야 한다"고 말했는데, 이 '별난 놈'이 바로 geek다. geek는 유행의 바람을 타더니 이젠 만능의 접미어처럼 쓰이고 있다. 다음과 같은 식이다.

Science geeks, Math geeks, Computer geeks, History geeks, Engineering geeks, Language geeks, Art geeks, Music geeks, Sci-Fi geeks, Fantasy geeks, Comic Book geeks, Video Game geeks, Board Game geeks, Role-Playing Game geeks, Pop Culture geeks, Sports geeks.

이젠 geek의 패션, 즉 큰 뿔테 안경, 짧은 바지, 빈티지 패션, 헝클어진 머리 등과 같은 geeky fashion을 가리키는 geek chic란 말까지 나왔다. 주로 육체를 쓰는 스포츠 스타들이 지성미를 풍기기 위해서인지 언론 인터뷰를 할 때에 애용하는 패션 스타일이다. 진짜 geek들은 geek chic를 자신들에 대한 모독으로 여기거나 불쾌하게 생각하는 경향이 있다고 한다. 비슷한 뜻으로 nerd chic라고도 한다.¹⁷

geek의 언어세계도 독특하다. 보통 사람들은 컴퓨터를 끌 때에 turn off라고 하지만, 이들은 power down이라고 한다. 그렇게 말하는 것이 훨씬 더 멋지게 들린다나. 불과 수 미터 떨어진 사람에게도 자신의 명함 정보를 인터넷이나 스마트폰으로 보낸다면, 그게 바로 geek handshake다. nerd와 관련된 신조어도 많다. IT 분야에 종사하는 사람들만 몰려 사는 지역은 nerdistan, 벽마다 전기 플러그가 16개나 될 정도로 IT 기기의 사용에 편리하게 만들어진 집은 nerd와 nirvana(불교에서 열반)를 합쳐 nerdvana라고 한다. 물론 자기들끼리나 쓰는 말이겠지만 말이다.¹⁸

nettle

grasp the nettle은 "자진하여 곤란과 싸우다"는 뜻이다. 쐐기풀nettle은 가시가 많아 손대기 어려운 풀이지만 약용식물로서 그 효용이 높아 가시에 찔릴 위험이 있지만 채취할 만한 가치가 있다는 것이 이런 말을 낳게 된 배경이다. 그런가 하면 쐐기풀은 조심스럽게 만지면 아프지만 과감하게 꽉 잡으면 비단처럼 부드러운 풀이어서 이 같은 말이 나왔다는 설도 있다. If you can't avoid the problem, grasp the nettle(문제를 피할 수 없다면 그에 맞서라).

영국 작가 에런 힐Aaron Hill, 1685~1750은 「쐐기풀의 교훈The Nettle's Lesson」(1743)이라는 시에서 다음과 같이 노래했다. "Tender-handed stroke a nettle/And it stings you for your pains/Grasp it like a man of mettle/And it soft as silk remains."

쐐기풀과 관련하여 이런 재미있는 속담이 있다. It is better to be stung by a nettle than pricked by a rose(장미 가시에 찔리느니 쐐기풀에 찔리는 게 낫다). 친구에게 당하느니 적에게 당하는 게 낫다는 뜻으로 이해할 수 있겠다.[19]

nettle은 여러 미신을 낳기도 했다. 예컨대, 주머니에 쐐기풀을 넣어두면 번개로부터 안전을 지켜주고 용기를 갖게 한다거나, 방에 쐐기풀을 두면 방 안에 있는 사람들을 보호해준다거나 하는 따위의 것들이다.[20]

nettle이 동사로 쓰이면 "초조하게 하다, 애타게 하다, 화나게 하다"는 뜻이며, be on nettles는 "안절부절 못하다, 어찌할 도리 없이 불안하다"는 뜻이다. I was nettled by her persistence(나는 그녀의 집요함에 화가 치밀었다).[21]

nettle

network effect

network effect(네트워크 효과)는 미국 경제학자 하비 라이벤스타인Harvey Leibenstein, 1922~1994이 소개한 개념으로, 어떤 상품에 대한 수요가 형성되면 이것이 다른 사람들의 수요에 영향을 끼치는 것을 말한다. 즉, 사용자들이 몰리면 몰릴수록 사용자가 계속 늘어나는 것으로, 제품이나 서비스 자체 품질보다는 얼마나 많은 사람이 사용하고 있느냐가 중요하다. 이는 누군가의 특정 상품에 대한 수요가 주위 사람들에게 영향을 끼치게 되고, 이로 인해 그 상품을 선택하는 사람들이 증가하는 효과가 나타나기 때문이다. 한편 생산자는 네트워크 효과로 인해 생산 규모가 커질수록 비용이 줄어드는 효과를 누릴 수 있다. 왜냐하면 많은 사람이 사용할수록 규모의 경제에 의해 생산비는 낮아지는 반면, 네트워크 효과에 의해 사용자 수는 더 많이 증가하기 때문이다.[22]

network effect의 전형적인 예는 바로 전화다. 이것이 기존의 economies of scale(규모의 경제)과 다른 점은 '규모의 경제'는 생산 측면의 개념이라면, '네트워크 효과'는 수요 측면의 개념이라고 할 수 있다.[23] 영국 출신의 하버드 대학 역사학과 교수 니얼 퍼거슨Niall Ferguson은 『위대한 퇴보The Great Degeneration』(2012)에서 도시가 클수록 임금이 더 높고, 교육기관의 수와 문화행사의 수와 등록되는 특허의 수도 더 많고, 더 창의적이고, 일자리 종류도 훨씬 다양하고, 심지어 사람들이 작은 도시의 사람들보다 훨씬 빨리 걷는 것 등도 모두 '네트워크 효과'로 설명할 수 있다고 주장한다.[24]

세계 최대의 전자상거래 업체 이베이eBay는 '네트워크 효과network effect'의 대표적인 성공 사례로 꼽힌다. 이베이에서는 좋은 평판이 쌓일수록 거래에 유리하기 때문에 한 번 발을 들인 사람은 떠나지 않는다. 네트워크 효과가 커질수록 고객들이 계속 머무를 가능성은 더욱 높아지는 것이다.[25]

이베이 창업자인 피에르 오미디야르Pierre Omidyar, 1967~는 노벨 평화상(2006년)을 수상한 그라민 은행Grameen Bank을 비롯해 빈민 자활을 돕는 마이크로 크레디트 금융기관에 투자해 나중에 수익금을 돌려받는 '오미디야르 네트워크'를 운영하고 있는데,[26] 이 일에서도 네트워크 효과를 기대하는 것 같다. 그는 자신의 기부금을 받는 단체에 대한 관리를 철저히 하는 것으로 유명하다. 말이야 바른 말이지만, 한국에서든 미국에서든 기업 돈을 받는 비영리기구들은 경영 개념이 없기 때문에 돈을 방만하게 또는 비효율적으로 쓰는 걸로 악명이 높다. 이를 바로잡기 위해 오미디야르는 전문가들을 보내 비영리기구 사람들을 교육시키거나 연수 프로그램을 운영한다. 2011년에는 개발도상국가 기업들을 지원하는 인데버글로벌Endeavor Global에 1,000만 달러를 지원하면서 400만 달러의 매칭펀드를 조성하라는 조건을 내걸기도 했다.[27]

어떤 상대집단의 크기가 클수록 보다 높은 이익이나 효용을 얻는 효과를 '간접 네트워크 효과indirect network effect'라고 한다. 이에 대해 장정모는 "애플 앱스토어의 예를 들어볼까요? 애플의 경우에는 아이폰과 아이팟의 성공으로 이미 상당한 소비자 집단이 형성되어 있었습니다. 자신이 만든 앱(애플리케이션·응용 프로그램)을 최대한 많은 사람에게 노출해 판매하려는 앱 개발자 입장에서는 군침 나는 집단이 아닐 수 없습니다"라면서 다음과 같이 말한다.

"다시 말해 앱스토어는 간접 네트워크 효과가 커서 개발자들에게 매력적이고, 이런 이유로 그들은 높은 수수료를 지불하고서라도 앱스토어에 들어가려고 할 겁니다. 애플은 이런 점을 이용하여 개발자의 판매 수익 일부를 자신의 이윤으로 챙길 수 있었습니다. 이처럼 양면시장에서는 구매자 집단을 미리 확보할 경우 판매자 집단도 쉽게 끌어올 수 있습니다. 그래서 구매자들에게는 싼 가격이나 각종 혜택을 제공하는 경우가 많습니다. 우리가 앱스토어나 구글플레이, 삼성앱스 등의 앱 장터를 무료로 이용하는 것도 같은 이유입니다. 물론 앱을 살 때는 돈을 내지만, 장터를 이용하는 수수료는 별도로 내지 않지요."[28][참고 platform]

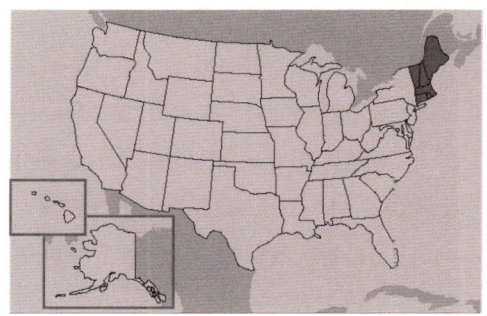

New England

New England

New England(뉴잉글랜드)는 미국 동북부의 메인, 뉴햄프셔, 버몬트, 매사추세츠, 로드아일랜드, 코네티컷 등 6개 주를 포괄하는 지역이다. 영국의 북미 탐험가 존 스미스 John Smith, 1580~1631 선장이 1616년 출간한 소책자에서 자신이 탐사한 지역을 '뉴잉글랜드 New England'라고 부른 데서 비롯되었다.[29]

신세계를 향해 떠나는 영국의 청교도들에게 뉴잉글랜드는 성서에 나오는 가나안 Canaan 땅의 새로운 구현이 되었다. 이들은 하나님의 진리가 언제나 살아 있는 성스러운 공화국 a holy commonwealth의 수립을 소망했으며, 죄인은 그 자신의 어떤 장점이나 노력을 통해서가 아니라 하나님의 은혜에 의해서만 구원을 받는다는 확신을 신앙의 근간으로 삼았다.

또 이들은 부패한 세계에 대해 모범이 되는 신성한 사회, 즉 '언덕 위의 도성都城: city on a hill'을 건설해야 한다고 믿었다. '언덕 위의 도성'은 오늘날에도 미국의 이상이라는 뜻으로 자주 사용된다. 이는 신약성서 「마태복음」 5장 14절에 근거한 것이었다.[30]

뉴잉글랜드는 미국 인구조사에서 사용하는 9개 지역 분류 가운데 하나인데, 유일하게 지리적 구분에 따른 이름이 아닌 지역이다. 역사와 전통에 따른 문화적 구분이라고 할 수 있다. 면적이 넓지도 인구도 많지는 않지만, 미국의 탄생지였다고 하는 점에서 강한 자부심이 살아 있는 지역이다. 이 지역의 총 면적은 18만 6,458제곱킬로미터로 워싱턴 주(18만 4,665제곱킬로미터)보다 조금 더 클 뿐이며, 인구는 2010년 기준으로 1,444만 명이다. 가장 큰 도시는 보스턴으로,

인구는 약 62만 명이다.[31]

뉴잉글랜드의 중심이라 할 매사추세츠Massachusetts 주는 현재의 주도州都인 보스턴Boston 근처에 살던 인디언 부족의 이름Massa-chusett에서 비롯되었다. Massachusett은 '큰 언덕 근처에near the great hill' 라는 뜻이다. 매사추세츠 주의 면적은 2만 7,336제곱킬로미터로 미국 50개 주 가운데 44위, 인구는 654만 7,629명(2010년)으로 14위, 인구밀도는 1제곱킬로미터 당 324.1명(2010년)으로 3위, 1인당 소득은 4만 9,875달러(2009년)로 3위다.[32]

Boston이라는 이름은 1,300여 년 전 성 보톨프St. Botolph가 영국 동부 링컨셔Lincolnshire 주의 한 작은 마을에 로마 가톨릭 교회를 지으면서 처음 만들어진 말이다. 보톨프 교회의 마을이란 뜻에서 Botolph's Town이나 Botolph's Stone이라 불리던 것이 발음이 비슷한 여러 형태의 단어를 거쳐 Boston이 되었으리라는 설이 유력하다. 이 지역에 살던 청교도들이 미국으로 건너와 자기들의 고향 이름을 붙인 게 바로 오늘의 Boston이다. 보스턴을 the Puritan City(청교도 도시)라 부르는 배경이다.[33] 보스턴에는 1635년 미국 최초의 학교인 보스턴 라틴학교Boston Latin School, 1636년 미국 최초의 대학인 하버드 대학교Harvard College가 세워졌다.

nice

Have a nice day(하루 잘 지내세요). 널리 쓰이는 인사말이지만, 그 역사는 60여 년에 불과하다. 미국 작가 존 클램프너John Klempner의 소설 『다섯 아내에게 보내는 편지A Letter to Five Wives』를 영화로 만든 〈세 아내에게 보내는 편지A Letter to Three Wives〉(1948)에서 주연배우인 커크 더글러스Kirk Douglas, 1916~가 쓴 것이 공개적으로는 최초의 사례다.

이후 다소 변형이 일어난 1953년에는 캘리포니아 광고회사 카슨·로저스Carson·Rogers가 슬로건으로 Have a Happy Day를 들고 나왔다. 이 회사에 전화를 걸면 교환원들은 "Carson·Rogers have a happy day!"라고 말했다. 그러나 이 인사는 정오正午까지만 했는데, 정오까지

Kirk Douglas

행복하지 않으면 오후에도 행복하긴 어렵다는 이유에서였다.

오늘날 더 많이 쓰이는 인사는 Have a happy day!보다는 Have a nice day!다. Have a fine day!를 사용해온 영국에서 Have a nice day!는 1970년대부터 쓰이기 시작했다. Have a good day!라고도 하며, day 대신 one를 써 Have a good one!이라고도 하지만, 1970년대 이후 Have a nice day!가 폭풍적인 인기를 누리면서 다른 유사 표현 방식을 압도해왔다.[34]

Have a nice day!가 영국에서도 쓰인다지만, 미국처럼 자연스럽게 받아들여지진 않는 것 같다. 임귀열은 "영국인들은 'Have a nice day!'라는 표현을 좀처럼 쓰지 않는다. 영국에서 이 말을 문자texting 메시지로 보냈다가는 'Don't tell me what to do(날 보고 어떻게 하라는 식으로 말하지 마세요)'라고 호되게 되받아치는 답장을 받을 수도 있다"고 말한다.[35] 영국인들에도 그렇게 까칠한 사람들이 있는가 보다. 임귀열은 다음과 같이 말한다.

"'Have a nice day'라는 표현은 'I wish you have a nice day'와 같은 기원과 감탄의 뜻도 되지만 '하루 잘 보내라'는 식의 명령형으로도 들릴 수 있다. 그래서 프랑스어를 좀 아는 사람은 아예 'Bonne journee(Have a nice day)'라는 표현을 사용하거나, 'Au revoir(good-bye till we meet again)'라고 말하기도 한다. 이것이 영어 표현보다는 명령조 어감이 적기 때문이다."[36]

Nike

Nike(나이키)는 세계 최대의 미국 스포츠용품 업체로 오레곤 대학University of Oregon 육상 선수인 필 나이트Philip Knight, 1938~와 육상 코치인 빌 보워먼Bill Bowerman에 의해 1964년에 창업했다. 사업 규모가 커지자 새로운 회사 이름을 짓기로 했다. 1971년 나이트와 종업원 45명이 모여 투표를 한 결과 나이트가 원했던 Dimension Four는 밀려나고 Nike가 1등으로 뽑혔다. 나이키는 그리스신화에서 날개를 단 승리의 여신이다.

이어 나이트는 젊은 프리랜서 디자이너인 캐롤린 데이비슨Carolyn Davidson에게 회사 로고를 만들어 달라고 했는데, 그녀가 만든 로고가 바로 한글의 자음인 니은을 싸가지 없이 흘려쓴 듯한 나이키의 그 단순한 로고 "swoosh"다. 이 로고가 별로 마음에 들지 않았던 나이트는 그녀에게 수고비로 35달러를 주었지만, 훗날(1988년) 대성공을 거둔 이후 그녀에게 금으로 만든 "swoosh"

Nike Logo

와 함께 상당량의 나이키 주식을 선물로 안겨주었다. swoosh는 "분사, 분출, 획(쉭)하는 소리"를 뜻하는데, 나이키 로고의 애칭으로 쓰인다.[37]

Just Do It(해보는 거야). 미국 농구황제 마이클 조던Michael Jeffrey Jordan, 1963~이 출연했던 나이키 광고의 슬로건이다. '조던 비행Jordan Flight'이라는 이름의 나이키 광고에서 조던은 하늘을 나는 '에어 조던Air Jordan'으로 10대 소년들을 매료시켰다. 존 행콕 금융서비스 회사의 CEO인 데이비드 댈러샌드로David F. D' Alessandro는 "나이키의 광고는 성공적인 메시지 전달 사례 중에서도 첫 손가락에 꼽힐 정도로 탁월하다"며 다음과 같이 말한다.

"광고의 마지막 화면에 '저스트 두 잇Just Do It'이라는 그 유명한 나이키의 캐치프레이즈가 뜨면서 '쉭' 하고 옷깃 스치는 소리가 들리기까지는 그것이 광고인지 무슨 캠페인인지 아리송하기만 하다. 하지만 오히려 그런 아리송함이 소비자 심리를 매우 효과적으로 자극했다. '우리는 운동화를 파는 회사입니다'라고 노골적으로 말하는 것보다 얼마나 매력적이고 세련된 접근법인가?"[38]

아닌 게 아니라 화면에 느닷없이 "해보는 거야"라는 슬로건이 뜨는 것과 동시에 조던이 특유의 능글맞은 미소를 지어 보이면, 아이들은 넋을 빼앗기고 말았다. 그런데 아이들이 조던처럼 하늘을 날려면 '에어 조던'을 신어야만 했다. 그래서 어떤 일이 벌어졌던가?

"거의 한 세대 동안 미국 전역에 에어 조던 농구화 쇼핑 열풍이 불면서 사람들이 곳곳에서 장사진을 치고, 사재기가 일어나고, 아이들은 수업을 빼먹었다. 또 소매 가격은 생산비를 훨씬 뛰어넘어 미스터 조던이 뛰어오를 수 있는 만큼 올라가고(원가 5.5달러, 판매가 140달러), 거리마다 2차 시장이 생겨나고, 사람들은 한정된 공급에 대해 참혹한 실망을 했다."[39]

미국 휴스턴에서 16세의 조니 베어즈는 나이키의 '에어 조던Air Jordan' 운동화를 탐내던 17세의 디메트릭 워커의 총에 맞아 죽었다. 17세 소년이 종신형을 선고받을 때, 검사는 이렇게 말했다. "운동용품에 대해 사치품의 이미지를 만들어놓고, 그것을 두고 사람들이 서로 죽이도록 만든다면 죄악이다."[40] 미국의 어린이 보호 운동가 수전 린Susan Linn은 다음과 같이 말한다.

"The slogan 'Just do it', which has served Nike well for many years, implies that it's better not to think too much. Don't think about buying these sneakers. Just do it. Don't think about voting for this candidate or the issues he or she represents. Just do it. Even going beyond brand loyalty and impulse buying, the messages in commercials undermine democracy. Commercials that show kids relying on a product or a magical being to solve their problems promote passivity, which is adaptive in a dictatorship but terrible for democracy('그냥 해버리자'라는 문구에는 지나치게 생각을 많이 하지 않는 편이 더 낫다는 뜻이 내포되어 있다. 운동화를 살지 말지 생각하지 말고 그냥 사버리자. 이 후보자에게 투표할지 말지 생각하지 말고 그냥 해버

리자. 광고 속의 메시지들은 브랜드 충성도를 키우고 충동구매를 부추길 뿐만 아니라 민주주의 자체를 해친다. 어떤 제품이나 마법적 존재에 문제해결을 의존하는 아이들이 등장하는 광고는 수동성을 부추긴다. 수동성은 독재체제에서는 사회 적응에 유용한 자질이지만, 민주주의에는 대단히 해롭다)."⁴¹

NIMBY

NIMBYNot In My Backyard에서 backyard는 "뒤뜰"을 뜻하지만, 넓은 의미로 내 집 근처에는 안 된다는 뜻이다. 주변에 꺼림칙한 건축물 설치를 반대하는 운동을 가리키는 말이지만, 과도한 이기주의를 묘사하는 말로 쓰이기도 한다. 1980년 미국에서 만들어진 말이지만, 1988년 영국 환경부 장관 니컬러스 리들리Nicholas Ridley, 1929~1993가 평소 NIMBY를 비판하다가 막상 자기 집 근처의 주택개발을 반대함으로써 NIMBY의 전형을 드라마틱하게 보여줌으로써 화제가 되었다. nimby라고 쓰기도 하며, nimby의 '철학'을 뜻하는 nimbyism, nimby를 실천하는 사람을 뜻하는 nimbies, nimbys, nimbyists란 말도 쓰인다. NIMBY와 같은 뜻으로 NIMNNot In My Neighborhood란 말도 쓰인다.⁴²

NIMBY에 이어 나온 것이 NIMBY보다 반대가 더욱 강한 BANANA와 NOPE다. 미네소타주 미네아폴리스Minneapolis에서 발행되는 『스타트리뷴Star Tribune』 2001년 1월 28일자에는 다음과 같은 기사가 실렸다. "Industry officials have replaced the old NIMBYnot in my Backyard tag for their opponents with BANANABuild Absolutely Nothing Anywhere Near Anyone and, more recently, NOPENot on Planet Earth(건설업계 관계자들은 그들의 반대자들을 묘사했던 예전의 NIMBY 딱지를 BANANA로, 더욱 최근에는 NOPE로 대체했다)."⁴³

NOPE와 같은 뜻으로 쓰이는 게 NIABYNot In Anyone's Backyard다. 핵발전소처럼 지역을 불문하고 아예 건설 자체를 반대하는 입장이다. NAMBI Not Against My Business or Industry는 NIMBY나 정부의 규제에 대항하는 기업 쪽의 입장이다. PIBBYPut In Black's BackYard는 NIMBY의 결과 종국에는 어떤 시설이 힘이 약한 흑인 지역에 세워지게 되는 걸 말한다. 비슷한 말이지만, SOBBYSome Other Bugger's BackYard는 nimbies의 이기주의를 잘 말해주는 표현이라 할 수 있다.⁴⁴ 여기서 bugger는 "(욕하는 말) 새끼"란 뜻이며, "Come here, you little bugger(이리 와, 이 애새끼야)!"와 같은 식으로 쓰이는 단어다.⁴⁵

극단적인 NIMBY 심리를 가리켜 drawbridge mentality라고 한다. drawbridge는 "도가교(들어 올릴 수 있는 다리)"인데, 옛날 유럽에서 외부의 침입을 막기 위해 성 주변에 땅을 파 물을 채우고 외부와는 오직 drawbridge만을 통해서 연결되게끔 했던 장면을 떠올리면 쉽게 이해가 될 것이다. siege mentality, 즉 피포위 심리(항상 적들

에게 둘러싸여 있다고 믿는 강박 관념)와 통하는 말이라 할 수 있다.⁴⁶

CAVE_{Citizens Against Virtually Everything}라는 말도 있다. 자신들이 사는 지역 내의 그 어떤 변화든 반대하는 사람들을 경멸적으로 부르는 말이다. 이들은 비단 그 어떤 시설이 자기 지역에 들어오는 것뿐만 아니라 지역과 관련된 법이나 규칙의 변화에도 반대한다. 옛 동굴cave 거주자와 비슷하다는 의미에서 만들어진 말이다. 플로리다 주에서 발행되는 『Orlando Sentinel』 1990년 9월 30일자에 최초로 기록되었다.⁴⁷

NIMBY의 반대는 YIMBY_{Yes In My BackYard}다. NIMBY 현상으로 인해 갈 곳을 잃은 공공 시설 가운데 청정에너지 시설이라든지 기타 바람직한 것을 자신들의 지역으로 유치하려는 걸 말한다.⁴⁸ 이와 관련, 『중앙일보』(2013년 7월 3일)에 「님비 아닌 핌피… 화성시 6개 마을 화장장 유치 경쟁」이라는 기사가 실려 흥미롭다.

경기도 화성시의 6개 마을이 "산을 등지고 물을 바라보는 배산임수背山臨水 형태의 명당(화성시 서신면 궁평2리)", "주변에 국도와 고속도로가 있어 군포·의왕·시흥까지 30분 거리(매송면 숙곡1리)", "인근에 습지공원과 택지개발지구 예정(비봉면 삼화2리)" 등과 같은 온갖 미사여구를 동원해가며 종합장사시설(장례시설)을 자기 마을에 유치하려고 애를 쓰고 있다는 내용이다. 물론 종합장사시설 유치에 따른 혜택이 크기 때문에 벌어진 일이다.

이 기사는 "'내 마을에는 절대 안 된다'는 '님비NIMBY·not in my Backyard'가 '제발 와달라'는 '핌피PIMFY·please in my Frontyard'로 바뀐 것이다"고 했는데,⁴⁹ 기자가 직접 만든 말인지 다른 영어권에서 쓴 적이 있는 말인지 모르겠다. 그 어느 쪽이건 YIMBY_{Yes In My BackYard}와 통하는 말이라 할 수 있다. 이런 유형의 용어들은 우리가 만들어 수출하는 것도 좋을 것 같다.

2013년 1월 13일 현대경제연구원은 '새 정부 출범과 2013년 국내 10대 트렌드'라는 보고서에서 올해 10대 트렌드로 트라이다운Tri-Down(소비·투자·수출 동반 부진) 현상의 반전, 갈림길에 선 일자리 전쟁, 복지비용의 자기 부담을 꺼리는 눔프NOOMP 현상, 부동산 침체 심화, 제3차 제조업 혁명, 서비스업 비상, 세계 일류로의 질주, 기업의 사회적 역할 확산, 한류K-Wave 확산, 남북관계 리셋 등을 제시했다.

이 가운데 눔프NOOMP 현상이 눈에 띈다. 복지 서비스 확대 속에서 자기 부담은 꺼리는 Not Out Of My Pocket이다. 보고서는 "제한된 예산 한도 내에서 복지서비스의 우선순위를 조정할 때 이해당사자들의 충돌이 우려된다"며 "이런 갈등을 조정해낼 소통의 리더십이 중요하다"고 주장했다.⁵⁰

2013년 2월 4일 최성종 농협경제연구소 책임연구원도 자체 발간한 보고서에서 "지금은 정부가 증세 없이 복지 공약을 이행하려고 하지만, 재원이 부족할 경우 증세 가능성은 남아 있다"며 "증세가 추진될 경우 자기 부담을 최소화하려는 '눔프 현상'이 나타날 수 있다"고 주장했다.⁵¹

nit

nitpick은 "(이 잡듯이) 수색하다, (시시한 일을 가지고) 끙끙 앓다, (시시한 일을) 꼬치꼬치 캐다, ~의 흠을 잡다"는 뜻이다. nit은 이louse 등과 같은 기생충의 알, 서캐 등을 뜻한다. 옛날에는 사람들도 원숭이들처럼 서로 머리털 속을 헤집으면서 일일이 손으로 이나 서캐 등을 잡아주었다. 그 모습을 연상해보면 위와 같은 비유적 의미가 선명하게 다가올 수 있겠다.[52] 매우 사소한 일에 과도한 신경을 쓰는 것도 nitpicking이라고 한다.[53]

nitpicking은 대중문화 애호가들의 놀이 형식이기도 하다. 영화나 텔레비전 프로그램의 사소한 실수를 이 잡듯이 잡아내는 게 바로 nitpicking이다. 이는 다시 텔레비전 프로그램으로 방영됨으로써 nitpicking의 동기부여가 된다. 『The Nitpicker's Guide for X-Philes(for fans of The X-Files)』와 같은 책이 출간되기도 한다.[54]

get down to the nitty-gritty는 "핵심을 찌르다, 사물을 직시하다"는 뜻이다. nitty-gritty는 사물의 핵심(본질), 엄연한 진실(현실) 등을 뜻하는데, 이런 뜻을 갖게 된 기원이 좀 지저분하다. nit은 이louse, grit은 잔모래나 먼지를 뜻한다. 둘을 구분하는 게 영 쉽지 않다. 여기서 생성된 비유는 문제의 본질을 다른 요소들과 분리시켜 파악한다는 게 쉽지 않다는 것이다. 쉽지 않지만 nit 같기도 하고 grit 같기도 한 것에 다가서자는 것인데, 그게 바로 사물을 직시하거나 핵심을 찌르는 게 되겠다.

이 표현은 1963년 가수 셜리 엘리스Shirley Ellis, 1941-가 발표해 히트한 노래 〈The Nitty Gritty〉에 들어가 있어 널리 쓰이게 되었다.[55] 이 노래는 이렇게 시작한다. 'Now let's get down to the real nitty-gritty." 일부 흑인들은 이 표현이 흑인을 북미로 끌고 오던 노예선에서 나온 것이라며 인종차별주의적이라고 비난하지만, 1960년대 흑인민권운동 당시 흑인들에 의해 널리 쓰인 흑인 영어다.[56] When you write your report, stick to the nitty-gritty(리포트를 작성할 땐 핵심에 집중하라).[57]

noblesse oblige

noblesse oblige(노블레스 오블리주)는 프랑스어로 '고귀한 신분(귀족)'이라는 노블레스와 '책임이 있다'는 오블리주가 합해진 것이다. 1808년 프랑스 정치가 가스통 피에르 마르크가 처음 사용한 것으로 '높은 사회적 신분에 상응하는 도덕적 의무'를 뜻한다. 당시 프랑스 혁명과 나폴레옹의 등장 등 어수선한 사회상을 반영한 것으로 보인다.[58]

프랑스어 사전 『르 프티 로베르Le Petit Robert』는 '노블레스 오블리주'에 대해 "귀족 계급이란 자신의 이름에 명예가 되는 의무를 (스스로) 만들어낸다La noblesse cree le devoir de faire honneur a son nom"라고 풀이했다. 민중서림의 『불한사전』은 "양반은 양반답게 처신해야 한다"(격언)고 풀었고, 『뉴에이스 영한사전』은 "높은 신분에 따르는 정신적 의무"라고 설명하고 있다.[59]

noblesse oblige라는 표현의 원조를 굳이 찾자면, B.C. 8세기경 그리스 시인인 호메로스Homeros의 『일리아드Iliad』에까지 거슬러 올라갈 수도 있다. 때론 비아냥대는 표현으로 쓰기도 하지만, 서양에는 '노블레스 오블리주'가 발달되어 있다.[60]

로마가 한니발의 카르타고와 16년간 제2차 포에니 전쟁을 치렀을 때, 최고 지도자인 콘술(집정관)만 13명이 전사했다. 시오노 나나미는 『로마인 이야기』에서 "로마제국 2,000년 역사를 지탱해준 힘은 노블레스 오블리주의 철학"이라고 했다. 560여 년 전통의 영국 최고의 사학명문 '이튼Eton 칼리지'의 교내 교회 건물에는 전사한 졸업생의 이름이 새겨져 있다. 제1차 세계대전 1,157명, 제2차 세계대전 748명이다.[61]

noblesse oblige

미국의 '노블레스 오블리주'도 만만치 않다. 6·25전쟁 당시 미국 참전용사들 중 142명이 미군 장성들의 아들이었다.[62] 심지어 핀란드에는 소득 수준에 따라 벌금을 내는 '노블레스 오블리주 법法'이 있다. 그래서 핀란드의 닷컴 백만장자인 야코 리촐라Jaakko Rytsölä는 자동차로 시속 40킬로미터의 제한 구간을 약 70킬로미터로 달렸다가 50만 마르카(약 8,700만 원)의 벌금을 냈다.[63]

반면 한국에는 노블레스 오블리주가 없다는 비판의 목소리가 높다. 2008년 『전북일보』는 "요즘 이명박 정부의 각료 인선을 둘러싸고 여론이 분분하다. 대부분 부동산 투기, 불법증여 및 탈세, 병역면제, 이중국적, 논문표절, 과거 전력 등 의혹도 가지가지다. 벌써 15명의 장관 내정자 중 3명이 사퇴됐다"며 다음과 같이 말했다.

"이 나라 지도층의 도덕성이 이렇게 추락했는지 의심스러울 지경이다. 이들을 보면서 '노블레스 말라드Noblesse Malade', 즉 병들고 부패한 귀족이라는 비아냥이 딱 맞다는 생각이 든다. 그러나 더 큰 문제가 있다. 대부분의 지도층이 여기에서 자유롭지 못하다는 점이다."[64]

"Much is given, much is required(많은 것을 받는 사람은 많은 책무가 요구된다)." 미국 제35대 대통령 존 F. 케네디John F. Kennedy, 1917~1963가 1961년 1월 20일 대통령 취임 연설에서 한 말이다.[65] 노블레스 오블리주의 정신을 잘 표현해준 말로, 원전은 신약성서 「누가복음」 12장 48절이다.

"But the one who does not know and does things deserving punishment will be beaten with few blows. From everyone who has been given much, much will be demanded; and from the one who has been entrusted with much, much more will be asked(알지 못하고 맞을 일을 행한 종은 적게 맞으리라. 무릇 많이 받은 자에게는 많이 요구할 것이요 많이 맡은 자에게는 많이 달라 할 것이니라)."[66]

고향 떠난 스위스 용병 때문에 탄생한 말이라, Swiss illness라고도 한다. homesickness는 nostalgia를 영어로 차용 번역(loan translation: 외국어를 문자 그대로 번역하는 일)한 단어다. nostalgia를 강하게 유발하는 자극으론 냄새, 접촉touch, 음악, 날씨 등이 꼽힌다.[68]

nostalgia

nostalgia(노스탤지어)는 "향수鄉愁, 향수병 homesickness, 과거에 대한 동경, 회고의 정"을 뜻한다. 1688년 오스트리아의 의학도 요하네스 호퍼Johannes Hofer, 1669~1752가 산 속에 주둔한 스위스 용병들의 고향에 대한 그리움을 묘사하기 위해 그리스어 nostos(return)와 algos(pain)를 합쳐 만든 말이다.

호퍼는 자신의 논문 「향수병에 대한 의학적 논의」에서 향수병의 증상은 의기소침과 우울증을 동반하고 때로는 과도한 눈물과 식욕 감퇴로 나타나며, 아주 드문 경우지만 자살하는 수도 있다고 말했다. 향수라는 말에서 질병이라는 뜻이 사라진 것은 19세기 후반이다. 이후 점차 범위가 넓어지더니 '과거에 대한 동경'과 '회고의 정'으로 그 뜻이 번져나갔다. nostalgist는 "회고 취미의 사람"을 말한다.[67]

nudge

nudge는 "팔꿈치로 슬쩍 찌르다, 주의를 환기시키다"는 뜻이다. 원래 성적 풍자sexual innuendo에 대한 관심을 끌기 위한 것과 관련된 말이다.[69] nudge a person in the ribs는 "~의 옆구리를 슬쩍 찌르다"는 뜻이다.

미국의 행동경제학자 리처드 탈러Richard H. Thaler와 법률가 캐스 선스타인Cass R. Sunstein은 2008년에 출간한 『넛지Nudge: Improving Decisions About Health, Wealth, and Happiness』에서 이 단어를 격상시켜 '타인의 선택을 유도하는 부드러운 개입'이라는 정의를 새로 내렸다. 쉬운 설명을 위해 이들이 소개한 사례는 다음과 같다.

소변기에 파리 한 마리를 그려넣었더니, 변기 밖으로 새는 소변량의 80퍼센트가 줄어들었다. '조준사격'의 재미 때문이었으리라. 암스테르담 공항에서 실제로 일어난 일이다. 미국 텍사스 주는 고속도로에 버려지는 쓰레기를 줄이기 위해 막대한 자금을 들여 요란한 광고 캠페인을 벌였다. 쓰레기를 아무데나 버리지 않는 것이 시민의 의무라고 강조했다. 누가 그걸 몰라서 쓰레기를 버리나? 아무 효과가 없었다. 발상의 전환을 했다. 인기 풋볼팀인 댈러스 카우보이스의 선수들을 참여시켜 그들이 쓰레기를 줍고 맨손으로 맥주 캔을 찌그러뜨리며 "텍사스를 더럽히지 마Don't Mess with Texas!"라고 으르렁대는 텔레비전 광고를 제작했다. 캠페인 1년 만에 쓰레기는 29퍼센트나 줄었고, 6년 후에는 72퍼센트나 감소했다. 텍사스 주민의 95퍼센트가 이 표어를 알고 있으며, 2006년에는 이 표어가 미국이 가장 사랑하는 표어로 압도적인 지지를 얻어 뉴욕 시 메디슨 거리를 행진하는 영광을 누리기도 했다.[70]

이게 바로 넛지다. 이들은 '인간이 체계적으로 틀리는 방식'에 주목하면서 여러 '효과'를 제시한다. 대다수 사람이 자신을 평균 이상이라 생각하는 '평균 이상' 효과를 보자. 모든 운전자 가운데 자신의 운전 실력이 평균 이상이라고 생각하는 사람은 90퍼센트, 대학 교수 가운데 자신이 평균적인 교수들보다 낫다고 믿는 교수는 94퍼센트에 이른다.[71]

'집단 효과'도 있다. 이미 물리도록 모이를 많이 먹은 닭이라도 옆 닭장에 굶주린 닭이 들어오면 또다시 먹기 시작하는데, 사람도 다를 바 없다. 평균적으로 사람들은 누군가와 함께 식사를 할 때 혼자 먹을 때보다 약 35퍼센트를 더 먹는다. 4명이 함께 식사할 때에는 75퍼센트를 더 먹으며, 7명 이상이 함께 식사할 때에는 96퍼센트를 더 먹는다. 가볍게 먹는 사람들도 많이 먹는 사람들의 집단에 섞여 있으면 훨씬 많이 먹게 된다. 이렇듯 집단의 평균은 매우 큰 영향력을 발휘한다.[72]

사람들의 의도를 측정하는 동안에 사람들의 행동에 영향을 끼치게 되는 '설문조사 효과'도 있다. 질문을 받았을 때 자신의 답변에 행동을 일치시킬 가능성이 높아지는 현상을 '단순측정 효과mere-measurement effect'라고 부른다. 특정 음식을 먹을 의향이 있는지, 다이어트를 할 의향이 있는지 혹은 운동할 의향이 있는지에 대한 질문을 받고 그에 답했을 때, 이러한 답변은 당사자의 행동에 영향을 끼치게 된다. 단순측정 효과는 일종의 넛지로 민간 부문이나 공공 부문의 넛지 수행자들에 의해 이용될 수 있다.

사람들에게 선거일 바로 전날에 투표할 의향이 있는지 물었을 때, 투표율은 25퍼센트 높아진다. "향후 6개월 안에 새 차를 구매할 의사가 있습니까?"라는 간단한 질문만으로도 구매율을 35퍼센트나 높일 수 있다. 이는 심리학자 쿠르트 레빈Kurt Lewin, 1890~1947이 말한 '경로요인

Don't Mess with Texas

channel factor' 과 관련되어 있다. 경로요인은 특정한 행동들을 촉진하거나 방해할 수 있는 작은 영향력을 의미한다. 사람들을 특정한 방향으로 밀어붙이기보다는 모종의 작은 장애물을 제거함으로써 보다 수월하게 바람직한 행동을 독려할 수 있다는 것이다.[73]

넛지는 구체적으로 선택 설계에 적용될 수 있다. 이 일을 하는 '선택 설계자choice architect'는 사람들이 결정을 내리는 배경이 되는 '정황이나 맥락'을 만드는 사람이다. 투표용지를 디자인하는 사람, 환자에게 선택 가능한 다양한 치료법들을 설명해줘야 하는 의사, 직원들이 회사의 의료보험 플랜에 등록할 때 서류 양식을 만드는 사람, 자녀에게 선택 가능한 교육 방식들을 설명해주는 부모, 물건이나 서비스를 판매하는 세일즈맨 등이 바로 선택 설계자들이다. 이들은 겉으로 보기에는 사소하고 작은 요소라 해도 사람들의 행동 방식에 커다란 영향을 끼칠 수 있다며 다음과 같이 말한다.

"A nudge is any aspect of the choice architecture that alters people's behavior in a predictable way without forbidding any options or significantly changing their economic incentives. To count as a mere nudge, the intervention must be easy and cheap to avoid. Nudges are not mandates. Putting the fruit at eye level counts as a nudge. Banning junk food does not."[74]

"넛지는 선택 설계자가 취하는 하나의 방식으로서, 사람들에게 어떤 선택을 금지하거나 그들의 경제적 인센티브를 크게 변화시키지 않고 예상 가능한 방향으로 그들의 행동을 변화시키는 것이다. 넛지 형태의 간섭은 쉽게 피할 수 있는 동시에 그렇게 하는 데 비용도 적게 들어야 한다. 넛지는 명령이나 지시가 아니다. 과일을 눈에 잘 띄는 위치에 놓는 것은 넛지다. 그러나 정크푸드를 금지하는 것은 넛지가 아니다."[75]

이들은 넛지를 자신들이 역설하는 자유주의적 개입주의libertarian paternalism라고 하는 이데올로기의 간판 상품으로 만들었다. 자유주의적 개입주의는 영국의 보수당 당수인 데이비드 캐머런David Cameron과 미국의 민주당 버락 오바마에 의해 수용된 바 있다. "그 이유는 그러한 정책들 대부분이 비용이 거의, 혹은 전혀 들지 않아 납세자들에게 부담을 지울 일이 전혀 발생하지 않기 때문이다."[76]

자유주의적 개입주의가 초당파주의bipartisanship의 믿음직한 기초가 될 수 있다. 인센티브와 넛지가 각종 요구사항과 금지사항을 대체한다면, 정부는 더 작아질 뿐 아니라 더 조심성 있는 조직이 될 것이다. "우리는 더 큰 정부가 아니라 더 나은 거버넌스를 지향한다."[77] 이들은 "자유주의적 개입주의는 좌파적인 것도 우파적인 것도 아니며, 민주당적인 것도 공화당적인 것도 아니다"라고 역설한다. 넛지는 초당파적이라는 것이다.[78]

하지만 자유주의적 개입주의는 착각이거나 환상이라는 비판의 목소리도 있다. 예컨대, 시카고 대학 석좌교수인 라구람 라잔Raghuram Rajan, 1963~은 2012년 4월 "'자유주의적 개입주의'는 착각에 불과하다. 여전히 인간이 심사숙고하여 독자적으로 판단하고 결정내릴 수 없기 때문이다. 인간은 자신들이 옆구리를 쿡쿡 찔린다는 사실조차 모르기 때문에 큰 불행을 마주하게 된다. 또 '자유주의적 개입주의'를 구현하는 정부와 금융회사는 투자자들에게 '장기적인 관점에서 주식에 투자하라'는 기본형 상품을 내놓기 십상인데, 이럴 경우 은퇴자금은 획일화된 금융상품에 쏠려 리스크가 더욱 높아지게 된다"며 다음과 같이 주장했다.

"사실 이미 대부분의 금융회사들은 투자자들이 마음껏 선택할 수 있는 여러 기본형 상품들을 내놓고 있다. 탤러와 선스타인은 '대다수의 사람들에게 이득이 되는 방향으로 자유주의적 개입주의가 구현된다'고 주장하지만 그건 환상일 뿐이다. 대안은 무엇일까? 정부는 퇴직금을 굴릴 금융상품 선택을 권유하면서 개인의 자유와 보편적 상식을 바탕으로 가장 합리적인 결정을 내리도록 해주면 그만이다. 정부가 적절히 개입하되 선택의 자유를 보장해야 한다는 것이다. 다만 '자유주의적 개입주의'는 인간의 자유로운 선택에 불필요한 강요를 낳아 획일화를 조장할 수 있다는 점을 미 정부는 깨달아야 한다."[79]

nylon

1938년 9월 28일 종합화학회사 듀폰Du Pont은 석탄과 물, 공기에서 뽑아냈다는 최초의 합성섬유 나일론nylon의 제품화를 발표했다. 나일론을 발명한 사람은 유기화학자 월리스 흄 캐러더스Wallace H. Carothers, 1896~1937다. 일리노이 주립대학에서 분자결합론을 전공해 박사학위를 받은 그는 1929년 듀폰 사 기초화학 연구부장으로 입사해 나일론 개발에 심혈을 기울여 1935년 2월 16일 마침내 '폴리아미드'라는 새로운 물질을 만들었다. 폴리아미드에서 뽑혀나온 가늘고 긴 실이 바로 나일론이었다.

캐러더스는 심한 우울증으로 나일론이 세상 빛을 보기 1년 전 필라델피아의 한 호텔에서 청산가리를 먹고 자살했지만, 나일론의 발명가로

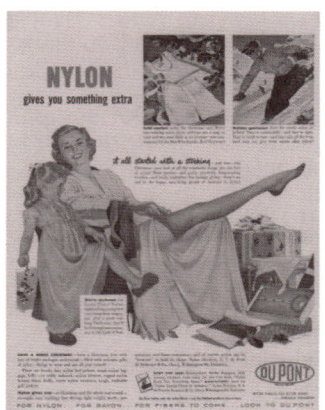

nylon stockings

이름을 남기게 되었다. 나일론nylon이란 명칭은 캐러더스의 허무한 죽음에서 따온 '니힐nihil'과 듀폰Dupont의 '온on'을 합쳐 만든 이름이다. 그런가 하면 nylon에는 아무런 뜻도 없으며, 다만 끝의 '-on'은 'cotton' 'rayon' 등과 운을 맞추기 위해 붙여진 것에 불과하다는 설도 있다.

"꿈의 섬유", "기적의 섬유", "물과 석탄과 공기로 만든 섬유", "거미줄보다 가늘고 강철보다 강한 섬유" 등으로 알려진 나일론으로 만든 최초의 상품은 칫솔모였으며, 그다음은 양말, 그다음은 여성용 스타킹이었다. 센세이션을 일으킨 것은 여성용 스타킹이었다. 스타킹은 듀폰 여비서들이 총동원되어 실험을 거친 끝에, 1940년 5월 15일 세상에 첫선을 보였다.

듀폰 사는 전국의 백화점에 나일론 스타킹이 전시된 이 날을 '나일론의 날'로 선포했다. 그날 뉴욕에선 차례를 기다리던 여성들의 기다란 줄은 판매가 시작되자마자 허물어졌고, 사들인 스타킹을 치마를 걷어붙이고 즉석에서 신는 젊은 여성의 사진이 신문을 장식했다. 기존 실크 스타킹보다 값이 2배나 비쌌지만, 발매 며칠 만에 400만 켤레, 한 해 동안 6,400만 켤레가 팔려나갔다.

나일론은 제2차 세계대전 시 낙하산, 로프, 텐트, 절연제 등 군수용품으로 광범위하게 사용되었다. 나일론 스타킹이 전쟁이 끝난 1945년 시장에 돌아왔을 때 여성들이 상점마다 몰려들어 폭동이 일어날 지경이었다. 샌프란시스코의 한 가게에서는 여성이 1만 명이나 몰려드는 바람에 유리창이 깨지고 몇몇 여성이 기절하는 사태가 빚어졌다. 한국에선 '나이롱'이란 이름으로 1953년 여름에 소개되었으며, 1963년부터 자체 생산에 들어갔다.[80]

oat

feel one's oats는 "원기왕성하다, 잘난 체하다"는 뜻이다. 보통 말은 방목을 해서 키웠지만, 경주용 말과 부자들의 말은 마구간에서 귀리oats 등 고급 사료로 키웠다. 그래서 경주용 말과 부자들의 말은 늘 원기 왕성했다. 이와 관련, 캐나다의 유머 작가인 토머스 핼리버튼Thomas C. Haliburton, 1796~1865이 1843년 이 같은 표현을 만들어냈다.[1] "Ms. Blumenthal was dancing, laughing, and feeling her oats(블루멘탈은 춤추고, 노래하고, 원기 왕성했다)."[2]

wild oats는 "젊은 시절의 방탕, 난봉", sow one's wild oats는 "난봉을 피우다, 어리석게 굴다"는 뜻이다. wild oats는 야생 귀리로 잡초와 다를 바 없는데, 어찌나 잘 자라는지 제거하기가 몹시 힘이 들었다. 누군가가 농민들의 골칫거리인 야생 귀리의 씨를 여기저기 뿌리고 다닌다고 생각해보라. 그 모습이 난봉을 부리는 것과 비슷하지 않겠느냐고 해서 생겨난 표현이다.[3]

Can you believe that our quiet, dignified grandfather sowed his wild oats when he was just out of college(우리의 조용하고, 위엄 있는 할아버지가 대학을 졸업하자마자 난봉을 피웠다는 걸 믿을 수 있겠니)?[4]

세계 10대 oat 생산국은 2013년 기준으로 ① 유럽연합 758만 톤 ② 러시아 403만 톤 ③ 캐나다 268만 톤 ④ 호주 105만 톤 ⑤ 미국 93만 톤 ⑥ 우크라이나 63만 톤 ⑦ 벨라루스 60만 톤

oat

⑧ 중국 58만 톤 ⑨ 칠레 56만 톤 ⑩ 아르헨티나 40만 톤이다.[5]

obscenity

음란淫亂이란 무엇인가? 삼성출판사에서 나온 『새 우리말 큰사전』을 찾아보다 웃고 말았다. '음란하고 난잡함'이라는 정의가 내려져 있었기 때문이다. 노골적인 동어반복이 아닌가. 또 다른 사전엔 "주색에 빠짐, 성생활이 문란함"이라고 나와 있지만, 이것 역시 만족스럽지는 않다.

무어라 '음란'의 정의를 내리든 각자 막연히 생각하는 그 어떤 것이 더 정확한 답이 아닐까? 법률적으로 정확한 개념은 내로라하는 법 전문가들 사이에서도 각자 견해가 다르거니와 또 그것이 이제부터 우리가 살펴볼 내용이므로 한두 줄로 요약할 수 있는 정의를 내리는 건 일단 보류하기로 하자.

음란은 영어로는 obscenity이고, 유사 개념으로는 외설猥褻이 있다. 앞서 언급한 『새 우리말 큰사전』에 외설은 "남녀 간 난잡하고 부정한 성행위, 또는 남의 색정色情을 자극하여 도발시키거나, 또는 자기의 색정을 외부에 나타내려고 하는 추악한 행위"라고 설명되어 있다.

용어상의 혼란은 미국에서도 심각한 것 같다. 미국의 언론법학자 돈 펨버Don R. Pember 교수는 obscene을 사전에서 찾으면 'indecent, lewd, or licentious'라고 나와 있는데, licentious를 그 똑같은 사전에서 찾으면 'lewd, or lascivious'라고 나와 있으며, lascivious는 'lewd or lustful'로 나와 있으며, lustful은 'obscene or indecent'로 나와 있어, 처음에 출발했던 지점으로 다시 돌아가게 된다고 푸념한다.[6] 어떤 콘텐츠가 obscenity에 해당하는가 하는 질문에 대해 연방대법관 포터 스튜어트Potter Stewart, 1915~1985는 이런 답을 내놓았다. "I know it when I see it(보면 안다)."[7]

아무래도 국어사전이나 영영사전으로는 안 될 것 같다. 전문가들의 해설을 들어보기로 하자. 한병구는 "음란obscenity이란 용어는 라틴어의 ob-caenum에 어원을 두고 있으며 본래 '오물'이라는 뜻으로 사용되었다. 그러나 오늘날에 와서 상영금지off-the-scene라는 의미로 사용되면서 점차 일반화되었다"며 다음과 같이 말한다.

"음란이라는 용어는 외설pornography의 의미로도 사용되고 있는데 그 원래 뜻은 동일하다고 볼 수 있다. 이에 대해 유기천은 '음란이란 용어는 독일 형법의 Unyucht의 번역에서 비롯된 것으로 구법 시대에는 외설이라고 불렀다'고 언급하고 있다. 외설, 즉 pornography라는 용어는 그리스어의 창녀pornoi와 문서graphos의 합성어로서 원래는 '매춘부에 관해서 쓴 것'이라는 뜻으로 사용되었다. 따라서 두 용어는 사실상 동일한 개념으로 쓰이고 있으나 여기에서는 음란이란 용어로 통일해서 쓰기로 한다."[8]

김병국은 "우리 형법의 음란죄에 관한 규정은 대체로 일본법을 본보기로 한 것인데 다만 용어상으로는 일본은 외설이라고 표현하고 있으나 동의어라 할 수 있다"고 밝히면서 다음과 같이 말한다.

"우리나라 구형법상의 용어도 외설이었고 일반적으로는 '외설'이라는 표현을 많이 쓰고 있으며 신문윤리실천요강이나 광고윤리실천요강에도 외설이라는 용어를 사용하고 있다. 음란이나 음란물이라는 용어는 막연한 것으로 자의적인 해석을 할 수 있는데 형법의 규정만으로는 구체적으로 음란이 무엇을 뜻하는지 표현하고 있지 않아 판례에 의할 수밖에 없으나 대체로 일본과 비슷하다."[9]

김일수는 "음란은 외설보다는 개념의 폭이 좁고 그 정도가 심하다"고 본다. 그는 "'외설'은 단지 미적·도덕적 감정을 해하는 것으로서 원초적 본능의 영역으로부터 완전히 벗어나지는 않았지만 어느 정도 해방되어 있는 상태를 지칭하는 데 반해, '음란'은 오로지 또는 주로 보는 사람들에게 성적 흥분을 자극시킬 것을 목적으로 하고, 일반적인 사회적 가치관념과 일치하는 성적 품위의 한계를 현저히 일탈한 경우를 말한다"며 다음과 같이 말한다.

"음란이라는 용어는 독일형법의 Unzucht를 번역한 말인데, 구법 시대에는 외설이란 용어를 대신 사용했다. 그러나 독일학자들은 외설Das Obszöne과 음란을 구별하여 쓴다. 사전적 의미로도 외설Obszöne은 '수치를 모르는, 무례한, 음탕한' 등의 뜻으로, 음란unzüchtig은 '성윤리에 반하는, 부도덕한' 등의 뜻으로 사용된다.……음란은 강간과 추행의 죄에 규정된 추행과도 구별되는 개념이다. '추행'은 피해자와의 관계에서 자기 또는 타인의 성욕을 자극·만족시킨다는 행위자의 주관적 의도를 개념필연적 요소로 하고 있으나, '음란'은 이러한 주관적 의도가 아니라 대상물이 일반인의 성욕을 자극·흥분시키기에 적합한 객관적인 인상·표현을 중시한다."[10]

그런가 하면 김택환은 "어떤 물건(또는 표현)이 '음란하다거나 포르노그라피'라고 말을 하면 그것은 이미 도덕적인 선악의 판단을 거친 결과"라고 지적하면서 다음과 같이 '성 표현물'이라는 용어를 쓸 것을 제안한다.

"적어도 학문적으로 판단할 때에는 이러한 도덕적 가치 판단을 전제로 하는 것보다는 객관적이고 가치중립적인 것을 대상으로 하는 것이 바람직할 것이다. 따라서 음란물이나 포르노그라피라는 용어보다는 '성 표현물sexual representation'이라는 용어가 적합하다고 생각한다. 여기서 성 표현물이란 어떤 도덕적 가치판단도 개입되지 않은 개념으로 이는 인간의 신체, 성기, 성행위 등을 외부적으로 표현한 일체의 것을 말한다. 따라서 성 표현물이라는 용어를 사용하면 성을 표현한 일체의 표현물이 포함되기 때문에 상당히 포괄적인 물건을 대상으로 고찰할 수 있다는 장점이 있다."[11]

obscenity는 '변태'라는 의미로도 쓰이는데, 슬로베니아의 철학자 슬라보이 지제크Slavoj Zizek는 북한을 가리켜 obscenity라는 단어를 썼다. 김정일 전 국방위원장이 죽었을 때 인민이 통곡하던 이미지, '김정일이 생애 첫 라운드에서 11개의 홀인원과 이글을 기록했다'는 북한의 선전을 '변태'의 예로 들었다. 그는 북한을 '겁날 정도로 기괴한 정권terrifying eccentricity'이라고도 했다. "사회주의로 봐도 이해되지 않고, 전통적 유교 사회로 봐도 이해 안 된다. 최악이었던 스탈린주의를 넘어선다. 평등주의를 주장하는 나라에서 왜 그렇게 강한 지도자가 필요한가."[12]

tungsten

ombudsman

ombudsman(옴부즈맨, 민원조사관)은 스웨덴에서 행정기관 등에 대한 민원民怨을 조사하는 사람으로, '왕의 대리인representative of the king'이란 뜻이다. 영어에 편입된 스웨덴어는 매우 드문 편인데, 가장 대표적인 단어가 바로 이 ombudsman이다. 또 하나 들자면, 텅스텐tungsten이라는 금속이다. "heavy"라는 뜻의 tung과 "stone"이라는 뜻의 sten이 합해져 만들어진 스웨덴어다.[13]

옴부즈맨 제도는 스웨덴 문화의 산물인데, 엘렌 루이스Elen Lewis는 스웨덴의 세계적인 가구업체를 다룬 『이케아, 그 신화와 진실』이라는 책에서 갈등을 두려워하고 싫어하며, 합의에 도달하는 걸 매우 중요하게 여기는 이케아의 조직문화는 "옴부즈맨이 스웨덴어라는 사실과 관련이 있을지 모른다"고 말한다.[14]

옴부즈맨의 최초 창안은 스웨덴에서 1809년에 이루어졌지만, 오늘날 이 제도는 행정권의 남용이나 부당행위로 국민의 권리나 이익이 침해되었을 때 그것을 신속하게 구제하자는 취지에서 각국에서 다양한 분야에 걸쳐 다양한 방식으로 실시되고 있다.[15]

처음으로 신문에 이 제도를 활용한 것은 미국이다. 켄터키 주 루이빌Louisville의 일간지 『쿠리에저널』이 1967년 최초로 옴부즈맨을 두었고 『워싱턴포스트』가 그 뒤를 따랐다. 프랑스에서는 『르몽드』가 1994년에 도입했으며, 오늘날 13개국에서 70여 개의 미디어가 실시하고 있다. 옴부즈맨을 '독자의 대표', '독자의 변호사', '퍼블릭 에디터public editor' 등으로 부른다. 미국 『뉴욕타임스』는 옴부즈맨을 두면 편집의 독립을 해치게 될지 모른다는 우려에서 옴부즈맨을 두는 데 반대하다 2003년 최악의 내부 스캔들을 겪고 나서 2004년에 도입했다.[16]

한국 신문들은 '옴부즈맨', '고충처리인', '시민편집인' 등 다양한 이름으로 이 제도를 운영하고 있다. 2007년 한국언론재단이 개최한 '신문옴부즈맨 현황과 발전방안' 세미나에선 이런 의견들이 나왔다. "옴부즈맨 6개월이면 같이 밥 먹을 사람이 없어진다", "옴부즈맨은 누구한테도 칭찬을 못 받는, 사주나 편집인한테도 칭찬을 못 받는 자리임에 틀림이 없고 그 역할을 분명히 수행하는 것이 결국 모든 사람한테 욕먹는 자리다", "언론의 특성은 남을 헤집고 파헤치는 것인데, 언론종사자들은 본인이 헤집어지는 것을 굉장히 싫어한다."[17]

once

once는 "일단 ~하면, ~하자마자"란 뜻이다. Once a beggar, always a beggar(동냥질 사흘 하면 그만두지 못한다). Once you start, you must finish it(일단 시작했으면 끝장을 내야 한다). Once back in Korea, I found myself busy with the work(한국에 돌아오자마자 그 일로 매우 바빠졌다).[18]

Once bitten, twice shy(자라 보고 놀란 가슴 솥뚜껑 보고 놀란다). 뱀에 물린 사람이 풀밭만 보아도 놀란다는 말에서 나온 표현으로 이해하면 되겠다. 19세기 중반부터 쓰인 속담이다. A burnt child dreads the fire라는 속담도 같은 뜻이다. shy엔 "잘 놀라는, 겁 많은"이란 뜻도 있다. He is shy of telling the truth(그는 사실을 말하길 꺼리고 있다).[19]

give a person the once-over는 "~를 피상적으로 조사하다"인데, once-over는 "대충 훑어봄, 대체적인 조사(평가)", once-over-lightly는 "피상적(대체적)인 조사, 임시변통의 겉치레뿐인"이란 뜻이다. 20세기 초 미국에서 만들어진 말이다.[20] I gave them a once-over, but they weren't much help(대충 한 번 훑어보았는데 참고는 되지 않았다). They probably thought I was too young to give anybody the once-over(어쩌면 내가 누군가를 대체적으로 평가하기에는 아주 젊다고 생각했는지도 몰라). She gave the room where she had lived for a long time a once-over before left(그녀는 떠나기 전에 오랫동안 살아온 방을 대충 훑어보았다). The cop gave the woman the once-over(경찰은 여자를 한 번 훑어보았다).[21]

once and for all은 "딱 잘라서, 단호히, 최종적으로"란 뜻이다. We are trying to resolve that conflict once and for all(우리는 그 논쟁을 최종적으로 해결하려고 노력 중이다). I want to stop this once and for all(나는 이것을 완전히 끝내고 싶다). It will be gone once and for all(그것은 영원히 사라질 것이다). I'm warning you once and for all. Don't ever do anything like that again(마지막으로 경고하는데 다시는 그런 짓 하지 마라).[22]

once-in-a-lifetime은 "일생에 한 번의"란 뜻이다. It was a once-in-a-lifetime opportunity(그것은 평생 한 번밖에 없는 기회였다). 미국 시인 헨리 워즈워스 롱펠로Henry Wadsworth Longfellow, 1807~1882

는 "Youth comes but once in a lifetime(청춘은 일생에 한 번밖에 오지 않는다)"이라고 했다.

opportunity

"Opportunity knocks but once(기회는 두 번 오지 않는다)"라는 말이 있다. 옛날부터 누구에게든 성공의 기회가 한 번은 있다는 속설에서 유래된 말이다. 기회는 사람의 집을 방문해 문을 두드리지만, 단 한 번밖에 두드리지 않기 때문에 그걸 놓친 사람은 기회를 잃게 된다는 이야기다. 그래서 Opportunity never knocks twice라고도 한다.[23] 그러나 반대로 "There's always a next time(반드시 다른 기회가 있는 법이다)"이라는 속담도 있고, 기회의 성격이 무엇이냐에 따라 "Opportunity makes the thief(틈을 주면 마가 낀다)"라는 속담도 있다.

사정이 그와 같으니, opportunity에서 opportunism(기회주의)과 opportunist(기회주의자, 기회주의적인)란 단어들이 파생된 것은 당연한 일이다. 기회주의는 좋지 않은 의미로 쓰이지만, 기업 경영에선 꼭 그렇지도 않다. 1981년에서 2001년까지 제너럴 일렉트릭의 CEO를 지낸 잭 웰치Jack Welch, 1935~는 '계획적 기회주의planful opportunism'의 필요성을 역설했다. 노엘 티치Noel M. Tichy와 스트래트포드 셔먼Stratford Sherman은 『당신의 운명을 지배하라Control Your Own Destiny or Someone Else Will』(1993)에서 그 개념을 다음과 같이 설명한다.

"기업경영을 상세하게 짜인 전략에 맡기는 대신 웰치는 단지 분명한 목표를 광범위하게 설정하는 것이 더 중요하다고 믿었다. 그리고 단지 사람들로 하여금 그러한 목표를 더욱 진전시키기 위한 기회들을 자유롭게 잡도록 했다. 몰트케Johannes von Moltke의 작품을 읽고 난 후 계획적 기회주의가 그의 마음속에 분명하게 자리잡았다. 몰트케는 환경은 불가피하게 변화하기 때문에 상세한 계획은 항상 실패한다고 주장했던, 유명한 군사 전략가 클라우제비츠Karl von Clausewitz에 영향받은 19세기 프러시아의 장군이다."[24]

"To direct an institution nowadays you have to be an opportunist. You have to use every social situation to think about fund-raising and social contacts(조직을 이끌려면 기회주의자가 되어야 한다. 돈을 끌어모으고 줄을 대기 위해 모든 사회적 상황을 이용해야만 한다)." 미국 뉴욕의 현대예술박물관 관장 마샤 터커Marcia Tucker의 말이다. 같은

Johannes von Moltke

맥락에서 미국 바드 칼리지Bard College 총장 레온 보스타인Leon Bostein은 "총장 일을 잘하려면 돈을 얻어오기 위해 아첨꾼과 거지 노릇을 해야 한다"고 말했다. 경제학자 로버트 라이히Robert Reich가 오늘날 경쟁이 치열해진 신경제 체제하에서 '리더십'은 '코트십courtship(구애)'으로 바뀌었다며 소개한 사례들이다.[25] opportunity에 관한 명언을 5개만 감상해보자.

(1) A wise man makes more opportunities than he finds(현명한 사람은 자신이 발견하는 이상의 기회를 만들어낸다). 영국 철학자 프랜시스 베이컨 Francis Bacon, 1561~1626의 말이다.

(2) Ability is of little account without opportunity(기회가 없다면 능력이란 아무것도 아니다). 나폴레옹 보나파르트Napoleon Bonaparte, 1769~1821의 말이다.

(3) The secret to success is to be ready when opportunity comes(성공의 비결은 기회가 올 때를 위해 대비하는 것이다). 영국 정치가이자 작가인 벤저민 디즈레일리Benjamin Disraeli, 1804~1881의 말이다.

(4) The pessimist sees difficulty in every opportunity. The optimist sees opportunity in every difficulty(비관주의자는 기회가 와도 어려움을 찾아내고 낙관주의자는 어려움이 닥쳐도 기회를 찾아낸다). 영국 정치가 윈스턴 처칠Winston Churchill, 1874~1965의 말이다.

(5) It is less important to redistribute wealth than it is to redistribute opportunity(부의 재분배보다는 기회의 재분배가 중요하다). 미국 정치가 아서 반덴버그Arthur H. Vandenberg, 1884~1951의 말이다.

optimism

흡연자들은 내심 이런저런 이유를 들어 자신이 폐암에 걸릴 가능성을 낮게 평가하며, 운전자 역시 자신이 교통사고가 날 가능성을 낮게 평가하는 경향이 있다. 그 밖에도 사람들은 자신이 범죄의 피해자가 될 가능성, 사업에 실패할 가능성을 낮게 보는 경향이 있는데, 이걸 가리켜 optimism bias(낙관주의 편향성)라고 한다.[26]

세인트루이스 워싱턴 대학 로스쿨 교수인 브라이언 타마나하Brian Z. Tamanaha는 2012년에 출간한 『로스쿨은 끝났다Failing Law Schools』에서 로스쿨 지망생들의 '낙관주의 편향성'에 대해 다음과 같이 말한다.

"로스쿨 학생들은 최고 연봉 변호사로 취직할 확률이 평균 10퍼센트나 5퍼센트밖에 안 된다는 걸 알면서도, 자기 확률은 그보다 높을 것이라고 생각하는 경우가 많다. 로스쿨에는 노력을 통해 좋은 성적을 받는 데 익숙한 우수한 학생들이 많다. 따라서 다른 동기생들도 자기만큼 똑똑하고 열심히 공부한다는 사실을 (로스쿨에 들어와서 직접 보기 전까지) 정확히 모른 채 지금까지 해온 대로 열심히 하면 보상을 받을 것이라고 쉽게 생각한다. 일단 로스쿨에 오면, 지금까지의 성공 확률을 기대하기 어렵다는 걸 깨닫지만, 때는 이미 늦었다."[27]

Panglossianism은 '못 말리는 낙천주의',

Panglossian은 '한없이 낙천적인 (사람)'을 뜻한다. 프랑스 사상가 볼테르Voltaire, 1694~1778가 독일의 수학자이자 철학자인 고트프리트 라이프니츠Gottfried Wilhelm von Leibniz, 1646~1716의 맹목적 낙관주의 개념을 조롱하기 위해 쓴 풍자 소설 『캉디드Candide』(1758)에 등장하는 인물 Pangloss에서 나온 말이다.[28]

"The optimist's cup is half full; the pessimist's cup is half empty(낙관주의자의 컵은 반이 찬 것이지만, 비관주의자의 컵은 반이 빈 것이다)"라는 말이 있다. 또 "A pessimist thinks there's nothing so bad it can't get worse; an optimist thinks there's nothing so good it can't get better(비관주의자는 나쁜 일이 생기면 더 나쁜 일이 생길 것이라 생각하는 반면, 낙관주의자는 좋은 일이 생기면 더 좋은 일이 생길 것이라 생각한다)"라는 말도 있다. 과연 이처럼 낙관주의자와 비관주의자는 서로 영원히 만날 수 없는 걸까? optimism에 관한 명언을 7개만 감상하면서 생각해보기로 하자.

(1) There is no sadder sight than a young pessimist, except an old optimist(젊은 비관주의자도 가관이지만 그보다 비극적인 건 늙은 낙관주의자다). 미국 작가 마크 트웨인Mark Twain, 1835~1910의 말이다.

(2) Optimist: a proponent of the doctrine that black is white(낙관주의자는 흑을 백이라고 주장하는 사람이다). 미국 독설가 앰브로즈 비어스Ambrose Bierce, 1842~1914의 말이다.[29]

(3) An optimist is a man who has never had much experience(낙관주의자는 충분한 경험을 갖지 못한 사람이다). 미국의 유머리스트 돈 마키스Don Marquis, 1878~1937의 말이다.

(4) We cannot afford to start a crusade against every pimple on the face of American optimism(우리는 미국적 낙관주의라는 얼굴에 난 모든 여드름에 반대하는 개혁운동을 벌일 수는 없다). 미국 칼럼니스트 월터 리프먼Walter Lippmann, 1889~1974이 사회운동을 하던 청년시절인 1911년 감상적인 개혁주의자들을 비판하면서 한 말이다.[30]

(5) Optimism is the opium of the people(낙관주의는 인민의 아편이다). 체코 작가 밀란 쿤데라Milan Kundera, 1929~의 말이다.

(6) Perpetual optimism is a force multiplier(지속적인 낙관주의는 힘을 증강시킨다). 걸프전의 흑인 영웅으로 조지 W. 부시 행정부의 국무장관을 지낸 콜린 파월Colin Powell, 1937~의 말이다.[31]

(7) It's not enough to clear away the weeds and underbrush. If you want roses, you have to plant a rose(잡초나 덤불을 제거해주는 것만으론 충분치 않다. 장미를 원한다면 장미를 심어야 한다).

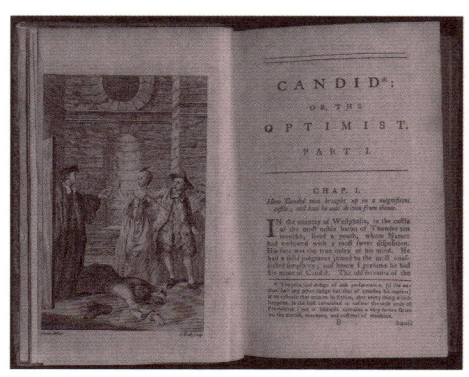

『Candide』

2009년 3월 미국 펜실베이니아 대학의 긍정심리학자인 마틴 셀리그먼Martin Seligman, 1942~이 한 말이다. 그는 '긍정과 낙관'의 사람이 되려면 슬프고 고통스러운 감정을 없애는 것이나 잘못된 것을 바꾸고 비판을 해소하는 것만으로 부족하다고 주장한다. 약점의 개선을 넘어 강점을 키우는 등 건설적이고 생산적인 일을 해야 한다는 것이다. [참고 pessimism]

orchestra pit

Orchestra Pit Theory

orchestra pit은 orchestra box라고도 한다. 오페라 등을 공연하는 극장에서 오케스트라는 무대의 전면 풋라이트 바로 앞에 바닥을 낮추어서 설치된다. 미국 방송업계엔 '오케스트라 박스 이론Orchestra Pit Theory'이라는 게 있다. 24시간 케이블 뉴스 채널 〈폭스뉴스Fox News Channel〉의 사장인 로저 에일스Roger Ailes, 1940~가 만든 이론이다. 에일스는 다음과 같이 말한다.

"무대에 두 사람이 있다. 한 사람은 '나는 중동 문제를 해결할 방법을 알고 있다'고 말하는 반면, 한 사람은 오케스트라 박스로 떨어진다. 누가 저녁 뉴스에 나가야 한다고 생각하는가?" 에일스의 생각에 따르면, 당연히 오케스트라 박스로 떨어진 사람이다. 정치 뉴스의 선정주의를 옹호하는 이론이다. 물론 이는 폭스뉴스가 성공할 수 있었던 주요 이유이기도 하다.[32]

에일스는 정치적 엔터테인먼트 감각이 뛰어난 인물이었다. 그의 전기를 쓴 커윈 스윈트Kerwin Swint는 다음과 같이 말한다. "로저 에일스를 이해하기 위해선 그가 '뉴스맨'이라기보다는 '쇼맨'이라는 사실을 알아야 한다. 무엇보다도 그는 엔터테인먼트 프로듀서로서 그의 고객들이(정치, 기업, 방송 분야의) 멋진 쇼를 공연해 청중의 마음을 얻을 수 있게끔 하는 방법을 가르치는 데 매우 뛰어나다."[33]

에일스가 추진한 엔터테인먼트 코드의 핵심은 퍼스낼리티 의존 전술을 극단으로 밀고간 '뉴스의 스타 시스템'이었다. 물론 '뉴스의 스타 시스템'은 이미 지상파 방송사들의 앵커갠 체제로 자리를 잡은 것이었지만, 〈폭스뉴스〉의 스타 시스템은 스타를 뉴스의 틀에 가두지 않고 토크쇼 형식으로 뉴스 스타를 거의 할리우드 스타에 근접하게끔 만들었다는 데 그 특징이 있었다.[34]

〈폭스뉴스〉의 선도하에 24시간 뉴스 채널들의 편성 비율에서 토크쇼 비중은 2002년부터 정규 뉴스 프로그램 시간을 압도했다. 이런 '뉴스의 토크쇼'는 격감하는 뉴스 시청자들을 다시 불러들이는 데 결정적 기여를 했다.[35] 에일스의 방송철학을 공유하는 편성 수석 부사장 쳇 콜리어Chet Collier는 자신의 역할에 대해 이렇게 말했다. "내 일은 뉴스가 최대한의 흥분을 불러일으키게끔 감독하는 것이었다My job was to see that the news was presented with the most excitement."[36]

〈폭스뉴스〉의 토크쇼 형식의 프로그램들은 시청률 상위 5위 케이블 뉴스 토크쇼에 4개나 오를 정도로 높은 인기를 누렸다. 〈폭스뉴스〉 진행자들은 대부분 엔터테인먼트 배경이 있는 사람들이었으며, 특히 매력적인 블론드 여성이 많았다. 〈폭스뉴스〉의 주요 시청자가 대부분 남성이라는 점을 고려한 것이다. 반면 외부 출연자는 압도적 다수를 보수 인사들로 선정함으로써 엔터테인먼트와 당파성의 자연스러운 결합을 시도했다. 다른 프로그램들도 전반적으로 이른바 인포테인먼트infotainment 위주인지라, 〈폭스뉴스〉는 '타블로이드 TVTabloid TV'의 압권을 보여 주었다는 평가를 받았다.[37]

orientation

오리엔트orient는 라틴어의 오리엔스oriens에 해당하는 말로 '해돋이', '해가 뜨는 방향'이란 뜻에서 발전하여 '동방' 또는 '동양the East'을 의미하게 되었다. 이에 비해 해가 지는 서방은 옥시덴스occidens로 여기서 나온 옥시덴트occident는 '서방' 또는 '서양the West'을 의미한다. 고대부터 서양인들은 오리엔트, 즉 동양을 지중해를 경계로 하여 그 동쪽을 가리키는 용어로 사용해 왔다.[38]

orientation(오리엔테이션)은 "(목표하는) 방향, 지향, (신입생, 신입사원 등의) 초기 지도"를 뜻한다. 십자군 전쟁 때에 서양의 기독교 전사들이 행군할 때의 방향 지침도 '성지聖地: Holy Land'가 있는 동쪽이었다. 중세 시대의 모든 성당은 건물의 긴 축이 동서로 놓이는 동시에 제단이 동쪽을 향하게끔 지었다. 신앙심이 두터운 사람들은 죽기 전 자기 시체의 발끝이 동쪽을 향하게끔 묻어달라고 요청했다. 1775년경 지도 제작자들은 동쪽을 십자가로 표시했다. 이런 배경에서 orientation이 오늘날과 같은 뜻을 갖게 된 것이다.[39]

disorientation은 "방향 감각 상실, 혼미", disorientate는 "방향 감각을 잃게 하다"는 뜻이다. The darkness had disorientated him(어둠 때문에 그는 어디가 어딘지 알 수가 없었다). But it's a good kind of disorientation(하지만 그것은 좋은 종류의 혼란이다). Morris was so stunned by this that he experienced a moment of total disorientation(모리스는 이것 때문에 너무 놀라서 순간 정신이 완전히 멍해지는 것을 경험했다).[40]

outlier

outlier는 "본체에서 분리되거나 따로 분류되어 있는 물건, 표본 중 다른 대상들과 확연히 구분되는 통계적 관측치, 각 분야에서 큰 성공을 거둔 탁월한 사람"이란 뜻이다. 우리는 아웃라이어들의 성공 이유를 그들의 타고난 재능으로 돌리는 경향이 있는데, 맬컴 글래드웰Malcolm Gladwell의 『아웃라이어Outliers: The Story of Success』(2008)는 이런 상식에 이의를 제기하면서 "그들의 역사를 구분 짓는 진정한 요소는 그들이 지닌 탁월한 재능이 아니라 그들이 누린 특별한 기회이다"라고 주장한다.[41]

그의 문제의식은 이런 것이다. "We prematurely write off people as failures. We are too much in awe of those who succeed and far too dismissive of those who fail(우리는 사람들에게 너무 성급하게 실패의 딱지를 붙인다. 또한 우리는 성공한 사람은 지나치게 추앙하는 반면, 실패한 이들은 가혹하게 내버린다)."[42]

인류 역사상 가장 부유한 75인의 명단엔 19세기 중반에 태어난 미국인이 14명이나 포함되어 있다. 우리도 이름을 잘 아는 존 D. 록펠러(1839년생), 앤드루 카네기(1835년생), J. P. 모건(1837년생) 등 14명은 모두 1830년대에 출생했다. 왜 그럴까? 1860년대와 1870년대에 미국 경제가 역사상 가장 큰 변화를 겪었다는 사실에 주목할 필요가 있다. 그 시기에 철도가 건설되기 시작했고 월스트리트가 태어났으며, 전통적인 경제를 지배하던 규칙이 무너지고 새로운 규칙이 만들어졌다. 누군가가 1840년대 후반에 태어났다면 그는 이 시기의 이점을 누리기엔 너무 어리고, 반대로 1820년대에 태어났다면 너무 나이가 많다.[43]

개인컴퓨터 혁명의 역사에서 가장 중요한 해는 1975년이다. 이 혁명의 수혜자가 되려면 1950년대 중반에 태어나 20대 초반에 이른 사람이 가장 이상적이다. 실제로 미국 정보통신 혁명을 이끈 거물들은 거의 대부분 그 시기에 태어났다. 빌 게이츠, 스티브 잡스, 에릭 슈미트 등은 1955년생이며 다른 거물들도 1953년에서 1956년 사이에 태어났다.[44] 이런 사실들을 거론하면서 글래드웰이 던지고자 하는 메시지는 다음과 같은 것이다.

"The sense of possibility so necessary for success comes not just from inside us or from our parents. It comes from our time; from the particular opportunities that our particular place in history presents us with(성공에 반드시

John D. Rockefeler

필요한 기회가 늘 우리 자신이나 부모에게서 오는 것은 아니다. 그것은 우리가 살고 있는 시대에서 온다. 역사가 우리에게 보여주는 특정한 시간과 공간 속의 특별한 기회에서 오는 것이다."[45]

그래서 어쩌자는 건가? 성공하지 못한 것에 대해 주눅들지 말자는 것이다. 그러나 노력은 필요하다는 취지로 그는 미국의 신경과학자 다니엘 레비틴Daniel Levitin, 1957~의 말을 소개한다. "Ten thousand hours of practice is required to achieve the level of mastery associated with being a world-class expert in anything(어느 분야에서든 세계 수준의 전문가, 마스터가 되려면 1만 시간의 연습이 필요하다)." 1만 시간은 대략 하루 세 시간, 일주일에 스무 시간씩 10년간 연습한 것과 같다.[46]

글래드웰이 던지고자 하는 메시지는 바로 이것이다. "Success is a function of persistence and doggedness and the willingness to work hard for twenty-two minutes to make sense of something that most people would give up on after thirty seconds(성공은 대개 보통 사람이 30초 만에 포기하는 것을 22분간 붙잡고 늘어지는 끈기와 지구력, 그리고 의지의 산물이다)."[47]

outsourcing

outsourcing(아웃소싱, 외부 하청)은 기업의 군살빼기를 위한 다운사이징downsizing(조직 축소)의 일환으로 생산·유통·고객 서비스 등 조직의 일부 기능을 외부로 돌려 하청을 주는 걸 말한다. 이는 경영혁신 아이디어로 나온 것이긴 하지만 비정규직을 양산하는 많은 사회적 문제를 낳고 있다.

국내가 아닌 해외에서 아웃소싱 하는 걸 가리켜 '글로벌 소싱global-sourcing' 이라고 한다. 외국 기업의 아웃소싱 일감을 하청받던 인도의 정보기술IT 업체들이 최근엔 발주기업이 많은 해외로 사무소나 콜센터를 옮기고 있는데, 이는 아웃소싱을 하려는 고객 가까이로 옮긴다는 뜻에서 '니어소싱near-sourcing' 으로 불린다.

2005년 론 하이라Ron Hira와 애닐 하이라Anil Hira 형제 교수가 출간한 『미국을 아웃소싱하기Outsourcing America』는 외국인들에게 밀려난 미국 노동자들의 재취업 실적은 참담하며, 아웃소싱이 미국의 초강대국 위상을 급속히 잠식하고 있다고 주장했다.

미 중앙정보국이 테러 용의자들을 체포한 뒤 이들을 고문이 횡행하는 제3국에 넘겨 조사를 받게 하는 '아웃소싱'을 한 것으로 드러났다. 『뉴욕타임스』 2005년 3월 6일자는 9·11 테러 이후 CIA가 외국에서 붙잡은 테러 용의자 중

100~150명을 고문이 자행되는 이집트·시리아·사우디아라비아·요르단 등 제3국으로 넘겨 조사받도록 했다고 보도했다. 『뉴욕타임스』 2005년 5월 1일자는 대표적 고문 아웃소싱 국가로 우즈베키스탄을 지목하면서, 미 국무부가 2004년 7월 미흡한 인권 실태 개선을 이유로 우즈베키스탄에 대한 경제·군사원조 1,800만 달러를 삭감한다고 발표하자, 다음 달 우즈베키스탄을 방문한 미 합참의장 리처드 마이어스Richard Myers, 1942-는 생물학 무기 제거 지원을 명분으로 2100만 달러를 제공할 것이라고 밝혔다고 보도했다.

미국 『로스앤젤레스타임스』 2007년 10월 20일자는 부시 행정부가 안보 분야까지도 아웃소싱에 의존하고 있고, 이를 맡은 민간기업에서 문제가 속출하는데도 꼬박꼬박 돈만 지불하는 기계 노릇을 하고 있다고 비판했다.[48]

그간 아웃소싱은 비용 절감을 위해 콜센터·전산電算 등 특정 부문을 송두리째 뜯어내 외부 전문 공급업체vendor 한 곳에 위탁하는 묶음형bundle 계약 중심이었는데 특정 부문의 비용절감뿐 아니라 기업 전체적인 경쟁력 향상도 함께 추구하겠다는 뜻으로 아웃소싱 대상 부문을 보다 세분화하고 복수의 공급업체를 활용하는 것은 멀티소싱multisourcing이라고 한다.[49]

insourcing은 전에 아웃소싱을 주었던 분야들 가운데 일부를 통제력을 강화해 경쟁력 차별화를 기하기 위해 수직적 통합 전략의 일환으로 다시 회사 내부로 가져오는 것을 말한다. back-sourcing이라고도 한다. remote insourcing은

outsourcing

물리적으론 떨어진 곳에서 작업이 이루어지더라도 영상통화 등의 기술을 이용해 사실상 인소싱의 효과를 내는 걸 말한다.[50]

co-sourcing은 아웃소싱의 위험성을 줄이고 투명성과 통제력 강화를 위해 아웃소싱에 내부 인력을 참여시키는 방식을 말한다.[51] home-sourcing은 직원들은 재택근무 형식으로 일하게 하는 걸 말하며, homeshoring이라고도 한다.[52] smallsourcing은 개인이나 소기업의 아웃소싱으로, 이런 작은 아웃소싱이 해외에서 이루어질 때는 personal offshoring이라고 한다.[53]

[참고 crowdsourcing]

outsourcing의 동의어 비슷하게 쓰이는 단어가 offshoring인데, 둘의 차이는 '국경'에 있다. 아웃소싱은 국내에서도 할 수 있지만, 오프쇼링은 국외로 나가는 것이다. 기업 자체가 핵심적인 것을 국외로 이전할 때, 그것은 오프쇼링이

지만 아웃소싱은 아니다. 기업의 일 일부를 외국으로 보냈을 때는 아웃소싱이자 오프쇼링이 되는 것이다. 따라서 오프쇼링은 기업들이 경비를 절감하기 위해 생산·용역·일자리를 해외로 내보내는 현상이며, 아웃소싱의 한 형태로 정의할 수 있다.

nearshoring은 인근 국가에서 진행하는 아웃소싱이다. 미국이 아웃소싱을 위해 캐나다나 중남미를 찾을 경우 그게 바로 니어쇼링이다. inshoring은 아웃소싱을 국내에서 하는 걸 말한다. 오프쇼링이 자체적으로 설정한 기준에 잘 맞춰 이루어졌느냐에 따라, 성공적인 오프쇼링을 가리켜 bestshoring 또는 rightshoring이라고 한다. 오프쇼링을 했다가 다시 자국으로 돌아오는 걸 가리켜 re-shoring 또는 backshoring이라고 한다.[54] 오프쇼링의 반대는 인쇼링inshoring이며, 온쇼링onshoring이라고도 한다. 애초부터 외국에 있던 사업 기능을 국내로 들여오는 걸 말한다.[55]

미국에서의 re-shoring과 관련, 『조선일보』(2013년 7월 3일)는 "지난 몇 년 새 미국 제조업체들의 본토 회귀回歸가 크게 늘었다.…… '미국에서 다시 한 번 제조업 르네상스가 일어나고 있다'는 말도 나온다. 2010~2012년에 미국의 유턴 기업들이 만들어낸 일자리가 3만 5,000~5만 개에 이른다고 한다"며 다음과 같이 말했다.

"우리도 해외로 나간 대기업들이 돌아올 수 있을까. 지난 27일 국회에서 '해외 진출 기업의 국내 복귀에 관한 법률', 이른바 '유턴 기업 지원법'이 통과됐다. 미국·유럽·일본 등 선진국도 자국 기업의 복귀를 지원하는 정책을 펴고 있지만 이를 법제화한 것은 우리가 처음이다. 선진국보다 훨씬 다양하고 화끈한 지원책을 내놨다. 그러나 보석 가공 업체를 비롯한 일부 중소기업이 유턴 의사를 밝히고 있을 뿐 대기업은 무반응이다. 삼성전자가 8조 원을 들여 중국 시안에 대규모 반도체 공장을 짓고 있고, 현대·기아차 역시 중국 공장 신·증설을 검토하는 등 국내로 돌아오는 게 아니라 해외로 나간다는 소식만 들린다."[56]

Oxbridge

Oxbridge(옥스브리지)는 영국의 양대 명문대학인 옥스퍼드Oxford와 케임브리지Cambridge 또는 그 대학 출신을 가리키는 말이다. 풍자로 유명한 영국 소설가 윌리엄 메이크피스 새커리William Makepeace Thackeray, 1811~1863가 1848년에서 1850년까지 연작한 『펜데니스Pendennis』에서 처음 쓴 말이다. 옥스퍼드가 1167년, 케임브리지가 1209년에 개교해, 개교 순서에 따라 Oxbridge라고 한 것 같은데, 케임브리지 대학 측에선 '옥스브리지' 대신 '캠퍼드Camford'로 불러보려고 애를 썼지만, 옥스브리지로 정착되고 말았다.[57]

영국 저널리스트 월터 엘리스Walter Ellis는 『옥

Oxbridge

랜드의 옷감 생산업자들이 기발한 아이디어를 냈다. 자기들 기준으로 '세계 4대 대학'의 이름을 붙인 옷감을 만들어 팔자는 것이었다. 그렇게 해서 나온 게 Oxford, Cambridge, Harvard, Yale이었는데, 이 네 가지 중 오직 oxford만이 살아남아 인기를 누리고 있다.⁶¹

스브리지의 음모The Oxbridge Conspiracy』(1994)라는 책에서 옥스브리지의 자기도취와 우월감 때문에 영국이 유럽에서 2등 국가로 전락했다고 비판했다. 엘리스는 "옥스브리지 출신들은 고급 관료직을 선호하고, 관리하며 지휘하고자 할 뿐, 제조하고 생산하는 일은 거들떠보지 않는다"면서 옥스브리지 출신의 오도된 엘리트주의와 고급 관료직을 선호하는 경향에 대해 비판했다.⁵⁸

Oxbridge는 여러 파생어를 낳았다. Loxbridge는 3개 대학London, Oxford, Cambridge을 가리키는 말이고, Doxbridge는 4개 대학Durham, Oxford, York, Cambridge 사이에서 매년 벌어지는 스포츠 경기를 가리키는 말이고, Woxbridge는 3개 대학Warwick, Oxford, Cambridge의 경영대학들이 공동으로 개최하는 연례 세미나를 가리키는 말이다.⁵⁹

Oxbridge와 런던 소재 대학들Imperial College London, University College London, London School of Economics, and Kings College London이 영국 대학들 가운데 가장 많은 연구비를 받는 특혜를 누리는 현상을 가리켜 Golden Triangle이라고 부른다.⁶⁰

oxford는 "셔츠용 면 옷감"이다. 대학생이라면 거의 예외 없이 면 셔츠를 입던 시절, 스코틀

oxymoron

oxymoron(모순어법)은 상반된 어휘가 강조 효과를 위해 함께 사용된 수사법으로, '옥시모론'이라는 말 자체가 그리스어로 'sharp dull'이라는 뜻으로 그 자체가 모순이다. 날카로우면서 둔하다? 똑똑한 바보로 의역을 할 수 있는데, 이 야말로 상호모순되는 말이 아닌가.⁶²

예컨대, 사이먼 앤드 가펑클Simon & Garfunkel의 〈침묵의 소리The Sound of Silence〉(1964)라는 노래의 제목을 보자. 침묵에 무슨 소리가 있단 말인가? 모순이긴 한데, 가사 내용을 음미해보면 깊은 뜻이 있다. 존 F. 케네디 대통령의 암살 사건에 자극을 받아 만든 노래라는 걸 알면 더욱 그렇게 느껴진다. 물론 모순어법이 노리는 것도 바로 그런 것이다.

"And in the naked light I saw/Ten thousand people, maybe more/People talking without

oxymoron

speaking/People hearing without listening/People writing songs that voices never share/And no one dare/Disturb the sound of silence."

"그 환한 불빛 속에서 나는 수많은 사람을 보았지/소리 내어 말하지 않지만 속마음을 말하는 사람들을/듣는 척 하지만 건성으로 듣는 사람들을/소리 내어 부르지 않는 노랫말 짓는 사람들을/아무도 감히 '침묵의 소리'를 막지 못하네."

이윤재는 '침묵의 소리'를 예로 들면서 모순어법 예찬론을 편다. "모순어법은 활발한 두뇌 활동의 결과물이다. 서로 양립할 수 없는 단어를 결합시켜 우리를 더 높은 진리의 세계로 안내한다. 동서고금을 막론하고 다양하게 사용된 모순어법은 사고의 폭도 한없이 넓혀준다. 삶의 부조리를 포착하는 통쾌한 '말놀이'를 통해 인생의 묘미를 느껴보자."[63]

셰익스피어가 로미오와 줄리엣에서 구사한 '달콤한 슬픔'이나 충무공의 명문구 '필사즉생 필생즉사 必死卽生 必生卽死(죽으려고 하면 반드시 살고 살려고 하면 반드시 죽는다)'도 모순어법이다. 이런 사례는 '우둔한 천재', '시원섭섭함', '천둥과 같은 침묵', '침묵시위', '침묵은 금이요, 웅변은 은이다', '덜 받는 것이 득이다', '급할수록 천천히' 등 무수히 많다.[64]

조용필의 노래 "웃고 있어도 눈물이 난다"도 모순어법이요, 헤겔의 역사적 경구 "우리가 역사에서 배우는 것은, 우리가 역사에서 아무것도 배우지 않고 있다는 사실이다"도 모순어법이다.[65] '미운 정', '더러운 정'이라는 말도 모순어법이다.

'냉전'은 미국 칼럼니스트 월터 리프먼이 만들어낸 단어다. 이것도 '모순어법'의 대표적 예다. 전쟁은 뜨거운 법인데, '차가운 전쟁'이라니 그게 말이 되나? 상식적으로 도저히 어울리지 않는 두 단어를 결합시켜 새로운 의미를 창출해내는 데 모순어법의 묘미가 있다.

로버트 하일브로너 Robert L. Heilbroner, 1919~2005는 좌파 급진경제학자 가운데 대표적 인물이었지만 자신을 '급진적 보수주의자'라고 불렀다. 무슨 놈의 수식을 하든 보수면 보수지, '급진적 보수'라니! 그렇게 짜증낼 일은 아니다. '급진적 보수'는 '따뜻한 보수'니 '온정적 보수'니 하는 말장난과는 다르다. 하일브로너의 설명은 이렇다.

"자본주의를 역사적 조건과 끊임없는 변화의 과정 속에서 보고, 사회주의라고 불리는 평등을 향한 여러 변화를 지지한다는 점에서 나는 급진주의자다. 그러나 제도적 변화로 모든 문제가 해결될 것이라고는 믿지 않는다는 점에서는 보수주의자다."[66]

이 말 속에 의미심장한 뼈가 있다. 하일브로너

는 실천과 실행의 어려움을 이야기하고 있다. 머릿속에서야 무슨 혁명과 개혁인들 못하랴. 그걸 현실세계에서 성공시키기 위해 어떤 자세를 취할 것인가? 여기에서도 열정과 당위 일변도로 나간다면 그 사람은 '급진적 급진'이요, 차갑고 지혜롭게 접근한다면 '급진적 보수'라 할 수 있다.

그 반대도 가능하다. 보수 가치를 옹호하기 위해 과감한 개혁을 주장하는 이가 있다면, 그 사람은 '보수적 급진'이라 부를 수도 있으리라. 보수 가치를 옹호한답시고 죽으나 사나 보수만 붙들고 늘어진다면, 이는 '보수적 보수'라 할 만하다.

한국엔 '급진적 급진'이라 할 만한 정치세력은 없지만, 한국 실정에 맞게 상대적 개념으로 이해하면 우리에게도 시사하는 바가 없지 않다. 우리는 한국사회의 이념 갈등을 '보수-진보'의 이분법으로 보려는 경향이 있다. 그러나 그런 이분법은 '급진적 급진'과 '보수적 보수' 사이의 '적대적 공존'만을 강화시킬 뿐이다. 둘 사이에 존재하는 '급진적 보수'와 '보수적 급진'을 죽이기 십상이다.

한국 사회의 이념 갈등은 자기 존재 증명에 급급하다. 남들에게 보여주기 용도가 우선이라는 뜻이다. 결과보다는 의도가 중요하게 여겨진다. 성공에 신경 쓰면 성과주의라고 욕먹는다. 의도만 앞세우다 실패해도 변명거리는 많다. 수구 기득권 세력이나 좌파의 저항·방해공작 때문이라는 모범답안이 준비되어 있다. 그 모범답안은 상대편에 대한 적대감을 키우고 우리 편의 결속을 다지는 데 매우 유용하다. 이념 갈등이 원래의 뜻과는 무관하게 양쪽의 '기싸움'이나 '밥그릇 싸움'으로 전락하는 이유가 바로 여기에 있다.

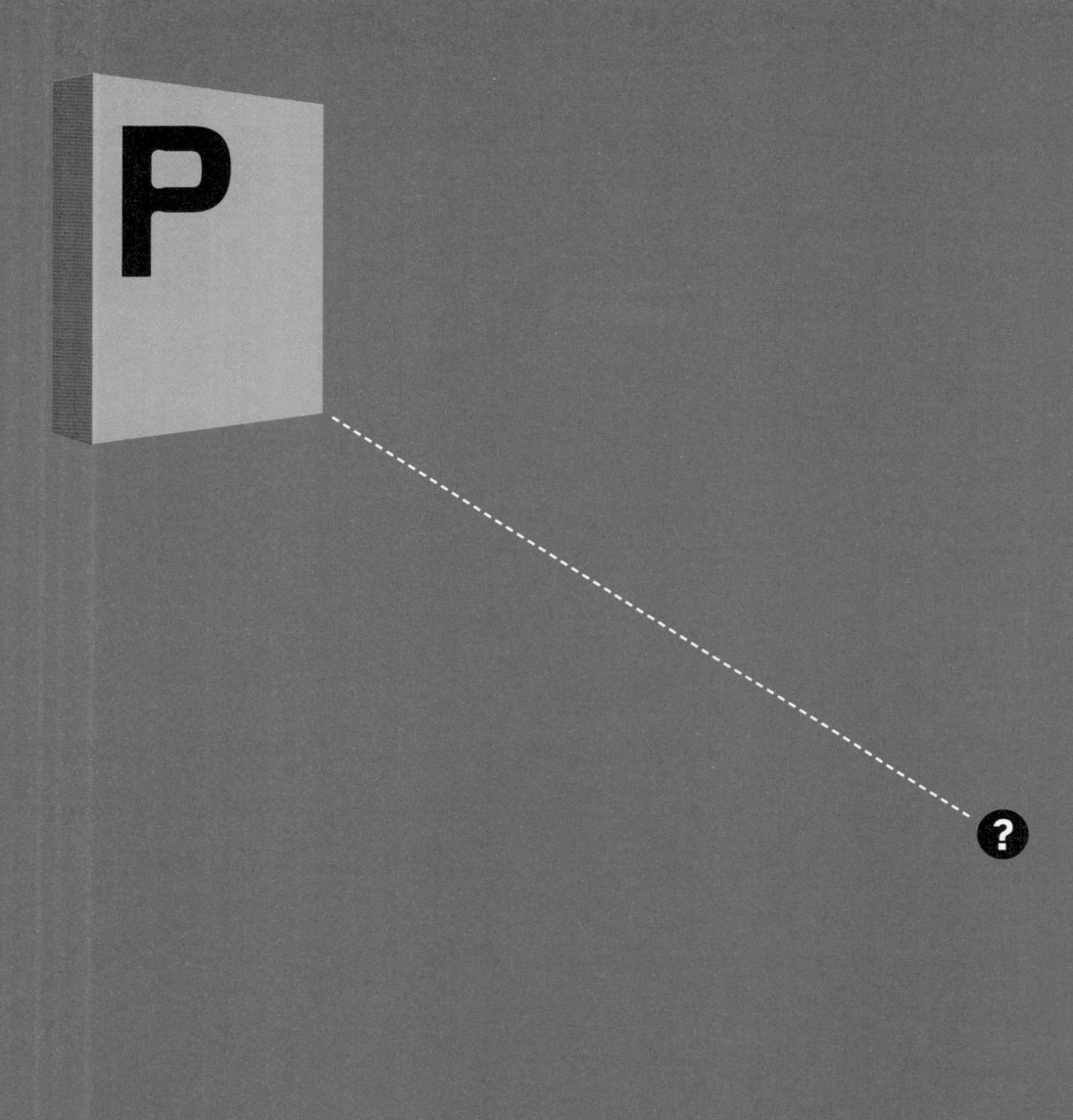

P

palindrome

palindrome은 "회문回文"이다. "eye", "madam", "level", "Hannah" 등처럼 역순으로 읽어도 같은 말이 되는 말을 말한다. '뛰었다 다시 돌아오는running back again'이란 뜻의 그리스어 palindromos에서 나온 말이다. palin은 "again", dromos는 "way, direction"이란 뜻이다. 옆으로 걷는 게crab의 움직임에 빗대, 그리스에서는 crab inscription 또는 줄여서 crabs라고 불렀다. 단어뿐만 아니라 문장도 회문으로 만드는데 "Madam, I'm Adam(부인, 저는 아담입니다)", "Sex at noon taxes(정오의 섹스는 부담스럽다)", "Rise to vote, sir(기립투표 해주세요)" 등이 대표적인 문장 회문이다.[1]

palindrome은 그 역사가 2,000년 이상 된 것으로 그 자체가 가진 게임이나 퍼즐의 속성 때문에 언어유희에서는 물론 문학적 기법으로도 애용되어왔다. 이런 일만을 하는 '회문 마니아'들도 있으며, 심지어는 팰린드롬을 위한 웹사이트나 잡지까지 있다. 1629년에 이 단어를 영어에서 처음 사용한 인물은 벤 존슨Ber Jonson, 1572~1637이다. 5885처럼 앞으로 읽으나 뒤로 읽으나 같은 palindromic number(=mirror number)도 있으며, 음악의 작곡에서 이 방식을 구사하는 musical palindrome도 있다.[2]

헝가리 부다페스트의 유대인 가정에서 태어난 미국의 억만장자 투자자 조지 소로스George Soros, 1930~의 원래 헝가리식 이름은 Gyorgi Schwarz였다. 나중에 나치 박해를 비해 전 가족이 영국 등으로 이주함에 따라 Schwarz라는 성을

musical palindrome

Soros로 개명했다. 장난기가 많은 사람이었던 부친은, 이 Soros란 성을 매우 좋아했는데, 그 이유는 이 이름이 앞에서부터 쓰나 뒤에서부터 쓰나 철자가 같은 palindrome이었으며, 또한 에스페란토Esperanto어로 이 말은 "훗날 번창하리라 will soar later"란 의미였기 때문이라고 한다.[3]

the eyes=they see, Harry Porter=try trap hero처럼 단어나 문장을 구성하는 글자를 재배열하여 연관된 의미를 지닌 새로운 단어나 어구를 만들어내는 글자놀이는 애너그램anagram 또는 어구전철語句轉綴이라고 부른다. 중세까지만 해도 프랑스에는 국왕 전속 철자 바꾸기 전문가 Anagrammatist라는 직위가 있을 정도로 프랑스인들은 이 말장난을 좋아했다.[4]

"I am going to show you how to do this right now"처럼 영어 알파벳에서 사용 빈도가 가장 많은 글자인 'e'가 등장하지 않게끔 하는 글자놀이를 리포그램lipogram(철자 빼기)이라고 한다. 가장 유명한 사례는 1939년 어니스트 라이트Ernest Wright, 1872~1939가 발표한 소설 『개츠비Gadsby』로, 5만 단어가 쓰인 이 작품에는 글자 'e'가 단 한 번도 나오지 않는다. 라이트는 5년 6개월에 걸쳐 이 소설을 썼는데, 쓰는 동안 타자기의 'e'가 아예 작동되지 않도록 했다고 한다. 그는 1936년에 집필을 끝냈지만 출간해줄 출판사를 찾지 못해 결국 자비로 출판해야 했다.[5]

"Cool schoolboys do not do sports on top of London shopfronts"처럼 모든 단어가 동일한 모음을 갖는 문장을 만드는 글자놀이를 가리켜 유니보컬릭스univocalics라고 한다. "A", "E", "I", "O", "U" 중 어느 것이든 가능하지만, 주로 O를 많이 쓰며 시인들이 즐겨 쓰는 말장난이다.[6]

빌 브라이슨Bill Bryson은 "(이런) 말놀이가 아주 오래되고 사실상 보편적인 현상이라고 말해도 무리는 없을 것이다"며 이렇게 말한다. "심지어 그리스도도 일종의 말장난을 사용했으니 말이다. '너는 베드로라. 내가 이 반석 위에 내 교회를 세우리니(「마태복음」 16:18).' 이 구절에 들어 있는 말놀이를 제대로 이해하려면 고대 그리스어로 '베드로Peter'와 '바위rock'가 똑같은 뜻이라는 사실을 알아야 한다."[7]

Pandora's box

판도라의 상자, 재앙(불행)의 씨. 그리스신화에서 제우스Zeus는 장인匠人의 신 헤파이스토스Hephaestos를 시켜 판도라Pandora라는 최초의 여자 인간을 만들었다. 신들은 "재능이 많다"는 뜻의 판도라라는 이름에 어울리게끔 그녀에게 온갖 재능을 선사했다. 아프로디테Aphrodite는 미모를, 아폴로Apollo는 음악을, 헤르메스Hermes는 설득의 능력을 그녀에게 주었다. 또한 신들은 그녀에게 '호기심'도 주었다.

프로메테우스Prometheus가 불을 훔쳐가자, 제우스는 이를 응징하기 위해 판도라를 내려보내

Pandora's box

을 담는 데 썼으며, 죽은 사람을 매장할 때 관 역할을 하기도 했다. 이게 '상자box'로 둔갑을 한 것은 네덜란드 성직자이자 학자인 에라스뮈스 Desiderius Erasmus Roterodamus, 1466~1536의 오역誤譯 때문이었다. pithos를 '상자'를 뜻하는 pyxis로 착각한 것이다.[8]

past

프로메테우스의 동생 에피메테우스Epimetheus와 결혼시킨다. 판도라에겐 아름다운 상자 하나가 선물로 주어지지만, 절대 열어선 안 된다는 조건이 붙어 있었으니 선물이라고 볼 수도 없었다. 결국 판도라가 호기심을 참지 못하고 상자를 열었더니, 이게 웬일인가. 그 안에 들어 있던 온갖 악과 재앙과 불행이 상자 밖으로 빠져나오는 게 아닌가.

판도라는 놀라서 상자를 닫았지만 이미 늦은 때였다. 미처 빠져나가지 못하고 남은 단 한 가지가 있었는데, 그건 바로 희망이었다. 판도라는 명령을 어기고 상자를 연 자신을 책망하면서 제우스의 분노를 걱정했지만, 제우스는 그녀를 벌하지 않았다. 모든 게 다 자신의 각본대로 이루어진 일이었기 때문이다.

이 이야기에서 원래의 그리스 단어는 '항아리a large jar'를 뜻하는 pithos였다. 술, 기름, 곡식 등

Let bygones be bygones(지난 일은 잊어버려요). bygone은 "과거(의)"란 뜻이다. 그리스 철학자 에픽테투스Epictetus, 55~135가 처음 한 말로, 영국에선 1546년경부터 속담으로 사용되었다. 비슷한 속담으로 "We cannot undo the past(과거의 일은 어쩔 수가 없다)"를 들 수 있다. bygone era는 "지나간 시대"란 뜻이다.[9] 과거와 관련된 명언을 8개만 감상해보자.

(1) Even God cannot change the past(신도 과거를 바꿀 수는 없다). 그리스의 비극시인 아가톤Agathon, B.C. 447~B.C. 401의 말이다.

(2) To look back to antiquity is one thing, to go back to it is another(과거를 회고하는 것과 과거로 돌아가는 것은 전혀 다른 문제다). 영국 작가 찰스 케일럽 코튼Charles Caleb Cotton, 1780~1832의 말이다.

(3) Those who cannot remember the past

are condemned to repeat it(과거를 기억하지 못하는 사람들은 과거를 반복하도록 응징당한다). 스페인 출신의 철학자 조지 산타야나 George Santayana, 1863~1952의 말이다.

(4) The past always look better than it was; it's only pleasant because it isn't here(과거는 늘 실제보다 좋게 보이는 법이다. 지금 여기에 존재하지 않기 때문에 좋을 뿐이다). 미국의 유머 작가 핀리 피터 던 Finley Peter Dunne, 1867~1936의 말이다.

(5) I tell you the past is a bucket of ashes(과거는 쓰레기더미일 뿐이다). 미국 작가 칼 샌드버그 Carl Sandburg, 1878~1967의 말이다.

(6) The past is intelligible to us only in the light of the present; and we can fully understand the present only in the light of the past. To enable man to understand the society of the past and to increase his mastery over the society of the present is the dual function of history(과거는 현재에 비추어볼 때만 쉽게 이해할 수 있으며, 현재는 과거에 비추어볼 때만 완전히 이해할 수 있다. 과거의 사회를 이해하게 하고 현재의 사회에 대한 파악을 강하게 하는 것이 역사의 두 기능이다).[10] 영국 역사가 에드워드 카 Edward Hallett Carr, 1892~1982의 말이다. mastery에는 '지배'와 '승리' 외에 '전문적 지식'이란 뜻이 있다. 예컨대, acquire a mastery of French는 '프랑스어에 통달하다'는 뜻이다.

(7) Who controls the past controls the future. Who controls the present controls the past(과거를 지배하는 자가 미래를 지배한다. 현재를 지배하는 자가 과거를 지배한다). 영국 작가 조지 오웰 George Orwell, 1903~1950의 소설 『1984년』(1948)에서 오세아니아를 장악한 당의 슬로건이다. 이에 대해 곽병찬은 "기록의 지배로 기억을 지배하고, 권력을 영구화한다는 것이다. 그 때문에 오세아니아에서 최고의 금기는 일기, 곧 개인의 생각과 행적을 기록하고 기억하는 일이다"며 다음과 같이 말한다.

"기억의 지배는 적에 대한 맹목적 적개심, 지배집단에 대한 맹목적인 충성심을 이끌어낸다. 증오의 대상인 유라시아가 둘도 없는 우방이었다는 사실을 인민은 기억하지 못한다. 인민을 파탄으로 이끈다는 골드슈타인에 대해 누구도 그 실체를 의심하지 않는다. 당은 이들을 정기적으로 TV 화면에 등장시켜 인민을 집단적 증오와 광기로 몰아넣는다. 전쟁은 평화, 자유는 예속, 무지가 힘이라는 구호를 진실로 받아들이게 한다."[11]

(8) The future is certain, it is only the past that is unpredictable(미래는 확실하며, 예측할 수 없는 것은 과거일 뿐이다). 과거 소련에서 떠돌던 농담인데, 오웰의 위 말을 실감나게 해주는 농담이다.[12] [참고 history]

patriotism

statue of Nathan Hale

patriot(애국자)은 라틴어 patriota(countryman), 더 거슬러 올라가면, 그리스어 patris(fatherland)에서 나온 말이다. patriot은 엘리자베스 여왕 시대 1558~1603에 처음 쓰였으며, 추상명사로 patriotism은 18세기 초부터 사용되었다.[13] patriotism에 관한 명언을 7개만 감상해보자.

(1) One's country must be defended, whether with glory or with shame; it must be defended anyhow(조국은 수호되어야 한다. 영광스러운 방법이든 수치스러운 방법이든 반드시 수호되어야 한다). 이탈리아 정치가이자 사상가인 마키아벨리Niccolò Machiavelli, 1469~1527의 말이다.

(2) Patriotism is the last refuge of a scoundrel(애국심은 악당의 최후 도피처다). 영국 작가 새뮤얼 존슨Samuel Johnson, 1709~1784의 말이다.

(3) I only regret that I have but one life to give for my country(내 조국을 위해 바칠 수 있는 목숨이 하나뿐이라는 게 원망스러울 뿐이다). 미국 독립전쟁 시 네이선 헤일Nathan Hale, 1755~1776이 영국군의 포로가 되어 처형당하기 직전에 남긴 말이다. 이 말 한마디로 그는 미국의 영웅이 되었으며, 코네티컷 주는 1985년 그를 주의 공식 영웅으로 삼았다.

(4) You'll never have a quiet world till you knock the patriotism out of the human race(인류에게서 애국심을 몰아내기 전까지는 평화로운 세계는 없다). 영국 작가 조지 버나드 쇼George Bernard Shaw, 1856~1950의 말이다.

(5) Patriotism is when love of your own people comes first; nationalism, when hate for people other than your own comes first(애국심은 같은 민족끼리만 있을 때 생기고, 내셔널리즘은 다른 민족들을 싫어할 때 생긴다). 프랑스 정치가 샤를 드 골Charles de Gaulle, 1890~1970의 말이다.[14]

(6) Ask not what your country can do for you. Ask what you can do for your country(국가가 당신을 위해 무엇을 해줄 것인지를 묻지 말고 당신이 국가를 위해 무엇을 할 수 있는지를 물어야 합니다). 미국 제35대 대통령 존 F. 케네디John F. Kennedy, 1917~1963가 1961년 1월 20일 대통령 취임 연설에서 한 말이다.

(7) I'm not patriotic. In fact, I don't want to be patriotic. I'd go so far as to say that I'm patriotically challenged. Many people on the left, now as in the 1960s, do not want to concede the issue of patriotism to the

conservatives. The left insists that they are the real patriots because of demanding that the United States lives up to its professed principles. That's all well and good, but I'm not one of those leftists. I don't think that patriotism is one of the more noble sides of mankind. George Bernard Shaw wrote that patriotism is the conviction that your country is superior to all others because you were born in it(저는 애국적이 아닙니다. 실은 저는 애국적이길 원치 않습니다. 저는 애국적으로 의심받는다고까지 말할 수 있겠습니다. 많은 좌파가 1960년대나 지금이나 애국주의 이슈를 보수파에 넘겨주고 싶어하지 않습니다. 좌파는 미국이 공언한 원칙에 따라 행동할 것을 요구하기 때문에 자신들이 진정한 애국자라고 주장합니다. 좋은 말이지만, 저는 그런 좌파 중의 한 명은 아닙니다. 저는 애국적이 인간의 고상한 면의 하나라고 생각하지 않습니다. 조지 버나드 쇼는 애국심이란 당신이 태어났다는 이유만으로 당신의 나라가 다른 모든 나라보다 우월하다고 믿는 신념이라고 썼지요)."

미국의 반전 운동가로 미국 비판에 앞장서는 윌리엄 블룸 William Blum, 1934~이 『Feeling the World to Death: Essays on the American Empire』(2004)에 실린 「미국인과의 대화」라는 글에서 이메일 질문에 대한 답으로 한 말이다. 이메일 질문은 "당신은 자신이 애국적이라고 생각합니까?"였다.15

peg

take(bring, let) a person down a peg or two는 "~의 콧대를 꺾다, 체면을 잃게 하다"는 뜻이다. peg은 보통 "나무 못, 쐐기, 말뚝"의 뜻으로 쓰이지만, 여기서 peg은 배에 다는 깃발들의 높이를 조절하는 장치를 뜻한다. 현악기의 현을 조절하는 줄감개를 peg이라 하는 것과 비슷한 용법이라 할 수 있다.

peg은 깃발 높이의 단위로도 쓰이기 때문에 비유적으로 '등급, 등 '이라는 뜻도 있다. 높이 다는 깃발일수록 그만큼 더 영예가 높다는 걸 의미하는데, 하나 또는 두 등급을 낮춘다는 건 그만큼 그 깃발 주체의 체면을 상하게 하거나 콧대를 꺾는 일이라고 볼 수 있다. come down a peg or two는 "코가 납작해지다, 면목을 잃다"는 뜻이다.16

비슷한 표현으로 come off one's perch가 있다. perch는 횃대, 즉 새가 앉아 있는 높은 곳인 바, 그곳에서 내려온다는 건 자만심을 버린다는 뜻이 된다. Come off your perch(자만하게 굴지 마라). knock a person off his perch(~의 콧대를 꺾다, 해치우다).17

peg away는 "열심히 일하다"는 뜻이다. 미국의 초기 개척 시절 텐트는 매우 중요한 장비였다. 먼 길을 가다가 날이 저물면 적당한 곳에 텐트를 치고 잠을 자야 했기 때문이다. 동행하는 여자나 아이들이 있으면 해가 진 후의 추위를 피하기 위해 텐트 치는 일을 서둘러야 했다. 텐트를 치기 위해선 텐트용 말뚝peg을 땅에 박아야 하는데, 혹 늑장을 피우는 사람이 있으면 peg을 빨리 땅에 박으라고 나무랐다. 이때 나온 말이 바로 keep pegging away였던 데서 위와 같은 비유적 의미가 나온 것이다.[18]

a round peg in a square hole은 "부적임자不適任者"란 뜻이다. 네모난 구멍에 둥근 못이 맞을 리 없다는 데서 유래된 말로, 19세기부터 쓰였다. a square peg in a round hole이라고도 한다. Although Matt got a job in an auto repair shop, he's a round peg in a square hole. He doesn't know how to fix cars(맷이 자동차 정비소에 취직을 하긴 했지만, 그는 부적임자다. 그는 자동차를 수리할 줄 모르니까 말이다).[19]

peg은 "나무 못, 쐐기, 말뚝"에 걸친다는 의미에서 비유적으로 "이유, 계기, 동기, 구실"이란 뜻으로도 쓰인다. a peg to hang a grievance on은 "~에 불평을 늘어놓는 계기"다. I have not a peg to hang such a claim on(그런 요구를 끄집어낼 그럴싸한 구실이 나에게는 없다). Its publication gave him a peg to hang writing his second work on(그 책의 출판이 그가 두 번째 책을 쓰게 된 동기가 되었다).[20]

perfect storm

퍼펙트 스톰perfect storm은 둘 이상의 허리케인이 충돌하여 그 영향력이 폭발적으로 커지는 현상을 말한다. 1997년 세바스찬 융거Sebastian Junger, 1962~의 논픽션 소설 『퍼펙트 스톰The Perfect Storm: A True Story of Men Against the Sea』을 통해 대중에게 널리 알려졌다. 이 소설은 1991년 미국 동부 해안을 강타한 허리케인에 휘말린 '안드레아 게일Andrea Gail' 호의 실화를 바탕으로 한 것이다.

이 소설을 바탕으로 볼프강 페터젠Wolfgang Petersen 감독, 영화배우 조지 클루니George Clooney가 주연한 재난영화 〈퍼펙트 스톰〉이 2000년에 국내에서도 개봉되면서 이 용어는 한국에도 친숙하게 알려졌다. 이 영화는 사실과 좀 다르다고 해서 논란을 빚기도 했지만, 미국에서 1억 8,260만 달러, 해외에서 1억 4,610만 달러, 합계 3억 2,870만 달러의 수입을 올리는 히트작이 되었다.[21]

이 용어는 2007년 미국 발發 금융위기로 인한

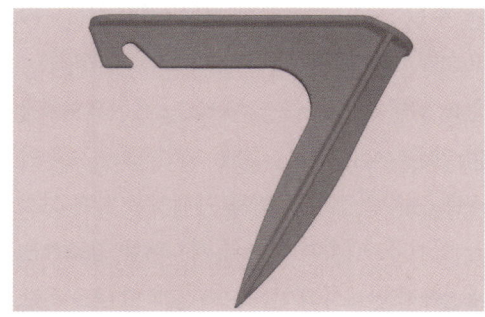

peg

달러화 가치 하락, 유가와 국제 곡물가격 급등으로 인한 물가 상승 등이 한꺼번에 발생하여 금융·경제 위기현상을 나타내는 경제 용어로도 사용되고 있다. 2006년 9월 미국 주택시장의 붕괴를 예측해 유명해진 누리엘 루비니Nouriel Roubini, 1959~ 뉴욕 대학 경제학과 교수는 2012년 6월 "유로존 위기, 미국 더블딥, 중국 경제 경착륙이 겹쳐 2013년께 퍼펙트 스톰이 발생할 수 있다"고 경고했고, 2013년 5월에는 "퍼펙트 스톰을 유발할 리스크가 늘어났다"며 2012년에 제시한 3가지 요인에다 중동 전쟁, 중국 외 신흥국 경기 침체를 더했다.[22]

퍼펙트 스톰은 비유적으로 더 나아가 무엇이든 여러 상황이 동시에 겹쳐 최악의 결과를 낳는 걸 가리키는 말로 사용되면서 오남용되는 경향을 보였다. 레이크 슈피리어 주립대학Lake Superior State University은 2007년 지나치게 과용되는 단어들 가운데 perfect storm을 1위로 꼽았다.[23]

2012년 5월 임귀열도 "갑자기 유행하는 말 중에는 그럴싸한 이유로 오용 남용되는 사례가 많다. 그 중 하나가 'perfect storm'이다. 글자 그대로 '완전 폭풍'이지만 이 말은 '최악의 상황 worst-case scenario'이나 '강타', '싹쓸이' 같은 극단적인 의미로 더 많이 쓰고 있다"며 다음과 같이 말했다.

"국제 테러 사건이 항공업계를 '강타' 했거나 초저가 상품이 전국을 '휩쓸다'는 의미 혹은 미국의 불경기가 유럽의 관광객 감소로 이어지면서 '직격탄을 맞았다'는 의미로도 'perfect storm'을 쓰기도 한다.……마치 우리말에서 '완전 실패'나 '완전 실망'의 형태로 '완전'이 과용되는 것처럼 영어에서는 perfect뿐만 아니라 perfect storm이 하나의 관용구가 되어 과장의 형용사로 쓰고 있는 것이다. 지난 150년 동안 서서히 사라지던 이 용어가 다시 대중의 표현으로 자리잡은 데는 TV 앵커와 weather person이 방송에서 자주 사용한 영향이라는 분석이 지배적이다. 따라서 '기름 값 등쌀a perfect storm of rising oil prices'이나 '강타', '싹쓸이' 혹은 '최악의' 의미로 사용하는 것은 오용·남용이라는 분석이다."[24]

persona

persona(페르소나)의 원래 뜻은 고대 희랍 무대에서 배역들이 썼던 가면을 지칭하나, 오늘날에는 배우가 연기 생활을 하면서 맡았던 여러 배역의 인격부터, 사람들에게 알려진 사생활의 요소를 가지고 개발한 자아상自我像을 말한다.

존 벨턴John Belton은 "스타는 궁극적으로 3개의 인격-스타, 배우, '실제' 개인-으로 이루어진다. 각각의 인격은 바로 아래에 위치한 인격을 삼킨다. 배우가 가공의 캐릭터를 창조하는 과정에서 원래의 개인은 사라진다"며 다음과 같이 말한다.

"많은 배우들은 타입캐스팅을 거부하여 영화마다 연기하는 캐릭터의 종류를 변화시키려고 노력한다. 가령 더스틴 호프만은 〈투시〉(1982)에서 여자로 분장하며 연속극의 주연을 연기하지만 〈레인맨〉(1988)에서는 톰 크루즈의 자폐증 앓는 형으로 변신한다. 특정 역할과 밀접하게 동일시되는 배우들조차도 자신의 영역을 넓히고 자신의 페르소나를 다시 쓰기 위해 타입에 반대된 배역을 맡는다."

이어 벨턴은 "모든 배우는 영화배우 생활을 하는 동안 페르소나를 구축하지만 모두 스타가 되는 것은 아니다. 스타는 자신이 그동안 해온 연기의 총합을 뛰어넘는 페르소나를 가진 배우이다. 스타의 이미지는 특정 배역에 뿌리를 두고 있을 수도 있지만, 그것을 넘어 부수적인 형태, 팬 잡지나 슈퍼마켓에서 파는 타블로이드 신문과 같은 데서 발견되는 2차적인 매체를 통해서도 이미지를 확립시킨다"며 다음과 같이 말한다.

"스타의 페르소나는 이런 매체들을 통해 유통되고 거기서 배우 자신이 통제할 수 없는 새로운 의미를 획득하게 된다. 따라서 스타의 페르소나는 배우의 페르소나와 다르다. 배우에게 있어서 페르소나는 그 밑에 배우 본인을 숨겨두는 1차적인 마스크 역할을 한다. 스타에게 있어서 페르소나는 스타의 페르소나뿐만 아니라 배우의 페르소나도 포함된다. 이 2차적인 마스크는 원래의 페르소나를 재생산, 재형성하고 그 과정에서 그것을 변형시키는 등 그전에 있었던 모든 페르소나를 덮는다. 다시 말하면, 스타성은 영화 자체 안에서만이 아니라 대중문화의 더 큰 지평 안에서 구축된다."²⁵

에바 일루즈^{Eva Illouz}는 미국 '토크쇼의 여왕' 오프라 윈프리^{Oprah Winfrey}는 "공적인 페르소나와 사적인 페르소나를 교묘하게 다루고, 게스트와 비슷하거나 동등한 위치에 자신을 놓음으로써 새로운 형식의 카리스마적 리더가 되었다"며 이렇게 말한다. "윈프리의 페르소나는 스타와 보통 사람, 카리스마와 일상성이 결합된 도습에서 뚜렷이 드러난다. 요컨대 재주 많은 텔레비전 스타와 평범한 여자 중 어느 쪽이 방청객에게 말을 하는 것인지 쉽게 구분이 되지 않는다."²⁶

페르소나는 연예 저널리즘 영역에선 원래의 의미보다는 느슨하게 다양한 방식으로 쓰이고 있다. 3가지 용법을 살펴보자.

(1) "13년 만에 다시 찾은 칸영화제는 레드 카펫을 둘러싼 야단법석이나 하얀 요트들이 점점이 떠 있는 바다나 뜨거운 햇볕까지 모든 것이

〈Rain Man〉

그대로였다. 1994년에 개막작 〈허드서커 대리인〉을 들고 왔던 코엔 형제나 그해에 〈펄프 픽션〉으로 그랑프리를 가져갔던 쿠엔틴 타란티노도 그대로였다. 하지만, 13년 전에는 30대의 신예였던 그들이 이제는 칸영화제의 페르소나가 되었고 중견, 심지어 거장의 풍모마저 풍기고 있었다."[27]

(2) "김수현 작가와 오래 호흡을 맞춰온 연출자와 사랑받는 연기자들은 가히 김수현 사단이라 불릴 만하다. 곽영범 PD와 정을영 PD, 정세호 PD 등이 대표적인 연출자들. 김수현의 배우라고 평가받는 윤여정도 있다. 윤여정의 뒤를 잇는 후계자는 단연 김희애다. 두 사람은 마치 김 작가의 페르소나 같다."[28]

(3) "송혜교는 〈그 겨울, 바람이 분다〉(SBS)로 노희경 작가의 페르소나가 되었다. 시각장애인 연기를 자연스럽게 소화했을 뿐만 아니라, 극단적인 클로즈업도 견뎌내고 세심한 감정 연기를 선보였다. 극강의 비주얼은 말할 것도 없고!"[29]

또한 페르소나는 영화나 드라마를 넘어 사회적 차원에서도 쓰이는데, 다음 4가지 용법을 살펴보자.

(1) "프레더릭 테일러Frederick Winslow Taylor, 1856~1915의 과학적 경영 이론은 노동자의 페르소나를 새로운 중앙집권형 관료제 기업을 유지하기 위해 이용하는 운영 표준에 맞춰 재구성하는 것이 목적이었다. 테일러는 공학자들이 개발한 효율성 원칙을 차용, 노동자에게 적용하며 그들이 '살아 있는 기계'로 전환되길 기대했다."[30]

(2) "(세계적인 처세술 전문가인) 데일 카네기Dale Carnegie, 1888~1955는 전형적인 미국 세일즈맨과 달랐다. 그의 삶과 업적은 미국인의 페르소나가 어떻게 변화할지 암시했다는 점에서 눈여겨볼 만하다. 왜냐하면 카네기의 탄생은 미국인의 기질이 '인격character'의 중시에서 '개성personality'의 중시로 변화하게 된 원인이자 징후였다.……오늘날 상대적으로 덜 중요한 미덕으로 전락한 인격의 자리를 유머, 매력, 개성이 대체하고 있다. 그것의 형성에 카네기가 나름으로 기여한 미국인의 페르소나는, 밖에서 안을 향해 만들어진 것이 아니라 안에서 밖을 향해 만들어진 것이다."[31]

(3) "현대인은 모두 자기기만의 모순에 빠져 있다. 그래서 단순한 쾌락이나 사회적 요구에 의한 가식적 행복이 아니라, 자기기만의 페르소나persona(가면)를 벗어던지고 윤리와 총체적 인격 완성으로 이끄는 에우다이모니아eudaimonia(행복)를 지향하는 것이 시민운동 지식인의 본질이다."[32]

(4) "현대인들은 자신이 속한 직업세계가 요구하는 페르소나, 즉 사회적 가면을 쓰고 일을 한다.……페르소나를 자신의 맨 얼굴과 동일시하는 혹은 맨얼굴을 제대로 바라보는 것을 두려워하는 자기상실형 인간들은 자신과 타인을 사회적 타이틀과 돈의 논리로 평가하고 서열화하는 비상한 재주를 지니고 있다. 정말 안타까운 현실은 이들 다수가 막강한 권력과 자본을 쥐고 있어 도처에서 각양각색의 물의를 일으키며 타인의 삶까지 갉아먹고 있다는 것이다. 사회적 지위가 허용한 일시적인 특권과 명예에 중독되고, 화폐의 능력을 본인의 타고난 능력으로 착

각하게 되면 차안대를 쓴 경주마처럼 주위를 살피지 못하고 불타오르는 욕망을 향해 앞만 보고 질주하기 십상이다."[33]

외교 용어로 쓰이는 persona grata는 "마음에 드는 사람, 주재국 정부에 평판이 좋은 외교관"을 뜻한다. 라틴어로 an acceptable person이란 뜻이다. 반대말은 persona non grata(마음에 안 드는 사람, 주재국 정부가 기피하는 외교관)다. 이는 문화적으로도 사용되는데, persona non grata는 주변에서 배척당한, 즉 '왕따'를 당한 사람이다.[34]

personification

pathetic fallacy라는 말이 있다. "감상感傷의 허위"로, angry wind, a sad day, the cruel sea 등과 같이 무생물에도 감정이 있다고 하는 생각이나 표현법을 말한다. 영국의 예술평론가 존 러스킨 John Ruskin, 1819~1900이 『현대의 화가들 Modern Painters』 제3권(1856)에서 처음 만들어 쓴 말이다.[35]

pathetic fallacy는 생명이 없는 사물 또는 추상적 관념에 인간적 성질 또는 특성을 부여하는 personification(의인화)을 말하는 것이다. anthropomorphism이라고도 한다. anthropomorphism은 그리스어에서 온 말로 "human"과 "shape, form"의 합성어다. personification의 동사형은 personify이다. 미국의 흑인 민권운동가 마틴 루서 킹 Martin Luther King Jr., 1929~1968은 효과적인 민권운동을 위해 personification의 필요성을 다음과 같이 역설한 바 있다.

"People cannot become devoted to Christianity until they find Christ, to democracy until they find Lincoln and Jefferson and Roosevelt, to communism until they find Marx and Lenin and Stalin……People are often led to causes and often become committed to great ideas through persons who personify those ideas(사람들은 예수를 발견하기 전까진 기독교에 헌신할 수 없었다. 마찬가지로 링컨, 제퍼슨, 루스벨트를 발견하기 전까진 민주주의에 마르크스, 레닌, 스탈린을 발견하기 전까진 공산주의에 헌신할 수 없었다.……사람들은 그 어떤 대의와 사상을 의인화한 인물들을 통해 그런 대의 사상에 이끌리고 헌신하는 경향이 있다)."[36]

리더는 비전을 의인화할 줄 알아야 한다는 뜻으로, 리더십 전문가 버트 나누스 Burt Nanus가 『Visionary Leadership』에서 인용한 말이다. 그렇지만 의인화에는 위험성도 있다. 미국 정치학자 머리 에델먼 Murray Edelman, 1919~2001은 다음과 같이 경고한다.

"To personify in a conspicuous official is to minimize the chance that public restiveness or protest will force institutional change(고위 공직자의 실패를 의인화하는 것은 공중의 반항이나 저항이 제도적 변화를 가져오게 할 가능성을 최소화하기 위한

것이다)."³⁷

그런데 언론 보도에선 personification이 어느 정도 불가피한 면이 있다. 사회구조의 문제를 있는 그대로 보도한다는 건 그리 쉬운 일은 아니기 때문이다. personification은 특히 국제 뉴스에서 많이 나타나는데, 노르웨이의 사회학자이자 평화운동가인 요한 갈퉁Johan Galtung, 1930~은 뉴스의 의인화가 발생하는 이유로 다음과 같은 5가지를 지적했다.

(1) 의인화는 '문화적 관념론cultural idealism'의 결과다. 문화적 관념론에 따르면 인간은 그 자신의 운명의 주인이고 사건은 자유 의지 실천의 결과로 이해된다. 유물론적인 전망이 팽배한 사회에서는 그렇지 않다. 그런 사회에서는 구조적인 요인들이 강조되며, 사건이 사람에 의해 야기되기보다는 사람에게 사건이 발생되는 것으로 간주되는 경향이 있다.

(2) 의인화는 어떤 추상적인 사건에 의미를 부여하고 식별identification을 위한 필요의 결과로 나타나고 있다. 즉, 투사projection와 감정이입의 결합을 통해 사람은 긍정적·부정적 식별의 대상으로 보다 쉽게 기능할 수 있다.

(3) 의인화는 뉴스의 결정 요소들 중 하나인 '빈도 요소frequency factor'의 결과이다. 즉, 사람들은 뉴스 매체의 빈도에 들어맞는 시간대 동안에 행동할 수 있는 반면 '구조'는 시간·공간적으로 보도의 대상으로 삼기가 더 어렵다.

(4) 의인화는 뉴스에서의 '엘리트 중심'이라는 특성과는 다른 것이긴 하지만 그것의 직접적인 결과로 이해될 수 있다.

(5) 의인화는 뉴스의 수집과 제시를 위한 현대적 테크닉에 잘 부합된다. 즉, '구조' 보다는 한 개인의 사진을 찍기가 더 쉬우며, 한 인물을 중심으로 한 뉴스는 단 한 번의 인터뷰만으로 만들어낼 수 있지만 구조 중심적인 뉴스는 많은 인터뷰와 관찰 테크닉과 자료 수집 등이 요구된다. 의인화가 먼저 발생했고 그다음에 그런 테크닉과 아울러 뉴스 커뮤니케이션의 전체 구조가 형성되었다고 볼 수도 있기 때문에, 이건 '닭이 먼저냐 달걀이 먼저냐'의 논쟁이 될 것이다.³⁸

counteranthropomorphism도 있다. 반反의인화다. 인간이 잔인해질 수 있는 심리적 메커니즘을 설명해주는 개념이기도 하다. 미국 사회심리학자 스탠리 밀그램Stanley Milgram, 1933~1984은 1974년에 출간한 『Obedience to Authority(권위에 대한 복종)』에서 다음과 같이 말한다.

"수십 년 동안 심리학자들은 무생물적인 대상이나 힘에 인간 종의 속성을 부여하는 사람들의 원시적 경향성을 논의해왔다. 그러나 반대되는 한 경향성은 그 근원과 지속성의 측면에서 본질적으로 인간적인, 그러한 힘에 비인간적 속성을 부여하는 것이다.……최근 미국 신문은, 미국인이 베트남 남녀와 어린이들에게까지 폭탄을 투하했지만 '대의'를 위한 것이었기에 정당하다고 느꼈다는 한 공군 조종사의 말을 인용·보도했다."³⁹

pessimism

pessimism(비관주의)은 '최악the worst'을 뜻하는 라틴어 pessimus에서 나온 말이다. 프랑스 사상가 볼테르Voltaire, 1694~1778가 독일의 수학자이자 철학자인 고트프리트 라이프니츠Gottfried Wilhelm von Leibniz, 1646~1716의 맹목적(종교적) 낙관주의 개념을 조롱하기 위해 풍자 소설 『캉디드Candide』(1758)를 쓴 것에 대해 예수회Jesuit 비판자들이 볼테르를 비난하기 위해 최초로 쓴 말이다. 프랑스의 계몽 사상가 장 자크 루소Jean Jacques Rousseau, 1712~1778는 '비관주의의 족장the patriarch of pessimism'으로 불리기도 했다.[40]

defensive pessimism(방어적 비관주의)은 부정적 결과를 예상하고 그 결과의 발생을 막기 위해 조치를 취하거나 다음 행동을 준비하는 심리적 전략을 말한다. 실패의 두려움에 대한 심리적 대응인 셈인데, 그 점에서는 self-handicapping(자기 불구화 현상)과 같지만 그 내용은 전혀 다르다. self-handicapping은 일을 하기 전에 안 좋은 결과가 나올 것을 대비하여 미리 구실을 마련하고, 이에 따라 최선의 노력을 다하지 않는 것이기 때문이다.[41]

"My knowledge is pessimistic, but my willing and hoping are optimistic(나의 지식은 비관적이지만, 나의 의지와 희망은 낙관적이다)." 독일계의 프랑스 의사이자 사상가인 알베르트 슈바이처Albert Schweitzer, 1875~1965의 말이다. 아무래도 이 말, 즉 낙관주의와 비관주의의 절충이 행복에 이르는 길인 것 같다. pessimism에 관한 명언을 4개만 감상하면서 잘 생각해보자.

(1) The optimist sees the rose and not its thorns, the pessimist stares at the thorns, oblivious of the rose(낙관주의자는 장미를 볼 때 가시는 보지 않지만, 비관주의자는 가시만 본다). 레바논 출신의 미국 작가 칼릴 지브란Kahlil Gibran, 1883~1931의 말이다.

(2) Unadulterated pessimism is no more realistic than unbridled optimism. Focus your people on a vision of what is possible, and energize them to search for the actions that will realize the vision(지독한 비관주의는 대책 없는 낙관주의 이상으로 비현실적이다. 부하 직원들로 하여금 무엇이 가능한가 하는 비전에 집중하게 하여 그 비전을 실현할 수 있는 방안을 찾도록 자극해야 한다). 인도 출신의 미국 경영 컨설턴트 램 차란Ram Charan, 1939~의 말이다.

(3) Pessimism is seen as a plus among lawyers, because seeing troubles as pervasive

Jean Jacques

and permanent is a component of what the law profession deems prudence(비관주의는 법률가들에겐 도움이 되는 것으로 보인다. 복잡한 문제들이 널리 퍼져 있고 영원하리라고 보는 것은 그 직업이 신중하게 여기는 것의 한 요소이기 때문이다). 미국 펜실베이니아 대학의 긍정심리학자인 마틴 셀리그먼Martin E. P. Seligman, 1942~이 법률가들이 대체적으로 자신의 삶을 불행하게 여기는 이유를 설명하면서 한 말이다.[42] 그는 또 다음과 같이 말했다.

(4) Pessimism has a role to play, both in society at large and in our own lives; we must have the courage to endure pessimism when its perspective is valuable. What we want is not blind optimismbut flexible optimism—optimism with its eyes open. We must be able to use pessimism's keen sense of reality when we need it, but without having to dwell in its dark shadows(비관주의는 사회적 차원에서나 우리의 개인적 삶에서나 그 역할이 있다. 우리는 비관주의의 전망이 가치 있을 때 비관주의를 견뎌내는 용기를 가져야 한다. 우리가 원하는 것은 맹목적인 낙관주의가 아니라 현실을 외면하지 않는 신축적인 낙관주의다. 우리는 비관주의의 어두운 그늘에 머무르지 않는 걸 전제로 필요한 경우 비관주의의 날카로운 현실 감각을 이용할 수 있어야 한다).[43] [참고 optimism]

philistine

philistine은 "속물, 교양 없는 사람"이란 뜻이다. 옛날 팔레스타인의 남부에 살던 민족으로 이스라엘의 강적이었던 Philistine(필리스틴 사람)에서 유래된 말이다. Philistine은 한국의 성경에선 '블레셋'으로 불린다. philistine이 속물이라는 뜻을 갖게 된 데는 그 유명한 '삼손과 델릴라Samson and Delilah' 이야기가 미친 영향이 컸다.

B.C. 11세기경 하나님의 선택을 받아 괴력을 지니고 태어난 삼손은 이스라엘의 영웅이었다. 그는 이스라엘의 적인 블레셋의 앞잡이인 블레셋 여인 델릴라를 깊이 사랑한 나머지 그녀의 꾐에 빠져 괴력의 원천인 긴 머리를 잘리고 힘이 빠져 블레셋인에게 두 눈을 뽑혔다. 삼손은 최후의 기적을 하나님께 기원하고 힘을 회복하

Samson and Dolilah

여 이교도 신전의 두 기둥을 무너뜨림으로써 많은 블레셋인을 죽이고 자신도 장렬하게 죽었다.

이 삼손과 델릴라의 이야기는 많은 예술 작품의 소재가 되어 존 밀턴John Milton, 1608~1674의 시극詩劇 『투사 삼손Samson Agonistes』, 카미유 생상스Camille Saint-Saëns, 1835~1921 작곡의 오페라 〈삼손과 델릴라〉와 영화 등을 낳게 했다. 이 이야기가 계기가 되어 17세기부터 독일에서, 19세기부터 영국에서, philistine이 속물이라는 뜻을 갖게 되었다. 물론 이스라엘의 입장을 특권화시킨 관점의 해석이라 볼 수 있다. "fall among the Philistines"가 "학대받다, 봉변당하다"는 뜻을 갖게 된 것도 그런 해석의 연장선상에서 이해할 수 있겠다.[44]

philosophy

philosophy(철학)는 "love of wisdom(지혜의 사랑)"을 뜻하는 그리스어 philosophia에서 온 말이며, philosophy와 philosopher(철학자)라는 개념을 정립시킨 사람은 그리스 철학자 피타고라스Pythagoras, B.C. 580?~B.C. 500?다.[45] philosophize는 "(특히 다른 사람들이 지루해하는데) 심각하게(철학적인) 이야기를 하다"는 뜻이다. He spent the evening philosophizing on the meaning of life(그는 삶의 의미에 대해 심각하게 이야기를 하면서 저녁 시간을 보냈다).[46] 지루하더라도 philosophy에 관한 명언을 5개만 감상해보자.

(1) Philosophy is the science which considers truth(철학은 진리를 다루는 과학이다). 그리스 철학자 아리스토텔레스Aristoteles, B.C. 384~B.C. 322의 말이다.

(2) Philosophy, when superficially studied, excites doubt; when thoroughly explored, it dispels it(철학은 어설프게 공부하면 의심을 자극하고 철저하게 탐구하면 의심을 일소한다). 영국 철학자 프랜시스 베이컨Francis Bacon, 1561~1626의 말이다.

(3) Philosophy triumphs easily over past and future evils, but present evils triumph over philosophy(철학은 과거와 미래의 악은 쉽게 이기지만, 현재의 악에겐 굴복한다). 17세기 프랑스 작가로 풍자와 역설의 잠언으로 유명한 라르슈푸코François de La Rochefoucauld, 1613~1680의 말이다.

(4) The philosophy of one century is the common sense of the next(한 세기의 철학은 다음 세기의 상식이다). 미국의 목사이자 노예폐지운동가였던 헨리 워드 비처Henry Ward Beecher, 1813~1887의 말이다.

(5) Philosophy: unintelligible answers to insoluble problems(철학이란 해결할 수 없는 문제에 대한 난해한 답이다). 미국 역사가 헨리 브룩스 애덤스Henry Brooks Adams, 1838~1918의 말이다.

(6) I don't see that philosophers, by virtue of their profession, have any special claim to competence on social questions(저는 철학자가 철

학을 한다는 이유로 사회문제에 대해 잘 아는 특별한 자격을 갖고 있다고 보지 않습니다). 미국 철학자 콰인 W. V. Quine, 1908~2000이 『보스턴글로브』 1985년 7월 14일자 인터뷰에서 한 말이다.[47]

phishing

피싱phishing은 불특정 다수에게 이메일을 보내 개인정보를 불법으로 뽑아내는 신종 해킹 수법이다. 주로 금융기관 등의 웹사이트나 거기서 보내온 이메일로 위장하여 개인의 인증번호나 신용카드 번호, 계좌정보 등을 빼내 이를 불법적으로 이용하는 사기 수법이다. 예컨대, 금융기관을 사칭해 "최근 씨티은행 고객에 대한 대규모 해킹이 발생했습니다. 보안을 위해 고객님의 계좌 정보를 확인해주세요"라거나 "당신의 계좌를 확인해주세요Please Verify Your Account", "긴급보안공지Urgent Security Notification" 등의 제목으로 이메일을 보내는 식이다.

발원지인 미국에서는 피싱에 의한 금융사고가 일어나면서 그 파장이 커지자 2004년 7월 피싱방지법을 통과시키고 이에 대한 벌칙을 크게 강화했다. 한국에서도 2004년 7월 LG카드, 8월 18일 국민은행과 KB카드, 8월 말 씨티은행 등은 고객들에게 '피싱 경계령'을 내렸으며, 정보통신부도 네티즌, 기업체 등을 상대로 피싱주의보를 발령했다.

2004년 10월 한국의 웹사이트가 신종 인터넷 금융사기수법인 피싱의 주요 경유지이며, 유명 업체의 위장 홈페이지(경유지)를 만든 뒤 불특정 다수에게 이메일을 발송, 위장된 홈페이지로 접속해 개인정보를 제공하도록 한 뒤 그 정보를 이용하는 방식으로 금융 사기가 저질러지는 것으로 나타났다.

2004년 10월 19일 정보통신부는 피싱의 위장 홈페이지로 이용된 서버 중 한국 서버가 전체의 16퍼센트를 차지해, 전 세계적으로 2위를 기록했다고 밝혔다. 2005년 7월 5일 금융감독원은 국내에서 처음 발견된 피싱 사기 사이트로 인해 전자금융거래 시 피해가 우려됨에 따라 이용자들에게 주의를 당부하고 피해 방지를 위한 대응요령을 발표했다.[48]

그런데 왜 하필 피싱phishing인가? 피싱phishing은 개인정보private data와 낚시fishing의 합성어라는 설, private data와 무관하게, 단지 fishing의 철자를 바꾼 것이라는 설,[49] 어원은 fishing이지만

phishing

위장의 수법이 '세련되어 있다sophisticated'는 데 서 철자를 'phishing'으로 쓰게 되었다는 설이 있다.[50]

그러나 피싱의 원조라 할 phreakingphone + freaking(전화 해킹)에 영향을 받은 탓이라는 설이 더 유력해 보인다. phishing이란 단어는 해커인 칸 스미스Khan C. Smith가 만들었는데, 온라인 서 비스업체 AOL을 이용하던 해커들 사이에서 불법행위를 가리키는 기호로 쓰던 '〈〉〈'의 모습이 물고기를 닮았다고 해서 fishing이 나왔고, 해커들 사이에서 인기가 높던 phreaking을 염두에 두고 phishing으로 변형시켰다는 것이다. 미국에선 특정 개인이나 기업을 목표로 삼은 피싱은 spearphishing, 경제계의 거물을 목표로 삼은 피싱은 whaling으로 부르기도 한다.[51]

보이스 피싱Voice Phishing은 전화를 통하여 신용카드 번호 등의 개인정보를 알아낸 뒤 이를 범죄에 이용하는 전화금융 사기 수법을 말한다. 전화기술의 발달로 발신자를 잘 알 수 없게 된 새로운 상황이 낳은 범죄 유형이다. 한국에서 2006년 6월부터 본격적으로 발생한 전화 사기 범죄는 2007년 5월 말까지 3,648건이나 신고되었다. 신고되지 않은 것까지 포함하면 1만 건이 훨씬 넘을 것으로 추정되었다. 특히 "당신 아이를 납치했으니 돈을 입금하라"는 식의 협박전화가 빈발했는데, 현직 법원장까지 이런 전화에 속아 6000만 원을 뜯긴 정도였다.[52]

스미싱smishing은 SMSShort Message Service(문자 메시지)를 이용한 새로운 휴대전화 해킹 기법이다. 인터넷 보안회사인 맥아피McAfee가 스미싱(SMS+ 피싱)이라고 명명한 이 기법은 휴대전화 사용자에게 웹사이트 링크를 포함하는 문자 메시지를 보내 휴대전화 사용자가 웹사이트에 접속하면 트로이목마를 주입하여 인터넷 사용이 가능한 휴대전화를 통제할 수 있게 만든다. 인터넷 전문분석기관 가트너는 모바일 바이러스나 웜이 2008년 이전에는 출현하지 않을 것으로 전망했으나 스미싱 출현으로 안심할 수 없게 되었다고 밝혔다.[53]

파밍pharming은 합법적으로 소유하고 있던 사용자의 도메인을 탈취하거나 도메인 네임 시스템DNS 또는 프락시 서버의 주소를 변조함으로써 사용자들로 하여금 진짜 사이트로 오인하여 접속하도록 유도한 뒤에 개인정보를 훔치는 새로운 컴퓨터 범죄 수법이다. 파밍은 farming과 phishing의 합성어로, 피싱의 텃밭을 닦는다는 의미로 이해하면 된다. 인터넷 보안회사 맥아피의 CTO였던 스콧 체이신Scott Chasin이 2005년에 만든 말이다.

파밍은 피싱의 한 유형으로 피싱보다 한 단계 진화한 형태라고 할 수 있다. 피싱은 금융기관 등의 웹사이트에서 보낸 이메일로 위장하여 사용자로 하여금 접속하도록 유도한 뒤 개인정보를 빼내는 방식인데 비해, 파밍은 해당 사이트가 공식적으로 운영하고 있던 도메인 자체를 중간에서 탈취하는 수법이다.

피싱은 사용자가 주의 깊게 살펴보면 알아차릴 수 있지만, 파밍은 사용자가 아무리 도메인 주소나 URL 주소를 주의 깊게 살펴본다 하더라도 쉽게 속을 수밖에 없다. 따라서 사용자들은 늘 이용하는 사이트로만 알고 아무런 의심 없이 접속하여 개인 아이디ID와 암호password, 금융 정보 등을 쉽게 노출시킴으로써 피싱 방식보다 피해를 당할 우려가 더 크다.[54]

정상 은행 사이트에 접속해도 사기를 당할 수 있는 신종 파밍 수법도 등장했다. 신종 악성코드는 정상 사이트에서 보안카드 번호를 제대로 입력해도 이체 오류가 나도록 한다. 오류 때문에 이용자가 여러 차례 보안카드 번호를 입력할 때 보안카드 번호를 빼간다. 경찰은 신종 수법을 막기 위해서는 무료 다운로드 사이트 이용을 자제하고, 일회성 비밀번호 생성기OTP나 보안토큰을 사용하라고 말했다.[55]

2013년 7월 2일 금융감독원에 따르면 2006년부터 2013년 5월까지 경찰청에 신고·집계된 피싱사기는 총 4만 2,000여 건, 피해 금액은 4,380억 원에 달했다. 개인별 피해액은 1인당 평균 992만 원으로 1,000만 원 미만이 전체의 72.2퍼센트로 가장 많았다. 5,000만 원 이상 고액 피해자도 2.1퍼센트(331명)인 것으로 나타났다. 피싱 사기의 주요경로는 보이스피싱을 통한 것이 5,390건으로 가장 많았고, 피싱사이트와 파밍을 이용한 수법이 각각 3,586건과 2,463건이었다.[56]

pickle

pickle은 "피클, 절인 것(오이지 따위)"이다. 오이 피클은 4,000년 전 인도에서 시작되었다고 하나, 서양권에서 피클을 최초로 시도한 사람은 1300년대에 네덜란드인 빌럼 보이켈스Willem Beukelz다. 영국인들이 이 방식을 수입하면서 보이켈스의 이름을 잘못 발음해 pickles라고 한 데서 유래된 것이라는 설이 있다.[57]

그러나 이 설보다는 brine(소금물)을 뜻하는 네덜란드어 pekel에서 온 말이라는 설이 훨씬 유력해 보인다. 미국과 캐나다에선 pickle은 '절인 오이'를 뜻하며, 다른 걸 절였을 땐 "pickled onion", "pickled cauliflower"라는 식으로 사용한다.

be in a pickle은 "곤경에 처해 있다"는 뜻이다. pickle 앞에 sad, sorry, nice, pretty 등의 형용사를 붙이기도 한다. pickle은 보통 "절인 것"을

pickle

뜻하지만, "곤경, 당혹"이라는 뜻도 있다. 왜 절인 오이지가 곤경이나 당혹을 뜻하게 된 걸까?

pickle에는 "고기나 야채를 절이기 위한 소금물"이라는 뜻이 있는데, 이 말이 나온 네덜란드 쪽 이야기를 들어보는 게 좋겠다. 앞서 말한 두 번째 설에 따른다면, pickle은 네덜란드어 in de pekel zitten에서 나온 말로, 이 네덜란드어를 그대로 해석하면 "고기나 야채를 절이기 위한 소금물에 털썩 앉다"는 뜻이다. 그러니 참으로 곤혹스러울 것이다.[58]

pickle에는 '저장'과 '부패 방지'의 의미가 있는바, 이런 비유적 용법도 가능하다. A rod in pickle tends to be more tormenting than to be beaten now(앞으로 떨어질 체벌이 지금 맞는 것보다 더욱 고통스러운 경향이 있다). Life: a spiritual pickle preserving the body from decay(생명은 육체가 부패하는 것을 막는 정신적 간물이다).[59]

pigeon

pigeon은 비둘기인데, pigeon에 비해 몸체가 작은 종의 비둘기는 dove라고 한다. pigeon과 dove의 새끼는 모두 squab라고 하고, 비둘기 젖은 crop milk라고 한다. pigeon pair는 "이성異性 쌍둥이, 한 집의 두 남매(아들 하나와 딸 하나)"를 뜻한다. 비둘기pigeon는 알을 보통 2개만 낳는데, 하나는 암컷 하나는 수컷이 된다는 속설에서 유래된 말이다.[60]

pigeonhole은 "서류 분류·정리함의 작은 칸, (서류 등을) 분류·정리하다"는 뜻이다. pigeonhole은 비둘기장의 드나드는 구멍을 말하는데, 비둘기장dovecot은 많은 작은 칸으로 나뉘어 있었다. 모양새가 비슷하다는 이유로 18세기에 영국의 사무실 등에 등장한 서류 분류·정리함의 작은 칸도 pigeonhole로 불렸다.[61]

pigeonhole

stooge는 "(경찰의) 첩자, 끄나풀, (희극의) 조연역(을 하다)"이라는 뜻이다. stool pigeon(후림 비둘기)이 elision(음절 탈락) 과정을 거쳐 줄어든 말이다. stool은 홰(새장이나 닭장 속에 새나 닭이 앉도록 가로지른 나무 막대)를 말한다. 비둘기 고기가 주요 식량이었던 옛날에는 여기에 미끼 비둘기를 묶어두어 다른 비둘기들을 유인해 잡았기 때문에 stool pigeon은 비유적으로 "한통속, 미끼로 손님을 끄는 사람, 밀고자, 끄나풀" 등의 뜻을 갖게 되었다. stool pigeon은 stoolie라고도 한다. stooge가 조연역이라는 뜻을 갖게 된 것은 옛날 희극 연극에선 들러리 배우가 관객 속에 숨어 소리를 친다거나 하는 식으로 무대 우의 배우들을 돕는 구실을 했기 때문이다. 무대 위 배우들의 '끄나풀' 이었던 셈이다.[62]

신들이 모두 Piker로 불렀다.[64]

as plain as a pikestaff는 "극히 명백한"이란 뜻이다. pikestaff는 창자루나 옛날 도보 여행자용 석장錫杖을 뜻하는데, 매우 길어 한눈에 알아볼 수 있다는 데서 유래된 말이다. 석장이 오랜 사용으로 마모되어 평평해진plain 데서 유래된 말이라는 설도 있다.[65] [참고 제1권 turnpike]

pike

pin

piker는 "쩨쩨한 노름꾼, 소액 투기꾼, 겁쟁이 구두쇠"란 뜻이다. 미국의 '1812년 전쟁'에서 제뷰론 파이크Zebulon M. Pike, 1779~1813 대령이 이끌던 연대가 군수품이 모자라 총검 대신 창pike을 들고 훈련을 한 데서 유래된 말이다. 말도 타지 못한 채 길pike을 터벅터벅 걸어서 다니는 떠돌이 노동자를 가리키는 말이었다는 설도 있다. hit the pike는 "여행하다. 길을 가다, 길을 걷다"는 뜻이다.[63]

19세기 중반 캘리포니아와 콜로라도 골드러시 때 미주리 주 파이크 카운티Pike County에서 온 사람들의 행태에서 비롯된 말이라는 설도 있다. 그들은 검소할 뿐만 아니라 음주와 도박을 아예 하지 않는 것으로 유명했기 때문에 그런 평판을 얻었다는 것이다. 나중에는 모든 미주리 주 출

can hear a pin drop은 "핀 떨어지는 소리가 들릴 정도로 조용하다"는 뜻이다. 19세기 초부터 사용된 말이다. During study period, the teacher wanted the room so quiet she could hear a pin drop(선생님이 공부 시간에 정숙을 원했기에 교실 안은 핀 떨어지는 소리가 들릴 정도로 조용했다).[66]

(as) neat as a new pin은 "몹시 깨끗한(말쑥한)"이란 뜻이다. 핀을 철로 만들고 코팅 기술이 없던 시절에 핀이 빨리 녹슬었던 데서 비롯된 말이다. 그러니 새로운 핀을 장만하면 얼마나 깨끗하고 말쑥했겠는가.[67]

pin money는 "용돈, 특히 아내나 딸 등에게 주는 용돈"이다. 영국에서 14~15세기까지만 하더라도 여성용 핀은 은銀으로 만든 사치품으로 매우 비쌌기에 남편은 아내에게 핀을 살 수 있

게끔 돈을 주었다. 그간 핀의 생산은 왕실의 허가를 받은 독점산업이었지만, 19세기 들어 독점 체제가 무너지면서 핀 값이 저렴해지기 시작했다. 따라서 이젠 굳이 그런 별도의 돈을 줄 필요는 없었지만, 이름은 그대로 살아남아 용돈이라는 뜻으로 쓰이고 있다.[68]

clothespin은 빨래집게다. 영국에선 clothes-peg이라고 한다. 빨래집게는 영국에서 18세기부터 사용되었는데, 작은 스프링이 들어간 오늘날과 같은 형식의 빨래집게는 미국 발명가 데이비드 스미스 David M. Smith가 1853년에 발명한 것이다.[69]

linchpin(린치핀)은 비녀장, 즉 수레 등의 바퀴가 빠지지 않도록 축에 꽂는 핀을 말하며, 비유적으론 "(조직·계획 등의) 핵심, 구심점, 그런 인물"을 뜻한다. 2013년 4월 15일 미국 백악관은 한·미 정상회담 개최 사실을 발표하면서 "박근혜 대통령의 방미는 한반도를 비롯한 아시아·태평양 지역의 평화와 안보의 린치핀으로서 한·미 동맹의 중요성을 확인하는 것"이라고 했다. 존 케리 국무장관도 4월 초 미국에서 열린 한·미 외교장관 회담에서 한국의 '린치핀' 역할을 강조했다.

이에 대해 『조선일보』(2013년 4월 17일)는 "미국은 '린치핀'이라는 용어를 과거에는 주로 미·일 동맹에 써왔다. 하지만 오바마 행정부 출범 이후에 '린치핀'은 한·미 동맹을 가리킬 때 쓰고 미·일 동맹은 주로 '코너스톤 cornerstone(주춧돌)'에 비유하는 것이 보편화됐다. 케리 장관은 11일 미·일 외교장관 회담에서도 '코너스톤'이라는 표현을 사용했다"며 "린치핀과 코너스톤 모두 핵심적 파트너라는 의미지만 외교가에선 린치핀을 더 격이 높은 표현으로 받아들이고 있다"고 했다. 한·미 외교장관 회담에 참석했던 고위 당국자는 "미국 측에 두 표현의 차이점을 물었더니 '코너스톤은 코너별로 4개가 있지만, 린치핀은 한 개밖에 없다'고 하더라"고 전했다는 것이다.[70]

kingpin(또는 king-pin, king pin)은 기계 등에서 핵심적인 구실을 하는 핀을 가리키며, 비유적으론 (조직 활동의) 중심인물을 뜻한다. 『중앙일보』 (2013년 7월 16일)는 "캐나다 산림지역에서 벌목된 통나무들은 강물에 띄워져 하류로 이송된다. 강폭이 좁아져 유속이 빨라지면 통나무들이 엉켜 병목현상을 빚는다. 이때 어떤 통나무를 집중적으로 가격하면 병목이 풀리면서 통나무의 행진곡이 다시 시작된다. 주변에 연쇄 파급 효과를 일으키는 이 통나무를 '킹핀 king pin'이라고 부른다"며 다음과 같이 말했다.

"킹핀처럼 중공군 유해 송환 카드는 냉전 해체 이후에도 고착되어 있던 남북한과 중국 간의 정전 질서를 허무는 폭발력이 있다. 중국 지도부의 고심이 깊어질 수밖에 없다. 박근혜 대통령이 강조했듯 먼저 친구가 되고 사업을 논했어야 하는데 그간 한·중 관계는 경제적 이해관계부터 출발했기 때문에 이익이 충돌할 땐 친구고 뭐고 없이 으르렁댔다. 유해 송환은 양국 국민이 친구가 되는 중요한 이정표다. 이번에 양국 정상이 합의한 전략적 협력 동반자 관계 내실화를 가늠할 수 있는 시금석이다."[71]

pink

 in the pink는 "아주 기력이 왕성(건강)하여"란 뜻이다. 아이가 갓 태어났을 때 바깥 공기를 어느 정도 접할 때까진 진한 pink 빛이었던 데서 유래된 말이다. 윌리엄 셰익스피어William Shakespeare, 1564~1616는 pink라는 단어를 완벽의 상징으로 사용했으며, 그 흔적은 아직까지도 the pink of perfection(완벽의 극치), the pink of fashion(유행의 정수精髓)과 같은 말에 살아남았다.

 pink는 1900년대 초부터는 얼굴빛이 불그스레한 게 좋다는 의미에서 건강을 뜻하는 단어로 사용되었다. I was pleased to see that Lester is in the pink(레스터가 매우 건강한 것을 보고 기뻤다). pink에는 '흥분'이란 뜻도 있는바, get pink on은 "~에 흥분하다", have a pink fit은 "몹시 부아가 나다, 몹시 당황하다"는 뜻이다.[72]

 tickle a person pink는 "~를 무척 기쁘게 해주다", tickled pink는 "매우 기쁜(재미있는, 행복한)"이란 뜻이다. 사람을 간질이면 얼굴이 pink로 변하는 데서 유래된 말이다. 말이나 행동으로 어떤 사람을 즐겁게 해줘 한바탕 웃게 만든다면, 마찬가지로 얼굴이 pink로 변하지 않겠느냐는 것이다.[73]

 이렇듯 pink는 좋은 뜻으로 쓰이지만, 정치적 의미는 그렇지 않다. 공산주의를 상징하는 red에 빗대 공산주의자는 아닐망정 그 동조자의 색깔로 간주된다. 그런 색깔을 갖고 있는 사람을 pinko라고 한다. pinko는 『타임』이 1925년 좌경적인 성향을 갖고 있는 사람들을 지칭하기 위해 만든 말인데, 1940년대부터 냉전冷戰 시대가 개막되면서 많이 쓰인 말이다. 물론 지금도 쓰이는데, 영화 〈다이하드 2〉(1990)에도 등장했다.[74]

 pink는 동성애자들을 상징하는 색이기도 하다. LGBTlesbian, gay, bisexual, transgender의 민권을 옹호하는 시위에는 분홍색 깃발이 등장한다. 나치 독일에서 동성애자 수감자들에게 분홍색 삼각형 표식을 했던 데서 유래했다.[75]

piss

 piss는 "소변 보다"는 뜻이다. 말을 거칠게 하기로 유명했던 제36대 대통령 린든 존슨Lyndon Johnson, 1908~1973이 piss라는 단어를 써서 남긴 명언이 있다. FBI의 J. 에드거 후버J. Edgar Hoover, 1895~1972에 관한 이야기다.

 후버는 1924년부터 1972년 숨을 거둘 때까지 48년 동안 FBIFederal Bureau of Investigation 국장으로 장기집권한 인물인데, 그 장수의 비결은 역대 대통령들의 약점을 비밀정보로 수집하여 그걸로 사실상 대통령들을 협박한 것이었다. 물론 존슨도 후버에게 단단히 약점이 잡혀 있었다.

Edgar Hoover

1971년 10월 『뉴욕타임스』의 데이비드 핼버스탬David Halberstam, 1934~2007은 존슨이 후버에 대해 한 말이라며 그걸 다음과 같이 인용 보도했다.

"Well, it's probably better to have him inside the tent pissing out, than outside the tent pissing in(글쎄, 후버가 텐트 밖에서 안으로 오줌을 싸는 것보다는 텐트 안에서 밖으로 오줌을 쌀 수 있게끔 텐트 안에 붙잡아두는 것이 낫지 않겠어)."[76]

pissed off는 "화가 나서, 짜증이 나서"란 뜻이다. I was pissed off at him(그에게 화를 냈다). 제2차 세계대전 때부터 사용된 말이다. 미국 작가 노먼 메일러Norman Mailer, 1923~2007의 『나자裸者와 사자死者, The Naked and the Dead』(1948)에는 이런 말이 나온다. "I bet you even look pissed off when you're with your wife(장담하건대 당신은 부인과 같이 있을 때도 화난 표정을 하고 있을 거요)."[77]

pit

the pits는 "지옥, 나락, 묘혈, 최악의 장소(사태), 어쩔 수 없는 녀석"이란 뜻이다. 습기가 차면 고약한 냄새가 나는 armpit(겨드랑이, 싫은 장소, 더러운 장소), 인생 막장으로 여겨지기도 했던 coalpit(탄갱)에서 나온 말이 아니냐는 설도 있으나, 구덩이pit 개념을 극단으로 밀고 간 경우로 이해해도 무방할 것 같다. be at the pit's brink(다 죽어가고 있다), dig a pit for(~을 함정에 빠트리려고 하다)와 맥을 같이한다.

1981년 윔블던Wimbledon 테니스 대회에서 존 매켄로John McEnroe, 1959~가 경기 중 심판들과 갈등을 빚자, "You are the pits of the world!"라고 욕했다는 유명한 일화가 있다.[78]

bottomless pit은 "지옥"이다. 직역을 하자면 "밑바닥 없는 구덩이"란 뜻으로, 성경에 여러 차례 등장한다. bottomless에는 topless와 비교하

John McEnroe

는 의미에서 "전라全裸의, 누드의"란 뜻도 있으며, a bottomless mystery는 "완전한 수수께끼"라는 뜻이다. 유머 용법으로 식욕이 왕성한 사람을 가리켜 bottomless pit이라 부르기도 한다.[79] [참고 Orchestra Pit Theory]

platform

플랫폼platform은 원래는 기차역의 승강장이나 무대라는 뜻이지만 산업계에서는 기초가 되는 틀·규격·표준을 의미한다. 자동차에서는 주요 장비들이 장착된 기본 골격을, 컴퓨터에선 시스템의 기반이 되는 운영체제os를 가리킨다. 최근 정보기술IT 업계에서는 서비스·콘텐츠·기기를 포괄하는 생태계라는 뜻으로 많이 쓰이지만, 그 구체적 용도는 매우 다양하다.[80]

플랫폼은 하드웨어, 소프트웨어, 인터넷 그 자체, 특정 웹사이트, 검색엔진 등을 가리키지만, 사실상 이 모두를 지칭할 수 있는 용어다. 일종의 인프라스트럭처로 그 위에서 경제, 사회, 기업을 구축하는 틀이다. 따라서 기술세계에서 말하는 플랫폼이란 운영체제이자 운영체제가 작동하는 하드웨어를 말한다고 정리할 수 있다. 시카고의 컴퓨터 전문가 존 맥두걸John McDougall은 "플랫폼은 산업 전반의 놀이터"라고 설명하지만, '플랫폼 전쟁'이라는 말이 자주 쓰일 정도로 놀이치고는 살벌한 놀이다.[81]

장정모는 "플랫폼은 최근 산업계에서는 장소의 개념이 아니라, 거래를 원하는 복수의 집단들을 연결해주는 일종의 촉매 역할을 하는 매개체 또는 공간의 의미로 사용되고 있습니다. 구글의 경우 정보를 필요로 하는 사람(네티즌)과 그들에게 홍보나 광고를 해야 할 사람(기업)들을 서로 연결해주는데, 바로 구글이 두 집단을 연결해주는 촉매 즉 플랫폼 역할을 하는 것이지요. 또한 플랫폼을 통해 구매자와 판매자 간의 거래가 이뤄지는 시장을 '양면시장two-sided market'이라고 합니다"라면서 다음과 같이 말한다.

"우리가 알고 있는 일반적인 시장은 단면시장 one-sided market이라고 부릅니다. 새 차를 원한다면 자동차 회사 대리점에 직접 가야 하는 것처럼 단면시장에서는 판매자가 구매자만을 직접 상대합니다. 반면, 양면시장에서는 하나의 기업이 판매자와 구매자 간의 플랫폼 같은 연결고리 역할을 해서 거래가 이루어지는 시장입니다. 플랫폼 역할을 하는 기업에는 판매자와 구매자 모두가 고객이 되지요."[82]

양면시장에선 이른바 '네트워크 효과network effect'가 발생한다. 플랫폼이 일정 규모 이상 커지면 참여를 망설이던 다른 판매자와 구매자들도 끌어들일 수 있게 되며, 이러한 쏠림현상으로 인해 양면시장에서는 최종적으로 몇몇 기업만이 살아남는 경우가 많다.[83] [참고 network effect]

『와이어드』는 2010년 8월 17일, '월드와이드 웹은 죽었다'는 헤드라인을 내걸었다. 『와이어드』의 편집장이자 『롱테일 경제학』의 저자인 크리스 앤더슨Chris Anderson이 쓴 글의 제목으로, 1991년에 도입된 인터넷의 그래픽 인터페이스인 월드와이드웹이 20년 만에 죽었다는 것이다. 『와이어드』는 트위터·페이스북으로 대표되는 소셜네트워크의 급속한 성장과 애플 아이폰으로 대표되는 모바일 인터넷의 확산으로 말미암아 인터넷이 '활짝 열린 웹wide-open Web'에서 '반쯤 닫힌 플랫폼semiclosed platforms'으로 바뀌고 있다고 진단했다. 이와 관련, 카르스텐 괴릭Carsten Görig은 다음과 같이 말한다.

"과거 사람들은 웹 사이트의 내용을 일치된 언어로 제공받기 위해 월드와이드웹을 이용했지만, 최근에는 각기 다른 모습을 가지고 있는 독립된 플랫폼이 늘고 있다. 월드와이드웹을 통해 누리던 많은 기능은 이제 이들 플랫폼을 기반으로 하는 '어플'로 넘어가는 중이다. 따라서 어떤 기계를 손에 쥐고 있느냐에 따라 사용할 수도, 사용하지 못할 수도 있다. 최근 들어 IT 기업들은 과거 유일무이한 인터넷망 대신 고유의 네트워크와 운영체제를 선택하고 있다."[84]

백욱인 서울과학기술대 교수는 "'웹은 죽었다'는 『와이어드』의 진단은 인터넷 초기의 자유주의적 윤리를 버리고 신자유주의 사업 모델로 가치관을 전환하겠다는 태도 표명이다.……이 선언 속에는 개방적인 웹을 죽이고 인터넷을 앱과 상업화의 닫힌 공간으로 만들겠다는 사업가의 바람이 숨어 있다"며 다음과 같이 말했다.

"웹 사망 선언은 수많은 독립 자영 생산자와 소비자를 현혹할 수 있다. 앤더슨의 '롱테일론'을 잘못 해석하면 마치 모든 생산자·사용자가 돈을 벌 수 있는 새로운 환경이 도래했다고 오해하게 된다. 웹 사망 선언은 수많은 평범한 사용자에게 돈벌이의 허위의식을 심어주어 그들이 수평적이고 열린 웹을 버리고 앱이라는 닫힌 체제로 들어오도록 만들 수 있다. 현명한 이용자라면 공룡도 아닌 개미이면서 박수 치는 일은 없어야 할 것이다."[85]

스마트 미디어 시대에 언론은 어떻게 해야 살아남을 수 있을까? 『기자협회보』(2012년 2월 22일)는 "지난해 40만 대를 기록한 국내 태블릿PC 시장은 올해 200만 대로 성장한다. 킨들파이어와 같은 저가형 태블릿PC 시장이 본격화되면 2012년 400만 대, 2015년에는 1,000만을 돌파하여 미디어 이용 형태에 중대한 변화가 올 것으로 관측된다"며 다음과 같이 말했다.

"이 때문에 국내 언론사도 각 플랫폼에 최적화된 뉴스 서비스를 개발해야 한다는 전문가들의 지적이 뒤따르고 있다. 신문 지면에 쓴 기사를 그대로 멀티플랫폼에 옮겨다 쓰는 OSMUOne Source Multi Use의 전략에서 각 기기별로 특화된 콘텐츠를 제공하는 ASMDAdaptive Source Mu.ti Device의 입체적 전략으로 변화해야 한다는 것이다."[86]

2012년 10월 SK마케팅&컴퍼니 대표 문종훈은 "플랫폼 비즈니스 활성화는 상생 이슈를 풀어나가는 대안이 될 수 있다"며 이렇게 말한다. "대규모 자본이 필요한 플랫폼 구축과 운영은 대기업이, 빠른 속도로 혁신적인 가치를 지속 개발하는 부분은 중소기업이 분담해서 수행할 수 있을 것이며, 이때 유기적인 상호작용 아래

자연스럽게 윈-윈 관계가 형성될 것이다. 중소기업인들을 만나보면 가장 큰 애로사항 중 하나가 판로 개척이라고 한다. 이럴 땐 집객력과 광고·홍보 역량을 보유한 마케팅 플랫폼에 참여하는 것이 대안이 될 수 있다."[87]

2013년 4월 24일 캐나다의 미래학자 돈 탭스콧Don Tapscott, 1947~은 서울에서 LG CNS 주최로 열린 정보기술IT 콘퍼런스 '엔트루월드Entrue World 2013'의 기조연설에서 "한국 기업들이 '불타는 플랫폼burning platform'을 버리지 않으면 '제2의 한강의 기적'은 없을 것이다"고 말했다. 그는 "한국의 대기업들은 경쟁을 통해 성장해왔다. 하지만 이것 역시 산업화 시대의 패러다임에서나 통하는 얘기다. 바뀌어야 한다. 경쟁자끼리도 협업해야 한다. 한국 대기업들은 자기 것을 지키려고만 한다. 수직적 통합에만 익숙하다. 그러나 인터넷 세상에선 모든 것들이 연결되어 있고 개방되어 있다. 굳이 각자가 똑같은 걸 하겠다고 돈을 쓸 필요가 없다"며 다음과 같이 말했다.

"제약산업을 보자. 제약회사들은 지금 가만히 있으면 특허 만료와 복제약 때문에 해마다 매출의 4분의 1이 사라지는 상황이다. 이대로 가면 망한다. 이들은 불타는 플랫폼을 버리기로 했다. 제약업계는 특허와 소유권을 강조하던 기존 방식 대신 임상시험 결과를 공유하기로 했다. 북해에 설치된 원유 채굴 플랫폼에 불이 난 적이 있다. 많은 인명이 희생됐지만 소수의 생존자는 살기 위해 차가운 바다로 뛰어내린 사람들 가운데서 나왔다. 불타는 플랫폼은 인터넷이 몰고 온 개방·투명의 시대를 맞아 위기에 처한 기업의 모습이다. 이걸 버린다는 건 기업이 변화와 혁신에 나선다는 의미다. 가만히 있다가 확실히 죽을 운명이라면 생존 가능성이 낮다고 해도 뛰어내릴 수밖에 없다."[88]

IT 전문가 팀 오라일리Tim O'Reilly는 2010년에 발표한 「Government as Platform(플랫폼으로서의 정부)」에서 정부를 하나의 플랫폼으로 상정하여 그 위에서 개인, 기관, 회사가 운영되어야 한다고 주장했다. 정부는 '시장 관리자'나 '사용자 커뮤니티를 활성화하는 서비스 제공자'가 되어야 한다는 것이다. 그는 현재의 정부 모델은 '자판기 정부'라며 다음과 같이 말했다.

"우리는 세금을 납부하는 대가로 정부의 서비스를 기대한다. 그리고 기대한 바를 얻지 못했을 때 우리가 취할 수 있는 '참여 행동'은 항의, 즉 자판기를 흔드는 행위에 국한된다. 집단행동은 집단불평으로 약화되어왔다. 자판기 모델에서는 사용 가능한 전체 서비스 항목이 사전에 미리 정해져 있다. 소수의 자판기 주인만이 자판기에 제품을 채워 넣을 수 있는 권한을 지니고 있으며, 그 결과 선택의 폭은 좁아지고 가격은 비싸진다.……플랫폼 제공자가 되는 것은 정부가 기본과 핵심에만 초점을 맞춘다는 뜻이다. 플랫폼 제공자는 필수적인 인프라를 건설하고 플랫폼의 힘을 보여주는 핵심적인 애플리케이션을 만들어 외부 개발자들이 플랫폼을 한층 더 발전시키도록 자극하며, 여러 애플리케이션이 조화를 이루어 작동되도록 '운영 규칙'을 시행한다."[89]

이에 대해 미국 IT 전문가 니코 멜레Nicco Mele는 "플랫폼으로서의 정부가 반드시 지금보다 작은 정부를 의미하는 것은 아니지만 다수의 소규모 정부 단위가 구성된다는 측면에서 거대 정부의 종말을 의미하는 것은 분명하다"며 다음과 같이 말한다.

"여기서 한 가지 의문이 생긴다. 평등, 안전, 책임과 같은 근본적인 문제가 제기되었을 때 과연 플랫폼으로서의 정부가 이러한 임무를 사람들의 기대에 걸맞게 해결할 수 있을 것인가? 현재로서는 그렇다고 말하기 어렵다. 플랫폼으로서의 정부는 무분별한 발상이 아니며, 사람들은 이미 이를 실행에 옮기려고 시도하고 있다. 하지만 애석하게도 지금까지 나타난 결과는 기대에 못 미친다."[90]

이 같은 뜻이 쉽게 이해될 수 있으리라. 20세기 중반부터는 법과 무관한 일상생활에서 '선처를 바라며 무조건 빈다' 는 뜻이 추가되었다. "When Jerry's girlfriend discovered him out dancing with another woman, he tried to cop a bargain(다른 여자와 춤추는 걸 여자 친구가 알게 되자 제리는 한 번만 봐달라고 싹싹 빌었다)."[92]

cop a plea는 수사과정에서 경찰과 범죄자 사이에서 이루어지는 타협이나 협상과 관련이 있지만, 아예 법적 제도로 자리잡은 협상을 가리켜 '플리바게닝plea bargaining(유죄협상제도)' 이라고 한다. 가벼운 구형 등 검찰 측이 양보하고 그 대신 피고 측이 유죄를 인정하는 따위의 거래를 말한다. 대부분의 나라들이 플리바게닝 제도에 대해 비판적이지만, 미국만큼은 이 제도를 적극 활용한다. 미국 형사 사건의 90퍼센트가 플리바게닝에 의해 처리된다고 한다.[93]

[참고 Dirty Dozen]

2005년 1월 한국의 대검찰청은 '플리바게닝'을 도입하는 방안을 적극 검토하고 있다고 밝혔는데, 이에 언론은 검찰권의 철저한 중립이 보

plea

plea는 '탄원, 청원', cop a plea는 "(죄를 가볍게 하기 위해) 자백하다"는 뜻이다. cop은 '경찰, 체포하다' 는 뜻인데, 그 어원은 라틴어 "capere(to seize)"다. 미국 경찰의 배지가 구리copper로 만들어진 것도 경찰을 cop이라 부르게 된 데 일조했다.[91]

cop a plea를 '탄원을 부여잡다' 로 생각하면

U.S. Police badge

장되지 않은 상황에서 정치탄압의 도구로 이용될 수 있다는 점, 수임료를 많이 줘야 하는 거물 변호사를 선임한 피의자만 유리해지는 형평성 문제 등을 들어 반대한다고 밝혔다.[94]

pocket

pocket은 프랑스 고어古語 poke(오늘날에는 poche)에서 나온 말로 원래는 작은 bag이나 pouch(가죽으로 만든 주머니)를 뜻했다. 즉, 옷과는 별도로 존재했던 것인데, 이것이 옷에 부착되면서 오늘날의 pocket이 된 것이다.[95] 이해를 돕기 위해 제1권에서 다루었던 것이지만, "buy a pig in a poke"에 대한 설명을 여기에 다시 소개하는 게 좋겠다.

buy a pig in a poke는 "잘 보지도 않고(알지도 못하고) 물건을 사다, 경솔하게 떠맡다"는 뜻이다. 중세 영국의 시장에선 새끼 돼지를 작은 부대poke에 넣어 거래하는 일이 많았는데, 일부 비양심적인 농부나 상인들은 새끼 돼지 대신에 고양이를 넣어 팔아먹었다. 이들은 구매자가 부대를 열어 확인하자고 하면 새끼 돼지가 뛰쳐나와 도망갈지도 모른다며 거절했다. poke는 어원적으로 원래 poket에서 변화된 pocket(호주머니)과 사촌 간인데, 이 숙어로만 쓰일 뿐 독립적으로는 쓰이지 않는 말이다.[96]

money burns a hole in one's pocket은 "돈을 있는 대로 써버리다"는 뜻이다. 주머니에 든 돈을 빨리 써버리지 않으면 돈에 불이 붙어 주머니에 구멍을 낸다고 가정해보자. 그런 일을 당하지 않으려면 어떻게 해야겠는가? 주머니에 돈이 들어오는 대로 빨리 써야만 한다. 이런 이미지를 떠올리면 이 말이 쉽게 이해될 수 있을 것이다. "Howard is broke again because money burns a hole in his pocket(하워드는 돈을 있는 대로 써버리기 때문에 또 파산을 했다)."[97]

line one's pockets(purse)는 "(부정 수단으로) 큰 돈을 벌다, 사복私腹을 채우다"는 뜻이다. 여기서 line은 "(의복 따위의) 안을 대다, (상자 따위의) 안을 바르다, (주머니, 배 등을) 꽉 채우다"는 뜻이다. "While millions were fighting and dying, the profiteers were lining their pockets(수백만의 사람이 싸우고 죽어가고 있는데 악덕 업자들은 사욕을 채우고 있었다)."[98]

poinsettia

1837년에서 1841년까지 미국 국무장관을 지낸 조엘 포인셋Joel R. Poinsett, 1779~1851은 식물학자이기도 했는데, 그는 초대 멕시코 공사公使 시절인 1825년 멕시코가 원산인 꽃나무 하나를 미국으로 들여왔다. 그게 바로 poinsettia(포인세티아)다. 물론 그의 이름을 따서 붙인 이름이다. 포인세티아가 크리스마스 시즌에 불티나게 팔려나가게 된 이유는 멕시코의 전설 때문이다. 포인세티아는 멕시코와 과테말라에선 "Noche Buena"로 불리는데, 이는 "Christmas Eve"란 뜻이다.

16세기 멕시코의 어느 소녀가 너무도 가난한 나머지 크리스마스를 축하하기 위해 바칠 선물을 살 돈이 없어 애를 태우자, 이를 딱하게 여긴 천사가 소녀로 하여금 길가에 있는 어떤 식물의 씨앗을 거둬 교회의 제단 앞에 놓도록 했다. 그 씨앗에선 놀랍도록 아름다운 포인세티아가 피어났다. 17세기부터 멕시코 프란체스코회의 수도사들은 크리스마스를 축하하는 의식에 포인세티아를 포함시켰는데, 별을 닮은 잎은 '베들레헴의 별the Star of Bethlehem', 붉은 색은 십자가에 못 박힌 예수의 피를 상징하는 것으로 여겨졌다.

포인세티아는 미국에서도 크리스마스용 식물로 폭발적인 인기를 누려, 12월 12일을 국가적 차원의 '포인세티아의 날National Poinsettia Day'로 지정하기에 이르렀다. 미국에선 한동안 포인세티아에 강한 독성이 있다고 알려져 적잖은 논란이 벌어지기도 했다. 조사 결과, 독은 없으며, 다만 피부와 위에 다소 자극을 줄 수 있고 먹으면 구토와 설사를 일으킬 수 있는 정도인 것으로 밝혀졌다. 아즈텍Aztecs 문명 시절에는 붉은 염료와 해열제로 사용했다고 한다.[99]

Poinsettia

politician

"A politician thinks of the next election; a statesman, of the next generation(정치인은 다음 선거를 생각하지만, 정치가는 다음 세대를 생각한다)"는 말처럼, 우리는 politician과 statesman을 구분하기도 하지만 그런 구분이 의미가 있을지는 의문이다. statesman은 정치의 속성상 존재하기 어렵기 때문이다. politician에 관한 명언을 7개만 감상해보자.

(1) A politician divides mankind into two classes: tools and enemies(정치인은 인간을 두 종류로만 나눈다. 도구 아니면 적). 독일 철학자 니체 Friedrich Wilhelm Nietzsche, 1844~1900의 말이다.

(2) He knows nothing; he thinks he knows everything-that clearly points to a political career(아는 게 없으면서도 모든 것을 다 안다고 생각

하는 사람이야말로 정치인의 자질이 충분하다). 영국 작가 조지 버나드 쇼George Bernard Shaw, 1856~1950의 말이다.

(3) A good politician is quite as unthinkable as an honest burglar(좋은 정치인은 정직한 도둑을 기대하는 것처럼 불가능한 일이다). 미국의 저널리스트 독설가로 유명한 헨리 루이 멩켄Henry Louis Mencken, 1880~1956의 말이다.[100]

(4) Democracy is the rule of the politician(민주주의는 정치인에 의한 지배다). 오스트리아 출신의 미국 경제학자 조지프 슘페터Joseph A. Schumpeter, 1883~1950의 말이다. 그는 또 다음과 같이 말했다. Democracy means only that the people have the opportunity of accepting or refusing the men who are to rule them(민주주의는 국민이 그들을 통치할 사람들을 수용하느냐 거부하느냐 하는 기회를 가졌다는 걸 의미할 뿐이다).[101]

민주주의는 정치적 '방법'일 뿐이며, "민주주의는 정치인에 의한 지배"라고 본 슘페터의 민주주의론은 정치에 대한 경박하고 냉소적 견해라는 비판을 받았다. 그러나 슘페터는 오히려 번번이 실패로 돌아가는 걸 알면서도 현실과는 동떨어진 이상을 내세우는 것이 경박하고 냉소적이라고 반박했다. 민주주의의 이상과 명분이 어떠하든 오늘날 우리가 목격하고 실천하는 민주주의는 바로 슘페터의 민주주의임을 어찌 부인할 수 있으랴.

슘페터의 민주주의론은 엘리트주의며 반反민주적이라는 비판을 받기도 하지만, 이는 그의 견해를 수용하는 자세의 차이에서 비롯된 것으로 볼 수 있다. 민주주의를 '엘리트 간 선거경쟁을 통해 정부를 구성하는 체제'로 이해한다면, 체제 구성 후에 해야 할 일이 더 많으며, 이는 민주주의를 외치는 것만으론 이루기 어렵다는 데 눈을 돌릴 필요가 있지 않겠느냐는 것이다.[102]

(5) Once you touch the biographies of human beings, the notion that political beliefs are logically determined collapses like a pricked balloon(인물의 전기를 쓰게 되면 정치적 신념이 논리적으로 결정된다는 생각은 바늘에 찔린 풍선처럼 붕괴되고 만다). 미국 칼럼니스트 월터 리프먼Walter Lippmann, 1889~1974의 말이다.[103]

(6) Politics is too serious a matter to be left to the politicians(정치는 너무도 중요해서 정치인들에게만 맡겨둘 수 없다). 프랑스 정치가 샤를 드골Charles de Gaulle, 1890~1970의 말이다. 드골의 정치인 관련 명언을 2개만 더 감상해보자. Since a politician never believes what he says, he is surprised when others believe him(정치인은 자신이 한 말을 믿지 않기 때문에, 다른 사람들이 자신을 믿으면 놀란다). In order to become the master, the politician poses as the servant(주인이 되기 위해 정치인은 하인인 체한다).[104]

(7) Politicians are the same all over. They promise to build a bridge even where there is no river(정치인은 어느 나라에서든 똑같다. 그들은 강도 없는 곳에 다리를 놓아주겠다고 약속하는 사람들이다). 소련 지도자 니키타 흐루쇼프Nikita Khrushchev, 1894~1971의 말이다.

politics

politics(정치)는 "of, for, or relating to citizens (시민의, 시민을 위한, 시민과 관련된)"을 뜻하는 그리스어 politikos에서 나온 말이다. 1520년경 영어에 편입되었다.105 이미 B.C. 6세기경 그리스 작가 이솝Aesop, B.C. 620?~B.C. 560?이 "We hang the petty thieves and appoint the great ones to public office(좀도둑은 사형에 처하고 큰 도둑은 공직에 임명한다)"라고 말한 걸로 미루어보아,106 정치와 정치인이 늘 욕을 먹는 건 정치와 정치인의 숙명이 아닌가 싶다. 정치에 관한 명언을 10개만 감상해보자.

(1) The price of apathy towards public affairs is to be ruled by evil men(정치에 무관심하면 악당들이 지배하는 대가를 치른다). 고대 그리스 철학자 플라톤Plato, B.C. 427?~B.C. 347?의 말이다.107 그는 또 이런 말도 했다. One of the penalties for refusing to participate in politics is that you end up being governed by your inferiors(정치에 참여하지 않으면 바보들의 통치에 당하고 살아야 한다).108

(2) Man is by nature a political animal(인간은 정치적 동물이다). 그리스 철학자 아리스토텔레스 Aristoteles, B.C. 384~B.C. 322의 말이다.

(3) In politics stupidity is not a handicap(정치에서는 아둔해도 지장이 없다). 나폴레옹 보나파르트Napoleon Bonaparte, 1769~1821의 말이다. 그의 정치 관련 '명언'을 2개만 더 감상해보자. In politics, never retreat, never retract, never admit a mistake(정치에서는 물러서지 마라, 철회하지 마라, 실수도 인정하지 마라). In politics, an absurdity is not a handicap(정치에서는 모순도 불합리도 전혀 문제가 되지 않는다).109

(4) Politics is the art of the possible(정치는 가능성의 예술이다). 독일 정치가 오토 폰 비스마르크Otto Von Bismarck, 1815~1898의 말이다. 같은 맥락에서 그는 Politics is an inexact science(정치[학]는 부정확한 과학이다)라고 했다.

(5) Knowledge of human nature is the beginning and end of political education(인간 본성에 대한 지식이 정치적 교육의 전부다). 미국 역사가 헨리 브룩스 애덤스Henry Brooks Adams, 1838~1918의 말이다.

(6) Politics: A strife of interests masquerading as a contest of principle. The conduct of public affairs for private advantage(정치는 원칙의 경쟁으로 위장하는 밥그릇 싸움. 사익을 위한 공공적 활동). 독설가 앰브로즈 비어스Ambrose Bierce, 1842~1914의 말이다.110

(7) Politics, like human life, is an essentially irrational phenomenon(정치란 인간의 삶처럼 본질적으로 불합리한 현상이다). 영국 정치학자 그레이엄 월러스Graham Wallas, 1858~1932의 말이다.111

(8) The world of politics is always twenty years behind the world of thought(정치의 세계는 늘 사상의 세계보다 20년 뒤져 있다). 미국 작가 존 제이 채프먼John Jay Chapman, 1862~1933의 말이다.

(9) Politics is far more complicated than physics(정치는 물리학보다 훨씬 복잡하다). 세계적인 물리학자 앨버트 아인슈타인Albert Einstein, 1879~1955의 말이다. 리더십의 어려움을 말한 것이다.[112]

(10) The indirect approach is as fundamental to the realm of politics as to that of sex(우회적 접근 방법은 섹스에서와 마찬가지로 정치에서도 필수적이다). 영국 군인이자 역사가인 리들 하트Liddell Hart, 1895~1970의 말이다.[113]

pony

pony

pony는 "조랑말, 작은 말, 작은 것, 교과서의 참고서(로 예습하다)"라는 뜻이다. "any young animal"을 뜻하는 라틴어 pullus에서 나온 말로, 비유적으로 '작은 것'을 가리키는 말로 많이 쓰인다. pony keg은 "작은 맥주잔", pony car는 "스포츠카형의 2도어 소형차"를 뜻한다.[114]

포니익스프레스Pony Express는 조랑말 릴레이를 통해 미국 미주리 주와 캘리포니아 주 사이의 우편물을 배달하던 속달우편 사업이었는데, 1861년 10월 미국 내 대륙횡단 전신선이 완성되면서 사라졌다. 20년 전인 1841년 윌리엄 해리슨William Harrison, 1773~1841 대통령의 사망 소식이 로스앤젤레스Los Angeles에 도달하는 데 3개월 20일이 걸렸던 것을 감안하자, 전신망 구축은 그야말로 혁명적인 사건이었다.[115]

Pony는 1975년부터 1990년까지 생산된 현대자동차의 자동차 브랜드다. 1980년대 포니의 북미지역 수출은 많은 한국인에게 뿌듯한 자긍심과 벅찬 감격을 안겨주었다. 당시 연세대 교수 김동길은 "내가 정주영 씨를 한국의 거인으로 평가하기 시작한 것은 1985년인가 캐나다 강연을 가서 때마침 그곳에 상륙한 현대자동차의 포니 승용차를 목격한 그때부터였다"고 말한 바 있다. 그는 포니 승용차 안에 타고 있던 백인 젊은이들이 "가서 껴안아주고 싶을 만큼 아름다운 피조물"이었으며, "정주영은 한국인 모두에게 긍지를 심어준 민중의 영웅이다"고 말했다.[116]

pony up은 "(작은 돈을) 지불하다, 청산하다"는 뜻의 포커 용어로, 19세기 미국에서 처음 사용되었다. 여기서 pony는 영국의 관습법common law에서 법원이 발행하던 압수 영장을 가리키던 pone에서 유래된 말이다. pone은 pony라고 발음했는데, pone은 라틴어 ponere에서 나온 말로 to seize(압수하다)라는 뜻이다. 그 기원이 무엇이든 영국에서 작은 돈을 pony라고 한 데서 유래된 말이라는 설도 있다.[117]

popularity

popularity(인기)는 "common(흔한, 공동의, 평범한)" 또는 "being well-liked(호감을 받는)"을 뜻하는 라틴어 popularis에서 나온 말로, 지금과 같은 의미로 쓰이게 된 건 17세기 초부터다.[118] popularity에 관한 명언을 10개만 감상해보자.

(1) Avoid popularity; it has many snares, and no real benefit(인기를 피하라. 많은 함정은 있을망정 실익은 없다). 오늘날의 미국 펜실베이니아주를 세운 영국 귀족 윌리엄 펜William Penn, 1644~1718의 말이다.

(2) True popularity is not the popularity which is followed after, but the popularity which follows after(진정한 인기는 좇는 인기가 아니라 따라오는 인기다). 영국 정치가 윌리엄 머리William Murray, 1st Earl of Mansfield, 1705~1793의 말이다.

(3) Seek not the favor of the multitude; it is seldom got by honest and lawful means. But seek the testimony of the few; and number not voices, but weigh them(다수의 호감을 추구하지 마라. 그것은 정직하고 합법적인 수단에 의해 얻어지는 법이 거의 없다. 소수의 증언을 추구하라. 목소리를 세지 말고 무게를 달아라). 독일 철학자 이마누엘 칸트Immanuel Kant, 1724~1804의 말이다.

(4) Whatever is popular deserves attention(무엇이든 인기가 있는 것은 주목을 받을 가치가 있다). 스코틀랜드 정치가 제임스 매킨토시James Mackintosh, 1765~1832의 말이다.

(5) Popular opinion is the greatest lie in the world(인기 있는 의견은 세상에서 가장 큰 거짓말이다). 영국 역사가 토머스 칼라일Thomas Carlyle, 1795~1881의 말이다.

(6) Popularity is glory's small change(인기는 영광의 작은 거스름돈이다). 프랑스 작가 빅토르 위고Victor Hugo, 1802~1885의 말이다.

(7) Avoid popularity if you would have peace(평안을 누리고자 한다면 인기를 피하라). 미국 제16대 대통령 에이브러햄 링컨Abraham Lincoln, 1809~1865의 말이다.

(8) You are not a leader to win a popularity contest you are a leader to lead(당신은 인기 콘테스트에서 승리하려는 지도자가 아니라 이끌어야 하는 지도자다). GE 회장(1981~2000년)을 지낸 잭 웰치Jack Welch, 1935~의 말이다. 그는 "Leaders have the courage to make unpopular decisions(지도자는 인기 없는 결정을 내리는 용기를 가져야 한다)"라고 역설했다.[119]

(9) We're more popular than Jesus now(지금 우리는 예수보다 인기가 많다). 비틀스의 멤버인 존

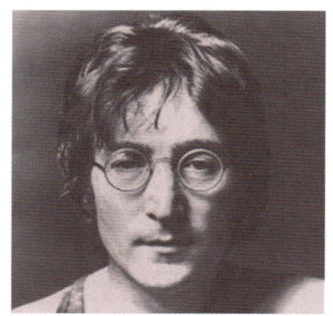
John Lennon

레넌John Lennon, 1940~1980의 말이다. 비틀스는 1966년 3월 존 레넌의 이 '예수 발언'으로 반反비틀스 운동의 포화를 맞았다. 종교에 관한 견해를 밝혀달라는 기자의 질문에 레넌은 이렇게 답했다. "기독교는 사라질 것이다. 그것은 종적을 감추고 움츠러들 것이다. 왈가왈부할 필요조차 없다. 내 말이 옳다고 판명될 것이다. 지금 우리는 예수보다 인기가 많다. 로큰롤과 기독교 중 어느 것이 먼저 사라질지는 모른다. 예수는 훌륭했지만, 그의 제자들은 미련했고 평범했다. 내가 보기에는 그들이 기독교를 왜곡시키고 타락시키고 있는 것이다."

이 발언으로 인해 미국에선 반反비틀스 집회가 열렸고 분노한 교회 지도자들이 연단에서 비틀스를 비난했다. 캘리포니아 남부의 한 KKK 간부가 비틀스 음반 한 장을 십자가에 매달아 화형시켰고, 라디오 방송국들이 그들의 음반들을 방송 금지시켰으며, 텍사스 주의 어떤 방송국은 비틀스 음반들을 공개적으로 불태웠다. 이 파문으로 인해 팀이 계속 불화를 겪자 자신의 삶에 대한 진지한 성찰을 하기 시작했던 레넌은

그해 다른 멤버들과 함께 공개적으로 베트남 전쟁 반대선언을 했고, 이 사건을 계기로 그는 평생 동안 헌신했던 반전·평화 운동에 첫발을 내딛게 된다.[120]

(10) The actor's popularity is evanescent; applauded today, forgotten tomorrow(배우의 인기는 덧없는 것이다. 오늘 박수 받다가 내일 잊히는 게 배우다). 미국 배우 해리슨 포드Harrison Ford, 1942~의 말이다.[121]

posh

posh는 "호화로운, 멋진, 우아한"이란 뜻이다. 영국이 인도를 지배하던 시절 영국과 인도를 오가던 호화여객선의 일등실을 가리키는 말이라는 설이 있다. 부자 승객들은 항해 중 태양이 비치는 쪽을 피하기 위해 인도로 갈 때는 port side, 즉 좌현左舷 쪽을, 영국으로 돌아갈 때는 starboard side, 즉 우현右舷 쪽 객실을 택했기 때문에, "Port Out, Starboard Home"의 첫 머릿글자를 따서 POSH라고 했다는 것이다.[122]

이 설은 널리 퍼져 있지만, 이는 사실과 다르다는 주장도 있다. posh가 19세기 중반 영국 런던의 거리에서 사용되던 속어로 당시에는 돈money을 뜻한 데서 비롯된 말이라는 설이다. 돈

posh hotel

이 있어야 호화롭고 멋지고 우아한 것도 가능하지 않겠는가. 제1차 세계대전(1914~1918) 동안 군에서 유행하면서 오늘날에도 널리 쓰이는 표현이 되었다.[123]

I've been staying in that posh hotel(저 호화 호텔에서 계속 묵고 있어). You seem to have been hanging out with some posh friends(부티나는 친구들하고 어울려 다녔나보구먼). You look very posh in your new suit(당신 새 양복 입으니 정말 우아해요). They live in the posh part of town(그들은 도시 상류층 구역에 산다). The hotel has a very posh ambience(그 호텔은 실내 분위기가 고급스럽다).[124]

positive thinking

think positive는 "긍정적으로 생각하다, 주로 밝은 면만 보다"는 뜻이다. 20세기 초부터 쓰인 말이긴 하지만, 미국의 목사이자 처세술 전문가로 '긍정적 사고의 힘'을 역설한 노먼 빈센트 필Norman Vincent Peale, 1898~1993이 유행시킨 말이다. 그가 1952년에 출간한 『긍정적 사고의 힘The Power of Positive Thinking』은 베스트셀러가 되었고, 4년간 계속 인기를 끌면서 총 200만 권이 팔려나갔다.

필은 이 책에서 "의심하지 마라. 의심은 힘이 솟는 것을 막는다"고 했다. 또 필은 "행복하기를 원하는가?"라고 물으면서 "그렇다면 행복한 생각을 하라"고 조언했다. 다소 황당한 면이 없지 않지만, 행복을 위해 가벼운 마음으로 필의 다음과 같은 주장을 믿어보는 것도 나쁠 건 없다. "People become really quite remarkable when they start thinking that they can do things(사람은 자신이 할 수 있다고 생각하기 시작할 때 실로 놀랄 만한 모습을 보이게 된다)."[125]

"Positivity doesn't mean we should follow the axioms "Grin and bear it" or "Don't worry, be happy." Those are simply superficial wishes. Positivity runs deeper. It consists of the whole range of positive emotions from appreciation to love, from amusement to joy, from hope to gratitude, and then some('긍정'은 "웃으면서 견뎌라"라거나 "걱정하지 말고 즐겁게 살라"는 따위의 격언들을 따르라는 걸 의미하는 게 아니다. 그런 격언들은 단지 피상적인 희망사항일 뿐이다. '긍정'은 심층적인 것이다. 감사에서부터 사랑에 이르기까지, 재미에서부터 기쁨에 이르기까지, 희망에서부터 사의謝意에 이르기까지 긍정적 감정의 모든 범위를 망

라 하는 것이다).” 미국 심리학자 바버라 프레더릭슨Barbara L. Fredrickson, 1964~이 『Positivity』(2009)에서 한 말이다.[126]

노먼 빈센트 필과 그의 후예들을 염두에 두고 한 말 같다. 그러나 피상적이든 심층적이든 긍정은 긍정이다. 미국은 '긍정'이 큰 힘을 발휘하는 나라다. 그래서 사회주의의 씨가 마른 건지도 모른다. 미국 정치 컨설턴트 딕 모리스Dick Morris, 1948~가 말했듯이, "'Yes' is a far more potent word than 'no' in American politics(미국 정치에선 '예스'가 '노'보다 훨씬 큰 힘을 발휘할 수 있는 단어다)." 사회적 차원에선 문제가 될 수 있겠지만, 개인의 행복 차원에선 긍정은 미덕이다.

Norman Vincent peale

"Some people are sick and tired of positive psychologists trying to make them happier. One woman with cancer objected loudly when overly positive friends told her that her cancer would be a 'great learning experience'(어떤 사람들은 자신들을 더 행복하게 만들려는 긍정 심리학자들을 역겨워한다. 암에 걸린 어떤 여자는 긍정 심리학의 세례를 받은 친구들이 그녀의 암은 '큰 배움의 경험'이 될 것이라고 말하자 큰소리로 항의를 했다고 한다)."[127]

에드 디너Ed Diener와 로버트 비즈바스-디너Robert Biswas-Diener가 『행복Happiness』(2008)에서 한 말이다. 긍정 심리학은 행복 증진에 적잖은 기여를 했지만, 이것 역시 과잉은 좋지 않다. 암에 걸려 죽음의 공포에 시달리는 사람에게 '큰 배움의 경험'이라고 위로하는 건 그 선의를 이해한다고 하더라도 역효과를 낳을 수 있다. 슬픔도 느낄 만할 땐 느껴야 하는 게 아닐까. 프랑스 소설가 마르셀 프루스트Marcel Proust, 1871~1922는 "행복은 몸에는 좋지만, 정신력을 키우는 것은 슬픔이다Happiness is beneficial for the body, but it is grief that develops the powers of the mind"고 했다. 몸과 정신의 균형, 그건 우리 인간의 영원한 숙제이기도 하다.

"The American infatuation with positive thinking has not made us happier(미국인들의 긍정 사고에 대한 심취는 그들을 더 행복하게 만들지 못했다)." 미국의 진보적인 사회운동가인 바버라 에런라이크Barbara Ehrenreich, 1941~가 2010년에 출간한 『긍정의 배신: 긍정적 사고는 어떻게 우리의 발등을 찍는가Bright-Sided: How Positive Thinking Is Undermining America』에서 내린 결론이다.[128]

긍정 심리학의 대부라 할 마틴 셀리그먼을 비롯한 긍정 심리학자들에게 직격탄을 날린 에런라이크는 자본주의와 친화적인 긍정 사고가 위기의 징후를 외면하고 실패의 책임을 개인에게 돌림으로써 시장경제의 잔인함을 부추겼다고 주장한다. 설득력이 높지만 진보적인 사회운동 가담게 행복마저 거시적인 사회적 차원에서만 바라본 점이 아쉽다. 늘 그런 건 아닐망정 가끔 긍정 사고가 개인적 차원의 행복에 기여할 수 있다는 걸 어찌 부정할 수 있으랴. 긍정 사고를 '긍정의 종교화'에 이를 정도로 긍정에 중독되지는 말자. 그 정도 선에서 타협하는 게 어떨까?

poverty

poverty(가난, 빈곤)는 프랑스 고어 poverté(현재는 pauvreté), poverté는 라틴어 paupertás에서 나온 말이다. 미국 소설가 마크 트웨인 Mark Twain, 1835~1910의 역사적 풍자 소설인 『왕자와 거지 Prince and the Pauper』(1882)에도 쓰인 바 있는 pauper(거지, 극빈자)는 poverty와 같은 어원을 갖고 있다.[129]

"Poverty is no sin(가난은 죄가 아니다)"이라는 말도 있지만, 그건 당위일 뿐이고 현실을 보자면 "Poverty is the mother of crime(가난은 범죄의 어머니다. 가난이 죄다)"이라고 사람들은 말한다. "Poverty breeds strife(가난은 분쟁을 낳는다)"라고 하지만, "Poverty is the mother of all arts(가난은 모든 예술의 어머니다)"라거나 "Want is the mother of industry(가난은 근면의 어머니다)"라는 말도 있다.

"There is nothing so hard to bear as poverty(가난만큼 견디기 힘든 것은 없다)"라는 말이 있는가 하면, "Better poor with honor than rich with shame(명예롭게 가난한 것이 부끄러운 부자보다 낫다)"이라는 말도 있다. "Poverty is no disgrace, but it is a great inconvenience(가난은 불명예는 아니지만 불편한 건 사실이다)"가 정답인 것 같다. "Poverty is no disgrace to a man, but it is confoundedly inconvenient"라고도 한다.

가난을 어떻게 보든, 분명한 사실은 "The rich get richer and the poor get poorer(빈익빈 부익부)" 현상이 일어나고 있다는 점이다. 이에 대해 "The poverty is incurable. The poverty is beyond cure(가난 구제는 나라도 못한다)"라고 넘어가도 되는 걸까? poverty에 관한 명언 10개를 감상하면서 생각해보자.

(1) In a country well governed poverty is something to be ashamed of. In a country badly governed wealth is something to be ashamed of(선정善政에선 가난을, 악정惡政에선 부를 부끄럽게 생각해야 할 것이다). 중국 사상가 공자 Confucius, B.C. 551~B.C. 479의 말이다.

(2) The community which has neither poverty nor riches will always have the noblest principles(가난도 부자도 없는 사회가 가장 고상한 사회다). 그리스 철학자 플라톤 Plato, B.C. 428?~B.C. 347?의 말이다.[130]

(3) A decent provision for the poor is the true test of civilization(가난한 사람에게 먹을 걸 주

느냐 하는 게 문명의 평가 잣대다). 영국 작가 새뮤얼 존슨Samuel Johnson, 1709~1784의 말이다.

(4) As society advances the standard of poverty rises(사회가 발전할수록 가난의 기준도 높아진다). 미국의 종교개혁가 시어도어 파커Theodore Parker, 1810~1960의 말이다. 그는 이런 말도 남겼다. Wealth and want equally harden the human heart(부와 가난은 똑같이 사람을 냉혹하게 만든다).

(5) I thank fate for having made me born poor. Poverty taught me the true value of the gifts useful to life(나는 가난하게 태어난 내 운명에 감사한다. 가난은 내게 인생에 유용한 재능의 진정한 가치를 가르쳐주었다). 프랑스 시인 아나톨 프랑스 Anatole France, 1844~1924의 말이다.

(6) The poor man is not he who is without a cent, but he who is without a dream(한 푼 없는 사람이 가난한 게 아니라 꿈이 없는 사람이 가난하다). 미국 시인 해리 켐프Harry Kemp, 1883~1960의 말이다.[131]

(7) It is well known that the poor are more willing to give than the rich. Nevertheless, poverty beyond a certain point may make it impossible to give, and is so degrading, not only because of the suffering it causes directly, but because of the fact that it deprives the poor of the joy of giving(가난한 사람이 부자보다 나눠주고자 한다는 건 잘 알려져 있다. 그렇지만 어떤 한계를 넘은 가난은 나눠주는 걸 불가능하게 만들 수 있으며, 그래서 비참하다. 가난이 직접적으로 야기하는 고통뿐만 아니라 가난이 나눠주는 기쁨을 박탈한다는 사실

때문이다). 유대인으로 독일계 미국인 학자인 에리히 프롬Erich Fromm, 1900~1980의 말이다.[132]

(8) If a free society cannot help the many who are poor, it cannot save the few who are rich(자유사회가 가난한 다수를 도울 수 없다면 부유한 소수도 구할 수 없다). 미국 제35대 대통령 존 F. 케네디John F. Kennedy, 1917~1963의 말이다.

(9) There was never a war on poverty. Maybe there was a skirmish on poverty(가난 퇴치 운동은 없었다. 기껏해야 논쟁만 있었을 뿐이다). 뉴욕 주지사 앤드루 쿠오모Andrew Cuomo, 1957~의 말이다.[133]

(10) A nation can not prosper long when it favors only the prosperous(부자만 위하는 나라는 오래 번영할 수 없다). 미국 제44대 대통령 버락 오바마Barack Obama, 1961~가 2009년 대통령 취임 연설에서 한 말이다.[134]

power

power behind the throne은 '막후 실력자'다. 1766년에서 1768년까지 영국 수상을 지낸 윌리엄 피트William Pitt, 1708~1778가 1770년에 한 다음과 같은 말에서 유래되었다. "There is something behind the throne greater than the King

William Pitt

himself(왕좌 뒤에 왕보다 큰 무엇인가가 있다)." "The president's wife had so much influence on him that people knew she was the real power behind the throne(대통령의 부인은 대통령에게 큰 영향력을 행사하고 있기 때문에 사람들은 그녀를 막후 실력자로 알고 있었다)."[135]

corridors of power는 '정치권력의 중심, 권력의 회랑'이다. 영국 작가이자 과학자인 C. P. 스노C. P. Snow, 1905~1980가 만든 말로, 1956년에 출간한 『Homecomings』에서 처음 사용한 뒤 1963년에 출간한 자신의 소설 제목으로 사용했다.[136]

the powers that be는 '권력자, 기득권 세력, 당국, 정부'를 뜻한다. 신약성서 「로마서」 13장 1절에서 비롯된 말이다. "Let every soul be subject unto the high powers. For there is no power but of God: the powers that be are ordained of God(각 사람은 위에 있는 권세들에게 복종하라. 권세는 하나님으로부터 나지 않음이 없나니 모든 권세는 다 하나님께서 정하신 바라)."[137]

가수 닐 영Neil Young, 1945~의 노래 〈파우더핑거 Powderfinger〉(1979)처럼 powers that be를 '영적靈 的 힘'이라는 뜻으로 쓴 사례도 있긴 하지만, 일반적으론 powers that be는 권력에 대한 냉소를 담고 있는 표현이다.[138]

이를 잘 보여준 게 저널리스트 데이비드 핼버스탬David Halberstam, 1934~2007의 1979년 저서 『The Powers That Be』다. CBS, 『뉴욕타임스』, 『로스엔젤레스 타임스』, 『워싱턴포스트』, 『타임』 등 미국의 유력 5개 언론사의 언론권력을 해부한 책으로, 『시애틀타임스』는 이 책을 가리켜 "권력에 대한 기념비적 엑스레이 탐구a monumental X-ray study of power"라고 평했다.[139]

"Power tends to corrupt, and absolute power corrupts absolutely(권력은 부패하며, 절대권력은 절대 부패한다)." 영국 정치인이자 역사가인 로드 액턴Lord Acton, 1834~1902의 말이다. 그는 이어 Great men are almost always bad men(위대한 인물들은 거의 늘 악인惡人들이다)고 했다.[140] 이른바 '권력부패론'의 원조는 윌리엄 피트William Pitt, 1708~1778다. 그는 1770년 1월 9일 의회 연설에서 이렇게 말했다. "Unlimited power is apt to corrupt the minds of those who possess it(무제한의 권력은 그걸 가진 사람의 정신을 부패하게 만들기 쉽다)."

반면 영국 작가 조지 버나드 쇼George Bernard Shaw, 1856~1950는 "Power does not corrupt man; fools, however, if they get into a position of power, corrupt power(권력은 인간을 타락시키지 않는다. 그러나 어리석은 자들이 권력을 갖게 되면 권력을 타락시킨다)"라고 했다. 미국 작가 존 스타인벡John Steinbeck, 1902~1968은 『Reign of Pippin IV』

(1957)에서 이렇게 말했다. "Power does not corrupt. Fear corrupts, perhaps the fear of a loss of power(권력은 부패하지 않는다. 두려움, 아마도 권력을 잃을지도 모른다는 두려움이 부패한다)."¹⁴¹

practice

Practice what you preach(말보다 실천). 신약성서 「마태복음」 23장 3절에서 유래된 속담이다. "So you must obey them and do everything they tell you. But do not do what they do, for they do not practice what they preach(그러므로 무엇이든지 그들이 말하는 바는 행하고 지키되 그들이 하는 행위는 본받지 말라 저희는 말만 하고 행치 아니하며)."¹⁴²

"Practice makes perfect(연습을 해야 완벽해진다)". Use makes perfect(배우기보다 익혀라)에서 파생된 속담으로 15세기부터 사용되었다. 미국 철학자 랠프 월도 에머슨Ralph Waldo Emerson, 1803~1882은 "Practice is nine-tenths(연습이 10분의 9다)"라고 했다. 그러나 이에 대한 반론도 있다. 영국 잡지 『Spectator』 1902년 5월 10일자에는 이런 주장이 실렸다. "Practice never makes perfect. It improves up to a point(연습을 한다고 완벽해지는 건 아니다. 어느 수준까지 향상될 수 있을 뿐이다)."¹⁴³

연습이 10분의 9인지 10분의 3 정도 되는지는 사람과 상황에 따라 다르겠지만, 그 밖에도 "Practice(Example) is better than precept(실천모범은 교훈보다 낫다)", "An ounce of practice is worth a pound of precept(열 마디 말보다 한 번의 실천)" 등과 같이 실천의 미덕을 강조하는 속담이나 격언은 무수히 많다. 1파운드는 16 온스다.

페이스북 최고운영책임자인 셰릴 샌드버그Sheryl Sandberg, 1969~는 2013년에 출간한 『린 인Lean In』에서 이렇게 말한다. "페이스북에 걸려 있는 포스터 가운데 내가 가장 좋아하는 포스터에는 붉은 글씨로 커다랗게 '실천이 완벽보다 낫다Done is better than perfect'라고 적혀 있다. 나는 이 글귀를 기억하면서 달성하기 불가능한 기준을 내려놓으려고 노력한다. 완벽을 추구하다 보면 기껏해야 좌절할 뿐이고, 최악의 경우에는 몸이 굳어져 아무것도 하지 못한다."¹⁴⁴

praise

praise(laud) a person to the skies는 "~를 극구 칭찬하다"는 뜻이다. 하늘까지 띄우는 칭찬이 늘 좋은 건 아니다. 이런 이유 때문이다. "Praise makes good men better and bad men worse(칭찬은 선한 사람은 더 선하게 악한 사람은 더

악하게 만든다).” "Self-praise is no recommen-dation(자기 자랑은 금물이다)"이라는 점도 유념할 필요가 있다. praise에 관한 명언을 7개만 감상해보자.

(1) Few persons have sufficient wisdom to prefer censure, which is useful, to praise which deceives them(자신을 속이는 칭찬보다는 자신에게 유익한 비판을 선호할 만큼 충분한 지혜를 갖고 있는 사람은 드물다). 17세기 프랑스 작가로 풍자와 역설의 잠언으로 유명한 라로슈푸코François de La Rochefoucauld, 1613~1680의 말이다.

(2) When we disclaim praise, it is only showing our desire to be praised a second time(칭찬에 손사래를 치는 건 한 번 더 칭찬받고 싶어 하는 욕망의 표현일 뿐이다). 이 또한 라로슈푸코의 말이다.

(3) Blame-all and Praise-all are two blockheads(모든 사람을 탓하거나 모든 사람을 칭찬하는 건 모두 멍텅구리 짓이다). 미국 정치가이자 발명가인 벤저민 프랭클린Benjamin Franklin, 1706~1790의 말이다.

(4) He who praises everybody, praises nobody(모든 사람을 칭찬하는 사람은 아무도 칭찬하지 않는 셈이다). 영국 작가 새뮤얼 존슨Samuel Johnson, 1709~1784의 말이다.

(5) Blame is safer than praise(책망이 칭찬보다 안전하다). 미국 철학자 랠프 월도 에머슨Ralph Waldo Emerson, 1803~1882의 말이다.

(6) I have been complimented many times and they always embarrass me; I always feel that they have not said enough(나는 찬사를 받을 때마다 당혹스럽다. 매번 사람들이 충분히 말하지 않았다고 느끼기 때문이다). 미국 작가 마크 트웨인Mark Twain, 1835~1910의 말이다.

(7) Compliments are often judgments however positive of others. Express appreciation as a way to celebrate, not to manipulate(칭찬은 아무리 긍정적일지라도 남에 대한 판단일 경우가 많다. 감사는 통제가 아닌 축하의 방법으로 표현되어야 한다). 미국 심리학자 마셜 로젠버그Marshall B. Rosenberg, 1934~의 말이다.[145]

prayer

a prayer of thanks는 '감사의 기도', a prayer for peace는 '평화의 기원', silent prayer는 '묵도默禱', offer one's prayers는 '기도를 하다', be at prayer는 '기도를 하고 있다', kneel down in prayer는 '무릎을 꿇고 기도하다', a humble prayer는 '쓸데없는 소망'이란 뜻이다.[146] prayer에 관한 명언을 7개만 감상해보자.

(1) The fewer words the better prayer(말이 적을수록 좋은 기도다). 독일 종교개혁가 마르틴 루터Martin Luther, 1483~1546의 말이다.

(2) Work as if you were to live a hundred

years. Pray as if you were to die tomorrow(100년이라도 살 것처럼 일하되 내일 당장 죽을 것처럼 기도하라). 미국 정치가이자 발명가인 벤저민 프랭클린Benjamin Franklin, 1706~1790의 말이다.

(3) Prayer is a confession of one's own unworthiness and weakness(기도는 자신의 보잘 것없음과 약함의 고백이다). 인도 지도자 마하트마 간디Mahatma Gandhi, 1869~1948의 말이다.

(4) God hears no more than the heart speaks; and if the heart be dumb, God will be certainly be deaf(신은 오직 가슴이 말하는 것만 듣는다. 가슴이 잠자코 있으면 듣지 못한다). 영국 정치가 토머스 브룩스Thomas Brooks, 1880~1958의 말이다.

(5) The wish to pray is a prayer in itself(기도하고 싶은 열망 그 자체가 기도다). 프랑스 작가 조르주 베르나노스Georges Bernanos, 1888~1948의 말이다.

(6) This is a nation of prayer(이 나라는 기도의 나라입니다). 미국 제43대 대통령 조지 W. 부시George W. Bush, 1946~가 2003년 2월 6일 대통령이 관례적으로 참석하는 제51회 연례 국가조찬기도회National Prayers Breakfast에서 9분에 걸쳐 편 '강론'에서 한 말이다. 참석자들은 다섯 번이나 우레 같은 박수로 연설을 멈추게 했다. 종교전문 웹진 '빌리프넷'의 데버러 콜드웰Deborah Caldwell 프로듀서는 이 날 연설의 마지막 부분에 신경을 곤두세웠다. "모든 삶과 역사에는 신의 손에 의해 정해진 목적과 헌신이 있다"고 말한 대목이었다.

그녀는 곧 부시 대통령의 신앙관을 분석하는 기사를 빌리프넷 홈페이지belief.net에 올렸다. 「진화하는 신앙」이라는 이 기사에서 콜드웰은 부시가 개인의 영적 자각에 가치를 두는 감리교인 Wesleyan에서 예정된 신의 계획을 수행하는 데 삶의 무게중심을 두는 칼뱅주의자Calvinist로 옮아가고 있다고 진단했다. 그녀가 대통령의 '종교적 변화'에 관심을 가진 이유는 명확했다. "그 변화가 테러리즘과 이라크, 대통령직에 임하는 자세에 영향을 미칠 것이기 때문이다."[147]

(7) My Utmost for His Highest(나의 모든 것을 주님을 위해). 미국 제43대 대통령 조지 부시가 재임 중 매일 읽었던 오즈월드 체임버스Oswald Chambers 목사의 복음주의 설교집 제목이다. 이 설교집은 "신이 모든 삶과 역사를 쓰고 있다"는 선지자 이사야의 가르침을 전하고 있다. 이에 대해 홍은택은 다음과 같이 말했다.

"부시 대통령의 종교적 수사修辭를 들어보면 일부 미국인에게는 대통령을 선출한 것인지, 목사를 뽑은 것인지 혼동을 줄 정도……백악관은 경건함으로 가득 차 있다. 성경공부 모임이 여기저기서 열린다. 비서실장 앤드루 카드의 부인은 감리교 목사이며, 국가안보보좌관 콘돌리자 라이스의 부친도 목사였다."[148]

George W. Bush

prejudice

prejudice(편견, 선입관)는 "before"를 뜻하는 라틴어 접두사接頭辭: prefix 'prae-' 와 "judgment"를 뜻하는 judicium이 합해져서 나온 말이다. prejudge, 즉 미리 판단을 내려놓고 보겠다는 것이니, 편견이나 선입관이 되는 셈이다.[149] 어떤 범주 또는 집단에 대한 태도의 경우 인지적인 측면을 고정관념stereotype, 감정적인 측면을 편견prejudice, 행동적인 측면을 차별행동discrimination이라고 부른다.[150] [참고 stereotype]

사회심리학에서 prejudice 연구가 이루어진 것은 1920년대부터인데, 초기 연구 주제는 백인우월주의 편견을 입증하기 위한 것이었다.[151] prejudice에 관한 명언을 4개만 감상해보자.

(1) Beware prejudices. They are like rats, and men's minds are like traps; prejudices get in easily, but it is doubtful if they ever get out(편견을 조심하라. 편견은 쥐와 같고, 인간의 정신은 덫과 같다. 편견은 그 덫에 쉽게 들어가지만 빠져나가긴 어렵다). 스코틀랜드 법률가이자 문학비평가인 프랜시스 제프리Francis Jeffrey, 1773~1850의 말이다.

(2) He that possessed with a prejudice is possessed with a devil, and one of the worst kinds of devils, for it shuts out the truth, and often leads to ruinous error(편견에 사로잡힌 사람은 악령, 그것도 최악의 악령에 사로잡힌 것과 같다. 편견은 진실을 차단하고 자주 파멸적 과오로 인도하기 때문이다). 미국 신학자 트라이언 에드워즈Tryon Edwards, 1809~1894의 말이다.

(3) A great many people think they are thinking when they are merely rearranging their prejudices(사람들이 단지 자신의 편견들을 재배열하는 걸 생각하는 것이라고 생각한다). 미국 철학자이자 심리학자인 윌리엄 제임스William James, 1842~1910의 말이다.

(4) When dealing with people, remember you are not dealing with creatures of logic, but with creatures of emotion, creatures bristling with prejudice and motivated by pride and vanity(사람들을 대할 때 논리적 동물을 대하는 게 아니라는 걸 명심하라. 감정의 동물, 편견으로 가득 차고 자존심과 허영심에 의해 움직이는 동물을 대한다는 걸 잊지 마라). 미국 처세술 전문가 데일 카네기Dale Carnegie, 1888~1955의 말이다.

president

'서민대통령?', '보통사람?' 사람들은 입으로는 그런 이미지의 지도자를 원한다고 말하지만, 머리와 가슴으로는 그런 지도자를 원치 않는다. 사람이 좋으면 바보로 안다는 것은 일상적인 대인관계에서만 통용되는 속설이 아니라, 리더십의 법칙이기도 하다.

"서서히 우리는 사무실 분위기를 다소 근엄하게 유지하는 것이 선거운동 기간 동안 인민주의 정책으로 접근하는 것만큼이나 그 효과가 있다는 것을 알게 되었다. 미국인들은 대통령이 실제보다 더 큰 사람이기를 원한다. 우리는 모든 공식석상에서 '대통령에게 환호 보내기' 작전을 시작했다."[152]

제42대 미국 대통령 빌 클린턴Bill Clinton, 1946~의 공보 보좌관을 지낸 조지 스테퍼노펄러스George Stephanopoulos, 1960~의 말이다. 이 말이 시사하듯이, 모든 나라의 지도자들이 실제보다 큰 사람인 것처럼 보이기 위한 쇼를 한다. 왜? 대중이 그걸 원하기 때문이다. 어렸을 때부터 그렇게 교육을 받아서 또는 세뇌당해서 그러는 건지도 모르겠다. 대통령에 관한 명언을 7개만 감상해보자.

(1) The White House is the finest prison in the world(백악관은 세계 최상의 감옥이다). 미국 제33대 대통령 해리 트루먼Harry S. Truman, 1884~1972의 말이다.

(2) Being a president is like riding a tiger. A man has to keep on riding or he is swallowed(대통령 노릇은 호랑이의 등을 타고 달리는 것과 같다. 잡아먹히지 않으려면 계속 달려야만 한다). 이 또한 해리 트루먼의 말이다.

(3) We give the President more work than a man can do, more responsibility than a man should take, more pressure than a man can bear……We wear him out, use him up, eat him up……He is ours and we exercise the right to destroy him(우리는 대통령에게 한 사람이 감당해낼 수 없는 일과 책임과 압박을 주고 있다.……그를 마모시키고 탈진시켜 먹어치우는 셈이다.……우리가 그를 만들었다는 이유 하나로 우리는 그를 파괴하는 권리를 행사하고 있는 것이다).[153] 미국 작가 존 스타인벡John Steinbeck, 1902~1968이 린든 존슨Lyndon Johnson, 1908~1973 대통령을 옹호하면서 한 말이다.

(4) I seek the Presidency not because it offers me a chance to be somebody but because it offers a chance to do something(대통령직이 출세할 수 있는 기회를 제공하기 때문이 아니라 무언가를 할 수 있는 기회를 제공하기 때문에 대통령이 되려는 것이다). 미국 제37대 대통령 리처드 닉슨Richard M. Nixon, 1913~1994의 말이다.

(5) I have never been a quitter. To leave office before my term is completed is abhorrent to every instinct in my body. But as President, I must put the interest of America

Richard M. Nixon

first(나는 중도에 포기한 적은 없었습니다. 임기를 마치지 않고 그만두는 것은 나로선 뼛속 깊이 혐오스러운 일입니다. 그러나 대통령으로서 나는 국가의 이익을 먼저 생각하지 않을 수 없습니다).[154]

닉슨이 워터게이트 스캔들로 1974년 8월 8일 대통령 사임을 발표하면서 한 말이다. 이는 공화당 의원들마저 탄핵과 유죄 판결 가능성에 대해 닉슨에게 경고한 뒤에 나온 것이었는데, 닉슨은 사임 연설에서 여전히 항변하는 듯한 도전적인 자세를 드러냈다. 1995년 올리버 스톤Oliver Stone이 만든 영화 〈닉슨〉이 재해석한 닉슨이라는 인물의 내면에 흐르고 있는 것은 "왜 세상은 나만 미워하는가" 하는 피해의식이었다. 닉슨의 피해의식에는 그럴 만한 근거가 있다고 보는 사람들도 있다. 미국 체제에 매우 비판적인 놈 촘스키Noam Chomsky, 1928~가 그런 사람 중 하나라는 게 흥미롭다. 그는 다음과 같이 말한다.

"평소에는 누구도 감히 권력자를 비난하거나 공격하지 못합니다. 가령 당신이 권력자들을 비난한다면 그들이 거센 반격을 가하면서 당신을 미치광이로 만들어버릴 것입니다. 결국 닉슨이 비도덕적인 인물로 낙인찍히면서 탄핵까지 받은 것은, 그 이전부터 권력자들의 비위를 건드렸기 때문입니다. 솔직히 말해서 나는 닉슨의 그런 용기에 마음속으로 성원을 보냈습니다."[155]

(6) 미국 사회학자 아미타이 에치오니Amitai Etzioni, 1929~는 1972년 『Psychology Today』에 「The Grand Shaman(대주술사)」이라는 글을 기고했다. 대통령을 대주술사에 비유한 글이다. 대통령제에 대해 모두 다 더할 나위 없이 진지하고 심각하지만, 그 제도가 갖는 희극성을 날카롭게 풍자한 글이라 길게 소개한다.

"An anthropologist from the Chukehoe tribe, reporting to his people in the Siberian tundra about American practices, probably would describe our shamanism as inferior. "When they are faced with societal ills," he might report, "the President, the Congress, the governors, and the mayors gesticulate grandly, and emit fantastic noises usually a series of promises and threats but nothing much ever comes of all this. Their chiefs are like rainmakers during a rather dry season." We natives know the Let's-Solve-a-Social-Problem dance all too well. The President usually begins the ritual with a speech. He announces that he is going to slay the evil spirit and that the demon-inflicted plague will vanish. He promises: poverty will be eradicated, or the wave of crime will be turned back or pollution will be wiped out. After a great fanfare, the elders meet ceremoniously, the President asks Congress to enact a program, and a new agency comes into being. A year or so later, we hear about the new agency's performance. Things often haven't improved; in fact, the original social malady may have worsened. A few spots may experience partial remission, perhaps brought about by the agency's therapy or by spontaneous changes in society. Either way, the magicians, of course, credit their conjuring. However, most social problems do not recede at all. So the shamans prescribe more magic: they may reshuffle the agency and give it a new name and a new chief, or they may change the definition of success."

"시베리아의 툰드라 지역에 있는 추케호우 족의 한 인류학자가 미국을 살펴본다면, 미국의 샤머니즘이 그들의 것보다 열등하다는 결론을 내릴지도 모르겠다. 다음과 같이 말이다. "미국인들은 사회문제에 직면했을 때, 대통령, 의회, 주지사, 시장 들은 엄청난 제스처를 보이면서 보통 일련의 약속과 위협으로 이루어진 환상적인 소음을 뿜어낸다. 그러나 그 무엇 하나 달라지는 건 없다. 미국인들의 우두머리들은 비가 오지 않는 건기에 비를 내리게 해달라고 비는 주술사와 같다." 우리 미국인들은 '사회문제를 해결합시다' 춤에 대해 잘 알고 있다. 대통령은 보통 연설이라는 의식儀式으로 시작한다. 그는 자신이 악령을 죽이면 모든 문제가 사라질 것이라고 선언한다. 그는 약속한다. 가난, 범죄, 공해가 완전히 사라질 것이라고. 엄청난 팡파르가 끝나고 나면 원로들이 의식적인 회동을 갖고, 대통령은 의회에 어떤 프로그램을 실천하겠다고 요청하고, 그러면 새로운 기구가 탄생하게 된다. 1년 남짓 지나면 우리는 그 새로운 기구의 실적에 대해 듣게 된다. 달라진 건 아무것도 없다. 아니 오히려 원래의 사회문제는 더욱 악화되어 있다. 그 기구의 치료 또는 사회의 우연적인 변화에 의해 문제의 일부는 다소 치유되었는지도 모른다. 그 어떤 이유에 의해서든 그 공은 주술사들에게 돌아간다. 그러나 대부분의 사회문제는 전혀 나아지지 않았다. 그래서 주술사들은 추가의 주술 처방을 내린다. 그들은 그 기구를 재편하고 새로운 이름을 붙이고 새로운 우두머리를 임명한다. 아니면 그들은 무엇이 성공인지, 그 성공의 정의 자체를 바꿔버릴 것이다."[156]

(7) Barack Obama's Inauguration showed the world a more sober, civil and exuberant America(버락 오바마의 취임은 전 세계에 더욱 침착하고 정중하고 원기 왕성한 미국의 모습을 보여주었다). 『타임』 칼럼니스트 조 클라인Joe Klein, 1946~이 버락 오바마의 미국 제44대 대통령 취임(2009년 1월 20일)에 대해 한 말이다.[참고 imperial presidency]

private

private(병사, 병졸)은 영국 육군에서는 하사관의 아래, 미국 육군에서는 이등병으로 private first class PFC(일등병)의 아래, recruit(최하급 사병)의 위 계급이다. 왜 군의 최하부 계급에 private을 붙인 것이며, 이런 병졸들을 총칭해 private soldier라 한 걸까? 옛날 영국의 귀족주의에서 비롯된 발상 때문이다. 정부의 공직에서 일하는 사람을 제외하고 모두 "private citizens(사적 시민)"이라 했는데, 징집된 병졸들도 이 '사적 시민'의 범주에 넣은 것이다. 즉, "public officer"에 대칭되는 개념으로 "private soldier"가 설정된 것이다.[157]

'웃음실험실'이라는 게 있다. 영국과학진흥협회가 후원한, 인터넷을 기반으로 한 국제적인 실험프로젝트로 영국 하트퍼드셔 대학 심리학 교수인 리처드 와이즈먼Richard Wiseman이 이끌고 있다. 이 실험실은 2001~2002년에 걸쳐 약 1년 간 4만 개 농담을 웹사이트에서 올려놓고 70개국 35만 명 이상의 사람들에게서 평가를 받았다고 한다.[158] 그 4만 개 농담 중 미국인들이 선정한 최고의 농담을 감상해보자.

행진 중인 군인들을 바라보던 대령이 소령에게 물었다. "배리 소령, 존스 중사의 소대가 도대체 왜 저러는 거야? 모두 가만 있지 못하고 이리 뛰고 저리 뛰고 난리가 아니군." 잠시 그쪽을 바라보던 배리 소령이 말했다. "대령님, 족제비 한 마리가 이등병들을 물어대는 것 같습니다. There seems to be a weasel chomping on his privates."[159]

이 유머는 privates에 '이등병들'과 더불어 '음부陰部'라고 하는 2가지 뜻이 있는 걸 이용한 것이다. '음부'라는 뜻의 privates는 private parts, external genitals라고도 하며, kick him in the privates는 "그의 국부(급소)를 차다"는 뜻이다. 기행으로 악명 높은 미국의 쇼 진행자 하워드 스턴Howard Stern, 1954~은 자신의 책 제목을 Private Parts라고 붙였는데, 같은 제목의 영화도 있다.[160]

private과 같은 어원을 갖고 있는 privacy 역시 과거에는 대접받지 못했던 개념이다. 퍼트리샤 마이어 스팩스Patricia Meyer Spacks는 『프라이버시 Privacy: Concealing the Eighteenth-Century Self』(2003)에서 이렇게 말한다. "privacy라는 단어는 '박탈'을 뜻하는 라틴어에서 유래했다. 다시 말해 공직이 없어 인간으로서 가지는 완전하고 적절한 기능에서 차단당했다는 의미였다." 스팩스에 따르면, 옛날에 사적인 것은 사회 질서와 약자들(특히 여성과 아이들)에게 위험한 요소라고 생각되었다. 이런 사람들은 대중의 시선 속에 있으면 학대를 덜 받을 수 있었기 때문이다.[161]

propaganda

propaganda는 '선전'이다. 원래는 로마 가톨릭에서 포교를 전담하는 추기경들의 위원회(1622년 구성)를 가리킨 말로, 영어에선 1790년대부터 '선전'의 의미로 쓰였다. 처음에는 중립적인 의미로 쓰였으나, 20세기에 두 차례 세계대전을 겪으면서 거짓과 선동이라는 부정적 의미를 갖게 되었다.[162]

agitprop(아지프로)는 공산주의를 위한 선전선동이나 프로파간다를 말한다. agitation propaganda를 줄인 것인데, 과거 소련 공산당 중앙위원회의 한 부서인 agitatsiya propaganda에서 나온 말이다. 1935년 『타임』은 다음과 같이 보도했다. "Far more serious, far more earnest is the Depression-born movement of workers' theaters which are currently putting on 'agit-prop' (agitational propaganda) plays in 300 US cities(훨씬 심각하고 훨씬 열성적인 것은 대불황으로 인해 탄생된 노동자 극단 운동이다. 이들은 현재 300개 도시에서 선전선동극을 공연하고 있다)."[163]

roorback은 "악성 프로파간다black propaganda, (선거 막바지에 등장하는) 날조한 중상모략"이다. 1844년 대선 투표일이 임박한 어느 날 뉴욕 주 이사카Ithaca에서 발행되는 『이사카 크로니클Ithaca Chronicle』에는 "Baron Roorback"이란 이름으로 실린 기사가 등장했다. 이 기사는 민주당 대통령 후보인 제임스 녹스 포크James K. Polk, 1795~1849가 노예 43명을 사서 그들의 어깨 위에 자신의 이니셜 낙인을 찍었다는 내용이다.

다른 신문들도 이 기사를 받아 대대적으로 보도했는데, 이 기사는 이사카에서 활동하는 어느 노예제 폐지 운동가abolitionist가 날조한 사실에 근거한 것으로 밝혀졌다. 당시 포크는 노스캐롤라이나 출신으로 강력한 노예주 권리 옹호자였기 때문에 노예제 폐지 운동가들의 증오의 대상이었다.

이 사건에서 유래된 roorback은 선거 막바지에 시도되는 악성 프로파간다를 뜻하는데, 이에 대한 경계심으로 언론은 투표일 전날에 터져나오는 폭로는 검증이 안될 경우 보도하지 않는 경향이 있다.[164]

propaganda

아돌프 히틀러Adolph Hitler, 1889~1945는 나쁜 의미에서 말하는 프로파간다의 대가로 꼽힌다. 히틀러가 프로파간다에 대해 남긴 몇 가지 발언을 살펴보자.

"Propaganda must not serve the truth, especially insofar as it might bring out something favorable for the opponent(선전은 진실을 섬겨선 안된다. 특히 진실이 적에게 유리한 상황을 조성할 수 있다면 더욱 그렇다)."

"It seems that in the morning and even during the day men's will power revolts with highest energy against an attempt at being forced under another's will and another's opinion. In the evening, however, they succumb more easily to the domination force of a stronger will(아침과 낮에는 사람들의 의지력이 다른 사람의 의지와 의견에 굴복하게 하려는 시도에 가장 강한 에너지로 저항하는 것 같다. 그러나 저녁에는 그들은 더 강한 의지의 지배력에 더 쉽게 굴복한다). 히틀러가 『나의 투쟁』에서 연설자는 강한 힘으로 청중의 의지를 파괴하는 것이 선전의 본질적 요소

라고 주장하면서, 정치적 대중집회를 열기에 적당한 시간에 대해 한 말이다."[165]

"The mass meeting is necessary if only for the reason that in it the individual, who is becoming an adherent of a new movement feels lonely and is easily seized with the fear of being alone, receives for the first time the picture of a greater community, something that has a strengthening and encouraging effect on most people······If he steps for the first time out of his small workshop or out of the big enterprise, in which he feels very small, into the mass meeting and is now surrounded by thousands and thousands of people with the same conviction······he himself succumbs to the magic influence of what we call mass suggestion(대중집회는 다음과 같은 이유만으로도 필요하다. 새로운 운동의 신봉자가 되려는 사람은 외롭다고 느끼고 홀로 있다는 두려움이 쉽게 사로잡힌다. 이런 사람이 최초로 훨씬 큰 공동체의 모습에 접하게 된다고 생각해보라. 그 모습은 대부분의 사람에게 강하게 만들어주고 고무시켜주는 효과를 내게 된다.······그 사람이 처음으로 자신이 왜소하다고 느끼게 만드는 자신의 작은 공장 또는 대기업에서 벗어나 대중집회에 참여하여 같은 신념을 가진 수천, 수만의 사람들에 둘러싸이게 되면 그는 우리가 대중암시라고 부르는 마술 같은 영향력에 굴복하게 된다)."[166]

"We have made the Reich by propaganda(우리는 제3제국을 선전에 의해 만들었다)." 이건 히틀러의 선전 담당자로 선전부 장관을 지냈으며, 1945년 5월 1일 나치가 패망하자 아내, 여섯 자식들과 함께 청산가리 독약을 먹고 자살한 요제프 괴벨스Joseph Goebbels, 1897~1945의 말이다. Reich는 독일(정부)을 뜻하는 독일어인데, 제국을 말한다. 각 제국별 존속 기간은 제1제국 962~1806년(신성로마제국), 제2제국 1871~1918년, 제3제국 1933~1945년이다.

"People want nothing at all, except to be governed decently(대중은 점잖게 지배당하는 것 외에 아무것도 바라지 않는다)." 괴벨스가 1936년에 펴낸 소설 『Michael』에서 한 말이다.[167]

미국 정치학자 클라우스 뮬러Claus Mueller는 『커뮤니케이션의 정치Politics of Communication』(1973)에서 나치의 프로파간다에 대해 이런 평가를 내렸다.

"The language in Fascist Germany was such that it could not be tested against reality. The very diffuseness of its symbols, its mystical, technical, and archaic character eluded rational examination(파시스트 독일에서 언어는 현실에 대한 진위 검증이 불가능했다. 상징이 흘러넘치고 신비적이며 기술적이고 고풍스러운 성격을 가진 언어의 범람은 합리적 검증을 할 수 없게 만들었다)."[168]

proud

proud는 "brave, valiant(용감한)"란 뜻의 11세기 프랑스어 prud(현재는 preux)에서 나온 말이다. 프랑스어에는 자기 자신을 높게 평가한다는 뜻이 없었는데, proud가 그 뜻을 갖게 된 것은 노르만 족이 자신들의 용맹성을 과시하는 걸 "proud"라고 한 것을 본 앵글로색슨 족의 견해가 반영된 것으로 추정된다.[169]

as proud as a peacock은 "우쭐하여, 몹시 뽐내어"란 뜻이다. 공작새의 으스대는 걸음걸이 strutting gait에서 유래된 말이다. play the peacock은 "뽐내다, 으스대다", strut은 "(공작새 등이) 뽐내며 걷다"는 뜻이다. 13세기부터 쓰인 말이다.[170]

do a person proud는 "~를 기쁘게 해주다, ~를 성대히 대접하다", do oneself proud는 "훌륭하게 처신하다, 면목을 세우다"는 뜻이다. It will do me proud(그것으로 만족합니다). You do me proud(그렇게 말씀하시니 영광입니다).[171]

"For the first time in my adult lifetime, I am really proud of my country(성인이 된 이후 처음으로 나는 나의 나라가 정말로 자랑스럽다)." 2008년 11월 미국 민주당 대통령 후보 버락 오바마의 아내인 미셸 오바마Michelle Obama, 1964~가 선거 기간 중 지지자들의 열기에 감동하여 한 말이다. 일부 사람들은 이 발언이 비애국적이라고 비판했다.

"I have always been proud of my country(나는 늘 나의 나라를 자랑스럽게 여겨왔다)." 미국 공화당 대통령 후보인 존 매케인의 아내인 신디 매케인Cindy McCain, 1954~의 말이다. 그녀는 자신의 발언이 미셸 오바마의 발언을 겨냥한 것이라는 언론 보도가 나오자 그건 아니라고 주장했다.[172]

prove

The exception proves the rule(예외는 규칙이 있다는 증거다). 이 표현에 대해 빌 브라이슨Bill Bryson은 "대부분의 사람들은 예외가 있어야 법칙이 확정된다는 의미로 받아들이지만, 그런 말을 쓰는 사람에게 그 문장이 논리적으로 어떻게 그런 뜻이 되는지를 물어보면 제대로 아는 사람이 거의 없다. 그건 그렇고 도대체 어떻게 예외가 법칙을 증명할 수 있다는 것일까?"라면서 다음과 같이 말한다.

"당연히 그럴 수 없다. 정답이 무엇이냐면, 과거에는 prove(증명하다)의 뜻이 바로 '검사하다'였다는 것이다(이런 의미는 proving ground[성능검사 시험장]에 아직까지 남아 있다). 이렇게 설명해놓고 보면 이 표현의 의미가 갑자기 타당해 보인다. 즉 예외라는 것이 법칙을 검증해준다는 의미였던 것이다. 이와 유사하게 종종 잘못 이해되는 표현이 바로 the proof of the pudding is in the

pudding

eating(푸딩을 증명·검증하는 방법은 먹어보는 것)이라는 말이다."[173]

브라이슨이 잘 지적했듯이, "The proof of the pudding is in the eating(푸딩의 맛은 먹어봐야 안다. 백문불여일견百聞不如一見)"에서 proof는 '시험, 테스트'의 뜻이다. "Seeing is believing"과 같은 뜻의 속담이다. 1600년대 이래로 영국 작가들 사이에 널리 유행했던 말이다. "Pudding rather than praise"는 "금강산도 식후경", more praise than pudding은 "공치사"를 뜻한다. "The car looks gorgeous, but the only way to know how it runs is to test-drive it. The proof of the pudding is in the eating(저 차의 외관은 기가 막히게 멋있지만, 잘 달리는지를 알려면 시험운전을 해봐야 한다. 백문불여일견이다)."[174]

the burden of proof(입증책임)는 라틴어 onus probandi에서 나온 법률 용어로 16세기 말부터 사용되었다. afford proof of는 "~을 증명할 수 있다", be not susceptible of는 "~을 증명할 수 없다", give proof of는 "~을 증명하다", in proof of는 "~의 증거로", make proof of는 "~을 입증하다, 시험해보다", bring(put) to the proof는 "시험하다", stand the proof는 "시험에 합격하다", proof positive of는 "~의 확증", read(revise) the proof(s)는 "교정校正하다"는 뜻이다.[175]

punch

pull no punches는 "(공격, 비평 등에서) 사정을 두지 않다, 정말 솔직한 말을 하다", 반대로 pull one's punches는 "(공격, 비평 등에서) 사정을 봐주다"는 뜻이다. 권투에서 유래된 말이다. 가벼운 잽jab처럼 효과 없는 타격을 가하는 걸 pull one's punches라고 한다. "Tell me what you thought of my acting. Don't pull any punches (내 연기에 대해 네 생각을 말해달라. 정말 솔직한 말을 듣고 싶다)."[176]

beat a person to the punch는 "~의 기선을 제하다, 앞지르다, 선수치다"는 뜻이다. 19세기 중반 fisticuffs(주먹싸움)에서 유래된 말인데, 총싸움에서 유래된 똑같은 뜻의 표현은 beat a person to the draw다. "We headed straight for the buffet, but others beat us to the punch and got most of the lobster salad(우리는 곧장 뷔페로 갔지만, 다른 사람들이 선수를 쳐 랍스터 샐러드의 대부

punch

분을 이미 가져갔다).”[177]

punch는 음료의 이름이기도 하다. 술·설탕·물·레몬·향료를 넣어 만드는 음료인데, 보통 punch bowl이라는 그릇에 담겨 제공된다. 인도에서 영국으로 전파된 음료로, 영어에서는 1632년에 최초로 기록되었다. 이 punch는 5를 뜻하는 힌디어 panch에서 나온 말이다. punch가 술·설탕·물·레몬·향료의 5대 재료로 만들어진다는 의미에서다. 알코올 도수는 일반적인 칵테일보다 낮으며, 아예 알코올이 들어가지 않은 punch도 있다.[178]

quarantine

quarantine

quarantine은 "(전염병 예방을 위한) 격리, 교통 차단, 검역소, 검역의, 검역하다"는 뜻이다. 'forty(40)'를 뜻하는 이탈리아어 quaranta, '40일간'을 뜻하는 quarantina에서 나온 말이다. 19세기 전염병에 대한 공포가 컸을 때 항구에 정박하려는 배들은 미리 선상에서 검역당국의 검사를 받고 clean bill of health를 받아야만 입항할 수 있었던 데서 비롯된 말이다. 이 clean bill of health를 받지 못하면 40일간 항구 밖에서 격리되어 있어야 했다.[1]

clean bill of health는 줄여서 'bill of health'라고도 하는데, 오늘날 비유적 의미로 "만족스러운 상태의 선언"을 뜻한다. The gas station that inspected Dad's car gave it a clean bill of health(아빠의 차를 검사한 주유소는 차에 아무런 이상이 없다고 말했다).[2]

quarantine은 정치적·군사적 의미로도 쓰인다. South Africa has been quarantined by the United Nations(남아프리카는 유엔에서 제재격리되고 있다). In May of 1995 the city was put under quarantine and troops monitored it(1995년 5월, 그 도시는 격리되었고 군대는 그 도시를 감시했다). U.S. and Iraqi forces are moving to quarantine insurgents in the volatile city of Ramadi(미군과 이라크 군은 소요사태로 불안정한 라마디 시의 저항분자들을 고립시키기 위한 작전에 들어갔다).[3]

quits

call it quits는 "무승부로 하다, 중단하다, 그만두다, 절교하다"는 뜻이다. quits는 "빚을 갚은"이란 뜻의 라틴어 quittus에서 나온 말로, "대등하게 되어, 피장파장인, 비긴"이란 뜻이다. Now we quits는 "자, 이제 비겼다", be quits with는 "~에 복수하다, ~와 대등해지다", cry quits는 "무승부라고 하다, 비긴 것으로 하다", double or quits(nothing)는 "꾼 쪽이 지면 빚이 2배가 되고 이기면 빚이 없어지는 내기, ~에 의한 도박게임"을 뜻한다.

quit와 quittance에도 비슷한 뜻이 있다. quit love with hate는 "사랑을 미움으로 갚다", be quit for는 "~만으로 면하다, ~을 면하다", get quit of는 "~을 면제받다, 벗어나다", give a person his quittance는 "~에게 나가도록 말하다", Omittance is no quittance는 "재촉하지 않는 것은 탕감과는 별개의 것이다"는 뜻이다.⁴

〈Let's Call It Quits〉라는 노래도 있다. 영국 록밴드 슬레이드Slade가 1976년에 발표한 노래다. "Are you calling it quits on him?/It's already 7 p.m. Let's call it quits/I hope he quits his job before it makes him crazy/I think I'm calling it quits with this job/I was quits with my enemy/How about we cry quits now?/Everybody knows death quits all scores/How about calling it quits for a while?"

"그 남자 포기할 거야?/벌써 7시다. 비긴 걸로 하자/나는 그가 미치기 전에 일을 그만두었으면 한다/이제 회사를 그만두어야 할까봐/나는 적에게 보복했다/우리 이것으로 비긴 것으로 하면 어때?/누구나 죽음은 모든 것을 청산한다는 것을 안다/잠깐 쉬는 것이 어떨까요?"⁵

quixotic

quixotic은 "돈키호테식의, 열광적인, 공상(가)의, 비실제적인"이란 뜻이다. 스페인 작가 미겔 데 세르반테스Miguel de Cervantes, 1547~1616가 1605년에 출간한 『돈키호테Don Quixote』에서 유래된 말이다. 인쇄술 덕분에 이 소설은 곧 스페인 전역에서 유명해졌고 영어·프랑스어·독일어로 번역되어 17~18세기 유럽 전역의 작가들에게 영향을 주었다. 바로 그해 영국의 윌리엄 셰익스피어William Shakespeare, 1564~1616는 『리어 왕』과 『맥베스』를 출간했으며, 두 사람 모두 우연히 1616년 4월 23일에 사망했다.

Quixotism은 over-idealism(실현 가능성이 없는 지나친 이상주의)이라는 뜻으로 쓰인다. 『돈키호테』에서 나온 또 하나의 유명한 표현은 'fight(tilt at) windmills(가공의 적과 싸우다, 불가능한 일을 시도

Don Quixote

하다)"다. 풍차를 적으로 착각하여 창을 들고 돌진하는 돈키호테의 모습에서 나온 말이다.[6] "Aren't you too smart to go around tilting at windmills(하잘것없는 일로 길을 돌아가다니 그다지 현명하다고 할 수는 없지 않습니까)?"[7]

at full tilt는 "전속력으로, 쏜살같이, 전력을 다하여"란 뜻이다. 중세 영국에서 말을 탄 기사들의 대결에서 유래된 말이다. tilt는 보통 "기울기, 경사, 물매"라는 뜻으로 쓰이지만, 여기서 tilt는 말 위에서 창을 들고 상대편을 향하여 전속력으로 질주하는 걸 가리킨다. come full tilt against는 "~에 전속력으로 부닥치다", have a tilt at(against)은 "~을 공격하다, 논박하다", run full tilt into는 "~에 맹렬한 기세로 부닥치다"는 뜻이다.[8]

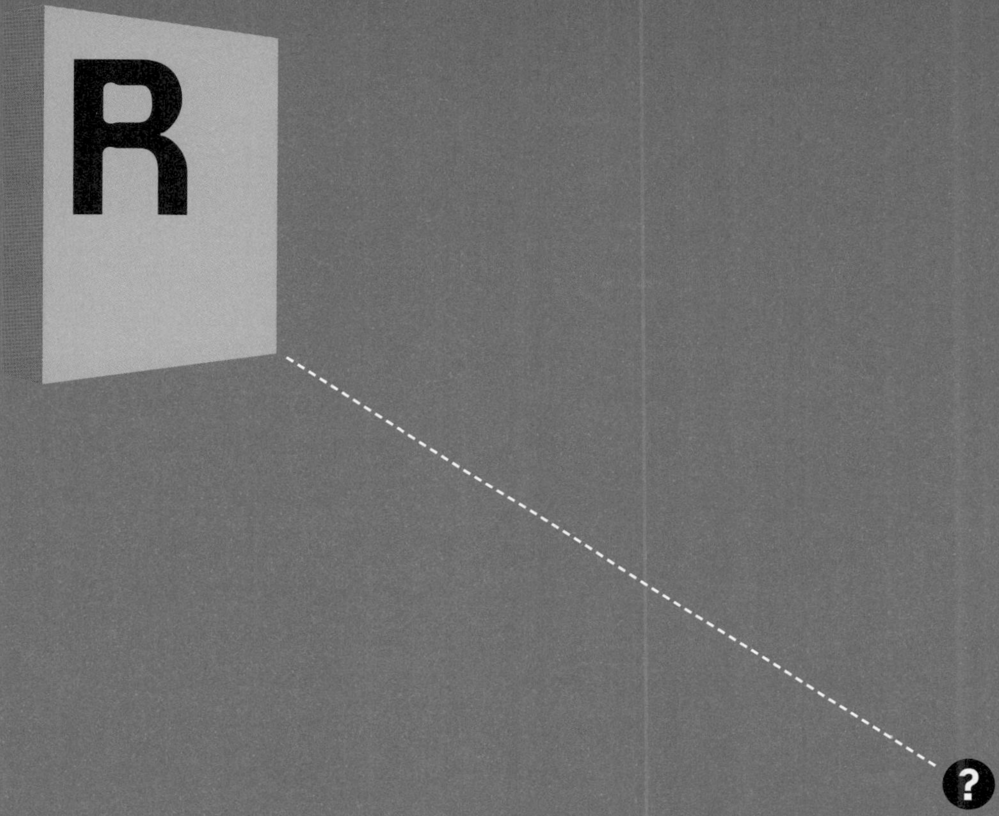
R
?

R

racism

"The white man's happiness cannot be purchased by the black man's misery(백인이 흑인의 비참함에 기대어 행복할 수는 없다)." 미국에서 흑인 여자 노예와 백인 남자 사이에서 노예로 태어나 탁월한 연설 솜씨를 무기로 노예해방론자로 활약한 프레더릭 더글러스Frederick Douglass, 1817~1895의 말이다. 사후 더글러스는 흑인들의 영웅으로 존경을 누렸다. Douglas라는 성을 가진 흑인 젊은이들은 그런 존경의 표현으로 s를 하나 더 붙여 Douglass로 표기하는 게 유행이 되었다.[1]

오늘날 그의 워싱턴 생가는 관광 명소다. 2008년 7월 4일 『워싱턴포스트』는 버락 오바마Barack Obama, 1961~ 민주당 대선후보와 150여 년 전 더글러스의 독립기념일 연설을 비교 분석했다. 이 분석에 따르면, 더글러스는 미국 땅에 존재하는 수많은 흑인노예를 언급하며 미국이 민주주의 실험에서 소외되었다는 점을 부각시킨 반면에 오바마는 미국이 조국이며 독립기념일을 함께 기뻐할 시간으로 규정했다.[2]

"If you're born in American with black skin, you're born in prison(미국에서 검은 피부를 가지고 태어나는 것은 감옥에서 태어나는 것과 다를 바 없다)." 미국의 급진적 흑인해방운동가인 맬컴 엑스 Malcolm X, 1925~1965의 말이다. 마틴 루서 킹의 평화적인 인권운동을 비난했던 그는 다음과 같이 주장했다.

"여러분은 백인들이 왜 정말 여러분을 미워하는지 아는가? 그것은 여러분의 얼굴을 볼 때마다 그들의 죄악을 보기 때문이며 그들의 떳떳하

Malcom X

지 못한 양심이 그것을 견딜 수 없게 하기 때문이다.……백인이 흑인에게 '나를 증오하는가'라고 묻는 것은 강간하는 사람이 강간당하는 사람에게, 또는 늑대가 양에게 '나를 증오하는가'라고 묻는 것과 똑같다. 백인은 다른 사람의 증오를 비난할 수 있는 도덕적 자격이 없다! 우리의 선조들이 사악한 뱀에게 물렸고 나 자신도 사악한 뱀에게 물려서 내가 내 아이들에게 뱀을 피하라고 주의를 주는데 바로 그 사악한 뱀이란 놈이 나더러 증오를 가르치는 자라고 비난한다면 어떻게 되겠는가?"[3]

"I am a law professor who teaches students the best way is not to go to court; I am a law professor who teaches students that lawyers should not be leaders. It is lawyers and judges who have been asking us to ignore race. We need to think race, not ignore it(저는 학생들에게 최상의 방법은 법정으로 가지 않는 것이라고 가르치는 법대 교수입니다. 저는 법률가들은 지도자가 되어서는 안 된다고 학생들을 가르치는 법대 교수입니다. 우리에게 인종을 무시할 것을 요구해온 사람들은 변호사와 판사들입니다. 우리는 인종을 무시하지 말고 생각해야 합니다)." 1998년 흑인 여성으론 최초로 하버드 법대 정년보장 교수가 된 라니 기니어Lani Guinier, 1950~가 2002년 4월 UCLAUniversity of California at Los Angeles 강연에서 한 말이다.[4]

"Anyone who thinks that the legacy of race does not carry special weight is not living in the real world(인종문제의 유산이 별거 아니라고 생각하는 사람은 실제 세계에 살고 있는 게 아니다)." 미국 『뉴욕타임스』 편집국장 빌 켈러Bill Keller, 1949~가 편집국장이 되기 직전 연방대법원이 대학의 인종적 소수자 배려 조치Affirmative Action에 합헌 결정을 내린 걸 지지하면서 2003년 6월 28일자 칼럼에서 편 주장이다.[5]

Black man did it(흑인이 그랬어요)이라는 말이 있다. 어떤 나쁜 행동이 저질러졌을 때 그 공동체 구성원의 상당수가 "보나 마나 누구 짓이겠지"라고 특정인이나 특정 그룹을 점찍어버리는 경우가 있는데, 인종차별이 심하던 시절 미국의 백인사회에선 '흑인'이 그런 대상이었다. 범죄가 발생하면 대뜸 흑인 소행일 것이라고 추정해버리는 백인이 많았다. 나쁜 일을 저질러놓고 불특정 다수 흑인에게 덮어씌우는 사례가 비일비재했다.

버락 오바마라는 흑인 대통령이 탄생했지만 2009년 5월 미국 사회는 한 백인 주부의 납치 자작극에서 재연된 'Black man did it' 파문으로 진통을 겪었다. 필라델피아에 사는 보니 스위튼이라는 38세 여성이 5월 27일 "2명의 흑인 남자에게 아홉 살 난 딸과 함께 납치됐다"는 긴급 구조요청 전화를 한 뒤 사라졌는데, 이는 거액을 횡령한 뒤 잠적하면서 거짓 납치신고를 한 것으로 밝혀졌다.[6]

rankism

rankism은 '서열주의'다. 서열이 궁극적으론 신분이 되기 때문에 rankism을 신분주의로 번역하는 것도 무리는 없겠으나, 같은 신분의 사람들 사이에서도 끊임없이 작동하는 서열 메커니즘의 본질을 드러내는 데는 서열주의라는 번역이 더 나을 것 같다.

rankism은 미국 컬럼비아 대학의 물리학 교수와 오벌린 대학 총장을 지낸 로버트 풀러Robert W. Fuller, 1936~가 만든 말로 『오벌린 동창회보Oberlin Alumni Magazine』 1997년 가을호에 처음 등장했다. 그는 2003년에 출간한 『신분의 종말: 특별한 자와 아무것도 아닌 자의 경계를 넘어서Somebodies and Nobodies: Over-coming the Abuse of Ranks』에서 rankism을 본격적으로 다루었다.[7] 그는 이후에도 『All Rise: Some-bodies, Nobodies, and the Politics of Dignity』(2006), 『Dignity for All: How to Create a World Without Rankism』(2008) 등의 저술을 통해 '서열주의 없애기'를 사회운동 차원에서 전개했다.[8]

"I could forgive Alfred Nobel for having invented dynamite, but only a fiend in human form could have invented the Nobel Prize(알프레드 노벨이 다이너마이트를 발명한 것은 용서할 수 있지만, 노벨상을 만든 것은 인간의 탈을 쓴 악마만이 할 수 있는 일이었다)." 조지 버나드 쇼George Bernard Shaw의 말이다. 풀러는 이 말을 인용하면서 다음과 같이 말한다.

"섬바디에게 쏟아지는 영예와 포상 등과 같은 온갖 혜택은 그들로 하여금 실무에 몰두하지 못하게 방해하는 작용을 하며, 그러다 보면 본인 자신이나 주변 사람들을 위해 보다 바람직한 생활을 이끌어가는 데도 문제가 생긴다. 정치계, 학계, 예술계 등에 종사하는 섬바디에 대한 떠받들기가 시작되면 그들의 창의성을 자극하던 동류 집단과의 '기브 앤 테이크' 기회가 박탈된다. 이름이 점점 더 빛을 더해갈수록 그들의 실적은 질이 떨어지고, 급기야는 어느 날 갑자기 과거의 인물로 전락해버린다."[9]

줄리 앤 왐바흐Julie Ann Wambach는 풀러의 운동에 자극받아 2008년 『섬바디와 노바디 사이의 전쟁: 직장과 가정에서 서열 남용 없애기Battles between Somebodies and Nobodies: Stop Abuse of Rank at Work and at Home』라는 책을 출간했다.[10]

"Nobodies of the world, unite; we have nothing to lose but our shame(만국의 노바디nobody여, 단결하라! 우리가 잃을 것은 수치심 말고는 아무것도 없다)." 이렇게 외친 풀러는 섬바디가 노바디에게 가하는 차별을 서열rank에 따른 서열주의rankism라고 정의하면서 서열주의야말로 '모든 주의의 어머니Mother of All Isms'이기 때문에 서열주의의 타파야말로 인간의 평등과 존엄성을 회복할 수 있는 21세기 인류의 도덕적 목표라고 역설했다.[11]

국내에서 2004년 『신분의 종말』이라는 제목으로 번역되어 나온 이 책에 대해 김성재는 이렇게 말한다. "섬바디와 노바디는 언제든 바뀔 수 있다. 노바디는 더 큰 권력을 가진 사람에 의해 지배당하고 모욕을 받는다는 공통점이 있지만, 그 범위는 사실 애매하다. 때문에 '만국의 노바디여, 단결하라!' 고 외치는 풀러의 '노바디 해방론' 은 다소 우스꽝스럽다. 한번 스스로 곰곰이 생각해보시라. 당신은 섬바디인가 노바디인가?"[12]

풀러의 '노바디 해방론' 은 성공하긴 어려울 것 같다. 무엇보다도 서열주의는 '경쟁의 미덕'을 찬양하는 과정에서 우리의 일상적 삶 깊숙이 침투해 있기 때문이다. 이걸 잘 보여주는 것이 대학 랭킹university rankings 평가다.

대학 랭킹 평가는 1900년 영국에서 처음 이루어졌지만, 이게 상업주의적 도구가 된 결정적 계기는 1983년 『유에스뉴스앤드월드리포트u.s. News & World Report』가 대학 랭킹을 발표하고 이를 정례화한 것이다. 이후 이 대학 랭킹은 대학과 학생은 물론 주 정부의 대학 정책에도 큰 영향을 끼쳤다. 이 랭킹 발표에 문제가 많다는 비판도 많았지만 모두 다 끌려다니기에 바빴다.

대학들은 자기 대학의 랭킹이 나쁘면 비판하거나 무시하는 반면 좋으면 대대적 홍보 수단으로 이용하는 이중적 태도를 보였다. 고교생들과 학부모들이 앞다투어 이 잡지를 사면서 대학 랭킹이 실린 호는 40퍼센트 판매 증가를 기록했으며, 웹사이트 www.usnews.com엔 페이지뷰가 20배 이상 상승해 800만 명이 방문하는 등 대학 랭킹 조사의 파워는 날이 갈수록 커졌다.[13]

대학들은 랭킹에 목을 걸면서 마케팅 전략을 공격적으로 구사했다. 미국 마케팅학계의 거물인 필립 코틀러Philip Kotler, 1931~는 1985년에 출간한 『교육기관을 위한 전략적 마케팅Strategic Marketing for Educational Institutions』에서 일반 기업들이 쓰는 마케팅 전략을 대학들의 신입생 유치 경쟁에 적용함으로써 그런 풍조의 확산에 일조했다.[14]

물론 대학 랭킹 조사에 본격적인 문제 제기가 없었던 건 아니다. 1995년 리드 칼리지Reed College는 랭킹 조사의 방법론과 더불어 그것이 과연 교육에 유익할 것이냐 하는 문제 제기를 하면서 참여 거부를 선언했고, 스탠퍼드 학생회는 이 선언에 지지를 보냈다. 1997년 앨마 칼리지Alma College는 랭킹 결정의 25퍼센트 비중을 차지하는 타대학 평가조사peer assessment survey에 반대해 조사 참여를 거부했고, 2007년 6월에는 같은 이유로 조사에 참여하지 말자는 운동이 일기도 했다. 이에 『유에스뉴스앤드월드리포트』는 대학들 사이의 상호 평가가 중요하다고 반박했다. 그 반박이 옳든 그르든 조사 참여 거부 운동은 별 호응을 얻지 못한 채 흐지부지되고 말았다.[15]

『유에스뉴스앤드월드리포트』는 대학랭킹 조사를 비판하는 사람들을 향해 "우리는 단지 사

College Rankings 2013

람들이 원하는 정보를 제공할 뿐"이라고 주장한다.[16] 그러나 사람들이 정작 알기를 원하는 것은 '소비자보고서Consumer Reports'처럼 '제품의 결과outputs'인데, 대학 랭킹 조사는 단지 '제품에 투입된 원료inputs'만으로 랭킹을 매기는 우스꽝스러운 짓을 하고 있으며, 이 점에 관한 한 랭킹이 떨어질 것을 두려워하는 아이비리그 대학을 포함한 명문대학들도 공범共犯이라는 비판의 목소리가 높다.

예컨대, 대학들이 입학생의 SAT 점수가 아니라 졸업생들의 GREGraduate Record Examinations, LSATLaw School Admission Test, GMATGraduate Management Admission Test, MCATMedical College Admission Test 점수를 공개하는 것이 합리적이지만 명문대학들이 이를 한사코 거부하는 이유가 무엇이겠느냐는 것이다.[17]

『유에스뉴스앤드월드리포트』는 대학 랭킹 조사에 대해 비판을 하는 대학의 랭킹을 일부러 떨어뜨림으로써 비판을 무력화시키려 든다는 비난도 있다.[18] 그러나 일부 대학의 수준도 막상 막하다. 일부 대학들은 자료 제공시 과장은 물론이고 심지어 노골적인 왜곡과 조작을 일삼는다. 평점에 산입되는 동문 기부율을 높이기 위해 기부하지 않은 사람은 사망 처리를 하기도 한다.[19]

대학 랭킹은 대학의 위계화라는 현실을 적나라하게 드러내주는 것이었다. 1983년 폴 푸셀Paul Fussell은 대학은 기존 계급 구조를 재생산하고 정당화시켜주기 위한 도구에 불과하며, 이름만 대학일 뿐인 대학들이 대다수로서 이들은 아이비리그를 비롯한 명문대학들을 빛내주기 위한 용도일 뿐이라고 주장했다.[20]

미국 세인트루이스 워싱턴 대학 로스쿨 교수인 브라이언 타마나하Brian Z. Tamanaha는 2012년에 출간한 『로스쿨은 끝났다Failing Law Schools』에서 "『유에스뉴스앤드월드리포트』 순위 평가를 둘러싼 경쟁은 로스쿨에 심각한 해악을 끼쳤다"며 다음과 같이 말한다.

"로스쿨의 도덕적 신뢰성 추락이 가장 대표적인 해악이다. 이외에도 눈에 잘 띄지는 않지만 결코 덜 중요하다고 할 수 없는 여러 폐해가 발생했다. 『유에스뉴스앤드월드리포트』 순위 평가 기준은 (변호사협회의 인가 기준과 함께) 전국의 로스쿨이 엄격하게 지켜야 할 하나의 지침이 되었다. 그래서 학생과 교수단을 획일화시키고 로스쿨의 혁신과 다양성을 억눌렀다. 로스쿨은 이 평가기준에 맞춰 입학정책을 짜고 자원을 배분했다. 바야흐로 우리는 순위 평가의 노예가 되었다."[21]

디킨슨 칼리지Dickinson College의 입학부 처장 로버트 마사Robert J. Massa는 『유에스뉴스앤월드리포트』에 대해 "이 잡지가 문제의 원인이 아니라, 자동차에서부터 옷에 이르기까지 브랜드를 좋아하는 미국인들의 속성에 더 큰 책임이 있다"고 말한다.[22] 어찌되었든 대학 랭킹 조사의 상업적 가치가 엄청나다는 게 확인된 이상, 한국에서도 『중앙일보』와 『조선일보』가 대학순위 발표에 열을 올리는 이유를 알 만하다.

2013년 7월 유엔 교육과학문화기구, 즉 유네스코가 전 세계적인 트렌드가 된 '대학순위 매기기'를 조명하여 「고등교육의 순위 매기기와 책임」이라는 보고서 goo.gl/ntcUgO를 펴냈다. 유네스코 보고서는 대학순위 매기기에 대한 찬반을 다루되 하나의 결론을 제시하진 않았다.

이에 대해 오철우는 "중립을 내세운 국제기구의 한계이자 장점일 것이다. 대신에 보고서는 순기능도 지닌 서열화가 어떻게 오용될 수 있는지 들여다본다. 눈에 띄는 내용은 이렇다. 세계 100대 대학은 세계 고등교육기관 1만 7,000여 곳의 1퍼센트도 안되는 극히 일부다. 상위 대학에 관심이 쏠리니 정작 수많은 이들한테 소중한 평범한 대학들은 소외된다"며 다음과 같이 말한다.

"개별 대학을 넘어 대학 '체제'를 개선하는 데 더 큰 노력을 기울여야 한다. 교육, 연구, 사회적 책임 같은 대학 기능 중에서 특히 과학기술 연구 평가에 집중된 경향은 큰 문제다. 물론 대학순위는 학생들한테 좋은 진학 정보가 되며 대학에는 평가와 개선의 계기가 되는 긍정 역할도 한다. 보고서는 이렇게 묻는 듯하다. 무엇에 열심히 순위를 매기고, 그 무엇을 순위로 부르고 기억하면서, 우리가 오히려 놓치는 본래의 중요한 가치는 없는가? 순위에 빠져들 때 생기는 문제는 물론 대학만이 아닐 것이다." [23]

reality distortion field

reality distortion field(현실 왜곡장)는 영화 <스타트렉 Star Trek>에 나오는 용어로 애플 사람들이 애플 창업자 스티브 잡스 Steve Jobs와 곤련해 붙여준 딱지다. 애플 직원 버드 트리블 Bud Tribble이 1981년에 만든 말인데, 그는 <스타트렉>의 그 유명한 '머내저리 Menagerie' 편에서 외계인들이 순전히 정신력만을 이용해 자신들의 새로운 세계를 창조하는 것을 잡스의 일하는 방식과 연결시킨 것이라고 했다. 트리블은 다음과 같이 말했다.

"In his presence, reality is malleable. He can convince anyone of practically anything. It wears off when he's not around, but it makes it hard to have realistic schedules(잡스가 나타나

Steve Jobs

면 현실이 유연해진다는 이야기죠. 그는 사실상 어떤 것이든 상대방에게 이해시킬 수 있어요. 그가 자리를 뜨면 왜곡장도 서서히 걷히지만, 결국 그 때문에 현실적인 일정을 잡기가 어려워지는 거죠)."[24]

처음에는 트리블의 말을 믿지 않았던 신입 직원 앤디 허츠펠드Andy Hertzfeld는 2주 동안 잡스가 일하는 모습을 지켜보고 나서 이런 결론을 내렸다. "The reality distortion field was a confounding mélange of a charismatic rhetorical style, indomitable will, and eagerness to bend any fact to fit the purpose at hand(그의 현실 왜곡장은 카리스마 넘치는 수사와 굴하지 않는 의지, 어떤 사실이든 당면 목표에 부합되도록 변형하려는 열성이 뒤섞인 결과물이었어요)."[25]

잡스의 전기를 쓴 앨런 도이치먼Alan Deutschman은 잡스와 대화를 나누었던 경험을 이렇게 털어놓았다. "그는 대화할 때 자주 상대방의 이름을 부릅니다. 그리고 레이저 같은 눈빛으로 상대방의 눈을 바라보지요. 그의 눈빛은 마치 영화배우들의 그것처럼 최면을 걸어요. 하지만 정말로 사람을 사로잡는 것은 그가 말하는 방식입니다. 말하는 리듬이나 말에서 풍기는 엄청난 열정은 정말 전염력이 강해요."[26]

잡스는 언제든 자기 자신도 속일 수 있었다. 어떠한 규칙도 자신에게는 적용되지 않는다는 확고한 믿음이라고도 할 수 있는 것이었다. 그는 자신의 비전을 믿도록 사람들을 기만했는데, 이는 목표를 달성하기 위한 술책이었다. '자기 충족적 왜곡'인 셈이었다. 원래 몇 달이 걸릴 것으로 예상하던 일을 잡스가 며칠 만에 해낼 수 있다고 역설하면 직원들은 꼭 최면에 걸린 것처럼 그 말이 맞다고 여기게 되었다. 이는 불가능하다는 사실을 깨닫지 못하고 불가능한 일을 해내도록 만드는 효과를 발휘했다.[27]

실제로 그렇게 된 성공 사례들도 있었지만, 성공을 위해 직원들은 휴일을 반납하고 죽도록 일해야만 했다. 소프트웨어 업계에선 프로젝트 마감일이 코앞에 닥쳐 팀원의 노동 강도가 가혹할 정도로 가중된 상황을 가리켜 '죽음의 행진death march' 이라고 하는데, 애플 사는 이런 행진에 능한 조직이었다. 애플의 한 엔지니어는 이렇게 말했다. "애플에서는 퇴근 후에도 사람들이 회사 일을 완전히 한쪽으로 제쳐놓거나 하지 않습니다. 마치 종교에 헌신하는 것처럼 그들은 애플에 헌신합니다."[28]

잡스는 큰 리스크를 감수하고 새로운 비전에 모든 것을 거는 의지가 너무도 충만했기에 그의 언행은 종교적 성격을 갖기 마련이었다. 모든 이들이 이구동성으로 잡스는 텔레비전에 나오는 복음 전도사 같다는 말을 했다. 픽사의 공동 창업자인 앨비 레이 스미스Alvy Ray Smith는 다음과 같이 말했다.

"I grew up a Southern Baptist, and we had revival meetings with mesmerizing but corrupt preachers. Steve's got it: the power of the tongue and the web of words that catches people up. We were aware of this when we had board meetings, so we developed signals nose scratching or ear tugs for when someone had been caught up in Steve's distortion field and he needed to be tugged back to reality(저는 어린 시절 남부에서 침례교 교회를 다니며 자랐어요. 부흥회가 종종 열렸는데 타락한 설교자들이 마치 최면을 걸 듯 교인들을 현혹하곤 했어요. 스티브에게서도 그런 점을 볼 수 있었어요. 사람들을 현혹하는 혀 놀림과 미사여구 같은 것 말이에요. 이사회 모임을 가지면서 우리는 그것을 눈치챘고, 그래서 신호를 만들었어요. 누군가가 스티브의 왜곡장에 빠지면 코를 긁거나 귀를 당기는 신호로 주의를 환기시켜 다시 현실로 끌어내주곤 했지요)." [29]

잡스는 복음 전도사답게 늘 물질에 대한 집착을 피해야 한다고 역설했다. 우리의 소비 욕구가 건전하지 못하며, 깨달음을 얻기 위해선 무엇에도 집착하지 않고 물질을 추구하지 않는 사람의 방식을 계발해야 한다고 주장했다. 자신은 돈 때문에 이 일에 뛰어든 게 아니라고 강조하기도 했다. [30] 물론 이런 말들은 모순투성이였지만 잡스의 물질적 성공과 이론적 비전의 결합은 같은 모순을 가진 사람들, 즉 진보적이면서도 자기만의 물질적 풍요는 누리고 싶어하는 사람들에겐 큰 위안이자 복음과도 같은 것이었다고 볼 수 있다.

reality distortion field는 잡스에게만 적용되는 것이 아니라, 무언가 허점이 있으면서도 카리스마와 더불어 설득력이 매우 뛰어난 지도자의 설득 방식을 지적할 때에 쓰이는 말이 되었다. 빌 클린턴Bill Clinton 미국 대통령도 reality distortion field를 만들어내 구사했던 지도자로 꼽힌다. [31]

reason

logic은 그리스어 logos에서 나왔지만, logos는 라틴어로는 ratio로 번역되었다. 프랑스어 raison은 라틴어에서 나왔는데, 영어로는 reason으로 번역되었다. 바로 이런 이유 때문에 라틴어와 프랑스어로 글을 쓰면서 자신들의 용어를 그리스어와 비교했던 프랜시스 베이컨Francis Bacon, 토머스 홉스Thomas Hobbes, 존 로크John Locke 등은 logos, ratio, raison, reason을 상호 대체 가능한 동의어로 사용했다. [32]

without rhyme or reason은 "분별없는, 전혀 조리가 맞지 않는, 까닭을 알 수 없는"이란 뜻이다. 마찬가지로 neither rhyme nor reason은 "까닭도 이유도 없는"이란 뜻이다. 시詩에 대한 평가와 관련해서 나온 말이다. rhyme은 운韻으로 형식을 말하고, reason은 조리로 내용을 말한다. 형식과 내용 중 어느 하나는 제대로 되어 있어야 할 텐데 둘 다 엉망이라는 말로 이해하면 되겠다. [33]

『유토피아Utopia』(1516)의 작가이자 영국 대법관이었던 토머스 모어Thomas More, 1478~1535가 처음 한 말로 전해진다. 어느 날 작가 지망생이 모어에게 자신의 원고를 평가해달라고 하자, 그걸 살펴본 뒤에 원고의 어떤 대목이 "neither rhyme nor reason"이라고 지적했다는 이야기다. [34] rhyme을 rime으로 쓰기도 한다.

영국 시인 에드먼드 스펜서Edmund Spencer, 1552?~1599가 만든 말이라는 설도 있다. 스펜서는 엘리자베스 1세Elizabeth I, 1533~1603의 명을 받아 여러 시를 써서 그녀에게 바쳤다. 여왕은 왕실 회계국 장관에게 약속한 돈을 스펜서에게 주라고 했다. 장관이 액수가 많다고 난색을 표하자, 여왕은 "그러면 스펜서에게 이해할 만한 이유를 제시해주라"고 말했다. 돈도 못 받고 시rhyme도 돌려받지 못하고 그 어떤 이유reason도 듣지 못한 스펜서는 견디다 못해 여왕에게 'I received nor rhyme nor reason'이라는 말이 들어간 시를 지어 바쳤다. 이 시를 본 여왕은 약속했던 돈을 즉각 지불하라는 명령을 내렸다. 이 일화에서 유래된 말이라는 설이다.[35]

Reason defines man(인간의 특징은 이성이다). 이성 예찬론이라 할 수 있는 명언들은 무수히 많다. 미국 제20대 대통령 제임스 가필드James A. Garfield, 1831~1881는 Right reason is stronger than force(올바른 이성은 무력보다 강하다)라고 했고, 유대인으로 독일계 미국인 학자인 에리히 프롬Erich Fromm, 1900~1980은 "The faculty to think objectively is reason; the emotional attitude behind reason is that of humility(객관적으로 생각할 수 있는 능력은 이성이며, 이성을 가능케 하는 정서적 태도는 겸손이다)"라고 했다. 또 스코틀랜드 시인 윌리엄 드러먼드William Drummond, 1585~1649는 "He that will not reason is a bigot; he that cannot reason is a fool; and he that dares not reason is a slave(생각하지 않으려는 사람은 고집불통이고, 생각할 수 없는 사람은 바보고, 감히 생각할 엄두를 내지 못하는 사람은 노예다)"라고 했다. 미국의 비판적 지식인 놈 촘스키Noam Chomsky, 1928~는 다음과 같이 말한다.

"Reinhold Niebuhr put it that rationality is a very narrowly restricted skill. Only a small number of people have it. Most people are guided by just emotion and impulse. Those of us who have rationality have to create "necessary illusions" and emotionally potent "oversimplifications" to keep the naive simpletons more or less on course. This became a substantial part of contemporary political science([미국의 신학자이자 정치학자인] 라인홀드 니부어는 합리적인 태도는 터득하기 매우 어려운 기술이라고 말했다. 극소수 사람들만이 그것을 갖고 있다는 말이다. 반면 대다수 사람은 일시적인 감정과 충동에 이끌린다. 합리성을 지닌 사람들은 멍청한 소 떼를 다루기 위해 필요한 환상을 만들어내고 정서를 자극하는 과잉단순화도 서슴지 말아야 한다. 이 점은 현대 정치학의 본질적인 부분으로 자리잡았다)."[36]

reengineering

reengineering(리엔지니어링)은 '구조조정'이다. 기업조직을 단위구성 요소로 분해하여 이

중에서 주변적인 프로세스는 제거하고 기업의 자원과 에너지를 핵심적인 프로세스 중심으로 재구성하는 걸 의미한다. 정식 명칭은 business process reengineering이며, 줄여서 BPR로 부르기도 한다.

리엔지니어링은 마이클 해머Michael Hammer, 1948~2008가 1990년 『하버드 비즈니스 리뷰』에 기고한 「업무의 리엔지니어링」이라는 글로 촉발되었다. 해머는 1993년 제임스 챔피James A. Champy와 공동으로 『리엔지니어링 기업혁명Reengineering the Corporation: A Manifesto for Business Revolution』이라는 책을 썼는데, 이 책은 17개국 언어로 250만 부 이상 팔렸다. 1995년에는 해머가 『리엔지니어링 혁명The Reengineering Revolution』, 챔피가 『경영의 리엔지니어링Reengineering Management』이라는 책을 출간했다.

해머와 챔피는 리엔지니어링을 "기업 프로세스의 근본적인 재사고rethinking와 급진적인 재설계redesign를 통해 가격·품질·서비스·속도와 같은 주요 경영성과 지표의 극적인 향상을 성취하는 것이다"라고 정의했다. 해머와 챔피는 기업 프로세스를 그대로 둔 채 잉여 종업원들을 해고한다는 것은 '다운사이징downsizing(조직 축소)' 수준의 한정된 효과밖에 거둘 수 없으며 또한 근로자들의 저항에 부딪히게 되어 그나마도 실패로 끝나기가 쉽다고 말했지만, 현실적으로 기업의 리엔지니어링이나 경제구조 개편에서 가장 문제가 된 것은 근로자들의 희생이었다 (downsizing은 1979년부터 쓰이기 시작한 말이다).

해머는 리엔지니어링reengineering은 일부 사업 단위를 팔아버리는 것을 은유적으로 표현하는 리스트럭처링restructuring도 아니라고 주장했다. 리엔지니어링은 일이 어떻게 수행되느냐에 초점을 맞추지 조직 구조가 어떠해야 하는지에 초점을 맞추지는 않는다는 것이다. 또 그는 리엔지니어링은 자동화와 혼동되어서도 안 된다고 역설했다. 리엔지니어링에서 기술이 분명 중요한 역할을 하지만, 기술의 역할은 새로운 프로세스 설계를 가능케 하는 것이지 기존의 프로세스를 위해 새로운 메커니즘을 제공하는 것은 아니라는 것이다.

다운사이징downsizing과 어떻게 차별화하든 리엔지니어링이 심각한 문제를 안고 있는 건 분명했다. 경영학자들은 리엔지니어링이 단기적으로는 미국 기업들의 경쟁력을 높여주고 있지만 장기적으로는 기업을 일종의 탈진 상태anorexia에 빠뜨려 경쟁력을 상실시킬 수도 있다고 경계했다.

1990년대 전반 미국 기업들의 구조개편과 대량해고 선풍을 불러일으킨 리엔지니어링은 미국 대기업의 75~80퍼센트가 참여할 정도로 기업 경영에 밀어닥친 광풍이었다. 리엔지니어링에 의해 감원된 미국의 노동자 수는 1995년 한 해에만 3,900만 명에 이르렀다. 바로 이 리엔지니어링 광풍 덕분에 시작한 지 수년 후인 1994년 미국은 마침내 약 15년 동안의 패배를 딛고 일어서 일본을 경제적으로 이길 수 있었다고 보는 시각도 있었지만, 이후 인력 감원 과정의 문제 때문에 대부분의 리엔지니어링이 실패로 끝났다고 보는 게 일반적 견해다.[37]

광풍이 좀 잠잠해진 1996년 해머는 자신이 '스마트' 하지 못했음을 인정했다. 자신은 엔지니어로서 인간적 차원을 소홀히 했는데, 그게 심각한 문제를 낳았다는 걸 시인한 것이다. 해머는 MIT에서 EECSElectrical Engineering & Computer Science 전공으로 학·석·박사학위를 받고 MIT 컴퓨터공학 교수로 일했다. 같은 시기에 해머와는 별도로 리엔지니어링 전도사 노릇을 했던 토머스 대븐포트Thomas H. Davenport, 1954~도 자신들의 의도와는 무관하게 리엔지니어링이 추악하게 변질되었다는 걸 인정했다.[38] 과연 그 책임은 어떻게 질 것인가?

religion

religion(종교)은 라틴어로 '다시' 라는 뜻의 re와 '묶다' 는 뜻의 lig가 합쳐진 것으로, "주의 깊게 가르침의 뜻을 다시 바라본다" 는 뜻이다. '다시 묶다', '다시 연결시키다' 는 뜻이라는 설도 있다. faith나 belief system의 대체어로 쓰이기도 한다. 전 세계 종교의 수는 4,200개에 이르며, 2012년 기준으로 전 세계 인구의 59퍼센트가 특정 종교를 갖고 있다.[39] 종교에 관한 불후의 명언들을 10개만 감상해보기로 하자.

(1) Religion is regarded by the common people as true, by the wise as false, and by the rulers as useful(종교는 보통 사람에게는 진리로, 현명한 사람에게는 거짓으로, 통치자에게는 유용한 수단으로 여겨진다). 로마 철학자 세네카Seneca, B.C. 4~A.D. 65의 말이다.

(2) Measure not men by Sundays, without regarding what they do all the week after(한 주일 내내 무엇을 하는지를 보지 않은 채 일요일만 갖고 사람을 평가하지 마라). 영국의 성직자이자 작가로, 『잉글랜드 명사名士들의 역사The History of the Worthies of England』를 쓴 토머스 풀러Thomas Fuller, 1608~1661의 말이다.

(3) Religion is the opium of the people(종교는 인민의 아편이다). 카를 마르크스Karl Marx, 1818~1883가 『고타 강령 비판Kritik des Gothaer Programms』(1875)에서 한 말이다.

(4) Our hope of immortality does not come from any religion, but nearly all religions come from that hope(불멸을 향한 우리의 희망은 종교에서 나오는 것이 아니라 오히려 모든 종교가 바로 그

Jesus save me

런 희망에서 나온다). 미국 정치인 로버트 그린 잉거솔Robert Green Ingersoll, 1833~1899의 말이다.

(5) Religion has not civilized man, man has civilized religion(종교가 인간을 문명화시킨 게 아니라 인간이 종교를 문명화시켰다). 이 또한 잉거솔의 말이다. "The Great Agnostic(위대한 불가지론자)"이라는 별명을 얻은 잉거솔은 휴머니즘을 예찬하며 종교를 비판해 종교인들 사이에선 악명이 높았지만, 일반 대중은 그의 그런 연설에 열광했다. 당대의 지식인들은 그의 불가지론 agnosticism을 가리켜 Ingersollism이라고 했다.[40]

(6) The Bible is literature, not dogma(성경은 문학이지 도그마가 아니다). 스페인 출신의 철학자 조지 산타야나George Santayana, 1863~1952의 말이다.

(7) It is the test of a good religion whether you can joke about it(종교를 농담의 대상으로 삼을 수 있느냐가 좋은 종교의 판별법이다). 영국 작가 길버트 체스터턴Gilbert K. Chesterton, 1874~1936의 말이다.

(8) Science without religion is lame; religion without science is blind(종교 없는 과학은 불완전하고 과학 없는 종교는 맹목적이다). 세계적인 물리학자 앨버트 아인슈타인Albert Einstein, 1879~1955의 말이다.

(9) I want nothing to do with any religion concerned with keeping the masses satisfied to live in hunger, filth and ignorance(나는 민중이 기아와 더러움과 무지 속에 만족하고 살도록 하는 어떤 종교와도 관련을 맺고 싶지 않다). 인도 지도자 자와할랄 네루Jawaharlal Nehru, 1889~1964의 말이다.

(10) Please, Jesus save me from some of your followers(주여, 제발 당신을 따르는 일부 사람들에게서 저를 구원해주세요). 미국에서 일부 젊은이들이 입고 다니는 티셔츠에 적힌 슬로건이다.[41]

responsibility

원래 만화에서 출발한 〈스파이더맨Spider-Man〉은 평범한 사람이고자 하는 한 젊은이가 어쩔 수 없는 힘에 이끌려 공동체의 악을 저거해 영웅이 되는 영화다. 스파이더맨의 마지막 대사는 "Great power always comes with great responsibility(막강한 권력에는 늘 큰 책임이 따른다)"다.[42] 책임에 관한 명언을 7개만 감상해보자.

(1) Responsibility is the price of greatness(책임은 위대함의 대가다). 영국 정치가 윈스턴 처칠Winston Churchill, 1874~1965의 말이다.

〈Spider-Man〉

(2) In a democracy, the individual enjoys not only the ultimate power but carries the ultimate responsibility(민주주의에서 개인은 궁극적인 권력을 누리는 동시에 궁극적인 책임도 져야 한다). 미국 언론인 노먼 커즌스Norman Cousins, 1915~1990의 말이다.

(3) The only way to get rid of responsibilities is to discharge them(책임을 없애는 유일한 방법은 책임을 이행하는 것이다). 1950년대에 활약한 미국 외교관 월터 로버트슨Walter S. Robertson의 말이다.

(4) A man who enjoys responsibility usually gets it. A man who merely likes exercising authority usually loses it(책임을 즐기는 사람은 책임자의 자리를 얻지만, 단지 권한 행사만 좋아하는 사람은 권한을 잃기 마련이다). 미국의 잡지 발행인 맬컴 포브스Malcolm Forbes, 1919~1990의 말이다.

(5) The word 'accountability' doesn't translate well into Italian('책임'이란 단어는 이탈리아어로 번역하기가 어렵다). 이탈리아 칼럼니스트이며 『이탈리아인의 마음』의 저자인 베페 세베르니니Beppe Severgnini, 1956~가 이탈리아 총리 실비오 베를루스코니Silvio Berlusconi, 1936~가 수많은 실언과 기행을 했지만 75퍼센트라는 높은 지지도를 누리는 이유를 설명하면서 한 말이다.

세베르니니Severgnini는 "총리는 축구를 사랑하고, 밤에는 예쁜 여자들과 데이트도 한다"며 "대부분의 이탈리아인이 총리를 '우리 중 1명'으로 여긴다"고 말했다. 『인터내셔널헤럴드트리뷴』은 "이탈리아인들은 베를루스코니 총리를 보통 사람의 삶을 사는 전형적인 이탈리아인으로 여기고 자신들과 동일시한다"고 분석했다. 이탈리아인들은 악당 같은 남편과 혼나는 부인, 훨씬 어린 여자와 덕 있는 엄마 등 전형적인 캐릭터들이 등장하는 총리 가족의 '드라마'에 열광한다는 것이다.

영국의 『가디언』도 "예쁜 여성을 노골적으로 좋아하고, 규칙을 지키지 않고, 뻔뻔하고 냉소적인 면을 보이는 총리에서 많은 이탈리아인은 바로 자신의 모습을 본다"고 보도했다. 가디언은 "이탈리아인에게 베를루스코니는 미디어 재벌인 루퍼트 머독Rupert Murdoch과 빌 게이츠Bill Gates를 합친 인물"이라며 "20세기 가장 위대한 이탈리아인으로 불리기도 한다"고 전했다.[43]

(6) The taste of victory is the burden of responsibility(승리의 맛은 책임의 부담이다). 2009년 5월 리투아니아 최초의 여성 대통령에 당선된 달리아 그리바우스카이테Dalia Grybauskaitė, 1956~가 한 말이다.

(7) I was in no rush to be the star of a movie, because there is so much responsibility placed on your shoulders. I wanted to learn, to do smaller parts, really diverse things(저는 곧장 영화의 주연을 맡으려고 서두르지 않았어요. 책임이 아주 무겁다고 생각했기 때문이지요. 작고 다양한 역을 맡으면서 배우고 싶었어요). 미국 여배우 귀네스 팰트로Gwyneth Paltrow, 1973~가 1996년 『뉴욕타임스』 인터뷰에서 한 말이다. 팰트로는 〈Emma〉(1996)에서 첫 주연을 맡기까지 수년간 요청이 있었지만 일부러 주연 역할을 피했다고 한다.[44]

revolution

revolution(혁명)은 "a turn around(한 번의 회전)"라는 뜻을 가진 라틴어 revolutio에서 나온 말이다.[45] 역사가 대니얼 부어스틴Daniel Boorstin, 1914~2004은 "천체의 궤도 또는 순환로에서의 움직임을 묘사하기 위해 사용되었던 '운행revolution'이란 말은 이제는 그러한 순환 과정을 끝내는 데 요구되는 시간을 의미하기도 했다. 17세기 초에 오면(옥스퍼드 영어사전에 의하면) '운행'이란 말은 커다란 변화를 모두 가리키는 '혁명'이란 의미로 사용되게 되었다"며 다음과 같이 말한다.

"기존의 정부들을 전복시킨 수많은 '격동'으로 뒤흔들린 세기에 '혁명'이란 말은 우리가 지금까지 생각하는 의미를 가지게 된 것이다. 그와 비슷한 시기에 '진보progress'라는 말도 새로운 의미를 가지게 되었다. 그때까지 그 말은 공간에서의 전진 운동이나 어떤 이야기의 전개라는 단순한 구체적인 의미를 가진 말로만 거의 사용되었다. 원래 이러한 의미들은 어느 하나도 찬양의 뜻으로 사용되지는 않았다. 그러나 18세기에 와서 '진보'라는 말은 보다 높은 단계, 보다 나은 조건, 지속적인 개선으로 나아간다는 것을 의미했다."[46]

revolution of rising expectations(점증하는 기대의 혁명)는 매스미디어 등의 발달로 부유한 사람들의 삶이 가난한 사람들에게 전달됨으로써 후자의 삶의 질에 대한 기대 수준이 높아져서 나타나는 사회적 불안정을 말한다. 1949년 미국 외교관 할란 클리블랜드Harlan Cleveland, 1918~2008가 처음 쓴 말이다. 이 개념은 미국의 외교, 특히 제3세계를 대상으로 한 외교에서 주요 개념으로 활용되었다.[47]

revolution of rising frustration(점증하는 좌절의 혁명)은 미국 CIA의 전신인 OSS에서 심리전 전문가로 일하다가 커뮤니케이션 학자로 활동한 대니얼 러너Daniel Lerner가 1958년에 제시한 개념으로 보상get이 욕구want를 따르지 못할 때 나타날 수 있는 사회적 불안정을 말한다.

러너는 사회발전의 기본적 동인으로 감정이입感情移入: empathy을 주장했다. 감정이입이란 짧은 시간 내 한 개인이 자기의 사고 시스템을 변하는 환경에 적응시키는 '심리적 유동성psychic mobility'을 말한다. 매스미디어가 개인의 심리적 유동성의 능력을 제고시켜 다대한 환경변화를 몰고 올 산업화에 기여할 수 있지만, 성취동기achievement motivation의 과잉이 낳는 위험도 있다는 것이다.[48]

제러미 리프킨Jeremy Rifkin은 2011년에 출간한 『3차 산업혁명: 수평적 권력은 에너지, 경제, 그리고 세계를 어떻게 바꾸는가The Third Industrial Revolution: How Lateral Power Is Transforming Energy, the Economy, and the World』에서 인터넷 기술과 재생 가능한 에너지들이 곧 서로 융합하여 세계를 변화시킬 3차 산업혁명Third Industrial Revolution을 위해 새롭고 강력한 기반을 창출할 것이라고 주장했다. 19세기의 1차 산업혁명, 20세기의 2차 산업혁명에 이어, 21세기는 3차 산업혁명의 시대인데, 현재 우리는 석유 시대와 그에 기반한 2차 산업혁명의 종반전에 접어들었다는 것이다.

2차 산업혁명의 특징을 중앙통제형 전력과 석유 시대, 자동차, 교외지역 건설 등으로 규정한 리프킨은 "새로 출현할 3차 산업혁명은 이전과 달리 분산형 재생 가능 에너지, 즉 태양력·풍력·수력·지열·바이오매스·조력 등 어디서나 얻을 수 있고 대부분 공짜나 다름없는 에너지를 중심으로 조직된다"며 다음과 같이 말한다.

"재생 가능 에너지는 본질적으로 분산성이기 때문에 위계서열식 지휘 통제 메커니즘과는 맞지 않다. 협업 메커니즘이 필요하다는 의미다. 이 새로운 수평적 에너지 체제는 향후 거기서 증식되어 나올 수많은 경제활동에 대한 조직구조 모델을 확립한다. 산업혁명의 분산성과 협업성이 클수록 생성되는 부의 분배 또한 당연히 더욱 분산될 것이다."⁴⁹

이렇듯 분산을 강조한 리프킨은 우리는 분산 자본주의distributed capitalism 시대에 들어서고 있다고 주장한다. 전통적인 중앙집권형 시장 자본이 새로운 분산·협업 비즈니스 모델로 변하고 있다는 것이다.⁵⁰ 그는 "1차, 2차 산업혁명에는 국가경제와 연방 및 주 정부의 통치, 중앙집권형 하향식 지정학적 세계 분할 등이 함께했다. 하지만 3차 산업혁명은 선천적으로 분산적이고 협업적이며 인접한 땅덩이를 따라 수평적으로 확대된다. 대륙 수준의 경제, 대륙 수준의 정치 통합 등에 유리한 것이다"며 다음과 같이 말한다.

"이제 우리는 '세계화globalization'에서 '대륙화continentalization'로 이행 중이다.……각 대륙을 정치 연합이 통치한다는 생각은 생소하고 이상하게 느낄 가능성이 높다. 하지만 이변이 없는 한 인류 사회는 그러한 방향으로 나아간다.…… EU(유럽연합)는 세계 최초의 대륙 연합이다.…… 아시아, 아프리카, 남아메리카도 EU를 본보기로 삼아 각자의 대륙연합을 형성하기 시작했다."⁵¹

유럽을 예찬하는 리프킨으로서야 유럽연합이 아름답게 보이겠지만, 그게 과연 인류적 차원의 대안이 될 수 있을지는 의문이다. 그의 책이 나오고 난 뒤에 유럽을 강타한 경제위기는 그런 의구심을 더하게 만든다. 어찌되었든 과연 한 바퀴 도는 것에 어떤 의미가 있는 것인지, revolution에 관한 명언을 7개만 감상해보자.

(1) Revolutions are not trifles, but spring from trifles(혁명은 하찮은 일이 아니지만 하찮은 일에서 비롯된다). 그리스 철학자 아리스토텔레스 Aristoteles, B.C. 384~B.C. 322의 말이다.

(2) It is impossible to predict the time and progress of revolution. It is governed by its own more or less mysterious laws(혁명의 시기와 추이를 예측하는 것은 불가능하다. 혁명은 어느 정도 그 자체의 신비한 법칙에 의해 지배된다). 러시아 혁명가 블라디미르 레닌Vladimir Illich Lenin, 1870~1924의 말이다.

(3) They aren't interested in changing society. Not yet. They're concerned with doing their own thing, finding themselves. They want revelation, not revolution(그들은 사

회를 바꾸는 데 관심이 없다. 아직은 아니다. 그들은 그들 자신의 일, 자신을 발견하는 것에만 관심을 두고 있다. 그들이 원하는 것은 계시일 뿐 혁명이 아니다).[52] 미국의 급진적 빈민운동가이자 지역사회 조직가 community organizer인 솔 앨린스키Saul Alinsky, 1909~1972가 현실주의적 철저함을 갖추지 못한 채 낭만에만 사로잡혀 있던 1960년대 신좌파 학생운동가들을 비판하면서 한 말이다.

(4) Breakup of daily routines contributes to susceptibility to mobilization for revolt(매일 반복되는 일상의 과정이 깨지는 것은 폭동이 일어날 가능성을 높여준다). 미국 정치학자 배링턴 무어 Barrington Moore, Jr., 1913~2005의 말이다.[53]

(5) Participants in riots and revolution seem more strongly motivated by threats to their interests as consumers than by threats to their interests as producers(폭동과 혁명의 참가자들은 그들의 생산자의 이해관계에 대한 위협보다는 소비자의 이해관계에 대한 위협에 의해 더욱 강한 자극을 받는 것 같다). 이 또한 무어의 말이다.[54]

(6) Those who make peaceful revolution impossible will make violent revolution inevitable(평화적인 혁명을 불가능하게 만드는 사람들은 폭력적인 혁명을 불가피하게 만든다). 미국 제35대 대통령 존 F. 케네디John F. Kennedy, 1917~1963의 말이다.

(7) The Revolution Will Not Be Televised(혁명은 TV에 나오지 않는다). 흑인 래퍼이자 시인인 질 스콧 헤론Gil Scott-Heron, 1949~2011의 유명한 랩 제목으로, 1970년에 발표되었다. 원래는 1960년

Scott Heron

대의 신좌파 학생운동 당시에 널리 쓰인 슬로건이다. 2010년 『뉴스테이츠먼』은 이 노래를 'Top 20 Political Songs' 중의 하나로 꼽았다.[55]

선거 전문가인 조 트리피Joe Trippi는 이 말을 인터넷이 선거에 미치는 영향력을 강조하는 자신의 책 제목으로 사용했다.[56] 2012년 한국의 문화평론가 문강형준도 이 말을 자신의 문화비평서 제목으로 사용했는데, 그 이유에 대해 이렇게 말했다. "모든 것을 다루는 TV는 결코 저 근본적인 모순과 혁명적인 움직임을 다루지 않는다. 문화비평은 이러한 의미의 생산과 수용을 둘러싼 회로 자체에 문제를 제기하며 개입하는 정치적 행위다."[57]

rhetoric

rhetoric은 수사학修辭學으로 "웅변의, 웅변가"를 뜻한 그리스어에서 나온 말이다. B.C. 5세기에서 4세기 초까지 아테네에 살았던 소피스트Sophist들이 설득의 기술을 가르치는 데 전념하는 등 실용성을 추구하면서 정립한 학문으로, 한동안 문법grammar, 논리logic와 함께 3대 학문에 속했다.[58]

수사학이 가르치는 설득의 힘은 민주 아테네에서 지위 상승을 요구하는 모든 사람에게 정치적 필수조건이 되었기 때문에 소피스트에 대한 평판도 처음에는 대단히 우호적이었다. 그러나 수사학은 나쁜 목적에 사용될 수도 있었기 때문에 칼과도 같은 것이었기에, 플라톤Platon, B.C. 427?~B.C. 347?은 소피스트의 수사학을 배척했다.

플라톤은 수사학이 이성에 의존하는 것이 아니라 감성에 의존하고 감정을 동요시키는 데만 주력함으로써 대중에게 아부하는 선동가를 양성한다며 수사학을 학문이 아니라 비도덕적 실용주의에 빠진 속임수로 간주했다. 플라톤은 감정의 동요를 통해 인간의 행위에 영향을 끼치는 것은 대중의 순진함과 무지를 이용하는 행위이기 때문에 도덕적으로뿐만 아니라 사회적으로도 해로운 일로 보았다. 일반 대중은 그렇지 않았지만 엄숙한 사람들은 계속해서 소피스트들에 대해 경고하고 나섰다. 아우구스티누스 Augustinus, 354~430는 "사람들을 사로잡기 위한 유해한 논쟁과 철없는 호언장담"을 질책했다.

수사학의 위상은 르네상스(14~16세기)에 이르러 새로운 국면을 맞게 되었다. 중세 스콜라 철학자들의 주지주의主知主義에서 르네상스 휴머니스트들의 주의주의主意主義로 전향한 것은 논리학 중심의 학풍이 수사학 중심의 학풍으로 전향하는 걸 의미했다. 스콜라 철학자들이 이성을 강조한 데 반하여 휴머니스트들은 의지를 중시했다. 전자의 목표가 진리의 논증에 있다면 후자의 목표는 인간을 도덕적 생활로 이끄는 데 있었다. 12세기의 스콜라 철학자인 피에르 아벨라르Pierre Abélard, 1079~1142는 "무슨 지식이든 나쁜 것은 없다. 설혹 악에 대한 지식이라도 그것은 선이다"라고 주장했지만, 실천을 중시한 휴머니스트들에게 중요한 것은 인간의 의지를 움직이고 마음을 감동시킬 수 있는 효과적 설득이었다. 그래서 휴머니스트들은 수사학을 존중했다.

프랜시스 베이컨Francis Bacon, 1561~1626은 수사학은 지식의 구조 속에서 적절한 지위를 차지하고 있으며, 논리학과 비슷한 정도의 중요성을 갖고 있다고 봄으로써 17세기 영국 수사학 연구에 크게 기여했다. 그가 보기에 논리학은 지성의 영역에 속하는 반면 수사학은 상상의 영역에서 역할을 수행했다. 베이컨은 수사학의 임무는 마음을 움직이기 위해 이성을 상상에 적용하는 데 있다고 생각했다. 오늘날의 대중민주주의는 설득을 통치의 가장 중요한 수단으로 부각시킴으로써 사실상 수사학의 복권을 가져왔다. 다만 심각한 학문 장르로서 그 위상은 달라졌지만 말

이다. 사회운동에서도 수사학은 절대적 중요성을 갖게 되었다.[59]

하지만 오늘날 rhetoric이라는 단어는 별로 좋은 의미로 쓰이진 않는다. "Truth has no need of rhetoric(진실에 수사修辭는 필요하지 않는다)"이라는 식이다. "Truth needs not the ornament of many words(진실에 많은 단어의 장식이 필요하지 않는다)"라고도 한다. "The language of truth is simple(진실의 언어는 단순하다)"이라는 속담도 있다.

미국 리더십 전문가 워런 베니스Warren G. Bennis, 1925~는 "Don't settle for rhetorical change(말로만 외치는 변화에 안주하지 마라)"라고 외친다.[60] 리더들이 끝까지 챙기질 못하고 모든 걸 말로만 때우는 경향이 있다는 걸 지적하기 위해 한 말인데, 이 때에도 rhetoric이나 rhetorical이라는 단어가 동원되는 것이다.

대답할 필요가 없는 의문문을 'rhetorical question(수사 의문문)'이라고 하는 것도 rhetorical에 대한 좋은 대접은 아니리라. 예컨대, 'Oh, am I happy?!', 'Who cares?', 'Why are you so stupid?', 'Why me, God?' 등과 같은 의문은 그냥 'I am very happy', 'Nobody cares', 'I think you are stupid', 'I don't understand why it should be me'라고 말해도 될 것을 말의 효과를 높이기 위해 의문문의 형식을 취하는 것일 뿐이다. 다음과 같은 표현도 마찬가지다. 'Are you pulling my leg(놀리는 거야)?' 또는 'Are you kidding me(지금 농담하는 거야)?', 'What's the matter with you(도대체 왜 이

래)?', 'Don't you know any better(이것 밖에 못해)?', 'Have you no shame(좀 창피한 줄 알아)?', 'What the hell(젠장 뭐야)?', 'Are you crazy(미쳤어)?', 'How should I know(내가 그걸 어떻게 알아)?', 'Isn't that nice(멋있지 않아)?'[61]

미국의 건설 자체가 광고의 역사였다고 단언하는 역사가 대니얼 부어스틴Daniel J. Boorstin, 1914~2004은 광고야말로 대표적인 '민주주의의 수사학rhetoric of democracy'이라고 말한다. 그는 플라톤과 그 밖의 철학자들이 경고한 민주주의의 한 가지 위험은 '수사학'이 '인식론epistemology'을 대체하거나 압도하는 것이었음을 상기시킨다. 즉, 설득의 문제가 지식의 문제를 압도하게끔 허용하는 건 위험하다는 것이다. 그런데 민주사회는 무엇이 진실인가 하는 것보다는 사람들이 무엇을 믿느냐에 더욱 관심을 갖는 경향이 있다는 것이다.[62]

rip

rip은 "쪼개다", rip off는 "벗겨내다, 떼어내다, 훔치다, 빼앗다, 사취하다"는 뜻이다. 1960년대 후반 미국에서 대학생들 중심의 신좌파운동이 일어났을 때 기존 언어들도 재검토의 대상이 되었다. 예컨대, 그들은 "steal"이란 단어는 부르

주아적 단어로 단정짓고, 그 관계를 역전시켜 1967년부터 부자들의 갈취나 사취를 부각시키는 "rip off"라는 표현을 유행시켰다. 1970년에는 "자본주의적 착취"를 가리키는 말로 아예 rip-off라는 명사를 만들어냈다.[63]

2003년 봄 월트디즈니 사 회장 마이클 아이스너Michael Eisner, 1942~는 상원 상업위원회에 나가 애플 컴퓨터의 '찾아라 섞어라 구워라Rip Mix Burn'라는 광고 문구가 소비자들에게 "이 컴퓨터를 사면 도둑질"을 해도 좋다는 인식을 심어준다고 증언해 스티브 잡스Steve Jobs, 1955~2011를 분노하게 만들었다. 이에 대해 잡스는 이렇게 말했다.

"그 문구에서 'Rip'은 CD 케이스를 벗겨서 CD를 하드 드라이브에 저장하는 것을 의미한다. 마이클 아이스너는 10대들을 집에서 데리고 살지도 않고 디즈니에 직원으로 채용한 적도 없기 때문에 'rip'을 'rip off(도둑질)'의 의미로 잘못 생각했다. 진짜 뜻을 누가 살짝 일러주기만 했어도 잘못을 시인했을 것이다."[64]

rip it up은 뜯거나 찢는다는 뜻이며, 어떤 것을 완전히 뜯어고치라고 요구할 때도 쓴다. 팝송이나 앨범의 제목으로도 많이 쓰인 말이다.

Rip Mix Burn

영국의 행동심리학자 리처드 와이즈먼Richard Wiseman은 2012년 『Rip It Up: The Radically New Approach to Changing Your Life』을 출간했다. 국내에는 2013년 『립잇업: 멋진 결과를 만드는 작은 행동들』로 번역·출간되었다.

이 책에 대해 김태훈은 "저자는 이 책 서문에서 독자에게 행동을 강조하기 위해 '다음 페이지를 찢어라'라고 한다. 한 장 넘기니 찢어도 무방한 빈 페이지가 있다. 찢지 않고 넘겼더니 뒷면에 이렇게 쓰여 있다. '아직 안 찢었나요?' 행동하면 무엇이 바뀌는가. 성큼성큼 걷는 이는 발을 질질 끄는 이보다 더 높은 행복감을 느낀다"며 다음과 같이 말한다.

"기도祈禱가 주는 평온의 효과도 행동 심리학으로 설명이 가능하다. 기도의 내용보다 편안하고 차분한 기도의 태도 자체가 마음을 바꾸기 때문이다. 우울증 환자가 얼굴을 찡그리지 못하도록 주름이 생기는 부위에 보톡스 주사를 놨더니 효험을 봤다는 실험 결과도 있다. 지금 삶이 자신이 원한 것이 아니라면 자신을 지배하는 습관과 이별하라는 주문도 그래서 한다. 젊은 사람처럼 행동하는 습관을 가지면 노화도 늦춰진다. 습관을 바꾸면 운명이 바뀐다.……책을 읽다가 문득 보석 같은 삶의 진리를 하나 얻는다. '사랑이 우리를 바꾸는 것이 아니라 우리가 행동을 바꿀 때 최고의 사랑이 찾아오는 것이다.' (117쪽) 책 곳곳에 소개된, 멋진 결과를 만드는 작은 행동 리스트도 유용하다."[65]

"Let her(it) rip"은 "(차, 엔진 따위를) 멈추지 마라, 내버려두어라"는 말이다. Let things rip(밥이 되든 죽이 되든 되어가는 대로 내버려두어라)도 비슷한 말이다. 여기서 rip은 보통 묘석墓石에 새겨져 있는 Requiescat in pace(Rest in Peace)의 약어인 R.I.P.에서 유래된 단어다. 신앙심이 깊은 사람들은 죽음을 새로운 시작으로 보았기 때문에, 새로 시작하는 일을 그대로 내버려두라는 의미로 쓰이게 되었다.[66]

가 많은 최남부에서 노예를 많이 사들였다. 따라서 노예들로서는 미시시피 강을 타고 밑으로 내려가는 것이었다. 이렇게 팔려가면 일도 더 고되었을 뿐만 아니라 자신이 살던 곳은 물론 가족과의 관계도 단절되는 걸 의미하는 것이어서, 이 같은 뜻으로 쓰이게 된 것이다. '배반당하다' 는 뜻은 20세기에 추가되었다.[68]

The workers feel they've been sold down the river by the union leaders who've accepted the management's pay offer(노동자들은 노동조합 지도자들이 사측의 임금안을 받아들이자 배신을 당했다고 느꼈다).[69]

river

be sent up the river는 "교도소에 갇히다"는 뜻이다. 19세기 미국에서 가혹하기로 악명 높은 교도소인 싱싱Sing Sing이 뉴욕 시에서 허드슨 강을 따라 북쪽으로 약 50킬로미터 위에 소재한 것에서 비롯된 표현이다. '싱싱' 이라는 교도소 이름은 이 교도소가 자리잡은 땅을 인디언 부족인 싱싱족Sinck Sinck tribe에게서 샀기 때문에 붙여진 것이다. 1825년에 지어진 싱싱 교도소는 현재 약 2,000명의 죄수를 수용하고 있다. 싱싱 지역의 주민들은 1901년 마을 이름을 Ossining으로 바꾸어버렸다.[67]

sold down the river는 "혹사(학대)당하다, 배반당하다"는 뜻이다. 미국에서 노예 수입이 공식적으로나마 금지된 1808년 이후 미국 내부의 노예 매매가 활발하게 이루어졌는데, 노예 수요

room

room at the top은 "지배계급의 사회적 지위, 상층부의 빈자리"를 뜻한다. 뉴햄프셔 주의 시골 마을에서 가난하게 태어난 대니얼 웹스터Daniel Webster, 1782-1852는 어려서부터 변호사가 되겠다는 꿈을 꾸고 있었다. 그 말을 들은 어른들이 말렸다. 변호사는 이미 공급 과잉이니 다른 꿈을 꾸는 게 좋겠다고 했던 모양이다. 그러자 웹스터는 다음과 같이 말했다. "There is room enough at the top(꼭대기에는 충분한 자리가 있는 법이지요)." 웹스터는 변호사가 되었을 뿐만 아니

〈Room at the Top〉

라 당대의 거물급 정치인으로 활약했다. 그의 유명세 덕분에 room at the top이라는 말도 널리 쓰이게 되었다.[70]

1957년 영국 소설가 존 브레인John Braine, 1922~1987은 『Room at the Top』이라는 소설을 썼고, 이는 1958년 영국에서 동명의 영화로 만들어졌다. 비천한 출신이지만 야망으로 불타는 젊은이가 전후 영국 사회에서 성공의 사다리를 오르는 과정을 묘사한 작품이다.[71]

drawing room은 "응접실, 객실"이다. 식사 후 물러나서 머무르는 곳이라는 뜻에서 "withdrawing room"이라고 한 것이 부르기 쉽게 줄어들면서 drawing room이 되었다.[72] 거실living room과 더불어 응접실drawing room의 뜻으로도 쓰이는 parlo(u)r는 "to speak"라는 뜻의 프랑스어 parler에서 나온 말이다. 손님을 접대하는 대화실conversation room로 이해하면 된다. a parlor socialist는 "말뿐인 사회주의자"를 뜻한다.

오늘날에는 말하는 것과 별 관계없는 곳에도 parlor가 쓰이는데, 그런 사례로 a beauty parlor(미장원), a tonsorial parlor(이발소), an icecream parlor(아이스크림 가게), a funeral parlor(장의사), a pool parlor(당구장) 등을 들 수 있다.[73]

rubber

rubber(고무)를 유럽에 최초로 소개한 이는 크리스토퍼 콜럼버스Christopher Columbus, 1451~1506였다. 도대체 이게 무엇에 쓰는 물건인고? 유럽인들은 오랫동안 그 답을 찾지 못했다. 200여 년 후에서야 겨우 연필 지우개로서 그 가치가 있다는 걸 발견했다. 1780년 영국의 신학자이자 화학자인 조지프 프리스틀리Joseph Priestley, 1733~1804가 뭔가 새로운 용도를 찾아내겠다며 본격적인 연구와 실험에 나섰다.

그러나 그는 실패했고, 그래서 지우개 이외의 용도는 없다고 선언했다. "문질러서 지우다"는 뜻을 가진 rub에 그 기능을 하는 지우개라는 의미를 가진 rubber가 고무를 가리키는 단어가 된 배경이자 이유다. 훗날 밝혀질 고무의 무궁무진한 용도는 당시 사람들에겐 상상도 할 수 없는 꿈과 같은 이야기였으리라.[74]

rubber stamp는 "고무도장, 덮어놓고 찬성하는 사람, 상투적인 어구"로, 동사형은 rubber-stamp이다. the rubber stamp phrases at the

rubber trees

위해 rubber-stamp promotion(무조건 진급) 정책을 쓰고 있다고 지적했다. 예컨대, 2005년에 대위에서 소령으로 진급한 자는 전체 해당자의 97퍼센트에 달했으며, 사실상 군사재판에 넘겨질 정도의 과오만 없다면 무조건 진급할 수 있다는 것이다.[78] [참고 Dirty Dozen]

start of letters는 "판에 박힌 편지의 서두 문구", rubber-stamp the president's proposals은 "사장의 제안에 덮어놓고 찬성하다"는 뜻이다.

미국 제27대 대통령 윌리엄 하워드 태프트William Howard Taft, 1857~1930는 전임 대통령인 시어도어 루스벨트Theodore Roosevelt, 1858~1919의 선택과 지원에 의해 대통령이 되었기 때문에 그의 그늘에서 벗어나기 어려웠다. 역사가 윌리엄 테이어William R. Thayer, 1859~1923의 『Theodore Roosevelt: An Intimate Biography』(1919)에는 다음과 같은 말이 나온다.

"He may have heard the exhortation, 'Be your own President; don't be anybody's man or rubber stamp(그는 이런 충고를 들었을 것이다. '홀로 선 대통령이 되십시오. 누구의 사람이라거나 누구의 말을 그대로 따라서 하는 사람이 되지 마십시오')."[75]

저널리스트 닉 터스Nick Turse는 2008년에 출간한 『콤플렉스: 군부는 어떻게 우리의 일상적 삶에 침투했는가The Complex: How the Military Invades Our Everyday Lives』에서 미 국방부가 군 지원을 늘리기

rugged individualism

"The American system of rugged individualism(거친 개인주의라는 미국적 체제)." 미국 제31대 대통령 허버트 후버Herbert Hoover, 1874~1964가 1928년 10월 22일 뉴욕에서 가진 대통령 선거 유세에서 한 말이다. 그는 "우리는 평화 시인데도 불구하고 한편으로는 거친 개인주의rugged individualism라는 미국적인 체제와 다른 한편으로는 그와 정반대되는 온정주의paternalism 내지는 국가사회주의state socialism라는 유럽적인 이론 가운데서 어느 하나를 선택해야만 하는 도전에 직면해 있다"고 말했다.[77]

rugged는 "풍경이 바위투성이의, 기복이 심한", a rugged mountain은 "바위 산", rugged cliffs는 "바위투성이의 절벽", rugged honesty는 "솔직", rugged kindness는 "무뚝뚝한 친절", live a rugged life는 "어려운 생활을 하다"는 뜻

이다.[78] 이런 용법에 비추어보더라도 rugged individualism은 '거친 개인주의'로 번역하는 게 무난할 것 같다. rugged individualism을 '난폭한 개인주의'로 번역하는 이도 있으나,[79] 원래의 뜻과는 거리가 있고 아주 거칠다.

individualism은 미국인들이 사랑해 마지않는 미덕이었지만, 후버 정권 시절에 겪은 대공황으로 인해 후버의 rugged individualism은 한동안 민주당 정치인들의 경계와 조롱의 대상이 되었다. 프랭클린 루스벨트Franklin Roosevelt, 1882~1945 대통령은 1936년 민주당 전당대회에서 다음과 같이 말했다. "I believe in individualism……up to the point where the individualist starts to operate at the expense of society(나는 개인주의를 지지하지만, 개인주의자가 사회를 희생으로 해서 활동하기 시작하는 그 지점까지 뿐이다)."

또 루스벨트의 뒤를 이은 해리 트루먼Harry Truman, 1884~1972 대통령은 1948년 퇴역군인들이 거리에서 사과를 팔던 1932년의 풍경을 거론하면서 rugged individualism이 아니라 ragged individualism(누더기 개인주의)였다고 조롱했다.[80] [참고 individualism]

S

?

S

safe

better safe than sorry(안전제일)는 400여 년 전부터 사용된 말이다. "Better to be safe than to be sorry"라고도 한다. Terri told Alexandra to put on her seat belt, even for a short drive. "Better safe than sorry," she said(테리는 알렉산드라에게 "안전제일"이라며 짧은 거리라도 안전벨트를 매야 한다고 말했다).[1]

"It is best to be on the safe side"도 "안전제일"이지만, 처세의 지혜가 숨겨 있는 말이기도 하다. 어느 쪽이 안전할까? "There is safety in numbers(수가 많으면 안전하다)"라는 속담이 답이 될 수 있겠다. 다수의 뒤를 따르는 게 좋다는 뜻이다.

safe and sound는 "무사히, 탈 없이, 건전하게"라는 뜻이다. 14세기부터 쓰인 말로, 오랜 세월 장수를 누리게 된 데에는 safe와 sound의 두 운頭韻: alliteration 효과가 작용한 것으로 보인다.[2]

"In skating over thin ice our safety is in our speed(얇은 얼음 위에서 스케이트를 탈 때에 안전은 속도에 달려 있다)." 미국 철학자 랠프 월도 에머슨 Ralph Waldo Emerson, 1803~1882의 말이다.

"Too many peoples are thinking of security instead of opportunity. The seem more afraid of life than death(너무나 많은 사람이 기회 대신에 안전을 생각한다. 그들은 죽음보다는 삶을 두려워하는 것 같다)." 프랭클린 루스벨트 Franklin Roosevelt, 1882~1945 행정부와 해리 트루먼 Harry Truman, 1884~1972 행정부의 국무장관을 지낸 제임스 번스 James F. Byrnes, 1897~1972의 말이다. 같은 취지를 가진, 이런 말도 있다. "A ship in harbor is safe, but that is not what ships are built for(항구에 있는 배는 안전하지만, 그게 배가 만들어진 목적은 아니다)."

"Your children are not safe anywhere at any time(당신들의 아이들은 언제 어디서든 안전하지 못하다)." 2002년 10월, 20일째 미국 수도 워싱턴 일대를 돌면서 무차별 저격 사건을 벌인 범인이 남긴 메시지다.[3] 미국에선 이런 '묻지마 저격'

사건이 수시로 일어난다.

"Nobody's safe. A comfortable middle-class life-style? Good education? Decent job? No safeguards there. Most of the medically bankrupt were middle-class homeowners who had been to college and had responsible jobs until illness struck(누구도 안전하지 않습니다. 안락한 중산층의 라이프스타일? 좋은 교육? 괜찮은 직업? 그래도 안전장치가 없습니다. 의료 파산을 당한 대부분이 대학도 나오고 좋은 직업을 가졌던 중산층 주택 소유자였습니다. 병마가 닥칠 때까지는 말입니다)."[4]

2009년 3월 미국의 한심한 의료실태를 연구한 하버드 법대 교수 엘리자베스 워런Elizabeth Warren, 1949~이 한 말이다. 미국에는 4,500만 명이 의료보험이 없고, 2,500만 명이 소득의 10퍼센트 이상을 의료비로 쓰고 있다. 의료보험에 들긴 했어도 충분치 않아 큰 병에 걸리면 파산하는 사람들이 속출하고 있다. 하버드 연구팀이 2005년 1,700여 파산 사례를 분석한 것에 따르면, 4분의 3이 의료보험에 가입했어도 반 이상이 의료비 때문에 파산한 것으로 나타났다. 이 문제를 해결해보겠다는 뜻인지, 워런은 정계에 투신하여 현재 매사추세츠 주 출신 민주당 상원의원이다.

Samaritan

a good Samaritan은 "자선가", samaritanism은 "괴로워하는 사람에 대한 자비, 친절"을 뜻한다. 사마리아 사람Samaritan이 노상강도를 만나 거의 죽게 된 사람을 극진하게 구출해주는 일화를 다룬 신약성서 「누가복음」 10장 30~37절에서 유래된 말이다. 사마리아 족은 로마 지배 시절 말기 100만 명이 넘었으나, 2012년 1월 1일 현재 인구는 751명에 불과하다. 아마도 뿔뿔이 흩어진 것으로 보인다.[5]

good Samaritan law(선한 사마리아인 법)는 응급사항에 처한 환자를 도울 목적으로 행한 응급처치 등이 본의 아니게 환자에게 재산상의 피해를 입히거나 환자를 사상에 이르게 한 경우, 고의 또는 중대한 과실이 없는 한 형사상의 책임을 감면해주는 법률상 면책을 일컫는다. 타인이 응급사항이나 위험에 처한 것을 인지했을 때 자신이 크게 위험하지 않을 경우에는 타인을 위험에서 구조해줄 의무를 부여한 것이다. 이 법은 일반인의 적극적인 구호활동 참여를 유도할 취지로 만들어졌으며, 미국의 대다수 주와 프랑스, 독일, 일본 등에서 시행 중이다.

한국에서도 응급환자에게 응급처치를 하다 본의 아닌 과실로 인해 환자를 사망에 이르게 했거나 손해를 입힌 경우 민·형사상의 책임을 감면 또는 면제한다는 '응급의료에 관한 법률

〈구호자보호법〉이 2008년 6월 13일 개정되어 2008년 12월 14일부터 시행되고 있다. 그동안 국내에서는 사고를 당해 목숨이 위태로운 사람을 구해주려다 결과가 잘못되면 구호자가 소송에 휘말리거나 죄를 덮어쓰는 경우가 많아 위험에 처한 사람을 봐도 도움을 주저하거나 외면하는 경우가 많았다.[6]

IT 분야에는 good Samaritan provision(선의의 사마리아인 원칙)이라는 게 있다. 미국의 1996년도 통신법Telecommunications Act에서 제시된 원칙으로, 인터넷상의 불건전 정보를 규제하고자 노력하는 온라인 서비스 제공자information service provider: ISP가 불건전 정보 통제를 위해 상식적인 노력 reasonable use of screening and blocking technology을 했을 때 불건전 정보 전파자인 ISP에 대한 법적인 책임을 엄격하게 묻기보다는 불건전 정보 규제의 기술적인 한계를 인정하고 오히려 법적으로 보호해야 함을 명시하고 있다.[7]

영국 케임브리지 대학 교수 장하준은 『Bad Samaritans: The Myth of Free Trade and the Secret History of Capitalism』이라는 책을 출간했다. 국내에는 『나쁜 사마리아인들: 장하준의 경제학 파노라마』(2007)로 번역·출간되었다. 다들 '선한 사마리아인'을 부르짖는데, 왜 왜 나쁜 사마리아인들인가? 성경에서는 노상강도에게 약탈당한 한 남자가 착한 사마리아인의 도움을 받는 사건이 인용되지만, 그건 예외적 사건일 뿐이고 당시 사마리아인들은 곤경에 빠진 사람들을 이용하는 것을 부끄러워하지 않는 무정한 사람들이라는 것이 일반적인 인식이었다는

것이다.

장하준은 부자 나라 사람들이 가난한 나라에 대하는 태도가 나쁜 사마리아인처럼 곤경에 처한 사람들을 이용하는 것과 같다고 해서 그런 제목을 붙였다고 한다. 선진국에는 자신들이 권장하는 정책이 개발도상국들에 나쁜 영향을 끼친다는 사실조차 인식하지 못하는 나쁜 사마리아인이 많다는 것이다.[8]

sandwich

영국의 샌드위치 백작John Montagu, 4th Earl of Sandwich, 1718~1792은 식사까지 거를 정도로 카드 게임에 미쳐 지냈다. 24시간을 쉬지 않고 연속으로 카드 게임을 하기도 했다나. 이대론 안 되겠다 싶었던지, 그는 카드 게임을 하면서 간편하게 먹을 수 있는 식사를 고안해냈는데, 이걸 그의 이름을 따 샌드위치sandwich라고 부르게 된 것이다. 18세기 영국 역사가인 에드워드 기번Edward Gibbon, 1737~1794이 처음 기록하여 알려지게 된 사실이다.

지금은 하와이의 일부가 된 '샌드위치 섬'은 영국 탐험가 제임스 쿡James Cook, 1728~1779이 샌드위치 백작의 이름을 따서 작명한 섬이다. ride(sit) sandwich는 "두 사람 사이에 끼어 타다

4th Earl of Sandwich

(걸터앉다)", sandwich man은 "몸 앞뒤에 광고판을 달고 다니는 사람, 샌드위치 제조(판매)인"을 뜻한다. sandwich man은 영국 작가 찰스 디킨스Charles Dickens, 1812~1870가 만든 말로 전해지고 있다.[9]

sandwich board는 sandwich man이 걸치고 있는 광고판, 또는 삼각형 식으로 바닥에 세워 놓는 광고판을 말한다. sandwich man을 포함하여 인간의 신체 일부를 광고판으로 활용하거나 사람이 광고판을 들고 서 있거나 흔드는 것 등을 가리켜 human billboard라고 한다.[10]

sarcastic

sarcastic은 "빈정거리는, 비꼬는, 풍자의, 신랄한"이란 뜻이다. sarcastical이라고도 한다. 그리스어에서 sarx는 flesh(살), sarkazein은 to tear the flesh in the manner of a dog(살을 개가 물어 찢듯이 찢다), sarkastikos는 bitterly cutting, caustic(매우 통렬한, 신랄한)이란 뜻이다. sarcastic은 바로 sarkastikos에서 나온 말이다. 'sarcasm은 빈정거림, 비꼼, 풍자, 비꼬는 말", in sarcasm은 "비꼬아서"라는 뜻이다.[11] sarcasm은 1579년에 최초로 기록되었고, sarcastic은 그보다 100여 년 후인 1695년에 최초로 기록되었다.[12]

단순한 유머도 잘 알아듣지 못하는 사람들이 있는 걸 감안컨대, sarcastic wit를 알아듣는 것은 쉬운 일이 아니다. 말하는 사람과 듣는 사람 사이에 chasm(깊은 틈)이 발생하기 마련이다. 이걸 가리켜 sarchasm이라고 하는 신조어가 생겨났다. sarcastic 또는 sarcasm과 chasm의 합성어인 셈이다.[13]

He is always sarcastic about her appearance(그는 언제나 그녀의 외모에 대해 비아냥거린다). He said this in a very sarcastic voice(그는 이것을 아주 빈정대는 어조로 말했다). A sarcasm rose to his lips(비꼬는 말이 그의 입 밖으로 나오려 했다). 영국 역사가 토머스 칼라일Thomas Carlyle, 1795~1881은 다음과 같이 말했다. "Sarcasm is the language of the devil, for which reason I have long since as good as renounced it(풍자비꼼, 빈정거림는 악마의 언어다. 그래서 나는 오래전부터 사실상 그것을 멀리 해왔다)."

as good as는 "~에 못하지 않는, 사실상 ~나 매한가지인, ~에 충실한", It's as good as finished는 "이제 끝난 거나 다름없다", give as good as one gets는 "받은 만큼 갚다", renounce는 "포기하다, 부인하다, 관계를 끊다", renounce a purpose는 "목적을 단념하다", renounce one's faith는 "신앙을 부인하다", renounce a debt은 "채무를 거부하다", renounce one's son은 "아들과 의절하다", renounce the world는 "은둔하다"는 뜻이다.[14]

Schadenfreude

러시아에서 전해오는 옛날이야기다. 우연히 마술램프를 발견한 농부가 램프를 문지르자 요정이 나타나 소원을 말하라고 한다. 농부는 "이웃집에 젖소가 한 마리 생겼는데 가족이 다 먹고도 남을 만큼 우유를 얻었고 결국 부자가 되었다"고 말한다. 그러자 요정이 "그럼 이웃집처럼 젖소를 한 마리 구해드릴까요? 아니면 두 마리라도?" 하고 묻자, 농부가 이렇게 대답한다. "아니, 이웃집 젖소를 죽여주면 좋겠어."[15]

남의 불행을 보면서 느끼는 행복이다. 우리 속담으로 하자면, "사촌이 땅을 사면 배가 아프다"가 되겠는데, 이게 바로 독일어이면서도 영어에서도 loanword(외래어, 차용어)로 널리 쓰이는 샤덴프로이데 Schadenfreude(남의 불행에서 얻는 행복)다. Schaden(damage, harm)과 Freude (joy)의 합성어다. schadenfreude로 표기하기도 하지만, 명사의 첫 글자는 대문자로 쓰는 독일식 용법을 따라 대문자로 쓰는 경우가 많다.

"To feel envy is human, to savor schadenfreude is devilish(시기를 하는 건 인간적이지만, 샤덴프로이데는 악마적이다)." 독일 철학자 아르투어 쇼펜하우어 Arthur Schopenhauer, 1788~1860의 말이다.[16] 미국 정신의학자 윌러드 게일린 Willard Gaylin은 다음과 같이 말한다.

"Schadenfreude is the reverse of envy. Whereas envy generates pain in the pleasure of others think of Satan's agony on viewing Adam and Eve in Paradise schadenfreude is the joy felt on hearing of others' misery. All of us are likely to experience a certain pleasure when the high and the mighty take a fall. That simply reduces the gap between their power and ours. Schadenfreude, however, is a more severe problem. Envy and schadenfreude are obverses of the same coin, and always appear together. When severe, every success of even our closest friend will be viewed as a threat and a humiliation on our part. It is as though life is viewed as a seesaw where the rise of another human being demands our decline(샤덴프로이데는 시기의 반대다. 시기가 남의 즐거움으로 인한 고통, 예를 들면 낙원에 있는 아담과 이브를 보는 사탄의 고통인 반면 샤덴프로이데는 남의 불행으로 인한 기쁨인 것이다. 우리는 모두 지체 높고 능력 있는 사

람이 추락할 때 어떤 기쁨을 느끼는 경향이 있다. 그들의 추락은 단순히 그들의 능력과 우리의 능력 사이의 차이를 줄여줄 뿐이다. 하지만 샤덴프로이데는 더 심한 문제다. 시기와 샤덴프로이데는 동전의 양면이며 항상 함께 나타난다. 심한 경우 가장 가까운 친구가 잘되는 것마저 위협과 굴욕으로 여긴다. 이는 인생을, 타인의 상승이 곧 나의 하락인 시소 같은 것이라고 보는 것과 같다.″[17]

1990년대 후반 넷스케이프 CEO였던 짐 박스데일Jim Barksdale은 실리콘밸리 문화에 대해 이렇게 말했다. "세상에는 오로지 두 종류의 이야기만 있죠. 영광 가득한 이야기와 수치 가득한 이야기. 처음에 우리는 영광 가득한 이야기를 가졌죠. 이 도시에 있는 사람 모두가 성공을 숭배하지요. 하지만 그들이 사는 진정한 목적은 다른 이들을 실패하는 것을 보기 위해서이지요." 이에 대해 데이비드 A. 캐플런David A. Kaplan은 『실리콘밸리 스토리The Silicon Boys: And Their Valley of Dreams』(1999)에서 "자연 도태는 실리콘밸리를 자극하지 못한다. 실리콘밸리를 자극하는 것은 '샤덴프로이데'라는 독일식 개념인 것이다"라고 말한다.[18]

Scotch Tape

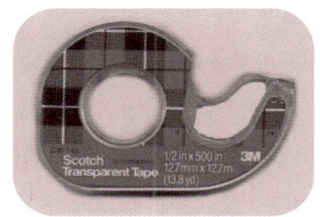
Scotch Tape

Scotch Tape(스카치테이프)은 미국의 테이프 회사 3M의 브랜드 이름이지만, 접착용 셀로판테이프를 총칭하는 일반 명사로도 쓰이고 있다. 1925년 3M의 전신인 미네소타광업회사에서 일하던 엔지니어 리처드 드루Richard Drew가 발명한 것이다.

초기에는 테이프의 가장자리에만 접착제가 붙어 있었다. 이 테이프는 자동차 등에 페인트칠을 할 때 서로 다른 색 사이의 경계를 똑바로 유지시켜주는 데 긴요했는데, 나중에 쉽게 떼어내기 위해 그렇게 한 것이었다. 그런데 문제는 가장자리에만 접착제가 붙어 있다 보니 일을 끝내기도 전에 테이프가 자꾸 떨어지는 문제가 있었다. 그래서 판매사원들에게 불만이 쏟아졌다. "이거 더는 못 쓰겠어. 너희 노랑이 같은 사장에게 갖다줘. 접착제 좀더 바르라고 하란 말이야!"

당시 '노랑이 같은stingy'의 의미로 많이 쓰이던 단어가 바로 "Scotch"였다. 지금도 영어사전에서 Scotch를 찾아보면 "인색한"이란 뜻이 써 있는 걸 볼 수 있다. 자신의 고향인 스코틀랜드에 엄청난 자부심을 가졌던 미국의 철강왕 앤드루 카네기Andrew Carnegie, 1835~1919는 1892년 10명의 파업 노동자가 사망하고 다수가 부상한 홈스테드 제철소 파업 사건이 났을 때 스코틀랜드에 머무르고 있었다. 당시 『런던 파이낸셜 옵서버』

는 다음과 같이 말했다.

"여기 우리는 사륜마차를 타고 영국과 스코틀랜드를 활보하는 '스카치 출신 양키 수전노'를 곁에 두고 있다. 노동자들이 피츠버그에서 피땀 흘리며 아무리 발버둥쳐도, 삶에 지치고 굶주림에 시달리고 있는데, 그는 나 몰라라 하며 국립도서관을 세우면서 평화롭게 유람하고 다닌다. 노동자들이 벌어준 돈으로 온갖 영광을 혼자서 다 차지한다."[19]

'스카치 출신 양키 수전노'라는 말에서도 스코틀랜드 사람들이 인색하다는 뉘앙스가 풍긴다. 찰스 R. 모리스Charles R. Morris가 카네기를 묘사하면서 쓴 '스코틀랜드인다운 실용성'이라는 표현이 어떨까 싶다.[20] 스코틀랜드 사람들Scotch들이 정말 인색한지는 모르겠지만, 오랜 세월 앙숙관계였던 잉글랜드인들이 Scotch란 단어에는 한결같이 부정적인 의미를 부여했다는 걸 감안할 필요가 있다. Scotch blessing(심한 꾸중)이나 Scotch coffee(태운 비스킷을 우려낸 물) 같은 단어가 그 좋은 예다. 회사는 Scotch라는 욕에 화를 내기는커녕 오히려 그걸 브랜드 이름으로 삼아 오늘에 이르게 되었다.[21]

scrape

scrape는 "(무엇을 떼어내기 위해) 긁다, 긁어내다", scrape in은 "(직장·지위 등을) 간신히 구하다", scrape by는 "(~으로) 근근이 살아가다", scrape out은 "~을 긁어(파)내다"는 뜻이다. She scraped the mud off her boots(그녀는 부츠에 묻은 진흙을 긁어냈다). He scraped in with 180 votes (그는 180표를 얻어 간신히 당선되었다). I can just scrape by on what my parents give me(나는 부모님이 주시는 돈으로 그냥 근근이 살아갈 수는 있다). Scrape out the flesh of the melon with a spoon(멜론의 과육을 숟가락으로 파내세요).[22]

scrape up an acquaintance with는 "(소개 없이) 처음 본 사람과 가까이 하게 되다"는 뜻이다. 117년에서 132년까지 로마를 다스린 하드리안 Hadrian, 76~138 황제는 민정시찰을 하기를 좋아했는데, 특히 공중목욕탕을 들르길 좋아했다. 어느 날 황제는 목욕탕에서 한 늙은 군인이 도기 조각으로 때를 밀고 있는 걸 발견했다. 도기 조각은 솔을 살 수 없는 가난한 사람들이 때를 벗기기 위해 사용하던 것이다. 황제는 그 노병에게 솔을 살 수 있는 돈을 주었다. 다음번에 황제가 목욕탕을 방문했더니 모든 사람이 약속이나 한 듯이 도기 조각으로 때를 벗기고 있는 게 아닌가. 사태를 짐작한 황제는 이렇게 외쳤다. "Scrape on, gentlemen, but you will not scrape up an acquaintance with me(여러분 열심히 때를 미시구려, 그러나 나와 안면을 트진 못할 것이오)."[23] 이 일화에서 유래된 말이다.

get into a scrape는 "곤경에 빠지다", get out of a scrape는 "곤경에서 빠져 나오다"는 뜻이다. 여기서 scrape는 큰 사슴이 상습적으로 앞발을 이용하여 파놓은 구덩이를 말한다. 한 장소를 계속해서 파기 때문에 구덩이가 꽤 깊어져 숲속을 걷거나 말을 타고 달리는 사람에게 큰 위험이 될 수 있다는 데서 유래된 말이다.[24]

Apple T-shirts

secret

"He who trusts secrets to a servant makes him his master(하인에게 비밀을 털어놓는 사람은 하인을 상전으로 만드는 셈이다)." 영국 시인 존 드라이든John Dryden, 1631~1700의 말이다. 여기서 trust는 "비밀을 털어놓다"는 뜻이다.

"Three may keep a secret if two of them are dead(세 사람이라도 비밀을 지킬 수 있다. 두 사람이 죽는다면)." 미국 정치가이자 발명가인 벤저민 프랭클린Benjamin Franklin, 1706~1790의 말이다.

"To keep your secret is wisdom; but to expect others to keep it is folly(자신의 비밀을 지키는 것은 슬기롭지만, 다른 사람들이 그 비밀을 지켜줄 것을 기대하는 것은 어리석다)." 영국 작가 새뮤얼 존슨Samuel Johnson, 1709~1784의 말이다. 그는 이런 말도 남겼다. "Where secrecy or mystery begins, vice or roguery is not far off(비밀이나 신비가 시작되는 곳에서 악이나 부정은 멀리 떨어져 있지 않다)."

"A government is the only known vessel that leaks from the top(정부는 위에서부터 물이 새는 유일한 배다)." 미국 『뉴욕타임스』 칼럼니스트 제임스 레스턴James Reston, 1909~1995이 정부의 비밀 누설은 중하위직보다는 고위직에 의해 이루어지는 게 훨씬 더 많다는 뜻으로 한 말이다.[25]

기업의 비밀 보안도 정부의 비밀 보안 못지않은데, 그 대표적 기업이 애플이다. 스티브 잡스Steve Jobs, 1955~2011는 애플의 비밀주의를 극단으로 몰고 갔다. 애플에는 '궁극적으로 꼭 알아야 할 것만 공유하는 문화the ultimate need-to-know culture'가 존재한다. 애플의 하드웨어 담당 임원이었던 존 루빈스타인Jon Rubinstein은 2000년 『비즈니스위크』에 "우리는 테러단체 같은 점조직을 갖고 있다. 꼭 알아야 할 것 이외의 정보는 절대 공유하지 않는다"고 말했다.

회사 안에 성이나 담을 쌓고 외부와 소통하지 않는 부서를 가리켜 사일로Silo라고 하는데, 애플에선 사일로 안에도 사일로가 존재한다. "입을 열었다가는 큰일 난다"는 애플 직원들의 강박관념은 일반인도 물건을 살 수 있는 사내 매점에서 판매하는 티셔츠에도 유머러스하게 드러나 있다. 이 티셔츠에는 "나는 애플 캠퍼스를 방문했다. 하지만 내가 말할 수 있는 건 그게 전부다I visited the Apple campus. But that's all I'm allowed to say"라고 쓰여 있다.[26]

self-esteem

self-esteem은 "자존감, 자부심"이다. pride(자존심)와는 어떻게 다를까? 박희정은 "자존감과 자존심. 비슷하게 생겨서, 비슷하게 쓰이는 두 단어가 있다. 하지만 본질은 판이하다. '자존감Self-esteem'은 있는 그대로의 나 자신을 존중하고 사랑하는 마음이다. 그에 반해 '자존심'은 내가 아닌 타인에게 존중받고자 하는 마음이다"라며 다음과 같이 말한다.

"자존심은 타인과의 경쟁관계 안에서 규정되며, 자존감은 경쟁관계 바깥에 있다. 타인과의 경쟁에서 승리할 때 고양되는 자존심은 경쟁에서 패배할 경우 바닥으로 떨어진다. 그러나 자존감은 다른 사람이 나를 인정하지 않는다고 해서 상처받는 것이 아니다. 만약 타인의 비난이나 무시가 스스로의 판단에 근거하여 '옳지 않은 것'이라면 나의 자존감은 상처 입지 않는다."[27]

"The major reason that self-esteem is so important is simply that success breeds success(자부심이 중요한 이유는 성공이 성공을 낳기 때문이다)." 미국 커뮤니케이션 학자 조지프 드비토Joseph A. DeVito의 말이다.[28]

성공이 성공을 낳는다는 것은 거의 진리에 가깝다. 그렇다면, 자부심이 자부심을 낳는다는 말도 가능하다. 성공과 자부심은 함께 간다. 그런데 자부심도 없이 성공을 해보겠다고 시도한다면, 그건 이미 반은 지고 들어가는 것이나 다름 없다. "실패의 대부분은 자기 불신 때문에 일어난다Self-distrust is the cause of most of our failures"는 어네스트 헤밍웨이Ernest Hemingway, 1899~1961의 말이 옳다.

2005년 9월, 미국 브래들리 대학 심리학과 연구팀이 전 세계 53개국 1만 7,000여 명을 대상으로 조사한 결과에 따르면, 자존감self-esteem에서 한국은 44위를 차지했다고 한다. 상위 10개국은 ① 세르비아, ② 칠레, ③ 이스라엘, ④ 페루, ⑤ 에스토니아, ⑥ 미국, ⑦ 터키, ⑧ 멕시코, ⑨ 크로아티아, ⑩ 오스트리아 등이었다.[29]

그런데 이 조사에서 일본이 꼴찌를 차지했다는 게 흥미롭다. 왜 그랬을까? 미국 심리학자 리처드 니스벳Richard E. Nisbett은 일본어에 self-esteem에 해당하는 고유한 단어가 없다는 건 우연이 아니라고 주장했다. 그는 더 나아가 자기 자신에 대해 스스로 만족하고 좋은 감정을 느끼는 경향성을 표현하는 단어가 동양 언어에서는 생소하다며, 다음과 같이 말한다.

"일본의 학생들은 인간관계를 부드럽게 하고 자신의 능력을 더 개발하기 위하여 끊임없이 자기 반성을 하도록 교육받는다. 동양인들에게는 우스워 보이겠지만, 얼마 전 내 고향에서는 교육의 목표로서 '지식을 전달하는 것'과 '자존감을 심어주는 것' 중 어느 것이 더 중요한가에 관한 논쟁이 일어난 적도 있었다. 동양인들에게 있어서 자존감을 심어주는 것이 교육의 목표가 된다는 것은 어쩌면 생각조차 할 수 없는 일일 것이다."[30]

정혜신은 정신과 전공의 시절에 "왜 모든 사람의 문제는 low self-esteem의 문제인가?"라는 의문을 가졌다고 한다. 이후에도 그의 그런 의문은 계속되었다. 그의 증언이다.

"상담실에서 사람들을 만나다 보면 자신이 이룬 성취나 인품에 비해서 지나치게 자신을 낮게 평가하는 사람이 많다. 그들의 속마음을 만일 제3자가 듣는다면 '설마 저 사람이 자신을 그렇게 보잘것없이 평가하려구' 하는 의심을 할 만큼 극단적인 사례도 수두룩하다."[31]

혹 성공한 사람들에게는 저항의 경험이 없기 때문에 자존감이 낮은 게 아닐까? 미국 정치학자 머리 에델먼Murray Edelman, 1919~2001은 "Involvement in situations that are openly adversary in character heightens the self-esteem of people with low status(성격상 공개적으로 반대하는 상황에 참여하는 건 낮은 지위를 가진 사람들의 자존감을 고양시킨다)"라고 했는데,[32] 아무리 성공했을지라도 한 번도 공개적으로 저항을 해본 경험이 없는 사람들은 이 세상이 늘 떠받들어야 할 상전만 존재한다고 생각하는 건 아닐까?

self-respect

self-respect는 "자기 존중, 자존심"이다. 위에서 '자부심, 자존감'으로 번역한 self-esteem의 동의어이나, self-esteem은 비교적 심리학적 용어로 많이 쓰이는 경향이 있다. self-respect에 관한 명언을 6개만 감상해보자.

(1) Self-respect is the cornerstone of all virtue (자존심은 모든 미덕의 주춧돌이다). 영국의 수학자이자 과학자인 존 허셜John Herschel, 1792~1871의 말이다.

(2) He that respects himself is safe from others; he wears a coat of mail that none can pierce(자존심이 있는 사람은 다른 사람들에게서 안전하다. 그 어떤 것도 뚫을 수 없는 갑옷을 입고 있는 셈이기 때문이다). 미국 시인 헨리 워즈워스 롱펠로Henry Wadsworth Longfellow, 1807~1882의 말이다. mail(=coat of mail)은 "갑옷"을 뜻한다.

(3) I was brought up to believe that how I saw myself was more important than how

others saw me(나는 남들이 나를 어떻게 보는가 하는 것보다는 내가 나 자신을 어떻게 보는가 하는 것이 중요하다고 믿게끔 자랐다). 이집트 지도자 안와르 사다트Anwar Muhammad Sadat, 1918~1981의 말이다.

(4) Self-respect is to the soul as oxygen is to the body. Deprive a person of oxygen, and you kill his body; deprive him of self-respect, and you kill his spirit(육체에 산소가 필요하듯이 정신에는 자존심이 필요하다. 산소를 차단하면 육체가 죽듯이, 자존심을 박탈하면 정신이 죽는다). 미국 정신분석학자 토머스 사스Thomas S. Szasz, 1920~의 말이다.

(5) To be a champion, you have to believe in yourself when nobody else will(챔피언이 되기 위해선 남들이 뭐라 하든 자신감을 가져야 한다). 미국의 전설적인 권투 선수 슈가 레이 로빈슨Sugar Ray Robinson, 1921~1989의 말이다.

(6) Love of self is the essence of all healing(자기애가 모든 치유의 본질이다). 미국 예일대학 교수로 암 전문의인 버니 시겔Bernie Siegel, 1932~의 말이다.

separate but equal

separate but equal(분리 평등)이라는 말이 나오게 된 배경은 110여 년 전의 미국으로 거슬러 올라간다. 혈통으로 보아 8분의 7은 백인, 8분의 1은 흑인인 호머 플래시Homer Plessy, 1862~1925라는 사람이 있었다. 열차의 백인석에 앉으려던 플래시는 열차의 객차를 흑백으로 갈라놓은 1890년의 루이지애나 법에 따라 체포되었다. 이에 대해 그는 끝까지 법정투쟁을 벌여 이 사건은 대법원까지 올라갔다. 홀로 외롭게 한 투쟁은 아니었다. 18명의 흑인 그룹이 루이지애나 주법의 위헌성을 밝히기 위해 의도적으로 일으킨 것으로, 피부가 거무스르한 34세의 플래시가 이 사건의 주역으로 뽑힌 것이다.[33]

1896년 대법원은 루이지애나 주의 손을 들어주었다. 대법관의 판결에서 주들은 열차나 공립학교 등의 공공시설에서 흑인과 백인의 자리를 합법적으로 분리시켜도 좋다는 '분리 평등separate but equal' 개념이 생겨났다. 대법관 헨리 브라운Henry Brown, 1836~1913은 대법원 판결 다수의견에 이렇게 썼다.

"우리가 보기에 원고의 그릇된 주장의 저변에

Coat of mail

는, 법으로 정해진 흑백 인종의 분리는 흑인이 열등함을 상징한다는 가정이 전제된 것 같다. 그게 사실이라면, 그 생각은 백인의 행동을 보고 판단한 것이 아닌, 흑인이 원하는 방식으로 그 행동을 해석한 것에서 나온 것일 뿐이다."[34]

반면 소수 의견에서 존 마설 할란John Marshall Harlan, 1833~1911은 "공공도로에서 시민을 인종에 의해 자의적으로 분리하는 것은 헌법에 명시되어 있는 법 앞의 자유와 시민적 평등에 전적으로 모순되는 것으로 굴종의 상징이다. 이것은 여하한 법적 근거로도 정당화될 수는 없다"고 말했다.

소수 의견이 다수 의견으로 바뀌는 데는 58년이 걸렸다. 1954년 5월 17일에서야 연방대법원이 브라운 사건Brown v. Board of Education of Topeka에서 흑인에 대한 그간의 '분리 평등' 원칙을 뒤집고 교육시설의 분리에 위헌 판결을 내린 것이다. 이 판결이 나오기까지 어떤 일이 있었던가?

1951년 캔자스 주의 주도인 토페카Topeka에 사는 흑인 올리버 브라운Oliver L. Brown, 1918~1961은 여덟 살짜리 딸 린다Linda가 몬로 초등학교에 가기 위해 버스를 타고 위험한 철길을 건너 1.6킬로미터를 가야 하는 게 영 불만이었다. 집에서 다섯 블록 떨어진 곳에 섬너 초등학교가 있었지만 그곳은 백인학교라 보낼 수가 없었다. 교육위원회에 시정을 요구한 브라운은 거절당하자 법정으로 갔다.

유색인지위향상협회NAACP의 지원을 받은 소송에는 브라운과 비슷한 처지의 다른 흑인 12명도 동참했다. 1951년 2월 지방 재판소는 기존의 '분리 평등separate but equal' 원칙을 지지했지만, 3년 3개월 후에서야 연방대법원은 "우리는 공공교육 분야에서 '분리하지만 평등하다'는 논리가 설 자리가 없다는 결론을 내렸다. 분리한 교육시설은 본래부터 불평등하다"는 판결을 내린 것이다.

역사적인 판결이었지만, 드와이트 아이젠하워Dwight Eisenhower, 1890~1969 대통령은 이 판결을 매우 못마땅하게 여겼다. 기자들이 질문을 하자, 아이젠하워는 긍정도 부정도 하지 않으면서 "나는 법이나 규칙이 사람의 마음을 바꿀 수 있다고는 생각하지 않는다"고만 답했다. 그의 임기 중 흑인에 대한 폭력 사태가 여러 차례 일어났을 때에도 그는 아무런 조치를 취하지 않은 채 방관적 자세를 취하기만 했다.[35]

법이나 규칙이 사람의 마음을 바꿀 수 있다고는 생각하지 않는다는 아이젠하워의 말이 틀린 건 아니었다. 브라운 판결이 나온 지 10년이 지난 후에도 남부에서는 학군學群의 4분의 3 이상이 여전히 인종적으로 분리된 상태를 면치 못했다.[36] 오직 세월이 약인가. 2004년 5월 17일 '브라운 Vs. 토페카 교육위원회' 판결 50주년이 되는 날 조지 W. 부시 대통령George W. Bush, 1946~은 토페카의 몬로 초등학교를 방문해서 다음과 같이 말했다.

"이곳은 미국을 영원히 더욱 좋게 바꾼 위대한 역사의 장소다. 50년 전 오늘 대법원 판사 9명은 만장일치로 미국 헌법에는 인종에 대한 격리와 모욕을 정당화하는 부분이 없다고 판시했다. 남북전쟁은 흑인들의 노예 상태를 종식시

컸다. 그러나 그들의 억압 상태를 종식시키지 못했다. 우리 학교들은 더 이상 법으로 격리되지는 않지만 아직도 기회와 우수성 면에서 평등하지 않다. 인종차별은 살아 있는 기억이다. 미국의 이상, 건국이념이 인종 격리로 상처를 입어선 안 된다. 인종 존중의 습성을 모든 세대에 가르쳐야 한다. 차별을 막는 법들을 강력하게 시행해야 한다."37

오늘날 separate but equal은 흑인차별을 넘어서 남녀차별 등과 같은 다른 분야에서 쓰이고 있다. Girls can't play on the baseball team but they have their own softball team separate but equal(소녀들은 야구 팀에 들어가 운동을 할 수 없지만, 그들만의 소프트볼 팀을 갖고 있다. 이른바 '분리 평등'인 셈이다).38

serendipity

세렌디피티serendipity는 "뜻밖의 발견(을 하는 능력), 의도하지 않은 발견, 운 좋게 발견한 것"을 뜻한다. 형용사형은 serendipitous이며, '뜻밖에 행운의 발견을 하는 사람'은 serendipper라고 한다. 영국 작가 호러스 월폴Horace Walpole, 1717-1797이 1754년에 쓴 「The Three Princes of Serendip」이라는 우화寓話에 근거하여 만든 말

이다. Serendip이라는 섬 왕국의 세 왕자가 섬을 떠나 세상을 겪으면서 뜻밖의 발견을 했다는 데 착안한 것이다. Serendip은 스리랑카Sri Lanka의 옛 이름이다.39

원래는 14세기 페르시아의 시인 아미르 호스로 델라비Amir Khusrow Dellavi의 민담집 『8개의 천국』에 나오는 이야기라고 하는데, 이야기는 좀 황당하다. 예컨대, 어느 날 낙타를 잃어버린 한 아프리카인을 만나자 세 소년은 낙타를 보지도 않았지만 자세히 설명한다. 그 낙타는 애꾸고 이빨이 하나 빠졌고 다리를 저는데, 한쪽에는 기름, 한쪽에는 꿀을 싣고 있으며, 임신한 여인이 곁에 따라간다는 것이다. 낙타 주인은 이들이 낙타를 훔쳤다고 생각하고 국왕에게 고발했지만, 얼마 후 낙타를 도로 찾아 이들은 감옥에서 풀려나온다. 왕이 어떻게 보지도 않은 낙타를 정확하게 알 수 있었느냐고 물었는데, 그들의 답은 이렇다.

"길가의 왼쪽 풀만 뜯어먹었으니 낙타의 오른쪽 눈이 멀었다는 것을 알 수 있다. 뜯어먹은 풀이 일부 떨어져나온 것으로 보아 이가 빠졌다. 한쪽 발자국이 다른 쪽 발자국보다 약하니 다리를 절고 있다. 길 한쪽에는 개미들이 모여들고 다른 쪽에는 벌이 부지런히 오가니 이는 기름과 꿀을 조금씩 흘렸기 때문이다. 그 옆에 난 샌들 자국으로 보아 여자가 낙타를 몰고 가고 있다. 게다가 축축한 흔적이 있는데 냄새를 맡아보니 사내의 욕정을 불러일으키는 데다가 땅에 손을 짚고 일어난 표시도 있으니 그 여자는 분명 임신부다."40

사회자 로버트 머튼Robert K. Merton, 1910~2003은 엘리너 바버Elinor Barber와 같이 쓴 『세린디피티의 여행과 모험The Travels and Adventures of Serendipity』(2003)에서 세린디피티를 과학적 방법론의 하나로 발전시켰다.[41] 역사가 돈 리트너Don Rittner는 "역사는 타이밍과 인맥 환경과 세린디피티가 어우러져 만들어진다History is an intricate web of timing, people, circumstances, and serendipity"고 했는데, 특히 과학 분야에선 이런 사례가 많다. 예컨대, 오르가논Organon 사는 건초열hay fever성 알러지를 위한 항히스타민제를 개발하다가 실패했지만 실험에 참가했던 직원과 피실험자가 유례없이 즐거워하는 것을 보고 톨본Tolvon이라는 항우울제를 개발하게 된다. 또 알렉산더 플레밍Alexander Fleming, 1881~1955은 1928년 페니실린 곰팡이를 발견했으나 그 효능은 10년이 지나서 옥스퍼드 대학의 하워드 플로리Howard Florey, 1898~1968라는 병리학자가 우연히 알아냈으며, 애초 협심증 치료제로 개발된 비아그라Viagra도 실험 참가자들이 남은 약을 반납하지 않아 알아보니 발기부전에 효과가 있다는 사실이 밝혀졌다.[42]

세린디피티는 최근에는 IT 분야에서 많이 쓰이는 말이 되었다. 일본 저널리스트 모리 겐森健, 1968-은 인터넷은 스위치를 켜면 자동적으로 정보가 나오는 TV와 달리, 사용자의 선택에 따라 정보가 제공되기 때문에 예기치 않은 발견이나 새로운 만남, 즉 세린디피티의 상실을 초래한다고 주장한다. "예측된 범위의 것만 추천되고 자신의 사고조차 의도적으로 규정될 가능성이 높다. 상황을 단순히 낙관적으로만 바라볼 수 없는 이유도 여기에 있다."[43]

그러나 구글의 '순간 검색Instant Search'은 세린디피티를 제공한다는 주장도 있다. 이와 관련, 조용호는 이렇게 말한다. "순간 검색은 구글 검색 창에 검색 단어를 입력하면 글자가 입력되는 족족 검색 결과가 화면에 뿌려지는 방식이다. 단어를 다 입력하고 검색 버튼을 누른 후에야 결과를 볼 수 있던 사용자들에게는 새로운 서비스인 것이다. 구글은 사용자 편의성 제고 및 단어를 입력하는 과정에서 나오는 검색 결과를 통해 세린디피티, 즉 '우연한 발견의 즐거움'을 서비스로 제공한 것이다. 물론 구글의 의도가 사용자 가치를 올리는 데만 국한되지 않으리라는 것은 충분히 짐작할 수 있다."[44]

세계 최대의 온라인 스토어인 아마존Amazon.com의 창업자 제프 베저스Jeff Bezos, 1964-는 재미 삼아 차고에서 중고책 몇 권을 판 경험이 자신의 세린디피티였다고 했고, 페이스북을 만든 마크 저커버그Mark Zuckerberg, 1984~도 자신의 성공을 세린디피티로 설명했다. 하긴 구멍가게를 하듯 4명의 대학생이 시작한 일이 딱 8년 만에 1,000억 달러 가치, 연 매출 40억 달러의 괴물로 성장했으니,[45] 이 어찌 놀라운 일이 아니랴. 저커버그는 이 기적과 같은 일에 대해 『타임』(2010년 12월 27일) 인터뷰에서 다음과 같이 말했다.

"우리는 사람들이 행하는 세린디피티라는 개념을 갖고 있어요. 뜻밖의 행운인 거죠. 가령 레스토랑에 가서 한동안 보지 못했던 친구를 우연히 마주치는 것과 같은 거죠. 굉장한 경험이죠. 그 상황이 그렇게 마법처럼 보이는 이유는 대체로 그런 일이 자주 일어나지 않기 때문이에요. 하지만 저는 사실 그런 상황들이 실제로는 흔하다고 생각해요. 아무도 우리가 그 중의 99퍼센트를 놓치고 있는 거겠죠."

저커버그와 인터뷰를 한 레브 그로스먼Lev Grossman은 이런 해설을 덧붙였다. "페이스북이 원하는 건 외롭고 비사교적인 세계를 무작위적 확률로 친근한 세계로, 뜻밖의 발견이 있는 세계로 전환하는 것이다. 당신은 사람들이 이루는 네트워크 속에서 일하며 살게 될 것이고, 결코 다시는 혼자일 필요가 없을 것이다. 인터넷, 그리고 전 세계는 하나의 가족처럼, 하나의 대학 기숙사처럼, 혹은 직장 동료들이 최고의 친구들이기도 한 하나의 사무실과 같은 느낌을 갖게 될 것이다."46

온갖 유형의 세렌디피티 가운데 가장 가슴 떨리는 건 역시 사랑의 세렌디피티일 게다. 피터 첼솜Peter Chelsom 감독의 〈세렌디피티〉(2001)가 바로 그런 살 떨리는 감격을 그린 영화다. 첼솜은 그간 늘 적자만 보는 영화를 만들다가 이 영화를 통해 최초의 대박을 터뜨렸으니, 그에겐 다른 이유로 살 떨리는 영화가 아니었을까?

뉴욕의 크리스마스이브, 모두들 사랑하는 사람을 위한 선물을 사느라 바쁜 블루밍데일 백화점에서 조나단(존 쿠잭 분)과 사라(케이트 베킨세일 분)는 각자 자신의 애인에게 줄 선물을 고르다가 마지막 남은 장갑을 동시에 잡으면서 첫 만남을 갖게 되지만, 평소 운명적인 사랑을 원했던 사라는 다음 만남을 거절하면서 운명에 미래를 맡기자고 제안한다.47

〈Serendipity〉

결국 두 사람은 7년 만에 다시 만나게 되는데, 이걸 아름답다고 하긴 어려울 것 같다. 둘 다 서로의 약혼자와 결혼을 눈앞에 두고 있는 시점에서 일련의 세렌디피티에 의해 다시 만나게 된다는 이야기인데, 파혼당할 두 남녀를 희생으로 하는 사랑 노름을 세렌디피티라고 할 수 있을지는 의문이다.

shadow

be afraid of one's own shadow는 "제 그림자에 놀라다, 몹시 겁을 내다"는 뜻이다. 고대 그리스 철학자 플라톤Plato, B.C. 427?~B.C. 347?이 사

용했을 정도로 오랜 역사를 갖고 있는 말이다. 다른 뜻이지만, 비슷한 어법의 말로 quarrel with one's own shadow(하찮은 일에 화를 내다)도 있다. My dog was afraid of its own shadow when it was a puppy, but now it barks fearlessly at the biggest dogs(내 개는 강아지 때는 몹시 겁이 많더니만 이제는 큰 개들을 향해서도 겁 없이 짖어댄다).⁴⁸

take umbrage at은 "~을 불쾌히 여기다, ~에 성내다"는 뜻이다. umbrage는 shadow라는 뜻의 라틴어 umbra에서 나온 말이다. umbra는 그대로 '그림자, 유령'이라는 뜻의 영어로도 쓰인다. shadow에는 "슬픔, 음울, 음침"이란 뜻도 있는바, 이 같은 뜻이 나오게 된 것이다.⁴⁹

"Where there is much light, the shadow is deep(빛이 강하면 그림자가 짙다)." 독일 시인 괴테 Johann Wolfgang von Goethe, 1749~1832의 말이다.

"Keep your face to the sunshine and you cannot see the shadow(얼굴을 햇빛 쪽으로 돌리면 그림자를 볼 수 없다)." 장애인으로 큰 업적을 이룬 헬렌 켈러Helen Keller, 1880~1968의 말이다. 그녀에 대한 사람들의 이미지는 2세 때 맹인이 된 켈러와 앤 설리번Anne Sullivan, 1866~1936 선생의 관계를 다룬 연극과 영화 〈미라클 워커The Miracle Worker〉에서 나온 것이다. 이 이야기는 켈러가 신호법을 익혀 인간 승리를 하는 것으로 끝나지만, 이후 켈러는 당시 여학교의 하버드로 인식되던 래드클리프에 진학해 1904년 우등으로 졸업한 뒤 평화주의 페미니스트로 맹활약했다.⁵⁰

five o'clock shadow(5시 수염)는 아침에 깎은 수염이 저녁에 거뭇거뭇 자라 있는 모습을 말한다. 미국인들의 일상이 대개 오후 5시면 끝나기 때문에 이 말이 생겼다. 젬Gem 면도날 광고는 "다섯 시의 그림자 때문에 당신의 밤을 그리고 그녀의 기분을 망치시겠습니까?"라는 슬로건을 내걸었다.⁵¹

1960년 미국 대통령 선거사상 최초로 공화당 후보 리처드 닉슨Richard M. Nixon, 1913~1994과 민주당 후보 존 케네디John F. Kennedy, 1917~1963 사이에 이루어진 텔레비전 토론에서 닉슨은 five o'clock shadow의 문제로 인해 큰 타격을 받았다. 닉슨은 하루 종일 이런 모습으로 있었던 것으로 유명했다. 닉슨은 분장을 하라는 참모들의 제의를 묵살하고 피곤하고 텁수룩한 모습으로 그냥 나가, 이 말은 닉슨의 별명이 되었다. 전염병으로 두 주 동안이나 병원에 입원해 있다가 퇴원해 분장으로도 감춰지지 않았다.⁵²

케네디의 참모와 닉슨의 참모는 텔레비전 토론의 프로듀서를 맡았던 CBS-TV의 돈 휴잇Don Hewitt, 1922~2009을 사이에 두고 앉았는데 당시의 상황을 케네디의 참모는 다음과 같이 회고했.

"닉슨을 보면 나는 그가 땀을 흘리기 시작하는 것을 본다. 또 조명으로 인해 턱수염이 강하게 부각된다. 사실 그는 말끔히 면도를 한 상태지만 조명에 신경을 쓰지 않은 탓으로 수염의 그림자가 생기고 마치 4시나 5시가 된 것처럼 우중충하게 느껴지는 것이다. 그가 땀을 흘리면 나는 즉시 '휴잇, 닉슨 얼굴 잡아. 우리 쪽 얼굴이 세 번이나 더 나왔어. 이제 닉슨 차례야'라고 외쳤다. 이러한 주문에 휴잇은 미칠 지경이었다."⁵³

shadow-boxing(섀도복싱)은 앞에 상대가 있다고 가정하고 혼자서 권투연습을 하는 걸 말한다. 비유적으로 있지도 않은 가상의 적과 싸우는 걸 조롱하는 말로도 쓰인다. "Eminem shadow-boxes with nonexistent enemies, wasting his narrative skills throwing sucker-punches at vulnerable targets: women, gays, and even his own mother(에미넴은 존재하지도 않은 적과 섀도복싱을 하고 있다. 여성, 게이, 심지어 자기 어머니 등과 같은 약한 목표에 헛방을 날리는 데에 그의 서사 솜씨를 탕진하면서 말이다)." 평론가 이선 브라운Ethan Brown이 『뉴욕타임스』 2000년 6월 26일자 칼럼에서 한 말이다.

폭력적인 랩으로 늘 뜨거운 논란을 몰고 다니는 미국의 백인 랩가수 에미넴Eminem, 1972~은 자신의 어머니마저 욕하는 노래를 해서 어머니에게서 1,000만 달러 배상을 요구하는 명예훼손 소송을 당하기도 했다. 에미넴의 이런 행태에 대해선 어렸을 때 홀어머니 밑에서 찢어지게 가난하게 살면서 학교를 20군데나 옮겨다니고, 그 와중에 흑인 아이들에게 자주 얻어터지는 등 불행한 어린 시절에 대한 복수심 때문이라는 분석이 있다.

에미넴은 2000년 『롤링스톤스』와의 인터뷰에서 폭력적 단어의 구사는 재미를 위한 것이라고 주장하면서 이렇게 말했다. "The kids listening to my music get the joke. They can tell when I'm serious and when I'm not(내 음악을 듣는 아이들은 농담이라는 걸 알아요. 그들은 내가 언제 진지하고 언제 그렇지 않은지 구별할 수 있습니다)."[54]

shadow banking(그림자 금융)은 은행과 달리 엄격한 규제를 받지 않는 비非은행 금융기관을 가리키거나 이런 금융기관에서 취급하는 비은행 금융 상품을 뜻한다. '그림자shadow'라는 수식어는 그림자 금융이 금융의 본래 모습과 유사하지만, 눈에 잘 띄지 않는 특징을 가지고 있다고 해서 붙게 되었다. 즉, 규제의 사각지대에 놓여 있다는 뜻이다.

대표적인 그림자 금융 상품으로는 머니마켓펀드MMF, 환매조건부채권RP, 신용파생상품, 자산유동화증권ABS, 자산유동화기업어음ABCP, 헤지펀드 등을 들 수가 있다. 재무제표에 자산이나 부채로 인식되지 않는 거래를 부외거래簿外去來: off balance sheet engagement라고 하는데, 과거에는 상당수 그림자 금융 상품이 부외거래였다. 금융위기 이후에는 국제적으로 부외거래 항목들을 투명하게 감시하려고 하고 있다.[55]

금융안정위원회의 기준을 적용하면, 우리나라 그림자 금융 규모는 2011년 말 현재 1,268조 원으로 명목 국내총생산GDP의 102.7퍼센트에 이른다. 미국(160.1퍼센트)이나 유로 지역(175.4퍼센트)에 견줘서는 국내총생산 대비 비율이 낮은 편이지만, 일본(65.3퍼센트)보다는 높다. 문제는 다른 나라에서는 기업이나 가계의 부채 축소(디레버리지) 노력과 함께 그림자 금융 규모도 줄어드는 추세인데 우리나라는 이와 거꾸로 가고 있다는 데 있다.[56]

특히 중국이 그림자 금융의 공포에 떨고 있다. 신용평가회사인 무디스의 추정에 따르면, 중국의 그림자 금융 규모는 2010년 17조 위안에서 2012년 말 29조 위안(약 5,250조 원)으로 급증했다.[57] 수출 공장들이 밀집해 있는 원저우溫州 시는 90퍼센트의 가계가 그림자 금융을 이용하고 있는데, 이 중 상당수가 빚을 갚지 못해 2011년 8월 이후 100명 이상이 도망치거나 자살했고, 자금 거래를 주선했던 대출 중개업체도 800곳 이상 파산했다고 한다.[58]

shake

shakedown은 "강취強取, 몸 수색, 시운전(의), 성능시험(의)"이란 뜻이다. shake down은 "(열매를) 흔들어 떨어뜨리다, 흔들어 채우다(고르다)" 등 여러 뜻을 갖고 있는데, 이 두 가지 뜻만으로도 shakedown의 몇 가지 의미를 설명할 수 있다. 우선 나무를 흔들어 열매를 떨어뜨리는 것을 사람에 비유해 어떤 물품을 강취하는 것이나 철저한 몸 수색을 하는 것으로 볼 수 있겠다. 이런 강취의 동의어로는 extortion, outwresting, exaction 등이 있다. 컨테이너에 싣는 곡물은 곡물이 컨테이너의 구석구석까지 빈 곳을 다 메우고 난 후에 용적으로 계산하는데, 이는 새로운 기계의 시운전이나 성능시험에 비유될 수 있다.[59]

mover and shaker는 "세상에 영향력을 행사하는 사람, 유력자, 거물"이다. 세상을 움직이고 뒤흔드는 사람이란 뜻이다. 영국 시인 아서 오쇼너시Arthur O'Shaughnessy, 1844~1881의 시詩 「Ode」(1876)에서 나온 말이다. ode는 특정 인물이나 사물을 읊은 고상한 서정시, 즉 송시頌詩를 말한다. shaker and mover로 바꿔 쓰기도 하며, shaker로 줄여 쓰기도 한다.[60]

be no great shakes는 "대단한 일(물건, 사람)이 아니다, 신기하지 않다, 평범하다"는 뜻이다. 주사위 놀이에서 나온 말이다. 주사위 놀이의 묘미는 주사위를 흔드는 제스처에 있는 법. 주사위를 멋지게 흔든 뒤에 좋은 결과가 나오면 더할 나위 없이 좋겠지만, 그렇지 못할 경우에 그것은 "no great shakes"라는 말을 듣게 된다. "별거 아니네 뭘"이라는 야유인 셈이다.[61]

Siamese twins

Siamese twins는 "(허리가 붙은) 샴쌍둥이, 밀접한 관계에 있는 한 쌍(의 것)"을 뜻한다. 일반적으로는 conjoined twins라고 한다. Siam은 태국Thailand의 옛 이름인데, 이런 유형의 쌍둥이에 태국이라는 이름이 붙은 건 태국의 샴쌍둥이로 미국에서 생활하면서 유명인사가 된 Chang and Eng(1811~1874) 때문이다.

Chang and Eng

역에서 많이 태어난다. conjoined twins에는 여러 유형이 있으나, 최초로 분리 수술에 성공한 건 1957년 버트럼 카츠Bertram Katz 박사에 의해서였다.[63]

이들은 미국에 온 뒤 Bunker라는 성性: surname을 취했다. 18세에 미국으로 온 그들은 자신들이 '서커스의 제왕' P. T. 바넘P. T. Barnum, 1810~1891에 의해 인기 있는 구경거리가 되는 것을 적극적인 사업의 기회로 삼아 큰돈을 벌었다. 노스캐롤라이나에 농장을 구입하여 현지 처녀들과 결혼까지 해 자녀 11명을 두었다(Chang이 6명, Eng이 5명).

이들과 결혼한 여자들은 자매였지만 서로 사이가 좋지 않아 Chang and Eng Bunker는 두 집에 각각 3일간씩 머물렀다. 남북전쟁1861~1865 중에 그간 모은 재산을 모두 잃자, 성격이 급한 Chang은 과음으로 사망하고 말았다. 혼자 사는 삶이 의미가 없다고 생각한 Eng은 자신의 몸에서 죽은 Chang을 분리해내는 걸 거부하고 따라서 같이 죽는 길을 택했다.[62]

Siamese twins라는 말이 널리 쓰이게 된 건 순전히 Chang and Eng 때문이다. conjoined twins가 태어날 가능성은 5만 분의 1에서 20만 분의 1, 출산 시 conjoined twins의 생존률은 25퍼센트이며, 비교적 서남아시아와 아프리카 지

sideburns

sideburns는 '짧은 구레나룻'이다. 영국에선 sideboards라고 한다. 남북전쟁1861~1865 기간 중 북군지휘관 앰브로즈 번사이드Ambrose E. Burnside, 1824~1881는 위에서 아래로 갈수록 넓게 퍼진 귀밑 수염을 기르고 있었는데 이것이 유명해지면서 burnsides로 알려지게 되었다. 이 단어는 10년이 안 되어 음절의 순서가 바뀌어 sideburns가 되었는데 그 이유와 과정에 대해선 아무도 모른다. eyebrow, earring, necktie 등과 같은 복합어에서 신체 부위를 앞으로 내놓는 법칙에 따른 것으로 보인다. sideburn은 19세기 후반에 널리 유행했다.

번사이드 장군은 1871년 11월 17일 전국총기협회NRA: National Rifle Association 창설자로도 유명하다. 남북전쟁이 끝난 뒤 북군 출신 재향군인들은 사상자 중 북군이 65퍼센트라는 점에 주목했는데, 북군의 사격술이 떨어졌다는 점이 그 이유로 꼽혔다. 이에 자극받아 번사이드 장군을 중

Elvis Presley

심으로 전국총기협회가 탄생하게 된 것이다.⁶⁴

미국의 유명 인사들 중에선 1936년 제32대 대통령 프랭클린 루스벨트Franklin Delano Roosevelt, 1882~1945가 잠시 sideburns를 길렀다가 아내 엘리너Eleanor가 우스꽝스럽다고 웃자 그만둔 적이 있다. 영화 〈이유 없는 반항Rebel Without a Cause〉 (1955)에서의 제임스 딘James Dean, 1931~1955, 가수 엘비스 프레슬리Elvis Aron Presley, 1935~1977가 sideburns를 선보였는데, 1960년대에는 히피족 사이에서 sideburns가 저항의 상징으로 여겨지기도 했다.⁶⁵

sidekick

sidekick은 "짝패, 동료, 친구, 공모자"로, 1700년대 영국 소매치기들의 전성시대에 생겨난 말이다. 어찌나 소매치기가 많았는지 이들은 길드guild를 조직해 초심자들에게 소매치기 수법을 조직적으로 전수시켜줄 정도로 활약이 대단했다. 이들의 전문적인 은어로 궁둥이 쪽의 뒷주머니는 pratt, 앞가슴 쪽의 주머니는 pit, 조끼 주머니는 jerve, 바지 옆주머니는 kick이라 불렀다.

옆주머니라고 해서 sidekick이라고도 했는데, 소매치기들에게 가장 어려운 작업은 sidekick을 터는 것이었다. 사람이 걸을 때 늘 움직이거니와 손 바로 근처에 있기 때문이다. 그래서 일반 사람들이 지갑을 가장 안전하게 보관할 수 있는 곳은 바로 sidekick이었다. 이 sidekick이란 말이 알려지면서, 가장 믿을 수 있다는 뜻에서 이 같은 뜻을 갖게 된 것이다.

오늘날에도 속어로 sidekick은 "바지 옆주머니", prat은 "궁둥이", prat kick은 "바지 뒷주머니"를 뜻한다.⁶⁶ 미국에선 진짜 애인은 아니고 가끔 만나는 남자 친구를 가리켜 sidekick이라고도 한다. He's my sidekick(그는 가끔 그냥 만나는 사람이야).⁶⁷

영화나 소설에서 주인공의 동료로 나오면서도 주인공에 종속된 역을 함으로써 주인공을 돋보이게 만드는 역도 sidekick이라고 한다.

sidekick이 바보처럼 굴면 주인공은 가만 있으면서도 상대적으로 지적으로 보이고, sidekick이 매우 유약하게 굴면 주인공이 상대적으로 용감하게 보인다. 악당에게도 sidekick이 있긴 하지만, 그 때에는 주로 henchman, minion, lackey라고 부른다.[68]

silence

Speech is silver, but silence is golden(웅변은 은이요, 침묵은 금이다). 그러나 이에 대해 "Sometimes silence is not golden just yellow(때로 침묵은 금빛이 아니다. 단지 노란색일 뿐이다)"라는 반론도 있다. yellow에는 '겁 많은'이란 뜻이 있다. silence에 관한 명언을 7개만 감상해보자.

(1) Silence is foolish if we are wise, but wise if we are foolish(침묵은 현명한 사람에겐 어리석지만 어리석은 사람에겐 현명하다). 영국 작가 찰스 케일럽 코튼Charles Caleb Cotton, 1780~1832의 말이다.

(2) Silence is one of the hardest arguments to refute(침묵은 반박이 어려운 논법 중의 하나다). 조시 빌링스Josh Billings라는 필명으로 활동한 미국의 유머리스트 헨리 휠러 쇼Henry Wheeler Shaw, 1818~1885의 말이다.

(3) An inability to stay quiet is one of the conspicuous failings of mankind(침묵하지 못하는 것이 인간의 현저한 실패 중 하나다). 영국 경제전문지 『이코노미스트』(1843년 창간)의 편집자로 활약한 경제학자, 정치학자, 문예비평가인 월터 배젓Walter Bagehot, 1826~1877의 말이다.

(4) He who does not understand your silence will probably not understand your words(당신의 침묵을 이해하지 못하는 사람은 당신의 말도 이해 못할 가능성이 높다). 미국 작가 앨버트 허버드Elbert Hubbard, 1856~1915의 말이다.

(5) I have never been hurt by anything I didn't say(나는 내가 말한 적이 없는 어떤 것에 의해서도 상처받은 적이 없다). 미국 제30대 대통령(1923~1929년 재임) 캘빈 쿨리지Calvin Coolidge, 1872~1933의 말이다. 그는 대통령직을 물러나면서 후임 대통령인 허버트 후버Herbert Hoover, 1874~1964에게 이런 조언을 주었다. "If you don't say anything, you won't be called on to repeat it(아예 말을 하지 않으면 그 말을 설명해달라는 요청을 받지 않을 겁니다)."[69]

이렇듯 쿨리지는 '침묵의 캘Silent Cal'이라는 별명으로 통했지만 실은 말이 많은 사람이었다. 공적으론 일부러 말을 하지 않았던 것이다. 그는 "우리 인생에서 모든 문제의 5분의 4는 단지 우리가 가만히 앉아 침묵만 한다면 저절로 해결될 것이다"는 명언도 남겼다. 한 역사가는 쿨리지가 "아무 일도 하지 않는 것을 예술의 경지로 끌어올렸다"고 꼬집었다.[70]

(6) Silence is the ultimate weapon of power(침묵은 권력의 최후 무기다). 프랑스 정치가 샤를 드골Charles de Gaulle, 1890~1970의 말이다.

(7) He deserves my silence(그는 나의 침묵을 누릴 자격이 있다). 2009년 3월 17일 미국 전 대통령 조지 W. 부시George W. Bush, 1946~가 퇴임 후 캐나다 캘거리 시에서 가진 첫 연설에서 한 말이다.[71] 그는 캐나다의 정계·경제계 인사 2,000여 명이 참석한 '부시와의 대화'라는 제목의 오찬 연설에서 "오바마 대통령이 성공하기를 빈다. 그를 비난하는 데 시간을 낭비하지 않겠다"면서 이같이 말했다. 그는 자신의 일상생활과 관련, "개똥을 줍는 일과 사소한 집안일에 익숙해지고 있다"며 "어느 날 전등과 배터리를 사러 가게에 갔더니 점원이 '부시 대통령과 닮았다는 말을 듣지 않느냐'고 물은 적도 있었다"고 소개했다.

Silicon Valley

Silicon Valley

Silicon Valley(실리콘 밸리)는 미국의 캘리포니아 주 샌프란시스코 만灣을 둘러싼 샌프란시스코 반도 초입에 있는 산타클라라Santa Clara 일대의 첨단기술 연구단지를 말한다. 연구단지의 명칭은 반도체semiconductor 재료인 '실리콘(규소 수지)'과 완만한 기복으로 펼쳐지는 샌타클래라 계곡(밸리)에 의거한 조어造語로 1970년대 초부터 널리 쓰였다.

실리콘 밸리라는 말을 만든 사람은 캘리포니아의 사업가 랠프 배스트Ralph Vaerst이며, 그의 친구인 돈 회플러Don Hoefler가 업계 신문인 『일렉트로닉 뉴스Electronic News』에 글을 연재하면서 그 말을 사용하여 널리 알려지게 되었다. 그 연재물의 제목은 "Silicon Valley in the USA". 최초로 실린 건 1971년 1월 11일자였다. 1940년대와 1950년대에 스탠퍼드 공대 학장이던 프레더릭 터먼Frederick Terman, 1900~1982은 교수들고 졸업생들에게 각자 자기 사업체를 시작해보라고 권유하는 등 실리콘 밸리의 발전에 큰 기여를 함으로써 오늘날 "the father of Silicon Valley(실리콘 밸리의 아버지)"로 불린다.

길이 48킬로미터, 너비 16킬로미터 디 모양으로 전개되어 있는 실리콘 밸리 지대는 12~3월을 제외하고는 연중 비가 내리지 않아 전자산업에 가장 이상적인, 습기 없는 천연의 환경을 갖추었고, 가까운 곳에 스탠퍼드 대학, 버클리 대학, 샌타클래라 대학 등 명문대학이 있어 우수한 인력 확보가 쉬운 입지 조건을 갖추었다. 또 캘리포니아 주정부의 전자회사 유치를 위한 초기의 세제상 특혜 등으로 인해 세계 유수의 반도체산업이 한데 모인 첨단기술의 전진기지가 되었다.

오늘날에는 반도체 생산뿐만 아니라, 반도체가 만들어내는 온갖 종류의 마이크로일렉트로닉스 관련 기업도 약 80개 사가 참여, 첨단기술 분야에서 기술혁신, 벤처비즈니스, 벤처캐피털에 의해서 일대 산업복합체가 형성되어 있다. 이곳에서 급성장한 대표적 기업으로는 페어차일드, 인텔 등의 반도체 관련 기업이 있다. 한국 기업으로는 1983년 현대전자를 비롯하여 삼성, 엘지 등의 전자회사가 진출했으며, 한국인 운영의 군소 관련 업체만도 20여 개가 된다. 산호세San Jose 다운타운은 자칭 "Capital of Silicon Valley(실리콘밸리의 수도)"라고 주장하고 있다.[72]

Silicon Valley는 규제가 거의 없는 자유로운 기업환경과 더불어 창의성과 기업가 정신을 존중해주는 분위기와 풍토가 자리잡은 지역이다. 그래서 Silicon Valley는 세계 IT 업계를 선도해가는 마이크로소프트, 애플, 구글, 아마존 등이 모두 미국에서 탄생한 것은 우연이 아니라는 논리의 주요 근거가 된다.[73]

그러나 세상에 명암 없는 일이 어디에 있으랴. Silicon Valley는 미국에서 빈부 격차가 가장 극심한 곳으로 평가받고 있다. 하이테크 불평등의 역설은 일부 지역에만 국한되는 게 아니라 그게 바로 미국 경제의 미래라는 데 심각한 문제가 있다. 다른 지역들도 모두 Silicon Valley 모델을 따라서 하기 때문이다. 하이테크산업으로 급성장한 텍사스 오스틴Austin의 빈부 격차가 극심해진 것도 바로 그런 이유 때문이다.[74]

silicon syndrome은 연구에만 몰두하는 과학자 남편으로 인해 부부 간 틈이 벌어지는 증상을 말한다. 1990년대 말 실리콘 밸리의 이혼율은 80퍼센트에 이른 반면, 출생률은 매우 낮았다. 많은 CEO를 환자로 두고 있는 로스가토스Los Gatos의 가족요법 전문의 론 위베Ron Wiebe는 실리콘 밸리 최대의 병을 "휴가에 대한 두려움"이라고 말했다. "1주일 동안 휴가를 다녀오고 나면, 사람들은 저 멀리 뒤쳐져 있는 자신을 발견하게 되는 거지요."[75]

1990년대 중반부터 '실리우드Siliwood'라는 말이 사용되기 시작했다. 실리우드는 실리콘 밸리와 할리우드를 합친 말로 실리콘 밸리의 디지털 기술과 할리우드의 오락 콘텐츠를 결합하는 산업 융합 현상을 가리킨다. 두 산업은 컴퓨터 그래픽스의 도입, 특수효과, 컴퓨터 애니메이션, 영화를 소재로 한 게임 소프트웨어 개발 등 여러 분야에서 협력을 했다.

실리콘 밸리의 인기가 치솟으면서 '실리콘'을 지명으로 쓰는 곳이 크게 늘어났다. 미국의 20여 개를 포함해 전 세계적으로 70여 개에 이른다. 실리콘 밸리처럼 공식 지명은 아니지만, 실리콘 밸리의 특성에 가장 근접하는 지역으로는 1995년부터 알려지기 시작한 뉴욕의 실리콘 앨리Silicon Alley를 들 수 있다. 뉴욕 시 맨해튼의 첼시, 미드타운과 유니온 스퀘어 근처 신생 기업들이 모여 있는 지역이다. 뉴욕 시는 실리콘 밸리와 차별화하여 실리콘 앨리를 금융·미디어·콘텐츠·디자인 등 뉴욕이 가진 서비스 산업의 강점을 살릴 수 있는 벤처 중심으로 키우겠다며 전력을 기울이고 있다.[76]

simplicity

"That's been one of my mantras-focus and simplicity. Simple can be harder than complex (제가 반복해서 외우는 주문 중 하나는 '집중'과 '단순함'입니다. 단순함은 복잡함보다 어렵습니다)."[77] 애플의 스티브 잡스Steve Jobs, 1955~2011가 『비즈니스위크』(1998년 5월 12일)와의 인터뷰에서 한 말이다. mantra는 "(명상이나 기도 때 외우는) 주문"이다.

잡스는 젊은 시절부터 선불교, 명성과 영성, 채식주의에 탐닉했는데, 바로 여기서 그의 순전한 미니멀리즘 미학, 강력한 집중과 직관력이 탄생했다. 미니멀리즘Minimalism(최소주의)은 사물의 근본만을 표현했을 때 현실과 작품의 괴리가 최소화되어 진정한 리얼리티가 달성된다는 믿음에 근거하여 기교나 각색을 최소화하는 예술·사상적 경향을 말한다.

"단순화하라, 단순화하라, 단순화하라Simplify, Simplify, Simplify." 애플의 마케팅과 커뮤니케이션 팀이 일하는 사무실 복도의 벽에 크게 쓰여 있는 슬로건이다.[78] 잡스는 단순한 디자인이라는 핵심 요소가 제품을 직관적으로 쉽게 사용할 수 있도록 만든다고 믿었다. 그가 신봉한 디자인 철학의 핵심은 레오나르도 다빈치Leonardo da Vinci가 말한 것으로 알려진 "단순함이란 궁극의 정교함이다"라는 명제다.[79] 이는 복잡성을 무시하는 게 아니라 그것을 극복함으로써 얻는 단순성을 추구한다는 뜻이다.

미국 사회심리학자 스탠리 밀그램Stanley Milgram, 1933~1984은 "단순성은 효과적인 과학적 탐구의 열쇠다Simplicity is the key to effective scientific inquiry"고 했는데,[80] 잡스에겐 단순성이 효과적인 과학적 탐구의 결과였다.

단순성은 잡스의 통제욕과도 긴밀히 연결되어 있는 것이다. 단순성 철학에서 잡스의 생각을 대변했던 애플의 디자인 담당 부사장 조너선 아이브Jonathan Ive, 1967~는 "우리는 왜 단순한 게 좋은 거라고 생각할까요? 물리적인 제품을 다룰 때 그것을 제압할 수 있다고 느끼고 싶어하기 때문입니다. 복잡한 것에 질서를 부여하면, 제품이 사용자에게 순종하도록 하는 방법을 찾을 수 있습니다"라면서 다음과 같이 말했다.

"단순함은 단지 하나의 시각적인 스타일이 아닙니다. 미니멀리즘의 결과이거나 잡다한 것의 삭제도 아니에요. 진정으로 단순하기 위해서는 매우 깊이 파고들어야 합니다. 예를 들어 무언가에 나사를 1개도 쓰지 않으려고 하다 보면 대

Simplicity

단히 난해하고 복잡한 제품이 나올 수도 있습니다. 더 좋은 방법은 보다 깊이 들어가 제품에 대한 모든 것과 그것의 제조 방식을 이해하는 겁니다. 본질적이지 않은 부분들을 제거하기 위해서는 해당 제품의 본질에 대해 깊이 이해하고 있어야 합니다."[81]

잡스는 제품의 전원 스위치마저 불필요한 것으로 간주했다. 사용하지 않으면 자동으로 동면 상태에 들어갔다가 사용자가 아무 버튼이나 누르면 다시 깨어나도록 만들면 되지 굳이 전원 스위치를 만들어 복잡하게 할 필요가 없다는 것이었다. 아이팟에서 전원 스위치를 제거한 것은 처음에는 사람들을 경악하게 했지만, 이후 애플 기기 대부분에 적용된 성공적인 원칙이 되었다.[82] 이미 만들어져 있는 제품에 무엇을 추가하는 '플러스 디자인'이 아니라, 오히려 불필요한 요소를 제거하는 '마이너스 디자인'이 애플 디자인의 토대가 된 것이다.[83]

"You already know how to use it(당신은 이미 이것을 어떻게 사용하는지 알고 있다)." 애플의 아이패드 TV 광고에 나오는 문구다.[84] 평소 입버릇처럼 "20분만 투자하면 쓸 수 있는 컴퓨터를 만들겠다"[85]고 말했던 잡스는 마이클 노어Michael Noer가 포브스닷컴에 올린 아이패드 관련 일화를 읽고 감동을 받았다. 자신의 단순성 철학이 옳다는 걸 입증하는 일화로 여겨졌기 때문이다.

노어가 콜롬비아의 시골에서 아이패드로 소설을 읽고 있는데 가난한 여섯 살짜리 소년이 다가왔다. 그 소년에게 아이패드를 넘겨주었더니, 소년은 곧 스스로 핀볼 게임을 시작하는 게 아닌가. 노어는 이렇게 썼다. "스티브 잡스는 여섯 살짜리 문맹 소년도 아무런 설명 없이 사용할 수 있는 강력한 컴퓨터를 설계했다. 그것이 마법이 아니고 무엇이겠는가."[86]

더욱 놀라운 사례가 있다. 2010년 4월, 토드 라핀이라는 블로거가 두 살 반 먹은 딸이 손가락으로 물건을 만져보듯 아이패드 화면을 자연스럽게 이리저리 넘기고 영화 애플리케이션 아이콘을 눌러 창을 확대하는 등 재미있게 노는 모습을 비디오로 찍어 유튜브에 올렸는데, 24시간 만에 조회 수는 18만 건을 넘어섰고 한 달 후에는 100만 건이 넘었다. 이에 대해 카민 갤로 Carmine Gallo는 "아이패드는 단순하고 우아하고 편리한 인터페이스로 일반 소비자는 물론 두 살 반짜리 꼬마의 마음까지도 사로잡았던 것이다"라고 말했다.[87] [참고 IKEA]

sinecure

sinecure는 "(명예 또는 수입이 있는) 한직閑職, 명목뿐인 목사직"을 뜻한다. 17세기 교회 용어에서 나온 말이다. 목사의 임무는 "cure of souls (영혼 구제)"인데, sine(without)과 cura(care or cure of souls)의 합성어인 sinecure는 수입은 있지만 영혼 구제는 하지 않는 명목뿐인 목사를 가리켰다.

오늘날에는 어느 분야를 막론하고 일은 거의 하지 않으면서 보수는 받는 자리를 뜻한다. 정치적 특혜에 의해 주어진 자리라는 걸 시사한다. 캐나다에는 다른 일을 하면서 필요할 때는 내각 회의에도 참여하는 a sinecure ministry 제도가 있다. hardly a(not a, no) sinecure는 "좀처럼 수월치 않은 일"이란 뜻이다.[88]

"Especially in our digital age, when power tends to coalesce around ideas, not position, leadership is a partnership, not a sinecure(특히 지금과 같은 디지털 시대에는 권력이 직위가 아닌 아이디어 중심으로 생성되기 때문에 리더십은 실속 없는 간판이 아니라 파트너십이다)."[89] 리더십 전문가인 워런 베니스Warren G. Bennis와 로버트 토머스Robert J. Thomas의 말이다.

single-issue politics

single-issue politics(단일 이슈 정치)란 특정 소수 집단이 자신들의 열악한 처지를 타개하기 위해 한 가지 이슈에만 '올인'하면서 다른 이슈들을 그 메인 이슈에 종속시키는 걸 의미한다. 그래서 메인 이슈에 대한 의견만 같다면, 또는 메인 이슈를 실현할 수 있는 출구만 열린다면, 이념적으로 자신의 정반대편에 있는 정치세력과 연대·연합하기도 한다. 심지어 극우와 극좌가 연합하는 경우도 있다.

single-issue는 낙태, 총기 문제, 반전反戰, 동물 보호, 환경, 동성애 등 매우 다양하다. single-issue politics를 하는 단체들의 공통된 특징은 자신들의 이슈를 관철하기 위해 치열한 로비를 한다는 점이다. 아예 정당까지 만드는데, 이런 정당을 가리켜 single-issue party라고 한다. single-issue에 집착하는 유권자는 single-issue voter라고 한다. 이슈 중심의 투표는 issue voting, 정당 중심의 투표는 party voting이라고 한다.[90]

서정갑은 "단일쟁점집단은 그들이 추구하는 좁은 이익이나 그것과 직접적으로 관련된 것 이외에는 아무런 관심이 없다"며 다음과 같이 말한다. "이들은 타협을 기피한다. 타협을 한다면 아마 집단이 붕괴될 것이다. 그들의 이익과 목적은 타협이나 협상할 성질의 것이 못된다. 1960년대의 월남전쟁을 반대하는 집단이나, 1973년 대법원의 Roe v. Wade 판결 이후 낙태수술을 반대하는 집단으로 생명권 보호를 위한 중앙위원회라든가, 태아의 생명권을 주장하는 집단 같은 것이 대표적인 예이다."[91]

정보화가 더욱 진척되면서 이젠 거대집단들도 '단일 이슈 정치'를 하는 사례가 크게 늘고 있다. 정보화가 '일극집중'을 심화시킨 탓이다. 모리 겐森健은 '일본 최초의 인터넷 총선'이라 불린 2005년 총선에서 자민당은 수많은 이슈가 있었지만 의도적으로 '우정사업 민영화'라는 일극 이슈 집중으로 이끌어 승리했으며, 그러한

일극 집중을 가능케 한 것은 인터넷이었다고 주장했다.[92]

'단일 이슈 정치'에는 명암이 있다. 정수복은 "오늘날 세계 곳곳에서 권위주의적 정권들이 물러가고 헌팅턴이 말하는 이른바 '제3의 민주화 물결'이 도래하면서, 일상생활에서의 구체적인 이슈와 문제를 제기하는 다양한 단일 이슈 운동들이 번창하고 있다"며 다음과 같이 주장했다.

"모든 사회운동이 일상적인 생활의 요구에서 출발하는 것은 지극히 당연하다. 그러나 이 모든 운동을 가로지르는 공동의 비전이 분명하게 설정된 것은 아니다. 오늘날 개별 사회운동은 각각의 영역에서 문제를 제기하고 있지만 전체적으로 어떤 사회의 모습을 그리고 있는지는 분명하지 않다. 사회주의 모델의 붕괴 이후 바람직한 사회의 모습을 그리려는 노력 자체가 사라져버린 것이다. 그래서 오늘날 사회운동은 '비전의 위기'를 겪고 있다."[93] [참고 identity politics]

sitcom

sitcom(시트콤)은 시추에이션 코미디situation comedy의 줄임말이다. 최초의 텔레비전 시트콤은 1946~1947년 영국 BBC에서 10부작으로 방영된 〈Pinwright's Progress〉이며, 미국 텔레비전에선 1950~1951년 시즌에 나타난 텔레비전 프로그램 제작의 '혁명'으로 제작비를 줄이려는 "경제성 원칙"에 입각하여 탄생했다.

시추에이션 코미디는 무엇보다도 제작비가 저렴하며 스토리, 배경, 등장인물의 일관성 유지로 시청자들을 일정 기간 동안 계속해서 붙들어맬 수 있는 장점을 갖고 있었다. 등장인물의 복잡한 성격은 끊임없는 반복을 생명으로 삼는 시추에이션 코미디에 어울리지 않기 때문에, 시추에이션 코미디의 등장인물들은 한결같이 매우 단순한 성격cardboard characters의 소유자로 묘사되었으며, 시추에이션을 오해하는 것(부인의 친척을 정부로 오해하는 따위)이 상투적인 소재로 이용되었다.[94]

미국에서 1951년 10월부터 방영된 CBS의 〈I Love Lucy〉는 폭발적인 인기를 누렸다. 이 시트콤에서 실제 부부이자 드라마 속의 부부이기도 한 루시와 리키 리카르도Ricky Ricardo의 아기가 실제로 태어난 것을 방영한 1953년 1월 19일자 에피소드는 시청률 70퍼센트라는 대기록을 세움으로써 텔레비전이 미 국민의 생활 속에 깊숙이 파고들었음을 실증했다. 〈I Love Lucy〉의 제작과 감독을 맡은 윌리엄 애서William Asher, 1921~2012는 미국에선 '시트콤을 발명한 사람man who invented the sitcom'으로 인정받고 있다.[95]

1964년 『라이프Life』는 다음과 같이 보도했다. "Even Bing Crosby has succumbed to series TV and will appear in a sitcom as an electrical engineer who happens to break into song once a week(빙 크로즈비마저 TV 연속극에 굴복해

〈I Love Lucy〉

1주일에 한 번 우연히 그리고 갑자기 노래를 부르게 되는 전기 기술자로 시트콤에 출연하기로 했다)."[96]

빙 크로즈비Bing Crosby, 1903~1977는 당시 최고 인기가수였다. break into는 "갑자기 ~하기 시작하다", break into run은 "갑자기 내닫다", break into ear-to-ear grin은 "활짝 웃다", break into tears는 "갑자기 울어대다"는 뜻이다.

slum

slum은 "슬럼, 빈민굴", slum it은 "빈곤 속에 지내다", slum dweller는 "슬럼가 주민", slummy는 "빈민굴의, 빈민굴이 많은", slummism은 "슬럼화", slum clearance는 "슬럼가 철거, 도시 재개발", slummer는 "빈민구제 자선사업가, 빈민", go slumming은 "빈민굴에 가서 자산사업을 하다", slumming은 "부자들의 슬럼 탐방(구경)", slumlord는 "슬럼가 주택의 악덕 집주인"을 뜻한다.

slum의 기원에 대해선 "황폐한 곳"을 뜻하는 아일랜드어에서 비롯된 말이라는 설, 1812년 영어사전에 slum이 room이라는 뜻으로 실린 점에 주목해 slumber(잠)에서 나온 말이라는 설 등이 있다. slum은 19세기 중반부터 빈민가라는 뜻을 갖게 되었다. slum이란 단어가 그 거주자들에게 불쾌감을 준다는 이유로 slum을 달리 부르는 완곡어법이 여러 개 등장했는데, 그것은 culturally deprived environment, urban ghetto, inner city 등이다.

1953년부터 처음 사용된 slumlord는 1893년부터 사용된 slum landlord를 줄인 말로, 한동안 논쟁거리가 되었다. slumlord가 빈민들에게 돈만 받고 집수리를 전혀 해주지 않는 열악한 주거 조건을 그대로 방치한다고 비난하는 목소리가 높았지만, slumlord는 원래 계약규정을 초과하는 많은 수의 사람이 들어가 사는데다 파괴 행위가 빈번한 탓이지 자기들의 잘못이 아니라고 항변했다.[97] [참고 gentrification]

shanty town, favela, skid row, barrio, ghetto 등은 슬럼의 동의어로 쓰이기도 하지만, 슬럼과는 다르다. shanty town과 favela는 경제적으로 최하층의 거주지역이라는 뜻이 강하지만, 슬럼은 시간이 흐르면서 쇠락해 최하층의 거주지역이 된 것일 뿐 원래는 중산층의 거주 지역일 수도 있다는 점에서 다르다. skid row는 도심지역의 무주택자들에 의해 형성된 곳이라는 의미가 강하고, barrio는 미국에서 가난한 히스패닉계

밀집지역이라는 의미일 뿐 스페인선 비교적 잘사는 사람들의 거주 지역을 가리키는 말이다. ghetto는 같은 인종·민족이 몰려 사는 곳이라는 의미가 강하지만, 슬럼은 철저히 사회경제적 기준에 따른 개념이다.

글로벌 차원에선 일반적으로 제3세계의 빈민촌을 가리켜 슬럼이라고 한다. 유엔의 통계와 예측에 따르면, 현재 지구상에는 10억 인구가 슬럼에 살고 있으며, 이 수치는 2030년경에는 20억에 이를 것이라고 한다. 제3세계의 슬럼가를 방문하는 관광객이 늘고 있는데, 이런 관광을 가리켜 slum tourism이라고 한다. 휴양과 관광을 위한 일반 여행과 달리 재난의 현장이나 비참한 곳을 보며 반성과 교훈을 얻는 이른바 다크 투어리즘dark tourism인 셈이다.[98]

slut walk

slut은 "난잡하게 놀아먹는 계집, 잡년"이란 뜻이다. slattern(a slovenly woman)이라고도 한다. You slut!(이 잡년아!) '영국 문학의 아버지'로 불리는 제프리 초서Geoffrey Chaucer, 1343?~1400는 1386년경 행실이 좋지 않은 남자를 가리켜 sluttish라는 말을 썼는데, 나중에 행실이 좋지 않은 여자를 가리키는 말로 바뀌었다. slut이 지금과 같은 의미로 쓰이게 된 것은 1450년대부터다. 비유적으로 brand slut은 "특정 브랜드에 대한 충성도가 전혀 없는 고객"을 뜻하는 신조어다. slut walk는 캐나다에서 시작한 여성운동으로, 직역하면 '헤픈 여자 옷차림으로 걷기'라는 뜻이다.[99]

slut walk는 2011년 1월 24일 캐나다 요크 대학에서 일어난 캠퍼스 강간 사건과 관련된 안전 교육 강연에서 마이클 상기네티Michael Sanguinetti라는 경찰관이 "여자들이 성폭행 희생자가 되지 않으려면 '매춘부slut'처럼 옷을 입고 다니지 말아야 한다"고 한 발언이 발단이 되어 일어난 시위다.

그해 4월 3일 토론토에서 3,000명이 모여 성폭행 피해자의 야한 옷차림을 문제 삼는 사회를 향해 시위를 벌였는데, 7월 초까지 보스턴, 시애틀 등 북미 주요 도시와 런던, 시드니 등 세계 60여 개 도시로 시위가 이어졌다. 미국 페미니스트 작가 제시카 발렌티Jessica Valenti, 1978~는 "슬럿 워크는 불과 수개월 만에 지난 20년간 페미니즘운동사상 가장 성공적인 운동이 되었다"고 평가했다.[100]

한국에서의 slut walk는 '잡년행진'이라는 이름으로 벌어졌다. 이는 '고려대 의대생 성추행 사건'과 관련해 2011년 6월에 시작되었는데, 누리꾼들이 잇따라 고려대학교 앞에서 '슬럿 워크 1인 시위'를 벌였고, 이들은 노출이 심한 옷을 입고 '어떤 옷차림이든 성추행·성폭력을 허락하는 건 아니다' 등의 피켓을 들었다.

2011년 7월 16일, 소위 '야한' 옷을 입은 10여

slut walk

명의 참가자들은 오후 2시 서울 안암동 고려대학교에서 '고려대 의대생 성추행 사건'에 항의한 뒤 오후 4시부터 100여 명이 참가한 가운데 광화문 원표공원에서 '막춤'을 추며 새로운 형태의 항의를 시작했다. 참가자들은 가슴이 파인 옷·짧은 치마 등 남성의 눈길을 끄는 옷들을 주로 착용했는데, 망사 스타킹을 신은 사람도 있었고, 상의를 벗고 브래지어만 입은 여성도 있었고, 짧은 치마를 입고 여장을 한 남성 참가자도 있었다. 이들은 '옷은 양념이 아니다. 그녀는 먹을 것이 아니다' 등의 현수막을 들고 행진했다. 이 시위는 트위터상에 '슬럿 워크'에 대한 글을 올린 여성이 광화문 원표공원에 집회 신고를 하고, 트위터상에서 '슬럿 워크'에 대해 함께 논의하던 사람들이 자연스레 모여들어 시작되었다.[101]

2012년 7월 28일 오후 서울 종로2가 탑골공원 앞에서 열린 '잡년행진' 문화제에는 150여 명의 여성이 참가했다. 훤히 드러낸 어깨와 다리에 "내 몸 함부로 만지지 마"라는 글귀를 적은 여성 참가자들은, 주위 시선에 아랑곳없이 음악에 맞춰 춤을 추고 노래를 불렀다. 일부 술 취한 노인들은 "덜 벗었다, 벗으려면 더 벗어라!", "벗은 애들이 너무 못생겨서 보기 싫다!"고 참가자들을 향해 외쳤다. 사회를 맡은 '혜원'은 "지난해에 이어 또다시 잡년행진을 하는 이유는, 우리 사회에 아직도 성범죄의 원인을 피해자에게 원인을 돌리는 사람들이 있기 때문"이라고 말했다.[102]

slut walk는 페미니즘 진영 밖은 물론 안에서도 찬반 논란을 불러일으켰다. 주요 비판은 여성 해방을 위한 거시적인 고찰과 그에 따른 행동이 결여된 가운데 페미니즘 운동을 고작 "내가 원하는 걸 입을 수 있다 I can wear what I want"는 수준으로 사소화·격하시키는 게 아니냐는 것이다. 이런 비판에 대해 발렌티는 여성 성폭행의 책임을 여성에게 돌리는 '피해자 탓하기 victim blaming'는 지난 수십 년간 건재해온 것으로, 이는 결코 작은 문제가 아니라고 반박했다.[103]

slut에 대한 victim blaming을 가리켜 slut shaming이라고 한다. slut의 반대말은 womanly woman인데, 이 말은 20세기 초까지 쓰이다가 오늘날에는 girly girl로 바뀌었다. slut과는 정반대로 보수적인 사람들이 원하는 여성상에 맞춰 옷을 입고 행동을 조신하게 하는 여성이라고 할 수 있다.[104]

smog

smog(스모그)는 "연무煙霧(연기 섞인 안개)"로 smoke(연기)와 fog(안개)의 합성어다. smoky fog를 줄인 말로 볼 수도 있다. 영국의 헨리 보예Henry Antoine Des Voeux, 1834~1909 박사가 1905년에 쓴 「Fog and Smoke」라는 논문에서 처음 만든 말이다. 영국 런던은 스모그로 악명이 높은 도시였는데, 이 단어가 영국 정부에 의해 공식적으로 인정을 받은 건 이 단어가 만들어진 1905년이었다.[105]

1952년 12월 4일 런던의 굴뚝 수십 만 개가 내뿜는 연기와 아황산가스가 대기로 빠져나가지 못한 채 안개와 뒤섞인 스모그 사건으로 5일간 915명이 사망하고, 12월 말까지 4,000여 명, 이듬해에는 8,000여 명이 추가로 사망하는 참사가 벌어졌다.[106]

미국 저널리스트인 허버드 키비Hubbard Keavy가 1923년 『디모인 트리뷴Des Moines Tribune』에서 기자로 일할 때 디모인의 이상 기후 현상을 설명하기 위해 만든 말이라는 설도 있으나, 이는 미국의 첫 번째 사례로 보는 게 옳을 것 같다. 디모인은 아이오와 주의 주도이자 가장 큰 도시이다.[107]

미국에선 특히 자동차 배기가스로 인한 스모그 문제가 심각했다. 1940년대부터 로스앤젤레스는 사람의 목을 얼얼하게 자극하고 몇 킬로미터 거리의 산들까지 뿌옇게 가리는 갈색 안개 때문에 골머리를 앓고 있었다. 1950년 화학자 A. J. 하겐스미트A. J. Haagen-Smit, 1900~1977는 스모그의 화학 성분을 분석하여 자동차 배기가스가 그 주범이라는 것을 밝혀냈다. 이에 GM을 비롯한 자동차 빅 3와 석유업계가 들고 일어나 강력 반박했다.

1954년 자동차제조업협회는 이 문제를 다루기 위해 조사단을 서부로 파견했지만, 그들은 캘리포니아에 온 것을 환영하는 만찬에서 적반하장이라고 할 수 있는 엉뚱한 짓을 했다. 조사단 단장은 소각로랍시고 과일 통조림 깡통 속에 종이를 채워놓고 거기에 불을 붙였다. 연기가 피어올라 천장에 닿자 그는 로스앤젤레스 관리들에게 이렇게 외쳤다. "당신네 스모그는 바로 저기서 나오는 거요!" 자동차 회사들은 계속 오리발을 내밀었지만 자동차 배기가스가 주범임을 밝히는 연구 결과가 계속 나옴으로써 나중에는 결국 그 사실을 인정하지 않을 수 없게 되었다.[108]

스모그는 오늘날에도 개발도상국가들의 심각한 문제로 등장하고 있다. 중국은 2013년 상반기 스모그로 인해 외국인 관광객이 전년 대비 5퍼센트 감소했으며, 베이징北京은 감소폭이 더 커서 관광객이 15퍼센트나 줄었다. 외신은 중국의

smog

심각한 대기오염 문제를 지적하며 '공기air'와 '종말apocalypse'을 합친 '에어포칼립스 airpocalypse(대기오염으로 인한 종말)'라는 신조어까지 사용했다.[109]

성연철 『한겨레』 베이징 특파원은 2013년 8월 16일자 칼럼에서 "가끔씩 해외토픽난에 사진으로 등장하는 방독면을 쓴 채 자전거를 타는 시민의 모습은 베이징 시내에선 결코 낯선 광경이 아니다"며 이렇게 말했다. "베이징 시민들은 이런 우스갯소리를 한다고 한다. '그래도 공기는 평등하다'고. 쯔진청 서쪽 중난하이에 모여 사는 중국 최고지도자들이나 일반 시민들이나 마시는 공기는 똑같다는 촌철살인의 풍자 혹은 냉소다."[110] [참고 data smog]

solitude

앞서 loneliness에 관한 글에서 지적했듯이, solitude는 loneliness와는 다르다. 물리적으로 홀로 있다고 해서 반드시 외로운 건 아니기 때문에, solitude는 loneliness(외로움)의 감정을 느끼지 않고 행복한 감정을 느낄 수도 있는 상태를 의미한다. "Solitude is the nest of thought(고독은 생각의 둥지다)"라는 말이 괜히 나온 게 아니다. 생각을 많이 하는 지식인들이 비교적 solitude를 예찬하는 명언을 많이 남긴 건 결코 우연이 아니다. 7개만 감상해보자.[참고 loneliness]

(1) The happiest of all lives is a busy solitude(행복의 최상은 바쁜 고독이다). 프랑스 사상가 볼테르Voltaire, 1694~1778의 말이다.

(2) Solitude either develops the mental power, or renders men dull and vicious(고독은 정신력을 발전시킬 수도 있지만, 사람을 우둔하고 고약하게 만들 수도 있다). 프랑스 작가 빅토르 위고Victor Hugo, 1802~1885의 말이다.

(3) I never found a companion that was so companionable as solitude(나는 고독만큼 벗 삼기에 좋은 벗을 알지 못한다). 미국의 초월주의 작가 헨리 데이비드 소로Henry David Thoreau, 1817~1862의 말이다. 매사추세츠 주의 콩코드에서 태어난 그는 하버드 대학을 졸업했으나 부와 명성을 좇는 화려한 생활을 따르지 않고 고향으로 돌아와 자연 속에서 글을 쓰는 초월주의자였다. 그의 대표작은 1854년에 출간된 『월든Walden』이다.[111]

(4) Only in solitude do we find ourselves(고독 속에서만 우리 자신을 발견할 수 있다). 스페인 작가 미겔 데 우나무노Miguel de Unamuno, 1864~1936의 말이다.

(5) Solitary trees, if they grow at all, grow strong(홀로 있는 나무가 자라기만 한다면 강하게 자란다). 영국 정치가 윈스턴 처칠Winston Churchill, 1874~1965의 말이다.

(6) I lived in solitude in the country and noticed how the monotonomy of a quiet life stimulates the creative mind(나는 시골에서 고독하

Frederick Leighton, 〈Solitude〉

게 살면서 조용한 생활의 단조로움이 창의력을 자극한다는 걸 깨달았다). 세계적인 물리학자 앨버트 아인슈타인Albert Einstein, 1879~1955의 말이다.

(7) Solitude is un-American(고독은 비非미국적이다). 미국 작가 에리카 종Erica Jong, 1942~의 말이다.

지식인들은 고독을 좋게 보는지 몰라도 대중의 희로애락을 노래하는 가수들은 고독은 절규의 대상이 될 수밖에 없다. 특히 사랑 앞에서 말이다. 미국 가수 닐 다이아몬드Neil Diamond, 1941~가 작사·작곡·제작까지 도맡아 하면서 불러댄 1966년 히트곡 〈Solitary Man〉은 그간 클리프 리처드Cliff Richard를 포함하여 가수 10여 명에 의해 불린 불후의 명곡이다.

"After four years of Freudian analysis I realized I had written 'Solitary Man' about myself(4년간의 프로이트적 분석 끝에 나는 '솔리터리 맨'이 나 자신에 관한 이야기였다는 것을 깨달았다)."[112] 다이아몬드가 2006년 어느 인터뷰에서 한 말이다. 다이아몬드는 멀린다와 수라는 두 여인에게서 버림받은 남자의 아픔을 다음과 같이 노래한다.

"Melinda was mine 'til the time that I found her/Holdin' Jim/And lovin' him/Then Sue came along, loved me strong, that's what I thought/But me and Sue/That died, too/Don't know that I will but until I can find me/A girl who'll stay and won't play games behind me/I'll be what I am/A solitary man/A solitary man."

"멜린다는 나의 여인이었어요/그녀가 짐을 껴안고/그를 사랑하는 것을 내가 알기 전까지는요/그리고는 수가 왔어요, 나를 매우 사랑했어요/그건 내 생각이었어요/나와 수의 관계도 역시 끝났어요/내가 할 일을 몰라요. 내 뒤에서 장난하지 않고 내게/머물 수 있는 여인을 내가 스스로 찾을 수 있을 때까지는요/나는 나 자신이 될 거예요/고독한 남자/고독한 남자."

사랑하는 여자에게 번번이 배신만 당하는 남자가 어찌 고독하지 않을 수 있으랴. 미국 여배우 주디 홀리데이Judy Holliday, 1921~1965는 "애인은 당신을 배반할 권리가 있다. 친구는 그렇지 않지만Lovers have a right to betray you. Friends don't"이라고 했지만, 이건 권리나 의무의 문제가 아니잖은가. "장미 가시에 찔리느니 쐐기풀에 찔리는 게 낫다It is better to be stung by a nettle than pricked by a rose"는 속담이 있다. 친구에게 당하느니 적에게 당하는 게 낫다는 뜻에서 나온 속담이지만, 사랑의 배신이 더 쓰리고 아픈 이유가 바로 여기에 있다.

Spain

15세기부터 스페인은 영국의 앙숙이었으며, 이 같은 반감은 영어 단어에까지 흔적을 남겼다. 스페인식 행동 Spanish practice은 사기, 스페인 동전 Spanish coin은 낯 뜨거운 아첨, 스페인 성 Spanish castle은 백일몽, 스페인 발진 Spanish pox은 매독을 의미했다.[113]

blue blood는 "귀족(의 혈통)"인데, 이 또한 스페인과 관련이 있는 단어다. 아프리카 북서부에 살던 무어 Moor족은 8세기경부터 500년 동안 스페인을 포함한 남부 유럽을 지배했다. 오늘날 스페인 백인 중에도 피부가 거무잡잡한 사람이 많은 것은 피부가 검은 무어족의 피가 섞였기 때문이다. 일부 스페인 귀족들은 혼혈을 피하기 위해 카스티야 Castilla 지방의 산악지역에 은거하면서 살았다. 이들은 혼혈에 대한 혐오로 자신들의 피부가 햇볕에 타는 것조차 극도로 싫어하여 그늘에서만 지낸 나머지 혈관이 파랗게 드러나 보일 정도로 창백한 피부를 갖게 되었다. blue blood는 침략자의 피와 섞이지 않은 순수 귀족임을 말해주는 증거가 되었고, 이후 이 단어가 영어에 편입되면서 오늘날과 같은 의미를 갖게 되었다.[114]

Spanish castle은 build a castle in Spain에서 나온 말인데, 이게 바로 build a castle in the air(공중누각을 쌓다, 공상에 잠기다)라는 표현의 원조다. 무어족의 지배를 받는 동안 스페인에서 성을 짓는 것이 사실상 불가능해졌기 때문에 나온 말이다.[115]

다른 설도 있다. 무어족이 스페인을 지배하는 동안 많은 프랑스인이 크게 한몫을 잡아볼까 하는 생각으로 스페인을 찾았다. 그러나 그게 어디 쉬운 일이었겠는가. 별 재미를 보지 못하고 프랑스로 돌아오는 사람이 많았지만, 이들은 기죽지 않으려고 주변 사람들에게 스페인에 자신의 성이 있다고 허풍을 쳤던 모양이다. 바로 여기서 이 같은 비유적 의미가 나오게 되었다는 설명이다.[116]

미국 월스트리트에는 '공중누각이론 Castle-in-the-Air Theory'이란 게 있는데, 이는 투자자들의 심리 가치에 집중하는 투자 이론이다. 경제학자 존 메이너드 케인스 John Maynard Keynes, 1883~1946는 1936년 이 이론을 체계적으로 알기 쉽게 설명했는데, 이런 내용이다. 전문 투자자들은 주식의 내재 가치를 평가하는 데 정력을 쏟기보다는 미래에 낙관적인 상황에서 투자 대중이 자신의 희망에 근거하여 공중누각을 어떻게 지으며 행동할 것인지를 분석한다. 성공적인 투자자들은 대중이 공중누각을 짓기 쉬운 투자 환경을 예측해서 대중보다 한 발 앞서는 방법으로 투자한다.

금융계와 학계에는 공중누각이론을 옹호하는 사람이 많다. 로버트 실러Robert Shiller, 1946~는 자신의 베스트셀러 『이상과열Irrational Exuberance』(2000)에서 1990년대 말에 일어난 인터넷과 첨단 기술주 열기는 군중심리로밖에는 설명이 되지 않는다고 주장했다. 심리학자 대니얼 카너먼Daniel Kahneman, 1934~은 '행태재무론Behavioral Finance' 분야에서의 독창적인 기여를 인정받아 2002년 노벨경제학상을 수상했다.

공중누각이론의 반대는 '견고한 토대이론Firm-Foundation Theory'이다. 이 이론에서는 주식이든 부동산이든 모든 투자 대상에는 내재 가치라는 견고한 닻과 같은 것이 있으며, 현재 조건과 미래 전망을 조심스럽게 분석하면 이를 평가할 수 있다고 주장한다. 전설적인 투자 실적을 기록한 워런 버핏Warren Buffet은 이 이론을 따랐다고 한다.[117]

Spanglish(스팽글리시)는 Spanish와 English의 합성어로, 미국의 라티노Latino(미국에 거주하는 라틴아메리카계 시민)가 사용하는 '영어적인 스페인어'를 의미한다. 1954년 푸에르토리코의 언론인 살바도르 티오Salvador Tio가 신문칼럼에서 영어와 스페인어의 혼용이 심해지자 이를 염려하는 차원에서 처음 사용한 말이다. 오늘날 스팽글리시는 라티노를 넘어 영어 사용자에게도 통용될 정도로 그 사용이 늘어나고 있다. 관련 사전과 연구서가 출간되고 일부 대학에서는 관련 강좌가 개설되고 있다.[118]

speech

speech는 "말, 말하기, 말하는 능력, 말투, 화법, 연설"이란 뜻이다. She got her speech back(그녀는 말하는 능력을 되찾았다). He expresses himself better in speech than in writing(그는 글로 쓰는 것보다 말로 하는 편이 자기 생각을 잘 표현한다). One should embody one's idea in speech(사람은 자기의 생각을 말로 나타내야 한다). Speech shows what a man is(말투로 그의 사람됨을 알 수 있다).[119]

"The true use of speech is not so much to express our wants as to conceal them(말의 진짜 용도는 우리의 욕망을 표현하는 게 아니라 감추기 위한 것이다)." 영국 작가 올리버 골드스미스Oliver Goldsmith, 1730~1774의 말이다.

"Speech is power: speech is to persuade, to convert, to compel(말은 권력이다. 사람을 설득하고, 변화시키고, 강요할 수 있기 때문이다)." 미국 철학자 랠프 월도 에머슨Ralph Waldo Emerson, 1803~1882의 말이다.

"It usually takes more than three weeks to prepare a good impromptu speech(좋은 즉흥 연설을 준비하기 위해선 보통 3주 이상이 필요하다)." 미국 작가 마크 트웨인Mark Twain, 1835~1910의 말이다.

"Speech is human nature itself, with none of the artificiality of written language(말은 글의

인위성이 없는 인간성 그 자체다).” 영국 철학자 앨프리드 노스 화이트헤드 Alfred North Whitehead, 1861~1947의 말이다.

우리가 평소 많이 쓰는 '표현의 자유'는 'freedom of speech'라고 하는데, 이 '표현의 자유'를 가장 잘 표현한 명언으로는 프랑스 사상가 볼테르 Voltaire, 1694~1778의 다음과 같은 말을 꼽힌다. "I disapprove of what you say, but will defend to the death your right to say it(나는 당신이 말하는 것에 동의하지 않지만 그걸 말할 수 있는 당신의 권리는 목숨을 걸고 옹호한다)."[120]

"People demand freedom of speech to make up for the freedom of thought which they avoid(사람들은 그들이 피하는 사상의 자유를 벌충하기 위해 표현의 자유를 요구한다)." 덴마크 철학자 쇠렌 키르케고르 Sören Kierkegaard, 1813~1855의 말이다.

"Better a thousandfold abuse of free speech than denial of free speech. The abuse dies in a day, but the denial stays the life of the people, and entombs the hope of the race(표현의 자유를 부정하는 것보다는 표현의 자유를 무수히 남용하는 것이 낫다. 남용은 곧 사라지지만, 부정은 사람들의 전 인생에 걸쳐 머무르며, 인류의 희망을 매장한다)." 영국 정치가 찰스 브래들로 Charles Bradlaugh, 1833~1891의 말이다.

"In free societies, every man is entitled to express his opinions and every other man is entitled not to listen(자유사회에서는 모든 사람은 자기 의견을 말할 권리가 있으며, 모든 다른 사람은 듣지 않을 권리가 있다)." 영국 과학자이자 산악 등반가인 G. 노먼 콜리 G. Norman Collie, 1859~1942의 말이다.

"Speech that is patently offensive and is intended to inflict emotional injury on public figures is constitutionally protected so long as it does not purport to be fact(공인에 대해 명백히 모욕적이고 감정적 상처를 주려는 의도가 있는 표현일지라도 그것이 사실이라고 주장하지 않는 한 헌법적으로 보호된다)." 1983년 미국의 극단적인 포르노 재벌로 악명 높은 래리 플린트 Larry Flynt, 1942~가 발행하는 포르노 잡지 『허슬러』가 우익 목사 제리 폴웰 Jerry Falwell, 1933~2007이 어머니와 근친상간하는 걸 묘사한 풍자만화를 게재한 사건에 대해 1988년 연방대법원이 무죄 판결을 내린 걸 대법원장 윌리엄 렌퀴스트 William Rehnquist, 1924~2005가 설명한 말이다.

"Whether you agree with what I do or not, I paid a big price to be able to do it, and I played a part in advancing the cause of civil liberties(내가 하는 일에 동의하든 않든, 나는 그런 일을 하기 위해 큰 희생을 치렀으며, 민권民權의 대의를 진전시키는 데 일조했다)." 래리 플린트가 『허슬러』의 손을 들어준 연방대법원의 판결에 대해 한 말이다.[121]

secondhand speech는 "옆 사람에게까지 들리는 휴대전화 대화"를 뜻한다. I was alternately amused and annoyed by the secondhand speech in the waiting room(대기실에서 옆 사람의 휴대전화 대화를 들으면서 재미를 느끼다가도 짜증이 났다).[122]

spur

spur는 박차拍車로, 승마용 구두의 뒤꿈치에 톱니바퀴 모양으로 달려 있는 쇠붙이인데, 이것으로 말의 배를 차서 빨리 달리게 한다. spur는 "발로 찬다"는 뜻의 고어인 spura에서 나온 말이다. spur가 비유적으로 "자극제, 자극하다"의 뜻으로 쓰이게 된 건 1390년경부터다.[123]

spur

on the spur는 "매우 급히", on the spur of the moment는 "얼떨결에, 앞뒤 생각 없이, 갑자기, 즉석에서"란 뜻이다. 말에게 박차를 가했을 때 일어날 일을 사람의 행태에 비유한 것으로 이해하면 되겠다. 18세기말부터 쓰인 말이다. On the spur of the moment, I rode my bike fifteen miles for a slice of my favorite pecan pie(앞뒤 생각 없이 나는 내가 좋아하는 피칸파이 한 조각을 사기 위해 자전거로 약 24킬로미터를 달렸다).[124]

win(gain) one's spurs는 "능력을 입증하다, 이름을 떨치다"는 뜻이다. 옛날 기사knight 작위를 받을 때에는 금으로 도금을 한 박차 한 쌍을 선물로 받은 데서 유래된 말이다. 이는 '황금의 박차'라 하여 기사의 상징이 되었다. 박차로 달리는 말에 자극을 주듯이, spur가 들어간 숙어들은 주로 격려와 관련이 있다. give the spur와 put(set, apply) spurs to는 모두 "격려하다"는 뜻이다. 박차를 지나치게 가해도 문제가 되는 법이다. hotspur는 "성급한(무모한) 사람"을 뜻한다.[125]

squatting

squat(스쾃)은 '웅크리다', '쪼그리고 앉다', '공유지에 무단 입주하다', '미개지에 정착하다'라는 뜻을 가진 단어로, 미국에선 1788년부터 적법 절차 없이 땅을 무단 점유하는 걸 가리키는 말로 등장했다.[126] 스쾃은 호주의 목동들이 허가 없이 남의 초지에 들어가 자기 양을 먹이던 행위에서 유래했다는 설도 있다. 오늘날에는 오랫동안 버려진 도심의 빈 건물을 살아 있는 문화공간으로 활용하자는 취지의 문화운동의 의미로 확대되었다.

스쾃은 1835년경부터 산업혁명 시기를 거치면서 집 없는 노동자들이 도심의 빈 공간을 사용하면서 사회적 의미를 띠기 시작했고, 1968년 이른바 '68혁명'을 거치면서 사회의 근본적 변화를 추구하는 사회운동의 성격마저 갖게 되었다. 제도권 내 편입을 거부한 68혁명 세대는 공장에 취업하여 터키 이민 노동자들, 여성 노동자들과 함께 급진적 투쟁을 전개했으며, 공장 외부에서는 빈집을 점거하는 운동squatting을 벌여나갔다. 이는 '코뮌commune' 운동으로 불리기도 했다. 영국 런던에선 50만 채 이상의 빈집이 있었지만 10만 명 이상의 사람들이 집이 없다는 사실에 항의하기 위해 스쾃이 대대적으로 전개되었으며, 이 운동은 1970년대 중반까지 계속되어 이탈리아에서는 5,000명에서 1만 명의 빈집 점거자들이 밀라노에서 약 1,000채의 집을 점거하고 살았다.[127]

1980년대 초 프랑스 파리의 가난한 예술인들이 누구에게도 구애받지 않고, 자신만의 작업공간을 갖기 위해 빈집에 살기 시작하면서 스쾃은 예술문화운동으로 거듭났다. 당시 제도권에선 "미술작품은 미술관에 있는 것"이라며 스쾃 예술가들을 아예 인정하지 않았지만, 1990년대 초반부터 인식이 달라져 최근에는 "삶과 예술이 하나된다"는 스쾃 정신을 제도권에서 수혈하기 시작했다. 파리에 있는 대표적인 스쾃 중의 하나인 알타나시옹의 대표 모하메드 벤마라쉬는 2005년 다음과 같이 주장했다.

"나는 개인적으로 기존 사회의 삶의 원리대로 살아가야 할 이유를 느끼지 못하고 있다. 매일 아침 기계처럼 일어나 회사 가서 일하고, 퇴근해 텔레비전 보다가 잠드는 생활로는 그 어떤 창조적 에너지를 기대할 수 없다. 우리는 너무 오랫동안 우리 삶을 타인이 결정하도록 방치했다. 이에 대한 반성과 성찰이 스쾃운등의 근본 동력이다. 스쾃에는 자율과 자유, 저항과 연대가 있으며, 이는 인류 모두의 평화를 위한 것이다."[128] [참고 cybersquatting]

stand

stand에는 수십여 개의 뜻이 있지만, 여기선 우리의 일상적 언어생활에 외래어 비슷하게 자리잡은 단어들을 중심으로 살펴보기로 하자. 우선 one-night stand라는 말이 있다. "하룻밤(한 번)만의 정사情事(에 적합한 상대)"를 뜻하는 말이다. 옛날 순회극단이 인기를 끌던 시절 작은 마을에선 하룻밤만 공연을 하고 떠나던 관행에서 유래된 말이다. 20세기 중반부터 섹스와 연관된 비유적 의미로 쓰이기 시작했다. one-nighter라고도 한다.[129]

야구에선 '스탠드 플레이stand play'란 말이 쓰인다. 관중을 의식한 플레이 또는 관중에게 멋지게 보이려고 하는 과장된 플레이를 말한다. 쉽게 잡을 수 있는 공을 일부러 다이빙을 해서 잡는 게 수비에서 스탠드 플레이다.[130]

여기서 stand는 grandstand를 줄여서 쓴 말이다. grandstand는 야구장 등의 지붕이 있는 정면 관람석을 말하는데, play to the grandstand

라고 하면 선수가 관중을 의식한 쇼맨십 플레이를 하는 걸 뜻한다. 다른 분야에서도 즉석의 재치나 기교로 인기를 노리는 연기를 하는 걸 가리켜 grandstand play라고 한다. grandstand는 동사로도 쓰여 "관중을 의식한 플레이를 하다"는 뜻이다. 정치인이 인기영합적인 언행을 하는 것도 grandstanding이다.

이와 비슷한 말로 play to the gallery가 있다. 이는 "속된 취미에 영합하다, 일반 관중이 좋아하게 연기하다"는 뜻이다. 17세기 연극에서 비롯된 말이다. 당시 극장에서 갤러리는 가장 싼 맨 위층 관람석으로 아래층 관람석에 비해 관객의 수준이 낮았다. 오늘날에는 골프장의 관중, 의회 등의 방청객도 갤러리라고 한다. His honest opinion was ascribed to a base desire to play to the gallery(그의 정직한 의견도 대중에 영합하려는 비열한 속셈의 탓으로 돌려지고 말았다).[131]

gallery man(갤러리 맨)은 '갤러리'와 '샐러리맨'의 합성어로 일에 몰두하지 않고 주인 의식도 희박한 직장인을 골프 경기의 관객인 갤러리에 비유한 용어다. 이 같은 현상은 50대 이상의 일부 직장인 사이에서만 나타났으나, 일반적으로 퇴직에 대한 불안감이 높아지면서 20~30대에도 빠르게 확산되고 있다.[132]

'현상유지주의'란 뜻으로 Standpattism이란 말도 쓰이는데, 이는 stand pat에서 나온 말이다. stand pat은 "(계획, 결의 따위를) 끝까지 지키다, (의견을) 굽히지 않다, 끝까지 버티다, 현상을 유지하다"는 뜻이다. 원래 카드놀이에서 처음 패로 버티고 나가는 것을 말하는데, 이게 비유적으로 쓰인 것이다. 양면적인 의미를 갖고 있다. 끝까지 지키거나 버틸 때 용기가 필요한 것 같지만 동시에 용기가 없기 때문에 현상을 유지하려 한다고 볼 수도 있다.

1960년 대선에서 민주당 후보 존 케네디John F. Kennedy, 1917~1963가 "Let's get America moving again(미국을 다시 한번 움직여보자)"이라는 슬로건을 들고 나오자, 공화당 후보 리처드 닉슨Richard Nixon, 1913~1994은 "America cannot stand pat(미국은 현상유지에 머무를 수 없다)"으로 맞받아쳤다. 그러다가 닉슨의 아내 이름이 Pat Nixon인지라 중간에 "America cannot stand still(미국은 정체할 수 없다)"로 바꾸었다. 역사학자 아서 슐레진저 2세 Arthur M. Schlesinger, Jr., 1917~2007가 1978년 1월 17일 『월스트리트저널Wall Street Journal』에 쓴 글의 제목은 「Carter's Retreats into Stand-pattism(카터가 현상유지주의로 후퇴한다)」이었다.[133]

구어에서 많이 쓰이는 stand의 뜻 가운데 하나는 "~에게 한턱내다, 대접하다, ~의 비용을 부담하다"는 뜻이다. stand treat도 "한턱 내다"는 뜻이다. I'll stand you a round of drinks(내가 자네들에게 술을 한잔씩 내지). Won't you let me stand your lunch?(점심 값은 제가 치르도록 해주십시오).[134]

Starbucks

Starbucks는 미국의 세계적인 커피전문 체인점이다. 1971년 워싱턴 주 시애틀에서 처음 문을 연 지 40여 년 만인 2013년 3월 현재 스타벅스는 전 세계 62개국에 2만 891개(미국 1만 3,279개)의 매장을 거느리고 있다. 다른 주요 나라들의 스타벅스 매장 수는 캐나다 1,324개, 일본 989개, 중국 851개, 영국 806개, 한국 556개, 멕시코 377개, 타이완 291개, 필리핀 206개, 터키 179개, 태국 171개, 독일 167개 등이다.[135]

스타벅스라는 이름은 미국 작가 허먼 멜빌Herman Melville, 1819~1891의 1851년 소설 『모비딕Moby-Dick』에서 가져온 것이다. 이 소설에 등장하는 포경선 Pequod의 일등 항해사 이름 스타벅Starbuck에 's'를 덧붙여 만든 것이다. 훤칠한 키에 열정적인 성격을 지닌 스타벅은 『모비딕』에서 커피광으로 묘사되어 있다.

『모비딕』은 스타벅스의 매장 인테리어 디자인에도 영향을 끼쳤다. 항해航海와 더불어 초기 커피 무역의 이국적인 분위기를 풍기려는 시도는 스타벅스 로고에 인어人魚, 즉 그리스신화에 나오는 반은 새이며 반은 사람인 '사이렌Siren'을 끌어들인 데서 잘 나타났다. 사이렌은 아름다운 노랫소리로 뱃사람들을 유혹해 난파시켰다고 한다. 사람들을 커피로 유혹하여 자주 발걸음하게 만들겠다는 뜻이 담겨 있다. 처음에는 인어의 노출된 젖가슴과 더불어 갈라진 꼬리가 성적으로 도발적이라는 말까지 들었지만, 나중에는 둘 다 로고에서 사라졌다.[136]

스타벅스의 성공에는 독립 노동자 군단의 등장이 큰 영향을 끼쳤다. 직장도 아니고 가정도 아니면서 그냥 사람들이 자주 출입하는 한 공동체 내의 집결지가 절실히 필요했다는 것이다. 1987년 스타벅스 매장이 시애틀에 6개 있을 때 스타벅스를 인수하여 오늘날의 제국으로 키운 스타벅스 회장 하워드 슐츠Howard Schultz, 1953~는 이렇게 말했다.

"미국인은 공동체 생활에 너무나 굶주렸고, 그래서 어떤 손님들은 우리 점포를 모임 장소로 활용하기 시작했다. 친구와의 약속 장소, 가벼운 회의 장소, 다른 단골손님과의 대화 장소가 된 것이다. 제3의 장소에 대한 강렬한 수요가 있다는 사실을 이해했기 때문에, 우리는 보다 넓은 매장에 보다 많은 테이블을 갖추고 준비할 수 있었다."

사무실 공간 개념의 변화도 한몫을 했다. 인

Starbucks coffee

터넷 시대에는 사무실을 장기 임대할 필요가 없다. 단기간만 사무실 공간을 임대하는 것으로 족하다. 아니 몇 시간 동안만이라도 좋다. 네트워크 시스템에 플러그를 꽂을 수 있는 장소라면 어디든지 사무실이 될 수 있다는 것이다. 이미 호텔, 철도역, 공항 등에서 임시 사무실 공간을 공급하고 있는데, 이를 가리켜 '호텔링hotelling'이라 한다. 그것도 번거로우면 커피 한잔 가격만 내고 스타벅스에서 만나는 것도 가능해진 것이다.[137]

바로 이런 이유 때문에 "스타벅스 효과Starbucks effect"라는 게 생겨났다. 스타벅스가 교통체증을 유발하는 효과를 말한다. 미국인들이 주로 집에서만 마시던 커피를 밖에서 마시게끔 만드는 문화를 만들어낸 스타벅스 업소는 주로 도심 지역에 있다. 스타벅스를 찾는 사람들의 자동차가 매일 수백만에서 수천만 대에 이를 터이니 그로 인한 교통체증이 심각하리라는 건 미루어 짐작할 수 있다. 스타벅스 효과는 꼭 스타벅스로 인한 교통체증만을 말하는 게 아니라 스타벅스로 대표되는 도심지 유사업소들로 인한 교통체증을 의미한다.[138]

2001년에서 2005년까지 스타벅스 CEO를 지낸 오린 스미스Orin C. Smith, 1942-는 2003년 1월 언론 인터뷰에서 미국 경제가 악화된 상황에서도 고가高價 커피인 스타벅스가 성장세를 보인 이유를 다음과 같이 설명했다.

"We're an affordable luxury. We are such an important part of the customers' day that they have a very difficult time letting go even in adverse economic conditions(우리는 감당할 수 있는 사치품입니다. 우리는 고객의 일상에서 중요한 부분을 차지하고 있기 때문에 고객들은 어려운 경제적 조건에서도 스타벅스를 외면하기 힘들었던 겁니다)."[139]

2000년 경영 일선에서 스스로 물러났으나, 2008년 1월 위기에 빠진 회사를 구하기 위해 CEO에 전격 복귀한 슐츠가 회사를 살리기 위해 내놓은 핵심 원칙은 '핵심으로 돌아간다Getting back to core'는 것이었다. 스타벅스가 제일 잘하는 커피 사업에 집중하겠다는 것이다. 커피 향과 어울리지 않는 아침 메뉴를 없애고, 엔터테인먼트 사업은 손을 떼기로 했다. 장사가 잘 안 되는 미국 내 매장 600개도 없애고 직원도 1만 2,000명을 감원하겠다고 했다.[140]

2009년 3월 미국 오하이오 주 클리블랜드의 수녀녀 크리스틴 솅크Christine Schenk는 신자 감소와 재정난 때문에 폐쇄하는 성당이 많아지고 있는 것을 비판하면서 이렇게 말했다. "Too many bishops are treating parishes as if they were Starbucks franchises. It's about more than money(많은 주교가 교구敎區들을 스타벅스 커피점처럼 다루고 있다. 그것은 돈 이상의 것에 관한 문제다)."

스타벅스 커피를 마셔본 사람이라면, 그들만의 이상한 용어에 짜증이 났을 법하다. 살아 있는 영어 칼럼의 달인이라 할 임귀열이 때마침 그걸 지적한 글을 써 이만저만 반가운 게 아니다. 그는 "Starbucks에서 커피를 주문하는 것은 즐거운 경험이 아니다. 미국인들도 불편해하고 짜증을 내는데, 그 이유는 그들의 억지 용어 때문이다. 작은 잔을 Short이라고 부르는 것이나 상당히 복잡한 표현과 세분화된 메뉴를 암기하듯 준비해서 'I'll have a 'For Here, Grande, Non-Fat, No Water, extra hot'처럼 말해야 하기 때문이다. 소비자의 선택이 아니라 상술의 언어를 배우는 느낌을 받는다"며 다음과 같이 말한다.

"Starbucks에서는 우선 hot coffee를 보면 Short-Tall-Grande-Venti 순으로 크기 구분이 독특하고 cold drinks의 경우 Tall-Grande-Venti-Trenta 순으로 커진다. 커피의 온도도 중요하여 좀더 뜨겁게 달라고 할 경우에는 extra hot이라고 주문해야 한다. Tea의 경우 Short-Tall-Grande 사이즈의 경우 tea bag 하나가 담겨 나오지만 Venti는 두 개 담겨 나온다. Espresso를 주문하는 경우 espresso를 몇 방울 넣을 것인지 말해줘야 하는데 single-double-triple-quad(shots)라고 말해야 한다. 여기에 크림 대신 넣는 우유도 종류 따라 달라지기 때문에 whole milk인지 2퍼센트 milk, nonfat(=skinny), organic, soy인지 말해줘야 한다. 구체적으로 말하지 않으면 2퍼센트 우유가 첨가되어 나오기 때문이다. 이런 유별난 상술과 그들만의 용어lingo가 싫은 미국인 중에는 'coffee is coffee, give me your simplest coffee'라고 되받아치는 사람도 있다. Small size를 short이라고 부르든 mini라고 부르든 이런 유별난 용어를 사용하는 이유는 고도의 상술과 밀접한 연관이 있다고 한다."[141]

stereotype

stereotype은 "스테레오타입, 고정관념, 정형화, 상투적 수단, 판에 박힌 문구"를 뜻한다. 그리스어 stereos(firm, solid)와 typos(impression)에서 나온 합성어로 solid impression이란 뜻이다. 여기서 impression은 '인상'이 아니라 '자국, 흔적, 인쇄'란 뜻이다. 즉, 단단한 자국을 남긴 인쇄라고 생각하면 된다.

어원이 시사하듯이 '스테레오타입'이라는 용어는 원래 인쇄에서 '연판鉛版 인쇄'를 가리키는 말로, 1798년 프랑스 인쇄업자인 페르맹 디도Firmin Didot, 1764~1836가 개발한 것이다. 연판은 활자를 짠 원판原版에 대고 지형紙型을 뜬 다음에 납, 주석, 알루미늄의 합금을 녹여 부어서 뜬 인쇄판으로, 활자가 닳는 것을 막고 인쇄 능률을 높일 수 있는 장점이 있다. 1850년경부터 이미지를 가리키는 비유적 의미로 쓰이긴 했지만, 이 단어를 널리 유행시킨 사람은 미국 칼럼니스트 월터 리프먼Walter Lippmann, 1889~1974이다.[142]

리프먼은 사람들의 사회적 상황에 대한 지각과 정의를 표준화시키는 데 폭넓게 공유된 기대의 효과를 설명하기 위해 스테레오타입이라는 개념을 원용했다. 그는 1922년에 출간한 『여론Public Opinion』에서 "For the most part we do not first see, and then define, we define first and then see(우리는 먼저 보고 나서 정의를 내리는 게 아나라 정의를 먼저 내리고 나서 본다"라고 했다. 사람은 모든 것을 다 볼 수는 없기 때문에 자신의 경험에 적합한 현실만을 만들어내며, 그것이 바로 '우리 머리속의 그림the pictures inside our heads'이라고 하는 스테레오타입이라는 것이다.[143]

[참고 prejudice]

Stockdale Paradox

제임스 스톡데일James Stockdale, 1923~2005은 베트남전쟁 때 해군 폭격기 조종사로 하노이 힐턴 포로수용소에 갇혔던 미군 중 최고위 장교였다. 1965년 9월 9일부터 1973년 2월 12일까지 7년 반, 그 가운데 4년은 90센티미터×275센티미터의 작은 독방에 갇혔던 그는 20여 차례의 고문을 당하면서도 완강히 저항했다.

한번은 자신이 '훌륭한 대우를 받는 포로'의 사례로 비디오테이프에 찍히는 걸 피하기 위해 의자로 자신을 내리치고 면도날로 자신을 베는 등 고의로 자해를 했으며, 부하 포로들의 고립감을 줄이기 위해 자기들끼리만 소통할 수 있는 정교한 내부 통신 체계를 만들기도 했다.[144]

그런 최악의 상황 속에서도 스톡데일은 잘될 거라는 믿음을 잃지 않는 가운데 어려운 현실을 끝까지 직시하며 대비했기 때문에 견뎌낼 수 있었던 반면, 다른 포로들 중 곧 나갈 수 있을 거라고 믿었던 낙관주의자들은 대부분 상심을 못 이겨 죽고 말았다.

미국 경영 전문가 짐 콜린스Jim Collins는 『좋은 기업을 넘어 위대한 기업으로Good to Great: Why Some Companies Make the Leap and Others Don't』(2001)에서 위대한 기업으로 도약한 회사들의 공통된 특징을 찾아내 '스톡데일 패러독스Stockdale Paradox'라는 이름을 붙였다. 역경에 처하게 되었을 때 그 현실을 외면하지 않고 정면 대응한 회사는 살아남은 반면, 조만간 일이 잘 풀릴 거라고 낙관한 회사들은 무너지고 말았다는 것이다. 이른바 '희망의 역설'인 셈이다. 그런 상황을 이겨내지 못했던 사람들에 대해 콜린스가 묻자 스톡데일은 다음과 같이 답했다.

"불필요하게 상황을 낙관한 사람들이었습니다. 그런 사람들은 크리스마스 전에는 나갈 수 있을 거라고 믿다가 크리스마스가 지나면 부활절이 되기 전에는 석방될 거라고 믿음을 이어 나가고 부활절이 지나면 추수감사절 이전에는 나가게 될 거라고 또 믿지만 그렇게 다시 크리스마스를 맞고 반복되는 상실감에 결국 죽게 됩니다.

James Stockdale

이건 아주 중요한 얘기인데요. 절대 양보할 수 없는 마지막 무언가에 대한 신념을 잃지 않고 버티는 것과 아무리 가혹한 현실이라도 그것을 직시하고 받아들이는 것은 별개인 것입니다."[145]

2005년 6월 『국민일보』 전문기자 이기수는 '스톡데일 패러독스'를 황우석의 연구에 대한 세간의 기대에 적용해 섣부른 희망과 낙관을 경계했다. 황우석의 연구가 미완성 상태지만 큰 희망을 품게 된 난치병 환자들이 자칫하면 후속 연구 결과에 따라 크게 낙심하여 절망할 수도 있다는 것이다. 그는 "황 교수는 언제 어떻게 끝날지 모르는 자신의 연구에 대해 각종 난치병 환자들은 물론 국민들이 함부로 예단하는 빌미를 제공하지 않도록 가급적 말을 아끼고 연구에만 전념했으면 한다"고 주문했다.[146]

2006년 1월 이기수는 "황 교수의 여론 호도로 이미 피멍이 들 대로 든 난치병 환자들의 좌절감은 힐턴 포로수용소에서 죽어나간 미군 병사들의 상심보다 결코 덜하지 않을 것이다"며 스톡데일 패러독스는 우리 국민이 새겨야 할 교훈이라고 했다.[147]

스톡데일은 귀국 후 전쟁 영웅으로 많은 사람의 존경을 받으면서 1979년 해군 중장으로 예편했다. 1992년 대선에서 돌풍을 일으킨 제3의 후보 로스 페로Ross Perot, 1930~는 스톡데일을 자신의 러닝메이트로 삼고 싶다는 뜻을 밝혔다. 스톡데일은 페로를 지지하는 집단에 의해 플레이스홀더placeholder 부통령 후보, 즉 임시 부통령 후보가 되었는데, 페로가 대통령 선거 유세를 중단했다가 다시 시작하는 바람에 스톡데일의 이름을 투표지에서 삭제하는 것이 불가능해진 묘한 상황이 발생했다.[참고 TBD]

그래서 스톡데일은 엉겁결에 10월 13일 공화당 부통령 후보 댄 퀘일Dan Quayle과 민주당 부통령 후보 앨 고어Al Gore와 함께 부통령 후보들의 TV 토론에 나가게 되었는데, 그가 초두 연설에서 처음 한 말이 재미있다. "Who am I? Why am I Here?" 이 말은 그의 솔직담백함을 보여주는 것으로 여겨져 박수갈채를 받았지만, 이후 토론이 진행되면서 아무런 준비도 없었던 그는 큰 망신을 당하고 말았다. 부통령 후보라는 자리를 아주 쉽게, 낙관적으로 본 '스톡데일 패러독스'의 함정에 빠진 건지도 모르겠다.[143]

stop

pull out all the stops는 "최대한의 노력을 하다, 할 수 있는 모든 것을 다하다"는 뜻이다. 여기서 stop은 풍금의 음전音栓이다. 이것을 뽑는(pulling out) 것은 풍금의 전체 음전을 다 사용해 가장 크고 폭 넓은 소리로 연주하겠다는 뜻이다. 이를 비유적으로 '최대한의 노력'으로 연결시킨 것이다. 1865년 영국 비평가 매슈 아널드Matthew Arnold, 1822~1888가 『비평 에세이Essays in Criticism』에서 최초로 사용했다.

They pulled out all the stops in order to get the project finished on time(그들은 제시간에 일을 끝내기 위해 젖 먹던 힘까지 다 내기로 했다). Tonight I'm pulling out all the stops: candle-light dinner, violin music, champaign, the works! Then I'll ask her to marry me(오늘밤 나는 할 수 있는 모든 것을 다 하려고 한다. 촛불이 켜진 식탁에서의 식사, 바이올린 음악, 샴페인 등 모든 것. 그리고 나서 그녀에게 청혼할 것이다). "the works"는 '모든 것, 전부'를 뜻한다.[149]

Strange Fruit

"Southern trees bear strange fruit/Blood on the leaves and blood at the root/Black body swinging in the southern breeze/Strange fruit hanging from the poplar trees.

Pastoral scene of the gallant south/The bulging eyes and the twisted mouth/Scent of magnolia sweet and fresh/Then the sudden smell of burning flesh!

Here is fruit for the crows to pluck/For the rain to gather, for the wind to suck/For the sun to rot, for the trees to drop/Here is a strange and bitter crop."

"남부의 나무에는 이상한 열매가 열리네/잎사귀와 뿌리에는 피가 흥건하고/남부의 산들바람에 검은 몸뚱이가 매달린 채 흔들리네/포플러 나무에 매달린 이상한 열매.

멋진 남부의 목가적 풍경에/튀어나온 눈과 찌그러진 입술/달콤하고 상쾌한 목련의 향기/그때 어디선가 풍겨오는 살덩이를 태우는 냄새!

여기 까마귀가 뜯어먹을 열매가 있네/비를 모으고 바람을 빨아들이는 열매/태양에 의해 썩어 나무에서 떨어지는 열매/여기 이상하고 슬픈 열매가 있네."[150]

1939년 '블루스의 여왕' 빌리 홀리데이Billie Holiday, 1915~1959가 뉴욕의 클럽인 카페 소사이어티에서 부른 〈이상한 열매Strange Fruit〉라는 노래의 가사다. '이상한 열매' 란 제목은 백인들에 의한 사적인 린치로 교수형을 당한 흑인들의 시체가 나무에 매달린 채 바람에 흔들리는 모습을 상징한 것이다. 이 노래의 기원은 9년 전으로 거슬러 올라간다.

1930년 인디애나 주 매리온Marion에서 흑인 청년 토머스 십Thomas Shipp과 애브럼 스미스Abram Smith가 강도·살인·강간 혐의로 체포되었다. 이들이 백인인 클로드 디터Claude Deeter를 살해하고 그의 백인 애인인 메리 볼Mary Ball을 강간했다는 이야기가 퍼지자, 성난 백인 군중이 감옥에 난입해 두 흑인 청년을 끌어낸 뒤 린치를 가한 후 나무에 목을 매달아 죽였다. 나중에 메리 볼은 강간을 당한 적이 없다고 증언했지만, 이미 두 청년은 목숨을 잃은 뒤였다. 나무에 대롱대롱 매달려 있는 두 흑인 청년의 시체와 그 앞에 몰

Strange Fruit

려든 백인 구경꾼들의 모습은 사진 한 장으로 남았다. 사진가 로런스 바이틀러Lawrence Beitler, 1885~1960가 찍은 이 사진은 한 장당 50센트의 가격으로 수만 장이 팔려나갔다.[151]

1937년 뉴욕의 유대계 백인 교사이자 시인인 에이벨 미어로폴Abel Meeropol, 1903~1986은 우연히 토머스 십과 애브럼 스미스의 시체가 나무에 매달려 있는 사진을 보고 전율했다. 그는 수일간 아무 일도 할 수 없을 정도로 충격을 받은 후 시 한 편을 썼다. 그 시가 바로 〈이상한 열매〉다. 음악적 재능까지 겸비한 그는 작곡까지 해 〈이상한 열매〉를 흑인 민권운동을 위한 운동가요로 만들었다. 그는 훗날 "흑인에 대한 린치와 불의, 그리고 이를 지속시키는 사람들에 대한 증오 때문이었다I wrote Strange Fruit, because I hate lynching, and I hate injustice, and I hate the people who perpetuate it"고 말했다.[152]

이 운동가요가 빌리 홀리데이의 마력적인 목소리로 불리면서 역사가 만들어졌다. 흑인 차별이 노골적으로 자행되던 당시 이 노래를 부른다는 건 큰 모험이었다. 홀리데이는 처음에 백인들의 보복을 염려해 망설이기도 했지만, 10대 시절 백인 남자에게 두 번이나 성폭행을 당하는 등 비참한 인종차별을 경험한 흑인 여성으로서 용단을 내렸다. 그녀는 이 노래를 부를 때마다 눈을 감고 기도하듯 때론 눈물을 흘리면서 혼신의 힘을 다했다. 이 노래가 담긴 음반은 1939년 한 해에만 홀리데이의 음반 중 최고 기록인 100만 장을 돌파하면서 이후 흑인에 대한 린치를 사라지게 만드는 데 적잖은 기여를 하게 된다.

홀리데이는 자서전 『Lady Sings the Blues』에서 〈이상한 열매〉의 가사는 미어로폴과 자신의 공동 작업이었다고 주장했다. 나중에 이에 대한 질문을 받았을 때 홀리데이는 이렇게 답했다. "I ain't never read that book(그 책을 읽은 적도 없는데요)." 공동작업이라는 건 그 책의 대필 작가인 윌리엄 더프티William Dufty가 홀리데이를 돋보이게 만들기 위해 지어낸 이야기였다.[153]

1999년 12월 말 『타임』은 '20세기 최고의 노래'로 〈이상한 열매〉를 선정했지만, 미어로폴은 잊힌 이름이 되었다. 그는 〈이상한 열매〉 외에도 흑인 민권운동을 위해 다른 많은 일을 했지만, 민권운동사에는 그의 이름이 거의 등장하지 않는다. 이유는 단 하나. 그는 공산주의자였기 때문이다. 이에 대해 『이상한 열매: 어느 노래의 역사Strange Fruit: The Biography of a Song』(2001)라는 책을 쓴 저널리스트 데이비드 마골릭David Margolick은 다음과 같이 말한다.

"There are a million reasons to disparage communism now. But American Communism, one point it had in its favor was that it was concerned about civil rights very early(오늘날 공산주의를 경멸할 100만 가지 이유가 있지만, 미국 공산주의는 민권운동의 선구적 역할을 했다는 점만큼은 인정해야 하지 않을까)."[154]

streak

streak는 "줄, 광선, 광맥, 연속, 기미, 줄무늬가 지다, 번개처럼 달리다"는 뜻이다. the first streaks of dawn은 "서광曙光", a winning streak는 "연승", blue streak는 "번갯불(같이 빠른 것), 길게 이어지는 것", streak plate는 "(광물) 조흔판條痕板", have a streak of는 "~의 기미가 있다", like a streak (of lightning)는 "전광석화같이, 전속력으로", make a streak for는 "~으로 급히 가다", a necktie streaked with blue는 "푸른 줄무늬가 있는 넥타이", streaks of grey in her hair는 "그녀 머리에 난 흰머리 몇 가닥"이라는 뜻이다.

The rabbit went in a streak(토끼는 쏜살같이 달렸다). When I opened the door, the cat streaked in(문을 열었더니 고양이가 번개같이 들어왔다). He traveled like a blue streak through Korea(그는 한국을 번개같이 여행했다). He hit a winning streak when he was at the casino(그는 카지노에 있을 때 연승했다). She has a streak of humor(그녀에겐 좀 익살스러운 데가 있다). Her face was streaked with tears(그녀 얼굴에는 눈물이 줄줄 흘렀다).

1970년대 초반 미국의 대학 캠퍼스는 물론 한국에까지 유행했던 스트리킹streaking은 streak의 여러 뜻 가운데 "번개처럼 달리다"는 뜻에서 만들어진 말이다. 두 지점 사이를 완전히 벌거벗은 채로 달리는 해프닝을 벌이려면 아무래도 번개처럼 달려야 하지 않겠는가. 스트리킹은 1973년에 선을 보여 한동안 유행했다. do a streak(스트리킹하다)의 형식으로도 쓰인다.[155]

야구에서 히팅스트리크hitting streak는 "연속 게임 안타"로, 한 선수가 연속되는 게임에서 1개 이상의 안타를 계속해서 치는 것을 말한다. 연속 경기 안타 최고 기록은 한국 박종호(39경기), 미국 조 디마지오(56경기), 일본 다카하시 요시히코高校慶彦(33경기)다. 조 디마지오Joe DiMaggio, 1914~1999는 1941년에 그 기록을 세웠는데, 미국에서 40경기 이상 연속 안타 기록을 낸 선수는 모두 6명이다.[156]

streamline

streamline은 "유선형(으로 하다), 능률적으로 하다, 합리화(간소화)하다"는 뜻이다. 기차, 자동

Zephyr

었죠). He is helping us streamline costs by evaluating our efficiency(그는 업무 효율성을 평가함으로써 비용을 줄이는 데 도움을 줄 것입니다).[157]

차, 비행기 등이 공기 저항을 적게 받게끔 디자인하는 공학 용어에서 나온 말이다. 1934년 콜로라도 주 덴버에서 출발한 Zephyr라는 이름의 신형 기차가 일리노이 주 시카고까지 이전에 걸리던 시간을 반 이상 단축한 13시간 5분 만에 도착하자, 그 비결로 차량의 경량화와 더불어 차체의 유선형화가 꼽혔다.

streamline은 1936년부터 비유적으로 "능률화(합리화, 간소화)"의 의미로 쓰이기 시작했다. streamline the business(사업을 능률화하다), streamline the management(경영을 합리화하다), streamline the organization(조직을 합리화하다), streamline a bulky organization(비대한 조직을 축소하다) 등과 같은 식으로 쓰인다.

There is no need to streamline them(그것들을 간소화할 필요는 없다). The presentation was on operations efficiency ways in which businesses can streamline their processes and be more organized and efficient(그 프레젠테이션은 작업 효율성, 즉 회사들이 업무 프로세스를 간소화하고 더 조직적이고 효율적으로 만드는 방법에 관한 것이었다).

street

street(거리, 도로, 가街)는 paved road(포장된 길)라는 뜻의 라틴어 via strata에서 나온 말이다. 다른 영어 단어인 stratum(암석 등의 층, 지층, 단층), stratification(성층成層, 계층화)과는 어원상 사촌지간인 셈이다. 중세 시대부터 street는 포장된 길만 가리켰다.[158]

the man in(on) the street는 "보통 사람"이다. 선거 등으로 보통 사람들의 의견이 점차 중요한 의미를 갖게 된 19세기 초에 탄생한 말이다.[159]

street smarts는 "어떤 처지에서도 살아나갈 수 있는 요령이나 지혜"를 뜻한다. 빈민가 생활로 익힌 요령에서 유래된 말로, 20세기 후반부터 쓰였다. 『뉴욕타임스』 1976년 8월 30일자에는 이런 말이 나온다. To be free, however, requires street smarts, the cunning of the survivor.[160]

two-way street는 "쌍무(호혜)적 관계(상황)"다. "양방향 도로"라는 원래 뜻에서 유래된 말로 20세기 중반부터 쓰였다. 『The Times Literary

Supplement』 1975년 11월 21일자에는 이런 글이 실렸다. "Tolerance was a two-way street; if the Germans were to learn to live with the Jews, so too must the Jews learn to live with the Germans(관용은 쌍무적 관계였다. 독일인들이 유대인들과 더불어 살았어야 했다면 유대인들도 똑같이 독일인들과 그렇게 했어야 했다)."[161]

"Understanding is a two-way street(이해는 쌍방향 길이다)." 미국 제32대 대통령 프랭클린 루스벨트Franklin Delano Roosevelt, 1882~1945의 부인인 엘리너 루스벨트Eleanor Roosevelt, 1884~1962의 말이다. "It will be a two-way street"는 양쪽 모두에게 도움 되는 이른바 '윈윈win-win 상황' 이라는 뜻이다.[162]

strike

have two strikes against someone(something)은 "불리한 처지에 있다"는 뜻이다. 야구에서 타자가 2개의 스트라이크를 빼앗긴 상황에서 유래된 말이다. 20세기 초부터 비유적 의미로 쓰였다. 1938년 『The New Republic』에는 이런 글이 실렸다. "All movements for social good have two strikes on them before they start(모든 공익적 운동은 시작하기도 전부터 불리한 처지에 놓여 있다)."[163]

three-strikes law(삼진법)는 중범죄를 3번 저지른 자에게 최하 25년 이상의 중형에서 종신형까지 선고하여 사회에서 격리하는 법으로 이 또한 야구의 스트라이크 아웃에 비유한 말이다. 최초로 1993년 미국 워싱턴 주에서 입법화했다. 1994년 캘리포니아 주민투표에선 72퍼센트 찬성, 28퍼센트 반대로 통과되었다. 공식 이름은 habitual offender law(상습적 범죄자 법)다.[164]

three-strikes law는 criminal recidivism에 대처하기 위한 것이다. recidivism은 "(법)상습적 범행, (정신의학) 상습(성), 재범(성)"이란 뜻이다. Sex offenders have a very high rate of recidivism(성폭행범들은 재범 가능성이 높다). Among young people, the recidivism rate is even higher(젊은이들 가운데 재발률이 훨씬 높다). 상습범은 recidivist인데, 일부 주에선 persistent offender로 표현한다. 미국에선 2003년 기준으로 남성의 재범률은 53퍼센트, 여성의 재범률은 39퍼센트인 것으로 나타났다.[165]

삼진법은 범죄자 재활에는 신경을 쓰지 않으면서 처벌만 가혹하게 한다는 비판과 더불어 범죄자들이 삼진법에 걸릴까봐 세 번째 범죄 때는 목숨을 걸고 경찰도 공격하는 공격성을 보인다는 우려의 목소리도 높다.

"One strike, you're out"은 범죄를 저지른 사람을 공공주택에서 쫓아내는 것을 말한다. 단 한번만 해당돼도 축출한다는 것이다. 1996년 빌 클린턴Bill Clinton, 1946~ 대통령이 국정연설에서 천명한 것이다.[166]

한국에선 '삼진아웃제'라는 용어가 행정기관

이나 기업 등에서 자주 오르내리는 일상어로 자리잡았다. 예를 들어 2001년 7월, 경찰청이 새 도로교통법 시행규칙에 이 '삼진아웃제'를 도입, 기존에는 혈중 알코올 농도에 따라 행정처분이 내려지던 것과는 달리 3회째 음주운전이 적발되면 무조건 운전면허가 취소되고, 면허 재취득 금지 기간도 기존의 1년에서 2년으로 늘어났다.[167]

대검 강력부(부장 김해수)는 2013년 6월 1일부터 '폭력사범 삼진아웃제'를 시작했는데, 이는 최근 3년 이내 폭력으로 인해 집행유예 이상의 처벌을 2회 이상 받은 전과자가 또다시 폭력을 저지르면 원칙적으로 구속하는 제도다. 삼진아웃 대상자가 카페에서 맥주병을 깨뜨리고 고함을 질러 소란을 피워 구속된 사례도 있다.[168]

2013년 7월 8일 대검 형사부는 가정 폭력 삼진아웃제 등을 담은 '가정 폭력 사건 처리 및 피해자 지원에 관한 지침'을 마련하여 시행에 들어갔는데, 가정 폭력 삼진아웃제란 3년 사이에 두 차례 이상 가정 폭력을 휘두른 사람이 다시 가정 폭력을 행한 경우 원칙적으로 구속 수사하는 제도를 말한다.[169]

'연봉제 삼진아웃' 이라는 것도 있다. 연봉제 하에서 2~3년 연속 연봉이 내려간 직원들을 자동 퇴출시키는 것을 말한다. 성과급 위주의 연봉제가 정착되면서 기업 측에는 직원의 회사에 대한 기여도를 높이는 긍정적인 면이 있으나 근로자 측은 고용불안과 임금삭감, 해고수단 등으로 악용될 가능성이 있다는 비판이 제기되고 있다.[170]

string

stringer는 "(신문의) 비상근 통신원"이다. 특파원이라는 뜻으로도 쓰이나, 미국 신문에서 stringer는 비상근 기자나 필자로 자신이 쓴 기사의 양에 따라 보수를 받는 사람을 가리킨다. string은 "끈, 줄, 실, 현絃"이란 뜻인데, on a string(have a string on a person)은 "~를 지배하다, 조종하다"는 뜻이다. stringer도 이런 뜻을 내포하고 있다. 오랜 경력이 쌓이면 자신이 직접 기사를 발굴하거나 글의 소재를 자신의 뜻대로 하는 경우도 있지만, 일반적으론 신문사의 지시에 따른다.[171]

기사량을 string으로 재어 고료를 지불하기 때문에 stringer라는 설도 있고, string along(다른 할 일이 없기 때문에 함께[붙어] 가다)의 의미에서 stringer라는 설도 있고, second string(상근 기자는 first string)이라는 의미에서 stringer라는 설도 있다. 하나 또는 그 이상의 언론사들과 장기 계약을 맺은 stringer는 superstringer라고 한다.[172]

string somebody up은 "(특히 불법적으로) ~를 목매달아 죽이다", string something out은 "~을 질질 끌다"는 뜻이다. They seem determined to string the talks out for an indefinite period (그들이 그 회담을 무기한으로 질질 끌고 가기로 작정한 모양이다). We knew that three committee members would string along with us for now

(우리는 위원회 멤버 3명이 당분간 우리와 협조할 것을 알았다). Over the years, he has been romantically linked with a string of actresses(몇 해 동안 그는 여러 명의 여배우와 사귀어왔다). The hypnotist had the people on a string(최면술사는 사람들을 마음대로 조종한다).[173]

with strings attached는 "조건부의, 제약이 가해진"이란 뜻이다. 19세기 후반부터 쓰인 말로, no string attached(아무런 조건 없는)의 부정형으로 많이 쓰인다. He didn't put any strings on his will(그는 자기 유언에 아무런 부대조건도 달지 않았다). They made a huge donation to the college with no strings attached; it was to be used however it was needed(그들은 아무런 부대조건 없이 그 대학에 큰 기부를 했다. 기부금은 어떤 용도는 필요한 일에 사용될 수 있었다).[174]

[참고 제1권 bow]

stump

stump

stump는 나무의 그루터기, make a stump speech는 "정치연설을 하다"는 뜻이다. 작은 동네에선 이런 그루터기에 올라 마을 주민들을 상대로 연설을 했는데, 바로 이런 관행에서 비롯된 표현이다. 1838년부터 미국의 정치 용어로 등장했다.

오늘날 stump는 "선거유세(를 하다)"의 뜻으로 쓰이고 있다. 예컨대, 2004년 대통령 선거 당시 신문지상에는 "Gore to Stump for Kerry in Florida" 등과 같은 기사 제목들이 등장했다. 2000년 대선에서 민주당 대통령 후보였던 앨 고어Al Gore, 1948-가 2004년 대선의 민주당 후보인 존 케리John Kerry, 1943-를 위해 플로리다에서 선거유세를 한다는 내용이다.[175]

stump speech는 지역언론에만 보도될 정도로 뉴스 가치가 떨어지는데다 후보는 여러 곳을 돌아다녀야 하기 때문에 판에 박힌 연설을 반복하기 마련이다. 뉴욕 주지사로 공화당 대통령 경선에 나섰던 넬슨 록펠러Nelson Rockefeller, 1908-1979에겐 대통령 경선이라는 무게 때문에 기자들이 많이 따라붙었는데, 기자들은 그가 "the brotherhood of man, under the fatherhood of God"라고 하면 "아, 이제 곧 연설이 끝나겠구나" 하고 알아차렸다. 기자들은 그 상투 문구를 줄여서 BOMFOG라고 불렀다.[176]

stump에는 "난처하게 하다, 당혹하게 하다"

는 뜻도 있으며, up a stump는 "곤혹해하여, 어쩌할 바를 몰라서"란 뜻이다. This riddle stumps me(이 수수께끼에는 두 손 들었다). Sociologists are up a stump over the sharp rise in juvenile delinquency and crime(사회학자들은 청소년의 비행과 범죄의 급격한 증가에 대해 곤혹해하고 있다).[177]

subtle

subtle(미묘한, 엷은, 예민한, 교활한, 교묘한)은 라틴어 subtilis(정교하게, 가늘게 짜진)에서 나온 말이다. 즉, 거미줄gossamer을 가리키는 말인데, 거미줄을 떠올리면 subtle의 여러 다양한 뜻이 다 이해될 수 있을 것이다.

a subtle distinction은 "미묘한 구별", a subtle humor는 "미묘한 유머", a subtle smile은 "엷은 미소", subtle air는 "희박한 공기", a subtle intelligence는 "예민한 지성", her subtle brain은 "그녀의 명석한 두뇌", a subtle trick은 "교활한 수단", a subtle drug는 "부지불식간에 몸속에 퍼지는 독물", subtlety는 "예민, 정교, 교활, 불가사의"를 뜻한다.[178]

This balance is maintained by, subtle differences between the two(이 균형은 둘 사이의 미묘한 차이에 의해 유지된다). The father's influence is subtle but strong(아버지의 영향력은 미묘했지만 강했다). There is a subtle but important difference(미묘하지만 중요한 차이가 있다). The subtle man tried to put out a feeler about my plan(그 교활한 남자는 내 계획을 떠보려했다). Did you notice that subtle smile on her face(그 여자 얼굴에 야릇한 미소가 스치는 거 봤어요)?[179]

gossamer는 "(공중에 떠 있거나 풀 같은 데 걸려 있는) 거미줄, 가볍고 약한 것, 섬세한(가냘픈, 덧없는) 것, 얇은 천"을 뜻한다. 따뜻하고 쾌적한 초가을, 하늘은 맑고 바람은 잔잔한 날에 공중에 떠 있는 거미줄은 더할 나위 없이 아름답기까지 한데, 이를 무어라고 부를 것인가? 적당한 말이 영 생각나질 않는데, 때마침 늦여름과 초가을 사이는 거위를 잡아먹는 시기가 아니던가.

gossamer는 중세 영어 gosesomer에서 나왔는데, gos는 "goose(거위)", somer는 "summer"를 뜻한다. 공중의 거미줄은 무언가 아련하고 덧없다는 느낌까지 주는바, the gossamer of youth's dream은 "젊은 날의 덧없는 꿈"을 말한다. gossamer는 하얀 웨딩드레스를 만드는 데 쓰이는 매우 가볍고 얇고 거즈 같은gauze-like 천의 이름이기도 하다.[180]

suburb

suburb

suburb(교외)는 라틴어 suburbium에서 나온 말인데, sub는 "under" urbs는 "city"라는 뜻이다. 고대 로마에선 귀족과 부유층은 산의 언덕 위 높은 곳에서 산 반면 가난한 사람들은 낮은 곳에서 살았기 때문에 "under the city"라는 말이 나오게 된 것이다. 영어에서는 철학자 존 위클리프John Wycliffe, 1320~1384가 1380년에 최초로 사용한 것으로 기록되어 있다.[181]

suburb는 시가지에 연속돼 있는 교외이며, 시가지에서 떨어진 교외는 outskirts라고 한다. 도시를 중심으로 교외 지역이 밖으로 퍼져나가는 모습이 여성의 넓은 스커트skirt와 비슷하다고 해서 붙여진 이름이다.[182]

exurb는 "준교외準郊外"다. 교외suburb에서 더 떨어진 지역을 말한다. 준교외 거주자는 exurbanite, 준교외 지역은 exurbia라 한다. exurb는 extra-urban의 줄임말로, A. C. 스펙토스키A. C. Spectorsky가 1955년에 출간한 『준교외 거주자들The Exurbanites』에서 소개한 신조어다. 교외보다는 자연을 즐기고자 하는 적극성이 있으며 소득 수준과 교육 수준이 높은 사람들이 사는 지역이다.

도심에서 멀리 떨어져 살다 보니 집과 관련된 웬만한 일은 스스로 해야 했기에, 준교외의 발달은 이미 이때부터 시작되고 있던 이른바 DIYDo-It-Yourself 운동에 큰 기여를 했다. 2004년 대선에서 조지 W. 부시George W. Bush, 1946~의 승인 중의 하나는 준교외 지역 거주자들의 표를 많이 얻은 것이라는 분석이 있다.[183]

boomburb는 큰 도시 외곽 suburb이면서도 급속한 인구성장으로 인구 규모가 10만에서 40만에 이르는 지역을 가리키는 신조어다. boom과 suburb의 합성어다.[184] 이런 지역에 비즈니스, 쇼핑, 엔터테인먼트까지 집중되어 있으면 그건 에지시티edge city라 부를 수 있다. 에지시티는 조엘 개로Joel Garreau가 1991년에 출간한 『에지시티: 뉴프런티어의 삶Edge City: Life on the New Frontier』에서 제시한 개념이다.[185]

success

"Success makes a fool seem wise. Success

has many friends. On the day of victory no fatigue is felt(성공은 똥개도 춤추게 만든다)"라는 말도 있지만, 현인들은 늘 성공에 대해 경계의 메시지를 날렸다. 성공에 관한 그런 명언을 10개만 감상해보자.

(1) The prosperous man is never sure that he is loved for himself(성공한 사람은 남들에게서 사랑받는 이유가 오직 자기 자신 때문인지 확신하지 못한다). 로마 시인 루칸Lucan, 39~65의 말이다.

(2) Success has ruined many a man(성공이 많은 사람을 망쳤다). 미국 정치가이자 발명가인 벤저민 프랭클린Benjamin Franklin, 1706~1790의 말이다.

(3) I have always been more afraid of failing than hopeful of success(나는 늘 성공을 희망하기보다는 실패를 두려워해왔다). 영국 작가 새뮤얼 존슨Samuel Johnson, 1709~1784의 말이다.

(4) If you are mediocre and you grovel, you shall succeed(평범하고 비굴하면 성공하기 쉽다). 프랑스 작가 피에르 보마르셰Pierre Beaumarchais, 1732~1799의 말이다.

(5) To succeed in life, you need two things, ignorance and confidence(무식과 자신감이 성공의 2대 비결이다. 성공은 우직하게 밀고 나가야 한다). 미국 작가 마크 트웨인Mark Twain, 1835~1910의 말이다.[186]

(6) Success in life consists in convincing yourself that you are the whole cheese, and then getting the world to accept your view(당신이 대단히 중요한 인물이라는 것을 스스로 믿게 하고 세상이 그 생각을 받아들이도록 하는 것이 성공의 비결이다). 미국 작가 앨버트 허버드Elbert Hubbard, 1856~1915의 말이다. whole cheese는 "(선수 따위의) 주역, 스타 선수, 유일한 중요 인물"을 뜻한다. 그는 또 다음과 같은 말들도 남겼다.

Pray that success will not come any faster than you are able to endure it(성공이 당신이 감당할 수 있는 것보다 빨리 찾아오지 않도록 기도하라). Success is ten percent opportunity and ninety percent intelligent hustle(성공은 10퍼센트의 기회와 90퍼센트의 지적 사기다).

(7) There are only two ways of succeeding. One is by doing very good work, the other is by cheating(성공에는 오직 2가지 길만 있다. 열심히 일하거나 속임수를 쓰는 것이다). 영국 작가 G. K. 체스터턴G. K. Chesterton, 1874~1936의 말이다.

(8) If A is a success in life, then A equals x plus y plus z. Work is x; y is play; and z is keeping your mouth shut(성공은 노력과 요령과 우직함이 필요하다). 세계적인 물리학자 앨버트 아인슈타인Albert Einstein, 1879~1955의 말이다. 그러나 그는 동시에 다음과 같은 말도 남겼다. Try not to become a man of success but rather try to become a man of value(성공한 사람이 되려고 애쓰지 말고 오히려 가치 있는 사람이 되려고 애써라).[187]

(9) Success has killed more men than bullets(성공이 총알보다 많은 사람을 죽였다). 금주법 시대(1920~1933)의 사교계 스타였던 텍사스 기난Texas Guinan, 1884~1933의 말이다.

(10) Success in life depends on two things: luck and pluck, luck in finding someone to pluck(성공의 2대 비결은 행운과 사취詐取다). 벗겨먹

을 수 있는 누군가를 찾아내는 행운이 있어야 한다는 뜻이다. 미국 코미디언 에드 윈Ed Wynn, 1886~1966의 말이다.

suffer

indolence는 "나태, 게으름"을 뜻한다. 고대 로마의 철학자 키케로Cicero, B.C. 106~B.C. 43가 만든 indolentia에서 나온 말인데, in은 "not", doleo는 "suffer"를 뜻하는바, '고통이 없음'이란 뜻이었다. 지금도 의학 용어에선 '무통無痛'이란 뜻으로 쓰인다. 17세기 철학자들은 고통이 없는 상태를 무관심으로 연결시켰고, 급기야 게으르다는 의미로 발전한 것이다.[188] suffer, suffering에 관한 명언을 6개만 감상해보자.

(1) I have suffered too much in this world not to hope for another(다른 세상을 원하지 않을 정도로 나는 이 세상에서 아주 많은 고통을 겪었다). 프랑스의 계몽 사상가 장 자크 루소Jean Jacques Rousseau, 1712~1778의 말이다. 스위스 제네바에서 태어나 칼뱅주의자로 자라난 루소는 사회적 낙오자인데다 하층사회 출신이었기에 프랑스 계몽 사상가들 중의 이단아였다. 태어난 지 며칠 만에 어머니를 잃고 10세 때 종적을 감춘 아버지로 인해 가난한 방랑 생활을 했으며, 평생 괴롭힌 비뇨기 계통의 병 등으로 인해 타협을 모르는 외톨이가 되었다. 루소의 고통은 성격 탓이라는 주장도 있다.

데이비드 톰슨David Thomson은 "루소는 어떤 순간에는 '자연의 아들'로서 충동적이고, 고집 세고, 자기주장적이고, 난폭할 정도로 개인주의적이며 거의 무정부주의를 실천하는 사람이었다. 또 어떤 순간에는 엄격한 도덕주의자로서 공동의 선을 최고의 시민적 미덕으로 하여 봉사해야 한다는 의무감을 날카롭게 주장했다"며 다음과 같이 말한다.

"그러므로 그의 철학은 부자연스럽지는 않지만 일관성이 없고 때로는 혼돈에 빠져 있다. 종교적으로만 보아도 그는 칼뱅파가 모여 있던 제네바의 엄격한 청교도적 사회에서 자라나 그다음에 로마 가톨릭교로 개종했다가, 다시 그것을 버리고 칼뱅파로 되돌아갔으며, 마침내는 성격이 좀 모호한 '자연적 종교'를 믿게 되었다. 병적으로 다투기를 좋아하고 아주 민감한 까닭에 그렇게 자주 신앙이 바뀌고 개인적 감정도 항상 변했던 그가 고요한 마음의 상태에서 정치 철학과 사회 철학을 논리적이고 합리적으로 일관성 있게 전개했으리라고 기대할 수 없다."[189]

(2) It is better that ten guilty persons escape than that one innocent suffer(무고한 1명이 고통받게 하는 것보다는 죄인 10명이 처벌받지 않는 게 낫다). 영국의 법관이자 법학자인 윌리엄 블랙스톤Sir William Blackstone, 1723~1780의 말이다.

(3) If you suffer, thank God! It is a sure sign that you are alive(고통스럽다면 신에게 감사하라. 당

신이 살아 있다는 확실한 증거이니 말이다). 미국 작가 앨버트 허버드Elbert Hubbard, 1856~1915의 말이다.

(4) It is a glorious thing to be indifferent to suffering, but only to one's own suffering(고통에 무관심한 것은 거룩한 일이지만, 단 자기 자신의 고통에 국한해서만 그럴 뿐이다). 아일랜드 작가 로버트 린드Robert Lynd, 1879~1949의 말이다.

(5) It requires more courage to suffer than to die(죽음보다는 고통을 겪는 데 많은 용기가 필요하다). 미국의 저널리스트 독설가로 유명한 헨리 루이 멩켄Henry Louis Mencken, 1880~1956의 말이다.

(6) Most people get a fair amount of fun out of their lives, but on balance life is suffering, and only the very young or the very foolish imagine otherwise(인생에는 상당한 즐거움이 있긴 하지만 종합적으로 보자면 인생은 고통이다. 오직 젊은이나 바보만이 달리 생각할 뿐이다). 영국 작가 조지 오웰George Orwell, 1903~1950의 말이다.

sugar

미국 처세술 전문가 데일 카네기Dale Carnegie, 1888~1955는 1926년에 출간한 『성공 대화론』에서 전문적인 용어는 피해야 한다면서 다른 사람들이 명쾌하게 이해할 수 있는 표현을 좋아한 에이브러햄 링컨Abraham Lincoln, 1809~1865의 일화를 소개한다.

"그는 의회에 처음으로 '사탕발림sugar-coated'이란 표현을 사용했다. 링컨의 친구였던 인쇄업자 드프리는 그 표현이 일리노이에서 가두연설을 할 때 써먹긴 좋았지만, 역사에 남을 정부 문서에 기록되기에는 격이 떨어진다고 지적했다. 그때 링컨은 이렇게 말했다. '혹시 사람들이 사탕발림이란 말을 이해하지 못하면 바꿔보겠지만, 그게 아니면 그냥 두겠네.'" [190]

저널리스트 리처드 스텐걸Richard Stengel은 『아부의 기술: 전략적인 찬사, 아부에 대한 모든 것』(2000)에서 sugar와 아부의 밀접한 관계에 대해 상세히 말한다. sugared(설탕을 친), candied(설탕에 절인), honeyed(꿀을 바른) 등의 단어는 모두 살랑거리며 달콤하게 아부 떠는 행위를 표현한다.

『햄릿』에는 the honeyed tongue(꿀을 바른 혀)이라는 표현이 나온다. sugar에 up을 붙이면 달콤한 말을 쉴 새 없이 지껄이는 행위를 뜻하고, sweet-mouth(달콤한 입)는 설탕을 치듯이 칭찬을 늘어놓는 행태를 표현한다. 18세기에는 sweetener가 약관상 '우대조건'이 아니라 아첨꾼을 의미했다. sweet-talk(달콤한 말)는 dulcet(달콤한 말)으로 아첨하거나 설득하는 것을 일컫는 단어로, 마가렛 미첼Margaret Mitchell, 1900~1949의 『바람과 함께 사라지다』에 사용된 표현이다. soothing syrup(시럽형 진정제)은 누군가를 진정시키기 위해 공허한 말로 다독이는 행위를 뜻하는 구어적 표현이다.[191]

edulcorate(달콤하게 하기)도 살랑거리는 아부

를 의미하는데, 달콤하다는 뜻의 라틴어 dulcis에서 온 말이다. 특히 이 말은 심통이 난 여자를 달래기 위해 실제로 달콤한 과자나 사탕을 주거나, 달콤한 찬사를 바치는 행동을 의미한다.[192]

sugar daddy는 "(금품 따위를 뿌리며) 젊은 여자를 후리는 돈 많은 중년 남자, 자금을 대는 사람(단체)"을 뜻한다. 여기서 sugar는 여자의 입장에서 비싼 선물 등을 받는 달콤함을, daddy는 그런 선물 제공자의 나이를 시사한다. 20세기 초반부터 쓰인 말이다. 영국『타임스』1973년 9월 20일자에는 이런 말이 나온다. "Norma Levy, a prostitute, had a sugar daddy called Bunny who paid her rent and gave her a Mercedes car(노바 레비라는 창녀는 집세를 내주고 메르세데스 차를 사준 버니라는 '스폰서'를 갖고 있었다)."[193]

swashbuckler

swashbuckler

swashbuckler는 "허세 부리는 사람(을 다룬 소설·극)"으로, swash(물을 튀기다, 세차게 부딪치다)와 buckler(shield: 방패)의 합성어다. 줄여서 swasher라고도 한다. 검객劍客: swordsman이 공격을 하기 전에 자신의 방패 또는 상대편의 방패를 칼로 세게 두들기던 관행에서 비롯된 말이다. a swashing blow는 "강타强打", swashbuckling은 "허세", take up the buckler는 "방패를 들고 도전하다, 분투하다"를 뜻한다.

swashbuckler는 영화의 한 장르이기도 한데, 주로 용감한 주인공 남자가 곤경에 빠진 미녀를 구하는 스토리다. swashbuckling romance라고도 한다. 대화를 가급적 삼가야 했던 무성영화 시절에는 모든 걸 몸으로 보여주는 swashbuckler가 제격이었다.

〈The Three Musketeers〉(1921), 〈Scaramouche〉(1923), 〈The Scarlet Pimpernel〉(1934) 등이 대표적인 swashbuckler이며, 더글러스 페어뱅크스Douglas Fairbanks, 1883~1939, 에롤 플린Errol Flynn, 1909~1959, 타이론 파워Tyrone Power, 1914~1958 등의 배우들이 주연을 맡았던 영화들이 swashbuckler의 계보에 속한다.[194]

sweat

no sweat은 "(상대방의 감사·부탁에 대꾸로) 뭘 그런 걸 갖고 그래[별거 아냐, 문제없어]"라는 뜻으로 쓰인다. 'Thanks for everything(모든 게 다 고마워)', 'Hey, no sweat(에이, 뭘 그런 걸 갖고 그래)!'[195]

임귀열은 "'Thank you'라는 말에는 고전적인 'You're welcome'의 응답도 있지만 실제 더 많이 쓰이는 어구 중에는 'Any time'도 있다. 그러나 'No problem'이나 군대에서 쓰는 'No sweat' 같은 말은 사람에 따라 불편해하는 이들도 있다"며,[196] "'No sweat' 'no problem'보다는 'Any time' 'Glad to help' 'My pleasure'가 듣기 좋다"고 말한다.[197]

No sweat, no sweet(땀 없인 달콤함도 없다). Don't sweat the small stuff(작은 일에 집착하지 마라). Don't sweat the petty, pet the sweaty(사소한 것에 땀 흘리지 말고 멋진 일에 신경 써라)! sweat(땀, 땀을 흘리다)과 sweaty(땀을 빼게 하는, 힘드는), petty(사소한)와 pet(아끼다, 신경 쓰다)의 조화로 만들어진 말이다.[198]

by(in) the sweat of one's brow(face)는 "이마(얼굴)에 땀을 흘려, 열심히 일하여"란 뜻이다. 구약성서 「창세기」 3장 19절에서 유래된 말이다. 금단의 열매를 먹은 아담에게 하나님이 내리는 벌이다.

"By the sweat of your brow you will eat your food until you return to the ground, since from it you were taken; for dust you are and to dust you will return(네가 흙으로 돌아갈 때까지 얼굴에 땀이 흘려야 먹을 것을 먹으리니 네가 그것에서 취함을 입었음이라 너는 흙이니 흙으로 돌아갈 것이니라 하시니라)."[199]

Swinging London

Swinging London(신나는 런던)은 1960년대의 역동적이었던 런던의 모습을 가리키는 말이다. 새롭고 현대적인 젊은이들에 의해 주도된 문화운동에 의해 낙관주의와 쾌락주의가 풍미한 문화혁명을 뜻하는 말이기도 하다.

"London is the most swinging city in the world at the moment(런던은 바로 지금 세계에서 가장 활기차고 멋진 도시다)." 1965년 『보그Vogue』의 편집자 다이애나 브릴랜드Diana Vreelanc, 1903~1989가 한 말이다. 그해 말 미국 가수 로저 밀러Roger Miller, 1936~1992는 〈England Swings〉라는 곡을 히트시켰고, 1966년 4월 15일자 『타임』은 Swinging London 특집을 게재했다.

'세계 최초의 수퍼모델'로 불리는 영국 패션모델 진 쉬림프톤Jean Shrimpton, 1942~은 "the symbol of Swinging London"으로 불렸으며, 10대 모델 트위기Twiggy, 1949~는 "the face of 1966"이 되었다. 런던에서 열린 1966년 월드컵에서 영국이 우승하면서 Union Jack(영국 국기)의 물결이 전 영국을 뒤덮은 가운데, Swinging London은 최고조에 이르렀다.200

어디 그뿐인가. 미국 대중음악사에는 '영국의 침공British Invasion'으로 기록되는 시절이 있다. 1960년대 초부터 중반까지 The Beatles, The Rolling Stones, The Kinks, The Who, The Small Faces 등 영국 대중음악 그룹들이 미국의 대중음악에 미친 충격과 이들의 미국 차트 지배를 가리켜 하는 말이다. 이런 '영국의 침공'에서 가장 큰 성공을 거둔 그룹이 비틀스Beatles다.201

1964년 2월 7일 아침 일찍부터 뉴욕 JF케네디 공항에 10대와 20대 여성이 몰려들기 시작했다. 얼마 지나지 않아 그 수는 3,000명을 넘어섰다. 공항이 문을 연 뒤 가장 많은 인파였지만, 비행기 탑승권을 갖고 있는 여성은 없었다. 이들은 활주로가 보이는 공항 건물에서 영국에서 오는 비행기를 기다렸다. 이윽고 기다리던 비행기가

Beatles

착륙했고, 더벅머리 청년 4명이 트랩을 내려오기 시작했다. 술렁이던 여성들은 일제히 비명을 질렀다. 비틀스의 첫 미국 방문 풍경이다. 광란하는 팬들을 간신히 뚫고 공항을 빠져나온 비틀스는 숙소인 뉴욕 플라자호텔 앞에서 다시 팬들에게 감금(?)되었다. 경찰의 도움을 받아 탈출에 성공했지만 팬들의 뜨거운 열기에 조지 해리슨George Harrison, 1943~2001은 다음 날 39도까지 치솟는 고열에 시달려야 했다.

이틀 뒤인 2월 9일 비틀스는 당시 최고의 인기 TV 프로그램인 〈에드 설리번 쇼Ed Sullivan Show〉에 출연해 8일 전 빌보드 차트 1위에 오른 자신들의 노래 〈아이 원트 투 홀드 유어 핸드I Want to Hold Your Hand〉를 불렀다. 그러나 노래는 방청석을 점령한 팬들의 환호에 묻혀 잘 들리지 않았다. 당시 미국 인구의 절반에 가까운 7,400만 명이 비틀스의 노래를 듣기 위해 TV 앞에 앉았다. 그 시각 뉴욕의 청소년 범죄율은 제로였다. 이 특집 프로그램은 시청률 70퍼센트를 기록하면서, 미국에 비틀스 선풍을 일으키는 데 결정적인 역할을 했다.

다시 이틀 뒤 비틀스는 워싱턴 D.C. 콜리시엄에서 팬 2만 명이 지켜보는 가운데 역사적인 첫 미국 콘서트를 열었다. 그리고 다음 날 뉴욕으로 다시 건너와 카네기홀에서 2회 연속 공연을 했다. 카네기홀 공연 때는 경찰이 팬들의 광란을 우려하여 건물 주변의 거리를 일시 폐쇄하기도 했다.

미국 전역에 걸쳐 디스크자키들은 비틀스 인터뷰 테이프와 사진들, 비틀 가발과 비틀 스티

커, 비틀 단추 등 비틀스와 관련이 있는 여러 물건을 받았다. 이게 큰 효과를 발휘한 것인지는 몰라도, 3월까지 비틀스는 전미全美 인기싱글차트American Hot Hundred에서 1위부터 5위까지를 모두 차지했고 다른 두 곡도 20위 안에 진입하는, 그야말로 전무후무한 기록을 세웠다.[202] 이와 같았으니, 오늘날에도 영국인들이 어찌 Swinging London을 그리워하지 않으랴.

[참고 Cool Britannia]

felon(중죄인, 악한), felony(중죄), felonious(극악한, 흉악한)와 같은 계열의 단어다.

먹잇감을 향해 무자비하게 급강하는 개의 모습을 상상해보면, "at(in) one fell swoop"의 강조 효과가 실감이 날 것이다. 영국 극작가 윌리엄 셰익스피어William Shakespeare, 1564~1616의 『맥베스Macbeth』에 최초로 등장했다. 실생활에선 이런 용법이 가능하다. It'll be impossible to eliminate all the government subsidies at one fell swoop(모든 정부 보조금을 일거에 없애는 일은 불가능할 것이다).[204]

swoop

swoop은 "새・비행기가 (특히 공격을 하기 위해) 급강하하다, 위에서 덮치다", with a swoop은 "일격에, 홱"이란 뜻이다. The aircraft swooped down over the buildings(그 항공기가 건물 위로 급강하했다). The sand castle collapsed with a swoop(모래성은 일격에 무너졌다).[203]

at(in) one fell swoop은 "갑자기, 단번에, 일거에"란 뜻이다. swoop은 매 따위가 위에서 급강하하는 걸 연상하면 이해에 별 문제가 없지만, 문제는 fell이라는 단어의 정체다. 일반적으로 생각하기 쉬운 fall과는 아무런 관련이 없는 단어다. 여기서 fell은 중세 영어 단어인 fel에서 온 것으로, "잔인한, 무자비한"을 뜻한다.

synchronization

synchronization은 "동시에 하기, 시계를 맞추기, (영화의) 화면과 음향의 일치, 동시 녹음, 동기화同期化"를 뜻한다. post-synchronization은 "(영화・TV) (촬영 후에) 음성을 화상畵像에 일치시키기"다. The sound track did not synchronize with the action(영화의 사운드 트랙이 동작과 동시에 이루어지지 않았다).[205] synchronization은 영화나 방송뿐만 아니라, computer science, cryptography (암호작성술), multimedia, music, neuroscience (신경과학), photography, physics, synthesizers, telecommunication 등 다양한 분

synchronization

야에서 쓰인다.²⁰⁶

　한국에서 널리 쓰이는 '싱크율'은 synchronization에서 온 말로, 일본 애니메이션 〈에반게리온〉에서 생체로봇 에바와 파일럿의 일치된 상태를 나타내는 말로 사용되었다. 영화 〈아바타〉에서도 아바타와 자신을 일치시켜 하나가 되는 과정을 보여줌으로써 어떠한 대상과 자신이 동기화되는 상태를 나타낼 때 쓰이고 있다. 이때 일치된 정도를 싱크로율, 싱크율이라고 부르며 대상과 상당히 많이 닮았거나 일치할 경우 '싱크로율 100퍼센트'라는 유행어를 사용한다.²⁰⁷

　Your World Synchronized(세상은 지금 같은 시간이 되었습니다). 미국의 세계적인 택배회사 UPS United Parcel Service의 슬로건이다. UPS는 이른바 '인소싱 in-sourcing'이라 부를 수 있는 협업체제를 운영하는 것으로 유명하다. 이는 UPS의 엔지니어가 고객 기업의 고유한 사업영역 안으로 들어가 제조, 포장, 배달의 과정을 분석하고 상황에 맞게 조정·관리해주는 건 물론 재무업무까지 대행해주는 걸 말한다.²⁰⁸

T

tantalize

tantalize는 "(보여주거나 헛된 기대를 갖게 하여) 감질나게(안타깝게) 만들어 괴롭히다, 애먹이다" 는 뜻이다. Don't tantalize me. Just come out with it(사람 감질나게 하지 말고 속 시원히 이야기해 봐). Politics and Hollywood gossip tantalize us, but in the end, they don't matter much(정치와 할리우드의 뜬소문들은 우리를 감질나게 하지만, 결국 에는 크게 중요하지 않다). A tantalizing aroma slowly drifted into the living room from the kitchen(부엌에서 나는 먹음직한 냄새가 서서히 거실로 풍겨왔다). It is tantalizing to see it but not be allowed to touch it(볼 수 있을 뿐 만지지 못하니 정말 안타깝다).[1]

tantalize는 그리스신화에서 유래된 말이다. 제우스Zeus의 아들 탄탈루스Tantalus는 신들의 비밀을 인간들에게 알리는 등 해선 안될 일을 아주 많이 한 죄로 아버지에 의해 밑바닥이 없는 구렁인 타르타로스Tartarus라는 지옥에 갇히게 되었다.

탄탈루스는 호수에 목까지 잠긴 채로 서 있어야 하는 추가의 벌까지 받았는데, 그의 머리 위엔 탐스러운 나무 열매들이 주렁주렁 매달려 있었다. 탄탈루스가 물을 마시려 하면 물이 물러났고, 열매를 따려 하면 가지가 뒤로 물러났다.

Tantalus

볼 수만 있을 뿐 영원히 마시거나 먹을 수 없는 물과 열매였던 것이다.[2]

하인이나 아이들이 술을 꺼내 마시는 걸 막기 위해 열쇠 없이는 병을 꺼낼 수 없는 술병 진열장을 tantalus라고 하는데 애주가들로서는 기가 막힌 작명이라 하겠다. 유리로 되어 있는 투명한 진열장에 고급 술들이 즐비한데, 그걸 꺼내 마실 수 없으니 그거야말로 '탄탈루스의 고문 the torment of Tantalus'이 아니고 무엇이랴.[3]

Etheldrea

tawdry

tawdry는 "(싸구려 티가 나게) 번쩍거리는[야한], 번쩍거리는 싸구려 장신구", a tawdry ribbon은 "야한 싸구려 리본", a tawdry affair는 "지저분한 불륜", tawdry jewellery는 "번쩍거리는 싸구려 장신구", tawdry-framed pictures of actresses는 "야하게 장식한 액자에 낀 여배우의 사진"을 뜻한다.

They wore their tawdry clothes with an air(그들은 야하고 값싼 옷을 우쭐거리며 입고 있었다). Boogie Nights is not a tawdry film, it is a film about tawdry people(부기나이트는 지저분한 영화가 아니다. 그것은 지저분한 사람들에 관한 영화이다). This tawdry lie is now completely exposed(이 저속한 거짓말은 지금 완전히 노출되었다).[4]

tawdry라는 어쩌다가 "값싸고 번지르르한 (것)"의 대명사가 되었는가? 7세기경 영국 북부에 있던 노섬브리아 Northumbria 왕국의 여왕이었던 에델드레다 Etheldreda, 636~679는 수도원을 만들어 평민을 돕는 삶에 헌신했다. 사후 성 오드리 St. Audrey로 추앙받은 그녀를 기념하기 위해 마을 사람들은 매년 축제를 열었다.

이 축제에선 오드리가 평소 사랑했던 스카프와 목걸이 등을 만들어 팔았는데, 이는 Audrey에 t가 추가되는 등의 변화를 거쳐 tawdry lace로 불렸다. 처음 수백 년간은 tawdry는 refined(세련된)란 뜻으로 통했지만, 그 명성을 이용해 모조품을 파는 악덕 상인들이 난무하면서 "값싸고 번지르르한(것)"이라는 뜻으로 전락하고 말았다.[5]

노섬브리아 Northumbria라는 이름은 오늘날 노

섬브리아 대학Northumbria University으로 살아남았다. 애플의 수석 디자이너이자 부사장인 조너선 아이브Jonathan Ive의 출신 학교라고 해서 알려지기도 했는데, 산업 디자인이 유명하다.

tax

No taxation without representation(대표 없이 과세 없다). 미국의 독립전쟁 직전 영국의 세금 부과에 대해 미국인들이 외친 슬로건이다. 어떠한 종류의 세금이든지, 즉 내국세이든지 수출입세이든지, 세입을 올리기 위한 세금이든 무역규제를 위한 세금이든 상관없이 식민지인들의 동의 없이는 세금을 부과할 수 없다는 것이었다. 이 슬로건은 원래 1215년 대헌장Magna Carta이 선포된 이래 영국인들이 줄곧 부르짖어온 것인데, 이제 미국인들이 더욱 과격한 방식으로 외치고 나선 셈이었다.[6]

"In this world nothing is certain but death and taxes(이 세상에서 죽음과 세금만큼 확실한 것은 없다)." 벤저민 프랭클린Benjamin Franklin, 1706~1790의 말이다. 1789년 프랭클린의 정적政敵이 그에게 새로운 헌법이 무엇을 가져다줄 수 있느냐고 묻자, 프랭클린은 다음과 같이 답했다. "Our Constitution is in actual operation and everything appears to promise that it will last; but in this world nothing is certain but death and taxes(우리의 헌법은 실제로 작동하고 있으며 제반 사정은 헌법이 지속되리라는 걸 보장해주는 걸로 보인다. 그렇지만 이 세상에서 확실한 것은 죽음과 세금뿐이다)."[7]

캐나다 유머 작가인 토머스 핼리버턴Thomas C. Haliburton, 1796~1865은 이 말을 줄여 "Death and taxes are inevitable(죽음과 세금은 불가피하다)"이라고 했다. 세금의 권능을 인정하는 유머론 단연 월 로저스Will Rogers, 1879~1935의 다음과 같은 명언을 들 수 있다. "We don't seem to be able to check crime, so why not legalize it and then tax it out of business(아무리 봐도 범죄를 막을 수 없는 것 같은데, 차라리 범죄를 합법화하고 세금을 물려 파산시키는 게 낫지 않겠는가)."

"What is the difference between a taxidermist and a tax collector? The taxidermist takes only your skin(박제사剝製師와 세금 징수원의 차이는 무엇인가)?" 박제사는 껍질만을 벗긴다는 점이다. 재치 있는 독설로 유명한 미국 작가 마크 트웨인Mark Twain, 1835~1910이 세금 징수원이 더 무섭다는 뜻으로 한 말이다.

"Taxes are the sinews of the state(세금은 국가의 근육이다)." 고대 로마의 철학자 키케로Cicero, B.C. 106~B.C. 43의 말이다. the sinews of war는 "군자금"이란 뜻이다. 세금이 아무리 중요하다 해도 세금 낭비가 많으면 조세 저항을 불러일으키기 마련이다. 미국 버지니아 주지사 마크 워너Mark R. Warner, 1954~는 2004년 어느 인터뷰에서 다음과 같이 말했다.

"If you're going to go out and ask people for more revenues, you have to have rock-solid credentials. You've got to show the taxpayer that you're going to squeeze every dollar before you ask for more(주민들에게 더 많은 세금이 필요하다고 요청하려면, 확고한 실적이 있어야 한다. 그런 요청을 하기 전에 단 한 푼이라도 지독할 정도로 아껴쓰리라는 걸 납세자들에게 보여줘야 한다)."[8]

sin tax는 술, 담배, 도박, 경마 등과 같이 사회에 부정적인 영향을 주는 것들에 부과되는 세금이다. 보통 '죄악세罪惡稅' 또는 악행세惡行稅'로 번역되어 쓰이고 있으나, '규제세規制稅: sumptuary tax'라고 번역하는 게 더 나을 것 같다. 음주나 흡연을 '죄악'이나 '악행'으로 보긴 어렵다는 점에서 말이다. 이런 과세 아이디어를 창안한 영국 경제학자 아서 피구Arthur Pigou, 1877~1959의 이름을 따 '피구세Pigovian tax'라고도 한다.

그렇지만 일단 널리 쓰이고 있는 방식대로, 여기선 죄악세로 부르기로 하자. 죄악세는 소득의 여부와 관계없이 일괄적으로 부과되는 간접세 형식의 조세제도로, 세금으로 발생된 수입은 특수 사업에 쓰이거나 정부예산에 보충된다. 한국 정부는 2009년 죄악세의 도입 과정에서 '서민들에 대한 세금 부담 가중'이라는 여론에 밀려 정책을 보류한 바 있다. 이 보류가 시사하듯이, 죄악세에 대해선 찬반 논란이 매우 치열하다.[9]

미국에선 정크푸드를 먹거나, 비디오게임을 즐기거나, 심지에 병에 든 생수를 마시는 행위도 죄악세의 대상이 된다. 저소득층에게 일방적으로 불리하다는 점과 더불어 실효성이 없다는 게 비판자들의 주요 논거다. 미국의 가톨릭 사제이자 사회운동가인 로버트 시리코Robert Sirico, 1951~는 "죄악세의 예기치 못한 결과 중의 하나는 사람들이 법을 어기도록 부추긴다는 점"이라며 다음과 같이 말한다.

"1919년부터 1933년 사이에 금주법이 시행되며 밀수업자들이 캐나다에서 미국으로 술을 밀수했던 것처럼, 죄악세 때문에 흡연자들도 암시장을 불법적으로 이용하려는 유혹을 더 많이 느끼게 됩니다.……죄악세는 경제적으로나 도덕적으로도 타당하지 않으므로 이 세금을 부과하겠다는 유혹을 뿌리쳐야 합니다."[10]

tax haven(조세 피난처)은 법인의 실제발생소득 전부 또는 상당 부분에 대하여 조세를 부과하지 않거나 법인의 부담 세액이 당해 실제 발생 소득의 15퍼센트 이하인 국가 또는 지역을 말한다. 기업으로서는 조세 피난처를 활용하면 절세나 탈세가 가능하지만 정부로서는 엄청난 규모의 세수 감소가 발생한다. 미국은 기업들의 조세 피난처 활용으로 인한 연간 세수 손실 규모는 1,900억 달러에서 2,800억 달러로 추정된다. 조세 피난처의 원조는 스위스이며, 그다음은 리히텐슈타인이라는 게 전문가들의 견해다.[11]

2013년 7월 11일 국회 기획재정위원회 정성호 의원(민주당)이 한국은행에서 받은 '조세 피난처에 대한 외화송금 내역'에 따르면, 2008년부터 2012년까지 케이만 군도, 버뮤다, 버진아일랜드 등에 대한 송금액은 모두 5조 7,813억 원으로 집계되었다고 한다. 송금 시기의 환율을 적용해 미국 달러화로 환산하면 약 50억 7,000만 달러였다. 정성호 의원은 "조세 회피처에 송금했다는 것만으로 조세포탈 혐의를 단정할 수는 없지만 국세청과 관세청은 좀더 적극적이고 면밀하게 조사해야 한다. 금융감독 당국도 지난해 175개 법인과 20명의 개인이 왜 조세 회피처로 1조 원이 넘는 돈을 송금했으며 자금의 출처가 무엇인지 조사를 하기 바란다"고 말했다.[12]

tax arbitrage(세금 아비트라지)는 세율이 높은 나라에서 순익을 줄이고, 낮은 나라의 순익을 늘려 절세하는 수법이다. arbitrage는 원래 주식·외환 등을 한 지역에서 사서 더 비싼 지역에서 파는 차익거래 또는 재정거래를 말하는데, 이걸 글로벌 기업들의 세금 문제에 원용한 표현이다.

예컨대, 스타벅스 등은 영국보다 법인세율이 낮은 네덜란드, 아일랜드 등에 유럽 총괄법인을 세우고 영국 법인이 올린 순익의 대부분을 로열티·컨설팅 비용 등 명목으로 총괄법인에 송금시키는 수법을 썼다. 그런 식으로 스타벅스는 영국에서 최근 3년간 매출 4억 파운드(약 7,000억 원)를 올렸지만 법인세는 한 푼도 내지 않았으며, 같은 기간 아마존의 영국 매출은 71억 파운드였지만 법인세는 230만 파운드에 그쳤고, 구글은 25억 파운드를 벌고도 600만 파운드 세금을 냈다.

세금 아비트라지는 글로벌 기업들의 오랜 관행이었으며, 영국뿐 아니라 프랑스·호주 등도 이제껏 일자리 창출에 기여한다는 이유로 세금 아비트라지를 묵인했지만, 2012년부터 달라졌다. 2012년 11월 영국 의회는 세금 청문회를 열어 스타벅스·구글·아마존 현지법인 대표들을 닦달했으며, 프랑스는 아마존이 자국에 설치한 법인에 2억 유로(약 2,800억 원)짜리 법인세 고지서를 발부했고, 호주 정부도 "글로벌 기업의 꼼수에 맞서 많은 세금을 물리겠다"고 발표했다. 우파인 앙겔라 메르켈Angela Merkel, 1954~ 독일 총리도 "선진 7개국G7이 협력하여 글로벌 기업의 세테크(절세 꼼수)를 막아야 한다"고 말했다.[13]

TBD

2013년 6월 10일 미국의 유력 차기 대선 주자인 힐러리 클린턴Hillary Clinton, 1947~ 전前 국무장관이 네티즌과 실시간 소통하기 위해 트위터를 시작했다. 클린턴은 이날 기존 트위터 계정(@HillaryClinton)에 짧은 자기소개와 함께 첫 메시지를 올렸는데, 자기소개는 '아내, 엄마, 변호사, 여성과 아동 인권 옹호자, 아칸소 주지사 부인, 대통령 부인, 미국 상원의원, 국무장관, 개 주인, 헤어 아이콘, 바지 정장 마니아, 유리 천장을 깨는 사람(고위직에 이른 여성)'이라고 키워드 형식으로 풀어놓았다. 그리고 대선 출마 여부를 암시하는 듯한 'TBD(추후 결정·To Be Determined)'라고 끝맺었다.

언론들은 "정교한 정계 복귀 전략"(『워싱턴포

스트』) "21세기형 대선 출마 선언"(『더 위크』)이라며 정치적 의미를 부여했다. 『워싱턴포스트』는 "클린턴이 근엄하고 딱딱한 정치인에서 벗어나, 65세로 믿어지지 않는 신세대 감각을 뿜내고 있다"고 평가했으며, 월간 『애틀랜틱』 온라인판은 "클린턴의 트위터 개시는 늦었지만, 자신의 소셜미디어팀 도움을 받아 완전히 변신하는 데 성공했다"고 보도했다.[14]

TBD는 대표적인 플레이스홀더placeholder다. 즉, 빠져 있는 다른 것을 대신하는 기호나 텍스트의 일부라는 것이다. It's a pity she left(그녀가 떠난 것은 애석한 일이다)에서 it처럼 문장 속에 필요한 요소이기는 하나 그 자체의 뜻은 없는 것을 가리키기도 한다.[15]

어떤 행사를 개최하기로 해 그걸 빨리 알려야겠는데, 그 행사에 출연할 사람들을 아직 결정하지 못한 때에 어떻게 할 것인가? 그때 쓰는 게 바로 TBD다. TBATo Be Announced, TBCTo Be Confirmed와 비슷한 뜻으로 쓰이나 다소의 차이가 있다. TBA는 이미 결정은 되었지만 발표가 아직 미정이라는 뜻이고, TBC는 결정의 확인을 아직 해줄 수 없다는 뜻이다. 이런 식으로 무한 변용이 가능하다. to be ascertained, to be arranged, to be advised, to be adjudicated. to be done, to be decided, to be declared 등.[16]

플레이스홀더라는 단어가 정치에서 쓰이면, 그건 주로 임시 임명된 사람을 뜻한다. 미국에선 상원의원이 임기 중 사망하거나 무슨 피치 못할 사정이 생겨 임기를 채우지 못한 채 물러날 때, 대부분의 주에선 주지사가 보궐선거가 끝날 때까지 임시 상원의원을 임명하게끔 되어 있다. 상원의원은 하원의원과는 달리 미 연방정부에서 자신의 주를 대표하는 성격을 갖기 때문이다. 이때 임시 임명되는 사람이 바로 플레이스홀더다. 법적으론 주지사가 자신을 임명할 수도 있지만, 관행상 그런 일은 없다. 상원의원이 사망했을 때, 부인이 종종 플레이스홀더로 임명되기도 한다.

placeholder candidate라는 것도 있는데, 이는 소수정당들이 가끔 써먹는 수법이다. 소수정당은 피투표권 자격을 얻기 위해 청원 활동을 해야 하는데, 보통 그 마감일이 선거에 나갈 후보를 선출하는 전당대회를 열기 전에 닥친다. 이럴 때 소수정당은 플레이스홀더 후보를 내세웠다가 나중에 진짜 후보가 선출되면 바꿔치기를 하는데, 이런 관행을 두고 기만적이라는 비판의 목소리도 높다.[17]

[참고 candidate, Stockdale Paradox]

tea

a cup of tea는 "좋아하는 것, 적합한 것, (수식어와 함께) 어떤 종류의 사람, 물건", a very unpleasant cup of tea는 "아주 불쾌한 사람"이란 뜻이다. 차tea는 영국에서 1700년대 중반 이래로

엄청나게 인기가 높은 음료였기에, 1800년대 말에 이르러선 "좋아하는 것"을 가리키는 말로 쓰일 정도였다. 보통 부정형으로 쓰인다. Please show me another hat. This one's not my cup of tea(다른 모자를 보여주세요. 이건 내가 좋아하는 게 아닙니다).[18]

할리우드 영화제작자 새뮤얼 골드윈Samuel Goldwyn, 1882~1974은 "Coffee isn't my cup of tea(커피는 내가 좋아하는 차가 아니다)"라고 말했는데, 커피와 차는 다르지만 not my cup of tea(내가 좋아하는 것이 아닌)라는 관용구를 십분 활용한 것이다.[19]

tearoom은 "다방, 다실, 찻집"이지만, 동성애자들의 슬랭으로는 동성애 행위가 이루어지는 남자 화장실을 뜻한다. 영국에선 cottage라고 한다. 사회학자 로드 험프리스Laud Humphreys, 1930~1988는 1970년에 출간한 자신의 박사학위 논문 「남자 화장실의 거래: 개인적인 공간의 무심한 섹스Tearoom Trade: Impersonal Sex in Personal Places」에서 남자 화장실에서 동성애자들 사이에 벌어지는 다양한 패턴들(발을 구르는 소리로 암호를 전달하기, 손짓 등 여러 전술)을 정확하고 자세하게 기술했다. 험프리스는 1960년에서 1980년까지 결혼생활을 한 후 자신은 게이라며 커밍아웃을 했다.

사생활을 침해한 비윤리적 연구라는 논란에 휩싸이긴 했지만, 험프리스는 이 연구에서 섹스를 위해 공중화장실을 드나드는 남자들 중 54퍼센트가 아내와 함께 살고 있는 기혼남이며, 38퍼센트는 자신을 동성애자나 양성애자로 생각하지 않으며, 자신이 동성애자임을 인정한 사람은 14퍼센트뿐이었다고 밝혔다.

공화당 상원의원 래리 크레이그Larry Craig는 2007년 미니애폴리스 공항 화장실에서 옆 칸의 남자에게 동성애자들 사이에서 구애 행동으로 알려진 행동을 하다가 경찰에 체포되었는데, 그 역시 아내를 대동한 기자회견에서 자신은 동성애자가 아니라고 항변했다.[20]

technology

테크놀로지technology는 흔히 '기술'로 번역하여 사용되나, 번역하지 않고 테크놀로지라고 표기하는 경우도 있다. 그 이유는 '기술'이 테크놀로지와는 다른 개념인 테크닉technic의 번역어로도 사용되고 있기 때문에 불필요한 오해를 피하기 위해서다.

테크놀로지에서 파생된 테크노techno는 접두어로 쓰여 많은 단어를 만들어내고 있다. technophobe는 신기술을 두려워하는 사람, techno-kid는 10대 컴퓨터 광, techno-art는 테크노 예술(컴퓨터, 컴퓨터 그래픽스, 신소재 등 첨단기술을 이용한 미술, 음악 등)을 말한다.

techno culture(테크노컬처)는 사용자가 콘텐츠 소비자에서 벗어나 원하는 정보를 추려내고, 한 걸음 더 나아가 창조하는 역할까지 담당하는 등

'보텀 업Bottom-Up' 기능을 갖추고 있는 문화를 말한다. 『LA타임스 매거진』은 특집기사에서 2006년을 '테크노컬처 시대의 원년'으로 규정했다. 정보기술잡지 『와이어드』의 설립자 존 바텔John Battelle은 "블로그, 비디오 블로그, 위키, 팟캐스팅, 티보 등 신기술에 밀려난 '매스컬처(대중문화)'에 장례식을 치러줄 때가 됐다"고 주장했다.[21]

tech tree는 technology tree를 줄인 말로, 컴퓨터 실시간 전략 게임에서 각종 유닛의 업그레이드 절차를 뜻하지만, 비유적으로 '위계질서'라는 의미로 쓰인다. 영화감독 조원희는 「개그콘서트의 '스턴트맨' 몰이해」라는 『한겨레』 (2013년 8월 2일) 칼럼에서 "(한국방송의 〈개그콘서트〉에서) 스턴트맨을 15년차가 됐는데도 아직 대사 한마디 없는 대역이라고 불쌍해하는 것, 본인은 '감독이 불쌍히 여겨 대사를 세 마디나 줬다'고 기뻐하는 것 등이 매우 거슬렸다. 스턴트맨이 배우가 되면 '승진'하는 게 아니다. 이직이다. 스턴트맨은 배우들의 위험한 장면을 대신해주는 전문직이다. '대사를 얻지 못해 몸을 쓰는 직업'이 아니란 말이다"며 다음과 같이 말했다.

"해당 프로그램을 만드는 사람들에게 화가 났었지만 이내 한국 특유의 '승진 중심 문화'가 문제라는 생각이 들었다. 대부분의 우리나라 회사는 인턴으로 출발하여 사원, 대리, 과장, 부장, 이사, 사장으로 승진하는 '테크 트리'를 지니고 있다. 일정 시간 안에 다음 단계로 승진하지 못하면 도태되는 시스템이다. 사실 우리 영화계는 오랫동안 도제 제도와 승진 제도를 혼합한 '테크 트리'로 운영됐던 게 사실이다. 연출부 막내로부터 시작하여 연출부 서열이 높아지면서 조감독을 거쳐 감독이 되는 구조였다. 하지만 조감독은 사실 감독 수업을 하며 감독을 도와주는 자리 정도가 아니다. 촬영 순서 정리와 배우들의 등퇴장 관리 등은 오래 하면 노하우가 쌓이는 전문적인 분야다. 그래서 할리우드에선 오래 전부터 전문 조감독 시스템이 마련됐다. 초보 감독이 자신보다 나이가 두 배쯤 되는 조감독의 보필 아래 걸작을 만들어낼 수 있는 환경인 것이다."[22]

"The science of today is the technology of tomorrow(오늘의 과학은 내일의 기술이다)." 제2차 세계대전 중 원자폭탄을 개발한 맨해튼 계획Manhatten Project에 참가한 미국의 원자 물리학자 에드워드 텔러Edward Teller, 1908~2003의 말이다.

"The sense of some new technology as inevitable or unstoppable is a product of the overt and covert marketing of the relevant interests(어떤 새로운 기술을 불가피하다거나 제지할 수 없는 것으로 보는 생각은 관련 이해관계자들의 공공연하거나 은밀한 마케팅의 산물이다)." 영국 비평가 레이먼드 윌리엄스Raymond Williams, 1921~1988의 말이다.[23]

"Many liberals who have fully accepted a laissez-faire view of technology. Theirs are the arguments once used to defend laissez-faire economics: that any attempt to control technology would stifle innovation and initiative(케인즈 식 경제통제를 전적으로 받아들이는 많

은 자유주의자가 기술에 대해선 자유방임주의적 견해를 갖고 있다. 그들의 생각은 한때 자유방임주의적 경제를 옹호하기 위해 쓰인 주장이다. 즉, 기술을 통제하려는 시도는 혁신과 창의를 죽이려는 것이다)." 미국 사회학자 아미타이 에치오니Amitai Etzioni, 1929~의 말이다.[24]

"To invent the train is to invent derailment; to invent the ship is to invent the shipwreck(기차의 발명은 탈선의 발명이고, 배의 발명은 난파의 발명이다)." 프랑스 철학자이자 건축가인 폴 비릴리오Paul Virilio, 1932~가 1997년 인터뷰에서 한 말이다. 기술 진보와 재앙은 동전의 양면과 같다는 그의 평소 소신의 표현이다.[25]

미국의 MTV는 국경을 초월한 'MTV 세대'를 만들어냈다. MTV의 신조는 "지나치게 진지한 태도를 버리고 스스로 즐겨라. 아이들이 요구하는 것에 초점을 맞추어라"다.[28] MTV 탄생 배경은 1970년대부터 나타난 '열쇠 어린이latchkey kid'다. 초등학생들이 방과 후부터 부모가 직장에서 돌아올 때까지 집에 혼자 있는 현상을 가리키는 말이다. latchkey kid는 원래 1944년 NBC 다큐멘터리에서 처음 쓰인 말인데, 제2차 세계대전 동안 남편은 군에 아내는 일터에 나가느라 아이들이 집에 혼자 남겨져 있던 현상을 가리키는 말이었다.

'열쇠 어린이'들과 그들의 부모를 겨냥한 『키즈마트Kidsmart』라는 잡지까지 나왔다. '열쇠 어린이'들은 주로 텔레비전을 시청했는데, 이 시장을 겨냥한 것이 바로 MTV다. '열쇠 어린이'라는 말은 다소 비관적인 느낌을 준다는 이유로 광고업계에서는 '트윈tween(10~12세 어린이)'이라는 말을 만들어냈다.[29]

tween은 teen(ager)과 between의 합성어인 셈인데, 어린이도 아니고 청소년도 아니고 어중간

teenager

thirteen에서 nineteen, 즉 13~19세를 가리키는 틴에이저teenager라는 말은 소비사회가 본격적으로 정착되고 10대들이 소비대중문화에 미치는 영향력이 커지기 시작한 1940년대에 미국에서 처음으로 만들어진 말이다.[26] 그 이전엔 그런 개념이 없었다. 그래서 미우라 마사시三浦雅士는 청춘은 '부르주아 계급의 발흥과 확대', '산업자본주의와 궤를 같이하며 전 세계에 침투'된 것으로 '청춘의 빛과 그림자는 실상 자본주의의 빛과 그림자에 다름 아니었'다고 주장한다.[27]

MTV

하지만 곧 틴에이저가 되는 pre-teen이라는 의미다. preteen으로 붙여 쓰기도 하고, preteen-ager라는 말도 쓰인다.

screenager는 스크린screen과 teenager의 합성어다. 스마트폰이나 태블릿 pc 등 모바일 기기가 확산되면서 하루 종일 스크린에 노출되어 있는 10대를 가리키는 말이다.[30]

telenovela

telenovela(텔레노벨라)는 스페인어 televisión(television)과 novela(novel)의 합성어로, 중남미 국가들에서 가장 인기 있는 텔레비전 프로그램 장르다. 드라마 형식의 텔레비전 영상을 통해 장편소설을 감상할 수 있는 장르인 셈이다. 이런 텔레비전 연속극들은 극심한 빈부 격차를 소재로 즐겨 쓴다. 그 내용은 주로 사랑 타령인데, 가난한 메스티소mestizo(혼혈) 여자가 천신만고 끝에 백인 부자 남자와 결혼하여 팔자를 고친다는 게 주된 줄거리다.[31]

그래서 멕시코의 미디어 재벌 그룹인 텔레비사Televisa의 드라마는 처지가 비슷한 제3세계권에서 높은 인기를 끌고 있는데, 아마도 1996년 필리핀에서 일어난 이른바 '마리 마르 파동' 이 그 인기를 웅변해준 대표적인 사례일 것이다. 『뉴욕타임스』 1996년 8월 27일자는 텔레비사가 제작한 멜로드라마 〈Mari Mar〉가 "늦여름의 태풍처럼 필리핀 전역을 휩쓸고 있다"고 보도했다.

이 기사는 "특히 프로그램 제목과 같은 이름의 여주인공 역할을 맡은 여배우가 태풍의 핵심에 있다. 그녀의 예명은 탈리아Thalia. 최근 회교도 게릴라들과 맺은 역사적인 평화 협정과 필리핀 혁명 100주년 기념 기간에 맞춰 그녀가 방문했을 때, 그녀가 시가지에 들어서자 사람들은 모든 일을 젖혀두고 보통 교황 방문 때나 볼 수 있을 정도로 대군중을 이뤄 몰려들었다"며 다음과 같이 말했다.

"탈리아는 작년에 인도네시아를 방문했을 때에도 필리핀과 같이 열광적인 군중들에게 포위되었다. 〈Mari Mar〉는 지난 3월 필리핀 텔레비전에 데뷔한 이후로 필리핀 방송의 프라임 타임을 평정했을 뿐 아니라, 필리핀인들이 멕시코를 순수와 낭만의 나라로 생각하도록 만들었으며, 한 비평가의 말처럼 필리핀을 '마리 마르 공화국' 으로 만들었다.……새벽 4시 30분 도착 예정인 항공편으로 오는 탈리아를 환영하기 위해서 아직 아침 해가 뜨기 전이라 어두운 데도 불구하고……수천 명이 마닐라 공항에 몰려들었다. 공항에 나가지 않은 사람들을 위해 텔레비전은 그녀의 도착 행사를 생방송으로 중계했다. 입국 후 1주일 동안 탈리아는 각종 공연과, 인터뷰 등의 공식적인 행사에 참가했다.……사람들은 눈물을 흘렸고, 정치인들은 그녀의 관심을 끌기 위해 경쟁했다.……이 멜로드라마는 모든 상투적인 기법을 동원하고, 눈물샘을 최대한 자극한다.

가난에 찌든 마리 마르는 도둑의 누명을 썼으나 부유하지만 유약한 한 남자의 도움으로 누명을 벗어서 그와 결혼하게 된다. 탈리아가 맡은 마리 마르의 역할은 필리핀 사람들의 경험과 희망을 대변한다고 많은 필리핀인들은 생각한다."[32]

한국의 KBS-2TV는 1996년 5월부터 '세계의 TV영화 시리즈'로 브라질의 글로보Globo TV사가 제작한 〈해변의 두 여인〉을 방영했는데, 이 TV 영화는 러시아에서 대히트를 쳤고, 유럽 등 세계 35개국 이상에서 방영되었다. 지역민방 부산방송이 1996년 6월에 방영을 시작했던 텔레노벨라 〈카산드라〉는 베네수엘라 작품이었다.

카산드라는 150부작 초대형 멜로드라마로 미국 등 세계 49개국에서 높은 시청률을 기록한 화제작이었는데, 카산드라의 인기는 빌 클린턴Bill Clinton 미국 대통령이 인도네시아를 방문했을 때 생긴 에피소드를 통해서도 입증되었다. 당시 클린턴 숙소 앞에는 여주인공 카산드라 역을 맡았던 코라이마 토레스를 만나기 위한 인파가 20여 만 명이나 운집했다고 한다. 코라이마를 연호하는 군중의 함성에 못 이겨 클린턴이 결국 숙소를 옮기고 말았다.

세계 3대 방송상 중의 하나인 국제 에미상The International Emmy Awards은 연속적인 줄거리를 가지고 에피소드 수(50~220회)가 사전에 정해져 있으며, 주로 남녀 간 사랑을 주제로 주당 2~6회 방송되는 드라마를 '텔레노벨라 부문'으로 정해 따로 시상하고 있다. 2012년 10월, 한국에서 2011년에 방송된 MBC 일일드라마 〈불굴의 며느리〉가 2012 국제 에미상 텔레노벨라 부문에 노미네이트 된 바 있다.[33]

미국에선 텔레노벨라를 가리켜 Spanish soap opera라고도 하는데, 이는 잘못된 용법이다. 텔레노벨라는 무한정 지속될 수 있는 soap opera와는 달리 제한된 방영 횟수와 기승전결의 스토리 라인이 있기 때문이다.[34]

television

television이란 단어는 1900년 8월 25일 파리에서 열린 "국제전기기술총회"에서 처음 사용되었지만, 텔레비전은 이후 수십 년간 실험실 속에서만 존재해왔다. 1922년 12월 1일 에드워드 벌린Edward Berlin이 파리에서 "텔레비전" 시범을 보였던 것도 몇십 센티미터 정도 빛을 방사하는 장난감 수준에 지나지 않았다.

1925년 6월 13일 찰스 프랜시스 젱킨스Charles Francis Jenkins, 1867~1934는 워싱턴에서 약 8킬로미터 떨어진 곳의 움직이는 영상을 전달하는 데 성공했으며 4개월 후 런던에서도 존 베어드John Baird, 1888~1946가 비슷한 실험에 성공했다. 이러한 성과들에 힘입어 1927년 4월에는 뉴욕-뉴저지-워싱턴을 연결하는 텔레비전 실험에서 당시 상무장관 허버트 후버Herbert Hoover, 1874~1964의 축하 메시지를 방송하는 데 성공했다. 4월 8일자

『뉴욕타임스』 1면 머리기사 제목은 다음과 같이 그때의 감격을 전하고 있다.

"Far Off Speakers Seen as Well as Heard Here: Like a Photo Comes to Life(멀리 있는 연사가 여기서 들릴 뿐만 아니라 보이다: 사진이 살아 움직이는 것 같아)."[35]

1928년 1월 GE와 RCA는 텔레비전 수상기 3대를 생산해 일반에게 공개했으며, 5월에는 GE의 뉴욕 슈넥타디 방송국이 1주에 3일간 하루 3분씩 최초의 텔레비전 방송을 시작하게 되었다. 1929년 가을에는 런던에서도 텔레비전 방송이 시작되었으며, 미국에는 이미 26개의 텔레비전 방송국이 존재했다. 그러나 1929년 10월에 발생한 대공황은 막 일기 시작한 텔레비전 붐에 찬물을 끼얹고 말았다.

대공황은 텔레비전 발달의 본거지를 미국에서 유럽으로 이동시켰다. 특히 1933년 집권한 히틀러 치하의 독일에서는 경제가 왕성한 가운데 텔레비전이 크게 발달되어 1936년 8월 베를린 올림픽을 중계방송하는 수준에 이르렀다. 독일과 더불어 영국, 프랑스, 러시아, 이탈리아, 일본 등의 나라들도 1930년대에 텔레비전의 비약적인 발전을 이룩했으나 미국의 텔레비전은 대공황의 후유증으로 거의 빈사 상태에 놓여있었다. 이와 같은 상황을 극복하기 위해 나선 인물이 바로 RCA의 데이비드 사노프David Sarnoff, 1891~1971였다. 그는 1935년 5월 7일 RCA의 주주들 앞에서 100만 달러를 투자하여 텔레비전을 실용화하겠다고 선언했다.

1930년대 후반 미국의 텔레비전은 RCA의 주도하에 서서히 발전하기 시작했다. 텔레비전이라고 하는 새로운 매체를 과시하고 싶은 RCA의 욕구는 NBC가 1939년 뉴욕 세계박람회 개회식을 중계방송하는 것으로 나타났다. 1939년 4월 30일, 이 날은 후일 "미국 텔레비전의 탄생일"로 기념될 역사적인 날이었다. 그날 오후 12시 반 개막연설을 하는 프랭클린 루스벨트Franklin Roosevelt, 1882~1945 대통령의 모습이 뉴욕 시에 이미 보급되었던 200여 대의 텔레비전 수상기를 통해 생생하게 중계방송되었다. 이로써 루스벨트는 텔레비전에 출연한 미국 최초의 대통령이 되었으며, 뒤이어 연설을 한 사노프는 텔레비전의 밝은 전망을 역설하고 또 그걸 현실화시킴으로써 "미국 텔레비전의 아버지"라는 호칭을 얻게 되었다.[36]

이후의 역사는 우리가 잘 아는 바와 같다. 대공황의 타격으로 초기 발전은 늦었지만, 미국은 곧 '텔레비전 왕국'의 지위를 차지하게 된다. 텔레비전과 관련된 명언을 8개만 감상해보자.

(1) Television is chewing gum for the eyes

television

(텔레비전은 눈을 위한 껌이다). 미국 건축가 프랭크 로이드 라이트Frank lloyd Wright, 1867~1959의 말이다.

(2) While television is supposed to be 'free,' it has in fact become the creature, the servant, and indeed the prostitute of merchandising(텔레비전은 자유로운 것으로 여겨지지만, 실은 상업적 산물이자 하인이며 아니 매춘부가 되고 말았다). 미국 칼럼니스트 월터 리프먼Walter Lippmann, 1889~1974은 1959년 텔레비전에 대해 이렇게 비판했지만, 1960년 당시 CBS-TV에서 〈CBS Reports〉라는 프로그램을 제작하던 프로듀서 프래드 프렌들리Fred Friendly, 1915~1998의 집요한 설득에 굴복하여 결국 텔레비전에 출연했다. 인터뷰 프로그램 형식으로 모두 여섯 번에 걸쳐 이루어진 리프먼의 텔레비전 출연은 방송비평가들에게 매우 호의적인 평가를 받았다.[37]

(3) I hate television. I hate it as much as peanuts. But I can't stop eating peanuts(나는 텔레비전을 몹시 싫어한다. 땅콩만큼이나 몹시 싫어한다. 그렇지만 땅콩에 자꾸 손이 가는 건 어쩔 수 없다). 미국의 영화배우이자 감독인 오슨 웰스Orson Welles, 1915~1985의 말이다. 1938년 10월 30일 CBS 라디오가 방송한 드라마 〈화성인의 습격The Invasion from Mars〉은 라디오의 영향력을 극적으로 입증했다. 허버트 웰스Herbert G. Wells의 공상과학소설 『우주 전쟁The War of the Worlds』을 웰스가 각색하고 직접 출연해 제작한 이 프로그램은 화성인들의 침입을 다루었는데, 이걸 실제 일어난 일로 착각한 전국의 수많은 청취자가 공포에 질려 피난을 가는 사태가 벌어졌던 것이다. 라디오 드라마 연출로 명성을 떨친 웰스가 데뷔작으로 내놓은 영화는 그 유명한 〈시민 케인〉(1941)이다.

(4) Television has proved that people will look at anything rather than each other(텔레비전은 사람들이 서로 얼굴을 마주보느니 차라리 다른 것을 보려 한다는 것을 입증했다). 미국의 조언 전문 칼럼니스트 앤 랜더스Ann Landers, 1918~2002의 말이다.

(5) Television looks so bad because so much of it is visible. If the equivalent number of oil paintings from a certain year were hung in full view, painting in general might not look so stellar(텔레비전이 많은 사람에게 나쁘게 보이는 건 그 대부분의 것이 가시적이기 때문이다. 고급미술이라 하더라도, 일부러 화랑을 찾지 않고 그것이 텔레비전처럼 늘 도처에 편재해 있다면 그래도 그렇기만 할까).[38] 할리우드 코미디 작가 마이클 일라이어스Michael Elias의 말이다.

(6) Television would be wonderful if it were only on Wednesday nights(텔레비전이 수요일에만 방송된다면 그건 기가 막히게 좋을 것이다).[39] 할리우드 프로듀서인 그랜트 팅커Grant Tinker, 1925~가 앞서 일라이어스가 한 주장의 연장선상에서 한 말이다.

(7) Television has a real problem. They have no page two(텔레비전은 한 가지 심각한 문제를 안고 있는데, 그건 바로 두 번째 페이지가 없다는 것이다). 미국 칼럼니스트 아트 버크월드Art Buchwald, 1925~2007의 말이다.

(8) Kill Your Television(텔레비전을 없애버리자). 1997년 중반 미국 워싱턴 D.C. 주변을 돌아

다니는 차에서 가장 흔히 찾아볼 수 있는 스티커 슬로건이었다. 이와 관련, 미국 방송인협회의 수석 부회장인 제프 바우먼Jeff Bauman은 "요즘처럼 TV 프로그램에 대한 거센 반향을 일찍이 경험한 적이 없다. 점점 더 많은 사람들이 사회문제들을 해결하기 위해 TV 프로그램을 규제하기 위한 법규 쪽으로 눈을 돌리고 있다"고 말했다.⁴⁰

tent

tent

tent는 "천막(을 치다)", pitch(strike) a tent는 "텐트를 치다(걷다)", pitch(have) one's tent는 "거처를 정하다, 거주하다", fold one's tents는 "조용히 떠나다, 집으로 가다"는 뜻이다. He felt as though he were tented down for the night in the wilds(그는 그날 밤 황야에서 천막을 치고 있는 것 같은 기분이었다). Overhead the branches met and tented out the sky(머리 위에서는 나뭇가지들이 서로 얽히고설켜 하늘을 덮고 있었다).⁴¹

big tent는 "다양한 파벌들을 하나로 뭉치게 하는 큰 대의大義나 정책"이다. 두루뭉술한 것 catch-all이라는 비판을 받기도 한다. 서커스에서 나온 말이다. 서커스단의 빅 텐트 내부는 여러 구획으로 나뉘어져 있어 각기 다른 쇼들을 동시에 공연할 수 있었는데, 이를 정치에 비유한 것이다.

1976년 대선에서 재선에 실패한 뒤 제럴드 포드Gerald Ford, 1913~2006는 존 코널리John Connally, 로널드 레이건Ronald Reagan, 넬슨 록펠러Nelson Rockefeller 등 공화당 거물들과 가진 회합에서 이렇게 말했다. "The Republican tent is big enough to encompass the four individuals who were here today(공화당의 텐트는 오늘 여기 모인 네 사람을 다 수용할 수 있을 만큼 크다)."⁴²

이른바 '빅 텐트' 론은 늘 정치판의 단골 소재다. 『뉴욕타임스』 2003년 6월 1일자는 다음과 같이 보도했다. "Two main tenets of Bush's brand of Republicanism the "big tent" philosophy and the "family values" agenda seem to be on a collision course(부시가 주창하는 공화당 노선의 2대 주요 원칙이라 할 "빅 텐트"론과 "가족 가치"론은 상호 충돌할 것으로 보인다)."⁴³

그런 문제가 있지만 자주 '빅 텐트' 론이 외쳐지는 이유는 그간의 선거사를 살펴볼 때 승률이 높기 때문이다. 금주당Prohibition Party과 인민당

Populist Party의 역사적 경험이 잘 말해주듯이, 한 가지 강력한 이념이나 주장을 내세우면서 그걸 고집하는 정당은 다 실패하고 말았다. 늘 욕을 먹더라도 가급적 넓게 감싸안고 가는 게 선거엔 도움이 된다는 이야기다.[44]

한국에서도 한동안 '빅 텐트' 론이 유행했다. '빅 텐트' 론이란 "야 5당이 합당 등을 통한 '화학적 결합' 을 하지 않고, '진보 진영' 이라는 '거대한 텐트' 속에서 단일후보를 선출한 뒤 2012년 총선에서 승리하고 그 여세를 몰아 대선에서도 승리하겠다는 전술"이었다. 비록 실패로 돌아갔지만 말이다.

tenure

tenure는 "(대학교수 등의) 종신재직권"이다. 원래 뜻은 주로 토지 보유권, 보유 기간, 보유 조건이었으며, 오늘날에도 그 뜻이 남아 있다. one's tenure of life는 "수명", tenure for life는 "종신 (토지) 보유권", hold one's life on a precarious tenure는 "오늘 내일 하는 목숨이다", during one's tenure of office는 "재직 중에"라는 뜻이다.

테뉴어 교수직은 독일에서 생겨나 미국으로 건너온 전통으로, 교수들이 해고의 위협을 받지 않고 자유롭고 양심적으로 학문 활동을 할 수 있게 고안된 것이지만, 대학에만 존재하는 이런 개념이 연구하지 않는 게으른 교수들을 대거 양산한다는 비판도 만만치 않다.[45]

또 강제 퇴직 연령이 없는 종신제라 교수진 고령화의 주요 이유이며, 정교수full professor 평균 연봉은 약 10만 달러로 등록금 인상의 주요 이유이며, 다른 사람들을 희생으로 한 시대착오적인 제도라는 비판도 제기되고 있다.[46]

컬럼비아 대학 교수 마크 테일러Mark C. Taylor, 1945-는 『뉴욕타임스』 2009년 4월 27일자에 기고한 칼럼에서 교수의 종신재직권을 없애고 강제 퇴직 제도를 도입하자고 주장해 대학가에 큰 논란을 불러일으켰다. 그는 대학들이 수용할 시장이 없는데도 대학원생들을 양산하고 있는 것은 대학원생들을 값싼 시간강사로 써먹기 위한, 인건비 착취를 위한 계산도 작용한 탓이라고 했다.[47]

사실 교수들의 종신재직권은 미국 대학들의 재정난과 등록금 인상의 주요 원인이 되는 등 문제가 심각하다. 세인트루이스 워싱턴 대학 로스쿨 교수인 브라이언 타마나하Brian Z. Tamanaha는 2012년에 출간한 『로스쿨은 끝났다Failing Law Schools』에서 "일반 대학들처럼 로스쿨도 학교에 말뚝 박고 있는 고령의 교수들이 학교를 떠나도록 거금의 종신재직권 재매입금(일종의 퇴직금)을 지급한다. 종신재직권이 일종의 재산처럼 되었기 때문에, 교수들은 재산을 포기하는 대가로 상당한 돈을 요구할 수 있고 또 실제로 그렇게 한다. 종신재직권은 교수 세계의 황금 낙하산이 되었다"며 다음과 같이 말한다.

"종신재직권 재매입금이 거액인데도 퇴직을 유도하는 데는 생각만큼 그리 신통치 않다. 1998년 당시 세인트존스는 2년 치 연봉 전액과 6년 치 건강보험료를 퇴직금으로 제시했지만, 처음엔 단 1명도 퇴직을 하지 않았다. 결국, 최소한만 일하기로 한다면 로스쿨 교수는 그리 힘든 직업도 아니고, 수입도 짭짤하며, 교수라는 지위도 매력적이다. 1년에 6개월 동안 주당 15~20시간만 일하면 되는 한가한 직업을 포기하기엔 2년 치 연봉이 충분치 않은 것도 사실이다. 이런 퇴직금 제도로는 은퇴 연령을 한참 남겨둔, 성과가 저조한 교수들 문제를 해결하지 못한다."[48]

최근 미국에선 많은 대학이 인건비를 줄이기 위해 시간강사를 많이 쓰고 더 나아가 테뉴어를 주지 않는 비정년 트랙nontenure track 교수들만 채용하고 있다. 뉴욕 대학New York University의 조교수 초봉은 2만 5,000달러인데, 조교수들은 약자의 입장이므로 테뉴어 없는 조건이라도 그런 박봉에 그냥 응할 수밖에 없다. 비정년 트랙 교수는 1969년 3.3퍼센트에 불과했지만 2000년대 중반엔 60퍼센트를 넘어섰다.[49]

사정이 그렇기에 교수의 정년 보장을 둘러싼 갈등도 만만치 않다. 드물긴 하지만 교수들 사이에 폭력사태가 일어나기도 한다. 2010년 2월엔 앨라배마 대학University of Alabama의 한 조교수가 자신의 정년 보장 탈락에 분노한 나머지 선배교수들을 총으로 쏴 죽인 사건까지 벌어졌다. tenure를 얻기 위한 투쟁, 아니 전쟁은 "publish or perish(논문을 발표하거나 망하거나)"라는 말까지 낳게 만들었다. 충분한 논문 발표 실적이 없으면 대학에서 쫓겨나는 현실에서 미국 교수들의 논문 강박증을 가리키는 말로 1940년대부터 쓰이기 시작했다.[50]

terror

"There is no terror in the bang, only in the anticipation of it(폭탄이 터지는 것에는 공포가 없다. 공포는 오직 폭발이 일어나리라는 예감에 존재한다)." 공포영화의 대가인 앨프리드 히치콕Alfred Hitchcock, 1899~1980의 말이다.[51]

9·11 테러 이후 미국은 한동안 공포의 도가니로 변했는데, 히치콕의 말대로 '폭발이 일어나리라는 예감'이 미국인들을 더욱 두렵게 만들었다. 그런 두려움 속에서 많은 인권유린이 자행되었는데, 당시 나온 주요 발언들을 몇 가지 살펴보자.

"America was targeted for attack because we're the brightest beacon for freedom and opportunity in the world. And no one will keep that light from shining(미국은 세계에서 자유와 기회의 가장 밝은 횃불이기 때문에 공격의 목표가 된 것입니다. 그 누구도 그 불빛이 빛나는 걸 막지 못할 것입니다)." 미국 제43대 대통령 조지 부시George W.

9 · 11 terror

Bush, 1946~가 2001년 9월 11일 밤 연설에서 9 · 11 테러에 대해 한 말이다.[52]

부시는 "You're either with us or with the terrorists(우리 편 아니면 테러리스트 편)", 그의 핵심 참모인 칼 로브Karl Rove는 "You either have a "pre-9/11" mind-set or a "post-9/11" one(9 · 11 이전 마인드 아니면 9 · 11 이후 마인드)"이라는 수사법을 구사했다. 이런 demonization(악마화)의 총기획은 로브가 담당했다.[53] 로브의 부시 행정부에선 모든 정부 부처와 기관이 철저한 politicization(정치화)의 포로가 되었다.[54]

"Why do they hate us(왜 그들은 우리를 증오하는가?)" 부시가 2001년 9월 20일 상하 양원 합동회의에서 행한 연설에서 던진 질문이다. "미국인들은 묻습니다. 왜 그들은 우리를 증오하는가? 그들은 바로 여기 이 회의장에서 우리가 보고 있는 것을, 민주적으로 선출된 정부를 증오합니다. 그들의 지도자들은 자기 스스로 임명된 사람들입니다. 그들은 우리의 자유, 우리의 종교의 자유, 우리의 표현의 자유, 투표하고 집회하고 서로 다른 의견을 표할 수 있는 우리의 자유를 증오합니다."[55]

"Bush is my commander(부시가 저의 사령관입니다)." 2000년 대선에서 민주당 후보로 출마해 조지 부시에게 억울하게 패배한 앨버트 고어 Albert Gore, 1948~가 9 · 11 테러 직후인 2001년 9월 29일 민주당 아이오와 지부에서 행한 연설에서 한 말이다. 그는 이 말로 우뢰와 같은 박수를 받았지만, 하워드 진Howard Zinn, 1922~2010은 다음과 같이 비꼬았다.

"이 소식을 들었을 때 저는 이런 생각이 들었습니다. '앨버트 고어는 헌법을 읽어본 적이 없나보군' 하고 말입니다. 우리의 헌법에는 대통령이 군대의 최고 지휘관이라고 써 있습니다. 대통령은 이 나라의 최고 지휘관도, 우리 모두의 최고 지휘관도 아닙니다. 앨버트 고어는 앞뒤 재지 않고 전선으로, 권력의 중심으로 뛰어들려는 사람들의 또 다른 본보기일 뿐이죠."[56]

고어는 『뉴욕타임스』에 "민주당원들과 공화당원들에게 모두 간곡히 부탁드립니다. 부시 대통령에게 확고한 지지를 보내줍시다"라는 내용의 글을 기고하기도 했는데, 고어 같은 사람을 가리켜 Nine-eleven(9/11) Republican이라는 신조어가 생겨났다. 민주당 지지자였으나 9 · 11 테러 이후 공화당과 조지 W. 부시 행정부 지지자로 돌아선 사람들을 가리키는 말이다. 물론 그 수가 매우 많았기에 생겨난 말이다.[57]

You are either with us or against us(우리 편이 아니면 적이다). 9·11 테러 이후 미국 사회를 지배한 이분법 슬로건이다. 대통령 조지 부시는 "우리 편이 아니면, 테러리스트들 편이다"라고 선언했으며, 거의 모든 국민과 언론이 이 선언에 화답했다.

If You See Something, Say Something(보면 신고해주십시오). 2001년 9·11 테러 이후 미국의 공공장소에 등장한 표어다. 테러와 관련된 의심스러운 행동을 하는 사람을 신고해달라는 것이다.

I'm Proud to be an American(나는 미국인인 게 자랑스럽다). 2001년 9·11 테러 이후 유행한 티셔츠에 새겨진 슬로건이다.[58]

그러나 영국 상원의원이기도 한 마이클 스콧-조인트Michael Scott-Joynt 성공회 윈체스터 주교는 2002년 1월 3일 미사에서 "9·11 테러는 서방에 대한 심판"이라며, 북미와 유럽의 유권자들이 가난한 나라 수백만 명의 희생을 대가로 자신들의 생활수준을 향상시키도록 자국 정부를 고무하지 않았다면 오늘날과 같은 현상이 벌어졌겠는지 자문해보라고 말했다.[59]

This is not the America I Know(이것은 내가 알고 있는 미국이 아니다). 부시가 2004년 3월 아부그라이브Abu Ghraib 수용소 사건이 터졌을 때에 한 말이다. 이 수용소에서 미군이 이라크 포로를 잔혹하게 학대한 사실이 만천하에 공개된 것이다. 미군은 사나운 개로 포로들을 위협하고 물 어뜯게 하거나, 발가벗겨 성적으로 모욕하고, 찬물을 뒤집어씌우고 팔을 비트는 등 온갖 잔인한 방법으로 고문했다. 부시는 그렇게 펄펄 뛰는 시늉을 보였지만, 그는 이미 2002년 2월 7일 테러 관련 용의자들에 대한 고문 허용에 서명했던 것으로 나중에 밝혀졌다.[60]

"We are terrorists to the bone(우리는 골수 테러리스트다)." 2009년 3월, 9·11 테러로 미국에서 기소된 칼리드 셰이크 모하메드Khalid Sheikh Mohammed가 다른 4명의 피고와 함께 자신들의 행위를 옹호하면서 한 말이다.[61]

Thanksgiving Day

17세기 초 영국 국교회와 가톨릭교회는 별 차이가 없다고 불만을 가진 이들이 있었으니, 이들이 바로 퓨리턴이다. 이들은 교회를 정화할 개혁을 요구했는데, 특히 가톨릭적 요소를 정화purify해야 한다고 주장해서 'puritan'이란 말이 나오게 된 것이다.

퓨리턴에도 여러 종류가 있었는데, 분리주의자Separatists로 알려진 가장 급진적인 퓨리턴은 국법으로 규정된 성공회 교회 참석을 거부하고 독립된 종교집회를 가졌다. 그러나 대다수 퓨리턴은 영국 국교회와 결별하길 원치 않았으며 개혁을 원했다. 개혁이 받아들여지지 않자 실망한 이들은 분리주의자들과 더불어 다른 길을 모색하게 되지만, 신앙의 방식은 분리주의자들과 크

Thanksgiving Day

게 달랐다.⁶²

1620년 9월 6일 35명 퓨리턴(대부분 분리주의자)과 67명 '이방인strangers(퓨리턴의 교파에 속하지 않은 사람들)' 등 102명을 태운 메이플라워Mayflower호가 영국 플리머스Plymouth를 출발했다. 이들은 12월 21일 보스턴Boston에서 동남쪽으로 60킬로미터 떨어진 플리머스록Plymouth Rock 해안에 내렸지만, 그 겨울에 영양실조와 질병 등으로 반이 죽었다.

1621년 3월 16일 이들에게 행운이 일어났다. 이전에 영국 탐험대에 동행했던 덕분에 영어를 할 줄 아는 인디언 사모세트Samoset가 나타난 것이다. 그는 이들과 부근 왐파노아그Wampanoags 인디언들 사이에 물자를 거래할 수 있는 길을 터주었다. 이후 인디언들이 물고기를 잡고 옥수수를 기르는 법을 가르쳐준 덕분에 백인들은 연명할 수 있었다.

10월 첫 번째 추수 후 정착민들은 3일간 추수감사절 파티를 열고 원주민들을 초대했다. 이 정착민들을 가리켜 Pilgrims라고 하는데, 필그림 53명, 인디언 90명이 모였다. 필그림 대표인 윌리엄 브래드퍼드William Bradford, 1590~1657는 이 날을 '감사의 날thanksgiving day'로 선포했다. 이게 바로 오늘날 미국의 최대 명절인 추수감사절 Thanksgiving Day의 기원이다.

1789년 11월 29일 조지 워싱턴George Washington, 1732~1799 대통령이 처음으로 추수감사절을 국경일로 선포했으며, 1939년에는 11월 셋째 주 목요일로 추수감사절을 변경했다가 1941년 의회에서 법률을 통해 11월 넷째 주 목요일로 확정하여 오늘에 이르고 있다.⁶³

2005년 11월 24일 미국의 심장부 뉴욕이 화려한 추수감사절 퍼레이드로 흥청이던 날, 북아메리카 원주민 3,000명은 인디언 권리운동의 성지聖地인 미국 샌프란시스코 근해의 알카트라즈Alcatraz 섬을 찾아 추수감사절을 애도하면서 "추수감사절Thanksgiving Day이 아니라 추수강탈절Thankstaking Day이다"고 주장했다. 이들은 "식량을 나눠주며 백인들이 겨울을 날 수 있도록 도와준 것은 명백한 실수였다"면서 "기력을 차린 백인들은 원주민을 배반하고 땅을 빼앗았다"고 말했다.⁶⁴

theory

"A young boy is a theory, and old man is a fact(젊은이는 이론이고 늙은이는 사실이다)." 미국 작가 에드 하우 Ed Howe, 1853~1937의 말이다. 그는 또 이런 말도 했다. "A theory is no more like a fact than a photograph is like a person(사진이 사람과 같지 않은 것처럼 이론은 사실과 같지 않다)."

"It is a capital mistake to theorize before you have all the evidence. It biases the judgment(증거도 부족한데 이론화하는 것은 중대 실수다. 그러면 판단에 오류가 생긴다)." 영국의 추리소설 작가 아서 코넌 도일 Arthur Conan Doyle, 1859~1930의 말이다.[65]

"A professor must have a theory, as a dog must have fleas(개에게 벼룩이 있듯이, 교수에겐 이론이 있다)." 미국의 저널리스트 독설가로 유명한 헨리 루이 멩켄 Henry Louis Mencken, 1880~1956의 말이다.[66]

"We are all agreed that your theory is crazy. The question which divides us is whether it is crazy enough to have a chance of being correct. My own feeling is that it is not crazy enough(상대방의 이론이 엉터리라고 하자. 그런데 문제는 과연 이런 문제가 고쳐질 여지가 있느냐는 것이다. 내가 보기에는 그렇게 엉터리가 아니다)." 덴마크의 물리학자 닐스 보어 Niels Bohr, 1885~1962의 말이다. 그는 또 두 진영이 진실 게임을 하는 것을 보고 "The opposite of a correct statement is a false statement. The opposite of a profound truth may well be another profound truth(맞는 말의 반대는 거짓말이고 심오한 진리의 반대는 또 다른 심오한 진리일 것이다)"라고 정리했다.[67]

"A theory must be tempered with reality(이론은 현실과 조화되어야 한다)." 인도 지도자 자와할랄 네루 Jawaharlal Nehru, 1889~1964의 말이다. 여기서 temper는 "섞다, 조화시키다", temper strong drink with water는 "독한 술을 물과 섞다"는 뜻이다.

Think Different

한국인들은 한국어보다는 영어를 잘하는 것 같다. 'different'와 'wrong'의 차이는 귀신같이 아는데, '다르다'와 '틀리다'의 차이에 대해선 잘 모른다. 아니 안다 해도 실제 언어 구사에선 좀처럼 그 지식을 활용하지 않는다. '다르다'는 말을 써야 할 때 악착같이 '틀리다'라고 말한다. 그렇다면 Think Different도 '틀리게 생각하라'고 번역해야 할 텐데, 또 이 경우에는 악착같이 '다르게 생각하라'고 번역한다. 왜 그러는지는 알다가도 모를 일이다.

"Here's to the crazy ones. The misfits. The rebels. The troublemakers. The round pegs in the square holes. The ones who see things differently. They're not fond of rules. And they have no respect for the status quo. You can quote them, disagree with them, glorify or vilify them. About the only thing you can't do is ignore them. Because they change things. They push the human race forward. And while some may see them as the crazy ones, we see genius. Because the people who are crazy enough to think they can change the world, are the ones who do(미친 자들을 위해 축배를. 부적응자들. 반항아들. 사고뭉치들. 네모난 구멍에 박힌 둥근 말뚝 같은 이들. 세상을 다르게 바라보는 사람들. 그들은 규칙을 싫어합니다. 또 현실에 안주하는 것은 원치 않습니다. 당신은 그들의 말을 인용할 수도 있고, 그들에게 동의하지 않을 수도 있으며, 또는 그들을 찬양하거나 비난할 수도 있습니다. 당신이 할 수 없는 1가지는 그들을 무시하는 것입니다. 왜냐하면 그들이 세상을 바꾸기 때문입니다. 그들은 인류를 앞으로 나아가도록 합니다. 어떤 이들은 그들을 보고 미쳤다고 하지만, 우리는 그들을 천재로 봅니다. 자신이 세상을 바꿀 수 있다고 믿을 만큼 미친 자들, 바로 그들이 실제로 세상을 바꾸기 때문입니다)."[68]

애플의 1997년 광고 "다르게 생각하라Think Different"의 광고 문구다. 이 표현은 처음에 문법학자들에게 거센 비판을 받았다. Think 동사 다음에는 당연히 부사가 와야 하는데 형용사형이 쓰인 것이 잘못이라는 이유 때문이었다. 그러자

Think different

애플 사는 '다르게 생각하라Think differently'는 뜻이 아니라 '뭔가 다른 것을 생각하라(Think something different, 줄여서 think different)'라고 해명을 했다. 이에 대해 임귀열은 다음과 같이 말한다.

"본래의 의도가 무슨 말이었는지는 원작자만이 알 일이다. 국내의 모 회사에서 내걸었던 Think Big도 똑같은 구조의 표현인데 회사 측에서는 '크게 생각하라'라고 해석했다. 그렇다면 적합한 표현이 아니다. Think Big이 '뭔가 큰 것을 생각하라'의 의미라면 문법적으로 하자가 없지만, 본래 취지가 '크게 생각하라'였는지는 모를 일이다."[69]

따라서 애플 사의 해명에 충실한 번역을 한다면, "다르게 생각하라"가 아니라 "다른 것을 생각하라"고 해야 옳다. 하지만 국내에서도 워낙 '다르게 생각하라'로 널리 알려졌으므로, '다르게 생각하라'로 가기로 하자.

애플의 각 지면 광고에는 위대한 역사적 인물의 흑백사진을 싣고 사진 한쪽 구석에 애플 로고와 "다르게 생각하라" 문구를 찍었다. 위대한

역사적 인물들은 아인슈타인, 간디, 존 레넌, 밥 딜런, 피카소, 에디슨, 찰리 채플린, 마틴 루서 킹 등 잡스 자신의 영웅들이었다. 한결같이 기꺼이 모험을 감수하고 실패에 굴하지 않으며 남과 다른 방식으로 새로운 것을 시도한 창의적 인물들이었다.[70]

그러나 애플은 아시아에서 이 광고 캠페인을 전개할 때 중국을 자극할까봐 달라이 라마를 제외시켰다. 이에 『월스트리트저널』(1998년 4월 24일)은 논설을 통해 애플을 비난했는데,[71] '다르게 생각하라'는 어디까지나 이윤 추구를 전제로 한 개념임을 말해주는 것이라 하겠다.

그런 이유 때문인지는 몰라도 미국에서 '다르게 생각하라' 캠페인은 방해 표적이 되기도 했다. 그래서 이오시프 스탈린Iosif Stalin, 1879~1953의 사진과 함께 바뀐 로고 '정말 다르게 생각하라Think Really Different'가 나붙었고, 달라이 라마Dalai Lama, 1935~ 광고의 로고는 '각성하라Think Disillusioned'로 애플 로고가 해골로 바뀌어져 있었다.[72]

Think Different의 정신에 충실한 철학자로 독일의 니체Friedrich Wilhelm Nietzsche, 1844~1900를 빼놓을 순 없을 텐데, 왜 애플 광고가 니체는 빼놓고 갔는지 모르겠다. 니체는 다음과 같이 말한 바 있다. "The surest way to corrupt a youth is to instruct him to hold in higher esteem those who think alike than those who think differently(젊은이를 타락시킬 수 있는 가장 확실한 방법은 다르게 생각하는 사람보다는 똑같이 생각하는 사람을 존경하라고 가르치는 것이다)."

time

time(시간)을 주제로 한 속담은 크게 보아 두 종류다. "Time flies(세월은 흐르는 물과 같다. 세월이 쏜살같다)"나 "Time lost cannot be recalled=Lost time is never found again(잃어버린 시간은 다시 찾을 수 없다)"처럼 시간의 빠름과 덧없음을 말하는 게 그 하나다. 또 하나는 "세월이 약이다" 계열이다. Time is great healer=Time heals everything=Time heals all things=Time cures all things. 더 나아가 "Time works wonders(시간은 기적을 만든다)"라는 속담도 있다. 그간 수많은 인물이 시간과 관련된 명언을 남겼다. 10개만 감상해보자.

(1) Time heals what reason cannot(시간은 이성이 못하는 것을 해준다). 로마 철학자 세네카 Seneca, B.C. 4 ~A.D. 65의 말이다.

(2) Time is the wisest of all counselors(시간은 최상의 카운슬러다). 그리스 역사가 플루타르코스 Ploutarchos, 46~120의 말이다.

(3) Every day is a new life to a wise man. Think that this day will never dawn again(현명한 사람에겐 매일이 새로운 인생이다. 오늘은 다시 돌아오지 않는다는 걸 명심하라). 이탈리아 시인 단테 Dante, 1265~1321의 말이다.

(3) Time is the greatest innovator(시간은 가장 위대한 개혁가다). 영국 철학자 프랜시스 베이컨

Francis Bacon, 1561~1626의 말이다.

(4) To choose time is to save time(시간을 선택하는 것은 시간을 절약하는 것이다). 이 또한 베이컨의 말이다.

(5) You may delay, but time will not(당신은 꾸물거릴 수 있어도 시간은 꾸물거리지 않는다). 미국 정치가이자 발명가인 벤저민 프랭클린Benjamin Franklin, 1706~1790의 말이다.

(6) Short as life is, we make it still shorter by the careless waste of time(인생은 짧건만 우리는 부주의한 시간 낭비로 그걸 더 짧게 만든다). 프랑스 작가 빅토르 위고Victor Hugo, 1802~1885의 말이다.

(7) Time is a great teacher, but unfortunately it kills all its pupils(시간은 위대한 스승이기는 하지만 유감스럽게도 자신의 모든 제자를 죽인다). 프랑스 작곡가 엑토르 베를리오즈Hector Berlioz, 1803~1869의 말이다. 이와 유사하게 "Time is the cruelest teacher; first she gives the test, then teaches the lesson(시간은 잔인한 선생이다. 먼저 테스트를 하고 나중에 교훈을 준다)"이라는 말도 있다.[73]

(8) Time is the great physician(시간은 위대한 의사다. 아픔도 슬픔도 시간이 해결해준다). 영국 정치가이자 작가인 벤저민 디즈레일리Benjamin Disraeli, 1804~1881의 말이다.[74]

(9) You will never "find" time for anything. If you want time you must make it(시간을 원하면 만들어내야지 그것을 찾아낼 수는 없는 법이다). 영국의 자선사업가 찰스 벅스턴Charles Buxton, 1823~1871의 말이다.

(10) Time, whose tooth gnaws away at everything else, is powerless against truth(시간의 이빨은 모든 것을 갉아먹지만, 시간은 진리 앞에선 무력하다). 영국 생물학자 토머스 헉슬리Thomas Huxley, 1825~1895의 말이다.

toilet

toilet은 '화장실'이다. 400여 년 이상 된 수명을 가진 이 단어는 프랑스어 toile(cloth), 더 나아가 천의 조각으로 작다는 의미인 toilette에서 나왔다. 영어에서도 처음엔 옷을 싸는 보자기를 뜻했다. 그러다가 dressing table(화장대, 경대)을 덮는 천을 뜻했는데, dressing room(극장의 분장실, 옷 갈아입는 방)으로 이동하더니만, 옷을 갈아입거나 화장을 하는 침실 옆의 화장실을 가리키는 말로 변신했다. 옛 뜻은 숙어로 살아 있어, at one's toilet은 "화장중인, 몸차림하고 있는"이란 뜻이다.[75] 영국의 문화인류학자 케이트 폭스Kate Fox는 toilet에 대해 다음과 같이 말한다.

"'토일렛toilet'이라는 단어는 상류층을 움찔하게 만든다. 특히 신분상승을 열망하는 자social climber로 보이는 사람이 이 말을 뱉으면 자기네들끼리 고개를 끄덕이며 역시! 하는 표정을 주고받는다. 중상층과 상류층의 정확한 용어는 '루loo'나 '래버토리lavatory'이다. '보그bog'라는 단어도 허용되나, 빈정거리듯 우스꽝스러운 방법으로 사용하는 경우에만 허용된다. 모든 노동계급은 중하류층, 중중층과 마찬가지로 '토일렛'이라고 한다."76

임귀열도 "우리말로는 어딜 가나 '화장실'로 통하지만 영어로 '화장실'은 수십 수백 가지 다른 이름으로 불린다. 전 세계적으로 가장 많이 쓰이는 것은 toilet이지만 미국인은 restroom이나 bathroom을 많이 쓰고 영국인은 구식의 WC나 loo 혹은 potty 등을 쓰기도 한다"며 다음과 같이 말한다.

"비행기 안의 화장실 lavatory는 본래 간이 세면대를 지칭하는 말이고 손을 씻는 곳이 더 적당한데 지금은 기내 화장실에 국한하여 사용할 뿐이다. 흥미로운 것은 영국에서는 지금 웬만한 경우 toilet은 금기어처럼 여기고 있어 끝자음을 생략한 발음 '토일러' 식으로 말한다. 기내 화장실 lavatory를 애칭으로 'lavvy'라고 부르는 식이다. 일부에서 자주 쓰는 loo는 사실 프랑스어 lieu(=place)가 잘못 정착한 사례인데 그 명칭 사용에 대해서는 호불호가 극명하다. 왠지 여성스

WC

런 느낌이어서 남자들은 싫어하고 대신 shitter나 crapper를 쓰기도 한다. 미국인이 선호하는 bathroom을 두고 영국인들은 '당신네는 왜 그리 자주 목욕실을 드나드냐'는 식으로 비아냥댄다. 사실 bathroom은 캐나다에서 더 많이 쓰이고 있고 미국인은 restroom을 더 많이 쓴다."77

토일렛toilet이라는 단어가 영국에서 상류층을 움찔하게 만든 유명한 사례가 있다. 2013년 7월 22일 영국 왕세손비 케이트 미들턴Kate Middleton, 1982~이 첫 아들을 낳아 온 영국을 열광의 도가니로 몰아갔지만, 그녀는 연애시절 한때 윌리엄 왕자Prince William, 1982~와 헤어지기도 했다. 그때의 결별에 toilet으로 상징되는 계층 격차가 적잖은 영향을 끼쳤다나. 『한국일보』(2007년 4월 26일)는 다음과 같이 보도한 바 있다.

"영국의 윌리엄 왕자가 최근 애인 케이트 미들턴과 헤어진 것은 상류층과 평민이라는 계층 차이를 극복하지 못한 것도 이유가 된 것으로 알려졌다. 26일 『인터내셔널 헤럴드 트리뷴』에 따르면 미들턴의 어머니는 왕실 인사들과 모임에서 상류층이 즐겨 쓰는 '화장실bathroom'이라는 말 대신 '변소toilet'라는 단어를 써서 '귀하신 분들'의 심기를 불편하게 했다고 일부에서 주장하고 있다. 또 윌리엄과 친구들의 모임에 케이트가 나타날 때 몇몇 짓궂은 친구들은 케이트 뒤에서 '문을 수동으로'라는 농담을 했다고 말하고 있다. '문을 수동으로'라는 말은 여객기에서 승객들이 내리기 직전 기장이 승무원들에게 내리는 지시 중 하나인데, 미들턴의 어머니가 항공사 승무원 출신임을 빗댄 것이다."78

tolerance

tolerance는 '관용'인데, 15세기부터 사용된 단어다. 동사는 tolerate, 형용사는 tolerant로 각 하나뿐인데, 명사는 tolerance와 더불어 toleration이 있다. 둘의 차이는 무엇일까? tolerance는 다른 라이프스타일과 신념을 판단하지 않고 받아들이는 것인 반면, toleration은 동의하지 않거나 반대하는 것을 참아내는 것을 말한다.[79]

미국에선 zero tolerance를 둘러싼 논란이 뜨겁다. zero tolerance는 범죄에 대한 무관용(정책)을 말한다. 1972년 미국에서 정치 슬로건으로 시작되어 1990년대 영국으로 수출되어 널리 쓰인 말이다.[80] 경찰에 절대적 권한을 주고, 블루칼라 범죄에만 집중할 뿐 화이트칼라 범죄는 등한시한다는 비판의 목소리가 높다.[81]

억압적 관용repressive tolerance은 지배세력이 반대세력에 대한 제한된 관용을 보이는 건 반대세력의 날카로움을 뭉툭하게 만들고 기존 헤게모니를 정당화하는 효과를 냄으로써 사실상 억압적인 성격을 갖는 관용이 된다는 뜻으로, 1965년 허버트 마르쿠제Herbert Marcuse, 1898~1979가 역설한 개념이다. 마르쿠제는 독일 프랑크푸르트 학파의 일원이었다가 미국으로 망명해 자리를 잡았는데, 이런 배경과 관련해 기어트 홉스테드Geert Hofstede는 억압과 관용은 서로 배타적인 의미를 지니기 때문에 앞뒤가 맞지 않는 이 용어는 마르쿠제가 독일식의 억압을 예상했다가 미국식의 지적 관용에 접하면서 겪은 당혹감을 반영해준다고 주장했다.[82] 관용과 불관용에 관한 명언 6개만 감상해보자.

(1) Intolerance has been the curse of every age and state(불관용은 모든 시대와 국가의 저주였다). 프린스턴 대학 총장을 지낸 미국 교육자 새뮤얼 데이비스Samuel Davies, 1723~1761의 말이다.

(2) Intolerance is a form of egotism, and to condemn egotism intolerantly is to share it(불관용은 일종의 자기중심주의다. 자기중심주의를 불관용하며 비난하는 것은 또 다른 자기중심주의다). 스페인 출신의 철학자 조지 산타야나George Santayana, 1863~1952의 말이다.

(3) It is easy to be tolerant of the principles of other people if you have none of your own(자기 자신의 원칙이 전혀 없을 때 다른 사람의 원칙에 대해 관대하기는 쉽다). 영국 정치가 허버트 새뮤얼Herbert Samuel, 1870~1963의 말이다.

(4) Tolerance is another word for indifference(관용은 무관심의 다른 표현이다). 영국 작가 W. 서머싯 몸W. Somerset Maugham, 1874~1965의 말이다.

(5) No man has a right in America to treat any other man "tolerantly" for tolerance is the assumption of superiority. Our liberties are equal rights of every citizen(미국의 그 누구도 다른 사람을 '관용적으로' 대할 권리는 없다. 왜냐하면 관용은 베푸는 자의 우위를 전제로 하기 때문이다. 우리의 자유는 모든 시민의 동등한 권리에 근거한다). 미국 정치인 웬들 윌키Wendell K. Willkie, 1892~1944의 말이다.

(6) Tolerance is the oil which takes the friction out of life(관용은 삶의 마찰을 제거하는 윤활유다). 미국 작가 윌버트 쉬어Wilbert E. Scheer의 말이다.

totem pole

totem pole

a high man on the totem pole은 "권력자, 중요한 인물"이란 뜻이다. 반대말은 a low man on the totem pole이다. totem pole은 북미 인디언들이 집 앞에 세우는, 토템을 그리거나 조각한 기둥을 말하는데, 비유적으로 "계급조직(제도)"을 뜻한다. 이 기둥엔 사람 얼굴이 조각되기도 했는데, 조각된 위치가 신분의 서열을 말해주는 건 아니었다. 그러나 이를 서열로 오해한 백인들이 이 같은 말을 만들어낸 것이다.

"I may be low man on the totem pole, but someday I plan to be Chief Executive Officer(나는 지금은 말단 직원일지 모르지만 언젠간 최고경영자가 될 꿈을 갖고 있다)." 미국의 유머리스트 H. 앨런 스미스H. Allen Smith, 1907~1976는 1941년에 출간한 자신의 책 제목을 『Low Man on the Totem Pole』이라고 했다.[83]

I can't be of any help. I'm low man on the totem pole(나는 도움이 못됩니다. 나는 제일 말단이니까요). The CEO began his work as a low man on the totem pole(최고경영자는 평사원에서 출발하여 그 자리에 올랐다). I don't want to talk to a secretary. I demand to talk to the high man on the totem pole(나는 비서와 이야기하고 싶지 않다. 제일 윗사람하고 이야기할 것을 요구한다). Who's in charge around here? Who's high man on the totem pole?(누가 여기 책임자입니까? 누가 제일 높습니까?)[84]

trade dress

trade dress는 상품 외장, 제품의 독특한 이미지를 형성하는 빛깔, 크기, 모양 등을 말하는데, 미국을 중심으로 보호강화 추세에 있는 새로운 지적재산권 분야다. 의장이 제품의 기능을 중시한다면 트레이드 드레스는 장식에 더욱 큰 비중을 둔다는 점에서 다르다. 우리나라에서는 부정경쟁방지법에 이와 유사한 조항을 두고 있으나 아직까지 이에 대한 명확한 개념 규정이나 보호 방안이 없는 상태다. 그러나 미국에서는 1989년에 개정된 연방상표법, 즉 랜햄법the Lanham Act을 통해 치어걸의 복장이나 독특한 외관의 트럭 디자인까지도 트레이드 드레스로 규정, 지적재산권의 하나로 보호하고 있다.[85]

2012년 8월 26일 삼성전자-애플의 특허 소송 결과 널리 알려지게 된 용어다. 이 소송에서 애플은 자사의 아이폰이 가지고 있는 고유한 이미지와 관련, 모서리가 둥근 직사각형 형태, 직사각형 모양을 둘러싼 테두리bezel, 앞면에 직사각형 모양의 화면, 화면 윗부분에 좌우로 긴 스피커 구멍 등에 대해 권리를 주장했다. 애플은 아이폰의 이러한 특징을 삼성의 갤럭시폰이 모방했고, 그로 인해 소비자들이 아이폰과 갤럭시폰을 혼동할 수 있다고 주장했는데, 이러한 주장이 바로 트레이드 드레스의 주요 내용이다.[86]

애플의 손을 들어준 미국 캘리포니아 북부지방법원 배심원단의 판결이 과도하다는 비난도 적지 않았는데, 이에 대해 이어령은 "미국의 특허법 자체가 특이하다. 미키마우스법이니 잠수함법이니 하는 별명이 붙을 만큼 국제 상식과 위배되는 경우가 적지 않다"며 다음과 같이 말한다.

"특히 이번 삼성이 고배를 마신 트레이드 드레스의 특허는 한국은 물론이고 전 세계가 다 낯설어하는 개념이다. 직역하자면 상품의 옷으로 상품 자체만이 아니라 그것이 포장하고 있는 외형 일체를 보호하겠다는 의미다. 이를테면 아이폰을 아이폰답게 하는 네모 굴리기, 메탈릭한 촉감 등 해당 상품의 이미지에 속하는 감각·감성 등 객관적으로 측정하기 힘든 비非기능적인 요소까지도 법의 보호를 받아야 한다는 뜻이다. 그러므로 기술 특허와 달리 전문인보다 오히려 일반인의 감感에 맡기는 주관적 심사의 길을 터놓게 된 것이다."[87]

김경환은 그간 확립된 미국 판례에 의하면, 어떠한 모양 등이 트레이드 드레스로 보호받기 위해서는, 비기능성·식별성·혼동가능성의 3가지 요건을 갖추어야 한다고 말한다. 첫째, 기능적이지 않아야 한다. 어떠한 모양이 실용적인 기능을 한다면 트레이드 드레스로 보호받지 못한다. 둘째, 식별력을 제공해야 한다. 식별력은 두 가지로 분류되는데, 상품의 트레이드 드레스가 독특하여 본질적 식별력이 있는 때도 보호받지만, 독특하지 못한 트레이드 드레스라도 그 트레이드 드레스의 사용으로 인해 기업이나 브랜드에 식별력이 생기면 즉 2차적 의미secondary meaning를 획득한 때도 그 트레이드 드레스는 보호받을 수 있다. 셋째, 혼동가능성likelihood of confusion을 제공해야 한다. 두 제품을 보고 소비자가 혼동할 수 있어야 한다는 의미다.[88]

Tragedy of the Commons

Tragedy of the Commons(공유지의 비극)는 주인이 따로 없는 공동 방목장에선 농부들이 경쟁적으로 더 많은 소를 끌고 나오는 것이 이득이므로 그 결과 방목장은 곧 황폐화되고 만다는 걸 경고하는 개념이다. '공유지의 비극'은 영국에서 산업혁명이 시작된 시점에 실제로 일어났던 일이다. 이 문제를 해결하기 위한 대안으로 나타난 것이 초지를 분할 소유하고 각자의 초지에 울타리를 치는 이른바 '인클로저 운동enclosure movement' 이다.[89]

Tragedy of the commons

미국에선 공유지의 grazing(가축이 풀밭의 풀을 뜯어먹는 것)으로 인한 문제와 여러 갈등이 생겨나자 공유지 이용의 규제와 이해관계 조정을 위해 1934년 알래스카를 제외한 미국의 전 지역에 적용되는 테일러 그레이징 법Taylor Grazing Act을 제정했다.[90]

'공유지의 비극'은 미국 생물학자이자 생태학자인 개릿 하딘Garrett J. Hardin, 1915~2003이 1968년 12월 13일자 『사이언스』에 발표한 논문에서 제시했다. 하딘은 일정한 마리의 소를 수용할 수 있는 규모의 목장에 더 많은 이익을 위해 한 마리의 소를 더 집어넣었을 때 목장 자체의 생태계가 파괴된다는 걸 경고하고자 했다.

하딘이 제시한 유사한 우화로 '구명선에서의 생존Living on a Lifeboat'이 있다. 1974년 9월 『BioScience』에 발표한 글이다. 10명분의 식량밖에 준비되어 있지 않은 10명이 타고 있는 구명선에 어떤 한 사람이 구원을 요청하거나 그 사람을 도와주는 것은 구명선 자체를 위협하는 무책임하고 비합리적인 행동이라는 걸 말하기 위한 우화다.

박준건은 두 우화는 생물학적 법칙에 의거한 냉혹한 현실을 그리고는 있지만, 서구의 물질적 풍요를 제3세계에 식량을 원조함으로써 상실해서는 안 된다는 서구 중심주의적 논리가 관통하고 있다고 평가했다.[91]

하딘은 신맬서스주의자로 토머스 맬서스Thomas Malthus, 1766~1834 이상으로 인구 증가에 대해 우려해 비非백인 이민에 반대했으며 낙태를 지지했다. 그러면서도 자신은 자식을 넷이나 두었다. 그는 자신의 생명을 스스로 선택할 수 있어야 한다는 신념의 소유자였는데, 말년에 아내와 같이 중병에 걸리자 2003년 9월 자신들의 62회 결혼기념일에 동반 자살했다. 당시 그의 나이 88세, 아내는 81세였다.[92]

'공유지의 비극'은 하딘의 애초 의도와는 무관하게 무책임한 이기주의를 비판하거나 공동체적 가치를 역설할 때에 자주 사용되고 있다. 치어까지 잡아들이는 물고기 남획의 문제를 지적할 때에도 쓰이며tragedy of fishers, 미국에선 연방예산에 이 비극을 적용하기도 한다. 연방예산은 535명의 소 떼(의원들)가 풀을 뜯어먹는 공유지와 다를 바 없다는 것이다.[93]

모든 이가 제한 없이 사용할 수 있지만 누구도 자발적으로 그 재화를 공급하려 하지는 않으며, 또 공급에 따른 비용을 부담한다고 해도 혜택에 상응하는 비용 부담을 꺼린다는 걸 지적하기 위해 쓰이는 것이다. 그래서 공공재의 비극이라고도 한다. 이와 관련, 유상철은 광복 60주년을 맞아 실시된 신세대 의식 조사를 거론하면서 다음과 같이 말했다.

"그 결과 '통일보다 현재대로가 낫다'는 대답이 1994년 5퍼센트에서 올해 20.8퍼센트로 네 배 이상 뛴 것으로 나타났다. 통일은 좋아도 통일 비용을 부담하기는 싫다는 게 이유였다. '나 죽은 뒤에나 통일됐으면 좋겠다'는 젊은이도 있었다. 공유지의 비극은 이 땅에서도 계속되고 있다."[94]

네이버 뉴스스탠드 개편 논의와 관련, 2013년 7월 유봉석 NHN 미디어센터 미디어서비스실장은 "이미 실패한 시스템이라는 평가가 많은데 아직 기대가 남아 있다? 그렇게 봐도 되나"라는 질문에 다음과 같이 답했다.

"공유지의 비극이라는 게 있다. 모두가 자기 생각만 하면 얼마 지나지 않아 아무도 소에게 풀을 뜯길 수 없게 된다. 지금 뉴스스탠드가 그 꼴이다. 노벨경제학상을 받은 엘리너 오스트롬Elinor Ostrom은 공유지의 비극을 극복하려면 시장 메커니즘이나 정부 개입이 아닌, 공동체 중심의 자치제도와 협력 체계가 필요하다고 주장했다. 아직 뉴스스탠드를 포기하기에는 이르다고 생각한다."[95]

Transcendentalism

Transcendentalism(초월주의)은 미국 문화에서 낭만적 충동의 표현이었던 철학이다. 1820년대 말에서 1830년대가 그 전성기였다. Transcendentalists(초월주의자들)는 조직화된 종교와 정치적 정당들이 개인의 순수성을 타락시킨다고 보았다. 그들은 개인의 힘과 독립성에 대한 강한 신념을 갖고 있었다.[96]

랠프 월도 에머슨Ralph Waldo Emerson, 1803~1882을 비롯한 뉴잉글랜드의 초월주의자들은 각 개인은 지성의 한계를 '초월하기' 위해 노력해야 하며 감정, 즉 '영혼'이 '우주와 독특한 관계'를 맺도록 해야 한다고 주장했다. 전통적 종교에 반항하는 일종의 이상주의로 논리보다는 느낌과 직관에 의한 지식을 존중하고 인간과 자연에 신이 내재한다는 것과 인간의 무한한 가치를 믿는 범신론에 가까웠다.[97]

인간에 대한 예찬에 기반을 둔 초월주의는 민주적 충동과 밀접하게 관련되어 있었다. 낭만적 개인주의 철학에 투철했던 에머슨은 민주주의를 설교하면서도 사실상 몰개성적 관습과 이에 대한 순응을 요구하는 사회에 분개하면서 "일관성이란 옹졸한 마음들을 모아놓은 도깨비다"고 단언했다. 또 그는 사회가 "각각의 주주들이 더 확실하게 빵을 확보하는 것에 동의하여 먹는 사람의 자유와 문화를 포기하는 주식회사"라고 주장했다. 일관된 관습과 신념을 가지라는 요구는 과거를 이용하여 현재에 독재를 행사하는 방법에 불과하다는 것이다. 자립이 유일한 대안이며 "자립하는 사람은 누구든지 비순응주의자이어야 한다"는 게 그의 메시지다.[98]

자기 완성을 위한 메시지는 엉뚱하게도 기업 경영에서 적극 활용되었다. 이영옥에 따르면, "에머슨의 사상은 긍정적인 영향도 컸으나 부정적인 영향도 매우 컸던 것으로 평가된다. 미국의 기업가와 금융인들이 때마침 에머슨의 주장을 기업 운영의 합리화에 이용했던 것이다."[99] 사실 에머슨은 도대체 무슨 열정에 사로잡혔던지 자기 완성의 차원을 넘어 전무후무할 정도로 돈과 비즈니스를 예찬하는 명언(?)을 많이 남겼으니, 기업들이 그걸 외면하긴 어려웠으리라.

에머슨은 1840년대와 1850년대에 비즈니스계에서 가장 잘나가는 연사였다. 그는 성공을 꿈꾸는 사업가들과 지망생들에게 "인간은 부자가 되기 위해 태어났다"고 했으며, "투자가의 투기적 천재성은 세계를 얻으려는 광적인 소수의 특권"이라며 당시 비난의 대상이 되었던 월스트리트 투기꾼마저 옹호했다. 기업의 비대화가 초래할 수 있는 부작용에 대해서도 에머슨은 경쟁의 원리를 믿었다. 그는 "자본가는 자기처럼 욕심이 많은 다른 사람을 만나고, 그로부터 도전을 받게 될 것이며 이러한 반작용에 의해 균형이 유지될 것"이라고 낙관했다.[100]

뉴잉글랜드 초월주의자들은 주거 공동체를 시도하기도 했는데, 그 대표적인 것이 브룩 농장Brook Farm 운동이다. 보스턴 초월주의자인 조지 리플리George Repley, 1802~1880의 꿈이었던 브룩 농장은 1841년 매사추세츠의 웨스트록스베리West Roxbury에 실험적인 공동체로 세워졌다. 그러나 개인의 자유라는 이상과 공동체 사회의 요구 사이에 생기는 갈등 문제로 무너졌으며, 1847년의 화재로 완전히 사라지고 말았다.

초기 구성원 중의 한 사람이었던 작가 너새니얼 호손Nathaniel Hawthorne, 1804~1864은 나중에 브룩 농장과 초월주의를 강하게 비판하는 등 공동체 실험에 대한 환멸감을 나타냈다. 작가 애드거 앨런 포Edgar Allan Poe, 1809~1849도 초월주의를 "신비주의 자체를 위한 신비주의mysticism for mysticism's sake"이며, 심지어 "disease(질병)"라고 조롱했다.[101]

travel

travel은 "여행(하다)"이라는 뜻이다. 고문拷問의 도구였던 "three poles(3개의 몽둥이)"를 뜻하는 라틴어 trepalium에서 'travail(진통, 고생, 노고, 노동)'과 더불어 travel이 나왔다. 노동을 고문이나 고통으로 여기는 건 귀족으로서는 이해가 가는데, 왜 여행까지 그런 대접을 받았을까? travel이라는 단어가 쓰인 건 14세기부터인데, 교통수단이 발달하지 않았던 그 시절엔 여행이 고난의 행군이었다는 걸 유념할 필요가 있다. 여행이 고통이나 고난이 아닌 쾌락이나 오락으로 여겨지게 된 건 교통수단이 발달하게 된 19세기에 이르러서였다.[102]

1780년만 해도 영국 런던에서 맨체스터까지 역마차가 가는 데 4~5일이 걸렸지만, 1880년에 나타난 기차는 그 시간을 5시간으로 줄여주었다. 19세기 후반부터 본격화된 서구인들의 해외

travel

여행은 자본주의·세계화와 분리하여 생각할 수 없다. 여행은 노동의 피곤에서 벗어나되 노동의지를 재충전하는 장치로 기획되었기 때문이다. 여행업자들은 4S sun, sea, sand, sex를 제공하기 위한 장소를 세계 도처에 만들었으며, 다양한 종류의 여행 상품을 개발해냈다. 여기엔 계급적 구별 짓기도 가세했다. 특권 계층은 멀리 떨어진 곳에 자기들만의 휴양지를 만들었으며, 이런 과정을 거쳐 여행상품엔 다양한 등급이 매겨졌다.[103]

인간은 과거 여기저기 떠도는 유목민nomad 시대를 거쳐서 정착 생활을 하게 되었지만, 이제 21세기를 맞아 다시 유목민으로 돌아간다는 말이 나올 정도로 해외여행은 일상의 삶 속에 뿌리를 내리게 되었다. 여행이 고통이었다는 시절에도 성 아우구스티누스St. Augustinus, 354~430는 "The world is a book, and those who do not travel, read only a page(여행을 하지 않는 사람은 세상이라는 책을 달랑 한 페이지만 읽는 셈이다)"라고 했다.

그러나 여행을 하더라도 어떻게 하느냐가 중요할 것 같다. 미국 작가 윌리엄 딘 하우얼스William Dean Howells, 1837~1920는 "Some can stay longer in an hour than others can in a week(어떤 사람은 한 시간 동안에 다른 사람들이 일주일 있는 것보다 오래 머물 수 있다)"라고 했다.

traveler(여행자)와 tourist(관광객)는 어떻게 다른가? 역사가 대니얼 부어스틴Daniel Boorstin, 1914~2004은 "tourist 속에 들어 있는 tour란 말은 tornus라는 라틴어에서 역성법back-formation(기존 단어의 처음 또는 끝 부분을 없애거나 바꿔서 새로 단어

를 만드는 것. 예를 들어 cheeseburger는 hamburger에서 나온 역성어다)에 의해 생긴 말이다. 여기서 tournus는 원을 그리는 도구라는 의미를 가진 그리스어에서 나왔다. 그러므로 여행자traveler는 무엇인가 일을 하는 사람이고, 관광객tourist은 즐거움을 찾는 사람이다"며 다음과 같이 말한다.

"즉 여행자는 적극적이었다. 즉 여행을 하는 자는 사람을 찾아, 모험을 찾아, 경험을 찾아 힘차게 나아갔다. 반면에 관광객은 수동적이다. 즉 관광객은 흥미로운 일들이 그에게 나타나기를 기대한다. 관광객은 '관광sight-seeing'을 가는 것이다(이 말은 거의 같은 시기에 나온 것으로서 1847년에 처음 사용된 기록이 있다). 관광객은 모든 것이 자기에 대해 이루어지고 또한 자기를 위해 이루어지기를 바란다.……그것은 하나의 상품이 되었다. 매력적인 여행의 품목이 하나의 보따리로 팔림으로써(즉 package tour라는 것이 나옴으로써), 관광객의 증가가 가능해지고 또 불가피해졌던 것이다." [104]

"The tourism(where you went, where you stayed, the restaurants you ate at, what you saw) is increasingly a positional good, thanks in part to the efforts of resort owners, travel agents, and tour operators, but also to consumers' own willingness to get into the game(어디에 갔고, 어디에 머물렀고, 어떤 레스토랑에서 식사를 했고, 무엇을 구경했는가 하는 관광은 날이 갈수록 사람의 지위를 말해주는 지위재地位財가 되고 있다. 관광 리조트 사업자, 관광회사, 관광업계 종사자 들과 더불어 그런 게임을 기꺼이 즐기려고 하는 소비자들 때문에 벌어지는 일이다)."

미국 보스턴 대학의 사회학 교수 줄리엣 쇼어Juliet B. Schor가 "tourism as status symbol(지위 상징으로서 관광)"에 대해 논하면서 한 말이다. 그녀의 책 『과소비하는 미국인The Overspent American』(1999)에 따르면, 관광객들은 각종 기념품 구매로 관광의 증거자료를 삼는데, 이 모든 게 코믹하기까지 하다. 박물관 관광객의 3분의 1은 버스에서 내리자마자 박물관 기념품 가게로 달려가 기념품을 사고선 박물관 안으론 들어가지 않은 채 곧장 버스로 돌아온다. 기념품 가게가 관광의 주요 목적이자 경험인 셈이다. [105]

trial

trial은 "재판, 시도, 시험, 시련"이란 뜻이다. 중세 시대의 농부에게 골칫거리 중의 하나는 곡식의 낟알과 쭉정이를 가려내는 것이었다. 양모羊毛에서 좋은 털만을 가려내는 것도 이만저만 골치 아픈 일이 아니었다. 농부들은 이렇게 가려내는 일을 trial이라고 불렀다. to sort(가려내다)라는 뜻을 가진 라틴어 trier에서 나온 말이다. 이렇게 출발한 trial이 나중엔 사람의 죄를 가려내는 재판의 의미로 쓰이게 되었다. [106]

trials and tribulations는 "시련, 고난, 간난신

고艱難辛苦란 뜻이다. trials와 tribulations는 같은 뜻이므로 동어반복에 의한 강조법이며, trials와 tribulations의 두운頭韻: alliteration 효과를 염두에 둔 말이다. Jane told me about the trials and tribulations of her trip flight cancellation, lost baggage, and a horrid hotel(제인은 항공편 취소, 짐 분실, 끔찍한 호텔 등 그녀의 여행 중에 겪은 시련에 대해 말했다).[107]

Life is full of little trials(인생에는 작은 시련이 많다). the hour of trial은 "시련의 때"란 뜻이다. The gem cannot be polished without friction, nor man perfected without trials(보석은 마찰 없이 빛날 수 없으며, 인간은 시련 없이 성숙해질 수 없다). trial은 더 나아가 "골칫거리, 귀찮은 사람"이란 뜻으로 쓰인다. The boy is a trial to his teachers(그 아이는 선생들의 골칫거리다).[108]

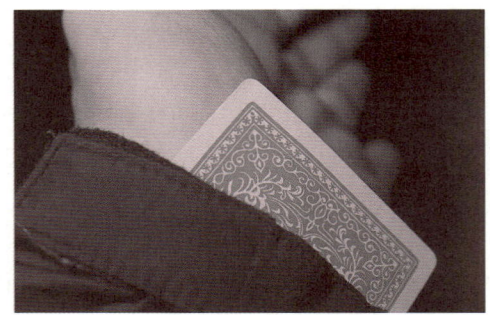

trick

do the trick은 "소기의 목적을 달성하다(달성시키다), (약 따위가) 효험이 있다"는 뜻이다. 19세기 초부터 사용된 말로, turn the trick이라고도 한다. A plier and a wire do the trick(펜치와 철사만 있으면 일은 된다).[109]

dirty tricks는 "비겁한 수법(짓)"이다. 17세기 말부터 사용된 말이지만, 미국에서 1960년대에 CIA Central Intelligence Agency가 타국 정부의 전복을 목적으로 한 비밀공작 등을 벌인 걸 가리키면서 널리 쓰이게 되었다. CIA는 DDT Department of Dirty Tricks라는 별명까지 얻었다. 1970년대엔 비윤리적이고 불법적인 선거운동을 가리키는 말로 사용되었다.[110]

not miss a trick은 "호기를 놓치지 않다, 주위 사정에 밝다"는 뜻이다. 카드 게임에서 유래된 말이다. 여기서 trick은 "카드 게임에서 한 판에 돌리는 패, 유력한 패"를 말한다. She is intelligent enough not to miss a trick(그녀는 빈틈이 없을 정도로 영리하다).[111]

You can't teach an old fox new tricks(늙은 여우에게 새로운 재주를 가르칠 수 없다). 임귀열은 "그러나 요즘 젊은 세대는 이런 말도 'You can't teach stupid' 혹은 'You can't fix stupid'처럼 간단하게 바꿔 말한다. 약삭빠른 여우도 새로운 것을 가르치기 어렵지만 아둔한 사람도 고치기 어렵기는 마찬가지라는 얘기다"고 말한다.[112]

trilemma

trilemma는 "3자 택일의 궁지, 3각 딜레마, 3중 딜레마"다. 1672년 영국 성직자 필립 헨리Philip Henry, 1631~1696가 최초로 사용한 말로, 3가지 문제가 서로 얽혀 있어 옴짝달싹하지 못하는 진퇴양난의 상황을 가리킨다. 2가지 선택 중 어떤 것을 택해도 나쁜 결과가 초래되는 상황을 딜레마dilemma라고 하고, 3가지 선택 중 어떤 것을 택해도 나쁜 결과가 발생되는 상황을 트릴레마trilemma라고 하는데, 선택 사항이 4개면 tetralemma, 선택 수를 정하지 않고 여러 개일 땐 polylemma다.[113] [참고 dilemma]

예컨대, 경제에서 저성장, 고물가, 재정적자의 트릴레마에 빠졌다면 이는 저성장의 문제에 직면했을 때 성장률을 높이기 위해 긴축정책을 완화하면 재정적자가 늘어나 국가 신용이 떨어질 수 있고, 금리를 올려 물가를 안정시키려니 경기침체가 염려되는 곤란한 상황에 처했다는 의미다. 또, 경제를 살리기 위해서는 에너지의 사용이 불가피하지만 에너지를 과하게 사용하면 환경에 영향을 끼쳐 지구온난화・산성비와 같은 문제가 발생하게 되는데 이럴 경우 경제, 에너지, 환경 문제의 트릴레마에 빠졌다고 표현할 수 있다.[114]

트릴레마는 물가안정, 경기부양, 국제수지 개선의 3중고를 의미하기도 한다. 물가안정에 중점을 두면 경기침체가 일어나기 쉽고, 경기 부양에 중점을 두면 인플레이션의 유발과 국제수지의 악화를 초래할 우려가 있다. 이렇듯 이 3가지가 서로 얽혀 정책을 결정하는 데 딜레마에 빠지기 쉽다는 의미로 사용되고 있다.[115]

하버드 대학 경제학자 토번 아이버슨과 앤 렌은 1998년 「평등, 고용, 그리고 예산 제약」이라는 논문에서 재정 건전성, 소득 평등, 고용 증대를 트릴레마로 규정했다. 생산성을 비약적으로 끌어올리기 어려운 서비스 경제의 구조적 특성을 그 이유로 들었다. 아이버슨과 렌은 잘하면 셋 중 둘까지는 동시에 달성할 수 있다고 보았지만 3가지를 다 잡는 것은 불가능하며, 전례도 없다고 했다.[116]

트릴레마는 논리학에서 '삼도三刀논법'의 의미로도 쓰이는데, 그리스 철학자 에피쿠로스Epicouros, B.C. 341~B.C. 270가 사용한 것으로 유명하다. 신의 전지전능성을 부정하는 삼도논법의 한 예를 보자. (1) 신이 악을 막을 수 없다면 그는 전능하지 않다. (2) 신이 악을 막으려 하지 않는다면, 그는 선하지 않다. (3) 신이 악을 닦을 뜻과 더불어 능력이 있다면, 왜 악이 존재하는가?[117]

trump

turn(come) up trump는 "일이 예상 외로 잘 되어가다, 행운을 만나다"는 뜻이다. trump는 브리지bridge나 휘스트whist 등과 같은 카드 게임에서 사전에 정한 으뜸패를 말한다. 프랑스어 triomphe(triumphant)에서 나온 말이다. triumphant는 "승리를 거둔, 성공한", a triumphant shout는 "승리의 함성", a triumphant general은 "개선 장군"이란 뜻이다. 그래서 trump는 비유적으로 "비결, 최후의 수단, 믿음직스런 사람"이란 뜻이며, 관련 숙어들도 대부분 이런 뜻으로 쓰인다.

hold all the trumps는 "압도적으로 유리한 처지에 있다", hold some trumps는 "마지막 수단이 남아 있다", play a trump는 "(갑자기 새로운 정보나 상황을 내보여) 우위에 서다", play one's trump card는 "비장의 수를 쓰다", put a person to his trumps는 "~에게 으뜸패를 내게 하다, ~를 궁지로 몰아넣다", All his cards are trumps는 "그는 무엇이든 척척 해낸다"는 뜻이다. 2004년 미국의 부동산재벌 도널드 트럼프Donald Trump의 부인이었던 이바나Ivana가 이혼 직후 사업에 성공하자, 이를 보도한 신문은 다음과 같은 재미있는 헤드라인을 달았다. "Ivana Turns Up Trumps."[118]

trump엔 "나팔"이란 뜻도 있는데, the last trump는 "최후의 날의 나팔, 최후의 심판일"이란 뜻이다. 신약성서「고린도전서」15장 51~52절에 나오는 말이다. "Listen, I tell you a mystery: We will not all sleep, but we will all be changed in a flash, in the twinkling of an eye, at the last trump(trumpet). For the trump will sound, the dead will be raised imperishable, and we will be changed(보라 내가 너희에게 비밀을 말하노니 우리가 다 잠 잘 것이 아니요 마지막 나팔에 순식간에 홀연히 다 변화되리니 나팔 소리가 나매 죽은 자들이 썩지 아니할 것으로 다시 살아나고 우리도 변화되리라)." in the twinkling of an eye는 "눈 깜박할 사이에, 순식간에"란 뜻으로, 이 성경 구절 덕분에 널리 쓰이게 되었다.[119]

trump

trust

신뢰를 뜻하는 영어 단어 trust의 어원은 '편안함'을 의미하는 독일어의 trost에서 연유된 것이다.[120] 우리는 누군가를 믿을 때 마음이 편안해진다. 혹시 그 사람이 배신을 저지르진 않을까 하고 염려할 필요가 없기 때문에 마음이 편안해질 뿐만 아니라 배신을 위한 예방에 들여야 할 시간과 노력을 절약하게 해주는 효과를 얻을 수도 있기 때문에 그럴 것이다. trust와 관한 명언을 7개만 감상해보자.

(1) To be trusted is a greater compliment than to be loved(신뢰받는 것이 사랑받는 것보다 큰 선물이다). 스코틀랜드 작가 조지 맥도널드George MacDonald, 1824~1905의 말이다.

(2) The man who trusts men will make fewer mistakes than he who distrusts them(사람을 믿지 않는 사람보다는 믿는 사람이 실수가 더 적을 것이다). 이탈리아 정치가 카밀로 디 카보우르Camillo di Cavour, 1848~1871의 말이다.

(3) Never trust a man who speaks well of everybody(모든 사람에 대해 좋게 말하는 사람은 믿지 마라). 영국 문학비평가 존 처턴 콜린스John Churton Collins, 1848~1908의 말이다.

(4) When a man has no reason to trust himself, he trusts in luck(자기 자신을 믿을 이유가 없는 사람은 행운을 믿는다). 미국 작가 에드 하우Ed Howe, 1853~1937의 말이다.

(5) You may be deceived if you trust too much, but you will live in torment if you don't trust enough(너무 믿으면 속임을 당할 것이요 충분히 믿지 않으면 근심하며 살아갈 것이다). 미국 장로교 목사 프랭크 크레인Frank Crane, 1861~1928의 말이다.

(6) What loneliness is more lonely than distrust(불신보다 외로운 게 있을까)? 미국에서 태어난 영국 시인 T. S. 엘리엇T. S. Eliot, 1888~1965의 말이다.

(7) Self-distrust is the cause of most of our failures(실패의 대부분은 자기불신 때문에 일어난다). 미국 작가 어니스트 헤밍웨이Ernest Hemingway, 1899~1961의 말이다. 헤밍웨이는 1961년 7월 2일 엽총으로 자살했기에, 이 말이 의미심장하게 다가온다.

처음엔 사고로 인한 사망으로 발표되었다가,

Ernest Hemingway

5년 만인 1966년 9월에서야 부인 메리 헤밍웨이 Mary Hemingway가 진실을 밝혔다. 헤밍웨이 집안에는 그의 아버지를 비롯해 그 자신과 형과 누이, 그의 손녀인 슈퍼모델 마고 헤밍웨이까지 3대에 걸쳐 5명이 자살했다. 그래서 그의 집안에 자살유발 유전자가 전해 내려오고 있는 게 아닌가 하는 논란이 일기도 했다.

2009년 7월 미국 역사학자 존 얼 헤인스John Earl Haynes와 하비 클레어Harvey Klehr, 러시아 출신의 알렉산더 바실리예프Alexander Vasiliev 공저로 예일 대학 출판부가 발간한 『스파이들: 미국 KGB의 흥망성쇠』Spies: The Rise and Fall of the KGB in America』는 헤밍웨이가 소련을 위해 10년 가까이 간첩으로 활동했다고 주장했다. 반면 미국 국립문서보관소가 2008년 8월 공개한 비밀문서에 따르면 헤밍웨이는 아들 존과 함께 제2차 세계대전 동안 미국전략정보국OSS 정보원으로 활약한 2만여 명 중에 포함되어 있었다. 1941년 일본의 진주만 공격 후 쿠바의 아바나 근처 작은 마을에 살면서 현지의 스페인 난민 가운데 나치 독일의 간첩을 적발하는 미국 정보조직원으로 활동한 것이다. 이 때문에 헤밍웨이가 1940년대 미국과 소련의 이중간첩으로 활동했을 가능성을 배제할 수 없게 되었다.[121]

try

try는 "노력하다, 애를 쓰다, (애를 써서) 하려고 (이루려고) 하다", tried는 "시험을 거친, 믿을 만한, 확실한, 틀림없는, 고난(시련)을 견뎌낸", well tried는 "충분한 시험을 거친(그래서 성공적인 것이라고 알려진)", tried and tested는 "(이미 써보았기 때문에) 확실히 믿을 수 있는, 믿을 수 있다고 증명된", a tried friend는 "믿음직한 친구", old and tried는 "완전히 신용할 수 있는", tried-and-true(tried and true)는 "유효성이 증명된, 신뢰할 수 있는"이란 뜻이다. tried-and-true는 중세 시대 마녀사냥의 냄새가 나지만, 20세기부터 쓰인 말이다.[122]

미국인들의 일상적 삶에서 try의 용법은 다양하다. 임귀열은 이런 예를 든다. "교육이 비싸다고 불평을 할 때 'If you think education is expensive, try ignorance'라고 말한다. Try ignorance는 '무지를 시도하라'가 아니라 '그러면 무지를 택하겠는가' 다."[123]

일반적으로 사람들은 try에 대해선 겁을 내지만, tried에 대해선 비교적 안심을 한다. 나 아닌 누군가에 의해서 try가 이루어진 것이기 때문이다. try에 관한 명언을 5개만 감상해보자.

(1) If we are to achieve results never before accomplished, we must expect to employ methods never before attempted(한 번도 실현된

적이 없는 성과를 얻고자 한다면 한 번도 시도된 적이 없는 방법을 써야 한다). 영국 철학자 프랜시스 베이컨Francis Bacon, 1561~1626의 말이다.

(2) The greatest pleasure in life is doing what people say you cannot do(인생의 가장 큰 기쁨은 당신이 할 수 없다고 사람들이 말하는 것을 해내는 일이다). 영국 경제전문지 『이코노미스트』의 편집자로 활약한 경제학자, 정치학자, 문예비평가인 월터 배젓Walter Bagehot, 1826~1877의 말이다.

(3) A winner never stops trying(승자는 시도를 멈추지 않는다). 미국의 전설적인 풋볼 선수이자 코치였던 톰 랜드리Tom Landry, 1924~2000의 말이다.

(4) You may be disappointed if you fail, but you are doomed if you do not try(실패한다면 실망하겠지만, 시도조차 하지 않는다면 죽은 목숨이 아니고 무엇이랴). 미국 오페라 가수 비벌리 실스Beverly Sills, 1929~2007의 말이다.

(5) When I get old and I look back, I want to regret the things I did, and not the things I didn't do(훗날 늙어서 과거를 회상한다면 내가 하지 않은 일로 후회하기보다는 내가 한 일로 후회하련다). 조지 링컨George Lincoln, 1937~의 말이다.

tulip

tulip은 '튤립'이다. 프랑스 학자들이 꽃 모양새가 이슬람교도 남자가 머리에 감는 두건인 터번turban을 닮았다고 해서 터번의 프랑스어인 tulipan을 끌어들인 게 tulip이라는 이름의 기원이 되었다.[124]

중앙아시아가 원산지인 튤립은 16세기 중반 유럽에 들어왔는데, 네덜란드에서 인류역사상 투기의 극단적 사례로 자주 거론되는 튤립 투기 열풍이 불었다. 17세기 튤립 열풍이 최그조에 이르렀을 때 흑튤립 구근 하나로 암스테르담 운하에 인접한 5층짜리 주택을 구입할 수 있었다.[125]

찰스 매카이Charles Mackay는 이렇게 말한다. "귀족, 도시민, 농장주, 기계공, 선원, 심지어 굴뚝 청소부까지 튤립 투기에 나섰다. 사람들은 집과 토지를 헐값에 처분하고 튤립을 샀다. 외

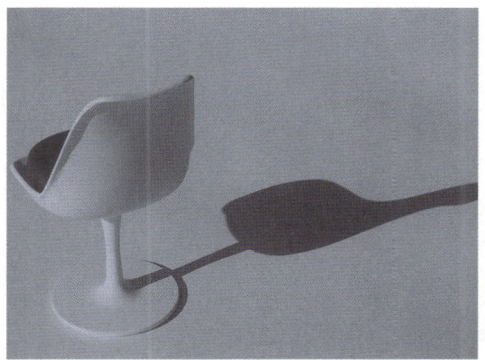

tulip chair

국인들도 투기 열풍에 휩싸여 네덜란드에 와서 돈을 퍼부었다.……파산자도 많았고 큰 이익을 본 사람도 적지 않았다."[126]

tulip chair(튤립 의자)는 다리가 하나로 길고 가는 의자를 말한다. 물론 밑은 넓게 퍼져 있어 균형을 유지할 수 있다. 1955년 미국 건축가이자 산업 디자이너인 에로 사리넨Eero Saarinen, 1910~1961이 처음 만든 것으로, 1960년대 말 『스타 트랙Star Trek』에 등장해 유명해졌다.[127]

turd blossom

turd는 '똥', dog turd는 '개똥' 이지만, turd blossom은 "소똥 더미에서 피어난 꽃"이다. 아무래도 꽃을 피울 정도가 되려면 똥의 양이 많아야겠지만, 목장 같은 곳에서 소똥은 더럽게 생각하지 않고 그냥 놔두기 때문에 꽃이 피어날 시간적 여유도 누릴 수 있는 게 아닐까?

미국 제43대 대통령 조지 부시George W. Bush, 1946~는 그의 정치 참모인 칼 로브Karl Rove를 가리켜 Turd Blossom이라고 칭찬한 바 있다. 나쁜 것도 좋은 것으로 만든다는 의미로 쓴 말이다. 로브는 『타임』에 의해 '역사 이래로 가장 영향력 있고 중요한 정치 컨설턴트'로 평가받았는데, 그의 애독서는 니콜로 마키아벨리Niccoló Machiavelli, 1469~1527의 『군주론』이었다. 이 책은 매년 보고 또 보는 그의 정치적 성경이었다나.[128]

그런데 이 말은 부시와 로브, 즉 지도자와 책사형 참모 사이의 긴장 관계를 시사하는 말이기도 하다. 뼈가 있는 말이란 뜻이다. 부시는 로브가 크게 부각되는 걸 영 마땅치 않게 생각했다. 로브가 부각될수록 그건 곧 자신의 무능과 무사고를 말해주는 것이라고 보았기 때문이다. 이를 잘 아는 로브는 자신이 부각되는 걸 내심 즐기면서도 동시에 부시의 눈밖에 날까봐 기회 있을 때마다 "대통령을 보좌하는 많은 보좌관 중의 1명일 뿐"이라며 자신의 중요성을 낮추는 말을 하느라 애썼다.[129]

2005년 7월 「둔즈베리Doonesbury」 연재만화는 부시가 로브를 turd blossom이라고 부르는 것을 두 차례 그렸는데, 일부 신문들은 만화 2편을 게재하는 걸 거부하여 화제가 되기도 했다.[130]

turd가 들어간, 이런 속담도 있다. The more you tramp on a turd, the broader it grows(똥은 밟을수록 커지기만 한다. 비방을 상대해봐야 득 될 게 없다). You can't polish a turd(호박에 줄 긋는다고 수박되냐). 똥을 아무리 닦아본들 무슨 소용이 있겠는가.[131]

Twitter

"역사는 BT Before Twitter와 AT After Twitter로 나누어진다."[132] 2010년 5월 17일 트위터를 시작한 경영전문가 공병호가 "와, 정말 대단하네"라는 탄성을 내지르면서 며칠 후 트위터에 올린 글이다. 트위터는 블로그의 인터페이스(사용자 환경)와 미니홈페이지의 '친구맺기' 기능, 메신저의 신속성을 갖춘 소셜네트워크서비스 SNS다. 트위터는 '지저귀다', '짹짹대다'는 뜻으로 재잘거리듯 하고 싶은 말을 140자 안에서 올릴 수 있도록 한 단순한 형태를 갖고 있다. 이 짧은 메시지를 트윗 tweets이라 한다. 그래서 트위터를 '미니 블로그', '한 줄 블로그', '인터넷의 SMS the SMS of the Internet'이라고도 한다.[133] 물론 여기서 SMS는 단문메시지서비스 short message service를 말한다.

트위터에선 상대방이 나를 친구로 등록하면 내가 올리는 글을 받아볼 수 있고 그 반대도 가능하다. 웹에 접속하지 않더라도 스마트폰을 통해 언제, 어디에서든 실시간으로 글을 올릴 수 있다는 장점이 있다. 트위터는 관심 있는 상대방을 뒤따르는 '팔로우 follow'라는 독특한 기능을 중심으로 소통하는데, 상대방이 허락하지 않아도 일방적으로 '뒤따르는 사람' 곧 '팔로어 follower'로 등록할 수 있다는 점이 가장 큰 특징이다.[134]

트위터의 강점 중의 하나는 리트윗 RT, Retweet 기능이다. 마음에 드는 트윗을 발견했을 때 '리트윗' 버튼을 누르거나 그 글을 복사하여 RT를 앞에 쓴 후 트윗하게 되면 자신의 모든 팔로어들에게 방금 복사한 글과 그 소스가 전해지게 되는 기능이다. 이는 트위터에만 있는 기능으로 민주화 시위, 전쟁, 자연재해 상황과 같은 긴급 상황에서 트위터가 페이스북과 같은 다른 소셜 네트워킹 사이트를 제치고 부상하게 된 결정적 특징이라고 할 수 있다.[135]

트위터는 2006년 3월 미국의 에번 윌리엄스 Evan Williams, 1972~, 잭 도시 Jack Dorsey, 1976~, 비즈 스톤 Biz Stone, 1974~ 등에 의해 공동창업되었다. 도시

Evan Williams

Jack Dorsey

Biz Stone

와 스톤은 SMS를 웹에 결합할 방법을 고민하다 친구들이 전화할 때마다 "뭐하고 있어What are you doing?"라고 물어보는 데서 힌트를 얻었다고 한다. 초기 메모장에 담긴 한 장의 설계도에 따르면, "뭐하고 있어?"에 대한 답변에 "자려고in bed" 또는 "공원에 가going to park"라는 식으로 현재 상태를 입력하는 서비스였다.[136]

"지금 막 제 트윗을 열었습니다Just setting up my twttr." 2006년 3월 21일 도시가 올린 첫 트윗 내용이다. 당시 트렌드는 사진 작업 프로그램인 'Flckr'처럼 모음을 빼고 단어를 만드는 것이어서 트위터의 첫 이름 또한 모음이 없는 'Twttr'이었다.[137] 도시는 『로스앤젤레스타임스』(2009년 2월 18일)와의 인터뷰에서 '트위터'라는 이름의 탄생에 대해 다음과 같이 말했다.

"(처음 생각했던 단어) '트위치twitch'는 고객들에게 이 서비스의 정확한 이미지를 알려주지 못하기 때문에 우리는 사전을 찾아보며 비슷비슷한 단어들을 조사했다. 그런 과정에서 '트위터'라는 단어를 만났다. 그것의 의미는 완벽했다. 단어의 의미는 '별로 중요하지 않은 정보가 짧게 터져나옴'과 '새의 지저귐'이었다. 그것은 우리가 만든 서비스가 뜻하는 바로 그것이었다. 새의 지저귐은 어떤 사람에겐 의미가 없지만 다른 사람에겐 의미가 있을 수 있다. 똑같은 이야기가 트위터에도 적용된다. 수많은 메시지가 완전히 쓸모없거나 의미없는 것처럼 보일 수 있다. 그러나 그것은 전적으로 받아들이는 사람에게 달려 있다. 곧바로 우리는 이 단어와 사랑에 빠졌다. 우리는 '트위터'란 단어를 동사로 혹은 명사로 사용할 수 있다."[138]

2006년 중반 트위터의 첫 번째 버전이 인터넷에 등장한 후 트위터의 개발은 계속 이어졌지만 성장 속도는 매우 느렸다. 서비스 초기에는 트위터가 "재미는 있지만 딱히 쓸모가 없다Twitter is fun but it's not useful"는 평이 지배적이었고, 따라서 성공하기는 힘들겠다고 하는 사람이 많았다. 그때 윌리엄스는 "아이스크림도 유용한 건 아니잖아?Neither is ice cream?"라고 대꾸했다는데, 이 대답은 '트위터 신화'의 명언이 되었다. 결국 이들의 결론은 "재미있다면 그것으로 충분하다"는 것이었다.[139]

이후 트위터는 비약적인 발전을 거듭해 2009년 6월 이란 대선 부정에 대해 대규모 시위를 가능케 만들었다. 『애틀랜틱』의 앤드루 설리번Andrew Sullivan은 6월 13일 "혁명은 TV로 중계되지 않는다"는 노래 제목에 빗대 "혁명은 트위터로 중계된다The Revolution Will Be Twittered"고 했고, 팀 러튼Tim Rutten은 『로스앤젤레스타임스』(6월 24일)에 트위터를 가리켜 "폭정의 새로운 악몽Tyranny's New Nightmare"이라고 썼다.[140]

트위터는 정치의 소비, 참여 방식에도 변화를 가져왔다. 2009년 10월 영국의 인기 토론 프로그램인 〈퀘스천 타임Question Time〉에 극우정당인 영국국민당British National Party의 당수 닉 그리핀Nick Griffin이 출연하자 일부 시청자들은 방송을 시청하면서 트위터를 통해 실시간으로 의견을 교환하고 토론을 벌였다. 이 시청자들을 지칭하기 위해 영국 정치학자 안스태드와 오로클린N. Anstead & B. O'Loughlin은 '뷰어태리어트Viewertariat'

라는 개념을 만들어냈다. 시청자viewer와 독일어로 무산계급을 뜻하는 프롤레타리아트Proletariat의 합성어로 정치적 담론을 다룬 텔레비전 프로그램을 시청하며 SNS를 통해 실시간으로 의견을 표출하는 사람들을 가리키는 말이다.[141]

전 세계적으로 2009년 한 해 동안 트위터Twitter는 '올해의 단어'로 선정될 만큼 선풍적인 인기를 끌면서 사용자도 7,100만 명에 이르렀다. 전 세계의 트위터 사용자는 2010년 3월 1억 명을 돌파했고, 8월엔 1억 4,500만 명(한국 137만 명)에 이르렀다. 트위터의 성장세가 가파르게 치솟고 있는 가운데, 2010년 12월에 일어난 튀니지 혁명은 '재스민 혁명'이라는 별명과 더불어 '트위터 혁명'이라는 별칭을 얻었다. 트위터가 시위의 확산에 큰 영향을 끼쳤다는 뜻에서다.

과연 트위터는 혁명의 촉진제인가? 재스민 혁명 2개월 전인 2010년 10월 미국의 기자이자 작가인 맬컴 글래드웰Malcolm Gladwell은 그간의 트위터 예찬론과는 다른 견해를 제시하고 나섰다. 그는 『뉴요커』에 쓴 「조그만 변화: 혁명은 왜 트윗되지 않는가?Small Change: Why the Revolution Will Not Be Tweeted?」에서 '강한 결속strong-tie'과 '약한 결속weak-tie'이라는 개념을 차용해 소셜 미디어가 소소한 사회적 변화를 일으킬 수 있을지 몰라도 중대한 사회변화를 일으키는 데는 역부족이라고 주장했다. 글래드웰은 자신의 글을 이런 냉소적인 구호로 끝맺었다. "네트워크로 연결된 약한 결속의 세계는 월스트리트 사람들이 10대 소녀에게 휴대전화를 찾아주는 데는 좋은 도구다. 혁명 만세!"[142]

셸 이스라엘Shel Israel은 『트위터빌Twitterville』(2009)에서 트위터가 '관용의 문화culture of generosity'를 촉진하는 점에 주목한다. 동네 레스토랑 이름을 알려주는 것에서부터 긴급위기 시 구조를 요청하는 것에 이르기까지 우리의 삶에 도움이 되는 것을 공유하려는 관대함을 실현하는 데 트위터가 크게 기여하고 있다는 것이다.[143]

어디 그뿐이겠는가. 특히 개인적인 인간관계에서 트위터가 제공하는 '세렌디피티serendipity(뜻밖의 발견)'는 트위터가 아니라면 경험하기 어려운 즐거운 놀라움과 기쁨일 것이다. 트위터의 실질적인 유용성에 문제를 제기한다면, 그건 에번 윌리엄스의 명언이 좋은 답이 되리라. "아이스크림도 유용한 건 아니잖아?" 아이스크림이 크게 유용하진 않을망정 그 유혹을 떨쳐버리기 어려운 것도 분명한 사실이 아닌가 말이다.

'트위터 혁명'이란 말은 민주화 시위와 관련해서만 쓰일 게 아니라 일상의 그런 소소한 기쁨들을 묘사하는 데 더 어울리는 말이 아닐까? 샌프란시스코 트위터 본사 사무실에 걸려 있는 사훈이라는 다음과 같은 메시지는 우리 삶의 지침으로 삼아도 좋을 것 같다. "Let's make better mistakes tomorrow(내일은 더 나은 실수를 하자)."[144]

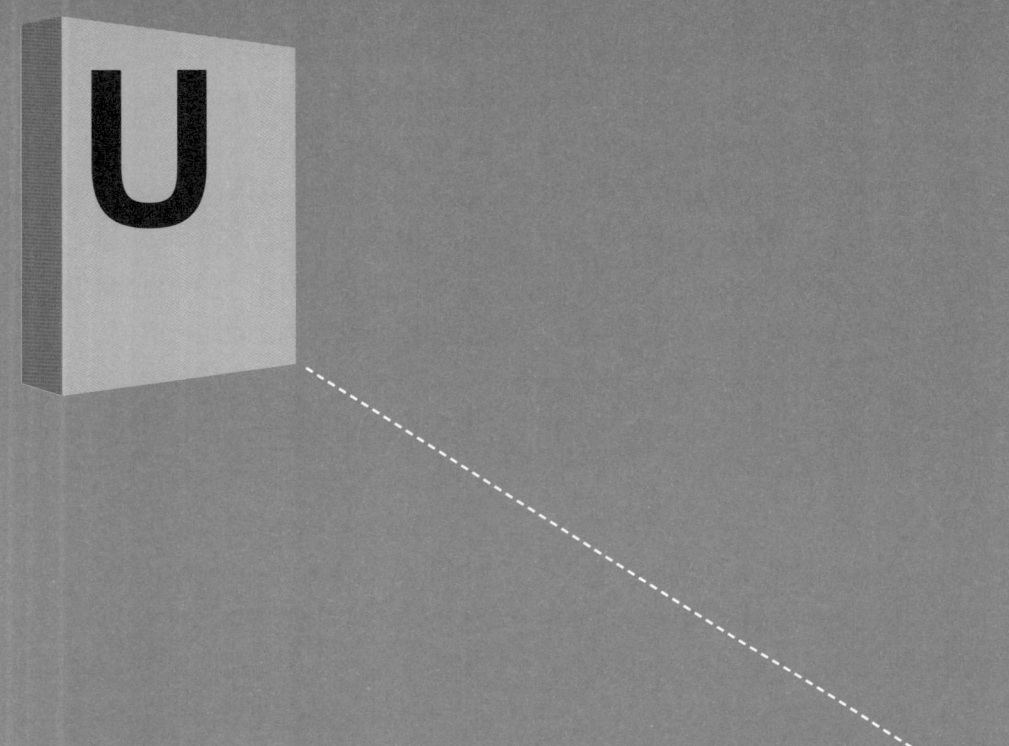

U

ugly

(as) ugly as sin은 "추악한"이란 뜻이다. 죄처럼 추악하다는 것은 당연한 말 아니냐고 할 수도 있지만, 죄는 때로 달콤하고 매력적인 것으로 여겨지기 때문에 저질러지는 게 아닐까? 1821년 스코틀랜드 작가인 월터 스콧 경Sir Walter Scott, 1771~1832이 쓴 『Kenilworth』에 처음 등장한 말이다. 족보를 좀더 캐보자면, 원래는 ugly as the devil이었는데, 이는 영국 작가 대니얼 디포Daniel Defoe, 1660~1731의 『Hisory of the Devil』(1726)에 처음 나온 말이다.[1]

plug-ugly는 "깡패, 건달, 몹시 추한"이란 뜻이다. 이 뜻 못지않게 몹시 추한 유래를 갖고 있는 단어다. 1850년대 후반 메릴랜드 주 볼티모어의 갱 두목이 더러운 일을 추진하면서 부하들에게 "저항하는 자들은 얼굴에 총탄 세례를 퍼부어 추하게 만들라plug'um ugly"는 명령을 내렸다. 나중에 갱들이 경찰에 체포되었을 때 이들이 한 신문에 의해 Plug Uglies로 묘사된 것이 널리 알려지면서 이 같은 뜻의 말이 생겨난 것이다.[2]

plug엔 속어로 "총으로 쏘다"는 뜻이 있다. take a plug at으로 쓰기도 한다. You want me to plug him if he tries to escape(녀석이 도망치려 들면 한 방 갈기라는 거죠)?[3]

university

university(대학)는 "community of teachers and scholars(선생과 학자들의 공동체)"라는 뜻을 가진 라틴어 universitas magistrorum et scholarium에서 나온 말이다.[4] 보통 college는 단과대학, university는 종합대학으로 알려져 있지만,

꼭 그런 것만도 아니다. 미국의 아이비리그 대학 중 다트머스 대학Dartmouth College만 오늘날까지도 학교 이름에 university 대신 college를 쓰고 있는데, 그건 다트머스의 고집일 뿐이다. 일반적으로 college와 university를 구분하는 주요 2대 기준은 다루는 학문 분야의 종류 수와 대학원 교육의 활성화 정도인데, 다트머스는 어떤 기준으로든 university에 해당되는 학교다.

Dartmouth college

college와 university 이외에도 대학을 가리키는 단어로 5개가 더 쓰이고 있는데, 그것은 instituteMassachusetts Institute of Technology, academy United States Military Academy, unionCooper Union, conservatoryNew England Conservatory, schoolJulliard School 등이다.[5]

multiversity(멀티버시티)는 캘리포니아 대학 총장 클라크 커Clark Kerr, 1911~2003가 1963년 봄 하버드 대학 연설에서 제시한 단어로 다양한 분과, 사회와의 관계 등 더할 나위 없이 복잡해진 현대 대학의 위상을 가리키는 개념이다. 대학이 산업화되어 국가의 중추 역할을 맡게 되면서 대학의 세속적 역할이 너무 커져버린 현실을 긍정하는 것이다.

그는 하버드 대학 연설 내용을 중심으로 그해 『대학의 이용The Uses of the University』이라는 책을 출간했다. 그는 대학의 3대 이용 목적은 "학생들에겐 섹스를, 동문에겐 스포츠를, 교수들에겐 주차장을 제공하는 것"이라는 농담을 하기도 했다.[6]

communiversity(커뮤니버시티)는 community와 university의 합성어로, 1990년대에 만들어진 신조어다. 대학과 지역사회의 연계를 강화하자는 취지에서 비롯된 말로, 이를 실현하는 데는 여러 방식이 있다.[7]

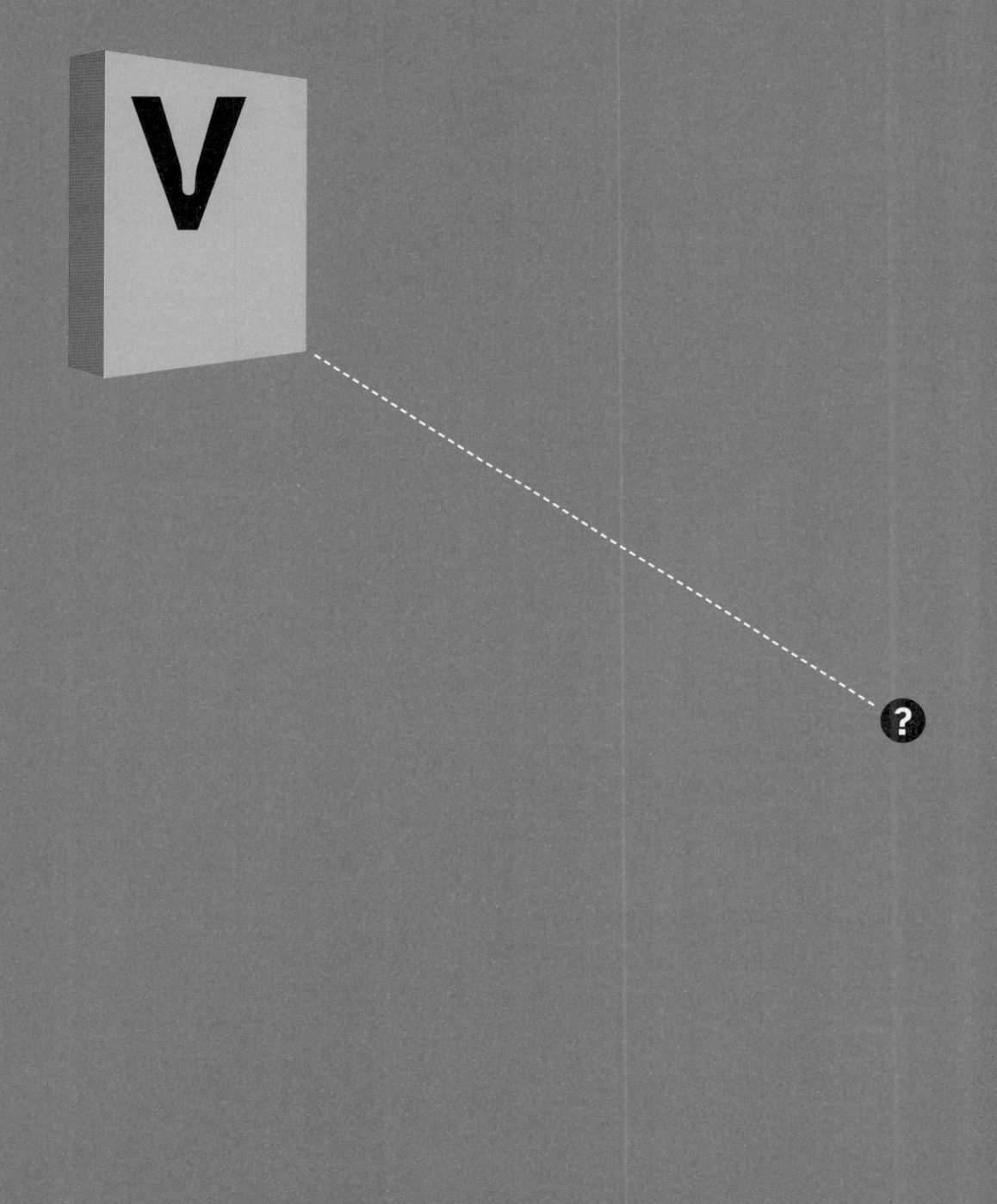

V

vanity

Vanity Fair(허영의 시장)는 존 버니언John Bunyan, 1628~1688의 『천로역정Pilgrim's Progress』(1678)에 등장하는 시장의 이름인데, 풍자로 유명한 영국 소설가 윌리엄 메이크피스 새커리William Makepeace Thackeray, 1811~1863가 그 제목의 소설을 낸 이후 수많은 영화, 드라마, 잡지의 제목으로 활용되었다.

특히 미국과 유럽에서 발행되는 월간 『배너티 페어』가 유명하다. 칼럼니스트 조지프 엡스타인Joseph Epstein은 "『배너티 페어』는 상류 사회에 대한 판타지를 위한 잡지"라며 "잡지는 독자들에게 왕족, 의상 디자이너, 영화계 스타, 갑부들이 실제로 사는 모습을 들여다볼 수 있는 특권을 가졌다는 환상을 제공한다"고 말한다.[1]

All is vanity in life(인생은 허무한 것이다). 일장춘몽―場春夢. 구약성서 「전도서」 1장 2절에서 유래된 말이다. "Vanity of vanities; all is vanity=Meaningless! Meaningless! Utterly meaningless! Everything is meaningless(헛되고 헛되며 헛되고 헛되니 모든 것이 헛되도다)!" vanity에 관한 명언을 5개만 감상해보자.

(1) It is our own vanity that makes the vanity of others intolerable to us(남들의 허영심을 못 견디게 만드는 것은 우리 자신의 허영심이다). 17세기 프랑스 작가로 풍자와 역설의 잠언으로 유명

Vanity

한 라 로슈푸코François de La Rochefoucauld, 1613~1680의 말이다. harmless vanity는 "악의 없는 허영심", tickle one's vanity는 "허영심을 돋구다, 허영심을 만족시키다"는 뜻이다.

(2) A vain man finds it wise to speak good or ill of himself; a modest man does not talk of himself(허영심이 강한 사람은 좋게 말하든 나쁘게 말하든 자신에 대해 말하는 게 슬기롭다고 여기지만, 겸손한 사람은 자신에 대해 말하지 않는다). 프랑스 작가 장 드 라 브뤼예르Jean de La Bruyére, 1645~1696의 말이다.

(3) A man who is not a fool can rid himself of every folly except vanity(바보가 아닌 사람은 모든 어리석은 짓을 그만둘 수 있지만 그렇게 할 수 없는 단 하나의 예외가 있다. 허영심이다). 프랑스의 계몽사상가 장 자크 루소Jean Jacques Rousseau, 1712~1778의 말이다.

(4) The highest form of vanity is love of fame(허영심의 극치는 명성욕이다). 스페인 출신의 철학자 조지 산타야나George Santayana, 1863~1952의 말이다.

(5) The surest cure for vanity is loneliness(허영심에 대한 가장 확실한 치료법은 외로움이다). 미국 작가 토머스 울프Thomas Wolfe, 1900~1938의 말이다.

variety

Variety is the spice of life(다양성은 인생의 양념이다). 영국 시인 윌리엄 쿠퍼William Cowper, 1731~1800가 1785년에 발표한 시 「The Task」에 나오는 말이다. "Variety's the very spice of life, That gives it all its flavor. 이후 여러 작가가 이 말을 응용한 말을 남겼다. 예컨대, 미국 저널리스트이자 유머리스트인 헬렌 롤런드Helen Rowland, 1875~1950는 "Variety is the spice of love(다양성은 사랑의 양념이다)"라고 했다.

영국 작가들 중 다양성 예찬론의 원조는 여성 작가 애프라 벤Aphra Behn, 1640~1689이다. 그녀는 1681년에 이렇게 말했다. "Variety is the soul of pleasure(다양성은 즐거움의 정신이다)." 족보를 더 캐고 들어가자면, 애프라 벤의 말은 B.C. 1세기 시리아 출신의 로마 작가인 푸빌리우스 사이러스Publilius Syrus의 다음과 같은 말과 비슷하다. "The most delightful pleasures cloy without variety(매우 유쾌한 즐거움도 다양성이 없으면 질린다)." cloy는 "물리다, 싫증나다"는 뜻이다.[2]

미국 저널리스트 제임스 서로위키James Surowiecki, 1967~는 『대중의 지혜The Wisdom of Crowds』(2004)에서 조직이론가 제임스 마치James G. March의 주장에 기대어 다양성의 장점을 다음과 같이 역설했다.

"너무 유사한 집단은 새로운 정보를 논의하지

않기 때문에 새로운 것을 배우기 어렵다. 동질적인 집단은 구성원들이 잘하는 일에는 뛰어나지만, 대안을 탐색하는 능력은 점차 떨어지게 된다. 그런 그룹은 구성원들이 갖고 있는 것을 활용하는 데 너무 시간을 많이 쓰는 반면 다른 것을 탐색하는 데는 충분히 시간을 쏟지 않는다. 비록 경험이 부족하고 덜 유능한 사람이라 하더라도 새 구성원을 조직에 포함시키면 조직이 더 현명해질 수 있다."[3]

시청자들을 물리지 않고, 싫증나지 않게 하려고 '다양성'을 강점으로 내세워 탄생한 텔레비전 장르가 바로 variety show(버라이어티 쇼)다. 미국에서 노래·춤·곡예·촌극 등 다양한 볼거리로 꾸며지는 공연을 가리키는 vaudeville을 텔레비전 무대로 옮겨놓은 것인데, 세월에 따라 그리고 나라에 따라 그야말로 버라이어티하게 많은 변종이 나타나, 이젠 버라이어티 쇼의 정의를 내리는 게 어렵게 되었다.[4] 한국에서 일부 예능 프로그램들이 real variety show를 표방하고 있다.

pseudo variety는 buzzword(유행어)로 대기업이 마트의 진열대 등에서 다른 작은 회사들의 제품들을 밀어내기 위해 자사 브랜드를 많이 만들어냄으로써 다양성을 위장하는 마케팅 전술이다. '의사擬似 다양성'이라고 번역해야 할까? 예컨대, 맥주 유명 브랜드인 버드와이저Budweiser는 다음과 같은 10여 가지의 유사 브랜드를 출시하고 있다. Bud Light, Bud Dry, Bud Ice, Bud Ice Light, Michelob, Michelob Light, Michelob Dry, Michelob Ultra, Busch, Busch Light, Busch Ice, Natural Light, Natural Ice.[5]

veep

veep은 '(미국의) 부통령'이다. 해리 트루먼 행정부의 부통령이었던 앨번 바클리Alben Barkley, 1877~1956 때부터 사용된 별명이다. 원래는 기업에서 부사장Vice President을 VP로 줄여 부르던 것이 발음하기 좋게끔 veep으로 발전한 것인데, 이게 정치 분야에 쓰이게 된 것이다. 바클리는 〈Meet the Veep〉이라는 텔레비전 프로그램에 고정 출연하는 등 부통령으로서 활발한 활동을 펼쳤다.

Alben Barkley

드와이트 아이젠하워 행정부의 부통령이었던 리처드 닉슨Richard Nixon, 1913~1994은 veep이라는 별명을 사양하면서 이렇게 말했다. "I think veep was a term of affection applied to Mr. Barkley and should go out with him(veep은 바클리의 애칭이었던바, 그에게만 쓰이는 게 좋겠다고 생각한다)." 그러나 이후 veep은 계속 부통령의 별명으로 사용되었다. 무엇보다도 언론이 헤드라인을 뽑기에 좋은 짧은 단어인지라 그것을 사용하지 않을 수 없었다. 1967년 『뉴스위크』는 1968년 대선을 앞두고 공화당 부통령 후보로 정치인 5명이 거론되는 것과 관련, 기사 제목을 "The Veepstakes(부통령 경쟁)"라고 붙였다.[6]

부통령직은 대통령이 되기 위한 징검다리로 여겨지는 것도 사실이지만, 강력한 대통령제 하에서 할 수 있는 일이란 상징적인 것에 지나지 않는다. 1933년에서 1941년까지 프랭클린 루스벨트 행정부의 부통령을 지낸 존 낸스 가너John Nance Garner, 1868~1967는 훗날 부통령직에 대해 "야구 투수가 내뱉는 더러운 침만도 못하다"고 말했다.[7]

그러나 그 '더러운 침' 덕분에 졸지에 대통령 자리에 오르는 사람도 있는 법이다. 1945년 4월 12일 프랭클린 루스벨트Franklin Roosevelt, 1882~1945는 조지아 주 웜스프링스Warm Springs에 있는 자신의 별장에서 오랜 세월 동안 비밀리에 연인 관계를 유지해온 정부情婦 루시 러더퍼드Lucy Rutherfurd, 1891~1948와 함께 휴식을 취하다 뇌일혈로 쓰러져 사망했다.[8] 부통령이 된 지 불과 82일 만에 해리 트루먼Harry Truman, 1884~1972이 제33대 대통령에 취임했다. 트루먼의 대통령 승계를 알리는 기자회견장에서 어느 기자가 "도대체 트루먼이 누구지?"라고 투덜댄 일화가 말해주듯이, 트루먼은 사실상 무명의 인물이었다.[9]

제18대 대통령 율리시스 그랜트Ulysses S. Grant, 1822~1885의 두 번에 걸친 대통령 재임 기간(1869~1877)엔 부정부패가 극에 이르렀는데, 부통령까지 가세했다. 특히 1872년에 터진 크리디트 모빌리에 스캔들Crédit Mobilier of America scandal에는 그랜트 대통령의 초임·재임 시절에 부통령을 지낸 스카일러 콜팩스Schuyler Colfax, 1823~1885, 헨리 윌슨Henry Wilson, 1812~1875까지 연루되어 '이 두 부통령은 '부vice'라는 직책에 전혀 새로운 의미를 부여했다'는 말까지 나오게 만들었다. 부통령vice-president의 vice엔 부副와 악惡이라는 뜻이 있는데, 전자보다는 후자가 어울리는 게 아니냐는 것이다.[10]

Velvet Revolution

velvet은 "벨벳, 비로드, 우단", black velvet(블랙 벨벳)은 "흑맥주와 샴페인을 섞은 칵테일", velvet paw는 "고양이 발(온화한 외면 뒤에 감춰진 잔인성)"이다. 비로드는 velvet의 포르투갈어인 veludo에서 나온 것인데, 한국에선 개화기 때부터 비로드로 불렸다. 1898년에서 1910년까지 발행된 『황성신문』엔 비로드 광고가 줄기차게 실렸다.[11]

베를린 장벽이 붕괴된 1989년 11월 9일부터 8일 경과한 11월 17일 체코슬로바키아에서도 시민들이 손에 손을 잡고 공산주의를 붕괴시키는 변화를 주도했다. 이 사건은 베를린 장벽 붕괴에 이어 동유럽 공산정권들의 연이은 붕괴를 촉발했다. 바로 역사적인 '벨벳 혁명Velvet Revolution'이다. 불끈 쥔 주먹을 벨벳 장갑으로 감싼 채 무혈혁명을 완성했다는 의미다. 이 말을 만든 사람은 시위 주도자들의 영어 통역사 노릇을 했던 리타 크리모바Rita Klímová, 1931~1993였는데, 그는 나중에 주미대사를 지내게 된다.

당시 프라하 시민 1만 5,000명이 1939년 나치 점령하에서 벌였던 '반나치 운동'을 되새기기 위해 모였다. 하지만 이 평화로운 집회는 경찰의 강제진압에 부딪혔고, 이에 반발하여 오랜 기간 공산 통치에 염증을 느끼던 군중이 시위에 동참했다. 약 열흘간 대규모 시위가 계속되자 체코 공산정부는 권력을 포기하고 일당제를 철폐한다고 발표했다. 마침내 1990년 6월, 1946년 이래로 최초의 민주적 선거가 실시되고 12월 28일 바츨라프 하벨Václav Havel, 1936~2011이 대통령에 취임하면서 혁명이 완성되었다.

1993년 체코슬로바키아가 체코와 슬로바키아로 분리되면서, 체코는 '벨벳 혁명'이라는 말을 계속 쓴 반면, 슬로바키아는 Gentle Revolution이라는 용어를 사용했다.[12]

2009년 '벨벳 혁명' 20주년을 맞아 『뉴욕타임스』는 체코 민중의 궐기가 유언비어 하나로 촉발되었다고 보도했다. 이런 이야기다. 베를린 장벽 붕괴 후 8일이 흐른 1989년 11월 17일 체코 프라하 시내에서 학생들이 거리집회를 감행했다. 곧이어 경찰들은 몰아닥쳤고, 마르틴 스미드라는 19세 대학생이 경찰의 강경 진압으로 사망했다는 소문이 나돌기 시작했다. 실제로는 몇 명의 학생이 폭행당했지만 사망한 사람은 없었다. 그러나 유언비어는 순식간에 퍼져나갔다. 당시 언론인이었던 얀 우르반Jan Urban은 인터뷰에서 "그 소식을 사실이라고 믿고 전달했다"며 "언론인으로서 오보한 것은 부끄러움을 느끼지만, 그로 인해 40년 공산체제를 무너뜨릴 수 있었기 때문에 후회는 없다"고 말했다.

그 유언비어는 공산정권과 타협에 무게를 두었던 대다수 체코인의 마음을 급격히 바꿔놓았다. 우르반은 "그전까지 공산정권과 체코인들 사이에서는 '조용히 있으면 별 탈 없이 보호해줄 것'이라 암묵적 타협의 분위기가 있었다"며 "하지만 학생 사망소식이 전해지면서 '우리 아이들이 죽고 있다, 타협은 끝났다'는 생각이 확산되었다"고 말했다. 성난 군중들은 거리로 몰려나왔고 19일에 20만 명, 20일에는 50만 명으로 불어났으며 27일에는 총파업이 진행된 가운데 거의 모든 프라하 시민이 거리로 나왔다. 다음 날 체코 공산당은 일당제 철폐를 발표하고 항복했다. 이런 과정을 거쳐 벨벳 혁명은 성공적인 비폭력 시민혁명으로 세계사에 영예롭게 기록됐다는 것이다.[13]

Vermont

Vermont(버몬트)는 미국의 북동부에 있는 주 이름이다. 1647년 프랑스 탐험대가 'Verd Mont green mountain'라고 이름 붙인 데서 유래되었다. 버몬트의 면적은 2만 4,901제곱킬로미터로 미국 50개 주 가운데 45위, 인구는 62만 5,741명(2010년)으로 49위, 인구밀도는 1제곱킬로미터 당 26.2명(2010년)으로 30위, 1인당 소득은 3만 8,503달러(2009년)로 21위다.

버몬트 주는 1791년 미국의 열네 번째 주가 되었는데, 이미 1777년 노예제도를 폐지해 미국에서 노예제도를 폐지한 첫 번째 주가 되었다. 면적의 77퍼센트가 삼림지역이라 주의 별명도 The Green Mountain State다. 주의 슬로건은 Freedom and Unity다.

버몬트 주의 주도는 몬트필리어Montpelier인데, 인구는 고작 7,855명(2010년 기준)에 불과하다. 가장 큰 도시라고 하는 버링톤Burlington의 인구도 4만 2,417명에 불과해, 미국 전체를 통틀어 '주의 가장 큰 도시' 가운데 가장 인구가 적은 도시로 꼽힌다. 주요 생산품은 메이플시럽maple syrup이다.[14]

'그린green 경영'을 외치는 사람들이 기후 변화로 인한 생태계 붕괴를 우려하면서, 그 많은 사례 중 "이제 버몬트 주에서 단풍나무maple를 구경할 수 없을지도 모른다"고 말한 걸로 미루어 보더라도 버몬트의 단풍나무는 유명하다.[15]

사이즈를 매우 중요하게 여기는 미국에선 버몬트처럼 덩치가 작으면 그 지역 출신 정치인도 푸대접을 받기 마련이다. 그러나 버몬트 주지사 출신인 하워드 딘Howard Dean은 2004년 대선 민주당 예선에서 한때나마 1위를 차지할 정도로 맹활약을 했다.

『로스앤젤레스타임스』 2003년 12월 11일자 기사가 버몬트를 '파인트 사이즈pint-size'라고 한 게 흥미롭다. 1파인트는 0.473리터에 불과한 소량이다. "Dean is a former gove-rnor of pint-size Vermont……Dean is playing in the big league(아주 작은 버몬트의 주지사를 지낸 딘은 이제 큰물에서 기량을 발휘하고 있는 중이다)."[16]

Vermont State

vodka

vodka(보드카)는 러시아의 대표적인 증류주다. vodka는 voda(water)의 작은 것을 나타내는 단어이므로, 그 뜻을 직역하자면 '작은 물little water'이다. 1405년에 최초로 기록된 단어지만, 이미 9세기경부터 러시아에서 생산되었다. 널리 인정받진 못하고 있지만, 폴란드에서 최초로 8세기에 생산되었다는 주장도 있다.

제정 러시아 시대에는 보드카의 제조법이 비밀이었지만, 사회주의 혁명 때 제조기술이 백계 러시아인White Russian에 의해서 남유럽으로 전해졌고, 1933년 금주법이 폐지된 미국으로 건너가 세계적으로 전파되었다. 원료는 밀·보리·호밀 등이지만 현재는 이것 외에 감자나 옥수수 등이 쓰일 때도 있다.

보드카는 성질이 다른 무색·무취·무미의 주류와 조화가 잘 되기 때문에 칵테일의 원료로 널리 애용되고 있다. 보드카에 오렌지 주스 곁들인 것을 '스크루드라이버', 사과즙을 곁들인 것을 '빅애플', 레모네이드를 곁들인 것을 '보드카 콜린스'라 한다. 또 진을 원료로 하는 칵테일에 진 대신 보드카를 사용하여 칵테일을 만들기도 한다.

보드카는 독한 술이라는 선입관이 있지만 그것은 전에 60퍼센트 이상의 알코올 분슈이 있는 것이 판매되었기 때문이며, 현재는 45~50도 가량의 것이 많다. 보드카라는 이름을 쓰기 위해선 각국별로 알코올 도수에 대한 최저 기준치가 있는데, 러시아와 폴란드에선 40도 이상, 유럽연합에선 37.5도 이상, 미국에선 30도 이상이어야 한다.[17]

보드카를 사랑하는 러시아에는 이런 속담이 있다고 한다. "400리(약 157킬로미터)는 거리도 아니고, 영하 40도는 추위도 아니고, 40도가 못되면 술이 아니다." 이에 대해 김철웅은 "40도면 위스키와 비슷하지만 러시아는 주법이 다르다. 50그램 정도를 원칙적으로 단숨에 들이킨다. 홀짝거리는 건 별로 안 좋아한다. 따라서 파괴력도 다르다"며 다음과 같이 말한다.

"이 40도를 정착시킨 사람은 원소 주기율표를 만든 19세기 화학자 드미트리 멘델레예프다. 그의 박사학위 논문 제목은 「물과 알코올의 결합에 대하여」였다. 그는 사람이 마시기에 가장 이상적인 알코올 도수를 40도로 규정했다. 그 전까지 보드카 도수는 들쭉날쭉했다고 한다. 멘델레예프가 교수를 지낸 상트페테르부르크에는 보드카박물관도 있다."[18]

"Mr. Medvedev is not a vodka personality. Mr. Putin is(메드베데프가 아니라 푸틴이 보드카 퍼스낼리티다)." 2009년 3월 러시아 기업가인 스타니슬라프 카우프만Stanislav Kaufman이 당시 수상이었던 블라디미르 푸틴Vladimir Putin, 1952~의 이름을 딴 보드카인 '푸틴카'가 대통령 드미트리 메드베데프Dmitry Medvedev, 1965~의 이름을 딴 보드카보다 많이 팔리는 이유를 설명하면서 한 말이다.[19]

2013년 6월 말, 다시 대통령이 된 푸틴이 미성

Absolut vodka

고 있다.[21]

앱솔루트는 2008년 7월 프랑스 회사 페르노리카Pernod Ricard에 인수되었는데, 페르노리카는 '앱솔루트'에 브랜드 앰배서더brand ambassador를 두고 있다. 앱솔루트는 브랜드 앰배서더가 강연하는 칵테일 클래스 등을 열어 바텐더와 소비자들에게 앱솔루트에 관해 다양한 이야기를 들려주고 어떻게 마시면 가장 맛있게 즐길 수 있는지를 알려주는 구실을 한다. 앱솔루트 측은 "브랜드 앰배서더는 풍부한 경험을 바탕으로 소비자들이 선호할 만한 새롭고 독특한 칵테일 레시피 개발에 큰 도움을 주고 있다"고 말했다.[22]

년자에게 비전통적 성관계(동성애) 홍보를 금지하는 법안에 서명하자, 미국에선 유명 게이 칼럼니스트 댄 새비지Dan Savage, 1964~의 제안으로 대도시 게이바에서 스톨리치나야 등 러시아 보드카 불매 운동이 벌어졌다. "동성애 배척하는 러시아 보드카, 마시지도 말자. 2014 소치 겨울 올림픽도 보이콧하자."[20]

Absolut(앱솔루트)는 1879년부터 생산된 스웨덴의 세계적인 보드카 브랜드로 스웨덴어 'Absolut Rent Brännvin Absolutely Pure Vodka'을 줄인 말이다. Absolut는 독특한 광고로 유명한데, 술보다는 술병을 강조하면서 진출하려는 나라의 유명한 지명과 연계시켜 소비자들의 상상력을 자극하는 방법을 썼다. 예컨대, "Absolut New York" 광고처럼 술병의 아웃라인에 뉴욕 센트럴파크를 집어넣는 식이었다. 그 밖에도 Absolut 광고는 다양한 기법으로 수많은 화제를 불러일으켜 광고학도들의 좋은 사례 연구가 되

volume

volume(책, 용량, 용적)은 "to roll up(둘둘 말다)"을 뜻하는 라틴어 volvere에서 나온 말이다. 옛날의 책은 종이를 이어 붙여 길게 만든 뒤 세로로 lengthwise 둘둘 마는 형식이었다.[23]

speak(express, tell) volumes는 "의미심장하다, 충분히 표현하다, 증명하고 남음이 있다"는 뜻이다. 책 여러 권volumes의 분량을 이야기한다는 뜻이니, 그 정도면 충분히 표현한 게 아니겠는가. 19세기 초부터 쓰인 말이다. It speaks volumes for his courage(그것은 그의 용기를 충분히 증명하고

남음이 있다).²⁴

volume zone(볼륨 존)은 패션 분야에서 아주 대량으로 판매되는 프라이스 존(가격대)을 말하는데, 그 의미가 점점 확대되어 기업의 주력 판매 상품이라는 뜻을 갖게 되었고, 더 나아가 가계당 연간 가처분소득이 5,000~3만 5,000달러인 중간소비 계층, 즉 '대중소비 시장'을 일컫는 말이 되었다.²⁵

2012년 12월 이지평 LG경제연구원 수석연구위원은 "국제통화기금IMF은 중국 경제 규모가 5년 후인 2017년에 일본 경제의 두 배로 커질 것이라고 최근 전망했다. 아시아개발은행ADB은 세계경제에서 아시아권의 비중이 현재 20퍼센트대에서 2050년에 50퍼센트대로 늘어날 것이라고 예상한다. 이런 사실은 향후 세계경제의 주축이 신흥국으로 넘어가며, 여기서 성장 기회를 잡으려면 '볼륨 존' 공략이 절실함을 일깨워준다"며 다음과 같이 말했다.

"'볼륨 존' 공략은 대기업은 물론 중소기업에까지 안정적인 생존을 위한 필수 경영 과제이다. 이유는 두 가지이다. 먼저 볼륨 존에서 유행하는 제품은 대다수 영역에서 제품과 기술의 향방을 결정짓는 '글로벌 표준'이 될 가능성이 높다. 또 볼륨 존은 저가低價이면서도 소비자들의 다양한 수요를 만족시켜야 하기 때문에 가장 치열한 혁신 전장戰場이 되고 있다. '볼륨 존'을 기반으로 신기술과 신제품을 개발한 기업이 선행 기업을 도태시키는 '코스트 파괴적 혁신'은 물론 이 지역의 제품·서비스가 선진국으로 역수출되는 리버스 엔지니어링reverse engineering 사례가 벌어지고 있다."²⁶

voucher

voucher(바우처)는 "증서, 상품권, 할인권, 쿠폰"이란 뜻인데, 행정 분야에선 정부가 제공하고자 하는 특정 상품(서비스)에 대한 지불 인증권을 의미한다. 즉, 정부가 수요자에게 쿠폰을 지급해 원하는 공급자를 선택하도록 하고, 공급자가 수요자에게서 받은 쿠폰을 제시하면 정부가 재정을 지원하는 방식을 말하는데, 이때 지급되는 쿠폰을 바우처라고 한다.

노인, 장애인, 산모, 아동 등 사회서비스가 필요한 사람들에게 일종의 이용권을 발급해 서비스를 받을 수 있도록 하는 사회서비스 바우처가 대표적이다. 또 문화 향유 기회가 적은 저소득층을 위한 문화바우처가 존재하며, 저소득층에게 임대료 일부를 지원해주는 주택바우처 등 다양한 바우처가 존재한다.²⁷

매슈 크렌슨Matthew A. Crenson과 벤저민 긴스버그Benjamin Ginsberg는 『다운사이징 데모크라시: 왜 미국 민주주의는 나빠졌는가』(2004)에서 "바우처는 민영화를 달성하는 탁월한 방법일 수 있다. 민간 위탁은 공공 서비스의 공급을 민영화하지만, 바우처는 이에 더해 공공서비스의 소비도 민영화한다. 정부로부터 바우처를 받은 시민들은 바우처를 사용할 곳을 스스로 결정한다. 그 과정에서 시민들은, 정부가 수요에 대해 보조금을 지급하는 공공서비스 시장을 창출한다"고 말한다.[28]

미국에서 자주 논란이 되는 것은 school voucher(=education voucher)다. 이 시스템의 도입 전에는 자녀를 사립학교에 보내는 학부모는 공립학교에 들어가는 세금도 내기 때문에 이중부담을 져야 했다. 이게 부당하다는 목소리가 높아지자, 미 정부는 그 부담을 줄여주고자 바우처를 지급하기 시작했다. 공립학교 교사 노조와 공립학교 지지자들은 이 학교 바우처 제도가 공립학교 시스템을 해친다고 비판한다. 반대운동의 대표 논객인 조너선 코졸Jonathan Kozol은 2009년 3월 언론 인터뷰에서 학교 바우처 제도를 "최악의, 위험한 발상"이라고 비난했다.[29]

학교 바우처 제도에 대한 주요 반대 논거는 자유주의적 관점으로, 이런 내용이다. "백인 중산층 부모들은 학업 성적이 우수하지 못한 학교에서 벗어나 더 나은 학군으로 이사를 갈 수 있지만, 도심 빈곤층은 또 다른 빈민가 이웃들로 둘러싸여 있는 비슷비슷한 비효율적 학교 이외의 다른 선택지가 없다는 것이다. 그 결과, 부모들로 하여금 도심의 빈민가를 벗어나지 못하게 가로막았던 교육 불평등이 이제 그들의 아이들에게까지 대물림되어 같은 지역에서 평생 벗어나지 못할 수도 있다는 것이다."[30]

학교 바우처 제도를 둘러싼 논란은 정치권의 정략적 고려가 개입되면서 더욱 뜨겁고 복잡해졌다. "정치적 보수주의자들이 전국적으로 추진하고 있는 학교 바우처 기획들은 아프리카계 미국인 부모들 사이에서 상당한 지지를 얻고 있는데, 이들은 시내 공립학교들이 학업 면에서 열등하다고 생각하고 대안을 찾고 있었기 때문이다. 이런 현상은 미국 정치에서 발견되는 어색한 동반자 관계unlikely bedfellows 전통의 한 단면이다. 신보수주의적 학교 바우처 사례는 흑인 유권자들을 민주당 내 전통적 동맹 세력으로부터 분리시키는 장치였을 뿐만 아니라, 자유주의적 관점에서 교육 바우처를 비판했던 주장들을 무력화하는 경향을 갖는다."[31]

한국에선 '바우처'를 사실상의 외래어로 쓰고 있는데, 2013년 7월 울산시가 발간한 『공공언어 개선 용례집』은 바우처를 '이용권'이나 '상품권'으로 바꿔 쓰자고 제안했다.[32]

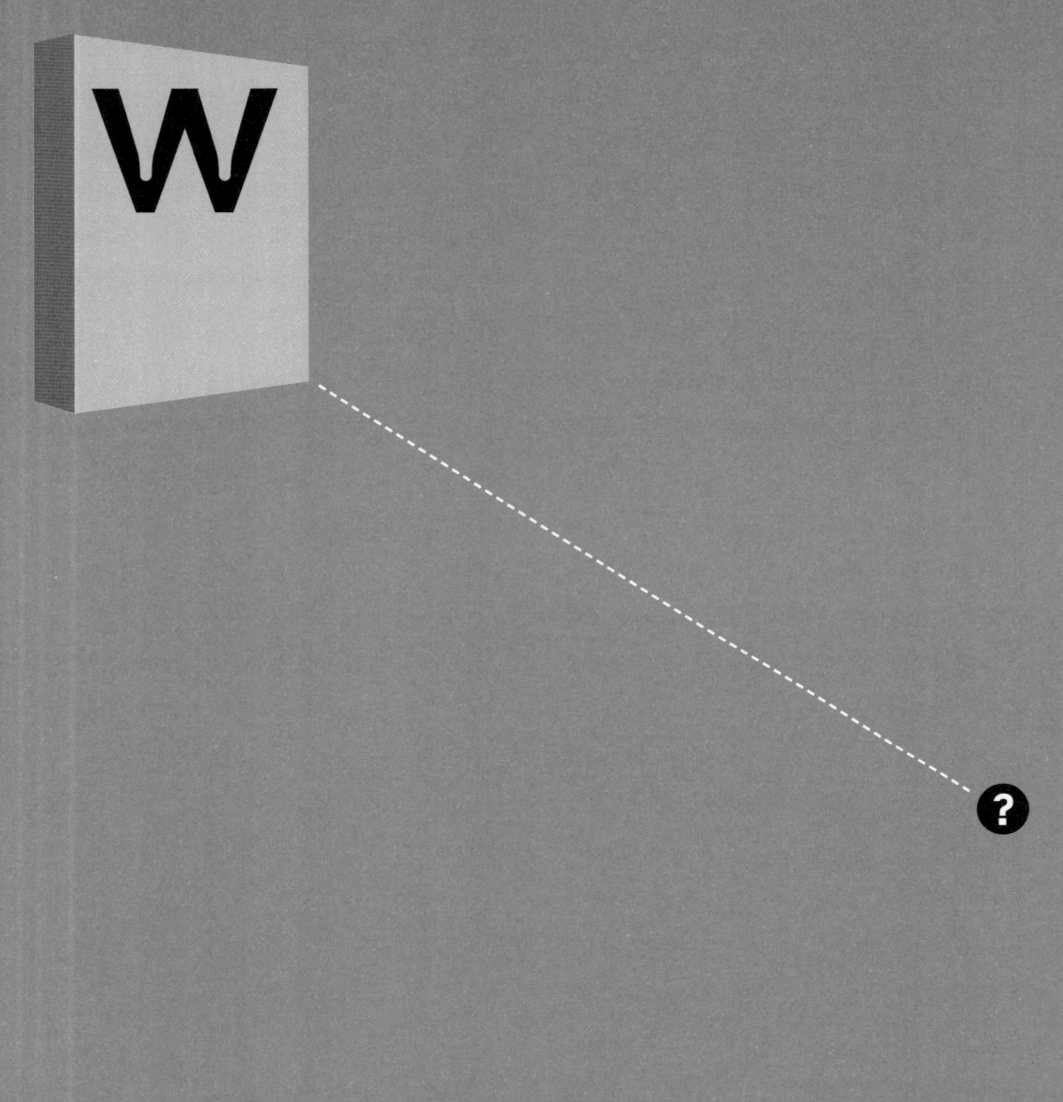

W

waffle

waffle은 "모호하게 말하다, 모호한 말(태도), 양다리 걸치다straddle"는 뜻이다. 밀가루, 달걀, 우유 등을 섞어 말랑하게 구운 케이크를 가리키는 와플waffle과는 아무 관련이 없다. "어리석게 말하다(행동하다)"는 뜻을 가진 스코틀랜드어 waff에서 유래된 말이다. 17세기에 만들어진, 개 짖는 소리의 의성어擬聲語: onomatopoeia라는 설이 있다.

1967년 이스라엘-아랍 전쟁 때 미국 정부는 분명한 태도를 취하지 않고 개입하기를 꺼렸는데, 당시 미국 언론은 이런 태도를 가리켜 waffling이라고 했다. 예컨대, C. L. 설즈버거c. L. Sulzberger, 1912~1993는 『뉴욕타임스』 1967년 6월 11일자에 다음과 같이 썼다.

"The United States can claim no credit for Israel's swift victory, but the fact of that victory was of strategic benefit to us although our role was confined to waffling(미국은 이스라엘의 신속한 승리에 기여한 것이 없다. 우리의 역할은 '관망'에 머물렀지만, 그 승리는 우리에게 전략적 이익이 되었다)."[1]

waffle은 연재만화 「둔즈베리Doonesbury」가 빌 클린턴 대통령을 그렇게 묘사해 유명해졌다. 결정을 내리지 못하고 우유부단하게 구는 것, 이랬다저랬다 생각을 자주 바꾸는 것도 waffling이라고 한다.[2]

wagon

on the wagon은 "금주하여, 술을 끊고"란 뜻이다. on the water wagon을 줄인 말이다. 20세기 초 미국에선 포장되지 않은 도로에 먼지가 이는 걸 막기 위해 말이 끄는 물차water wagon가 다

Water Wagon

니면서 도로 위에 물을 뿌렸던 데서 비롯된 말이다. 술 대신 물을 마신다는 이미지를 풍기는 말이라 하겠다.³ 1890년대 금주운동 시대에 탄생한 말이다. wagon을 cart로 바꿔 쓰기도 한다. "I'm on the water-cart(=I'm trying to stop drinking)"라는 표현은 최초로 1901년에 기록되었다.⁴

fix a person's wagon은 "~를 혼내주다, 앙갚음으로 ~를 상해하다, ~의 성공을 방해하다"는 뜻이다. 미국에서 서부개척 시절 마차가 가장 중요한 교통수단이었을 때, 마차가 구를 수 없게끔 하는 보복(응징) 수단이 많이 사용되었던 데서 유래된 말이다. Nicole borrowed my homework sheet and then left it at home. I'll fix her wagon(니콜이 내 숙제 리포트를 빌려가 놓고선 그걸 집에 놓고 왔다는 거야. 혼을 좀 내줘야겠어).⁵

hitch one's wagon to a star는 "크나큰 야심(이상, 목적)을 가지다"는 뜻이다. 하늘 높이 떠 있는 별에 자신의 마차를 붙들어맸으니 그 이상가는 야심이 어디에 있겠는가. It is better to hitch one's wagon to a star than to wander aimlessly through life(인생을 목적도 없이 빈들빈들 지내기보다 큰 포부를 품고 사는 편이 좋다).⁶

wannabe

wannabe(워너비)는 "유명인을 동경하는 사람, 유명인을 동경하여 행동·복장 등을 그들처럼 하는 사람"을 뜻한다. "무언가가 되고 싶다" 뜻의 영어 want to be를 연음으로 발음한 말로, 1981년부터 사용되었다.⁷

1985년 5월 마돈나를 표지 인물 기사로 다룬 『타임』 기사에서 존 스코John Skow가 마돈나를 흉내내는 Madonna wannabe(=Madonnabe)를 소개하면서 널리 유행하기 시작했다. 1984년에서 1986년이 Madonnabe 현상의 전성기였는데, 메이시 백화점은 1985년 마돈나 의류만을 전문적으로 파는 Madonnaland를 개설하기도 했다. wannabe는 1996년 영국 팝그룹 스파이스걸스Spice Girls의 데뷔 히트곡 〈Wannabe〉를 비롯하여 대중문화에서 널리 쓰이는 말이 되었다.⁸

한국에선 거의 외래어 수준이 된 워너비는 더욱 넓은 의미로 쓰인다. 예컨대, 강남 거주자를 닮고자 하는 사람들을 가리켜 '강남 워너비'라고 하는 식이다. 이와 관련, 박권일은 "이제 '사회의 룰'을 만들어내거나 바꿀 수 있는 그룹에 끼려면 훨씬 더 까다로운 기준, 이를테면 부모

Madonnabe

와 조부모의 자산 총액이나 본인의 아이비리그 출신교, 글로벌 잡 마켓에서 쌓은 경력 같은 기준을 충족시켜야 한다"며 다음과 같이 말한다.

"어느 '강남 아줌마'의 전언에 따르면 '서울대에 아등바등 목숨 거는 건 이제 목동 같은 동네의 일부 강남 워너비들뿐'인 상황이 도래했다. 한국 사회의 엘리트가 '글로벌 엘리트'가 되면서 상층 계급으로 가는 진입로는 극도로 좁아지고 말았다. 이른바 '개천에서 용 나는' 경우는 거의 사라졌다."[9]

war

War is death's feast(전쟁은 죽음의 축제다). When war begins, then hell open(전쟁이 시작되면 지옥의 문이 열린다). In war all suffer defeat, even the victors(전쟁에선 모두가 패자다. 승자조차도). 이런 격언에는 흔쾌히 동의할 수 있지만 전쟁은 계속되고 있다. If you want peace, prepare for war(평화를 원한다면 전쟁에 대비하라)라는 유비무환 정신 때문인가? 아니면 "Only two great groups of animals, men and ants, indulge in highly organized mass warfare(오직 두 종류의 동물만이 큰 무리를 지어 고도로 조직화된 대규모 전쟁에 탐닉한다. 인간과 개미다)"라는 말처럼 전쟁은 인간의 본성인가? 전쟁에 관한 명언을 10개만 감상하면서 생각해보자.

(1) The condition of man is a condition of war of everyone against everyone(인간의 조건은 만인에 대한 만인의 투쟁이다). 영국 철학자 토머스 홉스Thomas Hobbes, 1588~1679가 1651년 5월 런던에서 출간한 『리바이어던Leviathan』에서 한 말이다. '리바이어던'은 구약성서 「욥기」에서 나온 말이다. 이 말은 하나님이 자신의 힘을 드러내고 유한한 인간이 그 힘에 대항하는 일이 얼마나 헛된 것인지를 증명하기 위해 욥에게 보여주었던 무시무시하고 무자비한 바다괴물을 표현하기 위해 사용된 말이다. 욥이 하나님에게 복종

했을 때, 하나님은 과거에 자만과 오만으로 얼룩진 욥의 죄를 용서하고 그를 축복했다. 그런 '리바이어던' 이라는 제목을 통해 홉스는 무엇을 말하고자 했던가?

홉스는 인간은 선천적으로 협동적이지 못한 존재라고 생각했다. 게다가 "끊임없는 두려움과 폭력적인 죽음의 위협"이 있고, "인간의 삶은 외롭고 가난하고 역겹고 잔인하고 짧다"고 보았다. 국가의 존재 이전의 자연 상태에서는 '만인은 만인에 대한 적' 일 뿐이며, 인간을 협동으로 이끌 수 있는 유일한 경우는 국가의 통제하에 있을 때라는 게 그의 생각이었다. 인간은 공격적이고 욕심이 많으며 만인의 만인에 대한 투쟁은 인간의 자연스런 조건이고 이성은 대체로 열정을 제어하지 못한다는 것이다.[10]

(2) There was never a good war or a bad peace(좋은 전쟁이나 나쁜 평화라는 것은 있을 수 없다). 미국 정치가이자 발명가인 벤저민 프랭클린 Benjamin Franklin, 1706~1790의 말이다.

(3) War is politics by other means(전쟁은 다른 수단에 의한 정치다). 독일의 전쟁 이론가인 카를 폰 클라우제비츠Carl von Clausewitz, 1780~1831의 말이다. 이 말을 뒤집어 "Politics is war by other means(정치는 다른 수단에 의한 전쟁이다)"라는 말도 있다.[11]

(4) It is well that war is so terrible—lest we should grow too fond of it(전쟁이 끔찍한 것이 다행이다. 안 그랬다면 전쟁을 너무 좋아하게 되었을 테니). 미국 남북전쟁 시 남군의 총사령관이었던 로버트 리Robert E. Lee, 1807~1870의 말이다. 그는 여러모로 훌륭한 장군이었지만, 군인으로서 살육 본능이 약하다는 약점이 있었다. 그는 전투에서 패배한 북군을 뒤쫓는 남군 병사들을 보면서 슬프다는 듯 이 같이 철학자 같은 말을 했다. 말다툼이나 개인 간 갈등도 싫어했고, 부하들에게도 직설적인 명령보다는 지침을 내리는 편이었다. 한 북군 포로가 자신의 모자를 남군 병사에게 빼앗겼다고 불평하자, 리는 모자를 포로에게 돌려주도록 처리한 일도 있었다.[12]

(5) War is hell(전쟁은 지옥이다). 미국 남북전쟁 시에 활약한 북군의 장군인 윌리엄 티컴서 셔먼 William Tecumseh Sherman, 1820~1891의 말이다. 이 말은 전쟁이 잔혹한 것이므로 피해야 한다는 뜻이 아니라 전쟁은 가능한 한 적군에게 참혹하고 값비싼 대가를 치르게 해야 한다는 것을 의미했다. 셔먼은 마을을 불태우는 등 초토화 작전의 신봉자였다. 그는 "전쟁은 참혹함 자체다"며 "나는 전쟁의 잔혹한 본질을 남부인들에게 분명히 보여줄 것이다. 남부인들의 후회와 고통의 신음소리가 퍼지게 할 것"이라고 말했다. 셔먼은 성정이 포악하고 정신적으로 약간 불안정한 인물이었다.

그러나 전쟁에선 이런 특성들이 오히려 힘이 되었나 보다. 역사가인 셸비 푸트Shelby Foote는 『남북전쟁The Civil War』(1986)에서 "셔먼은 현대전의 개념을 가진 전략가였다. 민심은 전쟁을 끌어가는 원동력이다. 국민이 등을 돌리면 전쟁을 지속하기 어렵다는 점을 착안한 점은 탁월했다"고 평가했다. 셔먼은 그런 초토화 작전으로 남부인들이 전쟁을 지긋지긋하게 만드는 데는 성공했지만 지금까지도 남부인들의 증오의 대상이 되고 있다. 미국 남부에 가서 링컨을 존경한다고 말하는 것도 조심해야 하지만 서먼에 대해선 특히 조심해야 한다. 그는 남부에서 볼 때 천하의 악당이었기 때문이다.[13]

(6) War is the science of destruction(전쟁은 파괴의 과학이다). 캐나다 정치가 존 애벗John Abbott, 1821~1893의 말이다.

(7) I don't know whether war is an interlude during peace, or peace is an interlude during war(전쟁이 평화의 막간인가, 평화가 전쟁의 막간인가? 나는 정말 모르겠네). 제1차 세계대전에서 육군장관으로 프랑스를 승리로 이끌었던 프랑스 정치가 조르주 클레망소Georges Clemenceau, 1841~1929의 말이다. interlude는 "(두 사건) 중간에 생긴 일, 간주곡, 막간幕間"을 뜻한다.

(8) Older men declare war. But it is the youth that must fight and die(전쟁을 선포하는 건 나이 든 사람들이지만, 싸우고 죽어야 하는 건 젊은이들이다). 미국 제31대 대통령 허버트 후버Herbert Hoover, 1874~1964의 말이다.

(9) War to End Wars(전쟁을 끝내기[없애기] 위한 전쟁). 제1차 세계대전에 참전한 미국의 슬로건으로, 1917년 4월에 출범한 공공정보위원회 위원장 조지 크릴George Creel, 1876~1953이 만든 말이다. 저널리스트 출신인 크릴은 15만 명을 선전요원으로 동원하여 호전적 애국주의를 부추기는 성과를 올렸다. 다소 변형되긴 했지만, 이 말의 원조는 1914년 『전쟁을 끝낼 전쟁The War that Will End War』를 출간한 영국 작가 H. G. 웰스H. G. Wells, 1866~1946다.[14]

(10) The tragedy of war is that it uses man's best to do man's worst(전쟁의 비극은 전쟁이 인간의 최악을 저지르기 위해 인간의 최상을 사용한다는 점이다). 미국 목사 해리 에머슨 포스딕Harry Emerson Fosdick, 1878~1969의 말이다.

weakness

Everyone has his little weakness(사람은 누구나 약간의 결점은 있는 법이다). weakness에는 "결점, 약점"과 더불어 그 연장선상에서 "못 견디게 좋아하는 것"이라는 뜻도 있다. Chocolates were her weakness(그녀는 초콜릿이라고 하면 사족을 못 썼다). Smoking is a weakness of his(그는 담배를 안 피우고는 배기지 못한다). I've always had a weakness for the opera(나는 오페라 하면 여전히 사족을 못 쓴다).[15]

"There are two kinds of weakness, that which breaks and that which bends(약함엔 두 종류가 있다. 부러지는 것과 휘는 것)." 이 말을 한 제임스 러셀 로웰James Russell Lowell, 1819~1891은 미국의 시인, 평론가 겸 외교관이다. 그의 시와 명언은 성공 열망을 예찬한 것으로 유명하다. 예컨대, "Not failure, but low aim is crime(실패가 아

니라 낮은 목표가 수치스러운 것이다"이라는 식이다. 세대가 바뀌어도 미국 학생들은 제임스 러셀 로웰의 시를 공책에 베껴 쓴다. 오늘날까지도 미국인의 4분의 3은 "성공하지 못하는 사람 대부분은 체계를 탓해선 안 되고 자기 자신을 탓해야 한다"는 데 동의하고 있기 때문이다.[16]

weak와 관련된 명언도 살펴보자.

"A weak mind is like a microscope, which magnifies trifling things but cannot receive great ones(약한 정신은 현미경과 같다. 사소한 것들을 확대시키는 반면 큰 것들은 수용하지 못한다)." 영국 정치인 체스터필드 경Philip Dormer Stanhope, 4th Earl of Chesterfield, 1694~1773의 말이다. trifling은 "하찮은, 소량의, 경박한", a trifling matter는 "사소한 일", a trifling sum은 "소액", a trifling talk는 "농담"을 뜻한다.

microscope와 관련, 이런 멋진 말이 있다. "Where the telescope ends, the microscope begins. Which of the two has the grander view(망원경이 끝나는 곳에서 현미경이 시작된다. 둘 중 어느 것이 더 큰 것을 보여주는가)?" 프랑스 작가 빅토르 위고Victor Hugo, 1802~1885의 말이다.[17]

"Better make a weak man your enemy than your friend(약한 사람은 친구보다는 적으로 삼는 게 낫다)." 조시 빌링스Josh Billings라는 필명으로 활동한 미국의 유머리스트 헨리 휠러 쇼Henry Wheeler Shaw, 1818~1885의 말이다.

"Don't expect to build up the weak by pulling down the strong(강자를 허물어뜨림으로써 약자를 키우려고 하지 마라)." 미국 제30대 대통령 (1923~1929년 재임) 캘빈 쿨리지Calvin Coolidge, 1872~1933의 말이다.

whining

whine은 "애처로운 소리로 울다, 우는 소리를 하다, 푸념하다, 투덜대다, (개 따위가) 낑낑거리다", whine about being poor는 "가난을 한탄하다"는 뜻이다. 미국의 대통령학자 앨빈 스티븐 펠젠버그Alvin Stephen Felzenberg는 『우리가 원했던 지도자들The Leaders We Deserved』(2008)에서 실패한 대통령들의 공통된 특성으로 whining을 지적했다. 그는 whiners는 자신을 희생자라고 주장하거나 자기 연민을 드러내면서 이 세상을 자신에게 무조건적 지지를 보내는 사람과 그렇지 않은 사람이라는 이분법으로 바라본다고 말했다.[18]

어린 아이들의 whining 또는 nagging은 기업들의 마케팅 표적이 되기도 한다. 미국 마케팅 회사 웨스턴 미디어 인터내셔널이 1998년 8월 「칭얼대는 기술: 조르기가 어린이의 가장 좋은 친구인 이유The Fine Art of Whining: Why Nagging Is a Kid's Best Friend」라는 제목으로 배포한 보도자료에 따르면, 어떤 종류의 부모가 아이들의 조르기에 굴복할 가능성이 가장 높은지 이 연구에서 밝혀졌다고 한다.

No whining

"Not surprisingly, divorced parents and those with teenagers or very young children ranked highest. The study identifies some things children often nag for, estimating for each how often nagging was successful: in four out of ten trips to "entertainment establishments like the Discovery Zone and Chuck E. Cheese", in one out of every three trips to a fast-food restaurant, and in three out of every ten home video sales(이혼한 부모, 10대 자녀의 부모, 아주 어린 아이를 키우는 부모가 상위를 차지한 것은 그리 놀라운 일이 아니다. 이 연구는 아이들이 사달라고 자주 졸라대는 물건들을 파악한 다음, 각각의 물건들에 대한 조르기 성공 비율을 추정했다. 그 결과 놀이 시설에 가자고 조르는 것이 성공하는 비율은 열 번 중 네 번, 패스트푸드점에 가자는 요구의 성공 비율은 세 번 중 한 번, 가정용 비디오 타이틀을 사달라는 조르기의 성공 비율은 열 번 중 세 번이었다)."[19]

이런 연구 자체를 비판하는 목소리도 높지만,

이니셔티브 미디어Initiative Media에서 마케팅 전략을 담당하고 있는 루시 휴스Lucy Hughes는 〈기업The Corporation〉(2003)이라는 다큐멘터리 영화에서 '조르기 요인The Nag Factor' 연구를 다음과 같이 정당화했다.

"If we understand what motivates a parent to buy a product······if we could develop a creative commercial you know, a thirty-second commercial that encourages the child to whine······that the child understands and is able to reiterate to the parents, then we're successful(부모가 어떤 동기로 물건을 사주는지 우리가 이해하고,······우리가 창조적인 광고를 개발한다면, 그러니까 아이들에게 조르기를 부추기는 30초짜리 광고를 만들어낸다면,······그래서 아이가 그 광고 내용을 이해하고 광고의 메시지를 부모에게 되풀이하게 된다면, 우리의 노력이 성공을 거둔 셈이죠)."[20]

woman

"Trust not a woman when she weeps(여자의 울음을 믿지 마라)"라는 말이 있다. 그 이유는 "A woman is a weathercock"이기 때문이다. weathercock은 "바람개비, 풍향계, 변덕쟁이"란 뜻이다. 흔히 하는 말로 "여자의 마음은 바람

(갈대)과 같다"고 번역해도 무방하겠다. 같은 뜻의 말로 "A woman's mind and a winter wind change oft=Women are as wavering as the wind"가 있다.

이런 여성차별적인 말에 비해 "Women's instinct is often truer than men's reasoning(여자의 본능은 자주 남자의 이성보다 정확하다)"은 비교적 중립적이지만, 생각하기에 따라선 이 또한 여성 차별적 혐의를 제기할 수 있는 말이다. 여자와 관련된 명언 또는 망언 10개만 감상해보자.

(1) Man loves little and often, woman much and rarely(남자는 적게 자주 사랑하고, 여자는 많이 드물게 사랑한다). 남자는 사랑의 농도는 옅고 대상은 많은 반면, 여자는 사랑의 농도는 깊고 대상은 적다는 뜻이다. 이탈리아 장군 조르조 바스타Giorgio Basta, 1544~1607의 말이다. 그러나 이 주장과는 다른 반대의 연구 결과도 있다.[21]

(2) Frailty, thy name is woman(약한[경박한] 자여, 그대 이름은 여자로다)! 윌리엄 셰익스피어William Shakespeare, 1564~1616의 『햄릿Hamlet』에 나오는 말이다. 이에 대해 김병걸은 이렇게 말한다. "햄릿의 격렬한 독백은 자비로운 아버지의 죽음과 어머니의 성급한 숙부와의 재혼이 그에게 입힌 비참과 절망이 얼마나 깊은지를 웅변으로 밝혀준다. 삶은 향기를 잃고 세상은 부정과 불의로 오염되어 햄릿은 오직 죽고 싶은 마음뿐이다. 특히 음욕의 잠자리로 달려간 어머니의 비도非道로 햄릿은 가슴이 찢어지는 듯한 증오를 느끼며 '경박한 자여, 그대 이름은 여자로다!'라는 그 유명한 독백을 털어놓는다."[22]

(3) A woman's whole life is a history of the affection(여자의 전 생애는 애정의 역사다). 미국 작가 워싱턴 어빙Washington Irving, 1783~1859의 말이다.

(4) The fundamental fault of the female character is that it has no sense of justice(여성의 근본적인 결함은 정의감을 갖고 있지 않다는 것이다). 독일 철학자 아르투어 쇼펜하우어Arthur Schopenhauer, 1788~1860의 말이다. 그는 "To marry is to halve your rights and double your duties(결혼은 당신의 권리를 반감시키고 의무를 배가시키는 것이다)"라거나 "Human life must be some kind of mistake. Existence has no real value in itself(인생은 일종의 실수다. 존재 그 자체엔 아무런 가치가 없다)"라는 말도 했다. 이에 대해 윌 듀랜트Will Durant, 1885~1981는 이렇게 꼬집는다. "평생을 거의 하숙생활로 보낸 사람이 어떻게 염세적이지 않겠는가? 그리고 하나뿐인 자식을 사생아로 버려둔 사람이? 그의 불행의 가장 큰 원인은 정상적 생활의 거부―여자와 결혼과 자녀의 거부―였다. 그는 부모가 되는 것을 최대의 악으로 생각했다."[23]

(5) Women exercise a great and universal influence on linguistic development through their instinctive shrinking from coarse and gross expressions(여성은 본능적으로 조잡하고 거친 표현을 피함으로써 언어 발전에 크고 광범위한 영향력을 행사한다). 덴마크 언어학자 오토 예스페르센Otto Jesperson, 1860~1943의 말이다.[24]

(6) A woman's guess is much more accurate than a man's certainty(여자의 추측은 남자의 확신

보다 훨씬 정확하다). 영국 작가 러디어드 키플링 Rudyard Kipling, 1865~1936의 말이다.

(7) Man is always looking for someone to boast to; woman is always looking for a shoulder to put her head on(남자는 늘 큰소리 칠 대상을 찾고 여자는 늘 머리를 기댈 어깨를 찾는다). 미국의 저널리스트 독설가로 유명한 헨리 루이 멩켄Henry Louis Mencken, 1880~1956의 말이다.

(8) In politics, if you want anything said, ask a man. If you want anything done, ask a woman(정치에서 말이 필요하면 남자를 찾고 행동이 필요하면 여자를 찾으라). 1979년 5월 영국 수상에 오른 '철의 여인' 마거릿 대처Margaret Thatcher, 1925~2013의 말이다.

(9) What is most beautiful in virile men is something feminine; what is most beautiful in feminine women is something masculine(남성적인 남성의 가장 아름다운 점은 여성적인 것이고, 여성적인 여성의 가장 아름다운 점은 남성적인 것이다). 미국의 비평가 수전 손태그Susan Sontag, 1933~2004의 말이다.

(10) Women make far more precise discriminations in naming colors than do men(여성이 남성보다 색色의 이름을 훨씬 정교하게 구분한다). 미국 언어학자 로빈 레이코프Robin Lakoff, 1942~의 말이다.[25]

world

a world of=worlds of는 "아주 많음, 다수, 다량"이란 뜻으로, 16세기부터 쓰인 말이다. a world of faults는 "많은 결점", worlds of company는 "많은 동료", do a world of good은 "굉장히 도움이 되다"는 뜻이다. The mountain air will do him a world of good(산의 공기는 그에게 큰 도움이 될 것이다). There was a world of difference between them(두 사람 사이에는 큰 차이가 있었다). There were worlds of sheep in the pasture(목장에는 많은 양이 있었다).[26]

One would have said of him that he was of the world, worldly(그 사람은 정말 속되고 속된 인간이라고 사람들은 말했을 것이다). of the world, worldly는 "아주 속된", worldly affair는 "속세의 일", worldly wisdom은 "세속의 지혜", worldly fame은 "이 세상의 명성", worldly advancement는 "이 세상의 출세", worldly success는 "세속적인 성공", worldly goods는 "재산, 재화", a worldly man은 "속인", in a worldly way는 "속된 방식으로"란 뜻이다.[27]

on top of the world는 "최고의 기분으로, 만족의 절정에 있어, 엄청난 행복감을 느끼는"이란 뜻이다. 1900년대 초부터 sitting on the top of the world의 형식으로 쓰였다. 세상 꼭대기 위에 앉아 있는 기분이니, 이보다 더 행복할 순

없겠다. When Grandpa's girlfriend said that she'd marry him, he was on top of the world(할아버지의 여자친구가 할아버지와 결혼하겠다고 말했을 때 할아버지는 하늘에라도 올라갈 듯한 기분이었다).[28]

미국의 혼성 듀오 카펜터스The Carpenters의 1972년 히트곡 〈Top of the World〉로 더욱 익숙해진 표현인데, 이 노래의 가사는 다음과 같다.

"Such a feelin's comin' over me/There is wonder in most everything I see/Not a cloud in the sky/Got the sun in my eyes/And I won't be surprised if it's a dream/Everything I want the world to be/Is now coming true especially for me/It's because you are here/You're the nearest thing to heaven that I've seen/I'm on the top of the world lookin'/Down on creation and the only explanation I can find/Is the love that I've found/Ever since you've been around/Your love's put me at the top of the world/Something in the wind has learned my name/And it's tellin' me that things are not the same/In the leaves on the trees/And the touch of the breeze/There's a pleasin' sense of happiness for me/There is only one wish on my mind/When this day is through I hope that I will find/That tomorrow will be/Just the same for you and me/All I need will be mine if you are here."

"내게 어떤 느낌이 느껴지고 있어요/내가 보는 모든 것마다에 놀라움이 있어요/하늘의 구름이 아니에요/내 눈에 태양을 가졌어요/그리고, 나는 이것이 꿈이라도 놀라지 않을 거예요/내가 이 세상이 되기를 원하는 모든 것이/지금 실현되고 있어요. 특별히 나를 위해서요/그것은 당신이 여기 있기 때문이에요/당신은 내가 이제까지 보아온 중에 천국에 가장 가까워요/나는 이 세상 정상에서 아래를 내려다보아요/창조물을 보아요 그리고 내가 발견하는 유일한 설명은/내가 찾은 사랑이에요/당신이 내 곁에 있어온 이후로 지금까지/당신의 사랑은 나를 이 세상 정상에 올려놓아요/바람 속에 그 무언가 내 이름을 알았어요/그리고 내게 말해요, 모든 일이 같지 않다고/나무 위에 달려 있는 나뭇잎들과/그리고 스쳐가는 산들바람에서/나는 즐거운 행복감을 느껴요/내 마음엔 단 하나 소망이 있어요/하루가 끝날 때에 내가 알기를 원해요/당신과 나를 위해서/내일도 오늘과 똑같이 되기를 말입니다/내가 필요한 모든 것은 나의 것이죠/당신이 여기 있다면."

The Carpenters

프랑스의 철학자 볼테르Voltaire, 1694~1778는 "Love is a canvas furnished by Nature and embroidered by imagination(사랑은 신에 의해 제공되고 인간의 상상력에 의해 꾸며지는 캔버스다)"이라고 했는데, 카펜터스가 그린 그림이 그야말로 장관이다. "당신의 사랑은 나를 이 세상 정상에 올려놓아요." 아, 무얼 더 바라랴.

write

"Words fly, writings remain(말은 날아가지만 글은 남는다)"이라는 말이 있다. 그래서일까? 디지털 시대의 한복판에 진입한 오늘날에도 글쓰기의 중요성은 여전히 강조되고 있다. 글쓰기에 관한 명언을 5개만 감상해보자.

(1) Writers seldom write the things they think. They simply write the things they think other folks think they think(글을 쓰는 이들은 좀처럼 자신이 생각하는 걸 쓰지 않는다. 그들은 자신이 어떤 생각을 할 것이라고 남들이 생각한다고 생각하는 것을 쓴다). 미국의 유머리스트 킨 허버드Kin Hubbard, 1868~1930의 말이다.

(2) One can write nothing readable unless one constantly struggles to efface one's own personality. Good prose is like a window pane(자신의 퍼스낼리티를 지우기 위해 끊임없이 노력하지 않는 한 읽기 쉬운 글을 쓸 수 없다. 좋은 산문은 유리창과 같다). 영국 작가 조지 오웰George Orwell, 1903~1950이 1946년에 쓴 「왜 나는 글을 쓰는가 Why I Write」라는 글에서 한 말이다.[29]

(3) Those who write clearly have readers, those who write obscurely have commentators(글을 명료하게 쓰는 사람은 독자를 얻고 글을 모호하게 쓰는 사람은 평론가를 얻는다). 프랑스 작가 알베르 카뮈Albert Camus, 1913~1960의 말이다.

(4) At the beginning of the industrial revolution in Britain, when education had to be reorganised the ruling class decided to teach working people to read but not to write. If they could read they could understand new kinds of instructions and, moreover, they could read the Bible for their moral improvement. They did not need writing, however, since they would have no orders or instructions or lessons to communicate(영국에서 산업혁명 초기에 교육이 재조직되었을 때 지배계급은 노동자들에게 '읽기'만 가르치고 '쓰기'는 가르치지 않기로 결정했다. '읽기'는 새로운 지시사항을 이해하는 데, 그리고 더 나아가 도덕적 개선을 위해 성경을 읽는 데 필요했기 때문이다. 그러나 노동자들은 명령이나 지시나 교훈을 내릴 일이 없으므로 '쓰기'는 필요 없다는 것이었다). 영국 비평가 레이먼드 윌리엄스 Raymond Williams, 1921~1988의 말이다.[30]

(5) Some 44 million Americans that's 23 percent of our adult population function at the lowest level of literacy. They can't read a newspaper or follow instructions. Even more

tragically, when a parent can't be a child's first and most important teacher, the child suffers too(미국 성인 인구의 23퍼센트인 4,400만 명이 '읽고 쓰는 능력'의 최하 단계에 처해 있습니다. 그들은 신문을 읽을 수도 없고 간단한 지시사항을 이해하지 못합니다. 더욱 비극적인 건 부모가 아이의 첫 번째이자 가장 중요한 선생이 될 수 없을 때, 아이도 피해를 입는다는 점입니다).

미국의 문맹 퇴치 운동가인 샤론 달링Sharon Darling, 1944~이 2000년 언론 인터뷰에서 한 말이다. 그간의 문맹 퇴치 프로그램은 어린이나 성인을 분리한 채 운영되었으나 가족 차원에서 문맹 퇴치의 필요성을 강조한 건 달링이 처음이다.[31]

Wyoming

Wyoming(와이오밍)은 미국의 중서부에 있는 주 이름이다. 인디언 말로 '큰 평원large plains'이란 뜻이다. 원래는 펜실베이니아 주에 있는 계곡의 이름이었으며, 이후 같은 지명이 뉴욕 주와 웨스트버지니아 주 등에 생겨났다. 1868년 오늘날의 와이오밍 주가 생겨나면서 이름을 무엇으로 할 것인가 하는 문제가 대두되었을 때 오하이오 주 하원의원 제임스 애슐리James M. Ashley, 1824~1896가 와이오밍으로 밀어붙여 관철시켰다. 동부의 지명을 서부 신생 주의 이름으로 쓰는 것은 적합지 않다는 반론이 있었지만, 애슐리는 '큰 평원large plains'이란 뜻에 어울리는 지역은 동부가 아니라 서부라고 반박했다.

세계 최초의 국립공원은 1872년에 국립공원이 된 미국의 옐로스톤 국립공원Yellowstone National Park인데, 이 국립공원의 대부분이 와이오밍 주에 있다. 주의 주도는 샤이엔Cheyenne. 와이오밍 주의 면적은 25만 3,336제곱킬로미터로 미국 50개 주 가운데 10위, 인구는 56만 3,626명(2010년)으로 50위, 인구밀도는 1제곱킬로미터당 2.2명(2010년)으로 49위, 1인당 소득은 4만 5,705달러(2009년)로 6위다.[32]

와이오밍의 공식 별명은 Equality State(평등주), 비공식 별명은 Cowboy State다. 왜 Equality State일까? 카우보이와 밀접한 관련이 있다. 서부에서 목장 일은 점점 정주적定住的 성격을 갖게 되면서 이 일에 참여하는 여성의 수도 크게 증가했다. 서부는 동부보다 여성들에게 많은 기회를 주었는데, 와이오밍이 1869년 여성에게도 투

Yellowstone National Park

표권을 허용함으로써 여성 선거권을 부여한 연방 최초의 주가 된 건 결코 우연이 아니다. 와이오밍은 고위 공직에도 여성이 많이 진출하여 미국 최초의 기록을 여러 개 갖고 있는데, 바로 이 점을 강조해 Equality State를 공식 별명으로 삼은 것이다.[33]

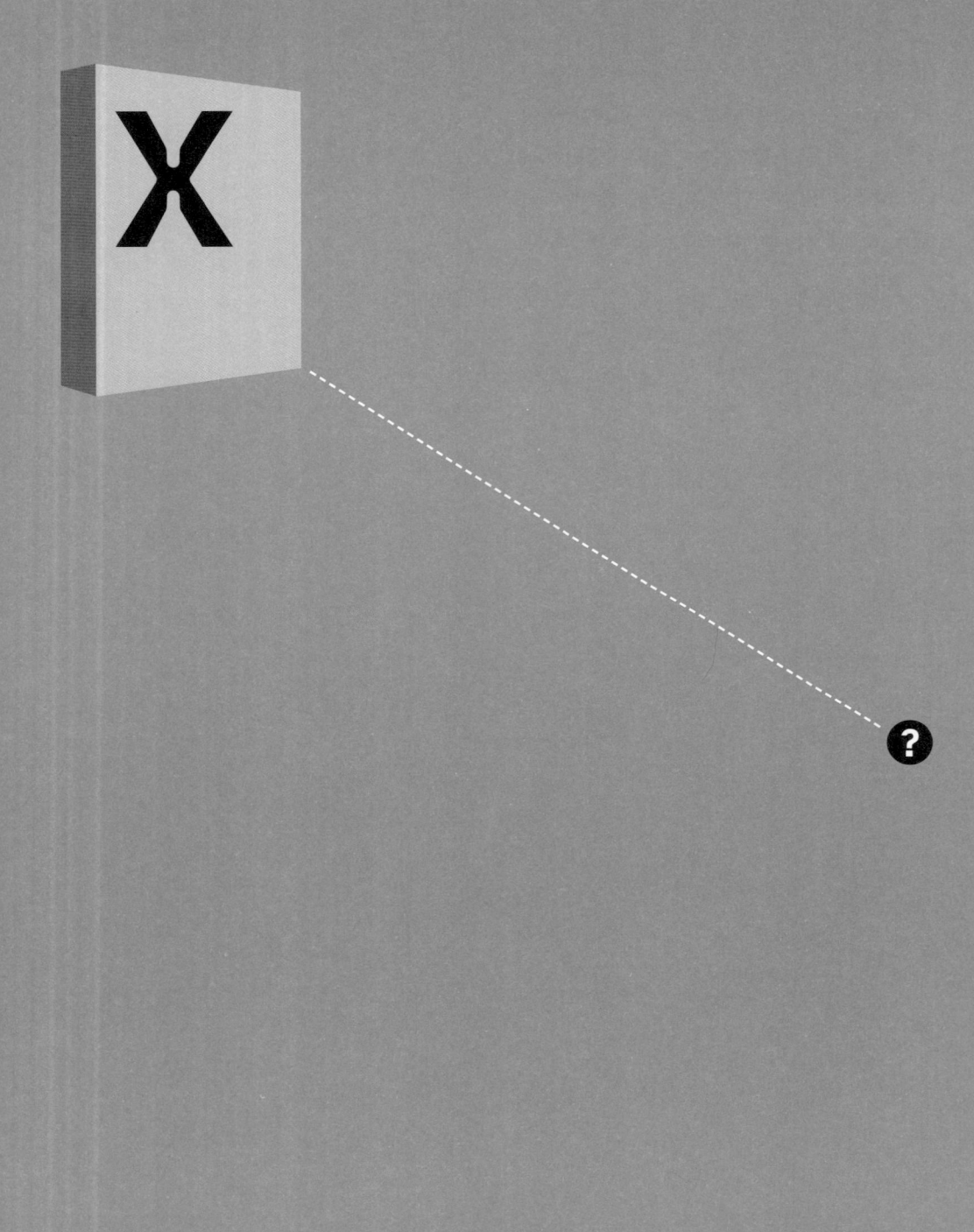

X

X-ray

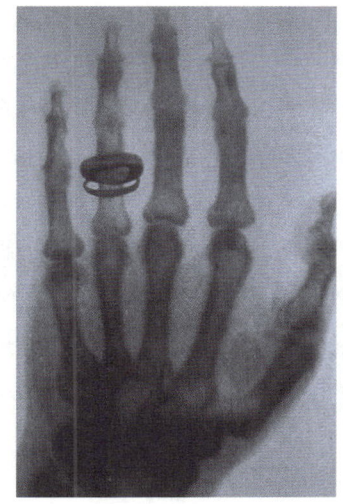

X-ray

X-ray는 "엑스레이, 뢴트겐 선Rötgen ray"이다. 독일 물리학자 빌헬름 뢴트겐Wilhelm Konrad Rötgen, 1845~1923이 1895년에 발견한 것으로, 그는 이 공로를 인정받아 1901년 최초의 노벨물리학상을 받았다. 그런데 왜 X-ray인가? 그는 발견 당시 X-ray의 정체를 이해하지 못했기 때문에 대수학代數學: algebra에서 미지未知의 것을 X라 하는 걸 원용하여 그렇게 이름을 붙인 것이다.[1]

뢴트겐이 X선 발견 후 실험 차원에서 그것으로 찍은 최초의 사진은 그의 아내인 안나 베르타Anna Bertha의 손이었다. 뼈만 나온 자신의 손 사진을 본 베르타는 이렇게 외쳤다고 한다. "I have seen my death!" 뢴트겐은 전 인류의 복지가 중요하다며 X선의 특허를 내지 않았으며, 노벨 상금도 자신의 대학에 기증했다.[2]

X선의 발견은 당시 엄청난 충격파를 몰고 왔으며, 눈에 보이는 것이 전부가 아니라는 인식은 문화의 기본적인 시각마저 바꾸어 놓았다. 에른스트 페터 피셔Ernst Peter Fischer, 1947-는 『슈뢰딩거의 고양이: 과학의 아포리즘이 세계를 바꾸다』에서 다음과 같이 말한다.

"뢴트겐의 발견 이후 세계를 있는 그대로 드러내고자 하는 사람은 단순히 눈에 보이는 것과는 다른 모습으로 그것을 표현하려고 아썼다. 특히 미술 분야는 근본적인 변화의 소용돌이를 겪으며 19세기에 추구했던 것과는 전혀 다른 목표를 찾아야만 했다. 그즈음에 등장한 피카소는 '나는 내가 보는 것을 그리는 게 아니라, 내가 생각하는 것을 그린다'고 밝혔다.……뢴트겐 선은 비록 눈에 보이지 않을지라도-아니면 바로 그 때문에-우리에게 마음의 눈을 열어주었다."[3]

CT computed tomography(컴퓨터 단층촬영)는 X선 발생장치가 있는 원형의 큰 기계에 들어가서 촬영하는 것으로, 단순 X선 촬영과 달리 인체를 가로로 자른 횡단면상을 얻을 수 있어 정밀검사를 시행해야 할 필요가 있을 때 기본이 되는 의료 검사법이다. 2011년 한 해 동안 한국에서 CT를 찍은 사람은 411만 명이나 되는데, 최근 4년간 국내 환자 5명 중 1명은 불필요하게 CT 재촬영을 한 것으로 조사되었다. CT 첫 촬영 후 30일 이내 타 병원에서 관행처럼 CT 재촬영이 빈번해지자 이를 통해 수입을 올리는 얌체 병원들도 증가했다. CT를 자주 찍어 방사선 피폭량이 권장치의 8~30배에 달한다는 우려의 목소리가 높다.[4]

yesterday

born yesterday는 "미숙한, 순진한"이란 뜻이다. 1800년대 초부터 쓰인 말이지만, 1946년 브로드웨이 연극, 1950년과 1993년 영화 제목으로 사용되어 널리 익숙해진 말이다. be not born yesterday는 "경험이 없지는 않다, 좀처럼 속아 넘어가지 않다"는 뜻이다. How could he be so easily tricked by this phony scheme? Was he born yesterday(그는 어쩜 그렇게 쉽게 이 사기극에 속아 넘어갈 수 있었을까? 그렇게 순진한가)?[1]

I need it yesterday(당장 필요해요). 미국 직장에서 많이 쓰인다는 이 말에 대해 임귀열은 이렇게 해설한다. "'어제 필요하다'는 이 말은 현재형 need와 과거 부사 yesterday가 동시에 쓰여 혼란스럽다. 이 말이 일상적 표현이 된 이유는 묘한 어감 때문이다. 상사가 'I need a solution and I need it yesterday'라고 하면 어제 요구했던 해결안이 지금도 필요하다고 재차 강조한 것이다. 'I need it now'라고 말해도 정확한 문장이지만 표현의 효과는 전자가 훨씬 낫다."[2]

"We must accept ourselves as we are. First and foremost, self-acceptance implies a joyful satisfaction in being who I am. Self-accepting people accept themselves as they are right now. Yesterday's me is history. Tomorrow's me is unknown(우리는 있는 그대로의 우리 자신을 받아들여야 한다. 자기 수용은 나라고 하는 존재 자체에 즐거운 만족을 느끼는 걸 의미한다. 자기 수용을 하는 사람들은 지금 현재의 자신을 받아들인다. 어제의 나는 역사이고, 내일의 나는 미지未知가 아닌가)."[3] 미국 시카고 로욜라 대학Loyola University의 신학 교수이자 작가인 존 파월John Powell이 『행복은 내면의 일이다Happiness Is an Inside Job』(1999)에서 한 말이다. 뻔하고 쉬운 말 같으면서도 가슴 깊이 와닿는 행복의 비법이라 하겠다. 자학自虐까진 아니라 하더라도 자신을 싫어하거나 마땅치 않게 여기는 사람이 좀 많은가. 나를 받아들이자. 잘났든 못났든 내가 아닌가. 나를 있는 그대로

John Lennon & Yoko Ono

받아들이는 순간 세상이 달리 보인다.

〈Yesterday〉는 비틀스Beatles의 1965년 히트곡 제목이다. 비틀스의 간판을 달긴 했지만, 작곡에서부터 노래에 이르기까지 폴 매카트니Paul McCartney, 1942~ 한 사람의 작품이라고 해도 과언이 아니다. 매카트니는 2000년 존 레논John Lennon, 1940~1980의 부인인 요코 오노Yoko Ono, 1933~에게 노래의 크레디트를 'McCartney-Lennon'으로 순서만이라도 바꾸게 해달라고 요청했지만 거절당하고 말았다.

Yesterday는 "mundane(일상적인), mawkish(감상적인)" 등의 비판을 받기도 했는데, 대표적인 비판자는 밥 딜런Bob Dylan, 1941~이었다. 그는 이 따위 노래는 수도 없이 많다며 폄하했지만, 그로부터 4년 후 자신도 이 노래를 레코딩했다. 비록 발표는 하지 않았지만. 이 곡은 대중음악 사상 최고의 레코딩 기록(1986년까지 1,600번)을 세워 기네스북에 올랐으며, 지금까지도 세계적으로 가장 많이 불리고 애청되는 음악으로 자리하고 있다.⁴ 가사는 다음과 같다.

"Yesterday/All my troubles seemed so far away/Now it looks as though they're here to stay/Oh, I believe in yesterday/Suddenly/I'm not half the man I used to be/There's a shadow hanging over me/Oh, yesterday came suddenly/Why she had to go, I don't know/She wouldn't say/I said something wrong/Now I long for yesterday/Yesterday/Love was such an easy game to play/Now I need a place to hide away/Oh, I believe in yesterday."

"지난날에는/내 모든 고통이 아주 멀리 있는 것처럼 느꼈어요/이제는 그 고통들이 현실로 찾아온 것 같아요/오, 나는 그때가 좋았어요/갑자기/나는 예전의 나의 반도 안되는 것처럼 느껴져요/나에겐 어두운 그림자가 드리워져요/오, 행복했던 지난날이 갑자기 가버린 거예요/그녀는 왜 떠나야만 했나요? 나는 모르겠어요/그녀는 말하지 않을 거예요/내가 뭔가 말을 잘못했나봐요/이제 나는 지난날이 무척 그리워져요/지난날/사랑은 그런 쉬운 게임인 줄 알았는데/나는 이제 나 자신을 숨길 곳이 필요해요/오, 나는 그때가 좋았어요."

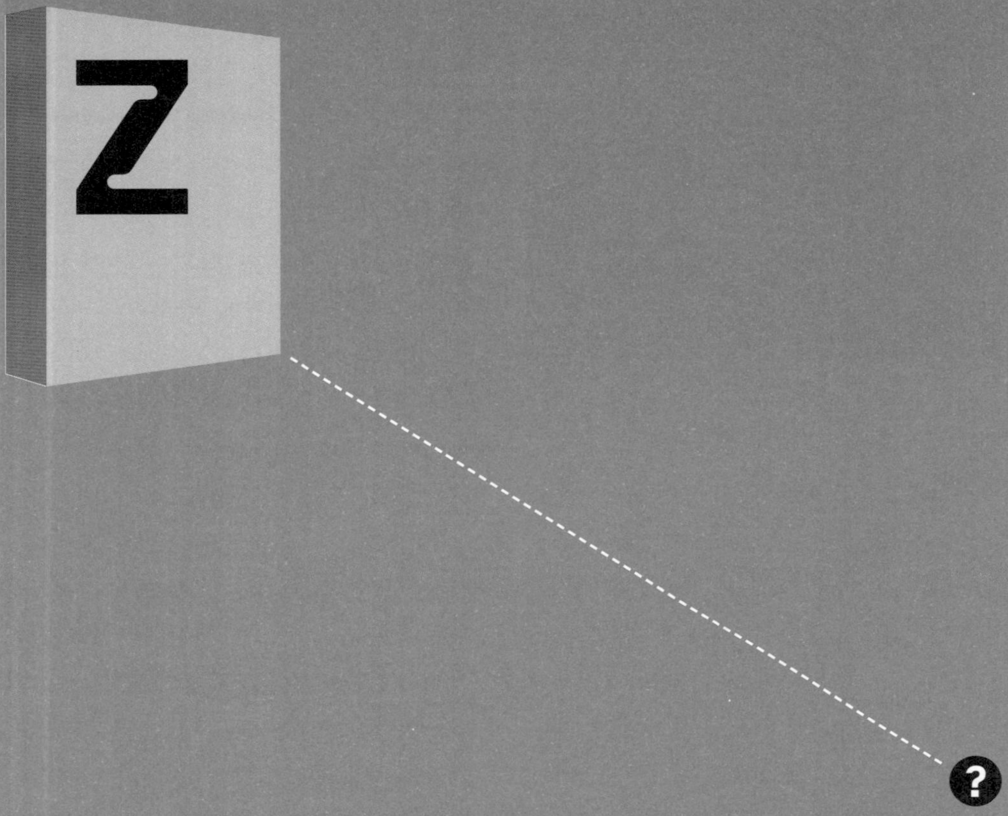
Z
?

zeal

zeal은 "열의, 열성", with (great) zeal은 "(아주) 열심히", burned-out zeal은 "식어버린 열의"란 뜻이다. zealot은 "열성가, 광신자, 열광자"다. 69~81년 사이에 활약한 유대교 젤로테 파the Zealots에서 유래된 단어다. 젤로테 파는 바리새 파Pharisees, 사두개 파Sadducees, 에세네 파Essenes 에 이은 제4의 종파로 로마의 지배를 무력으로 배제할 것을 주장하면서, 로마인은 물론 로마인에 협력하는 유대인들을 대상으로 테러를 저지른 종교 집단이었다.[1]

The zeal for children's education in Korea is very high(한국의 자녀 교육열은 매우 높다). Zeal without knowledge is a runaway horse (지식 없는 열정은 고삐 풀린 말과 같다). Zeal is fit only for wise men but is found mostly in fools(열정은 오직 현인에게만 적합하지만 대부분 바보들에게서 나타난다).

"Experience shows that success is due less to ability than to zeal. The winner is he who gives himself to his work, body and soul(경험에 따르면 성공은 능력보다는 열정에 의존한다. 승자는 자신의 일에 몸과 마음을 다 바치는 사람이다)." 영국의 자선사업가 찰스 벅스턴Charles Buxtor, 1823~1871의 말이다. give body and soul to the work은 "일에 전심전력을 다하다"는 뜻이다.

zest

zest는 "풍미, 맛, 비상한 흥미, 열정"이다. zest는 원래 그리스어로 오렌지나 레몬 껍질 조각을 뜻했다. 이게 음식이나 음료수에 들어가면 '풍미'를 더했고, 더 나아가 비유적으로 '열정'

zest

다. zest는 신바람과 에너지를 방출하며, zestful 한 사람은 zestfulness가 낮은 사람들에 비해 일 자체를 더 즐긴다는 것이다.[3]

을 불러일으킨다고 해서 이 같은 뜻을 갖게 되었다.

Discard the cinnamon stick and lemon zest(시나몬 스틱과 레몬 껍질을 버려라). Fold in lemon zest by hand(레몬을 손으로 짜주세요). We gossiped about our boss to give added zest to our drinking(우리는 상사에 대한 험담을 안주 삼아 술을 마셨다). He had a great zest for life(그는 삶에 대한 열정이 대단했다). The dramatic reversal added zest to the movie(극적인 반전이 영화의 재미를 더해주었다). The slight risk added zest to the experience(약간의 위험성이 그 경험에 묘미를 더해주었다). Wit gives a zest to conversation(기지는 대화에 흥취를 더해준다). He found a real zest in learning(그는 배우는 일에 참된 기쁨을 만끽했다).[2]

zest는 마틴 셀리그먼Martin Seligman과 크리스토퍼 피터슨Christopher Peterson의 긍정심리학positive psychology에선 24가지 '인간의 힘' 가운데 하나다. 이들은 zest를 상황과 과업에 도전하여 완성시키는 동기부여를 가능케 하는 용기로 간주한

주

머리말

1) 황필호, 『누가 최고 스타인가』(열린문화, 1994), 235~238쪽.
2) 데일 카네기, 베스트트랜스 옮김, 『데일 카네기의 성공 대화론』(더클래식, 1926/2011), 379~380쪽.
3) 데일 카네기, 베스트트랜스 옮김, 『데일 카네기의 성공 대화론』(더클래식, 1926/2011), 118쪽.
4) 스티븐 코비, 김경섭 옮김, 『성공하는 사람들의 8번째 습관』(김영사, 2004/2005), 347쪽.
5) 스티븐 코비, 김경섭 옮김, 『성공하는 사람들의 8번째 습관』(김영사, 2004/2005), 60쪽.

A

1) Albert Jack, 『Black Sheep and Lame Ducks: The Origins of Even More Phrases We Use Every Day』(New York: Perigree Book, 2007), p.46; Nigel Rees, Cassell's Dictionary of Word and Phrase Origins(London: Cassell, 2002), p.11; Harry Oliver, 『March Hares and Monkey's Uncles: Origins of the Words and Phrases We Use Every Day』(London: Metro, 2005), p.42.
2) Aaron Peckham, 『Urban Dictionary』(Kansas City, MO: Andrews McMeel, 2005), p.22.
3) John Ayto, 『Movers and Shakers: A Chronology of Words That Shaped Our Age』(New York: Oxford University Press, 2006), p.60.
4) John Walston, 『The Buzzword Dictionary』(Oak Park, IL: Marion Street Press, 2006), p.158; Presenteeism, *Wikipedia*.
5) Max Cryer, 『Common Phrases』(New York: Skyhorse, 2010), pp.11~12. p.213; Marvin Terban, 『Scholastic Dictionary of Idioms』(New York: Scholastic, 1996), p.168.
6) Orin Hargraves, ed., 『New Words』(New York: Oxford University Press, 2004), p.4.
7) 존 더 그라프·데이비드 왠·토머스 네일러, 박웅희 옮김, 『어플루엔자: 풍요의 시대, 소비중독 바이러스』(한숲, 2001/2002), 20쪽.
8) 존 더 그라프·데이비드 왠·토머스 네일러, 박웅희 옮김, 『어플루엔자: 풍요의 시대, 소비중독 바이러스』(한숲, 2001/2002).
9) 존 더 그라프·데이비드 왠·토머스 네일러, 박웅희 옮김, 『어플루엔자: 풍요의 시대, 소비중독 바이러스』(한숲, 2001/2002), 23쪽.
10) 엘런 테인 더닝, 구자건 옮김, 『소비사회의 극복: 현대 소비사회와 지구환경 위기』(따님, 1994).
11) 존 더 그라프·데이비드 왠·토머스 네일러, 박웅희 옮김, 『어플루엔자: 풍요의 시대, 소비중독 바이러스』(한숲, 2001/2002), 49쪽.
12) 심슨 가핀켈, 한국데이터베이스진흥센터 옮김, 『데이터베이스 제국』(한빛미디어, 2001).
13) Affluenza, *Wikipedia*.
14) 김한별, 「팔순 노인이 무거운 물건 번쩍…입는 로봇 세상 10년 내 온다」, 『중앙일보』, 2013년 2월 22일.
15) 황성혜, 「장수(長壽)시대, 재앙 되지 않으려면」, 『조선일보』, 2013년 7월 6일.

16) 임귀열, 「임귀열 영어」, 『한국일보』, 2010년 11월 24일.
17) 임귀열, 「임귀열 영어」, 『한국일보』, 2010년 11월 24일.
18) 임귀열, 「임귀열 영어」, 『한국일보』, 2010년 11월 24일.
19) 임귀열, 「임귀열 영어」, 『한국일보』, 2011년 3월 23일.
20) Chrysti M. Smith, 『Verbivore's Feast: A Banquet of Word & Phrase Origins』(Helena, MT: Farcountry Press, 2004), p.8; William Morris & Mary Morris, 『Morris Dictionary of Word and Phrase Origins』, 2nd ed.(New York: Harper & Row, 1971), p.278; Alabama, *Wikipedia*.
21) Alabama, *Wikipedia*.
22) 이종훈, 「앨라배마의 현대자동차」, 『한국일보』, 2010년 12월 24일.
23) William Greider, 『The Soul of Capitalism: Opening Paths to a Moral Economy』(New York: Simon & Schuster, 2003), pp.277~278.
24) William Morris & Mary Morris, 『Morris Dictionary of Word and Phrase Origins』, 2nd ed.(New York: Harper & Row, 1971), p.518; 앨런 브링클리, 황혜성 외 공역, 『미국인의 역사 2』(비봉출판사, 1998), 146~147쪽; Alasca, *Wikipedia*; 김남균, 「외교정책의 전통: 예외주의 역사의식」, 김형인 외, 『미국학』(살림, 2003), 155~178쪽; 박보균, 『살아 숨쉬는 미국역사』(랜덤하우스중앙, 2005), 214~217쪽; 최웅·김봉중, 『미국의 역사』(소나무, 1997), 221~223쪽.
25) 데일 카네기, 베스트트랜스 옮김, 『데일 카네기의 성공 대화론』(더클래식, 1926/2011), 276쪽.
26) Daniel J. Boorstin, 「Democracy's Secret Virtue」, 『U.S.News & World Report』, January 6, 1986, pp.22~25.
27) Garry Wills, 『A Necessary Evil: A History of American Distrust of Government』(New York: Touchstone, 2002), pp.21~22.
28) 크리스 앤더슨(Chris Anderson), 윤태경 옮김, 『메이커스: 새로운 수요를 만드는 사람들』(알에이치코리아, 2012/2013), 104쪽.
29) 앤드루 킨, 박행웅 옮김, 『구글, 유튜브, 위키피디아, 인터넷 원숭이들이 세상』(한울, 2009/2010), 19~41쪽.
30) Andrew Keen, 『The Cult of the Amateur: How Today's Internet Is Killing Our Culture』(New York: Doubleday, 2007), pp.36~37.
31) 김택환, 『웹2.0시대의 미디어경영학』(중앙북스, 2008), 38~39쪽, 183~188쪽.
32) 사사키 도시나오, 한석주 옮김, 『전자책의 충격』(커뮤니케이션북스, 2010), 18~19쪽.
33) 데이비드 커크패트릭, 임정민·임정진 옮김, 『페이스북 이펙트』(에이콘, 2010), 296쪽.
34) Ambient awareness, *Wikipedia*.
35) 척 마틴, 장세현 옮김, 『서드 스크린: 비즈니스 패러다임을 바꾸는 모바일 혁명』(비즈니스북스, 2011), 313~314쪽.
36) 양준영, 「국제방송통신컨퍼런스: "이메일 시대 가고 트위터 시대 왔다"」, 『한국경제』, 2009년 6월 19일.
37) 윌러드 게일린, 신동근 옮김, 『증오』(황금가지, 2003/2009), 49~50쪽.
38) Anger, *Wikipedia*.
39) EBS 3분 영어 제작팀, 『생각하는 영어사전 ing 2』(인물과사상사, 2010), 234~237쪽.
40) 임귀열, 「임귀열 영어」, 『한국일보』, 2009년 11월 4일.
41) 백선엽, 『미국 20대가 가장 많이 쓰는 영어 BOX』(넥서스, 1999), 134쪽.
42) Hannah Arendt, 『On Revolution』(New York: Viking, 1963), p.94.
43) 손제민, 「"스타는 스캔들도 경제행위"」, 『경향신문』, 2005년 12월 29일 13면; 천지우, 「"스타는 얼굴 보여주기가 노동 스캔들도 엄연한 경제행위"」, 『국민일보』, 2005년 12월 29일 12면; 이진, 「영화배우의 노동개념 고전경제원칙 뒤엎다」, 『동아일보』, 2005년 12월 29일 A15면.
44) John Ayto, 『Movers and Shakers: A Chronology of Words That Shaped Our Age』(New York: Oxford University Press, 2006), p.38; Appeasement, *Wikipedia*; 『엣센스 영한사전』, 제6정판(민중서림, 1995), 136~137쪽.
45) 요아힘 C. 페스트(Joachim C. Fest), 안인희 옮김, 『히틀러 평전』(전2권, 푸른숲, 1998); 이언 커쇼(Ian Kershaw), 이희재 옮김, 『히틀러』(전2권, 교양인, 2010).
46) 이주천, 「제8장 1930년대의 외교(1930~1939)」, 차상철 외, 『미국 외교사: 워싱턴 시대부터 루즈벨트 시대까지(1774~1939)』(비봉출판사, 1999), 342쪽.
47) 김현수, 『수상으로 읽는 영국이야기』(청아출판사, 1999); John Spanier, 『Games Nations Play: Analyzing International Politics』(New York: Praeger, 1972).
48) William Morris & Mary Morris, 『Morris Dictionary of Word and Phrase Origins』, 2nd ed.(New York: Harper & Row, 1971), p.259; Arizona, *Wikipedia*.
49) Spring training, *Wikipedia*; http://blog.daum.net/yk-onlee/178.
50) Albert Jack, 『Black Sheep and Lame Ducks: The Origins of Even More Phrases We Use Every Day』(New York: Perigree Book, 2007), p.110.
51) Christine Ammer, 『The Facts on File Dictionary of Clichés』(New York: Checkmark Books, 2001), p.339.
52) Neil Ewart, 『Everyday Phrases: Their Origins and Meanings』(Poole·Dorset, UK: Blandford Press, 1983), pp.107~108.

53) Steven Rattner, 『Overhaul: An Insider's Account of the Obama Administrations's Emergency Rescue of the Auto Industry』(New York: Houghton Mifflin Harcourt, 2010), p.298.
54) 최현정, 「아이유 눈화장, 짙은 색조화장 선보이며 '아스트랄한 분위기'」, 『스타엔』, 2013년 6월 13일.
55) 조광희, 「'아스트랄' 한 박근혜」, 『한겨레 21』, 제915호(2012년 6월 12일).
56) 김한별, 「충돌시 인류 멸망 부를 소행성 개수가 무려…」, 『중앙일보』, 2013년 2월 18일.
57) Atlanta Compromise, *Wikipedia*.
58) Booker T. Washington, 「The Atalanta Exposition Address」, Richard N. Current & John A. Garraty, eds., 『Words That Made American History: The 1870's to the Present』(Boston, Mass.: Little, Brown and Co., 1962), pp.124~133; 앨런 브링클리(Alan Brinkley), 황혜성 외 공역, 『미국인의 역사 2』(비봉출판사, 1993/1998), 162~163쪽; 케네스 데이비스(Kenneth C. Davis), 이순호 옮김, 『미국에 대해 알아야 할 모든 것, 미국사』(책과함께, 2003/2004), 327쪽.
59) Booker T. Washington, 「The Atalanta Exposition Address」, Richard N. Current & John A. Garraty, eds., 『Words That Made American History: The 1870's to the Present』(Boston, Mass.: Little, Brown and Co., 1962), pp.124~133.
60) 스토 퍼슨즈(Stow Persons), 이형대 옮김, 『미국지성사』(신서원, 1975/1999), 678~681쪽.
61) 사루야 가나메, 남혜림 옮김, 『검증, 미국사 500년의 이야기』(행담출판, 2004/2007).
62) 이보형, 『미국사 개설』(일조각, 2005).
63) 케네스 데이비스(Kenneth C. Davis), 이순호 옮김, 『미국에 대해 알아야 할 모든 것, 미국사』(책과함께, 2003/2004), 327~328쪽.
64) 토머스 데이븐포트(Thomas H. Davenport)·존 벡(John C. Beck), 김병조·권기환·이동연 옮김, 『관심의 경제학』(21세기북스, 2001/2006), 29쪽.
65) 로버트 라이시, 오성호 옮김, 『부유한 노예』(김영사, 2001), 198쪽.
66) 김상현, 『인터넷의 거품을 걷어라: 인터넷, 사이버 세상에서 살아남기』(미래M&B, 2000), 73~74쪽.
67) Audi, *Wikipedia*.
68) 안정숙, 「유명인따라 너도나도…」, 『매일경제』, 2006년 8월 16일, A2면.
69) 허윤희, 「믿습니까? 믿습니다…여론을 움직이는 다소 위험한 숭배 '팬덤'」, 『조선일보』, 2013년 8월 10일.
70) Erich Fromm, 『Escape from Freedom』(New York: Avon Books, 1941/1970), p.194.
71) Erich Fromm, 『Escape from Freedom』(New York: Avon Books, 1941/1970), p.195.
72) Authoritarian personality, *Wikipedia*; 「권위주의적 퍼스낼리티」, 네이버 지식백과.
73) Authority, *Wikipedia*.
74) 임귀열, 「임귀열 영어」, 『한국일보』, 2009년 9월 16일.
75) 임귀열, 「임귀열 영어」, 『한국일보』, 2009년 9월 16일.
76) 임귀열, 「임귀열 영어」, 『한국일보』, 2009년 9월 16일.
77) 임귀열, 「임귀열 영어」, 『한국일보』, 2009년 9월 16일.
78) Erich Fromm, 오제운 옮김, 『To Have or to Be?(소유냐 존재냐?)』(YBM Si-sa, 1976/1986), 58~59쪽.
79) Autoeroticism, *Wikipedia*.
80) Jean Kilbourne, 『Can't Buy My Love: How Advertising Changes the Way We Think and Feel』(New York: Touchstone, 1999), pp.101~102.
81) Jean Kilbourne, 『Can't Buy My Love: How Advertising Changes the Way We Think and Feel』(New York: Touchstone, 1999), pp.96~106.
82) Katie Alvord, 『Divorce Your Car!: Ending the Love Affair with the Automobile』(Gabriola Island, B.C.: Canada: New Society Publishers, 2000), p.1.

B

1) 장상진, 「징역 1000년: 아동 포르노 2만건 내려받은 美지역방송 사장에 선고」, 『조선일보』, 2013년 3월 2일.
2) 김낭기, 「'징역 1000년' 미국법에서 배울 것 있다」, 『조선일보』, 2013년 3월 12일.
3) 「back-to-back」, 네이버 지식백과.

4) Back-to-back life sentences, *Wikipedia*.
5) 「back to back」, 네이버 영어사전.
6) 김은식, 『야구상식사전』(이상, 2011), 109~110쪽; Home run, *Wikipedia*.
7) 「바게트」, 네이버 지식백과.
8) Baguette, *Wikipedia*.
9) 양모듬, 「바게트 안먹는 佛젊은이들…10년새 소비 28% '뚝'」, 『조선일보』, 2013년 6월 28일.
10) 심순철, 『프랑스 미식 기행』(살림, 2006), 21~24쪽.
11) 양모듬, 「바게트 안먹는 佛젊은이들…10년새 소비 28% '뚝'」, 『조선일보』, 2013년 6월 28일.
12) Dorothy Auchter, 『Dictionary of Historical Allusions & Eponyms』(Santa Barbara, CA: ABC-CLIO, 1998), p.10; 「발칸반도」, 우 키백과.
13) http://web.mit.edu/marshall/www/papers/CyberBalkans.pdf; 니콜라스 카(Nicholas Carr), 임종기 옮김, 『빅스위치: Web2.0시대, 거대한 변환이 시작된다』(동아시아, 2008), 225~232쪽.
14) Cass Sunstein, 『republic.com』(Princeton, NJ: Princeton University Press, 2001).
15) 이석우, 「"인터넷이 사회균열 부추겨"」, 『서울신문』, 2005년 8월 18일 12면.
16) 백지운, 「전지구화 시대 중국의 '인터넷 민족주의'」, 『황해문화』, 제48호(2005년 가을), 219쪽.
17) Splinternet, *Wikipedia*.
18) Harry Oliver, Cat Flaps and Mousetraps: The Origins of Objects in Our Daily Lives(London: Metro, 2007), pp.3~4; Barbie, *Wikipedia*; 권홍우, 『99%의 로맨스: 오늘의 부족한 1%를 채우는 역사』(인물과사상사, 2010), 116~117쪽.
19) Evan Morris, 『From Altoids to Zima: The Surprising Stories Behind 125 Brand Names』(New York: Fireside Book, 2004), pp.106~107; 카트린 칼바이트(Cathrin Kahlweit) 외, 장혜경 옮김, 『20세기 여인들 성상, 우상, 신화』(여성신문사, 1999/2001), 408쪽; 찰스 패너티(Charles Panati), 이용웅 옮김, 『문화와 유행상품의 역사 2』(자작나무, 1991/1997), 270~272쪽.
20) 케네스 데이비스(Kenneth C. Davis), 이순호 옮김, 『미국에 대해 알아야 할 모든 것, 미국사』(책과함께, 2003/2004), 482~483쪽.
21) Stephen Kline, 「Limits to the Imagination: Marketing and Children's Culture」, Ian Angus & Sut Jhally, eds., 『Cultural Politics in Contemporary America』(New York: Routledge, 1989), pp.299~316.
22) 민병두, 「'바비 공화국'과 '술집 공화국'」, 『문화일보』, 2001년 12월 11일 7면.
23) 수전 린(Susan Linn), 김승욱 옮김, 『TV 광고 아이들: 우리 아이들을 위협하는 키즈마케팅』(들녘, 2004/2006), 220~221쪽.
24) Nigel Rees, 『Cassell's Dictionary of Word and Phrase Origins』(London: Cassell, 2002), p.17; Christine Ammer, 『The Facts on File Dictionary of Clichés』(New York: Checkmark Books, 2001), p.18.
25) Dorothy Auchter, 『Dictionary of Historical Allusions & Eponyms』(Santa Barbara, CA: ABC-CLIO, 1998), pp.11~12.
26) Sally Helgesen, 『Female Advantage: Women's Ways of Leadership』(New York: Currency, 1995).
27) 말콤 글래드웰(Malcolm Gladwell), 노정태 옮김, 『아웃라이어』(김영사, 2009), 56쪽.
28) Malcolm Gladwell, *Wikipedia*.
29) Outsourcing, *Wikipedia*.
30) Prohibition Party, *Wikipedia*.
31) 케네스 데이비스(Kenneth C. Davis), 김은숙 옮김, 『미국의 운명을 결정한 여섯 가지 이야기』(휴머니스트, 2008/2010), 219쪽.
32) Frederick Lewis Allen, 「Came the Revolution」, 『The New York Times Book Review』, July 6, 1997, p.8; Kenneth C. Davis, 『America's Hidden History: Untold Tales of the First Pilgrims, Fighting Women, and Forgotten Founders Who Shaped a Nation』(New York: Smithonian Books, 2008).
33) Benedict Arnold, *Wikipedia*.
34) 토마스 프랭크(Thomas Frank), 김병순 옮김, 『왜 가난한 사람들은 부자를 위해 투표하는가: 캔자스에서 도대체 무슨 일이 있었나』(갈라파고스, 2004/2012), 208쪽.
35) 한스 디터 겔페르트(Hans-Dieter Gelfert), 이미옥 옮김, 『전형적인 미국인: 미국과 미국인 제대로 알기』(에코리브르, 2002/2003), 226~227쪽; George Berkeley, *Wikipedia*.
36) 이재성, 「미국박사 배출 외국대학 서울대 '1위'」, 『한겨레』, 2005년 1월 11일 1면.
37) Berklee College of Music, *Wikipedia*.
38) Herbert J. Walberg, 『School Choice: The Findings』(Washington, D.C.: Cato Institute, 2007), p.83.
39) Daniel Brook, 『The Trap: Selling Out to Stay Afoat in Winner-Take-All America』(New York: Times Books, 2007), p.158.
40) Bestseller, *Wikipedia*.
41) Daniel J. Boorstin, 『The Image: A Guide to Pseudo-Events in America』(New York: Atheneum, 1964), pp.163~164.

42) Bestseller, *Wikipedia*.
43) 김세원, 「"미 세계적 베스트셀러 할리우드 영화 덕분"」, 『동아일보』, 1999년 4월 16일 A17면.
44) 「Rowling, Joanne K.」, 『Current Biography』, 61:1(January 2000), p.80.
45) 「Rowling, Joanne K.」, 『Current Biography』, 61:1(January 2000), p.82.
46) 케네스 데이비스(Kenneth C. Davis), 이충호 옮김, 『당신이 성경에 대해 알아야 할 모든 것』(웅진지식하우스, 1998/2011), 33~34쪽.
47) 박해현, 「만물상」 '비블리오 미스터리'」, 『조선일보』, 2013년 7월 24일.
48) Christine Ammer, 『The Facts on File Dictionary of Clichés』(New York: Checkmark Books, 2001), p.60.
49) Bible, *Wikipedia*.
50) 돈 왓슨(Don Watson), 정회성 옮김, 『기차를 타고 아메리카의 일상을 관찰하다: 이방인의 시선으로 쓴 아메리카 대륙횡단기』(휴머니스트, 2008/2013), 94~95쪽.
51) 크리스토퍼 히친스(Christopher Hitchens), 김승욱 옮김, 『논쟁』(알마, 2011/2013), 508~509쪽.
52) James J. Farrell, 「The Crossroads of Bikini」, 『Journal of American Culture』, 10:2(Summer 1987), pp.55~66; William Morris & Mary Morris, 『Morris Dictionary of Word and Phrase Origins』, 2nd ed.(New York: Harper & Row, 1971), pp.61~62; Nigel Rees, 『Cassell's Dictionary of Word and Phrase Origins』(London: Cassell, 2002), pp.23~24; Harry Oliver, 『March Hares and Monkey's Uncles: Origins of the Words and Phrases We Use Every Day』(London: Metro, 2005), pp.119~120; John Bemelmans Marciano, 『Toponymity: An Atlas of Words』(New York: Bloomsbury, 2010), pp.25~26.
53) Bikini variants, *Wikipedia*.
54) John Birch(missionary), *Wikipedia*; 데이비드 마크(David Mark), 양원보·박찬현 옮김, 『네거티브 전쟁: 진흙탕 선거의 전략과 기술』(커뮤니케이션북스, 2009).
55) 소에지마 다카히코, 신동기 옮김, 『누가 미국을 움직이는가』(들녘, 2001).
56) 권용립, 『미국의 정치문명』(삼인, 2003), 215~216쪽.
57) William Safire, 『Safire's Political Dictionary』(New York: Random House, 1978), pp.52~53, pp.199~200.
58) John Birch Society, *Wikipedia*.
59) William Safire, 『Safire's Political Dictionary』(New York: Random House, 1978), p.133.
60) William Safire, 『Safire's Political Dictionary』(New York: Random House, 1978), pp.56~57.
61) Black capitalism, *Wikipedia*.
62) 「Gladwell, Malcolm」, 『Current Biography』, 66:6(June 2005), p.31.
63) Malcolm Gladwell, 『Blink: The Power of Thinking Without Thinking』(Back Bay Books, 2005), pp.45~46.
64) Malcolm Gladwell, 『Blink: The Power of Thinking Without Thinking』(Back Bay Books, 2005), p.90.
65) Malcolm Gladwell, 『Blink: The Power of Thinking Without Thinking』(Back Bay Books, 2005), p.91.
66) 리처드 코니프, 이상근 옮김, 『부자』(까치, 2003), 100쪽, 109쪽.
67) The Blitz, *Wikipedia*.
68) Martin H. Manser, 『Get to the Roots: A Dictionary of Word & Phrase Origins』(New York: Avon Books, 1990), p.30; Grant Barrett, ed., 『Oxford Dictionary of American Political Slang』(New York: Oxford University Press, 2004), p.58; Dorothy Auchter, 『Dictionary of Historical Allusions & Eponyms』(Santa Barbara, CA: ABC-CLIO, 1998), p.23; 『시사영어사/랜덤하우스 영한대사전』(시사영어사, 1991), 250쪽.
69) Christine Ammer, 『The Facts on File Dictionary of Clichés』(New York: Checkmark Books, 2001), p.382.
70) Harry Oliver, 『March Hares and Monkey's Uncles: Origins of the Words and Phrases We Use Every Day』(London: Metro, 2005), p.42; Evan Morris, 『The Word Detective』(New York: Plume, 2000), p.11; Dorothy Auchter, 『Dictionary of Historical Allusions & Eponyms』(Santa Barbara, CA: ABC-CLIO, 1998), p.23.
71) White Flight, *Wikipedia*.
72) Max Cryer, 『Common Phrases』(New York: Skyhorse, 2010), pp.38~39; Bloody Mary (cocktail), *Wikipedia*.
73) Dorothy Auchter, 『Dictionary of Historical Allusions & Eponyms』(Santa Barbara, CA: ABC-CLIO, 1998), p.24; 프레더릭 F. 카트라이트(Frederick F. Cartwright)·마이클 비디스(Michael Biddiss), 김훈 옮김, 『질병의 역사』(가람기획, 2004); 남경태, 『트라이앵글 세계사』(푸른숲, 2001).
74) 「블러브」, 네이버 지식백과.
75) Wilfred Funk, 『Word Origins: An Exploration and History of Words and Language』(New York: Wings Books, 1950); Jordan Almond, 『Dictionary of Word Origins: A History of the Words, Expressions, and Cliches We Use』(Secaucus, NJ: Citadel Press, 1997), p.47; Blurb,

Wikipedia; 『시사영어사/랜덤하우스 영한대사전』(시사영어사, 1991), 257쪽.
76) Bromide(language), *Wikipedia*.
77) 「브로마이드」, 네이버 국어사전.
78) 조승연, 「[Weekly BIZ] [인문학으로 배우는 비즈니스 영어] board」, 『조선일보』, 2013년 6월 15일.
79) Albert Jack, 『Red Herrings and White Elephants: The Origins of the Phrases We Use Every Day』(New York: HarperCollins, 2004), p.191.
80) Christine Ammer, 『The Facts on File Dictionary of Clichés』(New York: Checkmark Books, 2001), p.2.
81) Christine Ammer, 『The Facts on File Dictionary of Clichés』(New York: Checkmark Books, 2001), p.159.
82) 만프레드 슈피처(Manfred Spitzer), 김세나 옮김, 『디지털 치매: 머리를 쓰지 않는 똑똑한 바보들』(북로드, 2012/2013), 91쪽.
83) John Ayto, 『Movers and Shakers: A Chronology of Words That Shaped Our Age』(New York: Oxford University Press, 2006), pp.231~232.
84) 데이비드 프리드먼(David Friedman), 김태우 옮김, 『막대에서 풍선까지: 남성 성기의 역사』(까치, 2003).
85) 정동우, "'부부간 성폭행죄' 되나 안되나/미 '남편 성기 절단' 싸고 떠들썩」, 『동아일보』, 1994년 1월 14일 7면.
86) 앵거스 맥래런(Angus McLaren), 임진영 옮김, 『20세기 성의 역사』(현실문화연구, 1999/2003), 347쪽.
87) 정동우, 「남편 "강간" – 부인 "성기절단" 모두 무죄」, 『동아일보』, 1994년 1월 23일 4면.
88) 정연주, 「취재원도 돈주고 독점」, 『한겨레』, 1994년 2월 1일 12면.
89) John and Lorena Bobbitt, *Wikipedia*.
90) Erin Barrett & Jack Mingo, 『Random Kinds of Factness 1001』(San Francisco, CA: Conari Press, 2005), p.70.
91) Christine Ammer, 『The Facts on File Dictionary of Clichés』(New York: Checkmark Books, 2001), p.271.
92) 피터 콜릿(Peter Collett), 이윤식 옮김, 『습관의 역사』(추수밭, 2006), 190쪽.
93) 피터 콜릿(Peter Collett), 이윤식 옮김, 『습관의 역사』(추수밭, 2006), 193쪽.
94) 피터 콜릿(Peter Collett), 이윤식 옮김, 『습관을 알면 문화가 보인다』(청림출판, 1997), 153~154쪽; 오한진, 『독일, 독일인 그리고 유럽인』(한울림, 2000), 173~179쪽.
95) 캐서린 애센버그(Katherine Ashenburg), 박수철 옮김, 『목욕, 역사의 속살을 품다』(예지, 2007/2010), 11쪽.
96) 피터 콜릿(Peter Collett), 이윤식 옮김, 『습관의 역사』(추수밭, 2006), 194쪽.
97) 송인갑, 『향수: The Story of Perfume』(한길사, 2004), 75~78쪽.
98) Boondoggle(project), *Wikipedia*.
99) Dorothy Auchter, 『Dictionary of Historical Allusions & Eponyms』(Santa Barbara, CA: ABC-CLIO, 1998), p.29.
100) William Safire, 『Safire's Political Dictionary』(New York: Random House, 1978), p.71.
101) Bottle, *Wikipedia*; 『시사영어사/랜덤하우스 영한대사전』(시사영어사, 1991), 273쪽.
102) Christine Ammer, 『The Facts on File Dictionary of Clichés』(New York: Checkmark Books, 2001), p.42.
103) Bottling(concert abuse), *Wikipedia*; List of bottling incidents by year, *Wikipedia*.
104) Time in a Bottle, Wikipedia; Jim Croce, *Wikipedia*.
105) 「boycott」, 네이버 영어사전.
106) 존 베멀먼즈 마르시아노(John Bemelmans Marciano), 권혁 옮김, 『샌드위치가 된 샌드위치 백작』(돋을새김, 2011), 37~38쪽; Albert Jack, 『Red Herrings and White Elephants: The Origins of the Phrases We Use Every Day』(New York: HarperCollins, 2004), pp.116~118.
107) 「보이콧」, 네이버 지식사전.
108) 타리크 알리(Tariq Ali) · 수잔 왓킨스(Susan Watkins), 안찬수 · 강정석 옮김, 『1968: 희망의 시절, 분노의 나날』(삼인, 2001).
109) boycott, *Wikipedia*.
110) 이창신, 「제2부 제4장 여성운동」, 김덕호 · 김연진 엮음, 『현대 미국의 사회운동』(비봉출판사, 2001), 324~359쪽.
111) 타리크 알리(Tariq Ali) · 수잔 왓킨스(Susan Watkins), 안찬수 · 강정석 옮김, 『1968: 희망의 시절, 분노의 나날』(삼인, 1998/2001), 260쪽.
112) 이창신, 「미국여성과 또 하나의 역사: '평등'과 '해방'을 위한 투쟁」, 김형인 외, 『미국학』(살림, 2003), 355~386쪽.
113) 마빈 해리스(Marvin Harris), 원재길 옮김, 『아무것도 되는 게 없어: 마빈 해리스의 현대문화 산책』(황금가지, 1981/1996), 105쪽.
114) John Ayto, 『Movers and Shakers: A Chronology of Words That Shaped Our Age』(New York: Oxford University Press, 2006) p.13.
115) 줄리아 우드(Julia T. Wood), 한희정 옮김, 『젠더에 갇힌 삶: 젠더, 문화 그리고 커뮤니케이션』(커뮤니케이션북스, 2005/2006), 92쪽.
116) Miss America Protest, *Wikipedia*.
117) Miss America Protest, *Wikipedia*.
118) 마빈 해리스(Marvin Harris), 원재길 옮김, 『아무것도 되는 게 없어: 마빈 해리스의 현대문화 산책』(황금가지, 1981/1996), 106쪽.

119) BRIC, *Wikipedia*; BRICS, *Wikipedia*.
120) Next Eleven, *Wikipedia*; MIKT, *Wikipedia*.
121) 이지선, 「브릭스 용어 만든 짐 오닐 "4개국 성장지속 가능하다"」, 『조선일보』, 2012년 8월 29일.
122) 김난도 외, 『트렌드코리아 2013』(미래의창, 2012), 142쪽.
123) 채승기, 「굿바이, 미스터 브릭스!」, 『중앙일보』, 2013년 2월 7일.
124) 최희진, 「브릭스, 고속성장 마감 '대감속' 오나」, 『경향신문』, 2013년 7월 30일.
125) PIGS(economics), *Wikipedia*.
126) CIVETS countries, *Wikipedia*.
127) TIMBI〉, *Wikipedia*.
128) VISTA(economics), *Wikipedia*.
129) Christine Ammer, 『The Facts on File Dictionary of Clichés』(New York: Checkmark Books, 2001), p.45; James Rogers, 『The Dictionary of Cliches』(New York: Ballantine Books, 1985), p.41.
130) Christine Ammer, 『The Facts on File Dictionary of Clichés』(New York: Checkmark Books, 2001), p.45; James Rogers, 『The Dictionary of Cliches』(New York: Ballantine Books, 1985), p.41.
131) Christine Ammer, 『The Facts on File Dictionary of Clichés』(New York: Checkmark Books, 2001), p.45.
132) 척 마틴(Chuck Martin), 장세현 옮김, 『서드 스크린: 비즈니스 패러다임을 바꾸는 모바일 혁명』(비즈니스북스, 2011), 162쪽.
133) Phil Cousineau, 『Word Catcher』(Berkeley, CA: Viva, 2010), p.49; David A. Cook, 「The Birth of the Network」, 『Quarterly Review of Film Studies』, 8:3(Summer 1983).
134) 마크 세스 본체크, 원성묵 옮김, 『브로드캐스트에서 넷캐스트로』(커뮤니케이션북스, 1997), 68~71쪽; 오마에 겐이치, 안진환 옮김, 『보이지 않는 대륙: 국경 없는 세계를 지배하는 새로운 경제 원칙』(청림출판, 2001), 200~205쪽.
135) 선호, 「라디오 2.0으로 거듭난다: 인터넷·모바일과 결합」, 『미디어오늘』, 2006년 9월 6일 10면; 강성만, 「미 명문대 온라인 공짜강좌 '펑펑'」, 『경향신문』, 2007년 2월 17일 12면; 김종호, 「주머니 속의 방송 '팟캐스팅'을 아는가」, 『조선일보』, 2007년 7월 20일.
136) John Walston, 『The Buzzword Dictionary』(Oak Park, IL: Marion Street Press, 2006), p.176; 「sliver」, 네이버 영어사전.
137) 앤드루 킨(Andrew Keen), 박행웅 옮김, 『구글, 유튜브, 위키피디아, 인터넷 원숭이들이 세상』(한울, 2009/2010), 50쪽.
138) 존 스틸 고든(John Steele Gordon), 강남규 옮김, 『월스트리트제국: 금융자본권력의 역사 350년』(참솔, 1999/2002).
139) 존 스틸 고든(John Steele Gordon), 강남규 옮김, 『월스트리트제국: 금융자본권력의 역사 350년』(참솔, 1999/2002); 에드워드 챈슬러(Edaward Chancellor), 강남규 옮김, 『금융투기의 역사: 튤립투기에서 인터넷 버블까지』(국일증권경제연구소, 2001); Broker, *Wikipedia*.
140) Dorothy Auchter, 『Dictionary of Historical Allusions & Eponyms』(Santa Barbara, CA: ABC-CLIO, 1998), p.35; Brother Jonathan, *Wikipedia*; Jonathan Trumbul, *Wikipedia*.
141) 「빅브라더」, 네이버 지식백과; Big Brother(Nineteen Eighty-Four), *Wikipedia*.
142) 『시사영어사/랜덤하우스 영한대사전』(시사영어사, 1991), 297쪽.
143) 김신영, 「이제는 '브로그래머' 시대」, 『조선일보』, 2012년 3월 6일 A18; http://www.urbandictionary.com/define.php?term=brogrammer.
144) Dorothy Auchter, 『Dictionary of Historical Allusions & Eponyms』(Santa Barbara, CA: ABC-CLIO, 1998), p.39.
145) Brown, *Wikipedia*; 엄창현, 「'환상의 콤비' 무솔리니와 히틀러」, 『사회평론 길』, 1996년 4월, 188쪽.
146) Christine Ammer, 『The Facts on File Dictionary of Clichés』(New York: Checkmark Books, 2001), p.96.
147) 리처드 스텡걸(Richard Stengel), 임정근 옮김, 『아부의 기술: 전략적인 찬사, 아부에 대한 모든 것』(참솔, 2000/2006), 437~438쪽.
148) William Morris & Mary Morris, 『Morris Dictionary of Word and Phrase Origins』, 2nd ed.(New York: Harper & Row, 1971), p.90.
149) Jordan Almond, 『Dictionary of Word Origins: A History of the Words, Expressions, and Cliches We Use』(Secaucus, NJ: Citadel Press, 1997), p.47; Christine Ammer, 『The Facts on File Dictionary of Clichés』(New York: Checkmark Books, 2001), p.46; James Rogers, 『The Dictionary of Cliches』(New York: Ballantine Books, 1985), p.41.
150) Chocolate brownie, *Wikipedia*; Blondie(confection), *Wikipedia*; 「브라우니[Brownie]」, 네이버 지식백과.
151) Martin H. Manser, 『Get to the Roots: A Dictionary of Word & Phrase Origins』(New York: Avon Books, 1990), p.38.
152) William Morris & Mary Morris, 『Morris Dictionary of Word and Phrase Origins』, 2nd ed.(New York: Harper & Row, 1971), p.90.
153) 「browse」, 네이버 영어사전.
154) Browsing, *Wikipedia*.
155) Information grazing, *Wikipedia*.
156) Webb Garrison, 『What's in a Word?』(Dallas, TX: Thomas Nelson, 2000), p.12; Web browser, *Wikipedia*; mobile browser, *Wikipedia*.

157) 이용진, 「Non-Mass Media 시대가 BTL을 부른다」, 『LG Ad』, 2005년 5 · 6월, 62~65쪽; 오상도, 「한국시장에서의 BTL 현황과 과제」, 『LG Ad』, 2005년 9 · 10월, 80~82쪽; 손형채, 「미디어 컨버전스, 그 다양한 대안들」, 『CHEIL COMMUNICATIONS』, 통권 356호(2005년 9월), 17~21쪽; 한상필, 「'새로운 광고 패러다임 개발' 이 미래 생존전략」, 『LG Ad』, 2007년 11 · 12월, 10~12쪽; 고한준, 「매체영역의 유연성' 바탕으로 효과 제고 방안 찾아야」, 『LG Ad』, 2007년 11 · 12월, 48~51쪽; Below the line(advertising), Wikipedia.
158) Jonathon Green, 『Newspeak: A Dictionary of Jargon』(Boston, MA: Routledge & Kegan Paul, 1985), p.1; Above the line(filmmaking), Wikipedia; Below the line(filmmaking), Wikipedia.
159) 김종훈, 「BTL 사업이 순항하려면」, 『조선일보』, 2005년 7월 21일 A33면.
160) Douglas B. Smith, 『Ever Wonder Why?』(New York: Fawcett Gold Medal, 1991), p.36.
161) Harry Oliver, 『March Hares and Monkey's Uncles: Origins of the Words and Phrases We Use Every Day』(London: Metro, 2005), p.244.
162) Marvin Terban, 『Scholastic Dictionary of Idioms』(New York: Scholastic, 1996), p.128.
163) The Bucket List, Wikipedia.
164) 민경원, 「빚 갚기, 자격증…각박해진 버킷리스트: 인터넷 NS 취합해 보니」, 『중앙일보』, 2013년 1월 2일.
165) 이해준, 「영화 속 은퇴 이야기」 은퇴 후 인생은 길다…당신의 버킷 리스트에 'LIST'는 있는가」, 『조선일보』, 2013년 6월 14일.
166) William Morris & Mary Morris, 『Morris Dictionary of Word and Phrase Origins』, 2nd ed.(New York: Harper & Row, 1971), pp.91~92.
167) Bully pulpit, Wikipedia.
168) 「bully」, 네이버영어사전; Georgia Hole, 『The Real McCoy: The True Stories Behind Our Everyday Phrases』(New York: Oxford University Press, 2005), p.26.
169) 임귀열, 「임귀열 영어」 From bullyciding to Griefing(집단 괴롭힘 살인)」, 『한국일보』, 2011년 5월 26일; Bullying, Wikipedia; Bullycide, Wikipedia; Tim Field, Wikipedia.
170) Cyberbullying, Wikipedia; Cyberstalking, Wikipedia; Guardian Angels, Wikipedia; 이태희, 『변화의 지향: 사상의 자유시장과 인터넷의 미래』(나남, 2010), 25~27쪽.
171) 임귀열, 「임귀열 영어」, 『한국일보』, 2011년 5월 26일.
172) William Safire, 『Safire's Political Dictionary』(New York: Random House, 1978), p.83; Bully pulpit, Wikipedia.
173) Georgia Hole, 『The Real McCoy: The True Stories Behind Our Everyday Phrases』(New York: Oxford University Press, 2005), p.27; 『엣센스 영한사전』, 제6정판(민중서림, 1995), 365쪽.
174) Phil Cousineau, 『Word Catcher』(Berkeley, CA: Viva, 2010), pp.55~56; 리처드 솅크먼(Richard Shenkman), 이종인 옮김, 『미국사의 전설, 거짓말, 날조된 신화들』(미래M&B, 1988/2003), 225~229쪽.
175) 빌 브라이슨(Bill Bryson), 정경옥 옮김, 『빌 브라이슨 발칙한 영어산책: 엉뚱하고 발랄한 미국의 거의 모든 역사』(살림, 1994/2009), 535~536쪽.
176) 로버트 영(Robert Young) · 웬디 골드만 롬(Wendy Goldman Rohm), 최정욱 옮김, 『리눅스 혁명과 레드햇』(김영사, 1999/2000), 46~47쪽.
177) 란달 스트로스(Randall Stross), 이관웅 옮김, 『빌 게이츠와 마이크로소프트의 얼굴없는 신화』(엘테크, 1996/1997), 135쪽.
178) John Bemelmans Marciano, 『Toponymity: An Atlas of Words』(New York: Bloomsbury, 2010), pp.31~33; William Safire, 『Safire's Political Dictionary』(New York: Random House, 1978), pp.83~84; Dorothy Auchter, 『Dictionary of Historical Allusions & Eponyms』(Santa Barbara, CA: ABC-CLIO, 1998), p.36; Buncombe, North Carolina, Wikipedia.
179) Nigel Rees, 『Cassell's Dictionary of Word and Phrase Origins』(London: Cassell, 2002), p.41.
180) Daniel J. Boorstin, 「Democracy's Secret Virtue」, 『U.S.News & World Report』, January 6, 1986, pp.22~25.
181) Martin N. Marger, 『Elites and Masses: An Introduction to Political Sociology』(New York: D. Van Nostrand, 1981), p.75.
182) Daniel J. Boorstin, 「Democracy's Secret Virtue」, 『U.S.News & World Report』, January 6, 1986, pp.22~25.
183) Warren G. Bennis, 『Why Leaders Can't Lead: The Unconscious Conspiracy Continues』(San Francisco, CA: Jossey-Bass Publishers, 1989), p.145.
184) Alvin Toffler, 『The Culture Consumers: Art and Affluence in America』(Baltimore, Md.: Penguin Books, 1965), p.141.
185) Mark Thompson, 「Taming the System」, 『Time』, February 23, 2009, p.21.
186) 「Paul Krugman」, 『Current Biography』, 62:8(August 2001), p.65.
187) Charles Earle Funk, 『Thereby Hangs a Tale: Stories of Curious Word Origins』(New York: Quill, 2002), pp.48~49; Burke and Hare murders, Wikipedia.
188) Business, Wikipedia.
189) Martin N. Marger, 『Elites and Masses: An Introduction to Political Sociology』(New York: D. Van Nostrand, 1981), p.150.
190) 잭 비어티(Jack Beatty), 유한수 옮김, 『거상: 대기업이 미국을 바꿨다』(물푸레, 2001/2002), 302쪽.

191) 케네스 데이비스(Kenneth C. Davis), 이순호 옮김, 『미국에 대해 알아야 할 모든 것, 미국사』(책과함께, 2003/2004), 363쪽; 케빈 필립스(Kevin P. Phillips), 오삼교·정하용 옮김, 『부와 민주주의: 미국의 금권정치와 거대 부호들의 정치사』(중심, 2002/2004), 537쪽; 최웅·김봉중, 『미국의 역사』(소나무, 1997), 60쪽.
192) E. E. Schattschneider, 『The Semi-Sovereign People: A Realist's View of Democracy in America』(New York: Holt, Rinehart and Winston, 1960), p.27.
193) 데이빗 헤이만(David Heymann), 유지나 옮김, 『재키라는 이름의 여자』(한국언론자료간행회, 1992).
194) Martin N. Marger, 『Elites and Masses: An Introduction to Political Sociology』(New York: D. Van Nostrand, 1981), p.157.
195) 임귀열, 「Bring Own Your Device」, 『한국일보』, 2013년 2월 14일; BYOB(beverage), Wikipedia.
196) 임귀열, 「Bring Own Your Device」, 『한국일보』, 2013년 2월 14일; Bring your own device, Wikipedia.
197) John Walston, 『The Buzzword Dictionary』(Oak Park, IL: Marion Street Press, 2006), p.38.
198) Andrew Keen, 『The Cult of the Amateur: How Today's Internet Is Killing Our Culture』(New York: Doubleday, 2007), p.136.
199) 조윤주, 「국내 직장인 93% 자신의 모바일 기기 업무 활용"…BYOD 생태계 본격화」, 『파이낸셜뉴스』, 2013년 2월 21일.
200) 권혜진, 「"직장인 93%는 모바일기기로 일하는 'BYOD族'"」, 『연합뉴스』, 2013년 2월 21일.
201) 김대기·원요환, 「폰 분실해도 회사보안 걱정없다」, 『매일경제』, 2013년 2월 8일.
202) Colin Neagle, 「BYOD 재앙을 피하는 방법」, 『한국아이디지』, 2013년 3월 15일.

C

1) James J. Flink, 『The Automobile Age』(Cambridge, Mass.: The MIT Press, 1990), pp.24~25; Detroit, Wikipedia.
2) Cadillac, Wikipedia.
3) Mark S. Foster, 『A Nation on Wheels: The Automobile Culture in America Since 1945』(Belmont, CA: Thompson/Wadsworth, 2003), p.84.
4) 데이비드 핼버스탬(David Halberstam), 김지원 옮김, 『데이비드 핼버스탬의 1950년대 아메리카의 꿈』(세종연구원, 1996).
5) Vance Packard, 『The Status Seekers』(New York: Pocket Books, 1959), p.277.
6) Vance Packard, 『The Status Seekers』(New York: Pocket Books, 1959), pp.277~278.
7) 김은정, 「"미국산 캐딜락 출입금지" GM勞組 이유있는 속사정」, 『조선일보』, 2013년 7월 9일.
8) Neil Ewart, 『Everyday Phrases: Their Origins and Meanings』(Poole·Dorset, UK: Blandford Press, 1983), pp.31~32.
9) 임귀열, 「임귀열 영어」, 『한국일보』, 2012년 2월 3일.
10) Harry Oliver, 『March Hares and Monkey's Uncles: Origins of the Words and Phrases We Use Every Day』(London: Metro, 2005), p.233.
11) I Just Called To Say I Love You, Wikipedia.
12) Marshall McLuhan, 『Understanding Media: The Extensions of Man』(New York: McGraw-Hill, 1965), p.266.
13) 「서울에도 '콜걸' 우글우글: 충무로 일대서 20여명 연행」, 『조선일보』, 1964년 11월 28일 3면.
14) Call girl, Wikipedia; Escort agency, Wikipedia; Male prostitution, Wikipedia; Girlfriend experience, Wikipedia.
15) Jeanette Angell, 『Callgirl: Confessions of an Ivy League Hooker』(New York: Perennial Currents, 2004), pp.7~8, p.238.
16) Nigel Rees, 『Cassell's Dictionary of Word and Phrase Origins』(London: Cassell, 2002), p.44; 존 벨튼(John Belton), 이형식 옮김, 『미국영화/미국문화』(한신문화사, 2000).
17) Dorothy Auchter, 『Dictionary of Historical Allusions & Eponyms』(Santa Barbara, CA: ABC-CLIO, 1998), p.40.
18) Camelot, Wikipedia; 김영철, 「영웅주의와 기만이 그를 죽였다」, 『교수신문』, 2012년 10월 4일.
19) Charles Earle Funk, 『Thereby Hangs a Tale: Stories of Curious Word Origins』(New York: Quill, 2002), p.59.
20) Write-in candidate, Wikipedia; Draft(politics), Wikipedia.
21) Paper candidate, Wikipedia.
22) Résumé candidate, Wikipedia.
23) Perennial candidate, Wikipedia.
24) William Safire, 『Safire's Political Dictionary』(New York: Random House, 1978), p.99; Christine Ammer, 『The Facts on File Dictionary of Clichés』(New York: Checkmark Books, 2001), p.55; 『엣센스 영한사전』, 제6정판(민중서림, 1995), 407쪽.
25) William Safire, 『Safire's Political Dictionary』(New York: Random House, 1978), p.646.

26) 제러미 리프킨(Jeremy Rifkin), 이경남 옮김, 『공감의 시대(The Emphatic Civilization)』(민음사, 2009/2010), 33쪽.
27) Capitalism, *Wikipedia*.
28) 리처드 세넷, 조용 옮김, 『신자유주의와 인간성의 파괴』(문예출판사, 2002), 7쪽; 길인성, 「자본주의」, 김영한 엮음, 『서양의 지적운동 II』(지식산업사, 1998), 170쪽; 마크 포스터, 김승현·이종숙 옮김, 『미네르바의 올빼미가 날기 전에 인터넷을 생각한다』(이제이북스, 2005), 65쪽; 케빈 필립스, 오삼교·정하용 옮김, 『부와 민주주의: 미국의 금권정치와 거대 부호들의 정치사』(중심, 2004), 530쪽; 마이클 앨버트, 김익희 옮김, 『파레콘: 자본주의 이후, 인류의 삶』(북로드, 2003), 135~136쪽.
29) 고승제, 『마거릿 대처』(등지, 1994), 196~200쪽.
30) 패트리셔 애버딘, 윤여중 옮김, 『메가트렌드 2010』(청림출판, 2006), 47쪽, 65쪽.
31) 유숙렬, 「'하이퍼 자본주의' 시대 왔다」, 『문화일보』, 2000년 7월 26일, 9면.
32) 로버트 라이시(Robert B. Reich), 오성호 옮김, 『부유한 노예』(김영사, 2000/2001), 196쪽.
33) 유석춘, 「'유교 자본주의'의 가능성과 한계」, 『전통과 현대』, 창간호(1997년 여름), 74~93쪽.
34) 방현철, 「"선비 자본주의"」, 『조선일보』, 2005년 4월 6일 B2면.
35) 매튜 비숍(Matthew Bishop)·마이클 그린(Michael Green), 안진환 옮김, 『박애자본주의』(사월의책, 2010).
36) 빌 브라이슨(Bill Bryson), 정경옥 옮김, 『빌 브라이슨 발칙한 영어산책: 엉뚱하고 발칙한 미국의 거의 모든 역사』(살림 1994/2009), 287~288쪽.
37) 빌 브라이슨(Bill Bryson), 정경옥 옮김, 『빌 브라이슨 발칙한 영어산책: 엉뚱하고 발칙한 미국의 거의 모든 역사』(살림 1994/2009), 294~295쪽.
38) 제레미 리프킨(Jeremy Rifkin), 이원기 옮김, 『유러피언 드림: 아메리칸 드림의 몰락과 세계의 미래』(민음사, 2004/2005), 120쪽.
39) 팀 에덴서(Tim Edensor), 박성일 옮김, 『대중문화와 일상, 그리고 민족정체성』(이후, 2008); 허두영, 『신화에서 첨단까지: 신화로 풀어내는 과학사』(전2권, 참미디어, 1998).
40) 임귀열, 「임귀열 영어」, 『한국일보』, 2008년 10월 16일.
41) Catherine Lutz & Anne Lutz Fernandez, 『Carjacked: The Culture of the Automobile & Its Effect on Our Lives』(New York: Pa grave, 2010), pp.5~6; James Howard Kunstler, 『Home From Nowhere: Remaking Our Everyday World for the 21st Century』(New York: Touchstone, 1996), p.68.
42) Jane Holtz Kay, 『Asphalt Nation: How the Automobile Took Over America, and How We Can Take It Back』(New York: Crown Publishers, 1997).
43) Christine Ammer, 『The Facts on File Dictionary of Clichés』(New York: Checkmark Books, 2001), p.388; 『엣센스 영한사전』, 제6정판(민중서림, 1995), 411쪽.
44) Christine Ammer, 『The Facts on File Dictionary of Clichés』(New York: Checkmark Books, 2001), pp.76~77; 『엣센스 영한사전』, 제6정판(민중서림, 1995), 411쪽.
45) Janitor, *Wikipedia*.
46) William Safire, 『Safire's Political Dictionary』(New York: Random House, 1978), p.101; Caretaker government, *Wikipedia*.
47) Caste, *Wikipedia*.
48) Charles Earle Funk, 『Thereby Hangs a Tale: Stories of Curious Word Origins』(New York: Quill, 2002), p.219; William Morris & Mary Morris, 『Morris Dictionary of Word and Phrase Origins』, 2nd ed.(New York: Harper & Row, 1971), p.442; 남상욱, 『인도, 21세기 새로운 강자로 떠오르고 있다』(일빛, 2000).
49) James Rogers, 『The Dictionary of Cliches』(New York: Ballantine Books, 1985), p.38; Dorothy Auchter, 『Dictionary of Historical Allusions & Eponyms』(Santa Barbara, CA: ABC-CLIO, 1998), p.33.
50) William Safire, 『Safire's Political Dictionary』(New York: Random House, 1978), pp.74~75.
51) 니얼 퍼거슨(Niall Ferguson), 구세희 옮김, 『위대한 퇴보』(21세기북스, 2012/2013), 18쪽.
52) 현무암, 「[해외 책] 스쿨 카스트(教室内(スクール)カースト)」, 『경향신문』, 2013년 7월 6일.
53) 이철희, 「책갈피 속의 오늘」, 『동아일보』, 2008년 9월 30일~2009년 3월 19일.
54) 정한국, 「제품 팔고 좋은 일도 하고…마케팅 날갯단 사회 공헌: 기업 코즈마케팅 확산」, 『조선일보』, 2012년 11월 19일.
55) Cooper Lawrence, 『The Cult of Celebrity: What Our Fascination with the Stars Reveals About Us』(Guilford, Conn.: skirt!, 2009), pp.149~165.
56) Drew Pinsky & S. Mark Young, 『The Mirror Effect: How Celebrity Narcissism Is Seducing America』(New York: Harper, 2009), pp.43~58.
57) Daniel J. Boorstin, 『The Image: A Guide to Pseudo-Events in America』(New York: Atheneum, 1961/1964), p.57.
58) Daniel J. Boorstin, 『The Image: A Guide to Pseudo-Events in America』(New York: Atheneum, 1961/1964), p.61.

59) Daniel J. Boorstin, 『The Image: A Guide to Pseudo-Events in America』(New York: Atheneum, 1961/1964), p.74.
60) 윌 듀란트(Will Durant), 이철민 옮김, 『철학 이야기』(청년사, 1987), 156쪽.
61) Max Cryer, 『Common Phrases』(New York: Skyhorse, 2010), p.95.
62) Todd Gitlin, 『The Whole World Is Watching: Mass Media in the Making and Unmaking of the New Left』(Berkeley: University of California Press, 1980), p.148.
63) 김난도 외, 「Tell Me, Celeb: 스타에게 길을 묻다」, 『트렌드 코리아 2011』(미래의창, 2010), 311~326쪽.
64) 조중현·이서정·이나리, 「왜 한국은 셀카 공화국이 되었나: 세계 각국의 셀카 문화」, 강준만 외, 『우리가 몰랐던 세계문화』(인물과사상사, 2013), 184~197쪽.
65) 박정현, 「"셀카 화면발 최고" 옵티머스G 놀라운 스펙」, 『조선일보』, 2013년 2월 8일.
66) Joseph A. DeVito, 『The Interpersonal Communication Book』 3rd ed. (New York: Harper & Row, 1983), pp.176~177.
67) Saul D. Alinsky, 『Rules for Radicals: A Pragmatic Primer for Realistic Radicals』(New York: Vintage Books, 1971/1989); Richard Wolffe, 『Renegade: The Making of a President』(New York: Three Rivers Press, 2009), pp.60~62.
68) Nancy Gibbs, 「'This Is Our Time'」, 『Time』, November 17, 2008, pp.22~27.
69) Douglas Madsen & Peter G. Snow, 『The Charismatic Bond: Political Behavior in Time of Crisis』(Cambridge, Mass.: Harvard University Press, 1991), p.1; 프란체스코 알베로니, 홍재완 옮김, 『자발적 복종을 부르는 명령의 기술』(교양인, 2004), 50~51쪽.
70) 장성민, 「대통령 보좌론」, 함성득 편, 『한국의 대통령과 권력』(나남출판, 2000), 232쪽.
71) 함재봉, 『탈근대와 유교: 한국정치담론의 모색』(나남출판, 1998), 302쪽.
72) 프란체스코 알베로니, 홍재완 옮김, 『자발적 복종을 부르는 명령의 기술』(교양인, 2004), 42쪽.
73) 최영진, 『한국 지역주의와 정체성의 정치』(오름, 1999), 52쪽.
74) Ann Ruth Willner, 『The Spellbinders: Charismatic Political Leadership』(New Haven: Yale University Press, 1984), pp.14~15.
75) Ann Ruth Willner, 『The Spellbinders: Charismatic Political Leadership』(New Haven: Yale University Press, 1984), pp.195~196.
76) Douglas Madsen & Peter G. Snow, 『The Charismatic Bond: Political Behavior in Time of Crisis』(Cambridge, Mass.: Harvard University Press, 1991), p.21.
77) Robert S. Robins & Jerrold M. Post, 『Political Paranoia: The Psychopolitics of Hatred』(New Haven: Yale University Press, 1997), p.299.
78) 최진, 『대통령 리더십』(나남출판, 2003), 76~77쪽.
79) 마빈 조니스 외, 김덕중 옮김, 『빅맥이냐 김치냐』(지식의날개, 2004), 132쪽.
80) 최진, 『대통령 리더십』(나남출판, 2003), 77~78쪽.
81) 딕 모리스, 홍대운 옮김, 『신군주론』(아르케, 2002), 275쪽.
82) 짐 립먼-블루먼, 정명진 옮김, 『부도덕한 카리스마의 매혹』(부글, 2005), 43쪽.
83) Garry Wills, 『Certain Trumpets: The Call of Leaders』(New York: A Touchstone Book, 1994), p.102.
84) 김진우, 「'관계의 윤활유' 혹은 생존전략 인류만큼 오래된 '아부의 역사'(『아부의 기술』 서평)」, 『경향신문』, 2006년 12월 30일 17면.
85) 에리히 슈빙어, 김삼룡 옮김, 『정치가란 무엇인가?』(유나이티드컨설팅그룹, 1992), 121쪽.
86) 도종환, 「땅에 떨어진 대통령의 리더십」, 『경향신문』, 2008년 6월 21일.
87) 제임스 맥그리거 번스(James MacGregor Burns), 조중빈 옮김, 『역사를 바꾸는 리더십』(지식의날개, 2006), 39쪽.
88) Charity(practice), *Wikipedia*.
89) Christine Ammer, 『The Facts on File Dictionary of Clichés』(New York: Checkmark Books, 2001), pp.60~61.
90) Christine Ammer, 『The Facts on File Dictionary of Clichés』(New York: Checkmark Books, 2001), p.224.
91) 임귀열, 「임귀열 영어」, 『한국일보』, 2012년 6월 13일.
92) 서의동, 「어제의 오늘」, 『경향신문』, 2009년 7월 14일~10월 6일.
93) 에바 일루즈(Eva Illouz), 강주헌 옮김, 『오프라 윈프리, 위대한 인생』(Sb, 2003/2006), 254쪽.
94) 「Cut to the chase」, 네이버 영어사전.
95) Max Cryer, 『Common Phrases』(New York: Skyhorse, 2010), p.68.
96) Whiteness studies, *Wikipedia*.
97) Douglas B. Smith, 『Ever Wonder Why?』(New York: Fawcett Gold Medal, 1991), p.110; Jordan Almond, 『Dictionary of Word Origins: A History of the Words, Expressions, and Cliches We Use』(Secaucus, NJ: Citadel Press, 1997), p.231; William Morris & Mary Morris, 『Morris Dictionary of Word and Phrase Origins』, 2nd ed.(New York: Harper & Row, 1971), p.550; Steeplechase, *Wikipedia*.
98) Jordan Almond, 『Dictionary of Word Origins: A History of the Words, Expressions, and Cliches We Use』(Secaucus, NJ: Citadel Press, 1997), p.56; Charles Earle Funk, 『Thereby Hangs a Tale: Stories of Curious Word Origins』(New York: Quill, 2002), pp.69~70; 「쇼비니즘

(chauvinism)」, 네이버 백과사전.
99) Chauvinism, *Wikipedia*; Ariel Levy, *Wikipedia*.
100) Evan Morris, 『The Word Detective』 (New York: Plume, 2000), pp.114~115.
101) Jingoism, *Wikipedia*; 『시사영어사/랜덤하우스 영한대사전』(시사영어사, 1991), 1217쪽.
102) Fala(dog), *Wikipedia*.
103) William Safire, 『Safire's Political Dictionary』(New York: Random House, 1978), pp.656~657; Frederick W. Haberman, 「The Election of 1952: A Symposium」, 『Quarterly Journal of Speech』, 38(1952), pp.397~414; Gary Wills, 『Nixon Agonistes: The Crisis of the Self-Made Man』(New York: New American Library, 1969); 권홍우, 『99%의 롤모델: 오늘의 부족한 1%를 채우는 역사』(인물과사상사, 2010), 421~422쪽.
104) Checkers speech, *Wikipedia*.
105) Cheese, *Wikipedia*; 「카세인」, 네이버 지식백과.
106) Martin Terban, 『Guppies in Tuxedos: Funny Eponyms』(New York: Clarion Books, 1988), p.15; 「모차렐라」, 네이버 지식백과.
107) Charles Earle Funk, 『Heavens to Betsy!: And Other Curious Sayings』(New York: Quill, 1955/2001), pp.31~32.
108) James Rogers, 『The Dictionary of Cliches』(New York: Ballantine Books, 1985), p.29.
109) Evan Morris, 『The Word Detective』(New York: Plume, 2000), pp.38~39.
110) 「cheesy」, 『Online Etymology Dictionary』.
111) 한현우, 「비와 원더걸스가 실패한 미국에서 싸이가 성공한 까닭」, 『조선일보』, 2012년 9월 27일.
112) Cherry, *Wikipedia*.
113) Neil Ewart, 『Everyday Phrases: Their Origins and Meanings』(Poole · Dorset, UK: Blandford Press, 1983), p.37.
114) Cherry picker, *Wikipedia*.
115) 손해용, 「재테크와 꼼수 사이…진화하는 체리피커: '깍쟁이' 소비자와 금융사의 머리 싸움」, 『중앙일보』, 2012년 10월 22일; 「체리피커(cherry picker)」, 네이버 지식백과.
116) 손해용, 「'체리피커' 버리고 우수 고객에 집중, 파격 실험」, 『중앙일보』, 2013년 6월 28일.
117) Cherry picking(fallacy), *Wikipedia*.
118) Cherry picking(basketball), *Wikipedia*.
119) 임귀열, 「임귀열 영어」, 『한국일보』, 2012년 8월 23일.
120) Chevrolet, *Wikipedia*.
121) 이승주, 「유럽의 패권경쟁은 영어에 어떤 영향을 미쳤나?: 영어에서 차별받는 프랑스, 네덜란드, 스페인」, 강준만 외, 『우리가 몰랐던 세계문화』(인물과사상사, 2013), 45쪽.
122) 강준만 엮음, 『재미있는 야구사전』(북카라반, 2012, 개정판), 200쪽.
123) Jordan Almond, 『Dictionary of Word Origins: A History of the Words, Expressions, and Cliches We Use』(Secaucus, NJ: Citadel Press, 1997), p.59.
124) 스티븐 E. 암브로스(Stephen E. Ambrose), 손원재 옮김, 『대륙횡단철도: 시간과 공간을 정복한 사람들의 이야기』(청아출판사, 2003).
125) 손영호, 『마이너리티 역사 혹은 자유의 여신상』(살림, 2003).
126) Webb Garrison, 『What's in a Word?』(Dallas, TX: Thomas Nelson, 2000), p.216; 빌 브라이슨(Bill Bryson), 정경옥 옮김, 『빌 브라이슨 발칙한 영어산책: 엉뚱하고 발랄한 미국의 거의 모든 역사』(살림, 2009), 221쪽; 하워드 진(Howard Zinn) · 레베카 스테포프(Rebecca Stefoff), 김영진 옮김, 『하워드 진 살아있는 미국역사』(추수밭, 2008), 141쪽; 박진빈, 『백색국가 건설사: 미국 혁신주의의 빛과 그림자』(앨피, 2006), 179쪽; 오치 미치오 외, 김영철 편역, 『마이너리티의 헐리웃: 영화로 읽는 미국사회사』(한울, 1993), 89쪽.
127) William Morris & Mary Morris, 『Morris Dictionary of Word and Phrase Origins』, 2nd ed.(New York: Harper & Row, 1971), p.535; Snake Oil, *Wikipedia*.
128) 「World Ranking of Manufacturers Year 2009」, World Motor Vehicle Production OICA Correspondents Survey.
129) Vincent Curcio, 『Chrysler: The Life and Times of an Automotive Genius』(New York: Oxford University Press, 2000), p.406; 사루야 가나메, 남혜림 옮김, 『검증, 미국사 500년의 이야기』(행담출판, 2007), 186쪽; Chrysler Building, *Wikipedia*.
130) 「churn」, 네이버 영어사전.
131) 「Churn」, 네이버 지식백과.
132) 안경숙, 「인터넷 맴도는 '햄스터' 기자님!」, 『미디어오늘』, 2011년 6월 1일.
133) Churnalism, *Wikipedia*; 오철우, 「유레카」 처널리즘」, 『한겨레』, 2009년 7월 8일.
134) 오철우, 「'처널리즘'과 황우석 보도」, 『한겨레』, 2011년 10월 25일.

135) 김종목, 「[책과 삶] '불량 과학'에 속아 돈을 털리지 않으려면」, 『경향신문』, 2011년 11월 2일.
136) 「표절·홍보 기사 다 잡아낸다…미국서도 '처널리즘' 서비스 개시」, 『IT World』, 2013년 4월 26일.
137) Dorothy Auchter, 『Dictionary of Historical Allusions & Eponyms』(Santa Barbara, CA: ABC-CLIO, 1998), p.47.
138) 한스 디터 겔페르트(Hans-Dieter Gelfert), 이미옥 옮김, 『전형적인 미국인: 미국과 미국인 제대로 알기』(에코리브르, 2002/2003), 101쪽.
139) Cincinnati, *Wikipedia*.
140) 강준만 엮음, 『재미있는 야구사전』(북카라반, 2012, 개정판), 145~146쪽.
141) National Rifle Association, *Wikipedia*.
142) Myron Korach, 『Common Phrases and Where They Come From』, 2nd ed.(Guilford, CT: The Lyons Press, 2008), p.156; 『엣센스 영한사전』, 제6정판(민중서림, 1995), 478쪽.
143) Christine Ammer, 『The Facts on File Dictionary of Clichés』(New York: Checkmark Books, 2001), p.145.
144) Christine Ammer, 『The Facts on File Dictionary of Clichés』(New York: Checkmark Books, 2001), pp.158, pp.335.
145) Editors of the American Heritage Dictionaries, 『More Word Histories and Mysteries: From Aardvark to Zombie』(New York: Houghton Mifflin, 2006), pp.52~53; Webb Garrison, 『What's in a Word?』(Dallas, TX: Thomas Nelson, 2000), pp.20~21.
146) Circus, *Wikipedia*.
147) Martin H. Manser, 『Get to the Roots: A Dictionary of Word & Phrase Origins』(New York: Avon Books, 1990), p.37; Max Cryer, 『Common Phrases』(New York: Skyhorse, 2010), p.42; Albert Jack, 『Black Sheep and Lame Ducks: The Origins of Even More Phrases We Use Every Day』(New York: Perigree Book, 2007), p.195.
148) Christine Ammer, 『The Facts on File Dictionary of Clichés』(New York: Checkmark Books, 2001), p.403.
149) Circus, *Wikipedia*.
150) 김용석, 『일상의 발견: 철학자 김용석의 유쾌한 세상 관찰』(푸른숲, 2002), 15쪽.
151) 로버트 피시만(Robert Fishman), 박영한·구동회 옮김, 『부르주아 유토피아: 교외의 사회사』(한울, 1987/2000), 5쪽.
152) 제러미 리프킨(Jeremy Rifkin), 이경남 옮김, 『공감의 시대(The Emphatic Civilization)』(민음사, 2009/2010), 538~539쪽.
153) 빌 브라이슨(Bill Bryson), 정경옥 옮김, 『빌 브라이슨 발칙한 영어산책: 엉뚱하고 발랄한 미국의 거의 모든 역사』(살림, 1994/2009), 215쪽.
154) Marvin Terban, 『Scholastic Dictionary of Idioms』(New York: Scholastic, 1996), p.34; Michael Parenti, 『Land of Idols: Political Mythology in America』(New York: St. Martin's Press, 1994), p.175.
155) Christine Ammer, 『The Facts on File Dictionary of Clichés』(New York: Checkmark Books, 2001), p.64.
156) Christine Ammer, 『The Facts on File Dictionary of Clichés』(New York: Checkmark Books, 2001), p.125; Fat City(novel), *Wikipedia*.
157) Michael Quinton, 『Ballyhoo, Buckaroo, and Spuds: Ingenious Tales of Words and Their Origins』(Washington, D.C.: Smithsonian Books, 2004), pp.143~144.
158) Marvin Terban, 『Scholastic Dictionary of Idioms』(New York: Scholastic, 1996), p.44; Marvin Terban, 『Mad as a Wet Hen! And Other Funny Idioms』(New York: Clarion Books, 1987), p.24.
159) Clam, Wikipedia; Clamshell(container), *Wikipedia*.
160) Evan Morris, 『The Word Detective』(New York: Plume, 2000), pp.175~176.
161) Christine Ammer, 『The Facts on File Dictionary of Clichés』(New York: Checkmark Books, 2001), p.65; 임귀열, 「임귀열 영어」, 『한국일보』, 2009년 12월 9일.
162) 코린 맥러플린·고든 데이비드슨, 황대권 옮김, 『새벽의 건설자들: 더 나은 미래를 위한 생태 공동체 만들기』(한겨레신문사, 2005), 141쪽.
163) John F. Love, 『McDonald's: Behind the Arches』, 2nd ed.(New York: Bantam Books, 1995), p.115.
164) 레이 크록, 장세현 옮김, 『성공은 쓰레기통 속에 있다: 맥도날드 창업자 레이 크록 자서전』(황소북스, 1977/2011), 140쪽.
165) Christine Ammer, 『The Facts on File Dictionary of Clichés』(New York: Checkmark Books, 2001), p.392.
166) 재닛 로우(Janet Lowe), 배현 옮김, 『구글 파워: 전 세계 선망과 두려움의 기업』(애플트리태일즈, 2009/2010), 279쪽.
167) 「클라우드컴퓨팅(Cloud Computing)」, 네이버 지식백과; 오카지마 유시(Yuushi Okajima), 김정환 옮김, 『애플 구글 마이크로소프트 삼국지』(예인, 2010), 121쪽.
168) 예병일, 「감수의 글: 애플, 구글, 마이크로소프트와 새로운 인터넷 세상, 그리고 클라우드」, 오카지마 유시(Yuushi Okajima), 김정환 옮김, 『애플 구글 마이크로소프트 삼국지』(예인, 2010), 10쪽.
169) 오카지마 유시(Yuushi Okajima), 김정환 옮김, 『애플 구글 마이크로소프트 삼국지』(예인, 2010), 41~42쪽.
170) 김상훈, 「구글 공동창업자 세르게이 브린 "노트북 혁명" 호언… "지금까지의 컴퓨터는 틀렸다"」, 『동아일보』, 2011년 5월 13일.
171) 최용석, 『애플의 전략: 아이폰과 아이패드』(아라크네, 2010), 123쪽.
172) 엘리 패리저(Eli Pariser), 이현숙·이정태 옮김, 『생각 조종자들』(알키, 2011), 195~196쪽.

173) 니콜라스 카(Nicholas Carr), 임종기 옮김, 『빅스위치』(동아시아, 2008), 303~304쪽.
174) 「모빌라우드」, 네이버 국어사전.
175) Evan Morris, 『From Altoids to Zima: The Surprising Stories Behind 125 Brand Names』(New York: Fireside Book, 2004), p.25, p.31; 제임스 B. 트위첼(James B. Twitchell), 김철호 옮김, 『욕망, 광고, 소비의 문화사』(청년사, 2001); 사이토 다카시, 『세계사를 움직이는 다섯 가지 힘』(뜨인돌, 2009).
176) Evan Morris, 『From Altoids to Zima: The Surprising Stories Behind 125 Brand Names』(New York: Fireside Book, 2004), p.67.
177) Evan Morris, 『From Altoids to Zima: The Surprising Stories Behind 125 Brand Names』(New York: Fireside Book, 2004). pp.73~74; 7-Up, Wikipedia.
178) 『시사영어사/랜덤하우스 영한대사전』(시사영어사, 1991), 443쪽.
179) 페이스 팝콘(Faith Popcorn)·리스 마리골드(Lys Marigold), 조은정·김영신 옮김, 『클릭! 미래 속으로』(21세기북스, 1996/1999), 47쪽; 매일경제신문 산업부 IT팀, 『펌킨족, 싸이질, 디지털 U목민…이게 뭐야?』(매일경제신문사, 2004), 17쪽; 김용섭, 『디지털 신인류』(영림카디널, 2005), 240~241쪽.
180) 나오미 클라인(Naomi Klein), 정현경·김효명 옮김, 『NO LOGO: 브랜드 파워의 진실』(중앙M&B, 2000/2002), 86쪽.
181) 엘런 테인 더닝(Alan Thein Durning), 구자건 옮김, 『소비사회의 극복: 현대 소비사회와 지구환경 위기』(따님, 1994).
182) 더글러스 코플런드(Douglas Coupland), 김승진 옮김, 『맥루언 행성으로 들어가다: 마셜 맥루언의 삶과 미디어 철학』(민음사, 2009/2013), 106쪽.
183) Faith Popcorn, Wikipedia.
184) 헨리 젠킨스(Henry Jenkins), 김정희원·김동신 옮김, 『컨버전스 컬처』(비즈앤비즈, 2006/2008), 37쪽.
185) Jordan Almond, 『Dictionary of Word Origins: A History of the Words, Expressions, and Cliches We Use』(Secaucus, NJ: Citadel Press, 1997), p.62; Charles Earle Funk, 『Thereby Hangs a Tale: Stories of Curious Word Origins』(New York: Quill, 2002), p.253; Charles Earle Funk, 『Heavens to Betsy!: And Other Curious Sayings』(New York: Quill, 1955/2001), p.173; Dorothy Auchter, 『Dictionary of Historical Allusions & Eponyms』(Santa Barbara, CA: ABC-CLIO, 1998), p.49; 마크 쿨란스키(Mark Kurlansky), 박광순 옮김, 『세계를 바꾼 어느 물고기의 역사』(미래M&B, 1998); Cod, Wikipedia.
186) Coffee, Wikipedia.
187) 케네스 포메란츠(Kenneth Pomeranz)·스티븐 토픽(Steven Topik), 박광식 옮김, 『설탕, 커피 그리고 폭력: 교역으로 읽는 세계사 산책』(심산, 2001/2003).
188) 볼프강 쉬벨부시(Wolfgang Schivelbusch), 이병련·한운석 옮김, 『기호품의 역사: 파라다이스, 맛과 이성』(한마당, 2000).
189) 밥 돌(Bob Dole), 김병찬 옮김, 『대통령의 위트: 조지 워싱턴에서 부시까지』(아테네, 2007), 65쪽.
190) Evan Morris, 『From Altoids to Zima: The Surprising Stories Behind 125 Brand Names』(New York: Fireside Book, 2004), pp.56~57.
191) John Ayto, 『Movers and Shakers: A Chronology of Words That Shaped Our Age』(New York: Oxford University Press, 2006), pp.118~119.
192) 김호정, 「전 세계 '큐그레이더' 넷 중 한 명은 한국인」, 『중앙일보』, 2012년 3월 6일 E1면.
193) William Safire, 『Safire's Political Dictionary』(New York: Random House, 1978), p.127.
194) Cup of coffee, Wikipedia.
195) Christine Ammer, 『The Facts on File Dictionary of Clichés』(New York: Checkmark Books, 2001), pp.294~295.
196) Christine Ammer, 『The Facts on File Dictionary of Clichés』(New York: Checkmark Books, 2001), p.69.
197) Marvin Terban, 『Scholastic Dictionary of Idioms』(New York: Scholastic, 1996), p.166.
198) 돈 탭스코트(Don Tapscott)·앤서니 윌리엄스(Anthony Williams), 윤미나 옮김, 『위키노믹스』(21세기북스, 2007).
199) 조범구, 「사공이 많으면 배가 산으로 간다? 천만의 말씀!」, 『조선일보』, 2007년 4월 28일 D2면; 이정재, 「새우가 고래등을 터트리는 법은」, 『중앙일보』, 2007년 4월 28일 23면; 구둘래, 「기업이여, 집단지성을 이용하라」, 『한겨레21』, 2007년 5월 8일 56면.
200) 조지프 나이(Joseph S. Nye), 홍수원 옮김, 『제국의 패러독스』(세종연구원, 2002), 114쪽.
201) 유미정, 「새로운 소비자그룹 트윈수머가 뜬다」, 『MBC ADCOM』, 2005년 7·8월, 47쪽.
202) 심슨 가핀켈, 한국데이터베이스진흥센터 옮김, 『데이터베이스 제국』(한빛미디어, 2000/2001), 397~398쪽, 406쪽.
203) 심재우, 「'콜래보레이션'의 진화…자동차·제약업계로 확산」, 『중앙일보』, 2012년 6월 7일.
204) 김운한, 「불황기 마케팅, A(Advertising)보다 BC(Branded Contents)가 답이다」, 『HS Ad』, 2012년 9~10월, 40~41쪽.
205) 김대희, 「'아트 콜라보레이션' 뜬다: 기업제품에 미술 작가들 작품, 연예인 의상까지 디자인」, 『CNB저널』, 제311호(2013년 1월 28일).
206) 홍은주, 『경제를 보는 눈』(개마고원, 2004), 64쪽.
207) 에드워드 홀(Edward T. Hall), 최효선 옮김, 『생명의 춤: 시간의 또다른 차원』(한길사, 1983/2000), 290쪽.

208) 에드워드 홀(Edward T. Hall), 최효선 옮김, 『침묵의 언어』(한길사, 1959/2000), 207쪽.
209) 임귀열, 「임귀열 영어」, 『한국일보』, 2008년 11월 19일.
210) Daniel J. Boorstin, 『Democracy and Its Discontents: Reflections on Everyday America』(New York: Vintage Books, 1975), p.21.
211) Daniel J. Boorstin, 『Democracy and Its Discontents: Reflections on Everyday America』(New York: Vintage Books, 1975), p.10.
212) 문강형준, 『혁명은 TV에 나오지 않는다』(이매진, 2012), 312~313쪽.
213) 임귀열, 「임귀열 영어」, 『한국일보』, 2011년 5월 18일.
214) Community, Wikipedia; 「커뮤니티」, 네이버 국어사전.
215) Stephen Hart, 『Cultural Dilemmas of Progressive Politics: Styles of Engagement among Grassroots Activists』(Chicago: The University of Chicago Press, 2001), p.79.
216) 「Moses, Robert P.」, 『Current Biography』, 63:4(April 2002), p.52.
217) 송재룡, 『포스트모던 시대와 공동체주의』(철학과현실사, 2001).
218) Walter Shapiro, 「A Whole Greater That Its Parts?」, 『Time』, February 25, 1991.
219) Company, Wikipedia; 조승연, 「[Weekly BIZ] [인문학으로 배우는 비즈니스 영어] company…원래는 '빵을 나눠 먹다' 의미」, 『조선일보』, 2013년 6월 1일.
220) Webb Garrison, 『What's in a Word?』(Dallas, TX: Thomas Nelson, 2000), pp.118~119, p.123, pp.127~128.
221) Christine Ammer, 『The Facts on File Dictionary of Clichés』(New York: Checkmark Books, 2001), p.40.
222) Christine Ammer, 『The Facts on File Dictionary of Clichés』(New York: Checkmark Books, 2001), pp.420~421; 앤 시튼(Anne Seaton)·로위나 녹스(Rowena Knox), 『영어속담 쓰는 재미를 알게되는 책』(두앤비컨텐츠, 2005), 254쪽.
223) Christine Ammer, 『The Facts on File Dictionary of Clichés』(New York: Checkmark Books, 2001), p.250.
224) 임귀열, 「임귀열 영어」, 『한국일보』, 2011년 7월 20일.
225) 신지은, 「"회사를 집처럼 편하게" 홈퍼니 경영」, 『조선일보』, 2006년 8월 10일 B3면.
226) 남승우, 「희생자 많을 땐 '동정심 피로증'」, 『조선일보』, 2007년 3월 19일 A21면.
227) 제러미 리프킨(Jeremy Rifkin), 이경남 옮김, 『공감의 시대(The Emphatic Civilization)』(민음사, 2009/2010), 155~156쪽.
228) Compassion fatigue, Wikipedia.
229) Orin Hargraves, ed., 『New Words』(New York: Oxford University Press, 2004), p.84.
230) Voter fatigue, Wikipedia.
231) Battle fatigue, Wikipedia; AIDS fatigue, Wikipedia; Olfactory fatigue, Wikipedia; Information overload, Wikipedia.
232) 윤상진, 「페이스북 가입자 '주춤', 벌써 '페이스북 피로감' 몰려오나?」, 『베타뉴스』, 2011년 6월 29일.
233) Conscience, Wikipedia.
234) Christine Ammer, 『The Facts on File Dictionary of Clichés』(New York: Checkmark Books, 2001), p.66; 『엣센스 영한사전』, 제6정판(민중서림, 1995), 565쪽.
235) Christine Ammer, 『The Facts on File Dictionary of Clichés』(New York: Checkmark Books, 2001), p.93; 『엣센스 영한사전』, 제6정판(민중서림, 1995), 722쪽.
236) Saul D. 『Alinsky, Rules for Radicals: A Pragmatic Primer for Realistic Radicals』(New York: Vintage Books, 1971/1989), p.25; 사울 D. 알린스키, 박순성·박지우 옮김, 『급진주의자를 위한 규칙: 현실적 급진주의자를 위한 실천적 입문서』(아르케, 1971/2008), 67쪽.
237) Christine Oravec, 「Conservationism vs. Preservationism: The "Public Interest" in the Hetch Hetchy Controversy」, 『The Quarterly Journal of Speech』, 70:4(November 1984), pp.444~458; 존 벨라미 포스터(John Bellamy Foster), 김현구 옮김, 『환경과 경제의 작은 역사』(현실문화연구, 2001); 김덕호, 「제2부 제6장 환경운동」, 김덕호·김연진 엮음, 『현대 미국의 사회운동』(비봉출판사, 2001), 392~430쪽; 박보균, 『살아 숨쉬는 미국역사』(랜덤하우스중앙, 2005), 189쪽; 박영배, 『미국, 야만과 문명의 두 얼굴: 주미특파원 박영배 리포트』(이채, 1999).
238) Conservation movement, Wikipedia.
239) 권영락, 「국립공원의 창설과 자연보전운동」, 신문수 엮음, 『미국의 자연관 변천과 생태의식』(서울대학교출판문화원, 2010), 110쪽.
240) 임귀열, 「임귀열 영어」, 『한국일보』, 2010년 12월 8일.
241) William Safire, 『Safire's Political Dictionary』(New York: Random House, 1978), p.189.
242) 테드 할스테드(Ted Halstead)·마이클 린드(Michael Lind), 최지우 옮김, 『정치의 미래: 디지털시대의 신정치 선언서』(바다출판사, 2002); 김지석, 『미국을 과국으로 이끄는 세력에 대한 보고서: 부시 정권과 미국 보수파의 모든 것』(교양인, 2004).
243) 신정선, 「WP "지난 10년 최악 중 최악 아이디어는 온정적 보수주의"」, 『조선일보』, 2009년 12월 22일.
244) 앨빈 토플러(Alvin Toffler), 이상백 옮김, 「제20장 프로슈머의 출현」, 『제3의 충격파』(홍신문화사, 1981), 315~341쪽.

245) 백욱인, 「프로슈머」, 김성곤 외, 『21세기 문화 키워드 100』(한국출판마케팅연구소, 2003), 391~393쪽.
246) 고찬유, 「소비자는 진화한다: 컨슈머→프로슈머→크리슈머」, 『한국일보』, 2007년 6월 22일.
247) 장정훈, 「소비자 동질감 이끄는 '아이덴슈머 마케팅' 확산」, 『중앙일보』, 2007년 12월 19일자; 강명수 외, 「브랜드 커뮤니티 성과에 관한 연구: 관계 성과와 브랜드 자산을 중심으로」, 『광고연구』, 제69호(2005년 겨울), 11쪽.
248) 안혜리, 「고객 손 거쳐야 대박 '슈머 마케팅' 뜬다」, 『중앙일보』, 2008년 5월 5일자; 「모디슈머(modisumer)」, 네이버 지식백과.
249) 장정훈, 「스팸뿌글이 · 만두밥… '모디슈머' 가 식품시장 바꾼다」, 『중앙일보』, 2013년 5월 14일.
250) 홀름 프리베 · 사샤 로보, 두행숙 옮김, 『디지털 보헤미안: 창조의 시대를 여는 자』(크리에디트, 2007), 268~269쪽.
251) 최항섭, 「인터넷 시대의 새로운 경제권력, 프로슈머」, 김상배 엮음, 『인터넷권력의 해부』(한울, 2008), 229~231쪽.
252) William Safire, 『Safire's Political Dictionary』(New York: Random House, 1978), pp.137~138; 김봉중, 『카우보이들의 외교사: 먼로주의에서 부시 독트린까지 미국의 외교전략』(푸른역사, 2006), 257~261쪽.
253) 김봉중, 『카우보이들의 외교사: 먼로주의에서 부시 독트린까지 미국의 외교전략』(푸른역사, 2006), 255~256쪽.
254) 이삼성, 『세계와 미국: 20세기의 반성과 21세기의 전망』(한길사, 2001), 218~221쪽.
255) Containment, *Wikipedia*.
256) John Ayto, 『Movers and Shakers: A Chronology of Words That Shaped Our Age』(New York: Oxford University Press, 2006), p.233.
257) Cool Britannia, *Wikipedia*.
258) 배명복, 「문화산업 영국의 새 '황금알'」, 『중앙일보』, 1998년 7월 31일; BBC엮음, 김대호 옮김, 『e-브리타니아: 커뮤니케이션 혁명』(커뮤니케이션북스, 2001); 김민구, 「영(英), 파업천국서 'IT 허브' 로」, 『매일경제』, 2005년 6월 7일 A11면; 유상철 외, 『한류의 비밀』(생각의나무, 2005), 211~216쪽; 최기영, 「영국 창조산업이 뜬다」, 『매일경제』, 2004년 12월 1일 A11면; 이용수, 「"국가 브랜드드 상품" 컨설팅 받는 나라 늘어」, 『조선일보』, 2007년 11월 15일.
259) Cool Japan, *Wikipedia*.
260) 「courage」, 네이버 영어사전.
261) Erin Barrett & Jack Mingo, 『Random Kinds of Factness 1001』(San Francisco, CA: Conari Press, 2005), p.141; Phil Cousineau, 『Word Catcher』(Berkeley, CA: Viva, 2010), pp.214~215.
262) Martin H. Manser, 『Get to the Roots: A Dictionary of Word & Phrase Origins』(New York: Avon Books, 1990), p.221; Christine Ammer, 『The Facts on File Dictionary of Clichés』(New York: Checkmark Books, 2001), p.418.
263) 「cradle, bassinet」, 네이버 영어사전.
264) Nigel Rees, 『Cassell's Dictionary of Word and Phrase Origins』(London: Cassell, 2002), p.89.
265) Stephen Fried, *Wikipedia*.
266) Christine Ammer, 『The Facts on File Dictionary of Clichés』(New York: Checkmark Books, 2001), p.345.
267) 대니얼 에스티(Daniel C. Esty) · 앤드루 윈스턴(Andrew S. Winston), 김선영 옮김, 『이케아 사람들은 왜 산으로 갔을까?: 그린 비즈니스에서 승자가 되는 법』(살림비즈, 2006/2012), 290~291쪽.
268) Crime, *Wikipedia*.
269) 로익 바캉(Loic Wacquant), 류재화 옮김, 『가난을 엄벌하다』(시사IN북, 2010), 147~148쪽.
270) Douglas B. Smith, 『Ever Wonder Why?』(New York: Fawcett Gold Medal, 1991), p.4; Max Cryer, 『Common Phrases』(New York: Skyhorse, 2010), p.66.
271) Crocodile tears, *Wikipedia*.
272) Marvin Terban, 『Scholastic Dictionary of Idioms』(New York: Scholastic, 1996), p.52.
273) 「(사설) 일본, '악어의 눈물' 로 면죄부 넘볼 수는 없다」, 『세계일보』, 2013년 5월 25일.
274) Charles Earle Funk, 『Thereby Hangs a Tale: Stories of Curious Word Origins』(New York: Quill, 2002), p.10; Martin H. Manser, 『Get to the Roots: A Dictionary of Word & Phrase Origins』(New York: Avon Books, 1990), p.6.
275) William Morris & Mary Morris, 『Morris Dictionary of Word and Phrase Origins』, 2nd ed.(New York: Harper & Row, 1971), p.12.
276) 홀름 프리베 · 사샤 로보, 두행숙 옮김, 『디지털 보헤미안: 창조의 시대를 여는 자』(크리에디트, 2007), 225쪽.
277) 황용석, 「집단지성과 뉴스의 결합, 언론 한계 뛰어넘다」, 『경향신문』, 2011년 9월 1일.
278) 최원석, 「[Weekly BIZ] 스마트폰 절대강자 삼성전자, 다음 고민은 미디어콘텐츠 공급망」, 『조선일보』, 2013년 7월 6일.
279) Crowdsourcing, *Wikipedia*.
280) Crowdfunding, *Wikipedia*; Kickstarter, *Wikipedia*.
281) 크리스 앤더슨(Chris Anderson), 윤태경 옮김, 『메이커스: 새로운 수요를 만드는 사람들』(알에이치코리아, 2012/2013), 40~41쪽, 252쪽, 255쪽.

282) Crowdfunding, *Wikipedia*; Civic crowdfunding, *Wikipedia*.
283) 「cruel」, 『Online Etymology Dictionary』; 「crude」, 『Online Etymology Dictionary』.
284) Nigel Rees, 『The Cassell Dictionary of Cliches』(New York: Cassell, 1996), p.131; 이재호 편역, 『장미와 나이팅게일: 최고의 영미시집』(범한서적, 1971), 248~249쪽.
285) 「cruelty」, 네이버 영어사전.
286) Cruelty, *Wikipedia*.
287) Webb Garrison, 『What's in a Word?』(Dallas, TX: Thomas Nelson, 2000), pp.87~88.
288) Martin H. Manser, 『Get to the Roots: A Dictionary of Word & Phrase Origins』(New York: Avon Books, 1990), p.115.
289) Christine Ammer, 『The Facts on File Dictionary of Clichés』(New York: Checkmark Books, 2001), p.82; 『시사영어사/랜덤하우스 영한대사전』(시사영어사, 1991), 547쪽.
290) Albert Jack, 『Red Herrings and White Elephants: The Origins of the Phrases We Use Every Day』(New York: HarperCollins, 2004), pp.199~200.
291) Jordan Almond, 『Dictionary of Word Origins: A History of the Words, Expressions, and Cliches We Use』(Secaucus, NJ: Citadel Press, 1997), p.178; William Morris & Mary Morris, 『Morris Dictionary of Word and Phrase Origins』, 2nd ed.(New York: Harper & Row, 1971), pp.426~427.
292) Marvin Terban, 『Scholastic Dictionary of Idioms』(New York: Scholastic, 1996), p.161.
293) William Morris & Mary Morris, 『Morris Dictionary of Word and Phrase Origins』, 2nd ed.(New York: Harper & Row, 1971), p.523.
294) 강병준, 「미래를 만드는 사람들」 강학주 이투커뮤니케이션즈 대표」, 『전자신문』, 2012년 9월 28일.
295) 정종혁, 「페이스북마저 긴장시키는 Social Curation Service, 'Pinterest'」, 『HS Ad』, 2012년 5~6월, 52쪽.
296) Pinterest, *Wikipedia*.
297) 남은주, 「가장 빠르고 선명한 여행 추억의 기록」, 『한겨레』, 2013년 8월 1일.
298) 강병준, 「미래를 만드는 사람들」 강학주 이투커뮤니케이션즈 대표」, 『전자신문』, 2012년 9월 28일.
399) 정한국, 「남과 똑같은 건 못참아! 큐레이슈머(Curator+Consumer)를 만족시켜라」, 『조선일보』, 2012년 4월 23일.
300) Max Cryer, 『Common Phrases』(New York: Skyhorse, 2010), pp.298~299.
301) 앙드레 모로아(Andre Maurois), 신용석 옮김, 『영국사』(기린원, 1997).
302) 조지 세이빈(George H. Sabine)·토머스 솔슨(Thomas Landon Thorson), 성유보·차남희 옮김, 『정치사상사』(전2권, 한길사, 1983).
303) 로버트 L. 하일브로너(Robert L. Heilbroner), 장상환 옮김, 『세속의 철학자들: 위대한 경제사상가들의 생애, 시대와 아이디어』(이마고, 2005); 폴 스트레턴(Paul Strathern), 김낙년·전병윤 옮김, 『세계를 움직인 경제학자들의 삶과 사상』(몸과마음, 2002).
304) Nigel Rees, 『Cassell's Dictionary of Word and Phrase Origins』(London: Cassell, 2002), p.212; Georgia Hole, 『The Real McCoy: The True Stories Behind Our Everyday Phrases』(New York: Oxford University Press, 2005), pp.146~147; César Ritz, *Wikipedia*.
305) 이건희, 『이건희 에세이: 생각 좀 하며 세상을 보자』(동아일보사, 1997), 285쪽.
306) 라즈 파텔(Raj Patel), 유지훈 옮김, 『식량전쟁: 배부른 제국과 굶주리는 세계』(영림카디널, 2008), 329쪽; 존 터먼(John Tirman), 이종인 옮김, 『미국이 세계를 망친 100가지 방법』(재인, 2008); 존 스틸 고든(John Steele Gordon), 안진환·황수민 옮김, 『부의 제국: 미국은 어떻게 세계 최강대국이 되었나』(황금가지, 2007), 535쪽.
307) 정미경, 「월마트 매장설립 옥신각신 뉴욕시」, 『동아일보』, 2005년 4월 8일 A16면.
308) 「Scott, H. Lee」, 『Current Biography』, 67:10(October 2006), p.56.
309) 캐슬린 신델, 안재근 옮김, 『로열티 마케팅』(아침이슬, 2002), 35~36쪽; 김연성, 「3C 시대의 '로열티 고객' 만들기: eCRM의 개념과 특징」, 『LG Ad』, 2005년 7·8월, 8~11쪽; 나지홍, 「선진 은행들, 고객 감동 서비스는 끝이 없다」, 『조선일보』, 2007년 8월 18일.
310) Max Cryer, 『Common Phrases』(New York: Skyhorse, 2010), p.69; 더글라스 켈너, 김수정·정종희 옮김, 『미디어문화: 영화, 랩, MTV, 광고, 마돈나, 패션, 사이버펑크』(새물결, 1997), 535쪽; 홍성태, 『사이버사회의 문화와 정치』(문화과학사, 2000), 43~45쪽; 이언 앵겔, 장은수 옮김, 『지식노동자 선언』(롱셀러, 2001), 38~39쪽.
311) 홍성태, 『사이버사회의 문화와 정치』(문화과학사, 2000), 198쪽.
312) 더글라스 켈너, 김수정·정종희 옮김, 『미디어문화: 영화, 랩, MTV, 광고, 마돈나, 패션, 사이버펑크』(새물결, 1997), 535쪽; 홍성태, 『사이버사회의 문화와 정치』(문화과학사, 2000), 43~45쪽.
313) 권기태, 「우리는 지금 매트릭스로 가고 있다: 서울국제문학포럼 참석한 불(佛)석학 장 보드리야르」, 『동아일보』, 2005년 5월 25일 A29면.
314) 김지훈, 「매트릭스」, 김성곤 외, 『21세기 문화 키워드 100』(한국출판마케팅연구소, 2003), 110~116쪽.
315) William Gibson, *Wikipedia*.
316) 김창규, 「옮긴이의 말」, 윌리엄 깁슨, 김창규 옮김, 『뉴로맨서』(황금가지, 1984/2005), 422쪽.

317) 박해현, 「'사이버 스페이스'는 컴맹 소설가의 신조어였다」, 『조선일보』, 2012년 10월 9일.
318) 어수웅, 「안철수가 인용한 작가 "한국 팔로워들 고마워요"」, 『조선일보』, 2012년 9월 20일.
319) 이윤주, 「윌리엄 깁슨 소설 '뉴로맨서' 안철수 효과로 주문 불티」, 『한국일보』, 2012년 9월 21일.
320) 더글라스 켈너, 김수정·정종희 옮김, 『미디어문화: 영화, 랩, MTV, 광고, 마돈나, 패션, 사이버펑크』(새물결, 1997), 535~536쪽.
321) 홍성태, 「사이버리즘의 시대: 탈육화, 가상현실 기술, 그리고 사이버 자본주의」, 『문화과학』, 제26호(2001년 여름), 15쪽, 28쪽.
322) 사이먼 페니, 「예술 실천의 가상화: 신체 지식과 공학적 세계관」, 『문화과학』, 제26호(2001년 여름), 64쪽.
323) 매일경제신문 산업부 IT팀, 『펌킨족, 싸이질, 디지털 U목민…이게 뭐야?』(매일경제신문사, 2004), 19쪽; Orin Hargraves, ed., 『New Words』(New York: Oxford University Press, 2004), p.70.
324) Cybersquatting, Wikipedia; 「타이포스쿼팅(typosquatting)」, 네이버 지식백과; Typosquatting, Wikipedia.
325) Charles Earle Funk, 『Thereby Hangs a Tale: Stories of Curious Word Origins』(New York: Quill, 2002), p.88; Martin H. Manser, 『Get to the Roots: A Dictionary of Word & Phrase Origins』(New York: Avon Books, 1990), p.68.
326) Cynicism(philosophy), Wikipedia.
327) Joseph N. Cappella & Kathleen Hall Jamieson, 『Spiral of Cynicism: The Press and the Public Good』(New York: Oxford University Press, 1997), p.25, p.246.
328) Cynicism(contemporary), Wikipedia.
329) 토니 마이어스, 박정수 옮김, 『누가 슬라보예 지젝을 미워하는가』(앨피, 2005), 129쪽; 이진우, 「해제: 시대정신으로서의 '냉소주의'」, 페터 슬로터다이크, 이진우·박미애 옮김, 『냉소적 이성 비판』(에코리브르, 2005), 10~11쪽.
330) Stephen Eric Bronner, 『Blood in the Sand: Imperial Fantasies, Right-Wing Ambitions, and the Erosion of American Democracy』(Lexington: The University Press of Kentucky, 2005), p.170; 김석수, 「독일 지성계를 뒤흔드는 슬로터디예크: 야만의 시대, 휴머니즘에 사형을 선고한다」, 김호기 외, 『지식의 최전선』(한길사, 2002), 490~491쪽.
331) 고영복, 『한국인의 성격: 그 변혁을 위한 과제』(사회문화연구소, 2001), 157쪽.

D

1) Data Smog, Wikipedia.
2) 데이비드 솅크, 정태석·유홍림 옮김, 『데이터 스모그』(민음사, 1997/2000), 34쪽.
3) 데이비드 솅크, 정태석·유홍림 옮김, 『데이터 스모그』(민음사, 1997/2000), 35~36쪽.
4) David Shenk, 『Data Smog: Surviving the Information Glut』(New York: HarperEdge, 1997/1998), pp.211~213; 데이비드 솅크, 정태석·유홍림 옮김, 『데이터 스모그』(민음사, 1997/2000), 260~263쪽.
5) Steve Cone, 『Powerlines』(New York: Bloomberg Press, 2008), p.85; 김봉중, 『미국은 과연 특별한 나라인가?: 미국의 정체성을 읽는 네 가지 역사적 코드』(소나무, 2001), 281쪽.
6) 앨런 브링클리(Alan Brinkley), 황혜성 외 공역, 『미국인의 역사 2』(비봉출판사, 1993/1998), 349쪽.
7) 고정휴, 「독립운동기 이승만의 외교 노선과 제국주의」, 『역사비평』, 계간 31호(1995년 겨울), 129~187쪽; 박보균, 『살아 숨쉬는 미국역사』(랜덤하우스중앙, 2005).
8) 이진준, 「『묘지 침입자』: 흑백의 공존을 위한 탐색」, 『안과밖(영미문학연구)』, 제4호(1998년 상반기), 157~183쪽.
9) Debt, Wikipedia.
10) Daniel Bell, 『The Cultural Contradictions of Capitalism』(New York: Basic Books, 1976), p.69.
11) Daniel Bell, 『The Cultural Contradictions of Capitalism』(New York: Basic Books, 1976), p.21.
12) Deep Throat(Watergate), Wikipedia.
13) Deep Throat(film), Wikipedia.
14) Nigel Rees, 『Cassell's Dictionary of Word and Phrase Origins』(London: Cassell, 2002), p.66; Max Cryer, 『Common Phrases』(New York: Skyhorse, 2010), pp.74~75; Dorothy Auchter, 『Dictionary of Historical Allusions & Eponyms』(Santa Barbara, CA: ABC-CLIO, 1998), pp.59~60; 알리샤 C. 셰퍼드(Alicia C. Shepard), 차미례 옮김, 『권력과 싸우는 기자들』(프레시안북, 2009); 강인선, 「워터게이트 '딥 스로트'는 당시 FBI 부국장」, 『조선일보』, 2005년 6월 2일 A2면; 고성호 외, 「'워터게이트' 베일벗은 딥 스로트」, 『한국일보』, 2005년 6월 2일 5면.

15) 어빙 코피·칼 코헨, 박만준·박준건·류시열 옮김, 『논리학 입문』(경문사, 2000), 145~146쪽; 앤서니 웨스턴, 이보경 옮김, 『논증의 기술』(필맥, 2004), 189~190쪽.
16) 앤서니 웨스턴, 이보경 옮김, 『논증의 기술』(필맥, 2004), 181쪽; 어빙 코피·칼 코헨, 박만준·박준건·류시열 옮김, 『논리학 입문』(경문사, 2000), 132쪽; 윌리엄·마블 사하키안, 이종철 옮김, 『위대한 철학자들의 사상』(문예출판사, 1988), 25쪽.
17) E. E. Schattschneider, 『The Semi-Sovereign People: A Realist's View of Democracy in America』(New York: Holt, Rinehart and Winston, 1960), p.68.
18) Democracy, Wikipedia.
19) 매튜 크렌슨(Matthew A. Crenson)·벤저민 긴스버그(Benjamin Ginsberg), 서복경 옮김, 『다운사이징 데모크라시: 왜 미국 민주주의는 나빠졌는가』(후마니타스, 2004/2013), 8~9쪽.
20) 에이프릴 카터(April Carter), 조효제 옮김, 『직접행동: 21세기 민주주의, 거인과 싸우다』(교양인, 2005/2007), 480쪽; John Burnheim, Wikipedia.
21) Arthur M. Schlesinger, Jr., The Cycles of American History(New York: Mariner Book, 1986/1999), p.429.
22) 임귀열, 「임귀열 영어」, 『한국일보』, 2010년 2월 24일.
23) Erich Fromm, 『Escape from Freedom』(New York: Avon Books, 1941, 1970), pp.19~20.
24) Ronald Steel, 『Walter Lippmann and the American Century』(Boston, Mass.: Little, Brown, 1980), p.40.
25) 전경갑, 『욕망의 통제와 탈주: 스피노자에서 들뢰즈까지』(한길사, 1999), 47쪽, 141쪽.
26) Desire, Wikipedia.
27) 리처드 스텐걸(Richard Stengel), 임정근 옮김, 『아부의 기술: 전략적인 찬사, 아부에 대한 모든 것』(참솔, 2006).
28) 에릭 호퍼(Eric Hoffer), 방대수 옮김, 『에릭 호퍼 자서전』(이다미디어, 2003), 55쪽.
29) Ambrose Bierce, 『The Devil's Dictionary』(New York: Bloomsbury, 2008), p.26.
30) The Devil is the details, Wikipedia; God is in the detail, Wikipedia; 김학순, 「[김학순의 세상톺아보기] 신도 악마도 디테일에 있다」, 『내일신문』, 2013년 6월 10일.
31) 강동수, 「[도청도설] 악마의 디테일」, 『국제신문』, 2012년 11월 25일.
32) 류동민, 「[경제와 세상] 악마는 디테일에 있다?」, 『경향신문』, 2013년 2월 7일.
33) 김학순, 「[김학순의 세상톺아보기] 신도 악마도 디테일에 있다」, 『내일신문』, 2013년 6월 10일.
34) 배성규, 「악마는 디테일에 있다?」, 『조선일보』, 2013년 6월 26일.
35) 정환봉, 「국정원 사건, 이럴 때 일수록 디테일을 파고들자」, 『미디어오늘』, 2013년 7월 24일.
36) http://www.edge.org/3rd_culture/lanier06/lanier06_index.html; 재런 래니어, 「디지털 마오이즘: 새로운 온라인 집단주의의 위험성」, 존 브록만(John Brockman) 엮음, 『컬처 쇼크』(와이즈베리, 2011/2013), 271~272쪽.
37) 홀름 프리베(Holm Friebe)·사샤 로보(Sascha Lobo), 두행숙 옮김, 『디지털 보헤미안: 창조의 시대를 여는 자』(크리에디트, 2006/2007), 227~228쪽.
38) Steven Johnson, 「Digital Maoism」, 『The New York Times Magazine』, December 10, 2006.
39) Jaron Lanier, Wikipedia.
40) 재론 래이니어(Jaron Lanier), 김상현 옮김, 『디지털 휴머니즘: 디지털 시대의 인간회복선언』(에이콘, 2010/2011), 126~127쪽.
41) 김중호, 「주성영 "한국 인터넷은 디지털 야만족의 사냥터": 디지털 실명제 시급… "표현의 자유 침해 없어" 반론 반박」, 『노컷뉴스』, 2008년 6월 27일.
42) http://news.egloos.com/1772838.
43) http://www.pbs.org/newshour/bb/media/july-dec07/internet_09-17.html.
44) 앤드루 킨(Andrew Keen), 박행웅 옮김, 『구글, 유튜브, 위키피디아, 인터넷 원숭이들이 세상』(한울, 2009/2010), 19쪽, 32쪽, 41쪽.
45) 앤드루 킨(Andrew Keen), 박행웅 옮김, 『구글, 유튜브, 위키피디아, 인터넷 원숭이들이 세상』(한울, 2009/2010), 25~26쪽.
46) Andrew Keen, Wikipedia.
47) Tim O'Reilly, Wikipedia.
48) 「dignity」, 네이버 영어사전.
49) 「존엄사(death with dignity, 尊嚴死)」, 네이버 지식백과.
50) L. 레너드 케스터(L. Leonard Kaster)·사이먼 정(Simon Chung), 『미국을 발칵 뒤집은 판결 31』(현암사, 2012), 89~90쪽.
51) 「dignity」, 『Online Etymology Dictionary』; Dignity, Wikipedia.
52) Charles Earle Funk, 『A Hog on Ice and Other Curious Expressions』(New York: HarperResource, 2001), pp.43~44; Martin H. Manser, 『Get to the Roots: A Dictionary of Word & Phrase Origins』(New York: Avon Books, 1990), p.115; Dilemma, Wikipedia.

53) Marvin Terban, 『Scholastic Dictionary of Idioms』(New York: Scholastic, 1996), p.162.
54) 앤서니 웨스턴, 이보경 옮김, 『논증의 기술』(필맥, 2004).
55) 리처드 니스벳, 최인철 옮김, 『생각의 지도』(김영사, 2004), 214쪽.
56) 스티븐 바커, 최세만·이재희 옮김, 『논리학의 기초』(서광사, 1986), 254쪽.
57) 강재륜, 『논리학』(대왕사, 1996), 63쪽; 김준섭, 『논리학』(문학과지성사, 1995), 362~363쪽; 에드워드 데이머, 김희빈 옮김, 『엉터리 논리 길들이기』(새길, 1999), 79쪽; 어빙 코피·칼 코헨, 박만준·박준건·류시열 옮김, 『논리학 입문』(경문사, 2000), 184쪽.
58) Allan Metcalf & David K. Barnhart, 『America In So Many Words: Words That Have Shaped America』(New York: Houghton Mifflin, 1997), pp.89~90; Marvin Terban, 『Scholastic Dictionary of Idioms』(New York: Scholastic, 1996), p.57; Christine Ammer, 『The Facts on File Dictionary of Clichés』(New York: Checkmark Books, 2001), p.94; Dime(United States coin), Wikipedia.
59) Dime novel, Wikipedia.
60) Marvin Terban, 『Scholastic Dictionary of Idioms』(New York: Scholastic, 1996), p.152.
61) 곽수근, 「5일 안에 5명에게 안보내면 사라지지 않는 행운의 편지」, 『조선일보』, 2009년 12월 26일 B4면; Chain letter, Wikipedia.
62) 조이영, 「책갈피 속의 오늘」, 『동아일보』, 2008년 9월 3일~2009년 2월 13일.
63) Informant, Wikipedia; 「drop a dime」, 네이버 영어사전.
64) 윤태희, 「잔류 농약 가장 많은 과일은 바로 '이것'」, 『서울신문』, 2013년 4월 26일.
65) 이수형, 「"돈많은 피고가 가난한 검사 제압 미(美) 사법제도 본받을게 거의 없다": 데이비드 존슨 하와이대 교수 인터뷰」, 『동아일보』, 2005년 6월 17일 A6면.
66) Nick Turse, 『The Complex: How the Military Invades Our Everyday Lives』(New York: Metropolitan Books, 2008), pp.171~181.
67) Harry Oliver, 『March Hares and Monkey's Uncles: Origins of the Words and Phrases We Use Every Day』(London: Metro, 2005), p.201.
68) 이준호, 「야간통금 해제」, 『조선일보』, 1999년 9월 8일 23면.
69) 로이 셔커(Roy Shuker), 이정엽·장호연 옮김, 『대중음악사전』(한나래, 1999).
70) Disco, Wikipedia.
71) Jordan Almond, 『Dictionary of Word Origins: A History of the Words, Expressions, and Cliches We Use』(Secaucus, NJ: Citadel Press, 1997), p.76.
72) Dive bar, Wikipedia.
73) Honky-tonk, Wikipedia.
74) 크리스천 랜더(Christian Lander), 한종현 옮김, 『아메리칸 스타일의 두 얼굴』(을유문화사, 2008/2012), 246쪽.
75) Christine Ammer, 『The Facts on File Dictionary of Clichés』(New York: Checkmark Books, 2001), p.88.
76) Georgia Hole, 『The Real McCoy: The True Stories Behind Our Everyday Phrases』(New York: Oxford University Press, 2005), p.50.
77) Revolving door, Wikipedia.
78) Lobbying in the United States, Wikipedia; K Street(Washington, D.C.), Wikipedia.
79) William Safire, 『Safire's Political Dictionary』(New York: Random House, 1978), pp.184~185.
80) William Safire, 『Safire's Political Dictionary』(New York: Random House, 1978), pp.184~185.
81) 「도핑(doping)」, 네이버 지식백과; Doping in sport, Wikipedia.
82) 「dream」, 네이버 영어사전.
83) 김종철, 『오바마의 미국, MB의 대한민국』(시대의창, 2009).
84) EBS 3분 영어제작팀, 『생각하는 영어사전 ing』(인물과사상사, 2009), 206~207쪽.
85) 조셉 맥브라이드, 박선희·임혜련 옮김, 『C 학점의 천재 스티븐 스필버그 1』(자연사랑, 1997).
86) Marvin Terban, 『Scholastic Dictionary of Idioms』(New York: Scholastic, 1996), p.62; Albert Jack, 『Black Sheep and Lame Ducks: The Origins of Even More Phrases We Use Every Day』(New York: Perigree Book, 2007), pp.2~3; 백선엽, 『미국 20대가 가장 많이 쓰는 영어 BOX』(넥서스, 1999), 44쪽; 「엣센스 영한사전」, 제6정판(민중서림, 1995), 794쪽.
87) Jordan Almond, 『Dictionary of Word Origins: A History of the Words, Expressions, and Cliches We Use』(Secaucus, NJ: Citadel Press, 1997), p.81.
88) The Editors of The American Heritage Dictionaries, 『Word Mysteries & Histories』(Boston, Mass.: Houghton Mifflin, 1986), p.205; 『시사영어사/랜덤하우스 영한대사전』(시사영어사, 1991), 1925쪽.
89) 이경주, 「U.S.A 방송-인터넷-모바일 통합 재난경보시스템 첫 걸음」, 『신문과 방송』, 제502호(2012년 10월), 101~104쪽.
90) 정시행, 「美 본토서 드론 348대 운용…거부감 확산」, 『조선일보』, 2013년 1월 14일.
91) 임민혁, 「'살인 무인폭격기' 떠올리게 하는 드론, 바다서 참치떼 발견되더니…」, 『조선일보』, 2013년 2월 5일.

92) 설성인·김민철, 「감시·정찰하던 '드론' 피자배달까지 한다」, 『조선일보』, 2013년 7월 9일.
93) 이한수, 「드론 보유국, 76개국으로 늘어」, 『조선일보』, 2012년 10월 3일.
94) 임민혁, 「美, 드론(drone·무인기)으로 테러범 3000명 사살」, 『조선일보』, 2013년 4월 9일.
95) 노석조, 「"드론이 떴다…차는 양탄자로 덮고, 인형 들어서 교란하라"」, 『조선일보』, 2013년 2월 23일.
96) 임민혁, 「FBI, 미국 내에서 드론(무인기) 사용…자국민 감시 시인」, 『조선일보』, 2013년 6월 21일.
97) 에릭 슈미트(Eric Schmidt)·제러드 코언(Jared Cohen), 이진원 옮김, 『새로운 디지털 시대』(알키, 2013), 256~257쪽.
98) Christine Ammer, 『The Facts on File Dictionary of Clichés』(New York: Checkmark Books, 2001), p.106.
99) 『시사영어사/랜덤하우스 영한대사전』(시사영어사, 1991), 695쪽.
100) Christine Ammer, 『The Facts on File Dictionary of Clichés』(New York: Checkmark Books, 2001), pp.351~352.
101) Christine Ammer, 『The Facts on File Dictionary of Clichés』(New York: Checkmark Books, 2001), p.404.
102) 『시사영어사/랜덤하우스 영한대사전』(시사영어사, 1991), 695쪽.
103) Netherlands, *Wikipedia*.
104) Holland, *Wikipedia*.
105) 임귀열, 「임귀열 영어」, 『한국일보』, 2013년 3월 28일.
106) 피터 콜릿(Peter Collett), 이윤식 옮김, 『습관의 역사: 습관을 알면 문화가 보인다』(추수밭, 2006).
107) Rosemarie Ostler, 『Let's Talk Turkey: The Stories behind America's Favorite Expressions』(New York: Prometheus Books, 2008), pp.94~97.
108) 임귀열, 「임귀열 영어」, 『한국일보』, 2012년 7월 23일.
109) 임귀열, 「임귀열 영어」, 『한국일보』, 2013년 3월 28일.
110) 유지준, 「Dutch Miracle(네덜란드의 기적)…10년만에 고용률 70%, 네덜란드의 성공 비결은」, 『조선일보』, 2013년 6월 19일.
111) 이하경, 「박근혜의 '유러피언 드림' 노동을 만나다」, 『중앙일보』, 2013년 7월 3일.
112) Wassenaar, *Wikipedia*.
113) Martin H. Manser, 『Get to the Roots: A Dictionary of Word & Phrase Origins』(New York: Avon Books, 1990), p.119; 『엣센스 영한사전』, 제6정판(민중서림, 1995), 1361쪽.
114) Driving While Black, *Wikipedia*.
115) Snowclone, *Wikipedia*; Phrasal template, *Wikipedia*; 「template」, 네이버 영어사전.
116) Driving under the influence, *Wikipedia*.

E

1) 제러미 리프킨(Jeremy Rifkin), 이경남 옮김, 『공감의 시대(The Emphatic Civilization)』(민음사, 2009/2010), 562쪽.
2) 시사영어사 편집국 편, 『엘리트 영한사전』(시사영어사, 1987).
3) Orin Hargraves, ed., 『New Words』(New York: Oxford University Press, 2004), p.92.
4) Time, 「Clinton Whispered, But Voters Roared」, 『Time』, November 16, 1992, p.11; 박수만, 「"경제지상" 공격적 외교로(미국이 변하고 있다: 3)」, 『경향신문』, 1992년 11월 7일 2면.
5) 「Henderson, Hazel」, 『Current Biography』, 64:11(November 2003), p.41.
6) 나폴레온 힐, 이지현 옮김, 『놓치고 싶지 않은 나의 꿈 나의 인생 3』(국일미디어, 1937/2010), 32쪽.
7) 에릭 호퍼(Eric Hoffer), 방대수 옮김, 『에릭 호퍼 자서전』(이다미디어, 2003), 137쪽.
8) 임귀열, 「임귀열 영어」, 『한국일보』, 2010년 9월 15일.
9) 박양우, 『실용영어회화사전』(민중서림, 2001), 851쪽.
10) Warren G. Bennis & Robert J. Thomas, 『Geeks & Geezers: How Era, Values, and Defining Moments Shape Leaders』(Boston, Mass.: Harvard Business School Press, 2002), p.173.
11) Emotion work, *Wikipedia*.
12) 안토니오 네그리·마이클 하트, 윤수종 옮김, 『제국』(이학사, 2001), 385쪽.
13) Arlie Russell Hochschild, *Wikipedia*.

14) 박홍주, 「감정노동, 여성의 눈으로 다시 보기」, 『인물과 사상』, 2006년 11월, 85쪽.
15) 강내희, 「백화점과 노동의 연예화」, 『공간, 육체, 권력』(문화과학사, 1995), 141~157쪽.
16) Alan Bryman, 『The Disneyization of Society』(Los Angeles, CA: Sage, 2004), pp.122~123.
17) 앨리 러셀 혹실드(Arlie Russell Hochschild), 이가람 옮김, 『감정노동』(이매진, 2003/2009), 252쪽.
18) 장은교, 「[비정규직 800만 시대] 취업여성 65%가 비정규직… '女風'의 허상」, 『경향신문』, 2008년 8월 8일.
19) 최선경, 「'감정노동' 짐, 어떻게 벗나」, 『여성신문』, 2004년 10월 2일 B1면.
20) 최종석, 「슬퍼도 웃는 항공기 승무원 '감정 노동' 가장 많이 시달려」, 『조선일보』, 2013년 4월 30일.
21) 김한별, 「무례한 승객 참던 女승무원, 억지로 웃다가 결국」, 『중앙일보』, 2013년 4월 30일; Smile mask syndrome, *Wikipedia*.
22) John Ayto, 『Movers and Shakers: A Chronology of Words That Shaped Our Age』(New York: Oxford University Press, 2006), p.17; Robert Vischer, *Wikipedia*.
23) 제러미 리프킨(Jeremy Rifkin), 이경남 옮김, 『공감의 시대(The Emphatic Civilization)』(민음사, 2009/2010), 19~20쪽; Empathy, *Wikipedia*.
24) John Stewart ed., 『Bridges Not Walls: A Book about Interpersonal Communication』(New York: McGraw-Hill, 1995), p.186.
25) 제러미 리프킨(Jeremy Rifkin), 이경남 옮김, 『공감의 시대(The Emphatic Civilization)』(민음사, 2009/2010).
26) 스티븐 아스마(Stephen T. Asma), 노상미 옮김, 『편애하는 인간: 평등 강박에 빠진 현대인에 대한 인문학적 탐구』(생각연구소, 2013), 240쪽.
27) David Berreby, 『US & THEM: The Science of Identity』(Chicago: University of Chicago Press, 2008); Frances E. Lee, 『Beyond Ideology: Politics, Principles, and Partisanship in the U.S. Senate』(Chicago: University of Chicago Press, 2009); Bruce Rozenblit, 『Us Against Them: How Tribalism Affects the Way We Think』(Kansas City, MO: Transcendent Publications, 2008).
28) 임종업, 「유유면 상종? 상종이면 유유!(『우리와 그들, 무리짓기에 대한 착각』서평)」, 『한겨레』, 2007년 2월 9일 책·지성섹션 12~13면.
29) 데이비드 베레비(David Berreby), 정준형 옮김, 『우리와 그들, 무리짓기에 대한 착각』(애코리브르, 2007), 394쪽.
30) 스티븐 아스마(Stephen T. Asma), 노상미 옮김, 『편애하는 인간: 평등 강박에 빠진 현대인에 대한 인문학적 탐구』(생각연구소, 2013), 201쪽.
31) Tal Ben-Shahar, 『Even Happier: A Gratitude Journal for Daily Joy and Lasting Fulfillment』(New York: McGraw-Hill, 2010), p.152.
32) Murray Edelman, 『Constructing the Political Spectacle』(Chicago: University of Chicago Press, 1988), p.82.
33) Murray Edelman, 『Constructing the Political Spectacle』(Chicago: University of Chicago Press, 1988), p.73.
34) Samuel P. Huntington, 『The Clash of Civilizations and the Remaking of World Order』(New York: Simon & Schuster, 1996), p.130.
35) Samuel P. Huntington, 『The Clash of Civilizations and the Remaking of World Order』(New York: Simon & Schuster, 1996), p.20.
36) 문강형준, 『혁명은 TV에 나오지 않는다: '무한도전'에서 '나꼼수'까지, 한국 대중문화의 안과 밖』(이매진, 2012), 34쪽.
37) 최윤식·정우석, 『10년 전쟁: 누가 비즈니스 패권을 차지할 것인가』(알키, 2011), 168~169쪽.
38) 페이스 팝콘(Faith Popcorn)·리스 마리골드(Lys Marigold), 조은정·김영신 옮김, 『클릭! 미래 속으로』(21세기북스, 1999), 109쪽.
39) 한스 피터 마르틴·하랄드 슈만, 『세계화의 덫: 민주주의와 삶의 질에 대한 공격』(영림카디널, 1997), 27쪽; 요아나 브라이텐바흐(Joana Breidenbach)·이나 추크리글(Ina Zukrigl), 인성기 옮김, 『춤추는 문화: 세계화 시대의 문화적 다원화』(영림카디널, 1998/2003), 13쪽.
40) In car entertainment, *Wikipedia*.
41) Neil Postman, 『Amusing Ourselves to Death: Public Discourse in the Age of Show Business』(New York: Penguin Books, 1985), 57; 마이클 힐트(Michael L. Hilt)·제러미 립슐츠(Jeremy H. Lipschultz), 홍명신 옮김, 『늙어가는 미국: 미디어, 노인, 베이비붐』(커뮤니케이션북스, 2005/2008), 105쪽.
42) 데일 카네기, 베스트트랜스 옮김, 『데일 카네기의 성공 대화론』(더클래식, 1926/2011), 118쪽.
43) Enthusiasm, *Wikipedia*.
44) 임귀열, 「임귀열 영어」, 『한국일보』, 2010년 6월 30일.
45) Rosemarie Ostler, 『Let's Talk Turkey: The Stories behind America's Favorite Expressions』(New York: Prometheus Books, 2008), pp.58~59; Nigel Rees, 『Cassell's Dictionary of Word and Phrase Origins』(London: Cassell, 2002), p.204; Georgia Hole, 『The Real McCoy: The True Stories Behind Our Everyday Phrases』(New York: Oxford University Press, 2005), p.58; Flight Envelope, *Wikipedia*.
46) 『시사영어사/랜덤하우스 영한대사전』(시사영어사, 1991), 169쪽.
47) Christine Ammer, 『The Facts on File Dictionary of Clichés』(New York: Checkmark Books, 2001), p.6.
48) 빌 브라이슨(Bill Bryson), 정경옥 옮김, 『빌 브라이슨 발칙한 영어산책: 엉뚱하고 발랄한 미국의 거의 모든 역사』(살림, 1994/2009), 82쪽.
49) 에릭 호퍼(Eric Hoffer), 방대수 옮김, 『에릭 호퍼 자서전』(이다미디어, 2003), 83쪽.
50) William Morris & Mary Morris, 『Morris Dictionary of Word and Phrase Origins』, 2nd ed.(New York: Harper & Row, 1971), p.578; 『엣센

스 영한사전』, 제6정판(민중서림, 1995), 881쪽.
51) 임귀열, 「임귀열 영어」, 『한국일보』, 2010년 5월 12일.
52) 김영석, 『설득커뮤니케이션』(나남출판, 2005), 262쪽.
53) Evan Morris, 『The Word Detective』(New York: Plume, 2000), pp. 12~13.
54) 임귀열, 「임귀열 영어」, 『한국일보』, 2012년 11월 8일.
55) 지그문트 프로이트, 김석희 옮김, 『문명속의 불만: 프로이트전집 15』(열린책들, 1997), 104~105쪽.
56) Euphemism, *Wikipedia*.
57) 모리스 크랜스톤(M. W. Cranston), 「로크와 동의에 의한 정치」, D. 톰슨(David Thomson) 엮음, 김종술 옮김, 『서양 근대정치사상』(서광사, 1990), 99~117쪽; 홍사중, 『근대시민사회사상사』(한길사, 1997).
58) Experience, *Wikipedia*; Empiricism, *Wikipedia*.
59) 번트 H. 슈미트, 박성연 외 옮김, 『체험마케팅』(세종서적, 2002); 이철현, 「봤노라, 느꼈노라, 샀노라」, 『시사저널』, 2004년 12월 16일 60~61면; 조시영, 「"한국기업 체험마케팅 겉돈다": 세계적 전문가 슈미트 교수 "고객 배려 측면 아직 부족"」, 『매일경제』, 2004년 11월 25일 A16면; 김기동, 「"일단 한번 타보세요" 차(車) 체험 마케팅 바람」, 『세계일보』, 2005년 8월 3일 24면.
60) 심서현, 「남의 휴대폰 은밀하게 훔쳐본다… '인간 사파리' 관찰자들」, 『중앙일보』, 2013년 7월 4일.

F

1) 김윤경, 「IT界의 천재 악동 주커버그」, 『이데일리』, 2007년 10월 26일.
2) 남보라, 「[슈퍼 리치 스토리] 페이스북 청년 창업자 "열린 세상 꿈꿉니다"」, 『한국일보』, 2010년 10월 16일.
3) 벤 메즈리치(Ben Mezrich), 엄현주 옮김, 『소셜네트워크』(오픈하우스, 2009/2010), 72쪽; 정지훈, 「백수 청년이 일군 신화, 페이스북」, 『시사인』, 제141호(2010년 5월 31일).
4) 마샤 아미든 루스타드(Marcia Amidon Lusted), 조순익 옮김, 『마크 주커버그: 20대 페이스북 CEO, 8억 제국의 대통령』(해피스토리, 2011/2012), 70~71쪽.
5) 마샤 아미든 루스타드(Marcia Amidon Lusted), 조순익 옮김, 『마크 주커버그: 20대 페이스북 CEO, 8억 제국의 대통령』(해피스토리, 2011/2012), 72쪽.
6) 구와바라 데루야, 김정환 옮김, 『페이스북 CEO 마크 주커버그의 초고속 업무술』(랜덤하우스, 2011), 25쪽.
7) 구와바라 데루야, 김정환 옮김, 『페이스북 CEO 마크 주커버그의 초고속 업무술』(랜덤하우스, 2011), 27~28쪽; 클라라 사이(Clara Shih), 전성민 옮김, 『페이스북 시대: 소셜 네트워크를 활용한 비즈니스와 마케팅』(한빛미디어, 2010), 48~50쪽; 「"돈방석보다 상생" 외치는 미래의 빌 게이츠」, 『한국일보』, 2010년 3월 22일.
8) Mark Zuckerberg, *Wikipedia*.
9) Hayley Tsukayama, 「10 Surprising Facts about Mark Zuckerberg」, 『The Washington Post』, May 31, 2012.
10) Hayley Tsukayama, 「Facebook IPO: The Pressure of Being Mark Zuckerberg」, 『The Washington Post』, May 18, 2012.
11) 스코트 클리랜드(Scott Cleland)·아이라 브로드스키(Ira Brodsky), 박기성 옮김, 『두 얼굴의 구글: 구글 스토리에 숨겨진 또 다른 이면』(에이콘, 2011/2012), 44쪽.
12) David Kirkpatrick, 『The Facebook Effect: The Inside Story of the Company That Is Connecting the World』(New York: Simon & Schuster Paperbacks, 2010/2011), pp. 209~211; 데이비드 커크패트릭(David Kirkpatrick), 임정민·임정진 옮김, 『페이스북 이펙트』(에이콘, 2010), 304쪽, 306쪽.
13) 엘리 패리저(Eli Pariser), 이현숙·이정태 옮김, 『생각 조종자들』(알키, 2011), 145쪽; Rebecca MacKinnon, 『Consent of the Networked: The Worldwide Struggle for Internet Freedom』(New York: Basic Books, 2012), p. 150.
14) David Kirkpatrick, 『The Facebook Effect: The Inside Story of the Company That Is Connecting the World』(New York: Simon & Schuster Paperbacks, 2010/2011), p. 199; 데이비드 커크패트릭(David Kirkpatrick), 임정민·임정진 옮김, 『페이스북 이펙트』(에이콘, 2010), 289쪽.
15) David Kirkpatrick, 『The Facebook Effect: The Inside Story of the Company That Is Connecting the World』(New York: Simon & Schuster Paperbacks, 2010/2011), p. 202; 마샤 아미든 루스타드(Marcia Amidon Lusted), 조순익 옮김, 『마크 주커버그: 20대 페이스북 CEO, 8억 제국의 대통령』(해피스토리, 2011/2012), 141쪽, 147쪽; 데이비드 커크패트릭(David Kirkpatrick), 임정민·임정진 옮김, 『페이스북 이펙트』(에이콘, 2010), 294쪽.

16) Rebecca MacKinnon, 『Consent of the Networked: The Worldwide Struggle for Internet Freedom』(New York: Basic Books, 2012), pp.156~157.
17) 배영, 「SNS의 사회적 의미」, 조화순 엮음, 『소셜네트워크와 정치변동』(한울아카데미, 2012), 105~106쪽.
18) David Kirkpatrick, 『The Facebook Effect: The Inside Story of the Company That Is Connecting the World』(New York: Simon & Schuster Paperbacks, 2010/2011), pp.7~8, pp.331~333.
19) Christine Ammer, 『The Facts on File Dictionary of Clichés』(New York: Checkmark Books, 2001), p.447; 『시사영어사/랜덤하우스 영한대사전』(시사영어사, 1991), 800쪽.
20) 임귀열, 「임귀열 영어」, 『한국일보』, 2011년 3월 23일.
21) 『시사영어사/랜덤하우스 영한대사전』(시사영어사, 1991), 536쪽.
22) 임귀열, 「임귀열 영어」, 『한국일보』, 2013년 5월 29일.
23) 임귀열, 「임귀열 영어」, 『한국일보』, 2009년 1월 1일.
24) 임귀열, 「임귀열 영어」, 『한국일보』, 2013년 6월 12일.
25) Harry Castleman & Walter J. Podrazik, 『Watching TV: Four Decades of American Television』(New York: McGraw-Hill, 1982); Nigel Rees, 『Cassell's Dictionary of Catchphrases』(London: Weidenfeld & Nicolson, 2005).
26) 허버트 알철(J. Herbert Altschull), 양승목 옮김, 『현대언론사상사: 밀턴에서 맥루한까지』(나남, 1990/1993), 429쪽.
27) 「Ellen Galinsky」, 『Current Biography』, 64:10(October 2003), p.37.
28) Christine Ammer, 『The Facts on File Dictionary of Clichés』(New York: Checkmark Books, 2001), p.124.
29) Christine Ammer, 『The Facts on File Dictionary of Clichés』(New York: Checkmark Books, 2001), p.123; 『엣센스 영한사전』, 제6정판(민중서림, 1995), 945쪽.
30) Christine Ammer, 『The Facts on File Dictionary of Clichés』(New York: Checkmark Books, 2001), pp.123~124; 『엣센스 영한사전』, 제6정판(민중서림, 1995), 945쪽.
31) Christine Ammer, 『The Facts on File Dictionary of Clichés』(New York: Checkmark Books, 2001), p.127; 『엣센스 영한사전』, 제6정판(민중서림, 1995), 969쪽.
32) Webb Garrison, 『What's in a Word?』(Dallas, TX: Thomas Nelson, 2000), p.77.
33) Richard Thurlow, 『Fascism』(Cambridge: Cambridge University Press, 1999), p.21; Roger Eatwell, 『Fascism: A History』(New York: Penguin Books, 1995), p.43.
34) Roger Griffin ed., 『International Fascism: Theories, Causes and the New Consensus』(London: Arnold, 1998), p.23.
35) 신승권, 「파시즘」, 『동아세계대백과사전 28』(동아출판사, 1982), 375쪽.
36) Richard Thurlow, 『Fascism』(Cambridge: Cambridge University Press, 1999), p.31.
37) Leon P. Baradat, 『Political Ideologies: Their Origins and Impact』(Englewood Cliffs, N.J.: Prentice-Hall, 1984), p.258.
38) Daniel Guerin, 『Fascism and Big Business』(New York: Monad Press Book, 1974), p.65.
39) 요아힘 C. 페스트, 안인희 옮김, 『히틀러 평전 I』(푸른숲, 1998), 263쪽; Roger Eatwell, 『Fascism: A History』(New York: Penguin Books, 1995), p.116.
40) 존 베멀먼즈 마르시아노(John Bemelmans Marciano), 권혁 옮김, 『샌드위치가 된 샌드위치 백작』(돋을새김, 2011), 184~186쪽.
41) Dave Renton, 『Fascism: Theory and Practice』(London: Pluto Press, 1999), p.81.
42) Erich Fromm, 『Escape from Freedom』(New York: Avon Books, 1941/1970), p.301.
43) Walter Laqueur, 『Fascism: Past Present Future』(New York: Oxford University Press, 1997), p.96.
44) Dave Renton, 『Fascism: Theory and Practice』(London: Pluto Press, 1999), p.109.
45) Orin Hargraves, ed., 『New Words』(New York: Oxford University Press, 2004), p.106; John Ayto, 『Movers and Shakers: A Chronology of Words That Shaped Our Age』(New York: Oxford University Press, 2006), p.235; Stephen Fried, *Wikipedia*.
46) 이충희, 「인터뷰 "진정한 Fashionista를 기다립니다"」, 『캠퍼스 헤럴드』, 2010년 4월 5일.
47) 「Miuccia Prada」, 『Current Biography』, 67:2(February 2006), p.69.
48) Father's Day, *Wikipedia*.
49) 임귀열, 「임귀열 영어」, 『한국일보』, 2009년 6월 24일.
50) 윤석중, 「구정을 어버이날로」, 『조선일보』, 1972년 2월 15일 5면.
51) Christine Ammer, 『The Facts on File Dictionary of Clichés』(New York: Checkmark Books, 2001), pp.409~410.
52) Fear, *Wikipedia*; 「arachnophobia」, 네이버 영어사전.
53) 임귀열, 「현지영어 정통영어」, 『한국일보』, 2008년 9월 24일 35면.

54) Max Cryer, 『Common Phrases』(New York: Skyhorse, 2010), p.102.
55) 케네스 데이비스(Kenneth C. Davis), 이순호 옮김, 『미국에 대해 알아야 할 모든 것, 미국사』(책과함께, 2003/2004), 404쪽.
56) Max Cryer, 『Common Phrases』(New York: Skyhorse, 2010), pp.209~210.
57) Vance Packard, 『The People Shapers』(New York: Bantam, 1979), p.165.
58) William Morris & Mary Morris, 『Morris Dictionary of Word and Phrase Origins』, 2nd ed.(New York: Harper & Row, 1971), p.217, p.547; Max Cryer, 『Common Phrases』(New York: Skyhorse, 2010), p.98; William Safire, 『Safire's Political Dictionary』(New York: Random House, 1978), p.222; 케네스 데이비스(Kenneth C. Davis), 이순호 옮김, 『미국에 대해 알아야 할 모든 것, 미국사』(책과함께, 2003/2004), 477~478쪽.
59) Fellow traveler, Wikipedia.
60) 「동반자작가[同伴者作家]」, 네이버 지식백과.
61) Rosemarie Ostler, 『Let's Talk Turkey: The Stories behind America's Favorite Expressions』(New York: Prometheus Books, 2008), pp.76~77.
62) Rosemarie Ostler, 『Let's Talk Turkey: The Stories behind America's Favorite Expressions』(New York: Prometheus Books, 2008), pp.77~78.
63) Martin H. Manser, 『Get to the Roots: A Dictionary of Word & Phrase Origins』(New York: Avon Books, 1990), p.96.
64) William Morris & Mary Morris, 『Morris Dictionary of Word and Phrase Origins』, 2nd ed.(New York: Harper & Row, 1971), p.220; William Safire, 『Safire's Political Dictionary』(New York: Random House, 1978), pp.226~227; Allan Metcalf & David K. Barnhart, 『America In So Many Words: Words That Have Shaped America』(New York: Houghton Mifflin, 1997), pp.150~151.
65) Filibuster, Wikipedia.
66) 이기문, 「"낙태 제한 반대" 13시간 연설…스타가 된 미국의 싱글맘 의원」, 『조선일보』, 2013년 6월 28일.
67) 「플란넬(flannel)」, 네이버 지식백과; Flannel, Wikipedia.
68) William Morris & Mary Morris, 『Morris Dictionary of Word and Phrase Origins』, 2nd ed.(New York: Harper & Row, 1971), p.373; 진인숙, 『영어 단어와 숙어에 담겨진 이야기』(건국대학교 출판부, 1997); Sloan Wilson, Wikipedia; The Man in the Gray Flannel Suit, Wikipedia.
69) Albert Jack, 『Black Sheep and Lame Ducks: The Origins of Even More Phrases We Use Every Day』(New York: Perigree Book, 2007), p.156.
70) 클레이 서키(Clay Shirky), 송연석 옮김, 『끌리고 쏠리고 들끓다: 새로운 사회와 대중의 탄생』(갤리온, 2008), 179쪽.
71) 매일경제신문 산업부 IT팀, 『펌킨족, 싸이질, 디지털 U목민…이게 뭐야?』(매일경제신문사, 2004), 34~35쪽.
72) 박형숙, 「지구촌 휩쓰는 '플래시몹' 한국상륙」, 『경향신문』, 2003년 9월 24일 8면.
73) 김용섭, 『디지털 신인류』(영림카디널, 2005), 222쪽; 하워드 라인골드, 이운경 옮김, 『참여군중: 휴대폰과 인터넷으로 무장한 새로운 군중』(황금가지, 2003).
74) Orin Hargraves, ed., 『New Words』(New York: Oxford University Press, 2004), p.110.
75) Flash mob robbery, Wikipedia; 김난도 외, 『트렌드코리아 2012』(미래의창, 2011), 141쪽.
76) 니코 멜레(Nicco Mele), 이은경·유지연 옮김, 『거대권력의 종말』(알에이치코리아, 2013), 307~308쪽; Crop mob, Wikipedia.
77) 리처드 스텐걸(Richard Stengel), 임정근 옮김, 『아부의 기술: 전략적인 찬사, 아부에 대한 모든 것』(참솔, 2000/2006), 35쪽.
78) 리처드 스텐걸(Richard Stengel), 임정근 옮김, 『아부의 기술: 전략적인 찬사, 아부에 대한 모든 것』(참솔, 2000/2006), 38쪽.
79) 임귀열, 「임귀열 영어」, 『한국일보』, 2013년 4월 16일.
80) 리처드 스텐걸(Richard Stengel), 임정근 옮김, 『아부의 기술: 전략적인 찬사, 아부에 대한 모든 것』(참솔, 2000/2006), 433쪽.
81) Charles Earle Funk & Charles Earle Funk, Jr., 『Horsefeathers and Other Curious Words』(New York: Quill, 1958/2002), p.21; John Ayto, 『Movers and Shakers: A Chronology of Words That Shaped Our Age』(New York: Oxford University Press, 2006), p.189; 『엣센스 영한사전』, 제6정판(민중서림, 1995), 1010쪽.
82) Rosemarie Ostler, 『Let's Talk Turkey: The Stories behind America's Favorite Expressions』(New York: Prometheus Books, 2008), pp.83~84; Charles Earle Funk & Charles Earle Funk, Jr., 『Horsefeathers and Other Curious Words』(New York: Quill, 1958/2002), p.201.
83) William Morris & Mary Morris, 『Morris Dictionary of Word and Phrase Origins』, 2nd ed.(New York: Harper & Row, 1971), p.225.
84) Florida, Wikipedia.
85) Webb Garrison, 『What's in a Word?』(Dallas, TX: Thomas Nelson, 2000), p.118.
86) Max Cryer, 『Common Phrases』(New York: Skyhorse, 2010), p.241.
87) John Ayto, 『Movers and Shakers: A Chronology of Words That Shaped Our Age』(New York: Oxford University Press, 2006),

pp.165~166, p.169; Christine Ammer, 『The Facts on File Dictionary of Clichés』(New York: Checkmark Books, 2001), p.135.
88) Flower child, *Wikipedia*.
89) San Francisco (Be Sure to Wear Flowers in Your Hair), *Wikipedia*.
90) Jordan Almond, 『Dictionary of Word Origins: A History of the Words, Expressions, and Cliches We Use』(Secaucus, NJ: Citadel Press, 1997), p.22.
91) Christine Ammer, 『The Facts on File Dictionary of Clichés』(New York: Checkmark Books, 2001), p.382.
92) 『시사영어사/랜덤하우스 영한대사전』(시사영어사, 1991), 871쪽.
93) 『시사영어사/랜덤하우스 영한대사전』(시사영어사, 1991), 871쪽.
94) Daniel J. Boorstin, 『The Image: A Guide to Pseudo-Events in America』(New York: Atheneum, 1964), p.36.
95) José Ortega y Gasset, 『The Revolt of the Masses』(New York: W.W. Norton & Co., 1930/1957), p.70.
96) Christine Ammer, 『The Facts on File Dictionary of Clichés』(New York: Checkmark Books, 2001), p.46.
97) 임귀열, 「임귀열 영어」, 『한국일보』, 2009년 9월 30일.
98) 이우근, 「만델라의 숨결」, 『중앙일보』, 2013년 7월 8일.
99) 「잊혀질 권리(right to be forgotten)」, 네이버 지식백과.
100) 고란, 「헤어진 여친 '비밀사진' 올린 사이트 가보니」, 『중앙일보』, 2013년 2월 15일.
101) 김병철, 「MC몽에게 '잊혀질 권리'가 있었다면…: 이노근 새누리당 의원, 온라인 노출된 내 글 삭제할 수 있는 개정안 발의」, 『미디어오늘』, 2013년 2월 13일.
102) 문재완, 「잊혀질 권리, 어떻게 볼 것인가: 표현할 권리 제약할 우려도 감안해야」, 『중앙일보』, 2013년 3월 2일.
103) 임종인, 「잊혀질 권리, 어떻게 볼 것인가: 신상 털기에 맞설 자기방어권 필요하다」, 『중앙일보』, 2013년 3월 2일.
104) Forgiveness, *Wikipedia*.
105) 「Dave Pelzer」, 『Current Biography』, 63:3(March 2002), pp.55~56.
106) Evan Morris, 『From Altoids to Zima: The Surprising Stories Behind 125 Brand Names』(New York: Fireside Book, 2004), pp.121~122; Formica (plastic), *Wikipedia*.
107) 「fort, fortress, fortify, fortification」, 네이버 영어사전; Fortification, *Wikipedia*.
108) Rosemarie Ostler, 『Let's Talk Turkey: The Stories behind America's Favorite Expressions』(New York: Prometheus Books, 2008), pp.79~80; Albert Jack, 『Red Herrings and White Elephants: The Origins of the Phrases We Use Every Day』(New York: HarperCollins, 2004), pp.168~169; Max Cryer, 『Common Phrases』(New York: Skyhorse, 2010), pp.132~133; Marvin Terban, 『Scholastic Dictionary of Idioms』(New York: Scholastic, 1996), p.114.
109) Charles Earle Funk & Charles Earle Funk, Jr., 『Horsefeathers and Other Curious Words』(New York: Quill, 1958/2002), p.69; The Frankenstein Syndrome, *Wikipedia*.
110) 대니얼 에스티(Daniel C. Esty)·앤드루 윈스턴(Andrew S. Winston), 김선영 옮김, 『이케아 사람들은 왜 산으로 갔을까?: 그린 비즈니스에서 승자가 되는 법』(살림비즈, 2006/2012), 246쪽.
111) 홍윤기, 「자유」, 우리사상연구소 엮음, 『우리말 철학사전 1』(지식산업사, 2001), 304~335쪽.
112) 신문수, 『허먼 멜빌: 탈색된 진실의 추구자』(건국대학교출판부, 1995).
113) 데이비드 브룩스(David Brooks), 김소희 옮김, 『보보스는 파라다이스에 산다』(리더스북, 2004/2008), 146쪽.
114) 에릭 호퍼(Eric Hoffer), 방대수 옮김, 『에릭 호퍼 자서전』(이다미디어, 2003), 9~10쪽.
115) 노암 촘스키, 김보경 옮김, 『미국이 진정으로 원하는 것』(한울, 1996), 142쪽.
116) 정우량, 「자유와 민주주의 십자군 원정에 나선 부시」, 월간 『인물과 사상』, 2005년 3월, 98~110쪽; 문창극, 「부시 연설을 다시 본다」, 『중앙일보』, 2005년 2월 1일 31면; 한기욱, 「부시의 자유 찬미」, 『한겨레』, 2005년 1월 29일 27면.
117) 돈 왓슨(Don Watson), 정회성 옮김, 『기차를 타고 아메리카의 일상을 관찰하다: 이방인의 시선으로 쓴 아메리카 대륙횡단기』(휴머니스트, 2008/2013), 376쪽, 460쪽.
118) Harry Oliver, 『Cat Flaps and Mousetraps: The Origins of Objects in Our Daily Lives』(London: Metro, 2007), pp.10~11; Evan Morris, 『From Altoids to Zima: The Surprising Stories Behind 125 Brand Names』(New York: Fireside Book, 2004), pp.128~129; Frisbee, *Wikipedia*.
119) Linus Torvalds & David Diamond, 『Just for Fun: The Story of an Accidental Revolutionary』(New York: HarperBusiness, 2001), pp.164~165; 리누스 토발즈·데이비드 다이아몬드, 안진환 옮김, 『리눅스*그냥 재미로: 우연한 혁명에 대한 이야기』(한겨레신문사, 2001), 243쪽.
120) Linus Torvalds & David Diamond, 『Just for Fun: The Story of an Accidental Revolutionary』(New York: HarperBusiness, 2001),

pp.245~246; 리누스 토발즈·데이비드 다이아몬드, 안진환 옮김, 『리눅스＊그냥 재미로: 우연한 혁명에 대한 이야기』(한겨레신문사, 2001), 345~346쪽.

121) Fun, *Wikipedia*.
122) 임귀열, 「임귀열 영어」, 『한국일보』, 2011년 7월 4일.
123) Phil Cousineau, 『Word Catcher』(Berkeley, CA: Viva, 2010), p.126.
124) 「future」, 네이버 영어사전.
125) Future Studies, *Wikipedia*.
126) Alvin Toffler, 『Future Shock』(New York: Bantam Books, 1970), p.474.

G

1) Martin H. Manser, 『Get to the Roots: A Dictionary of Word & Phrase Origins』(New York: Avon Books, 1990), p.100.
2) Georgia Hole, 『The Real McCoy: The True Stories Behind Our Everyday Phrases』(New York: Oxford University Press, 2005), p.72; Christine Ammer, 『The Facts on File Dictionary of Clichés』(New York: Checkmark Books, 2001), p.337; Gamut, *Wikipedia*.
3) 다니엘 J. 부어스틴(Daniel J. Boorstin), 이보형 외 옮김, 『미국사의 숨은 이야기』(범양사출판부, 1989/1991), 346~347쪽.
4) 다니엘 J. 부어스틴(Daniel J. Boorstin), 이보형 외 옮김, 『미국사의 숨은 이야기』(범양사출판부, 1989/1991), 348~349쪽.
5) Caviar, *Wikipedia*; 발터 크래머·괴츠 트렌클러·데니스 크래머, 박영구·박정미 옮김, 『상식의 오류 사전 747』(경당, 1996/2007), 602쪽.
6) gauche caviar, *Wikipedia*.
7) 로랑 조프랭(Laurent Joffrin), 양영란 옮김, 『캐비어 좌파의 역사: 가난한 자들의 편에 선 부자들의 이야기』(워드앤코드, 2006/2012), 7쪽.
8) 김광일, 「[만물상] 캐비아 좌파」, 『조선일보』, 2013년 4월 17일.
9) Gauntlet(glove), *Wikipedia*.
10) Martin H. Manser, 『Get to the Roots: A Dictionary of Word & Phrase Origins』(New York: Avon Books, 1990), p.101; 『시사영어사/랜덤하우스 영한대사전』(시사영어사, 1991), 98쪽.
11) D. L. Miller, 『Lewis Mumford: A Life』(New York: Grove Press, 1989), pp.470~477; Jane Jacobs, 『The Death and Life of Great American Cities』(New York: Vintage, 1961/1992), pp.200~221.
12) Janes Jacobs, *Wikipedia*.
13) Jerilou Hammett & Kingsley Hammett, eds., 『The Suburbanization of New York: Is the World's Greatest City Becoming Just Another Town?』(New York: Princeton Architectural Press, 2007); Mark S. Foster, 『A Nation on Wheels: The Automobile Culture in America Since 1945』(Belmont, CA: Thompson/Wadsworth, 2003), pp.167~168; Jane Holtz Kay, 『Asphalt Nation: How the Automobile Took Over America, and How We Can Take It Back』(New York: Crown Oublishers, 1997), p.253; Gentrification, *Wikipedia*.
14) 크리스천 랜더(Christian Lander), 한종현 옮김, 『아메리칸 스타일의 두 얼굴』(을유문화사, 2008/2012), 124쪽.
15) John Ayto, 『Movers and Shakers: A Chronology of Words That Shaped Our Age』(New York: Oxford University Press, 2006), p.215; Christine Ammer, 『The Facts on File Dictionary of Clichés』(New York: Checkmark Books, 2001), pp.157~158.
16) Glass ceiling, *Wikipedia*.
17) 「Carleton Fiorina」, 『Current Biography』, 61:1(January 2000), p.39.
18) 이상일, 「"날 위해 한 것처럼 오바마 위해 뛰어달라": 힐러리 승복 현장 르포」, 『중앙일보』, 2008년 6월 9일.
19) 김여주, 「한국 여성의 현실…대학진학률 OECD 최고, 경제참여율은 하위권」, 『조선일보』, 2013년 6월 28일.
20) 전병역, 「한국 기업 여성임원 비율 1.9%…세계 45개국 중 꼴찌서 두 번째」, 『경향신문』, 2013년 7월 8일.
21) 줄리아 우드(Julia T. Wood), 한희정 옮김, 『젠더에 갇힌 삶: 젠더, 문화 그리고 커뮤니케이션』(커뮤니케이션북스, 2006), 325~326쪽.
22) Glass cliff, *Wikipedia*.
23) 「길라드 "성차별 침묵은 인간이길 포기하는 것"」, 『연합뉴스』, 2013년 7월 6일.
24) Stained-glass ceiling, *Wikipedia*.
25) 이태훈, 「비구니·여성 목사 "우리도 평등해지고 싶다"」, 『조선일보』, 2013년 7월 5일.
26) Global village(term), *Wikipedia*.
27) Marshall McLuhan, 『The Gutenberg Galaxy: The Making of Typographic Man』(New York: Signet Book, 1962/1969); Richard

27) Richard Kostelanetz, 「Marshall McLuhan: High Priest of the Electronic Village」, Thomas H. Ohlgren and Lynn M. Berk, eds, 『The New Languages: A Rhetorical Approach to the Mass Media and Popular Culture』(Englewood Cliffs, N.J.: Prentice-Hall, 1977), pp.16~17.
28) Raymond Williams, 「On High Culture and Popular Culture」, 『The New Republic』, November 23, 1974, pp.13~16.
29) Charles Earle Funk & Charles Earle Funk, Jr., 『Horsefeathers and Other Curious Words』(New York: Quill, 1958/2002), p.122; Webb Garrison, 『What's in a Word?』(Dallas, TX: Thomas Nelson, 2000), pp.46~47.
30) Christine Ammer, 『The Facts on File Dictionary of Clichés』(New York: Checkmark Books, 2001), p.132; Marvin Terban, 『Scholastic Dictionary of Idioms』(New York: Scholastic, 1996), p.79.
31) Christine Ammer, 『The Facts on File Dictionary of Clichés』(New York: Checkmark Books, 2001), p.173.
32) Marvin Terban, 『Scholastic Dictionary of Idioms』(New York: Scholastic, 1996), p.103.
33) Christine Ammer, 『The Facts on File Dictionary of Clichés』(New York: Checkmark Books, 2001), p.447.
34) Golden Gloves, *Wikipedia*.
35) 기영노, 『농담하는 프로야구』(미래를소유한사람들, 2012), 122~123쪽; Rawlings Gold Glove Award, *Wikipedia*; Silver Slugger Award, *Wikipedia*.
36) 박태균, 「[뉴스 클립] Special Knowledge 〈504〉 유전자변형작물(GMO)」, 『중앙일보』, 2013년 7월 4일.
37) 박병상, 「유전자조작 식품」, 김성곤 외, 『21세기 문화 키워드 100』(한국출판마케팅연구소, 2003), 280~283쪽.
38) 박태균, 「[뉴스 클립] Special Knowledge 〈504〉 유전자변형작물(GMO)」, 『중앙일보』, 2013년 7월 4일.
39) 제러미 리프킨, 이원기 옮김, 『유러피언 드림: 아메리칸 드림의 몰락과 세계의 미래』(민음사, 2005), 412~414쪽.
40) 김충령, 「"GMO(유전자변형식품), 그간 오해…식량난 막을 해법 될 수 있어": GMO 찬성론으로 돌아선 英 환경운동가 마크 라이너스 訪韓」, 『조선일보』, 2013년 6월 4일.
41) 박태균, 「[뉴스 클립] Special Knowledge 〈504〉 유전자변형작물(GMO)」, 『중앙일보』, 2013년 7월 4일.
42) 전정윤, 「로비에 묶였던 'GMO표시제' 코네티컷주가 뚫다」, 『한겨레』, 2013년 6월 6일.
43) 박태균, 「[뉴스 클립] Special Knowledge 〈504〉 유전자변형작물(GMO)」, 『중앙일보』, 2013년 7월 4일.
44) Max Cryer, 『Common Phrases』(New York: Skyhorse, 2010), p.114; Golliwogg, *Wikipedia*.
45) 함석진, 「유레카 구글」, 『한겨레』, 2007년 4월 30일; 임소정, 「어제의 오늘] 1998년 구글 창립」, 『경향신문』, 2010년 9월 4일.
46) 랜달 스트로스(Randall Stross), 고영태 옮김, 『구글, 신화와 야망』(일리, 2008/2009), 11쪽, 314쪽.
47) Googlization, *Wikipedia*.
48) 재닛 로우(Janet Lowe), 배현 옮김, 『구글 파워: 전 세계 선망과 두려움의 기업』(애플트리태일즈, 2009/2010), 89쪽; 장유엔창, 하진이 옮김, 『창조경영 구글』(머니플러스, 2005/2010), 150쪽; Matthew Hindman, 『The Myth of Digital Democracy』(Princeton, NJ: Princeton University Press, 2009), pp.38~57; John Walston, 『The Buzzword Dictionary』(Oak Park, IL: Marion Street Press, 2006), pp.97~98.
49) 매튜 프레이저(Matthew Fraser)·수미트라 두타(Soumitra Dutta), 최경은 옮김, 『소셜 네트워크 e 혁명』(행간, 2008/2010), 35쪽.
50) 김상훈, 「구글이 만든 신세계: 美 샌프란시스코 '구글 신기술 발표회'를 가다」, 『동아일보』, 2012년 6월 29일.
51) 조유진, 「구글의 사이보그 '구글 글래스'의 모든 것」, 『아시아경제』, 2013년 4월 21일.
52) 구본권, 「"편의성 확대" vs "사생활 위험"…구글 안경 뜨거운 논쟁」, 『한겨레』, 2013년 4월 2일.
53) 「구글 안경, 심각한 사생활 침해 우려"…반대 단체 등장」, 『파이낸셜뉴스』, 2013년 4월 3일.
54) 손경호, 「구글 '글래스홀'…신조어 의미 아세요?」, 『메가뉴스 & ZDNet & CNET』, 2013년 4월 16일; 이석원, 「살인현장, 구글맵은 알고 있다?」, 『이버즈』, 2013년 4월 18일.
55) 정태일, 「反 구글 안경 확산, 입는 컴퓨터에 반대하는 단체 출현」, 『헤럴드경제』, 2013년 4월 2일.
56) 이지상, 「입는 컴퓨터 시대…"몸에 IP 주소 10개 달고 다닐 날 온다"」, 『중앙일보』, 2013년 4월 20일.
57) 손경호, 「구글 '글래스홀'…신조어 의미 아세요?」, 『메가뉴스 & ZDNet & CNET』, 2013년 4월 16일; 이석원, 「살인현장, 구글맵은 알고 있다?」, 『이버즈』, 2013년 4월 18일.
58) Martin H. Manser, 『Get to the Roots: A Dictionary of Word & Phrase Origins』(New York: Avon Books, 1990), pp.104~105.
59) 조지프 엡스타인(Joseph Epstein), 박인용 옮김, 『성난 초콜릿: 그럴듯하면서 확인할 수 없고 매우 가혹한 가십의 문화·사회사』(함께읽는책, 2011/2013), 98쪽.
60) 조지프 엡스타인(Joseph Epstein), 박인용 옮김, 『성난 초콜릿: 그럴듯하면서 확인할 수 없고 매우 가혹한 가십의 문화·사회사』(함께읽는책, 2011/2013), 137쪽.
61) 조지프 엡스타인(Joseph Epstein), 박인용 옮김, 『성난 초콜릿: 그럴듯하면서 확인할 수 없고 매우 가혹한 가십의 문화·사회사』(함께읽는책, 2011/2013), 303~304쪽.
62) 조지프 엡스타인(Joseph Epstein), 박인용 옮김, 『성난 초콜릿: 그럴듯하면서 확인할 수 없고 매우 가혹한 가십의 문화·사회사』(함께읽는

책, 2011/2013), 161~162쪽.
63) Gossip, *Wikipedia*.
64) Matt Bai, 「루머 퍼뜨리는 온라인 잡지 성업」, 『뉴스위크』 한국판, 1997년 8월 27일 79면.
65) 「Matt Drudge」, 『Current Biography』(1998).
66) James Moore & Wayne Slater, 『The Architect: Karl Rove and the Dream of Absolute Power』(New York: Three Rivers Press, 2007), pp.70~73.
67) Jeannette Walls, 『DISH: How Gossip Became the News and the News Became Just Another Show』(New York: Perennial, 2001), pp.1~10, p.332.
68) 강원택, 「반기업정서? 국민 다수는 친기업」, 『중앙일보』, 2005년 5월 25일 5면; 박상필·이명석, 「시민사회와 거버넌스」, 조효제·박은홍 엮음, 『한국, 아시아 시민사회를 말하다』(아르케, 2005), 159~197쪽.
69) Governance, *Wikipedia*.
70) 하동석, 『이해하기 쉽게 쓴 행정학용어사전』(새정보미디어, 2010); 「거버넌스 (governance)」, 네이버 지식백과에서 재인용.
71) 장세훈, 「"이젠 우리가 국제문제 해결 주체로": 유엔 거버넌스센터 원장 내정자 김호영씨」, 『서울신문』, 2006년 9월 7일 29면.
72) 박규태, 「도봉구, '안전마을' 거버넌스 시동: '안전지킴이' 등 주민참여 3개 사업 협약 체결」, 『시민일보』, 2013년 6월 12일.
73) William Safire, 『Safire's Political Dictionary』(New York: Random House, 1978), pp.337~338; Shadow government (conspiracy), *Wikipedia*.
74) John Ayto, 『Movers and Shakers: A Chronology of Words That Shaped Our Age』(New York: Oxford University Press, 2006), p.26.
75) 앨런 브링클리(Alan Brinkley), 황혜성 외 공역, 『미국인의 역사 1』(비봉출판사, 1993/1998), 181~184쪽.
76) 권용립, 『미국의 정치문명』(삼인, 2003), 189쪽.
77) 조지형, 『헌법에 비친 역사: 미국 헌법의 역사에서 우리 헌법의 미래를 찾다』(푸른역사, 2007), 19~22쪽.
78) Marvin Terban, 『Scholastic Dictionary of Idioms』(New York: Scholastic, 1996), p.90.
79) Martin H. Manser, 『Get to the Roots: A Dictionary of Word & Phrase Origins』(New York: Avon Books, 1990), p.106.
80) Marvin Terban, 『Scholastic Dictionary of Idioms』(New York: Scholastic, 1996), p.101.
81) Harry Oliver, 『March Hares and Monkey's Uncles: Origins of the Words and Phrases We Use Every Day』(London: Metro, 2005), pp.123~124; Jordan Almond, 『Dictionary of Word Origins: A History of the Words, Expressions, and Cliches We Use』(Secaucus, NJ: Citadel Press, 1997), p.111.
82) Harry Oliver, 『March Hares and Monkey's Uncles: Origins of the Words and Phrases We Use Every Day』(London: Metro, 2005), p.205.
83) William Morris & Mary Morris, 『Morris Dictionary of Word and Phrase Origins』, 2nd ed.(New York: Harper & Row, 1971), p.262.
84) 임귀열, 「임귀열 영어」, 『한국일보』, 2011년 9월 8일; 「그린카드(green card)」, 네이버 지식백과; Permanent residence(United States), *Wikipedia*.
85) Georgia Hole, 『The Real McCoy: The True Stories Behind Our Everyday Phrases』(New York: Oxford University Press, 2005), p.77.
86) Martin H. Manser, 『Get to the Roots: A Dictionary of Word & Phrase Origins』(New York: Avon Books, 1990), p.106; Max Cryer, 『Common Phrases』(New York: Skyhorse, 2010), pp.123~124.
87) Neil Ewart, 『Everyday Phrases: Their Origins and Meanings』(Poole·Dorset, UK: Blandford Press, 1983), p.35.
88) 시몬 드 보부아르(Simone de Beauvoir), 백선희 옮김, 『미국여행기』(열림원, 2000), 38쪽.
89) 「그루밍족(Grooming)」, 네이버 지식백과.
90) 「그루밍족 열풍 타고 '남자성형' 인기」, 『세계일보』, 2012년 3월 27일.
91) 「"英, '그루밍족' 늘면서 여성들 화장품 비용도 늘어"」, 『경향신문』, 2013년 7월 2일.
92) Personal grooming, *Wikipedia*; 「titivate, preen」, 네이버 영어사전.
93) 케이트 폭스(Kate Fox), 권석하 옮김, 『영국인 발견(Watcing the English)』(학고재, 2004/2010), 42~44쪽.
94) Harry Oliver, 『March Hares and Monkey's Uncles: Origins of the Words and Phrases We Use Every Day』(London: Metro, 2005), p.241; Grotesque, *Wikipedia*.
95) 김홍탁, 『광고, 리비도를 만나다: 김홍탁의 광고 이야기』(동아일보사, 2003), 165~167쪽.
96) Grotesque, *Wikipedia*.
97) Max Cryer, 『Common Phrases』(New York: Skyhorse, 2010), p.124; A Hard Day's Night (film), *Wikipedia*.
98) G-string, *Wikipedia*.
99) Thong(clothing), *Wikipedia*.
100) Christine Ammer, 『The Facts on File Dictionary of Clichés』(New York: Checkmark Books, 2001), p.27; 『엣센스 영한사전』, 제6정판(민

중서림, 1995), 1174쪽.
101) Max Cryer, 『Common Phrases』(New York: Skyhorse, 2010), p.101.
102) Harry Oliver, 『March Hares and Monkey's Uncles: Origins of the Words and Phrases We Use Every Day』(London: Metro, 2005), pp.28~29; 찰스 패너티(Charles Panati), 최희정 옮김, 『문화라는 이름의 야만』(중앙 M&B, 1998).
103) 박홍규 옮김, 『감시와 처벌』(강원대학교출판부, 1989); 오생근 옮김, 『감시와 처벌』(나남, 1994).
104) Guillotine, *Wikipedia*.
105) Webb Garrison, 『What's in a Word?』(Dallas, TX: Thomas Nelson, 2000), p.235.
106) 최용섭, 「가이 포크스: 저항의 아이콘이 된 국왕 암살 모의자」, 네이버 캐스트, 2012년 11월 28일.
107) 최용섭, 「가이 포크스: 저항의 아이콘이 된 국왕 암살 모의자」, 네이버 캐스트, 2012년 11월 28일.
108) Webb Garrison, 『What's in a Word?』(Dallas, TX: Thomas Nelson, 2000), p.235: Guy Fawkes, *Wikipedia*.
109) 임귀열, 「임귀열 영어」, 『한국일보』, 2012년 2월 16일.

H

1) Jordan Almond, 『Dictionary of Word Origins: A History of the Words, Expressions, and Cliches We Use』(Secaucus, NJ: Citadel Press, 1997), p.114; Martin H. Manser, 『Get to the Roots: A Dictionary of Word & Phrase Origins』(New York: Avon Books, 1990), p.108; Max Cryer, 『Common Phrases』(New York: Skyhorse, 2010), pp.125~126; Kingfisher, *Wikipedia*.
2) 탁석산, 『행복 스트레스: 행복은 어떻게 현대의 신화가 되었나』(창비, 2013), 36~37쪽; 박돈규, 「누구나 행복할 수 있다…그건 200년 된 착각」, 『조선일보』, 2013년 6월 1일.
3) 「happiness」, 『Online Etymology Dictionary』.
4) 하지현, 『도시 심리학』(해냄, 2009), 140~141쪽.
5) David G. Myers, 『The Pursuit of Happiness: Discovering the Pathway to Fulfillment, Well-Being, and Enduring Personal Joy』(New York: Avon Books, 1992), p.105.
6) Max Cryer, 『Common Phrases』(New York: Skyhorse, 2010), p.175; Hash(food), *Wikipedia*.
7) Hash(food), *Wikipedia*.
8) Max Cryer, 『Common Phrases』(New York: Skyhorse, 2010), p.181; Marvin Terban, 『Scholastic Dictionary of Idioms』(New York: Scholastic, 1996), p.148; 『엣센스 영한사전』, 제6정판(민중서림, 1995), 1674쪽.
9) Marvin Terban, 『Scholastic Dictionary of Idioms』(New York: Scholastic, 1996), p.210.
10) Peter Gay, 『The Cultivation of Hatred: The Bourgeois Experience-Victoria to Freud』(New York: W.W.Norton & Co., 1993), pp.213~221.
11) James MacGregor Burns, 『Running Alone: Presidential Leadership-JFK to BUSH II Why It Has Failed and How We Can Fix It』(New York: Basic Books, 2006), p.187.
12) Eric Hoffer, 『The True Believer: Thoughts on the Nature of Mass Movements』(New York: Harper & Row, 1951/2010), p.98.
13) Eric Hoffer, 『The True Believer: Thoughts on the Nature of Mass Movements』(New York: Harper & Row, 1951/2010), p.146.
14) Tammy Bruce, 『The American Revolution: Using the Power of the Individual to Save Our Nation from Extremists』(New York: William Morrow, 2005), p.213.
15) Christine Ammer, 『The Facts on File Dictionary of Clichés』(New York: Checkmark Books, 2001), p.178; 『엣센스 영한사전』, 제6정판(민중서림, 1995), 1216쪽.
16) Martin H. Manser, 『Get to the Roots: A Dictionary of Word & Phrase Origins』(New York: Avon Books, 1990), p.112; William Morris & Mary Morris, 『Morris Dictionary of Word and Phrase Origins』, 2nd ed.(New York: Harper & Row, 1971), p.289.
17) Erich Fromm, 오제운 옮김, 『To Have or to Be?(소유냐 존재냐)』(YBM Si-sa, 1976/1986), 18~21쪽.
18) Alvin Toffler, 『Future Shock』(New York: Bantam Books, 1970), p.66.
19) Since I Don't Have You, *Wikipedia*.
20) The Hawk and the Dove(book), *Wikipedia*; Nicholas Thompson(editor), *Wikipedia*.
21) War hawk, *Wikipedia*.
22) John Walston, 『The Buzzword Dictionary』(Oak Park, IL: Marion Street Press, 2006), p.179.

23) Hawk and Dove, *Wikipedia*.
24) 「hay, bale」, 네이버 영어사전.
25) Marvin Terban, 『Scholastic Dictionary of Idioms』(New York: Scholastic, 1996), p.112; Myron Korach, 『Common Phrases and Where They Come From』, 2nd ed.(Guilford, CT: The Lyons Press, 2008), pp.106~107; Hay, *Wikipedia*.
26) Health, *Wikipedia*.
27) 임귀열, 「임귀열 영어」, 『한국일보』, 2009년 10월 14일.
28) Webb Garrison, 『What's in a Word?』(Dallas, TX: Thomas Nelson, 2000), p.21.
29) William Safire, 『Safire's Political Dictionary』(New York: Random House, 1978), p.296.
30) 임민혁, 「오바마 "드론 공격 엄격히 제한…관타나모 수용소 폐지 재추진할 것"」, 『조선일보』, 2013년 5월 25일.
31) 김보미, 「미셸 오바마, 연설 방해자와 '맞짱'」, 『경향신문』, 2013년 6월 6일.
32) Heckler, *Wikipedia*.
33) 다니엘 이치비아(Daniel Ichbiah), 위민복·정유진 옮김, 『스티브 잡스 네 번의 삶』(에이콘, 2011), 27~28쪽.
34) Christine Ammer, 『The Facts on File Dictionary of Clichés』(New York: Checkmark Books, 2001), p.419.
35) 최재천, 「최재천의 자연과 문화] [186] 통찰(洞察)」, 『조선일보』, 2012년 11월 6일.
36) Hindsight bias, *Wikipedia*.
37) 조긍호, 『한국인 이해의 개념틀』(나남, 2003), 302쪽.
38) 고자카이 도시아키, 방광석 옮김, 『민족은 없다』(뿌리와이파리, 2003). 114쪽.
39) Christine Ammer, 『The Facts on File Dictionary of Clichés』(New York: Checkmark Books, 2001), p.326.
40) David Pratt, 「The Functions of Teaching History」, Stephen Vaughn ed., 『The Vital Past: Writings on the Uses of History』(Athens: University of Georgia Press, 1985), p.208.
41) Edward Hallett Carr, 『What Is History?』(New York: Vintage Books, 1961), p.30.
42) Edward Hallett Carr, 『What Is History?』(New York: Vintage Books, 1961), p.69.
43) Edward Hallett Carr, 『What Is History?』(New York: Vintage Books, 1961), p.22.
44) Edward Hallett Carr, 『What Is History?』(New York: Vintage Books, 1961), p.22.
45) Edward Hallett Carr, 『What Is History?』(New York: Vintage Books, 1961), p.35.
46) Edward Hallett Carr, 『What Is History?』(New York: Vintage Books, 1961), p.24.
47) Mark Buchanan, 『Nexus: Small Worlds and the Groundbreaking Science of Networks』(New York: W.W. Norton & Co., 2002), p.11.
48) Christine Ammer, 『The Facts on File Dictionary of Clichés』(New York: Checkmark Books, 2001), p.186.
49) Hoi polloi, *Wikipedia*.
50) 「hoist」, 네이버 영어사전.
51) Martin H. Manser, 『Get to the Roots: A Dictionary of Word & Phrase Origins』(New York: Avon Books, 1990), p.113; William Morris & Mary Morris, 『Morris Dictionary of Word and Phrase Origins』, 2nd ed.(New York: Harper & Row, 1971), p.290.
52) 「hoist」, 네이버 영어사전
53) Christine Ammer, The Facts on File Dictionary of Clichés』(New York: Checkmark Books, 2001), p.187; 『시사영어사/랜덤하우스 영한대사전』(시사영어사, 1991), 1648쪽.
54) William Safire, 『Safire's Political Dictionary』(New York: Random House, 1978), pp.303~304.
55) Georgia Hole, 『The Real McCoy: The True Stories Behind Our Everyday Phrases』(New York: Oxford University Press, 2005), p.85; Albert Jack, 『Black Sheep and Lame Ducks: The Origins of Even More Phrases We Use Every Day』(New York: Perigree Book, 2007), p.104.
56) 『시사영어사/랜덤하우스 영한대사전』(시사영어사, 1991), 1075쪽.
57) Hold-up problem, *Wikipedia*.
58) 한순구, 「대기업·중소기업 갈등, 연애 방정식으로 풀어봅시다: '영원한 경제 숙제' 홀드업 문제」, 『조선일보』, 2012년 11월 21일.
59) 기영노, 『농담하는 프로야구』(미래를소유한사람들, 2012), 11쪽; 윤병웅, 『윤병웅의 야구기록과 기록 사이』(한울, 2012), 326쪽.
60) 존 베멀먼즈 마르시아노(John Bemelmans Marciano), 권혁 옮김, 『샌드위치가 된 샌드위치 백작』(돋을새김, 2011), 109쪽.
61) Hooliganism, *Wikipedia*; 이은호, 『축구의 문화사』(살림, 2004), 52~54쪽.
62) 리처드 줄리아노티(Richard Giulianotti), 복진선 옮김, 『축구의 사회학: 지구를 정복한 축구공, 지구를 말하다』(현실문화연구, 2004), 166쪽, 292~294쪽.
63) Football hooliganism, *Wikipedia*.
64) 프랭클린 포어(Franklin Foer), 안명희 옮김, 『축구는 어떻게 세계를 지배했는가』(말글빛냄, 2005), 154~155쪽.

65) 프랭클린 포어(Franklin Foer), 안명희 옮김, 『축구는 어떻게 세계를 지배했는가』(말글빛냄, 2005), 142~145쪽.
66) 리처드 줄리아노티(Richard Giulianotti), 복진선 옮김, 『축구의 사회학: 지구를 정복한 축구공, 지구를 말하다』(현실문화연구, 2004), 95~118쪽.
67) 정준영, 『열광하는 스포츠 은폐된 이데올로기』(책세상, 2003), 202~203쪽.
68) 리처드 줄리아노티(Richard Giulianotti), 복진선 옮김, 『축구의 사회학: 지구를 정복한 축구공, 지구를 말하다』(현실문화연구, 2004), 167~168쪽.
69) 김난도 외, 『트렌드코리아 2013』(미래의창, 2012), 154쪽.
70) Timothy Crouse, 『The Boys on the Bus』(New York: Ballantine Books, 1974).
71) Grant Barrett, ed., 『Oxford Dictionary of American Political Slang』(New York: Oxford University Press, 2004), p.296; 강준만, 『대중매체 이론과 사상』(개마고원, 2009, 개정판).
72) Grant Barrett, ed., 『Oxford Dictionary of American Political Slang』(New York: Oxford University Press, 2004), p.137.
73) Jordan Almond, 『Dictionary of Word Origins: A History of the Words, Expressions, and Cliches We Use』(Secaucus, NJ: Citadel Press, 1997), p.239; Charles Earle Funk & Charles Earle Funk, Jr., 『Horsefeathers and Other Curious Words』(New York: Quill. 1958/2002), p.70.
74) Douglas B. Smith, 『Ever Wonder Why?』(New York: Fawcett Gold Medal, 1991), p.20; Charles Earle Funk & Charles Earle Funk, Jr., 『Horsefeathers and Other Curious Words』(New York: Quill, 1958/2002), p.113.
75) Hot Dog, Wikipedia; Editors of the American Heritage Dictionaries, 『More Word Histories and Mysteries: From Aardvark to Zombie』(New York: Houghton Mifflin, 2006), pp.62~63.
76) 허구연, 『허구연이 알려주는 여성을 위한 친절한 야구교과서』(북오선, 2012), 160~161쪽.
77) http://www.urbandictionary.com/define.php?term=hot+dog.
78) Charles Earle Funk & Charles Earle Funk, Jr., 『Horsefeathers and Other Curious Words』(New York: Quill, 1958/2002), p.146.
79) 제임스 B. 트위첼(James B. Twitchell), 김철호 옮김, 『욕망, 광고, 소비의 문화사』(청년사, 2000/2001), 39쪽; P. T. Barnum, Wikipedia.
80) 제임스 B. 트위첼(James B. Twitchell), 김철호 옮김, 『욕망, 광고, 소비의 문화사』(청년사, 2000/2001), 36~37쪽.
81) P. T. Barnum, Wikipedia.
82) 제임스 B. 트위첼(James B. Twitchell), 김철호 옮김, 『욕망, 광고, 소비의 문화사』(청년사, 2000/2001), 32쪽.
83) Dorothy Auchter, 『Dictionary of Historical Allusions & Eponyms』(Santa Barbara, CA: ABC-CLIO, 1998), p.11.
84) Jordan Almond, 『Dictionary of Word Origins: A History of the Words, Expressions, and Cliches We Use』(Secaucus, NJ: Citadel Press, 1997), p.233.
85) William Morris & Mary Morris, 『Morris Dictionary of Word and Phrase Origins』, 2nd ed.(New York: Harper & Row, 1971), p.572; P. T. Barnum, 『Struggles and Triumphs: Or, Forty Years' Recollections of P. T. Barnum』(New York: Penguin Books, 1981).
86) 제임스 B. 트위첼(James B. Twitchell), 김철호 옮김, 『욕망, 광고, 소비의 문화사』(청년사, 2000/2001), 33~34쪽.
87) Barnum's American Museum, Wikipedia.
88) Orin Hargraves, ed., 『New Words』(New York: Oxford University Press, 2004), pp.19~20.
89) 「바넘효과(Barnum effect)」, 『두산백과』; 김헌식, 『트렌드와 심리: 대중문화 읽기』(울력, 2010), 152~153쪽; Forer effect, Wikipedia; Bertram Forer, Wikipedia.
90) Martin H. Manser, 『Get to the Roots: A Dictionary of Word & Phrase Origins』(New York: Avon Books, 1990), p.115.
91) Webb Garrison, 『What's in a Word?』(Dallas, TX: Thomas Nelson, 2000), p.223.
92) Gary Donaldson, ed., 『Modern America: A Documentary History of the Nation Since 1945』(Armonk, NY: M.E.Sharpe, 2007), p.294.
93) 임귀열, 「임귀열 영어」, 『한국일보』, 2012년 2월 2일; Hybrid(biology), Wikipedia.
94) 류웅재, 「한류에 대한 오해」, 『경향신문』, 2007년 7월 6일; 류웅재, 「한국 문화연구의 정치경제학적 패러다임에 대한 모색: 한류의 혼종성 논의를 중심으로」, 『언론과 사회』, 제16권4호(2008년 겨울), 2~27쪽.
95) 피터 버크(Peter Burke), 강상우 옮김, 『문화혼종성(Cultural Hybridity)』(이음, 2009/2012), 14~15쪽.
96) 이동연, 『게임의 문화코드』(이매진, 2010), 46쪽.
97) 임귀열, 「임귀열 영어」, 『한국일보』, 2012년 2월 2일.
98) 윤예나, 「[별별 M+ 품평회] 재테크 전문가 4인과 함께 '하이브리드 카드' 별점 평가」, 『조선일보』, 2013년 7월 12일.
99) 임귀열, 「임귀열 영어」, 『한국일보』, 2012년 2월 2일.
100) Hybrid Electric Vehicle, Wikipedia; 김은정, 「가솔린 1L로 36km 주행…역대 최고 연비 車 개발」, 『조선일보』, 2013년 7월 5일.
101) Hydrogen Vehicle, Wikipedia.

102) 임귀열, 「임귀열 영어」, 『한국일보』, 2011년 9월 19일.
103) 크리스천 랜더(Christian Lander), 한종현 옮김, 『아메리칸 스타일의 두 얼굴』(을유문화사, 2008/2012), 105~106쪽.
104) William Morris & Mary Morris, 『Morris Dictionary of Word and Phrase Origins』, 2nd ed.(New York: Harper & Row, 1971), p.302; James S. Spiegel, 『Hypocrisy: Moral Fraud and Other Vices』(Grand Rapids, MI: Baker Books, 1999), p.13.
105) James S. Spiegel, 『Hypocrisy: Moral Fraud and Other Vices』(Grand Rapids, MI: Baker Books, 1999), p.105.
106) Jeremy Lott, 『In Defense of Hypocrisy: Picking Sides in the War on Virtue』(New York: Nelson Current, 2006), pp.87~88.
107) Reinhold Niebuhr, 『Moral Man and Immoral Society: A Study in Ethics and Politics』(New York: Charles Scribner's Sons, 1932, 1960), p.117.
108) Jeremy Lott, 『In Defense of Hypocrisy: Picking Sides in the War on Virtue』(New York: Nelson Current, 2006), p.10.

I

1) 데일 카네기(Dale Carnegie), 베스트트랜스 옮김, 『데일 카네기의 인간관계론』(더클래식, 1936/2010), 81~82쪽.
2) 하워드 S. 베커, 이성용·이철우 옮김, 『사회과학자의 글쓰기: 책이나 논문을 쓸 때, 어떻게 시작하고 어떻게 끝낼 것인가?』(일신사, 1999), 70쪽.
3) 강천석, 「미국 트루먼 한국 트루먼」, 『조선일보』, 2005년 8월 20일 A30면.
4) Charles Lowell Marlin, 「Eisenhower Before the Press」, 『Today's Speech』, 9(April 1961), pp.23~25.
5) F. B. Marbut, 『News from the Capital: The Story of Washington Report』(Carbondale: Southern Illinois University Press, 1971).
6) Douglas Cater, 「The President and the Press」, Donald Bruce Johnson & Jack L. Walker eds., 『The Dynamics of the American Presidency』(New York: John Wiley & Sons, 1964), pp.276~283.
7) James W. Pratt, 「An Analysis of Three Crisis Speeches」, 『Western Speech』, 34(Summer 1970), pp.194~203.
8) Robert L. Scott, 「Rhetoric That Postures: An Intrinsic Reading of Richard M. Nixon's Inaugural Address」, 『Western Speech』, 34(1970), pp.46~52.
9) Noel Botham, 『The Ultimate Book of Useless Information』(New York: A Pegrigee Book, 2007), p.134.
10) Vicki Kunkel, 『Instant Appeal: The 8 Primal Factors That Create Blockbuster Success』(New York: AMACOM, 2009), pp.128~129.
11) 임귀열, 「임귀열 영어」, 『한국일보』, 2013년 4월 22일.
12) 이나영, 「"아이디어로 창업할 수 있도록": 지식재산 기반 일자리 창출 및 창조경제 실현」, 『머니투데이』, 2013년 7월 6일.
13) 임귀열, 「임귀열 영어」, 『한국일보』, 2013년 6월 19일.
14) 탁상훈, 「1시간 강연료 '10만달러 사나이' 게리 해멀 교수 紙上특강」, 『조선일보』, 2010년 5월 15일.
15) 구본권, 「IT 성공신화뒤 '인문학' 이 뜬다」, 『한겨레』, 2010년 6월 14일, 15면.
16) 「Gladwell, Malcolm」, 『Current Biography』, 66:6(June 2005), p.28.
17) 「Gladwell, Malcolm」, 『Current Biography』, 66:6(June 2005), p.30; Malcolm Gladwell, Wikipedia.
18) 말콤 글래드웰, 임옥희 옮김, 『티핑 포인트: 베스트셀러는 어떻게 뜨게 되는가?』(이끌리오, 2000).
19) 「Gladwell, Malcolm」, 『Current Biography』, 66:6(June 2005), p.29.
20) 「Gladwell, Malcolm」, 『Current Biography』, 66:6(June 2005), p.26.
21) 「Gladwell, Malcolm」, 『Current Biography』, 66:6(June 2005), p.28.
22) 「Gladwell, Malcolm」, 『Current Biography』, 66:6(June 2005), p.30.
23) 「Gladwell, Malcolm」, 『Current Biography』, 66:6(June 2005), p.32; Malcolm Gladwell, Wikipedia.
24) 「Gladwell, Malcolm」, 『Current Biography』, 66:6(June 2005), p.29; Malcolm Gladwell, Wikipedia.
25) 손유경, 「우리 전통예술은 한(恨)의 정서를 바탕에 깔고 있는가?」, 김용석 외 엮음, 『한국의 교양을 읽는다』(휴머니스트, 2003), 189쪽.
26) 권기헌, 『정보사회의 논리: 지식정보사회와 국가경영논리』(나남, 2000), 158쪽.
27) 「Erikson, Erik」, 『Current Biography』, 1971; Erik Erikson, Wikipedia.
28) 네이선 글레이저(Nathan Glazer), 서종남·최현미 옮김, 『우리는 이제 모두 다문화인이다』(미래를소유한사람들, 2003/2009), 172쪽.
29) 원용진, 「정체성의 정치학」, 정재철 편저, 『문화연구 이론』(한나래, 1998), 179~202쪽.
30) 마누엘 카스텔(Manuel Castells), 정병순 옮김, 『정체성 권력』(한울아카데미, 2004/2008), 25쪽.

31) Identity politics, *Wikipedia*.
32) Samuel P. Huntington, 『The Clash of Civilizations and the Remaking of World Order』(New York: Simon & Schuster, 1996), p.97.
33) Stephen Hart, 『Cultural Dilemmas of Progressive Politics: Styles of Engagement among Grassroots Activists』(Chicago: The University of Chicago Press, 2001), pp.213~215.
34) Todd Gitlin, 『The Twilight of Common Dreams: Why America Is Wracked by Culture Wars』(New York: Metropolitan Books, 1995), p.236.
35) Todd Gitlin, 『The Twilight of Common Dreams: Why America Is Wracked by Culture Wars』(New York: Metropolitan Books, 1995), p.237.
36) 빈센트 모스코, 김지운 옮김, 『커뮤니케이션 정치경제학』(나남, 1998), 348쪽.
37) Albert Jack, 『Red Herrings and White Elephants: The Origins of the Phrases We Use Every Day』(New York: HarperCollins, 2004), p.40; Marvin Terban, 『Scholastic Dictionary of Idioms』(New York: Scholastic, 1996), p.116.
38) Max Cryer, 『Common Phrases』(New York: Skyhorse, 2010), p.142.
39) 임귀열, 「임귀열 영어」, 『한국일보』, 2011년 11월 2일.
40) 임귀열, 「임귀열 영어」, 『한국일보』, 2011년 11월 2일.
41) 임귀열, 「임귀열 영어」, 『한국일보』, 2011년 11월 2일.
42) 「Verbatim」, 『Time』, March 23, 2009, p.10.
43) 뤼디거 융블루트(Rüdiger Jungbluth), 배인섭 옮김, 『이케아: 스웨덴 가구왕국의 상상초월 성공스토리』(미래의창, 2006), 15〕쪽; 정성진, 「가구 공룡 이케아, 내년 국내 상륙… "한국 소파, 누울 자리 없어질라"」, 『조선일보』, 2013년 6월 13일; 엘렌 루이스(Elen Lewis), 이기홍 옮김, 『이케아, 그 신화와 진실』(이마고, 2008/2012), 22~23쪽.
44) Evan Morris, 『From Altoids to Zima: The Surprising Stories Behind 125 Brand Names』(New York: Fireside Book, 2004), pp.133~134; 김경훈, 「라이프스타일을 팝니다: 상상초월의 가구왕국 '이케아'는 어떻게 만들어졌는가」, 『한겨레 21』, 2006년 12월 12일 51면.
45) 최병두, 「DIY 전쟁 I: IKEA 이야기」, 『CHEIL WORLDWIDE』, 2011년 5월, 48~51쪽.
46) 김윤덕, 「"이윤 위해서 물·에너지 낭비하는 건 죄악…착한 가구로 승부하죠"」, 『조선일보』, 2013년 4월 6일.
47) 뤼디거 융블루트(Rüdiger Jungbluth), 배인섭 옮김, 『이케아: 스웨덴 가구왕국의 상상초월 성공스토리』(미래의창, 2006), 127쪽.
48) 김현진, 「라이프 스타일을 팝니다: 가구왕국 '이케아'」, 『조선일보』, 2006년 12월 9일 B3면.
49) 최인아, 「이케아 매장의 미로찾기」, 『중앙일보』, 2012년 5월 18일.
50) 정성진, 「가구 공룡 이케아, 내년 국내 상륙… "한국 소파, 누울 자리 없어질라"」, 『조선일보』, 2013년 6월 13일.
51) 채승기, 「가구공룡 이케아의 고민…87세 창업자 '70년 황제경영'」, 『중앙일보』, 2013년 1월 31일.
52) 대니얼 에스티(Daniel C. Esty)·앤드루 윈스턴(Andrew S. Winston), 김선영 옮김, 『이케아 사람들은 왜 산으로 갔을까?: 그린 비즈니스에서 승자가 되는 법』(살림비즈, 2006/2012), 248쪽.
53) Ingvar Kamprad, *Wikipedia*; IKEA, *Wikipedia*.
54) Arthur M. Schlesinger, Jr., 『The Imperial Presidency』(New York: Popular Library, 1973).
55) 새뮤얼 헌팅턴, 장원석 옮김, 『미국정치론: 부조화의 패러다임』(오름, 1999), 106~108쪽.
56) Robert A. Dahl, 『Dilemmas of Pluralist Democracy: Autonomy vs. Control』(New Haven: Yale University Press, 1982), p.106.
57) Theodore J. Lowi, 『The Personal President: Power Invested Promise Unfulfilled』(Ithaca: Cornell University Press, 1985), pp.178~180.
58) 『Reigning in the Imperial Presidency: Lessons and Recommendations Relating to the Presidency of George W. Bush』(House Committee on the Judiciary Majority Staff Report to Chairman John C. Conyers, Jr.)(New York: Skyhorse Publishing, 2009), p.9.
59) William Safire, 『Safire's Political Dictionary』(New York: Random House, 1978), p.325.
60) Charles Earle Funk, 『Thereby Hangs a Tale: Stories of Curious Word Origins』(New York: Quill, 2002), p.155; 페르낭 브로델(Fernand Braudel), 주경철 옮김, 『물질문명과 자본주의』(전6권, 까치, 1995~1997); 앨런 브링클리(Alan Brinkley), 황혜성 외 옮김, 『미국인의 역사 1』(비봉출판사, 1998), 67~69쪽.
61) Charles Earle Funk, 『Thereby Hangs a Tale: Stories of Curious Word Origins』(New York: Quill, 2002), pp.168~169.
62) Indentured servant, *Wikipedia*.
63) Individualism, *Wikipedia*.
64) 최윤영, 「옮긴이의 글」, 이하르트 반 될멘, 최윤영 옮김, 『개인의 발견: 어떻게 개인을 찾아가는가 1500~1800』(현실문화연구, 2005), 304쪽.
65) 이현송, 『미국문화의 기초』(한울아카데미, 2006), 411쪽.
66) 에바 일루즈(Eva Illouz), 강주헌 옮김, 『오프라 윈프리, 위대한 인생』(Sb, 2003/2006), 314쪽.
67) Edward Hallett Carr, 『What Is History?』(New York: Vintage Books, 1961), p.36.

68) Erich Fromm, 오제운 옮김, 『To Have or to Be?(소유냐 존재냐?)』(YBM Si-sa, 1976/1986), 84~85쪽.
69) 로버트 카플란(Robert D. Kaplan), 장병걸 옮김, 『무정부시대가 오는가』(코기토, 2001), 101쪽.
70) Robert N. Bellah et al., 『Habits of the Heart: Individualism and Commitment in American Life』(Berkeley: University of California Press, 1985/2008), p.150; Edward C. Srewart & Milton J. Bennett, 『American Cultural Patterns: A Cross-Cultural Perspective』, 2nd ed.(Boston, Mass.: Intercultural Press, 1991), pp.144~145.
71) 알래스데어 매킨타이어(Alasdair Macintyre), 이진우 옮김, 『덕의 상실』(문예출판사, 1981/1997), 65쪽.
72) Robert N. Bellah et al., 『Habits of the Heart: Individualism and Commitment in American Life』(Berkeley: University of California Press, 1985/2008); Robert N. Bellah, 「America's Cultural Conversation」, Robert N. Bellah et al., eds., 『Individualism & Commitment in American Life: Readings on the Themes of 'Habits of the Heart'』(New York: Harper & Row, 1987), pp.3~10.
73) Stephen Hart, 『Cultural Dilemmas of Progressive Politics: Styles of Engagement among Grassroots Activists』(Chicago: The University of Chicago Press, 2001).
74) Paul Lichterman, 『The Search for Political Community: American Activists Reinventing Commitment』(New York: Cambridge University Press, 1996).
75) 리처드 니스벳, 최인철 옮김, 『생각의 지도』(김영사, 2004), 43~44쪽.
76) 송평인, 「동양인 배경을 중시 서양인 대상을 직시」, 『동아일보』, 2005년 8월 24일 A16면.
77) 황은하, 「개인주의 성향, 일본·한국·중국 순」, 『내일신문』, 2004년 12월 1일 7면.
78) 레나테 자하르, 김종철 옮김, 『프란츠 파농 연구』(한마당, 1981), 44~45쪽; 스티븐 사이드먼, 박창호 옮김, 『지식논쟁: 포스트모던 시대의 사회이론』(문예출판사, 1999), 484~485쪽.
79) 에릭 호퍼(Eric Hoffer), 방대수 옮김, 『에릭 호퍼 자서전』(이다미디어, 2003), 10쪽.
80) 「ingratiate」, 네이버 영어사전.
81) Ingratiation, Wikipedia.
82) 리처드 스텐걸(Richard Stengel), 임정근 옮김, 『아부의 기술: 전략적인 찬사, 아부에 대한 모든 것』(참술, 2000/2006), 349~350쪽.
83) Edward E. Jones, Wikipedia.
84) John Walston, 『The Buzzword Dictionary』(Oak Park, IL: Marion Street Press, 2006), p.186.
85) Charles Earle Funk, 『Thereby Hangs a Tale: Stories of Curious Word Origins』(New York: Quill, 2002), p.157; Charles Earle Funk, 『Heavens to Betsy!: And Other Curious Sayings』(New York: Quill, 1955/2001), p.83; 『엣센스 영한사전』, 제6정판(민중서림, 1995), 1378쪽.
86) Christine Ammer, 『The Facts on File Dictionary of Clichés』(New York: Checkmark Books, 2001), p.383.
87) 임귀열, 「임귀열 영어」, 『한국일보』, 2011년 9월 14일.
88) 임귀열, 「임귀열 영어」, 『한국일보』, 2011년 9월 14일.
89) 「integrity」, 네이버 영어사전.
90) Integrity, Wikipedia.
91) 「data integrity」, 네이버 지식백과.
92) 임귀열, 「임귀열 영어」, 『한국일보』, 2011년 8월 25일.
93) Invictus, Wikipedia; 이보성, 「영화 '인빅터스(Invictus)'」, 『울산매일』, 2013년 1월 29일.
94) 「invictus」, 네이버 지식인.
95) 나폴레온 힐, 권혁철 옮김, 『놓치고 싶지 않은 나의 꿈 나의 인생 1』(국일미디어, 1937/2010), 25쪽.
96) 나폴레온 힐, 권혁철 옮김, 『놓치고 싶지 않은 나의 꿈 나의 인생 1』(국일미디어, 1937/2010), 33쪽.
97) 양병훈, 「[이 아침의 인물] 만델라 "두려움을 정복하라"」, 『한국경제』, 2011년 8월 19일.
98) Invictus, Wikipedia.
99) Nick Summers, 「팟캐스팅에 성인방송 넘쳐나」, 『뉴스위크 한국판』, 2005년 8월 3일 14면.
100) 김상현, 「"나는 아이팟 쓴다 고로 존재한다": 아이팟 신드롬, 사회학 연구 주제로 떠올라」, 『시사저널』, 2005년 10월 11일 66~67면.
101) 월터 아이작슨(Walter Isaacson), 안진환 옮김, 『스티브 잡스(Steve Jobs)』(민음사, 2011), 621쪽.
102) 크리스천 랜더(Christian Lander), 한종현 옮김, 『아메리칸 스타일의 두 얼굴』(을유문화사, 2008/2012), 70~72쪽.
103) 김난도 외, 『트랜드 코리아 2012』(미래의창, 2011), 137쪽.
104) 리앤더 카니(Leander Kahney), 이마스 옮김, 『컬트 브랜드의 탄생 아이팟』(미래의창, 2005/2006), 215쪽.
105) 임귀열, 「임귀열 영어」, 『한국일보』, 2013년 1월 31일.
106) 니콜라스 디폰조(Nicholas DiFonzo), 곽윤정 옮김, 『루머사회: 솔깃해서 위태로운 소문의 심리학』(흐름출판, 2008/2012), 9쪽.
107) 고승연·임영신·배미정, 「당신도 '스마트 아이랜드族'?」, 『매일경제』, 2011년 4월 1일.

108) 최연진·유소연, 「승객 고개 숙이고 스마트폰에만 집중…지하철 광고·잡상인·걸인 확 줄었네」, 『조선일보』, 2013년 7월 5일.

J

1) 앤드류 에드거(Andrew Edgar)·피터 세즈윅(Peter Sedgwick) 엮음, 박명진 외 옮김, 『문화이론사전』(한나래, 2003), 354~355쪽.
2) Jazz, *Wikipedia*.
3) 케네스 데이비스(Kenneth C. Davis), 이순호 옮김, 『미국에 대해 알아야 할 모든 것, 미국사』(책과함께, 2003/2004), 363쪽.
4) 찰스 패너티(Charles Panati), 이용웅 옮김, 『문화와 유행상품의 역사 1』(자작나무, 1991/1997), 291~294쪽.
5) William E. Leuchtenburg, 『The Perils of Prosperity, 1914~1932』(Chicago, IL: The University of Chicago Press, 1958), p.83; 제임스 트라웁(James Traub), 이다희 옮김, 『42번가의 기적: 타임스퀘어의 몰락과 부활』(이후, 2004/2007), 126쪽.
6) Verne E. Edwards, Jr., 『Journalism in a Free Society』(Dubuque, Iowa: Wm.C.Brown, 1970); Michael Emery & Edwin Emery, 『The Press and America: An Interpretive History of the Mass Media』, 8th ed.(Boston, Mass.: Allyn and Bacon, 1996).
7) Roland Marchand, 『Advertising the American Dream: Making Way for Modernity 1920~1940』(Berkeley: University of California Press, 1985).
8) Anthony Smith, 최정호·공용배 옮김, 『세계신문의 역사』(나남, 1990).
9) Martin Terban, 『Guppies in Tuxedos: Funny Eponyms』(New York: Clarion Books, 1988), p.24; Evan Morris, 『From Altoids to Zima: The Surprising Stories Behind 125 Brand Names』(New York: Fireside Book, 2004), pp.94~95; 이문재, 「20세기 유니폼 청바지 '소비 민주주의' 완성」, 『시사저널』, 1995년 10월 12일 70~72면.
10) Levi Strauss & Co., *Wikipedia*.
11) Allan Metcalf & David K. Barnhart, 『America In So Many Words: Words That Have Shaped America』(New York: Houghton Mifflin, 1997), pp.153~154.
12) Jeans, *Wikipedia*.
13) Thomas L. Friedman, 『The Lexus and the Olive Tree』(New York: Anchor Books, 2000), p.379.
14) Designer clothing, *Wikipedia*.
15) Mom jeans, *Wikipedia*.
16) 박영배, 『미국, 야만과 문명의 두 얼굴: 주미특파원 박영배 리포트』(이채, 1999), 250~252쪽; Jezebel, *Wikipedia*.
17) 한경환, 「"오랑우탄 연상된다" 흑인 여성장관 비하 이탈리아서도 파문」, 『중앙일보』, 2013년 7월 16일.
18) Mammy archetype, *Wikipedia*.
19) 에바 일루즈(Eva Illouz), 강주헌 옮김, 『오프라 윈프리, 위대한 인생』(Sb, 2003/2006), 71쪽.
20) 최철규, 「낙인 찍지 말고 거짓말·귓속말 하지 마라」, 『조선일보』, 2013년 7월 11일.
21) John Stewart ed., 『Bridges Not Walls: A Book about Interpersonal Communication』(New York: McGraw-Hill, 1995), p.137.

K

1) Harry Oliver, 『March Hares and Monkey's Uncles: Origins of the Words and Phrases We Use Every Day』(London: Metro, 2005), p.219.
2) 케이트 폭스(Kate Fox), 권석하 옮김, 『영국인 발견(Watching the English)』(학고재, 2004/2010), 63쪽.
3) flying kiss, *Wiktionary*.
4) Eskimo kissing, *Wikipedia*; Butterfly Kiss, *Wikipedia*; Butterfly Kisses (song), *Wikipedia*.
5) 「kissathon」, 네이버 영어사전.
6) Kiss, *Wikipedia*.
7) 리처드 스텐걸(Richard Stengel), 임정근 옮김, 『아부의 기술: 전략적인 찬사, 아부에 대한 모든 것』(참솔, 2000/2006), 436~437쪽.
8) 리처드 스텐걸(Richard Stengel), 임정근 옮김, 『아부의 기술: 전략적인 찬사, 아부에 대한 모든 것』(참솔, 2000/2006), 437쪽.

9) 리처드 스텐걸(Richard Stengel), 임정근 옮김, 『아부의 기술: 전략적인 찬사, 아부에 대한 모든 것』(참솔, 2000/2006), 437쪽.
10) KISS principle, *Wikipedia*.
11) Charles Earle Funk & Charles Earle Funk, Jr., 『Horsefeathers and Other Curious Words』(New York: Quill, 1958/2002), p.202.
12) Plus fours, *Wikipedia*.
13) John Bemelmans Marciano, 『Toponymity: An Atlas of Words』(New York: Bloomsbury, 2010), pp.76~78; 찰스 패너티(Charles Panati), 김대웅 편역, 『배꼽티를 입은 문화』(자작나무, 1995), 231쪽; 함용도, 『워싱턴 어빙: 생애와 작품세계』(건국대학교출판부, 1995).
14) Myron Korach, 『Common Phrases and Where They Come From』, 2nd ed.(Guilford, CT: The Lyons Press, 2008), pp.162~163; 『시사영어사/랜덤하우스 영한대사전』(시사영어사, 1991), 886쪽.
15) Neil Ewart, 『Everyday Phrases: Their Origins and Meanings』(Poole · Dorset, UK: Blandford Press, 1983), pp.78~79.
16) Jordan Almond, 『Dictionary of Word Origins: A History of the Words, Expressions, and Cliches We Use』(Secaucus, NJ: Citadel Press, 1997), p.108; Martin H. Manser, 『Get to the Roots: A Dictionary of Word & Phrase Origins』(New York: Avon Books, 1990), pp.66~67.
17) Gordian Knot, *Wikipedia*.
18) 서민, 「연가시: 곤충의 머리를 조종하는 기생충」, 네이버 캐스트, 2012년 8월 2일.
19) Evan Morris, 『From Altoids to Zima: The Surprising Stories Behind 125 Brand Names』(New York: Fireside Book, 2004), pp.136~137; 빌 브라이슨(Bill Bryson), 정경옥 옮김, 『빌 브라이슨 발칙한 영어산책: 엉뚱하고 발랄한 미국의 거의 모든 역사』(살림, 1994/2009), 409~412쪽; Michael Emery & Edwin Emery, 『The Press and America: An Interpretive History of the Mass Media』, 8th ed.(Boston, Mass.: Allyn and Bacon, 1996); 스티븐 컨(Stephen Kern), 박성관 옮김, 『시간과 공간의 문화사 1880~1918』(휴머니스트, 2004); Daniel Pope, 『The Making of Modern Advertising』(New York: Basic Books, 1983); 김기훈, 「코닥의 몰락」, 『조선일보』, 2007년 2월 28일 A34면; 허두영, 『신화에서 첨단까지: 신화로 풀어내는 과학사』(전2권, 참미디어, 1998).
20) Eastman Kodak, *Wikipedia*.
21) 「kudos」, 네이버 영어사전.
22) William Morris & Mary Morris, 『Morris Dictionary of Word and Phrase Origins』, 2nd ed.(New York: Harper & Row, 1971), p.338; 「Kudos」, *Wiktionary*; 알래스데어 매킨타이어(Alasdair Macintyre), 이진우 옮김, 『덕의 상실』(문예출판사, 1981/1997), 185쪽.
23) Charles Earle Funk & Charles Earle Funk, Jr., 『Horsefeathers and Other Curious Words』(New York: Quill, 1958/2002), pp.164~165; 하워드 민즈(Howard Means), 황진우 옮김, 『머니 & 파워: 지난 천년을 지배한 비즈니스의 역사』(경영정신, 2002).

L

1) Christine Ammer, 『The Facts on File Dictionary of Clichés』(New York: Checkmark Books, 2001), p.370.
2) 임귀열, 「임귀열 영어」, 『한국일보』, 2013년 2월 19일.
3) John Stewart ed., 『Bridges Not Walls: A Book about Interpersonal Communication』(New York: McGraw-Hill, 1995), p.224.
4) James E. Miller, Jr., 『Word, Self, Reality: The Rhetoric of Imagination』(New York: Dodd, Mead & Company, 1972), p.160.
5) John Stewart ed., 『Bridges Not Walls: A Book about Interpersonal Communication』(New York: McGraw-Hill, 1995), p.64.
6) EBS 3분영어 제작팀, 『생각하는 영어사전 ing 2』(인물과사상사, 2010), 250~251쪽.
7) 임귀열, 「임귀열 영어」, 『한국일보』, 2009년 12월 23일.
8) 임귀열, 「임귀열 영어」, 『한국일보』, 2012년 5월 30일.
9) Daniel Goleman, 『Social Intelligence: The News Science of Human Relationships』(New York: Bantum Books, 2006), p.45.
10) 장상진, 「"그게 법이다(That's the law)"」, 『조선일보』, 2013년 5월 6일.
11) Philip K. Howard, 『The Death of Common Sense: How Law Is Suffocating America』(New York: Grand Central Publishing, 1994), p.172.
12) 임귀열, 「임귀열 영어」, 『한국일보』, 2012년 2월 15일.
13) 임귀열, 「임귀열 영어」, 『한국일보』, 2012년 2월 15일.
14) Albert Jack, 『Black Sheep and Lame Ducks: The Origins of Even More Phrases We Use Every Day』(New York: Perigree Book, 2007), p.76.
15) Christine Ammer, 『The Facts on File Dictionary of Clichés』(New York: Checkmark Books, 2001), p.221.
16) 『시사영어사/랜덤하우스 영한대사전』(시사영어사, 1991), 2393쪽.

17) 「layoff」, 네이버 영어사전.
18) Layoff, *Wikipedia*.
19) 「layaway」, 네이버 영어사전.
20) 임귀열, 「임귀열 영어」, 『한국일보』, 2013년 3월 1일.
21) Niccolo Machiavelli, 『The Prince and The Discourses』(New York: The Modern Library, 1950), p.462.
22) Samuel P. Huntington, 『The Third Wave: Democratization in the Late Twentieth Century』(Norman and London: University of Oklahoma Press, 1991), p.46.
23) 김진, 「드골과 처칠, 노무현」, 『중앙일보』, 2006년 12월 28일 31면.
24) 임귀열, 「임귀열 영어」, 『한국일보』, 2010년 10월 6일.
25) Murray Edelman, 『Constructing the Political Spectacle』(Chicago: University of Chicago Press, 1988), p.38.
26) Lego, *Wikipedia*; 김병도, 『코카콜라는 어떻게 산타에게 빨간 옷을 입혔는가: 위기를 돌파하는 마케팅』(21세기북스, 2003), 223~225쪽; Ole Kirk Christiansen, *Wikipedia*.
27) 손원경, 「레고: 작은 벽돌로 이루어진 세상」, 네이버 캐스트, 2012년 11월 16일.
28) Legoland, *Wikipedia*.
29) 김병도, 『코카콜라는 어떻게 산타에게 빨간 옷을 입혔는가: 위기를 돌파하는 마케팅』(21세기북스, 2003), 223~225쪽.
30) 클로테르 라파이유(Clotaire Rapaille), 김상철·김정수 옮김, 『컬처코드: 세상의 모든 인간과 비즈니스를 여는 열쇠』(리더스북, 2006/2007), 266~267쪽.
31) 조재희, 「대한민국 최고 레고 달인들이 모였다」, 『조선일보』, 2013년 7월 31일.
32) Liberty, *Wikipedia*.
33) 제임스 로웬(James W. Loewen), 이현주 옮김, 『선생님이 가르쳐 준 거짓말』(평민사, 2001).
34) 로버트 달(Robert A. Dahl), 박상훈·박수형 옮김, 『미국헌법과 민주주의』(후마니타스, 2001/2004), 243~246쪽.
35) 강준만, 『춤추는 언론 비틀대는 선거: 언론과 선거의 사회학』(아침, 1992).
36) Christine Ammer, 『The Facts on File Dictionary of Clichés』(New York: Checkmark Books, 2001), p.290.
37) Paul F. Boller, Jr., 『Presidential Anecdotes』(New York: Penguin Books, 1982); 빌 브라이슨(Bill Bryson), 정경옥 옮김, 『빌 브라이슨 발칙한 영어산책: 엉뚱하고 발랄한 미국의 거의 모든 역사』(살림, 1994/2009), 110~111쪽.
38) Jacques Ellul, trans. Konrad Kellen and Jean Lerner, 『Propaganda: The Formation of Men's Attitudes』(New York: Vintage Books, 1973), p.52.
39) Daniel J. Boorstin, 『The Image: A Guide to Pseudo-Events in America』(New York: Atheneum, 1964), p.34.
40) 김찬호, 『생애의 발견: 한국인은 어떻게 살아가는가』(인물과사상사, 2009), 7~8쪽.
41) David A. Thayne, NEXUS 사전편찬위원회 & 김수정 편역, 『하루 3분, 인생을 바꾸는 영어명언 150』(넥서스, 2007), 84~85쪽.
42) 「Linus Torvalds」, 『Current Biography』, 60:7(July 1999), p.53.
43) Orin Hargraves, ed., 『New Words』(New York: Oxford University Press, 2004), p.162; 「Linus Torvalds」, 『Current Biography』, 60:7(July 1999), pp.51~54.
44) Richard Stallman, *Wikipedia*; 플로리안 뢰처, 박진희 옮김, 『거대기계지식: 사이버시대의 올바른 지식사회 구축을 위한 비전』(생각의나무, 2000), 198쪽.
45) 「Linus Torvalds」, 『Current Biography』, 60:7(July 1999), p.52.
46) Jack Welch, 『Winning』(New York: Harper, 2005), p.56.
47) Carol A. Roach & Nancy J. Wyatt, 『Successful Listening』(New York: Harper & Row, 1988), p.2; John Stewart ed., 『Bridges Not Walls: A Book about Interpersonal Communication』(New York: McGraw-Hill, 1995), p.172, p.175.
48) Marshall B. Rosenberg, 『Nonviolent Communication: A Language of Life』(Encinitas, CA: Puddle Dancer Press, 2005), p.117.
49) Martin Terban, 『Guppies in Tuxedos: Funny Eponyms』(New York: Clarion Books, 1988), p.48.
50) 캐서린 애센버그(Katherine Ashenburg), 박수철 옮김, 『목욕, 역사의 속살을 품다』(예지, 2007/2010), 237~241쪽; Listerine, *Wikipedia*.
51) 「loin」, 네이버 영어사전.
52) loincloth, *Wikipedia*.
53) Georgia Hole, 『The Real McCoy: The True Stories Behind Our Everyday Phrases』(New York: Oxford University Press, 2005), p.75.
54) Charles Earle Funk, 『Thereby Hangs a Tale: Stories of Curious Word Origins』(New York: Quill, 2002), p.261; Martin H. Manser, 『Get to the Roots: A Dictionary of Word & Phrase Origins』(New York: Avon Books, 1990), p.209; Sirloin steak, *Wikipedia*.
55) David O. Sears, Jonathan L. Freedman, Letitia Anne Peplau, 홍대식 옮김, 『사회심리학』(박영사, 1986), 247~248쪽.

56) 임귀열, 「Loneliness is a part of life. (인간은 고독하다.)」, 『한국일보』, 2010년 12월 15일.
57) 임귀열, 「Loneliness is a part of life. (인간은 고독하다.)」, 『한국일보』, 2010년 12월 15일.
58) 임귀열, 「Loneliness is a part of life. (인간은 고독하다.)」, 『한국일보』, 2010년 12월 15일.
59) 임귀열, 「Loneliness is a part of life. (인간은 고독하다.)」, 『한국일보』, 2010년 12월 15일.
60) Nigel Rees, 『Cassell's Dictionary of Word and Phrase Origins』(London: Cassell, 2002), p.157; Max Cryer, 『Common Phrases』(New York: Skyhorse, 2010), pp.173~174; Lounge lizard, Wikipedia.
61) Martin H. Manser, 『Get to the Roots: A Dictionary of Word & Phrase Origins』(New York: Avon Books, 1990), p.65; 『엣센스 영한사전』, 제6정판(민중서림, 1995), 646쪽.
62) Christine Ammer, 『The Facts on File Dictionary of Clichés』(New York: Checkmark Books, 2001), p.313.
63) Martin H. Manser, 『Get to the Roots: A Dictionary of Word & Phrase Origins』(New York: Avon Books, 1990), pp.138~139.
64) 이재호 편역, 『장미와 나이팅게일: 최고의 영미시집』(범한서적, 1971), 16~17쪽.
65) 이영옥, 「미국문학의 미국적 특성」, 김형인 외, 『미국학』(살림, 2003), 101~134쪽.
66) 홍일출, 『애드거 앨런 포우: 불운한 천재의 문학 이론과 작품』(건국대학교출판부, 1996).
67) Love Hotel, Wikipedia.
68) 이교동, 「젖소부인을 위한 변명: 에로비디오의 정치경제학」, 현실문화연구 편, 『문화읽기: 뻐라에서 사이버문화까지』(현실문화연구, 2000), 480쪽.
69) 윤상돈, 「주말에도 불꺼진 창…15억짜리 6억에도 안팔려 러브호텔 '불황의 늪'」, 『서울신문』, 2006년 2월 25일 5면.
70) Love Hotel, Wikipedia.
71) Paco Underhill, 『What Women Want: The Global Marketplace Turns Female-Friendly』(New York: Simon & Schuster, 2010), pp.76~77.
72) Christine Ammer, 『The Facts on File Dictionary of Clichés』(New York: Checkmark Books, 2001), p.11; 『엣센스 영한사전』, 제6정판(민중서림, 1995), 1577쪽.
73) 「luxury」, 『Online Etymology Dictionary』.
74) 『사영어사/랜덤하우스 영한대사전』(시사영어사, 1991), 1359~1360쪽.
75) Marie-France Pochna, 『Christian Dior: The Man Who Made the World Look New』(New York: Arcade Publishing, 1996), p.175.
76) Marie-France Pochna, 『Christian Dior: The Man Who Made the World Look New』(New York: Arcade Publishing, 1996), p.139.

1) Nigel Rees, 『Cassell's Dictionary of Word and Phrase Origins』(London: Cassell, 2002), p.161; Webb Garrison, 『What's in a Word?』(Dallas, TX: Thomas Nelson, 2000), p.237; 폴 존슨(Paul Johnson), 왕수민 옮김, 『영웅들의 세계사』(웅진지식하우스, 2007/2009), 349쪽, 352쪽; Mae West, Wikipedia.
2) 임귀열, 「임귀열 영어」, 『한국일보』, 2011년 6월 8일.
3) 조지프 엡스타인(Joseph Epstein), 박인용 옮김, 『성난 초콜릿: 그럴듯하면서 확인할 수 없고 매우 가혹한 가십의 문화·사회사』(함께읽는책, 2011/2013), 173쪽.
4) William Morris & Mary Morris, 『Morris Dictionary of Word and Phrase Origins』, 2nd ed.(New York: Harper & Row, 1971), p.369.
5) 오치 미치오 외, 김영철 편역, 『마이너리티의 헐리웃: 영화로 읽는 미국사회』(한울, 1993), 83~84쪽.
6) F. L. 알렌(Frederick Lewis Allen), 박진빈 옮김, 『원더풀 아메리카』(앨피, 2006), 346~347쪽.
7) 케네스 데이비스(Kenneth C. Davis), 이순호 옮김, 『미국에 대해 알아야 할 모든 것, 미국사』(책과함께, 2003/2004), 377쪽.
8) 조프리 리건(Geoffrey Regan), 장동현 옮김, 『세계사의 대실수』(세종서적, 1996); Al Capone, Wikipedia.
9) 오치 미치오, 곽해선 옮김, 『와스프: 미국의 엘리트는 어떻게 만들어지는가』(살림, 1998/1999), 46쪽.
10) 연동원, 『영화 대 역사: 영화로 본 미국의 역사』(학문사, 2001).
11) 크리스토퍼 실베스타(Christopher Sylvester) 편저, 서지영·변원미 옮김, 『인터뷰』(현일사, 1994).
12) 이상렬, 「국세청, 역외탈세와 전면전 돌입: '알 카포네 효과' 노린다」, 『중앙일보』, 2013년 2월 25일.
13) William Safire, 『Safire's Political Dictionary』(New York: Random House, 1978), pp.338~339.
14) Christine Ammer, 『The Facts on File Dictionary of Clichés』(New York: Checkmark Books, 2001), p.50, p.413; 『엣센스 영한사전』, 제6정

판(민중서림, 1995), 1611쪽;「manner」, 네이버 영어사전.
15) 민중서림 편집국 편, 『엣센스 영한사전』(민중서림, 1995).
16) Webb Garrison, 『What's in a Word?』(Dallas, TX: Thomas Nelson, 2000), p.77.
17) Douglas B. Smith, 『Ever Wonder Why?』(New York: Fawcett Gold Medal, 1991), p.77; Martin H. Manser, 『Get to the Roots: A Dictionary of Word & Phrase Origins』(New York: Avon Books, 1990), p.11.
18) Marvin Terban, 『Scholastic Dictionary of Idioms』(New York: Scholastic, 1996), p.37.
19) John Bemelmans Marciano, 『Toponymity: An Atlas of Words』(New York: Bloomsbury, 2010), p.91;「마라톤(marathon)」, 네이버 백과사전; Marathon, Wikipedia.
20) Martin H. Manser, 『Get to the Roots: A Dictionary of Word & Phrase Origins』(New York: Avon Books, 1990), p.144.
21) 임귀열,「임귀열 영어」, 『한국일보』, 2009년 7월 8일.
22) 임귀열,「임귀열 영어」, 『한국일보』, 2012년 5월 2일.
23) 임귀열,「임귀열 영어」, 『한국일보』, 2009년 7월 8일.
24) 임귀열,「임귀열 영어」, 『한국일보』, 2011년 6월 8일.
25) 박양우, 『실용영어회화사전』(민중서림, 2001), 570쪽.
26) 존 베멀먼즈 마르시아노(John Bemelmans Marciano), 권혁 옮김, 『샌드위치가 된 샌드위치 백작』(돌을새김, 2011), 154~156쪽.
27) 케네스 데이비스(Kenneth C. Davis), 이충호 옮김, 『당신이 성경에 대해 알아야 할 모든 것』(웅진지식하우스, 1998/2011), 136쪽.
28) Masturbation, Wikipedia.
29) 데스몬드 모리스(Desmond Morris), 박성규 옮김, 『인간의 친밀한 행동』(지성사, 2003), 298~300쪽.
30) 김홍탁, 『광고, 리비도를 만나다: 김홍탁의 광고 이야기』(동아일보사, 2003), 316~321쪽.
31) Joycelyn Elders, Wikipedia.
32) William Safire, 『Safire's Political Dictionary』(New York: Random House, 1978), pp.280~281; Peter Collier and David Horowitz,「McCarthyism: The Last Refuge of the Left」, 『Commentary』, 85:1(January 1988), p.39.
33) Grant Barrett, ed., 『Oxford Dictionary of American Political Slang』(New York: Oxford University Press, 2004), pp.224~225.
34) Arthur Kroker,「Economic McCarthyism」, 『Canadian Journal of Political and Social Theory』, 6:3(Fall 1982), pp.5~10.
35) Grant Barrett, ed., 『Oxford Dictionary of American Political Slang』(New York: Oxford University Press, 2004), p.233.
36) Peter Collier and David Horowitz,「McCarthyism: The Last Refuge of the Left」, 『Commentary』, 85:1(January 1988), pp.36~41.
37) 밥 돌(Bob Dole), 김병찬 옮김, 『대통령의 위트: 조지 워싱턴에서 부시까지』(아테네, 2007), 272쪽.
38) 위르겐 아우구스트 알트, 박종대 옮김, 『인식의 모험』(이마고, 2003), 65~66쪽.
39)「Elizabeth F. Loftus」, 『Current Biography』, 60:1(January 1999), p.29; Elizabeth Loftus, Wikipedia.
40) Michael Young, 『The Rise of Meritocracy, 1870-2033: An Essay on Education and Equality』(New York: Penguin, 1961).
41) Michael Young, Baron Young of Dartington, Wikipedia.
42) Daniel Bell,「On Meritocracy and Equality」, Jerome Karabel & A. H. Halsey, eds., 『Power and Ideology in Education』(New York: Oxford University Press, 1977), pp.607~635.
43) Christopher Lasch, 『The Revolt of the Elites and the Betrayal of Democracy』(New York: W.W. Norton & Co., 1995), p.43.
44) James K. Galbraith, 『The Predator State: How Conservatives Abandoned the Free Market and Why Liberals Should Too』(New York: Free Press, 2008), p.106.
45) Jerome Karabel, 『The Chosen: The Hidden History of Admission and Exclusion at Harvard, Yale and Princeton』(Boston, Mass.: Houghton Mifflin, 2005), p.557.
46) Harry Oliver, 『Bees' Knees and Barmy Armies』(London: Metro, 2008), pp.104~105; Charles Earle Funk, 『Thereby Hangs a Tale: Stories of Curious Word Origins』(New York: Quill, 2002), pp.192~193; Martin H. Manser, 『Get to the Roots: A Dictionary of Word & Phrase Origins』(New York: Avon Books, 1990), p.149; 존 베멀먼즈 마르시아노(John Bemelmans Marciano), 권혁 옮김, 『샌드위치가 된 샌드위치 백작』(돌을새김, 2011), 148~149쪽.
47) Hypnosis, Wikipedia.
48) Bob Dole, 『Great Presidential Wit』(New York: Touchstone, 2001), p.164.
49) Military industrial complex, Wikipedia.
50) R. Gordon Hoxie,「The Office of Commander in Chief: An Historical and Projective View」, 『Presidential Studies Quarterly』, 6:4(1976), pp.10~36.
51) 존 케네스 갤브레이스, 지길홍 옮김, 『불확실성의 시대』(홍신문화사, 1977/1995), 281~282쪽.

52) 비제이 메타(Vijay Mehta), 한상연 옮김, 『전쟁의 경제학』(개마고원, 2012), 45~46쪽.
53) Military industrial complex, *Wikipedia*.
54) Daniel Mark Larson, 「Killing Democracy; or, How the Drug War Drives the Prison-Industrial Complex」, Stephen John Hartnett, ed., 『Challenging the Prison-Industrial Complex: Activism, Arts, and Educational Alternatives』(Urbana: University of Illinois Press, 2011), p.96.
55) 구정은, 「CIA가 군대로? 미 '군정복합체'의 탄생」, 『경향신문』, 2013년 4월 9일.
56) Andrew Bacevich, 『The New American Militarism: How Americans Are Seduced by War』(New York: Oxford University Press, 2005/2013), pp.97~121; Nick Turse, 『The Complex: How the Military Invades Our Everyday Lives』(New York: Metropolitan Books, 2008), pp.14~18, pp.270~271; Peace-industrial complex, *Wikipedia*.
57) Myron Korach, 『Common Phrases and Where They Come From』, 2nd ed.(Guilford, CT: The Lyons Press, 2008), p.54; Harry Oliver, 『March Hares and Monkey's Uncles: Origins of the Words and Phrases We Use Every Day』(London: Metro, 2005), p.19; Albert Jack, 『Black Sheep and Lame Ducks: The Origins of Even More Phrases We Use Every Day』(New York: Perigree Book, 2007), p.151; 『엣센스 영한사전』, 제6정판(민중서림, 1995), 1672쪽.
58) Christine Ammer, 『The Facts on File Dictionary of Clichés』(New York: Checkmark Books, 2001), p.337.
59) 임귀열, 「임귀열 영어」, 『한국일보』, 2012년 11월 16일.
60) Christine Ammer, 『The Facts on File Dictionary of Clichés』(New York: Checkmark Books, 2001), p.247.
61) Allan Metcalf & David K. Barnhart, 『America In So Many Words: Words That Have Shaped America』(New York: Houghton Mifflin, 1997), pp.79~80.
62) Minutemen, *Wikipedia*.
63) Martin H. Manser, 『Get to the Roots: A Dictionary of Word & Phrase Origins』(New York: Avon Books, 1990), p.152.
64) 케네스 데이비스(Kenneth C. Davis), 이순호 옮김, 『미국에 대해 알아야 할 모든 것, 미국사』(책과함께, 2003/2004), 529~530쪽; 박용현, 「나쁜 사람 미란다」, 『한겨레 21』, 제791호(2009년 12월 25일); 장호순, 『미국 헌법과 인권의 역사: 민주주의와 인권을 신장시킨 명판결』(개마고원, 1998); 최영해, 「1966년 美 '미란다 원칙' 판결」, 『동아일보』, 2008년 6월 13일.
65) 임귀열, 「임귀열 영어」, 『한국일보』, 2012년 7월 10일.
66) 임귀열, 「임귀열 영어」, 『한국일보』, 2012년 7월 10일.
67) William Morris & Mary Morris, 『Morris Dictionary of Word and Phrase Origins』, 2nd ed.(New York: Harper & Row, 1971), p.388.
68) 임귀열, 「임귀열 영어」, 『한국일보』, 2010년 4월 28일.
69) 임귀열, 「임귀열 영어」, 『한국일보』, 2010년 4월 28일.
70) Albert Jack, 『Red Herrings and White Elephants: The Origins of the Phrases We Use Every Day』(New York: HarperCollins, 2004), pp.76~77.
71) Marvin Terban, 『Scholastic Dictionary of Idioms』(New York: Scholastic, 1996), p.144.
72) Mole(espionage), *Wikipedia*.
73) Grant Barrett, ed., 『Oxford Dictionary of American Political Slang』(New York: Oxford University Press, 2004), pp.177~178.
74) Harry Oliver, 『March Hares and Monkey's Uncles: Origins of the Words and Phrases We Use Every Day』(London: Metro, 2005), p.245; Jordan Almond, 『Dictionary of Word Origins: A History of the Words, Expressions, and Cliches We Use』(Secaucus, NJ: Citadel Press, 1997), p.166.
75) David Brooks, 『On Paradise Drive: How We Live Now (And Always Have) in the Future Tense』(New York: Simon & Schuster, 2004), p.177.
76) David Brooks, 『On Paradise Drive: How We Live Now (And Always Have) in the Future Tense』(New York: Simon & Schuster, 2004), p.177.
77) James L. Shulman & William G. Bowen, 『The Game of Life: College Sports and Educational Values』(Princeton, NJ: Princeton University Press, 2001), pp.18~21; Jerome Karabel, 『The Chosen: The Hidden History of Admission and Exclusion at Harvard, Yale and Princeton』(Boston, Mass.: Houghton Mifflin, 2005), pp.42~44; Murray Sperber, 『College Sports Inc.: The Athletic Department vs The University』(New York: Henry Holt and Company, 1990); Frederick Rudolph, 『The American College & University: A History』(Athens: The University of Georgia Press, 1990), pp.373~393; Richard Goldstein, 『Ivy League Autumns: An Illustrated History of College Football's Grand Old Rivalries』(New York: St. Martin's Press, 1996); Andrew Schlesinger, 『Veritas: Harvard College and the American Experience』(Chicago: Ivan R. Dee, 2005), pp.134~135, p.147; John S. Bowman, ed., 『Ivy League Football』(New York: Crescent Books, 1988).
78) 「momentum」, 네이버 영어사전.

79) Jeff Greenfield, 『The Real Campaign: How the Media Missed the Story of the 1980 Campaign』(New York: Summit Books, 1982).
80) Grant Barrett, ed., 『Oxford Dictionary of American Political Slang』(New York: Oxford University Press, 2004), pp.50~51, p.177.
81) 이성희, 「허창수 GS 회장 "성장 모멘텀 놓치지 말아야"」, 『경향신문』, 2013년 7월 18일.
82) Mommy track, Wikipedia.
83) 홍승일·강나현, 「'유리 천장' 보다 먼저 '마미 트랩' 부터 뛰어넘어라」, 『중앙선데이』, 제296호(2012년 11월 11일).
84) 줄리아 우드(Julia T. Wood), 한희정 옮김, 『젠더에 갇힌 삶: 젠더, 문화 그리고 커뮤니케이션』(커뮤니케이션북스, 2006), 363~364쪽.
85) 한희정, 「'마미 트랙'은 미디어가 만든 허구: '일하는 엄마' 배려를 가장한 또하나의 불평등」, 『오마이뉴스』, 2006년 9월 24일.
86) 정지혜, 「LG경제연구원 '인재전쟁 시대, 여성인력이 대안이 되려면'」, 『K모바일』, 2011년 10월 25일.
87) Enid Nemy, 「Felice N. Schwartz, 71, Dies; Working Women's Champion」, 『New York Times』, February 10, 1996; Felice Schwartz, Wikipedia.
88) Enid Nemy, 「Felice N. Schwartz, 71, Dies; Working Women's Champion」, 『New York Times』, February 10, 1996.
89) Enid Nemy, 「Felice N. Schwartz, 71, Dies; Working Women's Champion」, 『New York Times』, February 10, 1996.
90) 임귀열, 「임귀열 영어」, 『한국일보』, 2010년 5월 6일.
91) A. B. Atkinson, 『The Economics of Inequality』(Oxford, U.K.: Clarendon Press, 1975), p.143.
92) A. B. Atkinson, 『The Economics of Inequality』(Oxford, U.K.: Clarendon Press, 1975), p.121.
93) Marvin Terban, 『Scholastic Dictionary of Idioms』(New York: Scholastic, 1996), p.194; 김송희, 『영어속담사전』(말굽소리, 2008), 164쪽.
94) Grant Barrett, ed., 『Oxford Dictionary of American Political Slang』(New York: Oxford University Press, 2004), pp.179~180.
95) Max Cryer, 『Common Phrases』(New York: Skyhorse, 2010), p.185; Motel, Wikipedia.
96) James J. Flink, 『The Automobile Age』(Cambridge, Mass.: The MIT Press, 1990), pp.185~187; David L. Lewis, 「Sex and the Automobile: From Rumble Seats to Rockin' Vans」, David L. Lewis & Laurence Goldstein, eds., 『The Automobile and American Culture』(Ann Arbor: University of Michigan Press, 1983), p.129; 빌 브라이슨(Bill Bryson), 정경옥 옮김, 『빌 브라이슨 발칙한 영어산책: 엉뚱하고 발랄한 미국의 거의 모든 역사』(살림, 1994/2009), 302쪽.
97) Mark S. Foster, 『A Nation on Wheels: The Automobile Culture in America Since 1945』(Belmont, CA: Thompson/Wadsworth, 2003), pp.98~99; 데이비드 핼버스탬(David Halberstam), 김지원 옮김, 『데이비드 핼버스탬의 1950년대 아메리카의 꿈』(세종연구원, 1996).
98) Motel, Wikipedia.
99) Dianthus caryophyllus, Wikipedia.
100) Charles Panati, 『Panati's Extraordinary Origins of Everyday Things』(New York: Perennial Library, 1987); Mother's Day, Wikipedia.
101) Drew Westin, 『The Political Brain: The Role of Emotion in Deciding the Fate of the Nation』(New York: PublicAffairs, 2007), p.71.
102) Drew Westin, 『The Political Brain: The Role of Emotion in Deciding the Fate of the Nation』(New York: PublicAffairs, 2007), p.119.
103) John W. Gardner, 『Excellence: Can We Be Equal and Excellent Too?』, 2nd ed.(New York: W.W. Norton & Co., 1984).
104) John Ayto, 『Movers and Shakers: A Chronology of Words That Shaped Our Age』(New York: Oxford University Press, 2006), p.124; Ms., Wikipedia; 진 랜드럼(Gene N. Landrum), 노은정·모윤신 옮김, 『성공하는 여성들의 심리학』(황금가지, 1997).
105) 돈 탭스콧, 허운나·유영만 옮김, 『N세대의 무서운 아이들: 디지털·지식혁명의 신물결』(물푸레, 1999), 169~171쪽; 홍윤선, 『딜레마에 빠진 인터넷: 스토킹, 해킹, 게임중독…블랙 인터넷 바로보기』(굿인포메이션, 2002), 135쪽; 안영진, 「멀티태스킹은 능력? 뇌에 과부하 걸린다」, 『한겨레』, 2006년 1월 25일 31면; 김완묵, 「초조함·주의력 결핍 '주의보'」, 『매일경제』, 2006년 2월 16일 B1면.
106) 박진수, 「MS, 아이패드 VS 윈도우8 태블릿 비교 광고 선보여」, 『G밸리』, 2013년 7월 10일.
107) 엄경용, 「'멀티태스킹' 박 대통령」, 『내일신문』, 2013년 4월 25일.
108) William Morris & Mary Morris, 『Morris Dictionary of Word and Phrase Origins』, 2nd ed.(New York: Harper & Row, 1971), p.213.
109) Charles Earle Funk, 『A Hog on Ice and Other Curious Expressions』(New York: HarperResource, 2001), pp.192~193.
110) Martin H. Manser, 『Get to the Roots: A Dictionary of Word & Phrase Origins』(New York: Avon Books, 1990), p.93.
111) Rosemarie Ostler, 『Let's Talk Turkey: The Stories behind America's Favorite Expressions』(New York: Prometheus Books, 2008), pp.180~181.
112) Christine Ammer, 『The Facts on File Dictionary of Clichés』(New York: Checkmark Books, 2001), p.225.
113) Ford Mustang, Wikipedia.
114) Douglas Brinkley, 『Wheels for the World: Henry Ford, His Company, and a Century of Progress 1902~2003』(New York: Penguin Books, 2004), pp.613~618.
115) 케이티 앨버드(Katie Alvord), 박웅희 옮김, 『당신의 차와 이혼하라』(돌베개, 2000/2004), 78쪽.
116) Jane Holtz Kay, 『Asphalt Nation: How the Automobile Took Over America, and How We Can Take It Back』(New York: Crown

Oublishers, 1997), p.83; William J. Holstein, 『Why GM Matters: Inside the Race to Transform an American Icon』(New York: Walker & Co., 2009), p.119.
117) Paul Ingrassia & Joseph B. White, 『Comeback: The Fall and Rise of the American Automobile Industry』(New York: Touchstone Book, 1994), pp.369~370.
118) http://www.sorishop.com/board/free/board_view.html?no=7883.
119) Orin Hargraves, ed., 『New Words』(New York: Oxford University Press, 2004), p.180.
120) 더그 헨우드, 이강국 옮김, 『신경제 이후』(필맥, 2004), 116쪽.
121) Mystery shopping, *Wikipedia*.

N

1) 임귀열, 「임귀열 영어」, 『한국일보』, 2013년 3월 7일; Negro, *Wikipedia*; Negroid, *Wikipedia*.
2) Nigger, *Wikipedia*.
3) 임귀열, 「임귀열 영어」, 『한국일보』, 2011년 4월 12일.
4) Charles Earle Funk, 『Heavens to Betsy!: And Other Curious Sayings』(New York: Quill, 1955/2001), p.136; 케네스 데이비스(Kenneth C. Davis), 이순호 옮김, 『미국에 대해 알아야 할 모든 것, 미국사』(책과함께, 2004), 237쪽; 사라 에번스(Sara M. Evans), 조지형 옮김, 『자유를 위한 탄생: 미국 여성의 역사』(이화여자대학교 출판부, 1997/1998), 183쪽; 데보라 G. 펠더(Deborah G. Felder), 송정희 옮김, 『세계사를 바꾼 여성들』(에디터, 1998); 게리 윌스(Gary Wills), 곽동훈 옮김, 『시대를 움직인 16인의 리더: 나폴레옹에서 마사 그레이엄까지』(작가정신, 1994/1999), 67~82쪽.
5) Controversies about the word "niggardly", *Wikipedia*.
6) 크리스토퍼 히친스(Christopher Hitchens), 김승욱 옮김, 『논쟁』(알마, 2011/2013), 531쪽.
7) 조셉 칠더즈·게리 헨치, 황종연 옮김, 『현대문학·문화비평 용어사전』(문학동네, 1999), 299~300쪽; Négritude, *Wikipedia*.
8) 김영명, 『나는 고발한다: 김영명 교수의 영어 사대주의 뛰어넘기』(한겨레신문사, 2000), 223쪽.
9) Charles Earle Funk, 『Thereby Hangs a Tale: Stories of Curious Word Origins』(New York: Quill, 2002), p.203; Martin H. Manser, 『Get to the Roots: A Dictionary of Word & Phrase Origins』(New York: Avon Books, 1990), p.157.
10) 「네포티즘(nepotism)」, 네이버 지식백과.
11) 스티븐 아스마(Stephen T. Asma), 노상미 옮김, 『편애하는 인간: 평등 강박에 빠진 현대인에 대한 인문학적 탐구』(생각연구소, 2013), 193쪽.
12) 스티븐 아스마(Stephen T. Asma), 노상미 옮김, 『편애하는 인간: 평등 강박에 빠진 현대인에 대한 인문학적 탐구』(생각연구소, 2013), 193쪽.
13) Max Cryer, 『Common Phrases』(New York: Skyhorse, 2010), p.195; John Ayto, 『Movers and Shakers: A Chronology of Words That Shaped Our Age』(New York: Oxford University Press, 2006), p.148.
14) 임귀열, 「임귀열 영어」, 『한국일보』, 2012년 7월 12일.
15) Nerd, *Wikipedia*.
16) 니코 멜레(Nicco Mele), 이은경·유지연 옮김, 『거대권력의 종말』(알에이치코리아, 2013), 46쪽.
17) Geek, *Wikipedia*.
18) John Walston, 『The Buzzword Dictionary』(Oak Park, IL: Marion Street Press, 2006), p.92, p.137, p.155.
19) Albert Jack, 『Red Herrings and White Elephants: The Origins of the Phrases We Use Every Day』(New York: HarperCollins, 2004), p.230; Georgia Hole, 『The Real McCoy: The True Stories Behind Our Everyday Phrases』(New York: Oxford University Press, 2005), pp.76~77; Albert Jack, 『Black Sheep and Lame Ducks: The Origins of Even More Phrases We Use Every Day』(New York: Perigree Book, 2007), p.32.
20) Nettle, *Wikipedia*.
21) 『시사영어사/랜덤하우스 영한대사전』(시사영어사, 1991), 1528쪽.
22) 「네트워크효과(network effect)」, 네이버 지식백과.
23) Network effect, *Wikipedia*.

24) 니얼 퍼거슨(Niall Ferguson), 구세희 옮김, 『위대한 퇴보』(21세기북스, 2012/2013), 11쪽.
25) Ori Brafman & Rod A. Beckstrom, 『The Starfish and the Spider: The Unstoppable Power of Leaderless Organizations』(New York: Portfolio, 2006), pp.166~167.
26) 정미경, 「자선, 기왕이면 돈 벌며 하자」, 『동아일보』, 2006년 11월 23일 A13면.
27) Stephanie Strom, 「Philanthropists Start Requiring Management Courses to Keep Nonprofits Productive」, 『The New York Times』, July 29, 2012.
28) 장정모, 「플랫폼과 양면시장은 무엇이고 어떤 역할을 하나요?」, 『조선일보』, 2012년 10월 26일.
29) 앨런 브링클리(Alan Brinkley), 황혜성 외 옮김, 『미국인의 역사 1』(비봉출판사, 1998), 41쪽.
30) 스토 퍼슨즈(Stow Persons), 이형대 옮김, 『미국지성사』(신서원, 1999), 113쪽; 정만득, 『미국의 청교도 사회: 정착 초기의 역사』(비봉출판사, 2001), 94쪽.
31) New England, Wikipedia.
32) Vernon Pizer, 『Ink, Ark., and All That: How American Places Got Their Names』(New York: G.P.Putnam's Sons 1976), p.38; Massachusetts, Wikipedia.
33) 황선희, 「보스턴: 젊은 지성과 교감하는 전통의 힘」(살림, 2006), 6~7쪽.
34) Max Cryer, 『Common Phrases』(New York: Skyhorse, 2010), pp.126~127; John Ayto, 『Movers and Shakers: A Chronology of Words That Shaped Our Age』(New York: Oxford University Press, 2006), p.191; Christine Ammer, 『The Facts on File Dictionary of Clichés』(New York: Checkmark Books, 2001), pp.177~178; William Safire, 『William Safire On Language』(New York: Avon, 1980), pp.120~122.
35) 임귀열, 「임귀열 영어」, 『한국일보』, 2012년 9월 10일.
36) 임귀열, 「임귀열 영어」, 『한국일보』, 2012년 9월 13일.
37) Evan Morris, 『From Altoids to Zima: The Surprising Stories Behind 125 Brand Names』(New York: Fireside Book, 2004), pp.96~97; Nike, Inc., Wikipedia.
38) 데이비드 댈러샌드로(David F. D'Alessandro), 이수정 옮김, 『브랜드 전쟁: 킬러 브랜드를 만드는 10가지 법칙』(청림출판, 2002), 65쪽.
39) 제임스 B. 트위첼(James B. Twitchell), 김철호 옮김, 『욕망, 광고, 소비의 문화사』(청년사, 2001), 311쪽.
40) 월터 레이피버(Walter Lafeber), 이정엽 옮김, 『마이클 조던, 나이키, 지구 자본주의』(문학과지성사, 2001).
41) Susan Linn, 『Consuming Kids: The Hostile Takeover of Childhood』(New York: The New Press, 2004), p.191; 수전 린, 김승욱 옮김, 『TV 광고 아이들』(들녘, 2006), 273쪽.
42) Nigel Rees, 『Cassell's Dictionary of Word and Phrase Origins』(London: Cassell, 2002), p.178; Max Cryer, 『Common Phrases』(New York: Skyhorse, 2010), p.203; NIMBY, Wikipedia.
43) Grant Barrett, ed., 『Oxford Dictionary of American Political Slang』(New York: Oxford University Press, 2004), p.42.
44) NIMBY, Wikipedia.
45) 「bugger」, 네이버 영어사전.
46) Drawbridge mentality, Wikipedia; Siege mentality, Wikipedia.
47) CAVE People, Wikipedia.
48) YIMBY, Wikipedia.
49) 최모란, 「님비 아닌 핌피…화성시 6개 마을 화장장 유치 경쟁」, 『중앙일보』, 2013년 7월 3일.
50) 김아사, 「현대硏, 눔프현상·일자리전쟁 등 '올해 10대 트렌드'」, 『조선일보』, 2013년 1월 14일.
51) 김태근, 「내 지갑에서 뺀 돈으로 복지? 분노하는 국민들」, 『조선일보』, 2013년 2월 5일.
52) Harry Oliver, 『March Hares and Monkey's Uncles: Origins of the Words and Phrases We Use Every Day』(London: Metro, 2005), p.127.
53) Nitpicking, Wikipedia.
54) Nitpicking(pastime), Wikipedia.
55) Harry Oliver, 『March Hares and Monkey's Uncles: Origins of the Words and Phrases We Use Every Day』(London: Metro, 2005), pp.209~210.
56) Michael Quinton, 『Ballyhoo, Buckaroo, and Spuds: Ingenious Tales of Words and Their Origins』(Washington, D.C.: Smithsonian Books, 2004), pp.190~191; Nigel Rees, 『Cassel's Dictionary of Word and Phrase Origins』(London: Cassell, 2002), pp.148~149.
57) Marvin Terban, 『Scholastic Dictionary of Idioms』(New York: Scholastic, 1996), p.152.
58) 「오목한」 노블레스 말라드」, 『전북일보』, 2008년 2월 29일.
59) 설원태, 「李정부의 노블레스 오블리주」, 『경향신문』, 2008년 3월 10일.
60) Noblesse oblige, Wikipedia.

61) 이태훈, 「사회에서 번 돈과 재능 사회에 다시 돌려줘야」, 『조선일보』, 2008년 3월 10일.
62) 이효계, 「노블레스 오블리주 국회」, 『국민일보』, 2008년 4월 18일.
63) 송의달, 「'핀란드 프리미엄'」, 『조선일보』, 2008년 5월 23일.
64) 「[오목대] 노블레스 말라드」, 『전북일보』, 2008년 2월 29일.
65) 진인숙, 『영어 단어와 숙어에 담겨진 이야기』(건국대학교출판부, 1997), 244~245쪽.
66) William Morris & Mary Morris, 『Morris Dictionary of Word and Phrase Origins』, 2nd ed.(New York: Harper & Row, 1971), p.397.
67) William Morris & Mary Morris, 『Morris Dictionary of Word and Phrase Origins』, 2nd ed.(New York: Harper & Row, 1971), p.415; Phil Cousineau, 『Word Catcher』(Berkeley, CA: Viva, 2010), pp.95~96; 찰스 패너티(Charles Panati), 이용웅 옮김, 『문화와 유행상품의 역사 1』(자작나무, 1991/1997), 20~21쪽.
68) Nostalgia, *Wikipedia*.
69) Georgia Hole, 『The Real McCoy: The True Stories Behind Our Everyday Phrases』(New York: Oxford University Press, 2005), p.121.
70) 리처드 탈러(Richard H. Thaler)·캐스 선스타인(Cass R. Sunstein), 안진환 옮김, 『넛지: 똑똑한 선택을 이끄는 힘』(리더스북, 2009), 18쪽, 100~101쪽.
71) 리처드 탈러(Richard H. Thaler)·캐스 선스타인(Cass R. Sunstein), 안진환 옮김, 『넛지: 똑똑한 선택을 이끄는 힘』(리더스북, 2009), 58~59쪽.
72) 리처드 탈러(Richard H. Thaler)·캐스 선스타인(Cass R. Sunstein), 안진환 옮김, 『넛지: 똑똑한 선택을 이끄는 힘』(리더스북, 2009), 106쪽.
73) 리처드 탈러(Richard H. Thaler)·캐스 선스타인(Cass R. Sunstein), 안진환 옮김, 『넛지: 똑똑한 선택을 이끄는 힘』(리더스북, 2009), 114~115쪽.
74) Richard H. Thaler & Cass R. Sunstein, 『Nudge: Improving Decisions About Health, Wealth, and Happiness』(New York: Penguin Books, 2008/2009), p.6.
75) 리처드 탈러(Richard H. Thaler)·캐스 선스타인(Cass R. Sunstein), 안진환 옮김, 『넛지: 똑똑한 선택을 이끄는 힘』(리더스북, 2009), 21쪽.
76) 리처드 탈러(Richard H. Thaler)·캐스 선스타인(Cass R. Sunstein), 안진환 옮김, 『넛지: 똑똑한 선택을 이끄는 힘』(리더스북, 2009), 371쪽.
77) 리처드 탈러(Richard H. Thaler)·캐스 선스타인(Cass R. Sunstein), 안진환 옮김, 『넛지: 똑똑한 선택을 이끄는 힘』(리더스북, 2009), 372쪽.
78) 리처드 탈러(Richard H. Thaler)·캐스 선스타인(Cass R. Sunstein), 안진환 옮김, 『넛지: 똑똑한 선택을 이끄는 힘』(리더스북, 2009), 373쪽.
79) 라구람 라잔, 「옆구리 찔러서 옳은 길로? '자유주의적 개입주의(libertarian paternalism)'는 환상일 뿐」, 『조선일보』, 2012년 4월 28일.
80) Harry Oliver, 『Cat Flaps and Mousetraps: The Origins of Objects in Our Daily Lives』(London: Metro, 2007), p.122; 밸러리 멘데스(Valerie Mendes)·에이미 드 라 헤이(Amy de la Haye), 김정은 옮김, 『20세기 패션』(시공사, 2003); 찰스 패너티(Charles Panati), 이용웅 옮김, 『문화와 유행상품의 역사 2』(자작나무, 1991/1997), 141~143쪽; 도재기, 「어제의 오늘」, 『경향신문』, 2009년 7월 20일, 9월 21일; 손동우, 「어제의 오늘] 1935년 미국 듀폰사, 나일론 발명」, 『경향신문』, 2009년 2월 16일; 조선일보 문화부 편, 『아듀 20세기』(전2권, 조선일보사, 1999); 한겨레신문 문화부 편, 『20세기 사람들(상)』(한겨레신문사, 1995), 290~294쪽.

O

1) Webb Garrison, 『What's in a Word?』(Dallas, TX: Thomas Nelson, 2000), pp.143~144.
2) Marvin Terban, 『Scholastic Dictionary of Idioms』(New York: Scholastic, 1996), p.75.
3) Charles Earle Funk, 『A Hog on Ice and Other Curious Expressions』(New York: HarperResource, 2001), p.115.
4) Marvin Terban, 『Scholastic Dictionary of Idioms』(New York: Scholastic, 1996), p.212.
5) Oat, *Wikipedia*.
6) Don R. Pember, 『Mass Media Law』 1996 ed.(Dubuque, Iowa: Brown & Benchmark, 1996), pp.406~407.
7) L. 레너드 케스터(L. Leonard Kaster)·사이먼 정(Simon Chung), 『미국을 발칵 뒤집은 판결 31』(현암사, 2012), 77쪽.
8) 한병구, 『언론과 윤리법제』 증정판(서울대학교출판부, 2000), 196쪽.
9) 김병국, 「음란과 검열」, 한병구 편, 『언론법제통론』(나남, 1990), 293~294쪽.
10) 김일수, 『새로 쓴 형법각론』(제3판)(박영사, 2000), 645쪽.
11) 김택환, 『영상커뮤니케이션의 자유와 윤리: 영상(film) 통제 및 심의제도에 관한 연구』(커뮤니케이션북스, 1998), 75쪽.
12) 어수웅, 「북한은 'obscenity(외설·변태)'…스탈린도 마오도 세습은 안 했었다」, 『조선일보』, 2013년 7월 31일.

13) Martin H. Manser, 『Get to the Roots: A Dictionary of Word & Phrase Origins』(New York: Avon Books, 1990), p.163; William Morris & Mary Morris, 『Morris Dictionary of Word and Phrase Origins』, 2nd ed.(New York: Harper & Row, 1971), p.424.
14) 엘렌 루이스(Elen Lewis), 이기홍 옮김, 『이케아, 그 신화와 진실』(이마고, 2008/2012), 172~173쪽.
15) William Morris & Mary Morris, 『Morris Dictionary of Word and Phrase Origins』, 2nd ed.(New York: Harper & Row, 1971), p.424; 백완기, 『민주주의 문화론: 생활양식으로서의 민주주의』(나남출판, 1994), 284~285쪽.
16) 장행훈, 「독자 앞에 투명한 신문만이 살아남는다: 한국신문에 제안하고 싶은 것」, 『신문과 방송』, 제447호(2008년 3월), 40~43쪽.
17) 이승선, 「고충처리인 제도의 실효성 확보를 위한 제언」, 『언론중재』, 통권104호(2007년 가을), 39쪽.
18) 『엣센스 영한사전』, 제6정판(민중서림, 1995), 1842쪽.
19) Christine Ammer, 『The Facts on File Dictionary of Clichés』(New York: Checkmark Books, 2001), p.276; 『엣센스 영한사전』, 제6정판(민중서림, 1995), 2419쪽.
20) Christine Ammer, 『The Facts on File Dictionary of Clichés』(New York: Checkmark Books, 2001), p.157.
21) 「once-over」, 네이버 영어사전.
22) 「once and for all」, 네이버 영어사전.
23) Georgia Hole, 『The Real McCoy: The True Stories Behind Our Everyday Phrases』(New York: Oxford University Press, 2005), pp.125~126.
24) 제임스 콜린스(James C. Collins)·제리 포라스(Jerry I. Porras), 워튼포럼 옮김, 『성공하는 기업들의 8가지 습관』(김영사, 1994/1996), 198쪽.
25) Robert B. Reich, 『The Future of Success: Working and Living in the New Economy』(New York: Vintage Books, 2000/2002), pp.207~208.
26) optimism bias, *Wikipedia*.
27) 브라이언 타마나하(Brian Z. Tamanaha), 김상우 옮김, 『로스쿨은 끝났다: 어느 명문 로스쿨 교수의 양심선언』(미래인, 2012/2013), 213~214쪽.
28) Optimism, *Wikipedia*.
29) Ambrose Bierce, 『The Devil's Dictionary』(New York: Bloomsbury, 2008), p.103.
30) Ronald Steel, 『Walter Lippmann and the American Century』(Boston, Mass.: Little, Brown, 1980), p.40.
31) 하워드 민즈(Howard Means), 김용주 옮김, 『콜린 파웰 그를 알면 미국이 보인다』(삼문, 2001), 3쪽.
32) Roger Ailes, *Wikipedia*.
33) Kerwin Swint, 『Dark Genius: The Influential Career of Legendary Political Operative and Fox News Founder Roger Ailes』(New York: Union Square Press, 2008), p.3.
34) Jeffrey P. Jones, 『Entertaining Politics: New Political Television and Civic Culture』(New York: Rowman & Littlefield, 2005), p.51.
35) Jeffrey P. Jones, 『Entertaining Politics: New Political Television and Civic Culture』(New York: Rowman & Littlefield, 2005), p.51.
36) Kerwin Swint, 『Dark Genius: The Influential Career of Legendary Political Operative and Fox News Founder Roger Ailes』(New York: Union Square Press, 2008), p.164.
37) 민병두, 「FOX '최고의 뉴스채널' 우뚝」, 『문화일보』, 2002년 12월 2일; Joseph M. Amann, J. M. & Tom Breuer, Sweet Jesus. 『I Hate Bill O'Reilly』(New York: Nation Books, 2006), pp.181~182; Kerwin Swint, 『Dark Genius: The Influential Career of Legendary Political Operative and Fox News Founder Roger Ailes』(New York: Union Square Press, 2008), pp.165~167.
38) 정진농, 『오리엔탈리즘의 역사』(살림, 2003), 6쪽.
39) Webb Garrison, 『What's in a Word?』(Dallas, TX: Thomas Nelson, 2000), p.203.
40) 「disorientation」, 네이버 영어사전.
41) 말콤 글래드웰(Malcolm Gladwell), 노정태 옮김, 『아웃라이어』(김영사, 2008/2009), 74쪽.
42) Malcolm Gladwell, 『Outliers: The Story of Success』(New York: Back Bay Books, 2008/2009), p.35; 말콤 글래드웰(Malcolm Gladwell), 노정태 옮김, 『아웃라이어』(김영사, 2008/2009), 47쪽.
43) 말콤 글래드웰(Malcolm Gladwell), 노정태 옮김, 『아웃라이어』(김영사, 2008/2009), 79~80쪽.
44) 말콤 글래드웰(Malcolm Gladwell), 노정태 옮김, 『아웃라이어』(김영사, 2008/2009), 80~85쪽.
45) Malcolm Gladwell, 『Outliers: The Story of Success』(New York: Back Bay Books, 2008/2009), pp.158~159; 말콤 글래드웰(Malcolm Gladwell), 노정태 옮김, 『아웃라이어』(김영사, 2008/2009), 165쪽.
46) Malcolm Gladwell, 『Outliers: The Story of Success』(New York: Back Bay Books, 2008/2009), p.44; 말콤 글래드웰(Malcolm Gladwell), 노정태 옮김, 『아웃라이어』(김영사, 2008/2009), 56쪽.
47) Malcolm Gladwell, 『Outliers: The Story of Success』(New York: Back Bay Books, 2008/2009), p.288; 말콤 글래드웰(Malcolm Gladwell),

노정태 옮김, 『아웃라이어』(김영사, 2008/2009), 283쪽.

48) 이인열, 「'글로벌 소싱' 떴다」, 『조선일보』, 2004년 12월 30일 B3면; 윤창희, 「아웃소싱 전문 인도 IT, 이젠 '니어소싱'」, 『중앙일보』, 2006년 11월 3일 E1면; 폴 크레이그 로버츠, 「미(美) 아웃소싱 폐해」, 『세계일보』, 2005년 4월 30일 A26면; 유신모, 「CIA 고문 '아웃소싱' 의혹」, 『경향신문』, 2005년 3월 8일 12면; 박민희, 「미, 고문자행국에 테러용의자 넘겨」, 『한겨레』, 2005년 5월 3일 13면; 박민선, 「"외주 없이는 못 사는 부시 정부 민간기업 돈만 대는 현금지급기"」, 『조선일보』, 2007년 10월 23일 A21면.

49) 이재욱·나지홍, 「아웃소싱의 진화」, 『조선일보』, 2007년 2월 3일 B3면.

50) Insourcing, *Wikipedia*.

51) Outsourcing, *Wikipedia*.

52) Homesourcing, *Wikipedia*.

53) Personal offshoring, *Wikipedia*.

54) Offshoring, *Wikipedia*.

55) Inshoring, *Wikipedia*.

56) 김기천, 「삼성·현대車 떠나도 살 수 있어야」, 『조선일보』, 2013년 7월 3일.

57) William Morris & Mary Morris, 『Morris Dictionary of Word and Phrase Origins』, 2nd ed.(New York: Harper & Row, 1971), p.435; Nigel Rees, 『Cassell's Dictionary of Word and Phrase Origins』(London: Cassell, 2002), p.190.

58) Walter Ellis, 『The Oxbridge Conspiracy: How the Ancient Universities Have Kep Their Stranglehold on the Establishment』(New York: Penguin Books, 1994/1995).

59) Oxbridge, *Wikipedia*.

60) Golden triangle(universities), *Wikipedia*.

61) William Morris & Mary Morris, 『Morris Dictionary of Word and Phrase Origins』, 2nd ed.(New York: Harper & Row, 1971), p.435.

62) Oxymoron, *Wikipedia*.

63) 이윤재, 「'침묵의 소리' '달콤한 슬픔' '색즉시공' …대립으로 빚어낸 역설의 미학: 모순어법(oxymoron)과 '현자의 돌'」, 『신동아』, 2005년 12월, 342~355쪽.

64) 이윤재, 「'침묵의 소리' '달콤한 슬픔' '색즉시공' …대립으로 빚어낸 역설의 미학: 모순어법(oxymoron)과 '현자의 돌'」, 『신동아』, 2005년 12월, 342~355쪽.

65) 오세훈, 「'우리는 실패에서 희망을 본다': 2005년 내가 가장 행복했던 순간」, 『신동아』, 2005년 12월, 499쪽.

66) 로버트 하일브로너, 장상환 옮김, 『세속의 철학자들』(이마고, 2008).

P

1) Martin H. Manser, 『Get to the Roots: A Dictionary of Word & Phrase Origins』(New York: Avon Books, 1990), p.167; William Morris & Mary Morris, 『Morris Dictionary of Word and Phrase Origins』, 2nd ed.(New York: Harper & Row, 1971), pp.437~438; Palindrome, *Wikipedia*.

2) 데이비드 크리스털(David Crystal), 서순승 옮김, 『언어의 작은 역사』(휴머니스트, 2010/2013), 316~317쪽; 빌 브라이슨(Bill Bryson), 박중서 옮김, 『빌 브라이슨의 유쾌한 영어 수다』(휴머니스트, 1990/2013), 363~365쪽; Palindrome, *Wikipedia*.

3) 김지욱, 「[김지욱의 헤지펀드 대가 열전] (4) 금융연금술사인가, 메시아적 진보철학자인가?」, 『한국경제』, 2012년 3월 5일.

4) 데이비드 크리스털(David Crystal), 서순승 옮김, 『언어의 작은 역사』(휴머니스트, 2010/2013), 316~317쪽; 빌 브라이슨(Bill Bryson), 박중서 옮김, 『빌 브라이슨의 유쾌한 영어 수다』(휴머니스트, 1990/2013), 370쪽.

5) 데이비드 크리스털(David Crystal), 서순승 옮김, 『언어의 작은 역사』(휴머니스트, 2010/2013), 316~317쪽; Ernest Vincent Wright, *Wikipedia*.

6) 데이비드 크리스털(David Crystal), 서순승 옮김, 『언어의 작은 역사』(휴머니스트, 2010/2013), 316~317쪽; Univocalic, *Wikipedia*.

7) 빌 브라이슨(Bill Bryson), 박중서 옮김, 『빌 브라이슨의 유쾌한 영어 수다』(휴머니스트, 1990/2013), 364쪽.

8) William Morris & Mary Morris, 『Morris Dictionary of Word and Phrase Origins』, 2nd ed.(New York: Harper & Row, 1971), pp.439~440; Pandora's Box, *Wikipedia*.

9) Nigel Rees, 『Cassell's Dictionary of Word and Phrase Origins』(London: Cassell, 2002), p.148; 『Nigel Rees, The Cassell Dictionary of

　　　　Cliches』(New York: Cassell, 1996), p.34.
10) Edward Hallett Carr, 『What Is History?』(New York: Vintage Books, 1961), p.69.
11) 곽병찬, 「'대형'의 꿈, 기억을 지배하라」, 『한겨레』, 2008년 9월 17일.
12) Lawrence W. Levine, 『Unpredictable Past: Explorations in American Cultural History』(New York: Oxford University Press, 1993), p.4.
13) Patriotism, *Wikipedia*.
14) 이진, 『나는 미국이 딱 절반만 좋다』(북&월드, 2001), 294쪽.
15) 「Blum, William」, 『Current Biography』, 68:5(May 2007), p. 13.
16) Martin H. Manser, 『Get to the Roots: A Dictionary of Word & Phrase Origins』(New York: Avon Books, 1990), p.172.
17) Charles Earle Funk, 『Heavens to Betsy!: And Other Curious Sayings』(New York: Quill, 1955/2001), p.78.
18) Myron Korach, 『Common Phrases and Where They Come From』, 2nd ed.(Guilford, CT: The Lyons Press, 2008), p.164.
19) Marvin Terban, 『Scholastic Dictionary of Idioms』(New York: Scholastic, 1996), p.195.
20) 『시사영어사/랜덤하우스 영한대사전』(시사영어사, 1991), 1696쪽.
21) 「퍼펙트스톰(perfect storm)」, 네이버 지식백과; Sebastian Junger, *Wikipedia*; The Perfect Storm(book), *Wikipedia*; The Perfect Storm(film), *Wikipedia*.
22) 강남규, 「내년 '퍼펙트 스톰' 못 피해 2008년 위기보다 더 심각: 루비니 교수, 블룸버그와 인터뷰」, 『중앙일보』, 2012년 7월 9일; Nouriel Roubini, *Wikipedia*.
23) Perfect storm, *Wikipedia*.
24) 임귀열, 「임귀열 영어」, 『한국일보』, 2012년 5월 16일.
25) 존 벨튼, 이형식 옮김, 『미국영화/미국문화』(한신문화사, 2000), 92~95쪽.
26) 에바 일루즈(Eva Illouz), 강주헌 옮김, 『오프라 윈프리, 위대한 인생』(Sb, 2003/2006), 94쪽.
27) 조선희, 「칸의 또다른 성과 '세계영화재단'」, 『한겨레』, 2007년 5월 30일.
28) 「30년째 TV드라마 장악의 힘: '언어의 마술사' 작가 김수현」, 『노컷뉴스』, 2007년 5월 31일.
29) 신민경, 「케이블이 더 빛났습니다만! 2013 상반기 드라마 결산」, 『네이버 영화 매거진』, 2013년 7월 1일.
30) 제러미 리프킨(Jeremy Rifkin), 안진환 옮김, 『3차 산업혁명: 수평적 권력은 에너지, 경제, 그리고 세계를 어떻게 바꾸는가』(민음사, 2011/2012), 165쪽.
31) 리처드 스텐걸(Richard Stengel), 임정근 옮김, 『아부의 기술: 전략적인 찬사, 아부에 대한 모든 것』(참솔, 2000/2006), 309~310쪽.
32) 박상필, 「민주화 20년, 지식인의 죽음! 시민 없는 시민운동은 없다」, 『경향신문』, 2007년 5월 30일.
33) 이선아, 「PD의 눈! 생얼 그리고 페르소나」, 『PD저널』, 2013년 7월 29일.
34) persona non grata, *Wikipedia*.
35) William Morris & Mary Morris, 『Morris Dictionary of Word and Phrase Origins』, 2nd ed.(New York: Harper & Row, 1971), p.444; Nigel Rees, 『Cassell's Dictionary of Word and Phrase Origins』(London: Cassell, 2002), p.193.
36) Burt Nanus, 『Visionary Leadership: Creating a Compelling Sense of Direction for Your Organization』(San Francisco, Ca.: Jossey-Bass Publishers, 1992), pp.138~139.
37) Murray Edelman, 『Constructing the Political Spectacle』(Chicago: University of Chicago Press, 1988), p.42.
38) Johan Galtung and Mari Holmboe Ruge, 「The Structure of Foreign News:The Presentation of the Congo,Cuba and Cyprus Crises in Four Norwegian Newspapers」, 『Journal of Peace Research』, 21(1965), pp.68~69.
39) 스탠리 밀그램(Stanley Milgram), 정태연 옮김, 『권위에 대한 복종』(에코리브르, 1974/2009), 34~35쪽.
40) Pessimism, *Wikipedia*.
41) defensive pessimism, *Wikipedia*.
42) Martin E. P. Seligman, 『Authentic Happiness: Using the New Positive Psychology to Realize Your Potential for Lasting Fulfillment』(New York: Free Press, 2002), p.178.
43) Martin E. P. Seligman, 『Learned Optimism: How to Change Your Mind and Your Life』(New York: Vintage Books, 2006), p.292.
44) Editors of the American Heritage Dictionaries, 『More Word Histories and Mysteries: From Aardvark to Zombie』(New York: Houghton Mifflin, 2006), pp.171~172; 「삼손(Samson)」, 네이버 백과사전.
45) Philosophy, *Wikipedia*.
46) 「philosophize」, 네이버 영어사전.
47) 「W. V. Quine」, 『Curent Biography』, 60:11(November 1999), p.35.
48) 황현택, 「'피싱' 경계령: 금융기관 사칭 개인정보 빼가는 신종사기 극성」, 『세계일보』, 2004년 9월 16일 17면; 매일경제신문 산업부 IT팀,

『펌킨족, 싸이질, 디지털 U목민…이게 뭐야?』(매일경제신문사, 2004), 36~37쪽; 김병국, 「한국 웹사이트, 피싱 주요 경유지」, 『내일신문』, 2004년 10월 20일 15면.

49) John Ayto, 『Movers and Shakers: A Chronology of Words That Shaped Our Age』(New York: Oxford University Press, 2006), p.241.
50) 「피싱(phishing)」, 네이버 지식백과.
51) Phishing, Wikipedia; Phreaking, Wikipedia.
52) Voice phishing, Wikipedia; 「(사설) 전화詐欺 범정부적 대책 서둘러야」, 『국민일보』, 2007년 6월 2일.
53) 「스미싱(smishing)」, 네이버 지식백과; SMS phishing, Wikipedia.
54) 「파밍(Pharming)」, 네이버 지식백과; Pharming, Wikipedia.
55) 박순봉, 「정상 은행사이트 접속해도 금융정보 빼가」, 『경향신문』, 2013년 7월 3일.
56) 김중순, 「피싱 사기 4300억원 돌파…1인당 평균 '1000만원'」, 『조세일보』, 2013년 7월 2일.
57) Martin Terban, 『Guppies in Tuxedos: Funny Eponyms』(New York: Clarion Books, 1988), p.16; Pickling, Wikipedia.
58) Martin H. Manser, 『Get to the Roots: A Dictionary of Word & Phrase Origins』(New York: Avon Books, 1990), p.174; Charles Earle Funk, 『Heavens to Betsy!: And Other Curious Sayings』(New York: Quill, 1955/2001), pp.75~76.
59) 「pickle」, 네이버 영어사전.
60) Neil Ewart, 『Everyday Phrases: Their Origins and Meanings』(Poole · Dorset, UK: Blandford Press, 1983), p.108; Columbidae, Wikipedia.
61) Albert Jack, 『Red Herrings and White Elephants: The Origins of the Phrases We Use Every Day』(New York: HarperCollins, 2004), pp.208~209; Jordan Almond, 『Dictionary of Word Origins: A History of the Words, Expressions, and Cliches We Use』(Secaucus, NJ: Citadel Press, 1997), p.189.
62) Jordan Almond, 『Dictionary of Word Origins: A History of the Words, Expressions, and Cliches We Use』(Secaucus, NJ: Citadel Press, 1997), p.232; William Morris & Mary Morris, 『Morris Dictionary of Word and Phrase Origins』, 2nd ed.(New York: Harper & Row, 1971), p.552; Myron Korach, 『Common Phrases and Where They Come From』, 2nd ed.(Guilford, CT: The Lyons Press, 2008), pp.58~59.
63) Charles Earle Funk, 『Heavens to Betsy!: And Other Curious Sayings』(New York: Quill, 1955/2001), p.92.
64) Allan Metcalf & David K. Barnhart, 『America In So Many Words: Words That Have Shaped America』(New York: Houghton Mifflin, 1997), pp.155~156.
65) Neil Ewart, 『Everyday Phrases: Their Origins and Meanings』(Poole · Dorset, UK: Blandford Press, 1983), pp.108~109.
66) Marvin Terban, 『Scholastic Dictionary of Idioms』(New York: Scholastic, 1996), p.108.
67) Jordan Almond, 『Dictionary of Word Origins: A History of the Words, Expressions, and Cliches We Use』(Secaucus, NJ: Citadel Press, 1997), p.173.
68) Albert Jack, 『Red Herrings and White Elephants: The Origins of the Phrases We Use Every Day』(New York: HarperCollins, 2004), p.233; Jordan Almond, 『Dictionary of Word Origins: A History of the Words, Expressions, and Cliches We Use』(Secaucus, NJ: Citadel Press, 1997), p.190; Martin H. Manser, 『Get to the Roots: A Dictionary of Word & Phrase Origins』(New York: Avon Books, 1990), p.176.
69) Clothespin, Wikipedia.
70) 임민혁, 「美, 한미동맹은 '린치핀(linchpin · 바퀴 축에 꽂는 핀)'에, 美 · 日은 '코너스톤(cornerstone · 주춧돌)'에 또 비유」, 『조선일보』, 2013년 4월 17일.
71) 정용환, 「중공군 유해 송환과 '킹핀' 효과」, 『중앙일보』, 2013년 7월 16일.
72) Marvin Terban, 『Scholastic Dictionary of Idioms』(New York: Scholastic, 1996), p.120; Myron Korach, 『Common Phrases and Where They Come From』, 2nd ed.(Guilford, CT: The Lyons Press, 2008), p.131.
73) Marvin Terban, 『Scholastic Dictionary of Idioms』(New York: Scholastic, 1996), p.229.
74) Pinko, Wikipedia.
75) Political colour, Wikipedia.
76) Max Cryer, 『Common Phrases』(New York: Skyhorse, 2010), pp.31~32.
77) Christine Ammer, 『The Facts on File Dictionary of Clichés』(New York: Checkmark Books, 2001), p.301.
78) Christine Ammer, 『The Facts on File Dictionary of Clichés』(New York: Checkmark Books, 2001), pp.398~399; Georgia Hole, 『The Real McCoy: The True Stories Behind Our Everyday Phrases』(New York: Oxford University Press, 2005), pp.133~134.
79) Christine Ammer, 『The Facts on File Dictionary of Clichés』(New York: Checkmark Books, 2001), p.42.
80) 심서현, 「삼성전자엔 없는 이것… IT 거인들 '플랫폼 전쟁'」, 『중앙일보』, 2013년 1월 17일.
81) 재닛 로우(Janet Lowe), 배현 옮김, 『구글 파워: 전 세계 선망과 두려움의 기업』(애플트리태일즈, 2009/2010), 79~80쪽; 조용호, 『플랫폼 전쟁』(21세기북스, 2011); 심서현, 「삼성전자엔 없는 이것…IT 거인들 '플랫폼 전쟁'」, 『중앙일보』, 2013년 1월 17일.

82) 장정모, 「플랫폼과 양면시장은 무엇이고 어떤 역할을 하나요?」, 『조선일보』, 2012년 10월 26일.
83) Two-sided market, Wikipedia; 장정모, 「플랫폼과 양면시장은 무엇이고 어떤 역할을 하나요?」, 『조선일보』, 2012년 10월 26일.
84) 카르스텐 괴릭(Carsten Görig), 박여명 옮김, 『SNS 쇼크: 구글과 페이스북, 그들은 어떻게 세상을 통제하는가?』(시그마북스, 2011/2012), 233~234쪽.
85) 백욱인, 「'앱'은 신자유주의 사업 모델?」, 『시사인』, 제156호(2010년 9월 14일).
86) 원성윤, 「스마트미디어, 신문의 구세주 될까: 2012 미디어계 초점 (4) 뉴미디어시장」, 『기자협회보』, 2012년 2월 22일.
87) 문종훈, 「플랫폼 비즈니스가 잘 돼야 하는 이유」, 『중앙일보』, 2012년 10월 26일.
88) 고란, 「"불타는 플랫폼 버려야 제2 한강의 기적": 미래학자 돈 탭스콧의 조언」, 『중앙일보』, 2013년 4월 26일.
89) 니코 멜레(Nicco Mele), 이은경·유지연 옮김, 『거대권력의 종말』(알에이치코리아, 2013), 183~185쪽.
90) 니코 멜레(Nicco Mele), 이은경·유지연 옮김, 『거대권력의 종말』(알에이치코리아, 2013), 184~185쪽.
91) Harry Oliver, 『March Hares and Monkey's Uncles: Origins of the Words and Phrases We Use Every Day』(London: Metro, 2005), p.135.
92) Rosemarie Ostler, 『Let's Talk Turkey: The Stories behind America's Favorite Expressions』(New York: Prometheus Books, 2008), pp.140~141.
93) Plea bargain, Wikipedia.
94) 「(사설) '유죄협상제' 도입 부작용도 생각해봐야」, 『조선일보』, 2005년 1월 17일; 「(사설) 유죄협상제, 득보다 실이 많다」, 『경향신문』, 2005년 1월 18일.
95) Pocket, Wikipedia.
96) Editors of the American Heritage Dictionaries, 『More Word Histories and Mysteries: From Aardvark to Zombie』(New York: Houghton Mifflin, 2006), pp.175~176.
97) Marvin Terban, 『Scholastic Dictionary of Idioms』(New York: Scholastic, 1996), p.149.
98) 『시사영어사/랜덤하우스 영한대사전』(시사영어사, 1991), 1766쪽.
99) William Morris & Mary Morris, 『Morris Dictionary of Word and Phrase Origins』, 2nd ed.(New York: Harper & Row, 1971), p.461; Euphorbia pulcherrima, Wikipedia.
100) 임귀열, 「임귀열 영어」, 『한국일보』, 2010년 2월 10일.
101) Martin N. Marger, 『Elites and Masses: An Introduction to Political Sociology』(New York: D. Van Nostrand, 1981), p.58.
102) David Held, 『Models of Democracy』(Cambridge, UK: Polity Press, 1987), pp.165~167.
103) Ronald Steel, 『Walter Lippmann and the American Century』(Boston, Mass.: Little, Brown, 1980), p.xiii.
104) 임귀열, 「임귀열 영어」, 『한국일보』, 2010년 5월 19일.
105) Politics, Wikipedia.
106) 임귀열, 「임귀열 영어」, 『한국일보』, 2010년 5월 19일.
107) 임귀열, 「임귀열 영어」, 『한국일보』, 2010년 1월 13일.
108) 임귀열, 「임귀열 영어」, 『한국일보』, 2010년 2월 10일.
109) 임귀열, 「임귀열 영어」, 『한국일보』, 2010년 1월 13일.
110) Ambrose Bierce, 『The Devil's Dictionary』(New York: Bloomsbury, 2008), p.115.
111) Ronald Steel, 『Walter Lippmann and the American Century』(Boston, Mass.: Little, Brown, 1980), p.27.
112) Michael A. Genovese, 『The Presidential Dilemma: Leadership in the American System』, 2nd ed.(New York: Longman, 2003), p.57.
113) E. E. Schattschneider, 『The Semi-Sovereign People: A Realist's View of Democracy in America』(New York: Holt, Rinehart and Winston, 1960), p.230.
114) Evan Morris, 『The Word Detective』(New York: Plume, 2000), pp.157~158.
115) Jean Folkerts & Dwight L. Teeter, Jr., 『Voices of a Nation: A History of Mass Media in the United States』, 3rd ed.(Boston, Mass.: Allyn and Bacon, 1998).
116) 『신동아』, 1992년 9월호.
117) Myron Korach, 『Common Phrases and Where They Come From』, 2nd ed.(Guilford, CT: The Lyons Press, 2008), p.55; Jackie Franza, 『It's Raining Cats and Dogs: Making Sense of Animal Phrases』(Irvine, CA: Bowtie Press, 2005), p.28.
118) Popularity, Wikipedia.
119) Jack Welch, 『Winning』(New York: Harper, 2005), p.72.
120) 레이 코널리(Ray Connolly), 전찬일·임진모 옮김, 『존 레논』(대륙, 1993).
121) 임귀열, 「임귀열 영어」, 『한국일보』, 2010년 10월 20일.

122) Bill Beavis & Richard G. McCloskey, 『Salty Dog Talk: The Nautical Origins of Everyday Expressions』(London: Adlard Coles Nautical, 2007), p.62.
123) Michael Quinton, 『Ballyhoo, Buckaroo, and Spuds: Ingenious Tales of Words and Their Origins』(Washington, D.C.: Smithsonian Books, 2004), pp.206~208; Martin H. Manser, 『Get to the Roots: A Dictionary of Word & Phrase Origins』(New York: Avon Books, 1990), p.179.
124) 「posh」, 네이버 영어사전.
125) Christine Ammer, 『The Facts on File Dictionary of Clichés』(New York: Checkmark Books, 2001), p.402; 찰스 패너티(Charles Panati), 이용웅 옮김, 『문화와 유행상품의 역사 2』(자작나무, 1991/1997), 338쪽; 이주영, 『미국사』(대한교과서, 1995), 325~326쪽.
126) Barbara L. Fredrickson, 『Positivity』(New York: Three Rivers Press, 2009), p.6.
127) Ed Diener and Robert Biswas-Diener, 『Happiness: Unlocking the Mysteries of Psychological Wealth』(Malden, MA: Blackwell, 2008), p.218.
128) Barbara Ehrenreich, 『Bright-Sided: How Positive Thinking Is Undermining America』(New York: Picador, 2009).
129) Poverty, *Wikipedia*.
130) 임귀열, 「임귀열 영어」, 『한국일보』, 2012년 2월 22일.
131) 임귀열, 「임귀열 영어」, 『한국일보』, 2012년 2월 22일.
132) Erich Fromm, 『The Art of Loving』(New York: Bantam Books, 1956, 1963), p.20.
133) 임귀열, 「임귀열 영어」, 『한국일보』, 2012년 2월 22일.
134) 임귀열, 「임귀열 영어」, 『한국일보』, 2012년 2월 22일.
135) Christine Ammer, 『The Facts on File Dictionary of Clichés』(New York: Checkmark Books, 2001), p.308; Marvin Terban, 『Scholastic Dictionary of Idioms』(New York: Scholastic, 1996), p.178.
136) Martin H. Manser, 『Get to the Roots: A Dictionary of Word & Phrase Origins』(New York: Avon Books, 1990), p.61; Max Cryer, 『Common Phrases』(New York: Skyhorse, 2010), pp.62~63.
137) Martin H. Manser, 『Get to the Roots: A Dictionary of Word & Phrase Origins』(New York: Avon Books, 1990), p.181.
138) The powers that be (phrase), *Wikipedia*.
139) David Halberstam, 『The Powers That Be』(New York: Dell, 1979).
140) Edward Hallett Carr, 『What Is History?』(New York: Vintage Books, 1961), p.67.
141) William Safire, 『Safire's Political Dictionary』(New York: Random House, 1978), p.557.
142) Christine Ammer, 『The Facts on File Dictionary of Clichés』(New York: Checkmark Books, 2001), p.308.
143) Christine Ammer, 『The Facts on File Dictionary of Clichés』(New York: Checkmark Books, 2001), p.308.
144) Sheryl Sandberg, 『Lean In: Women, Work, and the Will to Lead』(New York: WH Allen, 2013), p.126; 셰릴 샌드버그(Sheryl Sandberg), 안기순 옮김, 『린 인』(와이즈베리, 2013), 193쪽.
145) Marshall B. Rosenberg, 『Nonviolent Communication: A Language of Life』(Encinitas, CA: Puddle Dancer Press, 2005), pp.185~186.
146) 『시사영어사/랜덤하우스 영한대사전』(시사영어사, 1991), 1799쪽.
147) 정은령, 「근본주의자 부시」, 『동아일보』, 2003년 3월 14일.
148) 홍은택, 「부시, 대통령인가 성직자인가」, 『동아일보』, 2003년 3월 5일 10면.
149) William Morris & Mary Morris, 『Morris Dictionary of Word and Phrase Origins』, 2nd ed.(New York: Harper & Row, 1971), p.470.
150) 나은영, 『사회심리학적 관점에서 본 인간 커뮤니케이션과 미디어』(한나래, 2002), 85쪽.
151) Prejudice, *Wikipedia*.
152) 조지 스테파노풀러스, 최규선 옮김, 『너무나 인간적인』(생각의나무, 1999), 206쪽.
153) Arthur M. Schlesinger, Jr., 『The Imperial Presidency』(New York: A Mariner Book, 1973/2004), p.424.
154) Gary Donaldson, ed., 『Modern America: A Documentary History of the Nation Since 1945』(Armonk, NY: M.E.Sharpe, 2007), pp.233~234.
155) 노암 촘스키(Noam Chomsky), 강주헌 옮김, 『촘스키, 누가 무엇으로 세상을 지배하는가』(시대의창, 2002).
156) Amitai Etzioni, 「The Grand Shaman」, 『Psychology Today』, 6(November 1972), pp.89~91.
157) Jordan Almond, 『Dictionary of Word Origins: A History of the Words, Expressions, and Cliches We Use』(Secaucus, NJ: Citadel Press, 1997), p.196.
158) 리처드 와이즈먼(Richard Wiseman), 한창호 옮김, 『괴짜 심리학』(웅진지식하우스, 2007/2008), 191쪽, 231쪽.
159) 리처드 와이즈먼(Richard Wiseman), 한창호 옮김, 『괴짜 심리학』(웅진지식하우스, 2007/2008), 231쪽.

160) 제프 자비스(Jeff Jarvis), 위선주 옮김, 『공개하고 공유하라』(청림출판, 2011/2013), 85쪽.
161) 제프 자비스(Jeff Jarvis), 위선주 옮김, 『공개하고 공유하라』(청림출판, 2011/2013), 140~141쪽.
162) John Ayto, 『Movers and Shakers: A Chronology of Words That Shaped Our Age』(New York: Oxford University Press, 2006), p.25; Propaganda, *Wikipedia*.
163) William Safire, 『Safire's Political Dictionary』(New York: Random House, 1978), p.11.
164) William Safire, 『Safire's Political Dictionary』(New York: Random House, 1978), p.618.
165) Erich Fromm, 『Escape from Freedom』(New York: Avon Books, 1941/1970), p.247.
166) Erich Fromm, 『Escape from Freedom』(New York: Avon Books, 1941/1970), p.248.
167) Erich Fromm, 『Escape from Freedom』(New York: Avon Books, 1941/1970), p.248.
168) Claus Mueller, 『Politics of Communication: A Study in the Political Sociology of Language, Socialization, and Legitimation』(New York: Oxford University Press, 1973), p.33.
169) Pride, *Wikipedia*.
170) Christine Ammer, 『The Facts on File Dictionary of Clichés』(New York: Checkmark Books, 2001), p.311.
171) Christine Ammer, 『The Facts on File Dictionary of Clichés』(New York: Checkmark Books, 2001), p.99; 『엣센스 영한사전』, 제6정판(민중서림, 1995), 2107쪽.
172) 『Time』, November 17, 2008, p.10.
173) 빌 브라이슨(Bill Bryson), 박중서 옮김, 『빌 브라이슨의 유쾌한 영어 수다』(휴머니스트, 1990/2013), 122쪽.
174) Marvin Terban, 『Scholastic Dictionary of Idioms』(New York: Scholastic, 1996), p.179.
175) Christine Ammer, 『The Facts on File Dictionary of Clichés』(New York: Checkmark Books, 2001), p.47.
176) Marvin Terban, 『Scholastic Dictionary of Idioms』(New York: Scholastic, 1996), p.180.
177) Christine Ammer, 『The Facts on File Dictionary of Clichés』(New York: Checkmark Books, 2001), p.22.
178) Punch(drink), *Wikipedia*.

Q

1) Jordan Almond, 『Dictionary of Word Origins: A History of the Words, Expressions, and Cliches We Use』(Secaucus, NJ: Citadel Press, 1997), p.201; Martin H. Manser, 『Get to the Roots: A Dictionary of Word & Phrase Origins』(New York: Avon Books, 1990), pp.186~187; Dorothy Auchter, 『Dictionary of Historical Allusions & Eponyms』(Santa Barbara, CA: ABC-CLIO, 1998), p.17.
2) Marvin Terban, 『Scholastic Dictionary of Idioms』(New York: Scholastic, 1996), p.44.
3) 『시사영어사/랜덤하우스 영한대사전』(시사영어사, 1991), 1877쪽; 「quarantine」, 네이버 영어사전.
4) Georgia Hole, 『The Real McCoy: The True Stories Behind Our Everyday Phrases』(New York: Oxford University Press, 2005), p.141; 『엣센스 영한사전』, 제6정판(민중서림, 1995), 2148~2149쪽.
5) Let's Call It Quits(song), *Wikipedia*; 「quits」, 네이버 영어사전.
6) Editors of the American Heritage Dictionaries, 『More Word Histories and Mysteries: From Aardvark to Zombie』(New York: Houghton Mifflin, 2006), pp.186~187; 카를로스 푸엔테스(Carlos Fuentes), 서성철 옮김, 『라틴 아메리카의 역사』(까치, 1992/1997), 214~216쪽; 페이터 리트베르헨(Peter Rietbergen), 정지창 · 김경현 옮김, 『유럽 문화사 (하)』(지와 사랑, 1998/2003), 90~91쪽; Quixotism, *Wikipedia*.
7) 「windmills」, 네이버 영어사전.
8) Albert Jack, 『Black Sheep and Lame Ducks: The Origins of Even More Phrases We Use Every Day』(New York: Perigree Book, 2007), pp.169~170.

R

1) Michael Emery & Edwin Emery, 『The Press and America: An Interpretive History of the Mass Media』, 8th ed.(Boston, Mass.: Allyn and Bacon, 1996).
2) 조이영, 「책갈피 속의 오늘」 1838년 노예해방 선구자 더글러스 탈출」, 『동아일보』, 2008년 9월 3일.
3) 말콤 엑스(Malcolm X), 알렉스 헤일리(Alex Haley) 기록, 김종철 외 공역, 『말콤 엑스』(전2권, 창작과비평사, 1993).
4) 「Geinier, Lani」, 『Current Biography』, 65:1(January), p.13.
5) 「Keller, Bill」, 『Current Biography』, 64:10(October 2003), p.67.
6) 이기홍, 「"흑인이 그랬어요" 백인주부 납치 자작극서 재연」, 『동아일보』, 2009년 6월 3일.
7) Robert W. Fuller, 『Somebodies and Nobodies: Overcoming the Abuse of Ranks』(Gabriola Island, Canada: New Society Publishers, 2003/2004).
8) Rankism, *Wikipedia*.
9) Robert W. Fuller, 『Somebodies and Nobodies: Overcoming the Abuse of Ranks』(Gabriola Island, Canada: New Society Publishers, 2003/2004), p.40; 로버트 풀러(Robert W. Fuller), 안종설 옮김, 『신분의 종말: '특별한 자' 와 '아무것도 아닌 자' 의 경계를 넘어서』(열대림, 2003/2004), 97쪽.
10) Julie Ann Wambach, 『Battles between Somebodies and Nobodies: Stop Abuse of Rank at Work and at Home』(Scottsdale, Arizona: Brookside Press, 2008).
11) Robert W. Fuller, 『Somebodies and Nobodies: Overcoming the Abuse of Ranks』(Gabriola Island, Canada: New Society Publishers, 2003/2004), p.xix; 로버트 풀러(Robert W. Fuller), 안종설 옮김, 『신분의 종말: '특별한 자' 와 '아무것도 아닌 자' 의 경계를 넘어서』(열대림, 2003/2004), 13, 31쪽; 하종오, 「[Books] 신분의 종말」, 『주간한국』, 2004년 9월 15일.
12) 김성재, 「'신분주의' 는 모든 차별의 근원」, 『한겨레』, 2004년 9월 11일.
13) Bill Paul, 『Getting In: Inside the College Admissions Process』(Reading, Mass.: Perseus Books, 1995), p.8; David W. Breneman, 「Liberal Arts Colleges: What Price Survival?」, Arthur Levine, ed., 『Higher Learning in America, 1980~2000』(Baltimore, Md.: Johns Hopkins University Press, 1993), pp.86~99; Derek Bok, 『Universities in the Marketplace: The Commercialization of Higher Education』(Princeton: Princeton University Press, 2003), p.14; Jennifer Washburn, 『University, Inc.: The Corporate Corruption of American Higher Education』(New York: Basic Books, 2005), pp.181~182; Jay Mathews, 『Harvard Schmarvard: Getting Beyond the Ivy League to the College That Is Best for You』(New York: Three Rivers Press, 2003), pp.71~72; Dwight Garner, 「Application Adventure: A Dad's College Essay」, 『The New York Times(Internet)』, March 3, 2011.
14) David L. Kirp, 『Shakespeare, Einstein, and the Bottom Line: The Making of Higher Education』(Cambridge, Mass.: Harvard University Press, 2003), p.16.
15) Criticism of College and University Rankings(North America), *Wikipedia*.
16) Lloyd Thacker, 「Conclusion: Seeking Educational Clarity and Inspiration」, Lloyd Thacker, ed., 『College Unranked: Ending the College Admissions Frenzy』(Cambridge, Mass.: Harvard University Press, 2005), p.198.
17) James B. Twitchell, 『Branded Nation: The Marketing of Megachurch, College Inc., and Museumworld』(New York: Simon & Schuster, 2004), pp.155~156.
18) Loren Pope, 『Colleges That Change Lives: 40 Schools That Will Change the Way You Think about Colleges』(New York: Penguin Books, 2006), p.8.
19) Bruce J. Poch, 「Sanity Check」, Lloyd Thacker, ed., 『College Unranked: Ending the College Admissions Frenzy』(Cambridge, Mass.: Harvard University Press, 2005), pp.50~51.
20) Paul Fussell, 『Class: A Guide Through the American Status System』(New York: Touchstone, 1983), pp.139~141.
21) 브라이언 타마나하(Brian Z. Tamanaha), 김상우 옮김, 『로스쿨은 끝났다: 어느 명문 로스쿨 교수의 양심선언』(미래인, 2012/2013), 135쪽.
22) Robert J. Massa, 「Status vs. Substance: Is There a Choice?」, Lloyd Thacker, ed., 『College Unranked: Ending the College Admissions Frenzy』(Cambridge, Mass.: Harvard University Press, 2005), pp.139~140.
23) 오철우, 「대학 순위 매기기」, 『한겨레』, 2013년 8월 1일.
24) Walter Isaacson, 『Steve Jobs』(New York: Simon & Schuster, 2011), pp.117~118; 월터 아이작슨(Walter Isaacson), 안진환 옮김, 『스티브 잡스(Steve Jobs)』(민음사, 2011), 199쪽.
25) Walter Isaacson, 『Steve Jobs』(New York: Simon & Schuster, 2011), p.118; 월터 아이작슨(Walter Isaacson), 안진환 옮김, 『스티브 잡스

(Steve Jobs)』(민음사, 2011), 199쪽.
26) 카마인 갈로(Carmine Gallo), 김태훈 옮김, 『스티브 잡스 프레젠테이션의 비밀』(랜덤하우스, 2009/2010), 59쪽.
27) 월터 아이작슨(Walter Isaacson), 안진환 옮김, 『스티브 잡스(Steve Jobs)』(민음사, 2011), 200~201쪽.
28) 애덤 라신스키(Adam Lashinsky), 임정욱 옮김, 『인사이드 애플: 비밀제국 애플 내부를 파헤치다』(청림출판, 2012), 26쪽, 79쪽.
29) Walter Isaacson, 『Steve Jobs』(New York: Simon & Schuster, 2011), p.240; 월터 아이작슨(Walter Isaacson), 안진환 옮김, ˝스티브 잡스 (Steve Jobs)』(민음사, 2011), 389~390쪽.
30) 월터 아이작슨(Walter Isaacson), 안진환 옮김, 『스티브 잡스(Steve Jobs)』(민음사, 2011), 421쪽.
31) Reality distortion field, Wikipedia.
32) Reason, Wikipedia.
33) Jordan Almond, 『Dictionary of Word Origins: A History of the Words, Expressions, and Cliches We Use』(Secaucus, NJ: Citadel Press, 1997), p.207.
34) William Morris & Mary Morris, 『Morris Dictionary of Word and Phrase Origins』, 2nd ed.(New York: Harper & Row, 1971), p.617.
35) Myron Korach, 『Common Phrases and Where They Come From』, 2nd ed.(Guilford, CT: The Lyons Press, 2008), pp.172~173.
36) 노암 촘스키(Noam Chomsky), 박수철 옮김, 『노암 촘스키의 미디어 컨트롤』(모색, 2003), 20~21쪽, 126~127쪽.
37) John Ayto, 『Movers and Shakers: A Chronology of Words That Shaped Our Age』(New York: Oxford University Press, 2006), p.188; 마이클 해머, 최준명 감역 · 김이숙 옮김, 『아젠다: 기업혁신을 위한 21세기 행동강령』(한국경제신문, 2002); 마이클 해머 · 스티븐 스탠턴, 임덕순 · 장승권 옮김, 『리엔지니어링 그 이후』(경향신문사, 1997); 권화섭, 『IMF의 덫』(중앙M&B, 1998); 김만수, 『실업사회』(갈무리, 2004).
38) Business process reengineering, Wikipedia.
39) Religion, Wikipedia; 고진석, 『우리는 어떻게 프로그래밍 되었는가: 한국인으로 태어난 우리를 지배하고 명령내리는 것들』(갤리온, 2012), 208쪽.
40) Robert G. Ingersoll, Wikipedia.
41) 백성호, 「세계적 기독교 미래학자 레너드 스윗 인터뷰」, 『중앙일보』, 2007년 5월 31일.
42) 정선구, 「˝파워엔 책임 따른다˝ 안철수 권력의지…스파이더맨 꿈꾸나」, 『중앙일보』, 2011년 11월 16일.
43) Beppe Severgnini, 「An Italian Mirror」, 『Time』, May 11, 2009, p.15; 김연주, 「˝이탈리아인들은 베를루스코니 총리를 부러워한다˝」, 『조선일보』, 2009년 5월 5일.
44) 「Gwyneth Paltrow」, 『Current Biography』, 66:1(January 2005), p.59.
45) Revolution, Wikipedia.
46) 다니엘 J. 부어스틴(Daniel J. Boorstin), 이보형 외 옮김, 『미국사의 숨은 이야기』(범양사출판부, 1989/1991), 333쪽.
47) William Safire, 『Safire's Political Dictionary』(New York: Random House, 1978), pp.610~611.
48) Daniel Lerner, 『The Passing of Traditional Society』(New York: Free Press, 1958); Daniel Lerner, 「Toward a Communication Theory of Modernization」, in 『Communications and Political Development』, Lucian W. Pye, ed.(Princeton, N.J.: Princeton University Press, 1963), pp.327~350; Peter Golding, 「Media Role in National Development: Critique of a Theoretical Orthodoxy」, 『Journal of Communication』, 24(Summer 1974), p.50.
49) 제러미 리프킨(Jeremy Rifkin), 안진환 옮김, 『3차 산업혁명: 수평적 권력은 에너지, 경제, 그리고 세계를 어떻게 바꾸는가』(민음사, 2011/2012), 170쪽.
50) 제러미 리프킨(Jeremy Rifkin), 안진환 옮김, 『3차 산업혁명: 수평적 권력은 에너지, 경제, 그리고 세계를 어떻게 바꾸는가』(민음사, 2011/2012), 150쪽, 180쪽.
51) 제러미 리프킨(Jeremy Rifkin), 안진환 옮김, 『3차 산업혁명: 수평적 권력은 에너지, 경제, 그리고 세계를 어떻게 바꾸는가』(민음사, 2011/2012), 231쪽, 239~241쪽.
52) Sanford D. Horwitt, 『Let Them Call Me Rebel: Saul Alinsky-His Life and Legacy』(New York: Vintage Books, 1989/1992), p.528.
53) Murray Edelman, 『Politics as Symbolic Action: Mass Arousal and Quiescence』(Chicago: Markham, 1971), p.95.
54) Murray Edelman, 『Politics as Symbolic Action: Mass Arousal and Quiescence』(Chicago: Markham, 1971), pp.95~96.
55) The Revolution Will Not Be Televised, Wikipedia.
56) Joe Trippi, 『The Revolution Will Not Be Televised: Democracy, the Internet, and the Overthrow of Everything』(New York: ReganBooks, 2004).
57) 문강형준, 『혁명은 TV에 나오지 않는다』(이매진, 2012), 12~13쪽.
58) Rhetoric, Wikipedia.

59) 새뮤얼 아놕 스텀프 · 제임스 피저, 이광래 옮김, 『소크라테스에서 포스트모더니즘까지』(열린책들, 2004), 60~61쪽; 호세 안토니오 에르난데스 게레로 · 마리아 델 카르멘 가르시아 테헤라, 강필운 옮김, 『수사학의 역사』(문학과지성사, 2001), 29~31쪽, 132쪽; J. 호이징하, 김윤수 옮김, 『호모 루덴스: 놀이와 문화에 관한 한 연구』(까치, 1981), 233쪽; 김영한, 「휴머니즘」, 김영한 엮음, 『서양의 지적운동 II』(지식산업사, 1998), 21~22쪽.
60) Warren G. Bennis, 『Why Leaders Can't Lead: The Unconscious Conspiracy Continues』(San Francisco, CA: Jossey-Bass Publishers, 1989), p.149.
61) 임귀열, 「임귀열 영어」, 『한국일보』, 2012년 1월 27일.
62) Daniel J. Boorstin, 『Democracy and Its Discontents: Reflections on Everyday America』(New York: Vintage Books, 1975), pp.28~29.
63) Allan Metcalf & David K. Barnhart, 『America In So Many Words: Words That Have Shaped America』(New York: Houghton Mifflin, 1997), pp.263~264.
64) 제프리 영(Jeffrey S. Young) · 윌리엄 사이먼(William L. Simon), 임재서 옮김, 『iCon 스티브 잡스』(민음사, 2005), 384쪽.
65) 김태훈, 「일이 잘 안돼 짜증난다면? 다른 길로 출근해보세요」, 『조선일보』, 2013년 4월 20일.
66) Myron Korach, 『Common Phrases and Where They Come From』, 2nd ed.(Guilford, CT: The Lyons Press, 2008), p.140.
67) Rosemarie Ostler, 『Let's Talk Turkey: The Stories behind America's Favorite Expressions』(New York: Prometheus Books, 2008), p.34; William Morris & Mary Morris, 『Morris Dictionary of Word and Phrase Origins』, 2nd ed.(New York: Harper & Row, 1971), p.529; Sing Sing, Wikipedia.
68) Charles Earle Funk, 『A Hog on Ice and Other Curious Expressions』(New York: HarperResource, 2001), pp.100~101; Rosemarie Ostler, 『Let's Talk Turkey: The Stories behind America's Favorite Expressions』(New York: Prometheus Books, 2008), pp.54~55.
69) Martin H. Manser, 『Get to the Roots: A Dictionary of Word & Phrase Origins』(New York: Avon Books, 1990), p.204.
70) Max Cryer, 『Common Phrases』(New York: Skyhorse, 2010), pp.235~236.
71) Room at the Top (novel), Wikipedia.
72) Douglas B. Smith, 『Ever Wonder Why?』(New York: Fawcett Gold Medal, 1991), p.83.
73) Jordan Almond, 『Dictionary of Word Origins: A History of the Words, Expressions, and Cliches We Use』(Secaucus, NJ: Citadel Press, 1997), p.184; Martin H. Manser, 『Get to the Roots: A Dictionary of Word & Phrase Origins』(New York: Avon Books, 1990), pp.170~171; William Morris & Mary Morris, 『Morris Dictionary of Word and Phrase Origins』, 2nd ed.(New York: Harper & Row, 1971), p.443.
74) Webb Garrison, 『What's in a Word?』(Dallas, TX: Thomas Nelson, 2000), p.76.
75) The Editors of The American Heritage Dictionaries, 『Word Mysteries & Histories』(Boston, Mass.: Houghton Mifflin, 1986), pp.211~212.
76) Nick Turse, 『The Complex: How the Military Invades Our Everyday Lives』(New York: Metropolitan Books, 2008), p.173.
77) 다니엘 J. 부어스틴(Daniel J. Boorstin), 이보형 외 옮김, 『미국사의 숨은 이야기』(범양사출판부, 1989/1991), 283쪽.
78) 「rugged」, 네이버 영어사전.
79) 송호근, 『이분법 사회를 넘어서』(다산북스, 2012), 204쪽.
80) William Safire, 『Safire's Political Dictionary』(New York: Random House, 1978), pp.621~622.

S

1) Marvin Terban, 『Scholastic Dictionary of Idioms』(New York: Scholastic, 1996), p.16.
2) Christine Ammer, 『The Facts on File Dictionary of Clichés』(New York: Checkmark Books, 2001), p.340.
3) 손현덕, 「美 '얼굴없는 저격' 13번째 희생 "당신의 아이도 표적"」, 『매일경제』, 2002년 10월 24일.
4) Karen Tumulty, 「The Health Care Crisis Hits Home」, 『Time』, March 16, 2009, p.26.
5) Martin H. Manser, 『Get to the Roots: A Dictionary of Word & Phrase Origins』(New York: Avon Books, 1990), p.104; Samaritans, Wikipedia.
6) 「선한 사마리아인법(good Samaritan law)」, 네이버 지식백과.
7) 유의선, 「인터넷상의 명예훼손 위법성 구성 및 조각사유 준용에 관한 연구: 형법 307~310조를 중심으로」, 『한국언론학보』, 제43-2호(1998년 겨울), 190쪽.
8) 장하준, 이순희 옮김, 『나쁜 사마리아인들: 장하준의 경제학 파노라마』(부키, 2007), 34~35쪽.

9) Jordan Almond, 『Dictionary of Word Origins: A History of the Words, Expressions, and Cliches We Use』(Secaucus, NJ: Citadel Press, 1997), p.214; Harry Oliver, 『Cat Flaps and Mousetraps: The Origins of Objects in Our Daily Lives』(London: Metro, 2007), pp.75~76; Nigel Rees, 『Cassell's Dictionary of Word and Phrase Origins』(London: Cassell, 2002), p.216.
10) Sandwich board, Wikipedia; Human billboard, Wikipedia.
11) Charles Earle Funk & Charles Earle Funk, Jr., 『Horsefeathers and Other Curious Words』(New York: Quill, 1958/2002), p.77.
12) Sarcasm, Wikipedia.
13) John Walston, 『The Buzzword Dictionary』(Oak Park, IL: Marion Street Press, 2006), p.170.
14) The Editors of The American Heritage Dictionaries, 『Word Mysteries & Histories』(Boston, Mass.: Houghton Mifflin, 1986), p.221; 『시사영어사/랜덤하우스 영한대사전』(시사영어사, 1991), 2039쪽; 민중서림 편집국 편, 『엣센스 영한사전』(민중서림, 1995).
15) 신동열, 「오버도그 vs 언더도그…선악 가르는 기준은 아니죠!」, 『한국경제』, 2012년 4월 20일.
16) Schadenfreude, Wikipedia.
17) Willard Gaylin, 『Hatred: The Pshychological Descent into Violence』(New York: PublicAffairs, 2003), p.68; 윌러드 게일린(Willard Gaylin), 신동근 옮김, 『증오: 테러리스트의 탄생』(황금가지, 2003/2009), 85쪽.
18) 데이비드 A. 캐플런(David A. Kaplan), 안진환·정준희 옮김, 『실리콘밸리 스토리』(동방미디어, 1999/2000), 458쪽.
19) 레이몬드 라몬 브라운(Raymond Lamont-Brown), 김동미 옮김, 『카네기 평전』(작은씨앗, 2005/2006), 281쪽.
20) 찰스 R. 모리스, 강대은 옮김, 『타이쿤: 신화가 된 기업가들』(황금나침반, 2005/2007), 25~26쪽.
21) Evan Morris, 『From Altoids to Zima: The Surprising Stories Behind 125 Brand Names』(New York: Fireside Book, 2004), pp.155~156; Scotch Tape, Wikipedia.
22) 「scrape」, 네이버 영어사전.
23) Myron Korach, 『Common Phrases and Where They Come From』, 2nd ed.(Guilford, CT: The Lyons Press, 2008), p.26.
24) Albert Jack, 『Black Sheep and Lame Ducks: The Origins of Even More Phrases We Use Every Day』(New York: Perigree Book, 2007), p.144.
25) Stephen Hess, 「Leaks and Other Informal Communications」, 『Society』, 22:2(January/February 1985), pp. 20~29.
26) 애덤 라신스키(Adam Lashinsky), 임정욱 옮김, 『인사이드 애플: 비밀제국 애플 내부를 파헤치다』(청림출판, 2012), 62쪽, 74~77쪽.
27) 박희정, 「효리의 나이듦이 반가운 이유」, 『피디저널』, 2012년 5월 7일.
28) Joseph A. DeVito, 『Human Communication』, 7th ed.(New York: Longman, 1997), p.73.
29) 연합뉴스, 「'개인 자부심' 높은 나라 세르비아가 1위」, 『중앙일보』, 2005년 9월 30일 11면; 손제민, 「'자부심' 없는 한국인?」, 『경향신문』, 2005년 9월 30일 12면; 이건호, 「일본인 '자부심' 세계 최하」, 『조선일보』, 2005년 9월 30일 A18면.
30) 리처드 니스벳(Richard E. Nisbett), 최인철 옮김, 『생각의 지도』(김영사, 2004), 59쪽.
31) 정혜신, 『사람 vs 사람: 정혜신의 심리평전 II』(개마고원, 2005), 17쪽.
32) Murray Edelman, 『Political Language: Words That Succeed and Policies That Fail』(New York: Academic Press, 1977), p.134.
33) 제임스 M. 바더맨(James M. Vardaman), 이규성 옮김, 『두개의 미국사: 남부인이 말하는 미국의 진실』(심산, 2004), 170~171쪽.
34) 케네스 데이비스(Kenneth C. Davis), 이순호 옮김, 『미국에 대해 알아야 할 모든 것, 미국사』(책과함께, 2003/2004), 323쪽.
35) William H. Chafe, 『The Unfinished Journey: America Since World War II』(New York: Oxford University Press, 1986).
36) 하워드 진(Howard Zinn)·레베카 스테포프(Rebecca Stefoff), 김영진 옮김, 『하워드 진 살아있는 미국역사』(추수밭, 2008), 217쪽.
37) 박보균, 『살아 숨쉬는 미국역사』(랜덤하우스중앙, 2005), 119~120쪽.
38) Christine Ammer, 『The Facts on File Dictionary of Clichés』(New York: Checkmark Books, 2001), pp.348~349.
39) John Bemelmans Marciano, 『Toponymity: An Atlas of Words』(New York: Bloomsbury, 2010), pp.109~111; Martin H. Manser, 『Get to the Roots: A Dictionary of Word & Phrase Origins』(New York: Avon Books, 1990), p.205.
40) 주경철, 「주경철의 히스토리아 [170] 세렌디피티」, 『조선일보』, 2012년 7월 5일.
41) Serendipity, Wikipedia.
42) 임귀열, 「임귀열 영어」, 『한국일보』, 2013년 5월 29일.
43) 모리 켄, 하연수 옮김, 『구글·아마존화하는 사회』(경영정신, 2006/2008), 219쪽.
44) 조용호, 『플랫폼전쟁』(21세기북스, 2011), 241쪽.
45) Mathew Ingram, 「Why It's Not Easy Being Mark Zuckerberg」, 『The Washington Post』, July 27, 2012.
46) 마샤 아미든 루스타드(Marcia Amidon Lusted), 조순이 옮김, 『마크 주커버그: 20대 페이스북 CEO, 8억 제국의 대통령』(해피스토리, 2011/2012), 107쪽.
47) Serendipity(film), Wikipedia.

48) Christine Ammer, 『The Facts on File Dictionary of Clichés』(New York: Checkmark Books, 2001), p.3; Marvin Terban, 『Scholastic Dictionary of Idioms』(New York: Scholastic, 1996), p.3.
49) Jordan Almond, 『Dictionary of Word Origins: A History of the Words, Expressions, and Cliches We Use』(Secaucus, NJ: Citadel Press, 1997), p.249.
50) 케네스 데이비스(Kenneth C. Davis), 이순호 옮김, 『미국에 대해 알아야 할 모든 것, 미국사』(책과함께, 2004), 359쪽.
51) 케네스 포메란츠(Kenneth Pomeranz)・스티븐 토픽(Steven Topik), 박광식 옮김, 『설탕, 커피 그리고 폭력: 교역으로 읽는 세계사 산책』(심산, 2001/2003), 402쪽.
52) 케네스 데이비스(Kenneth C. Davis), 이순호 옮김, 『미국에 대해 알아야 할 모든 것, 미국사』(책과함께, 2003/2004), 489~490쪽.
53) MBC, 『세계방송정보』, 1988년 11월 8일.
54) 「Eminem」, 『Current Biography』, 62:1(January 2001), pp.17~18.
55) 이효섭, 「경제기사야 놀~자! '그림자 금융'이란 무엇이고 왜 위험한가요?」, 『조선일보』, 2013년 5월 3일.
56) 박순빈, 「그림자 금융: '감시 사각지대' 금융기관・금융상품 총칭」, 『한겨레』, 2013년 7월 8일.
57) 박순빈, 「그림자 금융: '감시 사각지대' 금융기관・금융상품 총칭」, 『한겨레』, 2013년 7월 8일.
58) 박진석, 「[이번 주 경제 용어] 그림자 금융」, 『중앙일보』, 2013년 7월 3일.
59) Charles Earle Funk & Charles Earle Funk, Jr., 『Horsefeathers and Other Curious Words』(New York: Quill, 1958/2002), p.54.
60) John Ayto, 『Movers and Shakers: A Chronology of Words That Shaped Our Age』(New York: Oxford University Press, 2006), p.194.
61) Jordan Almond, 『Dictionary of Word Origins: A History of the Words, Expressions, and Cliches We Use』(Secaucus, NJ: Citadel Press, 1997), p.110.
62) John Bemelmans Marciano, 『Toponymity: An Atlas of Words』(New York: Bloomsbury, 2010), pp.116~117; Jordan Almond, 『Dictionary of Word Origins: A History of the Words, Expressions, and Cliches We Use』(Secaucus, NJ: Citadel Press, 1997), p.220.
63) Conjoined twins, Wikipedia.
64) Editors of the American Heritage Dictionaries, 『More Word Histories and Mysteries: From Aardvark to Zombie』(New York: Houghton Mifflin, 2006), pp.212~213; William Morris & Mary Morris, 『Morris Dictionary of Word and Phrase Origins』, 2nd ed.(New York: Harper & Row, 1971), p.526; 빌 브라이슨(Bill Bryson), 정경옥 옮김, 『빌 브라이슨 발칙한 영어산책: 엉뚱하고 발랄한 미국의 거의 모든 역사』(살림, 1994/2009), 518쪽; 박보균, 『살아 숨쉬는 미국역사』(랜덤하우스중앙, 2005), 224~225쪽.
65) Sideburns, Wikipedia.
66) Webb Garrison, 『What's in a Word?』(Dallas, TX: Thomas Nelson, 2000), pp.174~175.
67) 백선엽, 『미국 20대가 가장 많이 쓰는 영어 BOX』(넥서스, 1999), 98쪽.
68) Sidekick, Wikipedia.
69) 리처드 솅크먼(Richard Shenkman), 이종인 옮김, 『미국사의 전설, 거짓말, 날조된 신화들』(미래M&B, 1988/2003), 98쪽.
70) 사루야 가나메, 남혜림 옮김, 『검증, 미국사 500년의 이야기』(행담출판, 2007), 185쪽.
71) 「Verbatim」, 『Time』, March 23, 2009, p.10.
72) Silicon Valley, Wikipedia; 「실리콘밸리(Silicon Valley)」, 네이버 백과사전.
73) Rebecca MacKinnon, 『Consent of the Networked: The Worldwide Struggle for Internet Freedom』(New York: Basic Books, 2012), p.9.
74) William Greider, 『The Soul of Capitalism: Opening Paths to a Moral Economy』(New York: Simon & Schuster, 2003), pp.314~315.
75) 데이비드 A. 캐플런(David A. Kaplan), 안진환・정준희 옮김, 『실리콘밸리 스토리』(동방미디어, 1999/2000), 594~595쪽.
76) Silicon Alley, Wikipedia; 최지영 외, 「서비스 벤처 강한 뉴욕시 '실리콘 앨리' 키우기 온 힘」, 『중앙일보』, 2012년 10월 30일.
77) 레오짱, 『스티브 잡스 마법의 명언 120』(지니넷, 2011), 43쪽.
78) 애덤 라신스키(Adam Lashinsky), 임정욱 옮김, 『인사이드 애플: 비밀제국 애플 내부를 파헤치다』(청림출판, 2012), 184쪽.
79) 월터 아이작슨(Walter Isaacson), 안진환 옮김, 『스티브 잡스(Steve Jobs)』(민음사, 2011), 139쪽, 213쪽.
80) 스탠리 밀그램(Stanley Milgram), 정태연 옮김, 『권위에 대한 복종』(에코리브르, 1974/2009), 39쪽; Mark Buchanan, 『Nexus: Small Worlds and the Groundbreaking Science of Networks』(New York: W.W. Norton & Co., 2002), p.34.
81) 월터 아이작슨(Walter Isaacson), 안진환 옮김, 『스티브 잡스(Steve Jobs)』(민음사, 2011), 542~543쪽.
82) 월터 아이작슨(Walter Isaacson), 안진환 옮김, 『스티브 잡스(Steve Jobs)』(민음사, 2011), 615~616쪽.
83) 하야시 노부유키, 정선우 옮김, 『스티브 잡스의 위대한 선택: 애플은 10년 후의 미래를 생각한다』(아이콘북스, 2007/2010), 88쪽.
84) 임정욱, 「1장 아이패드 혁명」, 김광현 외, 『아이패드 혁명』(예인, 2010), 33쪽.
85) 최원기, 『실리콘 밸리의 미치광이들』(민음사, 1999), 134쪽.
86) 월터 아이작슨(Walter Isaacson), 안진환 옮김, 『스티브 잡스(Steve Jobs)』(민음사, 2011), 782쪽.

87) 카민 갤로(Carmine Gallo), 박세연 옮김, 『스티브 잡스 무한혁신의 비밀』(비즈니스북스, 2010), 245~247쪽.
88) Martin H. Manser, 『Get to the Roots: A Dictionary of Word & Phrase Origins』(New York: Avon Books, 1990), p.209; William Morris & Mary Morris, 『Morris Dictionary of Word and Phrase Origins』, 2nd ed.(New York: Harper & Row, 1971), p.529; Sinecure, Wikipedia.
89) Warren G. Bennis & Robert J. Thomas, 『Geeks & Geezers: How Era, Values, and Defining Moments Shape Leaders』(Boston, Mass.: Harvard Business School Press, 2002), p.137.
90) Single-issue politics, Wikipedia; Issue voting, Wikipedia.
91) 서정갑, 『부조화의 정치: 미국의 경험』(법문사, 2001), 225~226쪽.
92) 모리 켄, 하연수 옮김, 『구글·아마존화 하는 사회』(작가정신, 2008), 35~36쪽.
93) 정수복, 『시민의식과 시민참여: 문명전환을 꿈꾸는 새로운 시민운동』(아르케, 2002), 59~60쪽.
94) Harry Castleman & Walter J. Podrazik, 『Watching TV: Four Decades of American Television』(New York: McGraw-Hill, 1982), p.58.
95) Harry Castleman & Walter J. Podrazik, 『Watching TV: Four Decades of American Television』(New York: McGraw-Hill, 1982), pp. 73~75; Sitcom, Wikipedia.
96) John Ayto, 『Movers and Shakers: A Chronology of Words That Shaped Our Age』(New York: Oxford University Press, 2006), p.175.
97) William Safire, 『Safire's Political Dictionary』(New York: Random House, 1978), p.656; Slum, Wikipedia.
98) Slum, Wikipedia.
99) Slut, Wikipedia; 「slut」, 네이버 영어사전.
100) SlutWalk, Wikipedia.
101) 「잡년 행진」, 『위키백과』.
102) 이주영, 「탑골공원에 등장한 '잡년' … "내 몸 만지지 마": [현장] 한국에서 두 번째 '잡년행진' … "성범죄, 여성 노출 탓 아냐"」, 『오마이뉴스』, 2012년 7월 28일.
103) SlutWalk, Wikipedia.
104) Slut shaming, Wikipedia; Girly girl, Wikipedia.
105) Charles Earle Funk, 『Thereby Hangs a Tale: Stories of Curious Word Origins』(New York: Quill, 2002), pp.262~263; Smog. Wikipedia.
106) 권홍우, 『99%의 롤모델: 오늘의 부족한 1%를 채우는 역사』(인물과사상사, 2010), 533~534쪽.
107) William Morris & Mary Morris, 『Morris Dictionary of Word and Phrase Origins』, 2nd ed.(New York: Harper & Row, 1971) p.534.
108) 케이티 앨버드(Katie Alvord), 박웅희 옮김, 『당신의 차와 이혼하라』(돌베개, 2000/2004), 105쪽.
109) 김승범, 「"스모그(smog) 무서워" 베이징 관광객 15% 줄었다」, 『조선일보』, 2013년 8월 15일.
110) 성연철, 「"이건 운무가 아닙니다"」, 『한겨레』, 2013년 8월 16일.
111) 헨리 데이빗 소로(Henry David Thoreau), 강승영 옮김, 『월든』(이레, 1993).
112) Solitary Man (song), Wikipedia.
113) 피터 콜릿(Peter Collett), 이윤식 옮김, 『습관의 역사: 습관을 알면 문화가 보인다』(추수밭, 2006).
114) Douglas B. Smith, 『Ever Wonder Why?』(New York: Fawcett Gold Medal, 1991), p.16; Harry Oliver, 『March Hares and Monkey's Uncles: Origins of the Words and Phrases We Use Every Day』(London: Metro, 2005), pp.186~187.
115) Georgia Hole, 『The Real McCoy: The True Stories Behind Our Everyday Phrases』(New York: Oxford University Press, 2005), p.32.
116) Myron Korach, 『Common Phrases and Where They Come From』, 2nd ed.(Guilford, CT: The Lyons Press, 2008), pp.166~167.
117) 버튼 맬킬(Burton G. Malkiel), 이건·김홍식 옮김, 『시장변화를 이기는 투자』(국일증권경제연구소, 2007/2009), 39~44쪽.
118) 임상래, 『라티노와 아메리카: 라티노, 히스패닉, 치카노 그들은 누구인가?』(이담북스, 2013), 160~163쪽.
119) 『시사영어사/랜덤하우스 영한대사전』(시사영어사, 1991), 2213쪽.
120) William Morris & Mary Morris, 『Morris Dictionary of Word and Phrase Origins』, 2nd ed.(New York: Harper & Row, 1971), p.304.
121) 「Flynt, Larry」, 『Current Biography』, 60:9(September 1999), p.26.
122) Orin Hargraves, ed., 『New Words』(New York: Oxford University Press, 2004), p.233.
123) Spur, Wikipedia.
124) Marvin Terban, 『Scholastic Dictionary of Idioms』(New York: Scholastic, 1996), p.163; Christine Ammer, 『The Facts on File Dictionary of Clichés』(New York: Checkmark Books, 2001), pp.282~283.
125) Charles Earle Funk, 『Heavens to Betsy!: And Other Curious Sayings』(New York: Quill, 1955/2001), p.140; Charles Earle Funk & Charles Earle Funk, Jr., 『Horsefeathers and Other Curious Words』(New York: Quill, 1958/2002), p.95.
126) Allan Metcalf & David K. Barnhart, 『America In So Many Words: Words That Have Shaped America』(New York: Houghton Mifflin, 1997), pp.91~92.

127) 조정환, 『21세기 스파르타쿠스』(갈무리, 2002); 로널드 프레이저, 안효상 옮김, 『1968년의 목소리: "불가능한 것을 요구하라!"』(박종철출판사, 2002); 우한울, 「스콰트 운동을 아시나요?」, 『세계일보』, 2004년 10월 26일 29~30면.
128) 김강, 「예술 혁명가들의 '당당한 무단 점거'」, 『시사저널』, 2005년 6월 7일 60~62면.
129) Christine Ammer, 『The Facts on File Dictionary of Clichés』(New York: Checkmark Books, 2001), p.277.
130) 기영노, 『농담하는 프로야구』(미래를소유한사람들, 2012), 155쪽.
131) Charles Earle Funk, 『A Hog on Ice and Other Curious Expressions』(New York: HarperResource, 2001), p.138; Grandstand, Wikipedia; 『시사영어사/랜덤하우스 영한대사전』(시사영어사, 1991), 918쪽.
132) 「갤러리맨」, 네이버 지식백과.
133) William Safire, 『Safire's Political Dictionary』(New York: Random House, 1978), pp.687~688.
134) 『엣센스 영한사전』, 제6정판(민중서림, 1995), 2544쪽; 『시사영어사/랜덤하우스 영한대사전』(시사영어사, 1991), 2242쪽.
135) Starbucks, Wikipedia.
136) Starbucks, Wikipedia; 조목인, 「글로벌 브랜드들, 너희가 옛날에 한일을 나는 알고 있다」, 『아시아경제』, 2013년 1월 22일.
137) Evan Morris, 『From Altoids to Zima: The Surprising Stories Behind 125 Brand Names』(New York: Fireside Book, 2004), pp.76~78; 이언 앵겔(Ian Angell), 장은수 옮김, 『지식노동자 선언』(롱셀러, 2001), 82쪽.
138) Catherine Lutz & Anne Lutz Fernandez, 『Carjacked: The Culture of the Automobile & Its Effect on Our Lives』(New York: Palgrave, 2010), pp.137~138.
139) 「Smith, Orin C.」, 『Current Biography』, 64:11(November 2003), pp.79~80.
140) 김희섭, 「스타벅스, '커피'로 돌아가다」, 『조선일보』, 2008년 8월 23일.
141) 임귀열, 「임귀열 영어」, 『한국일보』, 2011년 12월 6일.
142) Stereotype, Wikipedia.
143) Walter Lippmann, 『Public Opinion』(New York: Free Press, 1922/1965), pp.54~55.
144) 짐 콜린스(Jim Collins), 이무열 옮김, 『좋은 기업을 넘어 위대한 기업으로』(김영사, 2001/2002), 144~145쪽.
145) 짐 콜린스(Jim Collins), 이무열 옮김, 『좋은 기업을 넘어 위대한 기업으로』(김영사, 2001/2002), 147쪽; 「제임스 스톡데일」, 『위키백과』.
146) 이기수, 「스톡데일 패러독스의 교훈」, 『국민일보』, 2005년 6월 23일 31면.
147) 이기수, 「스톡데일 패러독스 II」, 『국민일보』, 2006년 1월 5일 22면.
148) James Stockdale, Wikipedia; Placeholder(politics), Wikipedia.
149) Martin H. Manser, 『Get to the Roots: A Dictionary of Word & Phrase Origins』(New York: Avon Books, 1990), p.217; Nigel Rees, 『Cassell's Dictionary of Word and Phrase Origins』(London: Cassell, 2002), p.203; Max Cryer, 『Common Phrases』(New York: Skyhorse, 2010), p.226; Marvin Terban, 『Scholastic Dictionary of Idioms』(New York: Scholastic, 1996), p.180.
150) Edwin Moore, 「Strange Fruit is still a song for today」, 『The Guardian』, September 18, 2010; 김용관, 『탐욕의 자본주의: 투기와 약탈이 낳은 괴물의 역사』(인물과사상사, 2009), 223쪽. 김용관의 책에 실린 번역을 다소 수정·보완했다.
151) Lynching of Thomas Shipp and Abram Smith, Wikipedia.
152) Edwin Moore, 「Strange Fruit is still a song for today」, 『The Guardian』, September 18, 2010.
153) Strange Fruit, Wikipedia.
154) Elizabeth Blair, 「The Strange Story of the Man Behind 'Strange Fruit'」, 『NPR』, September 5, 2012.
155) John Ayto, 『Movers and Shakers: A Chronology of Words That Shaped Our Age』(New York: Oxford University Press, 2006), p.199; 『엣센스 영한사전』, 제6정판(민중서림, 1995), 2580쪽; 「streak」, 네이버 영어사전; 『시사영어사/랜덤하우스 영한대사전』(시사영어사, 1991), 2277쪽.
156) Hitting streak, Wikipedia.
157) Allan Metcalf & David K. Barnhart, 『America In So Many Words: Words That Have Shaped America』(New York: Houghton Mifflin, 1997), pp.231~232; 「streamline」, 네이버 영어사전.
158) Street, Wikipedia.
159) Christine Ammer, 『The Facts on File Dictionary of Clichés』(New York: Checkmark Books, 2001), pp.243~244.
160) Christine Ammer, 『The Facts on File Dictionary of Clichés』(New York: Checkmark Books, 2001), p.380.
161) Christine Ammer, 『The Facts on File Dictionary of Clichés』(New York: Checkmark Books, 2001), p.421.
162) 임귀열, 「임귀열 영어」, 『한국일보』, 2011년 9월 29일.
163) Christine Ammer, 『The Facts on File Dictionary of Clichés』(New York: Checkmark Books, 2001), p.421.
164) Three-strikes law, Wikipedia.

165) 「recidivism」, 네이버 영어사전; Recidivism, *Wikipedia*.
166) One strike, you're out, *Wikipedia*.
167) 「삼진아웃제」, 네이버 지식백과.
168) 윤주헌, 「맥주병만 깨도… '폭력 삼진아웃' 땐 구속」, 『조선일보』, 2013년 7월 22일.
169) 김성현, 「'가정폭력 삼진아웃' 시행 20일 만에 첫 구속」, 『조선일보』, 2013년 7월 29일.
170) 「연봉제 삼진아웃」, 네이버 지식백과.
171) William Morris & Mary Morris, 『Morris Dictionary of Word and Phrase Origins』, 2nd ed.(New York: Harper & Row, 1971), p.554.
172) stringer(journalism), *Wikipedia*.
173) 「string」, 네이버 영어사전.
174) Christine Ammer, 『The Facts on File Dictionary of Clichés』(New York: Checkmark Books, 2001), p.447; 『시사영어사/랜덤하우스 영한대사전』(시사영어사, 1991), 2282쪽.
175) Rosemarie Ostler, 『Let's Talk Turkey: The Stories behind America's Favorite Expressions』(New York: Prometheus Books, 2008), pp.75~76; William Safire, 『Safire's Political Dictionary』(New York: Random House, 1978), pp.701~702.
176) Stump speech(politics), *Wikipedia*.
177) 『시사영어사/랜덤하우스 영한대사전』(시사영어사, 1991), 2288쪽.
178) Charles Earle Funk & Charles Earle Funk, Jr., Horsefeathers and Other Curious Words(New York: Quill, 1958/2002), p.67.
179) 「subtle」, 네이버 영어사전.
180) Martin H. Manser, 『Get to the Roots: A Dictionary of Word & Phrase Origins』(New York: Avon Books, 1990), p.104.
181) suburb, *Wikipedia*.
182) Webb Garrison, 『What's in a Word?』(Dallas, TX: Thomas Nelson, 2000), p.178.
183) A. C. Spectorsky, The Exurbanites(New York: Berkley Publishing Corp., 1955), pp.14, 236; Commuter Town, *Wikipedia*.
184) Boomburb, *Wikipedia*.
185) Joel Garreau, 『Edge City: Life on the New Frontier』(New York: Doubleday, 1991).
186) 임귀열, 「임귀열 영어」, 『한국일보』, 2010년 6월 30일.
187) 임귀열, 「임귀열 영어」, 『한국일보』, 2010년 6월 30일.
188) Charles Earle Funk, 『Thereby Hangs a Tale: Stories of Curious Word Origins』(New York: Quill, 2002), p.155.
189) 데이비드 톰슨(David Thomson), 「루소와 일반의지」, D. 톰슨(David Thomson) 엮음, 김종술 옮김, 『서양 근대정치사상』(서광사, 1990), 139~154쪽.
190) 데일 카네기, 베스트트랜스 옮김, 『데일 카네기의 성공 대화론』(더클래식, 1926/2011), 280쪽.
191) 리처드 스텐걸(Richard Stengel), 임정근 옮김, 『아부의 기술: 전략적인 찬사, 아부에 대한 모든 것』(참솔, 2000/2006), 439~440쪽.
192) 리처드 스텐걸(Richard Stengel), 임정근 옮김, 『아부의 기술: 전략적인 찬사, 아부에 대한 모든 것』(참솔, 2000/2006), 440쪽.
193) Christine Ammer, 『The Facts on File Dictionary of Clichés』(New York: Checkmark Books, 2001), p.382.
194) William Morris & Mary Morris, 『Morris Dictionary of Word and Phrase Origins』, 2nd ed.(New York: Harper & Row, 1971) pp.559~560; Charles Earle Funk & Charles Earle Funk, Jr., 『Horsefeathers and Other Curious Words』(New York: Quill, 1958/2002), p.215; Swashbuckler, *Wikipedia*.
195) 「sweat」, 네이버 영어사전.
196) 임귀열, 「임귀열 영어」, 『한국일보』, 2013년 3월 4일.
197) 임귀열, 「임귀열 영어」, 『한국일보』, 2011년 8월 19일.
198) 임귀열, 「임귀열 영어」, 『한국일보』, 2008년 10월 15일.
199) Christine Ammer, 『The Facts on File Dictionary of Clichés』(New York: Checkmark Books, 2001), p.51; James Rogers, 『The Dictionary of Cliches』(New York: Ballantine Books, 1985), p.47.
200) Swinging London, *Wikipedia*.
201) 로이 셔커(Roy Shuker), 이정엽·장호연 옮김, 『대중음악사전』(한나래, 1999).
202) 레이 코널리(Ray Connolly), 전찬일·임진모 옮김, 『존 레논』(대륙, 1993).
203) 「swoop」, 네이버 영어사전.
204) Martin H. Manser, 『Get to the Roots: A Dictionary of Word & Phrase Origins』(New York: Avon Books, 1990), p.95.
205) 「synchronization」, 네이버 영어사전.
206) Synchronization, *Wikipedia*.

207) 김난도 외, 『트렌드 코리아 2011』(미래의창, 2010), 313쪽.
208) 토머스 L. 프리드먼(Thomas L. Friedman), 김상철·이윤섭 옮김, 『세계는 평평하다: 21세기 세계 흐름에 대한 통찰』(창해, 2005), 188~192쪽.

T

1) 「tantalize」, 네이버 영어사전.
2) Harry Oliver, 『Bees' Knees and Barmy Armies』(London: Metro, 2008), p.93.
3) Tantalus, *Wikipedia*.
4) 「tawdry」, 네이버 영어사전; 『시사영어사/랜덤하우스 영한대사전』(시사영어사, 1991), 2363쪽.
5) Evan Morris, 『The Word Detective』(New York: Plume, 2000), pp.197~198.
6) 앨런 브링클리(Alan Brinkley), 황혜성 외 옮김, 『미국인의 역사 1』(비봉출판사, 1998), 125쪽.
7) Albert Jack, 『Black Sheep and Lame Ducks: The Origins of Even More Phrases We Use Every Day』(New York: Perigree Book, 2007), p.165.
8) 「Mark R. Warner」, 『Current Biography』, 67:10(October 2006), p.74.
9) Sin Tax, Wikipedia; 「Sin tax」, 네이버 지식백과; 스티브 포브스(Steve Forbes)·엘리자베스 아메스(Elizabeth Ames), 김광수 옮김, 『자본주의는 어떻게 우리를 구할 것인가』(아라크네, 2009/2011), 203쪽.
10) 스티브 포브스(Steve Forbes)·엘리자베스 아메스(Elizabeth Ames), 김광수 옮김, 『자본주의는 어떻게 우리를 구할 것인가』(아라크네, 2009/2011), 202~204쪽.
11) 「조세피난처(Tax Haven)」, 네이버 지식백과; Tax haven, *Wikipedia*.
12) 박순빈, 「조세회피처 3곳으로 5년간 5조 8000억 빠져나갔다」, 『한겨레』, 2013년 7월 12일.
13) 강남규, 「스타벅스 굴복…"영국에 세금 더 내겠다"」, 『중앙일보』, 2012년 12월 4일.
14) 정시행, 「소개란에 아내·엄마·개 주인 그리고 TBD(To Be Determined·추후 결정)…12시간 만에 팔로어 30만명 몰려: 트위터로 네티즌과 소통 시작한 힐러리」, 『조선일보』, 2013년 6월 12일.
15) 「플레이스홀더」, 네이버 영어사전.
16) To be Announced, *Wikipedia*.
17) Placeholder(politics), *Wikipedia*.
18) Marvin Terban, 『Scholastic Dictionary of Idioms』(New York: Scholastic, 1996), p.154.
19) 임귀열, 「임귀열 영어」, 『한국일보』, 2012년 2월 1일.
20) 크리스토퍼 히친스(Christopher Hitchens), 김승욱 옮김, 『논쟁』(알마, 2011/2013), 252~253쪽; Tearoom Trade, *Wikipedia*; Laud Humphreys, *Wikipedia*.
21) 정미경, 「'테크노컬처' 시대 열린다」, 『동아일보』, 2006년 1월 6일 A2면.
22) 조원희, 「개그콘서트의 '스턴트맨' 몰이해」, 『한겨레』, 2013년 8월 2일.
23) Raymond Williams, 『The Year 2000』(New York: Pantheon Books, 1983), p.133.
24) Alvin Toffler, 『Future Shock』(New York: Bantam Books, 1970), p.441.
25) 「Virilio, Paul」, 『Current Biography』, 66:7(July 2005), p.86.
26) 앨리사 쿼트(Alissa Quart), 유병규·박태일 옮김, 『나이키는 왜 짝퉁을 낳았을까』(한국경제신문, 2003/2004), 14쪽.
27) 이경훈, 『오빠의 탄생: 한국 근대문학의 풍속사』(문학과지성사, 2003), 63쪽에서 재인용.
28) 섬너 레드스톤(Sumner Redstone)·피터 노블러(Peter Knobler), 『승리의 열정: 최고의 CEO 섬너 레드스톤의 삶과 도전』(동방미디어, 2002).
29) 수전 린(Susan Linn), 김승욱 옮김, 『TV 광고 아이들: 우리 아이들을 위협하는 키즈마케팅』(들녘, 2004/2006), 203~205쪽; Latchkey kid, *Wikipedia*.
30) 김난도 외, 『트렌드코리아 2013』(미래의창, 2012), 154쪽.
31) Orin Hargraves, ed., 『New Words』(New York: Oxford University Press, 2004), p.254; Telenovela, *Wikipedia*; 김원호, 『북미의 작은 거인 멕시코가 기지개를 켠다』(민음사, 1994), 149쪽.

32) 「멕시코 멜로드라마 'Mari Mar' 필리핀서 인기」, 『MBC 세계방송정보』, 1996년 10월 15일, 37~39쪽.
33) 박세연, 「'불굴의 며느리', 국제에미상 텔레노벨라 부문 노미네이트」, 『매일경제 스타투데이』, 2012년 10월 15일.
34) Telenovela, Wikipedia.
35) Harry Castleman & Walter J. Podrazik, 『Watching TV: Four Decades of American Television』(New York: McGraw-Hill, 1982), p.5.
36) Harry Castleman & Walter J. Podrazik, 『Watching TV: Four Decades of American Television』(New York: McGraw-Hill, 1982), pp.9~10; Joon-Mann Kang, 「Franklin D. Roosevelt and James L. Fly: The Politics of Broadcast Regulation, 1941~1944」, 『Journal of American Culture』, 10:2(Summer 1987), pp.23~33.
37) Ronald Steel, 『Walter Lippmann and the American Century』(Boston, Mass.: Little, Brown, 1980), p.517.
38) Todd Gitlin, 『Inside Prime Time』(New York: Pantheon Books, 1983), p.82.
39) Todd Gitlin, 『Inside Prime Time』(New York: Pantheon Books, 1983), p.82.
40) MBC, 「TV 프로그램 규제 어디까지」, 『MBC 세계방송정보』, 1997년 7월 30일 28~31면.
41) Barry Glassner, 『The Culture of Fear: Why Americans Are Afraid of the Wrong Things』, 2nd ed.(New York: Basic Books, 2009), p.3; 배리 글래스너, 연진희 옮김, 『공포의 문화』(부광, 2005), 35쪽.
42) Gary Donaldson, ed., 『Modern America: A Documentary History of the Nation Since 1945』(Armonk, NY: M. E. Sharpe, 2007), p.335.
43) Sidney Blumenthal, 『The Strange Death of Republican America: Chronicles of a Collapsing Party』(New York: Union Square Press, 2008), p.123.
44) Sidney Blumenthal, 『The Strange Death of Republican America: Chronicles of a Collapsing Party』(New York: Union Square Press, 2008), p.292.
45) 한기욱, 「9·11 사태와 미국 고전문학의 통찰」, 『안과밖(영미문학연구)』, 제12호(2002년 상반기), 142쪽.
46) 하워드 진(Howard Zinn), 이재원 옮김, 『불복종의 이유』(이후, 2003), 72쪽.
47) Aaron Peckham, 『Mo' urban Dictionary』(Kansas City, MO: Andrew McMeel, 2007), p.2; 하워드 진(Howard Zinn), 이재원 옮김, 『불복종의 이유』(이후, 2003).
48) 다니엘 플린(Daniel J. Flynn), 오영진 옮김, 『미국의 변명』(한국경제신문, 2003), 27쪽.
49) 김학준, 「2002년 지구촌 말·말·말」, 『한겨레』, 2002년 12월 26일 11면.
50) Joe Klein, 「High Crimes」, 『Time』, January 19, 2009, p.23.
51) 「Verbatim」, 『Time』, March 23, 2009, p.10.
52) 『시사영어사/랜덤하우스 영한대사전』(시사영어사, 1991), 2375쪽.
53) William Safire, 『Safire's Political Dictionary』(New York: Random House, 1978), p.51.
54) Grant Barrett, ed., 『Oxford Dictionary of American Political Slang』(New York: Oxford University Press, 2004), p.52.
55) Big Tent, Wikipedia.
56) William Morris & Mary Morris, 『Morris Dictionary of Word and Phrase Origins』, 2nd ed.(New York: Harper & Row, 1971), pp.570~571; 『엣센스 영한사전』, 제6정판(민중서림, 1995), 2684쪽; 서수민, 「미 대학도 교원 70%가 '보따리 장사'」, 『한겨레』, 2007년 11월 22일.
57) Robert W. Fuller, 『Somebodies and Nobodies: Overcoming the Abuse of Rank』(Gabriola Island, Canada: New Society Publishers, 2004), pp.119~120.
58) Mark C. Taylor, 「End the University as We Know It」, 『The New York Times(Internet)』, April 27, 2009.
59) 브라이언 타마나하(Brian Z. Tamanaha), 김상우 옮김, 『로스쿨은 끝났다: 어느 명문 로스쿨 교수의 양심선언』(미래인, 2012/2013), 26~27쪽.
60) Jennifer Washburn, 『University, Inc.: The Corporate Corruption of American Higher Education』(New York: Basic Books, 2005), p.204.
61) Tenure(academic), Wikipedia; Publish or Perish, Wikipedia.
62) 앨런 브링클리(Alan Brinkley), 황혜성 외 옮김, 『미국인의 역사 1』(비봉출판사, 1993/1998), 23쪽.
63) 앨런 브링클리(Alan Brinkley), 황혜성 외 옮김, 『미국인의 역사 1』(비봉출판사, 1998), 43쪽; 케네스 데이비스(Kenneth C. Davis), 이순호 옮김, 『미국에 대해 알아야 할 모든 것, 미국사』(책과함께, 2003/2004), 73~74쪽; 정만득, 『미국의 청교도 사회: 정착 초기의 역사』(비봉출판사, 2001), 64~66쪽; Thanksgiving(United States), Wikipedia.
64) 최민영, 「"추수감사절(Thanksgiving Day)이 아니라 추수강탈절(Thankstaking Day)이다"」, 『경향신문』, 2005년 11월 26일.
65) 임귀열, 「임귀열 영어」, 『한국일보』, 2010년 9월 8일.
66) H. L. Mencken, 『Prejudices: A Selection』(New York: Vintage Books, 1958), p.5.
67) 임귀열, 「임귀열 영어」, 『한국일보』, 2012년 10월 31일.
68) Walter Isaacson, 『Steve Jobs』(New York: Simon & Schuster, 2011), p.329; 월터 아이작슨(Walter Isaacson), 안진환 옮김 『스티브 잡스

(Steve Jobs)』(민음사, 2011), pp.521~522.
69) 임귀열, 「임귀열 영어」, 『한국일보』, 2011년 8월 8일.
70) 월터 아이작슨(Walter Isaacson), 안진환 옮김, 『스티브 잡스(Steve Jobs)』(민음사, 2011), 523쪽.
71) 제프리 크루이상크(Jeffrey L. Cruikshank), 정준희 옮김, 『애플웨이』(더난출판, 2005/2007), 242~243쪽.
72) 나오미 클라인(Naomi Klein), 정현경·김효명 옮김, 『NO LOGO: 브랜드 파워의 진실』(중앙M&B, 2000/2002), 325쪽.
73) 임귀열, 「임귀열 영어」, 『한국일보』, 2010년 6월 23일.
74) Daniel J. Boorstin, 『The Discoverers: A History of Man's Search to Know His World and Himself』(New York: Random House, 1983), p.1; 임귀열, 「임귀열 영어」, 『한국일보』, 2010년 6월 23일.
75) Charles Earle Funk & Charles Earle Funk, Jr., 『Horsefeathers and Other Curious Words』(New York: Quill, 1958/2002), pp.21~22.
76) 케이트 폭스(Kate Fox), 권석하 옮김, 『영국인 발견(Watching the English)』(학고재, 2004/2010), 122쪽.
77) 임귀열, 「임귀열 영어」, 『한국일보』, 2012년 5월 22일.
78) 김범수, 「윌리엄 왕자-케이트 커플 결별이유는 화장실?」, 『한국일보』, 2007년 4월 26일.
79) Toleration, *Wikipedia*.
80) John Ayto, 『Movers and Shakers: A Chronology of Words That Shaped Our Age』(New York: Oxford University Press, 2006), p.201.
81) Zero tolerance, *Wikipedia*.
82) Herbert Marcuse, 「Repressive Tolerance」, Robert Paul Wolff et al., 『A Critique of Pure Tolerance』(Boston, Mass.: Beacon Press, 1965), pp.81~123; Geert Hofstede, 차재호·나은영 옮김, 『세계의 문화와 조직』(학지사, 1995), 200쪽.
83) Marvin Terban, 『Scholastic Dictionary of Idioms』(New York: Scholastic, 1996), p.141; Christine Ammer, 『The Facts on File Dictionary of Clichés』(New York: Checkmark Books, 2001), p.238.
84) 「totem」, 네이버 영어사전.
85) 「트레이드 드레스(trade dress)」, 네이버 지식백과; Trade dress, *Wikipedia*.
86) 김경환, 「ICT법 바로보기」 트레이드 드레스(trade-dress) 바로 알기」, 『디지털데일리』, 2013년 1월 29일~2월 1일.
87) 이어령, 「특별인터뷰/ "초지적재산권의 새 시대가 열렸다"」, 『중앙일보』, 2012년 8월 31일.
88) 김경환, 「ICT법 바로보기」 트레이드 드레스(trade-dress) 바로 알기」, 『디지털데일리』, 2013년 1월 29일~2월 1일.
89) 조홍섭, 「'공유지의 비극' 막으려면」, 『한겨레』, 2005년 4월 4일 18면.
90) Grazing, *Wikipedia*; Taylor Grazing Act of 1934, *Wikipedia*.
91) 박준건, 「생태사회의 사회철학」, 한국철학사상연구회, 『문화와 철학』(동녘, 1999), 269쪽.
92) Garrett Hardin, *Wikipedia*.
93) Tragedy of the Commons, *Wikipedia*.
94) 유상철, 「공유지의 비극」, 『중앙일보』, 2005년 8월 19일 31면; 어수봉, 「'공유의 비극'과 비정규직 입법」, 『매일경제』, 2006년 3월 7일 A6면
95) 이정환, 「공유지의 비극? 뉴스스탠드 어쩌다 이 지경이 됐나」, 『미디어오늘』, 2013년 7월 2일.
96) Transcendentalism, *Wikipedia*.
97) 앨런 브링클리(Alan Brinkley), 황혜성 외 옮김, 『미국인의 역사 2』(비봉출판사, 1998), 46쪽; 이영옥, 「미국문학의 미국적 특성」, 김형인 외, 『미국학』(살림, 2003), 101~134쪽.
98) 조지프 히스(Joseph Heath)·앤드류 포터(Andrew Potter), 윤미경 옮김, 『혁명을 팝니다』(마티, 2006).
99) 이영옥, 「미국문학의 미국적 특성」, 김형인 외, 『미국학』(살림, 2003), 101~134쪽.
100) 잭 비어티(Jack Beatty), 유한수 옮김, 『거상: 대기업이 미국을 바꿨다』(물푸레, 2001/2002), 135쪽.
101) 앨런 브링클리(Alan Brinkley), 황혜성 외 옮김, 『미국인의 역사 2』(비봉출판사, 1993/1998), 6~7쪽; Transcendentalism, *Wikipedia*.
102) Charles Earle Funk, 『Thereby Hangs a Tale: Stories of Curious Word Origins』(New York: Quill, 2002), p.284; 제러미 리프킨, 이원기 옮김, 『유러피언 드림: 아메리칸 드림의 몰락과 세계의 미래』(민음사, 2005), 127쪽; Travel, *Wikipedia*.
103) 말컴 워터스, 김태원 감수, 이기철 옮김, 『세계화란 무엇인가』(현대미학사, 1998), 189~191쪽.
104) 다니엘 J. 부어스틴(Daniel J. Boorstin), 이보형 외 옮김, 『미국사의 숨은 이야기』(범양사출판부, 1989/1991), 426쪽.
105) Juliet B. Schor, 『The Overspent American: Why We Want What We Don't Need』(New York: HarperPerennial, 1998/1999), p.48.
106) Webb Garrison, 『What's in a Word?』(Dallas, TX: Thomas Nelson, 2000), pp.41~42.
107) Christine Ammer, 『The Facts on File Dictionary of Clichés』(New York: Checkmark Books, 2001), p.415.
108) 『엣센스 영한사전』, 제6정판(민중서림, 1995), 2791쪽.
109) Christine Ammer, 『The Facts on File Dictionary of Clichés』(New York: Checkmark Books, 2001), p.100; 『엣센스 영한사전』, 제6정판

(민중서림, 1995), 2793쪽.
110) Christine Ammer, 『The Facts on File Dictionary of Clichés』(New York: Checkmark Books, 2001), p.95.
111) Christine Ammer, 『The Facts on File Dictionary of Clichés』(New York: Checkmark Books, 2001), p.250; 「trick」, 네이버 영어사전.
112) 임귀열, 「임귀열 영어」, 『한국일보』, 2011년 4월 6일.
113) Trilemma, Wikipedia; Dilemma, Wikipedia.
114) 「트릴레마(trilemma)」, 네이버 지식백과.
115) 「트릴레마(trilemma)」, 네이버 지식백과.
116) 남윤호, 「'철의 여인'을 보내며」, 『중앙일보』, 2013년 4월 16일.
117) Trilemma, Wikipedia.
118) Georgia Hole, 『The Real McCoy: The True Stories Behind Our Everyday Phrases』(New York: Oxford University Press, 2005), p.179; Albert Jack, 『Black Sheep and Lame Ducks: The Origins of Even More Phrases We Use Every Day』(New York: Perigree Book, 2007), p.101; 『엣센스 영한사전』, 제6정판(민중서림, 1995), 2806쪽.
119) Georgia Hole, 『The Real McCoy: The True Stories Behind Our Everyday Phrases』(New York: Oxford University Press, 2005), p.180.
120) 김인영, 「서문」, 김인영 편, 『사회신뢰/불신의 표상과 대응: 거시적 평가』(소화, 2004), vii.
121) 한성숙, 「미국 대문호 헤밍웨이, 이중 스파이였다?」, 『한국일보』, 2009년 7월 14일.
122) Christine Ammer, 『The Facts on File Dictionary of Clichés』(New York: Checkmark Books, 2001), p.415; 「tried」, 네이버 영어사전.
123) 임귀열, 「임귀열 영어」, 『한국일보』, 2011년 4월 6일.
124) Webb Garrison, 『What's in a Word?』(Dallas, TX: Thomas Nelson, 2000), p.162.
125) 레스터 C. 서로우, 한기찬 옮김, 『지식의 지배』(생각의나무, 1999), 91쪽.
126) 찰스 맥케이(Charles Mackay), 이윤섭 옮김, 『대중의 미망과 광기』(창해, 2004), 67~68쪽.
127) Tulip chair, Wikipedia.
128) Paul Alexander, 『Machiavelli's Shadow: The Rise and Fall of Karl Rove』(New York: Modern Times, 2008), p.13; James Moore & Wayne Slater, 『Bush's Brain: How Karl Rove Made George W. Bush Presidential』(Hoboken, NJ: Wiley, 2003), p.10.
129) Carl M. Cannon et al., 『Boy Genius: Karl Rove, the Architect of George W. Bush's Remarkable Political Triumphs』(New York: PublicAffairs, 2003), pp.301~302.
130) Turd blossom, Wikipedia.
131) 임귀열, 「임귀열 영어」, 『한국일보』, 2011년 4월 6일.
132) 공병호, 『공병호의 모바일혁명』(21세기북스, 2010), 124쪽.
133) Twitter, Wikipedia.
134) 김상만, 「[기획-언론트렌드 바꾸는 소셜 미디어] 해외 언론 적극활용, 새 취재 방식 속속 등장…한국은?」, 『미디어오늘』, 2010년 1월 21일; 김기태, 「[문화비평] 스마트폰이 주는 교훈」, 『교수신문』, 2010년 7월 12일; 이인숙, 「너도 나도 트위터, 지방선거 새바람 불까」, 『경향신문』, 2010년 2월 16일.
135) 이지선·김지수, 『디지털 네이티브 스토리』(리더스하우스, 2011), 75쪽.
136) 양윤직, 『TGIF 스토리』(커뮤니케이션북스, 2011), 3쪽.
137) 카르스텐 괴릭(Carsten Görig), 박여명 옮김, 『SNS 쇼크: 구글과 페이스북, 그들은 어떻게 세상을 통제하는가?』(시그마북스, 2011/2012), 96~97쪽.
138) 공병호, 『공병호의 모바일혁명』(21세기북스, 2010), 125쪽.
139) 칸다 토시아키, 김정환 옮김, 『트위터혁명: 사람들은 왜 트위터에 열광하는가』(스펙트럼북스, 2009/2010), 56쪽; 정지훈, 『거의 모든 IT의 역사: 세상의 패러다임을 바꾼 위대한 혁명』(메디치, 2010), 370쪽.
140) Evgeny Morozov, 『The Net Delusion: The Dark Side of Internet Freedom』(New York: PublicAffairs, 2011), p.1, p.4, pp.15~16.
141) 허윤철 외, 「소셜미디어와 한국의 뷰어데리어트」, 한국언론학회 엮음, 『정치적 소통과 SNS』(나남, 2012), 218~219쪽.
142) 박권일, 「소셜 미디어의 겉과 속」, 이택광 외, 『트위터, 그 140자 평등주의』(자음과모음, 2012), 57~58쪽.
143) Bill Kovarik, 『Revolutions in Communication: Media History from Gutenberg to the Digital Age』(New York: Continuum, 2011), p.327.
144) 이지선·김지수, 『디지털 네이티브 스토리』(리더스하우스, 2011), 85쪽.

U

1) Max Cryer, 『Common Phrases』(New York: Skyhorse, 2010), p.284; Christine Ammer, 『The Facts on File Dictionary of Clichés』(New York: Checkmark Books, 2001), p.422.
2) Myron Korach, 『Common Phrases and Where They Come From』, 2nd ed.(Guilford, CT: The Lyons Press, 2008), p.168; Plug Uglies, Wikipedia.
3) 『시사영어사/랜덤하우스 영한대사전』(시사영어사, 1991), 1762쪽.
4) University, Wikipedia.
5) College, Wikipedia; Higher Education in the United States, Wikipedia.
6) Henry David Aiken, 『Predicament of the University』(Bloomington: Indiana University Press, 1971), pp.113~116; Derek Bok, 『Beyond the Ivory Tower: Social Responsibilities of the Modern University』(Cambridge, Mass.: Harvard University Press, 1982), p.1; Charles J. Sykes, 『ProfScam: Professors and the Demise of Higher Education』(Washington, D.C.: Regnery Gateway, 1988), pp.26~27.
7) Orin Hargraves, ed., 『New Words』(New York: Oxford University Press, 2004), p.59.

V

1) 조지프 엡스타인(Joseph Epstein), 박인용 옮김, 『성난 초콜릿: 그럴듯하면서 확인할 수 없고 매우 가혹한 가십의 문화·사회사』(함께읽는책, 2011/2013), 285쪽.
2) Max Cryer, 『Common Phrases』(New York: Skyhorse, 2010), p.291; Christine Ammer, 『The Facts on File Dictionary of Clichés』(New York: Checkmark Books, 2001), p.428.
3) 제임스 서로위키, 홍대운·이창근 옮김, 『대중의 지혜: 시장과 사회를 움직이는 힘』(랜덤하우스중앙, 2005), 64쪽.
4) Variety show, Wikipedia.
5) John Walston, 『The Buzzword Dictionary』(Oak Park, IL: Marion Street Press, 2006), p.160.
6) William Safire, 『Safire's Political Dictionary』(New York: Random House, 1978), pp.762~763.
7) 조지형, 『헌법에 비친 역사: 미국 헌법의 역사에서 우리 헌법의 미래를 찾다』(푸른역사, 2007), 89쪽.
8) 로널드 케슬러(Ronald Kessler), 임홍빈 옮김, 『벌거벗은 대통령 각하』(문학사상사, 1997), 24쪽; Franklin D. Roosevelt, Wikipedia.
9) 김봉중, 『카우보이들의 외교사: 먼로주의에서 부시 독트린까지 미국의 외교전략』(푸른역사, 2006), 248쪽.
10) 케네스 데이비스(Kenneth C. Davis), 이순호 옮김, 『미국에 대해 알아야 할 모든 것, 미국사』(책과함께, 2003/2004), 306쪽.
11) 김진송, 『현대성의 형성: 서울에 딴스홀을 허(許)하라』(현실문화연구, 1999), 11쪽.
12) Velvet Revolution, Wikipedia.
13) 이진희, 「"체코 공산정권 붕괴는 유언비어에서 촉발": "진압과정서 사망자 발생" 루머가 '벨벳혁명' 도화선」, 『한국일보』, 2009년 11월 19일; 설유태, 「정정불안·빈부차…체코 공산정권 붕괴 20년 '미완의 벨벳혁명'」, 『경향신문』, 2009년 11월 19일.
14) Vernon Pizer, 『Ink, Ark., and All That: How American Places Got Their Names』(New York: G.P.Putnam's Sons, 1976), p.43; Vermont, Wikipedia.
15) 대니얼 에스티(Daniel C. Esty)·앤드루 윈스턴(Andrew S. Winston), 김선영 옮김, 『이케아 사람들은 왜 산으로 갔을까?: 그린 비즈니스에서 승자가 되는 법』(살림비즈, 2006/2012), 75~76쪽.
16) Grant Barrett, ed., 『Oxford Dictionary of American Political Slang』(New York: Oxford University Press, 2004), p.50.
17) 「보드카(vodka)」, 네이버 지식백과; Vodka, Wikipedia.
18) 김철웅, 「[여적] 독주」, 『경향신문』, 2013년 7월 27일.
19) 「Verbatim」, 『Time』, March 23, 2009, p.10.
20) 강혜란, 「러시아 반동성애법 불똥 튄 보드카」, 『중앙일보』, 2013년 7월 31일.
21) Evan Morris, 『From Altoids to Zima: The Surprising Stories Behind 125 Brand Names』(New York: Fireside Book, 2004), pp.14~15; Absolut Vodka, Wikipedia.
22) 신은진, 「홍보에서 제품 개발까지…역할 커진 '앰배서더(기업 홍보 등을 돕는 외부인사)'」, 『조선일보』, 2012년 5월 14일.

23) Jordan Almond, 『Dictionary of Word Origins: A History of the Words, Expressions, and Cliches We Use』(Secaucus, NJ: Citadel Press, 1997), p.254.
24) Christine Ammer, 『The Facts on File Dictionary of Clichés』(New York: Checkmark Books, 2001), p.370; 『엣센스 영한사전』, 제6정판(민중서림, 1995), 2930쪽.
25) 「볼륨 존」, 네이버 지식백과.
26) 이지평, 「[Weekly BIZ] 7분의 1 값 휴대폰·저가 소형차…20억 '볼륨 존' 시장은 혁신 戰場」, 『조선일보』, 2012년 12월 1일.
27) 「바우처」, 네이버 지식백과; 매튜 크렌슨(Matthew A. Crenson)·벤저민 긴스버그(Benjamin Ginsberg), 서복경 옮김, 『다운사이징 데모크라시: 왜 미국 민주주의는 나빠졌는가』(후마니타스, 2004/2013), 374쪽.
28) 매튜 크렌슨(Matthew A. Crenson)·벤저민 긴스버그(Benjamin Ginsberg), 서복경 옮김, 『다운사이징 데모크라시: 왜 미국 민주주의는 나빠졌는가』(후마니타스, 2004/2013), 374쪽.
29) school voucher, Wikipedia.
30) 매튜 크렌슨(Matthew A. Crenson)·벤저민 긴스버그(Benjamin Ginsberg), 서복경 옮김, 『다운사이징 데모크라시: 왜 미국 민주주의는 나빠졌는가』(후마니타스, 2004/2013), 378~379쪽.
31) 매튜 크렌슨(Matthew A. Crenson)·벤저민 긴스버그(Benjamin Ginsberg), 서복경 옮김, 『다운사이징 데모크라시: 왜 미국 민주주의는 나빠졌는가』(후마니타스, 2004/2013), 378쪽.
32) 신동명, 「'나대지 빈집터, 시방서 설명서로 써요'」, 『한겨레』, 2013년 7월 16일.

W

1) William Safire, 『Safire's Political Dictionary』(New York: Random House, 1978), pp.770~771.
2) Waffle(speech), Wikipedia.
3) Michael Quinton, 『Ballyhoo, Buckaroo, and Spuds: Ingenious Tales of Words and Their Origins』(Washington, D.C.: Smithsonian Books, 2004), pp.198~199.
4) Martin H. Manser, 『Get to the Roots: A Dictionary of Word & Phrase Origins』(New York: Avon Books, 1990), p.232; Charles Earle Funk, 『Heavens to Betsy!: And Other Curious Sayings』(New York: Quill, 1955/2001), p.84.
5) Marvin Terban, 『Scholastic Dictionary of Idioms』(New York: Scholastic, 1996), p.79.
6) 『시사영어사/랜덤하우스 영한대사전』(시사영어사, 1991), 2611쪽.
7) John Ayto, 『Movers and Shakers: A Chronology of Words That Shaped Our Age』(New York: Oxford University Press, 2006), p.224.
8) Madonna wannabe, Wikipedia; Wannabe (song), Wikipedia.
9) 박권일, 「'공부의 신' 도 못 따라 갈 대한민국 현실」, 『시사 IN』, 제122호(2010년 1월 13일).
10) 김용환·토마스 홉스(Thomas Hobbes), 『리바이어던: 국가라는 이름의 괴물』(살림, 2005).
11) Stephen Eric Bronner, 『Blood in the Sand: Imperial Fantasies, Right-Wing Ambitions, and the Erosion of American Democracy』(Lexington: The University Press of Kentucky, 2005), pp.167~168.
12) 폴 존슨(Paul Johnson), 왕수민 옮김, 『영웅들의 세계사』(웅진지식하우스, 2007/2009), 264쪽; 김준봉, 『이야기 남북전쟁 2』(동북아공동체연구소, 2002), 489쪽.
13) 엘리엇 A. 코언(Elliot A. Cohen), 이진우 옮김, 『최고사령부: 전쟁을 승리로 이끈 위대한 정치지도자의 리더십』(가산출판사, 2002); 토머스 J. 딜로렌조(Thomas J. DiLorenzo), 남경태 옮김, 『링컨의 진실: 패권주의-위대한 해방자의 정치적 초상』(사회평론, 2002/2003), 187~201쪽; 박보균, 『살아 숨쉬는 미국역사』(랜덤하우스중앙, 2005), 69~82쪽.
14) John Ayto, 『Movers and Shakers: A Chronology of Words That Shaped Our Age』(New York: Oxford University Press, 2006), p.78.
15) 『시사영어사/랜덤하우스 영한대사전』(시사영어사, 1991), 2633쪽.
16) 한스 디터 겔페르트(Hans-Dieter Gelfert), 이미옥 옮김, 『전형적인 미국인: 미국과 미국인 제대로 알기』(에코리브르, 2002/2003), 47쪽; 데이비드 캘러헌(David Callahan), 강미경 옮김, 『치팅컬처: 거짓과 편법을 부추기는 문화』(서돌, 2004/2008), 156쪽.
17) Daniel J. Boorstin, 『The Discoverers: A History of Man's Search to Know His World and Himself』(New York: Random House, 1983), p.293.
18) Alvin Stephen Felzenberg, 『The Leaders We Deserved (And A Few We Didn't): Rethinking the Presidential Rating Game』(New York:

Basic Books, 2008), p.373.
19) Susan Linn, 『Consuming Kids: The Hostile Takeover of Childhood』(New York: The New Press, 2004), p.33; 수전 린, 김승욱 옮김, 『TV 광고 아이들』(들녘, 2006), 64쪽.
20) Susan Linn, 『Consuming Kids: The Hostile Takeover of Childhood』(New York: The New Press, 2004), p.39; 수전 린, 김승욱 옮김, 『TV 광고 아이들』(들녘, 2006), 73쪽.
21) Joseph A. DeVito, 『The Interpersonal Communication Book』 3rd ed. (New York: Harper & Row, 1983), p.403.
22) 김병걸, 『문학과 역사와 인간』(석탑, 1996), 16쪽.
23) 윌 듀란트, 이철민 옮김, 『철학 이야기』(청년사, 1987), 203쪽.
24) John Stewart ed., 『Bridges Not Walls: A Book about Interpersonal Communication』(New York: McGraw-Hill, 1995), p.235.
25) John Stewart ed., 『Bridges Not Walls: A Book about Interpersonal Communication』(New York: McGraw-Hill, 1995), p.234.
26) Christine Ammer, 『The Facts on File Dictionary of Clichés』(New York: Checkmark Books, 2001), p.448; 『시사영어사/랜덤하우스 영한대사전』(시사영어사, 1991), 2689쪽.
27) 『시사영어사/랜덤하우스 영한대사전』(시사영어사, 1991), 2689쪽.
28) Marvin Terban, 『Scholastic Dictionary of Idioms』(New York: Scholastic, 1996), p.164.
29) George Orwell, 『A Collection of Essays』(New York: Harcourt Brace Jovanovich, 1946).
30) Raymond Williams, 『Television: Technology and Cultural Form』(New York: Schocken Books, 1975), p.131.
31) 「Sharon Darling」, 『Current Biography』, 64:5(May 2003), p.14.
32) Vernon Pizer, 『Ink, Ark., and All That: How American Places Got Their Names』(New York: G.P.Putnam's Sons, 1976), p.41; William Morris & Mary Morris, 『Morris Dictionary of Word and Phrase Origins』, 2nd ed.(New York: Harper & Row, 1971), pp.621~622; Wyoming, *Wikipedia*.
33) 앨런 브링클리(Alan Brinkley), 황혜성 외 옮김, 『미국인의 역사 2』(비봉출판사, 1998), 173~175쪽.

X

1) Jordan Almond, 『Dictionary of Word Origins: A History of the Words, Expressions, and Cliches We Use』(Secaucus, NJ: Citadel Press, 1997), p.262; Wilhelm Röntgen, *Wikipedia*.
2) Wilhelm Röntgen, *Wikipedia*.
3) 에른스트 페터 피셔(Ernst Peter Fischer), 박규호 옮김, 『슈뢰딩거의 고양이: 과학의 아포리즘이 세계를 바꾸다』(들녘, 2006/2009), 155~156쪽.
4) 김철중, 「CT 찍고 또 찍고…한국인들, 의료 방사선 피폭 심각」, 『조선일보』, 2013년 7월 23일; 김치중, 「CT 찍고 또 찍고…5년간 재촬영비용만 518억원」, 『경향신문』, 2012년 10월 15일.

Y

1) Marvin Terban, 『Scholastic Dictionary of Idioms』(New York: Scholastic, 1996), p.24.
2) 임귀열, 「임귀열 영어」, 『한국일보』, 2011년 9월 29일.
3) John Powell, 『Happiness Is an Inside Job』(Allen, Texas: Thomas More, 1999).
4) Yesterday, *Wikipedia*.

Z

1) Dorothy Auchter, 『Dictionary of Historical Allusions & Eponyms』(Santa Barbara, CA: ABC-CLIO, 1998), p.283; 『시사영어사/랜덤하우스 영한대사전』(시사영어사, 1991), 2713쪽; Zealotry, *Wikipedia*.
2) Jordan Almond, 『Dictionary of Word Origins: A History of the Words, Expressions, and Cliches We Use』(Secaucus, NJ: Citadel Press, 1997), p.263; 『시사영어사/랜덤하우스 영한대사전』(시사영어사, 1991), 2715쪽; 「zest」, 네이버 영어사전.
3) Zest(positive psychology), *Wikipedia*.

A

a blitz sale _59
a high man on the totem pole _663
a mile a minute _432
a prayer of thanks _535
a three-ring circus _132
a winning streak _622
above board _63
absentee landlord _17
absenteeism _16
Absolut _691
accommodationism _34
across the board _63
Active Ageing _19
adtainment _231
advertorials _186
Aesop _525
aesthetic laborer _28
affective labor _226
Afro-American _455
agitprop _541
Air Jordan _466
airpocalypse _607

all in the family _247
alligator _166
ambient awareness _26
ambient intimacy _25
analytical strategy _79
Andrea Gail _501
annatainment _231
anorexia _561
anthropomorphism _73, 505
anti-nepotism policies _458
Any time _633
appease _29
apple picking _124
April fool _267
aristocracy _427
art-tainment _231
ASMD _519
Asphalt Nation _105
ass-kissing _382
asteroid _33
at full tilt _550
at the rate of knots _384
ATL _80
atlas _420

attention economy _35

attention industry _35

authoritarian character _37

authority _37

avacado _167

AWOL _16

Aztecs _523

B

B.O. _65

back-to-back home run _43

back-to-back life sentences _42

Bad Samaritans _578

balkan _44

Balkan peninsula _44

BANANA _467

Barnum effect _339

Be my guest _310

Beatles _634, 713

Benedict Arnold corporations _48

better safe than sorry _576

Big Brother _76

big tent _651

Billie Holiday _620

black entrepreneurship _57

Black man did it _553

blissful ignorance _353

blockbuster _60

blockbusting _60

blossom _676

blue blood _609

body snatcher _89

BOMFOG _626

boomburb _628

born yesterday _712

Boston _464

Boston Tea Party _142

bottomless pit _517

brassiere _70

Bratz _47

bread and circuses _131

break into _603

bright and early _73

British Invasion _634

broadcast _73

brogrammer _77

bromide _62

Brook Farm _667

Brother Jonathan _76

brown study _79

brownnoser _78

brownout _78

browsing _80

browsing strategy _79

brute force _268

bucket list _82

bucket shop _83

Buncombe _86

bundling _85

burden of proof _545

by all manner of means _419

by the sweat of one's brow _633

byblos _53

bygone era _497

BYOB _91

BYOE _92

C

cadet _78
call boy _99
Call Center _97
call it quits _549
Candide _507
captive candidate _101
caretaker _106
carnation _445
Castle-in-the-Air Theory _609
Cause Marketing _109
CAVE _468
caviar _284
Celeb _111
champagne socialist _285
Chang and Eng _593
channel factor _472
chapter and verse _54
Chardonnay socialist _285
cherry picking _123
Cheshire cat _306
chicken hawk _323
Chinaman's chance _125
Chinese homer _125
Chinese whispers _125
choice architect _473
churchtainment _231
churnalism _128
city slicker _133

clamshell _133
clean bill of health _548
cocooning _140
codfish aristocracy _141
coin a phrase _144
Coke _139
Collaborate or perish _145
collaboration _146
collaborative filtering _145
college _681
College Rankings _555
come full circle _131
commune _613
communiversity _682
companion _151
compassionate conservatism _156
Comsymp _57
continentalization _566
Cool Japan _161
cop _521
corridors of power _533
cottage _644
Cotton State _20
courtship _483
Cradle to Grave _164
criminal recidivism _624
CRM _177
crony capitalism _103
crop mob _262
crowdfunding _168
cry one's eyes out _170
CT _710
cultural hybridity _341
cupboard love _409

cut to the chase _117

cyber-balkanization _45

cyberbullying _84

cybernetics _177

cynikos _181

cyperpunk _179

D

dachshund _337

Dalit _107

data integrity _366

data protection _269

DDT _670

Deal me in _186

death march _558

death with dignity _203

demonization _49

Desiderius Erasmus Roterodamus _497

Detroit _95

dictates of conscience _154

digitainment _231

dilemma _671

dime novel _206

dirty tricks _670

discothèque _208

disorientation _486

distributed capitalism _566

DIY _355

do a person proud _544

do it up brown _78

docutainment _231

Don Quixote _549

dope story _212

doping _212

dork _459

downsizing _488, 561

drawing room _572

drone journalism _216

DUI _219

duste _218

Dutch auction _218

Dutch courage _218

DWB _220

dynamic conservatism _156

E

eatertainment _231

economies of scale _462

economy-class syndrome _223

edge city _628

edulcorate _631

edutainment _231

effeminacy _437

egocasting _75

emotional laborer _28

empathy _565

enclosure movement _665

environmentalism _155

epistemology _569

Equality State _706

escort business _99

Eskimo _22

espresso _143

Extremes meet _435

exurb _628

Four Hundred _384

Frankenstein food _275

Frankenstein syndrome _275

Frisbie _278

futurology _280

F

face the music _449

Facebook effect _246

Facebook fatigue _153

fallacy of common sense _146

fallacy of persuasive definition _190

far and away _249

far and wide _249

farfetched _249

fascio _249

fashionista _252

feel one's oats _477

fell _635

fellow traveller _256

few and far between _249

fight city hall _133

fit like a glove _291

five o'clock shadow _591

fix a person's wagon _696

flash rob _261

flatter _262

flip-flop _263

flophouse _263

flour _265

fool's paradise _267

Forer effect _340

foresight _327

G

gasoline _342

geek _459

geek chic _460

genetically modified organism _276, 292

Gentle Revolution _688

gentrify _286

get into a scrape _582

get the green light _304

ghetto _603

girlcott _69

glass cliff _289

glass wall _289

globalization _566

global-sourcing _488

glocal _341

GMO _275, 292

GNU _402

go Dutch _219

God is in the details _196

Gold Glove _291

good Samaritan law _577

Googlepedia _295

Googlephobia _295

googlization _295

googol _294

Gooling _295

Gordian knot _384

gossamer _627

Grameen Bank _462

Grand Canyon _31

grasp the nettle _461

Great Deceleration _72

green card _305

greenhorn _305

griefing _84

grotty _310

Gucci socialist _285

Guy Fawkes _313

H

half-truths _400

Hamlet _702

hatred _26

Have a nice day _464

health triangle _324

heckler _326

help oneself _273

henchman _595

HEV _342

hindsight bias _328

hit the bottle _67

hit the hay _324

hit the pike _514

hitting streak _622

hobnob _321

hoist by one's own petard _331

hold one's own _331

hold the fort _274

hold the line _331

hold up _332

hold-up problem _332

Holiday Inn _444

hooliganism _333

hotdog play _337

I

I Love Lucy _602

identify _350

identity crisis _350

identity laborer _28

ignoramus _354

in sackcloth and ashes _32

in the pink _516

in the pipeline _97

indirect network effect _462

individualism _574

individuality _360

individualization _361

indolence _630

influenza _220

information grazing _80

infotainment _231

insourcing _489

in-sourcing _636

Instant Search _589

invisible government _302

iPad _349

J

J. Edgar Hoover _516
Jazz Age _375
jazz journalism _375
jingoism _119
Johan Galtung _506
John Belton _502
Just Do It _466

K

kick the bucket _82
Kill Your Television _650
kingpin _515
Knickerbocker _383
Kodak moment _386

L

laborer of appearance _28
latchkey kid _646
lay it on _393
lay off _393
layaway _394
legitimizing identity _351

Leviathan _697
LGBT _516
libertarian paternalism _473
liberty _276
life sentence _42
likelihood of confusion _665
limousine liberal _285
linchpin _515
line one's pockets _522
lingo _617
lipogram _496
Living on a Lifeboat _665
logos _559
loneliness _607
long telegram _159
low self-esteem _585
Loxbridge _491

M

Madonna wannabe _696
male chauvinism _119
mammy _378
map out _420
maple _689
Mari Mar _647
marketainment _231
mash-up _25
Massachusett _464
matrix _178
Maxwell House _143
McCarthy Decade _424

meditainment _231

men in gray suits _260

mend one's fences _257

mesmerization _429

metagovernance _301

meteor _33

meteorite _33

microscope _700

military Keynesianism _430

Minimalism _599

minuteman _432

minutes _432

Misery loves company _151

miz _447

Mobiloud _137

Moby-Dick _615

mossback _443

Motor City _95

Motown _95

mover and shaker _593

multiversity _682

Mustang _40

Mustang Generation _451

N

narrowcasting _73

Nazi _250

nearshoring _490

near-sourcing _488

need _193

nepotic _458

netcasting _73

Netherlands _218

network effect _518

New Deal _187

NIABY _467

nickel-and-dime _206

niger _455

niggardly _457

Nine-eleven(9/11) Republican _654

nitpick _469

No man is an island _371

Noblesse Malade _470

Noche Buena _523

nomad _668

nontenure track _653

NOPE _467

O

occidens _486

Occident _486

odor _65

off the cuff _172

offshoring _489

off-the-scene _478

on the cuff _172

on the horns of a dilemma _204

on the spur _612

on the wagon _695

onanism _423

once and for all _481

once-in-a-lifetime _481

one-night stand _613

operational definition _190

opportunism _482

opportunist _482

optimism bias _483

orchestra pit _485

oriens _486

orient _486

outskirts _628

oxford _491

P

pack journalism _336

palindromic number _495

Panglossianism _483

paper candidate _101

parent track _441

pathetic fallacy _505

pauper _531

pay attention _35

peg away _500

pekel _512

perch _500

permanent war economy _430

persona grata _505

persona non grata _505

personal grooming _308

pessimus _507

petard _331

petrol _342

pharming _511

philanthropy _117

Philistine _508

philosophia _509

phreaking _511

pigeonhole _513

PIGS _72

pikestaff _514

Pilgrims _85, 656

pin money _514

pint-size _689

pipeline _97

pissed off _517

pithos _497

placeholder _619, 643

plea bargaining _521

plug-ugly _681

plus fours _383

podcasting _74, 369

pointcasting _73

poke _522

politainment _231

political correctness _347

politikos _525

polylemma _671

pony express _526

pony up _526

popularis _527

pornography _478

POSH _528

positive psychology _716

post hoc ergo propter hoc _146, 147

power _38

powers that be _533

praise(laud) a person to the skies _534

preach _534

precede _61

preservation _155

prison-industrial complex _431

privacy _541

privacy hawk _323

private soldier _540

pro-am _25

project identity _352

projection _506

Prometheus _496

promotainment _231

prud _544

pseudo variety _686

public editor _480

pull no punches _545

pull out all the stops _619

pullus _526

pulpit _84

punch bowl _546

puppy love _409

puritan _464, 655

push the envelope _233

Pythagoras _509

Q

quaranta _548

quisling _251

quittus _549

Quixotism _549

R

redress _215

repressive tolerance _662

republicanism _398

resistance identity _351

résumé candidate _101

retailment _231

rethinking _561

Retweet _677

reverse engineering _692

reverse McCarthyism _425

revolutio _565

revolution of rising frustration _565

revolving door _210

rhetoric of democracy _569

right to be forgotten _269

rip it up _570

rip off _570

Röntgen ray _709

Room at the Top _571

roorback _542

rubber stamp _572

rugged _573

run in the family _247

run of the mill _432

S

safe and sound _576

Samoset _656

Samson and Delilah _508

sandwich board _579
sandwich man _579
sarchasm _579
scarface _418
Schadenfreude _299
school voucher _693
Scotch _581
screenager _647
Sebastian Junger _501
secondary meaning _664
secondhand speech _611
secret shopper _452
selfish capitalism _18
semiconductor _597
Serendip _588
sexual McCarthyism _425
sexual representation _479
shadow banking _592
shadow-boxing _592
shakedown _593
shell shock _237
shoppertainment _231
sideboards _594
Silent Cal _596
Silicon Boys _581
silicon syndrome _598
Siliwood _598
sin tax _641
Sing Sing _571
single-issue _601
sirloin _406
sit on the fence _258
situation comedy _602
skepticism _181

sling hash _319
slum tourism _604
slut _604
Smart Aging _18
smart mob _261
smishing _511
snake oil _126
SNS _173, 245, 270, 296, 677
social climber _660
social grooming _308
sold down the river _571
solid impression _617
Solitary Man _608
Sophist _568
SPAM _319
Spanglish _610
Spanish castle _609
Spider-Man _563
splinter _45
sputnik _256
square deal _187
stand treat _614
Standpattism _614
Star Trek _557
Starbucks effect _616
statesman _523
static evaluation _112
steeplechase _118
stingy _581
stooge _513
strategic ingratiation _365
street smarts _623
string bikini _55
stringer _625

stumbling block _60

stump speech _626

subjective validation _340

sucker _339

sugar daddy _632

sugar-coated _631

superstringer _625

swallow an insult _365

swashbuckling romance _632

swasher _632

sweetener _631

Swiss illness _471

swoosh _465

T

tabula rasa _237

Tantalus _638

tawdry lace _639

tax arbitrage _642

tax haven _641

TBA _643

tearoom _644

tech tree _645

techno culture _644

telethon _421

temper _657

test industry _427

Thankstaking Day _656

The Copper State _31

the cruelest month _169

The Devil is in the details _196

The Great Agnostic _563

the kiss of death _381

the last trump _672

The Nag Factor _701

the torment of Tantalus _639

the ultimate need-to-know culture _583

The Veepstakes _687

theratainment _231

Think Big _658

think positive _529

three-strikes law _624

through the mill _431

Time works wonders _659

tittytainment _231

to a fault _254

to the manner born _419

to the nines _215

Too far east is west _435

tourist _668

tragedy of fishers _666

trials and tribulations _669

tried-and-true _674

trifling _700

triumphant _672

TTL _81

tulip chair _676

tween _646

two-sided market _518

two-way street _623

typosquatting _180

U

umbrage _591
Uncle Tomism _34
univocalics _496
unlikely bedfellows _693
UPS _636
User Experience _239
UX _239

V

Vanity Fair _684
variety show _686
via strata _623
vice-president _687
victim blaming _605
Viewertariat _678
virtual reality _200
Volkswagen _36
volume zone _692
voluntainment _231

W

waffling _695
WASP _418
wearable computer _296
weathercock _701
whole cheese _629

wild oats _477
win(gain) one's spurs _612
without rhyme or reason _559
worktainment _231
worldly _703
write-in candidate _101

Y

yellow _596
Yellowhammer _21
Yellowstone National Park _706
YIMBY _468

Z

zealot _715
Zephyr _623
zero tolerance _662

교양 영어 사전 2
ⓒ 강준만, 2013

초판 1쇄 2013년 12월 3일 펴냄
초판 2쇄 2018년 1월 24일 펴냄

지은이 | 강준만
펴낸이 | 강준우
기획 · 편집 | 박상문, 박효주, 김예진, 김환표
디자인 | 최원영
마케팅 | 이태준
관리 | 최수향
인쇄 · 제본 | 대정인쇄공사

펴낸곳 | 인물과사상사
출판등록 | 제17-204호 1998년 3월 11일

주소 | (121-839) 서울시 마포구 서교동 392-4 삼양E&R빌딩 2층
전화 | 02-325-6364
팩스 | 02-474-1413
www.inmul.co.kr | insa@inmul.co.kr

ISBN 978-89-5906-245-4 04740
      978-89-5906-244-7 (세트)

값 38,000원

이 저작물의 내용을 쓰고자 할 때는 저작자와 인물과사상사의 허락을 받아야 합니다.
파손된 책은 바꾸어 드립니다.

이 도서의 국립중앙도서관 출판시도서목록(CIP)은 서지정보유통지원시스템 홈페이지(http://seoji.nl.go.kr)와
국가자료공동목록시스템(http://www.nl.go.kr/kolisnet)에서 이용하실 수 있습니다.
(CIP제어번호: CIP2013024926)